민법

- **천 영** 법학박사 / 감정평가사 / 건국대 부동산대학원 교수
- **조천조** 법학전공 / 서울법대 / 한국지식재단연수원 교수
- **조재영** 법학박사 / 한양대학교 교수
- **박준석** 변호사 / 건국대 / 수원지방법원 판사
- **이기우** 법학박사 / 부동산학 / 건국대 / 호남대학교 교수 / 대학원장역임
- **정재근** 법학전공 / 서울법대 / 부동산학 / 감정평가법인대표
- **조정환** 법학박사 / 건국대 / 대진대학교 교수 / 법무대학원장역임
- **윤황지** 법학박사 / 건국대 / 강남대학교 부동산학과 교수
- **박기원** 법무사 / 건대행정대학원 / 한국부동산학회이사
- **조형래** 변호사 / 한국부동산학회학술위원
- **주영민** 감정평가사 / 부동산학전공 / 경일감정평가법인
- **김성은** 법학박사 / 고려대법학연구원연구위원
- **이춘호** 공학박사 / 강남대학교 이공대학 교수
- **윤준선** 건축학박사 / 강남대학교 건축공학과 교수
- **이면극** 공학박사(건축) / 여주대학교 교수
- **김영렬** 한국지식재단 건축공학 전공·교수 외

주택관리관계법규

- **김용민** 법학박사 / 강남대학교 부동산학과 교수
- **성연동** 행정학박사 / 부동산학 / 목포대학교 사회과학대학 교수
- **조정환** 법학박사 / 건국대 / 대진대학교 교수 / 법무대학원장 역임
- **임호정** 감정평가사 / 국토교통부 전토지과장 / 감정평가법인대표
- **백연기** 부동산공법전문 / 한국부동산학회 연구위원
- **김필두** 행정학박사 / 한국지방행정연구원 수석연구원
- **김상현** 법학박사 / 신한대학교 교수
- **김갑열** 행정학박사 / 강원대학교 사회과학대학장 / 부동산학과 교수
- **정상철** 경제학박사 / 창신대학교 지식융합대학 부동산대학원장 교수
- **홍길성** 경영학박사 / 감정평가사 / 성균관대학교 경영행정대학원 부동산학담당교수
- **김 준** 주택관리연구원 교수 / 국토교통부공무원연수강사
- **오현진** 법학박사 / 부동산학 / 청주대학교 사회과학대학장
- **우 경** 행정학박사 / 김포대학교 부동산경영과 교수
- **홍성지** 행정학박사 / 백석대학교 부동산전공 교수 외

공동주택관리실무

- **정상철** 경제학박사 / 창신대학교 지식융합대학 부동산대학원장 교수
- **홍길성** 경영학박사 / 감정평가사 / 성균관대학교 경영행정대학원 부동산학담당교수
- **김 준** 주택관리연구원 교수 / 국토교통부공무원연수강사
- **오현진** 법학박사 / 부동산학 / 청주대학교 사회과학대학장
- **우 경** 행정학박사 / 김포대학교 부동산경영과 교수
- **김갑열** 행정학박사 / 강원대학교 사회과학대학장 / 부동산학과 교수
- **홍성지** 행정학박사 / 백석대학교 부동산전공 교수
- **김용민** 법학박사 / 강남대학교 부동산학과 교수
- **성연동** 행정학박사 / 부동산학 / 목포대학교 사회과학대학 교수
- **조정환** 법학박사 / 건국대 / 대진대학교 교수 / 법무대학원장 역임
- **임호정** 감정평가사 / 국토교통부 전토지과장 / 감정평가법인대표
- **백연기** 부동산공법전문 / 한국부동산학회 연구위원
- **김필두** 행정학박사 / 한국지방행정연구원 수석연구원
- **김상현** 법학박사 / 신한대학교 교수
- **정신교** 법학박사 / 목포해양대학교 교수 외

그 밖에 시험출제위원 활동중인 교수그룹 등은 참여생략

이 책의 1회독이 합격을 좌우합니다
제1회 시험부터 지금까지 수많은 합격자를 배출한 **onlyone**교재입니다

머리말

매년 98% 문제가 경록 교재에서!!

경록 교재는 주택관리사 시험 통계작성 이후 18년간 매년 98% 문제가 출제되는 독보적 정답률을 기록한 유일한 교재입니다. 경록은 우리나라 부동산 교육의 본산이며 경록교재는 우리나라 부동산교육의 정통한 역사를 이끌어가는 오리지널 교재입니다.

이 교재는 우리나라 부동산교육의 본산인 경록의 69년간 축적된 전문성을 기반으로 130여 명의 역대 최대 '시험출제위원 부동산학 대학교수그룹'이 제작, 해마다 완성도를 높여가며 시험을 리드하는 교재입니다.

특히 경록의 온라인과정 전문기획인강은 언택트시대를 리드하는 뉴 트렌드가 되었습니다. 업계 최초로 1998년부터 〈경록 + MBN TV 족집게강좌〉 8년, 현재까지 29년차 검증된 99%족집게강좌입니다. 일반 학원의 6개월에 1회 수강과정을 경록에서는 1개월마다 2회 반복완성이 가능합니다.

경록의 전문성이 곧 합격의 지름길로 이끌어 드립니다. 성공은 경록과 함께 시작됩니다.

여러분의 건투를 빕니다.

교재 구성과 활용

무엇을 공부해야 하는가
"학습포인트"
핵심이 무엇인지 문제의식을 가지고 공부한다.

학습포인트
- 회계의 기초개념에서는 현대 회계의 기본이 되는 복식부기의 개념들
- 한국채택국제회계기준의 도입으로 인하여 개념 정의 등 이론적인 기 고 있으므로 특히 회계를 처음 접하는 수험생들은 반복적인 학습을 부분이다.

내용이 너무 어려워요
"삽화해설"
초학자도 쉽게 접근할 수 있도록 삽화로 풀이하였다.

주요키워드 만화해설

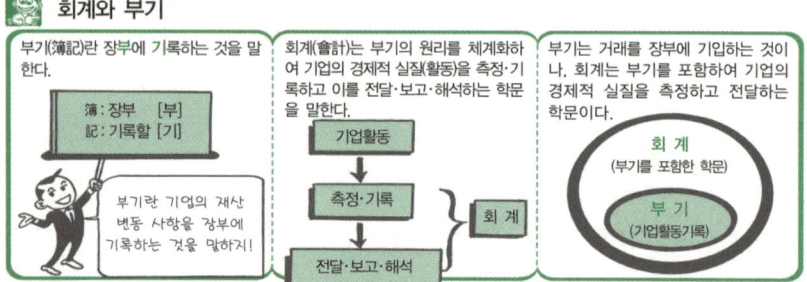

콕 짚어주세요.
"키워드"
각 장별로 중요한 주제들을 선별하였다.

이 단원 알아둘 키워드

CHAPTER	학습 & 출제되는 키워드

- ☑ 회계
- ☑ 자산
- ☑ 수익
- ☑ 관리비
- ☑ 부기
- ☑ 유동자산
- ☑ 매출액
- ☑ 손익계산서
- ☑ 복식부기
- ☑ 비유동자산
- ☑ 기타수익
- ☑ 순손익

이렇게 문제로 출제되는 구나
"출제질문 예"
최근 시험에서 출제된 문항들을 정리하였다.

이 단원 주요 출제질문 예

CHAPTER	학습 & 출제되는 질문

- ☑ 다음 분개 중 적절하지 않은 것은?
- ☑ 다음에 제시된 회계순환과정 중 선택적인 절차에 해당하는 것으로만 묶인 것은?

단락문제 Q3
제16회 기출

시산표에서 발견할 수 있는 오류는?
① 비품을 현금으로 구입한 거래를 두 번 반복하여 기록하였다.
② 사채 계정의 잔액을 매도가능금융자산 계정의 차변에 기입하였다.
③ 건물 계정의 잔액을 투자부동산 계정의 차변에 기입하였다.
④ 개발비 계정의 잔액을 연구비 계정의 차변에 기입하였다.
⑤ 매입채무를 현금으로 지급한 거래에 대한 회계처리가 누락되었다.

해설 시산표의 한계
사채계정의 잔액(대변)을 매도가능금융자산 계정의 차변에 기록하는 오류는 시산표에서 발견할 수 있는 오류이다.
답 ②

> **잊기 전에 문제로 확인한다**
> "단락문제"
> 각 단락의 내용이 실전에서 어떻게 문제로 변환되는지 알 수 있도록 하였다.

Key Point 온수난방과 증기난방의 비교 ★★★

내용	온수난방	증기난방	내용	온수난방	증기난방
예열시간	길다.	짧다.	관 경	크다.	작다.
난방 지속시간	길다.	짧다.	방열기 면적	크다.	작다.
열운반 능력	작다.	크다.	설비유지비	크다.	작다.
열용량	크다.	작다.	소 음	작다.	크다.
방열량 조절	용이하다.	곤란하다.	관의 부식	작다.	크다.
난방부하 조정·조절·제어	용이하다.	곤란하다.	보일러 취급	간단하다.	복잡하다.
			열방식	현열	잠열
스팀해머(소음)	발생하지 않는다.	발생한다.	쾌감도	쾌적하다.	불쾌하다.

> **이것이 이해의 핵심**
> "key point"
> 각 단락의 핵심내용을 압축적으로 표현하여 복습이 가능하도록 했다.

Wide 잠재공기 등

① **잠재공기**(Entrapped air) : 생콘크리트에 들어 있는 자연적인 부정형 기포로 1~2% 정도 함유하고 있다.
② **연행공기**(Entrained air) : AE제에 의한 독립된 미세 기포로 볼베어링 역할을 하여 콘크리트의 시공연도를 좋게 한다.
③ **디스펜서** : AE제 계량기이다.

> **숨은 의미가 있어요**
> "wide(참고사항)"
> 참고사항과 이해를 위한 부가적 사항을 따로 정리하였다.

단락핵심 회계감사

(1) 수정의견은 현행 회계감사기준상 표명될 수 있는 감사의견의 종류가 아니다.
(2) 내부통제절차
  1) 직원에 대한 업무지시가 직무규정에 따라 이루어진다.
  2) 지급결의에 따라 지급필 도장을 찍은 후 회계기록부서에 보낸다.

> **이것만은 반드시 기억하자**
> "단락핵심"
> 기출 지문을 중심으로 각 단락별 핵심내용을 정리했다. 학습한 내용을 확인하고 복습 및 정리를 위해 활용할 수 있도록 하였다.

지속가능한 관리직
주택관리사

▌주택관리사란 (공동주택관리법 제2조 제11~12호)

◐ 주택관리사보란?
주택관리사보 합격증서를 발급받은 사람을 말한다(법 제2조 11호)

◐ 주택관리사란?
주택관리사 자격증을 발급받은 사람을 말한다(법 제2조 12호)
주택관리사는 주택관리사보로서 대통령이 정하는 실무경력 등의 요건을 갖추어 시·도지사로부터 주택관리사 자격증을 발급받은 사람으로 한다(법 제67조 ② 등 참조)

▌주택관리사보시험 개요

- 주택관리사보란 자격시험에 합격한 자를 말한다.
- 주택관리사보 자격시험 시행목적
  - 공동주택의 운영·관리·유지·보수 등을 실시하고 이에 필요한 경비를 관리
  - 공동주택의 공용부분과 공동소유인 부대시설 및 복리시설의 유지·관리 및 안전관리 업무를 수행

▌주택관리사(보) 수행 직무

- 공동주택을 안전하고 효율적으로 관리하고 공동주택 입주자의 권익을 보호하기 위하여 공동주택의 운영·관리·유지·보수 등을 실시하고
- 이에 필요한 경비를 관리하며 공동주택의 공용부분과 공동 소유인 부대시설 및 복리시설의 유지관리 및 안전관리를 실시하는 등 주택관리서비스를 수행함

▌의무관리대상 공동주택 (공동주택관리법 제2조의2)

- 해당 공동주택을 전문직으로 관리하는 자를 두어야 하는 등 일정한 의무가 부과되는 공동주택
- 300세대 이상 공동주택
- 150세대 이상 공동주택 (승강기설치 또는 중앙집중난방방식, 지역난방방식 포함 등)
- 주택이 150세대 이상인 건축물 (건축법 제11조 참조)

▌관리사무소장 채용의무 (공동주택관리법 제64조 제1항)

- 500세대 미만 공동주택: 주택관리사 또는 주택관리사보
- 500세대 이상 공동주택: 주택관리사

▌주택관리업 / 주택임대관리업

- 주택관리업 등록신청: 주택관리사
  - 임원 또는 사원의 3분의 1 이상이 주택관리사인 상사법인 포함
- 일정 규모 이상의 주택임대관리사업등록 신청:
  - 주택관리사와 전문인력
    ‣ 자기관리형인 경우 2인 이상   ‣ 위탁관리형인 경우 1인 이상
  - 변호사, 법무사, 공인회계사, 세무사, 감정평가사, 공인중개사, 주택관리사 자격을 취득한 후 해당 분야에 2년 이상 종사자
  - 부동산 분야의 석사학위 이상 소지자로서 관련 분야 3년 이상 종사자

▌주택관리사의 비전

- 아파트 등의 지속적인 양적·질적 증가
- 업역 증가: 아파트, 주상복합, 기업형 임대주택, 오피스텔, 레지던스 홀, 주택단지 관리 등 업무개발
- 주택관리사의 사회적 책임과 의무 강화
- 주택관리법인의 대표(전문성 강화)
- 주택관리서비스의 질적 향상
- 지속가능한 부동산서비스업 등

▌주택관리사시험 변천과정

- 1989년 제도 첫 도입, 1997년 1월 1일부터 자격증 소지자의 채용을 의무화하는 규정 시행
- 2005년까지는 격년제로 시행하였으나, 2006년부터는 매년 1회 시행하고 있으며
- 공동주택관리법 시행령 제95조(업무의 위탁)에 따라 주택관리사보 자격시험의 시행에 관한 업무를 2008년부터 한국산업인력공단에서 시행

주택관리사 시험

▌주택관리사란?
주택관리사(보)는 공동주택, 아파트단지 행정관리전문가이다.

▌주택관리사보의 응시자격은?
학력·경력·연령 제한 없음. 단, 다음에 해당하는 자는 주택관리사 등이 될 수 없다(「공동주택관리법」 제67조).
① 피성년후견인 또는 피한정후견인
② 파산선고를 받은 자로서 복권되지 아니한 사람
③ 금고 이상의 실형의 선고를 받고 그 집행이 끝나거나(집행이 끝난 것으로 보는 경우 포함) 집행이 면제된 날부터 2년이 지나지 아니한 사람
④ 금고 이상의 형의 집행유예선고를 받고 그 유예기간 중에 있는 사람
⑤ 주택관리사 등의 자격이 취소된 후 3년이 지나지 아니한 사람(위 ① 및 ②의 사유로 취소된 경우 제외)

▌주택관리사보 시험의 시행은 언제하는가?
- 주택관리사보자격시험은 1, 2차 시험을 구분하여 매년 1회 시행한다. 다만, 국토교통부장관은 시험을 실시하기 어려운 부득이한 사정이 있는 경우에는 그 연도의 시험을 실시하지 아니할 수 있다.
- 국토교통부장관은 주택관리사보자격시험을 시행하고자 하는 때에는 시험일시·장소·방법 및 합격기준의 결정 등 시험시행에 관하여 필요한 사항을 시험시행일 90일 전에 일간신문에 공고하여야 한다.
  (1) 제1차 시험
  　　객관식 5지 선택형으로 하고 과목당 40문항 출제
  (2) 제2차 시험
  　　객관식 5지 선택형 24문항과 주관식(단답형 또는 기입형) 16문항을 가미하여 과목당 40문항 출제
  　　※ 제2차 시험 주관식 단답형 부분점수제도 도입 및 주관식 정답 인정 기준 제시
- 주관식 문제 문항 수는(16문항) 유지하되, 괄호당 부분점수제도 도입

문항수		주관식 16문항
배 점		각 2.5점 (기존과 동일)
단답형 부분점수	3괄호	3개 정답(2.5점) 2개 정답(1.5점) 1개 정답(0.5점)
	2괄호	2개 정답(2.5점) 1개 정답(1점)
	1괄호	1개 정답(2.5점)

- 법률 등을 적용하여 정답을 구하여야 하는 문제는 법에 명시된 정확한 용어를 사용하는 경우에만 정답으로 인정

  (3) 제2차 시험의 응시자격(「공동주택관리법 시행령」 제74조 제4항)
  제2차 시험은 제1차 시험에 합격한 자에 대하여 실시한다.
  (4) 제1차 시험의 면제(「공동주택관리법 시행령」 제74조 제5항)
  제1차 시험에 합격한 자에 대하여는 다음 회의 시험에 한하여 제1차 시험을 면제한다.
  (5) 합격자의 결정
- 제1차 시험 : 과목당 100점을 만점으로 하여 모든 과목 40점 이상이고 전 과목 평균 60점 이상의 득점을 한 사람
- 제2차 시험 : 과목당 100점을 만점으로 하여 모든 과목 40점 이상이고 전 과목 평균 60점 이상의 득점을 한 사람으로서 선발예정인원 범위에서 고득점자순 합격. 다만, 모든 과목 40점 이상이고 전 과목 평균 60점 이상의 득점을 한 사람의 수가 법 제67조 제5항 전단에 따른 선발예정인원에 미달하는 경우에는 모든 과목 40점 이상을 득점한 사람을 말한다.

  ※ 제2차 시험 합격자를 결정하는 경우 동점자로 인하여 선발예정인원을 초과하는 경우에는 그 동점자 모두를 합격자로 결정한다. 이 경우 동점자의 점수는 소수점 이하 둘째자리까지만 계산하며, 반올림은 하지 아니한다.

시험시간 및 시험과목

(1) 시험시간

시험구분	교시	시 험 과 목	시험시간	문항수
제1차 시험	1교시	① 회계원리 ② 공동주택시설개론	100분	과목별 40문항(총 120문항)
	2교시	③ 민법	50분	
제2차 시험	1교시	① 주택관리관계법규 ② 공동주택관리실무	100분	과목별 40문항(객관식 24문항, 주관식 16문항) (총 80문항)

※ 세부 시간은 한국산업인력공단에 발표하는 내용을 참고

(2) 시험과목과 출제방식

구 분	시험과목	시험범위	출제비율	문제출제
제1차 시험 (3과목)	1. 회계원리	세부과목 구분 없이 출제	–	• 객관식 5지 선택형 • 과목별 40문항
	2. 공동주택 시설개론	목구조·특수구조를 제외한 일반건축구조와 철골구조, 장기수선 계획수립 등을 위한 건축적산	50% 내외	
		홈네트워크를 포함한 건축설비개론	50% 내외	
	3. 민법	총칙	60% 내외	
		물권, 채권 중 총칙·계약총칙·매매·임대차·도급·위임·부당이득·불법행위	40% 내외	
제2차 시험 (2과목)	4. 주택관리 관계법규	주택법·공동주택관리법·민간임대주택에 관한 특별법·공공주택 특별법	50% 내외	• 주관식 원칙 • 다만, 객관식 5지 선택형 (주관식 단답형 또는 기입형 가미) • 과목별 40문항
		건축법·소방기본법·화재예방, 소방시설 설치·유지 및 안전관리에 관한 법률·승강기 안전관리법·전기사업법·시설물의 안전 및 유지관리에 관한 특별법·도시 및 주거환경정비법·도시재정비 촉진을 위한 특별법·집합건물의 소유 및 관리에 관한 법률 중 주택관리에 관련되는 규정	50% 내외	
	5. 공동주택 관리실무	• 공동주거관리이론 • 공동주택회계관리, 입주자관리, 대외업무, 사무·인사관리	50% 내외	
		• 시설관리, 환경관리, 안전·방재관리 및 리모델링, 공동주택 하자관리(보수공사 포함) 등	50% 내외	

응시원서

(1) 접수기간
   제1·2차 : 한국산업인력공단에서 발표하는 내용을 참고
   ※ 원서 접수기간 중에는 24시간 접수가능하며(시작일과 종료일은 제외), 접수기간 종료 이후에는 응시원서 접수 불가
(2) 접수방법 : 인터넷 온라인 접수만 가능
  1) 큐넷 주택관리사보 홈페이지(www.Q-Net.or.kr/site/housing)에서 접수
  2) 원서접수 시 수수료를 결제하고 수험표를 출력하여야 접수완료됨
  3) 최근 6개월 이내에 촬영한 탈모 상반신 사진을 파일(JPG, JPEG 파일, 사이즈 : 90픽셀(가로) × 120픽셀(세로) 이상, 300dpi 권장, 200KB 이하)로 첨부하여 인터넷 회원가입 후 원서제출(단, 기존 Q-Net 회원일 경우는 바로 원서접수 가능)
      ※ 원서접수 시 반드시 본인의 사진을 등재하여야 하며, 타인의 사진을 잘못 등재한 경우에는 부정행위자로 처리될 수 있음

4) 인터넷 활용이 어려운 경우 한국산업인력공단 지역별 자격시험팀 방문 시 원서접수 도움을 받을 수 있음

(3) 수수료 납부
1) 응시수수료(2022년 기준) : 제1차 시험 21,000원, 제2차 시험 14,000원
2) 납부방법 : 전자결제(신용카드, 계좌이체, 가상계좌) 이용
3) 수수료 환불(「공동주택관리법 시행규칙」 제32조)
   ① 수수료를 과오납한 경우 과오납한 금액 전부
   ② 응시원서 접수기간 내에 접수를 취소하는 경우 납입한 수수료의 전부
   ③ 시험 시행일 20일 전까지 접수를 취소하는 경우 납입한 수수료의 100분의 60
   ④ 시험 시행일 10일 전까지 접수를 취소하는 경우 납입한 수수료의 100분의 50
   ※ 환불신청(원서접수 취소)은 인터넷으로만 가능
4) 원서접수 완료(결제완료) 후 접수내용 변경 방법
   원서접수 기간 내에는 취소 후 재접수가 가능하나, 원서접수기간 종료 후에는 재접수 및 내용변경 불가

합격자 발표

(1) 주택관리사보 국가자격시험 합격자 명단 및 개인별 시험성적을 큐넷 주택관리사보 홈페이지(http://www.q-net.or.kr/site/housing)에 게재
(2) 합격자 명단 및 개인별 점수확인 방법

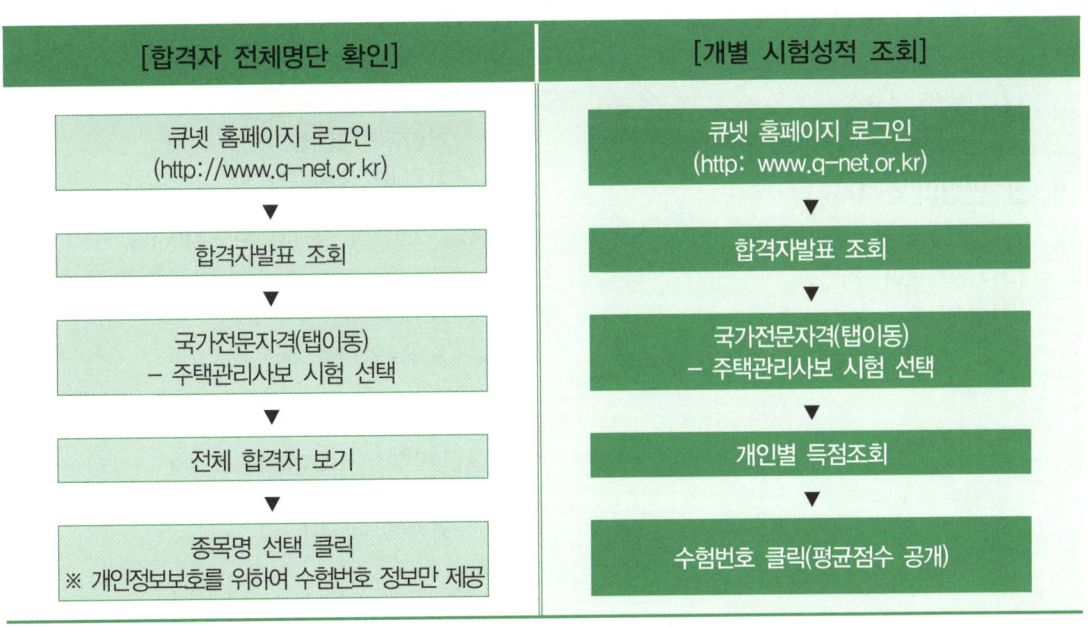

차례

Part1 민법총칙

Chapter 1 서설 4

제1절 민법의 의의 5
- 1 민법의 법적 성격(법체계상의 지위) 5
- 2 실질적 민법과 형식적 민법 8

제2절 민법의 법원 10
- 1 서설 10
- 2 성문민법 12
- 3 불문민법 13

제3절 민법의 기본원리 18
- 1 근대민법의 기본원리 18
- 2 기본원리의 수정 20
- 3 우리 민법의 기본원리 22

제4절 민법의 효력 23
- 1 대인적 효력 23
- 2 시간적 효력 23
- 3 장소적 효력 25

Chapter 2 법률관계와 권리·의무 26

제1절 개관 27
- 1 법률관계 27
- 2 권리 30
- 3 의무 31

제2절 사권의 분류 32
- 1 내용(권리자가 향수하는 이익)에 의한 분류 32
- 2 작용(법률상의 힘)에 의한 분류 33
- 3 기타의 분류 36

제3절 권리의 경합과 충돌 40
- 1 권리의 경합(競合) 40
- 2 법규의 경합(법조경합) 41
- 3 권리의 충돌(衝突) 41

제4절 권리의 행사와 의무의 이행 44
- 1 권리행사의 의의와 방법 44
- 2 권리행사의 한계 44
- 3 의무의 이행 55

제5절 권리의 보호 56
- 1 민법상 사권보호의 수단 56
- 2 국가구제 56
- 3 사력(자력)구제 57

Chapter 3 권리의 주체 58

제1절 자연인 59

제1관 권리능력 59
- 1 서 설 59
- 2 권리능력(자연인) 60
- 3 권리능력의 종기(終期) 65
- 4 외국인의 권리능력 67

제2관 행위능력 69
- 1 서 설 69
- 2 미성년자 72
- 3 피성년후견인 80
- 4 피한정후견인 86
- 5 피특정후견인 92
- 6 제한능력자의 상대방보호 94

제3관 주 소 101
- 1 서 설 101
- 2 민법상의 주소 102
- 3 거소·현재지·가주소 104

제4관 부재(不在)와 실종(失踪) 106
- 1 부재자 106
- 2 부재자의 재산관리 107
- 3 부재자 재산관리의 종료 110
- 4 실종선고의 의의 113
- 5 실종선고의 요건 114
- 6 실종선고의 효과 117
- 7 실종선고의 취소 119

제2절 법 인 123

제1관 서 설 123
- 1 법인의 의의·본질 123
- 2 법인의 종류 124
- 3 사단과 조합 127
- 4 권리능력 없는 사단과 재단 129

제2관 법인의 설립 135
- 1 설립에 관한 입법주의 135
- 2 사단법인의 설립요건 137
- 3 재단법인의 설립요건 139

제3관 법인의 능력 144
- 1 권리능력 144
- 2 행위능력 146
- 3 법인의 불법행위능력 147
- 4 법인격부인론 151

제4관 법인의 기관 152
- 1 서 설 152
- 2 이 사 152
- 3 감 사 159
- 4 사원총회 160
- 5 사원권 165

제5관 법인의 주소 166

제6관 정관의 변경 167
- 1 서 설 167
- 2 사단법인의 정관변경 168
- 3 재단법인의 정관변경 170

제7관 법인의 소멸 172
- 1 해 산 172
- 2 청 산 174

제8관 법인의 등기와 감독 181
- 1 법인의 등기 181
- 2 법인의 감독 184

Chapter 4 권리의 객체 185

제1절 총 설 186
- 1 권리객체의 의의 186
- 2 민법의 규정 187

차례

경록교재, 1회독이 합격을 좌우합니다.

제2절 물건 187
    1 물건의 의의 187
    1 물건의 종류 190

제3절 동산과 부동산 195
    1 부동산 195
    2 동 산 199
    3 동산·부동산의 법률상 취급의 차이 199

제4절 주물과 종물 201

제5절 원물과 과실 204
    1 의 의 204
    2 종 류 204
    3 과실의 수취권자 205

Chapter 5 권리변동 207

제1절 개 관 208
    1 권리변동의 의의 208
    2 권리변동의 모습 208
    3 법률요건과 법률사실 212

제2절 법률행위 217
  제1관 서 설 217
    1 법률행위일반 217
    2 법률행위의 요건 223
  제2관 법률행위의 목적 및 해석 227
    1 법률행위의 목적 227
    2 법률행위의 해석 249

제3절 의사표시 258
    1 의사표시와 불일치 258
    2 진의 아닌 의사표시 260
    3 통정허위표시 265
    4 착오로 인한 의사표시 272
    5 사기·강박에 의한 의사표시 282
    6 의사표시의 효력발생 290

제4절 법률행위의 대리 293
    1 개 관 293
    2 대리권 300
    3 대리행위 309
    4 복대리 315
    5 무권대리 322

제5절 무효와 취소 347
    1 개 관 347
    2 법률행위의 무효 349
    3 법률행위의 취소 364

제6절 법률행위의 부관 379
    1 개 관 379
    2 조 건 379
    3 기 한 389

Chapter 6 기간과 소멸시효 394

제1절 기 간 395
1. 의 의 395
2. 기간의 계산방법의 구분 395
3. 기간의 계산 396

제2절 소멸시효 399
1. 시효제도의 일반 399
2. 소멸시효의 요건 403
3. 소멸시효의 중단 414
4. 소멸시효의 정지 422
5. 소멸시효 완성의 효과 424
6. 소멸시효 이익의 포기 428

Part2 물권법

Chapter 1 물권법 총설 434
1. 물권총설 435
2. 물권의 변동 451
3. 부동산물권의 변동 454
4. 동산물권의 변동 473
5. 물권의 소멸 474

제2절 소유권 497
1. 소유권 서설 497
2. 소유권에 기한 물권적 청구권 498
3. 상린관계 498
4. 소유권의 취득 507
5. 공동소유 523

Chapter 2 점유권과 소유권 478

제1절 점유권 479
1. 점유제도와 점유권 479
2. 점유권의 취득과 상실 484
3. 점유권의 효력 485

Chapter 3 용익물권 542

제1절 지상권 543
1. 의의 및 성질 543
2. 지상권의 취득 545
3. 지상권의 존속기간 546
4. 지상권의 효력 549
5. 지상권의 소멸 552

차례

6 구분지상권 556
7 법정지상권 558
8 관습법상의 지상권 563

제2절 지역권 570
1 지역권의 의의 및 성질 570
2 지역권의 득실 및 존속기간 572
3 지역권의 효력 573

제3절 전세권 575
1 전세권의 의의 및 성질 575
2 전세권의 취득과 존속기간 578
3 전세권의 효력 579
4 전세권의 소멸 583

Chapter 4 담보물권 588

제1절 총설 589
1 채권담보제도 589

2 담보물권의 종류 589
3 담보물권의 특질 590

제2절 유치권 592
1 유치권의 의의와 법적 성질 592
2 유치권의 성립요건 594
3 유치권의 효력 599
4 유치권의 소멸 602

제3절 질권 603
1 의의 및 법적 성질 603
2 동산질권 604
3 권리질권 612

제4절 저당권 617
1 저당권의 의의 및 성질 617
2 저당권의 성립 617
3 저당권의 효력 621
4 저당권의 처분 및 소멸 631
5 특수한 저당권 632

Part3 채권법

Chapter 1 채권총칙 642

제1절 채권법 총설 643
1 채권법 일반 643
2 채권의 목적 645

제2절 채권의 효력 654
1 서설 654

2 채무불이행 654
3 채무불이행에 대한 구제 657
4 채권자지체 662
5 채권의 대외적 효력 662

제3절 채권의 양도와 채무의 인수 668
1 채권양도 668
2 채무인수 671

제4절 채권의 소멸 674
  1 서 설 674
  2 변 제 675
  3 대물변제 688
  4 공 탁 689
  5 상 계 692
  6 경 개 694
  7 면 제 696
  8 혼 동 697

제5절 다수당사자의 채권관계 698
  1 다수당사자의 채권관계의 의의 698
  2 분할채권관계와 분할채무관계 699
  3 불가분채권관계와 불가분채무관계 699
  4 연대채무 701
  5 부진정연대채무 704
  6 보증채무 706

Chapter 2 계약총칙 719
  1 서 설 720
  2 계약의 성립 723
  3 계약의 효력 730
  4 계약의 해제·해지 742

Chapter 3 계약각론 754
  1 매 매 755
  2 임대차 766
  3 도 급 784
  4 위 임 790

Chapter 4 부당이득·불법행위 794

제1절 부당이득 795
  1 개 관 795
  2 부당이득의 성립요건 795
  3 부당이득의 효과 797
  4 특수한 부당이득 799

제2절 불법행위 807
 제1관 불법행위의 개관 807
  1 의 의 807
  2 불법행위책임과 다른 책임과의 관계 807
 제2관 일반불법행위의 성립요건 810
  1 고의·과실 810
  2 책임능력 810
  3 위법성 811
  4 손해발생과 인과관계 812
  5 입증책임 812
 제3관 불법행위의 효과 814
  1 손해배상의 기본원칙 814
  2 손해배상액의 산정 815
  3 불법행위에 의한 손해배상청구권 819
 제4관 특수불법행위책임 821
  1 감독자책임 821
  2 사용자책임 822
  3 공작물 등의 점유자·소유자의 책임 826
  4 동물점유자의 책임 828
  5 공동불법행위 828

부 록 제28회 주택관리사시험
경록교재 98% 정답!! 기출문제해설

PART 01 민법총칙

출제비율 58.5%

구 분			24회	25회	26회	27회	28회	합계	비율(%)
제1편 민법 총칙	서 설		1	1	1	1	1	5	2.5
	법률관계와 권리·의무		2	2	1	2	2	9	4.5
	권리의 주체	자연인	3	3	3	3	3	15	7.5
		법인	4	4	2	4	4	18	9.0
	권리의 객체		1	2	2	2		7	3.5
	권리 변동	개관·법률행위	4	3	3	2	3	15	7.5
		의사표시	1	3	4	3	3	14	7.0
		법률행위의 대리	2	2	4	2	2	12	6.0
		무효와 취소	2	1	1	1	2	7	3.5
		법률행위의 부관	1	1	1	1	1	5	2.5
	기간과 소멸시효		2	2	1	3	2	10	5.0
	소 계		23	24	23	24	23	117	58.5

CHAPTER 01 서 설

학습포인트

- 이 장에서는 민법의 의의·법원·기본원리·해석·효력 등 민법에 있어서 전반적인 기본원리를 설명하고 있기 때문에 출제가능성이 다소 낮을 수 있다. 여기서는 이 책의 특징인 만화와 교수코멘트를 통해서 민법이라는 전반적인 개념과 체계를 이해하는 학습방향으로 공부하는 것이 바람직하다.
- 이 장에서의 출제가능한 중요포인트는 민법 제1조의 해석, 민법상 법원의 종류 및 인정 여부, 민법의 기본원리 및 수정원리, 민법의 해석에 있어서 용어정리(예 간주·추정·준용·대항하지 못한다 등) 등이다. 특히 법원의 한 종류인 관습법에 성문법과의 관계에서 변경적인 효력을 인정할 수 있는지 여부가 중요하다.

CHAPTER 학습 & 출제되는 키워드

- ☑ 민법의 의의
- ☑ 사 법
- ☑ 실체법
- ☑ 실질적 민법과 형식적 민법
- ☑ 성문법주의·불문법주의
- ☑ 법 률
- ☑ 명령·규칙·조례
- ☑ 조 리
- ☑ 헌법재판소결정
- ☑ 대법원판례
- ☑ 관습법
- ☑ 민법전의 구성
- ☑ 민법의 기본원리
- ☑ 소유권절대의 원칙
- ☑ 사적자치의 원칙
- ☑ 과실책임의 원칙
- ☑ 신뢰보호의 원칙
- ☑ 민법의 해석
- ☑ 구체적 타당성
- ☑ 법적 안정성
- ☑ 민법의 효력
- ☑ 장소적 효력
- ☑ 시간적 효력
- ☑ 대인적 효력

CHAPTER 학습 & 출제되는 질문

- ☑ 민법의 법원에 대한 설명으로 틀린 것은?
- ☑ 다음 중 관습과 관습법에 대하여 바르게 설명한 것은?
- ☑ 판례에 의해 확인된 관습법에 해당하지 않는 것은?

제1장 서 설

제1절 민법의 의의

> **Professor Comment**
> ❶ 앞부분에 나오는 법률용어나 개념들이 이해하기 어렵다고 느껴질 수도 있으므로 처음부터 완벽히 이해하려고 시간과 노력을 지나치게 소모해서는 안 된다.
> ❷ 시험에서는 학설은 단지 참고일 뿐 법조문과 판례를 중심으로 출제되고 있다.

01 민법의 법적 성격(법체계상의 지위)

민법은 법이 규율하는 생활관계 중에서 보통의 사인 간의 **일반적인 사회생활관계***를 규율하는 법으로 법체계상 다음과 같은 지위를 갖는다.

> * **일반적인 사회생활관계**
> 재산관계와 신분관계

1 사법(私法)

(1) 공·사법의 구별

1) **의의**: 법을 공법과 사법으로 나누는 것은 로마법 이래 가장 기본적인 법의 분류로 생각되어 왔으며 그 구별기준으로 이익설·성질설·주체설·생활관계설 등이 주장되었다.

2) **구별의 실익**: 공법관계의 경우 공익이 중요한 의미를 가지며, 행정법원의 관할이 되나, 사법관계의 경우 사적 자치와 법적 안정성이 중요한 의미를 가지며, 민사법원의 관할이 된다.

(2) 사법으로서의 민법

어떤 견해에 의하든 모든 국민의 개인적 사생활관계(재산관계와 신분관계)를 그 규율의 대상으로 하는 민법에 대해서는 사법으로 보는 데 이론이 없다.

2 일반사법

(1) 일반법·특별법

1) **의의**
사람·장소·사항 등에 특별한 제한 없이 일반적으로 적용되는 법을 '일반법 또는 보통법'이라 하고, 제한된 사람이나 장소 또는 사항에 관해서만 적용되는 법을 '특별법'이라 한다.

1편 민법총칙

2) 구별의 실익
어떤 사항에 관하여 특별법이 있으면 **특별법이 일반법에 우선하여 적용***되는 데 있다.

> * **특별법이 일반법에 우선하여 적용**
> 특별법우선의 원칙

(2) 일반법인 민법
개인의 일반적인 사법적 생활관계를 규율하는 민법은 사법의 핵심을 이루는 원칙적인 법, 즉 일반법이며, 상법은 상행위를 전제로 하는 재산적 법률관계에 적용되는 **특별법****이다.

> ** **특별법**
> 사법에 대한 특별법이므로 특별사법

3 실체법(實體法)

(1) 실체법·절차법
1) **의의**: 실체법이란 권리·의무의 발생이나 그 내용·성질 및 변경·소멸에 관한 직접적인 규정을 의미하고, 절차법이란 실체법상의 권리를 실행하거나 의무를 실현시키기 위한 절차를 정하고 있는 법을 말한다.

 민법의 법적 성격

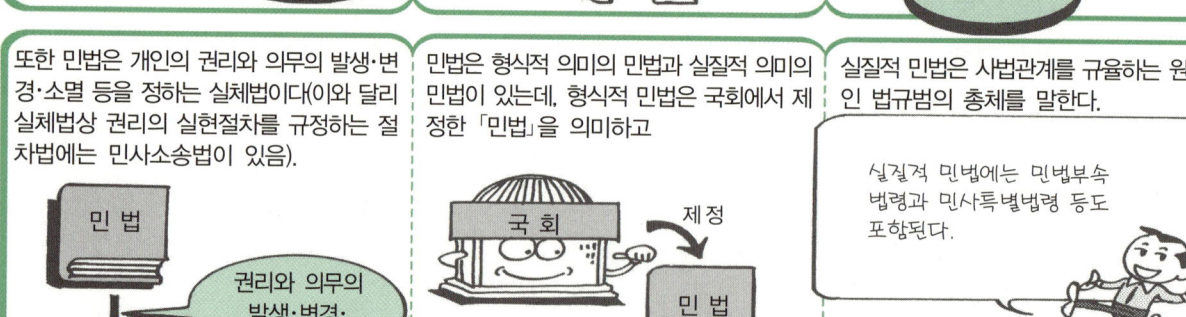

2) **구별이익** : 법률규정의 소급효 인정 여부, 섭외사법관계에 영향을 미친다.

(2) 민법은 실체법에 속한다.

특히 민사, 즉 개인의 일반적인 사법적 생활관계에 관한 실체법이다. 중요한 민사절차법으로는 민사소송법, 소액사건심판법, 부동산등기법, 공탁법, 비송사건절차법 등이 있다.

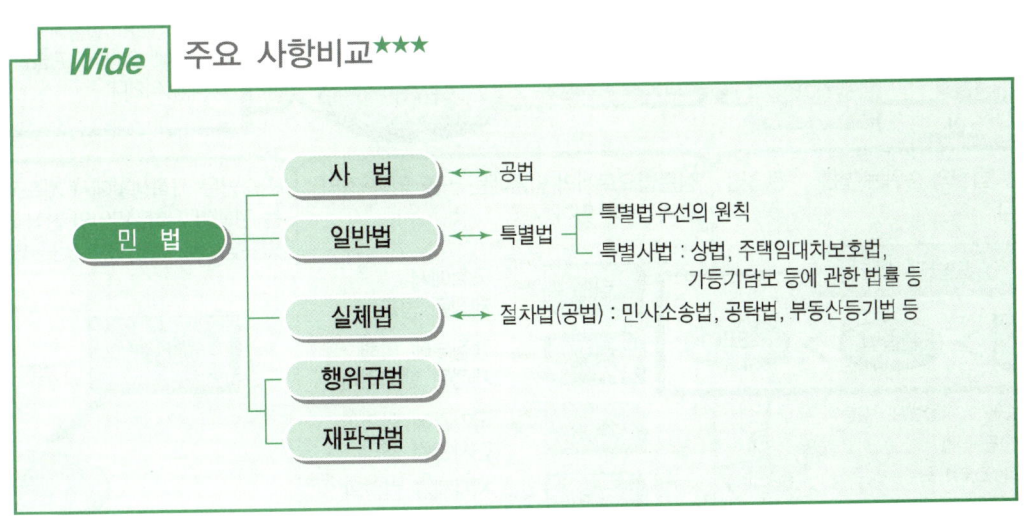

1편 민법총칙

02 실질적 민법과 형식적 민법★

1 의 의

사법의 일부로서 사법관계를 규율하는 원칙적인 법*을 그 존재형식에 관계없이 '실질적 민법'이라 하고 그 내용에 관계없이 민법이라는 이름을 가진 성문의 법전(成文法典), 즉 1958년 2월 22일 공포되고, 1960년 1월 1일부터 시행되어 온 법률 제471호를 가리켜 '형식적 민법'이라 한다.

> * 원칙적인 법
> 일반법, 보통법

2 관 계

(1) 실질적 민법이지만 형식적 민법이 아닌 경우

형식적 민법이 아닌 실질적 민법은 민법부속법, 민사특별법뿐만 아니라, 공법규정 가운데에도 산재해 있다.

예 유실물법(遺失物法), 부동산등기법 등

민법의 법원

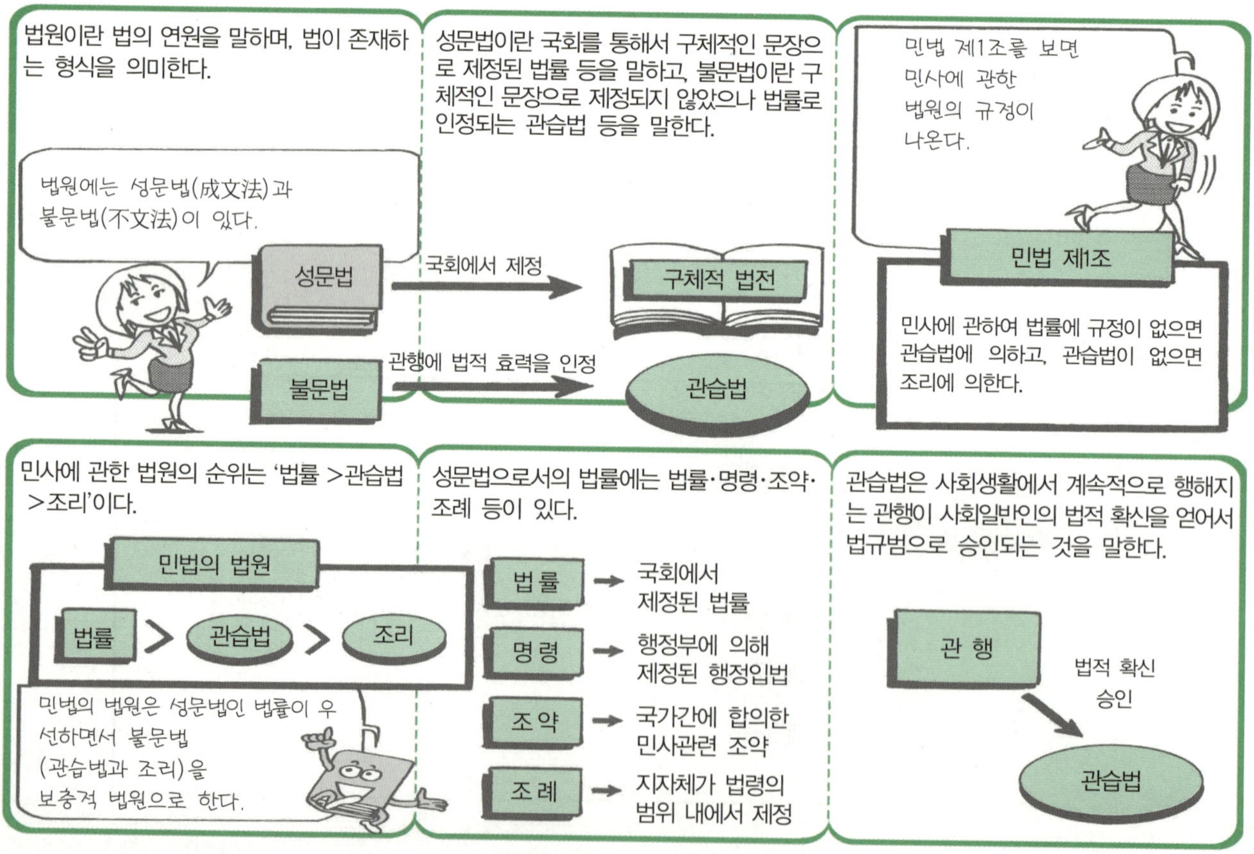

법원이란 법의 연원을 말하며, 법이 존재하는 형식을 의미한다.

법원에는 성문법(成文法)과 불문법(不文法)이 있다.

성문법이란 국회를 통해서 구체적인 문장으로 제정된 법률 등을 말하고, 불문법이란 구체적인 문장으로 제정되지 않았으나 법률로 인정되는 관습법 등을 말한다.

성문법 → 국회에서 제정 → 구체적 법전
불문법 → 관행에 법적 효력을 인정 → 관습법

민법 제1조를 보면 민사에 관한 법원의 규정이 나온다.

민법 제1조: 민사에 관하여 법률에 규정이 없으면 관습법에 의하고, 관습법이 없으면 조리에 의한다.

민사에 관한 법원의 순위는 '법률 > 관습법 > 조리'이다.

민법의 법원: 법률 > 관습법 > 조리

민법의 법원은 성문법인 법률이 우선하면서 불문법(관습법과 조리)을 보충적 법원으로 한다.

성문법으로서의 법률에는 법률·명령·조약·조례 등이 있다.

- 법률 → 국회에서 제정된 법률
- 명령 → 행정부에 의해 제정된 행정입법
- 조약 → 국가간에 합의한 민사관련 조약
- 조례 → 지자체가 법령의 범위 내에서 제정

관습법은 사회생활에서 계속적으로 행해지는 관행이 사회일반인의 법적 확신을 얻어서 법규범으로 승인되는 것을 말한다.

관행 →(법적 확신 승인)→ 관습법

(2) 형식적 민법이지만 실질적 민법이 아닌 경우

형식적 민법은 실질적 의의에 있어서의 민법법규를 집대성한 것이기는 하지만, **실질적 민법에 관한 규정을 전부 포함하고 있지는 않으며**, 민법전(民法典) 속에는 공법적 규정이라고 할 수 있는 것도 있다.

> 예 법인의 이사·감사·청산인 등에 대한 벌칙(제97조), 강제이행(제389조)에 관한 규정 등

단락문제 Q1

다음 중 틀린 것은?

① 형식적 의미의 민법은 모든 성문민법을 의미한다.
② 민법전(民法典) 가운데에는 실질적 민법이 아닌 규정도 있다.
③ 실질적 민법은 일반사법으로 그 존재형식을 불문한다.
④ 민법은 행위규범인 것과 동시에 재판규범이다.
⑤ 우리 민법상 성문법은 관습법에 우선한다.

해설 민법의 의의
① (×) 형식적 민법은 민법이라는 이름을 가진 법률을 의미하지만, 민법전에는 공법적 규정도 있다.
② (○) 사법상의 법률관계가 아닌 벌칙규정. 제97조가 이에 해당한다.
③ (○) 사법 가운데에서 상법, 기타의 특별사법을 제외한 일반사법만을 가리켜 실질적 민법이라 하는데 이것은 민법전뿐만 아니라 민법부속법, 민사특별법, 공법의 규정 가운데에도 많이 산재하고 있다.
④ (○) 민법은 재판관의 재판의 기준이 되는 법일 뿐만 아니라(재판규범) 일반인의 사법상의 법률행위(계약 등)의 기준이 되는 법이다.
⑤ (○) 민사에 관하여 법률에 규정이 없으면 관습법에 의하고 관습법이 없으면 조리에 의한다 (제1조).

답 ①

1편 민법총칙

제2절 민법의 법원 5·8·24·27회 출제

01 서설

제1조(법원) 민사에 관하여 법률에 규정이 없으면 관습법에 의하고, 관습법이 없으면 조리에 의한다.

1 법원(法源)의 의의

(1) 법원(법의 연원)이라는 말은 법의 인식근거 내지 수단을 가리키는 경우도 있지만 보통은 법의 존재형식 내지 그 형태, 즉 법이 법으로서 존재하는 형식 내지 형태를 의미한다.

(2) 이에는 문자로 표시하고 일정한 형식 및 절차에 따라서 제정·공포되어 그 존재형태가 명확한 **성문법***과 특별한 형식이 없는 **불문법****이 있다.

> * **성문법**
> 민법·형법·상법 등 국회에서 일정한 절차를 거쳐 제정한 형식적 의미의 법률(제정법)
>
> ** **불문법**
> 관습법·판례법·조리 등

2 성문법주의와 불문법주의

(1) **의의**

법원에는 성문법과 불문법의 2가지가 있지만 현실적으로 그 어느 편이 주된 법원으로 되어 있느냐에 따라 성문법주의와 불문법주의로 나누어진다.

(2) **장·단점**

사 항	성문법주의	불문법주의
법의 통일·정비	용이하다.	곤란하다.
법의 명확화		
법적 질서의 안정	확정적이다.	유동적이다.
법의 경화(硬化)	경화하기 쉽다.	경화하기 어렵다.
사회사정의 변천에 대한 적응성	곧 적응이 어렵다.	곧 적응하기 쉽다.
법적 질서의 유동성	저해하는 경우가 있다.	저해하는 경우가 적다.
입법례	대륙법(독일, 프랑스)	영미법(영국, 미국)

(3) **입법례**

성문법주의는 독일·프랑스·스위스·한국·일본 등 대륙법계 국가에서, 불문법주의는 영국·미국 등 영·미법계 국가에서 취하고 있다.

제1장 서 설

Professor Comment

> 이러한 장·단점 때문에 그 나라의 전통과 정책에 의하여 불문법주의(不文法主義)의 나라에서도 불문법의 불비를 보충 또는 수정하기 위하여 특수한 사항에 관하여 성문법을 제정하는 일이 있고, 반대로 성문법주의(成文法主義)의 나라에서도 불문법에 대하여 법원(法源)으로서의 효력을 인정하기도 한다.

3 민법의 입장 〔16회 출제〕

민법 제1조는 '민사에 관하여 법률에 규정이 없으면 관습법에 의하고 관습법이 없으면 조리에 의한다.'고 규정함으로써 성문법주의를 원칙으로 하고 있다.

단락문제 02 제24회 기출

법원(法源)에 관한 설명으로 옳지 않은 것은? (다툼이 있으면 판례에 따름)

① 민사에 관하여 법률과 관습법이 없는 경우에는 사실인 관습에 의한다.
② 법률의 규정을 집행하기 위해 세칙을 정하는 집행명령이 민사에 관한 것이면 민법의 법원이 된다.
③ 관습법이 사회질서의 변화로 인하여 적용 시점의 전체 법질서에 반하게 된 때에는 법적 규범으로서의 효력이 부정된다.
④ 관습법은 당사자의 주장·증명이 없더라도 법원(法院)이 직권으로 이를 확정하여야 한다.
⑤ 헌법에 의해 체결·공포된 조약 중 민사에 관한 것은 민법의 법원이 된다.

해설 민법의 법원
① (×) 사실인 관습 → 조리
  민법 제1조(민사에 관하여 법률에 규정이 없으면 관습법에 의하고 관습법이 없으면 조리에 의한다)
② (○) 명령은 법률의 하위규범으로서 민법의 법원이 된다.
③ (○) 사회를 지배하는 기본적 이념이나 사회질서의 변화로 인하여 그러한 관습법을 적용하여야 할 시점에 있어서의 전체 법질서에 부합하지 않게 되었다면 그러한 관습법은 법적 규범으로서의 효력이 부정될 수밖에 없다(대판 2002다1178).
④ (○) 관습법은 직권 적용사항이다.
⑤ (○) 헌법 제6조 제1항(헌법에 의하여 체결·공포된 조약과 일반적으로 승인된 국제법규는 국내법과 같은 효력을 가진다)

답 ①

단락핵심 민법의 법원

(1) 민사문제에 관하여는 법률·관습법·조리의 순서로 재판의 준칙이 된다. (○)
(2) 민법 제1조에 따르면 관습법은 법률에 대하여 보충적 효력이 인정되나, 예외적으로 법률에 우선하여 적용되기도 한다. (○)
(3) 대통령의 긴급명령은 실질적 의미의 법원이 될 수 없다. (×)

1편 민법총칙

02 성문민법 ★　　　　　　　　　　　　　　5·12회 출제

우리나라에서는 성문법, 즉 제정법이 제1차적 법원이 되는데, 이에는 법률·명령·대법원규칙·조약 및 자치법이 있다.

1 법률

(1) 형식적 민법
성문민법으로서 가장 중요한 것은 「법률」(헌법이 정하는 절차에 따라 제정 공포되는 형식적 의미의 법률)이며, 그 중에서도 「민법전(民法典)」이라고 불리는 법률(즉, 형식적 민법 법률 제471호)이다.

(2) 민사에 관한 특별법
이 밖에 민법전의 제정 후의 사회사정의 변천에 대처하기 위하여 민법전의 규정을 수정 또는 보충해 특수·구체적 사항에 관하여 제정된 민사에 관한 특별법(특별민법)이 많이 있다.

> 예 신탁법·부동산거래신고 등에 관한 법률·집합건물의 소유 및 관리에 관한 법률·가등기담보 등에 관한 법률·공장 및 광업재단저당법·자동차등 특정동산저당법·주택임대차보호법·상가건물 임대차보호법·신원보증법·공탁법·국가배상법·자동차손해배상보장법·제조물책임법 등이 그것이다.

(3) 민사에 관한 절차법
민사에 관한 절차법으로서의 민법 부속법령에 실체법규가 포함되어 민법의 법원이 되기도 한다.

> 예 부동산등기법·유실물법(遺失物法) 등이 그것이다. 그리고 공법 내지 사회법의 범주에 속하는 법률 속에도 민사법규는 많이 포함되어 있다.

(4) 조약과 국제법규　　　　　　　　　　14·21회 출제
헌법에 의하여 체결·공포된 조약과 일반적으로 승인된 국제법규는 국내법과 같은 효력을 가지기 때문에 비준·공포된 조약으로서 민사에 관한 것은 법률과 동일한 효력을 가지는 민법의 법원이 된다(헌법 제6조 제1항).

> 예 국제물품매매계약에 관한 국제연합협약(CISG) 등

* 법률의 위임에 의한 것
  위임명령
** 법률의 실시를 위한 것
  집행명령
*** 대통령령
  긴급명령, 긴급재정경제명령 등 포함

2 명령·대법원규칙·조례

(1) 명령
명령은 법률의 하위규범으로서 법률의 위임에 의한 것*과 법률의 실시를 위한 것**이 있고, 그 제정권자에 따라 대통령령***·총리령·부령으로 분류되는데 이 중 민사에 관한 것은 민법의 법원이 된다.

(2) 대법원규칙

대법원규칙도 민사에 관한 것은 민법의 법원이 된다. 예컨대, 부동산등기규칙, 공탁규칙, 가사소송규칙 등이 있다.

(3) 조 례

지방자치단체가 법령의 범위 내에서 그의 사무에 관하여 제정한 자치법규인 「조례」 속에 포함된 민사규정도 민법의 법원이 된다.

03 불문민법   7·15·17·20회 출제

1 관습법★★★

(1) 의 의

관습법이란 사회생활에서 계속적으로 행해지는 관행이 사회일반인의 법적 확신을 얻어서 법규범으로 승인된 것을 의미한다.

(2) 성립요건

1) 관습법으로 성립하기 위해서는 ① **사회적 관행***이 존재하고, ② 이러한 관행이 사회질서와 선량한 풍속에 반하지 않고(헌법을 최상위 규범으로 하는 전체 법질서에 반하지 않고), ③ 사회일반의 법적 확신을 취득해야 한다.

> * **사회적 관행**
> 사회의 거듭된 행태로 반복·계속성, 항상성, 명료성을 요구

판례 관습법의 성립요건★

1. 사회의 거듭된 관행으로 생성한 어떤 사회생활규범이 법적 규범으로 승인되기에 이르렀다고 하기 위하여는 그 **사회생활규범은 헌법을 최상위 규범으로 하는 전체 법질서에 반하지 아니하는 것으로서 정당성과 합리성이 있다고 인정될 수 있는 것이어야 한다**(대판 2003.7.24. 2001다48781).

2. 사회의 거듭된 관행으로 생성된 사회생활규범이 관습법으로 승인되었다고 하더라도 ① **사회구성원들이 그러한 관행의 법적 구속력에 대하여 확신을 갖지 않게 되었다거나**, ② **사회를 지배하는 기본적 이념이나 사회질서의 변화로 인하여 그러한 관습법을 적용하여야 할 시점에 있어서의 전체 법질서에 부합하지 않게 되었다면 그러한 관습법은 법적 규범으로서의 효력이 부정될 수밖에 없다**(대판 2005.7.21. 2002다1178). 즉 종중 구성원의 자격을 성년 남자만으로 제한하는 종래 관습법의 효력을 부정한 판례임

1편 민법총칙

2) 가치관 등의 변천으로 기존 관습법의 효력이 부정되면 그 관습법에 의해 규율되던 영역은 조리에 의하여 보충될 수 있다(대판 2005.7.21. 2002다1178).

(3) 성립시기

관습법은 법원의 판결에 의해서 존재가 확인되지만 그 관습에 대한 사회일반의 법적 확신을 획득한 때에 이미 성립하는 것이다.

(4) 효 력

관습법의 성문법에 대한 개폐적 효력을 인정하는 변경적 효력설이 있으나 판례는 관습법은 성문법에 규정이 없는 경우에 한하여 보충적으로 적용된다는 보충적 효력설을 취한다.

> **판례** 관습법의 보충적 효력에 관한 판례★
>
> 사실인 관습은 사적자치가 인정되는 분야, 즉 그 분야의 제정법이 주로 임의규정일 경우에는 법률행위의 해석기준으로서 또는 의사를 보충하는 기능으로서 이를 재판의 자료로 할 수 있을 것이나 이 이외, 즉 그 분야의 제정법이 주로 강행규정일 경우에는 그 강행규정 자체에 결함이 있거나 강행규정 스스로가 관습에 따르도록 위임한 경우 등 이외에는 법적 효력을 부여할 수 없다(대판 1983.6.14. 80다3231).

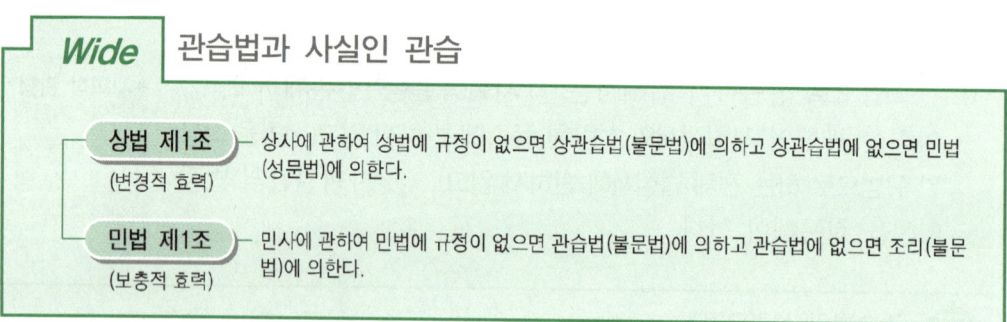

Wide 관습법과 사실인 관습

- 상법 제1조 (변경적 효력) → 상사에 관하여 상법에 규정이 없으면 상관습법(불문법)에 의하고 상관습법에 없으면 민법(성문법)에 의한다.
- 민법 제1조 (보충적 효력) → 민사에 관하여 민법에 규정이 없으면 관습법(불문법)에 의하고 관습법에 없으면 조리(불문법)에 의한다.

(5) 판례에 의해 승인된 관습법 2·7·19회 출제

① 관습법상의 법정지상권, ② 수목의 집단이나 미분리 과실에 대한 공시방법으로서의 명인방법, ③ 동산양도담보, ④ 분묘기지권, ⑤ 사실혼 등이 있다.

단락문제 03

다음 중 관습법에 관한 설명 중 잘못된 것은?

① 우리나라의 판례는 사실인 관습과 관습법을 개념상 구별하고 있다.
② 관습법은 그 존재 자체가 불분명하므로 결국 법원의 판결에 의한 확인을 필요로 한다.
③ 관습법은 법령과 같은 효력을 가지나 그 존부가 불분명하므로 당사자가 그 주장·입증을 하여야 법원이 그를 근거로 판단할 수 있다.
④ 사회에 있어서 가장 직접적이고 근원적인 법원은 관습법이라고 할 수 있다.
⑤ 사회적 가치관의 변천으로 인하여 관습법이 헌법적 가치에 부합하지 않게 되었다면 그러한 관습법은 더 이상 법적 규범으로서의 효력을 가질 수 없다.

해설 관습법의 입증책임 등
① (○) 우리나라 판례는 법적 승인을 받지 못한 사실인 관습과 관습법을 개념상 구별하고 있다(대판 1983.6.14. 80다3231).
② (○), ③ (×) 법령과 같은 효력을 갖는 관습법은 당사자의 주장·입증을 기다림이 없이 법원이 직권으로 이를 판단하고, 사실인 관습은 그 존재를 당사자가 주장·입증하여야 한다(대판 1983.6.14. 80다3231).
④ (○) 관습법은 모든 국가에서 근원적인 법원이라고 할 수 있으나, 현대 사회에 있어서는 성문법의 제정 확대로 그 범위와 역할은 축소되고 있다.
⑤ (○) (대판 2005.7.21. 2002다1178)

답 ③

2 판례

(1) 의의

어떤 개별적·구체적 사건에 대한 법원의 판결이 동종의 유사한 사건에 되풀이 되어 장래의 동종의 사건에 대한 선례로서 규범화되면 이것을 판례라고 한다.

(2) 입법례와 판례의 법원성

1) 불문법주의를 취하는 영미법계에 있어서는 상급법원의 판결은 동종사건에 대하여 하급법원을 구속하는 까닭에 판례법(判例法)은 제1차적 법원*으로서의 지위를 차지한다.

   *제1차적 법원
   가장 먼저 고려되는 명제

2) 성문법주의를 취하는 대륙법계의 나라에서는 상급법원의 판례에 「법률상의 구속력」을 인정하지 않기 때문에 판례의 법원성을 부정한다.

(3) 우리 민법의 입장

1) **판례의 법원성 부인**(다수설)

   대륙법계를 취하는 우리 법제는 '상급법원의 재판은 당해 사건에 한하여 기속력이 인정'될 뿐이므로(「법원조직법」 제8조) 판례의 법원성을 부인한다.

2) 판례의 사실상의 구속력 인정

법률생활의 안정 및 재판제도의 신뢰유지를 위하여 최고법원은 그 자신의 판례에 구속되고 종래의 판례를 변경하는 데 신중을 기하게 되는데, 그 결과 상급법원, 특히 최고법원의 판례*는 사실상의 구속력을 가진다.

> * **최고법원의 판례**
> 우리 법제에서는 대법원의 판례

3 조리

(1) 의의

사물의 본성 또는 도리, 자연의 이치 등을 조리(條理)라 한다. 경우에 따라서는 경험칙·사회통념·사회적 타당성·신의성실·사회질서·형평·정의 등의 이름으로 표현하기도 한다.

(2) 조리의 법원성 인정 여부

제1조는 법원(法源)이라는 제목하에 조리를 규정하고 있으나 ① 이는 성문법주의 하에서 법의 흠결시 구체적 사건을 담당하는 법관에게 일정한 판단기준을 설정해주기 위한 것에 불과하다는 부정설이 있으나 ② 판례는 민법규정 또는 관습법이 없는 경우 조리에 의한 판단을 인정한다.

> **판례** 조리에 근거한 판결
>
> 1. 정관에 보수에 관한 규정이 없고 주주총회의 의결도 없는 경우의 구 민법상의 **상무취체역**에 대한 보수는 그에 대한 상관습이나 민법의 규정 또는 민사관습도 없는 바이니 **조리에 의하여 상당한 액을 지급하기로 한 것**이라고 단정하고 그 상당액을 증거에 의하여 일정액으로 인정한 조처에 **위법이 있지 아니하다**(대판 1965.8.31. 65다1156).
> 2. 종중이란 공동선조의 분묘수호와 제사 및 종원 상호 간의 친목 등을 목적으로 하여 구성되는 자연발생적인 종족집단이므로, 종중의 이러한 목적과 본질에 비추어 볼 때 **공동선조와 성과 본을 같이 하는 후손은 '성별의 구별 없이' 성년이 되면 당연히 그 구성원이 된다고 보는 것이 '조리에 합당'하다**(대판 2005.7.21. 2002다1178).

 조리

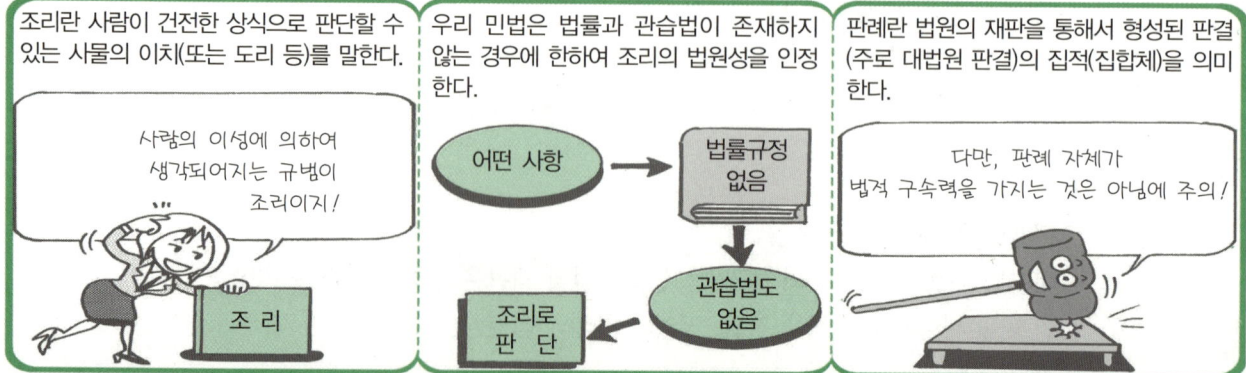

4 헌법재판소의 결정

헌법재판소의 법률에 대한 위헌결정*은 모든 국가기관을 기속하므로(「헌법재판소법」 제47·75조) 그 결정내용이 민사에 관한 것이면 민법의 법원이 될 수 있다.

> **판례** 민법 제651조 제1항 위헌소원
>
> 이 사건 법률조항(민법 제651조 제1항)은 입법취지가 불명확하고, 사회경제적 효율성 측면에서 일정한 목적의 정당성이 인정된다 하더라도 과잉금지원칙을 위반하여 계약의 자유를 침해한다(헌재결 2013.12.26. 2011헌바234).
> ※ 민법 제651조(임대차존속기간) ① 석조, 석회조, 연와조 또는 이와 유사한 견고한 건물 기타 공작물의 소유를 목적으로 하는 토지임대차나 식목, 채염을 목적으로 하는 토지임대차의 경우를 제한 외에는 임대차의 존속기간은 20년을 넘지 못한다. 당사자의 약정기간이 20년을 넘는 때에는 이를 20년으로 단축한다.

* **법률에 대한 위헌결정**
단순위헌결정뿐만 아니라 헌법불합치결정 등 변형결정도 포함

Key Point 민법의 법원(法源) : 법의 존재형식(形式)

- 성문법
  - 민법전(총 제1118조)
  - 민사부속법률
  - 민사특별법률
- 불문법
  - 관습법 : 사실인 관습 → 법적확신 → 관습법
  - 판 례 : 법원성이 부정된다.
  - 조 리 : 가장 궁극적인 법원(사리·이치·정의관념·사회통념)

Wide 상법과 민법에서의 관습법의 효력

- **상법 제1조** (변경적 효력) — 상사에 관하여 상법에 규정이 없으면 상관습법(불문법)에 의하고 상관습법에 없으면 민법(성문법)에 의한다.
- **민법 제1조** (보충적 효력) — 민사에 관하여 민법에 규정이 없으면 관습법(불문법)에 의하고 관습법에 없으면 조리(불문법)에 의한다.

1편 민법총칙

제3절 민법의 기본원리

01 근대민법의 기본원리 ★

1 발생배경

(1) 봉건제도를 무너뜨리고 성립한 근대사회는 사회생활관계에 있어서의 모든 특권을 부정하고, 모든 사람을 평등하게 다루며, 사람들의 자유로운 활동을 보장하는 것을 지도원리로 하여 출발하였다.
(2) 그 결과 근대민법은 다음과 같은 3원칙을 그 기본으로 하고 있었다.

2 근대민법의 3대 원리

(1) 소유권절대의 원칙(재산권존중의 원칙)

소유권을 중심으로 하는 사유재산권은 신성불가침의 권리로서 각 개인의 사유재산권에 대한 절대적 지배를 인정하고, 국가나 다른 사인(私人)이 이에 간섭하거나 제한을 가하지 못한다는 원칙이다.

(2) 사적 자치의 원칙(계약자유의 원칙)

1) 개인의 권리의무는 당사자 자신의 자유로운 의사에 의해서만 취득되고 상실된다는 것으로 권리의무의 취득·상실은 보통 법률행위, 그 중에서도 대표적인 계약에 의하기 때문에 '계약자유의 원칙'이라고도 한다.
2) 사적 자치는 계약의 자유·소유권의 자유·결사의 자유·유언의 자유 및 영업의 자유를 그 구성요소로 하고 있으며, 그 중 계약의 자유는 사적자치가 실현되는 가장 중요한 수단으로서, 이는 계약체결의 자유·상대방선택의 자유·방식의 자유·계약의 변경 또는 해소의 자유를 포함한다(헌재 2001.5.31. 99헌가18·99헌바71 등).

(3) 과실책임의 원칙(자기책임의 원칙)

1) 의의
위법하게 타인에게 손해를 준 경우에 그 행위가 고의(故意) 또는 과실(過失)에 의한 것일 때에만 손해배상의 책임을 지는 원칙을 말한다.

2) 고의·과실의 의미
고의는 자기의 행위로부터 일정한 결과가 생길 것을 인식하면서 감히 그 행위를 하는 것을 가리키며, 과실은 그 일정한 결과의 발생을 인식하였어야 함에도 불구하고 부주의로 말미암아 인식하지 못하는 것을 의미한다.

Professor Comment

근대사법은 개인을 자유로운 인격자, 즉 권리의 주체로 보고, 계약의 자유를 보장하고, 계약의 결과 취득하는 재산권을 보장함으로써 근대사회의 이상인 자유와 평등이 이루어진다는 생각을 바탕으로 하였다.

제1장 서 설

단락문제 Q5

다음 중 근대민법의 기본원리에 대한 설명으로 옳지 않은 것은?

① 근대에는 각 개인의 사유재산권에 대하여 절대적 지배를 인정하였으나 현재에는 사유재산에도 많은 공적 제약이 따른다.
② 계약의 자유는 계약체결의 자유, 계약상대방선택의 자유, 계약내용결정의 자유, 유언의 자유 등이 주된 내용이다.
③ 사적 자치의 원칙에 충실히 따른다면 계약의 형식에 제한을 가하는 것은 바람직하지 않다.
④ 타인에게 손해를 준 경우에도 그 행위가 고의 또는 과실에 의한 것으로 위법한 것에 해당하지 않는다면 원칙적으로 그 손해를 배상할 책임이 없다.
⑤ 불법행위에서 과실이란 일정한 결과의 발생을 인식하였어야 함에도 불구하고 부주의로 그러한 사정을 인식하지 못한 것을 의미한다.

해설 근대민법의 기본원리
② 사적 자치의 원칙은 계약체결의 자유, 계약상대방선택의 자유, 계약내용결정의 자유, 계약방식의 자유를 주된 내용으로 하며 유언은 단독행위로 계약에 해당하지 않으므로, 계약자유의 원칙의 내용에 포함되지 않는다.

답 ②

근대민법의 3대 원리와 그 수정

이 원칙은 현대로 오면서 수정되어 재산권에 대한 사회성과 공공성이 강조된다.

근대민법에서 계약자유의 원칙은 개인의 자유로운 의사에 의해 계약내용을 정하여 계약을 할 수 있다는 원칙이다.

이 원칙 역시 현대로 오면서 수정되어 경제적 약자의 실질적 평등을 위한 쪽으로 바뀌었다.

근대민법의 과실책임의 원칙은 개인이 자신의 귀책사유(자기 잘못)으로 인한 것으로 발생한 손해에 대해서 책임을 진다는 원칙이다.

이 원칙 역시 현대로 오면서 수정되어 과실 없는 것(무과실)에 대해서도 책임을 인정하게 되었다.

우리 민법은 근대민법의 3대 기본원리를 바탕으로 하면서 수정원리도 포함한다.

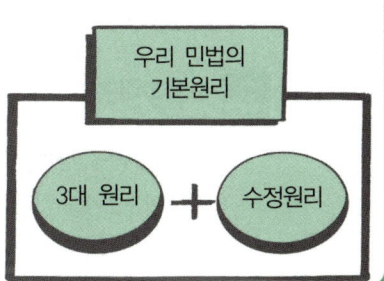

02 기본원리의 수정★★

1 사회적 배경

(1) 자본주의의 폐해

3대 기본원리는 근대 초기의 시민사회의 지도원리로서 개인을 봉건적인 여러 구속으로부터 해방하고, 개인의 사회적·경제적 활동의 자유를 보장하였으나, 자본주의가 발달할수록 심한 빈부의 차이가 초래되었고 노사간의 계급대립이 격화되었다.

(2) 기본원리의 왜곡

소유권절대의 원칙은 부의 세습 및 경제적 계급을 강화시키고(경제적 강자가 약자를 지배하는 도구로 되었다) 사적 자치의 원칙(私的自治原則)은 경제적 강자가 일방적으로 유리한 계약을 체결하는 수단이 되었으며, 과실책임의 원칙은 경제적 강자가 책임을 면하는 사유로 전락함으로써 현실적으로 부자유, 불평등을 가져왔다.

2 공공복리에 의한 제한

(1) 공공복리의 원칙의 등장

사회구성원 공동의 행복과 이익의 추구라는 이른바 '공공복리의 원칙'이 사법분야에도 적용되면서 소유권절대·계약의 자유·과실책임이라는 민법의 3대원칙은 이것에 의하여 제한을 받기에 이른 것이다.

(2) 구체적인 제도

1) 공공복리의 이념은 구체적으로는 사회질서·신의성실(信義誠實) 및 권리남용금지·거래안전 등으로 나타난다.

2) 신뢰보호의 원칙(거래안전의 보호)
권리자와 상대방의 이해가 충돌할 때 거래의 안전을 권리자의 보호보다 중시한다.

3 기본원리 수정의 한계

자유와 실질적 평등을 실현하기 위한 현대 민법에서 형평의 이념에 의해서 제한되는 근대민법의 기본원리는 어디까지나 소극적이고 제한적인 것이다. 즉 근대민법 원리의 제한은 최소한에 그쳐야 한다.

제1장 서 설

 사적자치의 원칙과 그 제한

그 본질적 부분이 훼손되지 않고 헌법상의 경제적 기본질서를 깨뜨리지 않는 한, 헌법 제37조 제2항에 규정된 국가안전보장, 질서유지 또는 공공복리를 위하여, 또한 헌법 제119조 제2항의 경제에 대한 규제와 조정의 기본원칙, 즉 "**국가는 균형 있는 국민경제의 성장 및 안정과 적정한 소득의 분배**를 유지하고, **시장의 지배와 경제력의 남용을 방지**하며, 경제주체간의 조화를 통한 **경제의 민주화를 위하여** 경제에 관한 **규제와 조정을 할 수 있다**"는 규정에 의하여 제한받을 수도 있으며, 다만 그 제한이 계약의 자유나 소유의 자유 등을 전면적으로 부인하는 결과를 초래한다면, 이는 곧 사적자치의 본질적 내용 침해가 되어 헌법에 위반된다고 할 것이다(헌법재판소 2001.5.31. 99헌가18·99헌바71 등).

단락문제 06

우리 민법의 기초이념에 관한 서술로서 틀린 것은?

① 우리 민법은 부동산에 관하여 공신(公信)의 원칙을 취하지 아니함으로써 거래의 안전보다는 구체적 타당성을 보호하려는 입장을 취하고 있다.
② 과실책임(過失責任)의 원칙은 사적 자치의 원칙이 불법행위나 채무불이행에 관하여 나타나는 현상이다.
③ 거래의 안전을 위하여 제한능력자제도를 폐지한다 하더라도 우리 민법의 기초이념에 위배되는 것은 아니다.
④ 개인은 자기 재산을 유언으로 처분할 수 있는 자유를 가진다.
⑤ 앞으로는 소비자보호에 치중하는 입법조치가 더욱 요망된다.

해설 민법의 기초이념
① (○) 민법은 동산에 대하여만 선의취득을 인정한다.
② (○) 주의의무를 다하면(과실이 없으면) 타인에 대하여 책임질 필요가 없으므로 사적 자치가 가능해진다.
③ (×) 민법은 합리적 사고가 가능한 인간을 전제로 하는 바, 이런 능력이 부족한 미성년자에 대하여는 민법을 직접 적용할 수 없다.
④ (○) (제1061조)
⑤ (○) 대기업 등의 경제적 지위에 의한 횡포를 제한할 필요성이 있기 때문이다.

답 ③

1편 민법총칙

> **Key Point** 근대민법의 수정원리
>
> 1) 소유권절대원칙의 수정
>   ① 소유권을 제한하는 법률의 증가
>   ② 법률해석에 있어서 공공의 법리 또는 권리남용금지의 법리가 크게 작용
> 2) 계약자유의 원칙의 수정
>   ① 계약자유를 제한하는 강행법규 증가
>   ② 계약체결의 강제, 계약내용의 개조, 계약효력의 부인
>   ③ 법해석에 있어서 공공복리·사회질서·신의성실 등의 법리의 증대
> 3) 과실책임의 원칙의 수정
>   ① 무과실손해배상책임론의 대두
>   ② 입증책임의 전환 또는 무과실책임을 인정하는 예외규정의 확장해석을 통한 무과실책임의 인정

03 우리 민법의 기본원리

1 우리 민법의 태도

민법은 자유·평등을 그 이념으로서 강조하고, 한편으로는 그것을 공공복리의 원칙으로서 조절하고 조화하려고 한다.

2 3대 기본원리의 수용 및 제한

(1) 기본원리의 수용

민법은 모든 사람에게 법인격을 인정하고(제3조), 사유재산권을 보장하고(제211조), 사적자치를 인정하며(제103조·제105조), 과실책임을 원칙으로 한다(제750조).

(2) 공공복리에 기한 기본원리의 수정

공공복리라는 현대적 이념의 실천원리 내지 행동원리로서 신의성실·권리남용금지·사회질서·거래안전을 앞에 내세워 3대 원칙을 적극적으로 제약하고 통제하고 있다.

(3) 공공복리에 관한 민법의 규정

이는 소유권의 내용에 법률유보*를 가한다거나(제211조) 무과실책임(無過失責任) 또는 그에 준한 책임을 인정하는 규정(제756조~제758조), 기타 특별법**에 의한 규제에 의하여 실현된다.

* **법률유보**
  법률로서 권리의 구체적 내용을 제한 또는 형성하는 것

** **특별법**
  대표적인 예가 주택임대차보호법

제1장 서설

제4절 민법의 효력 [3회 출제]

01 대인적 효력

1 속인주의

민법은 모든 한국인*에게 적용되므로 국외에 있는 한국인에게도 적용된다.

> *모든 한국인
> 모든 국민은 법 앞에 평등하므로, 성별·종교·사회적 신분에 따라 그 적용을 달리하지 않는다.

2 속지주의

민법은 대한민국 영토 안에 있는 외국인에게도 적용된다. 다만, 신분관계·능력에 관한 규정은 적용이 제한된다.

3 두 원칙의 병용

(1) 근대국가의 법률에 있어서의 기본원칙

이러한 속인(屬人)·속지(屬地) 양주의의 병용은 근대국가의 법률에 있어서 기본원칙인데, 이에 따라 속인적 법률과 속지적 법률과의 사이에 충돌이 생긴다.

(2) 국제사법의 과제

이를 조절하고 해결하는 것이 이른바 국제사법**의 과제이다.

> 예 미국인과 독일인이 한국에서 결혼을 하거나 또는 한국인과 일본인이 미국에서 거래한 사항

> **국제사법
> 수개의 국가법률이 적용되는 사안에 대해 적용법률을 확정하는 법률

02 시간적 효력

> 부칙 제2조(본법의 소급효) 본법은 특별한 규정이 있는 경우 외에는 본법 시행일 전의 사항에 대하여도 이를 적용한다. 그러나 이미 구법에 의하여 생긴 효력에 영향을 미치지 아니한다.

1 법률불소급의 원칙

(1) 의의

법률은 그 효력이 발생한 후, 즉 시행일 이후에 발생한 사항에 관하여서만 적용되는 것이 원칙이다. 이를 '법률불소급의 원칙'이라고 한다.

1편 민법총칙

> *Professor Comment*
> 소급효는 법률이 그 시행 이전에 발생한 사항에 대하여 효력이 미치는 것을 말한다. 예컨대, 법률은 1999년 4월 15일에 발효되었더라도 1990년에 발생한 사건에 대하여 효력이 미칠 경우 소급효가 있다고 한다.

(2) 취지

이는 법률의 효력을 소급시킴으로써 일어나는 사회생활상의 혼란을 피하여 법적 안정을 유지하고 기존의 권리를 될 수 있는 한 존중하려는 데에서 인정된 법의 일반원칙이다(「헌법」 제13조).

2 민법의 소급효

(1) 소급효의 인정 여부

법률불소급의 원칙(法律不遡及原則)은 절대적인 것은 아니다. 그것은 법적용상의 원칙에 지나지 않으므로, 입법할 때에 일정한 범위에서 소급효(遡及效)를 인정할 수 있다.

(2) 우리 민법상 소급효 인정

1) 민법 부칙 제2조 본문에서 '본법(本法)은 특별한 규정이 있는 경우 외에는 본법 시행일 전의 사항에 대해서도 이를 적용한다.'고 하여 원칙적으로 소급효를 인정하고 있다.
2) 그러나 단서(但書)에서는 '구법에 의하여 생긴 효력에 영향을 미치지 아니한다.'고 규정하여, 형식적으로는 소급효를 인정하면서도 실질적인 면에서는 소급효를 제한하고 있다.

단락문제 08

신법의 효력에 관한 설명으로 틀린 것은?

① 구법(舊法)에 의해 발생한 권리를 침해하지 않는다.
② 법률불소급의 원칙이 적용되므로 법률에 의해서도 소급효를 인정할 수 없다.
③ 현행민법 시행 전에 성립한 혼인에 대하여는 제808조(동의를 요하는 혼인)등을 적용하지 아니한다.
④ 구민법 당시 관습에 의하여 취득한 지상권은 등기를 요하지 아니한다.
⑤ 구법 당시 관습법상 혼인무효사유가 있었어도 그 사유가 신민법이 정한 무효사유에 해당하지 않으면 그 혼인은 유효하다.

> **해설** 민법의 시간적 효력
> ① (○) (부칙 제2조)
> ② (✗) 민법은 기득권보호의 취지하에 제한적으로 소급효를 인정하고 있다.
> ③ (○) (대판 1960.2.11. 4292민상502)
> ④ (○) (대판 1963.1.17. 62다737)
> ⑤ (○) (대판 1980.1.29. 79므11)
>
> 답 ②

03 장소적 효력

민법은 법률로 특별히 제한되지 않는 한, 대한민국의 전 영토에 적용된다. 따라서 민법은 대한민국의 모든 영역(領域)과 영해상의 외국인에게도 적용된다.

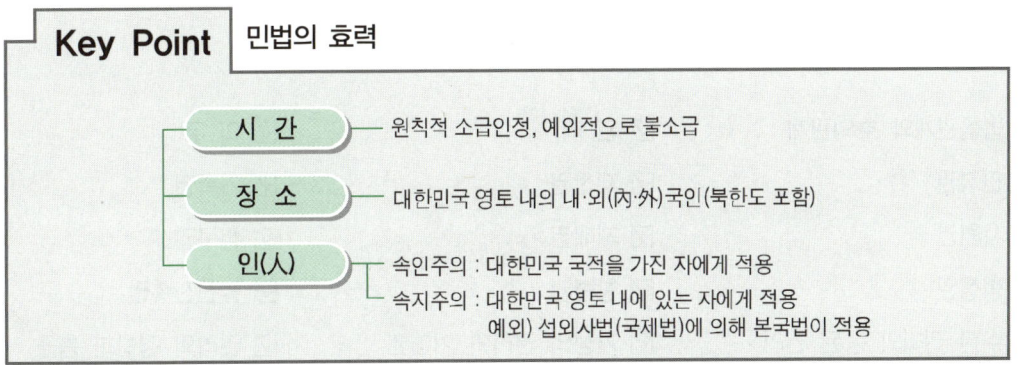

Key Point 민법의 효력
- 시 간 — 원칙적 소급인정, 예외적으로 불소급
- 장 소 — 대한민국 영토 내의 내·외(內·外)국인(북한도 포함)
- 인(人) — 속인주의 : 대한민국 국적을 가진 자에게 적용
  속지주의 : 대한민국 영토 내에 있는 자에게 적용
  예외) 섭외사법(국제법)에 의해 본국법이 적용

단락문제 Q9

민법의 효력에 관하여 **틀린** 것은?

① 민법에서는 법률불소급의 원칙이 형법에 있어서처럼 엄격하게 지켜지지 않는다.
② 민법은 성별·종교 또는 사회적 신분에 관계없이 모든 국민에게 적용된다.
③ 민사에 관하여는 속지주의가 지배하므로 외국에 있는 대한민국 국민에 대해서는 우리 민법이 적용되지 않는다.
④ 민법은 원칙적으로 대한민국 내에 있는 외국인에게도 적용된다.
⑤ 이론상으로는 북한에도 우리 민법이 적용된다.

> **해설** 민법의 효력
> ③ 속인주의에 의해서 민법은 모든 대한민국 국민에게 적용된다. 모든 대한민국 국민에게 적용된다는 것은 국외에 있는 대한민국 국민에게도 적용된다는 것을 의미한다.
>
> 답 ③

CHAPTER 02 법률관계와 권리·의무

학습포인트

- 이 장에서는 법률관계와 그 구성요소인 권리의 종류·경합 및 충돌·행사와 의무의 종류·이행을 기술하고 있다.
- 민법 제2조와 관련하여 권리행사의 한계로서 신의성실의 원칙과 권리남용금지의 원칙은 민법 전반에 적용되는 중요한 원칙이다.
- 이 장에서의 출제가능한 중요포인트는 법률관계와 호의관계, 권리의 분류를 통한 권리의 특성, 특히 형성권과 항변권 그리고 신의성실의 원칙과 권리남용금지의 원칙이다.
- 특히 신의칙과 권리남용금지의 원칙은 그 요건과 파생원칙의 이해가 중요하고 판례도 세밀한 정리가 필요하다. 시험문제 앞쪽에 판례를 출제하여 수험생들을 당황하도록 만들기 좋은 주제이다.

CHAPTER 학습 & 출제되는 키워드

- ☑ 법률관계와 호의관계
- ☑ 권리
- ☑ 의무
- ☑ 인격권
- ☑ 재산권
- ☑ 가족권
- ☑ 사원권
- ☑ 지배권
- ☑ 청구권
- ☑ 형성권
- ☑ 항변권
- ☑ 일신전속권
- ☑ 주된 권리와 종된 권리
- ☑ 기성의 권리와 기대권
- ☑ 권리의 경합과 충돌
- ☑ 권리행사의 한계
- ☑ 신의성실의 원칙
- ☑ 금반언의 원칙
- ☑ 사정변경의 원칙
- ☑ 실효의 원칙
- ☑ 권리남용의 금지
- ☑ 권리의 보호
- ☑ 국가구제
- ☑ 사력구제

CHAPTER 학습 & 출제되는 질문

- ☑ 운전자가 호의로 친구를 자동차에 동승시켰으나 운전자의 부주의로 교통사고가 발생하여 친구에게 상해가 발생한 경우의 법률관계로 틀린 것은?
- ☑ 다음 중 그 권리의 성격이 다른 하나는?
- ☑ 권리가 충돌하는 경우 그 순위에 관한 설명 중 잘못된 것은?
- ☑ 다음 중 신의성실의 원칙에 반하는 사안은?

제2장 법률관계와 권리 · 의무

제1절 개관 `1회 출제`

01 법률관계 `6회 출제`

1 의의
법률관계란 인간의 여러 생활관계 중에서 특히 법에 의해서 규율되는 생활관계를 의미한다. 인간의 생활관계는 법 이외에 도덕·관습·종교에 의해서 규율되는 부분도 있다.

2 내용
법률관계는 구체적으로 사람과 사람 사이에서 권리·의무관계를 내용으로 하여 형성된다.

3 구별개념

(1) 인간관계
 1) **의의**: 인간관계란 가족관계·애정관계·우정관계와 같이 관습·도덕·종교에 의해서 규율되는 생활관계를 의미한다.
 2) **법률관계와의 구별**: 인간관계와 법률관계의 구별은 법에 의해 보호하고 강제할 이익이 있는가를 고려해서 결정해야 한다.

(2) 호의(好意)관계★★ `3회 출제`
 1) **의의**
  호의관계란 호의에 의해서 어떤 이익을 주고받는 생활관계를 말한다.
 2) **법률관계에 미치는 영향**
  ① 이는 원칙적으로 인간관계의 일부로서 비법률관계*이지만, 이러한 호의관계에 수반하여 손해가 발생한 경우에 법률관계에 영향을 줄 수 있다.

  * **비법률관계**
  권리·의무를 발생시키지 않는 관계

  ② 호의관계와 법률관계의 구별은 법적 구속을 받을 의사가 당사자에게 존재하는지 여부가 그 판단기준이 된다.

1편 민법총칙

 호의동승을 한 상태에서 운전자의 과실로 사고가 나 동승자가 다친 경우★★

차량의 운행자로서 아무 대가를 받은 바 없이 오직 동승자의 편의와 이익을 위하여 동승을 제공하고 동승자로서도 그 자신의 편의와 이익을 위하여 그 제공을 받은 경우 그 운행의 목적, 호의동승자와 운행자와의 인적관계, 피해자가 차량에 동승한 경위 특히 동승요구의 목적과 적극성 등의 제반사정에 비추어 **가해자에게 일반의 교통사고와 같은 책임을 지우는 것이 신의칙이나 형평의 원칙에 비추어 매우 불합리한 것으로 인정되는 경우에는 그 배상액을 감경할 사유로 삼을 수도 있다**(대판 1987. 12. 22. 86다카2994). **그러나 사고차량에 단순히 호의로 동승하였다는 사실만으로 배상액의 감경사유로 삼을 수 없다**(대판 1994. 11. 25. 94다32917).

(3) 신사약정

신사약정이란 원칙적으로 법률관계이지만 일정한 약정을 맺어서 그 이행을 강제하지 못하도록 하는 것이다. 즉 약정에 따른 권리·의무는 발생하므로 이행된 부분은 반환할 필요가 없으나(급부보유력 인정) 상대방의 불이행에 대해서 강제이행이나 손해배상을 청구하지 못한다(강제이행력 부정).

 법률관계와 호의관계

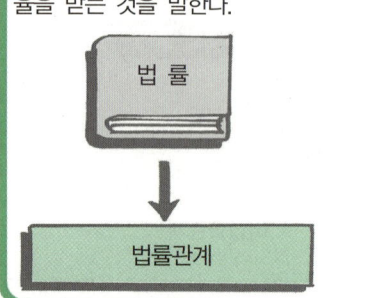

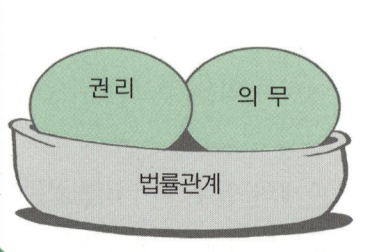

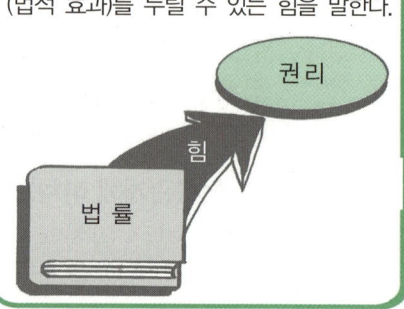

제2장 법률관계와 권리·의무

단락문제 Q1

호의관계에 관한 다음 설명 중 틀린 것은?

① 호의관계는 법률관계와는 구별되는 생활관계이므로 원칙적으로 법률문제가 생길 여지가 없다.
② 호의관계에 수반하여 손해가 발생한 경우에 그 손해를 누가 부담할 것인가 하는 문제가 제기될 수 있다.
③ 호의관계에 대해서는 무상계약에서의 책임감경의 법리를 유추적용할 수도 있다.
④ 호의관계에 대해서는 과실상계의 법리를 적용하지 않는 것이 판례의 입장이다.
⑤ 이웃집 부모간에 서로 외출할 때에 상대방의 아이를 돌보아주기로 약속하여 이를 이행하던 중 부주의로 아이가 다쳤다면 이는 호의관계를 넘어선 법률문제가 될 수 있다.

[해설] 호의관계와 법률관계
①, ②, ③ (○) 호의관계란 호의에 의하여 어떤 이익을 주고받는 생활관계를 가리킨다.
④ (×) 불법행위에 있어서 과실상계의 법리는 공평의 원칙을 현실화시켜 주는 원리로서 호의성을 갖는 법률관계에 광범위하게 적용하는 것이 필요하며, 판례도 같은 입장에서 호의동승의 경우에 일정한 경우 손해배상액의 감경을 인정하고 있다(대판 1987.12.22. 86다카2994).

답 ④

단락핵심 법률관계

(1) 법률관계의 내용은 그 실현이 법의 힘에 의하여 보장된다. (○)
(2) 권리의 행사는 권리자의 자유에 맡겨져 있음이 원칙이다. (○)

호의동승에 따른 법률관계

이 경우(호의동승시 교통사고) 동승자에게 손해가 발생한 경우(다친 경우 등) 당사자가 법적 구속을 받을 의사가 있다면 법률관계로 본다.

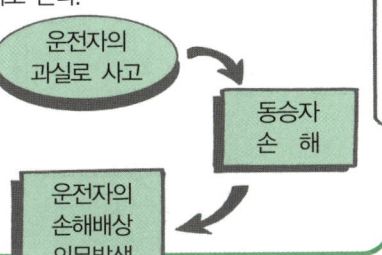

판례 역시 호의동승자에 대하여 운전자의 과실로 손해를 발생시킨 경우 불법행위의 성립을 인정한다.

운전자의 과실로 발생한 손해이므로 운전자는 손해배상을 해야 한다.

그러나, 호의관계가 법률관계로 인정되더라도 묵시적 합의 또는 과실상계의 법리가 유추적용되어 책임의 면책(또는 감경)이 인정된다(대판 1994.11.25. 94다32917).

형평의 원칙에 비추어 매우 불합리한 것으로 인정되는 경우에는 손해배상액을 감경할 수 있다.

02 권리

1 의의

권리의 의의에 대하여 의사설(법에 의해서 주어진 의사의 힘), 이익설(법에 의하여 보호되는 이익) 등이 있었으나 현재는 권리법력설(일정한 이익을 향수하기 위하여 법이 인정한 힘)이 통설적 견해이다.

2 구별개념

유사한 개념으로 ① 타인을 위하여 그에 대하여 일정한 법률효과를 발생하게 하는 행위를 할 수 있는 법률상의 자격을 말하는 권한, ② 권리의 내용을 이루는 개개의 법률상의 힘을 말하는 권능, ③ 법률상·사실상의 행위에 대하여 정당성을 부여하는 권원, ④ 법률이 특정인에게 일정한 작위·부작위의무를 부과함으로써 다른 사람이 법적 권리를 직접 취득하지 않지만 간접적으로 이익을 취득하게 되는 반사적 이익 등이 있다.

예 ① 권한 : 대리권, 대표권
② 권능 : 소유권의 내용이 되는 사용·수익·처분권능
③ 권원 : 타인의 토지를 이용할 수 있는 권원으로서 지상권, 임차권 등
④ 반사적 이익 : 채무가 없는 줄 알면서도 채무를 변제한 자는 그것의 반환을 청구할 수 없다(제742조). 이때 수령한 것의 반환을 거부할 수 있는 이익을 반사적 이익이라 한다.

 권리와 의무

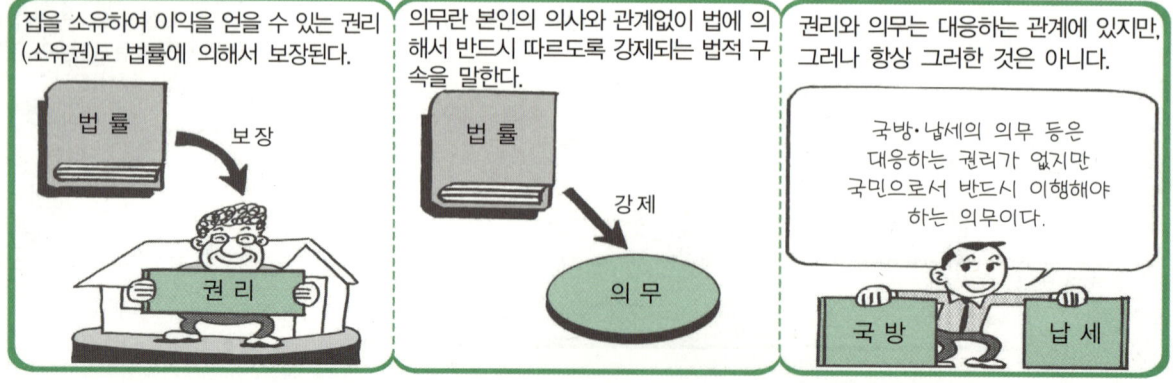

03 의무

1 의의

(1) 의무자의 의사와 관계없이 반드시 이행하도록 법에 의해서 강제되는 법적 구속을 의무라고 한다.

(2) 권리와 의무는 보통 대응관계에 있다. 그러나 항상 그러한 것은 아니다.

권리만 있고 의무가 없는 경우	형성권(취소권, 추인권, 해제권 등)
의무만 있고 권리가 없는 경우	등기의무(제50조·제52조·제85조 등), 공고의무(제88조·제93조), 감독의무(제755조)
권리인 동시에 의무인 경우	친권

2 간접의무★

간접의무란 특정인이 일정한 행위를 할 지위에 있지만 이러한 행위를 하지 않았을 경우에는 이에 대한 불이익을 스스로 받을 뿐이고, 상대방이 적극적으로 그러한 행위를 할 것을 청구할 수 없는 경우를 말한다.

> 예 승낙에 대한 연착통지의무(제528조 제2항), 증여자와 사용대주★의 하자고지 의무(제559조, 제612조)

★ **사용대주**
물건을 무상으로 빌려준 자

1편 민법총칙

제2절 사권의 분류
4·5·9·10·11회 출제

01 내용(권리자가 향수하는 이익)에 의한 분류 ★★★

1 인격권(人格權)

권리자의 인격과 분리할 수 없는 생활이익을 내용으로 하는 권리이다. 권리주체와 분리할 수 없는 권리이므로 거래의 객체로 되지 않는다.

예 생명권·신체권·자유권·명예권·정조권·성명권

2 재산권(財産權) ★★

경제적 이익을 내용으로 하는 권리이며 양도성을 갖는 것이 원칙이다. 이 재산권에 속하는 주된 것은 다음의 3가지이다.

물권과 채권

(1) 물권(物權)과 준물권(準物權)

1) 물건을 직접·배타적으로 지배하여 이익을 얻는 권리이다.
   - **예** 소유권·점유권·지상권·지역권·전세권·유치권·질권·저당권

2) 물권과 비슷한 것에 '준물권(準物權)'이라는 것이 있다. 이는 물권은 아니지만 배타적인 이용관계를 내용으로 하고, 특별법에 의해서 물권처럼 취급받는 권리이다.
   - **예** 광업권·어업권

(2) 채권(債權)

특정인이 다른 특정인에 대하여 일정한 행위(작위·부작위)를 요구하는 권리이다.
   - **예** 매매계약에 의한 소유권이전등기청구권

(3) 지식재산권(知識財産權)

저작·발명 등의 정신적·지능적 창조물을 독점적으로 이용하는 권리이다.
   - **예** 특허권·실용신안권·저작권·상표권 등

3 가족권(家族權 : 신분권)

신분적 지위에 따르는 생활이익을 내용으로 하는 권리로서 친족권*과 상속권**이 있으며 신분과 분리할 수 없고, 신분과 시종(始終)을 같이하는 권리이기 때문에 대체로 타인에게 양도하지 못한다.

4 사원권(社員權)

단체의 구성원이 그의 구성원이라는 지위에 기하여 가지는 권리를 통틀어서 사원권이라고 한다. 그러나 보통은 회비납부 등 그에 따른 의무를 포함하는 개념이다. 통상 자익권(自益權)***과 공익권(公益權)****으로 구별한다.
   - **예** ① 자익권 : 이익배당청구권·잔여재산분배청구권·설비이용권 등
     ② 공익권 : 의결권·업무집행권·감사권·소수사원권 등

> *친족권
> 친권·후견권·부양청구권 등
>
> **상속권
> 피상속인의 사망에 따라 상속인이 상속재산에 대하여 갖는 권리
>
> ***자익권
> 개인적 이익권
>
> ****공익권
> 단체운영에 참가하는 권리
>
> *****객체
> 물건이나 사람
>
> ******직접 지배력
> 배타적·독점적 지배력

02 작용(법률상의 힘)에 의한 분류★★★

1 지배권(支配權)★

(1) 의 의

일정한 객체*****에 대하여 직접 지배력******을 발휘할 수 있는 권리를 말한다.

(2) 성 질
권리의 실현을 위하여 타인의 조력을 필요로 하지 않는다.

> * **지식재산권**
> 대표적으로 디자인권·특허권 등

(3) 종 류
물권이 가장 대표적이며 지식재산권*·인격권·친권·후견권 등이 있다.

Professor Comment
> 지배권인 물권을 제3자가 고의로 침해하는 경우 물권자는 물권적 청구권을 행사하거나 불법행위에 기한 손해배상청구권을 행사할 수 있다.

2 청구권(請求權)★★★

9회 출제

(1) 의 의
특정인에게 일정한 작위(作爲)·부작위(不作爲)를 요구할 수 있는 권리이다.

(2) 채권과의 관계
1) 청구권은 채권뿐만 아니라 물권 또는 상속권을 기초로 하여서도 발생하므로 채권과 청구권이 동일한 것은 아니며 채권의 본질적 내용을 이루는 것이 청구권일 뿐이다.
2) 청구권은 독립된 권리(물권·채권·친족권·상속권 등과 같은)는 아니며 이들 권리의 내용 또는 효력으로서 이들 권리에 포함되어 있거나 이들 권리로부터 생기는 것이다.

(3) 종 류
채권이 가장 대표적이며 이외의 청구권으로서 물권적청구권(物權的請求權)·유아인도청구권·부양청구권·상속회복청구권 등이 있다.

지배권과 청구권

3 형성권(形成權)*** 　13·14·17·19·20·23·24·27회 출제

(1) 의 의
권리자의 일방적인 의사표시에 의하여 새로운 법률관계를 형성*시킬 수 있는 권리이다.

(2) 종 류
형성권은 다시 다음과 같은 3가지로 나누어 볼 수 있다.

1) **권리자의 의사표시만으로 효과가 발생하는 것**
   동의권·취소권·해제권·해지권·추인권·상계권**·환매권***·최고권·철회권 등

2) **권리자의 의사표시 외에 법원의 판결에 의하여 효과가 발생하는 것**
   채권자취소권(제406조)·친생부인권(제846조)·재판상 이혼권(제840조)·입양취소권(제884조)·재판상 파양권(제905조) 등

3) **청구권으로 표시되나 실질적으로는 형성권인 것**
   공유물분할청구권(제268조)·지상권자의 지상물매수청구권(제283조)·지료증감청구권(제286조)·지상권설정자의 지상권소멸청구권(제287조, 학설대립 있음)·전세권설정자의 전세권소멸청구권(제311조, 학설대립 있음)·부속물매수청구권(제316조)·임차인과 전차인의 지상물매수청구권(제643조·제647조) 등

> *새로운 법률관계를 형성
> 발생·변경·소멸 모두를 의미
>
> **상계권
> 상계권자의 채권과 상대방의 채권을 등가에 한하여 소멸시키는 권리
>
> ***환매권
> 매도한 물건을 다시 매수할 수 있는 권리

Professor Comment
청구권으로 표시되지만 실질적으로 형성권인 권리들은 반드시 암기하여야 한다. 유형별로 나누어 보면 '매수청구권', '증감청구권', '소멸청구권', '분할청구권' 등이다. 이에 반해 임차인의 임대차등기협력청구권(제621조), 수급인의 저당권설정청구권(제666조)은 단순한 청구권에 불과하다.

단락문제 02 　제27회 기출

형성권이 아닌 것은? (다툼이 있으면 판례에 따름)

① 계약의 해제권
② 법률행위의 취소권
③ 점유자의 유익비상환청구권
④ 매매의 일방예약완결권
⑤ 토지임차인의 지상물매수청구권

해설 형성권
③ (X) 청구권
① ② ④ ⑤ 형성권

답 ③

4 항변권(抗辯權)★★

(1) 의의 및 성질
1) 청구권의 행사에 대하여 그 작용을 저지할 수 있는 효력을 가지는 권리를 말한다.
2) 권리자가 의무자에 대하여 그 권리의 내용인 행위를 할 것을 청구하는 때에, 일정한 사유에 기하여 의무자가 그 행위를 할 것을 거절할 수 있는 권리이다.

(2) 종류(연기적 항변권과 영구적 항변권)
1) 청구권의 작용(효력)을 일시적으로 저지할 수 있을 뿐인 **연기적 항변권**(延期的 抗辯權)
    > 예 보증인의 최고(催告)·검색의 항변권(제437조), 동시이행의 항변권(제536조) 등

2) 청구권의 작용(효력)을 영구적으로 저지할 수 있는 **영구적 항변권**(永久的 抗辯權)
    > 예 상속인의 한정승인항변권(限定承認抗辯權, 제1028조)

단락문제 Q3 제13회 기출

권리의 분류와 그 예시로서 옳지 않은 것은? (다툼이 있으면 판례에 의함)

① 청구권 : 부양청구권, 지상권자의 지상물매수청구권
② 항변권 : 동시이행의 항변권, 한정승인의 항변권
③ 형성권 : 동의권, 상계권
④ 지배권 : 저당권, 특허권
⑤ 사원권 : 결의권, 소수사원권

해설 권리의 분류
① (×) 지상권자의 지상물매수청구권은 형성권에 해당한다. 가족법상의 부양청구권은 청구권에 해당하며, 나머지 지문은 타당하다.   **답** ①

---

03 기타의 분류★

1 절대권(絕對權)·상대권(相對權)★★

권리에 대한 **의무자의 범위**를 표준으로 한 구별이다. ① 절대권은 특정의 상대방이라는 것이 없고 일반인을 의무자로 하여 모든 사람에게 주장할 수 있는 권리이며, 대세권(對世權)이라고도 한다. ② 상대권은 **특정인만을 의무자로 하여 그 자에 대하여서만 주장할 수 있는 권리**이다.

*의무자의 범위
수범자(受範者)

> 예 절대권: 물권·무체재산권·친권·후견권 등 / 상대권: 채권 등의 청구권

제2장 법률관계와 권리·의무

> **판례** 제3자에 의한 채권침해가 불법행위로 되는 경우 및 그 위법성 판단 기준
>
> 일반적으로 채권에 대하여는 배타적 효력이 부인되고 채권자 상호간 및 채권자와 제3자 사이에 자유경쟁이 허용되는 것이어서 제3자에 의하여 채권이 침해되었다는 사실만으로 바로 불법행위로 되지는 않는 것이지만, 거래에 있어서의 자유경쟁의 원칙은 법질서가 허용하는 범위 내에서의 공정하고 건전한 경쟁을 전제로 하는 것이므로, **제3자가 채권자를 해한다는 사정을 알면서도 법규에 위반하거나 선량한 풍속 또는 사회질서에 위반하는 등 위법한 행위를 함으로써 채권자의 이익을 침해하였다면 이로써 불법행위가 성립한다고** 하지 않을 수 없고, 여기에서 채권침해의 위법성은 침해되는 채권의 내용, 침해행위의 태양, 침해자의 고의 내지 해의의 유무 등을 참작하여 구체적, 개별적으로 판단하되, 거래자유 보장의 필요성, 경제·사회정책적 요인을 포함한 공공의 이익, 당사자 사이의 이익균형 등을 종합적으로 고려하여야 한다(대판 2003.3.14. 2000다32437).

2 일신전속권(一身專屬權)·비전속권(非專屬權)   **9회 출제**

권리와 그 주체와의 긴밀성을 표준으로 한 구별이다. ① 일신전속권은 가족권이나 인격권과 같이 권리의 성질상 권리주체만이 누릴 수 있고 타인에게 귀속할 수 없는 것, 즉 양도·상속 등으로 타인에게 이전되지 않는 권리(친권이나 선거권 등)이다. ② 비전속권은 일신전속권 이외의 권리이다.

Professor Comment

❶ 일신전속권에는 귀속상의 일신전속권과 행사상의 일신전속권으로 나뉘는 바, 귀속상의 일신전속권은 타인에게 양도·상속 등에 의하여 이전할 수 없는 권리를 말하고, 행사상의 일신전속권은 권리주체만이 행사할 수 있고, 타인이 대위하여 행사할 수 없는 권리를 말한다.
❷ 대체로 신분에 관한 권리는 일신전속권이나 재산권은 비전속권이다.

3 주(主)된 권리·종(從)된 권리   **4회 출제**

(1) 종된 권리
1) 다른 권리에 대하여 종속관계(從屬關係)에 있는 권리를 종된 권리라고 한다. 즉 그것은 주된 권리의 존재를 전제로 하여 성립·존재할 수 있는 권리이다.
2) 종된 권리는 그 발생·변경·소멸에 있어서 주된 권리와 법률적 운명을 같이 한다.
   > **예** 원본채권에 대한 이자채권, 피담보채권에 대한 질권·저당권, 요역지 소유권에 대한 지역권, 주채무자에 대한 채권에 대하여 보증인에 대한 채권 등

(2) 주된 권리
다른 권리와 관계없이 독자적으로 성립 및 존재할 수 있는 권리가 주된 권리이다. 따라서 종된 권리가 종속되어 있는 권리도 주된 권리에 해당된다.

1편 민법총칙

4 기성(旣成)의 권리와 기대권(期待權)

(1) 기성의 권리
권리의 성립요건이 모두 실현되어 있는 권리를 기성(旣成)의 권리라 한다.

(2) 기대권
권리의 성립요건 중 일부만이 실현되어 있어 현실적·확정적으로 완성·발생되지 않고 기대상태에 있는 미완성의 권리를 기대권 또는 희망권(希望權)이라 한다.

> **예** 조건부권리·기한부권리·할부매매에 있어서 대금완불 전 매수인의 소유권 취득의 기대권 등

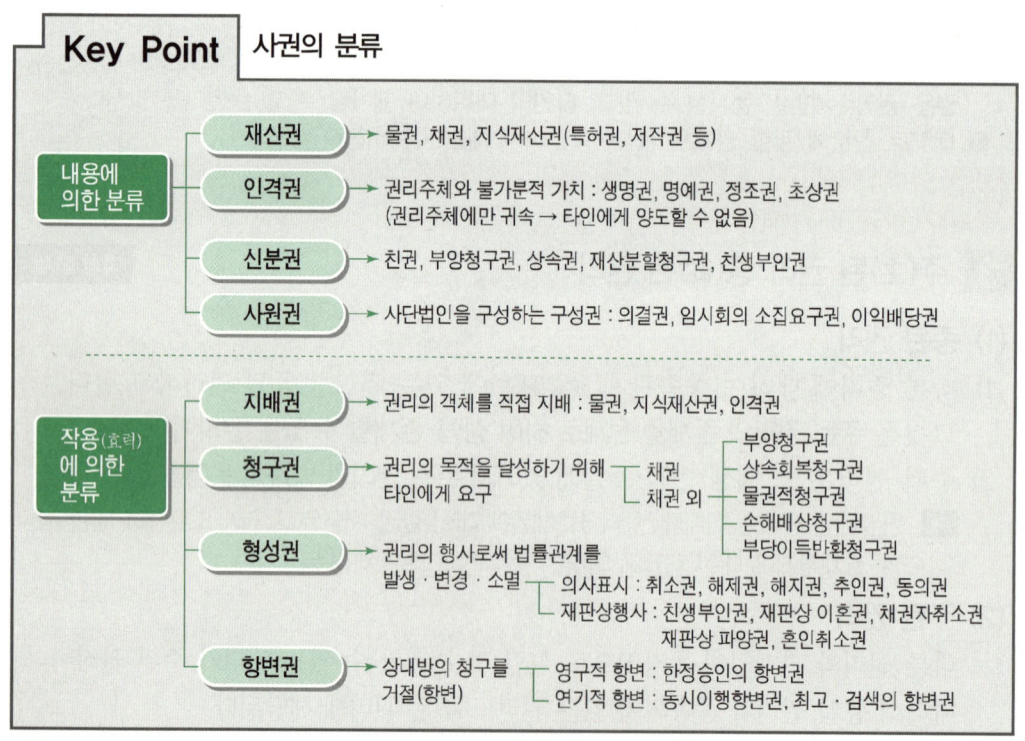

Key Point — 사권의 분류

단락문제 Q4
제10회 기출

권리에 관한 설명 중 맞는 것은? (다툼이 있는 경우 판례에 의함)

① 금전적 가치가 없는 것은 재산권이 될 수 없다.
② 모든 권리는 침해되면 당연히 불법행위가 성립한다.
③ 인격권 침해에 대해서는 사전 예방적 구제수단으로서 침해행위의 방지청구권이 인정되지 않는다.
④ 귀속상의 일신전속권은 양도·상속 모두가 불가능한 권리이고, 행사상의 일신전속권은 타인이 대위하여 행사할 수 없는 권리이다.
⑤ 항변권에는 상대방의 청구권의 존재를 인정하지 않는 영구적 항변권과 청구권의 존재를 인정하지만 그 행사를 저지할 수 있는 연기적 항변권이 있다.

해설 권리의 종류 및 특징
① (✕) 민법 제373조는 금전으로 가액을 산정할 수 없는 것이라도 채권의 목적으로 할 수 있다고 규정하고 있다.
② (✕) 물권과 같은 절대권은 모든 사람을 의무자로 하기 때문에 특별한 사정이 없는 한 물권의 침해가 즉시 불법행위를 성립시키나, 채권과 같은 상대권은 특정인을 의무자로 하므로 그 의무자 이외의 제3자에 대한 채권침해로 당연히 불법행위가 성립하지는 않는다(제3자에 의한 채권침해가 불법행위가 되기 위한 요건에 대하여는 대판 2003.3.14. 2000다32437 참조).
③ (✕) 명예는 생명, 신체와 함께 매우 중대한 보호법익이고 인격권으로서의 명예권은 물권의 경우와 마찬가지로 배타성을 가지는 권리라고 할 것이므로 인격권으로서 명예권에 기초하여 가해자에 대하여 현재 이루어지고 있는 침해행위를 배제하거나 장래에 생길 침해를 예방하기 위하여 침해행위의 금지를 구할 수도 있다(대결 2005.1.17. 2003마1477).
④ (◯) 일신전속권의 2가지 종류에 대한 설명이다.
⑤ (✕) 영구적 항변권과 연기적 항변권 모두 채권의 존재 자체를 부정하지는 않는다.

답 ④

단락핵심 권리의 내용에 의한 분류

(1) 채권과 청구권은 동일한 것이다. (✕)
(2) 민법 제756조와 국가배상법 제2조의 관계에서는 국가배상법 제2조만 적용된다. (◯)
(3) 공유물분할청구권(제258조)·지상권자의 지상물매수청구권(제283조)·지료증감청구권(제286조)은 형성권이다. (◯)

1편 민법총칙

제3절 권리의 경합과 충돌

01 권리의 경합(競合) ★★

1 의의

(1) 하나의 사실이 수 개의 법규가 정하는 요건을 충족함으로써 동시에 수 개의 권리(또는 의무)가 발생하는 경우가 많다.

(2) 이 중에서 동일한 목적과 결과를 가져오는 수 개의 권리가 동시에 1인에게 존재하는 상태를 가리켜 '권리의 경합'이라 한다.

> 예 물건의 인도(引渡)라는 하나의 급부에 관하여 임대차❶계약에 기한 반환청구권과 소유권❷에 기한 반환청구권이 병존한다든가(청구권의 경합), 계약의 해제권❸과 취소권❹이 병존하는 경우(형성권의 경합)처럼 각종 권리 상호간에 있을 수 있다.

2 효과

(1) 이들 경합하는 수 개의 권리는 각자 독립하여 존재하고 서로 관계없이 행사할 수 있다.

(2) 그러나 그 중의 어느 하나를 행사함으로써 그 목적을 달성하게 되면 다른 권리도 그 존재의 목적을 잃고 소멸하게 된다.

> 예 여객운송업자가 실수로 사고를 일으켜 승객을 다치게 한 경우에, 승객은 여객운송업자에게 여객운송계약상의 의무위반을 이유로 채무불이행에 기한 손해배상청구권을 행사할 수 있고, 불법행위에 기한 손해배상청구권을 행사할 수도 있다. 그러나, 만약 채무불이행에 의한 손해배상청구권을 행사하여 배상을 받은 때에는 불법행위에 의한 손해배상청구권은 소멸한다.

용어사전

❶ 임대차
임대차는 당사자의 일방(임대인)이 상대방에게 목적물을 사용·수익하게 할 것을 약정하고, 상대방(임차인)이 이에 대하여 차임을 지급할 것을 약정함으로써 성립하는 계약을 말한다.

❷ 소유권
소유권은 법률의 범위 안에서 그 소유물을 사용·수익·처분할 수 있는 권리로서 물건을 '지배할 수 있는' 관념적 권리를 말한다.

❸ 계약의 해제
계약의 해제란 계약이 성립한 후에 어느 한쪽의 채무불이행으로 계약의 목적을 달성할 수 없는 경우에, 그 상대방의 의사표시에 의하여 그 계약을 처음부터 있지 않았던 것과 같은 상태로 복귀시키는 것을 말한다. 이와 같은 계약을 해제할 수 있는 권리를 계약의 해제권이라고 한다.

❹ 취소
취소란 일단 유효하게 성립된 법률행위에 행위능력 또는 의사표시에 결함이 있는 경우, 일단 유효하게 성립한 법률행위의 효력을 후에 행위시에 소급하여 소멸케 하는 특정인(취소권자)의 의사표시를 말한다. 따라서 이러한 취소를 할 수 있는 권리를 취소권이라 한다.

02 법규의 경합 (법조경합)   12회 출제

1 의의
동일한 사실이 수 개의 법규가 정한 요건을 충족할 경우 그 중 하나의 법규가 타법규의 적용을 배제하는 경우가 있는데 이를 '법규의 경합'이라 하며 '권리의 경합'과는 구별해야 한다.

2 내용

＊ 일반법의 적용이 배제
특별법우선의 원칙

(1) 수 개의 법규가 특별법과 일반법의 관계에 있는 경우, 일반법의 적용이 배제*되고 특별법만 적용한다.
(2) A라는 법규가 그것과 경합하는 B라는 법규에 대하여 법률효과를 제한하고 있는 경우에도 생기는데 이때에도 A라는 법규를 적용하게 된다.
> 예 「민법」 제756조와 「국가배상법」 제2조, 「민법」 제428조와 「신원보증법」 제2조의 관계에서는 「국가배상법」 제2조와 「신원보증법」 제2조만 적용된다.

03 권리의 충돌 (衝突)★★   11회 출제

1 의의
권리의 충돌이란 1개의 객체에 수 개의 권리가 존재하는 상태, 즉 수 개의 권리가 있어서 하나의 권리의 행사가 다른 권리의 행사를 불가능하게 하거나 다른 권리를 침해하는 경우를 말한다.
> 예 동일 부동산 위에 수 개의 저당권이 존재한다거나, 동일 채무자에 대하여 수 개의 채권이 존재하는 경우가 그것이다.

2 효과 (效果 ; 순위)★★★   15회 출제

(1) 물권과 채권 간 효과
물권과 채권이 충돌하면 물권이 우선한다.

Professor Comment
다만, 예외적으로 채권이 가등기된 경우, 등기된 부동산임차권, 등기된 환매권, 확정일자 있는 임차보증금 및 소액보증금 등은 그 후에 성립하는 물권에 우선한다.

(2) 물권 상호간 효과

1) 물권은 목적물을 배타적으로 지배하는 권리이므로 서로 충돌하는 물권이 동일물 위에 중복하여 성립할 수 없다. 이 경우 효력이 우선하는 물권만 존속하고 다른 물권은 성립하지 못한다.

Professor Comment

다만, 제한물권(制限物權)과 소유권의 충돌에서는 제한물권이 우선하므로 제한물권의 부담이 있는 소유권이 존속하게 된다.

2) 충돌하는 물권의 우선순위는 성립시기에 의한다. 즉 먼저 성립한 물권만 효력이 발생하고 후에 이루어진 물권은 효력이 없다.
   예 동일한 토지에 지상권이 성립하여 등기된 후 전세권을 설정하더라도 전세권은 효력이 없다.

(3) 채권 상호간 효과

채권 상호간에는 배타적 효력이 없으므로 서로 대등한 관계로 존속*한다. 그러나 이 원칙이 그대로 적용되는 것은 파산의 경우**뿐이며, 현실적으로는 먼저 행사한 자가 채권을 실현***할 수 있다.

> * 서로 대등한 관계로 존속
> 채권자 평등의 원칙
>
> ** 파산의 경우
> 채권자는 채권액에 안분하여 만족을 얻게 된다.
>
> *** 먼저 행사한 자가 채권을 실현
> 선행주의: 특별한 사정이 없는 한 채무자는 어떤 채권자에게나 이행할 수 있고, 채권자는 언제든지 강제집행을 하여 채권의 만족을 얻을 수 있다.

권리의 충돌(Ⅰ)

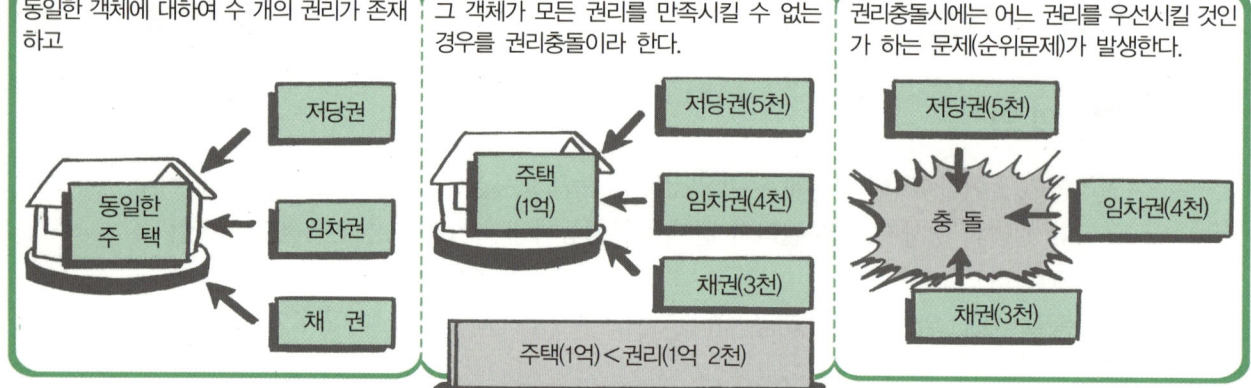

제2장 법률관계와 권리·의무

단락문제 05

다음 기술 중 옳지 않은 것은?

① 동일 목적물 위에 2개 이상의 저당권이 존재할 수 있다.
② 동일 목적물 위에 지상권이 2개 존재할 수 없다.
③ 채권 상호 간에 충돌하는 경우는 먼저 발생한 채권이 우선하는 것은 아니다.
④ 파산의 경우, 동일 채무자에 대한 수 개의 채권자 사이에는 평등의 원칙이 적용된다.
⑤ 소유권과 제한물권이 충돌할 경우에는 소유권이 우선함은 당연하다.

해설 권리의 충돌

① (○) 저당권은 목적물을 점유하여 사용하는 것이 아니라 교환가치를 지배하는 것이므로 동일목적물에 수 개의 저당권이 성립할 수 있고 다만 그 순위가 다를 뿐이다.
② (○) 지상권은 목적물을 점유하여 사용수익하는 용익물권이므로 동일목적물에 그 내용을 같이하는 2개 이상의 지상권은 동시에 성립할 수 없다.
③, ④ (○) 2개 이상의 채권은 성립시기에 관계없이 그 효력에 있어서 동일하다.
⑤ (×) 제한물권은 소유권의 용익적 권능과 담보적 권능을 지배하는 물권으로서 소유권에 우선한다.

답 ⑤

단락핵심 권리의 경합과 충돌

(1) 여객운송업자가 실수로 사고를 일으켜 승객을 다치게 한 경우에, 승객은 채무불이행에 기한 손해배상청구권을 행사할 수도 있고, 불법행위에 기한 손해배상청구권을 행사할 수도 있다. (○)
(2) 「민법」 제756조와 「국가배상법」 제2조, 「민법」 제428조와 「신원보증법」 제2조의 관계에서는 「국가배상법」 제2조와 「신원보증법」 제2조만 적용된다. (○)

  권리의 충돌(Ⅱ)

1편 민법총칙

제4절 권리의 행사와 의무의 이행

01 권리행사의 의의와 방법★

1 의 의
권리의 행사란 권리의 내용을 구체적으로 실현하는 것을 말한다.

2 권리의 성격에 따른 권리행사 방법★
(1) **지배권**: 객체를 사실상 지배하는 방법으로 행사한다.
(2) **청구권**: 상대방에게 어떤 행위를 요구하고 이를 수령하는 방법으로 행사한다.
(3) **형성권**: 권리자가 일방적인 의사표시를 하는 방법으로 행사한다.
(4) **항변권**: 청구권자의 이행청구가 있을 때 이를 거절하는 방법으로 행사한다.

02 권리행사의 한계★★★

제2조(신의성실) ① 권리의 행사와 의무의 이행은 신의에 좇아 성실히 하여야 한다.
② 권리는 남용하지 못한다.

1 민법 제2조의 의미
권리행사 자유의 원칙을 기초로 하면서도 민법은 제2조를 통하여 권리행사의 사회성과 공공성을 인정함으로써 권리행사의 자유와 공공복리를 조화시키려고 한다.

2 신의성실의 원칙★★★
> 1·3·7·9·11·16·17·18·19·20·21·24·27·28회 출제

(1) **의 의**

　민법상 신의성실의 원칙이란 법률관계의 당사자는 상대방의 이익을 고려하여 형평에 어긋나거나 신의를 저버리는 내용 또는 방법으로 권리를 행사하거나 의무를 이행하여서는 안 된다는 추상적 규범을 말한다(대판 1992. 5. 22. 91다36642).

> **판례** 아파트분양자의 인근에 공동묘지 조성사실 신의칙상 고지의무
> 우리 사회의 통념상으로는 공동묘지가 주거환경과 친한 시설이 아니어서 분양계약의 체결 여부 및 가격에 상당한 영향을 미치는 요인일 뿐만 아니라 대규모 공동묘지를 가까이에서 조망할 수 있는 곳에 아파트단지가 들어선다는 것은 통상 예상하기 어렵다는 점 등을 감안할 때 아파트 분양자는 아파트단지 인근에 공동묘지가 조성되어 있는 사실을 수분양자에게 고지할 신의칙상의 의무를 부담한다(대판 2007. 6. 1. 선고 2005다5812,5829,5836).

(2) 연 혁

이 원칙은 로마법에 그 기원을 두며, 근대민법에서 이 원칙을 처음으로 도입한 것은 프랑스민법인데 동법에서는 채무이행에 관해서만 적용하였고, 민법 전체에 걸치는 일반원칙으로 규정한 것은 스위스민법이 처음이었다.

Professor Comment
우리 민법은 스위스민법을 본받은 것이다.

(3) 기능 및 적용범위

1) 기능

신의칙은 일반규정으로서 ① 법률과 법률행위의 해석기준이 되고 ② 일정한 경우에 법률행위의 내용을 수정하여 권리·의무의 내용을 구체적 타당성 있게 조정하며 ③ 법률행위나 법률에 흠결*이 있는 경우에 그 내용을 보충하는 기능을 담당한다.

> * 흠결
> 직접 적용할 규정이 존재하지 않음
>
> ** 법의 조력을 받지 못하고
> 청구기각의 판결을 받음
>
> *** 강제이행, 손해배상 등의 문제가 생긴다.
> 이행지체, 이행불능, 불완전이행에 따르는 효과

2) 적용범위

신의칙은 원래 채권법 분야에서 적용되었으나 현재는 민법 전체 뿐만 아니라 법 일반에 적용되는 원칙이다(대판 1983.5.24. 82다카1919).

(4) 위반의 효과

권리행사가 신의칙에 위반되면 권리남용이 되어 법의 조력을 받지 못하고**, 의무이행이 신의칙에 위반되면 의무불이행이 되어 강제이행, 손해배상 등의 문제가 생긴다.*** 신의칙 위반은 당사자의 주장이 없더라도 법원은 직권으로 판단할 수 있다(대판 1989.9.29. 88다카17181).

단락핵심 　　　　　　　　　신의성실의 원칙

(1) 신의칙은 민법뿐만 아니라 상법 등 사법 전반에 걸치는 일반적인 원리이다. (○)
(2) 신의칙은 로마법에서 연원하였으며, 프랑스민법에서 최초로 성문화되었으며 스위스 민법에서 민법의 일반 원칙으로 규정되었다. (○)
(3) 신의성실의 원칙의 위반 또는 권리남용은 당사자의 주장이 없다면 직권으로 판단할 수 없다. (×)
(4) 신의성실의 원칙은 권리의 발생·변경·소멸의 기능을 갖는다. (○)

(5) 파생원칙★★

1) 금반언의 원칙(모순행위금지의 원칙)
자신의 선행행위(先行行爲)와 모순되는 행위는 허용되지 않는다는 원칙이다.

> **판례** 금반언의 원칙에 위반한 사례★
>
> 1. 농지의 명의수탁자가 적극적으로 자경의사가 있는 것처럼 하여 소유권이전등기를 마치고 소유자로 행세하는 한편, 세금을 면하기 위하여 자경의사가 없었음을 들어 등기가 무효라고 주장함은 신의칙 및 금반언에 반한다(대판 1990.7.24. 89누8224).
> 2. 채무자가 동생 소유의 아파트에 관하여 근저당권을 설정하고 대출을 받으면서 채권자에게 자신은 임차인이 아니고 위 아파트에 관하여 일체의 권리를 주장하지 않겠다는 내용의 확인서를 작성하여 준 경우, 그 후 대항력을 갖춘 임차인임을 내세워 이를 낙찰받은 채권자의 인도명령을 다투는 것은 금반언 및 신의칙에 위배되어 허용되지 않는다(대결 2000.1.5. 99마4307).

> **판례** 금반언의 원칙에 위반되지 않는 경우(강행법규위반자가 그 위반을 주장하는 경우)
>
> 1. 강행법규인 국토이용관리법 제21조의3 제1항·제7항을 **위반하였을 경우**에 있어서 **위반한 자 스스로가 무효를 주장함**이 신의성실의 원칙에 위배되는 권리의 행사라는 이유로서 이를 배척한다면 투기거래계약의 효력발생을 금지하려는 국토이용관리법의 입법취지를 완전히 몰각시키는 결과가 된다(대판 1993.12.24. 93다44319·44326).
> 2. 강행법규에 위반하여 무효인 수익보장약정이 투자신탁회사가 먼저 고객에게 제의를 함으로써 체결된 것이라고 하더라도, 이러한 경우에 강행법규를 위반한 **투자신탁회사 스스로가 그 약정의 무효를 주장함**이 신의칙에 위반되는 권리의 행사라는 이유로 그 주장을 배척한다면, 이는 오히려 강행법규에 의하여 배제하려는 결과를 실현시키는 셈이 되어 입법취지를 완전히 몰각하게 되므로, 달리 특별한 사정이 없는 한 위와 같은 주장이 신의성실의 원칙에 반하는 것이라고 할 수 없다.
> 증권거래법은 제52조 제1호, 제70조의6 제4호, 제210조 제5호에서 증권회사나 그 임직원이 유가증권의 매매거래에 있어서 고객에게 당해 거래에서 발생하는 손실의 전부 또는 일부를 부담할 것을 약속하고 권유하는 행위와 함께 투자자문회사나 그 임직원이 유가증권의 투자에 관하여 고객과 일정한 이익의 보장 또는 이익의 분할을 약속하거나 손실의 전부 또는 일부를 부담할 것을 약속하는 행위를 금하고 그 위반행위에 대하여는 벌칙을 과하고 있는 바, 이러한 규정들은 공정한 투자신탁거래질서의 확립을 위하여 제정된 **강행법규로 보아야 할 것**이다(대판 1999.3.23. 99다4405).

Professor Comment
금반언의 원칙은 실체법상의 법률효과이므로 단순한 사실행위에는 그 법률상 효과가 없다(대판 1981.10.13. 81다653).

13회 출제

2) 사정변경의 원칙

법률행위 성립의 기초가 된 사정이 당사자가 예견하지 못했던 사유로 인해 현저히 변경된 경우 이를 강제하는 것이 당사자에게 심히 가혹할 때 이 법률행위의 효과를 수정·변경·해제시킬 수 있는 원리이다.

> **Wide** 사정변경의 원칙이 적용되는 민법의 규정
>
> ① 우리 민법은 사정변경의 원칙을 인정하는 일반적인 규정은 없다.
> ② 사정변경의 원칙을 근거로 한 민법규정 : 수도 등 시설의 변경청구권(제218조 제2항), 지료증감청구권(제286조), 전세금증감청구권(제312조의2), 파산과 고용계약의 해지권(제661조), 기간의 약정 있는 임치의 해지(제698조), 부득이한 사유와 조합원의 탈퇴(제716조 제2항), 부득이한 사유와 조합원의 해산 청구(제720조) 등

판례 사정변경의 원칙에 관한 판례★

1. 회사의 임원 또는 직원이 회사의 요구로 회사와 제3자 사이의 계속적 거래로 인한 회사채무를 보증했지만 그 후 퇴사한 경우라면, 사정변경에 의한 보증계약의 해지가 인정된다(대판 1989.11.28. 89다카8252).

2. 매매계약체결후 9년이 지났고 시가가 올랐다는 사정만으로 계약을 해제할 만한 사정변경이 있었다고 볼 수 없다(대판 1991.2.26. 90다19664).

3. 이른바 사정변경으로 인한 계약해제는, ㉠ 계약성립 당시 당사자가 예견할 수 없었던 현저한 사정의 변경이 발생하였고 ㉡ 그러한 사정의 변경이 해제권을 취득하는 당사자에게 책임 없는 사유로 생긴 것으로서, ㉢ 계약내용대로의 구속력을 인정한다면 신의칙에 현저히 반하는 결과가 생기는 경우에 계약준수 원칙의 예외로서 인정되는 것이고, 여기에서 말하는 사정이라 함은 계약의 기초가 되었던 객관적인 사정으로서, 일방당사자의 주관적 또는 개인적인 사정을 의미하는 것은 아니다. 또한, 계약의 성립에 기초가 되지 아니한 사정이 그 후 변경되어 일방당사자가 계약 당시 의도한 계약목적을 달성할 수 없게 됨으로써 손해를 입게 되었다 하더라도 특별한 사정이 없는 한 그 계약내용의 효력을 그대로 유지하는 것이 신의칙에 반한다고 볼 수도 없다(지방자치단체로부터 매수한 토지가 공공용지에 편입되어 매수인이 의도한 건축이 불가능하게 되었더라도 이는 매매계약을 해제할 만한 사정변경에 해당하지 않고, 매매계약을 그대로 유지하는 것이 신의칙에 반한다고 볼 수도 없다고 한 사례)(대판 2007.3.29. 2004다31302)

4. 신의성실의 원칙에 반하는 것 또는 권리남용은 강행규정에 위배되는 것이므로 당사자의 주장이 없더라도 법원은 직권으로 판단할 수 있다(대판 88다카17181).

1편 민법총칙

단락문제 Q6
제13회 기출

사정변경의 원칙에 관한 설명으로 옳은 것은? (다툼이 있으면 판례에 의함)

① 민법에는 사정변경의 원칙에 입각한 일반규정과 개별 규정이 없다.
② 계약당사자 일방의 책임 있는 사유로 인해 현저한 사정변경이 초래된 경우, 그 당사자는 사정변경을 이유로 계약을 해제할 수 있다.
③ 사정변경으로 인한 계약해제에 있어서 사정이라 함은 계약의 기초가 되었던 객관적인 사정 및 당사자의 주관적 또는 개인적인 사정을 포함하는 것이다.
④ 이사로 재직 중 채무액과 변제기가 특정되어 있는 회사의 확정채무에 대하여 보증을 한 후 이사직을 사임한 자는 사정변경을 이유로 그 보증계약을 해지할 수 있다.
⑤ 현저하게 변경된 사정이 계약 성립 당시에 당사자가 예견할 수 있었던 것이라면 그 당사자는 계약을 해제할 수 없다.

해설 사정변경에 의한 해제와 해지
① (✕) 민법 제2조 및 차임증감청구권에 관한 제628조 등
②, ③ (✕) 사정이라 함은 계약의 기초가 되었던 객관적인 사정으로서, 일방당사자의 주관적 또는 개인적인 사정을 의미하는 것은 아니다(대판 2007.3.29. 2004다31302).
④ (✕) 포괄근보증이나 한정근보증과 같이 채무액이 불확정적이고 계속적인 거래로 인한 채무에 대하여 보증한 경우에 한하고, 회사의 이사로 재직하면서 보증 당시 이미 그 채무가 특정되어 있는 확정채무에 대하여는 보증을 한 후 이사직을 사임하였다 하더라도 사정변경을 이유로 보증계약을 해지할 수 있다거나 그 책임이 제한되는 것은 아니다(대판 1999.1.15. 98다46082).
⑤ (○) 위 ②, ③ 판례 참조

답 ⑤

3) 실효의 원칙

① 의 의

권리자가 장기간 권리를 행사하지 않아서 상대방이 그 권리를 행사하지 않을 것으로 믿을 만한 정당한 사유가 있는 경우 그 권리의 행사가 허용되지 않는다는 원칙이다(대판 1994.6.28. 93다26212).

② 요 건

㉠ 권리자는 권리행사의 기회가 있음에도 불구하고 장기간에 걸쳐 권리를 행사하지 아니하였을 것
㉡ 의무자인 상대방에게 '더 이상 권리자가 그 권리를 행사하지 아니할 것'으로 믿을 만한 정당한 사유가 있을 것

③ 효과와 한계

㉠ 효과 : 권리의 행사가 위의 요건을 충족하는 경우에는 권리남용으로 허용되지 않는다.
㉡ 한계 : 실효의 원칙에 의하여 권리행사를 부인하는 것이 민법의 기본질서에 반하게 되는 경우에는 실효를 인정하여서는 아니 된다.

제2장 법률관계와 권리·의무

판례 실효의 원칙이 적용되는 판례

한전 전기원이 징계절차에 위반되었지만 사직원을 제출하고 그 퇴직금까지 수령한 뒤 12년이 경과하였고, 그 후 자기와 유사한 이유로 해임된 자가 소송에서 승소판결을 받자 그때부터 2년 4개월이 지나서야 의원면직처분의 무효를 주장함은 **신의칙에 반한다**(대판 1992.12.1. 91다30118).

판례 실효의 원칙이 적용되지 않는 판례

1. **토지소유자의 장기불사용이 실효의 원칙에 해당되지 않는다는 사례**
   토지소유자가 그 점유자에 대하여 부당이득반환청구권을 장기간 적극적으로 행사하지 아니하였다는 사정만으로는 부당이득반환청구권이 이른바 **실효의 원칙에 따라 소멸하였다고 볼 수 없다**(대판 2002.1.8. 2001다60019).

2. **인지청구권의 행사가 신의칙에 반하는 것이라 하여도 허용된다는 사례**
   인지청구권은 본인의 일신전속적인 신분관계상의 권리로서 포기할 수도 없으며 포기하였더라도 그 효력이 발생할 수 없는 것이고, **이와 같이 인지청구권의 포기가 허용되지 않는 이상 거기에 실효의 법리가 적용될 여지도 없다**(대판 2001.11.27. 2001므1353).

3. **[교육법 위반의 편입학 추소권 ; 취소권 소멸 X]**
   교육법 제111조, 제112조, 제115조에 위반되어 무효라면 이와 같은 당연무효의 행위를 학교법인이 취소하는 것은 그 편입학허가 등의 행위가 처음부터 무효이었음을 당사자에게 통지하여 확인시켜주는 것에 지나지 않으므로 여기에 신의칙 내지 신뢰의 원칙을 적용할 수 없고 그러한 뜻의 취소권은 시효로 인하여 소멸하지도 않으며 그와 같은 자격요건에 관한 흠은 학교법인이나 학생 또는 일반인들에 의하여 치유되거나 정당한 것으로 추인될 수 있는 성질의 것도 아니다(대판 1989.4.11. 87다카131).

1편 민법총칙

단락문제 07
제27회 기출

신의성실의 원칙과 그 파생원칙에 관한 설명으로 옳은 것은? (다툼이 있으면 판례에 따름)

① 권리의 행사와 의무의 이행은 신의에 좇아 성실히 하여야 한다.
② 권리를 남용한 경우 그 권리는 언제나 소멸한다.
③ 신의성실의 원칙에 반하는지의 여부는 법원이 직권으로 판단할 수 없다.
④ 신의성실의 원칙은 사법관계에만 적용되고, 공법관계에는 적용될 여지가 없다.
⑤ 사정변경의 원칙에서 사정은 계약의 기초가 된 일방당사자의 주관적 사정을 의미한다.

> **해설** 신의성실의 원칙
> ① (O) 민법 제2조①
> ② 청구기각의 판결, 법률효과 불발생, 손해배상책임이 생기는 경우도 있다.
> ③ 직권주의 적용
> ④ 법일반에 적용되는 원칙 1983.5.24. 83다카1919
> ⑤ 객관적 사항 2007.3.29. 2004다31302
>
> 답

단락문제 08
제9회 기출

신의성실의 원칙 내지 그 파생원칙의 적용에 관한 판례의 입장과 다른 것은?

① 근로자가 아무런 이의 없이 퇴직금을 수령하고 의원면직일로부터 5년이 경과하였다고 하더라도 사직원의 작성과 제출이 자신의 형(兄)에 의하여 이루어졌다면 의원면직의 무효를 주장할 수 있다.
② 매매계약 체결 후 9년이 지났고 시가가 올랐다는 사정만으로 계약을 해제할만한 사정변경이 있다고 볼 수 없고, 매수인의 소유권이전등기청구가 신의칙에 위배된다고 할 수 없다.
③ 병원은 입원하여 치료를 받는 환자의 휴대폰 등의 도난 방지에 필요한 적절한 조치를 강구해 줄 신의칙상의 보호의무를 부담한다.
④ 법률행위가 법령에 위반되어 무효임을 알면서 그 법률행위를 한 사람은 특별한 사정이 없는 한 강행법규의 위반을 이유로 무효를 주장할 수 있다.
⑤ 이사의 지위에서 회사와 제3자 사이의 계속적 거래로 인한 불확정한 회사채무에 대하여 보증인이 된 자가 그 후 퇴사한 때에는 보증계약을 해지할 수 있다.

> **해설** 신의성실의 원칙 및 파생원칙
> ① (X) 신의성실의 원칙에 반하거나 실효의 원칙에 비추어 허용될 수 없다(대판 2005.10.28. 2005다45827).
> ② (O) (대판 1991.2.26. 90다19664)
> ③ (O) (대판 2003.4.11. 2002다63275)
> ④ (O) (대판 1999.3.23. 99다4405)
> ⑤ (O) (대판 1990.2.27. 89다카1381)
>
> 답

> **Wide** 신의칙의 우리 민법상 반영
>
> ① 불공정한 법률행위(제104조)
> ② 조건의 성취·불성취에 대한 의제(제150조)
> ③ 상린관계의 규정(제216조 내지 제244조)
> ④ 전세금증감청구권(제312조의2)
> ⑤ 이행보조자의 고의·과실에 대한 책임(제391조)
> ⑥ 채권자지체의 규정(제400조 내지 제403조)
> ⑦ 계약체결상의 과실책임(제535조)
> ⑧ 동시이행의 항변권(제536조)
> ⑨ 임대차의 차임증감청구권(제628조)
> ⑩ 임차인의 의사에 반하는 보존행위와 해지권(제652조)

3 권리남용의 금지 ***

13·15회 출제

(1) 의의 및 연혁

1) 의 의
외형상 권리의 행사처럼 보이지만 실질적으로 권리의 사회성·공공성에 반하여 정당한 권리행사로 볼 수 없는 경우에 이를 금지하고 권리행사의 효과를 부인하는 원칙을 말한다. 법적으로 특별한 관계가 없는 자도 주장할 수 있음을 주의한다.

2) 연 혁
① 이 원칙은 로마법에 있어 신의칙의 구체적 형태로 나타나기 시작하여 프랑스에서 19세기 중엽 이후 판례를 통하여 형성되었으며 독일민법은 시카네(Schikane)*의 금지를 명문화했다.

> *시카네(Schikane)
> 다른 사람에게 해를 가할 목적으로 권리를 행사하는 것

② 그러나 공공복리의 원칙하에 현대사법의 지도원리로 등장하게 된 것은 스위스민법이 '권리의 명백한 남용은 법의 보호를 받지 못한다'고 하여 주관적 요건을 삭제하고 권리의 공공성·사회성을 인정한 이후의 일이다.

(2) 신의성실의 원칙과의 관계   `1회 출제`

신의칙에 위반한 권리행사가 권리남용이므로 신의칙과 권리남용은 표리관계에 있다. 견해에 따라서는 신의성실의 원칙에서 파생된 원칙 중에 하나로 취급하기도 한다.

(3) 권리남용의 요건★★

1) 외형상 권리의 행사로 인정할 수 있는 행위가 있어야 한다.
2) 이러한 권리행사가 권리의 본래의 목적이나 사회성·공공성에 부합하지 않아야 한다.
3) 권리자의 주관적 의도는 요건이 아니라는 것*이 다수설이나 판례는 원칙적으로는 주관적 요건으로서 가해의사를 요구하여 권리남용의 인정범위를 좁게 보면서도 구체적 사안에 따라서는 객관적 사정으로부터 가해의사를 추단할 수 있다고 하거나 상계권행사나 상표권행사의 경우에는 가해의사가 불필요하다고 하여 구체적 타당성을 확보한다.

> * 권리자의 주관적 의도는 요건이 아니라는 것
> 가해의사를 필요로 하지 않는다는 의미, 즉 권리남용의 성립이 용이

Professor Comment
권리남용의 요건에서는 주관적 요건이 필요한지에 대한 다수설과 판례의 태도를 정리하는 것이 가장 중요하다.

 권리행사가 권리남용에 해당하기 위한 요건★★

권리의 행사가 ㉠ 주관적으로 오직 상대방에게 고통을 주고 손해를 입히려는 데 있을 뿐 이를 행사하는 사람에게는 아무런 이익이 없고 ㉡ 객관적으로 사회질서에 위반된다고 볼 수 있으면 그 권리의 행사는 권리남용으로서 허용되지 아니한다고 할 것이고, 권리의 행사가 상대방에게 고통이나 손해를 주기 위한 것이라는 주관적 요건은 권리자의 정당한 이익을 결여한 권리행사로 보여지는 객관적인 사정에 의하여 추인할 수 있다(대판 1993.5.14. 93다4366).

 상계권의 행사가 권리남용에 해당하기 위하여 주관적 요건을 필요로 하지 않는다.

상계권의 행사가 상계제도의 목적이나 기능을 일탈하고, 법적으로 보호받을 만한 가치가 없는 경우에는, 그 상계권의 행사는 신의칙에 반하거나 상계에 관한 권리를 남용하는 것으로서 허용되지 않는다고 함이 상당하고, 상계권 행사를 제한하는 위와 같은 근거에 비추어 볼 때 **일반적인 권리 남용의 경우에 요구되는 주관적 요건을 필요로 하는 것은 아니다** (대판 2003.4.11. 2002다59481).
▶ 예외적으로 주관적 요건을 요구하지 않는 사례이므로 숙지할 것

제2장 법률관계와 권리·의무

 상표권의 행사가 권리남용에 해당하기 위하여 주관적 요건을 필요로 하지 않는다.

상표권자가 당해 상표를 출원·등록하게 된 목적과 경위, 상표권을 행사하기에 이른 구체적·개별적 사정 등에 비추어, 상대방에 대한 상표권의 행사가 상표사용자의 업무상의 신용유지와 수요자의 이익보호를 목적으로 하는 상표제도의 목적이나 기능을 일탈하여 공정한 경쟁질서와 상거래질서를 어지럽히고 수요자 사이에 혼동을 초래하거나 상대방에 대한 관계에서 신의성실의 원칙에 위배되는 등 법적으로 보호받을 만한 가치가 없다고 인정되는 때에는, 그 상표권의 행사는 비록 권리행사의 외형을 갖추었다 하더라도 등록상표에 관한 권리를 남용하는 것으로서 허용될 수 없고, 이 경우 상표권의 행사를 제한하는 위와 같은 근거에 비추어 볼 때 **상표권 행사의 목적이 오직 상대방에게 고통을 주고 손해를 입히려는 데 있을 뿐 이를 행사하는 사람에게는 아무런 이익이 없어야 한다는 주관적 요건을 반드시 필요로 하는 것은 아니다**(대판 2008.7.24. 2006다40461).

 신축중인 건물부지를 경락받은 자가 완공된 건물의 철거를 구하는 것이 권리남용에 해당하지 않는다고 한 사례★

권리행사가 권리의 남용에 해당한다고 할 수 있으려면, 주관적으로 그 권리행사의 목적이 오직 상대방에게 고통을 주고 손해를 입히려는 데 있을 뿐, 행사하는 사람에게 아무런 이익이 없을 경우이어야 하고, 객관적으로는 그 권리행사가 사회질서에 위반된다고 볼 수 있어야 하는 것이며, 이와 같은 경우에 해당하지 않는 한 비록 그 권리의 행사에 의하여 권리행사자가 얻는 이익보다 상대방이 입을 손해가 현저히 크다 하여도 그러한 사정만으로는 권리남용이라 할 수 없고 어느 권리행사가 권리남용이 되는가의 여부는 각 개별적이고 구체적인 사안에 따라 판단되어야 할 것이다(대판 2003.2.14. 2002다62319·62326).

 채무자의 소멸시효에 기한 항변권의 행사에도 신의측과 권리남용금지 원칙이 적용된다고 한 사례

채무자의 소멸시효에 기한 항변권의 행사도 우리 민법의 대원칙인 신의성실의 원칙과 권리남용금지의 원칙의 지배를 받는 것이어서, 채무자가 시효완성 전에 채권자의 권리행사나 시효중단을 불가능 또는 현저히 곤란하게 하였거나, 객관적으로 채권자가 권리를 행사할 수 없는 장애사유가 있었거나, 시효완성 후에 채무자가 시효를 원용하지 아니할 것 같은 태도를 보여 권리자로 하여금 그와 같이 신뢰하게 하는 등의 특별한 사정이 있는 경우에는 채무자가 소멸시효의 완성을 주장하는 것이 신의성실의 원칙에 반하여 권리남용으로서 허용될 수 없다(대판 2007.3.15. 2006다12701).

4) 권리의 불성실한 불행사도 권리남용의 요건을 충족시킬 수 있다.

(4) 권리남용의 효과★★

1) 청구권을 남용하면 법은 이에 조력하지 않는다. 즉 법원은 청구기각의 판결을 내린다.
2) 형성권을 남용하면 본래 발생하여야 할 효과가 발생하지 않는다.
3) 남용으로 타인에게 손해를 주면 손해배상의 책임을 지게 된다.
4) 남용으로 권리가 박탈되는 경우도 있다. 그러나 권리의 박탈은 법률에 명문의 규정이 있을 때에만 가능하다.
   > 예 친권상실·일시정지의 선고(제924조), 친권자의 대리권상실 선고(제925조)

판례 권리남용금지의 원칙에 관한 판례정리★★

1. 토지소유자가 토지 상공에 송전선이 설치되어 있는 **사정을 알면서 토지취득 후 13년이 경과**하여 토지소유자의 송전선 **철거청구의 사안**에서, 한국전력공사가 적법하게 그 상공의 공간 사용권을 취득하거나 그에 따른 손실보상을 하지 아니하였다는 이유로 토지소유자의 송전선철거청구가 **권리남용에 해당하지 않는다**(대판 1996.5.14. 94다54283).

2. 한국전력공사가 **정당한 권원에 의하여 토지를 수용**하고 그 지상에 변전소를 건설하였으나 토지소유자에게 그 수용에 따른 손실보상금을 공탁함에 있어서 **착오로 부적법한 공탁이 되어 수용재결이 실효됨으로써 결과적으로 그 토지에 대한 점유권원을 상실하게 된 경우**, 토지소유자가 그 변전소의 철거와 토지의 인도를 청구하는 것은 **권리남용에 해당한다**(대판 1999.9.7. 99다27613).

단락문제 Q9

제13회 기출

권리남용에 관한 설명으로 옳은 것은? (다툼이 있으면 판례에 의함)

① 권리자가 법령에 위반되어 무효임을 알면서도 법률행위를 한 후 강행법규 위반을 이유로 그 법률행위의 무효를 주장한다면 원칙적으로 권리남용에 해당한다.
② 권리자의 권리행사에 대하여 상대방이 권리남용을 주장하지 않는다면 법원은 이를 직권으로 판단할 수 없다.
③ 당사자 간의 합의로 권리남용금지 원칙의 적용을 배제하기로 하는 특약은 허용되지 않는다.
④ 채무자가 소멸시효에 기한 항변권을 행사하는 경우에는 권리남용금지 원칙의 지배를 받지 않는다.
⑤ 권리남용을 이유로 권리 그 자체가 박탈되는 경우는 없다.

해설 권리남용

① (×) 해당하지 않는다(대판 2004.10.28. 2004다5563). 그 이유는 그러한 무효주장을 배척한다면 이는 오히려 강행법규에 의하여 배제하려는 결과를 실현시키는 셈이 되어 입법취지를 완전히 몰각하게 되기 때문이다.
② (×) 신의칙의 위반에 대하여는 직권으로 판단할 수 있다(대판 1989.9.29. 88다카17181).
③ (○) 특약자체가 무효가 된다.
④ (×) 채무자의 소멸시효에 기한 항변권의 행사도 우리 민법의 대원칙인 신의성실의 원칙과 권리남용금지의 원칙의 지배를 받는 것이어서, ㉠ 채무자가 시효완성 전에 채권자의 권리행사나 시효중단을 불가능 또는 현저히 곤란하게 하였거나, ㉡ 그러한 조치가 불필요하다고 믿게 하는 행동을 하였거나, ㉢ 객관적으로 채권자가 권리를 행사할 수 없는 장애사유가 있었거나, 또는 ㉣ 일단 시효완성 후에 채무자가 시효를 원용하지 아니할 것 같은 태도를 보여 권리자로 하여금 그와 같이 신뢰하게 하였거나, ㉤ 채권자보호의 필요성이 크고, 같은 조건의 다른 채권자가 채무의 변제를 수령하는 등의 사정이 있어 채무이행의 거절을 인정함이 현저히 부당하거나 불공평하게 되는 등의 특별한 사정이 있는 경우에는 채무자가 소멸시효의 완성을 주장하는 것이 신의성실의 원칙에 반하여 권리남용으로서 허용될 수 없다(대판 2010.3.11. 2009다86147).
⑤ (×) 친권상실규정이 있다(제924조).

답 ③

03 의무의 이행

의무의 이행이란 의무자가 부담하는 의무의 내용을 실현하는 것을 말한다. 의무의 이행도 신의칙에 좇아서 성실히 하여야 한다. 신의칙에 위반한 의무이행은 의무불이행이 된다.

1편 민법총칙

제5절 권리의 보호

권리자의 정당한 권리행사는 보호되어야 하며 권리침해에 대해서는 어떠한 형식으로든 그에 대한 구제가 필요하게 된다. 이를 위해 고대와 중세에 있어서는 권리자가 자기의 힘으로 권리를 보호·구제하는 이른바 사력구제(私力救濟 자력구제)가 널리 인정되었으나, 근대법치국가에 있어서는 국가구제 내지 공권력에 의한 구제가 원칙이고 사력구제는 부득이한 경우에 예외적으로만 인정*될 뿐이다.

01 민법상 사권보호의 수단★

1 물권적 청구권

물권의 침해가 있을 때에는 물권의 구제를 위하여 물권적 청구권이 인정된다.

2 현실적 이행강제권

채무자에 의한 채권의 침해가 있을 때에는 채권자는 법원에 강제이행을 청구할 수 있다.

3 손해배상청구권

고의·과실로 인한 위법행위로 타인에게 손해를 발생하게 한 경우에는 피해자가 가해자에 대하여 손해배상**을 청구할 수 있다.

> *사력구제는 부득이한 경우에 예외적으로만 인정
> 제209조 및 제761조가 대표적인 예
>
> **손해배상
> 금전배상원칙
>
> ***명령
> 재판
>
> ****그 명령을 강제적으로 실현하는 방법
> 강제집행

02 국가구제

1 재판제도

재판은 국가기관인 법원이 권리자의 소제기(소송의 제기)에 의하여 의무자에게 권리의 실현에 적절한 행위를 할 것을 명령***하고 명령에 따르지 않는 때에는 그 명령을 강제적으로 실현하는 방법****이다.

2 조정제도

조정은 국가기관인 조정위원회가 당사자의 주장을 조정하여 합의에 이르게 함으로써 분쟁을 원만하고 간이·신속하게 해결하는 방법이다.

03 사력(자력)구제★★

> **제209조(자력구제)** ① 점유자는 그 점유를 부정히 침탈 또는 방해하는 행위에 대하여 자력으로써 이를 방위할 수 있다.
> ② 점유물이 침탈되었을 경우에 부동산일 때에는 점유자는 침탈 후 직시 가해자를 배제하여 이를 탈환할 수 있고 동산일 때에는 점유자는 현장에서 또는 추적하여 가해자로부터 이를 탈환할 수 있다.
> **제761조(정당방위, 긴급피난)** ① 타인의 불법행위에 대하여 자기 또는 제3자의 이익을 방위하기 위하여 부득이 타인에게 손해를 가한 자는 배상할 책임이 없다. 그러나 피해자는 불법행위에 대하여 손해의 배상을 청구할 수 있다.
> ② 전항의 규정은 급박한 위난을 피하기 위하여 부득이 타인에게 손해를 가한 경우에 준용한다.

민법은 긴급한 사정으로 장래에 국가의 보호를 요구하는 것이 불가능하거나, 또는 곤란하게 될 경우를 위하여 사력에 의한 구제를 예외적으로 허용하고 있는데, 이에는 정당방위·긴급피난·자력구제 3가지가 있다.

1 정당방위(正當防衛)

타인의 불법행위*에 대하여 자기 또는 제3자의 이익을 방위하기 위하여 부득이 가해행위를 하는 것(제761조 제1항)이다.

> * **불법행위**
> 위법한 행위
>
> ** **보전**
> 권리를 실행하는 것은 포함하지 않음을 주의할 것

2 긴급피난(緊急避難)

급박한 위난을 피하기 위하여 부득이 타인에게 가해행위를 하는 것(제761조 제2항)이다.

3 자력구제(自力救濟)

국가기관의 구제를 기다릴 여유가 없는 경우에, 권리자가 스스로 청구권을 '보전'**하기 위한 행위이다(제209조).

CHAPTER 03 권리의 주체

학습포인트

- 자연인에서 출제가능성이 큰 주제는 미성년자의 행위능력과 상대방의 보호, 실종선고와 그 취소 등이 있다.
- 법인에서 출제가능성이 큰 주제는 법인의 행위능력, 이사의 직무와 사원총회, 법인의 정관변경, 해산 그리고 비법인사단과 조합의 비교 등이 출제될 가능성이 있다.
- 제15회부터 물권·채권편 문제가 늘어나면서 물권·채권편 문제와 결합되어 출제되는 경향이 있다.

CHAPTER 학습 & 출제되는 키워드

- ☑ 권리의 주체
- ☑ 태 아
- ☑ 피성년후견인
- ☑ 주 소
- ☑ 실종선고
- ☑ 법인의 행위능력
- ☑ 임시이사와 특별대리인
- ☑ 정 관
- ☑ 자연인과 법인
- ☑ 외국인
- ☑ 피한정후견인
- ☑ 부재자
- ☑ 법인격 없는 사단·재단
- ☑ 법인의 불법행위능력
- ☑ 대표권남용
- ☑ 해산과 청산
- ☑ 권리능력
- ☑ 미성년자
- ☑ 제한능력자의 상대방보호
- ☑ 재산관리인
- ☑ 법인의 설립
- ☑ 이 사
- ☑ 사원총회
- ☑ 법인의 감독

CHAPTER 학습 & 출제되는 질문

- ☑ 민법상 권리능력에 관한 설명으로 옳지 않은 것은?
- ☑ 태아의 보호에 관한 설명으로 옳지 않은 것은?
- ☑ 미성년자의 행위에 대한 설명으로 틀린 것은?
- ☑ 제한능력자 상대방보호에 관한 설명 중 옳은 것은?
- ☑ 실종선고를 받은 甲이 생환하였다. 이에 대한 설명으로 타당한 것은?
- ☑ 사단과 조합에 대한 설명으로 타당한 것은?
- ☑ 甲법인의 이사 A가 다음과 같은 행위를 하였다. 이에 대한 설명으로 타당한 것은?
- ☑ 재단법인의 정관변경에 관한 설명이다. 틀린 것은?

제3장 권리의 주체

제1절 자연인

제1관 권리능력 | 2·24회 출제

01 서설 | 4회 출제

> **제3조(권리능력의 존속기간)** 사람은 생존한 동안 권리와 의무의 주체가 된다.

1 권리능력의 의의

권리능력이란 권리의 주체*가 될 수 있는 지위 또는 자격을 말하는데, 인격이라고도 한다. 이러한 권리능력(權利能力)을 가진 자를 「인(人)」이라 하는데 이에는 자연인과 법인이 있다.

(1) 자연인

모든 자연인에 대해서는 성별, 연령, 계급, 직업 등과는 관계없이 평등하게 권리능력자로서 인정**하는 것이 오늘날의 문명국가에 공통된 현상이다. 민법도 제3조에서 「사람은 생존한 동안 권리와 의무의 주체가 된다」고 하여 모든 자연인은 권리능력을 가진다는 대원칙을 규정하고 있다.

> * 권리의 주체
> 즉 권리의 귀속자
>
> ** 성별, 연령, 계급, 직업 등과는 관계없이 평등하게 권리능력자로서 인정
> 권리능력평등의 원칙

(2) 법인

일정한 사람의 집단[사단(社團)]과 일정한 목적에 바쳐진 재산의 집단[재단(財團)]으로서 권리능력이 인정된 것을 말한다.

Key Point 권리능력

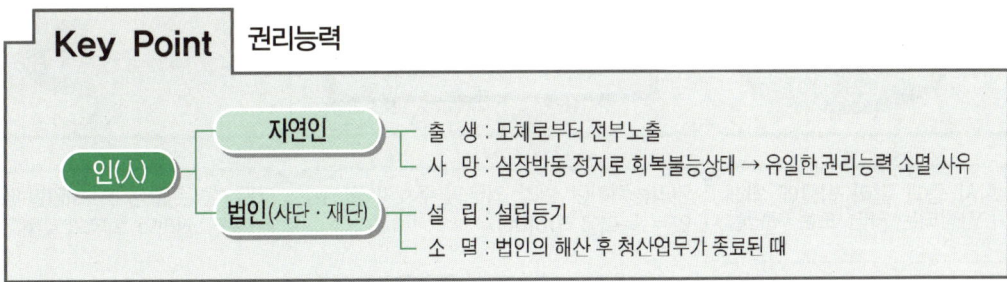

- 인(人)
  - 자연인
    - 출 생: 모체로부터 전부노출
    - 사 망: 심장박동 정지로 회복불능상태 → 유일한 권리능력 소멸 사유
  - 법인(사단·재단)
    - 설 립: 설립등기
    - 소 멸: 법인의 해산 후 청산업무가 종료된 때

2 의무능력의 의의

권리능력에 대응하여 의무의 주체가 될 수 있는 지위를 의무능력이라 하는데, 오늘날에 있어서는 권리능력은 동시에 의무능력이다. 따라서 단순히 권리능력이라고 하면 그것은 당연히 의무능력을 포함한다.

1편 민법총칙

02 권리능력(자연인)★★★　　27회 출제

1 자연인의 출생

(1) 권리능력의 취득시기

사람*은 생존한 동안 권리와 의무의 주체가 된다(제3조). 따라서 사람으로서 생존하기 시작하는 때, 즉 출생한 때로부터 권리능력을 취득한다.

(2) 출생한 때의 의미

'출생한 때'라 함은 출생의 종료, 즉 태아가 모체로부터 전부 노출한 시기**를 말한다.

(3) 출생신고와 가족관계등록부의 기재

출생신고나 가족관계등록부의 기재가 없더라도 사람은 출생의 사실에 의하여 당연히 권리능력을 취득한다.

> *사람
> 기형아, 조산아 등에 관계없이 권리능력을 갖는다.
>
> ** 출생의 종료, 즉 태아가 모체로부터 전부 노출한 시기
> 판례와 통설인 전부노출설

권리의 주체

권리의 주체란 권리를 행사할 수 있는 주체로서 법률관계의 당사자를 말한다.

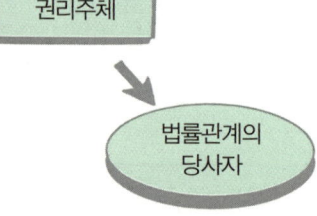

권리주체에는 자연인과 법인 2가지가 있다.

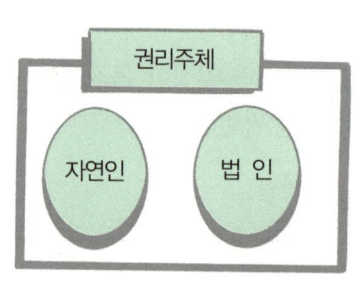

자연인이란 살아있는 모든 사람을 말한다.

법인이란 회사 등과 같이 법률에 의해 권리능력이 인정되는 사단 또는 재단을 말한다.

사단법인은 **사람의 집단**이다.　재단법인은 **재산의 집단**이다.

권리능력이란 권리·의무의 주체가 될 수 있는 능력을 말하며

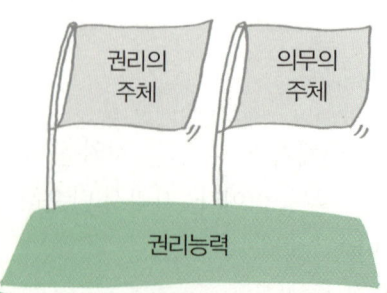

모든 사람은 출생해서 사망할 때까지 생존하는 동안 권리와 의무의 주체가 된다.

단락문제 01

권리능력에 관한 다음 기술 중에서 틀린 것은?

① 출생신고는 권리능력 취득의 요건이 아니다.
② 태아가 의사의 과실로 인하여 모체(母體) 내에서 사망하였다면, 태아는 그 의사에 대한 손해배상청구권을 취득하지 못한다.
③ 실종선고를 받은 자라도 사실상 생존해 있으면 권리능력이 있다.
④ 근대법은 개인의사자치의 원칙을 존중하고 있으므로 권리능력자의 자유의사에 의하여 권리능력을 포기할 수 있다.
⑤ 권리능력은 권리의 주체가 될 수 있는 지위 또는 자격이다.

> **해설** 권리능력
> ③ (○) 실종선고를 받은 때에는 실종자는 사망한 것으로 보지만(제28조), 여기서 사망한 것으로 본다는 것은 실종선고를 받은 자의 권리능력을 절대적으로 소멸시킨다는 것이 아니라 실종자의 종래의 주소를 중심으로 하는 사법적인 법률관계를 정리하기 위한 한도 내에서 사망한 것으로 본다는 의미이다.
> ④ (×) 권리능력에 관한 규정은 강행규정이며, 개인의 의사로써 그 적용을 배제하는 것은 인정되지 않는다. 즉 권리능력의 제한이나 포기의 특약은 할 수 없다.
> **답** ④

단락핵심 권리·의무능력

(1) 권리·의무능력의 시기는 자연인에 있어서는 출생이고 법인에 있어서는 설립등기한 때이다.	(○)
(2) 권리능력에 관한 규정은 임의규정이다.	(×)
(3) 권리능력이 있다고 하여 항상 행위능력이 있는 것은 아니다.	(○)
(4) 자연인의 권리능력은 다른 사람에게 양도하거나 포기할 수 없다.	(○)

2 태아의 지위 ★★★   4·7·10·11·12·14·15·17·21·22회 출제

(1) 일반적 보호주의와 개별적 보호주의

1) 태아의 보호필요성

① 태아에 대하여 일률적으로 권리능력을 부인하면 <mark>불합리한 결과</mark>*가 발생하므로 특별한 규정을 두는 경우가 많은데 이는 ㉠ 일반적 보호주의와 ㉡ 개별적 보호주의로 구별된다.

> *불합리한 결과
> 부(父)가 사망한 후 출생한 자는 상속받을 수 없는 결과

② 일반적 보호주의(로마·스위스·중국·오스트리아)는 모든 법률관계에 이미 출생한 것으로 보는 것이고, 개별적 보호주의(독일·프랑스)는 중요한 법률관계에 한하여 이미 출생한 것으로 보는 것이다.

2) 민법의 태도

① 우리 민법은 사람은 출생시부터 권리능력을 가지게 되므로 태아는 원칙적으로 권리능력이 없다.

② 그러나 개별적 보호주의를 채택하여 불법행위에 기한 손해배상(제762조), 재산상속(제1000조 제3항), 대습상속❶(代襲相續, 제1001조), 유증❷(遺贈, 제1064조), 유류분권(제1118조·제1001조), 인지(제858조)에 한하여 태아는 이미 출생한 것으로 보고 있다.

> [예] 태아의 부가 타인의 불법행위에 의해 사망한 경우 이에 대한 손해배상의 청구에 있어서는 태아도 부가 사망한 당시에 이미 출생한 것으로 보아 손해배상을 청구할 수 있다(대판 1993.4.27. 93다4663).

> [판례] 태아의 수증능력유무와 법정대리인에 의한 수증행위의 가부
> 증여에 관하여는 태아의 수증능력이 인정되지 아니하였고 또 태아인 동안에는 법정대리인이 있을 수 없으므로 법정대리인에 의한 수증행위도 할 수 없다(대판 1982.2.28. 81다534).

용어사전

❶ **대습상속**
대습상속이란 선순위 상속권자가 결격사유가 있는 경우에 그 결격자의 상속순위를 물려받는 경우를 말한다. 예컨대, 부(父)가 사망함으로써 상속의 결격자가 되는 경우에 그 자(子)가 아버지의 상속순위를 물려받아 상속의 1순위가 되는 것을 말한다.

❷ **유 증**
유언에 의하여 자기의 재산을 타인에게 무상으로 주는 단독행위를 말한다.

(2) 정지조건설과 해제조건설   [12회 출제]

'이미 출생한 것으로 본다'는 의미에 대하여 정지조건설과 해제조건설이 대립한다.

1) 정지조건설(停止條件說, 판례)

① 태아로 있는 동안은 아직 권리능력을 취득하지 못하나, 살아서 출생한 때에는 그의 권리능력취득의 효과가 문제의 사건이 발생한 시기*까지 소급한다고 본다.

② 이에 의하면 태아가 사산하더라도 타인에게 불측의 손해를 줄 염려는 없으나 태아가 취득 또는 상속할 재산을 태아인 동안에 보존·관리할 수 없다(소수설, 판례).

* **문제의 사건이 발생한 시기**
불법행위시 또는 상속개시시

2) 해제조건설(解除條件說)

① 태아는 일정한 사안에 대하여 권리능력을 가지며, 사산(死産)인 때에는 그 권리능력의 취득효과가 과거 문제의 사건시까지 소급하여 소멸한다고 본다.

② 따라서 태아인 동안에도 법정대리인(法定代理人)에 의하여 권리를 행사할 수 있으므로 태아보호에 보다 철저하나, 사산의 경우 법정대리인의 행위가 소급적으로 무효가 되기 때문에 상대방 또는 제3자에게 불측의 손해를 줄 우려가 있다(다수설).

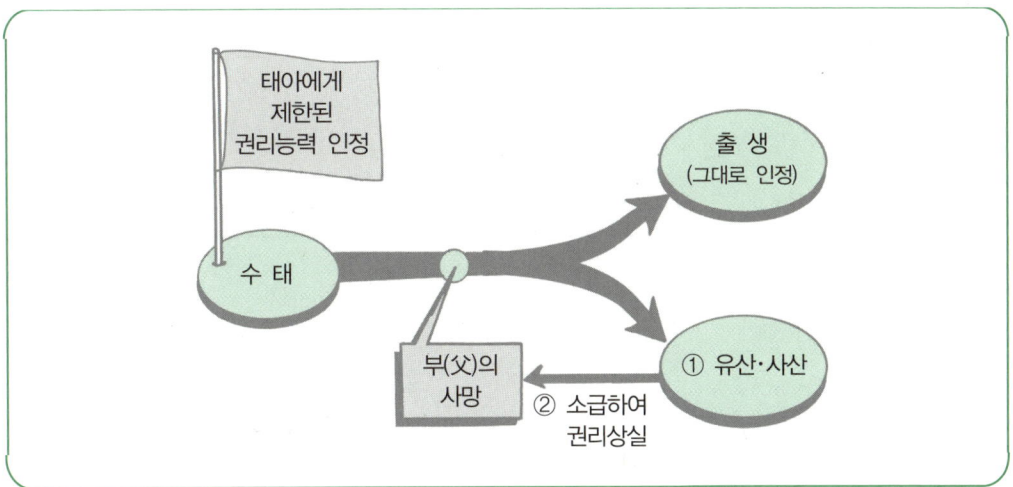

3) 검 토

해제조건설이 다수설이나 판례는 정지조건설을 따르며, 태아의 법정대리인도 인정하지 않는다.

 모체와 같이 사망한(사산한) 태아에게 손해배상청구권을 부정한 사례

태아가 특정한 권리에 있어서 이미 태어난 것으로 본다는 것은 **살아서 출생한 때에 출생시기가 문제의 사건의 시기까지 소급하여 그 때에 태아가 출생한 것과 같이 법률상 보아 준다고 해석하여야 상당하므로** 그가 모체와 같이 사망하여 **출생의 기회를 못 가진 이상 배상청구권을 논할 여지가 없다**(대판 1976.9.14. 76다1365).

※ 판례는 정지조건설의 입장을 취하고 있다 그러나 해제조건설에 의하더라도 태아가 살아서 출생하지 못한다면 권리능력이 인정될 수 없다.

1편 민법총칙

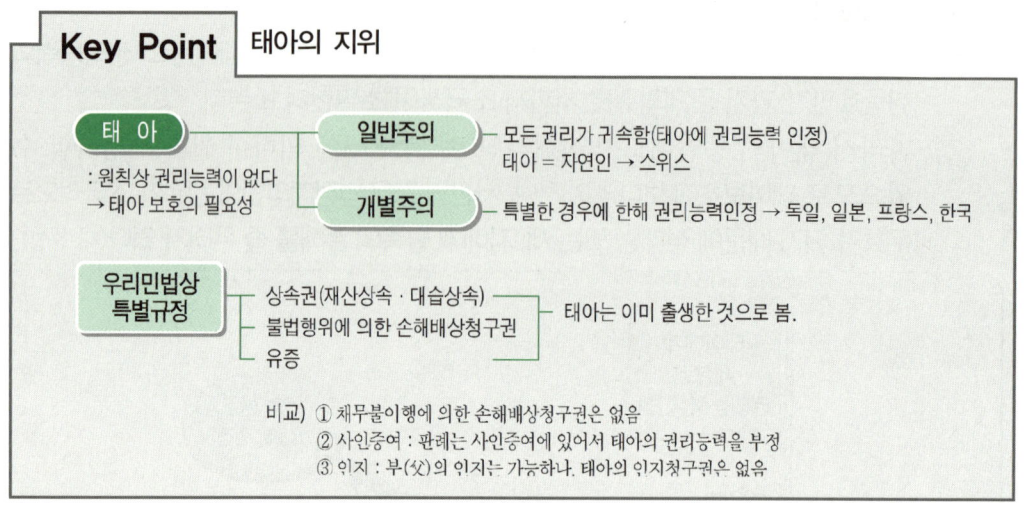

Key Point 태아의 지위

단락문제 02

제27회 기출

민법상 자연인의 능력에 관한 설명으로 옳지 않은 것은? (다툼이 있으면 판례에 따름)

① 법원은 인정사망이나 실종선고에 의하지 않고 경험칙에 의거하여 사람의 사망사실을 인정할 수 없다.
② 의사능력의 유무는 구체적인 법률행위와 관련하여 개별적으로 판단되어야 한다.
③ 의사무능력을 이유로 법률행위의 무효를 주장하는 자는 의사무능력에 대하여 증명책임을 부담한다.
④ 의사무능력을 이유로 법률행위가 무효로 된 경우, 의사무능력자는 그 행위로 인해 받은 이익이 현존하는 한도에서 상환할 책임이 있다.
⑤ 태아가 불법행위로 인해 사산된 경우, 태아는 가해자에 대하여 자신의 생명침해로 인한 손해배상을 청구할 수 없다.

해설 자연인의 능력
① (X) 심장박동시로 인정(통설·판례) 예외적으로 실종선고, 인정사망 규정
② 구체적·개별적으로 판단. 행위능력과 다르다.
③ 무효주장자에게 입증책임. 행위능력과 다르다.
④ 민법 제141조의 유추적용 2009.1.15. 2008다58367
⑤ 판례는 정지조건설

답 ①

제3장 권리의 주체

단락핵심 — 태아의 권리능력

(1) 어느 학설에 의하든 태아가 사산되면 태아의 권리능력은 인정되지 아니하므로 모와 태아가 교통사고로 동시에 사망한 경우에는 생존한 부가 태아의 손해배상청구권을 상속하지 못한다. (O)

(2) 태아가 교통사고의 충격으로 조산되고 그로 인하여 출생 후 얼마 안 되어 사망한 경우, 죽은 아이의 생명침해로 인한 손해배상청구권도 인정된다. (O)

(3) 유증의 경우에는 태아의 권리능력이 인정되나, 사인증여의 경우에는 태아의 권리능력이 인정되지 아니한다. (O)

03 권리능력의 종기(終期)★ 〔9회 출제〕

> 제27조(실종의 선고) ① 부재자의 생사가 5년간 분명하지 아니한 때에는 법원은 이해관계인이나 검사의 청구에 의하여 실종선고를 하여야 한다.
> ② 전지에 임한 자, 침몰한 선박중에 있던 자, 추락한 항공기중에 있던 자 기타 사망의 원인이 될 위난을 당한 자의 생사가 전쟁종지후 또는 선박의 침몰, 항공기의 추락 기타 위난이 종료한 후 1년간 분명하지 아니한 때에도 제1항과 같다.
> 제30조(동시사망) 2인 이상이 동일한 위난으로 사망한 경우에는 동시에 사망한 것으로 추정한다.

1 사 망★★

(1) 권리능력의 소멸
자연인의 권리능력은 '생존한 동안'만 법에 의하여 주어지는 것이므로(제3조), 사망으로 권리능력을 잃게 된다. 오직 사망만이 권리능력의 소멸원인이며 예외는 없다.

(2) 포기의 불가
자연인의 권리능력은 이를 임의로 포기할 수 없다.

(3) 사망신고와 가족관계등록부의 등록
사망신고나 가족관계기록부의 사망사실 기재 여부는 권리능력의 소멸에 영향을 미치지 못한다. 이와 관계없이 사망한 때에 권리능력이 소멸한다.

(4) 사망의 시기
사망의 시기에 대해서는 호흡과 심장박동이 영구적으로 정지한 때라는 심장사설(맥박종지설)이 통설·판례이다.

1편 민법총칙

2 사망의 의제(擬制)❶와 추정(推定)❷ *20회 출제*

자연인의 사망은 상속을 비롯한 여러 법률문제와 관련되기 때문에 사망의 유무나 그 시기는 대단히 중요하다. 그러나 그 증명·확정이 곤란한 경우가 많기 때문에 이러한 경우를 대비하여 법에 특별규정을 두고 있는데 인정사망, 실종선고, 동시사망의 추정이 그것이다.

(1) 인정사망(認定死亡) *19회 출제*

인정사망은 시체의 발견 등 사망의 확증은 없으나 그 개연성이 높은 경우*에 그를 조사한 관공서의 사망보고에 의하여 사망으로 인정(추정)하는 제도이다(「가족관계의 등록 등에 관한 법률」 제87조).

* 사망의 확증은 없으나 그 개연성이 높은 경우
수해, 화재나 그 밖의 재난이 대표적인 예

(2) 실종선고(失踪宣告)

실종선고는 생사불명의 상태가 장기간 계속될 경우에 일정절차를 거쳐 일정시기에 사망한 것으로 보는 제도(사망의제)이다(제27조 이하). 그러나 실종선고를 받은 자라도 생존해 있다면 실종선고로 인해 권리능력이 소멸되는 것은 아니다.

(3) 동시사망의 추정(推定) *11·15회 출제*

2인 이상이 동일한 위난(危難)으로 사망한 경우에 누가 먼저 사망하였는지 불명한 경우에는 동시에 사망한 것으로 추정한다(사망추정, 제30조). 이는 사망시기에 대한 추정이다.

> **Professor Comment**
> 여러 사람이 서로 다른 위난으로 사망한 경우까지 제30조를 유추적용할 수 있는가에 대하여 다수설은 긍정하고 있다.

용어사전

❶ 의제
비록 진실에는 반하더라도 어떤 사실을 법이 이렇다고 정해서 반대증거가 있어도 이것을 움직일 수 없는 것을 의제(擬制)라고 한다. 종래에 「간주(看做)한다」는 말로 표현해왔으나 현재에는 「본다」는 말로 규정하고 있다.

❷ 추정
여기서는 법률상 추정을 의미하며 「乙이란 사실이 있는 때는 甲이란 법률효과가 생긴다」라는 기본적인 법조문이있는 경우에 그 요건사실인 乙과 무관한 丙이라는 사실을 가져올 때 「丙일 때는 乙이라는것으로 추정한다」라는 제2차적인 법조문이 규정되어 있는 것을 말한다. 이 2차적인 법조문을 추정규정, 丙을 전제사실, 乙을 추정사실이라고 한다.

※ 추정의 경우에는 반대되는 사실을 증명하면 추정이 깨어지지만 의제의 경우에는 반대사실을 증명하는 것으로 부족하고 별도의 절차(예를 들어 실종선고의 취소 재판)가 필요하다.

제3장 권리의 주체

> **[판례] 동시사망에 관한 판례정리★**
>
> ① 민법 제30조에 의하면, 2인 이상이 동일한 위난으로 사망한 경우에는 동시에 사망한 것으로 추정하도록 규정하고 있는바, 이 추정은 법률상 추정으로서 이를 번복하기 위하여는 동일한 위난으로 사망하였다는 전제사실에 대하여 법원의 확신을 흔들리게 하는 반증을 제출하거나 또는 각자 다른 시각에 사망하였다는 점에 대하여 법원에 확신을 줄 수 있는 본증을 제출하여야 하는데, 이 경우 사망의 선후에 의하여 관계인들의 법적 지위에 중대한 영향을 미치는 점을 감안할 때 충분하고도 명백한 입증이 없는 한 위 추정은 깨어지지 아니한다고 보아야 한다(대판 1998.8.21. 98다8974).
>
> ② 동시사망 추정규정도 자연과학적으로 엄밀한 의미의 동시사망은 상상하기 어려운 것이나 사망의 선후를 입증할 수 없는 경우 동시에 사망한 것으로 다루는 것이 결과에 있어 가장 공평하고 합리적이라는 데에 그 입법 취지가 있는 것인 바, 민법 제1001조의 '상속인이 될 직계비속이 상속개시 전에 사망한 경우'에는 '상속인이 될 직계비속이 상속개시와 동시에 사망한 것으로 추정되는 경우'도 포함하는 것으로 합목적적으로 해석함이 상당하다(대판 2001.3.9. 99다13157).

단락문제 03

甲(父), 乙(본인), 丙(처), 丁(乙의 미혼의 딸)이 있는데 乙과 丁이 동일한 위난(危難)으로 사망하였다. 乙의 상속인은?

① 甲　　　　　　② 丙　　　　　　③ 甲과 丙의 공동상속
④ 甲과 丁　　　　⑤ 丙과 丁

해설 동시사망의 추정
③ 2인 이상이 동일한 위난으로 사망한 경우에는 동시에 사망한 것으로 추정한다(제30조). 동시사망의 추정을 받는 乙·丁간에는 상속이 생기지 않는다. 이 경우 乙의 상속인은 직계비속이 없으므로 직계존속인 甲이 1순위 상속인이 되고, 丙은 피상속인乙의 배우자로서 甲과 동순위로 공동상속인이 된다(제1000조 제1항 제2호·제1003조 제1항).　　**답** ③

04 외국인의 권리능력★　　5회 출제

1 내외국인 평등주의의 원칙

(1) 외국인의 의의

외국인이라 함은 대한민국의 국적을 가지지 않은 자를 말하며 무국적자(無國籍者)를 포함한다.

(2) 민법의 태도

우리 민법은 외국인의 권리능력에 관하여 규정하고 있지 않으나, 외국인의 법적 지위는 국제법과 조약의 범위 내에서 보장한다는 헌법의 규정(제6조 제2항)에 따라 '내외국인 평등주의'가 적용된다.

2 특별법에 의한 제한

특별법에서는 각종 공익상의 이유로 외국인의 권리능력을 제한하는 경우가 많다.

Wide 외국인의 권리능력 제한

절대적 제한	도선사(導船士)의 자격(「도선법」 제6조), 외무공무원의 자격(「외무공무원법」 제9조) 등
상호주의에 의한 제한	토지에 관한 권리(「부동산 거래신고 등에 관한 법률」 제7조), 저작권(「저작권법」 제3조), 특허에 관한 외국인의 권리능력(「특허법」 제25조), 상표에 관한 외국인의 권리능력(「상표법」 제27조), 디자인에 관한 외국인의 권리능력(「디자인보호법」 제27조), 실용신안의 준용(「실용신안법」 제3조), 국가배상청구권(「국가배상법」 제7조) 등
국회의 동의나 정부의 허가요구	외국인의 어업면허와 주무장관의 허가(「수산업법」 제5조), 상호주의에 따른 외국인의 토지 등 취득과 신고(「부동산거래신고 등에 관한 법률」 제8조)

행위능력과 의사능력

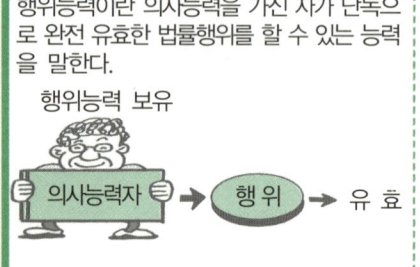

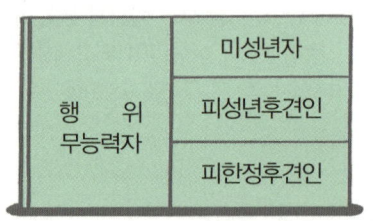

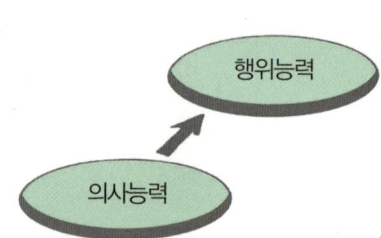

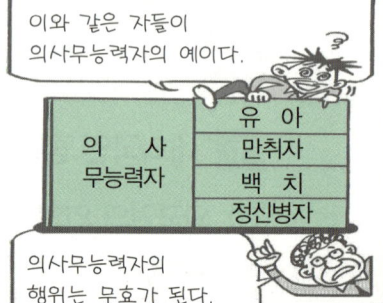

제3장 권리의 주체

| 제2관 | 행위능력 | 3·6·17·27·28회 출제 |

01 서설 ★★   13·14·18회 출제

1 의사능력·책임능력·행위능력

Professor Comment
의사능력, 책임능력, 행위능력의 구별은 민법의 기초에 해당하므로 그 개념과 다른 제도와의 차이점을 정확하게 이해한다.

(1) 의사능력(意思能力)
 1) 의의 및 효과
  ① 개개의 행위를 함에 있어서 자기 행위의 의미와 결과를 합리적으로 판단할 수 있는 정신적 능력 내지 지능을 의사능력이라 한다(대판 2009.1.15. 2008다58367).
  ② 이성을 가지고 합리적인 행동을 하는 개인을 전제로 사적자치를 추구하는 근대 민법의 원리상 의사무능력자의 행위는 절대적 무효이다.
 2) 민법의 태도
  민법은 의사능력의 기준에 관하여 획일적인 기준을 규정하고 있지 않다. 따라서 의사능력의 유무는 당해 구체적인 법률행위에 따라 개별적으로 판단하여야 한다.
  예 과자를 사는 법률행위는 7세 정도의 의사능력이면 족하나, 부동산매매계약이나 신분행위에 있어서는 더 높은 연령의 판단능력이 요구된다.

(2) 책임능력(불법행위능력)
 1) 의 의
  책임능력이란 법률상의 책임을 판별할 수 있는 정신적 능력을 말하는데, 그 내용은 의사능력과 동일한 의미의 정신적 능력이다.
 2) 의사능력과의 구별
  의사능력은 법률행위에 관한 개념인데 대하여, 책임능력은 불법행위에 관한 개념이다.
 3) 책임능력유무의 판단
  책임능력의 유무는 불법행위자의 연령 및 불법행위의 태양(態樣)에 따라 구체적인 경우에 개별적으로 판단하여야 한다.

(3) 행위능력(行爲能力)

1) **의의**

   행위능력이란 확정적으로 유효한 법률행위를 단독으로 할 수 있는 능력을 말한다.

2) **의사능력·책임능력·권리능력과의 차이**

   ① 행위능력은 권리능력·의사능력을 전제로 한 개념인데, **구체적 사실과 관계 없이 획일적으로 인정되는 능력인 점에서 권리능력과 같고 의사능력·책임능력과 다르다.**

   Professor Comment
   > 의사무능력자의 행위는 무효인 반면, 제한능력자의 행위는 취소할 수 있다는 점을 구별해야 한다.

   ② 현실적으로 법률행위를 할 수 있는 능력이라는 점에서 잠재적 능력인 권리능력과 다르다.

2 제한능력자제도★

`13·14·15·20회 출제`

(1) 배경 및 기능

1) 의사능력이 없는 자의 행위는 무효이나 의사능력 없음을 개별적·구체적으로 주장·증명하는 것은 쉬운 일이 아니며, 의사무능력이 인정된 경우 거래상대방은 뜻밖의 손해를 입게 될 뿐만 아니라 거래 시마다 의사능력의 유무를 조사할 경우 거래의 신속을 해한다.
2) 민법은 의사능력이 불완전한 자를 일정한 기준에 따라 제한능력자로 규정하고 그의 행위는 취소할 수 있도록 하였다.
3) 제한능력자제도는 사적자치의 기초가 되는 것으로 강행규정이다.

> **판례 제한능력자제도와 신의칙**
>
> 행위무능력자제도(제한능력자제도)는 사적자치의 원칙이라는 민법의 기본이념, 특히, 자기책임 원칙의 구현을 가능케 하는 도구로서 인정되는 것이고, 거래의 안전을 희생시키더라도 행위무능력자를 보호하고자 함에 근본적인 입법 취지가 있는바, 행위무능력자 제도의 이러한 성격과 입법 취지 등에 비추어 볼 때, 미성년자의 법률행위에 법정대리인의 동의를 요하도록 하는 것은 강행규정인데, 위 규정에 반하여 이루어진 **신용구매계약을 미성년자 스스로 취소하는 것을 신의칙 위반을 이유로 배척한다면**, 이는 오히려 위 규정에 의해 배제하려는 결과를 실현시키는 셈이 되어 미성년자 제도의 입법 취지를 몰각시킬 우려가 있으므로, 법정대리인의 동의 없이 신용구매계약을 체결한 미성년자가 사후에 법정대리인의 동의 없음을 사유로 들어 이를 취소하는 것이 신의칙에 위배된 것이라고 할 수 없다(대판 2007.11.16. 2005다71659).

(2) 적용범위

1) 이 제도는 통상의 재산상의 행위에만 적용되며, 신분상의 행위에는 원칙적으로 적용되지 않는다. 신분행위에서는 본인에게 의사능력이 있는 한 그 의사를 존중해야 하기 때문이다.
2) 또한 자동판매기의 이용이나 수도·전기·우편·대중적 교통기관의 이용 등 정형적·집단적·대량적 거래나 근로기준법상의 행위 등 사회정책적 분야에서는 그 적용이 제한된다.

(3) 유 형

민법에서는 연령과 정신장애의 정도를 기준으로 하여 미성년자·피성년후견인·피한정후견인, 피특정후견인을 규정하고 있으며, 후견계약에 의한 임의후견인제도도 두고 있다. 본서에서는 주택관리사의 시험범위인 미성년자·피성년후견인·피한정후견인, 피특정후견인만 살펴본다.

단락핵심 — 제한능력자

(1) 우리 민법은 행위능력의 인정여부를 연령 또는 법원의 선고라는 객관적인 기준으로 결정한다. (○)
(2) 행위능력제도는 주로 거래의 안전을 목적으로 하며, 강행규정이다. (×)
(3) 본인의 의사가 중대한 의미를 갖는 신분상 행위에는 행위능력제도가 적용되지 않는다. (○)

 미성년자

미성년자가 법률행위를 하려면 원칙적으로 법정대리인의 동의를 얻어야 한다. 그러나 단순히 권리만을 얻거나 의무만을 면하는 행위는 법정대리인의 동의 없이 미성년자 단독으로 할 수 있다.

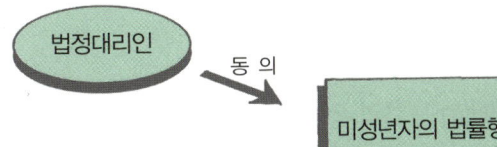

부담부증여나 매매계약체결행위는 미성년자 단독으로 못하지!!

1편 민법총칙

02 미성년자★★★

8·9·24회 출제

1 민법상 미성년자의 의의

18회 출제

> **제4조(성년기)** 사람은 19세로 성년에 이르게 된다.
> **제158조(나이의 계산과 표시)** 나이는 출생일을 산입하여 만(滿) 나이로 계산하고, 연수(年數)로 표시한다. 다만, 1세에 이르지 아니한 경우에는 월수(月數)로 표시할 수 있다.
> **제826조의2(성년의제)** 미성년자가 혼인을 한 때에는 성년자로 본다.

(1) 민법상으로는 19세*로 성년이 되며(제4조), 성년에 달하지 않은 자를 미성년자라고 한다.

(2) 일반적으로 기간의 계산에 있어서는 초일**을 산입하지 않지만 연령계산에 있어서는 출생일을 산입한다(제158조).

* **19세**
우리나라는 각종 권리행사가능 연령이 개별 법률마다 약간씩 차이가 있으므로 주의할 것

** **초일**
당해 사건이 발생한 날

Professor Comment
2000년 1월 2일에 출생한 자는 2019년 1월 2일 00시부터 성년자가 된다.

(3) 다만, 혼인한 미성년자는 행위능력을 가지며[제826조의2(성년의제)] 19세 이전에 이혼하더라도 행위능력이 유지된다. 동조의 혼인은 적법한 혼인신고(제812조)를 마친 법률혼을 의미하며, 사실혼은 이에 해당하지 않는다.

2 미성년자의 행위능력

> **제5조(미성년자의 능력)** ① 미성년자가 법률행위를 함에는 법정대리인의 동의를 얻어야 한다. 그러나 권리만을 얻거나 의무만을 면하는 행위는 그러하지 아니하다.
> ② 전항의 규정에 위반한 행위는 취소할 수 있다.
> **제6조(처분을 허락한 재산)** 법정대리인이 범위를 정하여 처분을 허락한 재산은 미성년자가 임의로 처분할 수 있다.
> **제7조(동의와 허락의 취소)** 법정대리인은 미성년자가 아직 법률행위를 하기 전에는 전2조의 동의와 허락을 취소할 수 있다.
> **제8조(영업의 허락)** ① 미성년자가 법정대리인으로부터 허락을 얻은 특정한 영업에 관하여는 성년자와 동일한 행위능력이 있다.
> ② 법정대리인은 전항의 허락을 취소 또는 제한할 수 있다. 그러나 선의의 제3자에게 대항하지 못한다.

(1) 원칙

미성년자가 법률행위를 하려면 원칙적으로 법정대리인***의 동의를 얻어야 한다(제5조 제1항 본문). 동의를 얻지 아니하고 한 경우에는 그 행위를 취소할 수 있다.

*** **법정대리인**
법령에 의해서 대리권이 부여된 자

(2) 예외

> 2·8·12·15·19회 출제

그러나, 법정대리인의 동의 없이 단독으로 유효한 법률행위를 할 수 있는 예외가 인정되어 있다. 그러나 이때에도 의사능력은 있어야 한다.

1) **단순히 권리만을 얻거나 의무만을 면하는 행위**(제5조 제1항 단서)
   ① 예컨대, 부담이 없는 증여의 승낙이나, 채무면제의 청약에 대한 승낙, 매수한 물건의 하자담보책임 추궁 등이 이에 속한다.
   ② 기존의 채권에 관한 변제를 받는 것은 한편 채권을 잃게 되므로, 부담부증여*(負擔附贈與)를 받거나, 매매계약을 체결하는 행위 등은 이에 대응하는 의무를 부담하므로 모두 법정대리인의 동의가 필요하다.

   > * **부담부증여**
   > 일정한 부담을 조건으로 한 증여로서 증여행위와 대가관계에 이르지 않는 부담으로 한정

2) **법정대리인이 범위를 정하여 처분을 허락한 재산의 처분행위**(제6조)
   ① 여기에서 말하는 범위는 재산의 범위로 보는 것이 다수설이다. 그러나 그것은 행위능력 규정의 목적에 반할 정도로 포괄적인 것**이어서는 안 된다.
   ② 그리고 제6조의 본문 상으로는 재산의 처분만을 들고 있으나, 그것은 사용이나 수익도 포함하는 것으로 해석한다.

   > ** **포괄적인 것**
   > 예컨대 전(全)재산의 처분허락은 허락으로서의 효력이 부정됨

3) **법정대리인으로부터 특정의 영업을 허락받은 경우에 그 영업에 관한 행위**(제8조 제1항)
   ① 여기서 영업이라 함은 상업에 한하지 않고, 널리 영리를 목적으로 하는 사업을 말하는데, 법정대리인이 영업을 허락함에는 그 종류를 특정하여야 한다.
      > 예 종류의 특정방법 : 문구점 운영, 컴퓨터수리업 등
   ② 또한 허락에 특별한 형식이 요구되는 것은 아니나, 후견인이 동의를 함에는 후견감독인의 동의를 얻어야 한다(제950조 제1항 제1호). 그리고 영업의 종류, 영업소 등을 「후견등기에 관한 법률」에 따라 등기하여야 한다(「상법」 제6조, 「상업등기법」 제47조).
   ③ 영업의 허락이 있으면, 그 영업에 관한 행위에 있어서는 성년자와 동일한 행위능력이 인정되고, 이 범위에서 법정대리인의 대리권은 소멸***한다.

   > *** **이 범위에서 법정대리인의 대리권은 소멸**
   > 그러나 처분을 허락한 재산의 처분에 있어서는 법정대리인의 대리권이 소멸하지 않음

4) **대리행위**
   대리인은 행위능력자임을 요하지 않는다(제117조). 대리행위로 인한 법률효과는 본인에게 귀속하기 때문이다.

5) **유언(遺言)**
   유언은 미성년자라도 만 17세가 되면 단독으로 유효하게 할 수 있다(제1061조).

6) **임금의 청구**(「근로기준법」 제68조)
   ① 친권자나 후견인은 미성년자의 근로계약을 대리할 수 없다.
   ② 친권자, 후견인 또는 고용노동부장관은 근로계약이 미성년자에게 불리하다고 인정하는 경우에는 이를 해지할 수 있다.
7) **법정대리인의 허락을 얻어 회사의 무한책임사원이 된 경우**(「상법」 제7조)
   미성년자가 무한책임사원의 자격에 기한 행위는 단독으로 할 수 있다.

> **Key Point** 미성년자가 단독으로 유효하게 법률행위를 할 수 있는 경우
>
> 1) 단순히 권리만을 얻거나 또는 의무만을 면하는 행위
> 2) 처분이 허락된 재산의 처분행위
> 3) 영업이 허락된 미성년자의 영업에 관한 행위
> 4) 대리행위
> 5) 유언행위
> 6) 임금의 청구
> 7) 법정대리인의 허락을 얻어 회사의 무한책임사원이 된 경우에 그 사원자격에 기한 행위

단락문제 04

미성년자에 대하여 틀린 것은?

① 19세가 되어야 성년자가 되며, 그 기간의 계산에는 초일을 산입한다.
② 무능력자는 단독으로 법률행위를 할 수 없으므로 대리행위도 법정대리인의 동의를 얻어서 해야 한다.
③ 단순히 권리만을 얻거나 의무만을 면하는 행위는 동의를 요하지 않는다.
④ 법정대리인은 미성년자의 특정 영업행위를 허락하더라도 언제든지 이를 취소할 수 있다.
⑤ 임금의 청구에 대하여는 특별히 단독으로 할 수 있도록 규정하고 있다.

해설 미성년자
① (○) (제4조, 제158조)
② (×) 대리인의 법률행위 효과는 본인에게 귀속하므로 미성년자도 대리인이 될 수 있다.
③ (○) 미성년자에게 불이익할 것이 없기 때문이다(제5조 제1항 단서).
④ (○) (제8조 제2항) 다만 선의의 제3자에게 대항하지 못한다.
⑤ (○) 미성년자가 임금을 착취당하는 일을 예방하기 위하여 특별히 「근로기준법」(제68조)에서 정하고 있다.

답 ②

> **단락핵심**　　　　　　　**미성년자의 행위능력**
> (1) 미성년자가 만 17세가 되면 단독으로 유언을 할 수 있다. (○)
> (2) 혼인한 미성년자가 이혼을 하면 행위능력이 다시 제한된다. (×)
> (3) 미성년자에 대하여 영업의 허락이 있으면 그 영업에 관한 행위에 있어서는 성년자와 동일한 행위능력이 있으며 이 범위에서 법정대리인의 대리권은 소멸한다. (○)

3 미성년자의 법정대리인★★★　　　　　　　16회 출제

(1) 법정대리인이 되는 자

1) 미성년자의 법정대리인은 제1차적으로 친권자가 된다. 친권은 부모가 공동으로 행사하기 때문에 통상 2인의 법정대리인에 의한 공동대리가 된다.
2) 미성년자에게 친권자가 없거나 친권자가 친권의 전부 또는 일부를 행사할 수 없는 경우(제924조의 친권의 상실 또는 일시 정지, 제924조의2의 친권의 일부 제한, 제925조의 대리권·재산관리권 상실)에는 미성년후견인을 두어야 한다(제928조).

(2) 친권자의 권한

1) 동의권
   ① 법정대리인은 의사능력 있는 미성년자가 법률행위를 완전하게 하는 데 필요한 동의할 권한이 있다.
   ② 동의에는 특별한 형식이 요구되지 않으며 묵시적 방법으로 행하여도 무방하다.
   그러나 친권자(親權者)와의 이해상반행위 또는 친권자의 수인의 자(子) 사이에 이해가 상반되는 행위를 할 때에는 동의권이 없으며 이 경우 특별대리인의 선임을 청구해야 한다(제921조).
   ③ 법정대리인이 미성년자의 법률행위에 동의하였다 하더라도 미성년자가 법률행위를 하기 전에는 그 동의를 취소할 수 있다(제7조). 그러나 여기의 취소는 소급해서 처음부터 허락이 없었던 것으로 만드는 것이 아니라, 앞으로 허락이 없는 것으로 만드는 철회의 의미이다.

2) 재산처분의 허락
   법정대리인은 범위를 정하여 재산의 처분을 허락할 수 있으며(제6조), 미성년자가 아직 법률행위를 하기 전에는 그 허락을 취소*할 수 있다(제7조).

   > *허락을 취소
   > 소급효가 없는 철회의 효력

3) 대리권(代理權)

① 법정대리인은 미성년자를 대리하여 재산상의 법률행위를 할 권한이 있다. 특히 미성년자에게 의사능력이 없으면 대리권을 행사하는 수밖에 없다.
② 임금의 청구나 근로계약의 체결에 관하여는 법정대리인이 대리하지 못한다(「근로기준법」 제67조·제68조). 즉 미성년자가 단독으로 하여야 한다.

4) 취소권(取消權) 추인권(追認權)

① 법정대리인은 미성년자가 동의를 얻지 않고서 행한 법률행위를 취소할 수 있으며(제5조 제2항·제140조 이하 참조), 취소하지 않고 **추인***할 수도 있다.
② 제한능력자측이 추인하면 상대방은 철회 또는 거절하지 못한다(제16조).

> * 추인
> 실질적으로 취소권의 포기에 해당

5) 이해상반행위의 제한

친권자와의 이해상반행위 또는 그 친권에 따르는 수인의 자(子) 사이에 이해상반되는 행위를 함에는 대리권이 없으므로(제921조) 특별대리인을 선임하여야 한다.

(3) 미성년후견인

1) 미성년후견인의 의의

① 미성년자에게 친권자가 없거나 친권자가 친권의 전부 또는 일부를 행사할 수 없는 경우(제924조의 친권의 상실 또는 일시 정지, 제924조의2의 친권의 일부 제한, 제925조의 대리권·재산관리권 상실, 제927조 대리권·관리권의 사퇴와 회복)에는 미성년후견인을 두어야 한다(제928조).
② 미성년후견인의 수(數)는 한 명으로 하며 자연인이어야 한다(제930조 제1항).

2) 미성년후견인의 선임방법

① 친권을 행사하는 부모가 유언에 의하여 미성년후견인의 지정하는 경우와 유언에 따라 지정된 후견인이 없는 경우에
② 가정법원은 직권으로 또는 미성년자, **친족****, 이해관계인, 검사, 지방자치단체의 장의 청구에 의하여 미성년후견인을 선임하며, 미성년후견인이 없게 된 경우에도 동일하다(제932조 제1항).

> ** 친족
> 배우자, 혈족 및 인척
> 인척 = 혈족의 배우자 + 배우자의 혈족 + 배우자의 혈족의 배우자

3) 미성년후견인의 권한

① 후견인은 피후견인의 법정대리인이 된다(제938조). 따라서 재산상의 법률행위에 관한 미성년후견인의 권한은 원칙적으로 친권자와 동일하다. 다만, 다음과 같이 친권자 보다 강화된 감독을 받는다.

② 후견인이 ㉠ 영업에 관한 행위 ㉡ 금전을 빌리는 행위 ㉢ 의무만을 부담하는 행위 ㉣ 부동산 또는 중요한 재산에 관한 권리의 득실변경을 목적으로 하는 행위 ㉤ 소송행위 ㉥ 상속의 승인, 한정승인 또는 포기 및 상속재산의 분할에 관한 협의를 대리하거나 미성년자가 위의 행위를 하는 데 동의를 할 때는 후견감독인이 있으면 그의 동의를 받아야 하며, 동의를 받지 못하면 피후견인 또는 후견감독인은 그 행위를 취소할 수 있다(제950조).

4 후견사무의 감독★★★

(1) 미성년후견감독인

1) 미성년후견감독인의 의의
① 종래의 친족회 제도를 폐지하고 그 대신 가정법원이 사안에 따라 후견감독인을 개별적으로 선임할 수 있도록 함으로써 후견인의 임무 해태, 권한 남용에 대한 실질적인 견제가 가능하도록 하였다.
② 종래 친족회는 법률상 당연히 구성되었으나 개정법에서는 직권 또는 신청권자의 신청에 의하여 후견감독인을 가정법원이 선임한다.

2) 미성년후견감독인의 선임
① 유언으로 미성년후견감독인을 지정할 수 있고(제940조의2) 지정된 미성년후견감독인이 없는 경우에 필요하다고 인정하면 가정법원은 직권으로 또는 미성년자, 친족, 미성년후견인, 검사, 지방자치단체의 장의 청구에 의하여 미성년후견감독인을 선임할 수 있다(제940조의3).
② 후견인의 가족은 후견감독인이 될 수 없다(제940조의5)

3) 미성년후견감독인의 직무(제940조의6)
후견인과 피후견인 사이에 이해가 상반되는 행위에 관하여는 후견감독인이 피후견인을 대리하며, 제950조에 열거한 행위를 후견인이 대리하거나 이에 대해 동의할 때에 후견감독인은 동의권을 가진다.

> **Wide** 후견감독인의 동의를 필요로 하는 행위
>
> ① 영업에 관한 행위
> ② 금전을 빌리는 행위
> ③ 의무만을 부담하는 행위
> ④ 부동산 또는 중요한 재산에 관한 권리의 득실변경을 목적으로 하는 행위
> ⑤ 소송행위
> ⑥ 상속의 승인, 한정승인 또는 포기 및 상속재산의 분할에 관한 협의

(2) 가정법원(제954조)

가정법원은 직권으로 또는 피후견인, 후견감독인, 제777조에 따른 친족*, 그 밖의 이해관계인, 검사, 지방자치단체의 장의 청구에 의하여 피후견인의 재산상황을 조사하고, 후견인에게 재산관리 등 후견임무 수행에 관하여 필요한 처분을 명할 수 있다.

* **제777조에 따른 친족**
8촌 이내의 혈족＋4촌 이내의 인척＋배우자

5 미성년자 지위의 종료

미성년자는 성년자가 되면 완전한 행위능력을 가지게 되며, 미성년인 상태에서 성년후견개시의 심판이나 한정후견개시의 심판이 있으면 그에 따른 제한적인 행위능력을 갖게 된다.

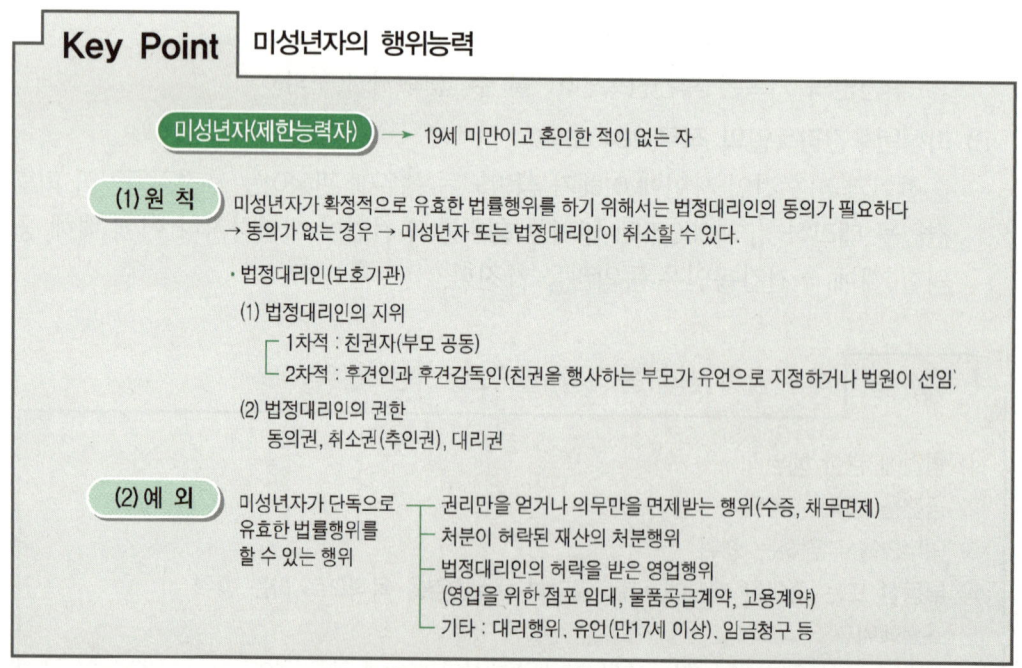

제3장 권리의 주체

단락문제 Q5

甲은 현재 17세이다. 甲의 아버지인 A는 3개월 전 암투병 중에 사망하였고, 甲의 어머니 B는 1개월 전에 교통사고로 사망하였다. A는 사망하기 전에 유언으로 甲의 큰아버지인 乙에게 甲의 후견인이 되어줄 것을 부탁하였다. 이에 대한 설명으로 타당한 것은?

① A와 B가 사망하기 전에는 아버지인 A만 법정대리인이다.
② A는 사망하였으나 B는 생존 중이었을 때에는 B와 乙이 공동하여 법정대리인이 된다.
③ A와 B가 모두 사망한 후에는 乙이 단독으로 미성년후견인이 된다.
④ A와 B가 모두 사망한 후에는 가정법원이 미성년후견인의 선임권한을 가진다.
⑤ 만약 B가 사망하면서 乙을 후견인으로 지정한 경우라면 가정법원은 미성년후견인의 선임에 관여할 수 없다.

해설 미성년후견인

④ (○) A가 유언에 의해 미성년후견인을 지정한 것은 효력이 없다. 여전히 B가 생존하고 있으므로 미성년후견인을 지정할 필요가 없기 때문이다. 따라서 A가 사망한 이후에는 B만이 친권자로서 법정대리인이 되고, B마저 사망하면 법정대리인이 존재하지 아니하므로(미성년후견인이 없으므로) 가정법원은 직권으로 또는 미성년자, 친족, 이해관계인, 검사, 지방자치단체의 장의 청구에 의하여 미성년후견인을 선임한다(제932조 제1항 후문).
⑤ (×) 유언에 따라 미성년후견인이 지정된 경우라도 미성년자의 복리를 위하여 필요하면 가정법원은 생존하는 부 또는 모, 미성년자의 청구에 의하여 후견을 종료하고 생존하는 부 또는 모를 친권자로 지정할 수 있다(제931조 제2항). **답 ④**

단락문제 Q6

법정대리인의 권한에 대한 설명으로 잘못된 것은?

① 의사능력이 있는 미성년자가 법정대리인의 동의 없이 단독으로 한 법률행위는 취소할 수 있다.
② 법정대리인의 동의에는 특별한 형식이 요구되지 아니하며 묵시적으로도 할 수 있다.
③ 법정대리인은 미성년자의 법률행위에 동의하였다 하더라도 미성년자가 법률행위를 하기 전에는 그 동의를 취소할 수 있다.
④ 법정대리인이 이미 미성년자의 영업을 허락하였더라도 이를 취소하면 소급하여 그 영업허락은 효력을 잃는다.
⑤ 미성년자가 제3자를 위하여 보증을 하는 경우 후견감독인이 있는 경우 미성년후견인이 이를 동의하기 위해서는 후견감독인의 동의를 얻어야 한다.

해설 법정대리인의 권한

④ 영업허락의 취소는 소급효가 없으며, 실질적으로 영업허락의 철회에 해당한다(제8조 제2항 참조). **답 ④**

1편 민법총칙

> **단락핵심** 미성년자의 법정대리인 등
>
> (1) 법정대리인은 친권자와 후견인이다. (○)
> (2) 법정대리인은 동의권과 대리권 그리고 취소권이 있으며, 그 밖에 영업의 허락이나 재산의 처분을 허락할 수 있다. (○)
> (3) 미성년후견인이 미성년자의 소송행위에 대하여 동의하기 위해서는 미성년후견감독인의 동의가 필요하다. (○)

03 피성년후견인★★★

8회 출제

1 의의

피성년후견인은 질병, 장애, 노령, 그 밖의 사유로 인한 정신적 제약으로 사무를 처리할 능력이 지속적으로 결여된 사람으로서 법원의 성년후견개시의 심판을 선고받은 자이다.

2 성년후견개시의 심판★★

18회 출제

> **제9조(성년후견개시의 심판)** ① 가정법원은 질병, 장애, 노령, 그 밖의 사유로 인한 정신적 제약으로 사무를 처리할 능력이 지속적으로 결여된 사람에 대하여 본인, 배우자, 4촌 이내의 친족, 미성년후견인, 미성년후견감독인, 한정후견인, 한정후견감독인, 특정후견인, 특정후견감독인, 검사 또는 지방자치단체의 장의 청구에 의하여 성년후견개시의 심판을 한다.
> ② 가정법원은 성년후견개시의 심판을 할 때 본인의 의사를 고려하여야 한다.

(1) 실질적 요건

1) 질병, 장애, 노령, 그 밖의 사유로 인한 정신적 제약으로 사무를 처리할 능력이 지속적으로 결여되어야 한다.
2) 사무를 처리할 능력이 지속적으로 결여된 상태는 계속적·연속적이어야만 하는 것은 아니며, 때때로 의사능력을 회복하더라도 대체로 사무처리능력이 결여된 상태인 경우를 포함한다.
3) 가정법원은 성년후견개시의 심판을 할 때 본인의 의사를 고려하여야 한다.

(2) 형식적 요건 및 절차

1) 성년후견개시의 심판은 가사비송사건(라류)으로 사건 본인의 주소지의 가정법원이 관할한다(「가사소송법」 제2조, 제35조).
2) 본인·배우자·4촌 이내의 친족·미성년후견인·미성년후견감독인·한정후견인·한정후견감독인·특정후견인·특정후견감독인·검사 또는 지방자치단체의 장이 가정법원에 성년후견개시의 심판을 청구하였어야 한다(제9조). 다만, 본인이 청구할 때에는 본인이 의사능력을 회복하고 있어야 한다.
3) 종래의 판례는 '실질적·형식적 요건을 갖추면 법원은 반드시 금치산의 선고를 하여야 한다'고 해석하였으나 개정법은 '가정법원은 성년후견개시의 심판을 할 때 본인의 의사를 고려하여야 한다'고 규정하고 있다(제9조 제2항).
4) 가정법원이 피한정후견인 또는 피특정후견인에 대하여 성년후견개시의 심판을 할 때에는 종전의 한정후견 또는 특정후견의 종료 심판을 한다(제14조의3 제1항).

피성년후견인

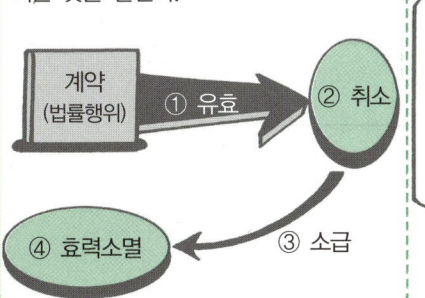

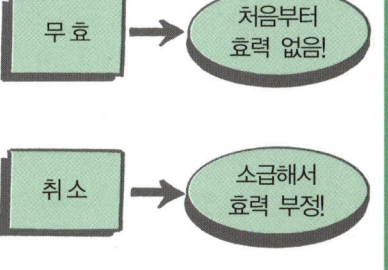

> **금치산**(피성년후견) **또는 한정치산**(피한정후견) **선고를 받지 않은 자의 행위를 취소할 수 없다는 사례**
>
> 표의자가 법률행위 당시 심신상실이나 심신미약상태에 있어 금치산 또는 한정치산선고를 받을 만한 상태에 있었다고 하여도 그 당시 법원으로부터 금치산 또는 한정치산선고(성년후견개시심판 또는 한정후견개시심판 선고)를 받은 사실이 없는 이상 그 후 금치산 또는 한정치산선고가 있어 그의 법정대리인이 된 자는 금치산 또는 한정치산자의 행위능력 규정을 들어 그 선고 이전의 법률행위를 취소할 수 없다(대판 1992.10.13. 92다6433).

3 피성년후견인의 행위능력 ★★★   [12회 출제]

> **제10조(피성년후견인의 행위와 취소)** ① 피성년후견인의 법률행위는 취소할 수 있다.
> ② 제1항에도 불구하고 가정법원은 취소할 수 없는 피성년후견인의 법률행위의 범위를 정할 수 있다.
> ③ 가정법원은 본인, 배우자, 4촌 이내의 친족, 성년후견인, 성년후견감독인, 검사 또는 지방자치단체의 장의 청구에 의하여 제2항의 범위를 변경할 수 있다.
> ④ 제1항에도 불구하고 일용품의 구입 등 일상생활에 필요하고 그 대가가 과도하지 아니한 법률행위는 성년후견인이 취소할 수 없다.

(1) 의 의

원칙적으로 피성년후견인은 단독으로 확정적으로 유효한 법률행위를 할 수 없다. 즉 피성년후견인의 법률행위는 원칙적으로 취소할 수 있다(제10조 제1항). 성년후견인의 동의 없이 한 행위는 물론이며, 그의 동의를 얻어서 한 행위일지라도 취소할 수 있다.

(2) 취소권의 범위

1) 피성년후견인의 재산상 법률행위는 모두 취소할 수 있는 것이 원칙이다. 그러나 가정법원은 취소할 수 없는 피성년후견인의 법률행위의 범위를 정할 수 있으며(제13조 제2항), 본인, 배우자, 4촌 이내의 친족, 성년후견인, 성년후견감독인, 검사 또는 지방자치단체의 장의 청구가 있으면 가정법원은 성년후견개시심판시에 정한 취소할 수 없는 법률행위의 범위를 변경할 수 있다.
2) 피성년후견인의 행위가 ① 일용품의 구입 등 일상생활에 필요하고, ② 그 대가가 과도하지 아니한 때에는 성년후견인이 취소할 수 없도록 하여(제13조 제4항). 종래 금치산자의 행위능력보다 피성년후견인의 행위능력이 확장되었다.
3) 가족법상의 행위에는 그의 특수성으로 후견인의 동의를 얻어 유효하게 할 수 있는 경우가 있으며, 특히 유언은 만 17세에 달하고 의사능력이 회복된 때에는 단독으로 할 수 있다(제1062조·제1063조).

제3장 권리의 주체

(3) 취소권자
취소권은 피성년후견인과 그의 (법정)대리인 및 그 승계인(포괄승계인과 특정승계인)이 행사할 수 있다(제140조).

4 성년후견인(법정대리인)

(1) 성년후견인의 선임
가정법원의 성년후견심판이 있으면 그 심판을 받은 사람의 성년후견인을 반드시 두어야 한다(제929조). 성년후견인은 미성년후견인과 달리 피성년후견인의 신상과 재산 등의 사정에 따라 여러 명이 될 수 있으며, 법인도 성년후견인이 될 수 있다(제930조 제2·3항).

(2) 성년후견인의 권한

1) 후견인의 취소권·추인권
① 후견인은 피성년후견인의 법정대리인이 되므로 피성년후견인의 재산상의 법률행위에 대한 취소권·추인권을 행사할 수 있다(제10조 제1항, 제938조). 후견인이 피성년후견인의 법률행위를 취소하면 그 행위는 소급하여 무효가 되며, 후견인이 그 법률행위를 추인하면 확정적으로 유효가 된다.
② 취소권·추인권의 범위는 피성년후견인의 행위능력에서 살펴본 것과 동일하다.
③ 그러나 후견인은 재산상의 법률행위에 대하여는 동의권을 갖지 않는다. 다만, 신분상의 행위(제802조 약혼, 제808조 제2항 혼인, 제835조 이혼 등)에 대하여는 동의권이 인정될 수 있다.

2) 후견인의 대리권
① 의 의
후견인은 피후견인의 재산을 관리하고 그 재산에 관한 법률행위에 대하여 피후견인을 대리한다. 그러나 피성년후견인의 행위를 목적으로 하는 채무를 부담할 경우에는 본인의 동의를 얻어야 한다.
② 대리권의 범위
후견인의 대리권은 법 개정 전에는 획일적이었으나, 현재는 가정법원이 법정대리권의 범위를 개별적으로 정할 수 있고(제938조 제2항) 피성년후견인의 신상에 관하여 결정할 수 있는 권한의 범위를 정할 수 있다(제938조 제3항). 또한 사후에도 그 권한의 범위가 적절하지 아니하게 된 경우에 가정법원은 본인, 배우자, 4촌 이내의 친족 성년후견인, 성년후견감독인, 검사 또는 지방자치단체의 장의 청구에 의하여 그 범위를 변경할 수 있다(제938조 제4항).

③ 대리권의 제한
㉠ 후견인이 피성년후견인을 대리하여 **피성년후견인이 거주하고 있는 건물 또는 그 대지에 대하여 매도, 임대, 전세권 설정, 저당권 설정, 임대차의 해지, 전세권의 소멸, 그 밖에 이에 준하는 행위를 하는 경우에는 가정법원의 허가를 받아야 한다**(제947조의2 제5항).
㉡ 피성년후견인에게 중요한 영향을 주는 ⓐ 영업에 관한 행위, ⓑ 금전을 빌리는 행위, ⓒ 의무만을 부담하는 행위, ⓓ 부동산 또는 중요한 재산에 관한 권리의 득실변경을 목적으로 하는 행위, ⓔ 소송행위, ⓕ 상속의 승인·한정승인·포기·상속재산의 분할에 관한 협의를 대리하거나, 피성년후견인의 행위에 대하여 동의하기 위해서는 **후견감독인의 동의가 필요하다**(제950조).

5 성년후견감독인

(1) 성년후견감독인의 의의
미성년후견감독인에 대응하여 성년후견감독인을 둔다. 그 내용은 대체로 미성년후견감독인과 동일하다.

(2) 성년후견감독인의 권한
미성년후견감독인과 동일하다(후견인의 선임청구, 긴급행위, 이행상반행위의 대리, 후견인의 감독 등).

6 성년후견의 종료 `21회 출제`

(1) 성년후견종료의 심판
성년후견개시의 원인이 소멸된 경우에는 가정법원은 본인, 배우자, 4촌 이내의 친족, 성년후견인, 성년후견감독인, 검사 또는 지방자치단체의 장의 청구에 의하여 성년후견종료의 심판을 한다(제11조).

(2) 한정후견개시의 심판
1) 피성년후견인도 한정후견개시의 심판을 받을 수 있다(제12조). 이 경우 가정법원은 종전의 성년후견의 종료 심판을 하도록 하였다(제14조의3).
2) 한정후견개시의 심판이 있으면 피한정후견인의 지위에 서게 된다.

제3장 권리의 주체

Key Point 피성년후견인

```
┌─────────────┐   ┌─────────────┐   ┌─────────────┐   ┌─────────────┐
│ 사무처리능력의 │ → │ 성년후견개시  │ → │ 성년후견개시심판│ → │ 피성년후견인의 │
│  지속적 결여  │   │  심판 청구   │   │              │   │   행위능력    │
└─────────────┘   └─────────────┘   └─────────────┘   └─────────────┘
```

- 질병, 장애, 노령, 그 밖의 사유로 인한 정신적 제약으로 사무를 처리할 능력이 지속적으로 결여될 것

- 관할
  - 가정법원
- 심판청구권자
  - 본인
  - 배우자
  - 4촌 이내의 친족
  - 미성년후견인
  - 미성년후견감독인
  - 한정후견인
  - 한정후견감독인
  - 특정후견인
  - 특정후견감독인
  - 검사
  - 지방자치단체의 장

- 심판시 고려사항
  - 본인의 의사
  - 피성년후견인의 신상과 재산에 관한 모든 사정을 고려하여 여러 명의 성년후견인 선임 가능
  - 법인도 성년후견인 선임 가능

- 원칙
  - 피성년후견인의 법률행위는 취소 가능
- 예외
  (단독으로 가능한 행위)
  - 가정법원이 정한 행위
  - 일용품의 구입 등 일상생활에 필요하고 그 대가가 과도하지 아니한 법률행위

단락문제 Q7

성년후견개시의 심판을 받은 자에 관한 설명으로 타당하지 않은 것은?

① 정신적 제약으로 사무를 처리할 능력이 지속적으로 결여된 자로서 가족이나 검사가 가정법원에 신청하여야 하나, 보건복지부장관은 신청할 수 없다.
② 피성년후견인의 재산법상의 행위는 성년후견인의 동의를 받았다 하더라도 모두 취소할 수 있다.
③ 성년후견개시의 심판을 받은 자도 한정후견개시의 심판을 받을 수 있다.
④ 성년후견인은 성년후견감독인의 감독을 받는다.
⑤ 피성년후견인이 속임수로써 법정대리인의 동의가 있는 것으로 믿게 한 경우에도 성년후견인은 피성년후견인의 법률행위를 취소할 수 있다.

해설 피성년후견인

① (○) (제9조 제1항) 본인, 배우자, 4촌 이내의 친족, 미성년후견인, 미성년후견감독인, 한정후견인, 한정후견감독인, 특정후견인, 특정후견감독인, 검사 또는 지방자치단체의 장의 청구에 의하여 성년후견개시의 심판을 한다.
② (X) 가정법원은 취소할 수 없는 피성년후견인의 법률행위의 범위를 정할 수 있으며, 일정한 자의 신청에 의하여 그 범위를 변경할 수 있을 뿐만 아니라 일용품의 구입 등 일상생활에 필요하고 그 대가가 과도하지 아니한 법률행위는 성년후견인이 취소할 수 없다(제10조).
③ (○) (제12조)
④ (○) (제953조)
⑤ (○) (제17조항 참조) 제한능력자의 속임수에 관한 규정은 피성년후견인에 적용되지 않는다.

답 ②

1편 민법총칙

단락핵심 — 제한능력자(피성년후견인)

(1) 가정법원은 본인, 배우자, 4촌 이내의 친족, 성년후견인, 성년후견감독인, 검사 또는 지방자치단체의 장의 청구에 의하여 성년후견인의 대리권의 범위를 변경할 수 있다. (○)

(2) 일용품의 구입 등 일상생활에 필요한 법률행위는 성년후견인이 취소할 수 없다. (×)
⇒ 일상생활에 필요한 것이고, 그 대가가 과도하지 아니한 경우에만 취소할 수 없다.

(3) 가정법원은 성년후견감독인이 사망, 결격, 그 밖의 사유로 없게 된 경우에는 직권으로 또는 피성년후견인, 친족, 성년후견인, 검사, 보건복지부장관의 청구에 의하여 성년후견감독인을 선임한다. (×)
⇒ 피성년후견인, 친족, 성년후견인, 검사, '지방자치단체의 장'의 청구에 의한다.

04 피한정후견인   [8회 출제]

1 의의

(1) 가정법원은 질병, 장애, 노령, 그 밖의 사유로 인한 정신적 제약으로 **사무를 처리할 능력이 부족한 사람**에 대하여 본인, 배우자, 4촌 이내의 친족, 미성년후견인, 미성년후견감독인, 성년후견인, 성년후견감독인, 특정후견인, 특정후견감독인, 검사 또는 지방자치단체의 장의 청구에 의하여 한정후견개시의 심판을 한다.

(2) 사무를 처리할 능력이 부족한 사람이라 하더라도 한정후견개시의 심판을 받지 아니한 자는 피한정후견인이 아니다.

피한정후견인

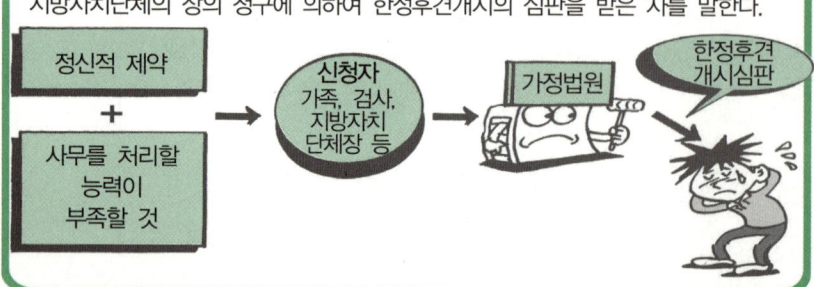

제3장 권리의 주체

2 한정후견개시의 심판★★ 11회 출제

> **제12조(한정후견개시의 심판)** ① 가정법원은 질병, 장애, 노령, 그 밖의 사유로 인한 정신적 제약으로 사무를 처리할 능력이 부족한 사람에 대하여 본인, 배우자, 4촌 이내의 친족, 미성년후견인, 미성년후견감독인, 성년후견인, 성년후견감독인, 특정후견인, 특정후견감독인, 검사 또는 지방자치단체의 장의 청구에 의하여 한정후견개시의 심판을 한다.
> ② 한정후견개시의 경우에 제9조 제2항을 준용한다.

(1) 실질적 요건

1) 실질적 요건으로 본인에게 일정한 사유가 있어야 한다. 즉 질병, 장애, 노령, 그 밖의 사유로 인한 정신적 제약으로 사무를 처리할 능력이 부족하여야 한다(제12조).
2) 정신적 제약이라 함은 통상인보다 정신적 능력이 현저히 저하된 상태를 말하며 질병·장애·노령 등의 사유는 예시에 불과하다.
3) 정신적 제약으로 인하여 사무를 처리할 능력이 부족하여야 한다. 사무처리능력이 결여된 경우에는 성년후견개시사유가 된다.
4) 한정후견개시의 심판을 하는 경우에는 본인의 의사를 고려하여야 한다.

(2) 형식적 요건 및 절차

1) 한정후견개시의 심판은 가사비송사건(라류)으로 사건 본인의 주소지의 가정법원이 관할한다(「가사소송법」 제2조, 제35조).
2) 형식적 요건으로서 본인, 배우자, 4촌 이내의 친족, 미성년후견인, 미성년후견감독인, 성년후견인, 성년후견감독인, 특정후견인, 특정후견감독인, 검사 또는 지방자치단체의 장의 청구가 있어야 한다(제12조).
3) 가정법원은 한정후견개시의 심판을 할 때 본인의 의사를 고려하여야 한다(제12조 제2항, 제9조 제2항).
4) 가정법원이 피성년후견인 또는 피특정후견인에 대하여 한정후견개시의 심판을 할 때에는 종전의 성년후견 또는 특정후견의 종료 심판을 한다(제14조의3 제2항).

단락문제 Q8

한정후견개시의 심판을 청구할 수 없는 사람은?

① 성년후견인 ② 지방자치단체의 장 ③ 4촌 이내의 친족
④ 검사 ⑤ 이해관계인

해설 한정치산선고의 청구권자
본인, 배우자, 4촌 이내의 친족, 미성년후견인, 미성년후견감독인, 성년후견인, 성년후견감독인, 특정후견인, 특정후견감독인, 검사 또는 지방자치단체의 장이 청구할 수 있다(제12조). 그러나 이해관계인, 보건복지부장관 등은 청구할 수 없다는 점에 주의해야 한다. **답** ⑤

3 피한정후견인의 행위능력

> **제13조(피한정후견인의 행위와 동의)** ① 가정법원은 피한정후견인이 한정후견인의 동의를 받아야 하는 행위의 범위를 정할 수 있다.
> ② 가정법원은 본인, 배우자, 4촌 이내의 친족, 한정후견인, 한정후견감독인, 검사 또는 지방자치단체의 장의 청구에 의하여 제1항에 따른 한정후견인의 동의를 받아야만 할 수 있는 행위의 범위를 변경할 수 있다.
> ③ 한정후견인의 동의를 필요로 하는 행위에 대하여 한정후견인이 피한정후견인의 이익이 침해될 염려가 있음에도 그 동의를 하지 아니하는 때에는 가정법원은 피한정후견인의 청구에 의하여 한정후견인의 동의를 갈음하는 허가를 할 수 있다.
> ④ 한정후견인의 동의가 필요한 법률행위를 피한정후견인이 한정후견인의 동의 없이 하였을 때에는 그 법률행위를 취소할 수 있다. 다만, 일용품의 구입 등 일상생활에 필요하고 그 대가가 과도하지 아니한 법률행위에 대하여는 그러하지 아니하다.

(1) 한정후견인의 동의

피한정후견인이 가정법원이 정한 일정한 범위의 행위를 할 때에는 한정후견인의 동의를 받아야 하며, 동의 없이 한 그 범위의 법률행위는 취소할 수 있다. 그러나 일용품의 구입 등 일상생활에 필요하고 그 대가가 과도하지 아니한 법률행위는 취소할 수 없다(제13조 제1항, 제4항).

(2) 동의가 필요한 행위의 범위

동의가 필요한 행위의 범위는 본인, 배우자, 4촌 이내의 친족, 한정후견인, 한정후견감독인, 검사 또는 지방자치단체의 장의 청구에 의하여 가정법원이 변경할 수 있다(제13조 제2항).

(3) 가정법원의 허가

한정후견인의 동의를 필요로 하는 행위에 대하여 한정후견인이 피한정후견인의 이익이 침해될 염려가 있음에도 그 동의를 하지 아니하는 때에는 가정법원은 피한정후견인의 청구에 의하여 한정후견인의 동의를 갈음하는 허가를 할 수 있다(제13조 제3항).

(4) 가정법원이 정한 범위 이외의 행위는 자유롭게 단독으로 할 수 있으며, 가족법상의 신분행위*는 전혀 제한을 받지 않는다.

> *가족법상의 신분행위
> 행위능력자와 동일한 행위능력을 가짐

4 한정후견인

> **제959조의2(한정후견의 개시)** 가정법원의 한정후견개시의 심판이 있는 경우에는 그 심판을 받은 사람의 한정후견인을 두어야 한다.
> **제959조의4(한정후견인의 대리권 등)** ① 가정법원은 한정후견인에게 대리권을 수여하는 심판을 할 수 있다.
> ② 한정후견인의 대리권 등에 관하여는 제938조 제3항 및 제4항을 준용한다.

제3장 권리의 주체

(1) 한정후견인의 선임
1) 가정법원의 한정후견개시의 심판이 있는 경우에는 가정법원은 직권으로 그 심판을 받은 사람의 한정후견인을 두어야 한다(제959조의2, 제959조의3 제1항).
2) 한정후견인은 피한정후견인의 신상과 재산에 관한 모든 사정을 고려하여 여러 명을 둘 수 있으며, 법인도 한정후견인이 될 수 있다(제959조의2, 제930조 제2·3항).
3) 한정후견인의 결격사유, 선임절차와 변경절차, 사임 등은 성년후견인과 동일하다.

(2) 한정후견인의 권한
1) **동의권**
피한정후견인이 가정법원이 정한 범위의 행위를 할 때에는 한정후견인의 동의를 얻어야 한다(제13조 제1항). 그러나 한정후견인의 동의를 필요로 하는 행위에 대하여 한정후견인이 피한정후견인의 이익이 침해될 염려가 있음에도 그 동의를 하지 아니하는 때에는 가정법원은 피한정후견인의 청구에 의하여 한정후견인의 동의를 갈음하는 허가를 할 수 있다.

2) **대리권**
가정법원은 한정후견인에게 대리권을 수여하는 심판을 할 수 있으며, 권한의 범위가 적절하지 아니한 경우에 가정법원은 본인, 배우자, 4촌 이내의 친족, 한정후견인, 한정후견감독인, 검사 또는 지방자치단체의 장의 청구에 의하여 그 범위를 변경할 수 있다(제959조의4).

3) **동의권과 대리권의 제한**
한정후견인이 ① 피한정후견인의 영업에 관한 행위, ② 금전을 빌리는 행위, ③ 의무만을 부담하는 행위, ④ 부동산 또는 중요한 재산에 관한 권리의 득실변경을 목적으로 하는 행위, ⑤ 소송행위, ⑥ 상속의 승인·한정승인·포기·상속재산의 분할에 관한 협의에 동의하기 위해서는 한정후견감독인의 동의가 필요하다(제959조의6, 제950조).

Professor Comment
> 법 개정 전 한정치산자의 경우 원칙적으로 모든 법률행위에 법정대리인의 동의가 필요했지만 피한정후견인의 경우 법정대리인의 동의가 필요한 행위의 범위가 법원의 심판에 의해 결정되고, 한정후견인의 대리권의 범위도 가정법원의 심판에 의하여 구체적으로 결정된다는 점에 주의하여야 한다.

4) **취소권과 추인권**
법정대리인의 동의가 필요한 피한정후견인의 행위에 한정후견인 등의 동의를 얻지 아니한 경우 한정후견인은 그 법률행위를 취소하거나 추인할 수 있다(제140조).

5 한정후견감독인

제959조의5(한정후견감독인) ① 가정법원은 필요하다고 인정하면 직권으로 또는 피한정후견인, 친족, 한정후견인, 검사, 지방자치단체의 장의 청구에 의하여 한정후견감독인을 선임할 수 있다.
② 한정후견감독인에 대하여는 제681조, 제691조, 제692조, 제930조 제2항·제3항, 제936조 제3항·제4항, 제937조, 제939조, 제940조, 제940조의3 제2항, 제940조의5, 제940조의6, 제947조의2 제3항부터 제5항까지, 제949조의2, 제955조 및 제955조의2를 준용한다. 이 경우 제940조의6 제3항 중 "피후견인을 대리한다"는 "피한정후견인을 대리하거나 피한정후견인이 그 행위를 하는 데 동의한다"로 본다.

(1) 한정후견감독인의 의의
1) 성년후견감독인에 대응하여 한정후견감독인을 둔다. 그 내용은 대체로 성년후견감독인과 동일하다.
2) 한정후견감독인은 여러 명일 수도 있고 법인도 후견감독인이 될 수 있다(제959조의5 제2항, 제930조 제2·3항).
3) 종래에는 친족회가 법률상 당연히 구성되었으나, 개정법에서는 직권 또는 신청권자의 신청에 의하여 가정법원이 한정후견감독인을 선임한다.

(2) 한정후견감독인 직무(제959조의5, 제940조의6)
1) **대리권과 동의권**
   후견인과 피후견인 사이에 이해가 상반되는 행위에 관하여는 후견감독인이 피후견인을 대리하며, 제950조에 열거한 행위를 후견인이 대리하거나 이에 대해 동의할 때에 후견감독인은 동의권을 가진다. 그러나 후견인이 피한정후견인을 대리하여 피한정후견인이 거주하고 있는 건물 또는 그 대지에 대하여 매도, 임대, 전세권 설정, 저당권 설정, 임대차의 해지, 전세권의 소멸, 그 밖에 이에 준하는 행위를 하는 경우에는 가정법원의 허가를 받아야 한다(제947조의2 제5항).
2) **후견사무의 감독**
   후견감독인은 후견인의 사무를 감독하며, 후견인이 없는 경우 지체 없이 가정법원에 후견인의 선임을 청구하여야 한다. 또한 후견감독인은 언제든지 후견인에게 그의 임무 수행에 관한 보고와 재산목록의 제출을 요구할 수 있고 피후견인의 재산상황을 조사할 수 있다.
3) **긴급행위**
   후견감독인은 피후견인의 신상이나 재산에 대하여 급박한 사정이 있는 경우 그의 보호를 위하여 필요한 행위 또는 처분을 할 수 있다.

6 피한정후견인 지위의 종료

(1) 한정후견종료의 심판
1) 한정후견개시의 원인이 소멸된 경우에는 가정법원은 본인, 배우자, 4촌 이내의 친족, 한정후견인, 한정후견감독인, 검사 또는 지방자치단체의 장의 청구에 의하여 한정후견종료의 심판을 한다(제14조).
2) 한정후견종료의 심판이 있으면 완전한 능력자로 복귀한다. 다만 장래효만 인정되므로 한정후견종료심판 전의 취소할 수 있었던 행위는 심판 이후에도 여전히 취소할 수 있다.

(2) 성년후견개시심판의 선고
1) 성년후견심판이 선고되면 종전의 피한정후견인으로서의 지위는 종료하고 심판에 따른 지위에 서게 된다.
2) 가정법원이 피한정후견인에 대하여 성년후견개시의 심판을 할 때에는 종전의 한정후견의 종료 심판을 하도록 하였다(제14조의3).

단락문제 Q9

한정후견인제도에 관한 다음의 기술 중 옳은 것은?

① 한정후견개시심판이 선고되기 위해서는 피한정후견인이 될 자는 정신적 제약으로 사무를 처리할 능력이 결여되어야 한다.
② 한정후견인은 피성년후견인의 신상과 재산에 관한 모든 사정을 고려하여 여러 명을 둘 수 있으나, 법인은 한정후견인이 될 수 없다.
③ 한정후견인의 동의를 필요로 하는 행위에 대하여 한정후견인이 피한정후견인의 이익이 침해될 염려가 있음에도 그 동의를 하지 아니하는 때에는 친족회의 동의로 갈음할 수 있다.
④ 피한정후견인이 법률행위를 할 때에는 항상 한정후견인의 동의를 얻어야 한다.
⑤ 가정법원은 후견인이 선임된 경우에도 필요하다고 인정하면 직권으로 또는 청구권자나 후견인의 청구에 의하여 추가로 후견인을 선임할 수 있다.

해설 제한능력자(피한정후견인)
① (×) 사무를 처리할 능력이 부족하면 된다.
② (×) 법인도 성년후견인이 될 수 있다(제959조의3, 제930조 제3항).
③ (×) 한정후견인의 동의를 필요로 하는 행위에 대하여 한정후견인이 피한정후견인의 이익이 침해될 염려가 있음에도 그 동의를 하지 아니하는 때에는 가정법원은 피한정후견인의 청구에 의하여 한정후견인의 동의를 갈음하는 허가를 할 수 있다(제13조 제3항).
④ (×) 피한정후견인이 가정법원이 정한 범위의 행위를 할 때에는 한정후견인의 동의를 얻어야 한다(제13조 제1항).
⑤ (○) (제959조의5, 제936조 제3항)

답 ⑤

1편 민법총칙

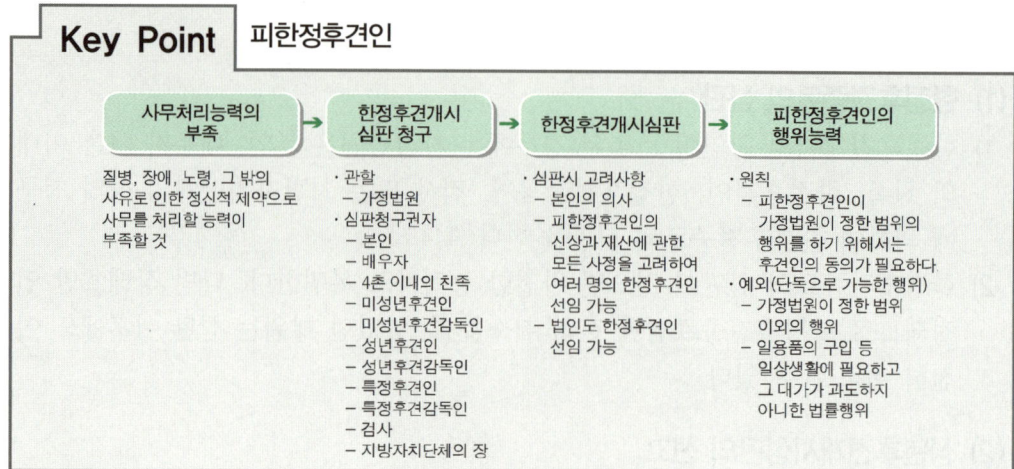

단락핵심 — 제한능력자(피한정후견인)

(1) 피한정후견인심판선고의 요건인 정신적 제약이라 함은 통상인보다 정신적 능력이 현저히 저하된 상태를 말하며 반드시 질병·장애·노령을 원인으로 한 것이어야 한다. (×)
(2) 한정후견인은 당연히 대리권을 가진다. (×)
(3) 한정후견종료의 심판이 있으면 완전한 능력자로 복귀한다. 다만 장래효만 인정되므로 한정후견종료심판 전의 취소할 수 있었던 행위는 심판 이후에도 여전히 취소할 수 있다. (○)
(4) 가정법원이 피한정후견인 또는 피특정후견인에 대하여 성년후견개시의 심판을 할 때에는 종전의 한정후견 또는 특정후견의 종료 심판을 하여야 한다. (○)

05 피특정후견인   8·23회 출제

제14조의2(특정후견의 심판) ① 가정법원은 질병, 장애, 노령, 그 밖의 사유로 인한 정신적 제약으로 일시적 후원 또는 특정한 사무에 관한 후원이 필요한 사람에 대하여 본인, 배우자, 4촌 이내의 친족, 미성년후견인, 미성년후견감독인, 검사 또는 지방자치단체의 장의 청구에 의하여 특정후견의 심판을 한다.
② 특정후견은 본인의 의사에 반하여 할 수 없다.
③ 특정후견의 심판을 하는 경우에는 특정후견의 기간 또는 사무의 범위를 정하여야 한다.

제959조의8(특정후견에 따른 보호조치) 가정법원은 피특정후견인의 후원을 위하여 필요한 처분을 명할 수 있다.

제959조의9(특정후견인의 선임 등) ① 가정법원은 제959조의8에 따른 처분으로 피특정후견인을 후원하거나 대리하기 위한 특정후견인을 선임할 수 있다.
② 특정후견인에 대하여는 제930조 제2항·제3항, 제936조 제2항부터 제4항까지, 제937조, 제939조 및 제940조를 준용한다.

제959조의11(특정후견인의 대리권) ① 피특정후견인의 후원을 위하여 필요하다고 인정하면 가정법원은 기간이나 범위를 정하여 특정후견인에게 대리권을 수여하는 심판을 할 수 있다.
② 제1항의 경우 가정법원은 특정후견인의 대리권 행사에 가정법원이나 특정후견감독인의 동의를 받도록 명할 수 있다.

1 의의

피특정후견인은 질병, 장애, 노령, 그 밖의 사유로 인한 정신적 제약으로 일시적 후원 또는 특정한 사무에 관한 후원이 필요한 사람에 대하여 본인, 배우자 등의 청구에 의하여 가정법원으로부터 특정후견의 심판을 받은 자를 말한다.

2 특정후견개시의 심판

22회 출제

(1) 요건

1) 실질적 요건
① 질병, 장애, 노령, 그 밖의 사유로 인한 정신적 제약으로 일시적 후원 또는 특정한 사무에 관한 후원이 필요한 사람이어야 한다(제14조의2 제1항).
② 특정후견은 본인의 의사에 반하여 할 수 없다(제14조의2 제2항).

2) 형식적 요건
본인, 배우자, 4촌 이내의 친족, 미성년후견인, 미성년후견감독인*, 검사 또는 지방자치단체의 장이 가정법원에 특정후견개시의 심판을 청구하였어야 한다(제14조의2 제1항).

> *미성년후견인, 미성년후견감독인
> 성년후견인, 성년후견감독인, 한정후견인, 한정후견감독인은 법률의 규정에 열거되지 않았음에 주의할 것!!

(2) 절차
1) 특정후견개시의 심판은 가사비송사건(라류)으로 사건 본인의 주소지의 가정법원이 관할한다(「가사소송법」 제2조, 제35조).
2) 특정후견의 심판을 하는 경우에는 특정후견의 기간 또는 사무의 범위를 정하여야 한다(제14조의2 제3항).

3 피특정후견인의 행위능력

(1) 피특정후견인은 원칙적으로 행위능력에 제한이 없다.
(2) 법원은 피특정후견인의 후원을 위하여 필요한 처분을 명할 수 있다(제959조의8 제1항).
(3) 법원은 특정후견인을 선임하여 일정한 기간과 범위 내에서 특정후견인에게 피특정후견인을 위한 대리권을 수여할 수 있고, 이 경우 특정후견인의 대리권 행사에 가정법원이나 특정후견감독인의 동의를 받도록 명할 수 있다(제989조의11 제1·2항).

1편 민법총칙

06 제한능력자의 상대방보호 ★★★   4·9·11·12회 출제

1 상대방보호의 필요성

(1) 제한능력자의 행위에 대한 취소권은 제한능력자 측만 가지고 있고, 그 행사 또한 자유이므로 제한능력자와 거래한 상대방은 취소권이 소멸될 때까지는 불확정한 법률상태에 머물게 된다. 이는 상대방에게 불이익이 됨은 물론 거래의 안전을 해한다.

(2) 민법은 제한능력자의 상대방 보호를 위해 최고권, 철회권, 거절권을 규정하였다.

> *Professor Comment*
> 취소권자의 추인, 법정추인, 취소권의 단기소멸제도를 통하여 제한능력자의 상대방이 보호될 수 있으나, 이는 의사표시의 취소에 관하여 일반적으로 적용되는 규정이며 제한능력자의 상대방만을 위한 제도는 아니다.

2 확답을 촉구할 권리 [최고권(催告權)] ★★★   12·14회 출제

> **제15조(제한능력자의 상대방의 확답을 촉구할 권리)** ① 제한능력자의 상대방은 제한능력자가 능력자가 된 후에 그에게 1개월 이상의 기간을 정하여 그 취소할 수 있는 행위를 추인할 것인지 여부의 확답을 촉구할 수 있다. 능력자로 된 사람이 그 기간 내에 확답을 발송하지 아니하면 그 행위를 추인한 것으로 본다.
> ② 제한능력자가 아직 능력자가 되지 못한 경우에는 그의 법정대리인에게 제1항의 촉구를 할 수 있고, 법정대리인이 그 정하여진 기간 내에 확답을 발송하지 아니한 경우에는 그 행위를 추인한 것으로 본다.
> ③ 특별한 절차가 필요한 행위는 그 정하여진 기간 내에 그 절차를 밟은 확답을 발송하지 아니하면 취소한 것으로 본다.

(1) 의의 및 성질

1) 최고의 일반적 의미는 어떤 자에 대하여 어떤 행위를 요구하는 것을 말한다.
2) 제한능력자의 상대방은 제한능력자 쪽에 대하여 취소할 수 있는 행위를 취소하겠느냐 아니면 추인하겠느냐의 여부의 확답을 촉구(최고)할 수 있고, 이 촉구를 받은 자가 기간 내에 추인 또는 취소의 확답을 하면 각각 그에 따른 효과가 생긴다.
3) 상대방의 최고에 대하여 응답하지 않은 경우에는 원칙적으로 추인한 것으로 보지만 (제15조 제2항), 추인에 특별한 절차*를 요하는 경우에는 취소한 것으로 본다(제15조 제3항).

   <small>* **특별한 절차**
   예 후견감독인의 동의</small>

4) 상대방에 대하여 확답을 촉구하는 것은 의사의 통지이며, 최고권(확답을 촉구할 권리)은 일종의 형성권이다.

(2) 요건

1) 제한능력자의 상대방이 최고권을 행사하려면, 문제의 취소할 수 있는 행위를 적시하고 1월 이상*의 유예기간을 정하여 추인 여부의 확답을 촉구한다(제15조 제1항).

> *1월 이상 상당한 기간과 구별할 것

2) 촉구의 상대방은 의사표시를 수령할 능력이 있고, 취소 또는 추인을 할 수 있는 자에 한한다. 즉 제한능력자는 그가 능력자가 된 후에만 촉구의 상대방이 될 수 있고(제15조 제1항), 아직 능력자가 되지 못한 때에는 그의 법정대리인에게 하여야 한다(제15조 제2항).

(3) 확답을 촉구한 효과 [최고의 효과(催告效果)]   `12회 출제`

1) 확답을 촉구한 효과가 나타나는 것은 유예기간 내에 확답이 없는 경우이다.
2) 촉구를 받은 자가 단독으로 추인할 수 있는 자(법정대리인 또는 능력자로 된 후의 본인)인 경우에 유예기간 내에 확답을 발송하지 않으면 문제된 행위를 추인한 것으로 본다(제15조 제1항, 제2항).
3) 촉구를 받은 자가 법정대리인이지만 ① 그가 단독으로 추인(追認)을 할 수 없고 특별한 절차를 밟아야 하는 경우에 ② 유예기간 내에 그 절차를 밟은 확답을 발송하지 않으면, 문제된 행위를 취소한 것으로 본다(제15조 제3항).

Key Point 제한능력자 상대방의 확답을 촉구할 권리(최고권) 행사의 효과

본인	확답을 촉구할 상대방	특별절차	효과
제한능력자인 동안	법정대리인 (제한능력자에 대한 최고는 무효임)	불요	추인간주(제15조 제2항)
		필요	취소간주(제15조 제3항)
능력자로 된 후	제한능력자이었던 본인	-	추인간주(제15조 제1항)

1편 민법총칙

단락문제 Q10

제한능력자의 상대방이 취소할 수 있는 법률행위에 관하여 제한능력자측에 확답을 촉구한 경우의 효과는 다음과 같다. **틀린** 것은 어느 것인가?

① 제한능력자가 능력자로 된 후에 확답을 촉구 받고(최고를 받고) 유예기간 안에 확답을 발하지 않으면 그 행위는 추인한 것으로 본다.
② 제한능력자가 최고를 받은 경우에 추인 여부의 확답을 하지 않으면 그 행위는 취소한 것으로 본다.
③ 법정대리인이 최고를 받은 경우 특별한 절차를 밟지 않고서 단독으로 추인할 수 있는 경우에 추인 여부의 확답을 하지 않으면 그 행위는 추인한 것으로 본다.
④ 법정대리인이 최고를 받은 경우 단독으로 할 수 없고 특별한 절차를 밟아서 해야 하는 경우에 아무런 확답이 없을 때에는 취소한 것으로 본다.
⑤ 제한능력자가 능력자로 된 후에 최고를 받고 한 확답은 그 기간 안에 회답을 발송하면 되고 도달함을 요하지 않는다.

해설 제한능력자 상대방의 확답을 촉구할 권리(최고권)
최고를 받은 자가 단독으로 추인할 수 있는 자(법정대리인 또는 능력자로 된 후의 본인)인 경우에 유예기간 내에 확답을 하지 않으면 문제된 행위를 추인한 것으로 본다(제15조 제1·2항).

답 ②

3 철회권과 거절권 ★★★   13·16·19회 출제

> **제16조(제한능력자의 상대방의 철회권과 거절권)** ① 제한능력자가 맺은 계약은 추인이 있을 때까지 상대방이 그 의사표시를 철회할 수 있다. 다만, 상대방이 계약 당시에 제한능력자임을 알았을 경우에는 그러하지 아니하다.
> ② 제한능력자의 단독행위는 추인이 있을 때까지 상대방이 거절할 수 있다.
> ③ 제1항의 철회나 제2항의 거절의 의사표시는 제한능력자에게도 할 수 있다.

(1) 의 의

최고권의 행사에는 1월 이상의 유예기간을 두어야 하고, 그 효력의 확정은 결국 제한능력자 측에 의해 좌우되므로 보다 능동적인 입장에서 상대방을 보호하기 위해 인정한 것이 철회권과 거절권이다.

(2) 철회권(撤回權)   23회 출제

1) 제한능력자와 맺은 계약은 제한능력자 쪽에서 추인을 하기 전에는 선의*의 상대방은 그의 의사표시를 철회할 수 있다(제16조 제1항).
2) 철회의 의사표시는 법정대리인은 물론 제한능력자에 대해서도 유효하게 할 수 있다(제16조 제3항).
3) 철회가 있으면 계약은 처음부터 체결된 일이 없었던 것으로 된다.

* **선의**
법률행위 당시 행위자가 제한능력자임을 알지 못한 상태

(3) 거절권(拒絶權)

1) 제한능력자의 단독행위에 대하여서는 제한능력자 쪽에서 추인을 하기 전에는 상대방이 거절할 수 있다. 거절권을 행사하면, 제한능력자의 단독행위는 무효가 된다.
2) 이때에 상대방의 선의·악의는 이를 묻지 않는다.
3) 그리고 여기서 단독행위는 그 성질상 채무면제❶·상계(相計)❷와 같은 상대방 있는 단독행위를 가리키는 것이다.
4) 거절의 의사표시는 법정대리인뿐만 아니라 제한능력자에 대해서도 할 수 있다(제16조 제3항).

> **용어사전**
>
> ❶ **채무면제**
> 채무면제라 함은 채권자의 일방적인 의사표시에 의하여 채무자의 채무를 소멸시켜주는 행위를 말한다.
>
> ❷ **상 계**
> 상계라 함은 채무자가 채권자에 대하여 동종의 채권을 가지는 경우에 채무자가 그 채권액에 한하여 서로 채무가 없었던 것으로 하는 의사표시를 말한다. 이때에는 그 의사표시만으로 채권과 채무는 대등액에서 소멸한다.

Key Point 제한능력자 상대방의 최고권·철회권·거절권

구 분	행사주체	행사의 상대방	효 과
확답을 촉구할 권리 (최고권)(제15조)	상대방의 선·악 불문	법정대리인(행위능력을 회복한 제한능력자 포함)	원칙 : 추인간주 예외 : 취소간주
철회권(제16조 제1항)	선의의 상대방만	제한능력자 또는 법정대리인	계약이 무효
거절권(제16조 제2·3항)	상대방의 선·악 불문	제한능력자 또는 법정대리인	단독행위가 무효

단락문제 Q11

피한정후견인인 甲은 가정법원의 결정에도 불구하고 법정대리인 丙의 동의 없이 자기 소유의 토지를 乙에게 매도하기로 하는 계약을 체결하였다. 다음 중 옳은 것은?

① 乙은 甲에 대하여 위 매매계약의 추인 여부에 대한 확답을 최고할 수 있다.
② 乙로부터 최고를 받은 丙이 유예기간 내에 후견감독인의 동의를 받은 확답을 발하지 않은 경우, 위 매매계약은 추인한 것으로 본다.
③ 乙이 매매계약 당시 甲이 제한능력자임을 알았다면 乙의 최고권은 인정되지 않는다.
④ 丙의 추인이 있기 전까지 선의의 乙은 甲에 대하여 위 토지에 대한 매수의 의사표시를 철회할 수 있다.
⑤ 甲이 행위능력을 회복한 후라도 乙은 丙에게 최고할 수 있다.

> **해설** 피한정후견인의 법률행위
> ① (×) 제한능력자는 최고의 상대방이 되지 못한다(제15조 제1항). 다만 甲이 행위능력을 회복한 뒤에는 취소의 상대방이 될 수 있다.
> ② (×) 취소한 것으로 본다(제15조 제3항).
> ③ (×) 최고권은 제한능력자 상대방의 선의·악의를 불문하고 인정된다. 따라서 乙에게도 최고권이 인정된다.
> ④ (○) (제16조 제1·3항)
> ⑤ (×) 甲이 행위능력을 회복한 후에는 더 이상 丙에게 법정대리권이 존재하지 아니하므로 丙에게 최고할 수 없다.
> **답** ④

4 취소권의 배제(상실)★★★ 22회 출제

> **제17조(제한능력자의 속임수)** ① 제한능력자가 속임수로써 자기를 능력자로 믿게 한 경우에는 그 행위를 취소할 수 없다.
> ② 미성년자나 피한정후견인이 속임수로써 법정대리인의 동의가 있는 것으로 믿게 한 경우에도 제1항과 같다.

(1) 인정취지

> * 제한능력자를 보호
> 취소권 부여

1) 제한능력자가 상대방을 속여 능력자로 믿게 하거나 또는 법정대리인의 동의가 있는 것으로 믿게 하여 법률행위를 한 경우까지 **제한능력자를 보호***하는 것은 불합리하다.
2) 따라서 이러한 경우에는 상대방을 보호하고 거래의 신속과 안전을 위하여 제한능력자 측의 취소권을 봉쇄 내지 배제한다.

(2) 요 건

1) 제한능력자가 속임수로써 자기를 능력자로 믿게 하려고 하였거나(제17조 제1항) 미성년자나 피한정후견인이 속임수로써 법정대리인의 동의가 있는 것으로 믿게 하였어야 한다(제17조 제2항).

Professor Comment
> 한 가지 주의할 점은 피성년후견인은 법정대리인의 동의가 있어도 단독으로 유효한 법률행위를 할 수 없기 때문에(원칙적으로 취소할 수 있음) 제17조 제2항의 적용은 없게 된다.

2) 제한능력자가 **속임수****를 사용해야 한다.
   ① 속임수라 함은 타인을 속이기 위한 기망수단을 의미하며, 적극적으로 기망하는 것뿐만 아니라, 보통 사람이 오신할 만한 정도와 방법으로 오신을 유발하거나 강화시키는 것을 포함하며, 특별한 사정이 있다면 침묵도 사술이 된다.

> ** 속임수
> 사술의 존재는 상대방이 증명해야 한다.

   > 예 신분관계를 증명하는 서류 또는 법정대리인의 동의서를 위조하여 제시하는 것
   ② 그러나 판례는 적극적 기망수단만을 사술로 보고 있다.

제3장 권리의 주체

> **속임수의 의미**
>
> 속임수(구 사술)란 무능력자(현 제한능력자)가 상대방으로 하여금 능력자임을 믿게 하기 위하여 적극적으로 사기수단을 쓴 것을 말하고 단순히 자기가 능력자라 칭한 것만으로는 사술을 쓴 것이라 할 수 없다. 따라서 미성년자가 매매계약 당시 스스로 사장이라고 말하였다거나 또는 동석한 소외인이 상대방에 대하여 미성년자를 사장이라고 호칭한 사실만으로서는 사술을 쓴 경우에 해당되지 아니한다(대판 1971.12.24. 71다2045).
>
> ▶ 그 밖에 "군대에 갔다 왔다"고 말한 것만으로는 사술에 해당하지 않는다는 판례가 있다.

3) 이 밖에 제한능력자의 속임수[사술(詐術)]에 의하여 상대방이 능력자라고 믿었거나 또는 법정대리인의 동의가 있다고 믿었어야 하며, 그러한 오신으로 말미암아 제한능력자와 법률행위를 하였어야 한다.

(3) 효과

1) 제한능력자 본인은 물론이고 그의 법정대리인도 제한능력을 이유로 그 행위를 취소하지 못한다(제17조 제1·2항).
2) 제한능력자의 상대방은 일정한 경우 사기를 이유로 자기의 의사표시를 취소할 수 있고(제110조), 불법행위를 이유로 손해배상을 청구할 수 있다(제750조).

Key Point | 제한능력자의 상대방 보호

구 분	요 건	효 과
확답을 촉구할 권리 (최고권)	① 제한능력자의 상대방이 ② 법정대리인 또는 능력자가 된 본인에게 ③ 1개월 이상의 상당기간을 두고 ④ 취소 여부의 확답을 구할 것	① 확답 : 확답한대로 효과발생 ② 무응답 - 원칙 : 추인의제 - 예외 : 확답에 특별한 절차가 요구되는 경우에는 취소의제
철회권	① 제한능력자측의 추인 이전일 것 ② 행위시에 제한능력자임을 몰랐던 선의의 상대방이 ③ 제한능력자 또는 법정대리인에게 ④ 철회의 의사를 표시	상대방의 철회로 제한능력자와의 법률행위는 실효
거절권	① 제한능력자의 일방적 의사표시에 대하여 ② 추인이 있기 전에 적극적으로 거절 ③ 선·악의를 불문하고 가능	제한능력자의 의사표시는 효력이 발생하지 않음

1편 민법총칙

취소권의 배제	제17조 제1항	① 제한능력자가 상대방에게 속임수를 쓸 것 (판례는 적극적 속임수만 인정하지만 통설은 소극적 속임수에도 인정) ② 상대방으로 하여금 행위자가 능력자라고 믿게 할 것	제한능력자측은 취소권을 행사할 수 없다(취소권 배제).
	제17조 제2항	① 미성년자나 피한정후견인이 속임수로써 법정대리인의 동의가 있는 것으로 믿게 할 것 ② 상대방이 이를 믿고 법률행위를 하였을 것	미성년자와 피한정후견인(피성년후견인 제외)측은 취소권을 행사할 수 없다(취소권 배제).
취소권 일반규정	제145조 법정 추인	추인의 명시적 의사가 없다 하더라도 법률이 정한 사유가 있으면 추인으로 취급(제145조 각호)	제한능력자 측은 취소권을 행사할 수 없다(취소권 배제).
	제146조 제척기간	① 추인할 수 있는 날로부터 3년 ② 법률행위를 한 날로부터 10년	법정기간 경과 후에는 취소할 수 없다.

단락문제 Q12

제한능력자 취소권의 배제에 관한 기술로서 틀린 것은? (다툼이 있으면 판례에 의함)

① 미성년자가 법정대리인의 동의서를 위조하여 제시한 경우에는 취소권이 배제된다.
② 미성년자가 가족관계등록부를 위조한 경우에는 취소권이 배제된다.
③ 상대방은 사기에 의한 의사표시의 취소를 주장할 수도 있다.
④ 피성년후견인이 법정대리인의 동의가 있는 것으로 믿게 한 경우에는 취소권이 배제된다.
⑤ 제한능력자가 단순히 자기가 능력자라고 칭한 것만으로는 사술에 해당하지 않는다.

해설 제한능력자의 취소권 배제
④ 피성년후견인은 법정대리인의 동의가 있어도 단독으로 법률행위를 할 수 없다. **답** ④

단락핵심   제한능력자의 상대방 보호

(1) 미성년자가 적극적으로 기망수단을 쓴 경우에도 제한능력을 이유로 취소할 수 있다. (×)
(2) 제한능력자와 계약을 맺은 선의의 상대방은 추인이 있기 전까지 법정대리인이나 제한능력자에게 철회의 의사표시를 할 수 있다. (○)
(3) 제한능력자의 단독행위는 추인이 있은 후에도 상대방이 거절할 수 있다. (×)

제3장 권리의 주체

제3관 주소

`4회 출제`

01 서설★

우리의 생활은 일정한 장소, 즉 주소를 중심으로 하여 행하여진다. 또한, 주소를 기준으로 하여 법률관계를 규율하는 경우가 많다.

1 형식주의와 실질주의★

형식주의는 형식적 표준*에 의하여 획일적으로 주소를 정하는 데 반하여 실질주의는 생활의 실질적 관계**에 기하여 구체적으로 결정하는 주의이다.

* 형식적 표준
주민등록지 등

** 생활의 실질적 관계
즉, 생활의 중심

*** 정주의사(定住意思)
그곳을 주소로 하려는 의사

**** 수 개의 주소를 인정
복수주의

2 객관주의와 의사주의★

객관주의는 정주의 사실(어떤 장소가 생활의 중심을 이루고 있다는 사실)만을 요건으로 하는데 반하여 의사주의는 정주의 사실과 그 밖에 '정주의사***(定住意思)'도 필요로 한다(프랑스민법·독일민법·스위스민법 등).

3 단일주의와 복수주의★

주소의 개수에 관해서도 단일주의와 복수주의가 있는데 오늘날 생활관계의 다양화에 따라 사법상으로는 수 개의 주소를 인정****하는 경향이다.

 주 소

02 민법상의 주소 ★★

`4·16회 출제`

> **제18조(주소)** ① 생활의 근거되는 곳을 주소로 한다.
> ② 주소는 동시에 두 곳 이상 있을 수 있다.

1 주소의 의의*

`23회 출제`

(1) 생활근거지

1) 생활의 근거되는 곳이란 생활관계의 중심적 장소를 말하며 반드시 사람이 계속하여 그곳에 체재해 있을 필요는 없다.
2) 민법은 생활의 근거되는 곳을 주소로 규정하는 바(제18조 제1항) 실질주의로 평가되고, 특별히 주관적 요소를 요구하지 아니하므로 객관주의로 평가된다.
3) '주소는 두 곳 이상 있을 수 있다.'고 규정(제18조 제2항)하여 복수주의(複數主義)를 취했다.

> **판례** 생활의 근거되는 곳의 의미
> 생활의 근거되는 곳이란 생활관계의 중심적 장소를 말하고, 이는 국내에서 생계를 같이하는 가족 및 국내에 소재하는 자산의 유무 등 생활관계의 객관적 사실에 따라 판정하여야 한다(대판 1984.3.27. 83누548).

(2) 주소와 구별할 개념

1) **주민등록지**
    ① 30일 이상 거주할 목적으로 일정한 장소에 주소 또는 거소를 갖는 자가 「주민등록법」에 따라 등록한 장소를 말한다(「주민등록법」 제6조).
    ② 주민등록지는 주소로 추정되나 반드시 주소와 일치하는 것은 아니다. 다만, 공법관계에 있어서는 주소로 본다.

> *** 추정**
> 반대사실의 증명이 없는 한 진실한 것으로 판단한다는 의미

2) **가족관계등록기준지**
    ① 호적법을 폐지하고 「가족관계의 등록 등에 관한 법률」을 제정함에 따라 종래의 본적에 갈음하는 가족관계의 등록에 관한 기준지를 말한다. 출생 또는 그 밖의 사유로 처음으로 등록을 하는 경우에는 등록기준지를 정하여 신고하여야 한다(「가족관계의 등록 등에 관한 법률」 제10조).
    ② 이는 주소의 설정·변경과 아무런 관계가 없으며 다만, 「가족관계의 등록 등에 관한 법률」상 신고의 장소이다(「가족관계의 등록 등에 관한 법률」 제20조).

단락문제 Q13

제23회 기출

주소에 관한 설명으로 옳지 않은 것은?

① 주소는 동시에 2곳 이상 있을 수 없다.
② 주소를 알 수 없으면 거소를 주소로 본다.
③ 당사자는 특정한 행위에 관하여 가주소를 정할 수 있다.
④ 법인의 주소는 그 주된 사무소의 소재지에 있는 것으로 한다.
⑤ 국내에 주소가 없는 자에 대하여는 국내에 있는 거소를 주소로 본다.

해설 주 소
① (×) 2곳 이상 둘 수 있다(제18조 제2항).
② (○) (제19조)
③ (○) (제21조 참조)
④ (○) (제36조)
⑤ (○) (제20조)

답 ①

2 주소의 법률상 효과*

13회 출제

(1) 주소의 법률적 효과가 일괄해서 총칙에 규정되어 있지는 않으며, 각 법률관계에 관하여 민법의 관계부분과 각종의 법령에 규정되어 있다.

(2) 그 주된 것으로는 부재 및 실종의 표준(제22조·제27조)·변제의 장소(제467조,「상법」제56조)·상속개시지(제998조)·재판관할의 표준(「민사소송법」제2조 이하)·국제사법상 준거법(準據法)을 결정하는 표준(「국제사법」제3조)·어음행위의 장소(「어음법」제2조 제3호, 제4조, 제21조 등)·귀화*(歸化)의 요건(「국적법」제5조 내지 제7조)·부가기간**(「민사소송법」제172조 제2항) 등이다.

> ***귀화**
> 외국인이 대한민국 국적을 취득하는 것
>
> ****부가기간**
> 법률행위의 강제나 제한을 위한 기간을 연장하는 것

Key Point | 주소에 관한 민법상의 태도 및 효과

민법의 태도	① 실질주의 ③ 복수주의	② 객관주의
주소의 효과	① 부재 및 실종의 기준 ③ 국제사법상 준거법의 기준 ⑤ 변제의 장소 ⑦ 민사소송법상의 부가기간	② 상속의 개시지 ④ 귀화의 요건 ⑥ 재판관할의 표준 ⑧ 어음행위의 장소

1편 민법총칙

> **단락문제 Q14**
>
> 주소의 법률적 효과가 아닌 것은?
>
> ① 재판관할의 표준 ② 귀화의 요건
> ③ 가족관계의 등록기준지 ④ 상속의 개시
> ⑤ 변제의 장소
>
> **해설** 주소의 효과
> ③ 가족관계의 등록기준지는 종래의 호적법상 본적지를 대신하는 개념으로 민법상의 주소와 일치하는 개념이 아니다.
> **답** ③

03 거소·현재지·가주소**

> 제19조(거소) 주소를 알 수 없으면 거소를 주소로 본다.
> 제20조(거소) 국내에 주소 없는 자에 대하여는 국내에 있는 거소를 주소로 본다.
> 제21조(가주소) 어느 행위에 있어서 가주소를 정한 때에는 그 행위에 관하여는 이를 주소로 본다.

1 거소(居所)

다소 계속하여 거주하지만 주소의 정도에 이르지 못하는 장소*를 말하며, 주소를 알 수 없는 경우(주소가 전혀 없는 경우와 있어도 알 수 없는 경우를 포함)나 국내에 주소가 없는 자에 대해서는 거소를 주소로 본다(제19·20조).

* **주소의 정도에 이르지 못하는 장소**
예 하숙지

** **거소의 정도에 이르지 못한 곳**
여행자가 일시 체재하는 곳

2 현재지

장소적 관계가 거소의 정도에 이르지 못한 곳**을 말하며, 이론상 거소와 현재지를 구별하는 것은 가능하지만 민법 제19조 및 제20조의 거소는 현재지를 포함하는 것으로 해석되고, 현재지에 대하여 특별한 법적 효과가 주어지는 것은 아니다.

3 가주소(假住所)

(1) 당사자가 특정의 거래에 관하여 주소 이외의 장소에 주소와 같은 법적 효과를 갖도록 하고자 선정한 장소를 말한다.
(2) 가주소를 설정한 경우 그 거래관계에 관하여는, 가주소를 주소로 본다(제21조).

제3장 권리의 주체

(3) 가주소는 당사자의 의사에 기하여 거래의 편의를 위해서 정해지는 것이며, 생활의 실질과는 관계가 없다. 따라서 엄격한 의미의 주소와는 구별된다.

Key Point | 주소 : 생활의 근거가 되는 장소

1) **주민등록지** → 주소로 추정되나 주소와 일치하지 않을 수 있음
2) **거소** → 주소보다 정착의 정도가 낮음, 주소가 없거나 알 수 없을 경우 주소로 취급
3) **가주소** → 거래상 개념, 주소지 개념이 아님
4) **현재지** → 체류지

단락문제 Q15 제10회 기출

다음 설명 중 틀린 것은?

① 주소는 두 곳 이상 있을 수 있다.
② 주소는 변제의 장소 및 상속개시지의 기준이 된다.
③ 사람은 주소 이외에 거소도 가질 수 있지만 거소만 가질 수는 없다.
④ 주소는 사람과 장소의 관계를 전제로 하는 것이고 물건이 있던 장소는 주소가 아니다.
⑤ 당사자가 거래와 관련된 장소를 가주소로 선정한 경우에는 그 거래에 한하여 주소로서의 효과가 발생한다.

해설 주소의 법률관계
① (○) (제18조 제2항)
② (○) (제467조 제2항, 제998조)
③ (✗) 주소를 알 수 없거나 국내에 주소가 없으면 국내에 있는 거소를 주소로 본다(제19조, 제20조).
⑤ (○) (제21조)

답 ③

제4관 부재(不在)와 실종(失踪) 2·6·8·24회 출제

제1항 부재자의 재산관리

> **제22조(부재자의 재산의 관리)** ① 종래의 주소나 거소를 떠난 자가 재산관리인을 정하지 아니한 때에는 법원은 이해관계인이나 검사의 청구에 의하여 재산관리에 관하여 필요한 처분을 명하여야 한다. 본인의 부재중 재산관리인의 권한이 소멸한 때에도 같다.
> ② 본인이 그 후에 재산관리인을 정한 때에는 법원은 본인, 재산관리인, 이해관계인 또는 검사의 청구에 의하여 전항의 명령을 취소하여야 한다.
>
> **제24조(관리인의 직무)** ① 법원이 선임한 재산관리인은 관리할 재산목록을 작성하여야 한다.
> ② 법원은 그 선임한 재산관리인에 대하여 부재자의 재산을 보존하기 위하여 필요한 처분을 명할 수 있다.
> ③ 부재자의 생사가 분명하지 아니한 경우에 이해관계인이나 검사의 청구가 있는 때에는 법원은 부재자가 정한 재산관리인에게 전2항의 처분을 명할 수 있다.
> ④ 전3항의 경우에 그 비용은 부재자의 재산으로써 지급한다.
>
> **제26조(관리인의 담보제공, 보수)** ① 법원은 그 선임한 재산관리인으로 하여금 재산의 관리 및 반환에 관하여 상당한 담보를 제공하게 할 수 있다.
> ② 법원은 그 선임한 재산관리인에 대하여 부재자의 재산으로 상당한 보수를 지급할 수 있다.
> ③ 전2항의 규정은 부재자의 생사가 분명하지 아니한 경우에 부재자가 정한 재산관리인에 준용한다.
>
> **제681조(수임인의 선관의무)** 수임인은 위임의 본지에 따라 선량한 관리자의 주의로써 위임사무를 처리하여야 한다.
>
> **제688조(수임인의 비용상환청구권등)** ① 수임인이 위임사무의 처리에 관하여 필요비를 지출한 때에는 위임인에 대하여 지출한 날 이후의 이자를 청구할 수 있다.
> ② 수임인이 위임사무의 처리에 필요한 채무를 부담한 때에는 위임인에게 자기에 갈음하여 이를 변제하게 할 수 있고 그 채무가 변제기에 있지 아니한 때에는 상당한 담보를 제공하게 할 수 있다.
> ③ 수임인이 위임사무의 처리를 위하여 과실없이 손해를 받은 때에는 위임인에 대하여 그 배상을 청구할 수 있다.

01 부재자 ★

1 의의

부재자(不在者)라 함은 종래의 주소나 거소를 떠나 당분간 돌아올 가망성이 없어서* 그의 재산이 방치되고 있기 때문에 그 재산관리의 필요성이 있는 자이다(제22조). 따라서 종래의 주소지를 떠나 있어도 일정한 방법을 통하여 자신의 재산을 관리하고 있는 자는 민법상의 부재자가 아니다.

> *당분간 돌아올 가망성이 없어서
> 반드시 생사불명일 필요는 없다.

제3장 권리의 주체

> **판례** 부재자의 판단기준
>
> 당사자가 외국에 나가 있다 하여도 그것이 정주의 의사로써 한 것이 아니고 유학의 목적으로 간 것에 불과하고 현재 그 국의 일정한 주거지에 거주하여 그 **소재가 분명할 뿐만 아니라 부동산이나 기타 재산을 국내에 있는 사람을 통하여 그 당사자가 직접 관리하고 있는 사실이 인정되는 때에는 부재자라고 할 수 없다**(대판 1960.4.21. 4292민상252).

2 법인에의 적용 여부

부재자는 그 성질상 자연인에 한하며 법인(法人)에게는 부재자에 관한 규정이 적용될 수 없다(대결 1965.2.9. 64스9).

02 부재자의 재산관리★★★ 10·11·27회 출제

부재자에게 법률상 당연히 그 재산을 관리할 권한이 있는 자*가 있는 경우에는 부재자로서 특별한 조치를 강구할 필요가 없으나 본인(부재자)에게 이러한 법정(法定)의 재산관리인이 없는 경우에는 법원이 관여하게 된다. 통상 부재자가 선임한 재산관리인**이 있는 경우와 없는 경우로 나누어 설명한다.

> * 법률상 당연히 그 재산을 관리할 권한이 있는 자
> 친권자·후견인
>
> ** 부재자가 선임한 재산관리인
> 법정재산관리인이 아님을 주의

1 부재자가 관리인을 두지 않은 경우★★★

(1) 법원에 의한 처분의 명령

부재자가 재산관리인을 두지 않은 경우에는 가정법원이 이해관계인 또는 검사의 청구에 의하여 재산관리에 관하여 필요한 처분을 명하여야 한다(제22조 제1항).

1) 「이해관계인」이라 함은 부재자의 재산의 보존에 법률상의 이해관계를 가진 자를 말하며 부재자의 배우자·채권자·추정상속인·부양청구권자·보증인·연대채무자 등이 이에 해당한다. 그러나 제2순위 상속인은 포함되지 않는다(대결 1986.10.10. 86스20).

2) 이 때 법원은 재산관리인을 선임하여 부재자의 재산을 관리하게 하는 것이 보통이다.

(2) 재산관리인의 지위 및 권리의무

> 11·16·20·23회 출제

1) 재산관리인의 지위

법원(法院)에 의하여 선임된 부재자 재산관리인은 **법정대리인**이나, 그 직무의 성질상 부재자와의 **위임계약***에 기하여 재산을 관리하는 경우와 동일한 의무(선량한 관리자의 의무)를 부담하는 것으로 새겨야 한다(통설).

* **위임계약**
당사자 일방(위임인)이 사무의 처리를 상대방(수임인)에게 맡기고 상대방이 이를 승낙함으로써 성립하는 계약을 말한다.

2) 재산관리인의 권한

① 민법 제25조에서 보존행위·이용 또는 개량행위, 처분위행위로 나누어 규정하고 있으며, 부재자를 위한 것이 아니거나 법원의 허가가 없는 처분행위 등은 무효이다.

② 법원의 허가가 반드시 처분행위 이전에 있어야 하는 것은 아니며 처분 후에 허가결정이 있었던 경우 이를 사후 추인으로 볼 수 있다(대결 1982.9.14. 80다3063).

③ 부재자 재산관리인이 허가를 얻어 처분행위를 한 후 그 허가결정이 취소된 경우에 그 취소결정은 소급효가 없으므로 이미 한 처분은 유효하다(대판 1960.2.4. 58다636).

Key Point 법원이 선임한 재산관리인의 권한(제25조)

> 19회 출제

보존행위		법원의 허가 없이 할 수 있다.
이용 또는 개량행위	물건이나 권리의 성질이 변하지 아니하는 범위	
	물건이나 권리의 성질이 변하는 범위	법원의 허가 필요 - 허가 없는 행위는 무효
처분행위		

법원에 의하여 부재자관리인의 선임이 있는 경우에는 부재자를 위하여 그 재산관리인만이 또는 그 재산관리인에게 대하여서만 소송행위 할 수 있다(공주고법판 67나227).

3) 재산관리인의 권리·의무

> 18회 출제

① 관리인의 권리로는 **보수청구권****과 재산관리를 위하여 지출한 **필요비*****와 그 이자의 반환, 과실 없이 받은 손해의 배상청구권이 있다(제26·688조, 제24조 제4항).

② 관리인은 선량(善良)한 관리자의 주의(注意)로써 사무를 처리하여야 하며(제681조), 그가 관리할 재산의 목록작성(제24조 제1항), 재산의 보존을 위하여 가정법원이 명(命)하는 처분의 실행(제24조 제2항), 담보의 제공(제26조 제1항) 등의 의무를 부담한다.

** **보수청구권**
재산관리사무를 처리한 것에 대한 보수

*** **필요비**
필요비라 함은 물건을 유지 관리하는 데 필요한 일상적인 비용을 말한다.

제3장 권리의 주체

 재산관리인의 법적 성격과 권한범위

부재자 재산관리인이 법원의 매각처분허가를 얻었다 하더라도 부재자와 아무런 관계가 없는 남의 채무의 담보만을 위하여 부재자 재산에 근저당권을 설정하는 행위는 통상의 경우 객관적으로 부재자를 위한 처분행위로서 당연하다고는 경험칙상 볼 수 없다(대결 1976.12.21. 75마551). 따라서 무효이다.

 법원의 재산관리상 권한초과행위 허가결정은 재산관리인의 기왕의 권한초과행위를 추인하는 효력을 갖는다는 사례

법원의 재산관리인의 초과행위허가의 결정은 그 허가받은 재산에 대한 장래의 처분행위를 위한 경우 뿐만 아니라 기왕의 처분행위를 추인하는 행위로도 할 수 있다고 봄이 상당하므로 부재자의 재산관리인이 법원의 초과행위허가결정을 받아 그 허가결정등본을 매수인에게 교부한 때에는 그 이전에 한 부재자소유의 주식매매계약을 추인한 것으로 볼 수 있다(대판 1982.9.14. 80다3063).

Key Point | 선량한 관리자의 주의의무

선량한 관리자의 주의의무(선관의무)를 지는 자	자기재산에 대한 것과 동일한 주의의무를 지는 자
부재자의 재산관리인, 대리인, 법인의 이사, 법인의 감사·비상임감사, 목적물을 점유한 유치권자와 질권자, 특정물채권의 채무자(매도인 등), 임차인, 유상·무상의 수임인, 사무관리자, 후견인, 유언집행자, 부동산중개업자 등	무상임치 수치인(제695조) 친권자(제922조) 상속인(제1022조, 제1048조) → 무임·친·상

단락문제 Q16

법원에서 선임한 부재자의 재산관리인에 관한 기술로서 맞는 것은?

① 재산관리인은 자기재산과 동일한 주의로써 직무를 처리해야 한다.
② 재산관리인이 무이자의 금전대여를 이자부로 하는 행위는 법원의 허가를 요한다.
③ 재산관리인의 처분행위에 대한 법원의 허가는 과거의 처분행위에 대한 추인을 위해서는 할 수 없다.
④ 재산관리인은 재산관리 중에 과실 없이 받은 손해의 배상을 청구할 수 있다.
⑤ 재산관리인이 법원의 허가를 얻어 부재자의 재산을 매도한 후 법원이 관리인 선임 결정을 취소하면, 관리인의 그 처분행위는 무효로 된다.

1편 민법총칙

> **해설** 부재자의 재산관리인
> ① (×) 선량한 관리자의 주의로써 직무를 처리해야 한다(제681조, 대결 1976.12.21. 75마551).
> ② (×) (제25조) 이른바 관리행위이므로 자유롭게 할 수 있다.
> ③ (×) 과거의 처분행위에 대한 추인을 위해서도 할 수 있다(대판 1982.9.14. 80다3063).
> ④ (○) (제688조 참조) 그 성질상 수임인에 준하여 사무를 처리한다.
> ⑤ (×) 재산관리인이 법원의 허가를 얻어 부재자의 재산을 매도한 후 법원이 관리인 선임결정을 취소하더라도 관리인선임결정의 취소는 장래효만 있을 뿐이므로 그 처분행위(부재자의 재산을 매도한 행위)에 영향이 없다(대판 1960.2.4. 58다636). **답** ④

2 부재자가 스스로 관리인을 둔 경우★★★

(1) 원칙

1) 부재자가 스스로 관리인을 둔 경우에는 국가는 원칙적으로 이에 간섭하지 않는다.
2) 이 경우의 관리인은 부재자의 임의대리인*으로서 권한 및 재산관리의 방법 등은 양자 간의 합의(계약)에 의해 정한 바에 따른다. 따라서 부재자가 정한 재산관리인의 재산처분에 관하여는 법원의 허가를 요하지 않는다(대판 1973.7.24. 72다2136).

> *부재자의 임의대리인
> 본인의 선임행위에 의하여 대리인이 된 자

(2) 예외

본인의 부재중에 관리인의 권한이 소멸되었거나 또는 부재자의 생사가 분명하지 않게 되었을 때에는 가정법원이 관리인을 두지 않은 경우에 있어서와 같은 조치를 취하여야 한다(제22조 제1항, 제23조).

> **재산관리권은 장래에 향하여 소멸한다.
> 소급효 없음사건이 발생한 날

03 부재자 재산관리의 종료★★★

1 재산관리의 취소사유

법원에 의한 재산관리의 필요가 없는 다음의 경우에 법원은 재산관리인의 선임을 취소한다. 다만 취소사유가 존재하는 것만으로 당연히 재산관리권이 소멸하는 것은 아니고, 법원의 선임취소결정에 의하여 재산관리권은 장래에 향하여 소멸한다.**

(1) 본인이 그 후에 재산관리인을 정한 때(제22조 제2항)
(2) 본인이 스스로 그 재산을 관리하게 된 때
(3) 본인의 사망이 분명하게 된 때
(4) 본인의 실종선고가 있는 때

판례 부재자의 사망이 확인된 경우와 그 재산 관리인의 권한 및 취소결정의 효력

법원에 의하여 일단 부재자의 재산관리인 선임결정이 있었던 이상, 가령 부재자가 그 이전에 **사망하였음이 위 결정 후에 확실하여졌다 하더라도** 법에 정하여진 절차에 의하여 **결정이 취소되지 않는 한 선임된 부재자재산관리인의 권한이 당연히는 소멸되지 아니한다** 함이 당원의 판례로 하는 견해이며 위 결정 이후에 이르러 취소된 경우에도 그 **취소의 효력은 장래에 향하여서만 생기는 것**이며 그간의 그 부재자재산관리인의 적법한 권한행사의 효과는 이미 사망한 그 부재자의 재산상속인에게 미친다 할 것이다(대판 1970.1.27. 69다719).

2 재산관리인 선임취소 결정의 효과(소급효 없음) **16회 출제**

재산관리인 선임취소 결정은 장래효만 있으므로 취소 전에 한 행위에 영향을 미치지 아니한다(대판 1960.2.4. 58다636).

단락문제 Q17 제27회 기출

부재자의 재산관리에 관한 설명으로 옳지 않은 것은? (다툼이 있으면 판례에 따름)

① 법원이 선임한 재산관리인은 법정대리인이다.
② 부재자는 성질상 자연인에 한하고 법인은 해당하지 않는다.
③ 법원이 선임한 재산관리인의 권한초과행위에 대한 법원의 허가는 사후적으로 그 행위를 추인하는 방법으로는 할 수 없다.
④ 재산관리인을 정한 부재자의 생사가 분명하지 아니한 경우, 그 재산관리인이 권한을 넘는 행위를 할 때에는 법원의 허가를 얻어야 한다.
⑤ 법원의 부재자 재산관리인 선임 결정이 취소된 경우, 그 취소의 효력은 장래에 향하여서만 생긴다.

해설 부재자의 재산관리
① 법원선임은 법정대리인
② 부재와 실종은 법인에는 적용되지 않는다.
③ (X) 사후적으로도 가능 1982.9.14. 80다3063
④ 민법 제25조 후문
⑤ 1960.2.4. 58다636

답 ③

1편 민법총칙

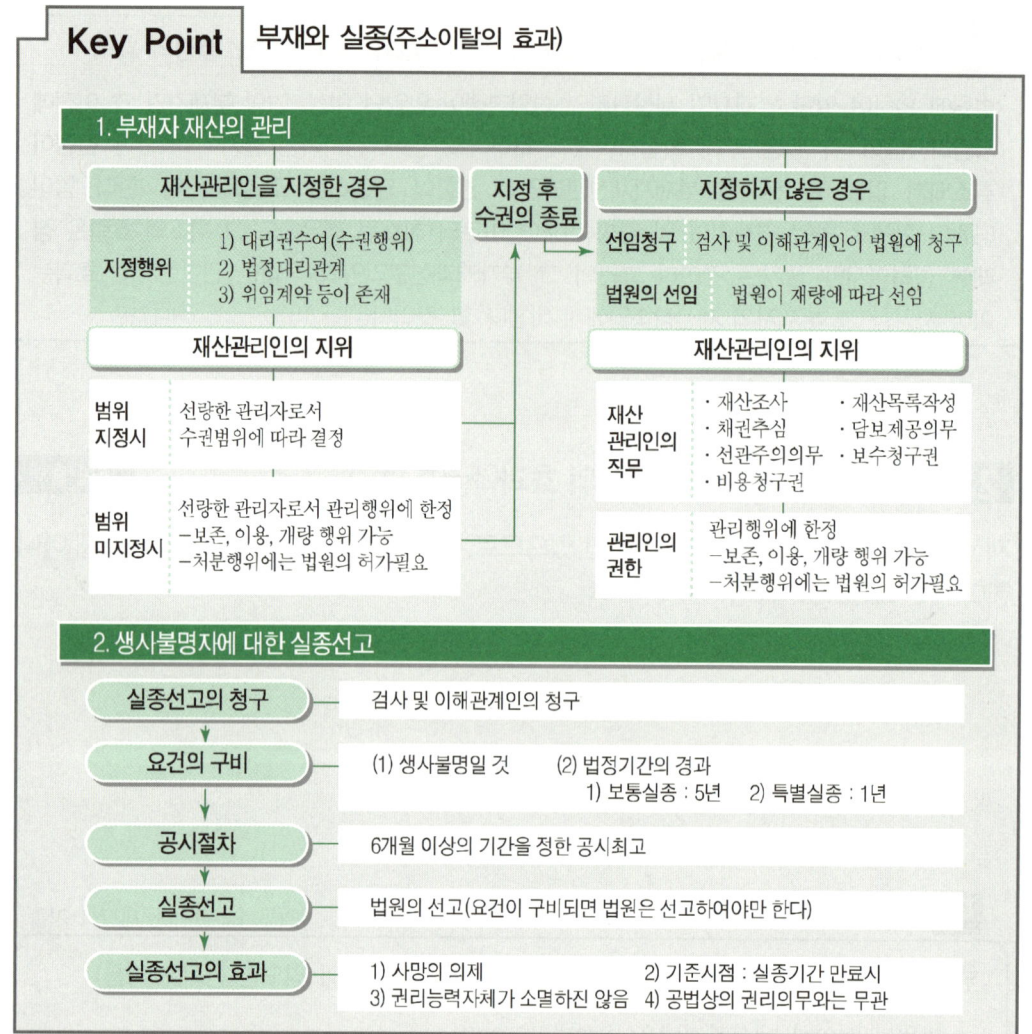

단락핵심 부재자와 재산관리인

(1) 생존이 확실한 자도 부재자가 될 수 있다. (○)
(2) 재산관리인은 선량한 관리자의 주의로 부재자의 재산을 관리하여야 하고 본인이 사망하더라도 본인의 상속인 등이 재산관리업무를 할 수 있을 때까지 그 사무의 처리를 계속하여야 한다. (○)
(3) 법원은 이미 행하여진 재산관리인의 처분행위를 사후에 허가할 수는 없다. (×)

제3장 권리의 주체

1·2·9회 출제   제2항   실종선고

제27조(실종의 선고) ① 부재자의 생사가 5년간 분명하지 아니한 때에는 법원은 이해관계인이나 검사의 청구에 의하여 실종선고를 하여야 한다.
② 전지에 임한 자, 침몰한 선박중에 있던 자, 추락한 항공기중에 있던 자 기타 사망의 원인이 될 위난을 당한 자의 생사가 전쟁종지후 또는 선박의 침몰, 항공기의 추락 기타 위난이 종료한 후 1년간 분명하지 아니한 때에도 제1항과 같다.

제28조(실종선고의 효과) 실종선고를 받은 자는 전조의 기간이 만료한 때에 사망한 것으로 본다.

제29조(실종선고의 취소) ① 실종자의 생존한 사실 또는 전조의 규정과 상이한 때에 사망한 사실의 증명이 있으면 법원은 본인, 이해관계인 또는 검사의 청구에 의하여 실종선고를 취소하여야 한다. 그러나 실종선고 후 그 취소전에 선의로 한 행위의 효력에 영향을 미치지 아니한다.
② 실종선고의 취소가 있을 때에 실종의 선고를 직접원인으로 하여 재산을 취득한 자가 선의인 경우에는 그 받은 이익이 현존하는 한도에서 반환할 의무가 있고 악의인 경우에는 그 받은 이익에 이자를 붙여서 반환하고 손해가 있으면 이를 배상하여야 한다.

04 실종선고의 의의 ★   14회 출제

부재자의 생사불명의 상태가 일정기간 계속된 경우에 부재자를 사망한 것으로 하여 잔존배우자(殘存配偶者)에게 재혼의 기회를 주고 상속인으로 하여금 상속을 받게하는 등 신분상·재산상의 법률관계를 확정시키는 제도가 실종선고이다.

 실종선고

실종선고란 부재자의 생사불명의 상태가 일정기간 계속된 경우 부재자를 사망한 것으로 하여 신분상·재산상의 법률관계를 확정시키는 제도이다.

※ 실종선고의 요건
① 부재자의 생사불명
   생존의 증명도, 사망의 증명도 할 수 없는 것
② 실종기간의 경과
   보통실종 : 5년 / 특별실종 : 1년
③ 청구권자의 청구
   실종선고의 청구는 이해 관계인이나 검사
④ 공시최고 : 6월 이상

실종선고는 실종자를 사망한 것으로 간주(의제)하는 제도이다.

실종선고를 받은 자가 사망으로 간주(의제)되는 시기는 실종기간이 만료한 때이지!!
선고시가 아님을 주의!

> **Wide** 부재선고
>
> 군사분계선 이북지역에서 그 이남의 지역에 옮겨 새로이 가족관계 등록·창설한 자 중 군사분계선 이북지역 잔류자에 대한 부재선고와 군사분계선 이남의 지역에서 주소나 거소를 떠나 행방불명이 된 자에 대한 실종선고의 절차에 관한 특례 및 이중가족관계등록부의 정리에 관한 사항을 규정함을 목적으로 제정된 「부재선고에 관한 특별조치법」에 근거하여 선고되는 것으로 부재선고를 받은 자는 가족관계등록부에서 말소되며, 상속과 혼인에 관하여는 실종선고를 받은 것으로 본다(동법 제3조·제4조). 부재선고와 달리 행정청이 사망으로 추정하는데 그치는 인정사망제도와는 다름을 주의할 것

05 실종선고의 요건★★★

1 부재자의 생사불명

'생사불명'이라 함은 생존의 증명도, 사망의 증명도 할 수 없는 것을 말한다. 이는 모든 사람에게 불명할 필요는 없으며 실종선고의 청구권자와 법원에 대하여 불명이면 된다.

2 실종기간의 경과★★

(1) 의 의

생사불명의 상태가 일정기간 계속하여야 한다. 이 기간을 '실종기간'이라 한다.

(2) 실종기간과 기산점

보통의 경우[보통실종(普通失踪)]에는 부재자의 생존을 증명할 수 있는 최후의 시기부터 5년이고(제27조 제1항), **특별한 경우** *[특별실종(特別失踪)]에는 1년이다(제27조 제2항).

* **특별한 경우**
전쟁실종·선박실종·
항공기실종·위난실종

▼ 실종의 종류

실종의 종류	대 상	기산점	기 간
보통실종	통상의 실종상태	부재자의 최종의 소식이 있었던 때	5년
전쟁실종	전지에 임한 자	전쟁이 종지한 때	1년
선박실종	침몰한 선박에 있던 자	선박이 침몰한 때	
항공기실종	추락한 항공기 중에 있던 자	항공기가 추락한 때	
위난실종	기타 사망의 원인이 될 위난을 당한 자	위난이 종료한 때	

제3장 권리의 주체

Professor Comment
전쟁실종의 기산점은 강화체결시가 아니라, 사실상 전쟁이 끝나는 때, 즉 항복선언 또는 정전이나 휴전선언이 있는 때이다.

판례 위난실종의 의의

1. 민법 제27조의 문언이나 규정의 체계 및 취지 등에 비추어, 그 제2항에서 정하는 "사망의 원인이 될 위난"이라고 함은 화재·홍수·지진·화산 폭발 등과 같이 일반적·객관적으로 사람의 생명에 명백한 위험을 야기하여 사망의 결과를 발생시킬 가능성이 현저히 높은 외부적 사태 또는 상황을 가리킨다.
2. 甲이 잠수장비를 착용한 채 바다에 입수하였다가 부상하지 아니한 채 행방불명되었다 하더라도, 이는 "사망의 원인이 될 위난"이라고 할 수 없다(대결 2011.1.31. 2010스165).

단락문제 Q18

실종기간의 기산점에 관한 다음 기술 중 옳지 <u>않은</u> 것은?
① 보통실종의 경우는 부재자의 최종의 소식이 있었을 때
② 선박실종의 경우는 선박이 침몰한 때
③ 위난실종은 위난이 종료한 때
④ 전쟁실종은 강화조약이 체결된 때
⑤ 항공기실종은 항공기가 추락한 때

해설 실종기간의 기산점
④ 전쟁이 종지한 때, 즉 항복선언 또는 정전이나 휴전선언이 있는 때이다.   **답** ④

3 청구권자의 청구 ★★★   `13·17·21회 출제`

(1) 청구권자

실종선고의 청구는 이해관계인이나 검사(檢事)가 할 수 있다(제27조 제1·2항), 검사를 청구권자에 넣은 것은 공익의 대표자이기 때문이다.

(2) 이해관계인의 의미

'이해관계인'이라 함은 배우자, 선순위 상속인, 보험수익자, 채권자, 채무자 등 실종선고를 하는 것에 법률상의 이해관계를 가지는 자를 말한다.

* **보험수익자**
보험금을 수령받을 자를 의미하며 보험계약자와는 구별

1편 민법총칙

> **판례** 이해관계인에 해당되는지 여부에 관한 판례
>
> 1. 부재자에 대하여 실종선고를 청구할 수 있는 이해관계인은 그 **실종선고로 인하여 일정한 권리를 얻고 의무를 면하는 등의 신분상 또는 재산상의 이해관계를 갖는 자에 한한다**고 할 것이다. 부재자의 종손자로서, 부재자가 사망할 경우 제1순위의 상속인이 따로 있어 **제2순위의 상속인에 불과한 청구인은 특별한 사정이 없는 한 위 부재자에 대하여 실종선고를 청구할 수 있는 신분상 또는 경제상의 이해관계를 가진 자라고 할 수 없다**(대결 1992.4.14. 92스4·5·6).
> 2. 부재자의 상속인의 내연의 처로부터 재산을 매수한 자는 이해관계인이 될 수 없다(대결 1961.11.23. 4294민재항1).

단락문제 Q19

다음 중 실종선고를 청구할 수 없다고 인정되는 자는?

① 검 사
② 부재자의 법정대리인
③ 부재자의 재산관리인
④ 부재자의 2순위 상속인
⑤ 부재자의 배우자

해설 실종선고의 청구권자
④ 1순위 상속인이 따로 있는 경우 2순위 상속인은 이해관계를 가진 자라고 할 수 없다(대판 1992. 4.14. 92스4·5·6). 예를 들어 실종자에게 어머니와 배우자가 있는 경우라면 어머니와 배우자는 동순위의 상속인이므로 모두 실종선고를 청구할 수 있으나, 어머니와 아들이 있는 경우에 어머니는 2순위의 상속인에 불과하므로 어머니는 실종선고를 청구할 수 없다. **답** ④

4 공시최고(公示催告)❶★

(1) 취 지

법원은 선고를 하기 전에 반드시 공시최고의 절차를 거쳐야 하는데 이는 부재자 및 부재자의 생사를 아는 자에 대하여 신고를 하도록 촉구하기 위한 것이다(「가사소송규칙」 제53조).

> **용어사전**
> ❶ 공시최고
> 이해관계인이 불명한 경우에 일정한 기간을 정하여 권리의 신고를 하게 하기 위하여 하는 최고로서 법원의 게시판, 관보에 공고하여 기간 내에 신고가 없으면 그 권리를 없는 것으로 하는 것을 말한다.

(2) 공시최고의 기간

이 공시최고는 **6월 이상**이라야 하며, 이 기간 내에 신고가 없는 경우에 비로소 실종선고를 할 수 있다(「가사소송규칙」 제54조 제2항).

(3) 관할법원

실종선고의 관할법원은 부재자의 주소지를 관할하는 가정법원이다. **위의 모든 요건이 갖추어진 때에는 법원은 반드시 실종선고를 하여야 한다**(제27조).

06 실종선고의 효과 8·12·18·22회 출제

1 사망의 간주(의제)

(1) 사망 간주(의제)의 효과
1) 실종선고를 받은 자는 실종기간이 만료한 때*에 사망한 것으로 본다(제28조).
2) 이처럼 사망으로 간주(看做)하기 때문에 실종선고가 취소되지 않는 한 본인의 생존 기타의 반증**을 들어서 선고의 효과를 뒤집을 수 없다(대판 1995.2.17. 94다52751).

> * 실종기간이 만료한 때
> 실종선고시가 아님을 주의
>
> ** 반증
> 반대되는 사실의 증명: ㉠ 생존, ㉡ 다른 시기에 사망, ㉢ 특정시기에 생존

(2) 실종선고와 생존추정의 문제
1) 실종자는 그가 사망한 것으로 간주되는 시기, 즉 실종기간이 만료할 때까지는 생존한 것으로 간주한다(대판 1977.3.22. 77다81, 82 참조).
2) 실종선고를 받지 않는 한 아무리 오랜 시간이 경과하더라도 부재자로서 생존하고 있는 것으로 추정되고 사망자로 간주되지 않는다(대판 1960.9.8. 4292민상885).

2 사망간주(의제)의 시기 8회 출제

실종선고를 받은 자가 사망으로 간주(의제)되는 시기는 실종기간이 만료한 때이다. 그러나 구체적인 법률상황에 따라 그 효과는 다른 점에 주의해야 한다.

1편 민법총칙

 피상속인의 사망 후에 실종선고가 이루어졌으나 실종기간이 사망 이전에 만료된 경우 실종선고된 자가 상속인이 될 수 있는지 여부

A가 1951년에 사망하였고, 그의 장남인 甲은 1970년에 서울가정법원의 실종선고에 의하여 A의 사망 전인 1950년에 실종기간 만료로 사망간주된 경우 甲은 A의 사망 이전에 사망한 것으로 간주되었으므로 A의 재산상속인이 될 수 없다(대판 1982.9.14. 82다144).

 소제기 후에 실종선고가 확정된 경우의 소송절차의 중단사유 발생시기

소제기 당시인 1973년에는 원고의 표시를 부재자 甲이라 표시하였다가 1974년에 甲에 대한 실종선고의 확정으로 소급하여 1955년 사망한 것으로 간주되었다면 결과적으로 甲은 제소시에도 사망한 것이 되었으나 **실종선고의 효력이 생기기 전까지는 생존하였던 것으로 보아야** 되므로 **실종선고가 있는 때 사망으로 인한(소송절차의) 중단사유가 발생하였다**(대판 1977.3.22. 77다81).

3 사망으로 간주(의제)되는 범위

실종선고는 실종자의 종래의 주소(또는 거소)를 중심으로 한 사법적 법률관계만을 종료시키는 것이지 결코 사람의 권리능력 자체를 박탈하는 것은 아니다. 그러므로 선고를 받은 자가 다른 곳에서 생존하고 있는 때에는 그 곳에서의 생활관계에 관하여는 권리능력을 계속 갖는다.

단락문제 Q20

1980년 1월 5일에 특별한 사유 없이 행방불명이 되고 1985년 2월 10일에 실종선고의 신청을 하여 1986년 10월 1일에 실종선고가 있은 경우, 다음 어느 시기가 사망시기로 인정되는가?

① 1983년 2월 10일　② 1986년 1월 10일　③ 1983년 1월 4일 24시
④ 1985년 1월 5일 24시　⑤ 1986년 10월 1일 24시

해설 실종선고에 따른 사망간주의 시기

특별실종사유(제27조 제2항)가 없으므로 보통실종에 해당하고 실종기간은 5년이다(제27조 제1항). 기간의 기산점과 관련하여 초일은 산입하지 아니하므로(제157조) 1980년 1월 6일이 기산점이 되고, 기간의 만료점과 관련하여 기간을 년(年)으로 정한 때에는 역(曆)에 의해 계산하고(제160조 제1항), 역에 의한 계산시 그 년(年)의 처음부터 기산하지 아니하는 경우에는 그 기산일에 해당하는 날의 전일(前日)로 기간이 만료하므로(제160조 제2항) 1980년에 5년을 더하고 1월 6일의 전일인 1월 5일 24시가 기간만료점이 되어 결국 사망시기는 1985년 1월 5일 24시가 된다.

답 ④

제3장 권리의 주체

단락문제 Q21

실종선고의 효과에 관하여 틀린 것은?

① 실종선고가 확정되면 그 선고를 받은 자는 사망한 것으로 본다.
② 실종자는 실종기간이 만료한 때에 사망한 것으로 본다.
③ 특별실종에 있어서는 최후의 소식 또는 위난 발생시에 사망한 것으로 본다.
④ 실종선고의 효과는 그 선고절차에 참가한 자뿐만 아니라 제3자에 대하여도 절대적으로 효력이 있다.
⑤ 실종선고는 종래의 주소를 중심으로 사법적 법률관계만 종료시킬 뿐이다.

해설 실종선고의 효과
③ 특별실종에 있어서도, 보통실종의 경우와 마찬가지로, 실종기간이 만료한 때에 사망한 것으로 본다. 특별실종기간은 1년으로, 보통실종기간 5년에 비해 짧다.

답 ③

07 실종선고의 취소★★★

실종선고는 실종자를 사망한 것으로 간주하는 제도이므로 그 후 실종자의 생존, 기타의 반증만으로는 선고의 효과를 뒤집을 수 없으며 실종선고의 취소에 의해서만 가능하다(대판 1995.2.17. 94다52751).

1 취소의 요건

(1) 실질적 요건

① 실종선고를 받은 자가 생존하고 있는 사실 또는 ② 선고에 의하여 사망한 것으로 보게 되는 시기와 다른 시기에 사망한 사실(제29조 제1항) 또는 ③ 실종시간의 기산점(起算點) 이후의 어느 시기에 생존하고 있었던 사실 중의 하나가 증명되어야 한다.

(2) 절차상의 요건

본인, 이해관계인 또는 검사의 청구가 있어야 한다(제29조 제1항). 청구기간의 제한은 없으며, 공시최고도 필요하지 않다.

2 취소의 절차

실종선고의 취소절차는 선고의 경우와 마찬가지로 가정법원의 관할에 속하며, 그 절차는 가사소송법과 가사소송규칙에 의한다. 한편, 실종선고취소의 요건을 구비하면 반드시 취소하여야 한다.

1편　민법총칙

3 취소의 효과★★★

(1) 일반적 효과

1) 실종선고가 취소되면 실종선고가 처음부터 없었던 것으로 된다*. 따라서 실종선고로 인하여 재산을 취득한 자는 이를 부당이득으로 반환하여야 하며, 실종선고로 인하여 종료한 신분관계는 부활**한다.

2) 다만, 실종자가 선고로 인한 사망시기와 다른 일정한 시기에 사망한 것이 증명된 경우에는 신분관계의 부활하지 않으며, 재산관계도 본인에게 환원하는 것은 아니라 그 달라진 사망시기를 기준으로 하여 재산의 귀속에 변동이 일어날 뿐이다.

3) 또한, 실종기간기산점 이후의 생존사실에 기해 취소된 경우에는 다시 새로운 실종선고를 청구하여 법률관계를 조정할 수 있다.

> * 실종선고가 처음부터 없었던 것으로 된다
> 즉, 실종선고를 기초로 이루어진 법률관계가 소급하여 무효로 된다는 의미
>
> ** 종료한 신분관계는 부활
> 배우자의 사망으로 종료한 혼인관계의 부활

(2) 구체적 사례

1) **실종선고를 직접 원인으로 하여 재산을 취득한 자**

   실종의 선고를 직접 원인으로 하여 재산을 취득한 자가 ① 선의인 경우에는 그 받은 이익이 현존하는 한도에서 반환할 의무(현존이익 반환)가 있고, ② 악의인 경우에는 그 받은 이익에 이자를 붙여서 반환하고, 손해가 있으면 이를 배상(모든 이익의 반환)하여야 한다(제29조 제2항).

   ① '실종의 선고를 직접 원인으로 하여 재산을 취득한 자'라 함은, 상속인·수유자(受遺者)❶·생명보험금의 수취인 등을 가리키며, 이들로부터 법률행위에 의하여 재산을 취득한 전득자는 포함하지 않는다.

   ② 여기서의 반환은 부당이득의 반환이기 때문에 자기의 노력으로 재산을 증가시켰다면 증가시킨 부분은 취득자가 악의라 하더라도 반환할 필요가 없다(대판 1995.5.12. 94다25551).

   > 용어사전
   > ❶ 수유자
   > 유증을 받는 자를 말한다. 유증이라 함은 피상속인(사망하는 자)이 유언으로 재산을 양도하는 단독행위이다.

2) **실종선고 후 그 취소 전에 행위한 자**　〔7회 출제〕

   실종선고 후 그 취소 전에 한 행위는 실종선고의 취소로 ① 소급하여 무효가 되는 것이 원칙이나 ② 선의(善意)로(실종선고가 사실과 다름을 알지 못하고) 한 행위(잔존배우자의 재혼, 상속인의 상속재산의 처분 등)는 그 효력에 변함이 없다(제29조 제1항 단서). 이 때, 계약과 같이 그 행위에 양당사자가 있는 경우에는 양자 모두의 선의이어야 한다(통설, 쌍방선의설).

   예 1) 실종자의 상속인이 상속재산을 제3자에게 매도한 경우 제3자가 상속인과 제3자가 모두 선의라면 제3자는 소유권을 취득한다. 그러나 당사자 중 악의인 자가 있는 경우에는 무권리자로부터의 취득이 되어 소유권 취득의 장애사유가 발생하게 된다.

제3장 권리의 주체

2) 실종선고를 받은 자의 배우자가 악의의 제3자와 재혼한 사안의 경우, 실종선고가 취소되면 ① 전혼(실종자와의 혼인)에는 이혼사유가 발생하고, ② 후혼(제3자와의 재혼)에는 중혼에 따른 혼인취소사유가 발생하게 된다.

> **용어사전**
> **❶ 취득시효**
> 취득시효란 권리를 행사하고 있는 것과 같은 형태의 사실상태가 일정한 기간 계속된 경우에 그것에 대해 일정한 효과를 부여하여 권리의 취득을 인정하는 것을 말한다.

Professor Comment

재산취득자에 관하여 선의취득이나 취득시효❶완성 등 다른 권리취득의 원인이 존재하는 경우에는 실종선고의 취소가 있어도 소유권을 취득할 수 있다.

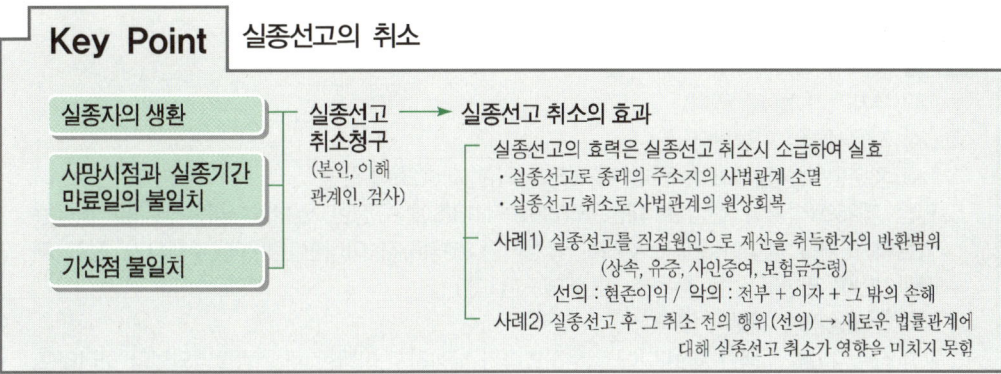

단락문제 Q22

실종선고의 취소에 관하여 틀린 기술은?

① 실종선고를 받은 자가 생존하여 나타나면 실종선고는 당연히 취소된다.
② 실종기간이 만료된 때와 다른 시기에 사망한 사실도 실종선고의 취소사유가 된다.
③ 실종선고가 취소되면 실종선고로 생긴 법률관계는 소급적으로 무효가 된다.
④ 실종선고는 본인 등의 신청에 의해 법원만이 취소할 수 있다.
⑤ 실종선고가 취소되어도 취득시효에 의한 재산취득을 방해하지 못한다.

> **해설** 실종선고의 취소
> ① (×) 민법 제28조는 "실종선고를 받은 자는 민법 제27조 제1항 소정의 생사불명기간이 만료된 때에 사망한 것으로 본다"고 규정하고 있으므로 실종선고가 취소되지 않는 한 반증을 들어 실종선고의 효과를 다툴 수는 없다(대판 1995.2.17. 94다52751).
> ② (○) 실종기간이 만료한 때와 다른 시기에 사망한 사실의 증명이 있으면 법원은 실종선고를 취소해야 한다(제29조 제1항).
> ③ (○) 실종선고의 취소는 소급효가 있다(제29조 제1항 단서).
> ④ (○) 실종선고의 효력은 법원의 취소결정에 의해서만 소멸한다.
> ⑤ (○) 취득시효(제245조)는 승계취득이 아니라 독립적인 권리취득원인이므로 실종선고의 취소에 의해서 영향을 받지 아니한다.
>
> **답** ①

1편 민법총칙

단락문제 Q23
제24회 기출

부재와 실종에 관한 설명으로 옳은 것은? (다툼이 있으면 판례에 따름)

① 생존하고 있음이 분명한 자는 부재자가 될 수 없다.
② 법원이 선임한 부재자의 재산관리인은 일종의 법정대리인이므로 자유로이 사임할 수 없다.
③ 법원이 선임한 부재자의 재산관리인은 법원에 의한 별도의 허가가 없더라도 부재자의 재산에 대한 처분행위를 자유롭게 할 수 있다.
④ 실종선고를 받은 자가 종전의 주소에서 새로운 법률행위를 하기 위해서는 실종선고를 취소하여야 한다.
⑤ 잠수장비를 착용하고 바다에 입수한 후 행방불명되었다고 하여 이를 특별실종의 원인되는 사유에 해당한다고 할 수 없다.

해설 부재와 실종
① (×) 부재자가 될 수 있다.
② (×) 자유사임이 가능하다.
③ (×) 처분행위는 불가하다. 민법 제25조에 의한 제118조의 준용
　민법 제25조(법원이 선임한 재산관리인이 제118조에 규정한 권한을 넘는 행위를 함에는 법원의 허가를 얻어야 한다. 부재자의 생사가 분명하지 아니한 경우에 부재자가 정한 재산관리인이 권한을 넘는 행위를 할 때에도 같다.)
④ (×) 권리능력에 제한이 없다.
⑤ (○) 잠수장비를 착용한 채 바다에 입수하였다가 부상하지 아니한 채 행방불명되었다 하더라도, 이는 "사망의 원인이 될 위난"이라고 할 수 없다(대결 2010스165). **답** ⑤

단락핵심　　　　　　　실종선고

(1) 실종선고가 있어도 선거권 등 공법상의 권리는 소멸하지 않는다. (○)
(2) 부재자의 2순위 상속인은 실종선고를 청구할 수 있는 자에 포함되지 않는다. (○)
(3) 실종선고가 있으면 실종선고를 받은 자는 실종선고가 있는 때에 사망한 것으로 본다. (×)
(4) 실종선고가 취소되면 실종선고로 생긴 법률관계는 소급적으로 무효가 된다. (○)
(5) 실종선고를 직접원인으로 하여 재산을 취득한 자가 선의인 경우에는 반환의무가 없다. (×)
　⇒ 선의의 경우라도 현존이익은 반환하여야 한다.

제3장 권리의 주체

제2절 법인
6·11·28회 출제

제1관 서설

01 법인의 의의·본질

1 법인의 의의

자연인이 아니면서 그 구성원[사원(社員)]이나 관리자[이사(理事)]를 떠나 독자적 존재가치*를 인정받아 그 명의로 권리를 갖고 의무를 부담하는 단체를 법인이라 한다.

* 독자적 존재가치
즉, 법인격

법 인

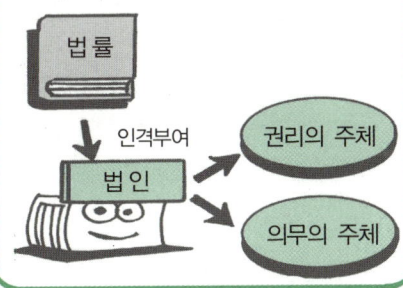

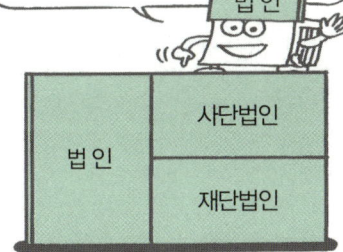

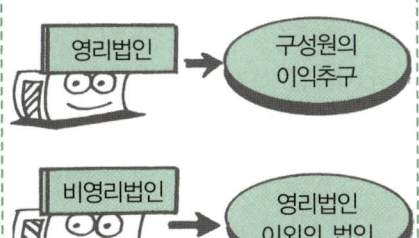

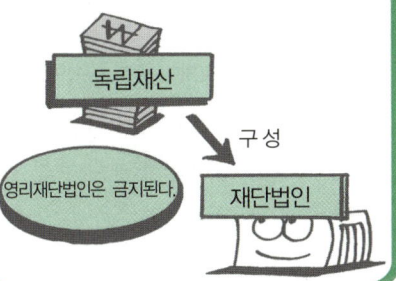

2 법인의 본질

(1) 법인부인설은 법인의 능력(권리능력, 행위능력, 불법행위능력) 모두 부인하고, 법인의제설은 권리능력만 인정하나 법인실재설은 모두 인정한다.

(2) 오늘날에는 법인실재설만이 주장되고 그 중에서도 사회적 가치설이 다수설이다.

> **Wide** 법인의 본질에 대한 학설의 대립
>
> ① **법인의제설**
> 권리·의무의 주체는 자연인에 한정되나 일정한 목적을 위하여 법인에게 특별히 법으로 인격에 준하는 지위를 부여한 것이다.
>
> ② **법인부인설**
> 권리·의무의 실질적 주체는 법인제도에 의하여 이익을 받는 개인이라는 생각에서 법인이 독자적인 실체임을 부정하고 그 이익이 귀속하는 곳 혹은 현실적으로 존재하는 재산 또는 관리자를 법인의 본체로 본다.
>
> ③ **법인실재설**
> 법인이 권리능력의 주체가 되는 것은 개인이 권리능력의 주체가 되는 것과 마찬가지로 사회생활의 단위로서의 실체를 갖기 때문이라고 하면서 아래의 3가지 다른 주장을 한다.
> ⊙ 사회적 유기체설: 단체도 사회적 유기체로서 단체적 의사와 고유의 생명을 가진다.
> ⓒ 법률적 조직체설: 법인이란 공동목적을 달성하기 위하여 권리주체가 되는 데 적합한 법률상의 조직체로서 실재하는 것이다.
> ⓒ 사회적 가치설: 법인도 자연인과 마찬가지로 하나의 독립된 사회적 작용을 담당함으로써 권리능력의 주체임에 적합한 사회적 가치를 가진 것이다(현재의 다수설).

02 법인의 종류 ★

1 공법인과 사법인(목적)

(1) 법인은 그 설립의 강제여부, 목적, 권리·의무에 관한 적용법규의 내용에 따라 공법인(公法人)과 사법인(私法人)으로 나눌 수 있는데, 공법인에는 국가·공공단체*, 영조물법인 등이 있다.

> *공공단체
> 지방자치단체, 공공조합

(2) 그 외에는 대부분 사법인이라 할 것이나 양자의 성격을 겸유하는 중간적 법인(예컨대, 한국은행, 농협 등 특수법인)이 늘어나고 있다.

2 영리법인과 비영리법인(영리성) ★★

14회 출제

(1) 영리법인(營利法人)

1) 법인의 영리활동에 의한 이익을 각 구성원에게 배분하여 구성원의 경제적 이익을 추구하는 법인*이다.
2) 따라서, 영리법인은 언제나 사단법인이며, 구성원인 사원이 없는 재단법인은 이론상 영리법인이 될 수 없다.

> * 구성원의 경제적 이익을 추구하는 법인
> 상법상의 각종 회사는 그 전형

(2) 비영리법인(非營利法人)

13·24·27회 출제

1) 학술·종교·자선·기예·사교·기타 영리 아닌 사업을 목적으로 하는 사단법인 또는 재단법인이다.
2) 영리 아닌 사업을 목적으로 하여야 하므로, 영리도 아울러 목적으로 하고 있는 경우에는 비영리법인이 아니라 영리법인이다. 그러나 비영리사업의 목적을 달성하는 데 필요하여 그의 본질에 반하지 않는 정도의 영리행위**를 하는 것은 상관없다.
3) 재단법인은 모두 비영리법인이다.
4) 민법의 규정은 법인에 관한 일반 규정이지만 영리법인에 해당하는 각종 회사들에 대하여는 특별법인 상법 등이 적용되므로, 민법의 규정은 주로 비영리법인에 적용된다.

> ** 그의 본질에 반하지 않는 정도의 영리행위
> 각종 학술제의 참가비 등

Wide | 영리법인·비영리법인의 구별

① 영리법인 (사단법인)	상사회사	주식회사·유한회사·유한책임회사·합자회사·합명회사	상법적용
	민사회사	상행위 이외의 영리를 목적으로 하는 사단법인	상법적용
② 비영리법인 (사단법인 + 재단법인)	재단법인(항상 비영리법인임)		민법·특별법
	학술·종교·사교 기타 영리 아닌 사업을 목적으로 하는 사단법인		민법·특별법

단락문제 Q24

다음 기술 중 틀린 것은?

① 상사회사와 민사회사는 영리법인이다.
② 재단법인은 비영리사업을 목적으로 하여서만 설립할 수 있다.
③ 현행민법은 비영리법인에만 적용된다.
④ 비영리법인에는 재단법인만 인정된다.
⑤ 우리 민법상 재단법인과 신탁제도는 근본적으로 같지 않다.

1편 민법총칙

> **해설** 법인의 종류
> ④ (×) 비영리법인에는 사단법인과 재단법인이 있다.
> ⑤ (○) 민법상의 재단법인은 일정한 재산의 집단에 법인격이 인정된 것이나 신탁법상의 신탁재산은 수탁자의 재산이 된다(「신탁법」 제2조).   **답** ④

3 사단법인과 재단법인 ★★

(1) 구별기준
법인은 그 존립기반이 사람이냐 재산이냐에 따라서 사단법인(社團法人)과 재단법인(財團法人)으로 나누어진다. 이는 민법이 예정한 법인의 기본유형이라 할 수 있다.

(2) 의 의
사단법인은 일정한 목적을 위하여 결합한 사람의 단체를 그 실체로 하는 법인이고, 재단법인은 일정한 목적에 바쳐진 재산이 그 실체를 이루고 있는 법인이다.

> * 구성원의 단체의사
> 사단법인 총회결의
> ** 설립자의 의사
> 정관(定款)

(3) 운 영
사단법인은 그 구성원의 단체의사*에 기하여 자율적으로 활동하는 데 반해, 재단법인은 설립자의 의사**에 의하여 타율적으로 운영된다.

단락문제 Q25

사단법인과 재단법인과의 차이에 관한 다음 기술 중 옳은 것은?
① 사단법인은 사원총회의 결의로 해산할 수 있으나, 재단법인은 그렇지 못하다.
② 사단법인은 영리를 목적으로 하지만, 재단법인은 영리 아닌 것을 목적으로 한다.
③ 사단법인은 사원총회가 사무를 집행하지만, 재단법인은 이사가 이를 집행한다.
④ 사단법인의 정관에는 자산에 관한 규정이 필요하지만 재단법인의 정관에는 사원자격의 득실에 관한 규정이 필요하다.
⑤ 사단법인은 정관을 변경할 수 없으나, 재단법인은 그것을 변경할 수 있다.

> **해설** 사단법인과 재단법인의 차이
> ① (○) (제78조, 제77조 제1항) 재단법인은 사원이 없으므로 사원총회를 상상하기 어렵다.
> ② (×) 사단법인도 비영리사업을 목적으로 할 수 있다.
> ③ (×) 사단법인도 이사가 업무집행기관이다(제58조).
> ④ (×) (제40조, 제43조) 양자 모두 정관에 자산에 관한 규정이 필요하며, 재단법인에는 사원이 존재하지 아니하므로 사원자격의 득실에 관한 규정이 불필요하다.
> ⑤ (×) (제42조, 제45조, 제46조) 사단법인은 사원총회의 결의에 의하여 정관을 변경할 수 있으나, 재단법인은 원칙적으로 변경할 수 없다.   **답** ①

4 내국법인과 외국법인(설립준거)

(1) 대한민국의 법률에 의거하여 설립된 법인이 내국법인이고, 법률에 의하지 않은 것이 외국법인이다.
(2) 외국인만에 의하여 대한민국 법률에 준거*하여 설립된 법인도 한국법인이다.
(3) 외국법인을 어떻게 다룰 것이냐에 관하여 민법은 아무런 규정을 두지 않았지만 '내외국법인의 평등주의'를 취한 것으로 해석되고 있다.

> * 준거
> 일정한 법령을 준수

03 사단과 조합★★

7회 출제

1 의의 및 비교

일정한 목적 달성을 위하여 결합한 사람의 집단, 즉 인적 결합단체에는 '사단'과 '조합'의 두 유형이 있다.

(1) 사단(社團)
개개의 구성원이 그 개성이나 중요성을 나타내지 않고 단체 속에 묻혀버림으로써 단체 자체가 구성원의 변동과 관계없이 독립한 단일의 존재가 되고 권리의무의 주체가 되는, 즉 단체성이 강한 인적 결합체라 할 수 있다.

(2) 조합(組合)
1) 2인 이상이 서로 출자하여 공동사업을 경영할 목적으로 각 구성원간의 계약에 의하여 결합한 인적 결합단체로서 단체의 구성원(즉 조합원)은 여전히 독립존재를 가지고 있고, 공동목적을 달성하는 데 요구되는 한도에서 제약을 받을 뿐이다(제703조 이하 참조).
2) 같은 인적 결합단체이지만 단체성은 사단에 비해 한층 약한 것이라 할 수 있다.

> **판례** 민법상의 조합과 비법인사단의 구별기준
>
> 민법상의 조합과 법인격은 없으나 사단성이 인정되는 비법인사단을 구별함에 있어서는 **일반적으로 그 단체성의 강약을 기준으로 판단**하여야 하는바, **조합**은 2인 이상이 상호간에 금전 기타 재산 또는 노무를 출자하여 공동사업을 경영할 것을 약정하는 계약관계에 의하여 성립하므로(제703조) 어느 정도 단체성에서 오는 제약을 받게 되는 것이지만 **구성원의 개인성이 강하게 드러나는 인적 결합체**인 데 비하여 **비법인사단**은 구성원의 개인성과는 별개로 권리

1편 민법총칙

의무의 주체가 될 수 있는 **독자적 존재로서의 단체적 조직을 가지는 특성**이 있다 하겠는데 민법상 조합의 명칭을 가지고 있는 단체라 하더라도 ㉠ 고유의 목적을 가지고 **사단적 성격을 가지는 규약**을 만들어 이에 근거하여 **의사결정기관 및 집행기관인 대표자를 두는 등의 조직을** 갖추고 있고, ㉡ 기관의 의결이나 업무집행방법이 **다수결의 원칙**에 의하여 행해지며, ㉢ **구성원의 가입, 탈퇴** 등으로 인한 변경에 관계없이 단체 그 자체가 존속되고, ㉣ 그 조직에 의하여 대표의 방법, 총회나 이사회 등의 운영, 자본의 구성, 재산의 관리 기타 **단체로서의 주요사항이 확정되어 있는 경우에는 비법인사단으로서의 실체를 가진다고 할 것이다**(대판 1992.7.10. 92다2431).

Key Point │ 사단과 조합의 비교

구 분	사 단	조 합
법인격	있다 (단, 법인격 없는 사단도 존재)	없다.
단체로서의 독립성	강(强)	약(弱)
설립행위의 성질	합동행위	계약
법률효과	단체에 귀속	각 조합원에 귀속
재산소유형태	(사단)단독소유 (단, 법인격 없는 사단은 사원의 총유)	각 조합원의 합유(자산이 각자의 소유에 속하지만, 단체적 구속을 받음)
대외적 거래 주체	사단 자체	개개의 구성원
업무집행	이사	업무집행사원(또는 조합원 각자)
가입·탈퇴	비교적 자유	일반적으로 인정되지 않음.
채무에 대한 책임	유한책임 (사원의 출자재산·납부한 회비만으로 변제)	무한책임(조합원으로서 소유하는 재산 이외에 개인재산을 가지고도 변제해야 함)

2 법인격 인정 여부

(1) 입법정책

1) 사단과 조합은 그 단체성에 강약의 차가 있지만 인적 결합단체로서 사회적 작용을 하는 점에 있어서는 차이가 없다(대판 1992.7.10. 92다2431).
2) 이론상은 양자 모두 법인이 될 수 있으나 민법은 입법정책적 결단으로 조합은 계약에 의한 관계로 보아 단체 자체의 법인격을 인정하지 않는다.

(2) 실체와의 관련성

1) 민법상의 조합인 실체를 가진 것이라도 타법에 의하여 법인격이 부여된 것*이 있는가 하면 그 실체가 사단이면서도 법인격이 부여되어 있지 않은 것**이 있다.

2) 특별법에 의하여 성립하는 법인 가운데는 '○○조합'이라는 명칭을 가지면서도 그 실체가 오히려 사단인 경우가 있다. 따라서 사단 또는 조합인지의 여부는 그 명칭이 아니라 그 실질(실체)에 의하여 판단***하여야 한다.

> *민법상의 조합인 실체를 가진 것이라도 타법에 의하여 법인격이 부여된 것
> 상법상의 합명회사
>
> **그 실체가 사단이면서도 법인격이 부여되어 있지 않은 것
> 법인격 없는 사단
>
> ***사단 또는 조합인지의 여부는 그 명칭이 아니라 그 실질(실체)에 의하여 판단
> 예 노동조합, 농업협동조합, 재건축조합 등

단락문제 Q26

조합과 법인에 대하여 옳지 <u>못한</u> 설명은?

① 법인 아닌 사단은 일반적으로 조합에 비하여 단체성이 강하다.
② 농업협동조합은 조합이다.
③ 비법인사단이 되기 위해서는 규약 및 대표자를 정해야 한다.
④ 비법인사단은 기관의 의결이나 업무집행에 있어서 다수결 원칙에 따라야 한다.
⑤ 비법인사단은 구성원의 변경에 영향을 받지 않는다.

해설 조합과 법인의 비교
② (×) 특별법상의 특수법인이다.
③, ④, ⑤ (○) (대판 1992.7.10. 92다2431)   답 ②

---

04 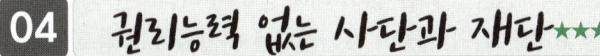 13·17·18·20·22·23·27회 출제

1 권리능력 없는 사단(법인 아닌 사단, 비법인 사단)*** 　　8·9·27회 출제

(1) 의의 및 존재이유

1) 의 의

인적 결합단체로서 대표의 방법, 총회의 운영, 재산의 관리 등 사단으로서의 실체가 규칙(정관)에 의하여 확정되어 있음에도 불구하고 법인격(즉, 권리능력)을 가지지 않는 것을 권리능력 없는 사단(법인 아닌 사단)이라 한다.

예 동창회·종중·문중·공동주택의 입주자대표회의·주택조합·자연부락·리·교회·사찰·어촌계 등

2) 존재이유
① 사단으로서의 실체를 가지고 있으면서도 주무관청의 허가를 얻지 못하였거나,
② 설립자가 행정관청의 사전허가나 사후감독, 기타의 법적 규제를 받는 것을 원하지 않아 설립등기를 하지 않을 때 발생한다.

(2) 적용법규
1) 재산귀속관계
① 법인격 없는 사단에 대한 적용법규에 관하여 민법은 재산귀속관계를 총유(總有)로 한다는 규정만을 두고 있다(제276·278조).
② 법인 아닌 사단 자체의 재산이 강제집행의 대상이 되며, 구성원 개인이나 대표자 개인은 회비 기타 부담금 외에는 책임을 지지 않는다(유한책임).

*총유
제2편 제2장 제2절 공동소유 참조

2) 등기와 소송의 당사자능력
그 밖에는 「부동산등기법」이 부동산의 등기에 관하여 법인 아닌 사단도 직접 사단의 명의로 등기할 수 있다는 규정을 두고 있고(동법 제26조 제1항), 「민사소송법」이 소송 당사자능력을 인정한다는 규정을 두고 있을 뿐이다(동법 제52조).

3) 사단법인에 대한 민법규정의 유추적용　**21회 출제**
① 비법인사단의 실체는 사단법인과 다름이 없으므로 민법의 사단법인에 관한 규정 중 법인격을 전제로 한 것을 제외하고는 모두 유추적용을 하여야 한다는 것이 일반적 견해이며, 판례도 같다(대판 2003.11.14. 2001다32687).
② 따라서 사단의 권리능력, 행위능력, 불법행위능력, 대표기관의 권한 및 대표의 형식 등의 규정은 이에 대해서도 적용되나, 법인등기와 관련된 규정은 적용되지 않는다.

> **판례** 비법인 사단과 민법규정의 유추적용
>
> **1** 민법 제70조에 따른 총회소집절차
> 종중원들이 종중 재산의 관리 또는 처분 등을 위하여 종중의 규약에 따른 적법한 소집권자 또는 일반 관례에 따른 종중총회의 소집권자인 종중의 연고항존자에게 필요한 종중의 임시총회 소집을 요구하였음에도 그 소집권자가 정당한 이유 없이 이에 응하지 아니하는 경우에는 차석 또는 발기인(위 총회의 소집을 요구한 발의자들)이 소집권자를 대신하여 그 총회를 소집할 수 있는 것이고, 반드시 민법 제70조를 준용하여 감사가 총회를 소집하거나 종원이 법원의 허가를 얻어 총회를 소집하여야 하는 것은 아니다(대판 2011.2.10. 2010다83199).
>
> **2** 비법인사단의 경우 대표권제한의 법리(제60조 적용 배제)
> 비법인사단의 경우에는 대표자의 대표권 제한에 관하여 등기할 방법이 없어 민법 제60조의 규정을 준용할 수 없고, 비법인사단의 대표자가 정관에서 사원총회의 결의를 거쳐야 하도록 규정한 대외적 거래행위에 관하여 이를 거치지 아니한 경우라도, 이와 같은 사원총회 결의사항은 비법인사단의 내부적 의사결정에 불과하다 할 것이므로, 그 거래 상대방이 그와 같은 대표권 제한 사실을 알았거나 알 수 있었을 경우가 아니라면 그 거래행위는 유효하다고 봄이 상당하고, 이 경우 거래의 상대방이 대표권 제한 사실을 알았거나 알 수 있었음은 이를 주장하는 비법인사단측이 주장·입증하여야 한다(대판 2003.7.22. 2002다64780).

제3장 권리의 주체

4) 총유물의 관리·처분과 사용·수익 및 소송행위

① 총유물의 관리 및 처분은 사원총회의 결의에 의하며, 각 사원은 정관 기타 규약에 좇아 총유물을 사용, 수익할 수 있다. 공유나 합유와 달리 보존행위도 그 구성원이 단독으로 할 수 없다(대판 2005.9.15. 2004다44971).

> **판례** 총유물의 관리·처분
>
> **1** 총유물의 관리 및 처분이라 함은 총유물 그 자체에 관한 이용·개량행위나 법률적·사실적 처분행위를 의미하는 것이므로, 피고 종중이 그 소유의 이 사건 토지의 매매를 중개한 중개업자에게 중개수수료를 지급하기로 하는 약정을 체결하는 것은 총유물 그 자체의 관리·처분이 따르지 아니하는 단순한 채무부담행위에 불과하여 이를 총유물의 관리·처분행위라고 할 수 없다(대판 2012.4.12. 2011다107900).
>
> **2** 비법인사단이 타인 간의 금전채무를 보증하는 행위는 총유물 그 자체의 관리·처분이 따르지 아니하는 단순한 채무부담행위에 불과하여 이를 총유물의 관리·처분행위라고 볼 수는 없다(대판 2007.4.19. 2004다60072. 전원합의체).
>
> **3** 종중 토지 매각대금의 분배에 관한 종중총회의 결의가 무효인 경우, 종원은 그 결의의 무효확인 등을 소구하여 승소판결을 받은 후 새로운 종중총회에서 공정한 내용으로 다시 결의하도록 함으로써 그 권리를 구제받을 수 있을 뿐이고 새로운 종중총회의 결의도 거치지 아니한 채 종전 총회결의가 무효라는 사정만으로 곧바로 종중을 상대로 하여 스스로 공정하다고 주장하는 분배금의 지급을 구할 수는 없다(대판 2010.9.9. 2007다42310, 42327).

② 총유재산에 관한 소송은 ㉠ 비법인사단이 그 명의로 사원총회의 결의를 거쳐 하거나 또는 ㉡ 그 구성원 전원이 당사자가 되어 필수적 공동소송의 형태로 할 수 있을 뿐이다.

③ 따라서 비법인사단이 사원총회의 결의 없이 소송을 제기하거나(대판 2007.7.26. 2006다64573) 사단의 구성원 명의로 소를 제기*하면 이는 부적법하며, 보존행위를 위한 것이라도 역시 부적법하다(대판 2005.9.15. 2004다44971).

④ 총유물에 관한 사원의 권리·의무는 사원의 지위를 취득·상실함으로써 취득·상실된다.

> *사단의 구성원 명의로 소를 제기
> 소를 제기한 자가 대표자이거나 사원총회를 거쳤어도 마찬가지이다.

> **Wide** 종중과 교회의 법률관계
>
> ① 종 중
>   ㉠ **개 념**: 판례는 종중이란 공동선조의 분묘수호와 제사 및 종원 상호간의 친목 등을 목적으로 하여 구성되는 자연발생적인 종족집단이라고 판시하고 있다.
>   ㉡ **종중의 구성**: 구성원에 관하여 종래의 판례는 성년남자만 종중구성원이 될 수 있다고 하였으나 판례가 변경되어 공동선조와 「성과 본을 같이」 하는 후손은 「성별의 구별 없이 성년」이

되면 당연히 그 구성원이 된다(대판 2005.7.21. 2002다1178 전합). 또한,

공동선조의 후손들 중 특정 지역 거주자나 특정 범위 내의 자들만으로 구성된 종중이란 있을 수 없고(대판 1999.8.24. 99다14228), 종중이 성립된 후에 정관 등 종중규약을 작성하면서 일부 종원의 자격을 임의로 제한하거나 확장한 종중규약은 종중의 본질에 반하여 무효이다.
※ 종중유사의 단체는 남성만으로도 구성 가능(대판 2011.2.24 2009다17783).
ⓒ **법적 성격 및 재산의 귀속과 처분**: 판례는 종중 소유의 재산은 종중원의 총유에 속하는 것이므로 그 관리 및 처분에 관하여 먼저 종중 규약에 정하는 바가 있으면 이에 따라야 하고, 그 점에 관한 종중 규약이 없으면 종중 총회의 결의에 의하여야 하므로 비록 종중 대표자에 의한 종중 재산의 처분이라고 하더라도 그러한 절차를 거치지 아니한 채 한 행위는 무효이다(대판 2000.10.27. 2000다22881, 제275조, 제276조 참조).

② **교 회**
㉠ **법적 성질 및 재산의 귀속**: 교회는 일반적으로 권리능력 없는 사단이라 할 것이므로, 그 재산의 귀속형태는 총유로 봄이 상당하고, 따라서 교회재산의 관리와 처분은 그 교회의 정관 기타 규약에 의하되 그것이 없는 경우에는 그 소속교회 교인들 총회의 과반수 결의에 의하여야 한다(대판 2001.6.15. 99두5566).
㉡ **교회의 분열 인정 여부**: 우리 민법이 사단법인에 있어서 구성원의 탈퇴나 해산은 인정하지만 사단법인의 구성원들이 2개의 법인으로 나뉘어 각각 독립한 법인으로 존속하면서 종전 사단법인에게 귀속되었던 재산을 소유하는 방식의 사단법인의 분열은 인정하지 아니하고, 그 법리는 법인 아닌 사단에 대하여도 동일하게 적용되며, 법인 아닌 사단의 구성원들의 집단적 탈퇴로써 사단이 2개로 분열되고 분열되기 전 사단의 재산이 분열된 각 사단들의 구성원들에게 각각 총유적으로 귀속되는 결과를 초래하는 형태의 법인 아닌 사단의 분열은 허용되지 않는다(대판 2006.4.20. 2004다37775 전합).
㉢ **교단에서 탈퇴한 교인의 지위**: 교인들은 교회 재산을 총유의 형태로 소유하면서 사용·수익할 것인데, 일부 교인들이 교회를 탈퇴하여 그 교회 교인으로서의 지위를 상실하게 되면 종전 교회의 총유 재산의 관리처분에 관한 의결에 참가할 수 있는 지위나 그 재산에 대한 사용·수익권을 상실하고, 종전 교회는 잔존 교인들을 구성원으로 하여 실체의 동일성을 유지하면서 존속하며 종전 교회의 재산은 그 교회에 소속된 잔존 교인들의 총유로 귀속됨이 원칙이고 교단에 소속되어 있던 지교회의 교인들의 일부가 소속 교단을 탈퇴하기로 결의한 다음 종전 교회를 나가 별도의 교회를 설립하여 별도의 대표자를 선정하고 나아가 다른 교단에 가입한 경우, 그 교회는 종전 교회에서 집단적으로 이탈한 교인들에 의하여 새로이 법인 아닌 사단의 요건을 갖추어 설립된 신설 교회라 할 것이어서, 그 교회 소속 교인들은 더 이상 종전 교회의 재산에 대한 권리를 보유할 수 없게 된다(대판 2006.4.20. 2004다37775 전합).
㉣ 교회가 그 실체를 갖추어 법인 아닌 사단으로 성립한 경우에 교회의 대표자가 교회를 위하여 취득한 권리의무는 교회에 귀속된다(대판 2007다37394).
㉤ 사단법인의 하부조직의 하나라 하더라도 스스로 위와 같은 단체로서의 실체를 갖추고 독자적인 활동을 하고 있다면 사단법인과는 별개의 독립된 비법인사단으로 볼 것이다(대판 2006다60908).

제3장 권리의 주체

> **Key Point** 판례상 권리능력 없는 사단의 인정 여부
>
> 1) 권리능력 없는 사단에 해당하는 경우
>   주택재건위원회·입주자대표회의·주택조합·아파트부녀회·제중·보증·채권자들로 구성된 청산위원회·자활정착단체·친목계·어촌계·선어중매조합·낙농협동조합 지소·전국해원노동조합 지부·동·리·자연부락·사찰·불교신도회·대한불교조계종·종중·재단법인 성균관의 설립이전부터 존재하던 성균관·사단법인 대한약사회 서울시지부 도봉, 강북구 분회 등
>
> 2) 권리능력 없는 사단성에 해당하지 않는 경우
>   농지위원회·전국화물자동차운송사업조합연합회 공제조합·신태인 천주교회·학교·용산구 노인회·대한불교조계종 총무원·외국법인의 국내지점·노동조합 선거관리위원회 수습대책위원회 등

단락문제 Q27   제27회 기출

법인 아닌 사단 및 재단에 관한 설명으로 옳은 것을 모두 고른 것은? (다툼이 있으면 판례에 따름)

> ㄱ. 총유물에 관한 보존행위는 특별한 사정이 없는 한 법인 아닌 사단의 사원 각자가 할 수 있다.
> ㄴ. 법인 아닌 재단은 법인격이 인정되지 않지만, 대표자 또는 관리인이 있는 경우에는 민사소송의 당사자능력은 인정된다.
> ㄷ. 공동주택의 입주자대표회의는 동별 세대수에 비례하여 선출되는 동별대표자를 구성원으로 하는 법인 아닌 사단에 해당한다.
> ㄹ. 민법은 법인 아닌 재단의 재산 소유를 단독소유로 규정하고 있으므로, 법인 아닌 재단 자체의 명의로 부동산등기를 할 수 있다.

① ㄱ, ㄴ   ② ㄱ, ㄹ   ③ ㄴ, ㄷ
④ ㄱ, ㄷ, ㄹ   ⑤ ㄴ, ㄷ, ㄹ

해설 법인 아닌 사단 및 재단
③ (O)
ㄱ. 대판 2005.9.15. 2004다44971
ㄴ. (O) 민사소송법 제52조
ㄷ. (O) 권리능력 없는 사단
ㄹ. 단독소유의 규정은 없다.

답 ③

> **단락핵심** 권리능력 없는 사단
>
> (1) 공동주택의 입주자대표회의는 특별한 다른 사정이 없는 한 소송상의 당사자능력을 가지고 있다. (○)
> (2) 재건축조합의 대표자가 정관에 위반하여 사원총회의 결의 없이 체결한 계약은 상대방이 그와 같은 대표권의 제한을 알았거나 알 수 있었을 경우가 아니면 유효하다. (○)
> (3) 재건축조합과 체결한 계약의 효력은 직접 조합원들에게 미친다. (×)
>   ⇒ 재건축조합은 법인격 없는 사단에 해당하므로 재건축조합과 맺은 계약은 직접 재건축조합에 미치는 것이며, 조합원에게 효력을 미치는 것이 아니다.
> (4) 교회의 분열은 인정되지 않는다. (○)
> (5) 탈퇴한 교인은 더 이상 종전 교회재산에 대한 권리를 보유할 수 없다. (○)
> (6) 판례는 비법인사단인 아파트부녀회의 수익금이 부녀회장 명의의 예금계좌에 입금되어 있는 때에, 위 수익금의 관리권을 승계한 입주자대표회의가 수익금의 지급을 청구할 경우 그 상대방은 부녀회라고 본다. (○)

2 권리능력 없는 재단(법인격 없는 재단, 비법인재단)*

(1) 의의

비영리적 목적을 위하여 출연되고, 어떤 관리조직을 갖춤으로써 목적에 의하여 구속되는 재산, 즉 재단법인의 실체가 되는 재단으로서의 실질을 가지고 있으면서 법인격만은 취득하지 않고 있는 상태가 법인격 없는 재단이다.

> 유치원이 비법인재단인지 여부
>
> 유치원이 어린이 보육을 위하여 원사를 신축하고 관계당국으로부터 개원허가를 받았으며 교육법에 따른 원칙을 제정하여 계속 운영하여 왔다면 이는 **법인 아닌 재단**이고 설립자가 관리인으로서 당사자능력이 있다(대판 1968.4.30. 65다1651).

(2) 민법규정의 유추적용

법인격 없는 재단에 대해서도 법인격을 전제로 하는 것을 제외하고는 민법의 재단법인에 관한 규정을 유추적용하여야 할 것이다.

(3) 등기능력과 소송상의 당사자능력

부동산등기능력*이나 소송상의 당사자능력은 명문으로 인정되어 있다(「부동산등기법」 제26조 제1항, 「민사소송법」 제52조).

*부동산등기능력
부동산등기기록에 권리자로 기재될 수 있는 자격

(4) 재산귀속관계

부동산물권 이외의 권리의 형식적인 귀속관계는 신탁의 법리로 설명하여야 할 것이다. 즉 재산은 관리인의 개인명의로 보유되며, 법률행위도 이 관리인의 개인명의로 하는 수밖에 없을 것이다.

제3장 권리의 주체

Professor Comment
학교자체는 학교법인의 부속기관 내지 부속물에 불과하여 권리능력 없는 재단이 아니다(대판 1978. 2. 23. 76다1478).

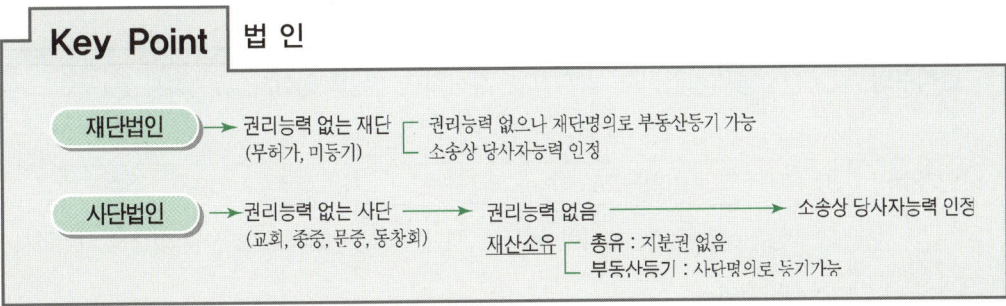

제2관 법인의 설립 3·12회 출제

01 설립에 관한 입법주의★ 3·12회 출제

1 입법주의(立法主義)

입법주의	내 용
자유설립주의	법인의 설립요건을 법정하지 않고 방임적 태도를 취함으로써 법인의 실질만 갖추면 법인으로 되는 주의이다. 따라서 이 입법주의하에서는 권리능력 없는 사단은 존재하지 아니한다.
준칙주의	법인설립에 관한 요건을 미리 법률에 정해놓고 그 요건만 충족되면 당연히 법인격이 인정되는 것으로 하는 입법주의이다.
인가주의	법률이 정한 요건을 갖추고 주무관청의 기속행위(羈束行爲)인 인가(요건이 구비되었으면 반드시 인가하여야 함)를 받음으로써 법인으로 되는 주의이다.
허가주의	주무관청의 자유재량(自由裁量)에 의한 허가를 받음으로써 법인으로 되는 주의이다. 허가의 여부는 주무관청의 재량에 일임되어 있으므로 설립의 자유는 크게 제한된다.
특허주의	법인이 법률의 제정에 의해서 직접 설립되는 주의이다. 오늘날에는 국영기업에 형식적인 독립성을 주기 위한 필요에서 존재한다.
강제주의	법인의 설립을 국가가 강제하는 주의이다. 넓게는 회원의 가입이 강제되는 경우도 포함된다.

1편 민법총칙

2 우리나라의 경우

민법은 기본적으로 허가주의를 취하면서(제32조) 자유설립주의를 제외한 여러 입법주의를 병용하고 있다.

Wide 우리나라의 법인설립

준칙주의	① 상사회사(합명회사, 합자회사, 주식회사, 유한책임회사, 유한회사 등) ② 민사회사 ③ 노동조합
인가주의	① 공공조합(농업협동조합, 중소기업협동조합, 자동차운수사업조합, 수출조합 해운조합, 엽연초생산조합, 건설공제조합 등) ② 각종 전문직단체(변호사회, 의사회, 치과의사회, 한의사회, 조산원 및 간호사회약사회 등) ③ 상공회의소
허가주의	① 민법상 법인(비영리사단법인, 비영리재단법인) ② 학교법인 ③ 증권거래소
특허주의	① 각종 공사(한국광물자원공사, 한국토지주택공사, 한국조폐공사, 한국관광공사한국방송공사, 한국도로공사, 한국전력공사, 대한무역투자진흥공사 등) ② 국책은행(한국은행, 한국산업은행, 중소기업은행) ③ 한국마사회　　　　　　　　④ 대한적십자사
강제주의	① 변호사회　　② 약사회　　③ 수의사회　　④ 상공회의소(가입강제)

Key Point 법인의 설립절차

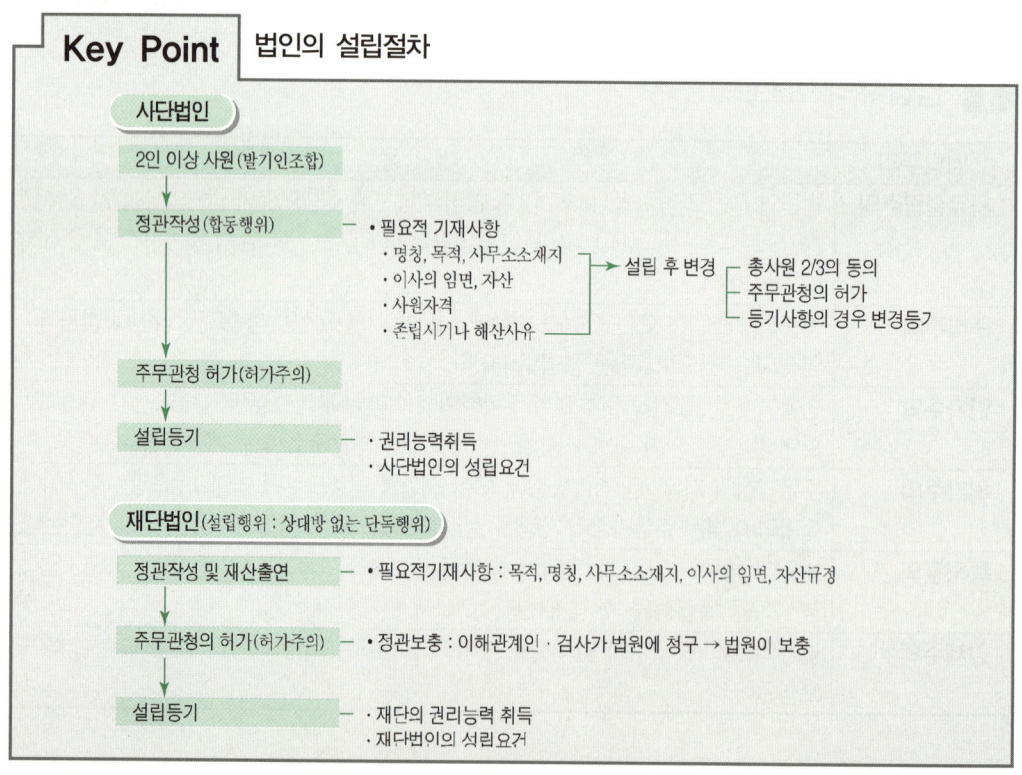

02 사단법인의 설립요건 ★★★

제32조(비영리법인의 설립과 허가) 학술, 종교, 자선, 기예, 사교 기타 **영리 아닌 사업**을 목적으로 하는 **사단 또는 재단은 주무관청의 허가**를 얻어 이를 법인으로 할 수 있다.

제33조(법인설립의 등기) 법인은 그 주된 사무소의 소재지에서 **설립등기를 함으로써 성립**한다.

제40조(사단법인의 정관) 사단법인의 설립자는 다음 각호의 사항을 기재한 **정관을 작성하여 기명날인**하여야 한다.
  1. 목 적
  2. 명 칭
  3. 사무소의 소재지 → 목·명·사·자·이·사·존
  4. 자산에 관한 규정
  5. 이사의 임면에 관한 규정
  6. 사원자격의 득실에 관한 규정
  7. 존립시기나 해산사유를 정하는 때에는 그 시기 또는 사유

제49조(법인의 등기사항) ① 법인설립의 **허가가 있는 때에는 3주간 내**에 주된 사무소소재지에서 **설립등기**를 하여야 한다.
  ② 전항의 등기사항은 다음과 같다.
   1. 목 적
   2. 명 칭
   3. 사무소
   4. 설립허가의 연월일
   5. 존립시기나 해산사유를 정한 때에는 그 시기 또는 사유
   6. 자산의 총액
   7. 출자의 방법을 정한 때에는 그 방법
   8. 이사의 성명, 주소
   9. 이사의 대표권을 제한한 때에는 그 제한

1 목적의 비영리성

(1) 학술·종교·자선·기예·사교 기타 영리 아닌 사업을 목적으로 하여야 한다(제32조).
(2) 비영리란 **사원(社員)**에게 경제적 이익을 배분하는 것을 목적으로 하지 않을 것을 의미하며, 적극적으로 공익(公益)을 목적으로 할 필요는 없다.

> * 정관의 작성과 등기
> 광의의 설립행위 : 정관작성 + 등기
> 협의의 설립행위 : 정관작성

2 설립행위(정관의 작성) ★★   14·18회 출제

(1) 정관작성(설립행위)의 의의

 1) 법인의 설립을 위해서는 **정관의 작성과 등기***가 필요하다.
 2) '정관'이란 2인 이상의 발기인[설립자(設立者)]이 단체의 근본규칙을 정하여 이를 서면에 기재하고 기명날인한 것이다(제40조).

3) 정관은 그 단체의 자치법규에 해당하며 법규의 해석과 마찬가지로 객관적 기준에 따라 해석되어야 하며, 작성자의 주관이나 사원의 다수결에 의한 방법(사원총회의 결의) 등 자의적으로 해석될 수 없다(즉, 사원총회의 결의로 정관을 해석한 것이 법원의 판단을 구속할 수는 없다)(대판 2000.11.24. 99다12437).

(2) 필요적 기재사항 〔6·27회 출제〕

1) 정관에 기재하지 않으면 정관을 무효로 하기 때문에 정관에 반드시 기재해야 하는 사항을 필요적 기재사항이라 한다.
2) ① 목적, ② 명칭, ③ 사무소의 소재지, ④ 자산에 관한 규정, ⑤ 이사의 임면에 관한 규정, ⑥ 사원자격의 득실에 관한 규정, ⑦ 존립시기나 해산사유를 정한 때에는 그 시기 또는 사유가 필요적 기재 사항이다(제40조).
3) 존립시기나 해산사유 자체는 어디까지나 임의적인 것이기 때문에 엄격히 말해서 필요적 기재사항이 아니다. 그러나 그것을 별도로 정한 경우에는 반드시 정관에 명시하여야 효력이 있다.

(3) 임의적 기재사항

1) 임의적 기재사항은 정관에 반드시 기재해야 하는 것은 아니지만 일단 정관에 기재되면 필요적 기재사항과 동일한 효력을 발생하는 사항으로서, 그것을 기재하지 않으면 정관을 무효로 하지는 않는다는 점에서 필요적 기재사항과 다르다. 그러나 일단 기재되면 그 효력은 필요적 기재사항과 다를 바 없고 그 변경도 정관변경절차에 의해야 한다.
2) 임의적 기재사항에는 민법규정상 특별한 제한이 없다.

단락문제 Q28 제27회 기출

민법상 비영리사단법인의 정관의 필요적 기재사항이 아닌 것은?

① 목적
② 명칭
③ 사무소의 소재지
④ 사원자격의 득실에 관한 규정
⑤ 이사회의 구성에 관한 규정

해설 사단법인의 정관
① ② ③ ④ 민법 제40조
⑤ (X) 이사회는 상법과 달리 비영리법인의 필수기관이 아니다.   답 ⑤

---

3 주무관청의 허가

(1) 주무관청의 허가를 얻어야 한다(제32조). '주무관청'이라 함은 법인이 목적으로 하는 사업을 주관하는 중앙행정관청을 의미한다.

제3장 권리의 주체

(2) 2개 이상의 관청이 주무관청인 경우 그들 수 개 관청의 허가를 모두 얻어야 한다. 비영리라는 이름 아래 부정한 목적으로 사단법인을 설립, 이용하는 것을 방지하기 위한 것이다.

4 설립등기

법인은 그 주된 사무소의 소재지에서 설립등기를 하여야 한다. 이 설립등기에 의하여 비로소 '인(人)❶'으로서 성립한다(제33·49조).

> **용어사전**
> ❶ 인(人)
> 인에는 자연인과 법인이 있다. 자연인은 출생과 동시에 권리능력을 취득하고, 법인은 법에 의하여 법인격이 부여된 것을 말한다..

단락문제 Q29

법인에 관한 다음 기술 중 틀린 것은?
① 법인의 목적은 정관의 필요적 기재사항이다.
② 민법상의 비영리법인의 설립은 허가주의에 의한다.
③ 법인은 이사가 그 직무에 관하여 타인에게 가한 손해를 배상할 책임이 있다.
④ 법인은 주무관청의 허가를 얻으면 성립된다.
⑤ 감사는 민법상 법인의 상설기관은 아니다.

해설 법인의 성립
④ 법인은 그 주된 사무소의 소재지에서 설립등기를 하여야 한다. 이 설립등기에 의하여 비로소 '人'으로서 성립한다(제33·49조).   답 ④

03 재단법인의 설립요건 ★★★

제43조(재단법인의 정관) 재단법인의 설립자는 일정한 재산을 출연하고 제40조 제1호 내지 제5호의 사항을 기재한 정관을 작성하여 기명날인하여야 한다.

제44조(재단법인의 정관의 보충) 재단법인의 설립자가 그 명칭, 사무소 소재지 또는 이사임면의 방법을 정하지 아니하고 사망한 때에는 이해관계인 또는 검사의 청구에 의하여 법원이 이를 정한다.

제47조(증여, 유증에 관한 규정의 준용) ① 생전 처분으로 재단법인을 설립하는 때에는 증여에 관한 규정을 준용한다.
② 유언으로 재단법인을 설립하는 때에는 유증에 관한 규정을 준용한다.

제48조(출연재산의 귀속시기) ① 생전 처분으로 재단법인을 설립하는 때에는 출연재산은 법인이 성립된 때로부터 법인의 재산이 된다.
② 유언으로 재단법인을 설립하는 때에는 출연재산은 유언의 효력이 발생한 때로부터 법인에 귀속한 것으로 본다.

1편 민법총칙

재단법인의 설립요건은 설립행위에 있어서 일정한 재산을 출연*하여야 하는 점을 제외하고는 사단법인의 설립에 있어서와 같다.

> *출연
> 출연자가 자신의 재산상 손해를 일으켜 타인의 재산을 증가시키는 행위
>
> **생전행위
> 행위자의 생존 중에 법률행위의 효력이 발생하는 행위로 유언 등과 같은 사후행위와 구별
>
> ***무상
> 대가관계가 존재하지 않는 법률행위

1 목적의 비영리성

사단법인의 경우와 동일하다.

2 설립행위(재산의 출연과 정관의 작성)★★★ 11·14·20회 출제

재단법인의 설립행위는 '재산의 출연'과 '정관의 작성'의 두 부분으로 나누어지는데 이는 생전행위**(生前行爲)로는 물론이고 유언으로도 할 수 있다.

(1) 재산의 출연(出捐)

1) 설립자는 반드시 일정한 재산을 출연하여야 하는데, 이 설립자의 출연재산이 재단법인의 실체가 된다. 출연재산의 종류는 묻지 않으며 확실한 것이면 채권이라도 무방하다.

2) 재단법인설립을 위한 재산의 출연은 무상***의 출연이라는 점에서 증여(贈與)❶ 또는 유증(遺贈)❷과 비슷하기 때문에 이들에 관한 규정이 준용된다(제47조).

> 용어사전
>
> ❶ 증여
> 증여라 함은 일정한 재산을 무상으로 수여하기로 하는 당사자 사이의 계약을 말한다.
>
> ❷ 유증
> 유증은 유언자가 유언으로 자기의 재산을 무상으로 수여하는 단독행위를 말한다.

3) 출연재산의 귀속시기   2·22회 출제
   ① 논의의 배경
      민법은 법률행위로 인한 물권변동에 관하여 부동산의 경우에는 등기(제186조), 동산의 경우에는 인도(제188조)를 한 때에 물권이 이전된다고 규정하고 있음에도 불구하고, 제48조는 재단법인을 설립하기 위한 재산출연시 생전 처분의 경우 법인성립시, 유언에 의한 경우는 유언의 효력이 발생한 때에 법인에 귀속하는 것으로 규정하고 있어 양 규정이 문리상 충돌한다.

 재단법인의 설립

② 물권의 출연과 출연재산의 귀속시기
- ㉠ 제48조 적용긍정설(다수설) : 제48조는 제187조의 이른바 '기타 법률의 규정'에 해당하므로 공시방법*을 갖추지 않더라도 법인이 설립등기를 마친 때 또는 설립자의 사망시에 출연재산이 귀속된다.

  *공시방법
  인도·등기·등록 등

- ㉡ 제48조 적용부정설 : 제48조는 제187조의 이른바 '기타 법률의 규정'에 해당하지 않으며 단지 법인의 성립시나 설립자의 사망시에 법인이 출연재산의 이전청구권을 가질 뿐이라고 한다. 따라서 출연재산의 귀속시기는 공시방법을 갖춘 때이다.
- ㉢ 판례 : 판례는 출연자와 재단법인 사이에서는 법인 성립시에 법인재산이 되나, 제3자에 대한 관계에서는 공시방법을 갖추어야 한다고 본다(대판 1979.12.11. 78다481).

판례 재단법인의 설립에 있어서 출연재산의 귀속시기

재단법인을 설립함에 있어서 출연재산은 그 법인이 성립된 때로부터 법인에 귀속된다는 민법 제48조의 규정은 출연자와 법인과의 관계를 상대적으로 결정하는 기준에 불과하여 출연재산이 부동산인 경우에도 **출연자와 법인 사이에는 법인의 성립 외에 등기를 필요로 하는 것은 아니지만**, 제3자에 대한 관계에 있어서, 출연행위는 법률행위이므로 **출연재산의 법인에의 귀속에는 부동산의 권리에 관한 것일 경우 등기를 필요로 한다**(대판 1979.12.11. 78다481).

 판례의 이러한 입장에 대하여 통설은 '구법하의 대항요건주의를 취할 때에나 타당할 수 있으며 성립요건주의를 취하는 현행민법하에서는 허용될 수 없다'고 비판한다.

Wide 채권의 출연과 출연재산의 귀속시기

① **문제의 제기**
지명채권의 성립에는 대항요건만 있을 뿐 공시방법이 없지만, 지시채권이나 무기명채권의 성립에는 각각 배서·교부나 교부를 요구하고 있기에 물권의 경우와 동일하게 문제가 된다.

② **지명채권의 경우**
제48조가 규정하는 시기(법인설립시)에 법인에 귀속된다(학설일치).

③ **지시채권과 무기명채권의 경우**
㉠ 제48조에 따라서 법인성립시에 법인재산이 된다고 보는 학설과 ㉡ 배서(채권의 뒷면에 성명을 기재하는 것), 배서 또는 교부(채권 자체의 점유를 이전하는 것)가 있어야 법인의 재산이 된다고 보는 학설이 있으나 이에 관한 명확한 판례는 아직 없다.

1편 민법총칙

> **판례** 재단법인 설립과정에서 재단법인의 기본재산으로 귀속될 부동산에 관하여 명의신탁 약정을 한 경우의 효력
>
> 재단법인의 기본재산은 재단법인의 실체를 이루는 것이므로, 재단법인 설립을 위한 기본재산의 출연행위에 관하여 그 재산출연자가 소유명의만을 재단법인에 귀속시키고 실질적 소유권은 출연자에게 유보하는 등의 부관을 붙여서 출연하는 것은 재단법인 설립의 취지에 어긋나는 것이어서 관할관청은 설립을 허가할 수 없고, 또한 재단법인 설립과정에서 그 출연자들이 장래 설립될 재단법인의 기본재산으로 귀속될 부동산에 관하여 소유명의만을 신탁하는 약정을 하였다고 하였다면, 재단법인의 기본재산이 상실되어 재단법인의 존립 자체에 영향을 줄 것이므로, 위와 같은 명의신탁계약은 새로 설립된 재단법인에 대해서는 효력을 미칠 수 없다(대판 2011.2.10. 2006다65774).

단락문제 Q30

A는 유언으로 재단법인 설립을 위한 출연행위를 하였다. 이 경우 출연재산이 법인에게 귀속하는 시기에 관한 설명으로 옳은 것은? (다툼이 있으면 판례에 의함)

① 재단법인의 이사가 선임된 때에 출연재산은 법인에게 귀속된다.
② A가 부동산을 출연한 경우 A가 사망한 후 재단법인의 설립등기를 한 때에 그 부동산은 재단법인에게 귀속된다.
③ 재단법인의 설립등기를 마친 후라면 A가 사망하기 전이라도 그 부동산은 재단법인에 귀속된다.
④ A의 상속인 또는 유언집행자가 법인설립의 허가신청을 하면 그 부동산은 재단법인에 귀속된다.
⑤ A가 사망 후 재단법인이 설립되기 전에 A의 상속인이 그 부동산을 제3자에게 양도한 경우 그 부동산은 제3자에게 귀속된다.

> **해설** 출연재산의 귀속시기(재단법인)
> ①, ②, ③, ④ 유언으로 재단법인을 설립하는 때에는 유언의 효력이 발생하는 때(즉 사망시)에 법인에 귀속한다고 규정한다.
> ⑤ 판례의 입장에 따르면 그 부동산은 제3자에게 귀속한다(대판 1979.12.11. 78다481). **답** ⑤

(2) 정관의 작성

1) 정관에 기재할 사항은 사단법인의 정관에 있어서와 같으나 다만, 재단법인에는 사원이 없으므로 사원에 관한 규정은 당연히 필요치 않고 또한 법인의 존립시기나 해산사유는 필요적 기재사항이 아니라 임의적 기재사항에 지나지 않는다는 점이 다르다(제43조).

2) 또한 재단법인의 사회적 기능을 고려하여 법원(法院)에 필요적 기재 **19회 출제** 사항의 보충권(補充權)을 주고 있다. 즉 설립자가 가장 중요한 목적과 자산만을 정하고, 그 밖의 필요적 기재사항을 정하지 않고서 사망한 때에는 이해관계인 또는 검사의 청구로 법원이 이들 사항을 정하여 정관을 보충하게 함으로써(제44조) 설립자의 뜻이 실현될 수 있도록 하였다.

3 주무관청의 허가 및 설립등기

사단법인의 경우와 동일하다.

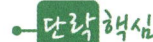
　　　　　　　　　　　　　재단법인의 설립
(1) 재단법인의 설립을 위한 출연의 의사표시는 착오를 이유로 취소할 수 없다.　(×)
(2) 정관의 변경은 주무관청의 허가(강학상 인가)를 받아야 효력이 발생한다.　(○)
(3) 재단법인설립자가 부동산을 출연하고 법인설립등기를 마쳤으나 그 부동산이 법인명의로 등기되기 전에 설립자가 이를 제3자에게 처분하고 이전등기를 해 주었다면 법인은 제3자에게 그 부동산의 소유권을 주장할 수 없다.　(○)

1편 민법총칙

제3관 법인의 능력 [3회 출제]

> **제34조(법인의 권리능력)** 법인은 법률의 규정에 좇아 정관으로 정한 목적의 범위 내에서 권리와 의무의 주체가 된다.
> **제35조(법인의 불법행위능력)** ① 법인은 이사 기타 대표자가 그 직무에 관하여 타인에게 가한 손해를 배상할 책임이 있다. 이사 기타 대표자는 이로 인하여 자기의 손해배상책임을 면하지 못한다.
> ② 법인의 목적범위 외의 행위로 인하여 타인에게 손해를 가한 때에는 그 사항의 의결에 찬성하거나 그 의결을 집행한 사원, 이사 및 기타 대표자가 연대하여 배상하여야 한다.

01 권리능력★★

법인의 권리능력은 법인이 누릴 수 있는 권리·의무의 범위를 의미한다.

1 권리능력자

사단 또는 재단이 그 설립절차를 마치고 법인으로 성립(등기)하면 법인은 그 구성원(사원)이나 관리자(이사)를 떠나 독자적인 존재로서 사회활동을 하게 된다. 즉 자연인과 같은 하나의 법인격자로서 그 명의로 재산을 소유하고 권리·의무의 주체가 되며 소송활동을 할 수 있다.

2 권리능력의 제한★★

법인의 권리능력은 그 본질상 자연인의 그것과는 같을 수 없으며 다음과 같은 3가지 방면에서 제한을 받게 된다.

(1) 성질에 의한 제한
1) 법인은 자연인과 달라서 육체를 가지고 있지 않기 때문에 자연인을 전제로 하는 권리는 이를 향유할 수 없다. 따라서 생명권·친권·신체상의 자유권 등은 이를 향유하지 못한다.
2) 그러나 재산권·명예권·성명권·신용권 등은 향유할 수 있다.
3) 민법은 상속인을 자연인에 한정하고 있기 때문에 법인에는 상속권이 없다. 그러나 유증은 받을 수 있기 때문에 포괄유증*(包括遺贈)을 받음으로써 상속을 받은 것과 마찬가지의 효과를 거둘 수는 있다.

> *포괄유증(包括遺贈)
> 상속재산의 일정부분에 대하여 상속인과 동일한 권리의무를 갖도록 하는 피상속인의 단독행위

(2) 법률에 의한 제한

1) 법인의 권리능력(權利能力)은 법률에 의하여 부여된 것이므로 법률에 의하여 제한할 수 있다.
2) 그러나 권리능력을 일반적으로 제한하는 규정은 없고 민법 제81조*나 각종 특별법상의 개별적 제한규정이 있을 뿐이다.

> ＊민법 제81조
> 청산법인의 경우 청산의 목적범위 내에서만 권리·의무가 있음

(3) 목적에 의한 제한

민법은 정관으로 정한 목적의 범위 내에서 법인의 권리능력을 인정한다(제34조) 판례는 목적에 반하지 않는 모든 범위 안에서 권리와 의무를 향유한다고 넓게 해석한다.

> **판례** 법인의 권리능력에 있어서 목적범위 내의 행위의 의미와 판단기준
>
> 법인의 권리능력은 법인의 설립근거가 된 **법률과 정관상의 목적**에 의하여 제한되나 그 목적 범위 내의 행위라 함은 법률이나 정관에 **명시된 목적 자체에 국한되는 것이 아니라** 그 목적을 수행하는 데 있어 **직접, 간접으로 필요한 행위는 모두 포함된다**(대결 2001.9.21. 2000그98). 그리고 **목적 수행에 필요한지 여부도 행위의 객관적 성질에 따라 추상적으로 판단할 것이지 행위자의 주관적·구체적 의사에 따라 판단할 것은 아니다**(대판 1988.1.19. 86다카1384).

Key Point 판례상 정관으로 정한 목적범위 내의 행위

부정한 경우	인정한 경우
1) 농협의 포도주양조업 2) 건설공제조합 출장소장이 비조합원의 차금행위에 대하여 한 보증행위 3) 조합원이 생산하지 않은 농산물의 도매행위 4) 주식회사의 대표이사가 그 회사를 대표하여 타인의 손해배상의무를 연대보증한 행위	1) 학교경영을 목적으로 하는 재단법인이 교육목적달성에 수반하는 채무에 대하여 학교건물을 대물변제로 제공하는 행위 2) 벽지 제조업·국내외수출업 등과 이에 부대하는 사업을 목적으로 하는 영리회사가 부정수표단속법위반으로 구속되어 있는 그 대표이사의 아들을 석방시키기 위한 방안으로 그 아들이 지고 있는 다른 회사의 손해배상채무를 인수한 경우 3) 내빈 등의 접대를 위한 채무부담행위 4) 특별법에 의하여 사업목적과 권리능력이 한정되어 있는 특수 공익법인이 기존 채무에 대한 채권양도를 승낙하는 행위 5) 중소기업협동조합법에 의해 설립된 조합이 동법 제35조 제1항 제1호 소정의 사업을 수행하는 데 부수되는 매매자금의 선급이나 이를 위한 약속어음을 발행하는 행위 6) 신용협동조합의 조합에 대한 대금채권의 확보행위

1편 민법총칙

> **단락문제 Q31**
>
> 다음 중 법인에 관한 설명으로 틀린 것은?
> ① 법인은 설립등기를 함으로써 권리능력을 취득한다.
> ② 법인도 법인격을 가지므로 성명권, 명예권을 향유할 수 있다.
> ③ 법인의 권리능력은 자연인에 비하여 행정법령 등의 제한이 많다.
> ④ 법인의 권리능력은 법인의 목적을 달성하기 위한 행위로 제한된다.
> ⑤ ④의 목적달성을 위해 필요한 행위인지 여부는 행위의 주관적 구체적 의사에 따라 판단해야 한다.
>
> **해설** 법인의 능력
> ① (○) (제33조)
> ② (○) 성명권, 명예권, 재산권 등의 주체가 되나 육체를 가지지 아니하므로 생명권, 친권, 신체상 자유 등은 향유하지 못한다.
> ③ (○) 자연인의 천부적 인권과 달리 행정목적상의 제한이 광범위하게 인정된다(토지취득의 제한, 독과점의 제한, 증권회사 등의 공개정보 등).
> ④ (○) (제34조)
> ⑤ (✕) 행위의 객관적 성질에 따라 추상적으로 판단해야 한다(대판 1988.1.19. 86다카1384).   **답** ⑤

02 행위능력 ★

1 행위능력의 유무 [24회 출제]

(1) 법인의 행위

'현실적으로 법인은 어떻게 행위를 하는지?', '과연 행위라고 할 수 있는 것이 있는지'를 알아본다.

(2) 법인본질론

법인실재설은 법인도 단체의사를 가지고 그에 의거하여 행동하므로 법인의 행위를 인정할 수 있으며, 다만 법인 자신이 아닌 '법인의 기관'이라고 하는 자연인에 의해 행해질 뿐이라고 한다.

(3) 법인의 기관

1) 법인의 기관의 행위는 곧 법인 자신의 행위가 되는 것이다.
2) 이처럼 법인의 행위는 현실적으로 그 기관인 자연인에 의해 행하여지게 되는데 이러한 자연인을 '법인의 대표기관'이라 하며 이에는 이사·임시이사·특별대리인·청산인 등이 있다.

제3장 권리의 주체

2 행위능력의 범위

(1) 법인의 행위능력의 문제는 자연인의 그것과는 본질적으로 다르며 권리능력의 범위에 속하는 권리·의무를 현실적으로 취득하기 위한 모든 행위를 할 수 있다. 즉 법인의 행위능력의 범위는 그의 권리능력의 범위와 일치한다.

(2) 법인은 자연인과 달리 판단능력의 미성숙이라는 문제가 없으므로 소극적으로 행위능력을 제한하는 규정*이 없다.

> *소극적으로 행위능력을 제한하는 규정
> 제한능력자제도

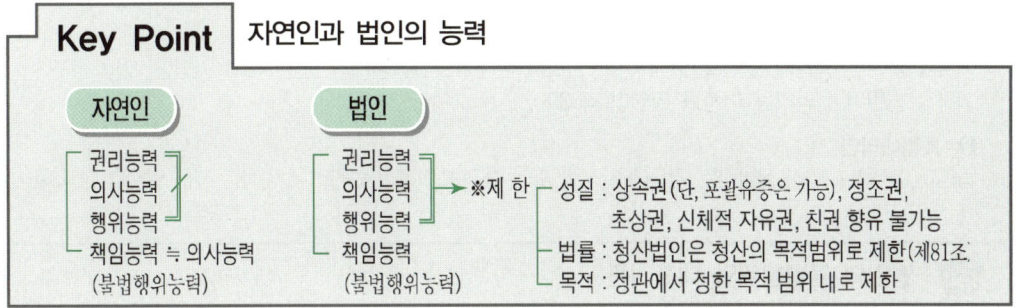

Key Point 자연인과 법인의 능력

03 법인의 불법행위능력★★

1·9·11·15·17·18·21회 출제

1 불법행위능력의 유무

(1) 민법의 규정

1) 민법 제35조 제1항은 '법인은 이사 기타 대표자가 그 직무에 관하여 타인에게 가한 손해를 배상할 책임이 있다'고 규정하고 있는데 이는 자기책임의 일종으로 법인의 불법행위에 관한 주의적 규정**(注意的 規定)이라 할 수 있다.

> ** 주의적 규정
> 이론상 당연히 인정되지만 특별히 법령으로 명백히 한 규정

2) 따라서 법인의 불법행위책임이 인정되는 경우라면 타인의 행위에 대한 책임인 사용자책임(제756조)은 문제되지 않는다. 다만, 법인의 대표기관이 아닌 피용자가 사무집행과 관련하여 타인에게 손해를 가한 때에는 법인은 제756조에 의한 사용자배상책임을 질 수 있다.

(2) 법인본질론

법인의 행위를 인정하는 법인실재설에 의하면 법인도 그의 행위에 의하여 타인에게 손해를 줄 수 있으며 불법행위능력이 있음을 인정한다.

1편 민법총칙

2 불법행위의 성립요건 ★★★
법인의 불법행위가 성립하려면 다음의 요건을 갖추어야 한다.

(1) 대표기관의 행위이어야 한다.
대표기관이라 함은 이사·임시이사❶·특별대리인❷·청산인(淸算人)을 가리키며, 그 밖의 기관(사원총회와 감사, 대표권이 없는 이사)은 이에 해당하지 않는다(대판 2005.12.23. 2003다30159).

> **용어사전**
>
> ❶ **임시이사**
> 이사가 없거나 결원이 있는 경우에 이로 인하여 손해가 생길 염려가 있는 때에 일정한 자의 청구에 의하여 법원이 선임하는 이사를 말한다(제63조).
>
> ❷ **특별대리인**
> 법인과 이사의 이익이 상반하는 경우에 일정한 자의 청구에 의하여 법원이 선임하는 자를 말한다(제64조).

판례 법인의 불법행위와 대표기관

1. 민법 제35조 제1항은 "법인은 이사 기타 대표자가 그 직무에 관하여 타인에게 가한 손해를 배상할 책임이 있다"라고 정한다. 여기서 '법인의 대표자'에는 그 명칭이나 직위 여하, 또는 대표자로 등기되었는지 여부를 불문하고 당해 법인을 실질적으로 운영하면서 법인을 사실상 대표하여 법인의 사무를 집행하는 사람을 포함한다고 해석함이 상당하고 이러한 법리는 주택조합과 같은 비법인사단에도 마찬가지로 적용된다.
2. 甲주택조합의 등기기록상 대표자는 조합 설립 시부터 乙에게 대표자로서의 모든 권한을 일임하여 乙이 조합의 도장, 대표자의 신분증 등을 소지하면서 조합 대표자로서 사무를 집행한 점, 甲 주택조합의 등기기록부상 대표자는 乙로부터 월급을 받는 직원에 지나지 아니하여 乙의 사무집행에 관여할 지위에 있지 않았고, 실제로도 일절 대표자로서의 사무를 집행하지 않은 점 등 여러 사정에 비추어 볼 때, 乙은 甲 주택조합을 실질적으로 운영하면서 법인을 사실상 대표하여 법인의 사무를 집행하는 사람으로서 민법 제35조에서 정한 '대표자'에 해당한다(대판 2011.4.28. 2008다15438).

법인의 불법행위

(2) 대표기관이 '직무에 관하여' 타인에게 손해를 주었어야 한다.

1) 대표기관은 어디까지나 그가 맡은 직무행위의 범위 안에서만 법인을 대표한다. 따라서 그 범위를 벗어나면 법인의 행위가 아니므로 법인의 책임도 생기지 않는다.
2) '직무에 관하여'라 함은 행위의 외형상 기관의 직무행위라고 볼 수 있는 행위 및 직무행위와 사회관념상 견련성을 가지는 행위를 포함한다.

 대표기관의 직무에 관한 행위인지 여부에 관한 판례

비법인사단의 대표자가 직무에 관하여 타인에게 손해를 가한 경우 그 사단은 민법 제35조 제1항의 유추적용에 의하여 그 손해를 배상할 책임이 있고, 비법인사단의 대표자의 행위가 대표자 개인의 사리를 도모하기 위한 것이었거나 혹은 법령의 규정에 위배된 것이었다 하더라도 외관상, 객관적으로 직무에 관한 행위라고 인정할 수 있다면 민법 제35조 제1항의 직무에 관한 행위에 해당한다 할 것이다. 그러나, 한편 그 대표자의 행위가 직무에 관한 행위에 해당하지 아니함을 피해자 자신이 알았거나 또는 중대한 과실로 인하여 알지 못한 경우에는 비법인사단에게 손해배상책임을 물을 수 없다.
여기서 중대한 과실이라 함은, 거래의 상대방이 조금만 주의를 기울였더라면 대표자의 행위가 그 직무권한 내에서 적법하게 행하여진 것이 아니라는 사정을 알 수 있었음에도 만연히 이를 직무권한 내의 행위라고 믿음으로써 일반인에게 요구되는 주의의무에 현저히 위반하는 것으로 거의 고의에 가까운 정도의 주의를 결여하고, 공평의 관점에서 상대방을 구태여 보호할 필요가 없다고 봄이 상당하다고 인정되는 상태를 말한다(대판 2008.1.18. 2005다34711).

(3) 제750조의 일반 불법행위의 요건을 갖추고 있어야 한다.

① 대표기관이 책임능력을 가지고 있을 것, ② 고의 또는 과실이 있을 것, ③ 가해행위가 위법(違法)할 것, ④ 피해자가 손해*를 입었고 가해행위와 인과관계가 있을 것의 요건을 갖추고 있어야 한다(제750조).

> *손해
> 재산상 손해와 정신적 손해, 직접적 손해와 간접적 손해, 통상의 손해와 특별한 손해를 포함

3 법인의 불법행위의 효과 ★★★

8·19·22회 출제

(1) 법인의 불법행위가 성립하는 경우

1) **법인의 손해배상책임**
   법인은 피해자에 대하여 손해배상책임을 지며, 과실상계, 손익상계를 주장할 수 있다.

2) **대표기관의 손해배상책임**
   민법은 법인의 배상책임으로 대표기관이 자기의 배상책임을 면(免)하지 못한다고 규정함으로써(제35조 제1항) 대표기관 개인의 책임을 인정하고 있다. 특히, 대표자가 고의로 피해자의 과실을 이용하여 불법행위를 한 경우, 대표자는 과실상계를 주장할 수 없지만, 법인은 과실상계를 주장할 수 있다(대판 1987.12.8. 86다카1170).

1편 민법총칙

3) 부진정연대책임과 법인의 구상권행사

피해자는 그가 받은 손해를 배상받을 때까지 법인 또는 대표기관의 어느 쪽에 대하여서도 배상을 청구할 수 있고,* 만일 법인이 피해자에게 배상하면 법인은 대표기관 개인에 대하여 선관주의의무 위반을 이유로 구상권을 행사할 수 있다(제61조, 제65조).

> *법인 또는 대표기관의 어느 쪽에 대하여서도 배상을 청구할 수 있고
> 이른바 부진정연대책임

(2) 법인의 불법행위가 성립하지 않는 경우

1) 대표기관의 가해행위가 직무집행의 범위를 벗어난 것**이어서 법인의 불법행위책임이 성립되지 않을 때에는 그 대표기관만이 책임을 지게 된다.
2) 그러나 그 사항의 의결에 찬성하거나 그 의결을 집행한 사원, 이사 및 기타의 대표자는 연대하여*** 손해배상의 책임을 진다(제35조 제2항).

> **직무집행의 범위를 벗어난 것
> 직무집행관련성이 없는 행위
>
> ***연대하여
> 이른바 부진정연대책임

단락문제 Q32

법인의 불법행위에 관한 설명으로 타당하지 않은 것은?

① 법인은 불법행위능력이 인정되며, 그 요건으로 대표기관이 직무상 불법행위를 행하였을 것을 요하므로 감사의 행위는 법인의 불법행위가 되지 않는다.
② 법인의 불법행위가 인정되어도 대표기관의 배상책임이 면제되지 않으며, 만약 법인이 배상한 경우에도 대표자에게 구상할 수 있다.
③ 법인의 불법행위가 성립하지 않는 경우에도 그 사항의 의결에 찬성하거나 그 의결을 집행한 사원, 이사 기타 대표자는 연대하여 배상하여야 한다.
④ 법인의 불법행위와 관련하여 직무상 행위라 함은 실질적으로 직무에 관련되지 않더라도 외형상 직무행위로 보이는 경우까지 포함한다.
⑤ 만약 상대방이 중대한 과실로 직무상 행위에 속하지 아니함을 알지 못하였거나 법인이 대표자의 선임과 감독에 과실이 없음을 입증하는 경우 공평의 원칙상 책임을 면한다.

해설 법인의 불법행위
① (○) (제35조), 감사는 대표기관에 해당하지 않는다.
② (○) (제35조, 제65조)
③ (○) (제35조 제2항)
④ (○) 행위의 외형상 법인의 대표자의 직무행위라고 인정할 수 있는 것이라면 설사 그것이 대표자 개인의 사리를 도모하기 위한 것이었거나 혹은 법령의 규정에 위배된 것이었다 하더라도 위의 직무에 관한 행위에 해당한다(대판 1969.8.26. 68다2320).
⑤ (×) 상대방에게 중대한 과실이 있는 경우에 법인은 배상책임을 면하지만(대판 2008.1.18. 2005다34711), 사용자책임(제756조)과는 달리 선임·감독상의 무과실 면책규정은 존재하지 않는다.

답 ⑤

제3장 권리의 주체

> **단락핵심** 　　　　　　　법인의 불법행위책임
>
> (1) 행위의 외형상 대표기관의 직무행위라고 인정할 수 있다면 법령의 규정에 위배된 것이라도 직무에 관한 행위에 해당된다. (○)
> (2) 법인의 불법행위가 성립하는 경우 대표기관 개인은 자신의 손해배상책임을 면한다. (×)
> (3) 피해자는 법인 또는 대표기관 개인에게 선택적으로 손해배상을 청구할 수 있고 양자는 부진정연대채무관계이다. (○)
> (4) 법인 아닌 사단의 대표자의 행위가 직무에 해당하지 아니함을 피해자가 중대한 과실로 알지 못한 경우에는 법인 아닌 사단에 대하여 손해배상책임을 물을 수 없다. (○)

04 법인격부인론(법인격의 남용)

1 법인격남용의 의의

비록 외견상으로는 법인의 행위이나 법인과 그 배후자가 별개의 인격체임을 내세워 법인에게만 그로 인한 법적 효과가 귀속됨을 주장하면서 배후자의 책임을 부정하는 것이 신의성실의 원칙에 위반되는 결과를 가져오는 것을 말한다.

2 법인격남용의 요건

(1) 법인격의 형해화

법인이 외형상으로는 법인의 형식을 갖추고 있으나 이는 법인의 형태를 빌리고 있는 것에 지나지 아니하고, 그 실질에 있어서는 완전히 그 법인격의 배후에 있는 자의 개인기업에 불과한 경우를 말한다.

(2) 법인격의 남용

법인격이 형해화될 정도에 이르지 않더라도 법인격이 법인의 배후자에 대한 법률적용을 회피하기 위한 수단으로 함부로 쓰여진 경우를 말한다.

> **판례** 　법인격의 남용
>
> **1** 법인이 그 법인격의 배후에 있는 타인의 개인기업에 불과하다고 보려면, 원칙적으로 문제가 되고 있는 ㉠ 법률행위나 사실행위를 한 시점을 기준으로 하여, 법인과 배후자 사이에 재산과 업무가 구분이 어려울 정도로 혼용되었는지 여부, 주주총회나 이사회를 개최하지 않는 등 법률이나 정관에 규정된 의사결정절차를 밟지 않았는지 여부, 법인 자본의 부실 정도, 영업의 규모 및 직원의 수 등에 비추어 볼 때, ㉡ 법인이 이름뿐이고 실질적으로는 개인 영업에 지나지 않는 상태로 될 정도로 형해화되어야 한다.

2 법인격이 형해화될 정도에 이르지 않더라도 회사의 배후에 있는 자가 회사의 법인격을 남용한 경우 회사는 물론 그 배후자인 타인에 대하여도 회사의 행위에 관한 책임을 물을 수 있으나, 이 경우 ㉠ 채무면탈 등의 남용행위를 한 시점을 기준으로 하여, ㉡ 회사의 배후에 있는 자가 회사를 자기 마음대로 이용할 수 있는 지배적 지위에 있고 ㉢ 그와 같은 지위를 이용하여 법인제도를 남용하는 행위를 할 것이 요구되며, 위와 같이 배후자가 법인제도를 남용하였는지 여부는 앞서 본 법인격 형해화의 정도 및 거래 상대방의 인식이나 신뢰 등 제반 사정을 종합적으로 고려하여 개별적으로 판단하여야 한다(대판 2010.2.25. 2008다82490).

3 효과

법인은 물론 그 배후자*에 대하여도 법인의 행위에 관한 책임을 물을 수 있다(대판 2001.1.19. 97다21604).

> *배후자
> 판례에 의하면 대표기관, 지배주주 등을 가리킴

제4관 법인의 기관 `10·12·15회 출제`

01 서설

법인은 자연인과 마찬가지로 독립된 인격을 가진 권리주체이지만, 현실적으로 법인의 의사를 결정하고 그에 따른 대내외적 행위를 하는 것은 '기관'이라고 하는 일정한 자연인 또는 자연인의 조직이다. 그러나 그것은 법인의 대리인이 아니며 자연인의 두뇌나 수족과 같이 법인의 실체인 조직의 구성부분으로서 법인의 행위를 하는 것이다.

02 이사** `9·12·17회 출제`

이사는 대외적으로 법인을 대표하고 대내적으로는 법인의 업무를 집행하는 모든 법인의 필수적 상설기관**이다.

> *법인의 필수적 상설기관
> 대표기관 겸 집행기관인 필수적 상설기관

제3장 권리의 주체

1 이사의 임면

14·23회 출제

(1) 정관의 필요적 기재사항

이사의 임면에 관한 사항은 정관의 필요적 기재사항이므로(제40조 제5호, 제43조) 그 선임방법이나 자격·수(數)·해임·퇴임에 관한 문제는 먼저 정관에서 규정한 바에 따른다.

판례 이사의 사임

1. 법인의 이사는 법인에 대한 일방적인 사임의 의사표시에 의하여 법률관계를 종료시킬 수 있고, 그 의사표시가 수령권한 있는 기관에 도달됨으로써 효력을 발생하는 것이며, 법인의 승낙이 있어야만 효력이 있는 것은 아니다(대판 1992.7.24. 92다749). 그 (사임의)의사표시가 효력을 발생한 후에는 마음대로 이를 철회할 수 없다(대판 1993.9.14. 93다28799).
2. 다만 사임서 제시 당시 즉각적인 철회권유로 사임서 제출을 미루거나, 대표자에게 사표의 처리를 일임하거나, 사임서의 작성일자를 제출일 이후로 기재한 경우 등 사임의사가 즉각적이라고 볼 수 없는 특별한 사정이 있을 경우에는 별도의 사임서 제출이나 대표자의 수리행위 등이 있어야 사임의 효력이 발생하고, 그 이전에 사임의사를 철회할 수 있다(대판 2006.6.15. 2004다10909).
3. 이사의 해임
법인의 정관에 이사의 해임사유에 관한 규정이 있는 경우 법인으로서는 이사의 중대한 의무위반 또는 정상적인 사무집행 불능 등의 특별한 사정이 없는 이상, 정관에서 정하지 아니한 사유로 이사를 해임할 수 없다(대판 2011다41741).

(2) 등기사항

이사의 성명·주소는 등기하여야 하며(제49조 제2항) 이사의 선임이나 해임·퇴임 등 변동사항은 등기한 후에만 제3자에게 대항할 수 있다(제54조 제1항). 그러나 이사의 임면에 관한 사항은 등기사항이 아니다.

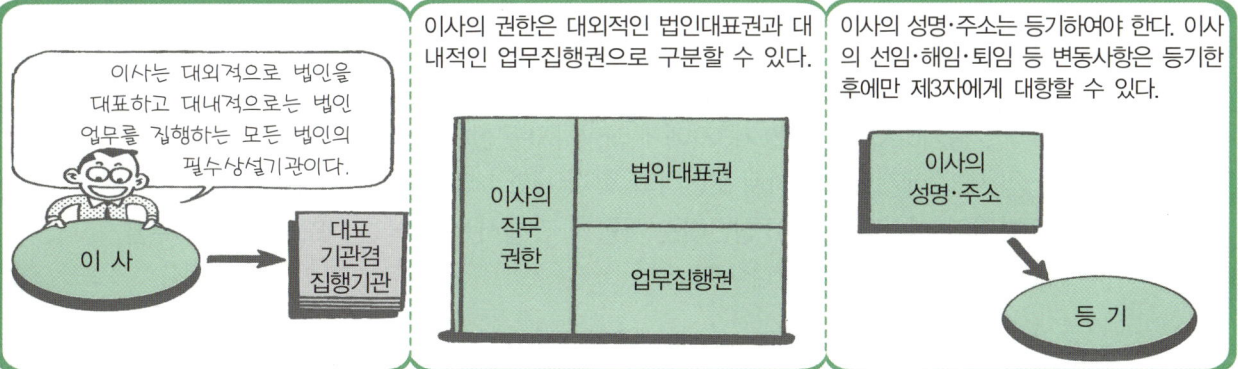

이 사

(3) 법인과 이사의 법률관계

1) 법인과 이사와의 관계는 위임과 비슷한 계약관계이므로 정관의 규정이 불충분한 경우에는 민법의 위임에 관한 규정(제680조 이하)을 준용한다.
2) 따라서 이사는 선량한 관리자의 주의로써 충실하게 직무를 수행할 의무를 진다(제61조). 특히 은행의 업무에 임하는 이사는 일반주식회사 이사의 선관의무에서 더 나아가 은행의 공공적 성격에 걸맞는 내용의 선관의무까지 다할 것이 요구된다(대판 2002.3.15. 2000다9086).

2 이사의 직무권한 `18·21회 출제`

> **제59조(이사의 대표권)** ① 이사는 법인의 사무에 관하여 각자 법인을 대표한다. 그러나 정관에 규정한 취지에 위반할 수 없고 특히 사단법인은 총회의 의결에 의하여야 한다.
> ② 법인의 대표에 관하여는 대리에 관한 규정을 준용한다.
> **제60조(이사의 대표권에 대한 제한의 대항요건)** 이사의 대표권에 대한 제한은 등기하지 아니하면 제3자에게 대항하지 못한다.
> **제62조(이사의 대리인 선임)** 이사는 정관 또는 총회의 결의로 금지하지 아니한 사항에 한하여 타인으로 하여금 특정한 행위를 대리하게 할 수 있다.

(1) 법인대표권(法人代表權)

1) **대리에 관한 규정의 준용**
   ① 이사는 법인을 대표하여 제3자와 거래 기타의 행위를 한다. 대표권의 범위는 법인의 사무 전반에 미친다.
   ② 이사가 수인인 경우 각자가 단독으로 법인을 대표하는 것이 원칙이나(제59조 제1항), 정관에 의해 공동대표로 할 수 있다.
   ③ 그 형식에는 대리에 관한 규정이 준용되기 때문에(제59조 제2항) '甲법인, 이사 A'와 같이 법인을 위하여 하는 것임을 표시하여야 한다.

2) **대표권의 행사방법**
   이사는 원칙적으로 스스로 대표권을 행사하여야 하지만 정관 또는 총회의 결의로 금지하지 않은 사항에 한하여 타인으로 하여금 특정의 행위를 대리하게 할 수 있다(제62조).

3) **대표권 제한**
   ① 이사의 대표권 제한(공동대표)은 정관에 기재하지 아니하면 효력이 없고(제41조), 등기하지 아니하면 제3자에게 대항하지 못한다(제60조). 특히 판례는 악의의 제3자에게도 대항하지 못한다고 한다(대판 1992.2.14. 91다24564).
   ② 법인과 이사의 이익이 상반하는 사항에 관해서는 이사는 대표권이 없고 특별대리인을 선임해야 한다(제64조).

제3장 권리의 주체

단락문제 Q33

이사의 대표권에 관하여 잘못된 기술은?

① 대표에 관하여 표현대리에 관한 규정은 적용되지 않는다.
② 이사의 대표권 제한이 등기되지 않은 경우에는 악의의 제3자에게도 대항할 수 없다.
③ 법인과 이사의 이익이 상반되는 사항에 관하여는 대표권이 없다.
④ 이사의 대표권을 극도로 제한하는 정관의 규정은 사회질서에 위배되어 무효이다.
⑤ 대표권의 행사를 포괄적으로 타인에게 위임할 수는 없다.

> **해설** 이사의 대표권 및 제한
> ① (×) (제59조 제2항) 법인의 대표에 관하여는 대리에 관한 규정을 준용한다. 따라서 대표의 형식도 준용되며 또한 무권대리·표현대리에 관한 규정도 준용된다.
> ② (○) (대판 1992.2.14 91다24564)
> ③ (○) (제64조)
> ④ (○) (대판 1958.6.26. 4290민상659)
> ⑤ (○) 특정해야 한다(제62조).
>
> **답** ①

(2) 업무집행권(業務執行權)

> **제58조(이사의 사무집행)** ① 이사는 법인의 사무를 집행한다.
> ② 이사가 수인인 경우에는 정관에 다른 규정이 없으면 법인의 사무집행은 이사의 과반수로써 결정한다.

1) 권한과 행사방법

① 이사는 법인의 모든 내부적 사무를 집행할 권한이 있다(제58조 제1항).
② 그러나 정관 또는 총회의 결의로 제한할 수 있고 이사가 수인(數人)있는 경우에는 정관에 다른 규정이 없으면 그 과반수로 결정한다(제58조 제2항).

2) 법정사무

① 이사가 집행하여야 할 사무 중 법정된 것을 보면 법인에 관한 등기, 재산목록의 작성·비치(제55조 제1항), 사원명부의 작성·비치(제55조 제2항), 사원총회의 소집(제69·70조), 총회의사록의 작성·비치(제76조), 파산신청(제79조) 등이다.
② 또한 이사는 법인의 해산시 원칙적으로 청산인이 된다(제82조). 불성실한 직무집행에는 일정한 제재(과태료)가 따른다(제97조 참조).

(3) 이사의 직무집행정지 등(직무대행자)

> **제52조의2(직무집행정지 등 가처분의 등기)** 이사의 직무집행을 정지하거나 직무대행자를 선임하는 가처분을 하거나 그 가처분을 변경·취소하는 경우에는 주사무소와 분사무소가 있는 곳의 등기소에서 이를 등기하여야 한다.
>
> **제60조의2(직무대행자의 권한)** ① 제52조의 2의 직무대행자는 가처분명령에 다른 정함이 있는 경우 외에는 법인의 통상사무에 속하지 아니한 행위를 하지 못한다. 다만, 법원의 허가를 얻은 경우에는 그러하지 아니하다.
> ② 직무대행자가 제1항의 규정에 위반한 행위를 한 경우에도 법인은 선의의 제3자에 대하여 책임을 진다.

1) 이사의 직무집행정지

이사의 직무집행이 부적법하거나 부적당할 경우에는 그 직무의 집행을 정지시킬 것을 법원에 청구할 수 있다. 이 경우 주사무소와 분사무소가 있는 곳의 등기소에 이를 등기하여야 한다.

2) 직무대행자

① 법원은 이사의 직무집행정지 처분을 할 때에 직무대행자를 선임한다.
② 직무대행자는 법원의 가처분 명령에 다른 정함이 없는 한 통상 사무만을 집행할 수 있다. 여기서 통상사무란 **통상총회***의 소집, 일반적 대내사무 등 법인의 운명에 중대한 영향을 미치지 않는 사무를 말한다.
③ 직무집행자의 권한 넘는 행위는 무효이지만 법인은 선의의 제3자에 대하여 책임을 진다(제60조의2).

***통상총회**: 매년 또는 매분기에 소집하도록 정관에서 규정한 총회

> **[판례] 직무대행자의 권한**
>
> 가처분결정에 의해 선임된 청산인의 직무대행자가 그 가처분의 본안소송인 주주총회 결의무효 확인의 제1심판결에 대한 항소를 취하하는 것은 회사의 상무에 속하지 않으므로 관할 법원의 허가가 필요하다(대판 1982.4.27 81다358, 대판 2006.1.26. 2003다36225).

3 임시이사

4·16회 출제

> **제63조(임시이사의 선임)** 이사가 없거나 결원이 있는 경우에 이로 인하여 손해가 생길 염려 있는 때에는 법원은 이해관계인이나 검사의 청구에 의하여 임시이사를 선임하여야 한다.

(1) 의 의

1) 이사는 법인의 상설·필수기관이긴 하지만, 법인이 성립한 후에 일시적으로 없게 되거나 결원이 생겨도 법인의 존립에는 영향이 없다.
2) 그러나 그로 인하여 법인이나 타인에게 손해가 생길 염려가 있는 때에는 법원은 이해관계인이나 검사(檢事)의 청구에 의하여 임시이사를 선임하여야 한다(제63조).

(2) 권한

임시이사는 정식이사가 선임될 때까지의 일시적 기관이라는 점 외에는 **이사와 동일한 권한***을 가지는 법인의 대표기관이다.

> * **이사와 동일한 권한**
> 직무대행자와의 차이점

 민법 제63조의 이사의 결원이 있는 경우의 의미

민법 제63조의 이사의 결원이 있는 경우란 정관 소정의 이사의 **정원수에 부족**이 있는 경우이므로 후임이사를 선임하지 않은 채 임기만료로 퇴임한 이사가 있을 때에는 이사의 결원이 있다(대결 1975.3.31. 74마562).

 민법 제63조의 이해관계인의 의미

민법 제63조의 임시이사선임신청을 할 수 있는 이해관계인이라는 것은 **임시이사가 선임되는 것에 관하여 법률상의 이해관계가 있는 자** 즉 사건본인 법인의 다른 이사 사원 채권자 등을 포함한다 할 것이므로 사건본인 법인의 정당한 최후의 이사였다가 퇴임한 자이거나 이 사건 신청당시 사건본인 법인의 등기기록상의 이사로서 사건본인 법인의 업무처리를 담당해온 자 등은 바로 위 법조의 이해관계인이라 할 것이다(대결 1976.12.10. 76마394).

4 특별대리인

22회 출제

제64조(특별대리인의 선임) 법인과 이사의 이익이 상반하는 사항에 관하여는 이사는 대표권이 없다. 이 경우에는 전조의 규정에 의하여 특별대리인을 선임하여야 한다.

(1) **법인과 이사의 이익상반사항을 처리하기 위하여** 이해관계인이나 검사(檢事)의 청구로 **법원(法院)**이 선임하는 임시적 법인의 대표기관이며 **대리인이 아니다.**
(2) 특별대리인은 이해상반사항에 한하여 권한을 가진다.

단락문제 Q34

법인의 이사에 관한 설명 중 **틀린** 것은?

① 이사의 개인적 사무로 다른 이사와 거래행위를 할 경우에 특별대리인의 선임이 필요하다.
② 법인과 이사의 이익상반이 있는 경우에 이사는 법인대표권을 행사하지 못한다.
③ 여러 이사 중 일부의 자와 법인의 이익이 상반하는 경우에는 다른 이사가 법인을 대표하고 이사가 없는 경우에는 특별대리인을 둔다.
④ 자격상실 내지 자격정지의 형을 받은 자는 이사가 될 수 없다.
⑤ 임기만료 후 대표자의 개임이 없는 경우에는 법인대표자의 유임이나 중임을 금하는 정관의 규정이 없는 한 이러한 위임계약이 묵시적으로 갱신되었다 할 것이다.

1편 민법총칙

> **해설** 이사의 자격·대표권제한 등
> ① (×) 법인과 이사간 거래가 아닌, 이사와 이사 간의 거래에는 특별대리인 선임이 필요치 않다(제64조).
> ② (○) (제63조·제64조)   ③ (○) (제64조)
> ④ (○) (형법 제43조)   ⑤ (○) (대판 1970.9.17. 70다1256)   답 ①

단락핵심   법인의 이사

(1) 이사의 대표권에 대한 제한을 등기하지 아니하였더라도 악의의 제3자에게는 대항할 수 있다. (×)
(2) 이사가 여러 명인 경우 정관에 달리 정한 바가 없으면 이사는 법인사무에 관하여 각자 법인을 대표한다. (○)
(3) 이사는 정관 또는 총회의 결의로 금지하지 아니한 사항에 한하여 타인으로 하여금 특정한 행위를 대리하게 할 수 있는데 이 때 대리인은 법인의 대리인이다. (○)

5 대표권의 남용(판례의 태도)★★

(1) 대표권 남용의 의의

대표권남용이라 함은 형식적으로는 이사의 대표권 범위 내의 행위이나 실질적으로는 그 대표행위를 하는 이사 또는 제3자의 이익을 꾀하기 위한 행위를 말한다.

(2) 대표권남용의 효력

판례는 대체로 제107조 제1항 단서를 유추적용하여 '상대방이 대표권 남용의 사실을 알았거나 알 수 있었을 때'에는 대표권 행사의 효력을 부정하나(대판 2004.3.26. 2003다34045), 신의칙을 적용하여 상대방이 알았거나 중대한 과실로 알지 못한 경우에 한하여 대표권행사의 효력을 부정한 경우도 있다(대판 1987.10.13. 86다카1522).

단락문제 Q35   제8회 기출

다음 중 틀린 것은? (판례에 의함)
① 법인에 대해서는 민법상 부재자 규정이 적용되지 않는다.
② 법인의 감사는 이사와 같은 필수적 기관은 아니다.
③ 이사의 행위가 직무행위에 해당하지 않음을 상대방이 안 경우에는 그 상대방은 손해가 있어도 법인에 대하여 제35조의 책임을 물을 수 없다.
④ 甲이 X토지를 출연하여 A장학재단을 설립하는 경우 A재단은 자신의 명의로 X토지에 대한 등기를 하여야 甲과 X토지매매계약을 체결한 乙에게 그 토지소유권을 주장할 수 있다.
⑤ 법인의 이사가 자기의 이익을 위하여 대표권을 행사한 경우 그 대표행위는 원칙적으로 무효이다.

제3장 권리의 주체

> **해설** 대표권의 남용
> ① (○) 판례는 법인을 부재자라 하여 그 재산관리인을 선임할 수 없다(대결 1965.2.9. 64스9)고 판시하여 법인에 대해 부재자 규정의 적용을 부정한다.
> ② (○) 감사는 법인의 필수적 기관은 아니다(제66조).
> ③ (○) 법인의 대표자의 행위가 직무에 관한 행위에 해당하지 아니함을 피해자 자신이 알았거나 또는 중대한 과실로 인하여 알지 못한 경우에는 법인에게 손해배상책임을 물을 수 없다(대판 2004.3.26. 2003다34045).
> ④ (○) 민법 제48조의 규정은 출연자와 법인과의 관계를 상대적으로 결정하는 기준에 불과하여 출연재산이 부동산인 경우에도 출연자와 법인 사이에는 법인의 성립 외에 등기를 필요로 하는 것은 아니지만, 제3자에 대한 관계에 있어서, 출연행위는 법률행위이므로 출연재산의 법인에의 귀속에는 부동산의 권리에 관한 것일 경우 등기를 필요로 한다(대판 1979.12.11. 78다481·482). 따라서 A재단은 X토지에 대한 등기를 해야 乙에게 소유권을 주장할 수 있다.
> ⑤ (×) 대표이사가 대표권의 범위 내에서 한 행위는 설사 대표이사가 회사의 영리목적과 관계없이 자기 또는 제3자의 이익을 도모할 목적으로 그 권한을 남용한 것이라 할지라도 일단 회사의 행위로서 유효하고, 다만 그 행위의 상대방이 대표이사의 진의를 알았거나 알 수 있었을 때에는 회사에 대하여 무효가 되는 것이며, 이는 민법상 법인의 대표자가 대표권한을 남용한 경우에도 마찬가지이다(대판 2004.3.26. 2003다34045). 즉, 원칙적으로 유효하고 예외적으로 무효이다(제107조 제1항 단서 유추적용설).　　　　　　　　　답 ⑤

6 이사회

민법에 규정된 것은 아니나 정관에 의하여 이사회를 두는 경우가 흔한데 이 경우에도 법인의 대표기관은 여전히 각 이사 개인이며 이사회가 대표기관이 되는 것은 아니다. 즉 이사회는 정관에 의하여 설치되는 임의기관에 불과하다.

> 민법상 법인의 이사회의 결의에 부존재 혹은 무효 등 하자가 있는 경우 법률에 별도의 규정이 없으므로 이해관계인은 언제든지 또 어떤 방법에 의하든지 그 무효를 주장할 수 있다(대판 2000다60197).

03 감사　　　1회 출제

1 의의 및 임면

감사는 이사의 직무집행을 감독하는 법인의 감독기관으로 정관이나 총회의 결의에 따라 둘 수도 있는(제66조) 임의기관이다. 그 수나 임면방법도 정관이나 총회의 정한 바에 따른다.

1편 민법총칙

2 직무권한

(1) 대표기관 여부

감사의 직무는 법인의 사무 전반에 걸쳐서 이사의 직무집행을 감독하는 것이며 대표기관은 아니므로 원칙적으로 법인대표의 권한은 없다. 한편, 수인의 감사를 둔 경우 각자가 단독으로 감독권을 행사한다.

(2) 감사의 직무(제67조)

① 법인의 재산상황을 감사하는 일, ② 이사의 업무집행의 상황을 감사하는 일, ③ 재산상황 또는 업무집행에 관하여 부정(不正)·불비(不備)를 발견한 때에 이를 총회 또는 주무관청에 보고하는 일, ④ 앞의 보고를 위하여 필요한 때에 총회를 소집하는 일 등을 할 수 있으며 ⑤ 필요한 경우에는 그 밖의 행위도 할 수 있다.

04 사원총회 ★★   10·15회 출제

1 의의·권한 ★

> **제68조(총회의 권한)** 사단법인의 사무는 정관으로 이사 또는 기타 임원에게 위임한 사항외에는 총회의 결의에 의하여야 한다.

(1) 의 의

사원총회는 사단법인에만 있으며 사단법인을 구성하는 사원 전원으로서 구성되는 최고·필수의 의사결정기관이다. 이는 적법한 소집에 의하여 성립되는 비상설기관이다.

사원총회

(2) 권한

사원총회는 정관으로 이사 또는 기타의 임원에게 위임한 사항 외에는 법인사무 전반에 걸쳐 결정권을 가지며(제68조) 특히 정관의 변경이나 임의해산의 결의는 총회의 전권사항으로서 이는 정관에 의해서도 박탈하지 못한다.

2 총회의 소집★★

> **제69조(통상총회)** 사단법인의 이사는 매년 1회 이상 통상총회를 소집하여야 한다.
> **제70조(임시총회)** ① 사단법인의 이사는 필요하다고 인정한 때에는 임시총회를 소집할 수 있다.
> ② 총사원의 5분의 1 이상으로부터 회의의 목적사항을 제시하여 청구한 때에는 이사는 임시총회를 소집하여야 한다. 이 정수는 정관으로 증감할 수 있다.
> ③ 전항의 청구있는 후 2주간 내에 이사가 총회소집의 절차를 밟지 아니한 때에는 청구한 사원은 법원의 허가를 얻어 이를 소집할 수 있다.

(1) 소집방법

1) 통상총회와 임시총회

통상총회는 이사가 매년 1회 이상 정관에 정한 시기에 소집하는 것이고, 임시총회는 ① 이사·감사가 필요하다고 인정하는 때(제70조 제1항, 제67조 제4호) 또는 ② 총사원 1/5 이상으로부터 청구가 있는 때에 소집한다(제70조 제2항).

2) 소수사원권

총사원 1/5 이상의 총회소집청구권을 '소수사원권'이라 하는데 그 정수는 정관으로 증감할 수 있지만 그 권리를 박탈할 수는 없다.

단락문제 Q36

사단법인의 총회에 관한 설명으로 틀린 것은?

① 사원은 총회에서 대리인에 의하여 결의권을 행사할 수 있다.
② 사원총회는 정관에 의하여도 이를 폐지하지 못한다.
③ 통상총회는 연 1회에 한하여 이사가 소집하여야 한다.
④ 사원총회는 외부에 대하여 법인을 대표하지 못한다.
⑤ 이사는 총사원의 5분의 1 이상으로부터 회의의 목적사항을 제시하여 청구한 때에는 임시총회를 소집하여야 한다.

해설 사단법인의 사원총회
① (○) (제73조 제2항)
② (○) 필수기관이기 때문이다.
③ (✕) (제69조) 매년 1회 '이상'
④ (○) 대외적 법인대표권은 이사가 갖는다. 사원총회는 최고의 의사결정기관이다.
⑤ (○) (제70조 제2항)

답 ③

(2) 소집통지

9회 출제

제71조(총회의 소집) 총회의 소집은 1주간 전에 그 회의의 목적사항을 기재한 통지를 발하고 기타 정관에 정한 방법에 의하여야 한다.

1) 통상총회와 임시총회 모두 이사가 통지하여야 한다(제69조, 제70조 제1항). 다만, 소수사원권에 의한 임시총회 소집 청구에 대하여 이사가 2주간 내에 총회소집의 절차를 밟지 아니한 때에는 청구한 사원이 법원의 허가를 얻어 직접 소집할 수 있다 (제70조 제3항).
2) 총회를 소집함에는 적어도 1주일 전에(단축은 불가) 그 회의의 목적사항을 기재한 서면으로 통지를 발하고(발신주의) 기타 정관에 정한 방법에 의하여야 한다(제71조).

소집권한 없는 자에 의하여 소집된 종중총회에 소집권자가 참석하여 총회소집에 관하여 이의를 하지 아니한 것만으로 소집절차상의 하자가 치유되는지 여부

소집권한 없는 자에 의한 총회소집이라고 하더라도 소집권자가 소집에 동의하여 그로 하여금 소집하게 한 것이라면 그와 같은 총회소집을 권한 없는 자의 소집이라고 볼 수 없다. 그러나 단지 소집권한 없는 자에 의한 총회에 소집권자가 참석하여 총회소집이나 대표자선임에 관하여 이의를 하지 아니하였다고 하여 이것만 가지고 총회가 소집권자의 동의에 의하여 소집된 것이라거나 그 총회의 소집절차상의 하자가 치유되어 적법하게 된다고는 할 수 없다(대판 1994.11.1. 92다40402).

3 결의성립의 요건★★

14회 출제

제72조(총회의 결의사항) 총회는 전조의 규정에 의하여 통지한 사항에 관하여서만 결의할 수 있다. 그러나 정관에 다른 규정이 있는 때에는 그 규정에 의한다.
제73조(사원의 결의권) ① 각 사원의 결의권은 평등으로 한다.
② 사원은 서면이나 대리인으로 결의권을 행사할 수 있다.
③ 전2항의 규정은 정관에 다른 규정이 있는 때에는 적용하지 아니한다.

(1) 총회의 성립

1) 총회의 결의를 위해서는 소정의 소집절차에 따라 일정수의 사원이 출석*하여 총회 자체가 적법하게 성립되어야 한다.
2) 그 성립을 위한 의사정족수는 민법에 규정이 없으므로 먼저 정관에서 정한 바에 따르나 정관에서도 특별히 정한 바가 없으면 2인 이상의 사원이 출석함으로써 성립하는 것으로 보는 견해와 사원과반수의 출석이 필요하다는 견해가 있다.

★★ 소정의 소집절차에 따라 일정수의 사원이 출석
이를 의사정족수라 함

(2) 결의사항 **21회 출제**

그 총회를 소집할 때에 미리 통지한 사항에 관하여서만 결의할 수 있다. 다만 정관에 다른 규정이 있는 때에는 그 규정에 의한다(제72조).

(3) 결의방법 **7회 출제**

1) 각 사원의 결의권은 평등하며(제73조 제1항) 서면이나 대리인을 통해서도 결의권을 행사할 수 있다(제73조 제2항). 다만 정관으로 이와 달리 정할 수 있다(제73조 제3항).
2) 어떤 사원과 법인과의 관계에 관하여 의결하는 경우에는 그 사원은 결의권을 잃는다(제74조).
3) 결의의 성립에 필요한 정수*는 정관변경(총사원의 2/3 이상, 제42조 제1항)이나 임의해산(총사원의 3/4 이상, 제78조)의 경우를 제외하고는 원칙적으로 사원과반수의 출석과 출석사원의 결의권의 과반수이다.

> * 결의의 성립에 필요한 정수
> 의결정족수

4 의사록의 작성

> ** 총회의 의사
> 그 경과 및 결과

이사는 총회의 의사**에 관한 의사록을 작성하여 주된 사무소에 비치하여야 한다(제76조).

5 총회결의의 효력 **16회 출제**

(1) 절차적 하자
1) 단순한 절차상의 하자만으로 무효가 되지 않는다.
2) 그러나 ① 소집절차를 결한 경우, ② 정족수가 부족한 경우 등 절차상의 중대한 하자가 있으면 그 결의는 무효이다.

(2) 실체적 하자
결의내용이 다음에 해당하는 경우에는 무효이다.
1) 결의내용이 선량한 풍속·기타 사회질서에 반하는 경우
2) 결의내용이 단체의 본질에 반하는 경우
3) 결의내용이 강행규정에 반하는 경우

사단법인의 정관의 법적 성질 및 규범적인 의미 내용과는 다른 해석이 사원총회의 결의에 의하여 표명된 경우의 구속력

사단법인의 정관은 이를 작성한 사원뿐만 아니라 그 후에 가입한 사원이나 사단법인의 기관 등도 구속하는 점에 비추어 보면 그 법적 성질은 자치법규로 보는 것이 타당하므로, 객관적인 기준에 따라 법규해석의 방법으로 그 내용이 해석되어야 하고, 작성자의 주관이나 해석 당시의 사원의 다수결에 의한 방법으로 자의적으로 해석될 수는 없다 할 것이어서, 그 사단법인의 구성원인 사원들이나 법원을 구속하는 효력이 없다(대판 2000.11.24. 99다12437).

1편 민법총칙

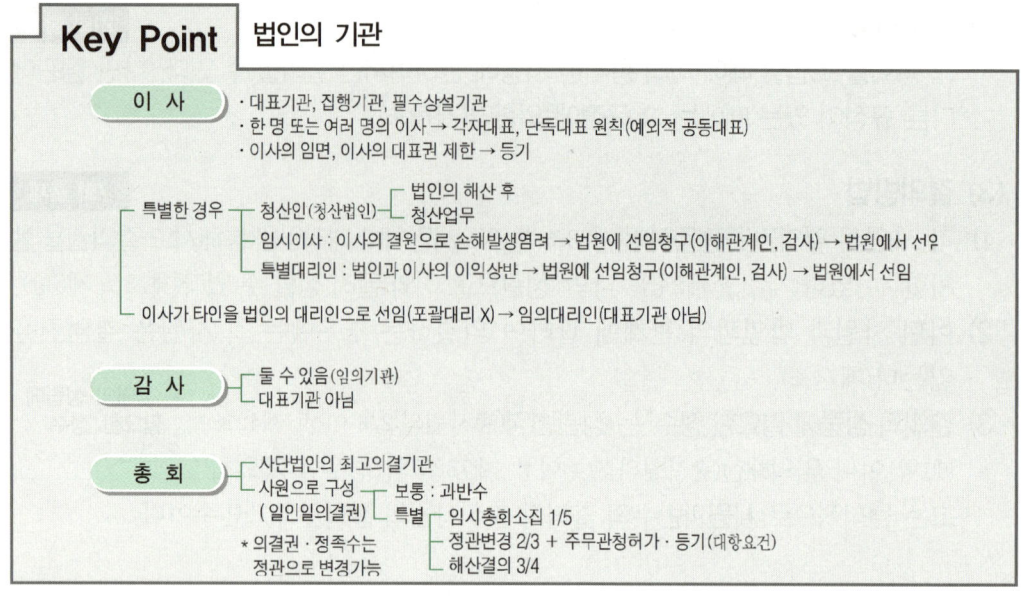

단락문제 Q37

사단법인의 사원총회에 관한 설명으로 틀린 것은?

① 사원은 대리인으로 하여금 의결권을 행사하게 할 수 있다.
② 의결권평등의 원칙은 정관으로써도 이를 변경할 수 없다.
③ 사원총회의 전권사항은 정관변경과 임의해산이다.
④ 정관에 다른 규정이 없는 한 사원은 총회에 출석하지 않고 서면으로써 의결권을 행사할 수 있다.
⑤ 소수사원권은 사단법인의 근본질서에 관한 규정으로서 총회의 결의로써도 박탈할 수 없다.

해설 사원총회의 의결

①, ④ (○) (제73조 제2항)
② (×) (제73조 제1·3항) 정관으로 변경할 수 있다.
③ (○) (제42조, 제78조)
⑤ (○) 통설의 견해이다.

답 ②

05 사원권**

1 의의*

(1) 사원이 사단에 대하여 사원이라는 자격에 기하여 가지는 권리와 의무를 말하며, 법인의 사업에 참여할 기능을 중심으로 하는 포괄적 권리이다.
(2) 사원자격의 득실에 관한 규정은 정관의 필요적 기재사항(제40조 제6호)이므로 사원권은 정관의 규정에 따라 취득된다.

2 내용*

(1) 공익권
사단의 관리·운영에 참가하는 것을 내용으로 하는 권리이며 결의권, 소수사원권, 감독권 등으로 비영리사단법인에서는 공익권이 중심을 이룬다.

(2) 자익권
사원 자신의 이익향수를 내용으로 하는 권리이며 법인의 시설이용권, 영리법인에서의 이익배당청구권, 잔여재산분배청구권 등이 있다.

3 양도·상속금지**

22회 출제

(1) 원칙
비영리사단법인의 사원권은 양도·상속할 수 없다(제56조).

(2) 예외
이는 강행규정*이 아니므로 정관에서 달리 규정할 수 있다. 즉 정관으로 인정하는 경우에는 양도, 상속이 허용된다(대판 1992.4.14. 91다26850). 비법인사단에서도 사원의 지위는 규약이나 관행에 의하여 양도** 또는 상속될 수 있다(대판 1997.9.26. 95다6205).

> *강행규정
> 위반하면 무효가 되는 법령의 규정
>
> **양도
> 유·무상을 불문하고 권리를 이전하는 것

1편 민법총칙

단락문제 038
제10회 기출

법인의 기관에 관한 설명 중 틀린 것은?

① 비영리 사단법인의 사원총회는 정관의 규정에 의하더라도 이를 두지 않거나 폐지할 수 없다.
② 주식회사의 이사회는 상설의 필요기관이나 민법상 법인의 이사회는 그렇지 않다.
③ 직무대행자는 이사의 선임행위가 흠이 있는 것이어서 이해관계인의 신청으로 법원이 가처분으로 선임하는 임시적 기관이다.
④ 임시이사는 법인과 이사의 이익이 상반되는 사항에 대하여 이해관계인 또는 검사의 청구로 법원이 선임하는 임시적 기관이다.
⑤ 민법상 법인의 감사는 임의기관이다.

해설 법인의 기관
① (○) 사원총회는 정관의 규정에 의해서도 이를 폐지할 수 없다.
② (○) (제57조) 상법은 주식회사의 이사회를 필수기관으로 하고 있으나(상법 제390조) 민법은 상법과 달리 그러한 규정이 없다.
③ (○) (제52조의2)
④ (×) 특별대리인에 대한 설명이다(제64조).
⑤ (○) (제66조)

답 ④

제5관 법인의 주소

1 의의

법인도 자연인과 마찬가지로 사회적 활동을 하므로 일정한 토지를 기준으로 주소를 정해 둘 필요가 있다. 이에 따라 민법은 법인의 주된 사무소가 있는 곳을 그 주소로 하고 있다(제36조).

2 주된 사무소

법인의 최고 수뇌부가 있는 곳을 말하며 여러 개의 사무소가 있는 경우에는 그 중추가 되는 사무소가 주된 사무소이다.

제3장 권리의 주체

3 특징

주소는 정관의 필요적 기재사항(제40조 제3호)이며 등기사항(제49조 제2항 제3호)인데 정관에 기재된 주된 사무소와 사실상의 주된 사무소가 다른 경우에는 사무소가 이전된 것으로 본다(통설).

> ∗ **자연인에 있어서와 같다**
> 변제의 장소·재판관할의 표준·국제사법상 준거법(準據法)을 결정하는 표준·어음행위의 장소·부가기간(「민사소송법」제172조 제2항) 등

4 법률상 효과

주소가 가지는 법률상 효과는 <u>자연인에 있어서와 같다</u>*.

제6관 정관의 변경★★★   24회 출제

제42조(사단법인의 정관의 변경) ① 사단법인의 정관은 총사원 3분의 2 이상의 동의가 있는 때에 한하여 이를 변경할 수 있다. 그러나 정수에 관하여 정관에 다른 규정이 있는 때에는 그 규정에 의한다.
② 정관의 변경은 주무관청의 허가를 얻지 아니하면 그 효력이 없다.

제45조(재단법인의 정관변경) ① 재단법인의 정관은 그 변경방법을 정관에 정한 때에 한하여 변경할 수 있다.
② 재단법인의 목적달성 또는 그 재산의 보전을 위하여 적당한 때에는 전항의 규정에 불구하고 명칭 또는 사무소의 소재지를 변경할 수 있다.
③ 제42조 제2항의 규정은 전2항의 경우에 준용한다.

제46조(재단법인의 목적 기타의 변경) 재단법인의 목적을 달성할 수 없는 때에는 설립자나 이사는 주무관청의 허가를 얻어 설립의 취지를 참작하여 그 목적 기타 정관의 규정을 변경할 수 있다.

제54조(설립등기이외의 등기의 효력과 등기사항의 공고) ① 설립등기이외의 본절의 등기사항은 그 등기후가 아니면 제3자에게 대항하지 못한다.
② 등기한 사항은 법원이 지체없이 공고하여야 한다.

01 서설

1 정관 변경의 의의

법인이 그 동일성을 유지하면서 그 목적이나 조직을 변경하는 것을 말하는데 종래의 규정을 개폐하는 경우는 물론 자구의 수정이나 신규정의 설치를 모두 포함한다.

1편 민법총칙

2 정관변경의 허용

(1) 사회적 환경이나 여건의 변화에 대처하기 위해서 필요하다.
(2) 사단법인은 그 의사에 따라 원칙적으로 정관을 변경할 수 있다.
(3) 그러나 설립자의 의사(정관)에 구속되는 면이 강한 재단법인은 정관의 변경이 원칙적으로 허용되지 않으며 극히 예외적인 경우에만 변경을 허용*하고 있다.

> *극히 예외적인 경우에만 변경을 허용
> 그 목적달성의 불능 등

02 사단법인의 정관변경 ★★   13회 출제

제42조(사단법인의 정관의 변경) ① 사단법인의 정관은 총사원 3분의 2 이상의 동의가 있는 때에 한하여 이를 변경할 수 있다. 그러나 정수에 관하여 정관에 다른 규정이 있는 때에는 그 규정에 의한다.
② 정관의 변경은 주무관청의 허가를 얻지 아니하면 그 효력이 없다.
제54조(설립등기이외의 등기의 효력과 등기사항의 공고) ① 설립등기 이외의 본 절의 등기사항은 그 등기 후가 아니면 제3자에게 대항하지 못한다.
② 등기한 사항은 법원이 지체없이 공고하여야 한다.

Professor Comment
법인의 정관작성에 대하여는 법인의 설립 부분 참조

1 요건

(1) 정관의 변경을 위해서는 적법한 절차에 의해 총회결의가 이루어지고 주무관청의 허가가 있어야 한다.

사단법인의 정관변경

(2) 총회결의는 이사에 의하여 총회소집일 일주일 전에 통지되어야 하며, 정관변경의 결의는 총사원 2/3 이상의 의결정족수를 충족하여야 한다. 다만 의결정족수는 정관으로 증감할 수 있다(제42조 제1항).
(3) 주무관청의 허가는 정관변경의 효력발생요건이며(제42조 제2항), 변경사항이 등기사항인 경우에는 등기하여야만 제3자에게 대항*할 수 있다(제54조).

*등기하여야만 제3자에게 대항
등기하지 않으면 상대방의 선악을 불문하고 대항할 수 없다.

2 한 계

(1) 정관에 기재된 사항은 이른바 필요적 기재사항뿐만 아니라 기타의 임의적 기재사항이더라도 위의 절차를 밟지 않고는 이를 변경하지 못한다.
(2) 이러한 절차에 의하기만 하면 법인의 목적도 변경할 수 있다.
(3) 정관에 정관의 변경을 금하는 규정이 있더라도 전사원의 동의를 얻으면 변경할 수 있다.
(4) 그러나 사단법인의 본질에 반하는 정관변경은 무효이다(대판 1978.9.26. 78다1435).

> **판례** 종중의 일부종원의 지위 박탈에 관한 규약개정은 무효
>
> 종원 일부만이 참석한 종중회합에서 **종중원의 일부를 종원으로 취급하지도 않고** 또 일부 종원에 대하여는 **영원히 종원으로서의 자격을 박탈**하는 것으로 **규약을 개정**한 것은 종중의 원래의 설립목적과 종중으로서의 본질에 반하는 것으로서 그 **규약개정의 한계를 넘어 무효이다**(대판 1978.9.26. 78다1435).

> **판례** 종원의 성별에 의한 차별은 무효
>
> 종중재산을 분배하기 위해서는 종중의 총회

단락문제 Q39
제24회 기출

민법상 법인의 정관에 관한 설명으로 옳지 <u>않은</u> 것은? (다툼이 있으면 판례에 따름)

① 사단법인의 정관의 법적 성질은 계약이 아니라 자치법규이다.
② 사원자격의 득실에 관한 규정은 사단법인 정관의 필요적 기재사항이다.
③ 재단법인의 목적을 달성할 수 없다고 하여 이사가 주무관청의 허가를 얻어 정관을 변경할 수는 없다.
④ 재단법인의 기본재산에 관한 저당권 설정행위는 특별한 사정이 없는 한 정관의 변경을 필요로 하지 않으므로 주무관청의 허가를 얻을 필요가 없다.
⑤ 재단법인의 설립자가 정관에서 이사의 임면 방법을 정하지 않고 사망한 때에는 이해관계인 또는 검사의 청구에 의해 법원이 이를 정한다.

> **해설** **법인의 정관**
> ① (○) 사단법인의 정관은 이를 작성한 사원뿐만 아니라 그 후에 가입한 사원이나 사단법인의 기관 등도 구속하는 점에 비추어 보면 그 법적 성질은 계약이 아니라 자치법규로 보는 것이 타당하다(대판 99다12457).
> ② (○) 민법 제40조 제6호(사원자격의 득실에 관한 규정)
> ③ (×) 민법 제46조(재단법인의 목적을 달성할 수 없는 때에는 설립자나 이사는 주무관청의 허가를 얻어 설립의 취지를 참작하여 그 목적 기타 정관의 규정을 변경할 수 있다.)
> ④ (○) 민법상 재단법인의 기본재산에 관한 저당권 설정행위는 특별한 사정이 없는 한 정관의 기재사항을 변경하여야 하는 경우에 해당하지 않으므로, 그에 관하여는 주무관청의 허가를 얻을 필요가 없다(대결 2017마1565).
> ⑤ (○) 민법 제44조(재단법인의 설립자가 그 명칭, 사무소소재지 또는 이사임면의 방법을 정하지 아니하고 사망한 때에는 이해관계인 또는 검사의 청구에 의하여 법원이 이를 정한다.)
>
> **답** ③

03 재단법인의 정관변경 ★★★   16·20회 출제

> **제45조(재단법인의 정관변경)** ① 재단법인의 정관은 그 변경방법을 정관에 정한 때에 한하여 변경할 수 있다.
> ② 재단법인의 목적달성 또는 그 재산의 보전을 위하여 적당한 때에는 전항의 규정에 불구하고 명칭 또는 사무소의 소재지를 변경할 수 있다.
> ③ 제42조 제2항의 규정은 전2항의 경우에 준용한다.
> **제46조(재단법인의 목적 기타의 변경)** 재단법인의 목적을 달성할 수 없는 때에는 설립자나 이사는 주무관청의 허가를 얻어 설립의 취지를 참작하여 그 목적 기타 정관의 규정을 변경할 수 있다.

1 원칙

재단법인은 설립자가 정한 정관에 의하여 타율적으로 운영되므로 원칙적으로 정관의 변경은 불가하다. 그러나 다음과 같은 예외가 있다.

2 예외

(1) 정관에 변경방법을 정하고 있는 때

정관에 그 변경방법을 정하고 있는 때에는 그에 따라 변경할 수 있다(제45조 제1항). 그러나 이는 정관내용의 실행이지 정관의 변경으로 보기 어렵다.

(2) 명칭 또는 사무소의 소재지 변경

정관에 아무런 규정이 없더라도 재단법인의 목적달성 또는 그 재산의 보전을 위하여 적당한 때에는 명칭이나 사무소의 소재지를 변경할 수 있다(제45조 제2항).

제3장 권리의 주체

(3) 목적을 달성할 수 없는 경우
1) 그 외에도 재단법인이 그 목적을 달성할 수 없는 경우에는 설립자나 이사는 주무관청의 허가를 얻어 목적 기타 정관규정을 변경할 수 있다(제46조).
2) 설립의 취지를 참작하여 그에 어긋나지 않도록 하여야 하는 바 주무관청의 허가단계에서 이 요건의 구비여부가 심사될 것이므로 허가는 어느 때보다 중요한 의미를 갖게 된다.

(4) 주무관청의 허가
1) 정관의 변경은 주무관청의 허가를 얻지 아니하면 그 효력이 없으나(제45조 제3항, 제42조 제2항) 주무관청의 허가를 신청할 것인지 여부는 재단법인의 재량이다.
2) 변경사항은 이를 등기하여야만 제3자에게 대항할 수 있다(제54조 제1항).

판례 | 재단법인의 정관변경에 관한 판례

1. 민법 제45조와 제46조에서 말하는 재단법인의 정관변경 "허가"는 법률상의 표현이 허가로 되어 있기는 하나, 그 성질에 있어 법률행위의 효력을 보충해 주는 것이지 일반적 금지를 해제하는 것이 아니므로, 그 법적 성격은 인가라고 보아야 한다(대판 1996.5.16. 95누4810 전합).
2. 재단법인이 그 기본재산을 증가시키는 경우도 정관의 변경으로서 주무관청의 허가를 받아야 효력이 발생한다(대판 1967.7.22. 67다658).
3. 기본재산을 처분하기 위하여 주무관청에 허가를 신청할 것인지의 여부는(특별한 사정이 없는 한) 재단법인의 의사에 맡겨져 있다(대판 1998.8.21. 98다19202).
4. 재단법인의 기본재산 처분행위는 정관변경사항이므로 주무관청의 허가를 요하는 것으로서 이는 재단법인의 채권자가 그 기본재산에 대하여 강제집행을 실시하는 경우도 동일한 것이기는 하나, 경매개시요건은 아니고 경락인의 소유권취득에 관한 요건이므로 경매신청시에 그 허가서를 제출하지 아니하였다 하여 경매신청을 기각할 것은 아니다(대판 1986.1.17. 85마720).
5. 민법상 재단법인의 기본재산에 관한 저당권 설정행위는 특별한 사정이 없는 한 정관의 기재사항을 변경하여야 하는 경우에 해당하지 않으므로, 그에 관하여는 주무관청의 허가를 얻을 필요가 없다(대결 2017마1565).

단락문제 Q40 제13회 기출

법인의 정관변경에 관한 설명으로 옳은 것은? (다툼이 있으면 판례에 의함)
① 재단법인의 기본재산을 처분하려면 주무관청의 허가가 필요하나, 새로이 기본재산으로 편입하는 경우에는 주무관청의 허가를 요하지 않는다.
② 사단법인의 정관은 정관에 다른 규정이 있더라도 출석사원 3분의 2 이상의 동의가 있으면 주무관청의 허가를 받아 변경할 수 있다.
③ 사원자격의 득실변경에 관한 정관의 기재사항이 적법한 절차를 거쳐서 변경된 경우에는 구성원이 다르더라도 그 변경 전후의 사단법인은 동일성을 유지하면서 존속한다.
④ 재단법인의 명칭은 정관의 기재사항이므로 주무관청의 허가를 받더라도 변경할 수 없다.
⑤ 사단법인의 정관은 사단법인의 동일성을 해하거나 그 본질에 반하는 경우에도 총사원의 동의가 있으면 변경할 수 있다.

> **해설** 법인의 정관변경
> ① (X) 새로이 기본재산으로 편입하는 경우에도 정관변경을 가져오므로 주무관청의 허가를 요한다(제45조 제3항).
> ② (X) 정관에 다른 규정이 없으면 총사원 3분의 2 이상의 동의를 요한다(제42조 제1항).
> ③ (○) (대판 2008.9.25. 2006다37021)
> ④ (X) (제45조 제2항) 재단법인의 목적달성 또는 그 재산의 보전을 위하여 적당한 때에는 변경할 수 있다.
> ⑤ (X) 사단법인의 동일성을 해하거나 그 본질에 반하는 경우에는 총사원의 동의가 있더라도 정관변경을 할 수 없다.
>
> **답** ③

제7관 법인의 소멸 〔27회 출제〕

(1) 법인의 소멸이라 함은 자연인이 사망으로 법인격(권리능력)을 잃는 것과 같이, 법인이 그의 권리능력을 상실하는 것을 말한다.
(2) 법인은 해산에 이은 청산절차를 거쳐 소멸되는데, 이는 상속제도가 적용되지 않는 법인에게 재산관계를 정리할 기회를 주기 위함이다.

01 해산★★ 〔10회 출제〕

> **제77조(해산사유)** ① 법인은 존립기간의 만료, 법인의 목적의 달성 또는 달성의 불능 기타 정관에 정한 해산사유의 발생, 파산 또는 설립허가의 취소로 해산한다.
> ② 사단법인은 사원이 없게 되거나 총회의 결의로도 해산한다.
> **제78조(사단법인의 해산결의)** 사단법인은 총사원 4분의 3 이상의 동의가 없으면 해산을 결의하지 못한다. 그러나 정관에 다른 규정이 있는 때에는 그 규정에 의한다.

1 의의

(1) 해산은 법인이 그 본래의 적극적 목적활동을 정지하고 청산에 들어가는 것을 말한다.
(2) 해산만으로는 아직 권리능력이 소멸되지 않고 다만 청산에 필요한 한도로 권리능력이 제한될 뿐이며, 청산사무가 종료한 때에 권리능력이 소멸한다.

제3장 권리의 주체

2 해산사유★★

2·24회 출제

(1) 사단법인과 재단법인에 공통된 해산사유

1) 존립기간의 만료, 기타 정관에 정한 해산사유의 발생, 법인의 목적의 달성 또는 달성불능·파산·설립허가의 취소 등이 있다. 파산원인은 채무를 완전히 변제할 수 없는 상태, 즉 단순한 채무초과*로서 족하며(「채무자 회생 및 파산에 관한 법률」 제306조), 자연인에 있어서처럼 지급불능**임을 요하지 않는다.

2) 이사의 파산신청에 의해 법원이 파산선고를 내리면 법인은 해산하게 되는데 「채무자 회생 및 파산에 관한 법률」에서는 채권자도 신청권자로 하고 있다(동법 제294조).

3) 법인이 목적 이외의 사업을 하거나 설립허가의 조건에 위반하거나 기타 공익을 해하는 행위를 한 때에는 주무관청은 설립허가를 취소할 수 있는데(제38조) 이에 의해 법인은 해산한다. 이 취소에는 소급효가 없다(대판 1968.5.28. 67누55).

> * **채무초과**
> 채무가 채권보다 많은 상태
>
> ** **지급불능**
> 지급능력이 없어 지급이 불가능한 상태로서 영업상황 등을 종합적으로 고려하여 결정

(2) 사단법인에만 특유한 해산사유

1) 사원(社員)이 없게 된 때나 총회의 해산결의가 있을 때(제77조 제2항).

2) 총회의 결의로 총사원 3/4 이상의 해산에 동의한 때(임의해산). 이 때 그 정수는 정관에서 다르게 정할 수 있다(제78조). 그러나 제3자를 해할 염려가 있는 기한부***(期限附) 또는 조건부**** 해산결의는 할 수 없다는 것이 통설이다.

> *** **기한부**
> 일정한 시기에 효력이 발생·소멸
>
> **** **조건부**
> 일정한 조건의 성취 여부에 따라 효력이 발생 또는 소멸

Key Point 해산사유

사단법인과 재단법인에 공통된 해산사유	사단법인에 특유한 해산사유
1) 존립기간의 만료 2) 법인의 목적달성 3) 목적달성의 불능 4) 정관에 정한 해산사유의 발생 5) 파 산 6) 설립허가의 취소	1) 사원이 한 명도 없게 된 때 2) 사원총회의 결의가 있는 때

1편　민법총칙

단락문제 Q41

다음 중 사단법인의 해산사유로 옳지 않은 것은?

① 법인의 목적달성이 불가능하게 된 경우
② 법인의 채무초과가 된 경우
③ 법인의 설립허가가 취소된 경우
④ 사원이 한 사람도 없게 된 경우
⑤ 총회에서 총사원의 3분의 2 이상의 동의로 해산의 결의를 한 경우

해설　사단법인의 해산사유
⑤ 총회에 의한 해산결의는 총사원의 4분의 3 이상의 동의를 요한다.　　**답** ⑤

02 청산★★★　　10·17회 출제

1 청산의 의의

(1) 의 의

청산이라 함은 해산한 법인이 완전히 소멸할 때까지 잔무를 처리하고 재산관계를 정리하는 절차를 말한다.

(2) 해산사유에 따른 청산절차

청산절차는 해산사유에 따라 다른데 파산 이외의 원인에 의하여 법인이 해산한 때에만 민법규정에 의하여 청산인이 행하고, 파산에 의한 해산절차는 「채무자 회생 및 파산에 관한 법률」이 정하는 바에 의한다.

 청 산

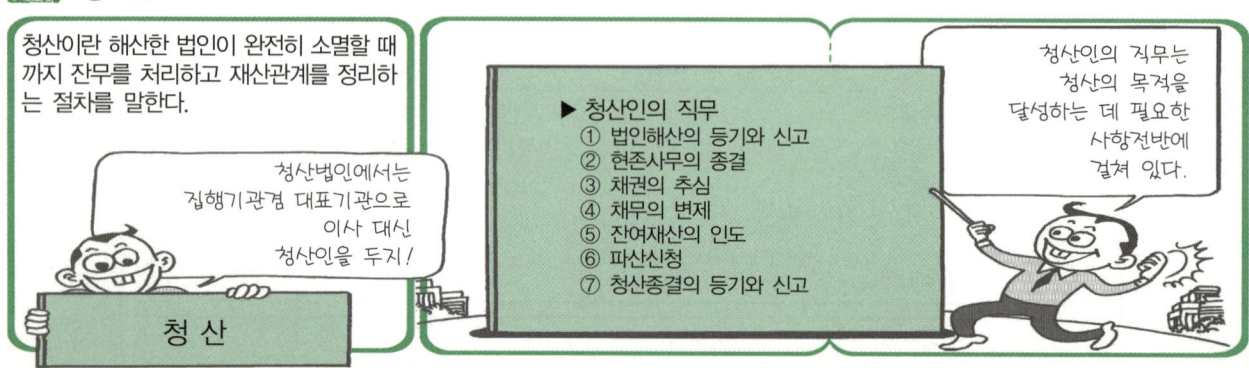

(3) 청산절차에 관한 규정의 성격

이에 관한 규정은 강행규정으로 정관에서 이와 다른 규정*을 두더라도 그것은 효력이 없다(대판 1995.2.10. 94다13473).

> *정관에서 이와 다른 규정
> 예 청산인의 권한 제한

2 청산법인의 능력★★

13회 출제

제81조(청산법인) 해산한 법인은 청산의 목적범위 내에서만 권리가 있고 의무를 부담한다.

(1) 청산법인의 의의

해산 후 법인격이 완전히 소멸될 때까지 청산을 위하여 존속하는 법인을 청산법인(清算法人)이라 하는데 청산법인은 청산의 목적범위 내에서만 권리가 있고 의무를 부담한다(제81조).

(2) 청산의 목적범위 내의 의미

'청산의 목적범위 내'란 청산목적과 직접 관련있는 것만을 의미하는 것은 아니고 그보다 널리 청산목적달성에 필요한 행위 또는 청산목적에 반하지 않는 행위를 의미한다.

> **판례** 청산법인의 목적범위 외의 행위가 무효인지 여부
>
> 법인의 해산시에 잔여재산은 이사회의 결의에 의하여 주무장관의 승인을 경유하여 본 법인과 유사한 목적을 가진 단체에 기부한다는 정관규정이 있는데 청산중에 청산법인의 재산을 타인에게 매도처분하였다면 이는 위 민법의 청산절차에 관한 규정 및 피고 법인의 정관에 위반하는 청산목적 범위 외의 것이므로, 그 매매는 무효이다(대판 1980.4.8. 79다2036).

단락문제 Q42

제13회 기출

비영리법인의 청산에 관한 설명으로 옳지 <u>않은</u> 것은? (다툼이 있으면 판례에 의함)

① 청산인의 직무에 관한 규정은 강행규정이다.
② 법인 해산 시 청산인의 결원으로 인하여 손해가 생길 염려가 있는 때에는 법원은 직권으로 청산인을 선임할 수 있다.
③ 청산인은 채권신고기간 내에는 변제기가 도래한 채무도 변제하지 못한다.
④ 비영리법인의 해산사유가 발생하면 청산절차가 개시됨과 동시에 권리능력이 소멸한다.
⑤ 청산인은 그가 알고 있는 채권자가 채권신고를 하지 않았더라도 청산으로부터 제외하지 못한다.

> **해설** 청산법인의 능력
> ① (○) (대판 1980.4.8. 79다2036) 이와 달리 조합의 경우 해산 및 청산에 관한 규정은 임의규정으로 보는 것이 판례이다.
> ② (○) (제83조)
> ③ (○) (제90조)
> ④ (×) 청산절차가 종료할 때 권리능력이 소멸한다(대판 1980.4.8. 79다2036).
> ⑤ (○) (제89조)
>
> 답 ④

3 청산법인의 기관

> **제82조(청산인)** 법인이 해산한 때에는 파산의 경우를 제하고는 이사가 청산인이 된다. 그러나 정관 또는 총회의 결의로 달리 정한 바가 있으면 그에 의한다.
> **제83조(법원에 의한 청산인의 선임)** 전조의 규정에 의하여 청산인이 될 자가 없거나 청산인의 결원으로 인하여 손해가 생길 염려가 있는 때에는 법원은 직권 또는 이해관계인이나 검사의 청구에 의하여 청산인을 선임할 수 있다.
> **제84조(법원에 의한 청산인의 해임)** 중요한 사유가 있는 때에는 법원은 직권 또는 이해관계인이나 검사의 청구에 의하여 청산인을 해임할 수 있다.

(1) 청산인(淸算人)

1) 청산법인에는 집행기관겸 대표기관으로 이사 대신 청산인을 둔다. 따라서 청산인이 청산법인의 능력의 범위 내에서 대외적으로 청산법인을 대표하고(제96조·제59조), 대내적으로 청산사무를 집행한다(제96조·제58조).
2) 이처럼 청산인의 지위는 이사와 비슷하므로 이사에 관한 규정은 청산인에 준용된다(제96조). 그러나 청산인의 업무에 관한 규정은 강행규정이므로 청산인의 업무에 관하여 정관으로 제한할 수 없으며, 등기하여도 효력이 없다(대판 1995.2.10. 94다13473).
3) 청산인이 되는 자에 관하여 정관이나 총회의 결의로 달리 정한 바가 없으면 종래의 이사가 청산인이 된다(제82조). **19회 출제**
4) 그러나, 이에 의하여 청산인이 될 자가 없거나 결원으로 인하여 손해가 생길 염려가 있는 때에는 법원(法院)에서 청산인을 선임할 수 있고(제83조) 중요한 사유가 있는 때에는 해임할 수도 있다(제84조).

(2) 감사(監事)·사원총회(社員總會)

감사와 총회는 각각 청산인의 감독기관 또는 최고의사결정기관으로서 존속한다.

4 청산인의 직무(청산사무) ★★★

> **제86조(해산신고)** ① 청산인은 파산의 경우를 제하고는 그 취임후 3주간 내에 전조 제1항의 사항을 주무관청에 신고하여야 한다.
> ② 청산중에 취임한 청산인은 그 성명 및 주소를 신고하면 된다.
> **제87조(청산인의 직무)** ① 청산인의 직무는 다음과 같다.
>   1. 현존사무의 종결
>   2. 채권의 추심 및 채무의 변제
>   3. 잔여재산의 인도
> ② 청산인은 전항의 직무를 행하기 위하여 필요한 모든 행위를 할 수 있다.
> **제93조(청산중의 파산)** ① 청산중 법인의 재산이 그 채무를 완제하기에 부족한 것이 분명하게 된 때에는 청산인은 지체없이 파산선고를 신청하고 이를 공고하여야 한다.

제3장 권리의 주체

> ② 청산인은 파산관재인에게 그 사무를 인계함으로써 그 임무가 종료한다.
> ③ 제88조 제3항의 규정은 제1항의 공고에 준용한다.
>
> **제94조(청산종결의 등기와 신고)** 청산이 종결한 때에는 청산인은 3주간 내에 이를 등기하고 주무관청에 신고하여야 한다.

청산인의 직무는 청산의 목적을 달성하는 데 필요한 사항 전반에 걸치며 **청산인의 업무에 관한 규정은 강행규정**이므로 이에 반한 것은 무효이다. 그 주요한 것으로서 민법에 열거된 것을 보면 다음과 같다.

(1) 법인해산의 등기와 신고

청산인은 그 취임 후 3주간 안에 해산의 사유 및 연월일, 청산인의 주소·성명, 그리고 청산인의 대표권을 제한한 때에는 그 제한 등을 주된 사무소와 분사무소*의 소재지에서 등기하고(제85조 제1항), 같은 사항을 주무관청에 신고하여야 한다(제86조 제1항).

* **분사무소**
사무의 일부를 처리하는 등기된 종된 사무소를 의미

단락문제 Q43

법인등기에 대한 다음 설명 중 틀린 것은?

① 이사의 대표권의 제한은 등기하지 아니하면 악의의 제3자에게 대항할 수 없다.
② 감사의 성명과 주소는 필요적 반드시 등기할 것은 아니다.
③ 청산인의 권한은 등기하여야만 제한할 수 있다.
④ 분사무소를 설치한 경우 분사무소 소재지의 등기소에도 등기한다.
⑤ 임시이사도 등기의무자에 포함된다.

해설 법인의 등기
① (○) (대판 1992.2.14. 91다24564)
② (○) 감사는 임의기관이다.
③ (×) 청산인의 권한은 강행규정이므로 등기하여도 권한을 제한할 수 없다.
④ (○) 분사무소를 설치한 때에는 주사무소소재지 및 분사무소소재지에서 등기해야 한다(제50조).
⑤ (○) 임시이사는 이사가 임명될 때까지의 일시적 기관이라는 점을 제외하고는 이사와 동일한 권한을 가지는 법인의 기관이다.

답 ③

(2) 현존사무의 종결(제87조 제1항 제1호)

새로운 사무를 시작할 수 없으며 해산 전부터 착수된 사무는 신속히 종결시켜야 한다. 그러나 현존사무를 종결시키기 위하여 새로 법률행위를 하는 것은 무방하다.

(3) 채권의 추심(제87조 제1항 제2호)

즉시로 추심할 수 없는 것(예컨대, 변제기에 이르지 아니한 채권이나 조건부채권)은 적당한 방법으로 환가하여야 한다.

(4) 채무의 변제(제87조 제1항 제2호)

1) 청산인은 취임한 날로부터 2월내에 3회 이상의 공고로 채권자에 대하여 일정한 기간(2월 이상)내에 그 채권을 신고할 것을 최고하되, 이 기간 내에 채권신고를 하여야 하며, 채권자가 기간 내에 신고하지 아니하면 청산으로부터 제외될 것을 표시하여야 한다(제88조).
2) 알고 있는 채권자에 대하여도 각각 따로 채권신고의 최고(催告)를 하여야 한다(제89조).
3) 채권신고기간 안에 신고하지 않은 채권자는 청산에서 제외되나, 이 제외된 채권자는 법인의 채무를 완제한 후 귀속권리자에게 인도하지 않은 재산에 대하여서만 변제를 청구할 수 있다(제92조).
4) 청산인이 알고 있는 채권자에 대하여서는 비록 그가 신고하지 않았더라도 청산에서 제외하지 못하며, 반드시 변제하여야 한다(제89조 후문).
5) 청산인은 채권신고기간 내에는 변제기가 도래한 채무도 변제하지 못한다. 그러나 채권자에 대한 지연손해배상을 하여야 한다(제90조).

(5) 잔여재산의 인도(제87조 제1항 제3호)

1) 채무의 변제 후에 잔여재산이 남아있으면 이를 귀속권리자*에게 인도(引渡)한다.
2) 잔여재산은 우선 정관에 정한 자에게 귀속하고, 다음으로 이사 또는 청산인이 주무관청의 허가를 얻어 그 법인의 목적과 유사한 목적을 위하여 처분할 수 있다(다만, 사단법인에 있어서는 총회결의가 필요하다). 이상의 방법으로 처분되지 아니한 재산은 국고로 귀속된다(제80조).

> * **귀속권리자**
> 정관에서 정한 자, 유사목적 법인, 국가

전 2항의 규정에 의하여 처분되지 아니한 재산은 국고에 귀속한다고 규정하고 있는 바, 이러한 청산절차에 관한 규정은 모두 제3자의 이해관계에 중대한 영향을 미치기 때문에 소위 강행규정이라고 해석되므로 만일 청산법인이나 그 청산인이 청산법인의 목적범위 외의행위를 한 때는 무효라고 아니할 수 없다.(대판 79다2036)

(6) 파산신청(破産申請)

1) 청산 중 법인의 재산이 그 채무를 완제(完濟)하기에 부족한 것이 분명하게 된 때에는 청산인은 지체 없이 파산선고를 신청하고, 이를 공고하여야 한다(제93조 제1항).
2) 법인의 파산관재인이 정하여지면 청산인은 파산관재인에게 사무를 인계하여야 하며, 이로써 청산인의 임무는 종료한다(제93조 제2항).
3) 그러나 파산관재인**에게 인계되는 것은 어디까지나 파산재단에 속하는 권리와 의무에 한정되며 그 밖의 사무에 관한 청산인의 임무는 존속한다.

> * **파산관재인**
> 법인이 파산한 경우에 법인의 재산을 관리하는 자를 말한다.

(7) 청산종결의 등기와 신고

19회 출제

청산이 종결한 때에는 청산인은 3주간 내에 등기하고, 주무관청에 신고하여야 한다 (제94조). 청산종결등기는 법인의 소멸을 위한 성립요건이 아니라 대항요건이다.

> **판례** 청산법인의 청산사무 종료시기
>
> 민법 제80조, 제81조, 제87조와 같은 청산절차에 관한 규정은 모두 제3자의 이해관계에 중대한 영향을 미치기 때문에 소위 강행규정이라고 해석되므로 만일 그 청산법인이나 그 청산인이 청산법인의 목적범위 외의 행위를 한 때는 무효라 아니할 수 없다. 법인이 1973년 5월 7일 **청산종결 등기를 하였음은 명백하나** 본건 재산을 해산 전에 원고에게 증여하고 그에 따른 소유권이전등기의무를 아직 이행하지 아니하였다면 **청산사무가 종료되었다 할 수 없으므로** 실질적으로는 피고 법인은 **청산법인으로 존속**한다. 따라서, 그 목적범위 내에서는 여전히 권리능력이 있다(대판 1980. 4. 8. 79다2036).
>
> ▶ **청산종결의 등기가 경료되었더라도 청산사무가 종결되었다고 할 수 없는 경우에는 청산법인으로 계속 존속한다.**

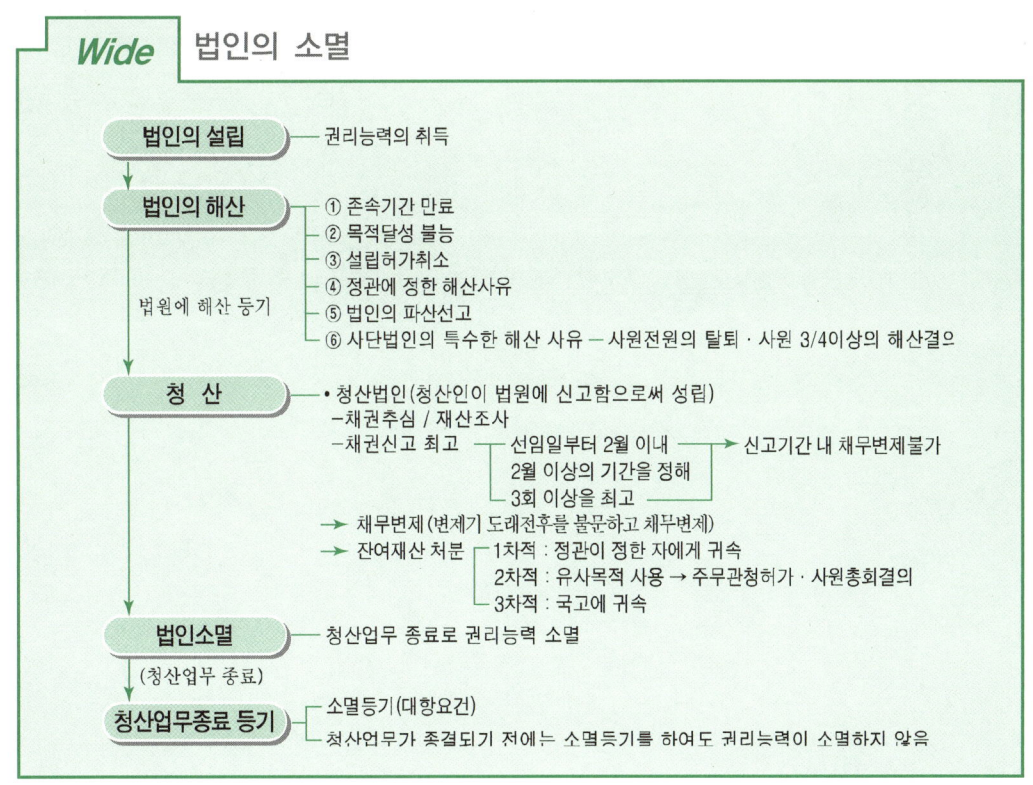

Wide | 법인의 소멸

단락문제 Q44

청산법인에 관한 기술로서 틀린 것은?

① 청산법인은 해산 전의 법인과 그 동일성이 유지된다.
② 민법이 정하는 청산절차는 파산 이외의 사유로 해산한 경우에 적용된다.
③ 청산절차 후의 잔여재산은 정관에서 정한 자에게 귀속한다.
④ 청산인이 알고 있는 채권자가 채권신고를 하지 않은 경우 그 채권자는 변제를 받을 수 없다.
⑤ 청산법인은 청산의 목적범위 내에서만 권리능력을 갖는다.

해설 청산법인
①, ⑤ (○) 청산법인은 해산 전의 법인과 그 동일성이 유지되나 청산목적범위 내에서만 권리가 있고 의무를 부담한다(제81조).
② (○) 파산의 경우에는 채무자회생 및 파산에 관한 법률이 적용된다.
③ (○) 해산한 법인의 재산은 정관으로 지정한 자에게 귀속한다(제80조 제1항).
④ (×) 청산인이 알고 있는 채권자는 청산으로부터 제외하지 못한다(제89조). ④

제3장 권리의 주체

제8관 법인의 등기와 감독

01 법인의 등기★

1 제도의 취지

(1) 법인이 인격을 가진 사회적 활동의 주체라고는 하나 자연인과 같이 명확한 형체를 가지고 있지 않기 때문에 그 존재사실이나 내용을 일반인이 알기는 용이하지 않다.

(2) 이에 민법은 법인의 조직·재산상태·사원 등의 중요사항을 법원(法院)에 등기(登記)하게 하여 이를 공시(公示)함으로써 거래의 원활, 안전을 도모하고자 한다.

2 종류 및 등기사항★★

> **제49조(법인의 등기사항)** ① 법인설립의 허가가 있는 때에는 3주간 내에 주된 사무소소재지에서 설립등기를 하여야 한다.
> ② 전항의 등기사항은 다음과 같다.
> 1. 목 적
> 2. 명 칭
> 3. 사무소
> 4. 설립허가의 연월일
> 5. 존립시기나 해산이유를 정한 때에는 그 시기 또는 사유
> 6. 자산의 총액
> 7. 출자의 방법을 정한 때에는 그 방법
> 8. 이사의 성명, 주소
> 9. 이사의 대표권을 제한한 때에는 그 제한

 법인의 등기

① 등기는 성립요건인 경우와 대항요건인 경우가 있다.
② 등기할 관할 등기소와 등기할 기간이 중요하다.

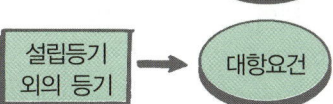
민법은 설립등기만을 성립요건으로 하고, 그 외의 등기는 모두 대항요건으로 하고 있다.

설립등기 → 성립요건
설립등기 외의 등기 → 대항요건

설립등기는 주무관청의 허가가 도착한 날로부터 3주 내에 주된 사무소의 소재지를 관할하는 법원에 하여야 한다.

3주간의 기간은 주무관청의 허가서가 도착한 날로부터 기산한다.

설립등기 → 3주 내

(1) 종류
법인의 등기에는 설립등기(제49조), 분사무소설치 및 사무소이전의 등기(제50조·제51조)·변경등기(제52조)·해산등기(제85조) 등이 있다.

(2) 등기사항
1) 설립등기는 주무관청의 허가가 도착한 날로부터 3주 내에 주된 사무소의 소재지를 관할하는 법원에 등기하여야 하는데 등기사항은 다음과 같다(제49조 제2항).
   ① 목 적
   ② 명 칭
   ③ 사무소
   ④ 설립허가 연월일
   ⑤ 존립시기와 해산사유를 정한 때에는 그 시기 또는 사유
   ⑥ 자산의 총액
   ⑦ 출자의 방법을 정한 때에는 그 방법
   ⑧ 이사의 성명·주소
   ⑨ 이사의 대표권을 제한한 때에는 그 제한
2) 위의 등기사항 중 ⑤, ⑦, ⑨의 경우 이를 정하였다면 반드시 정관에 기재하여야만 효력이 발생하고 등기하여야만 제3자에게 대항할 수 있다는 특징이 있다.
3) 그 밖에 분사무소설치, 사무소이전, 변경등기, 직무집행정지 등 가처분의 등기, 해산등기 등이 있다.

(3) 등기 절차
1) 분사무소설치 및 사무소이전등기·변경등기는 그 등기사항이 관청의 허가를 요하는 것이면 그 허가서가 도착한 날로부터 3주 내에 관할법원(또는 등기소)에 한다(제50조 내지 제52조).
2) 해산등기는 청산인이 취임 후 3주간 내에 해산의 사유 및 연월일·청산인의 성명 및 주소·청산인의 대표권을 제한한 때에는 그 제한을 주된 사무소 및 분사무소의 소재지에서 등기하여야 한다(제85조).

단락문제 Q45

법인에 관한 민법규정 중 틀린 것은?
① 법인의 주소는 그 주된 사무소의 소재지에 있는 것으로 한다.
② 법인이 설립허가의 조건에 위반한 때에는 주무관청은 그 허가를 취소할 수 있다.
③ 법인의 해산 및 청산은 법원이 검사·감독한다.
④ 법인의 사무는 주무관청이 검사·감독한다.
⑤ 법인이 분사무소를 설치한 때에는 주사무소소재지에서는 이를 등기할 필요가 없다.

제3장 권리의 주체

해설 법인의 주소·감독 등
① (○) (제36조)
② (○) (제38조)
③ (○) (제95조)
④ (○) (제37조)
⑤ (×) 분사무소 설치시에는 주사무소소재지 및 분사무소소재지에서 등기해야 한다(제50조 제1항).

답 ⑤

3 법인등기의 효력

제54조(설립등기 이외의 등기의 효력과 등기사항의 공고) ① 설립등기 이외의 본절의 등기사항은 그 등기 후가 아니면 제3자에게 대항하지 못한다.
② 등기한 사항은 법원이 지체없이 공고하여야 한다.

민법은 설립등기만을 성립요건으로 하고, 그 이외의 등기는 모두 대항요건❶으로 하여 등기사항을 등기하지 아니하면 제3자에게 대항하지 못하도록 규정하는 한편 등기의무가 있는 이사·청산인 등이 등기를 게을리 하면 과태료의 제재를 가한다(제97조).

> **용어사전**
> ❶ 성립요건과 대항요건
> 일정한 법률효과를 나타내기 위하여 반드시 갖추어야 하는 요건을 성립요건이라 한다. 이에 반하여 법률효과를 나타내기 위하여 반드시 필요한 요건은 아니지만 다른 사람에게 대항하기 위하여는 반드시 갖추어야 할 요건을 대항요건이라 한다.

단락문제 Q46

법인의 등기에 관한 설명으로 틀린 것은?
① 사단법인의 대표권의 제한은 정관에 기재한 후에야 효력이 있다.
② 분사무소설치등기는 성립요건이다.
③ 법인설립의 목적은 필수적 등기사항이다.
④ 등기의무 있는 이사·청산인 등이 등기를 해태하면 과태료의 처벌을 받는다.
⑤ 법인설립의 허가가 있을 때에는, 3주간 내에 주된 사무소의 소재지에서 설립등기를 하여야 한다.

해설 법인의 등기
① (○) (제41조)
② (×) 설립등기 외의 등기는 모두 대항요건이다(제54조 제1항).
③ (○) (제49조)
④ (○) (제97조)
⑤ (○) (제49조)

답 ②

1편 민법총칙

02 법인의 감독★

법인은 설립에서 소멸에 이르기까지 각종의 국가적 감독을 받는데 이에 대하여 업무감독과 해산·청산의 감독으로 나누어 설명한다.

1 업무감독

(1) 업무감독은 법인이 그 목적에 따라 적정하게 업무를 처리하고 있는지를 감독하는 것으로서 설립허가를 한 주무관청이 담당한다(제37조).
(2) 그 감독의 내용은 법인의 사무의 검사·감독(제37조)·설립허가의 취소(제38조) 등이다.

2 해산·청산의 감독★★

법인의 해산·청산은 제3자의 이해관계와 밀접한 관련이 있기 때문에 법인의 해산과 청산의 감독은 법원이 담당하며, 감독권행사의 내용은 청산인의 선임·해임(제83조, 제84조), 해산 및 청산에 대한 검사·감독(제95조) 등이다.

3 과태료

(1) **과태료 부과의 의의**

민법은 선관의무를 지고 있는 이사·감사 또는 청산인이 그의 직무를 충실하게 수행하지 않는 경우 이들에게 과태료의 제재를 가하고 있다.

(2) **과태료 부과 사유**

과태료의 처분을 할 수 있는 사항은 법정되어 있는데 다음과 같다(제97조).
1) 등기를 해태(懈怠)한 때
2) 재산목록 또는 사원명부에 부정기재를 한 때
3) 주무관청 또는 법원의 검사·감독을 방해한 때
4) 주무관청 또는 총회에 대하여 사실 아닌 신고를 하거나 사실을 은폐한 때
5) 총회의사록의 작성·비치의무에 위반하거나 청산인이 채권신고기간 내에 변제한 때
6) 파산선고의 신청을 해태한 때
7) 청산인이 채권신고의 공고 또는 파산선고신청의 공고를 해태하거나 부정공고를 한 때

CHAPTER 04 권리의 객체

학습포인트

- 법률관계에서 권리주체가 행하는 법률행위의 대상의 부분이 권리의 객체이다. 여기서는 물권의 객체인 물건, 부동산과 동산, 동종의 물건 사이의 관계를 다루는 주물과 종물, 원물과 과실 순으로 서술하고 있다.
- 시험에서의 중요한 포인트는 물건이 독립한 부동산에 해당하는지 여부, 종물의 요건과 효과 그리고 천연과실의 수취권자 등이 출제될 가능성이 있다.
- 특히 불법경작한 농작물의 소유권에 관한 판례를 잘 기억해 두어야 한다.

CHAPTER 학습 & 출제되는 키워드

- ☑ 권리의 객체
- ☑ 물 건
- ☑ 단일물
- ☑ 합성물
- ☑ 집합물
- ☑ 융통물
- ☑ 불융통물
- ☑ 가분물
- ☑ 불가분물
- ☑ 대체물
- ☑ 비대체물
- ☑ 특정물
- ☑ 불특정물
- ☑ 소비물
- ☑ 비소비물
- ☑ 동 산
- ☑ 부동산
- ☑ 토 지
- ☑ 토지의 정착물
- ☑ 금 전
- ☑ 주물과 종물
- ☑ 원물과 과실
- ☑ 천연과실·법정과실
- ☑ 과실의 수취권자

CHAPTER 학습 & 출제되는 질문

- ☑ 권리의 객체에 관한 설명 중 틀린 것은?
- ☑ 물건에 관한 설명으로 옳은 것을 모두 고른 것은?
- ☑ 다음 중 독립한 물건이 아닌 것은?
- ☑ 부동산과 동산의 구별실익에 대한 설명 중 틀린 것은?
- ☑ 종물에 관한 설명으로 틀린 것은?
- ☑ 과실수취권을 갖지 못하는 자는?

1편 민법총칙

제1절 총설

01 권리객체의 의의

1 의의

일정한 이익의 향수를 위하여 법률이 그 주체*에게 인정하는 법률상의 힘이 권리이며, 법률상의 힘이 미칠 수 있는 대상을 권리의 객체라고 한다.

> *주체
> 자연인이나 법인

2 각종 권리의 객체

10회 출제

권리의 객체는 권리의 목적·내용 또는 종류에 따라서 각각 다르다.

(1) 물권과 채권의 객체

물권의 객체는 원칙적으로 '특정된 독립한 물건'이며, 채권에 있어서는 채무자인 특정인의 행위(급부)가 그 객체이다.

(2) 지식재산권의 객체

지식재산권은 저작·발명 등의 정신적 창작물을 그 객체로 한다.

(3) 기타

그 밖에 형성권에 있어서는 법률관계, 인격권에 있어서는 권리주체자신, 친족권에 있어서는 친족법상의 지위, 상속권에 있어서는 상속재산이 각각 권리의 객체이다.

Key Point 권리의 종류와 객체

권리	객체	권리	객체
1) 물권 2) 채권 3) 지식재산권 4) 친족권	물건 특정인의 행위(급부) 저작·발명 등의 정신적 창작물 친족법상의 지위	5) 상속권 6) 인격권 7) 형성권 8) 권리위의 권리	상속재산 권리주체 자신 법률관계 권리

제4장 권리의 객체

02 민법의 규정

민법은 권리의 객체에 관한 일반적 규정을 둔 것은 없고, 다만 권리의 객체 중에서 가장 대표적인 것이라고 할 수 있는 물건(物件)에 관해서만 규정을 두고 있다. 권리의 객체는 각종의 권리에 따라 다르기 때문에 권리의 객체 전부를 규율하는 일반적 규정을 두는 것이 어렵기 때문이다.

제2절 물건

5·27회 출제

01 물건의 의의 **

9회 출제

제98조(물건의 정의) 본법에서 물건이라 함은 유체물 및 전기 기타 관리할 수 있는 자연력을 말한다.

1 물건의 의의

물건이라 함은 유체물 및 전기, 기타 관리할 수 있는 자연력을 말한다(제98조).

2 물건의 요건 ***

17회 출제

(1) 유체물 또는 관리가능한 자연력(自然力)일 것

1) '유체물'이라 함은 공간의 일부를 차지하고 사람의 감각에 의하여 지각할 수 있는 형체를 가진 물질[즉, 고체·액체·기체 등의 유형물(有形物)]을 말한다.
2) 이에 대하여 전기·열·빛·음향·향기·에너지 등과 같이 객관적으로 인식할 수 있는 형태가 없이 다만 사고상(思考上)의 존재에 지나지 않는 것이 무체물(無體物)이다. 무체물은 '관리할 수 있는 자연력'만이 민법상의 물건이 된다.

(2) 관리(배타적 지배)가 가능할 것

1) 법률상의 물건은 사람이 관리(배타적 지배)할 수 있는 것에 한한다. 민법 제98조는 무체물인 자연력에 관하여 이를 규정하고 있으나, 유체물에 관해서도 마찬가지이다.

2) 따라서 유체물 가운데서도 그 관리(배타적 지배)가 불가능한 태양·달·별·해양 등은 법률상의 물건이 아니다. 다만 해양은 행정적 조치에 의해 일부를 구획하여 관리할 수 있게 되면 권리의 객체가 될 수 있다.

1편 민법총칙

(3) 비인격성

1) 인간의 존엄성을 고려할 때 사람에 대한 배타적 지배는 인정할 수 없다. 따라서 사람 신체의 일부는 물건이 아니며. 또한 인위적으로 부착한 의치(義齒)·의수(義手)·의족(義足) 등도 물건이 아니다.
2) 인체로부터 완전 분리된 모발·치아·혈액 등은 물건으로 취급된다.
3) **시체**(屍體, 사람의 유체·유골 등)
   ① 사람의 유체·유골은 매장·관리·제사·공양의 대상이 될 수 있는 유체물로서, 분묘에 안치되어 있는 선조의 유체·유골은 민법 제1008조의3 소정의 제사용 재산인 분묘와 함께 그 제사주재자에게 승계되고, 피상속인 자신의 유체·유골 역시 위 제사용 재산에 준하여 그 제사주재자에게 승계된다(대판 2008.11.20. 2007다27670).
   ② 사람은 유언으로 본인의 시신을 병원에 연구용으로 기증할 수 있으나, 제사를 주재하는 자가 이에 법적 구속을 받는 것은 아니다*(대판 2008.11.20. 2007다27670).

> *법적 구속을 받는 것은 아니다
> 제사를 주재하는 자는 유언의 내용과 달리 기증을 거부할 수 있다.

(4) 독립성을 갖출 것

8회 출제

1) 원칙적으로 하나의 독립한 존재를 가지는 것이어야 하며 독립성의 구비 여부는 사회통념 또는 거래관념에 따라서 결정하게 된다.
2) 물건의 독립성은 특히 물권관계에 있어 중요한 의미를 갖는데, 물권의 객체는 원칙적으로 하나의 독립성 있는 물건이어야 한다.
   예 정화조, 흙, 돌, 건물의 옥개부분, 논둑, 시설부지에 정착된 레일(구성부분)은 독립성 부정

 물건의 요건

제4장 권리의 객체

> **독립된 부동산으로서의 건물**
>
> 건축주의 사정으로 건축공사가 중단되었던 미완성의 건물을 인도받아 나머지 공사를 마치고 완공한 경우, 그 건물이 공사가 중단된 시점에서 이미 사회통념상 독립한 건물이라고 볼 수 있는 형태와 구조를 갖추고 있었다면 원래의 건축주가 그 건물의 소유권을 원시취득하고, **최소한의 기둥과 지붕 그리고 주벽이 이루어지면 독립한 부동산으로서의 건물의 요건을 갖춘 것이라고 보아야 한다**(대판 2002.4.26. 2000다16350).

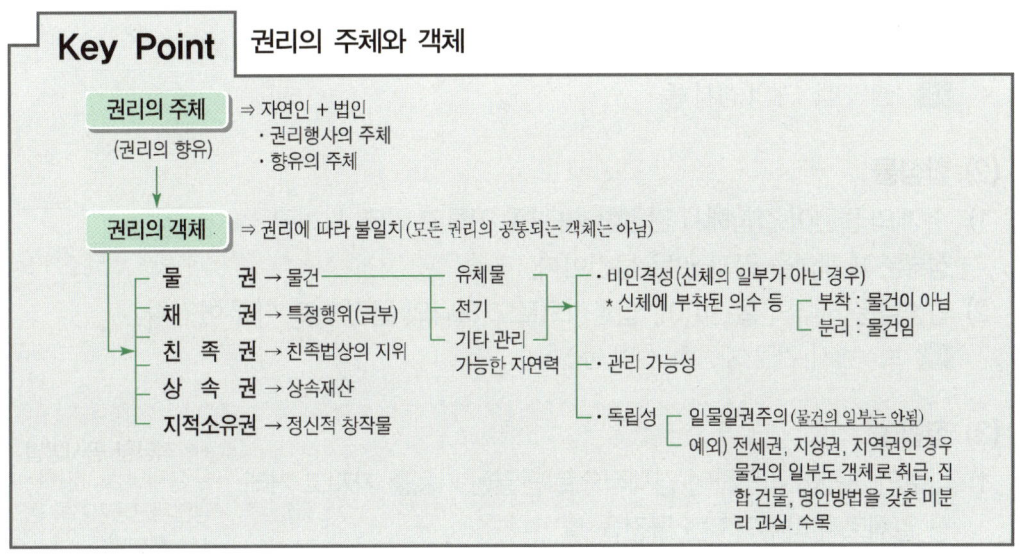

단락문제 01

다음 설명 중 틀린 것은?

① 미채굴의 광물은 토지소유권의 본질적 내용을 이룬다.
② 건물의 일부에 대하여는 소유권이 인정될 수 있다.
③ 수목은 원칙적으로 토지의 정착물로서 독립한 물권의 객체가 아니다.
④ 사람의 시신도 권리의 객체가 될 수 있다.
⑤ 관리할 수 있는 자연력은 동산이다.

> **해설** 권리의 객체(독립성)
> ① 토지의 소유권은 정당한 이익있는 범위 내에서 토지의 상하에 미친다(제212조). 따라서 토지의 구성물(암석·토사·지하수 등)에도 그 효력이 미친다. 다만 광업법 제3조가 열거하는 미채굴의 광물은 독립한 권리의 객체로서 국유에 속한다. 따라서 광업권을 취득하여야 채굴할 수 있다.
>
> **답** ①

02 물건의 종류 ★★

8·24회 출제

1 단일물·합성물·집합물 ★

14회 출제

Professor Comment
> 단일물, 합성물, 집합물은 법률상 하나의 물건이다.

(1) 단일물
형체상 단일한 일체를 이루고 각 구성부분이 개성을 잃은 물건이다.
> 예 1권의 책, 1개의 접시 등

(2) 합성물
1) 수 개의 물건이 결합해서 단일한 형태*를 이루고 있으나 그 구성부분이 개성을 잃지 않은 물건이다.
2) 합성물은 하나의 물건이며, 법률상으로도 하나의 물건으로 다루어진다.
> 예 보석반지·건물·자동차·선박 등

* 단일한 형태
사회통념에 따라 판단

(3) 집합물
1) 다수의 물건이 집합하여 경제적으로 단일한 가치를 가지고 거래상 일체로서 다루어지는 물건을 말한다.
2) 집합물은 본래 수 개의 물건이지만 일정한 집합물은 법률상 하나의 물건으로 다루어야 할 사회적 필요성이 있으므로 적당한 공시방법**이 마련되어 있으면 특별법***에 의하여 하나의 물건으로 다루어진다.
> 예 한 상점의 상품 전체·공장의 시설이나 기계의 전부 등

3) 판례는 특별법 이외에도 일정한 요건**** 아래 집합물을 인정하고 있다(아래 판례).

** 적당한 공시방법
공장재단등기기록·광업재단등기기록 등
*** 특별법
공장 및 광업재단저당법
**** 일정한 요건
당사자의 의사와 대상의 특정성

판례 집합물 ★

1 양만장 내의 뱀장어 전부
일반적으로 일단의 증감 변동하는 동산을 하나의 물건으로 보아 이를 채권담보의 목적으로 삼으려는 이른바 집합물에 대한 양도담보설정계약체결도 가능하며 이 경우 **그 목적 동산이 담보설정자의 다른 물건과 구별될 수 있도록 그 종류, 장소 또는 수량지정 등의 방법에 의하여 특정되어 있으면 그 전부를 하나의 재산권으로 보아** 이에 유효한 담보권의 설정이 된 것으로 볼 수 있다. 성장을 계속하는 어류일지라도 **특정 양만장 내의 뱀장어 등 어류 전부**에 대한 양도담보계약은 그 담보목적물이 특정되었으므로 유효하게 성립하였다고 할 것이다(대판 1990.12.26. 88다카20224).

제4장 권리의 객체

2 양돈장 내의 돼지(별도의 자금을 투입하여 반입한 경우에는 예외)

㉠ 돈사에서 대량으로 사육되는 돼지를 집합물에 대한 양도담보의 목적물로 삼은 경우, 그 돼지는 번식, 사망, 판매, 구입 등의 요인에 의하여 증감 변동하기 마련이므로 양도담보권자가 그 때마다 별도의 양도담보권설정계약을 맺거나 점유개정의표시를 하지 않더라도 하나의 집합물로서 동일성을 잃지 아니한 채 양도담보권의 효력은 항상 현재의 집합물 위에 미치게 되고, 양도담보설정자로부터 위 목적물을 양수한 자가 이를 선의취득하지 못하였다면 위 양도담보권의 부담을 그대로 인수하게 된다.

㉡ 돈사에서 대량으로 사육되는 돼지를 집합물에 대한 양도담보의 목적물로 삼은 경우, 위 양도담보권의 효력은 양도담보설정자로부터 이를 양수한 양수인이 **당초 양수한 돈사 내에 있던 돼지들 및 통상적인 양돈방식에 따라 그 돼지들을 사육·관리하면서 돼지를 출하하여 얻은 수익으로 새로 구입하거나 그 돼지와 교환한 돼지 또는 그 돼지로부터 출산시켜 얻은 새끼돼지에 한하여 미치는 것이지 양수인이 별도의 자금을 투입하여 반입한 돼지에까지는 미치지 않는다**(대판 2004.11.12. 2003다30463).

3 양돈장 내의 돼지(천연과실인 새끼돼지는 예외)

돼지를 양도담보의 목적물로 하여 소유권을 양도하되 점유개정의 방법으로 양도담보설정자가 계속하여 점유·관리하면서 무상으로 사용·수익하기로 약정한 경우, 양도담보 목적물로서 원물인 돼지가 출산한 새끼 돼지는 천연과실에 해당하고 그 천연과실의 수취권은 원물인 돼지의 사용·수익권을 가지는 양도담보설정자에게 귀속되므로, 다른 특별한 약정이 없는 한 천연과실인 새끼 돼지에 대하여는 양도담보의 효력이 미치지 않는다(대판 1996.9.10. 96다25463).

단락문제 Q2

다음 사례에 대한 판례의 태도로서 맞는 것은?

> 甲은 채무를 담보하기 위해 그의 소유인 양돈장 돼지 전부(20마리)의 소유권을 乙에게 양도하되, 甲이 무상으로 계속 점유 관리·사육하기로 하는 양도담보계약을 체결하였다. 그 후 甲이 돼지 5마리를 별도의 자금을 들여 반입하였다. 한편 甲에게 대금채권을 갖고 있는 丙이 위 돼지를 모두 압류하여 경매를 실시하려고 한다.

① 돼지 20마리는 乙의 소유이다.
② 甲은 돼지 20마리에 대하여도 소유권을 주장할 수 있다.
③ 돼지 5마리는 丙의 소유이다.
④ 돼지 20마리는 甲과 乙의 공유이다.
⑤ 돼지 5마리는 乙과 丙의 합유이다.

> **해설** 집합물의 양도담보
> 양돈장내의 돼지(20마리)는 집합물로서 유효한 양도담보의 목적물이 되는 바, 대외적으로 乙이 소유자가 되나(대판 1996.9.10. 96다24563), 별도의 자금을 들여 반입한 물건에까지 양도담보의 효력이 미치지는 않는다(대판 2004.11.12. 2003다30463). 따라서 돼지 5마리는 甲의 소유이다. 그리고 압류만으로는 소유권 이전의 효력이 발생하지 아니하나, 甲소유인 5마리에 대하여 경매를 실시하여 그 대금으로 丙은 우선변제를 받을 수 있다.
> **답** ①

2 융통물·불융통물

(1) 의 의
사법상 거래의 객체가 될 수 있는 물건이 융통물이고, 거래의 객체가 될 수 없는 물건이 불융통물(不融通物)이다.

(2) 불융통물의 종류
1) **공용물**(公用物)
  관공서의 건물과 그 부지처럼 국가·공공단체의 공적 목적에 사용되는 물건을 말한다.
2) **공공용물**(公共用物)
  도로, 하천, 공원, 항만처럼 공중의 일반적 사용에 제공되는 물건을 말한다.
3) **금제물**
  아편, 몰핀, 위조통화처럼 법령에 의해 소유, 소지 및 거래가 금지된 물건과 문화재, 국보처럼 거래만 금지된 물건이 있다.

3 가분물·불가분물★

(1) 의 의
양곡이나 석유 등과 같이 분할하여도 성질이 변하지 않고 또한 그 가치를 현저하게 손상하지 않는 물건이 가분물이고, 1동의 건물, 자동차, 책처럼 분할하면 성질이 변하고 또한 그 가치가 현저하게 손상되는 물건이 불가분물이다.

(2) 구별의 실익
공유물의 분할, 다수당사자의 채권관계에서 그 규율이 달라진다.

4 대체물·비대체물(부대체물)★

(1) 의 의
쌀, 금전, 각종 공산품처럼 거래상 물건의 개성이 중시되지 않고, 단순히 종류·품질·수량에 의하여 정하여지며, 동종·동질·동량의 물건으로 바꾸어도 당사자에게 영향을 주지 않는 물건이 대체물(代替物)이고, 토지나 가옥처럼 그 개성이 중요한 요소가 되어 다른 물건으로 대체될 수 없는(대체성이 없는) 물건이 비대체물(非代替物)이다.

(2) 구별의 실익
대체물만 소비대차*(消費貸借)·소비임치**(消費任置)의 객체가 될 수 있다.

> *소비대차
> 예 금전이나 쌀 등을 차용하는 것
>
> **소비임치
> 예 쌀·보리 등을 창고에 혼합하여 보관하는 것

5 특정물·불특정물★

(1) 의 의
구체적인 거래에 있어서 당사자의 의사에 따라 물건의 개성을 중시하여 동종의 다른 물건으로 바꾸지 못하게 한 물건이 특정물이고 다른 물건으로 바꿀 수 있게 한 물건이 불특정물이다.

(2) 대체물·부대체물과의 구별
대체물·부대체물은 거래관념을 그 구별기준으로 하지만 특정물·불특정물은 당사자의 구체적 의사를 그 구별기준으로 한다. 따라서 쌀과 같은 대체물이라도 당사자의 의사에 의해서 다른 쌀로 바꾸지 못하게 하면 특정물이 된다.

(3) 구별의 실익
채권의 목적물의 보관의무, 채무변제의 장소, 매도인의 담보책임 등에서 나타난다.

6 소비물·비소비물★

(1) 소비물과 비소비물
쌀, 주류처럼 물건의 성질상 그의 용도에 따라 한번 사용하면 다시 같은 용도에 사용할 수 없는 물건이나 금전처럼 한번 사용하면 주체에 변경이 생기는 물건이 소비물이고 토지나 건물처럼 물건의 용도에 따라 반복해서 사용·수익할 수 있는 물건이 비소비물이다.

(2) 구별의 실익
소비대차의 목적물과 사용대차·임대차의 목적물의 한계를 결정하는 데 실익이 있다. 소비물만이 소비대차의 목적물이고, 사용대차나 임대차의 목적물은 비소비물만이 될 수 있다.

1편 민법총칙

단락문제 03

다음 중 틀린 것은?

① 동산은 그 위의 권리의 변동을 공시하는 데 적합지 않으나, 부동산에 있어서는 그 공시가 용이하다는 것이 동산·부동산의 분류의 주된 근거이다.
② 아편은 금제물이며, 또한 그것은 이른바 융통물이 아니다.
③ 자동차·선박 등은 합성물이다.
④ 종물은 주물과 그 법률적 운명을 같이 한다는 제100조 제2항의 규정은 강행규정이 아니다.
⑤ 금전은 대체물이며, 따라서 그것은 언제나 불특정물이지만 한번 사용하면 그 주체에 변동이 생기기 때문에 소비물로서 다루어진다.

해설 물건의 종류
⑤ 금전·유가증권과 같은 대체물도 수집의 대상으로서 또는 번호를 특정하여 거래할 때에는 특정물이 될 수 있다.

답 ⑤

단락핵심 물 건

(1) 민법은 물건을 유체물로 제한하지 않고 관리가능한 자연력도 물건으로 정의한다. (○)
(2) 사람 신체의 일부는 물건이 될 수 없지만 신체로부터 완전히 분리된 치아, 혈액 등은 물건이다. (○)
(3) 사망한 피상속인 자신의 유체·유골 역시 제사용 재산에 준하여 그 제사주재자에게 승계된다. (○)
(4) 특정물과 불특정물의 구별은 당사자의 의사에 의한 주관적인 구별이다. (○)
(5) 정당한 이익이 있는 범위 내의 온천수는 독립한 물권으로 인정된다. (×)
(6) 수목의 집단은 원칙적으로 토지의 구성부분이나, 독립된 공시방법을 갖춘 경우에는 독립된 부동산이 된다. (○)
(7) 지하수는 부동산의 일부이다. (○)
(8) 합성물은 법률의 특별한 규정이 있어야만 하나의 물건으로 다루어진다. (×)

제4장 권리의 객체

제3절 동산과 부동산   10·20·27회 출제

> 제99조(부동산, 동산) ① 토지 및 그 정착물은 부동산이다.
> ② 부동산 이외의 물건은 동산이다.

01 부동산★★★   9·10·11회 출제

무엇을 부동산으로 하느냐에 관해서는 입법정책상의 문제이며, 우리 민법은 토지 및 그 정착물을 부동산으로 한다(제99조 제1항).

1 토 지

(1) 의 의

토지라 함은 일정한 범위의 지면(地面)과 정당한 이익이 있는 범위 내에서 그 상하(공중과 지하)를 포함한다.

동산과 부동산

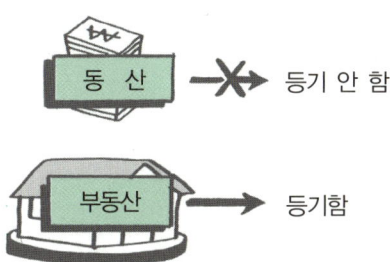
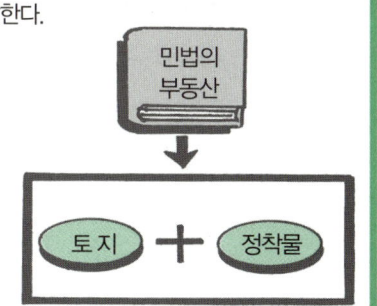

(2) 토지의 개수

토지는 연속하고 있으나 편의상 인위적으로 구분하여 각 구역마다 지적공부에 등록되고 지번이 부여됨으로써 독립한 물건이 되며 토지의 개수는 지적공부상의 필(筆)의 수로 계산한다. 즉 1필의 토지는 1개의 독립한 부동산이 된다.

2 토지의 정착물 ★★★

> 5·20회 출제

(1) 의의

1) 토지의 정착물은 토지에 계속적으로 부착 내지 고착되어 있는 물건으로서 그러한 상태대로 사용되는 것이 그 물건의 거래상의 성질로 인정되는 것이다.
2) 토지의 정착물은 모두 부동산이지만 그 부동산으로서의 취급에는 차이가 있다.
   - 예 ① 독립한 부동산: 건물, 명인방법 또는 등기된 수목
     ② 토지의 일부: 통상의 수목, 교량, 도로의 포장 등

(2) 독립부동산(獨立不動産)

1) 종류
   ① 토지와는 별개의 독립된 부동산으로 취급되는 것이 있는데 건물은 그 전형적인 것이다.
   ② 그 밖에 ㉠「입목에 관한 법률」에 의하여 등기한 수목과 ㉡「입목에 관한 법률」의 적용을 받지 않는 수목의 집단으로서 명인방법을 갖춘 것, ㉢ 명인방법을 갖춘 개개의 수목, ㉣ 명인방법을 갖춘 미분리의 과실, ㉤ 정당한 권원에 의하여 타인의 토지에서 경작·재배한 농작물(제256조 단서) 등은 토지와는 별개의 독립한 부동산이 된다.
   ③ 다만, 판례에 의하면 아무런 권원 없이 타인의 토지에 위법하게 경작한 농작물도 언제나 경작자의 소유에 속하며* 그가 부착하고 있는 토지와는 별개의 독립한 부동산이 된다고 한다(대판 1969.2.18. 68다906).

> * 언제나 경작자의 소유에 속하며
> 명인방법 등 공시가 없어도 경작자의 소유이다.

단락문제 Q4

甲의 토지를 임차한 乙이 이를 丙에게 전대하고 丙은 그 토지에 무단으로 농작물을 재배한 경우 농작물의 소유권은?

① 성숙한 농작물의 소유권은 丙에게 있다.
② 미성숙·성숙농작물 모두 소유권은 丙에게 있다.
③ 미성숙·성숙농작물 모두 소유권은 乙에게 있다.
④ 토지소유자 甲에게 성숙농작물의 소유권이 있다.
⑤ 성숙한 농작물은 甲에게 소유권이 있다.

제4장 권리의 객체

> **해설** 농작물의 소유권 귀속
> ① 권원 없이 타인의 토지를 경작하였더라도 그 입도가 ⊙ 성숙하여 ⓒ 독립한 물건으로서의 존재를 갖추었으면 입도의 소유권은 경작자에게 귀속한다는 것이 판례이다(대판 1979.8.28. 79다784). 따라서 아직 미성숙 단계에서는 그렇지 아니하다. **답** ①

2) 명인방법

명인방법(明認方法)이라 함은 등기나 점유 이외에 관습법상 인정된 물권의 공시방법으로서, ① 수목의 집단이나 미분리과실을 특정하여(목적물의 특정), ② 그 소유권이 누구에게 귀속하는지 밝히므로써(소유자의 명시) 제3자가 명인할 수 있도록 한 것이다.

* **명인**
명백하게 인식

예 수피(樹皮, 나무껍질)를 깎아서 거기에 소유자의 성명을 기재한다든가, 논밭의 주위에 새끼를 둘러치고 소유자의 성명을 표시한 목찰을 세우는 것

> **판례** 부동산에 관한 판례
>
> **① 토지의 개수**
> **토지의 개수는 지적법(현「공간정보의 구축 및 관리 등에 관한 법률」)에 의한 지적공부상의 토지의 필수를 표준으로 하여 결정되는 것**으로 1필지의 토지를 수필의 토지로 분할하여 등기하려면 먼저 지적법이 정하는 바에 따라 분할의 절차를 밟아 지적공부에 각 필지마다 등록이 되어야 하고 지적법상의 분할절차를 거치지 아니하는 한 1개의 토지로서 등기의 목적이 될 수 없다. 설사 등기기록에만 분필의 등기가 실행되었다 하여도 이로써 분필의 효과가 발생할 수 없는 것이므로 결국 이러한 분필등기는 일부동산 일등기용지의 원칙에 반하는 등기로서 무효이다(대판 1990.12.7. 90다카25208).
>
> **② 토지의 구성부분인 토석**
> 일반적으로 토석은 **토석 그 자체의 굴취·채취를 목적으로 하는 경우를 제외하고는 토지와 분리하여 별도로 권리 또는 거래의 객체로 되지 못한다**(대판 1989.6.27. 88다카25861).

 토지의 정착물

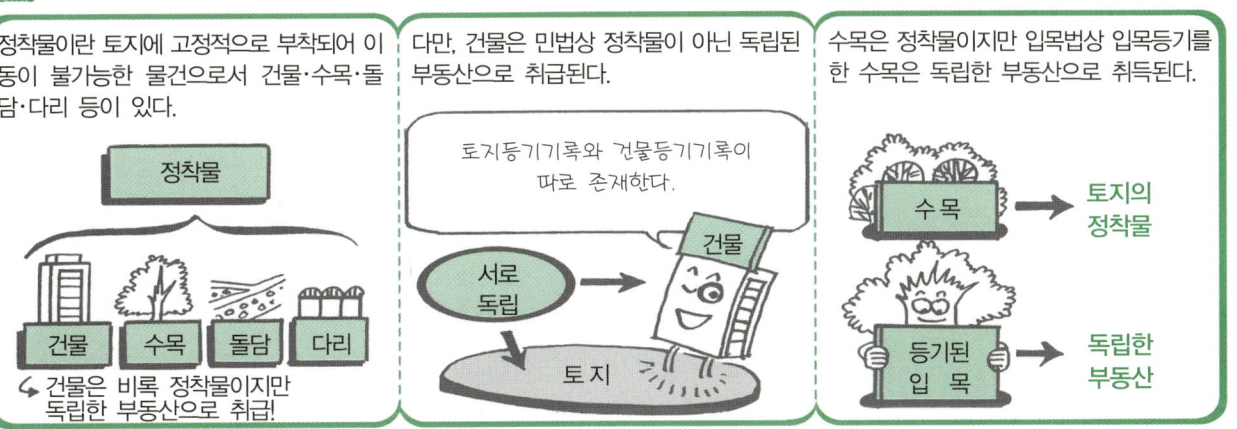

3 **토지의 정착물인 과목(과일나무)**
경매의 대상이 된 토지 위에 생립하고 있는 채무자 소유의 **미등기 과목(果木)은 토지의 구성부분**으로서 토지의 일부로 간주되어 특별한 사정이 없는 한 토지와 함께 경매되는 것이므로 그 과목의 가액을 포함하여 경매대상 토지를 평가하여야 할 것이다(대결 1976.11.24. 76마275).

4 **독립한 건물로 인정받기 위한 요건**
건축주의 사정으로 건축공사가 중단되었던 미완성의 건물을 인도받아 나머지 공사를 마치고 완공한 경우, 그 건물이 공사가 중단된 시점에서 이미 사회통념상 독립한 건물이라고 볼 수 있는 형태와 구조를 갖추고 있었다면 원래의 건축주가 그 건물의 소유권을 원시취득하고, **최소한의 기둥과 지붕 그리고 주벽이 이루어지면 독립한 부동산으로서의 건물의 요건을 갖춘 것이라고 보아야 한다**(대판 2002.4.26. 2000다16350).

5 **건물의 일부에 대한 등기말소 청구 제한**
1동의 건물은 그 전체를 경락허가 대상으로 삼아야 할 것이고 그 일부분을 분리하여 따로 경락허가의 대상으로 삼을 수 없다(대결 1990.10.11. 90마679).

6 **1동의 건물의 일부의 처분 제한**
구분 또는 분할의 등기절차를 밟기 전에는 1동의 건물 일부를 처분하지 못한다(대판 1962.1.31. 4293민상859).

7 **토지의 일부**
일물일권주의의 원칙상, 물건의 일부분, 구성부분에는 물권이 성립할 수 없으므로 구분 또는 분할의 절차를 거치지 아니한 채, 하나의 부동산 중 일부분만에 관하여 따로 소유권보존등기를 경료하거나, 하나의 부동산에 관하여 경료된 소유권보존등기 중 일부분에 관한 등기만을 따로 말소하는 것은 허용되지 아니한다(대판 2000.10.27. 2000다39582).
▷ 토지의 일부를 제3자로부터 취득할 경우 먼저 분할 및 구분절차를 거쳐 보존등기를 한 후 이전등기를 하여야 권리(소유권)를 취득할 수 있다.

8 **독립한 물건으로 인정된 석불**
임야에 있는 자연석을 조각하여 제작한 석불이라도 그 임야의 일부분을 구성하는 것이라고는 할 수 없고 임야와 독립된 소유권의 대상이 된다(대판 1970.9.22. 70다1494).

(3) 비독립부동산(非獨立不動産)
토지로부터의 독립성이 인정되지 않고, 그가 정착하고 있는 토지의 일부로서 취급되어 토지와 법률적 운명을 같이 한다.
예 교량, 돌담, 도로의 포장, 온천수 및 도랑 등

제4장 권리의 객체

02 동 산 ★ 1·7회 출제

1 부동산 이외의 물건 ★

(1) 부동산 이외의 물건은 모두 동산(動産)이다(제99조 제2항). 토지에 부착하는 물건도 정착물이 아닌 것은 동산이다.
  예) 가식(假植)*의 수목
(2) 전기, 기타 관리할 수 있는 자연력이 동산임은 물론이다.
(3) 또한 선박·자동차·항공기·일정한 중기(건설기계) 등은 모두 민법상 동산이지만 특별법에 의해(등기·등록 등을 통하여) 부동산과 같은 취급을 받는 경우가 있다.

2 금전(특수한 동산) ★

(1) **일반 동산과의 차이**
금전은 동산이지만 물건으로서의 개성을 지니지 않는 추상적 가치 그 자체로서 물질적으로 사용·수익하는 일반 동산과는 현저한 차이가 있다.

(2) **법률효과**
금전에는 언제나 소유와 점유가 일치**함으로써 물권적 반환청구권이 인정되지 않고 선의취득***의 대상이 되지 않으며 간접점유****도 인정할 여지가 없다.

> * 가식(假植)
> 임시로 심어 놓은 것
>
> ** 언제나 소유와 점유가 일치
> 따라서 원칙적으로 부당이득반환(제741조)의 문제로 해결
>
> *** 선의취득
> 권리자로서의 외관을 갖추고 있는 자를 권리자로 신뢰하여 권리를 양수한 경우에는 비록 그 양도인이 진정한 권리자가 아니라도 양수인에게 권리취득을 인정하는 제도
>
> **** 간접점유
> 물건을 다른 자가 점유(직접점유)하고 있고, 물건을 반환해달라고 청구할 수 있는 권리를 가진 자의 점유

03 동산·부동산의 법률상 취급의 차이 ★★★ 5회 출제

구 분	동 산	부동산
1) 공시방법	점유 또는 인도	등 기
2) 공신력(공신의 원칙)	동산점유에 공신력 있다.	부동산등기기록에 공신력 없다.
3) 무주물 선점	선점자가 소유권 취득	국 유
4) 부합의 효과	① 주종을 구별할 수 있을 때 : 주된 동산의 소유자가 합성물의 소유권 취득 ② 주종을 구별할 수 없을 경우 : 가액의 비율로 공유	부동산과 동산의 부합 : 부동산 소유자가 언제나 부합한 동산의 소유권취득

1편 민법총칙

구 분	동 산	부동산
5) 물권의 종류	① 질권은 동산에만 성립 ② 점유권, 소유권, 유치권은 동산, 부동산 모두에 성립	지상권, 지역권, 전세권 등 용익물권과 저당권은 부동산에만 성립
6) 점유취득시효기간	① 선의점유취득시효 : 5년 ② 일반점유취득시효 : 10년	① 등기부취득시효 : 10년 ② 일반취득시효 : 20년
7) 환매기간	3년 초과 못함	5년 초과 못함
8) 가 공	타인의 동산에 가공한 경우 원재료의 소유자가 소유권을 취득하는 것이 원칙	×
9) 상린관계	×	○
10) 임대차에서의 대항력	×	△ (등기시 인정)
11) 재판관할권	×	○

단락문제 05
제10회 기출

동산과 부동산의 구별 실익이 없는 경우는?

① 소유권취득의 요건 ② 유치권의 성립 여부
③ 취득시효의 요건 ④ 강제집행의 방법
⑤ 제한물권의 허용범위

해설 동산과 부동산의 구별 실익
① 부동산은 등기(제186조), 동산은 인도(제188조)이다.
② 유치권은 동산, 부동산 모두에 인정된다(제320조).
③ 부동산(제245조), 동산(제246조)
④ 부동산 : 강제경매, 강제관리(민사집행법 제78조), 동산 : 압류(민사집행법 제188조)
⑤ 부동산은 지상권·지역권·전세권·유치권·저당권, 동산은 유치권·질권에 한한다. **답** ②

단락핵심 부동산과 동산의 구별

(1) 부동산의 등기에는 공신력이 인정되지 않지만, 동산의 점유에는 공신력이 인정된다.
 (○)
(2) 무주(無主)의 동산은 소유의 의사로 선점함으로써 소유권을 취득하지만, 부동산은 그렇지 않다.
 (○)
(3) 동산은 질권설정의 목적물이 될 수 있지만, 부동산은 그렇지 않다. (○)
(4) 유치권은 동산과 부동산 모두에 대하여 발생할 수 있다. (○)

제4장 권리의 객체

제4절 주물과 종물 6·12·16회 출제

제100조(주물, 종물) ① 물건의 소유자가 그 물건의 상용에 공하기 위하여 자기소유인 다른 물건을 이에 부속하게 한 때에는 그 부속물은 종물이다.
② 종물은 주물의 처분에 따른다.

1 의 의* 9회 출제

어떤 물건의 소유자가 자기가 소유하고 있는 다른 물건을 언제나 그 물건에 **부속***시켜서 사용하는 경우에 그 부속시킨 물건을 종물, 그 주가 되는 물건을 주물이라고 한다.

예 배와 노, 자물통과 열쇠, 칠판과 지우개 등

* 부속
그 물건의 개성을 잃고 다른 물건의 일부가 되는 부합에 이르지 않을 정도로 결합한 상태

2 종물의 요건** 7·13·18·19·20·21회 출제

(1) 종물은 주물의 경제적 효용을 높이는 기능을 하여야 한다. 즉, 종물은 주물의 상용(常用)에 이바지해야 한다.

> **판례** '주물의 상용에 이바지한다'는 의미
> 종물은 주물의 상용에 이바지하는 관계에 있어야 하고, **주물의 상용에 이바지한다** 함은 주물 그 자체의 경제적 효용을 다하게 하는 것을 말하는 것으로서 주물의 소유자나 이용자의 상용에 공여되고 있더라도 주물 그 자체의 효용과 직접 관계가 없는 물건은 종물이 아니다 (대판 1997.10.10. 97다3750).

(2) 주물에 부속시킨 것으로 인정할만한 정도의 장소적 관계가 있어야 한다.
(3) 종물은 주물로부터 독립한 물건이어야 한다. 따라서 주물에 부합한 물건은 주물의 일부에 불과할 뿐 종물이 될 수 없다.
(4) 주물과 종물은 동일한 소유자에 속하여야 한다. 주물과 다른 사람의 소유에 속하는 물건은 종물이 될 수 없다(대판 2008.5.8. 2007다36933·36940).
(5) 동산, 부동산 모두 종물이 될 수 있다.

Professor Comment
종물의 요건 4가지 암기방법
ⓘ일한 소유자, ⓓ립한 물건, ⓢ용에 이바지, ⓟ소적 밀접성

> **Key Point** 판례상 종물에 해당하는지 여부
>
> 1) **종물성 인정**
>   백화점건물의 지하 2층 기계실에 설치되어 있는 전화교환설비, 횟집으로 사용할 점포건물에 거의 붙여서 횟감용 생선을 보관하기 위하여 신축한 수족관, 본채에서 떨어져 축조되어 있는 낡은 가재도구 등의 보관장소로 사용되고 있는 방과 연탄창고 및 공동변소, 주유소건물에 대한 주유소의 주유기, 어선의 의장품 등은 종물성을 인정하였다.
> 2) **종물성 부인**
>   호텔의 각 방실에 시설된 텔레비전, 전화기, 호텔세탁실에 시설된 세탁기, 탈수기, 드라이크리닝기, 호텔주방에 시설된 냉장고, 제빙기, 호텔방송실에 시설된 VTR, 앰프 등은 '상용'에 공한다고 보기 어렵고, 건물의 정화조, 주유소의 유류저장탱크 등은 독립한 물건으로 보기 어려워 종물성을 부정한다.

3 종물의 효과*
`14·17·22회 출제`

(1) 종물은 주물의 처분에 따른다(제100조 제2항).
(2) 주물 위에 저당권이 설정되면, 저당권 설정 당시의 종물 뿐 아니라 설정 후의 종물에도 저당권의 효력이 미친다(제358조).
(3) 제100조 제2항은 강행규정이 아닌 임의규정으로 당사자는 반대의 특약을 할 수 있다.
(4) 주물·종물의 이론은 물건 상호간의 관계뿐만 아니라 권리 상호 간에도 성립할 수 있으며, 이때에는 제100조의 규정이 유추적용된다.

> * **강행규정**
> 법이 반드시 준수하기를 강제하는 규정으로 사자의 의사에 의해서 그 적용을 부정할 수 없는 규정이다.

> **판례** 주된 권리와 종된 권리관계에 대한 제100조 제2항의 유추적용
>
> 제100조 제2항의 종물과 주물의 관계에 관한 법리는 물건 상호 간의 관계뿐 아니라 권리 상호 간에도 적용되고, 위 규정에서의 처분은 처분행위에의 권리변동뿐 아니라 주물의 권리관계가 압류와 같은 공법상의 처분 등에 의하여 생긴 경우에도 적용되어야 하는 점, 저당권의 효력이 종물에 대하여도 미친다는 제358조 본문 규정은 같은 법 제100조 제2항과 이론적 기초를 같이하는 점, 집합건물의 소유 및 관리에 관한 법률 제20조 제1항·제2항에 의하면 구분건물의 대지사용권은 전유부분과 종속적 일체불가분성이 인정되는 점 등에 비추어 볼 때, 구분건물의 전유부분에 대한 보존등기가 경료되고 대지지분에 대한 등기가 경료되기 전에 전유부분만에 대하여 내려진 가압류결정의 효력은, 대지사용권의 분리처분이 가능하도록 규약으로 정하였다는 등의 특별한 사정이 없는 한, 종된 권리인 그 대지권에까지 미친다(대판 2006.10.26. 2006다29020).
> 원본채권이 양도된 경우 이미 변제기에 도달한 이자채권은 원본채권의 양도당시 그 이자채권도 양도한다는 의사표시가 없는 한 당연히 양도되지는 않는다(대판 88다카12803).

제4장 권리의 객체

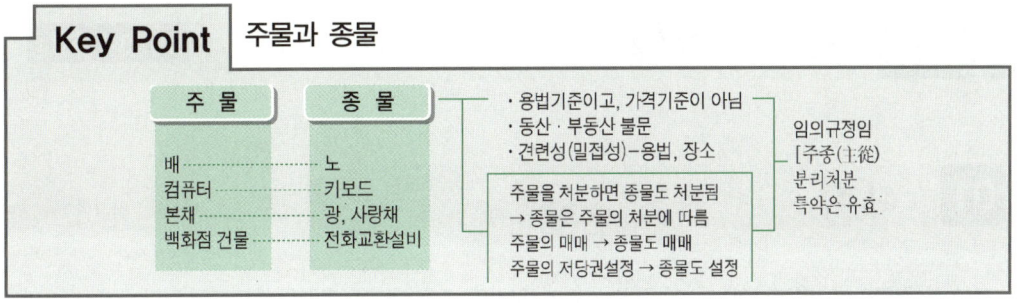

Key Point 주물과 종물

단락문제 Q6
제23회 기출

주물과 종물에 관한 설명으로 옳지 <u>않은</u> 것은? (다툼이 있으면 판례에 따름)

① 주물 그 자체의 효용과 직접 관계가 없는 물건은 종물이 아니다.
② 원본채권이 양도되면 특별한 사정이 없는 한 이미 변제기에 도달한 이자채권도 함께 양도된다.
③ 당사자가 주물을 처분하는 경우 특약으로 종물을 제외할 수 있고 종물만을 별도로 처분할 수도 있다.
④ 저당부동산의 상용에 이바지하는 물건이 다른 사람의 소유에 속하는 경우 그 물건에는 원칙적으로 부동산에 대한 저당권의 효력이 미치지 않는다.
⑤ 토지임차인 소유의 건물에 대한 저당권이 실행되어 매수인이 그 소유권을 취득한 경우 특별한 사정이 없는 한 건물의 소유를 목적으로 한 토지임차권도 건물의 소유권과 함께 매수인에게 이전된다.

해설 주물과 종물

① (○) 종물은 주물의 상용에 이바지한다 함은 주물 그 자체의 경제적 효용을 다하게 하는 것을 말하는 것이다(대판 97다3750).
② (×) 원본채권이 양도된 경우 이미 변제기에 도달한 이자채권은 원본채권의 양도당시 그 이자채권도 양도한다는 의사표시가 없는 한 당연히 양도되지는 않는다(대판 88다카12803).
③ (○) 제100조 제2항은 임의규정
④ (○) 그 부동산의 상용에 공하여진 물건일지라도 그 물건이 부동산의 소유자가 아닌 다른 사람의 소유인 때에는 이를 종물이라고 할 수 없으므로 부동산에 대한 저당권의 효력에 미칠 수 없다(대판 2007다36933, 36940).
⑤ (○) 제100조 제2항 유추적용

답 ②

단락핵심 주물과 종물

(1) 주물과 종물 사이에는 밀접한 장소적 관련성이 있어야 한다. (○)
(2) 종물은 독립한 물건이어야 하며 동산이든 부동산이든 관계없다. (○)
(3) 건물에 인접한 대지의 지하에 매설된 정화조는 건물의 종물이다. (×)
(4) 주물·종물에 관한 규정은 권리 상호간에는 유추 적용될 수 없다. (×)
(5) 주물에 저당권이 설정된 경우 저당권 설정 후에 종물이 된 물건에도 저당권의 효력이 미친다. (○)
(6) 종물은 주물의 처분에 따르는 것이 원칙이지만 종물만 따로 처분하기로 하는 약정도 유효하다. (○)

제5절 원물과 과실

`9·19회 출제`

01 의의

> **제101조(천연과실, 법정과실)** ① 물건의 용법에 의하여 수취하는 산출물은 천연과실이다.
> ② 물건의 사용대가로 받는 금전 기타의 물건은 법정과실로 한다.
> **제102조(과실의 취득)** ① 천연과실은 그 원물로부터 분리하는 때에 이를 수취할 권리자에게 속한다.
> ② 법정과실은 수취할 권리의 존속기간일수의 비율로 취득한다.

어떤 물건에서 생기는 경제적 수익을 과실이라고 부르고, 그 과실을 낳게 하는 물건을 원물이라고 부른다.

예) 젖소의 젖(우유), 사과나무의 사과, 소의 새끼, 주택의 임대료 등

02 종류★★

1 천연과실

(1) 의의

천연과실은 원물을 물건의 용법에 의하여 사용함으로써 천연적으로 얻게 되는 과실이다.

원물과 과실

(2) 미분리의 천연과실

명인방법을 갖춘 경우에 한하여 독립성이 인정되어 독립한 소유권의 객체가 된다.

Professor Comment

> 명인방법(明認方法)이라 함은 등기나 점유 이외에 관습법상 인정되는 물건의 공시방법으로서, ❶ 대상인 수목의 집단 등이 특정되고 ❷ 소유자를 명시할 것이 요구된다.

2 법정과실   1·5·6·18회 출제

(1) 법정과실은 원물을 타인에게 사용시킨 대가로서 얻는 과실이다.
(2) 법정과실은 물건의 사용대가로 받는 금전 기타 물건임을 전제로 한다.
> 예 부동산을 임대하고 받는 차임, 지료 등

(3) 금전사용의 대가인 이자는 법정과실로 해석한다.
(4) 민법은 물건의 과실을 인정할 뿐, 권리의 과실은 인정하지 않는다. 따라서 주식의 배당금, 특허권의 사용료 등은 법정과실이 아니다. 또한, 원물 사용의 대가로 받는 권리나 원물이 없는 노동의 대가*, 원물사용의 대가를 받을 수 있는 권리**도 법정과실이 아니다.

* 원물이 없는 노동의 대가
노임

** 원물사용의 대가를 받을 수 있는 권리
차임청구권·이자청구권

3 과실에 준하는 사용이익

(1) 통설과 판례는 물건을 현실적으로 사용하여 얻는 이익인 사용이익을 과실에 준하는 것으로 해석한다.
(2) 즉, 제201조 제1항에 의하면 선의의 점유자는 점유물의 과실을 취득한다고 규정하고 있는바, 건물을 사용함으로써 얻는 이득***은 그 건물의 과실에 준하는 것이므로, 선의의 점유자는 비록 법률상 원인 없이 타인의 건물을 점유·사용하고 이로 말미암아 그에게 손해를 입혔다 하더라도 그 점유·사용으로 인한 이득을 반환할 의무는 없다****(대판 1996.1.26. 96다44290)고 한다.

*** 건물을 사용함으로써 얻는 이득
토지도 동일

**** 그 점유·사용으로 인한 이득을 반환할 의무는 없다
선의점유자에게는 과실수취권이 인정되기 때문

03 과실의 수취권자   16회 출제

1 과실의 귀속

천연과실은 그 원물로부터 분리하는 때에 이를 수취할 권리자(수취권자)에게 속하고, 법정과실은 수취할 권리의 존속기간일수의 비율로 취득한다(제102조).

1편 민법총칙

2 과실의 수취권자

(1) 과실을 수취할 권리자는 사용·수익의 권능을 가진 자를 의미하며 구체적으로는 소유자, 지상권자, 전세권자, 임차인, 임치인, 친권자, 유증의 수증자 등이 이에 속한다.

(2) 그 밖에 선의의 점유자는 과실수취권이 인정되고(제201조), 유치권자나 질권자, 저당권자는 사용·수익권능은 없으나 일정한 요건 하에 과실을 자신의 변제에 충당할 수 있다(제323조, 제343조, 제359조).

(3) 문제가 되는 사례

 1) 목적물이 양도되는 경우 인도 전에는 양도인에게 과실이 귀속되나(제587조), 매매의 경우 매수인이 매매대금을 모두 지급한 이후에는 매수인에게 과실이 귀속된다(대판 1993.11.9. 93다28928).

 2) 양도담보의 경우에는 과실은 양도담보설정자에게 귀속된다(대판 1996.9.10. 96다25463).

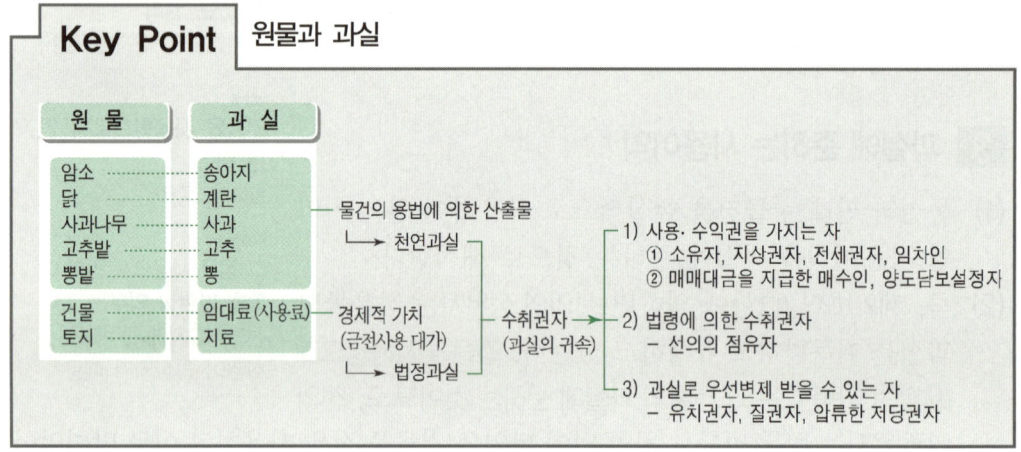

Key Point 원물과 과실

단락핵심 과실 및 수취권자

(1) 임금은 법정과실이 아니다. (○)
(2) 임야에서 채취한 석재(石材)는 천연과실이라 볼 수 없다. (×)
(3) 선의의 점유자가 건물을 사용함으로써 얻은 이익은 그 건물의 과실에 준한다. (○)
(4) 천연과실은 원물로부터 분리되는 때의 수취권자에게 귀속되며, 당사자 사이의 약정으로 이를 변경시킬 수 없다. (×)
(5) 국립공원의 입장료는 민법상 과실로 볼 수 있다. (×)

CHAPTER 05 권리변동

학습포인트

- 이 장에서는 법률행위에 관한 내용을 서술한다. 법률행위의 의의와 법률행위의 목적의 유효요건으로서 확정성·가능성·적법성·사회적 타당성, 법률행위의 해석, 의사표시, 법률행위의 대리, 법률행위의 무효와 취소, 법률행위의 부관으로서 조건과 기한의 순으로 서술하고 있다.
- 시험에서 출제되는 중요한 포인트는 다음과 같으나, 전체적으로 출제비중이 높으므로 빠짐없이 공부할 필요가 있다.
  1) 사회질서 위반행위(제103조)와 불공정한 법률행위(제104조)
  2) 선의의 제3자 보호규정·착오에서 '중요한 부분'의 의미 및 제3자의 사기·강박에 의한 의사표시
  3) 대리에서는 현명주의·복임권·표현대리 및 무권대리
  4) 무효와 취소 중에는 무효와 취소사유의 구별·유동적인 무효·무효행위의 추인·전환 그리고 취소권자·취소할 수 있는 법률행위의 (법정)추인, 조건의 종류·조건과 기한에 친하지 않은 법률행위

CHAPTER 학습 & 출제되는 키워드

- ☑ 법률요건과 법률사실
- ☑ 법률행위의 목적
- ☑ 법률행위의 해석
- ☑ 통정허위표시
- ☑ 법률행위의 대리
- ☑ 복대리
- ☑ 유동적 무효
- ☑ 정지조건과 해제조건

- ☑ 출연행위와 비출연행위
- ☑ 확정성·가능성·적법성
- ☑ 사실인 관습
- ☑ 착오로 인한 의사표시
- ☑ 대리권의 수여
- ☑ 무권대리
- ☑ 무효행위의 전환과 추인
- ☑ 기 한

- ☑ 성립요건과 효력요건
- ☑ 사회적 타당성·불공정거래행위
- ☑ 비진의 표시
- ☑ 의사표시의 효력발생시기
- ☑ 자기계약과 쌍방대리
- ☑ 표현대리
- ☑ 취소권
- ☑ 기한이익의 상실과 포기

CHAPTER 학습 & 출제되는 질문

- ☑ 권리변동의 모습에 대한 연결이 틀린 것은?
- ☑ 효력규정인 강행규정에 관한 설명 중 틀린 것은?
- ☑ 반사회질서의 법률행위에 속하지 않는 것은?
- ☑ 법률행위 내용의 중요부분에 대한 착오로 인정되지 않는 것은?
- ☑ 권한을 넘은 표현대리에 관한 설명 중 틀린 것은?
- ☑ 토지거래허가 구역 내의 토지를 매수한 자의 권리행사에 대하여 타당한 것은?
- ☑ 다음은 취소에 대한 설명이다. 틀린 것은?
- ☑ 다음 중 기한의 이익을 상실한 자가 아닌 것은?

1편 민법총칙

제1절 개 관 　　　　3회 출제

01 권리변동의 의의

권리변동이란 권리의 발생·변경·소멸을 의미하며 이러한 권리의 발생·변경·소멸의 변동이 생기게 하는 일정한 원인을 법률요건이라고 하고, 이러한 법률요건을 이루는 구성요소를 법률사실이라 한다.
> 예 청약과 승낙이라는 법률사실은 계약이라는 법률요건을 만들고, 이러한 법률요건이 갖추어짐에 따라 일정한 법률효과가 발생하는 것이다.

02 권리변동의 모습★★ 　　　　5·11회 출제

1 권리의 발생

(1) 원시취득

원시취득은 어떠한 권리가 타인의 권리에 기초하지 않고 특정인에게 새롭게 발생하는 것을 말한다.
> 예 건물의 신축·선의취득·시효취득·무주물선점·유실물습득·매장물발견 등

Professor Comment
> 시계를 점유하고 있는 甲이 그 시계를 乙에게 매도한 경우 ❶ 甲이 그 시계의 소유권자라면 乙은 甲의 소유권을 기초로 하여 그 권리를 이전받는다. 반면에 ❷ 甲이 시계에 대한 소유권은 없고 단순히 점유한 것에 불과한 경우에는 甲의 권리를 이전받을 수 없고 단지 선의취득규정(제249조) 등의 법정요건을 갖추어 법률규정에 의해 소유권을 취득할 수 있을 뿐이다. 이 때 ❶이 승계취득이고, ❷가 원시취득에 해당한다.

(2) 승계취득★★ 　　　　13·21회 출제

승계취득은 다른 사람이 가지고 있는 기존의 권리를 특정인이 취득하는 것을 말한다. 승계취득은 이전적 승계와 설정적 승계로 나누어진다.

Professor Comment
> 주의할 점은 권리의 승계취득은 전소유자의 권리에 기인하여 어떤 자가 권리를 승계하는 것이므로 후(後)소유자는 전(前)소유자가 가지고 있던 권리 이상의 권리를 취득할 수 없다.

1) 이전적 승계

① **의의**: 이전적 승계라 함은 권리의 동일성이 유지되면서 그 주체만 바뀌는 경우로서 종전의 권리자는 권리를 상실하고 새로운 권리자가 권리를 취득하게 된다.

② **분류**: 이전적 승계는 하나의 권리취득원인에 의해서 다수의 권리를 포괄적으로 취득하는 포괄승계와 개개의 권리가 개개의 취득원인에 의해서 취득되는 특정승계가 있다.

> **예** ① 포괄승계의 예
>
> 토지, 건물, 보석을 소유하고 있는 甲이 사망한 경우 乙이 상속인이라면 상속이라는 하나의 권리취득원인에 의하여 乙은 甲에게 속하였던 토지, 건물, 보석에 대한 소유권을 일거에 취득하는 바, 이를 포괄승계라고 하며, 상속(제1005조), 포괄유증(제1078조), 회사의 합병(상법 제174조) 등이 이에 속한다.
>
> ② 특정승계의 예
>
> 乙이 토지매수인이라면 토지매매계약이라는 개별적인 취득원인에 의하여 토지소유권이라는 특정의 권리를 취득하므로 이를 특정승계라고 하며, 매매(제563조), 증여(제554조), 교환(제596조) 등 개개의 개별적 계약이 이에 속한다.

원시취득과 승계취득

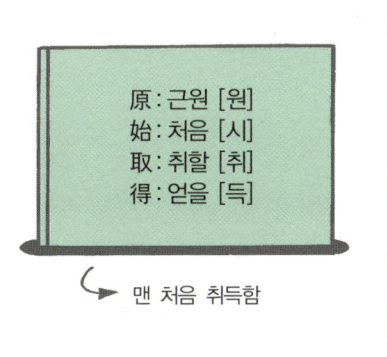

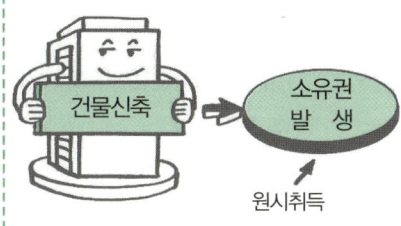

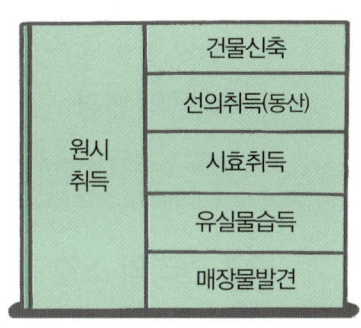

판례 경매에 의한 물권의 취득

경매절차에서의 매수인은 경매부동산을 승계취득하는 데 불과하므로 그 부동산의 진정한 소유자에게는 대항할 수 없다(대판 2013도459)

2) 설정적 승계

설정적 승계라 함은 구권리자는 그 권리를 그대로 유지하면서 그 권리의 일부에 대하여 별개의 새로운 권리를 설정하여 신권리자에게 그 권리를 취득시키는 경우를 말한다.

예) 타인의 토지위에 지상권을 취득하는 경우

2 권리의 변경**

권리의 변경이라 함은 권리가 동일성을 잃지 않고 주체·내용·작용이 변경되는 경우를 말한다.

(1) 주체의 변경

주체의 변경이라 함은 권리가 다른 주체로 승계됨을 의미한다. 이를 새로운 주체측에서 보면 권리의 이전적 취득이 된다.

(2) 내용의 변경**

1) 질적 변경

물건의 인도를 목적으로 하는 채권이 이행불능인 경우에 손해배상청구권으로 변경되는 경우처럼 권리의 내용이 질적으로 변경되는 경우를 말한다.

2) 양적 변경

채권의 일부변제로 인한 채권액의 감소, 물건의 부합 또는 일부멸실에 의한 소유권의 증감 등을 들 수 있다.

(3) 작용의 변경

순위상승의 원칙에 의하여 1번 저당권이 소멸한 때에 2번 저당권의 순위가 상승하여 저당권 순위가 변경되는 경우 등을 말한다.

3 권리의 소멸

권리의 소멸은 어떠한 원인에 의하여 권리가 주체로부터 이탈하는 경우이다. 이에는 상대적 소멸과 절대적 소멸이 있다.

(1) 상대적 소멸

상대적 소멸은 권리 자체는 소멸하지 않고 권리주체에 변경이 있는 경우이다. 권리의 이전적 승계의 경우에 권리자체는 소멸하지 않으나 권리주체의 변경이라는 면에서 종전권리자의 입장에서 보면 권리의 상대적 소멸이 있게 된다.

예) 매매로 인하여 매도인이 물건의 소유권을 상실하는 경우

(2) 절대적 소멸

절대적 소멸이라 하는 것은 기존의 권리 자체가 소멸하는 경우이다.

예) 물건의 멸실로 인한 소유권의 소멸

제5장 권리변동

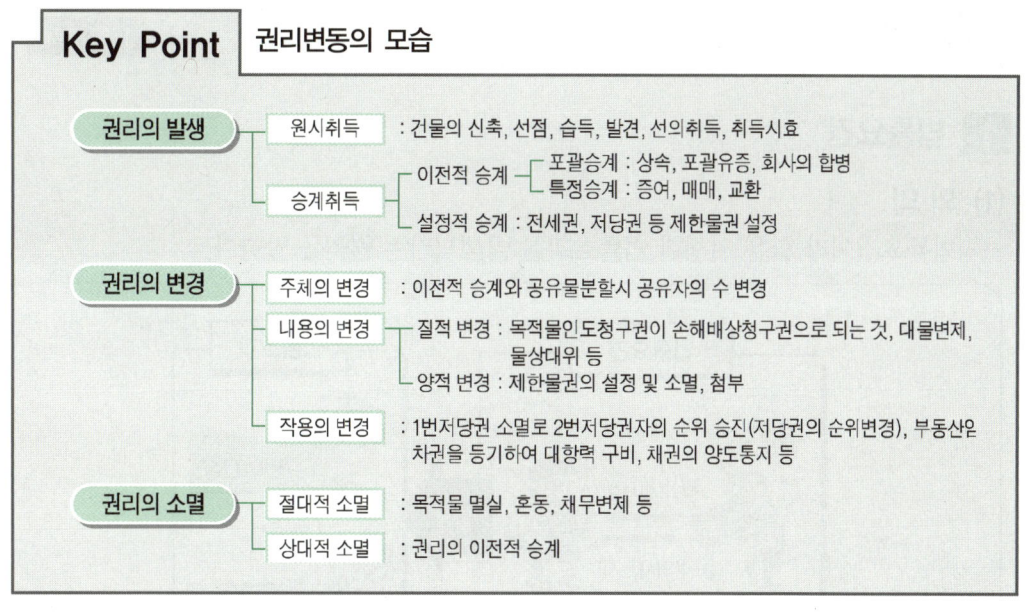

단락문제 Q1

권리의 원시취득 사유에 해당하지 않는 것을 모두 고른 것은? (다툼이 있으면 판례에 의함)

㉠ 무주물인 동산의 선점	㉡ 피상속인의 사망에 의한 상속
㉢ 회사의 합병	㉣ 시효취득
㉤ 건물의 신축	

① ㉠, ㉡
② ㉡, ㉢
③ ㉢, ㉣
④ ㉡, ㉢, ㉣
⑤ ㉢, ㉣, ㉤

해설 권리의 원시취득
권리의 원시취득사유는 사실에 기인한 것으로는 건물의 신축, 부합, 혼화, 가공, 발견, 선점 등이 있으며, 법률상 인정되는 것으로는 동산의 선의취득, 동산과 부동산의 시효취득 등이 있다. 사안의 경우 ㉠, ㉣, ㉤이 원시취득에 해당하며, ㉡과 ㉢은 승계취득에 해당한다. **답** ②

03 법률요건과 법률사실

15회 출제

1 법률요건★

(1) 의 의
법률요건이라 함은 일정한 법률효과를 발생시키는 원인을 말한다.

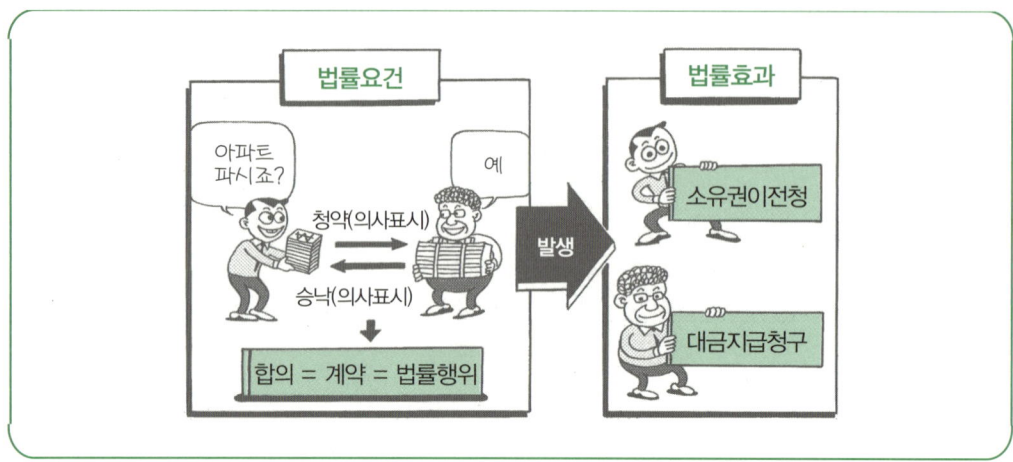

(2) 민법상으로 권리변동을 일으키게 하는 원인인 법률요건

1) **법률행위**

   법률행위는 일정한 법률효과의 발생을 목적으로 하는 하나 또는 수 개의 의사표시를 필수적인 구성요소로 하는 법률요건이다.

2) **법률행위 이외의 경우**

   법률행위 이외의 법률요건은 법률의 규정에 의하여 그 효과가 발생되는 것으로서 예컨대 시효취득, 소멸시효, 혼동, 무주물선점, 유실물습득, 매장물발견, 첨부, 상속, 불법행위, 부당이득, 사무관리 등을 들 수 있다.

 법률요건과 법률사실

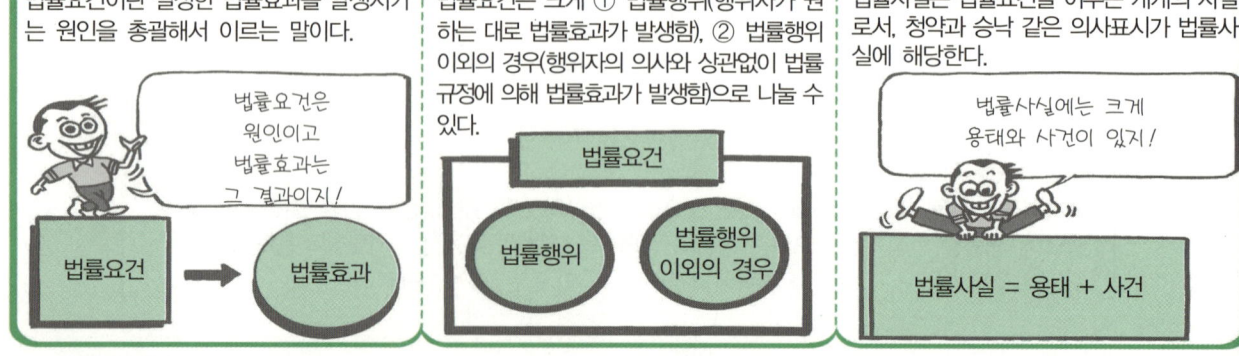

제5장 권리변동

단락핵심   법률요건

(1) 법률요건은 법률행위의 성립요건이나 유효요건과 다른 개념이다. (O)
(2) 법률요건은 원인이고 법률효과는 그 결과이다. (O)
(3) 일정한 법률효과를 발생케 하는 사실을 총괄해서 법률요건이라고 한다. (O)
(4) 법률행위가 효력요건을 갖추지 않더라도 당사자가 의도한 법률효과는 발생한다. (×)
 ⇒ **효력요건을 갖추어야 당사자가 의도한 법률효과가 발생한다.**
(5) 준법률행위는 법률요건이 될 수 있다. (O)

2 법률사실★★   8·17회 출제

(1) 의의

1) 법률요건은 법률사실로 구성되어 있는데, 여기서 법률사실이라 함은 법률요건을 구성하는 개개의 사실을 말한다. 법률사실은 크게 용태와 사건으로 구분된다.

2) 예컨대, 부동산매매계약에서 매도인은 부동산소유권이전의무가 있고 매수인은 매매대금지급의무가 있다(제568조). 여기서 매도인의 소유권이전의무와 매수인의 대금지급의무는 법률효과에 해당하고 이러한 법률효과를 일으키게 된 원인인 매매계약은 법률요건인 법률행위에 해당하고 법률행위를 구성하는 매도인의 의사표시와 매수인의 의사표시*는 법률사실에 해당한다.

     * **매도인의 의사표시와 매수인의 의사표시**
         청약과 승낙

3) 법률요건은 계약에 있어서의 청약과 승낙처럼 2개 이상의 법률사실로 구성되기도 하고 채무의 면제(제506조)에서의 채권자의 일방적인 의사표시처럼 하나의 법률사실로 구성되기도 한다.

(2) 용태(容態)

사람의 정신작용에 기인한 행위를 용태라 한다. 용태는 의사가 외부에 나타나는 것과 내심의 의식에 지나지 않아 나타나지 않는 내부적 용태로 나누어진다.

1) **외부적 용태**

법적 평가에 따라 적법행위와 위법행위로 나뉜다. 적법행위에는 다음과 같은 경우가 있다.

① 법률행위의 구성요소로서의 의사표시 　　　　　　　　　　　　5회 출제

의사표시라 함은 일정한 법률효과를 발생시키려는 의사를 외부로 표시하는 법률사실로서 법률행위의 불가결의 필수적인 요소이다. 따라서 법률행위는 의사표시를 구성요소로 하는 법률요건이 된다.

② 준법률행위★★★ 　　　　　　　　　　　　　　　　　　10·24회 출제

준법률행위라 함은 의사적 요소를 포함하나, 당사자의 의사에 기하여 법률효과가 인정되는 것이 아니고 당사자의 의사와는 무관하게 법률의 규정에 의하여 법률효과를 발생케 하는 행위를 말한다. 이는 다시 표현행위와 비표현행위인 사실행위로 나누어진다.

㉠ 표현행위 : 일정한 의식내용의 표현을 본질로 하는 행위로서 그 표현행위에 기인하여 법률효과가 발생하는 행위를 말한다. 이는 다시 3가지로 나누어진다.

구 분	종 류	
의사의 통지 (자기의 의사를 타인에게 알리는 것)	ⓐ 변제수령의 거절 ⓒ 채권신고의 최고 ⓔ 무권대리인의 상대방의 최고 ⓖ 제한능력자의 상대방의 거절	ⓑ 채무이행의 최고 ⓓ 제한능력자의 상대방의 최고 ⓕ 해제권행사 여부의 최고 ⓗ 선택채권에서 선택의 최고
관념의 통지 (어떤 사실을 알리는 것)	ⓐ 대리권수여의 통지 ⓒ 사원총회 소집의 통지 ⓔ 승낙 연착의 통지 ⓖ 사무관리의 상황보고 ⓘ 시효중단사유인 승인	ⓑ 공탁의 통지 ⓓ 채권양도의 통지 ⓕ 채무의 승인 ⓗ 채권양도의 승낙
감정의 표시	ⓐ 증여자의 용서	ⓑ 배우자의 용서

Professor Comment

의사의 통지와 관념의 통지의 구별은 출제가능성이 있다. 최고·거절은 주로 의사의 통지이고, 통지·승인은 주로 관념의 통지이다. 그 외에는 암기를 요한다.

㉡ 비표현행위 : 사실행위라고도 하는데 순수사실행위와 혼합사실행위가 이에 해당한다.

구 분	의 의	종 류
순수사실행위	순수사실행위라 함은 외부적·사실적 결과의 발생만 있으면 이에 대하여 법률이 일정한 효과를 부여하는 경우를 말한다.	ⓐ 매장물 발견 ⓑ 주소의 설정 ⓒ 가 공 ⓓ 발 명 ⓔ 유실물 습득
혼합사실행위	혼합사실행위라 함은 외부적·사실적 결과의 발생 이외에 일정한 의식내용까지 필요로 하는 행위를 말한다.	ⓐ 사무관리 ⓑ 부부의 동거 ⓒ 선 점 ⓓ 물건의 인도 ⓔ 점유의 취득 및 상실 ⓕ 질물반환에 의한 질권의 소멸

제5장 권리변동

2) 내부적 용태
외부에 나타나지 않는 정신적 작용으로 관념적 용태와 의사적 용태가 있다.

① **관념적 용태** : 일정한 사실에 관하여 **관념 또는 인식***이 있는가에 대한 내심적 의식을 말한다.
> 예 선의·악의·신뢰 등

② **의사적 용태** : 어떤 사람이 **일정한 의사****를 가지고 있느냐에 대한 내심적 의식을 말한다.
> 예 소유의 의사, 제3자의 변제에 있어서의 채무자의 허용·불허용 등

* **관념 또는 인식**
  알고 있는지 여부(知·不知)

** **일정한 의사**
  知·不知 외에 일정한 행위를 하려는 의지를 포함

(3) 사 건
사람의 정신작용을 요소로 하지 않는 법률사실로서 법이 일정한 효과를 인정하고 있는 것을 말한다.
> 예 사람의 출생과 사망, 심신상태, 실종, 시간의 경과인 소멸시효·제척기간·취득시효, 혼동, 부당이득, 첨부, 혼화 등

단락문제 02 제10회 기출

준법률행위가 아닌 것은?

① 취소할 수 있는 법률행위의 추인
② 사원총회의 소집통지
③ 시효중단사유인 채무의 승인
④ 승낙연착의 통지
⑤ 이혼청구권을 소멸시키는 사후용서

해설 준법률행위
① 추인은 법률행위이다.
②, ③, ④ 관념의 통지에 해당하며 준법률행위이다.
⑤ 감정의 표시에 해당하며 준법률행위이다.

답 ①

1편 민법총칙

단락문제 03

甲은 乙에게 자동차를 500만원에 사라고 청약하고 乙이 이를 승낙하면 매매계약이 성립하며, 甲에게는 매매대금지급청구권이, 乙에게는 소유권이전청구권이 발생한다. 이 경우 다음 설명 중 올바른 것은?

① 청약, 승낙과 매매는 법률요건이며, 매매대금지급청구권과 소유권이전청구권은 법률효과이다.
② 청약, 승낙과 매매는 법률사실이며, 매매대금지급청구권과 소유권이전청구권은 법률효과이다.
③ 청약, 승낙은 법률사실이고, 매매는 법률요건이며, 매매대금지급청구권과 소유권이전청구권은 법률효과이다.
④ 청약, 승낙은 법률요건이고, 매매는 법률사실이며, 매매대금지급청구권과 소유권이전청구권은 법률효과이다.
⑤ 청약과 승낙은 의사표시이고, 매매는 법률사실이며, 매매대금지급청구권과 소유권이전청구권은 법률효과이다.

해설 법률요건

1) 일정한 법률효과를 발생시키는 전제조건을 총괄해서 법률요건이라 하며, 법률요건을 구성하는 개개의 사실을 법률사실이라 한다. 매매는 청약과 승낙이라는 두개의 법률사실로 구성되는 법률요건(법률행위로서 쌍무계약의 전형)으로서, 쌍방에 매매대금지급청구권과 소유권이전청구권의 발생이라는 법률효과를 가져온다.
2) 청약(법률사실)+승낙(법률사실) ⇒ 매매계약(법률요건) ⇒ 대금지급청구권과 소유권이전청구권(법률효과)

답 ③

단락핵심 법률사실

(1) 변제수령을 거절하는 것은 관념의 통지이다. (×)
(2) 대리권이 수여된 사정을 통지하는 것은 의사의 통지이다. (×)
(3) 사람의 출생과 사망은 당사자의 의사와 무관하지만 법률요건이 될 수 있다. (○)

제2절 법률행위

제1관 서설

01 법률행위일반 ★★

1 법률행위의 의의   〔7회 출제〕

법률행위란 일정한 법률효과의 발생을 목적으로 하는 하나 또는 수 개의 의사표시를 필수적인 구성요소로 하는 법률요건이다.

2 법률행위의 종류   〔2·4·10·17회 출제〕

법률행위는 의사표시의 모습에 따라 단독행위, 계약, 합동행위로 나누어지고, 어떠한 법률효과를 발생하느냐에 따라 채권행위, 물권행위, 준물권행위로 구별된다.

법률행위

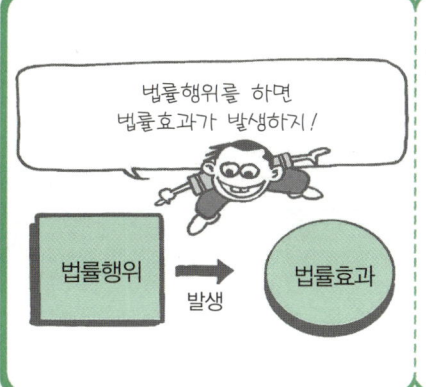

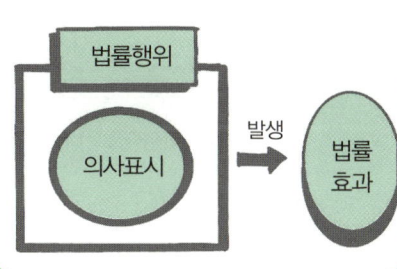

1편 민법총칙

(1) 요식 여부에 따른 분류   2·4회 출제

1) **요식행위**
   서면·공증(公證)·관청에의 신고 등 일정한 방식에 의하여야 그 효력이 인정되는 법률행위를 말한다.
   > 예 법인의 설립행위, 보증계약, 유언, 혼인, 입양, 어음행위, 수표행위 등

2) **불요식행위**
   특별한 방식이 요구되지 않는 법률행위를 말한다. 법률행위는 불요식행위인 것이 원칙이다.

(2) 의사표시의 모습에 따른 분류★★   13회 출제

1) **단독행위**   1·4·19·20·21·24회 출제

   행위자 한 쪽의 일방적 의사표시로 성립하는 법률행위이다.
   > 예 1) 상대방 있는 단독행위 : 면제, 상계, 최고, 동의, 철회, 추인, 취소, 해제, 해지 등
   >   2) 상대방 없는 단독행위 : 유언, 상속의 포기, 소유권의 포기, 재단법인 설립행위 등

 단독행위

 단독행위란 행위자 1인의(단독으로) 1개의 의사표시로 성립하는 법률행위를 말한다.	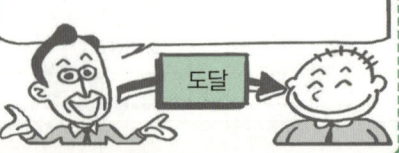 상대방 있는 단독행위는 상대방에게 도달해야만 효력이 발생한다. 상대방 있는 단독행위에는 채무면제·상계·취소·해제·동의·철회·추인·대리권수여 등이 있다.	 상대방 없는 단독행위는 상대방이 없으므로 의사표시의 완성으로 곧 효력이 발생한다. 상대방 없는 단독행위에는 재단법인설립행위·유언·유증·권리의 포기 등이 있다.

2) 계약

1·6회 출제

계약은 복수의 권리주체의 대향적 의사표시가 서로 내용적으로 합치함으로써 성립하는 법률행위이다.

예 매매, 임대차 등

3) 합동행위

2회 출제

평행적·구심적으로 방향을 같이 하는 2개 이상의 의사표시가 합치하여 성립하는 법률행위이다.

예 사단법인의 설립행위

(3) 법률효과의 내용에 따른 분류★★

4·22회 출제

1) 채권행위

당사자 간에 채권·채무관계를 발생시키며, '이행(履行)'이라는 문제를 남기는 점에서 다음의 물권행위나 준물권행위와 다르다.

예 증여·매매·임대차 등 보통의 채권계약

* 직접 물권변동을 일으키고
물권의 발생·변경·소멸

2) 물권행위

직접 물권변동을 일으키고* 이행의 문제를 남기지 않는 법률행위를 말한다.

예 저당권의 설정행위

1편 민법총칙

3) **준물권행위**(準物權行爲)

물권 이외의 권리(예 채권·지식재산권 등)를 직접 변동시키고 이행의 문제를 남기지 않는 법률행위를 말한다.

예 채권양도, 지식재산권의 양도, 채무면제 등

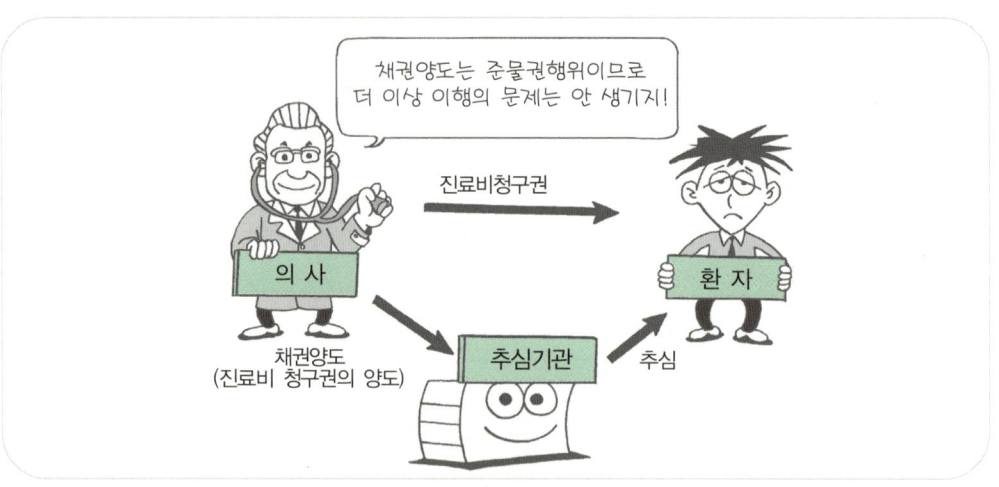

▼ 채권행위, 물권행위, 준물권행위의 구별

구 분	채권행위	물권행위	준물권행위
의 의	채권·채무를 발생시키는 법률행위를 말한다.	물권의 변동을 목적으로 하는 법률행위를 말한다.	물권 외의 권리의 변동을 목적으로 하는 법률행위를 말한다.
예	증여·매매·교환·임대차 등	소유권이전·저당권설정 등	채권양도·채무면제 등
이행의 문제	이행의 문제가 남는다 (의무부담행위)	이행의 문제가 남지 않는다(처분행위)	이행의 문제를 남기지 않는다(처분행위)

(4) 출연의 유무에 의한 분류 ★

6회 출제

1) **출연행위**(出捐行爲)

자기의 재산을 감소시키고 타인의 재산을 증가시키는 효과를 발생하게 하는 행위이다.

2) **비출연행위**(非出捐行爲)

타인의 재산의 증가함이 없이 행위자의 재산을 감소시키거나(예 소유권의 포기) 직접 재산의 증감이 일어나지 않는 행위(예 대리권의 수여)를 말한다.

(5) 유상성(有償性) 여부에 따른 분류 ★

1) **유상행위**

자기의 출연에 대하여 상대방으로부터도 그것에 대응하는 출연을 받는 것을 목적으로 하는 행위이다.

예 매매, 임대차

2) 무상행위
자기의 출연에 대응하여 상대방으로부터는 출연을 받지 않는 것이다.
> 예 증여, 사용대차 등

(6) 유인성(有因性) 여부에 의한 분류★
출연행위에는 반드시 그 출연을 정당화하는 법률상의 원인(causa)이 있게 되는데, 출연행위의 그 원인이 존재하지 않으면(불성립 또는 무효 등으로) 그 효력이 생기지 않는 것이 유인행위이고, 원인이 존재하지 않더라도 그대로 유효한 것을 무인행위라고 한다.
> 예 ① 유인행위 : 매매계약으로 인한 건물의 인도
> ② 무인행위 : 어음·수표행위

(7) 효과발생의 시기에 의한 분류
사인행위는 행위자의 사망으로 그 효력이 생기는 법률행위이고 유언, 사인증여가 이에 속한다. 사인행위에 반대되는 개념은 생전행위이다.

(8) 독립행위·보조행위★
1) 법률행위는 직접 법률관계의 변동을 일으키느냐, 다른 법률행위를 보충·확정하는 것을 목적으로 하느냐에 따라 독립행위와 보조행위로 나누어진다.
2) 보통의 법률행위는 독립행위에 속하며, 보조행위에 속하는 것으로는 동의·추인·대리권의 수여행위 등이다.

(9) 주된 행위·종된 행위★
1) 다른 법률행위의 존재를 전제로 하여, 이에 부종하여 성립하는 법률행위를 종된 행위라 하고, 그 전제가 되는 행위를 주된 행위라 한다.
2) 종된 행위는 주된 행위와 법률상 효력을 같이 하는 것이 원칙이다.

▼ 주된 행위와 종된 행위

주된 행위	종된 행위
소비대차계약	담보권(저당권)설정 계약
임대차계약	보증금계약
매매계약	계약금계약
혼 인	부부재산계약

1편 민법총칙

(10) 신탁행위 `4·17회 출제`

① 어떤 특정의 **경제적 목적***을 달성하기 위하여 ② 일방(신탁자)이 타방(수탁자)에게 그 목적달성에 필요한 정도를 넘는 권리를 이전하고 ③ 수탁자는 그 이전받은 권리를 당사자가 달성하려고 하는 **목적의 범위 내에서만 행사할 의무를 부담****케 하는 법률행위를 말한다.

> * **경제적 목적**
> 채권의 담보나 추심 등
>
> ****목적의 범위 내에서만 행사할 의무를 부담**
> 그러나, 이 의무는 채권적 의무에 불과하므로 이에 반하여 수탁자가 목적물을 처분하여도 그 처분행위는 유효하므로 신탁자는 무효를 주장할 수 없다.

예 ① 채권추심을 위하여 채권 또는 유가증권을 수탁자에게 양도하는 행위
　② 채권담보를 위하여 채권 또는 유가증권을 수탁자에게 양도하는 행위

단락문제 Q4 　　　　　　　　　　　　　　　　　제13회 기출

법률행위의 분류와 그에 해당하는 예가 올바르게 연결된 것은?

① 상대방 없는 단독행위 —— 유언　　② 상대방 있는 단독행위 —— 증여
③ 불요식행위 —— 법인 설립　　　　④ 준물권행위 —— 저당권 설정
⑤ 물권행위 —— 매매

해설 법률행위의 분류 – 상대방 없는 단독행위
① (○) 학설은 유언을 상대방 없는 단독행위로 이해한다.
② (×) 증여는 전형계약의 일종이다(민법 제554조 이하).
③ (×) 민법은 제32조에서 비영리법인의 설립에 관하여 허가주의를 채택하고 있다. 그리고 비영리사단법인의 설립행위는 서면에 의하여야 하므로 요식행위이다(제40조).
④ (×) 저당권 설정과 같은 제한물권의 설정은 대표적인 물권행위에 속한다.
⑤ (×) 매매는 전형계약의 하나로서 채권행위에 해당한다(제563조 이하).　　답 ①

단락문제 Q5 　　　　　　　　　　　　　　　　　제10회 기출

법률행위에 관한 설명 중 틀린 것은?

① 의무부담행위는 이행의 문제가 남게 된다.
② 저당권을 설정하는 것은 의무부담행위이다.
③ 자기의 소유물이 아닌 물건에 관하여도 의무부담행위인 매매계약을 유효하게 체결할 수 있다.
④ 채무면제는 처분행위이다.
⑤ 처분행위가 유효하기 위해서는 처분권한과 처분능력이 있어야 한다.

해설 법률행위의 종류 및 특징
①, ⑤ (○) 타당한 설명이다.
② (×) 저당권을 설정하는 것은 물권행위로서 처분행위에 해당한다.
③ (○) 타인의 권리의 매매(제569조)
④ (○) 채무의 소멸이라는 권리의 변동을 발생시킨다.　　답 ②

제5장 권리변동

02 법률행위의 요건★★

2·4·18회 출제

1 의 의

법률행위의 요건에는 법률행위의 존재를 인정하기 위해 갖추어져야 할 성립요건과, 성립된 법률행위가 그 효력을 발생하기 위해 갖추어져야 할 효력요건이 있다.

2 성립요건

어떤 행위가 법률행위라고 할 수 있을 만한 최소한의 형식적인 요건*을 말한다.

> *** 최소한의 형식적인 요건**
> 이를 갖추지 못하면 '불성립' 또는 '부존재'라고 한다.

(1) 일반성립요건★★★

7회 출제

① 당사자가 존재할 것, ② 의사표시가 존재할 것, ③ 목적이 존재할 것을 요구한다.

(2) 특별성립요건★

어떤 법률행위에 관하여 그의 성립에 필요한 요건이 개개의 법률에 규정되어 있는 것이다.

예 혼인과 입양에 있어서의 신고, 어음·수표행위와 유언의 일정한 방식, 요물계약에서 인도 등

 법률행위의 성립요건

| 법률행위의 성립요건에는 일반성립요건과 특별성립요건 2가지가 있다. | 일반성립요건에는 당사자·목적·의사표시의 3요소가 있다. | 특별성립요건은 개개의 법률행위에 특별하게 요구되는 요건을 말한다. |

1편 민법총칙

단락문제 Q6

다음 기술 중 틀린 것은?

① 행위능력의 유무와는 관계없이 의사능력이 없는 자의 법률행위의 효력은 무효이다.
② 의사능력이 없는 자는 책임능력도 없다.
③ 행위능력은 권리능력의 존재를 전제로 한다.
④ 권리능력의 유무는 법률행위의 유효요건의 문제이고, 행위능력의 유무는 법률행위의 성립요건의 문제이다.
⑤ 민법의 총칙편의 능력규정은, 순수한 가족법상의 행위(신분행위)에는 원칙적으로 그 적용이 없다.

해설 법률행위의 성립요건
④ 권리능력과 행위능력 모두 법률행위의 효력(유효)요건이다.

답 ④

3 효력요건(유효요건) <small>2·16·24회 출제</small>

효력요건이라 함은 성립요건이 갖추어진 법률행위가 효력을 발생하기 위하여 필요한 요건을 말한다. 효력요건을 갖추지 못하면 무효 또는 취소할 수 있는 행위가 된다.

Professor Comment
> 일반적 효력요건과 특별효력요건의 구별이 중요한데 일반적 효력요건을 확실히 이해하고 그 외의 내용은 특별효력요건이라고 판단하면 될 것이다.

(1) 일반효력요건

1) 당사자에게 각종의 능력이 있어야 한다. 여기서의 능력은 권리능력·의사능력·행위능력을 말한다.
2) 법률행위의 목적이 확정되어 있거나 확정가능 하여야 하고, 그 실현이 가능하며, 적법하고, 사회적 타당성을 가져야 한다.
3) 의사표시에 있어서는 의사와 표시가 일치*하고, 그 의사형성과정에 하자**가 없어야 한다.

> * **의사와 표시가 일치**
> 의사의 불일치 : 비진의 표시·통정허위표시·착오에 의한 의사표시
>
> ** **의사형성과정에 하자**
> 사기·강박의 존재

(2) 특별효력요건★★

개개의 법률행위에 관하여 법률 규정이나 당사자 특약에 의해 요구되는 요건이다.

예 대리행위에 있어서 대리권의 존재, 조건부·시기부 법률행위에 있어서 조건의 성취 또는 기한의 도래, 유언에 있어서 유언자의 사망, 토지거래허가 구역내에서의 토지거래시 관할관청의 허가 등

제5장 권리변동

▼ 법률행위의 성립요건 및 효력요건

일반적 성립요건	일반적 효력요건
1) 당사자의 존재 2) 목적의 존재 3) 의사표시의 존재	1) 당사자 : 권리능력, 의사능력, 행위능력이 있을 것 2) 목적 : 확정, 가능, 적법, 타당해야 한다. 3) 의사표시 : 의사와 표시가 일치해야 하고, 그 하자가 없을 것

단락핵심 — 효력요건

(1) 특정되어 있지 않고 특정할 수도 없는 물건을 매도한 경우에는 무효이다. (○)
(2) 토지가 포락(浦落)되어 원상복구를 할 수 없는데도 그 사실을 모르고 그것을 매도한 경우 무효이다. (○)
(3) 매매계약 체결 후에 매매목적물인 토지 전부가 수용되어 소유권이전이 불가능하게 된 경우 매매계약은 무효가 된다. (×)

법률행위의 효력요건

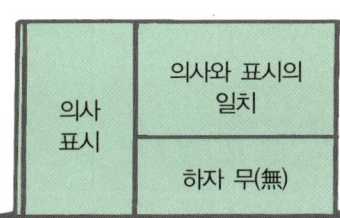

4 입증책임

법률행위가 법률효과를 발생하려면 성립요건은 적극적인 요건이므로 법률행위의 효력을 주장하는 자가 입증해야 하나, 법률행위의 효력요건은 소극적인 요건이므로 무효를 주장하는 자가 효력요건의 부존재(하자)를 입증하여야 한다.

단락문제 07

법률행위의 일반적 효력요건이 아닌 것은?

① 의사표시에 관하여 의사와 표시가 일치하고 하자가 없을 것
② 기한부법률행위에 있어서 기한이 도래할 것
③ 법률행위의 목적이 사회적 타당성이 있고 확정할 수 있을 것
④ 법률행위의 목적이 가능하고 적법할 것
⑤ 당사자가 능력을 가질 것

해설 법률행위의 일반적 효력요건
② 기한의 도래는 특별효력 요건이다.   예 ②

제5장 권리변동

제2관　법률행위의 목적 및 해석★★★

01　법률행위의 목적　　17·24회 출제

> 제103조(반사회질서의 법률행위) 선량한 풍속 기타 사회질서에 위반한 사항을 내용으로 하는 법률행위는 무효로 한다.
> 제104조(불공정한 법률행위) 당사자의 궁박, 경솔 또는 무경험으로 인하여 현저하게 공정을 잃은 법률행위는 무효로 한다.
> 제105조(임의규정) 법률행위의 당사자가 법령 중의 선량한 풍속 기타 사회질서에 관계없는 규정과 다른 의사를 표시한 때에는 그 의사에 의한다.
> 제106조(사실인 관습) 법령 중의 선량한 풍속 기타 사회질서에 관계없는 규정과 다른 관습이 있는 경우에 당사자의 의사가 명확하지 아니한 때에는 그 관습에 의한다.

법률행위의 목적이라 함은 당사자가 법률행위에 의하여 달성하려고 하는 법률효과를 의미하며, 법률행위의 내용이라고도 한다. 법률행위가 유효하기 위하여는 그 목적이 ① 확정되거나 확정할 수 있어야 하고, ② 그 실현이 가능하고, ③ 적법하여야 하며, ④ 사회적으로 타당해야 한다.

1 확정성

(1) 법률행위의 목적(내용)은 확정*될 수 있어야 한다. 그렇지 않으면 그 법률행위는 무효이다.

(2) 목적이 확정가능한지 여부는 결국 법률행위의 해석에 의해 정해지며, 그 목적이 법률행위 성립 당시에 확정되어 있지 않더라도 이행기에 확정될 수 있다면 확정 가능하다고 본다.

> *목적(내용)은 확정
> 목적이 확정될 수 없다면 목적의 가능성, 적법성, 사회적 타당성 여부를 따질 수 없게 된다.

 목적의 확정성

법률행위의 목적은 확정되어 있거나, 이행기까지는 확정할 수 있는 방법과 기준이 정해져 있어야 한다.

목적이 불확정한 법률행위는 무효이지!

판례문제	해 설
매매계약 체결시 목적물을 "진해시 경화동 747의 77, 754의6, 781의15 등 3필지 및 그 외에 같은 동 소재 甲 소유 부동산 전부"라고 표시한 경우 매매계약의 효력은?	매매계약의 목적물 중 특정된 3필지를 제외한 나머지 부동산이 토지인지 건물인지, 토지라면 그 필지, 지번, 지목, 면적, 건물이라면 그 소재지, 구조, 면적 등 어떠한 부동산인지를 알 수 있는 표시가 전혀 되어 있지 아니하고 매매계약 이후에 이를 구체적으로 특정할 수 있는 방법과 기준이 정해져 있다고 볼 수 없어 매매계약이 유효하다고 볼 수 없다(대판 1997.1.24. 96다26176).

힌트!
목적물이 확정되었는지를 파악하세요!

1편 민법총칙

> **판례** 계약체결 당시 가격을 확정하지 않았으나 그 확정방법과 기준을 정한 경우 계약의 성립 여부
>
> 매매목적물과 대금은 반드시 그 계약 체결 당시에 구체적으로 확정되어야 하는 것은 아니고 이를 사후에라도 구체적으로 확정할 수 있는 방법과 기준이 정하여져 있으면 족하다(대판 1996.4.26. 94다34432).

단락문제 08

다음 설명 중 틀린 것은?

① 법령 중의 선량한 풍속 기타 사회질서에 관계있는 규정에 위반한 법률행위는 무효이다.
② 법률행위의 일부불능은 원칙적으로 법률행위의 전부를 무효로 한다.
③ 법률행위의 목적은 법률행위의 성립당시에 반드시 확정되어 있어야 한다.
④ 후발적 불능이 있으면 법률행위 자체는 무효로 되지 않으나 계약의 이행불능 또는 위험부담 및 계약해제의 문제가 발생한다.
⑤ 민법상의 권리능력, 행위능력에 관한 규정은 강행규정이다.

> **해설** 법률행위 목적의 확정
> ① (○) (제103조)
> ② (○) 법률행위의 일부무효는 원칙적으로 법률행위의 전부를 무효로 한다(제137조).
> ③ (×) 법률행위의 목적은 반드시 법률행위당시에 확정되어 있을 필요는 없고 확정할 수 있는 표준이 있으면 된다.
> ④ (○) 원시적 불능의 경우는 법률행위를 무효로 하고 계약체결상의 과실책임(제535조)을 발생시키나 후발적 이행불능은 종전의 법률행위를 무효화 하는 것이 아니고 이행불능(제390조), 위험부담(제537조), 계약해제(제546조)의 문제가 발생한다.
> ⑤ (○) 민법상 권리능력이나 행위능력에 관한 규정은 당사자의 의사로 그 적용을 배척할 수 없는 강행규정이다.
>
> **답** ③

목적의 실현가능성

법률행위의 목적은 실현가능한 것이어야 한다.	원시적 불능은 법률행위의 성립 당시부터 이미 실현 불능이므로 무효가 된다.	후발적 불능은 법률행위 성립 당시에는 실현 가능하였으나 그 이행 전에 불능이 된 경우로서 법률행위자체는 유효하다.

한강에 빠진 반지를 건지는 계약은 물리격으론 가능하지만 사회통념상 불가능하므로 불능이 된다.

원시적 불능 ⇨ 무효

전부불능	일부불능
⇩	⇩
① 전부무효	① 원칙 : 전부 무효
② 계약체결상의 과실책임(제535조)	② 예외 : 나머지 유효
③ 신뢰이익 배상	③ 일부무효의 법칙 (제137조)

후발적 불능 ⇨ 유효

일방의 귀책사유 있음	쌍방 귀책사유 없음
⇩	⇩
이행불능	위험부담문제
⇩	⇩
해제(제546조), 손해배상청구 (제390조)	채무자위험부담주의가 원칙 (제537·538조)

2 가능성★★

5·9·18회 출제

(1) 가능·불능의 표준★

1) 법률행위의 목적(내용)은 실현가능하여야 한다. 실현가능성 여부는 그 시대의 사회관념(거래관념)에 의하여 결정된다. 그러므로 물리적 불가능뿐만 아니라 사회관념상 불가능·법률적 불가능이 모두 포함된다.

   예
   - 물리적 불능: 한강물을 전부 퍼 올리는 것, 호수에 빠진 반지를 찾아내는 것
   - 법률적 불능: 동산에 대한 저당권 설정, 공용수용된 토지의 매매

목적실현의 가능성이 없는 경우
불능인 경우

2) 법률행위의 목적실현의 가능성이 없는 경우★ 그 법률행위는 무효가 된다.

> **판례 가능성의 판단시기**
> 비록 계약 당시에 그 계약상 의무를 즉시 이행하는 것이 불가능하더라도 계약의 이행이 장래에 가능하게 된 경우를 예정하여 계약을 체결하였다면 그러한 계약이 무효라고 할 수는 없는 것이고, 주식회사와 같은 법인이 농지를 취득하기 위한 매매계약을 체결하였으나 구 농지개혁법 또는 구 농지임대차관리법상 농지매매증명을 발급받을 수 없는 경우라도 그 법인이 매수한 농지에 관하여 관련 법규상 농지전용허가를 받음으로써 농지의 매도인이 매수인에 대하여 소유권이전등기를 해주는 것이 가능하게 될 것을 정지조건으로 하여 매매계약을 체결하였다면 그 매매계약은 특별한 사정이 없는 한 유효하다 할 것이고, 이는 매매예약을 체결한 경우에도 마찬가지이다(대판 2015.7.23. 2013다86878).

(2) 원시적 불능·후발적 불능★★

11·13·15회 출제

1) **의의**
   원시적 불능이란 건물매매계약 체결 전날 밤에 건물이 이미 멸실된 경우와 같이 법률행위 성립당시에 이미 불능인 경우를 말하며, 후발적 불능이란 건물매매계약을 체결한 후 그 이행 전에 건물이 멸실된 경우와 같이 법률행위 성립당시에는 가능하였으나 그 이행 전에 불능으로 된 경우를 말한다.

2) **효과**
   ① 원시적 불능인 법률행위는 당연히 무효가 된다. 또한 그 법률행위가 계약이라면 채무자가 그 불능을 알았거나 알 수 있었을 경우에는 상대방이 계약의 유효를 믿음으로써 입은 손해를 배상하여야 한다(계약체결상의 과실책임, 제535조).
   ② 후발적 불능인 법률행위는 **채무불이행**★★(이행불능)의 문제 또는 **위험부담**★★★의 문제를 발생시키며, 법률행위 그 자체가 무효인 것은 아니다.

★★ **채무불이행**
채무자의 귀책사유가 있는 경우

★★★ **위험부담**
채무자의 귀책사유가 없는 경우

1편 민법총칙

> **Key Point** 원시적 불능과 후발적 불능의 법률관계

1) 원시적 불능	전부불능	① 무효 ② 계약체결상의 과실책임문제(제535조, 신뢰이익배상)
	일부불능	① 일부무효의 법리적용(제137조), 특별규정(제314조, 제591조, 제627조) ② 매도인의 담보책임(제572조, 제574조)
2) 후발적 불능	귀책사유 있는 경우	채무불이행(이행불능) : 손해배상책임(제390조)·계약해제(제546조)
	귀책사유 없는 경우	위험부담 : 채무자위험부담의 원칙(제537조, 제538조)

단락문제 Q9

제13회 기출

법률행위의 목적에 관한 설명으로 옳지 않은 것은? (다툼이 있으면 판례에 의함)

① 효력규정인 강행법규에 위반하는 법률행위는 무효이다.
② 법률행위의 일부가 무효인 경우에는 원칙적으로 그 전부를 무효로 한다.
③ 법률행위의 목적은 법률행위시에 반드시 확정되어 있을 필요는 없다.
④ 법률행위의 목적이 물리적으로 가능하더라도 사회통념상 실현할 수 없으면 무효이다.
⑤ 법률행위의 목적이 성립 당시에는 가능하였지만 그 이행 전에 불가능하게 된 경우, 그 법률행위는 무효가 된다.

> **해설** 법률행위의 목적
> ③ (○) 법률행위 당시 목적이 확정되거나 확정될 수 있으면 된다(대판 1996.4.26. 94다34432).
> ⑤ (×) 법률행위가 객관적 전부불능의 경우 원시적 불능은 무효이나 후발적 불능은 무효가 아니다. 즉 후발적 불능은 채무자에게 귀책사유가 있다면 채무불이행책임을 지고 귀책사유가 없다면 채무는 소멸한다(무효가 아니라 발생된 채무가 소멸하여 책임을 면하는 것이다).
>
> 답 ⑤

(3) 전부불능·일부불능 ★

13회 출제

1) 의 의

법률행위의 목적의 <u>전부가 불능인 경우가 전부불능</u>이고, <u>그 일부만이 불능인 경우가 일부불능</u>이다.

2) 효 과

① 법률행위의 <u>목적의 전부가 불능이면 그 법률행위는 무효</u>이다.
② 법률행위의 <u>일부가 불능인 경우는 그 법률행위 전부를 원칙적으로 무효로 하지만, 그 부분이 없더라도 법률행위를 하였으리라고 인정될 때에는 무효부분을 제외한 나머지 부분만은 유효한 것으로 하고 있다</u>(제137조).

③ 일부분이 유효가 되기 위해서는 ㉠ 그 법률행위를 분할할 수 있고, ㉡ 당사자가 일부분이라도 유효한 것으로 하려는 가상적 의사가 존재하여야 한다.
④ 일부취소에도 동일한 원리가 적용된다(대판 1998.2.10. 97다44737).

 불하한 국유임야 중의 일부분이 처분할 수 없는 행정재산인 경우 잔여 국유재산에 대한 매매의 효력

불하된 국유임야 중의 일부분이 처분할 수 없는 행정재산인 경우 잔여재산을 국유재산으로 처분하였을 것이라고 인정되고 매수인도 잔여부분만이라도 매수할 의사가 있다면 그 부분에 대한 매매까지 무효로 볼 것은 아니다(대판 1967.12.26. 67다2405).

단락문제 Q10

불능에 관한 기술 중 틀린 것은?

① 원시적 불능의 경우에 계약체결상의 과실이 문제된다.
② 귀책사유 있는 후발적 불능의 경우에 채무불이행이 문제된다.
③ 귀책사유 없는 후발적 불능의 경우에 위험부담이 문제된다.
④ 민법은 법률행위의 일부불능의 경우를 원칙적으로 전부불능으로 취급한다.
⑤ 타인소유의 부동산을 매매하는 계약은 법률적 불능으로서 무효이다.

해설 법률행위 목적의 가능성
① (○) (제535조)
② (○) 후발적 불능의 경우에 귀책사유 있다면 이행불능이 문제된다(제390조).
③ (○) 후발적 불능의 경우 당사자 쌍방에 귀책사유 없다면 위험부담이 문제된다(제537조).
④ (○) 일부불능은 원칙적으로 전부불능으로 취급된다(제137조).
⑤ (×) 타인소유 부동산의 매매는 타인권리의 매매에 해당하고 이 경우 목적이 불능한 것이 아니라 매도인이 그 타인권리를 취득하여 매수인에게 이전하여 주면 된다(제569조). **답** ⑤

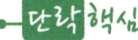 **법률행위의 목적의 불능**

(1) 법률이 금지하고 있거나 법률상의 장애사유가 존재하는 경우라면 불능으로 볼 수 없다. (×)
(2) 후발적 불능이 있으면 법률행위 자체는 무효로 되지 않으나 채무불이행이나 위험부담이 문제될 수 있다. (○)
(3) 법률행위의 목적이 성립 당시에는 가능하였지만 그 이행 전에 불가능하게 된 경우, 그 법률행위는 무효가 된다. (×)

1편 민법총칙

3 적법성★ `2회 출제`

법률행위가 유효하기 위해서는 목적이 적법한 것이어야 하는데 여기서 **적법이란 강행법규에 위반하지 않아야 한다는 뜻**이다.

(1) 강행법규와 임의법규 `9·22회 출제`

1) 강행법규

① 의 의

당사자의 의사와 무관하게 무조건 적용되는 규정으로서 **당사자의 합의에 의하여 그 적용을 배제하거나 이에 반하는 특약을 할 수 없는 것**으로 단속규정과 효력규정으로 구별된다.

② 단속규정

행정상의 고려에 의하여 일정한 거래행위를 금지 또는 제한하고 그 위반에 대하여 **형벌***이나 **행정상의 불이익****을 주는 규정을 말하며, **행위자체의 사법상의 효과에는 영향이 없다.**

> * **형벌**
> 사형·징역·금고·벌금·자격정지 등
>
> ** **행정상의 불이익**
> 과태료·과징금, 영업허가의 취소, 영업정지, 이행강제금의 부과 등

> 예 식품위생법을 위반한 무허가 음식점의 영업행위, 공중위생법을 위반하여 허가 없이 숙박업을 하는 행위, 국가공무원법을 위반한 공무원의 영업행위는 유효하므로 음식대금, 숙박대금 등의 지급을 청구하는 데 문제가 없다.

③ 효력규정★★

법령이 일정한 행위를 제한 또는 금지하는 것에서 더 나아가 **이에 위반한 행위의 사법상의 효력까지 부정하는 경우**를 효력규정이라고 한다. 효력규정에 위반한 계약의 경우 그 계약은 무효이므로 급부를 청구할 수 없고, 이미 급부한 것이 있더라도 부당이득으로 반환하여야 한다.

 목적의 적법성

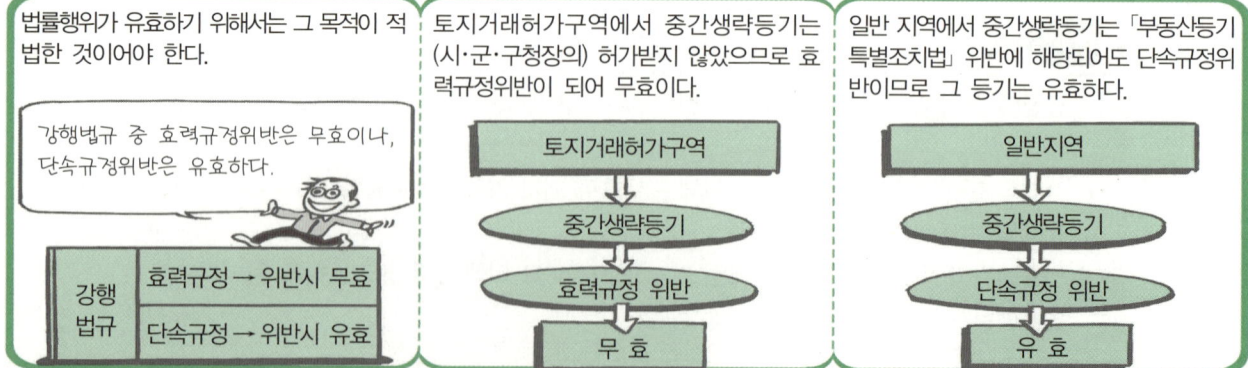

제5장 권리변동

 단속규정이라고 본 판례★

1. 구 주택건설촉진법상 전매금지규정(제38조의3 제1항)에 의하여 전매금지약정을 위반하여 전매계약을 체결한 경우 그 매매계약이 무효가 된다고 할 수 없다(대판 1997.7.8. 95다54884).
2. 부동산등기특별조치법상 등기하지 아니하고 제3자에게 전매하는 행위를 일정목적 범위 내에서 형사처벌하도록 되어 있으나 이로써 **순차매도한 당사자 사이의 중간생략등기합의에 관한 사법상의 효과까지 무효로 한다는 취지는 아니다**(대판 1993.1.26. 92다39112).
3. 금융실명제 하에서의 예금명의신탁(대판 2001.1.15. 2000다49091)
4. 일임매매의 제한에 관한 증권거래법 제107조는 고객을 보호하기 위한 규정으로서 증권거래에 관한 절차를 규정하여 거래질서를 확립하려는 데 그 목적이 있는 것이므로, **증권거래법 제107조 위반의 약정도 사법상으로는 유효**하다(대판 1996.8.23. 94다38199).

 판례가 효력규정이라고 본 사례★

1. 변호사법 제48조에 저촉되는 법률행위(변호사 아닌 자가 소송사건을 떠맡아 자기의 비용과 노력으로써 원고를 승소시켜 주고 원고로부터 그 대가를 받기로 하는 것을 내용으로 하는 것)는 그 자체가 반사회적 성격을 띠게 되어 사법상 효력도 부정된다(대판 1987.4.28. 86다카1802).
2. 구 국토이용관리법상 **토지거래허가 규정에 위반하여 처음부터 허가를 배제하거나 잠탈하는 내용의 계약을 체결하는 거래계약은 무효이다**(대판 1991.12.24. 90다12243).
3. 증권회사 또는 그 임·직원의 부당권유행위를 금지하는 증권거래법 제52조 제1호는 강행법규로서 이에 위배되는 **주식거래에 관한 투자수익보장약정은 무효**이다(대판 1996.8.23. 94다38199).

4 공인중개사 자격이 없어 중개사무소 개설등록을 하지 아니한 채 부동산중개업을 한 자에게 형사적 제재를 가하는 것만으로는 부족하고 그가 체결한 중개수수료 지급약정에 의한 경제적 이익이 귀속되는 것을 방지하여야 할 필요가 있고, 따라서 **중개사무소 개설등록에 관한 구 부동산중개업법 관련 규정들은 공인중개사 자격이 없는 자가 중개사무소 개설등록을 하지 아니한 채 부동산중개업을 하면서 체결한 중개수수료 지급약정의 효력을 제한하는 이른바 강행법규에 해당**한다(대판 2010.12.23. 2008다75119).
➡ 즉 수수료계약은 전부 무효이다.

5 공인중개사가 법정최고액초과의 중개수수료금지규정에 위반한 약정을 한 경우 위 규정의 한도를 '**초과한 부분에 한해 무효**'로 본다(대판 2007.12.20. 2005다32159 전합).

6 계약해제로 인하여 사업자가 이미 받은 금전을 반환함에 있어 이자의 반환의무를 배제하는 **약관조항**은 고객에게 부당하게 불리하여 공정을 잃은 것으로 추정되어 이를 정당화할 합리적인 사유가 없는 한 **무효**라고 보아야 한다(대판 2012.4.12. 2010다21849).

Wide | 덕대계약과 조광권계약

① 덕대계약(德大契約)은 광업권자가 그의 광물채굴에 관한 권리를 타인에게 주기로 하고, 그 타인은 자기의 자본과 관리 하에 광물을 채굴하여 채굴된 광물의 일부 또는 금전으로 광업권 사용의 대가를 지급하기로 하는 계약으로서 이는 무효이다.

② 조광권 계약은 구광업법의 개정(1973년)으로 광업권자의 권능을 전적으로 배제하여 광물을 채굴할 수 있는 '조광권'제도가 새로 규정됨으로써, 일정한 요건하에 조광권계약은 유효하다.

Wide | 학설에 따른 강행법규의 위반시 효과

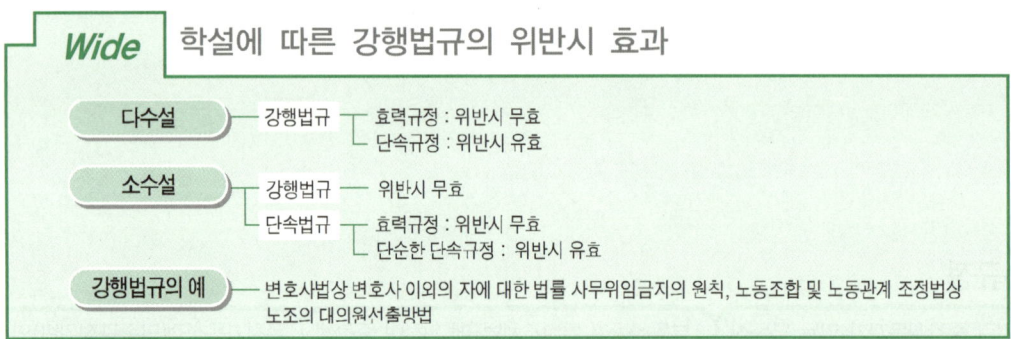

2) 임의법규

① **의의**: 당사자의 의사에 의하여 그 적용을 배제할 수 있는 규정을 말하는데, 법률행위에 관해 그 요건이나 효과를 법이 규정하고 있지만 그 규정에 따를 것을 절대적으로 요구하지는 않고 당사자의 특약이 법규정에 우선하여 적용될 수 있는 규정을 말한다.

② **사례**: '선량한 풍속 기타 사회질서에 관계없는 규정'이 그것으로서, 민법 채권편의 규정은 대부분 임의규정이다.

(2) 탈법행위★

1) 의 의
탈법행위는 직접 강행법규위반행위를 하는 것이 아니라 강행법규가 금지하는 것을 우회적인 회피수단에 의하여 달성하는 행위를 말한다.

> **예** 공무원연금수급권의 양도금지규정(「공무원연금법」 제32조)을 회피하기 위하여 연금의 추심을 위한 대리권을 수여하는 경우

2) 효 과
강행법규가 ① 강행법규위반에 의한 결과발생을 금지하고자 하는 취지라면 탈법행위는 사법상 무효이고 ② 특정한 수단·형식에 의한 행위를 금지하는 취지라면 사법상 유효하다.

판례 탈법행위와 그 효력

구 국유재산법(1976.12.31. 법률 제2950호로 전부 개정되기 전의 것) 제7조 제1항은 "국유재산에 관한 사무에 종사하는 직원은 그 처리하는 국유재산을 양수하거나 자기의 소유물건과 교환하지 못한다."라고 정하고, 제2항은 "전항의 규정에 위반한 행위는 무효로 한다."라고 정하고 있다. 이는 국유재산 처분 사무의 공정성을 도모하기 위하여 관련 사무에 종사하는 직원에 대하여 부정한 행위로 의심받을 수 있는 가장 현저한 행위를 적시하여 이를 엄격히 금지하고, 그 금지규정을 위반한 행위의 사법상 효력을 무효로 한다고 규정한 것이다. **국유재산에 관한 사무에 종사하는 직원이 타인의 명의로 국유재산을 취득하는 행위는 위 법률에서 직접 금지한 것이 아니라고 보더라도 강행법규인 위 규정들의 적용을 잠탈하기 위한 탈법행위로서 무효이고**, 나아가 이 법률이 거래안전의 보호 등을 위하여 그 무효를 주장할 수 있는 상대방을 제한하는 규정을 따로 두고 있지 않은 이상 그 무효는 원칙적으로 누구에게나 주장할 수 있으므로, 그 규정을 위반하여 취득한 국유재산을 제3자가 전득하는 행위도 **당연무효**이다(대판 1997.5.16. 96다43799).

 **Q 11**

다음 중 강행규정(强行規定)이라고 할 수 <u>없는</u> 것은?

① 선의(善意)의 제3자 보호규정
② 행위능력에 관한 규정
③ 주택임대차보호법의 규정
④ 계약해제권(契約解除權)에 관한 규정
⑤ 상속순위에 관한 규정

해설 강행규정
④ 계약법의 규정은 대부분 임의규정이다.

답 ④

1편 민법총칙

> **단락핵심** 　　　　　　강행법규
>
> (1) 민법에서 명문으로 강행규정이라고 정하고 있는 경우가 아니라면 해석만으로 이를 강행규정으로 인정할 수 없다. 　　　　　　　　　　　　　　　　　　　　　　　　　(×)
> (2) 법률행위의 일부분이 강행규정에 위반하여 무효가 되는 경우에는 그 법률행위는 항상 전부무효이다. 　　　　　　　　　　　　　　　　　　　　　　　　　　　　　　　　(×)

4 사회적 타당성　　　　　　　　　　　　　　　　　　　　　　　12·18회 출제

(1) 의의 및 성격

1) 사회적 타당성의 의미

법률행위의 목적의 사회적 타당성은 당사자가 법률행위를 통하여 달성하려는 법률행위의 내용이 선량한 풍속 기타 사회질서에 위반되어서는 안 된다는 의미이다.

2) 절대적 무효

법률행위의 목적(내용)이 개개의 강행법규에 위반하지는 않더라도 선량한 풍속 기타 사회질서에 위반한 때에는 무효가 된다.

3) 사적자치의 한계

제103조에서 선량한 풍속 기타 사회질서에 위반한 행위의 효력을 무효로 하고 있는 바 목적의 타당성은 강행법규와 더불어 사적자치의 한계에 해당한다. 여기서 선량한 풍속이란 누구나 지킬 것이 요구되는 기본적인 도덕률을 의미하고 사회질서란 질서유지를 위하여 지켜야 할 일반규범을 의미한다.

4) 적용범위

법률행위의 목적 그 자체가 사회질서에 반하지 않더라도 ① 법률적으로 이를 강제하거나 ② 법률행위에 반사회질서적인 조건 또는 금전적인 대가가 결부됨으로써 반사회질서적 성질을 띠게 되는 경우 및 ③ 표시되거나 상대방에게 알려진 법률행위의 동기가 반사회질서적인 경우를 포함한다.

5) 강행법규위반과의 관계　　　　　　　　　　　　　　　　　　　6·9회 출제

강행규정은 개개의 특정행위의 효력을 부인하는 반면, 목적의 사회적 타당성은 일반적·포괄적인 법의 근본이념에 의한 통제라는 점에서 차이가 있으며, 사회적 타당성에 반하는 행위만은 제746조의 불법원인급여에 해당*하므로 급부한 것의 반환을 청구하지 못한다.

> * 사회적 타당성에 반하는 행위만은 제746조의 불법원인급여에 해당
>
> 통설과 판례는 제103조와 제746조는 표리일체의 관계에 놓여있다고 이해

(2) 사회질서 위반행위의 유형

14·18·19·20·21·22·23·27·28회 출제

1) 인륜·신분질서의 문란행위(무효)★★

① 부녀가 상대방으로부터 금품이나 재산상 이익을 받을 것을 약속하고 성행위를 하는 약속(대판 2001.10.23. 2001도2991), 부첩관계의 종료를 해제조건으로 하는 증여** 계약(대판 1966.6.21. 66다530), 첩계약(대판 1967.10.6. 67다1134) 등은 무효이다.

> ** 부첩관계의 종료를 해제조건으로 하는 증여
> 실질적으로 혼인관계를 강제

② 그러나 첩관계를 그만둘 것을 조건으로 이루어지는 금원지급약정 유효이며(대판 1980.6.24. 80다1134), 불륜관계를 단절하면서 여기에서 태어난 자녀의 생활비·양육비 지급계약(대판 1980.6.24. 80다458)도 유효하다.

2) 정의관념에 반하는 행위(무효)

청부살인계약, 밀수입 자금출자(대판 1956.1.26. 4288민상96), 제2매수인의 적극적인 배임행위에 가담한 이중매매행위(대판 1981.12.22. 81다카197), 과도하게 무거운 위약벌약정(대판 1993.3.23. 92다46905), 수사기관에서 허위 진술의 대가로 작성된 각서에 기한 급부의 약정(대판 2001.4.24. 2000다71999), 경매상의 담합행위 및 범죄행위나 부정행위를 권하거나 가담하는 계약 등은 무효이다.

 사회통념상 허용되는 한도를 초과한 이자 약정의 효력과 그 반환청구

1 금전 소비대차계약과 함께 이자의 약정을 하는 경우, 그 이율이 당시의 경제적·사회적 여건에 비추어 사회통념상 허용되는 한도를 초과하여 현저하게 고율로 정하여졌다면, 그와 같이 허용할 수 있는 한도를 초과하는 부분의 이자 약정은 **선량한 풍속 기타 사회질서에 위반한 사항을 내용으로 하는 법률행위로서 무효**이다.

2 대주가 사회통념상 허용되는 한도를 초과하는 이율의 이자를 약정하여 지급받은 것은 그의 우월한 지위를 이용하여 부당한 이득을 얻고 차주에게는 과도한 반대급부 또는 기타의 부당한 부담을 지우는 것으로서 그 불법의 원인이 수익자인 대주에게만 있거나 또는 적어도 대주의 불법성이 차주의 불법성에 비하여 현저히 크다고 할 것이어서 차주는 그 이자의 반환을 청구할 수 있다(대판 2007.2.15. 2004다50426).

소송에서 사실대로 증언하여 줄 것을 조건으로 어떠한 급부를 할 것을 약정한 경우 반사회질서행위가 되는지 여부(통상적으로 용인될 수 있는 수준을 넘느냐가 기준)

어느 당사자가 그 증언이 필요함을 기화로 증언하여 주는 대가로 용인될 수 있는 정도를 초과하는 급부를 제공받기로 한 약정은 반사회질서적인 금전적 대가가 결부된 경우로 그러한 약정은 제103조 소정의 반사회질서행위에 해당하여 무효로 된다(대판 1994.3.11. 93다40522).

1편 민법총칙

> **Key Point** 이중양도행위(이중매매)   13·16·24회 출제

1) 의의
부동산의 이중매매는 매도인이 매수인(제1매수인)과 부동산 매매계약을 체결하고 이 상태에서 다시 제3자(제2매수인)와 체결하는 부동산 매매계약을 말한다.

2) 효력
이중매매라는 사실자체로 언제나 무효가 되는 것은 아니다. 그러나 그것이 선량한 풍속 기타 사회질서에 위반한 때 즉, 배임행위(제2매매행위)에 적극가담한 경우에는 무효라고 본다.

3) 배임행위에 적극적으로 가담한 경우
매도인이 제1매매의 구속으로부터 벗어날 수 없는 상태에서 제2매수인이 매도인의 배임행위에 적극적으로 가담한 경우를 말한다.

① **제1매매의 구속으로부터 벗어날 수 없는 상태**
제1매매에 기한 중도금을 받은 이후에는 통상 제1매매의 구속에서 벗어날 수 없는 경우에 해당한다.

② **'적극가담'의 의미**
제2매수인이 매도인의 배임행위에 적극적으로 가담한 경우이어야 한다. 즉, 매수인이 다른 사람에게 매매목적물이 매도된 것을 안다는 것만으로는 부족하고, 적어도 그 매도사실을 알고도 매도를 요청하거나 유도하여 매매계약에 이르는 정도가 되어야 한다(대판 1994. 3. 11. 93다55289).

- 예 매도인이 이미 매수인에게 부동산을 매도하였음을 제2매수인이 잘 알면서도 소유권명의가 매도인에게 남아 있음을 기화로 매도인에게 이중매도를 적극 권유하여 그 소유권이전등기를 한 경우는 무효이다.
- 매도인이 타인에게 매도한 부동산임을 알면서 '증여'받는 행위도 무효이다(대판 1983. 4. 26. 83다카57).

③ **절대적 무효**
부동산의 이중매매가 반사회적 법률행위에 해당하는 경우에는 이중매매계약은 절대적으로 무효이므로, 당해 부동산을 제2매수인으로부터 다시 취득한 제3자는 설사 제2매수인이 당해 부동산의 소유권을 유효하게 취득한 것으로 믿었더라도 이중매매계약이 유효하다고 주장할 수 없다(대판 1996. 10. 25. 96다29151).

④ **제1매수인의 권리구제 방법**
제2매매가 제103조 위반으로 무효가 되는 경우 제1양수인(매수인)은 양도인(매도인)을 대위하여 제2양수인(매수인)에게 그 명의의 소유권이전등기의 말소를 청구할 수 있고 다시 양도인에게 소유권 이전등기를 청구하는 방식으로 매매부동산의 소유권을 자신의 명의로 할 수 있다(대판 1980. 5. 27. 80다565).

4) 적용 범위의 확장
① 판례는 부동산을 매도한 사실을 잘 알면서 매도인으로부터 부동산을 증여받아 매도인의 배임행위에 적극가담한 경우(대판 1982. 2. 9. 81다1134), 이미 매도된 부동산에 매도인의 배임행위에 적극가담하여 근저당권이 설정된 경우(대판 2002. 9. 6. 2000다41820), 취득시효완성사실을 알고 있는 부동산소유자가 부동산을 제3자에게 매매하고 제3자가 이와 같은 행위에 적극 가담한 경우(대판 1998. 4. 10. 97다56495) 사회질서에 반하여 무효라고 본다.

② 이중매매와 유사한 신탁받은 재산, 양도담보로 점유하는 재산, 제3자가 이미 부동산점유취득시효를 완성하여 이전등기청구권이 발생한 재산을 매매, 증여하는 경우에도 동일하게 취급한다.

제5장 권리변동

3) 개인의 자유를 극도로 제한하는 행위(무효)
개인의 정신상 또는 신체상의 자유를 극도로 제한하는 행위를 말하며, 평생동안 혼인·이혼하지 않겠다는 계약(대판 1969.8.19. 69므18) 또는 평생 재혼하지 않겠다는 계약 등이 그것이다.

> **판례** 자유의 제한이 허용되는 경우
> 해외파견 근무자가 귀국일로부터 3년간 회사에 근무하여야 하고, 이를 위반한 경우에는 해외파견에 소요된 경비를 배상하여야 한다는 회사의 내규는 민법 제103조나 제104조에 위반된다고 할 수 없다(대판 1982.6.22. 82다카90).

4) 생존의 기초가 되는 재산의 처분행위(무효)
장래에 취득할 전재산을 양도하는 계약, 사찰의 존립에 필요한 임야를 처분하는 계약, 전답의 관개용수를 포기하는 계약 등이 그것이다.

5) 지나치게 사행적인 행위(무효)
법률이 허용하지 않는 도박행위는 무효이며 그에 관련된 도박자금을 대여하는 행위(대판 1973.5.22. 72다2249), 도박으로 부담하게 된 채무변제로서 부동산양도계약(대판 1959.10.15. 4291민상262) 등은 무효이다. 또한 보험사고를 가장하여 보험금을 취득할 목적으로 생명보험계약을 체결한 경우에도 무효가 된다(대판 2000.2.11. 99다49064).

6) 당사자의 우월한 지위를 이용한 행위(무효)
당사자의 일방이 독점적·우월적 지위를 악용하여 부당이득을 취한 경우 민법 제103조에 해당한다(대판 1996.4.26. 94다34432). 따라서, 행정기관이 도급인이고 수급인에게 일방적으로 공기 단축을 요구하고 단축된 준공기한 위반을 이유로 지체상금을 물게 하는 것은 무효이다(대판 1997.6.24. 97다2221).

7) 법률행위의 성립과정에서 강박이라는 불법적 방법이 사용된 경우(유효, 취소할 수 있음) **13회 출제**
단지 법률행위의 성립과정에 강박이라는 불법적 방법이 사용된 데에 불과한 때에는 강박에 의한 의사표시의 하자나 의사의 흠결을 이유로 효력을 논의할 수는 있을지언정 반사회질서의 법률행위로서 무효라고 할 수는 없다(대판 2002.12.27. 2000다47361).

> **판례** 반사회질서행위임을 인정한 판례
> **1** 청원권 행사의 일환으로 이루어진 진정을 이용하여 원고가 피고를 궁지에 빠뜨린 다음 이를 취하하는 것을 조건으로 거액의 급부를 제공받기로 한 약정은 반사회질서적인 조건 또는 금전적 대가가 결부됨으로써 반사회질서적 성질을 띠게 되는 경우에 해당한다(대판 2000.2.11. 99다56833).

2 이미 매도된 부동산에 관하여 체결한 저당권설정계약이 반사회적 법률행위로 무효가 되기 위하여는 **저당권자가 다른 사람에게 목적물이 매도된 것을 안다는 것만으로는 부족하고, 적어도 매도사실을 알고도 저당권설정을 요청하거나 유도하여 계약에 이르는 정도가 되어야 한다**(대판 1997.7.25. 97다362).

3 당초부터 오로지 보험사고를 가장하여 보험금을 취득할 목적으로 생명보험계약을 체결한 경우에는 사람의 생명을 수단으로 이득을 취하고자 하는 불법적인 행위를 유발할 위험성이 크고, **사행심을 조장함으로써 사회적 상당성을 일탈하게 되므로, 이와 같은 생명보험계약은 사회질서에 위배되는 법률행위로서 무효**이다(대판 2000.2.11. 99다49064).

4 윤락행위 자체는 물론 윤락행위를 할 자를 고용·모집하거나 그 직업을 소개·알선한 자가 윤락행위를 할 자를 고용·모집함에 있어 **성매매의 유인·강요의 수단으로 이용되는 선불금 등 명목으로 제공한 금품이나 그 밖의 재산상 이익 등은 불법원인급여에 해당하여 그 반환을 청구할 수 없다**(대판 2004.9.3. 2004다27488·27495).

5 **씨받이 계약은 공서양속에 반하는 법률행위로서 무효**이다(대판 1991.9.17. 91가합8269).

6 **사찰의 존립과 존재의의를 상실케하는 증여행위는 공서양속에 위반되는 무효의 행위다**(대판 1970.3.31. 69다2293).

7 계약담당공무원이 입찰절차에서 국가를 당사자로 하는 계약에 관한 법률 및 그 시행령이나 그 세부심사기준에 어긋나게 적격심사를 하였다 하더라도 그 사유만으로 당연히 낙찰자 결정이나 그에 기한 계약이 무효가 되는 것은 아니고, 이를 위배한 ㉠ 하자가 입찰절차의 공공성과 공정성이 현저히 침해될 정도로 중대할 뿐 아니라 상대방도 이러한 사정을 알았거나 알 수 있었을 경우 또는 ㉡ 누가 보더라도 낙찰자의 결정 및 계약체결이 선량한 풍속 기타 사회질서에 반하는 행위에 의하여 이루어진 것임이 분명한 경우 등 이를 무효로 하지 않으면 그 절차에 관하여 규정한 「국가를 당사자로 하는 계약에 관한 법률」의 취지를 몰각하는 결과가 되는 특별한 사정이 있는 경우에 한하여 무효가 된다(대판 2001.12.11. 2001다33604).

8 도박채무의 변제를 위하여 채무자로부터 부동산의 처분을 위임받은 채권자가 그 부동산을 제3자에게 매도한 경우, 도박채무 부담행위 및 그 변제약정이 민법 제103조의 선량한 풍속 기타 사회질서에 위반되어 무효라 하더라도, 그 무효는 변제약정의 이행행위에 해당하는 위 부동산을 제3자에게 처분한 대금으로 도박채무의 변제에 충당한 부분에 한정되고, 위 변제약정의 이행행위에 직접 해당하지 아니하는 부동산 처분에 관한 대리권을 도박 채권자에게 수여한 행위 부분까지 무효라고 볼 수는 없으므로, 위와 같은 사정을 알지 못하는 거래 상대방인 제3자가 도박 채무자부터 그 대리인인 도박 채권자를 통하여 위 부동산을 매수한 행위까지 무효가 된다고 할 수는 없다(대판 1995.7.14. 94다40147).

9 대법원이 이 판결을 통하여 **형사사건에 관한 성공보수약정이 선량한 풍속 기타 사회질서에 위배되는 것으로 평가할 수 있음을 명확히 밝혔음에도 불구하고 향후에도 성공보수약정이 체결된다면 이는 민법 제103조에 의하여 무효**로 보아야 한다(대판 2015.7.23. 2015다200111).

10 **지방자치단체가 골프장사업계획승인과 관련하여 사업자로부터 기부금을 지급받기로 한 증여계약은, 공무수행과 결부된 금전적 대가로서 그 조건이나 동기가 사회질서에 반하므로 민법 제103조에 의해 무효**이다(대판 2009.12.10. 2007다63966).

제5장 권리변동

 반사회적 행위임을 부정한 판례

1. 양도소득세의 회피 및 투기의 목적으로 자신 앞으로 소유권이전등기를 하지 아니하고 미등기인 채로 매매계약을 체결하였다 하여, 그것만으로 그 매매계약이 사회질서에 반하는 법률행위로서 **무효로 된다고 할 수 없다**(대판 1993.5.25. 93다296).

2. 부정행위를 용서받는 대가로 손해를 배상함과 아울러 가정에 충실하겠다는 서약의 취지에서 처에게 부동산을 양도하되, **부부관계가 유지되는 동안에는 처가 임의로 처분할 수 없다는 제한을 붙인 약정**은 선량한 풍속 기타 사회질서에 위반되는 것이라 할 수 없다(대판 1992.10.27. 92므204).

3. 매매계약체결 당시에 정당한 대가를 지급하고 목적물을 매수하는 계약을 체결하였다면, 비록 그 후 목적물이 범죄행위로 취득된 것을 알게 되었다고 하더라도, 계약의 이행을 구하는 것 자체가 선량한 풍속 기타 사회질서에 위반하는 것으로 볼 만한 특별한 사정이 없는 한, 그러한 사유만으로 당초의 매매계약에 기하여 목적물에 대한 소유권이전등기를 구하는 것이 민법 제103조의 공서양속에 반하는 행위라고 단정할 수 없다(대판 2001.11.9. 2001다44987).

4. 강제집행을 면할 목적으로 부동산에 허위의 근저당권설정등기를 경료하는 행위는 민법 제103조의 선량한 풍속 기타 사회질서에 위반한 사항을 내용으로 하는 법률행위로 볼 수 없다(대판 2004.5.28. 2003다70041).

5. 주택개량사업구역 내의 주택에 거주하는 세입자가 주택개량재개발조합으로부터 장차 신축될 아파트의 방 1간을 분양받을 수 있는 피분양권(이른바 세입자입주권)을 15매나 매수하였고 또 그것이 투기의 목적으로 행하여진 것이라 하여 그것만으로 그 피분양권매매계약이 사회질서에 반하는 법률행위로서 무효로 된다고 할 수 없다(대판 1991.5.28. 90다19770).

6. 반사회적 행위에 의하여 조성된 재산인 이른바 비자금을 소극적으로 은닉하기 위하여 임치한 것이 사회질서에 반하는 법률행위로 볼 수 없다고 하여 불법원인급여가 아니라고 한 원심 판단을 수긍한 사례(대판 2001.4.10. 2000다49343).

7. 전통사찰의 주지직을 거액의 금품을 대가로 양도·양수하기로 하는 약정이 있음을 알고도 이를 묵인 혹은 방조한 상태에서 한 종교법인의 주지임명행위가 민법 제103조 소정의 반사회질서의 법률행위에 해당하지 않는다(대판 2001.2.9. 99다38613).

8. 해외파견된 근로자가 귀국일로부터 일정기간 소속회사에 근무하여야 한다는 사규나 약정은 민법 제103조 또는 제104조에 위반된다고 할 수 없고, 일정기간 근무하지 않으면 해외 파견 소요경비를 배상한다는 사규나 약정은 근로계약기간이 아니라 경비반환채무의 면제기간을 정한 것이므로 근로기준법 제21조에 위배하는 것도 아니다(대판 1982.6.22. 82다카90).

9. 변제약정의 이행행위에 직접 해당하지 아니하는 부동산 처분에 관한 대리권을 도박채권자에게 수여한 행위부분까지 무효라고 볼 수는 없으므로, 위와 같은 사정을 알지 못하는 거래상대방인 제3자가 도박 채무자부터 그 대리인인 도박 채권자를 통하여 위 부동산을 매수한 행위까지 무효가 된다고 할 수는 없다(대판 95.7.14. 94다40147).

1편 민법총칙

> **Key Point** 동기의 불법   8회 출제
>
> 1) 의의
>   동기의 불법이란 법률행위 자체는 반사회성이 없으나 당사자가 그 의사표시를 하게 된 동기에 반사회성이 있는 경우(도박을 위한 금전소비대차계약)를 말하며 이 경우에도 사회질서에 반하는 행위로 보아 무효로 판단할 것인지가 문제된다.
> 2) 동기의 불법에 관한 판례
>   ① 민법 제103조의 반사회질서행위에 동기가 불법인 경우를 포함되는지 여부
>   그 내용자체는 반사회질서적인 것이 아니라고 하여도 ㉠ 법률적으로 이를 강제하거나 그 법률행위에 반사회질서적인 조건 또는 금전적 대가가 결부됨으로써 반사회 질서적 성질을 띠게 되는 경우 및 ㉡ 표시되거나 상대방에게 알려진 법률행위의 동기가 반사회질서적인 경우를 포함한다(대판 1984.12.11. 84다카1402).
>   ② 양도소득세 면탈의 동기가 있다고 하더라도 유효하다고 본 사례
>   주택매매계약에 있어서 매도인으로 하여금 주택의 보유기간이 3년 이상으로 되게 함으로써 양도소득세를 부과받지 않게 할 목적으로 매매를 원인으로 한 소유권이전등기는 3년 후에 넘겨받기로 특약을 하였다고 하더라도, 그와 같은 목적은 위 특약의 연유나 동기에 불과한 것이어서 위 특약 자체가 사회질서나 신의칙에 위반한 것이라고는 볼 수 없다(대판 1991.5.14. 91다6627).

(3) 반사회질서 행위의 효과

1) **무효 및 추인 불가능**
   사회질서에 위반하는 법률행위는 무효이고(제103조) 이는 절대적 무효이므로 ① 누구에 대하여도 무효를 주장할 수 있고, ② 추인(제139조)은 불가능*하다.

   > * 추인(제139조)은 불가능
   > 왜냐하면 제103조 위반의 경우에는 무효원인이 소멸하지 않기 때문

2) **불법원인급여**(사회질서에 위반한 계약)
   사회질서에 위반한 계약에 따라 이미 이행한 것이 있더라도 이는 불법원인급여(제746조)에 해당하여 원칙적으로 반환을 청구할 수 없다(자세한 것은 부당이득부분 참조).

3) **일부무효**
   일부무효의 법리가 적용되므로 원칙적으로 전부무효이나 예외적으로 일부만 무효가 되는 경우도 있다.
   예 이자제한법을 초과한 이자약정, 원리금을 초과하는 물건의 대물변제의 예약 등

단락문제 Q12

甲은 乙과 부동산 매매계약을 체결하고 대금 전부를 지급받았으나, 부동산 가격이 폭등하자 丙에게 다시 매도하고 소유권이전등기를 해 주었다. 이에 관한 설명으로 옳지 않은 것은? (다툼이 있으면 판례에 의함)

① 甲·丙 간의 계약이 유효하더라도 당연히 乙이 채권자취소권을 행사할 수 있는 것은 아니다.
② 甲·丙 간의 계약이 유효하면 특별한 사정이 없는 한 甲의 乙에 대한 소유권이전등기 의무는 이행불능이 된다.
③ 甲·丙 간의 계약이 무효가 아닌 한 먼저 소유권이전등기를 마친 丙이 소유권을 취득한다.
④ 丙이 甲·乙 간의 계약이 체결되었다는 것을 알고 있었다면 甲·丙 간의 계약은 무효이다.
⑤ 甲·丙 간의 계약이 반사회적 법률행위로 무효인 경우, 甲이 丙을 상대로 직접 자신에게 등기를 이전할 것을 청구할 수는 없지만 乙이 甲을 대위하여 丙에게 소유권이전등기의 말소는 청구할 수 있다.

해설 이중매매가 무효가 되는 경우

① (○) 乙이 채권자취소권을 행사하기 위해서는 甲·丙 간의 행위가 사해행위에 해당하여야 한다.
② (○) 甲의 乙에 대한 소유권이전등기의무는 甲의 귀책사유에 기한 이행불능상태가 된다.
③ (○) 형식주의에 비추어 등기를 경료하여야만 소유권을 취득할 수 있기 때문이다(제186조).
④ (×) 부동산의 이중매매가 반사회적 법률행위로서 무효가 되기 위하여는 매도인의 배임행위와 매수인이 매도인의 배임행위에 적극 가담한 행위로 이루어진 매매로서, 그 적극가담하는 행위는 매수인이 다른 사람에게 매매목적물이 매도된 것을 안다는 것만으로는 부족하고, 적어도 그 매도사실을 알고도 매도를 요청하여 매매계약에 이르는 정도가 되어야 한다(대판 1994.3.11. 93다55289).
⑤ (○) 乙은 아직 등기를 경료하기 전이어서 채권자의 지위에 있을 뿐이므로 직접 丙에 대하여 자신의 권리를 주장할 수 없고, 甲을 대위하여 丙의 소유권이전등기를 말소하고 난 후 甲으로부터 자신에게로 이전등기를 청구하면 된다(대판 2003.5.13. 2002다64148).

답 ④

단락문제 Q13

선량한 풍속 기타 사회질서에 위반하여 무효인 약정에 해당하는 것을 모두 고른 것은? (다툼이 있는 경우 판례에 의함)

㉠ 영리를 목적으로 윤락행위를 하도록 권유·유인·알선 또는 강요하는 자가 영업상 관계있는 윤락행위를 한 자에 대하여 선불금을 지급하기로 하는 약정
㉡ 부정행위를 용서받는 대가로 처에게 부동산을 양도하되 부부관계가 유지되는 동안에는 처가 임의로 처분할 수 없다는 제한을 붙인 약정
㉢ 불륜관계를 단절하면서 그 동안의 희생을 배상하고 장래 생활대책을 마련해 준다는 뜻에서 금원을 지급하기로 하는 약정
㉣ 해외파견된 근로자가 귀국일로부터 일정기간 소속회사에 근무하여야 한다는 사규나 약정
㉤ 공무원의 직무에 관하여 청탁하고 그 보수로 돈을 지급할 것을 내용으로 한 약정

① ㉠, ㉡   ② ㉠, ㉤   ③ ㉡, ㉢   ④ ㉢, ㉣   ⑤ ㉣, ㉤

1편 민법총칙

> [해설] 선량한 풍속 기타 사회질서에 위반하여 무효인 약정
> ㉠ 무효이다(대판 2004.9.3. 2004다27488).
> ㉡ 사회질서에 반하지 않는다(대판 1992.10.27. 92므204).
> ㉢ 사회질서에 반하지 않는다(대판 1980.6.24. 80다458).
> ㉣ 사회질서에 반하지 않는다(대판 1982.6.22. 82다카90).
> ㉤ 무효이다(대판 1971.10.11. 71다1645).
>
> 답 ②

단락핵심 반사회질서의 법률행위

(1) 법률행위의 성립과정에서 불법적인 방법이 사용되었다면, 이는 의사표시의 하자문제일 뿐만 아니라 반사회질서행위에 해당한다. (×)
(2) 법률행위는 사회질서에 반해 무효가 된 경우에는 이를 추인하여도 여전히 무효이다. (○)
(3) 반사회질서행위는 불법원인급여의 원인이 되는 행위이므로 이러한 행위를 한 자는 원칙적으로 급여한 재산이나 제공한 노무로 인한 이익의 반환을 청구하지 못한다. (○)
(4) 정당한 대가를 지급하고 목적물을 매수하였다면 특별한 사정이 없는 한 비록 그 후 목적물이 범죄행위로 취득된 것을 알게 되었더라도 소유권이전등기를 구하는 것이 사회질서에 반하는 법률행위라고 단정할 수 없다. (○)
(5) 대리인이 사회질서에 반하여 이중매수를 한 경우 본인이 그러한 사정을 몰랐거나 반사회성을 야기한 것이 아니라면 그 대리행위는 무효로 볼 수 없다. (×)
(6) 매도인이 이미 제3자에게 부동산을 매각한 사실을 알면서 매수인이 매수하였다면 당연히 사회질서에 반하는 매매계약이다. (×)

5 불공정한 법률행위★★★   6·8·10·11·12·15·17·19·20·27회 출제

> **제104조(불공정한 법률행위)** 당사자의 궁박·경솔 또는 무경험으로 인하여 현저하게 공정을 잃은 법률행위는 무효로 한다.

(1) 의 의
 1) 불공정한 법률행위란 궁박, 경솔, 무경험 상태에 있어 자유로운 의사결정이 곤란한 자에 대하여 현저하게 균형을 잃은 반대급부를 강제하여 부당한 재산적 이익을 얻는 행위를 말한다.
 2) 이는 사회질서에 반하는 행위 중 한 유형으로 이를 무효로 하여 경제적 약자를 보호하고자 한다.

(2) 요 건
 1) 주관적 요건
  ① 상대방의 궁박·경솔·무경험의 의의
   ㉠ 궁박 : 급박한 곤궁을 의미하는 것으로서 경제적 원인에 기인할 수도 있고, 정신적 또는 심리적 원인에 기인할 수도 있다(대판 2002.10.22. 2002다38927).

제5장 권리변동

- ⓒ **경솔** : 어떤 의사를 결정할 때 일반인이 베푸는 고려를 하지 않는 심리상태를 말한다.
- ⓒ **무경험** : 일반적인 생활체험의 부족을 의미하는 것으로서 어느 특정영역에 있어서의 경험부족이 아니라 거래일반에 대한 경험부족을 뜻한다(대판 2002.10.22. 2002다38927).

 궁박 여부에 관한 판례

1. 매도인이 부동산 매도당시 가친의 丙이 위독하여 그 치료비 등 비용관계로 할 수 없이 처분하게 된 **궁박한 사정을 매수인이 알고 있었고**, 매매목적물의 경계확정측량도 매수인이 일방적으로 하고, 그 부동산가격도 토지 16,964평을 겨우 10,000원이라는 **지극히 저렴한 것이었다고 한다면 위 매매행위는 불공정한 법률행위이다**(대판 1968.7.30. 68다88).
2. 건물의 매도인이 건물철거소송의 패소확정으로 건물을 철거당함으로써 생업이 중단될 궁박한 상태에서 시가의 3분의 1에 미달하는 금액을 대금으로 하여 이루어진 건물의 매매는 불공정한 법률행위이다(대판 1973.5.22. 73다231).
3. 원고의 장남이 피고의 가옥에 불법침입한 사실을 들어 주거침입죄 등으로 고소하겠다고 협박하면서 임야 등 시가 약 255만원 상당의 원고 소유 재산을 시가 60 내지 90만원 상당의 피고 소유 가옥과 교환해주면 고소하지 않겠다고 공갈하자, 원고는 고령으로 섬에 살면서 사회적 경험이 적은데다 자식에게 어떤 변이 일어날지도 모른다는 **궁박한 상태에서 경솔하게 체결한 교환계약은 불공정한 법률행위로 무효이다**(대판 1980.6.24. 80다558).
4. 수사기관에 30시간 이상 불법구금된 상태에서 5억여 원에 경락(매각)받은 토지지분 편취에 따른 손해배상으로 지분반환 외에 2억 4천만원을 추가지급하기로 한 합의는 지나치게 과도한 것이므로 불공정한 법률행위에 해당한다(대판 1996.6.14. 94다46374).
5. 농촌에서 농사만 짓던 가족이 사고로 가장을 잃어 경제적으로나 정신적으로 경황이 없는 상황에서 받을 수 있는 액수의 8분의 1밖에 되지 않는 사고배상금에 합의한 경우 이는 현저하게 공정을 잃은 법률행위로서 무효이다(대판 1979.4.10. 78다2457).

 무경험 여부에 관한 판례

1. 농촌에 거주하는 79세된 노인으로부터 한국감정원의 감정가격의 30%에도 미치지 못하는 가격으로 토지를 매수하고, 계약금으로 매매대금의 3분의 1 이상을 지급하였으며, 매매계약 다음날 중도금을 지급하여 계약금과 중도금을 합한 액수가 매매대금의 80%에 이르는 등 매매계약의 내용이 이례적인 점 등에 비추어 불공정한 법률행위로 볼 여지가 있다(대판 1992.2.25. 91다40351).
2. 해외파견근무중 교통사고로 사망한 피해자의 부가 **별로 교육을 받지 못하고 시골에서 날품팔이로 생계를 유지하는 66세의 노인으로서 원래 아는 것과 경험이 없고 사고경위도 알지 못한데다가 아들이 사망했다는 비보에 큰 충격을 받아 경황이 없는 상태에서 위 가해회사가 제시한 합의서에 날인한 것이라면, 경솔·궁박·무경험 상태에서 이루어진 현저하게 공정을 잃은 법률행위로서 무효이다**(대판 1987.5.12. 86다카1824).

② **궁박·경솔·무경험의 요건구비** : 상대방의 궁박·경솔·무경험의 요건은 모두 구비하여야 하는 것은 아니고, 그 가운데 하나만 갖추어도 충분하다(대판 2002.10.22. 2002다38927).

③ **궁박·경솔·무경험의 판단기준** : 대리인에 의하여 법률행위가 이루어진 경우 그 법률행위가 불공정한 법률행위인가를 판단할 경우에 경솔·무경험은 그 대리인을 기준으로 하여 판단하여야 하고, 궁박 상태에 있었는지는 본인의 입장에서 판단되어야 한다(대판 1972.4.25. 71다2255).

Professor Comment
> 시험에 자주 출제되는 지문이므로 본 : 궁, 대 : 경·무로 암기할 것

④ **판단시점** : 궁박·경솔·무경험이나 현저한 불균형의 여부를 판단하는 시점은 법률행위시이다(대판 1984.4.10. 81다239). 다만, 대물변제예약에 대하여 판례는 변제기 당시를 표준으로 폭리여부를 판단한다(대판 1965.6.15. 65다610).

⑤ **폭리행위의 악의** : 법률행위의 상대방이 당사자 일방의 궁박·경솔 또는 무경험의 상태를 알고서 이를 이용하려는 의사 즉, 폭리행위의 악의가 있어야 한다(대판 1992.10.23. 92다29337).

2) **객관적 요건**(급부와 반대급부 사이에 현저한 불균형)
현저히 공정을 잃은 법률행위라 함은 자기의 급부에 비하여 현저하게 균형을 잃은 반대급부를 하게 하여 부당한 재산적 이익을 얻는 행위를 의미하는 것이다.

> **예** 의료기관 또는 의사가 환자를 치료하고 그 치료비를 청구할 때 치료행위와 그에 대한 일반의료수가 사이에 현저한 불균형이 존재하고 그와 같은 불균형이 피해 당사자의 궁박, 경솔 또는 무경험에 의하여 이루어진 경우(대판 1995.12.8. 95다3282).

(3) **적용범위**★★★ 〔13·15회 출제〕

단독행위도 불공정한 법률행위가 될 수 있다. 그러나 대가관계가 없는 증여와 같은 무상행위나 공정성이 담보된 경매와 같은 행위는 불공정한 법률행위가 될 수 없다.

> **판례** **제104조의 적용범위**
>
> **1** 구속된 남편을 구제하기 위하여 채무자인 회사에 대한 물품외상대금채권을 포기하는 것(단독행위인 채권포기)은 불공정한 법률행위로서 무효이다(대판 1975.5.13. 75다92).
> **2** 기부행위나 증여계약과 같이 아무런 대가 없이 당사자 일방이 상대방에게 한 일방적인 급부인 법률행위는 그 공정성 여부를 논의할 수 있는 성질의 법률행위가 아니다(대판 1997.3.11. 96다49650).
> **3** 적법한 절차에 의하여 이루어진 경매에 있어서는 불공정한 법률행위에 관한 민법 제104조와 채무자에게 불리한 약정에 관한 것으로서 효력이 없다는 제608조는 적용될 여지가 없다(대결 1980.3.21. 80마77).

제5장 권리변동

(4) 불공정한 법률행위의 입증책임   23회 출제

무효를 주장하는 측에서 현저하게 공정을 잃은 그 법률행위가 궁박·경솔 또는 무경험으로 인하였다는 점과 상대방이 그 사정을 알고 이를 이용하여서 그 법률행위가 이루어지게 되었다는 점을 주장, 입증하여야 한다. 그러나 그 법률행위가 현저하게 공정을 잃었다 하여 곧 그것이 경솔하게 이루어졌다고 추정하거나 궁박한 사정이 인정되는 것은 아니다(대판 1969.7.24. 69다594).

단락문제 Q14   제23회 기출

불공정한 법률행위에 관한 설명으로 옳은 것을 모두 고른 것은? (다툼이 있으면 판례에 의함)

㉠ 무상증여에는 불공정한 법률행위에 관한 규정이 적용되지 않는다.
㉡ 불공정한 법률행위로서 무효인 경우 특별한 사정이 없는 한 추인에 의하여 무효인 법률행위가 유효로 될 수 없다.
㉢ 급부와 반대급부가 현저히 균형을 잃은 법률행위는 궁박·경솔 또는 무경험으로 인해 이루어진 것으로 추정된다.
㉣ 어떠한 법률행위가 불공정한 법률행위에 해당하는지는 이행기를 기준으로 판단해야 한다.

① ㉠, ㉡   ② ㉠, ㉢   ③ ㉡, ㉣   ④ ㉠, ㉢, ㉣   ⑤ ㉡, ㉢, ㉣

해설 불공정한 법률행위
㉠ (○) (대판 96다49650)
㉡ (○) 절대적 무효로서 법률행위의 추인(제139조)이 적용될 수 없다.
㉢ (×) (대판 69다594)
㉣ 법률행위시를 기준으로 판단해야 한다(대판 81다239).

답 ①

(5) 효 과   15회 출제

1) 절대적 무효로 사회질서에 반하는 행위와 유사하다.
2) 불법원인 급여의 규정이 적용되고 **일부무효의 법리***(제137조)가 적용된다. 다만 사회상규에 반하는 행위와 달리 **무효행위의 전환**(제138조)이 적용될 수 있다.

* **일부무효의 법리**
원칙적 전부무효, 예외적 일부무효

1편 민법총칙

 불공정한 법률행위와 일부무효의 법리, 무효행위의 전환

1 일부무효의 법리 적용

채무금의 지급담보의 의미로 부동산의 소유권이전등기에 필요한 서류를 교부한 경우에 채무금을 약정기일까지 지급하지 못할 때에는 부동산을 완전히 채권자의 소유로 한다는 약정은 민법 제104조의 규정에 의하여 무효라고 할지라도 채무담보를 위하여 소유권이전등기를 하기로 한 채무담보 약정은 유효한 것이라 할 것이고 1개의 법률행위에 관하여 유효부분과 무효부분을 가려 판단할 수 있는 것이다(대판 1967.9.19. 67다1460).

2 무효행위의 전환 법리 적용

민법 제104조에서 정하는 '**불공정한 법률행위**'에 해당하여 무효인 경우에도 무효행위의 **전환에 관한 민법 제138조가 적용될 수 있다.** 따라서 당사자 쌍방이 위와 같은 무효를 알았더라면 대금을 다른 액으로 정하여 매매계약에 합의하였을 것이라고 예외적으로 인정되는 경우에는, 그 대금액을 내용으로 하는 매매계약이 유효하게 성립한다. 다만, 이와 같이 가정적 의사에 기한 계약의 성립 여부 및 그 내용을 발굴·구성하여 제시하게 되는 법원으로서는 그 '가정적 의사'를 함부로 추단하여 당사자가 의욕하지 아니하는 법률효과를 그에게 또는 그들에게 계약의 이름으로 불합리하게 강요하는 것이 되지 아니하도록 신중을 기하여야 한다.(대판 1967.9.19. 67다1460).

단락문제 Q15 제15회 기출

甲은 대리인 乙을 통해 자신의 X부동산을 丙에게 매도하였고, 丙은 이를 다시 丁에게 전매하였다. 그런데 甲은 丙과의 매매계약이 불공정한 법률행위로서 무효임을 주장하고 있다. 다음 설명 중 옳지 <u>않은</u> 것은? (다툼이 있으면 판례에 의함)

① 불공정한 법률행위인지의 여부를 판단하는 기준 시기는 乙이 丙과 매매계약을 체결한 당시이다.
② 丙에게 궁박, 경솔 또는 무경험을 이용하고자 하는 의사가 없다면 불공정한 법률행위는 성립하지 않는다.
③ 경솔, 무경험은 乙을 기준으로, 궁박 상태에 있었는지 여부는 甲을 기준으로 판단한다.
④ 甲과 丙 사이의 매매계약이 불공정한 법률행위로서 무효가 되더라도 甲은 선의의 丁에게 대항할 수 없다.
⑤ 불공정한 법률행위로서 무효인 경우에는 그 후 甲이 추인하더라도 매매계약이 유효로 될 수 없다.

해설 불공정한 법률행위
④ 불공정한 법률행위는 절대적 무효에 해당하므로 제3자의 선의·악의에 관계없이 무효를 주장할 수 있다(제104조). **답** ④

제5장 권리변동

> **단락핵심** 　　　　　　　불공정한 법률행위
>
> (1) 부담 없는 증여계약, 기부행위 등에는 불공정한 법률행위가 성립할 여지가 없다. (○)
> (2) 무경험이란 어느 특정영역에서의 경험부족을 의미한다. (×)
> (3) 불공정한 법률행위는 선량한 풍속 기타 사회질서에 반하는 법률행위의 일종이다. (○)
> (4) 채권포기행위와 같은 단독행위는 불공정한 법률행위가 될 수 없다. (×)
> (5) 경매부동산이 그 시가에 비해 현저히 저렴한 경우라도 적법한 절차를 거쳤다면 무효로 볼 수 없다. (○)

02 법률행위의 해석 ★★　　　　　　　　　　　2·3·14·24회 출제

> **제105조(임의규정)** 법률행위의 당사자가 법령 중의 선량한 풍속 기타 사회질서에 관계없는 규정과 다른 의사를 표시한 때에는 그 의사에 의한다.
> **제106조(사실인 관습)** 법령 중의 선량한 풍속 기타 사회질서에 관계없는 규정과 다른 관습이 있는 경우에 당사자의 의사가 명확하지 아니한 때에는 그 관습에 의한다.

1 의 의

(1) 법률행위의 해석은 내심적 의사여하에 관계없이 당사자가 그 표시행위에 부여한 객관적인 의미를 명백하게 밝히는 것이다.
(2) 법률행위는 의사표시를 그 중심요소로 하므로 법률행위의 해석은 궁극적으로 의사표시의 해석으로 귀착된다.

2 법률행위해석의 성질 ★　　　　　　　　　　　13회 출제

법률행위의 내용을 확정하는 것은 사실문제이나, 법률행위의 해석은 이 확정된 사실을 기초로 해서 표시행위가 가지는 객관적 의미를 밝히는 일로서 일종의 법률적 가치판단에 속하는 법률문제이므로 해석이 잘못된 경우 상고이유가 되어 법률심인 대법원에서 다툴 수 있다.

법률행위의 해석

법률행위의 해석은 당사자가 그 표시행위에 부여한 객관적인 의미를 명백하게 확정하는 것으로서, ㉠ 서면에 사용된 문구에 구애받는 것은 아니지만 어디까지나 당사자의 내심적 의사의 여하에 관계없이 그 서면의 기재 내용에 의하여 **당사자가 그 표시행위에 부여한 객관적 의미를 합리적으로 해석하여야 하는 것**이고, ㉡ 당사자가 표시한 문언에 의하여 그 객관적인 의미가 명확하게 드러나지 않는 경우에는 그 문언의 내용과 그 법률행위가 이루어진 동기 및 경위, 당사자가 그 법률행위에 의하여 달성하려는 목적과 진정한 의사, 거래의 관행 등을 종합적으로 고려하여 사회정의와 형평의 이념에 맞도록 논리와 경험의 법칙, 그리고 사회일반의 상식과 거래의 통념에 따라 합리적으로 해석하여야 한다(대판 1996.10.25. 96다16049, 2009.5.14. 2008다90095 등).

3 법률행위해석의 기준 및 순서★★★

민법은 법률행위의 해석기준 및 순서에 있어 일반원칙을 규정하지 않고 사실인 관습에 관한 제106조를 두고 있을 뿐이다. 그러나 해석의 본질 및 외국의 입법례 등에 비추어 ㉠ **당사자의 목적**, ㉡ **관습**, ㉢ **임의법규**, ㉣ **신의성실의 원칙*** 등이 그 기준 및 순서가 된다.

> * ㉠ 당사자의 목적, ㉡ 관습, ㉢ 임의법규 ㉣ 신의성실의 원칙
> 목관임신으로 암기

(1) 당사자가 기도하는 목적

1) 당사자가 그 법률행위에 의하여 달성하고자 하는 사회적·경제적 목적을 포착하여, 법률행위의 내용을 이 목적에 적합하도록 하여야 한다.
2) 계약의 해석에 있어서는 그 계약서 문구에만 매일 것이 아니라 그 문언의 취지에 따름과 동시에 윤리법칙과 경험률에 따라 당사자의 진의(眞意)를 참작하여 해석한다.

 의무를 부담하는 내용의 문면에 '최대한 노력하겠다'라고 기재한 경우의 객관적 의미

甲이 乙의 부실기업을 인수하면서 "종전 사장 乙에게 6년간 사장으로서의 임금을 주기로 한 약정"에 대해 "최대한 노력하겠다"고 계약서 말미에 부기한 경우 그 의미는 **법적으로 부담은 할 수 없지만 사정이 허락하는 한 그 이행을 하여 주겠다는 취지로 해석함이 상당**하고 따라서 중간에 보수를 중단한 경우 그것이 채무불이행이 되지 않는다(대판 1994.3.25. 93다32668).

(2) 관 습(사실인 관습)★★

8회 출제

1) 의 의

사실인 관습은 법률행위의 당사자가 이에 따를 것이라는 의사를 가지고 있는 것으로 인정되는 거래상의 관습을 말한다. 관습이 사회적으로 승인을 받아 법적 확신이 생기면 관습법이 될 수 있으나 아직 이에 이르지 아니한 것을 사설인 관습이라 한다.

제5장 권리변동

 관습법과 사실인 관습의 차이

사실인 관습은 사회관행에 의하여 발생한 사회생활규범인 점에서 관습법과 같으나 **사회의 법적 확신이나 인식에 의하여 법적 규범으로 승인된 정도에 이르지 못한 것이라는 점에서 관습법과 다르다**(대판 1983.6.14. 80다3231).

2) 해석기준이 되기 위한 요건
① 「법령 중의 선량한 풍속 기타 사회질서에 관계없는 규정」, 즉 임의규정*과 다른 관습이 있어야 한다.
② **당사자가 그 관습에 따르는 것을 배제하고 있지 않아야 한다.** 이 경우 그 관습은 임의법규에 우선하여 법률행위해석의 기준이 된다.

* **임의규정**
강행규정이 아닌 법령

3) 입증책임
사실인 관습은 원칙적으로 그 존재를 당사자가 주장·입증하여야 하나 법원이 직권으로 판단할 수도 있다(대판 1976.7.13. 76다983).

 관습법과 사실인 관습의 주장·입증책임

① 법령과 같은 효력을 갖는 관습법은 당사자의 주장·입증을 기다림이 없이 법원이 직권으로 이를 확정하여야 하고 사실인 관습은 그 존재를 당사자가 주장·입증하여야 하나, 관습은 그 존부 자체도 명확하지 않을 뿐만 아니라 그 관습이 사회의 법적 확신이나 인식에 의하여 법적 규범으로까지 승인되었는지의 여부를 가리기는 더욱 어려운 일이므로 **법원이 이를 알 수 없는 경우 결국은 당사자가 이를 주장·입증할 필요가 있다**(대판 1983.6.14. 80다3231).
② 일반생활에 있어서의 일종의 경험칙에 속한다 할 것이고 경험칙은 일종의 법칙인 것이므로, **법관은 어떠한 경험칙의 유무를 판단함에 있어서는 당사자의 주장이나 입증에 구애됨이 없이 스스로 직권에 의하여 판단할 수 있다**(대판 1976.7.13. 76다983).

 사실인 관습의 효력

사실인 관습은 사적자치가 인정되는 분야, 즉 그 분야의 제정법이 주로 임의규정일 경우에는 법률행위의 해석기준으로서 또는 의사를 보충하는 기능으로서 이를 재판의 자료로 할 수 있을 것이나 이 이외, 즉 그 분야의 제정법이 주로 강행규정일 경우에는 그 강행규정 자체에 결함이 있거나 강행규정 스스로가 관습에 따르도록 위임한 경우 등 이외에는 법적 효력을 부여할 수 없다(대판 1983.6.14. 80다3231).

1편 민법총칙

Key Point 사실인 관습과 관습법의 비교

10회 출제

구 분	사실인 관습	관습법
의 의	관습법에 이르지 못한 사실적인 관행에 불과하다.	사회관행에 의해 발생한 사회생활규범으로서 법규범에 해당한다. – 분묘기지권, 동산양도담보, 명인방법, 사실혼, 관습법상 법정지상권
효 력	① 법규범으로서의 효력은 없다. ② 당사자가의 의사가 명확하지 아니한 경우 관습법에 앞서 법률행위의 해석기준이 된다.	① 법규범으로서 재판규범이 된다. ② 당사자의 의사가 명확하지 아니하고 사실인 관습이 없는 경우에는 당사자의 법률행위의 해석기준이 될 수 있다.
입증책임	변론주의의 원칙에 따라 원칙적으로 당사자가 주장·입증하여야 한다.	법규범에 해당하므로 원칙적으로 법원이 직권에 의해 판단한다.

단락문제 Q16

제10회 기출

관습법과 사실인 관습에 관한 설명 중 맞는 것은? (다툼이 있는 경우 판례에 의함)

① 관습법은 사실인 관습과 구별되지만, 양자 모두 법률행위의 당사자의 의사를 보충함에 그치는 점에서는 동일하다.
② 종중 구성원의 자격은 성년 남자로 한정된다는 관습법으로서의 법적 확신은 종전대로 유지되고 있다.
③ 명인방법, 동산의 양도담보 등은 사실인 관습에 해당되므로 그 존재는 당사자가 주장·입증하여야 한다.
④ 민법에 규정된 내용과 다른 관습이 있는 경우에 그 관습이 우선적으로 적용되는 경우도 있다.
⑤ 관습법으로 인정되기 위해서는 사회의 거듭된 관행으로 생성된 사회생활규범으로서 그 내용이 민법상의 선량한 풍속 기타 사회질서에 반하지 않는 내용이라면 충분하고, 헌법상의 정당성과 합리성까지 고려할 필요는 없다.

해설 관습법과 사실인 관습

① (×) 관습법은 바로 법원으로서 법령과 같은 효력을 갖는 관습으로서 법령에 저촉되지 않는 한 법칙으로서의 효력이 있다(대판 1983.6.14. 80다3231).
② (×) 헌법상 남녀평등의 원칙에 반하여 무효이다(대판 2005.7.21. 2002다1178).
③ (×) 명인방법이나 동산의 양도담보 등은 관습법에 해당한다(대판 1983.6.14. 80다3231).
④ (○) 민법에서 관습을 우선 적용할 수 있도록 규정한 경우는 수류의 변경(제229조), 용수권(제234조) 및 소통공사(제222조)와 저수·배수·인수를 위한 공작물에 대한 공사(제223조)의 경우 관습에 의한 비용부담(제224조) 등이 있다.
⑤ (×) 헌법을 최상위 규범으로 하는 전체 법질서에 반하지 아니하는 것으로서 정당성과 합리성이 있다고 인정될 수 있는 것이어야 하고, 그렇지 아니하면 관습법으로서의 효력을 인정할 수 없다(대판 2005.7.21. 2002다1178).

답 ④

(3) 임의법규

1) 당사자의 의사에 의하여 그 적용을 배제할 수 있는 규정, 즉 법령 중 선량한 풍속 기타 사회질서에 관계없는 규정을 말한다(제105조).
2) 의사표시의 내용이 임의법규와 명백히 다른 때에는 임의법규는 배척된다(제105조). 그러나 그렇지 않은 경우, 즉 임의법규와 다른 의사표시가 없는 경우에는 임의법규도 법률행위해석의 표준이 된다.

* 조리
사물의 본질적 법칙

(4) 신의성실의 원칙(조리)*

1) 법률행위해석의 최후의 표준은 신의성실의 원칙 즉 조리*이다.
2) 이에 관한 명문은 없으나 법률행위해석에 관한 위의 여러 기준에 의해서도 법률행위의 내용을 명확히 할 수 없는 경우에는 신의성실의 원칙 또는 법의 근본이념이 되는 조리에 따라 해석하는 것이 당연하다.
3) 조리해석의 대표적인 예로 예문해석(例文解釋)이 있다.

Wide 예문해석

① 의 의
예문해석은 법률행위의 해석에 있어서 어떤 조항이 당사자의 실질적 의사와 맞지 않는다고 생각되는 사정이 있는 경우에 그 조항을 예문(例文)이라 하여 그 법적 구속력을 인정하지 않는 해석방법이다. ② 예문해석을 인정한 판례
근저당권설정계약서는 처분문서이므로 특별한 사정이 없는 한 그 계약 문언대로 해석하여야 함이 원칙이지만, 그 근저당권설정계약서가 금융기관 등에서 일률적으로 일반거래약관의 형태로 부동문자로 인쇄하여 두고 사용하는 계약서인 경우에 그 계약 조항에서 피담보채무의 범위를 그 근저당권 설정으로 대출받은 당해 대출금채무 외에 기존의 채무나 장래에 부담하게 될 다른 원인에 의한 모든 채무도 포괄적으로 포함하는 것으로 기재하였다고 하더라도, 당해 대출금채무와 장래 채무의 각 성립 경위 등 근저당설정계약 체결의 경위, 대출 관행, 각 채무액과 그 근저당권의 채권최고액과의 관계, 다른 채무액에 대한 별도의 담보확보 여부 등 여러 사정에 비추어 인쇄된 계약 문언대로 피담보채무의 범위를 해석하면 오히려 금융기관의 일반 대출 관례에 어긋난다고 보여지고 당사자의 의사는 당해 대출금채무만을 그 근저당권의 피담보채무로 약정한 취지라고 해석하는 것이 합리적일 때에는 위 계약서의 피담보채무에 관한 포괄적 기재는 부동문자로 인쇄된 일반거래약관의 예문에 불과한 것으로 보아 그 구속력을 배제하는 것이 타당하다(대판 2003.3.14. 2003다2109).

1편 민법총칙

단락문제 Q17 제13회 기출

법률행위의 해석에 관한 설명으로 옳은 것은? (다툼이 있으면 판례에 의함)
① 법률행위의 해석은 문구에 구애받지 않고 어디까지나 당사자가 그 표시행위에 부여한 내심적 의사에 따라야 한다.
② 당사자가 모두 X토지를 매매하기로 합의하였으나 그 지번을 착각하여 계약서에 Y토지로 표시한 경우 Y토지에 대한 매매계약이 성립한다.
③ 매매계약서상의 "계약사항에 대한 이의가 생겼을 때에는 매도인의 해석에 따른다"는 조항은 법원의 법률행위 해석권을 구속하지 않는다.
④ 당사자의 의사가 명확한 경우에도 사실인 관습이 우선하여 법률행위 내용을 확정하는 기준이 된다.
⑤ 관습법은 법령으로서의 효력이 없는 단순한 관행으로서 법률행위 당사자의 의사를 보충함에 그친다.

해설 법률행위 해석
① (×) 외부로 표시된 행위에 의하여 추단된 의사를 가지고 해석한다(대판 2002.2.26. 2000다48265).
② (×) 오표시무해의 원칙에 의하여 매매계약은 X토지에 관하여 성립한다.
③ (○) (대판 1974.9.24. 74다1057) 계약사항의 해석은 법률문제에 해당하기 때문이다.
④ (×) (제106조) 당사자의 의사가 명확하지 아니한 때에 사실인 관습에 의한다.
⑤ (×) 관습법은 사회의 법적 확신에 의하여 규범력을 갖는다. **답** ③

4 해석 방법★★   9·11·16회 출제

(1) 자연적 해석★★

1) 의의

표의자*의 시각에서 하는 해석방법으로서 표현의 문자적, 언어적 의미에 구속되지 않고, 표의자의 내심적 효과의사(표의자의 실제의사)를 밝혀 확정하는 것을 말하는데, 어떤 일정한 의사표시에 관하여 당사자가 사실상 일치하여 이해한 경우에는 그 의미대로 효력을 인정해야 한다는 것을 뜻한다.

* 표의자
법률행위(의사표시)를 한 자

2) 적용사례

상대방 없는 단독행위(예 유언)의 해석과 오표시무해(誤表示無害)의 원칙이 그 적용 예이다.

3) 오표시무해의 원칙   21회 출제

표의자가 표시를 잘못하였음에도 불구하고 상대방이 표의자의 진의를 올바르게 인식한 경우 표의자가 의도했던 대로 그 효과가 발생한다는 원칙을 말한다.

제5장 권리변동

 판례 자연적 해석에 관한 판례

A가 점유하던 국유지 甲토지를 불하받은 과정에서 인근에 B가 점유하던 국유지 乙과 혼동하여 乙토지의 지번에 대하여 불하신청을 하였고 국가도 乙토지에 대한 매매계약서를 작성한 경우 계약서에 그 목적물을 甲토지가 아닌 乙토지로 표시하였다 하여도 위 **甲토지에 관하여 이를 매매목적물로 한다는 쌍방의 의사합치가 있는 이상 甲토지에 관한 매매계약이 성립한 것으로 본다**(대판 1993.10.26. 93다2629).

※ 따라서 오표시무해의 원칙(자연적 해석)이 적용되는 경우 착오의 문제는 발생하지 않는다.

(2) 규범적 해석

1) 의 의

<u>상대방*의 시각에 의한 해석방법</u>으로서 법률행위의 객관적, 규범적 의미를 명백하게 밝히는 것으로서 법률행위에 있어서 사실상 일치하는 이해가 확정되지 못하는 경우의 해석방법이다.

즉, <u>표시행위로부터 추단되는 의사, 즉 표시상의 효과의사를 추구</u>하는 것이다.

* **상대방**
법률행위(의사표시)의 상대방

2) 규범적 해석이 허용되지 않는 경우

상대방의 신뢰보호를 위하여 인정되는 해석방법이므로 상대방의 보호의 필요성이나 가치가 없는 경우에는 규범적 해석이 허용되지 아니한다.

예 상대방 없는 단독행위, 신분행위, 상대방이 표의자의 내심적 효과의사를 알고 있는 경우

 오표시무해의 원칙

오표시무해의 원칙이란 글자 그대로 '잘못 표시된 내용은 법률행위에 해를 끼치지 않는다'는 뜻이다.

숭의동 10번지를 팔겠소!
동(同) 번지를 사겠소!
숭의동 10번지

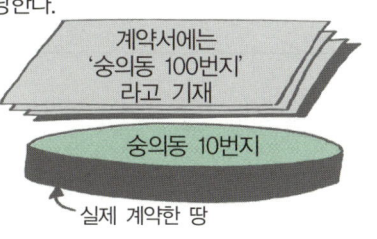

甲과 乙이 '숭의동 10번지'의 토지를 매매하기로 합의하였으나 계약서에는 '숭의동 100번지'라고 잘못 표시한 경우가 오표시에 해당한다.

계약서에는 '숭의동 100번지'라고 기재
숭의동 10번지 ← 실제 계약한 땅

이 경우 오표시무해의 원칙에 의해 '숭의동 10번지'에 대해 계약이 유효하게 성립된다.

숭의동 10번지 토지매매 성립

오표시는 법률효과의 발생에는 영향이 없는 점에서 착오가 존재하지 않는다.

규범적 해석에 관한 판례

1. 채권자 A가 채무자 B로부터 36만원을 수령하면서 실제는 더 받을 금전이 있는데도 36만원을 우선받기 위해 **영수증에 "총완결"**이라고 써준 경우 모든 결재가 끝난 것으로 해석된다(대판 1969.7.8. 69다563).
2. 음식점 영업을 위한 **임대차계약을 하면서 특약으로 "모든 경우의 화재"**라고 쓴 경우 불가항력의 경우도 포함하는 것으로 해석된다(대판 1979.5.22. 79다508).
3. 계약을 체결하는 행위자가 타인의 이름으로 **법률행위를 한 경우**에 행위자 또는 명의인 가운데 누구를 계약의 당사자로 볼 것인가에 관하여는, **우선 행위자와 상대방의 의사가 일치하는 경우에는 그 일치한 의사대로** 행위자 또는 명의인을 계약의 당사자로 확정하여야 하고, 행위자와 상대방의 의사가 일치하지 아니하는 경우에는 그 계약의 성질·내용·목적·체결 경위 등 그 계약 체결 전후의 구체적인 제반 사정을 토대로 상대방이 합리적인 사람이라면 행위자와 명의자 중 누구를 계약의 당사자로 이해할 것인가에 의하여 당사자를 결정하여야 한다(대판 1999.6.25. 99다7183).

(3) 보충적 해석

1) 의의
제3자의 시각에 의한 해석방법으로서 법률행위의 내용에 관해 당사자가 미처 생각하지 못했던 공백이 있는 경우에 당사자가 흠결을 알았다면 정하였을 내용*으로 보충하여 해석하는 것을 말한다.

* 당사자가 흠결을 알았다면 정하였을 내용
당사자의 가정적 의사

2) 적용사례
보충적 해석은 특히 **계약분야**에서 커다란 기능을 발휘한다.

 합의서의 작성과 보충적 해석

불법행위로 인한 손해배상에 관하여 가해자와 피해자 사이에 피해자가 일정한 금액을 지급받고 그 나머지 청구를 포기하기로 하는 합의가 이루어진 때에는 그 합의가 손해발생의 원인인 사고 후 얼마 지나지 아니하여 손해의 범위를 정확히 확인하기 어려운 상황에서 이루어진 것이고, **후발손해가 합의 당시의 사정으로 보아 예상이 불가능한 것으로서** 당사자가 후발손해를 예상하였더라면 사회통념상 그 합의금액으로는 화해하지 않았을 것이라고 보는 것이 상당할만큼 손해가 중대한 것일 때에는 **당사자의 의사가 그러한 손해에 대해서까지 그 배상청구권을 포기한 것이라고 볼 수 없으므로 다시 그 배상을 청구할 수 있다**(대판 1991.4.9. 90다16078).

제5장 권리변동

Key Point | 법률행위의 해석

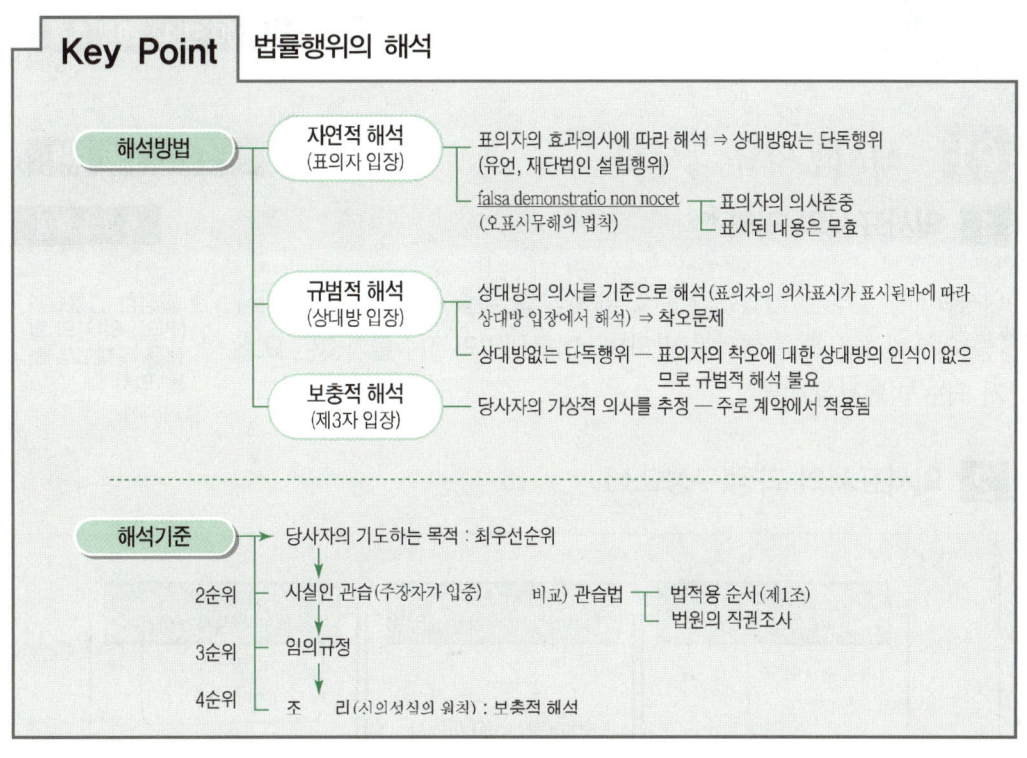

단락문제 Q18
제14회 기출

법률행위의 해석에 관한 설명으로 옳은 것은? (다툼이 있으면 판례에 의함)

① 계약당사자가 누구인지를 확정하는 것은 법률행위의 해석과는 전혀 무관한 것이다.
② 당자자의 진정한 의사를 알 수 없는 의사표시는, 내심적 효과의사가 아닌 표시행위로부터 추단되는 효과의사에 기초하여 해석하는 것이 원칙이다.
③ 약관의 의미가 불명확한 경우, 작성자에게 유리하게 해석하여야 한다.
④ 사실인 관습은 법률행위해석의 표준이 될 수 없다.
⑤ 의사표시의 해석은 서면에 사용된 문구에 구애받는 것이므로, 당사자가 그 표시행위에 부여한 의미를 논리칙과 경험칙에 따라 객관적으로 해석하는 것은 허용되지 않는다.

해설 법률행위의 해석

① (×) 법률행위의 해석을 통하여 결정된다(대판 1999.6.25. 99다7183).
② (○) (대판 1996.10.25. 96다16049)
③ (×) 고객에게 유리하게 해석되어야 한다(「약관의 규제에 관한 법률」 제5조 제2항).
④ (×) 해석의 기준이 된다(제106조).
⑤ (×) 법률행위의 해석은 당사자가 그 표시행위에 부여한 객관적인 의미를 명백하게 확정하는 것으로서, 사용된 문언에만 구애받는 것은 아니지만, 어디까지나 당사자의 내심의 의사가 어떤지에 관계없이 그 문언의 내용에 의하여 당사자가 그 표시행위에 부여한 객관적 의미를 합리적으로 해석하여야 하는 것이다(대판 2001.3.23. 2000다40858).

답 ②

제3절 의사표시

3·6·7·8·9·10·11·12·28회 출제

01 의사표시와 불일치*

2·5·7·11·12회 출제

1 의사표시의 의의*

6·7회 출제

의사표시란 일정한 법률효과(권리, 의무)의 발생을 목적으로 하는 의사*를 외부에 표시하는 행위를 말하며, 법률행위의 필수불가결한 요소가 되는 법률사실이다.

* 일정한 법률효과(권리, 의무)의 발생을 목적으로 하는 의사
효과의사

2 의사표시의 과정(구성요소)

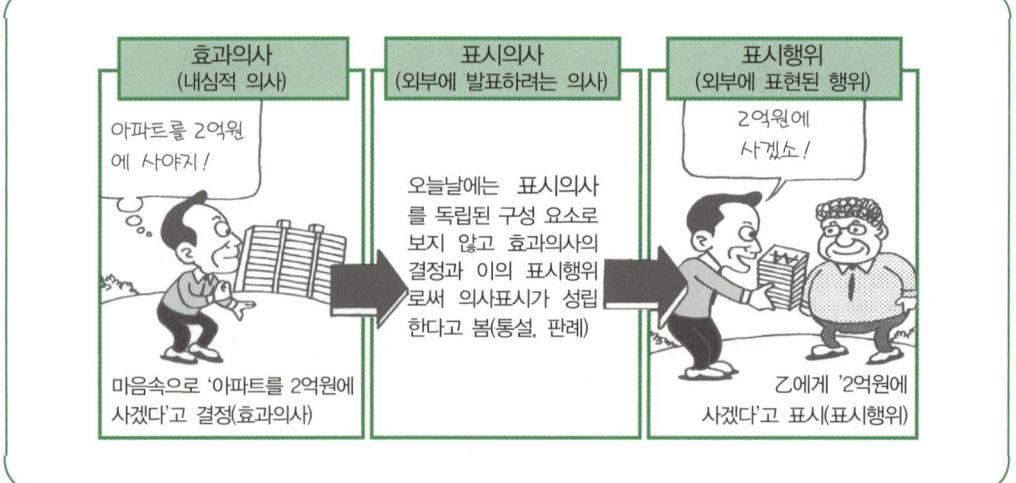

(1) 효과의사

표의자가 일정한 법률효과를 의욕하는 의사를 말하며, 효과의사의 본질에 대하여는 표의자가 가지고 있던 내심의 진정한 효과의사**인가 아니면 표시행위로부터 추측되는 효과의사***인가에 관해 대립이 있지만 통설과 판례는 표시상의 효과의사로 파악한다.

** 내심의 진정한 효과의사
내심적 효과의사

*** 표시행위로부터 추측되는 효과의사
표시상의 효과의사

(2) 표시의사

이미 결정한 효과의사를 외부에 표시하려는 의사를 말하며, 효과의사와 표시행위를 매개하려는 의사이다(오늘날에는 독립된 의사표시의 구성요소로 보지 않음).

(3) 표시행위

내심의 효과의사를 외부에 표현하는 행위를 말하며 명시적으로 의사를 표현하는 행위뿐만 아니라 의사를 추단할 수 있는 행위를 통하여 묵시적으로도 할 수 있다.

> 예 버스의 승차하면서 요금을 내는 행위, 자판기의 동전을 넣는 행위

> **Wide** 의사표시에 관한 입법주의
>
> 의사(효과의사)와 표시(표시행위)가 일치하지 않는 경우에 어느 쪽에 비중을 둘 것인지 결정하는 문제로 내심의 의사(내심적 효과의사)를 강조하는 의사주의와 표시행위를 중시하는 표시주의가 있고 이를 절충하는 절충주의(통설)가 있다.

3 의사표시가 의제되는 경우

(1) 침 묵*

침묵은 일반적으로 어떤 의미도 가지지 못하나 법률의 규정이나 계약 등에 의하여 일정한 의사를 표시하여야 함에도 불구하고 침묵한 경우에는 의사표시로 취급될 수 있다. 다만 그러한 사정을 표의자가 인식하고 있어야 한다.

> 예 ① 제한능력자 상대방이 추인 여부의 확답을 최고하였음에도 제한능력자측이 침묵한 때는 추인 또는 취소한 것으로 간주한다(제15조).
> ② 무권대리인의 상대방이 본인에게 최고하였음에도 본인이 침묵한 때에는 추인을 거절한 것으로 간주한다(제131조).

(2) 법정추인(취소권의 박탈)

취소할 수 있는 법률행위에 관하여 일정사유가 있는 경우(이행, 이행의 청구, 경매, 담보의 제공, 양도, 강제집행 등) 추인한 것으로 본다(제145조). 그 사유에 대한 인식 여부는 불문*한다.

* **그 사유에 대한 인식 여부는 불문**
이 점에서 일반적인 추인(제139조, 제143조)과는 다름. 예를 들어 취소할 수 있는 법률행위를 추인하기 위해서는 취소사유에 대한 인식이 필요하기 때문

(3) 의사실현에 의한 계약성립

청약자의 의사표시나 관습에 의하여 승낙의 통지가 필요하지 않을 때, 계약은 승낙의 의사표시로 인정되는 일정한 사실이 있는 때에 승낙한 것으로 의제된다(제532조).

> 예 매수할 것을 권하면서 보내온 물건을 사용하는 행위, 서점에서 책에 자기 이름을 쓰는 행위 등

1편 민법총칙

4 의사표시에 관한 민법의 규정★★　　　　　7·8회 출제

민법은 제107조 이하에서 의사표시에 관하여 특수한 규율을 하고 있다.

1) 의사와 표시가 불일치하는 경우	불일치를 알고 있는 경우	① 비진의표시(진의 아닌 의사표시, 제107조)
		② 통정허위표시(통정행위, 제108조)
	불일치를 모르고 있는 경우	③ 착오에 의한 의사표시(제109조)
2) 의사와 표시는 일치하나, 의사형성과정에 흠이 있는 경우		④ 사기·강박에 의한 의사표시(제110조)

02 진의 아닌 의사표시(비진의 의사표시, 심리유보)★★　7·9·14·15회 출제

> **제107조(진의 아닌 의사표시)** ① 의사표시는 표의자가 진의 아님을 알고한 것이라도 그 효력이 있다. 그러나 상대방이 표의자의 진의 아님을 알았거나 이를 알 수 있었을 경우에는 무효로 한다.
> ② 전항의 의사표시의 무효는 선의의 제3자에게 대항하지 못한다.

1 의 의

(1) 진의 아닌 의사표시란 표의자가 표시행위의 의미가 자신의 진의와 다르다는 것을 알면서 하는 의사표시로서, 비진의표시 또는 심리유보라고 한다.
(2) 재산적 법률행위의 거래 안전을 보호하기 위한 규정이다(대판 1987.7.7. 86다카1004).

2 요 건

(1) 의사표시가 있어야 한다. 배우가 무대에서 한 의사표시 등은 효과의사의 존재를 인정할 여지가 없으므로 의사표시가 존재한다고 볼 수 없다.
(2) 진의와 표시가 일치하지 않아야 한다.
(3) 표의자 스스로 불일치를 알고 있어야 한다.
(4) 표의자가 그러한 행위를 하게 된 이유나 동기는 묻지 않는다.

> **판례** 비진의의사표시에서의 진의
> 진의 아닌 의사표시에 있어서의 진의란 특정한 내용의 의사표시를 하고자 하는 표의자의 생각을 말하는 것이지 표의자가 진정으로 마음속에서 바라는 사항을 뜻하는 것은 아니므로, 표의자가 의사표시의 내용을 진정으로 마음속에서 바라지는 아니하였다고 하더라도 당시의 상황에서는 그것을 최선이라고 판단하여 그 의사표시를 하였을 경우에는 이를 내심의 효과의사가 결여된 진의 아닌 의사표시라고 할 수 없다(대판 2000.4.25. 99다34475).

제5장 권리변동

 판례 대출절차상 편의를 위하여 명의를 빌려준 행위가 비진의표시에 해당하지 않는다는 사례

법률상 또는 사실상의 장애로 자기명의로 대출받을 수 없는 자를 위하여 대출금채무자로서의 명의를 빌려준 자에게 그와 같은 **채무부담의 의사가 없는 것이라고는 할 수 없으므로 그 의사표시를 비진의표시에 해당한다고 볼 수 없고**, 설령 명의대여자의 의사표시가 비진의표시에 해당한다고 하더라도 그 의사표시의 상대방인 **상호신용금고로서는** 명의대여자가 전혀 채무를 부담할 의사 없이 **진의에 반한 의사표시를 하였다는 것까지 알았다거나 알 수 있었다고 볼 수도 없으므로** 그 명의대여자는 표시행위에 나타난 대로 대출금채무를 부담한다(대판 1996.9.1. 96다18182).

3 효과**

(1) 원 칙

비진의의사표시의 요건을 갖추면, 표시한 대로 법률효과가 나타난다. 즉 비진의의사표시는 원칙적으로 유효*하다.

* 비진의의사표시는 원칙적으로 유효
표시주의

 진의 아닌 의사표시

비진의표시의 효과 - 원칙적 유효

물의를 일으킨 사립대학교 조교수가 사직원이 수리되지 않을 것이라고 믿고 사태수습을 위하여 형식상 이사장 앞으로 사직원을 제출하였던 바 의외로 이사회에서 '본인의 의사이니 하는 수 없다'고 하여 사직원이 수리된 경우 위 조교수의 사직원이 설사 진의에 이르지 아니한 비진의 의사표시라 하더라도 학교법인이나 그 이사회에서 그러한 사실을 알았거나 알 수 있었을 경과가 아니라면 그 의사표시에 따라 효력을 발생하는 것이다(대판 1980.10.14. 79다2168).

(2) 예외
1) 상대방이 알았거나 알 수 있었을 경우에는 무효*이다.
2) 상대방의 악의 또는 과실에 대한 입증책임은 무효를 주장하는 표의자 등에게 있다.

> * 상대방이 알았거나 알 수 있었을 경우에는 무효
> 의사주의적 요소

 사직원 제출행위(비진의의사표시)**가 무효가 된 사례**

사직원 제출이 근속연수의 기산점은 그대로 둔 채 퇴직금지급률을 변경하려는 방침에 따라 중간퇴직금을 받겠다는 의사에 기한 것이지 근로계약을 해지하거나 퇴직금 산정에 있어 근속연수를 제한하려는 내심의 의사에 기한 것으로 볼 수 없어 비진의 의사표시에 해당되고 사용자도 이를 알고 있었으므로 사직원 제출행위는 무효라고 한다(대판 1993.1.15. 92다37673).

(3) 제3자에 대한 효력
1) **제3자의 의미**
   제3자는 비진의 의사표시의 당사자와 그의 포괄승계인 이외의 자로서 그 비진의 의사표시로 생긴 법률관계를 기초로 하여 새로운 이해관계를 가지게 된 자를 말한다(자세한 것은 통정허위표시 참조).
2) **대항불가**
   비진의 의사표시의 무효는 비진의 의사표시임을 알지 못한 선의의 제3자**에 대해서는 비진의 의사표시로서 무효임을 대항하지 못한다(제107조 제2항).

> ** 선의의 제3자
> 과실이 있어도 무방

제5장 권리변동

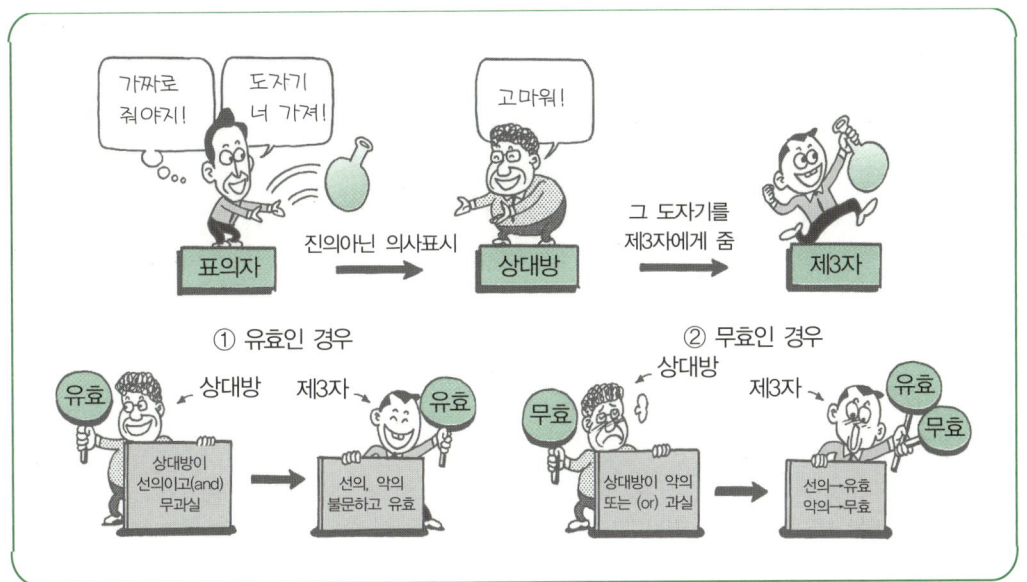

4 적용범위

7·16회 출제

(1) 비진의의사표시에 관한 규정은 상대방 유무에 관계없이 재산상의 법률행위에 적용된다.
(2) 그러나 상대방 없는 단독행위*에는 제107조 제1항 단서의 적용은 없게 되어 언제나 유효하다고 본다(다수설).
(3) 가족법상의 신분행위는 비진의의사표시인 경우 언제나 무효**이고, 공법상의 행위(공무원의 사직서 제출행위)·유가증권에 관한 행위·주식인수청약은 그 행위의 성질상 언제나 유효***하다.

* 상대방 없는 단독행위
유언 등

** 언제나 무효
표의자의 진의가 중요하기 때문

*** 언제나 유효
법률관계의 안정 내지는 거래안전이 우선시되기 때문

 공무원이 사직의 의사표시를 하여 의원면직된 경우, 그 사직의 의사표시에 민법 제107조가 준용되지 않는다는 사례

공무원이 사직의 의사표시를 하여 의원면직처분을 하는 경우 그 사직의 의사표시는 그 법률관계의 특수성에 비추어 외부적·객관적으로 표시된 바를 존중하여야 할 것이므로, 비록 사직원제출자의 내심의 의사가 사직할 뜻이 아니었다고 하더라도 진의 아닌 의사표시에 관한 민법 제107조는 그 성질상 사직의 의사표시와 같은 사인의 공법행위에는 준용되지 아니하므로 그 의사가 외부에 표시된 이상 그 의사는 표시된 대로 효력을 발한다(대판 1997.12.12. 97누13962).

1편 민법총칙

단락문제 Q19

다음 중 비진의의사표시에 관한 설명으로 틀린 것은?

① 의사와 표시가 불일치한 경우에 해당한다.
② 혼인, 입양과 같은 신분행위에는 진의 아닌 의사표시의 경우에는 언제나 무효이다.
③ 진의 아닌 의사표시는 원칙적으로 유효하다.
④ 공법상의 의사표시에도 적용된다.
⑤ 진의 아닌 의사표시에서의 진의란 표의자가 진정으로 마음속에서 바라는 사항이 아니라 특정한 내용의 의사표시를 하고자 하는 표의자의 생각이다.

해설 비진의표시

① (○) 진의 아닌 의사표시는 표시상의 효과의사와 내심의 효과의사가 불일치하고 표의자가 이러한 불일치를 아는 경우이다.
② (○) 신분행위는 당사자의 진정한 의사가 중시되므로 진의 아닌 의사표시에 관한 제107조는 적용되지 않는다. 따라서 언제나 무효가 된다.
③ (○) 진의 아닌 의사표시는 원칙적으로 표시된 대로 효력을 발생한다(제107조 제1항).
④ (×) 공무원의 사직의 의사표시와 같은 공법상의 행위에는 제107조가 적용되지 아니한다 (대판 1997.12.12 97누13962).
⑤ (○) (대판 2000.4.25 99다34475)

답 ④

단락핵심 진의 아닌 의사표시

(1) 진의 아닌 의사표시에 있어서의 진의란 특정한 내용의 의사표시를 하고자 하는 표의자의 생각을 말하는 것이지 표의자가 진정으로 마음속에서 바라는 사항을 뜻하는 것은 아니다. (○)
(2) 진의 아닌 의사표시가 무효로 되는 경우 그 무효는 제3자에게 대항할 수 없다. (×)
    ⇒ 선의의 제3자에게만 대항할 수 없다.
(3) 대리인이 진의 아닌 의사표시를 한 경우에 대리행위의 의사와 표시의 불일치는 대리인의 진의를 기준으로 판단한다. (○)
(4) 법률상 또는 사실상의 장애로 자기명의로 대출받을 수 없는 자를 위하여 대출금채무자로서의 명의를 빌려주고 자기의 명의로 대출을 받은 경우, 대출에 관한 의사표시는 비진의표시가 아니다. (○)

제5장 권리변동

03 통정허위표시 ★★★ 3·7·9·10·11·12·22·24회 출제

> 제108조(통정한 허위의 의사표시) ① 상대방과 통정한 허위의 의사표시는 무효로 한다.
> ② 전항의 의사표시의 무효는 선의의 제3자에게 대항하지 못한다.

1 의 의

통정한 허위의 의사표시는 가장행위라고도 하며, 표의자의 진의 아닌 의사표시를 표의자와 상대방이 통모(양해)하여 한 행위이다. 즉, 의사표시의 진의와 표시가 일치하지 아니하고, 그 불일치에 관하여 상대방과의 사이에 합의가 있는 경우이다(대판 1998.9.4. 98다17909).

2 요 건

(1) 의사표시가 있어야 한다.
(2) 효과의사와 표시행위가 일치하지 않아야 한다.
(3) 그 진의 아님에 관하여 표의자와 상대방이 모두 알고 있어야 한다. 한편, 왜 통정허위표시를 하였는지에 관하여는 불문*한다.
(4) 진의와 다른 의사표시를 하는데 상대방과의 합의**가 있어야 한다.

* 통정허위표시를 하였는지에 관하여는 불문
  즉, 동기나 목적은 불문
** 상대방과의 합의
  통정

 통정허위표시

통정허위표시는 상대방과 통정(합의)해서 하는 진의 아닌 의사표시를 말한다.

채권자의 강제집행(집을 경매에 부침)을 면할 목적으로 채무자가 친구와 짜고 매매를 가장하여 자기 소유의 집을 친구명의로 이전하였다.

이 경우 甲과 乙의 행위는 가장 매매로서 통정허위표시에 해당하므로 무효이다.

1편 민법총칙

 통정허위표시에 해당하는 사례

1. 특별한 사정 없이 동거하는 부부 간에 있어 남편이 처에게 토지를 매도하고 그 소유권이전 등기까지 경료한다함은 이례에 속하는 일로서 가장매매라고 추정하는 것이 경험칙에 비추어 타당하다(대판 1978.4.25. 78다226).
2. 근로자가 실제로는 동일한 사업주를 위하여 계속 근무하면서 일정기간 동안 특별히 고액의 임금이 지급되는 사업을 담당하기 위하여 형식상 일단 퇴직한 것으로 처리하고 다시 임용되는 형식을 취하였다 하더라도 그 퇴직의 의사표시는 통정한 허위표시로서 무효라 할 것이다(대판 1988.4.25. 86다카11240).
3. 동일인에 대한 대출액 한도를 제한한 법령이나 금융기관 내부규정의 적용을 회피하기 위하여 실질적인 주채무자가 실제 대출받고자 하는 채무액에 대하여 제3자를 형식상의 주채무자로 내세우고, **금융기관도 이를 "양해" 하여 제3자에 대하여는 채무자로서의 책임을 지우지 않을 의도하에 제3자 명의로 대출관계 서류를 작성받은 경우**, 통정허위표시에 해당하는 무효의 법률행위라고 할 것이다(대판 2007.11.29. 2007다53013).

 통정허위표시에 해당하지 않는다는 사례

고액의 임금이 지급되는 사업을 담당하기 위하여 형식상 일단 퇴직한 것으로 처리하**제3자가 금융기관을 직접 방문하여 금전소비대차약정서에 주채무자로서 서명 날인하였다**면 제3자는 자신이 당해 소비대차계약의 주채무자임을 금융기관에 대하여 표시한 셈이고, 제3자가 금융기관이 정한 대출규정의 제한을 회피하여 타인으로 하여금 제3자 명의로 대출을 받아 이를 사용하도록 할 의도가 있었다거나 그 원리금을 타인의 부담으로 상환하기로 하였더라도, **특별한 사정이 없는 한** 이는 소비대차계약에 따른 **경제적 효과를 타인에게 귀속시키려는 의사에 불과할 뿐**, 그 **법률상의 효과까지도 타인에게 귀속시키려는 의사로 볼 수는 없으므로**, 제3자의 **진의와 표시에 불일치가 있다고 보기는 어렵다**(대판 2003.6.24. 2003다7357).

➡ 위의 "양해"에 이른 사안(대판 2007.11.29. 2007다53013)과 잘 구별해 두어야 한다.

3 효 과   `3·4·23회 출제`

(1) 당사자 간의 효력*

1) 통정허위표시에 의한 법률행위의 효과는 **양 당사자 사이에는 언제나 무효이고 누구든지 그 무효를 주장할 수 있다.**
2) 따라서 아직 이행하지 않은 것은 이행의무와 이행청구의 권리가 없으며, 이미 이행한 것에 대하여는 표의자는 상대방에게 언제나 부당이득반환청구를 할 수 있다.

(2) 제3자에 대한 효력*** `2·7·12·13·14·16·19회 출제`   * **선의** 과실이 있어도 상관없음

1) 통정허위표시에 의한 법률행위가 무효로 될 경우, **선의***의 제3자에게 그 무효를 가지고 대항할 수 없으므로, 선의의 제3자에 대한 관계에서는 그 표시된 대로 효력이 생긴다.

제5장 권리변동

2) 제3자의 범위와 선의의 의미

① 제3자란 허위표시의 당사자 및 포괄승계인 이외의 자로서 허위표시에 의하여 외형상 형성된 법률관계를 토대로 새로운 법률원인으로써 이해관계를 갖게 된 자를 말한다(대판 1982.5.25. 80다1403).

② 선의라 함은 의사표시가 허위표시임을 제3자가 알지 못하는 것으로, 제3자의 선의, 악의를 결정하는 시기는 법률상의 이해관계가 생겼을 때이다.

③ 과실이 있다고 하더라도 선의이면 보호된다(대판 2006.3.10. 2002다1321).

④ 제3자는 특별한 사정이 없는 한 선의로 추정할 것이므로, 제3자가 악의라는 사실*에 관한 주장·입증책임은 그 허위표시의 무효를 주장하는 자에게 있다.

*제3자가 악의라는 사실 또는 특별한 사정 예를 들어 친족관계·동업관계·연인관계 등

⑤ 선의의 제3자로부터 다시 전득한 자에 대하여는 그가 비록 전득 당시에 악의이더라도 허위표시의 무효로 대항하지 못한다. → 엄폐물법칙

3) 선의의 제3자에게 대항할 수 없는 자의 범위

당사자와 그 승계인뿐만 아니라 그 누구도 대항하지 못한다(대판 1996.4.26. 94다12074).

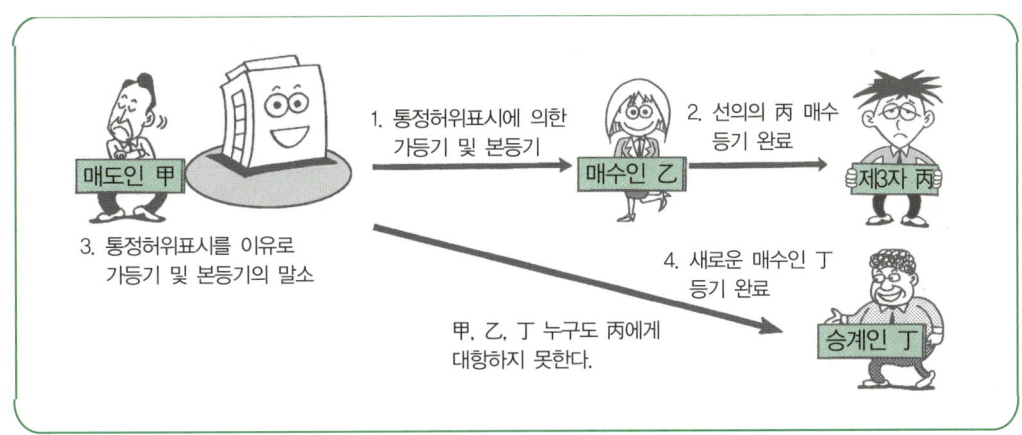

1편 민법총칙

> **Key Point** 제108조 제2항의 제3자

제3자에 해당하는 자	제3자 해당하지 않는 자
1) 가장매수인으로부터 그 목적물을 전득(轉得)한 자 2) 가장양수인으로부터 저당권 기타 제한물권을 설정받은 자 3) 가장매매에 기한 대금채권의 양수인 4) 가장소비대차에 기한 채권의 양수인 5) 가장매매의 매수인에 대한 압류채권자 6) 가장매매의 매수인으로부터 가등기를 취득한 자 7) 가장저당권 설정행위에 기한 저당권의 실행으로 경락받은 자 8) 허위의 예금채권 명의자로부터 예금채권을 양수한 자	1) 가장매매에 기한 손해배상청구권의 양수인 2) 채권의 가장양도에 있어서의 채무자 3) 가장채권양도의 양수인으로부터 추심의 목적으로 채권양도를 받은 자 4) 주식이 가장양도된 경우의 회사 5) 선순위 저당권의 가장 말소에 있어서 후순위 저당권자

판례 제108조 제2항의 제3자

1 파산관재인은 민법 제108조 제2항의 제3자에 해당하고, 그 선의·악의도 파산관재인 개인의 선의·악의를 기준으로 할 수는 없고, **총파산채권자를 기준으로 하여 파산채권자 모두가 악의로 되지 않는 한 파산관재인은 선의의 제3자**라고 할 수밖에 없다(대판 2010.4.29. 2009다96083).

2 실제로는 전세권설정계약이 없으면서도 임대차계약에 기한 **임차보증금 반환채권을 담보할 목적으로 임차인과 임대인 사이의 합의에 따라 임차인 명의로 전세권설정등기를 경료한 후 그 전세권에 대하여 근저당권이 설정된 경우**, 설령 위 전세권설정계약만 놓고 보아 그것이 통정허위표시에 해당하여 무효라 하더라도 이로써 위 전세권설정계약에 의하여 형성된 법률관계를 토대로 별개의 법률원인에 의하여 새로운 법률상 이해관계를 갖게 된 **근저당권자**에 대하여는 그와 같은 사정을 알고 있었던 경우에만 그 무효를 주장할 수 있다(대판 2008.3.13. 2006다29372·29389).

(3) 당사자 간의 철회 〔23회 출제〕

1) 허위표시의 당사자는 합의에 의하여 그 허위표시를 철회*할 수 있다.
2) 철회 전에 생긴 선의의 제3자에 대해서는 허위표시의 철회로서 대항할 수 없지만, 철회 후에 생긴 선의의 제3자에게는 그 허위표시로 인하여 생긴 외형을 제거한 경우**에 한하여, 즉 등기의 말소 또는 증서를 파기하여야만 선의의 제3자에 대하여 허위표시의 철회로써 대항할 수 있다.

* **철회**
허위표시는 제3자와의 관계에서 유효한 것으로 취급될 수도 있기 때문임

** **외형을 제거한 경우**
예를 들어 등기의 말소, 점유 또는 증서의 회수

4 적용범위*

(1) 계약 및 단독행위
재산상의 법률행위인 계약 및 상대방 있는 단독행위에 적용되나 상대방 없는 단독행위에는 적용될 여지가 없다.

(2) 신분행위 및 합동행위
신분행위에 있어서는 제108조 제2항이 적용되지 아니하므로 언제나 무효이며, 정관작성행위와 같은 합동행위에 대하여는 적용될 여지가 없다.

(3) 소송행위 및 공법행위
소송행위 및 공법행위에도 제108조가 적용되지 아니하므로 원칙적으로 유효하다.

> **Key Point** 통정허위표시(제108조)
>
> | 통정허위표시가 적용되는 것 | 통정허위표시가 적용되지 않는 것 |
> |---|---|
> | 1) 계 약
2) 상대방 있는 단독행위 – 취소, 추인, 계약해제 | 1) 상대방 없는 단독행위 : 유언, 재단법인의 설립행위 등
2) 합동행위 : 사단법인설립행위
3) 신분상의 행위
4) 소송행위 및 공법행위 |

5 기타 규정과의 관계**

(1) 채권자취소권(제406조)과의 관계
채무자의 법률행위가 통정허위표시인 경우에도 채권자취소권의 대상이 되고, 한편 채권자취소권의 대상으로 된 채무자의 법률행위라도 통정허위표시의 요건을 갖춘 경우에는 무효라고 할 것이다(대판 1998.2.27. 97다50985).

(2) 불법원인급여(제746조)와의 관계
허위표시 자체는 불법이 아니다. 따라서 불법원인급여에 해당하지 아니하므로, 허위표시에 기한 급여자는 부당이득반환을 청구할 수 있다(제741조).

6 통정허위표시와 구별할 행위

(1) 은닉행위

1) 의 의
  실제로는 증여를 하면서 매매로 가장하는 경우와 같이 통정허위표시행위에 의해 숨겨진 행위*를 은닉행위라 한다.

> * 통정허위표시행위에 의해 숨겨진 행위
> 증여를 매매로 위장한 경우 증여

2) 은닉행위의 효력

증여의 의사표시를 감추고 매매를 한 경우, 매매는 허위표시로서 무효이지만(제108조), 증여의 효력은 그 숨겨진 행위(증여)가 그에 요구되는 요건을 갖추고 있느냐의 여부에 따라 결정된다. 즉, 매매계약서가 증여로서 요건이 갖추어졌으면 증여의 효력이 생긴다(대판 1993.8.27. 93다12930).

(2) 신탁행위

> ★ 권리이전의 형태
> 주로 등기이전의 형태를 취함

1) 신탁행위의 특색

신탁행위는 법률행위의 하나로서 일정한 경제상의 목적을 위하여 권리이전의 형태★를 취하는 점에 그 특색이 있다.

2) 허위표시와의 비교

신탁은 그 경제상의 목적, 즉 담보나 추심을 위해 권리를 이전한다는 점에 대하여, 당사자간에 진정한 합의가 있었다는 점에서 허위표시가 아니다(대판 1964.6.16. 64다138).

 양도담보, 추심을 위한 채권양도, 명의신탁 등

> **판례** 명의신탁부동산에 대한 가등기합의의 효력
>
> 종중이 탈법 목적 없이 그 범위의 부동산을 타인에게 명의신탁하면서 명의수탁자가 이를 임의로 처분할 경우를 대비하여 종중의 명의로 소유권이전등기청구권보전을 위한 가등기를 경료한 경우 그와 같은 가등기를 하기로 하는 합의는 통정허위표시로서 무효라고 할 수 없다(대판 1997.9.30. 95다39526).

(3) 허수아비행위(일종의 간접대리)

배후조종자에 의하여 표면에 내세워진 자(허수아비)가 자신의 이름으로, 그리고 배후조종자의 이익과 계산으로 행위하는 경우는 허위표시가 아니며, 유효한 행위로서 표면에 내세워진 명의자(허수아비)에게 법적 효력이 귀속한다.

 신탁행위

단락문제 Q20

통정허위표시(通情虛僞表示)에 관한 설명 중 잘못된 것은?

① 가장소비대차에 있어서 대주의 지위를 이전받은 자는 허위표시의 무효로부터 보호받는 선의의 제3자가 아니다.
② 통정허위표시에 관한 민법 제108조는 계약에 한하여 적용되며, 단독행위에는 적용되지 아니한다는 것이 통설이다.
③ 신탁행위와 같이, 선택된 법적 효과의사와 그것에 의하여 달성하려는 경제적 목적이 서로 상이하더라도 통정허위표시가 되는 것은 아니라는 것이 통설이다.
④ 통정허위표시에 의하여 은닉된 법률행위(은닉행위)는 그 행위의 요건을 갖추고 있는 한 유효하다는 것이 판례이다.
⑤ 부동산의 가장양수인으로부터 저당권을 설정 받은 자가 가장양도행위에 대해 선의라면 가장양도인은 가장양수인으로부터 당해 부동산의 소유권등기명의를 회복할 수 있다.

해설 통정허위표시
① (○) (2004.1.15. 2002다31537)
② (×) 상대방있는 단독행위에는 제108조가 적용될 수 있다고 본다.
③ (○) 양도담보와 같은 신탁행위는 허위표시가 아니므로 무효가 아니다(대판 1964.6.16. 64다138).
④ (○) 예컨대 증여를 매매로 가장한 경우에 허위표시인 매매가 무효이더라도 은닉행위인 증여는 유효하다(대판 1993.8.27. 93다12930).
⑤ (○) 가장양수인은 선의의 제3자에 해당하지 아니하므로 가장양도인은 통정허위표시의 무효를 주장할 수 있고, 실무적으로는 진정명의회복을 위한 소유권이전등기를 통해 소유권을 회복할 수 있다.

답 ②

단락핵심 통정허위표시

(1) 통정한 허위의 의사표시는 상대방 있는 단독행위에도 적용된다. (○)
(2) 채무자가 채권자취소권의 대상인 사해행위를 한 경우 이 사해행위가 통정허위표시로서 무효인 경우라면 채권자취소권의 대상이 될 수 없다. (×)
(3) 제3자의 선의·악의의 주장책임에 대하여 통설과 판례는 제3자의 악의를 주장하는 자가 입증해야 한다고 본다. (○)
(4) 선의의 제3자에게는 통정허위표시의 무효를 주장할 수 없지만, 이때에 제3자는 무과실이어야 한다. (×)
(5) 통정허위표시의 무효로 대항할 수 없는 제3자에는 허위표시를 한 당사자의 상속인이 포함되지 않는다. (○)

1편 민법총칙

04 착오로 인한 의사표시★★★   1·2·6·9·11·12·17·27·28회 출제

> **제109조(착오로 인한 의사표시)** ① 의사표시는 법률행위의 내용의 중요부분에 착오가 있는 때에는 취소할 수 있다. 그러나 그 착오가 표의자의 중대한 과실로 인한 때에는 취소하지 못한다.
> ② 전항의 의사표시의 취소는 선의의 제3자에게 대항하지 못한다.

1 의 의

착오란 표시행위로부터 **추단되는*** 표시상의 효과의사와 내심의 효과의사가 일치하지 아니하고 이러한 불일치를 표의자가 알지 못하는 경우를 말한다. 즉 착오라는 것은 의사표시의 내용과 내심의 의사가 일치하지 않는 것을 표시자가 모르는 것(대판 1985.4.23. 84다카890)이다.

* **추단되는**: 미루어 짐작되는

2 착오의 유형

(1) 내용상 착오

표시행위가 가지는 내용상 의미에 관하여 잘못 알고 의사표시를 한 경우를 말한다.

  예) 홍콩달러(Hongkong dollar)를 미국달러(US dollar)로 알고 매매가격을 정한 경우

(2) 표시상 착오

의사와 일치하지 않는 표시를 한 것이다.

  예) 계약서에 100원을 1,000원으로 오기한 경우

 내용상 착오

제5장 권리변동

 제3자의 기망행위에 의하여 신원보증서류에 서명날인 한다는 착각에 빠진 상태로 연대보증의 서면에 서명날인 하는 경우 = 착오에 의한 의사표시

1. **기망에 의한 의사표시와 착오에 의한 의사표시의 구별기준**
사기에 의한 의사표시에서의 착오는 단지 의사의 형성과정 즉 의사표시의 동기에 착오가 있는 것에 불과하며, 신원보증서류에 서명날인한다는 착각에 빠진 상태로 연대보증의 서면에 서명날인한 경우, 결국 위와 같은 행위는 어떤 사람이 자신의 의사와 다른 법률효과를 발생시키는 내용의 서면에, 그것을 읽지 않거나 올바르게 이해하지 못한 채 기명날인을 하는 이른바 **표시상의 착오**에 해당한다.

2. **착오가 제3자의 기망에 의해 발생한 경우의 적용법규**
착오가 제3자의 기망행위에 의하여 일어난 것이라 하더라도 그에 관하여는 사기에 의한 의사표시에 관한 법리, 특히 상대방이 그러한 제3자의 기망행위 사실을 알았거나 알 수 있었을 경우가 아닌 한 의사표시자가 취소권을 행사할 수 없다는 민법 제110조 제2항의 규정을 적용할 것이 아니라, 착오에 의한 의사표시에 관한 법리만을 적용하여 취소권 행사의 가부를 가려야 한다(대판 2005.5.27. 2004다43824).

(3) 동기의 착오 ★★
6·14회 출제

1) 의의
동기의 착오는 표의자가 효과의사의 결정에 의미가 있는 상황을 잘못 인식하는 경우로서, 표시에 대응하는 내심의 의사는 존재하지만, 그 내심의 의사를 결정하는 동기 내지 과정에 착오가 있는 경우이다.

예) 그린벨트가 풀린다고 생각하여 토지를 매수하였으나 그렇지 않은 경우

2) 법률효과
① 동기의 착오가 있더라도 그 의사표시는 유효하고 착오를 이유로 취소할 수 없는 것이 원칙이다.
② 다만, ㉠ 동기가 표시되어 상대방이 알고 있거나, ㉡ 상대방에 의하여 동기의 착오가 유발된 경우에는 그 착오가 중요한 부분에 해당하고, 착오에 중대한 과실이 없다면 취소할 수 있다(대판 1989.12.26. 88다카31507, 대판 1997.9.30. 97다26210).

 동기의 착오

동기의 착오란 표의자가 의사표시를 하게 된 동기에 착오가 있는 것을 말한다.
동기가 계약내용으로 표시되지 아니한 이상 착오가 아닌 것이 원칙이다.

철도가 부설된다고 믿고 토지를 높은 가격으로 샀는데 그렇지 않네!

동기의 착오가 인정되려면 그 동기가 계약의 내용으로 포함된 것으로 볼 수 있는 사정 즉, 표시되거나 상대방에 의해 유발된 경우라야 하지!

① 동기를 계약의 내용으로 삼은 경우
② 표시되거나 상대방에 의해 유발된 경우

동기의 착오를 이유로 법률행위를 취소한 사례

경계선을 침범하였다는 상대방의 강력한 주장에 의하여 착오로 그간의 경계 침범에 대한 보상금 내지 위로금 명목으로 금원을 지급한 경우, 진정한 경계선에 관한 착오는 위의 금원 지급 약정을 하게 된 동기의 착오이지만 그와 같은 동기의 착오는 상대방의 강력한 주장에 의하여 생긴 것으로서 표의자가 그 동기를 의사표시의 내용으로 표시하였다고 보아야 하고, 또한 표의자로서는 그와 같은 착오가 없었더라면 그 의사표시를 하지 아니하였으리라고 생각될 정도로 중요한 것이고 보통 일반인도 표의자의 처지에 섰더라면 그러한 의사표시를 하지 아니하였으리라고 생각될 정도로 중요한 것이라고 볼 수 있으므로, 위 금원 지급 의사표시는 그 내용의 중요 부분에 착오가 있는 것이 되어 이를 취소할 수 있다(대판 1997.8.26. 97다6063).

 동기에 착오가 있음에 불과하여 취소권 행사를 할 수 없다고 한 사례

회사 소속 차량에 사람이 치어 부상하였으나 사실은 회사차량 운전수에게는 아무런 과실이 없어 회사에 손해배상책임이 돌아올 수 없는 것임에도 불구하고 회사 사고담당직원이 회사 운전수에게 잘못이 있는 것으로 착각하고 회사를 대리하여 병원경영자와간에 환자의 입원치료비의 지급을 연대보증하기로 계약한 경우는, 의사표시의 동기에 착오가 있는 것에 불과하므로, 특히 그 동기를 계약내용으로 하는 의사를 표시하지 아니한 이상, 착오를 이유로 계약을 취소할 수 없다(대판 1979.3.27. 78다2493).

(4) 법률의 착오와 법률효과의 착오 `22회 출제`

1) **법률의 착오**

   법률상태의 착오를 말한다. 예를 들면 다액의 양도세부과를 염려하여 주식회사를 설립·출자하였으나 여전히 양도세를 부과받은 경우가 이에 해당한다. 이는 단지 동기의 착오에 불과하다(대판 1981.11.10. 80다2475).

2) **법률효과의 착오**

   의사표시의 법률효과에 관하여 착오하는 것이다. 예를 들어 보증하려는 의사로 채무를 인수한다고 표시한 경우이다. 이 경우 착오의 일반원칙(제109조)에 따라 해결하면 족하다.

(5) 표시기관의 착오★★

1) **표시기관인 사자**

   미완성 의사표시를 전달하는 경우로서 사자가 말을 잘못 전달하는 경우가 있을 수 있다. 이는 착오의 문제이다.

2) **전달기관인 사자**

   완성된 의사표시를 전달하는 것으로 집배원이 서신을 다른 자에게 전달하는 경우가 그 예이다. 이는 착오가 아닌 의사표시의 도달 여부에 관한 문제이다.

3 착오에 의한 의사표시의 취소요건★★

10·12회 출제

(1) 착오에 의한 의사표시로 되기 위하여는 (내심의) 의사와 표시(의 사표시의 내용)가 일치되지 않음을 표의자 스스로 모르는 경우여야 한다(대판 1985.4.23. 84다카890).
(2) 그 착오의 내용이 중요부분의 착오이어야 한다.
(3) 표의자에게 중대한 과실*이 없어야 한다.
(4) 표의자의 착오에 대하여 상대방이 예견가능하였을 필요는 없다.
(5) 동기의 착오에 불과한 경우에는 원칙적으로 취소할 수 없으나 ① 동기가 표시되고 상대방이 알고 있거나 ② 착오가 상대방에 의하여 유발된 경우 등의 요건을 갖추었으면 취소할 수 있다

> * **중대한 과실**
> 중과실. 즉 주의의 무위반의 정도가 일반인의 상식으로는 이해할 수 없을 정도로 큰 경우

단락문제 Q 21

다음 중 착오에 관한 설명으로서 맞는 것은?

① 법률행위의 내용의 중요부분에 착오가 있는 때에는 항상 취소할 수 있다.
② 동기의 착오는 거래안전을 위하여 일체 고려되지 않는다.
③ 착오에 의한 의사표시의 취소는 선의의 제3자에게 대항할 수 있다.
④ 착오로 인한 의사표시는 무효이다.
⑤ 동기의 착오는 그 동기가 상대방에 의해 유발된 경우에 취소할 수 있다.

해설 착오에 의한 의사표시
① (×) 표의자에게 중과실이 있는 경우에는 취소할 수 없다(제109조 제1항 단서).
③, ④ (×) 착오에 의한 의사표시는 무효가 아니라 취소할 수 있고(제109조 제1항), 그 취소는 선의의 제3자에게 대항할 수 없다(제109조 제2항).
⑤ (○) 판례는 동기의 착오는 ㉠ 그 동기를 당해 의사표시의 내용으로 삼을 것을 상대방에게 표시하고 의사표시의 해석상 법률행위의 내용으로 되어 있다고 인정되는 경우 ㉡ 상대방에 의하여 동기가 유발된 경우에 동기의 착오를 이유로 취소할 수 있다고 본다.   **답** ⑤

4 중요부분의 착오★★★

1·9·16·19회 출제

법률행위의 중요부분의 착오라 함은 ① 표의자가 그러한 착오가 없었더라면 그러한 의사표시를 하지 않으리라고 생각될 정도로 중요한 것(주관적 요건)이어야 하고, ② 일반인도 표의자의 처지에 섰더라면 그러한 의사표시를 하지 않았으리라고 생각될 정도로 중요한 것(객관적 요건)이어야 한다(대판 1996.3.26. 97다55487).

(1) 주체의 착오

1) 사람의 동일성에 관한 착오
법률행위의 주체를 중시하는 법률행위의 경우에는 중요부분의 착오가 될 수 있다.

> **예** 중요부분의 착오: 증여, 신용매매, 임대차, 위임
> 중요부분의 착오가 아닌 경우: 편의점에서의 물건 매매, 버스탑승이나 화물운송계약 등

2) **사람의 신분, 능력, 자산에 관한 착오**
   그러한 상태가 **중요한 의미를 가질 때에 한하여** 착오로 인정된다.
   > **예** 재건축조합이 재건축설계용역계약을 건축학 교수와 체결하였으나, 그 교수가 '건축사 자격이 없이' 건축연구소를 개설한 것에 불과한 경우 이는 중요 부분의 착오에 해당한다 (대판 2003.4.11. 2002다70884).

3) **신용상태에 관한 착오도 거래형태에 따라 중요한 착오가 될 수 있다.**
   > **예** • 인정한 예: 금전대출의 경우 주채무자의 신용(대판 2007.8.23. 2006다52015)
   > • 부정한 예: 대부분의 매매 등

(2) 객체의 착오

1) 목적물의 동일성 착오는 일반적으로 **중요부분의 착오가 성립한다.**
   > **예** 甲의 말(馬)을 乙의 말인 줄 알고 매수한 경우
2) 목적물의 성질 등의 착오는 **동기의 착오**로 본다.
   > **예** 기계의 성능, 가축의 수태능력
3) 목적물의 수량, 가격 등 착오는 **객관적이고 큰 차이에 한해** 착오로 인정된다.
4) 법률상태의 착오는 그것이 법률행위 내용의 중요부분에 관한 것인 때에는 취소할 수 있다.
   > **예** 양도소득세를 회피할 목적으로 주식회사를 설립하여 주식회사와 매매계약을 맺은 경우 이는 사회질서에 반하지 않으며 양도소득세가 부과된 경우 의사표시의 착오 이론을 적용할 수 있다(대판 1981.11.10. 80다2475 참조).

(3) 법률행위의 성질의 착오   〔6회 출제〕

임대차를 사용대차로, **연대보증을 일반보증***으로, 신원보증을 연대보증으로 착오한 경우 **중요부분의 착오로 인정된다.**

> * **연대보증을 일반보증**
> 연대보증은 일반보증과 달리 최고·검색의 항변권이 인정되지 않음

 법률행위내용의 중요부분에 관한 착오라고 한 판례★★★

1 **토지의 현황·경계에 관한 착오**(대판 1974.4.23. 74다54)
2 상해의 정도·결과 및 치료기간 등을 잘못 알고 한 합의(대판 1981.4.14. 80다2452)
3 근저당설정계약상 **채무자의 동일성**에 관한 물상보증인의 착오(대판 1995.12.22. 95다37087)
4 재건축조합이 재건축아파트 설계용역계약을 체결하면서 **상대방이 건축사 자격증이 있다고 믿는 경우**(대판 2003.4.11. 2002다70884)
5 전문건설공제조합이 도급금액이 허위로 기재된 계약보증신청서를 믿고서 조합원이 수급할 공사의 도급금액이 조합원의 도급한도액 내인 것으로 잘못 알고 계약보증서를 발급한 것이 법률행위의 중요 부분의 착오에 해당한다(대판 1997.8.22. 97다13023).

제5장 권리변동

 법률행위내용의 중요부분에 관한 착오가 아니라고 한 판례

1. 법률행위의 **목적물이 누구에게 속하는가**는 중요부분의 착오가 아니다. 즉 매매 목적물의 타인의 소유임을 알지 못하였다고 하더라도 매매계약이 그 중요부분의 착오가 있다고 할 수 없다(대판 1959.9.24. 4290민상627).

2. **매매목적물의 시가**도 중요부분의 착오가 아니다. 즉 매매목적물의 시가를 알지 못하여 대금과 현실의 시가 간의 착오가 있어도 이는 동기의 착오일 뿐이다(대판 1955.7.7. 4288민상66).

3. 합의금을 약정함에 있어서 **강제추행을 강간치상으로 오인하였더라도** 그것만으로는 법률행위의 내용의 중요부분의 착오가 있다고 할 수 없다(대판 1977.10.31 77다1562).

4. **지적의 부족**, 즉 특정의 지번의 토지 전부를 매수하였는데 그 지적이 실제 면적보다 적은 경우에는 그 매매계약이 법률행위의 중요부분의 착오가 있다고 할 수 없다(대판 1969.5.13 69다196). 다만 대상토지의 일부가 하천이어서 현저히 부족한 경우에는 중요한 부분이라고 인정한 바 있다(대판 1968.3.26. 67다2160).

5. 부동산의 매매계약에 있어 **계약금으로 지급받는 수표가 부도되었다는 사실**은 법률행위의 중요부분의 착오라 할 수 없다(대판 1962.11.29. 62다646).

6. 화해계약에서 **약정한 금원을 원고에게 지급할 의사가 없음에도 불구하고 그 의사가 있는 것같이 원고를 기망하여** 원고는 피고의 기망을 오신하고 화해계약을 체결하였다 하더라도 이러한 착오는 법률행위의 중요부분에 관한 착오가 아니다(대판 1960.8.25. 4292민상101).

7. 상고심에서도 패소할 것으로 믿고 법률행위를 하였으나 **예상과 달리 승소하였다** 하더라도 그 법률행위자체에 중요한 착오가 있다고 할 수 없다(대판 1972.3.28. 71다2193).

8. 상가건물의 이중매매에 있어서 **제2매수인이 이중매매라는 사실을 알지 못한 경우** 제2매수인이 소유권을 취득하는데 지장이 없다(대판 1989.11.28. 89다카14295).

9. 군(郡)유지로 등기된 군립공원 내에서 건물 등을 지어 기부채납하고 이를 사용하기로 약정하였으나, 그 부지가 이(里)주민의 총유로 밝혀진 경우에, 군수가 계속 관리청이고 관리권이 보장되는 점에 비추어 소유권의 귀속에 관한 **착오로 인하여** 표의자가 기부채납의 의사를 표시를 하였으나 경제적 불이익을 입은 것이 아닌 때 중요부분의 착오라 할 수 없다(대판 1999.2.23 98다47924).

1편 민법총칙

단락문제 022
제6회 기출

乙은 甲 소유토지에 고속도로가 개설될 것으로 믿고(그러나 실제로는 고속도로의 예정지가 아니었음) 甲으로부터 그 토지를 매수하였다. 다수설에 따를 때 가장 타당한 것은?

① 표시에 대응하는 의사가 있으므로 乙은 원칙적으로 착오를 취소할 수 없다.
② 홍콩 달러가 미국 달러와 화폐가치가 같은 것으로 믿는 경우처럼 乙은 취소할 수 있다.
③ 전신기사가 본인이 전하려는 내용과 다른 내용을 타전한 경우처럼 乙은 취소할 수 있다.
④ 위의 매매는 투기라는 반사회적 법률행위를 한 것으로서 乙의 의사와 관계없이 무효이다.
⑤ 위의 경우는 의사와 표시의 불일치를 본인이 모르는 전형적인 착오로서 취소할 수 있다.

해설 동기의 착오
이 사례는 동기의 착오의 경우로서 그 동기가 표시되어 상대방도 알고 있었던 경우가 아니라면 그 법률행위를 취소할 수 없는 것이 원칙이다.

답 ①

5 표의자의 중대한 과실

(1) 의 의
의사표시를 함에 있어서 **중대한 과실이 없어야 한다**. 여기서 **중대한 과실**이란 주의의무의 위반 정도가 현저한 경우, 즉 **조금만 주의를 기울였더라면 착오를 회피할 수 있었음에도 만연히 이를 믿음으로써 거래통념상 요구되는 주의의무에 현저히 위반한 것**을 말한다.

(2) 입증책임
중요한 부분에 착오가 존재한다는 점을 표의자가 주장·입증하여 착오에 의한 의사표시를 취소하려는 경우 **상대방은 중대한 과실의 존재를 주장·증명하여 표의자의 취소권을 배제할 수 있다**(대판 2005.5.12. 2005다6228).

> **판례** 중대한 과실을 인정한 판례★★
>
> ① 공장설립목적으로 토지를 매수하는 자가 토지 상에 공장을 건축할 수 있는지의 여부를 관할관청에 알아보지 아니한 것(대판 1993.6.29. 92다38881).
> ② 신용보증기금의 신용보증서를 담보로 금융채권자금을 대출해 준 금융기관이 위 대출자금이 모두 상환되지 않았음에도 착오로 신용보증기금에게 신용보증서 담보설정 해지를 통지한 경우(대판 2000.5.12. 99다64995).

제5장 권리변동

 중대한 과실을 인정하지 않은 판례

1. 매도인이 지시하는 토지가 매매목적물인 甲으로 알고 매수인이 이를 매수하였으나 후에 그 지번이 잘못 지시되었고 실제 매매된 토지는 甲이 아니고 하천부지인 것이 드러난 경우(대판 1974.4.23. 74다54).
2. 부동산중개업자가 다른 점포를 매매목적물로 잘못 소개하여 매수인이 **매매목적물에 관하여 착오를 일으킨 경우**(대판 1997.11.28. 97다32772)
3. 고려청자로 알고 매수한 도자기가 진품이 아닌 경우, **전문가의 감정을 거치지 아니하고 매수한 사정**(대판 1997.8.22. 96다26657).
4. 건물에 대한 매매계약 체결 직후 건물이 건축선을 침범하여 건축된 사실을 알았으나 매도인이 법률전문가의 자문에 의하면 준공검사가 난 건물이므로 행정소송을 통해 구청장의 철거 지시를 취소할 수 있다고 하여 매수인이 대금지급의무를 이행한 경우(대판 1997.9.30. 97다26210).
5. 건축사 자격이 없이 건축연구소를 개설한 건축학 교수와 재건축아파트 설계용역계약을 체결한 **재건축조합이 상대방의 건축사 자격 유무를 조사하지 아니하여 그의 무자격을 알지 못한 것**(대판 2003.4.11. 2002다70884).

6 취소의 효과*

(1) 착오로 인한 의사표시는 일단 유효하며 표의자는 그 착오가 ① 내용상 중요한 부분이고 ② 착오에 중대한 과실이 없는 경우에 한하여 이를 이유로 취소할 수 있다(표시주의의 입법화).

(2) 표의자가 취소하면 의사표시는 소급하여 무효가 되므로 이미 급부한 것이 있으면 반환하여야 한다. 그러나 선의의 제3자에 대하여는 취소로 대항할 수 없다.

(3) 표의자가 취소하더라도 이는 제109조에 의한 적법한 행위*이므로 상대방에 대하여 불법행위에 기한 손해배상의 책임을 지지 않는다(대판 1997.8.22. 97다13023).

> *적법한 행위
> 위법성이 인정되지 않음

7 적용범위*

(1) 일반적 적용

원칙적으로 모든 사법상의 법률행위에 적용되며, 소송행위 및 공법상 행위, 신분행위에는 적용되지 않는다.

 단독행위인 재단법인에 대한 출연행위인 경우

민법 제47조 제1항에 의하여 생전 처분으로 재단법인을 설립하는 때에 준용되는 민법 제555조는 "증여의 의사가 서면으로 표시되지 아니한 경우에는 각 당사자는 이를 해제할 수 있다"고 함으로써 서면에 의한 증여(출연)의 해제를 제한하고 있으나, **그 해제는 민법 총칙상의 취소와는 요건과 효과가 다르므로 서면에 의한 출연이더라도 민법 총칙규정에 따라 출연자가 착오에 기한 의사표시라는 이유로 출연의 의사표시를 취소할 수 있고, 상대방 없는 단독행위인 재단법인에 대한 출연행위라고 하여 달리 볼 것은 아니다**(대판 1999.7.9. 98다9045).

(2) 당사자 쌍방의 착오에의 적용

당사자 쌍방이 일치하여 착오를 일으킨 경우 제109조에 따라 해결을 할 것인가 아니면 일방적인 착오와는 다른 취급을 해야 할 것인가에 대하여 견해의 대립이 있으나 판례는 종래 일방적 착오와 같이 제109조에 의하여 해결하였으나 근래에는 계약의 보충적 해석에 의해 해결하기도 한다.

 제109조를 적용한 경우

매수인 甲이 매매계약 체결 당시에 매매목적 토지 중 20~30평 정도의 토지 이상은 분할되어 도로로 편입되지 않을 것이라고 믿은 것은 매매계약과 관련하여 동기의 착오라고 할 것이지만, 매수인 甲과 매도인 乙 사이에 매매계약의 내용으로 표시되었다고 인정되는 경우 일반인이라도 甲의 입장에서라면 토지 중 전체 면적의 약 30%가 분할되는 것을 알았다면 토지를 매수하지 아니하였으리라는 사정이 엿보이므로, 甲은 매매계약을 체결함에 있어 그 내용의 중요부분에 관한 착오가 있었다고 보아야 할 것이고 甲이 매매계약이 착오에 의한 것임을 이유로 그 취소의 의사표시를 한 것이 적법하다(대판 2000.5.12. 2000다12259).

 계약의 보충적 해석에 의해 해결한 경우

계약당사자 쌍방이 계약의 전제나 기초가 되는 사항에 관하여 같은 내용으로 착오가 있고 이로 인하여 그에 관한 구체적 약정을 하지 아니하였다면, 당사자가 그러한 착오가 없을 때에 약정하였을 것으로 보이는 내용으로 당사자의 의사를 보충하여 계약을 해석할 수 있는바, 여기서 보충되는 당사자의 의사는 당사자의 실제 의사 또는 주관적 의사가 아니라 계약의 목적, 거래관행, 적용법규, 신의칙 등에 비추어 객관적으로 추인되는 정당한 이익조정 의사를 말한다(대판 2006.11.23. 2005다13288).

8 다른 규정과의 관계 ★★

(1) 제110조와의 관계

제109조의 착오이든 제110조의 기망에 의한 착오의 의사표시이든 어느 것이나 요건을 입증하여 주장할 수 있다(대판 1985.4.9. 85도167).

(2) 하자담보책임과의 관계

착오로 인한 취소제도와 매도인의 하자담보책임 제도는 취지가 서로 다르고, 요건과 효과도 구별된다. 따라서 매매계약 내용의 중요 부분에 착오가 있는 경우 매수인은 매도인의 하자담보책임이 성립하는지와 상관없이 착오를 이유로 매매계약을 취소할 수 있다(대판 2015다78703).

(3) 화해계약과 착오

1) 화해계약은 착오를 이유로 취소하지 못한다(제733조 본문).
2) 그러나 화해 당사자의 자격 또는 화해의 목적인 분쟁 이외의 사항에 착오가 있는 때에는 취소할 수 있다(제733조 단서).

제5장 권리변동

 판례 화해계약과 취소

민법 제733조의 규정에 의하면, 화해계약은 화해당사자의 자격 또는 화해의 목적인 분쟁 이외의 사항에 착오가 있는 경우를 제외하고는 "착오"를 이유로 취소하지 못하지만, 화해계약이 "사기"로 인하여 이루어진 경우에는 화해의 목적인 분쟁에 관한 사항에 착오가 있는 때에도 민법 제110조에 따라 이를 취소할 수 있다고 할 것이다(대판 2008.9.11. 2008다15278).

(4) 착오로 인한 취소권과 매매계약의 해제권을 서로 갖는 경우 〔14회 출제〕

매도인이 매수인의 중도금 지급채무 불이행을 이유로 매매계약을 적법하게 해제한 후라도 착오를 이유로 한 취소권을 행사**하여 매매계약 전체를 무효로 돌리게 할 수 있다(대판 1996.12.6. 95다24982).

* **취소권을 행사**
계약금 반환, 손해배상의무를 면할 수 있음

Key Point 비진의표시·통정허위표시·착오에 의한 의사표시의 효력 비교

구 분	비진의표시	통정허위표시	착오에 의한 의사표시
당사자 사이의 효력	① 원칙적 유효 ② 상대방이 표시자의 진의 아님을 알았거나 알 수 있었다면 무효	당사자 사이에는 언제나 무효	① 원칙적 유효 ② 중요한 부분에 대한 착오이고 표시자에게 중대한 과실이 없으면 취소할 수 있음
제3자에 대한 효력	비진의표시가 무효인 경우라도 선의의 제3자에게는 무효를 주장할 수 없음	통정허위표시로 무효라는 사유를 선의의 제3자에게 주장할 수 없음	착오의 의한 의사표시를 취소하더라도 그 무효를 선의의 제3자에게는 주장할 수 없음
※ 제3자는 선의이면 족하고 그의 과실 여부는 묻지 않는다.			

1편 민법총칙

단락핵심 — 착오에 의한 의사표시

(1) 법률행위의 동기에 착오가 있는 경우라면 그 내용이 중요하고, 표의자에게 중대한 과실이 없는 한 당연히 착오를 이유로 취소할 수 있다. (×)

(2) 재단법인 설립을 위하여 서면에 의한 출연을 한 경우에 출연자는 착오를 이유로 출연의 의사표시를 취소할 수 없다. (×)

(3) 매도인이 매매계약을 해제한 후라면 취소할 대상이 이미 무효가 되었으므로 매수인은 착오를 이유로 매매계약을 취소할 수 없다. (×)

(4) 시가(時價)에 관한 착오를 이유로는 의사표시를 취소할 수 없음이 원칙이다. (○)

(5) 착오를 이유로 법률행위를 취소하기 위해서 상대방이 표의자의 착오를 알았거나 알 수 있었어야 하는 것은 아니다. (○)

(6) 의사표시가 기재된 편지가 집배원의 실수로 잘못 배달된 경우 의사표시의 착오의 문제가 아니라 부도달(不到達)의 문제이다. (○)

(7) 대리인이 본인의 의도와 다른 의사표시를 한 경우 대리인의 의사표시에 착오가 없는 한 본인은 착오를 주장하지 못한다. (○)

(8) 착오의 존재 및 그 착오가 법률행위 내용의 중요부분에 관한 것이라는 점에 대한 증명책임은 착오를 이유로 의사표시의 취소를 주장하는 자에게 있다. (○)

05 사기·강박에 의한 의사표시 ★★   1·9·11·20·27회 출제

제110조(사기, 강박에 의한 의사표시) ① 사기나 강박에 의한 의사표시는 취소할 수 있다.
② 상대방있는 의사표시에 관하여 제3자가 사기나 강박을 행한 경우에는 상대방이 그 사실을 알았거나 알 수 있었을 경우에 한하여 그 의사표시를 취소할 수 있다.
③ 전2항의 의사표시의 취소는 선의의 제3자에게 대항하지 못한다.

1 의의 및 유형

표의자가 타인의 기망행위에 의해 착오에 빠진 상태에서 한 의사표시를 사기에 의한 의사표시라 하고 표의자가 타인의 강박행위에 의해 공포심에 빠진 상태에서 한 의사표시를 강박에 의한 의사표시라 한다. 사기·강박에 의한 의사표시는 의사표시 상대방의 사기·강박에 의한 경우와 제3자의 사기·강박에 의한 경우가 있다.

(1) 상대방의 사기·강박에 의한 의사표시

甲이 乙로부터 물건을 빼앗기 위하여 甲이 乙에게 기망 또는 강박을 하였고 이에 따라 乙이 甲에게 증여의 의사표시를 한 경우가 상대방(甲)의 사기·강박에 의한 의사표시이다(제110조 제1항).

제5장 권리변동

(2) 제3자의 사기·강박에 의한 의사표시

甲이 乙로부터 물건을 빼앗아 丙에게 주기 위하여 甲이 乙에게 기망 또는 강박을 하였고 이에 따라 乙이 丙에게 증여의 의사표시를 한 경우가 제3자(甲)의 사기·강박에 의한 의사표시이다(제110조 제2항).

 하자있는 의사표시(사기·강박에 의한 의사표시)

사기나 강박에 의한 의사표시는 하자있는 의사표시로서 취소할 수 있다	제3자의 사기 또는 강박에 의하여 상대방에게 의사표시를 한 경우 	상대방이 그 사실을 알았거나 알 수 있었을 경우에 한하여 그 의사표시를 취소할 수 있다. 
사기·강박에 의한 의사표시의 취소는 선의의 제3자에게 대항하지 못한다. 	그러나 상대방과 동일시할 수 있는 자(대리인)의 사기나 강박은 제3자의 사기·강박에 해당하지 않는다. 	따라서 상대방이 그 사실을 알든 모르든 간에 그 의사표시를 취소할 수 있다. 

2 요 건**

(1) 사기에 의한 의사표시

1) **사기자의 고의**(2단의 고의)

표의자를 기망하여 착오에 빠지게 하려는 고의와 그 착오에 기하여 표의자로 하여금 의사표시를 하게 하려는 2단의 고의가 있어야 한다.

2) **기망행위**

① 기망행위란 허위사실을 진실이라고 하거나 소극적으로 진실을 은폐하는 것처럼 표의자에게 그릇된 관념을 가지게 하거나 이를 강화하는 일체의 행위로서 모든 적극적·소극적 행위를 말한다.

② 기망행위는 위법해야* 한다.

> ＊ **위법해야**
> 일반인의 법의식상 허용되지 않는 상태

> 📖 **판례** 사기에 의한 의사표시
>
> 1 상품의 선전, 광고에 있어 다소의 과장이나 허위가 수반되는 것은 그것이 일반 상거래의 관행과 신의칙에 비추어 시인될 수 있는 한 기망성이 결여된다고 하겠으나, 거래에 있어서 중요한 사항에 관하여 구체적사실을 신의성실의 의무에 비추어 비난받을 정도의 방법으로 허위로 고지한 경우에는 기망행위에 해당한다고 할 것이므로, (백화점의)변칙세일은 물품구매동기에 있어서 중요한 요소인 가격조건에 관하여 기망이 이루어진 것으로서 그 사술의 정도가 사회적으로 용인될 수 있는 상술의 정도를 넘은 것이어서 위법성이 있다(대판 1993.8.13. 92다52665).
>
> 2 일반적으로 교환계약을 체결하려는 당사자는 이해 상반의 지위에 있고 각자가 자신의 지식과 경험을 이용하여 최대한으로 자신의 이익을 도모할 것이 예상되기 때문에, 당사자 일방이 알고 있는 정보를 상대방에게 사실대로 고지하여야 할 신의칙상의 주의의무가 인정된다고 볼 만한 특별한 사정이 없는 한, 어느 일방이 교환 목적물의 시가나 그 가액 결정의 기초가 되는 사항에 관하여 상대방에게 설명 내지 고지를 할 주의의무를 부담한다고 할 수 없고, 일방 당사자가 자기가 소유하는 목적물의 시가를 묵비하여 상대방에게 고지하지 아니하거나 혹은 허위로 시가보다 높은 가액을 시가라고 고지하였다 하더라도 이는 상대방의 의사결정에 불법적인 간섭을 한 것이라고 볼 수 없다(대판 2002.9.4. 2000다54406·54413).

제5장 권리변동

3 분양자가 수분양자가 전매이익을 노리고 분양을 받으려는 것을 알면서 수분양자로 하여금 전매이익의 발생 여부나 그 액에 관하여 거래관념상 용납될 수 없는 방법으로 잘못 판단하게 함으로써 분양계약에 이르게 하였다는 등의 **특별한 사정이 없는 한, 분양자에게 그 대립당사자로서 스스로 이익을 추구하여 행위하는 수분양자에 대하여 최초분양인지, 전매분양인지를 포함하여 수분양자의 전매이익에 영향을 미칠 가능성이 있는 사항들에 관하여 분양자가 가지는 정보를 밝혀야 할 신의칙상의 의무가 있다거나, 나아가 그러한 정보를 밝혀 고지하지 아니하면 그것이 부작위에 의한 기망에 해당하여 민법 제110조 제1항에서 정하는 사기가 된다고 쉽사리 말할 수 없다**(대판 2010.2.25. 2009다86000).

3) **기망에 의한 의사표시의 존재**(인과관계의 존재) : 표의자의 의사표시가 존재해야 하는데 이는 기망행위에 따른 행위여야 하고 여기의 인과관계는 표의자의 주관적인 것으로도 족하다*고 보는 것이 통설이다.

* **표의자의 주관적인 것으로도 족하다**
일반인이라면 기망당하지 아니하였을 정도의 서술이라도 무방하다는 의미

단락문제 Q23

사기에 의한 의사표시에 관한 설명으로 틀린 것은?

① 기망행위란 표의자에게 그릇된 관념을 가지게 하거나 이를 강화·유지하게 하려는 일체의 행위를 말한다.
② 제3자의 기망행위로 인하여 착오에 빠져서 한 의사표시는 사기를 이유로 언제나 취소할 수 있다.
③ 기망행위로 인한 착오는 주관적인 것으로도 족하고 그 착오는 동기의 착오라도 족하다.
④ 재산상의 손해를 입히려고 하는 의사가 기망행위를 하는 자에게 있을 것을 요하지 않는다.
⑤ 매매의 목적물에 대한 흠이 있음에도 이를 속이고 매도한 경우 사기에 의한 의사표시와 매도인의 하자담보책임이 경합한다.

해설 사기에 의한 의사표시

②(×) 상대방 이외의 제3자의 사기의 경우에는 의사표시의 상대방이 그 사실을 알았거나 알 수 있었을 경우에 한하여 취소할 수 있다(제110조 제2항).
③(○) 통설은 기망행위와 의사표시와의 인과관계에 관하여 착오에 빠진 표의자의 주관을 기준으로 판단하면 족하다고 본다.
④(○) 제110조의 사기에 의한 의사표시가 성립하기 위해서 기망자의 가해의사가 필요한 것은 아니다.
⑤(○) 제569조가 타인의 권리의 매매를 유효로 규정한 것은 선의의 매수인의 신뢰 이익을 보호하기 위한 것이므로, 매수인이 매도인의 기망에 의하여 타인의 물건을 매도인의 것으로 알고 매수한다는 의사표시를 한 것은 만일 타인의 물건인줄 알았더라면 매수하지 아니하였을 사정이 있는 경우에는 매수인은 제110조에 의하여 매수의 의사표시를 취소할 수 있다고 해석해야 할 것이다(대판 1973.10.23. 73다268).

답 ②

(2) 강박에 의한 의사표시

1) 강박자의 고의(2단의 고의)
표의자를 강박하여 **공포심에 빠지게 하려는** 고의와 그 **공포심에 기하여 의사표시**를 하게 하려는 2단의 고의가 필요하다.

2) 강박행위
① 강박행위는 일정한 해악을 고지하여 공포심을 가지게 하는 행위로서 그 방법이나 해악의 종류에는 아무런 제한이 없다.
② 그러나 강박의 정도가 의사표시자로 하여금 **의사결정을 스스로 할 수 있는 여지를 완전히 박탈한 상태에서 의사표시**가 이루어져 **단지 법률행위의 외형만이** 만들어진 것에 불과한 경우에는 취소할 수 있는 것에 그치지 않고 **무효인 법률행위**에 해당한다(대판 2003.5.13. 2002다73708·73715).
③ 강박행위는 **위법해야** 한다. 따라서 채무불이행자에게 강제집행을 하겠다고 하거나, 고소하겠다고 고지하는 것은 원칙적으로 강박에 해당하지 않는다.

> **판례 | 강박행위의 위법성 판단기준**
>
> **1** 강박에 의한 의사표시라고 하려면 상대방이 불법으로 어떤 해악을 고지함으로 말미암아 공포를 느끼고 의사표시를 한 것이어야 하는바, 여기서 어떤 해악을 고지하는 **강박행위가 위법하다고 하기 위하여는, 강박행위 당시의 거래관념과 제반 사정에 비추어 해악의 고지로써 추구하는 이익이 정당하지 아니하거나 강박의 수단으로 상대방에게 고지하는 해악의 내용이 법질서에 위배된 경우 또는 어떤 해악의 고지가 거래관념상 그 해악의 고지로써 추구하는 이익의 달성을 위한 수단으로 부적당한 경우 등에 해당하여야 한다**(대판 2000.3.23. 99다64049).
>
> **2** 간통으로 고소하지 않기로 하는 등의 대가로 금 170,000,000원의 합의금을 받게 된 경우, 상간자의 배우자가 부정한 이익을 목적으로 위법한 강박행위를 한 것으로 볼 수 없다(대판 1997.3.25. 96다47951).
>
> **3** 변호사인 피고의 잘못으로 패소하였고 또 항소기간에도 도과하게 되었다는 이유로 피고의 사무실에서 농성함은 물론 대통령을 비롯한 관계요로에 피고의 비행을 진정하겠다는 등 온갖 공갈과 위협을 하면서 피고의 업무수행을 방해하므로 피고가 하는 수 없이 손해배상금 조로 약속어음을 발행하였다면 이는 강박에 의한 의사표시로서 취소할 수 있다 할 것이다(대판 1972.1.31. 71다1688).

3) 강박에 의한 의사표시의 존재(인과관계의 존재)
강박행위와 의사표시 사이에 **인과관계**[*]가 존재해야 한다. 즉, 강박에 의한 의사표시라고 하려면 상대방이 불법으로 어떤 해악을 고지함으로 말미암아 공포를 느끼고 의사표시를 한 것이어야 한다(대판 2003.5.13. 2002다73708).

* **인과관계**: 원인과 결과에 해당하는 상관관계

3 효과 ★★

<small>1·4·7·12·13·16·22회 출제</small>

(1) 의사표시의 상대방이 사기·강박한 경우

상대방의 사기·강박에 의한 의사표시가 성립할 경우에는 표의자는 언제나 사기·강박을 한 상대방에게 의사표시를 취소할 수 있다.

(2) 제3자가 사기·강박한 경우 (제110조 제2항의 제3자의 사기·강박)

1) 제3자의 사기·강박에 의한 의사표시일 경우에는 의사표시의 상대방이 제3자의 사기·강박이 있었음을 알았거나 알 수 있었을 경우에 한하여 표의자는 상대방에게 취소할 수 있고, 상대방이 선의이며 무과실일 경우에는 취소할 수 없고 다만, 사기·강박을 한 제3자에게 손해배상을 청구할 수 있을 뿐이다.

2) 표의자가 제3자의 사기나 강박에 의하여 상대방 없는 의사표시를 한 경우에는 언제든지 취소*할 수 있다.

> * 언제든지 취소
> 상대방이 없어서 선의의 제3자 보호규정이 적용되지 않기 때문이다.

> **판례** 제110조 제2항의 제3자 ★★
> 상대방 있는 의사표시에 관하여 제3자가 사기나 강박을 한 경우에는 상대방이 그 사실을 알았거나 알 수 있었을 경우에 한하여 그 의사표시를 취소할 수 있으나, 상대방의 대리인 등 상대방과 동일시할 수 있는 자(예 은행의 출장소장)의 사기나 강박은 제3자의 사기·강박에 해당하지 아니한다(대판 1999. 2. 23. 98다60828·60835). 그러나 단순히 상대방의 피용자이거나 상대방이 사용자책임을 져야 할 관계에 있는 피용자에 지나지 않는 경우(예 상호신용금고의 기획감사실 과장)에는 상대방과 동일시 할 수는 없어 민법 제110조 제2항의 제3자에 해당한다(대판 1998. 1. 23. 96다41496).

(3) 제3자의 보호 (제110조 제3항의 제3자 보호)

하자있는 의사표시의 취소는 선의의 제3자 ★★에게 대항하지 못한다(제110조 제3항). 여기의 제3자란 사기 또는 강박에 의한 의사표시의 당사자와 그 포괄승계인 이외의 자 가운데 그 의사표시를 기초로 하여 새로운 이해관계를 맺은 자를 가리킨다. 또한 제3자는 선의이면 족하고 무과실일 것을 요하지 않는다.

> ** 선의의 제3자
> 통정허위표시의 제3자와 동일하다.

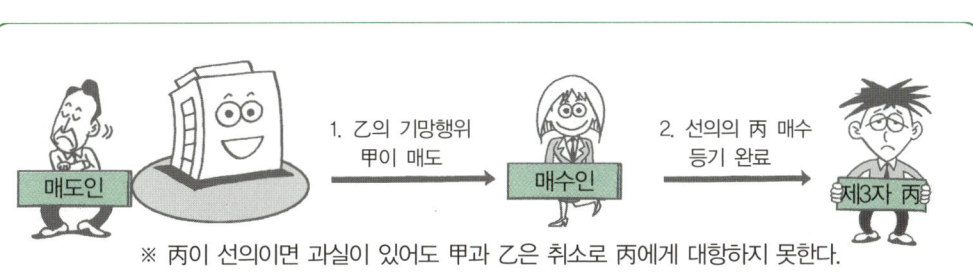

※ 丙이 선의이면 과실이 있어도 甲과 乙은 취소로 丙에게 대항하지 못한다.

1편 민법총칙

단락문제 Q24
제7회 기출

채무자 丙이 보증인 甲을 기망하여 자기의 채권자 乙과 보증계약(保證契約)을 체결시켰다. 다음 중 옳은 것은?

① 항상 甲, 乙이 모두 취소할 수 있다.
② 항상 甲만이 취소할 수 있다.
③ 항상 乙만이 취소할 수 있다.
④ 乙이 그 사실을 알았을 경우에 甲이 취소할 수 있다.
⑤ 甲이 그 사실을 알았을 경우에 乙이 취소할 수 있다.

해설 기망에 의한 의사표시
제3자에 의한 사기인 경우에는 상대방이 그 제3자의 사기를 알았거나 알 수 있었을 경우에만 취소할 수 있다. 즉, 위 사안에서 甲은 丙이 사기를 한 것을 乙이 알았거나 알 수 있었을 경우에만 乙에게 취소할 수 있다.
여기에서 보증계약의 당사자는 乙과 甲이므로 丙은 제3자에 해당함을 유의해야 한다.

답 ④

4 적용범위★★

(1) 재산상의 행위에 일반적으로 적용된다. 그러나 상법상 주식인수의 경우에 회사설립 후에는 사기 또는 강박을 이유로 취소할 수 없다(「상법」 제320조).
(2) 당사자의 의사가 중시되는 가족법상의 행위에는 적용되지 않는다.
(3) 법률관계가 명확해야 하는 공법상의 행위에는 원칙적으로 적용되지 아니하므로 소송행위와 행정처분에는 적용이 없다(대판 2001.1.30. 2000다42939). 다만, 공권력주체의 행위라도 사법행위(私法行爲)의 성격이 강한 행위에는 적용된다.

 잡종재산(현 일반재산)의 매각행위에 대하여는 제110조 제3항이 적용된다는 판례
국가소유의 잡종재산을 국유재산법과 동시행령에 의하여 매각하는 행위는 그 성질이 사법상의 행위에 지나지 아니하므로 국유재산법 제27조 제1항에 의한 그 매각행위의 취소의 효력은 제110조 제3항의 규정상 선의의 제3자에게는 미치지 않는다(대판 1970.6.30. 70다708).

5 다른 규정과의 관계★★

(1) **착오**(제109조)**와의 관계** : 오와의 경합이 인정되므로 어느 하나를 선택적·중첩적으로 입증하여 주장할 수 있다(대판 1969.6.24. 68다1749).

사기와 착오의 구별

사기에 의한 의사표시란 타인의 기망행위로 말미암아 착오에 빠지게 된 결과 어떠한 의사표시를 하게 되는 경우이므로 거기에는 의사와 표시의 불일치가 있을 수 없고, 단지 **의사의 형성과정 즉 의사표시의 동기에 착오가 있는 것**에 불과하며, 이 점에서 고유한 의미의 착오에 의한 의사표시와 구분되는데, **신원보증서류에 서명날인한다는 착각에 빠진 상태로 연대보증의 서면에 서명날인한 경우**, 결국 위와 같은 행위는 강학상 기명날인의 착오(또는 서명의 착오), 즉 어떤 사람이 자신의 의사와 다른 법률효과를 발생시키는 내용의 서면에, 그것을 읽지 않거나 올바르게 이해하지 못한 채 기명날인을 하는 이른바 **표시상의 착오에 해당한다**. 비록 위와 같은 착오가 제3자의 기망행위에 의하여 일어난 것이라 하더라도 그에 관하여는 사기에 의한 의사표시에 관한 법리, 특히 상대방이 그러한 제3자의 기망행위 사실을 알았거나 알 수 있었을 경우가 아닌 한 의사표시자가 취소권을 행사할 수 없다는 제110조 제2항의 규정을 적용할 것이 아니라, 착오에 의한 의사표시에 관한 법리만을 적용하여 취소권 행사의 가부를 가려야 한다(대판 2005.5.27. 2004다43824).

▶ 사기와 착오를 엄격히 구별한 특별한 사안이므로 정확히 알아둘 것

(2) 불법행위와의 관계 : 사기·강박에 의한 의사표시는 그 자체가 불법행위를 성립시키므로 표의자는 의사표시를 취소하면서, 불법행위로 인한 손해배상을 청구할 수도 있다.

 취소의 효과로 생기는 부당이득반환청구권과 불법행위로 인한 손해배상청구권의 경합

법률행위가 사기에 의한 것으로서 취소되는 경우에 그 법률행위가 동시에 불법행위를 구성하는 때에는 취소의 효과로 생기는 **부당이득반환청구권과 불법행위로 인한 손해배상청구권**은 경합하여 병존하는 것이므로, **채권자는 어느 것이라도 선택하여 행사할 수 있지만 중첩적으로 행사할 수는 없다**(대판 1993.4.27. 92다56087).

(3) 담보책임(제570조 이하)**과의 관계**

기망에 의하여 하자 있는 권리나 물건에 관한 매매가 성립하는 경우에는 착오의 경우와 달리 담보책임규정과 제110조가 경합하는데, **매수인은 담보책임과 제110조의 취소권을 선택적으로 행사할 수 있다**(대판 1973.10.23. 73다268).

단락핵심 　　　　　　　　　**사기·강박에 의한 의사표시**

(1) 토지거래허가를 받지 않아 유동적 무효 상태인 법률행위라면 사기나 강박을 이유로 취소할 수 없다. (×)
(2) 제3자의 사기나 강박에 의하여 상대방 있는 의사표시를 한 경우에는 상대방이 그 사실을 알았거나 알 수 있었을 때에 한하여 취소할 수 있다. (○)

(3) 타인의 기망에 의하여 법률행위의 중요한 부분에 착오가 발생한 경우에도 사기에 의한 의사표시의 취소를 할 수 있을 뿐, 착오에 의한 취소는 할 수 없다. (×)
(4) 소극적으로 진실을 숨기는 행위는 기망행위가 될 수 없다. (×)
(5) 보증계약에서 주채무자가 보증인을 속인 경우 채권자가 이러한 사실을 알았거나 알 수 있었을 때에 한하여 보증인은 보증계약을 취소할 수 있다. (○)

06 의사표시의 효력발생★

1·5·7·10·12·17·18·19회 출제

제111조(의사표시의 효력발생시기) ① 상대방이 있는 의사표시는 상대방에게 도달한 때에 그 효력이 생긴다.
② 의사표시자가 그 통지를 발송한 후 사망하거나 제한능력자가 되어도 의사표시의 효력에 영향을 미치지 아니한다.

1 효력발생시기★★

21회 출제

(1) 도달주의의 원칙

4·13회 출제

1) 민법은 의사표시 효력발생시기에 관하여 도달주의를 취하고 있다.
2) 도달이란 의사표시가 상대방의 지배영역 내에 들어가 상대방이 그 내용을 알 수 있는 상태*이면 족하고 실제로 그 내용을 알았을 것까지 요구하는 것은 아니다(대판 1997.11.25. 97다31281).
3) 도달주의를 취하므로 의사표시 발신 후에라도 도달 전에는 의사표시를 철회할 수 있다. 다만, 철회의 의사표시는 본래의 의사표시보다 먼저 또는 늦어도 동시에 도달해야 한다.

* 상대방이 그 내용을 알 수 있는 상태
요지가능성설의 입장

> **판례** 우편물의 배달과 도달주의
>
> **1** 최고의 의사표시가 기재된 **내용증명** 우편물이 발송되고 반송되지 아니하였다면 특별한 사정이 없는 한 이는 그 무렵에 송달되었다고 볼 것이다(대판 1997.2.25. 96다38322).
> **2** 우편물이 등기취급의 방법으로 발송된 경우 반송되는 등의 특별한 사정이 없는 한 그 무렵 수취인에게 배달되었다고 보아야 한다(대판 1992.3.27. 91누3819).
> **3** 수취인이나 그 가족이 주민등록지에 실제로 거주하고 있지 아니하면서 전입신고만을 해 둔 경우, 등기우편으로 발송된 납세고지서가 반송된 사실이 인정되지 아니한다고 하여 납세의무자에게 송달된 것이라고 볼 수는 없다(대판 1998.2.13. 97누8977).

④ 우편법 소정의 규정에 따라 우편물이 배달되었다고 하여 언제나 상대방 있는 의사표시의 통지가 상대방에게 도달하였다고 볼 수는 없으며, 등기우편물에 기재된 사무소에서 본인의 사무원임을 확인한 후 우편물을 교부하였다는 우편집배원의 진술이나 우편법 등의 규정을 들어 그 등기우편물의 수령인을 본인의 사무원 또는 고용인으로 추정할 수는 없다. **채권양도통지서가 채무자의 주소나 사무소가 아닌 동업자의 사무소에서 그 신원이 분명치 않은 자에게 송달된 경우에는 사회관념상 채무자가 통지의 내용을 알 수 있는 객관적 상태에 놓여졌다고 인정할 수 없다**(대판 1997.11.25. 97다31281).

⑤ 우편함의 구조를 비롯하여 수취인이 우편물을 수취하였음을 추인할 만한 특별한 사정에 대하여 심리를 다하지 아니한 채 **아파트 경비원이 집배원으로부터 우편물을 수령한 후 이를 우편함에 넣어 둔 사실만으로 수취인이 그 우편물을 수취하였다고 추단할 수 없다**(대판 2006.3.24. 2005다66411).

(2) 예외(발신주의)★★

5·7·14회 출제

1) **제**한능력자의 상대방의 최고에 대한 확답(제15조)
2) 채무**인**수에 대한 채권자의 승낙(제455조)
3) **격**지자 간의 계약의 승낙통지(제531조)
4) **무**권대리행위의 상대방이 한 최고에 대한 본인의 확답(제131조)
5) **사**원총회소집통지(제71조)

Professor Comment

발신주의를 취하는 경우는 시험에 출제될 수 있으므로 간단히 암기할 필요가 있다. 제**인**이 격**무**로 인하여 **사**(망)했다.

Wide | 의사표시의 효력발생시기에 대한 원칙들

표백주의	발신주의	도달주의	요지주의
서면의 작성	우체통에 투입	우편물이 배달됨	상대방이 읽음

① 상대방 없는 의사표시는 그 의사표시가 완성된 때에 효력이 발생하는 표백주의에 의한다(통설, 민법규정 없음).
② 표백주의에 의하면 의사표시의 효력을 지나치게 빨리 인정하는 문제가 발생한다.
③ 요지주의에 의하면 의사표시의 효력을 지나치게 늦게 인정하는 문제가 발생한다.
④ 의사표시의 효력발생시기에 대한 입법례는 대체로 발신주의와 도달주의에 의해서 결정된다.

2 의사표시의 수령능력*

(1) 의사표시의 상대방이 의사표시를 받은 때에 제한능력자인 경우에는 의사표시자는 그 의사표시로써 대항할 수 없다. 다만, 그 상대방의 법정대리인이 의사표시가 도달한 사실을 안 후에는 그러하지 아니하다(제112조 본문).

(2) 여기서 제한능력자란 미성년자, 피성년후견인, 피한정후견인의 행위능력이 제한되는 경우를 말한다.

> **예** 미성년자 : 처분의 허락, 영업의 허락, 동의를 얻은 행위 이외의 행위
> 피성년후견인 : 일용품 구입 등의 행위 이외의 모든 행위 또는 가정법원이 정한 범위 이외의 행위
> 피한정후견인 : 가정법원이 정한 범위의 행위

(3) 행위능력에 관한 것은 제한능력자를 보호하기 위한 것이므로 제한능력자측이 의사표시의 도달을 주장하는 것은 무방하다.

3 의사표시의 공시송달

> **민사소송법 제196조(공시송달의 효력발생)** ① 첫 공시송달은 제195조의 규정에 따라 실시한 날부터 2주가 지나야 효력이 생긴다. 다만, 같은 당사자에게 하는 그 뒤의 공시송달은 실시한 다음 날부터 효력이 생긴다.
> ② 외국에서 할 송달에 대한 공시송달의 경우에는 제1항 본문의 기간은 2월로 한다.
> ③ 제1항 및 제2항의 기간은 줄일 수 없다.

표의자가 과실 없이 상대방을 알지 못하거나 상대방의 소재를 알지 못하는 경우에는 의사표시는 민사소송법 공시송달*의 규정(민사소송법 제194조 이하)에 의하여 송달할 수 있다(제113조).

> *공시송달
> 알려야 할 사항을 법원게시판 등에 게시하여 일정한 기간이 경과되면 송달된 것으로 의제하는 제도

단락문제 Q25
제13회 기출

의사표시의 효력발생에 관한 설명으로 옳지 않은 것은? (다툼이 있으면 판례에 의함)

① 상대방 있는 의사표시는 그 통지가 상대방에 도달한 때에 그 효력이 생긴다.
② 표의자가 의사표시를 발한 후 제한능력자가 되어 행위능력이 제한되더라도 그 의사표시의 효력에 영향을 미치지 않는다.
③ 의사표시의 발신자는 도달 후에도 상대방의 이행착수 전에는 그 의사표시를 철회할 수 있다.
④ 격지자 간의 계약은 승낙의 통지를 발송한 때에 성립한다.
⑤ 상대방이 의사표시를 수령할 때 제한능력자로서 행위능력이 제한된 경우 표의자는 그 의사표시로써 상대방에게 대항하지 못한다.

> **해설** 의사표시의 효력발생
> ① (○) (제111조 제1항)
> ② (○) (제111조 제2항)
> ③ (✕) 의사표시가 상대방에게 도달하기 전에는 의사표시를 철회할 수 있다. 철회의 의사표시는 먼저 발신한 의사표시보다 먼저 도달되거나 늦어도 동시에 도달하여야 한다. 따라서 의사표시가 상대방에게 도달한 후에는 철회할 수 없게 된다.
> ④ (○) (제531조)
> ⑤ (○) (제112조 본문)
>
> **답** ③

> **단락핵심** 의사표시의 효력발생
> (1) 상대방 있는 의사표시의 효력발생시기는 원칙적으로 상대방에게 도달한 때이다. (○)
> (2) 도달주의 원칙은 당사자의 약정에 의해 달리 정할 수 있는 임의규정이다. (○)
> (3) 발신 후 도달 전에 표의자가 사망하면 그 의사표시는 효력이 없다. (✕)
> (4) 민법상 도달주의원칙은 특별한 규정이나 행위의 성질에 반하지 않는 한 상대방 있는 공법행위에도 적용된다. (○)
> (5) 격지자간의 계약은 승낙의 의사표시를 발송한 때에 성립한다. (○)

제4절 법률행위의 대리

3·6·7·16·27·28회 출제

01 개관★

1 대리의 의의 및 사회적 작용

(1) 의 의

대리라 함은 본인과는 별개의 독립된 인격체인 대리인이 본인을 위하여 본인의 이름으로 법률행위를 하거나 법률행위를 받고, 그 효과가 직접 본인에게 귀속하는 제도이다.

(2) 대리제도의 사회적 작용★

대리제도는 타인의 행위를 이용하여 본인의 활동범위를 확장★하는 기능과 행위무능력자의 행위능력을 보충★★하는 기능을 한다.

★ 본인의 활동범위를 확장
사적자치의 확장(임의대리인)

★★ 행위무능력자의 행위능력을 보충
사적자치의 보충(법정대리인)

1편 민법총칙

임의대리	사적 자치의 확장 → 본인의 활동범위를 확장하는 기능
법정대리	사적 자치의 보충 → 특정한 행위의 비전문가나 제한능력자의 능력을 보충하는 기능

2 구별개념★★

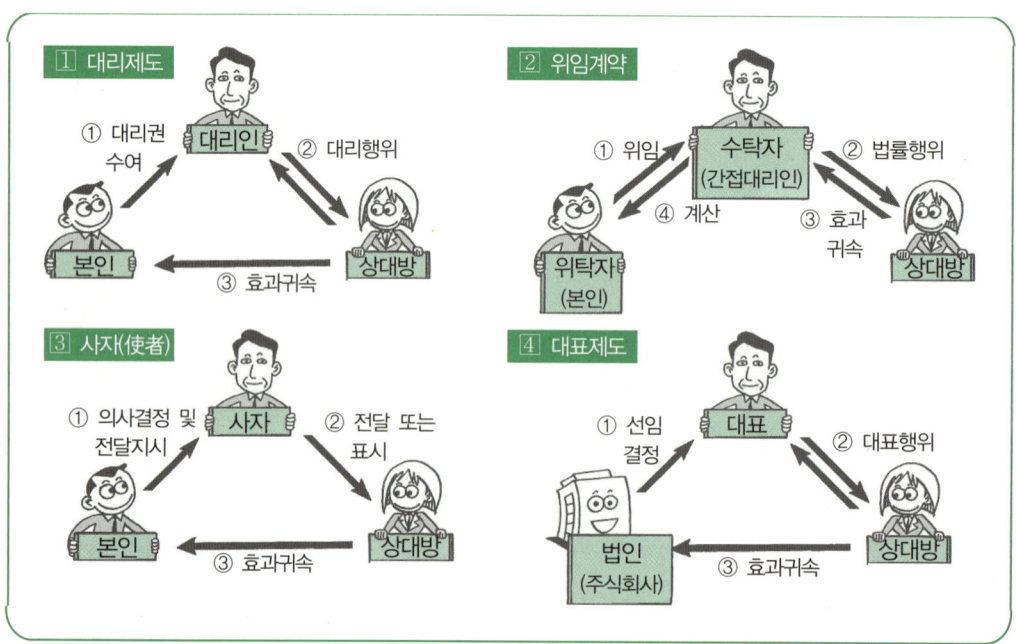

(1) 사자(使者)와의 구별

1) 사자에는 전달기관으로서의 사자와 표시기관으로서의 사자가 있다. 전자는 본인이 완성한 의사표시를 단순히 전달하는 자이고 후자는 본인이 결정한 효과의사를 상대방에 표시하여 그 의사표시의 완성에 협력하는 자이다.
2) 사자의 경우는 효과의사는 본인이 결정하나 대리의 경우에는 대리인이 결정하는 점에서 차이가 있다.

(2) 대표와의 구별

1) 대리는 본인과의 관계에 있어서 독립된 인격체이나, 대표는 법인의 기관에 불과하다.
2) 민법상 법인의 대표에 대하여는 대리에 관한 규정이 준용된다(제59조 제2항).
3) 그러나 대리는 법률행위만이 가능한 데 반하여, 대표는 법률행위뿐만 아니라 사실행위 및 불법행위에 대해서도 성립이 가능하다(법인의 불법행위 참조).

제5장 권리변동

Key Point 대리인(代理人)·사자(使者)·대표(代表)의 구별

구별기준	대리인(代理人)	사자(使者)	대표(代表)
의사결정 주체	대리인이 의사결정, 표시	본인이 결정한 의사를 상대방에게 전달	대표가 의사결정, 표시
하자의 판단기준	의사의 흠결, 하자는 대리인 표준으로 결정(제116조 제1항)	의사의 흠결, 하자는 본인 표준으로 결정	의사의 흠결, 하자는 대표를 표준으로 결정
행위능력 필요성	행위능력은 불요(제117조), 의사능력은 필요	행위능력, 의사능력 모두 불요	대표로 선출되기 위해서는 행위능력이 필요하므로 제한능력의 문제는 발생하지 않음
적용범위	신분행위, 사실행위에 적용될 수 없다.	신분행위, 사실행위에 적용될 수 있다.	신분행위는 할 수 없으나, 불법행위 등 사실행위에 적용

(3) 간접대리와의 구별★ 〔6회 출제〕

1) 간접대리의 의의
간접대리는 행위자가 **타인의 계산**으로 그러나 **자신의 이름으로써 법률행위**를 하여 그 **법률효과는 행위자에게 생기고** 행위자는 그 **법률효과로서 생긴 권리를 그 타인에게 이전**하는 것이다.

2) (직접)대리와의 구별
① 대리인의 법률행위 효과는 본인에게 직접 귀속하나, 간접대리인의 법률행위 효과는 간접대리인에게 귀속하고 사후에 이전의무가 발생할 뿐이다.
② 예컨대 甲이 자신의 시계를 乙을 통하여 丙에게 매매하는 경우 ㉠ 乙이 대리인이라면 매매계약의 **효과는 직접 甲에게 발생**하여 甲은 직접 丙에 대하여 소유권이전의무를 부담하고 매매대금청구권을 취득하나, ㉡ **乙이 간접대리인**이라면 乙이 매매계약당사자가 되고 **乙이 소유권이전의무와 매매대금청구권을 취득**하며 乙은 **차후에 甲에게 매매대금청구권을 양도하거나 그 받은 매매대금을 甲에게 이전해주어야** 한다.

3 대리가 인정되는 범위★★

(1) 법률행위에서 대리인정
대리행위는 의사표시를 요소로 하는 **법률행위에서만 허용**된다. 즉, 의사표시를 하거나 의사표시를 받는 경우에만 인정된다. 따라서 **사실행위나 불법행위에 관하여는 대리가 적용되지 않는다.**

(2) 재산상의 법률행위에서 대리인정

재산상의 법률행위는 일반적으로 대리가 허용되지만, 혼인·인지(認知)·유언과 같은 신분상의 법률행위는 본인의 의사결정을 절대적으로 존중하므로 대리가 허용되지 않는다.

(3) 준법률행위에서 대리의 인정 여부

준법률행위는 의사표시가 아니므로 대리가 허용되지 않으나 의사의 통지와 관념의 통지에 관하여는 대리를 유추적용할 수 있다(통설).

> **Key Point** 대리의 허용범위
>
> | 법률행위 | 준법률행위 | 재산행위 | 신분행위 | 불법행위 | 사실행위 |
> |---|---|---|---|---|---|
> | ○ | • 원칙 : ✕
• 예외 : 의사·관념의 통지에 허용 | ○ | • 원칙 : ✕
• 예외 : ○ | ✕ | • 원칙 : ✕
• 예외 : ○ |

법률행위의 대리

제5장 권리변동

단락문제 Q26
제6회 기출

다음 중 잘못된 것은?

① 법률행위의 대리제도에는 사적 자치의 확장 및 그 보충의 의미가 있다.
② 대리행위의 하자는 대리인을 표준으로 함이 원칙이라는 점에서 절대다수설은 우리의 대리제도상 대리행위를 대리인행위로 본다.
③ 민법상 대리제도가 사실행위나 불법행위에는 인정되지 않지만 법인의 대표기관의 불법행위는 일정한 경우에 법인의 불법행위가 되므로 예외적으로 불법행위의 대리가 인정된다.
④ 법률행위는 자신의 이름으로 하고 그 효과도 자신에게 귀속시키되 그 계산은 타인의 이름으로 한다는 점에서 간접대리는 대리와 다른 제도이다.
⑤ 본인이 의사를 결정하여 이를 타인으로 하여금 표시하게 하는 경우에는 의사표시의 착오의 여부는 본인의 의사와 타인의 표시를 비교하여 판단한다.

해설 대리의 허용범위
③ 법인의 대표자의 불법행위에 대해서는 법인의 불법행위의 책임이 인정되지만 불법행위의 대리는 인정되지 않고 대리인 스스로 책임을 져야 한다.   **답** ③

4 대리의 종류

(1) 유권대리와 무권대리★
7회 출제

대리인이 적법한 대리권을 가지고 있는 대리행위를 하는 경우를 유권대리라 하고 대리인이 대리권 없이 행위하는 경우를 무권대리라 한다.

(2) 임의대리와 법정대리

1) 의 의
임의대리는 본인의 대리권수여행위에 의하여, 법정대리는 법률규정에 따라 대리권이 발생한다.

2) 법정대리인
친권자(제911조), 법정후견인(제932조)과 같이 본인에 대하여 일정한 지위에 있는 자가 당연히 대리인이 되는 경우와 지정후견인과 같이 본인 이외의 사인(私人)의 지정에 의하여 대리인이 되는 경우(제931·1093조) 또는 선정후견인(제23조·제24조·제936조)과 같이 법원에서 선임한 경우를 들 수 있다.

Key Point | 법정대리와 임의대리

구 분		법정대리	임의대리
발생원인		법률의 규정	법률행위(대리권수여 의사표시)
대리권의 범위		법률의 규정	대리권수여 범위 내(제118조)
복임권	선임권	언제나 선임가능	① 본인의 승낙이 있는 때 ② 부득이한 경우에 한해서 가능
	책 임	무과실책임이 원칙	선임감독의 책임 및 불통지에 한하여
대리권 소멸		본인의 사망, 대리인의 사망·성년후견개시·파산	본인의 사망, 대리인의 사망·성년후견개시·파산, 수권행위의 철회, 원인된 법률관계의 종료

(3) 능동대리와 수동대리★★

대리행위의 형태에 따른 분류로서 본인을 위하여 제3자에 대하여 의사표시를 하는 대리가 능동대리(能動代理 : 적극대리)이고, 제3자의 의사표시를 수령하는 대리가 수동대리(受動代理 : 소극대리)이다. 통상 대리인의 대리권은 양자를 포함한다(대판 1994.2.8. 93다39379).

Key Point | 능동대리와 수동대리

구 분	능동대리(적극대리)	수동대리(소극대리)
개 념	대리인이 제3자(상대방)에게 의사표시를 하는(대리) 경우	대리인이 제3자가 한 의사표시를 받는(대리)경우
현명주의	제115조(현명주의)가 적용된다.	제115조(현명주의)가 적용되지 않는다.
상대방 있는 단독행위의 무권대리	① 원칙 : 무효 ② 예외 : 계약과 동일한 효과 　㉠ 상대방이 무권대리행위에 동의한 때 　㉡ 상대방이 대리권을 다투지 않는 경우	① 원칙 : 무효 ② 예외 : 계약과 동일한 효과 　대리권 없는 자에 대하여 그 동의를 얻어 단독행위를 한 때
공동대리	공동대리로 할 수 있다.	각 대리인이 단독으로 수령한다.

단락문제 Q27

수동대리에 관한 다음의 설명 중 맞는 것은?

① 수동대리에는 능동대리에 관한 법원칙이 부분적으로 준용된다.
② 수동대리란 의사의 표시에 관한 대리를 말한다.
③ 수동대리인에는 무권대리가 문제될 여지가 없다.
④ 수동대리인에는 대리권이 필요없다.
⑤ 수동대리인은 반드시 행위능력을 가져야 한다.

해설 수동대리
① (○) 특별한 사정이 없으면 능동대리에 관한 규정이 적용된다.
② (×) 수동대리는 대리인이 상대방으로부터 본인을 위하여 의사표시를 수령하는 것이다.
③, ④ (×) 수동대리에도 대리권이 필요하고 무권대리의 문제가 생긴다.
⑤ (×) 수동대리인도 역시 제117조가 적용되어 행위능력자임을 요하지 아니한다.   **답** ①

5 대리의 3면관계

대리의 3면관계란 본인이 대리인에게 대리권을 수여하는 대리권수여관계, 대리인이 상대방과 법률행위를 하는 대리행위관계, 그리고 본인과 상대방간의 법률효과관계로 구성된다.

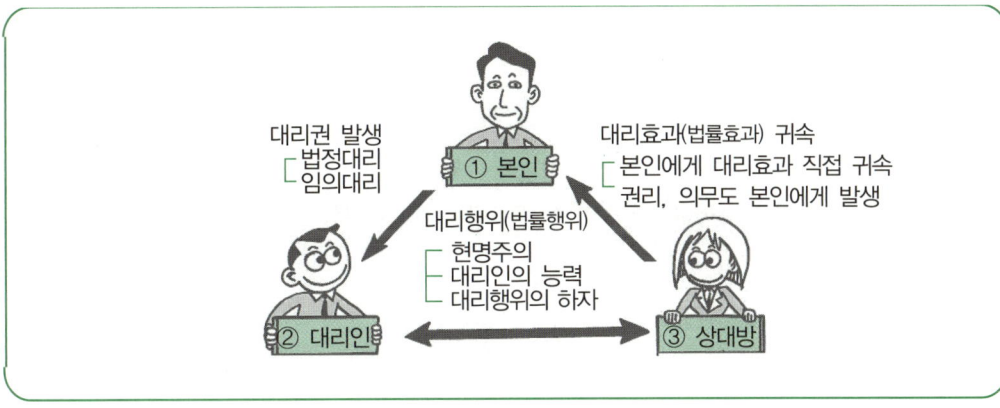

1편 민법총칙

단락문제 Q28 제15회 기출

甲은 친구 아들은 미성년자 乙에게 토지 구입을 위임하고 대리권을 수여하였다. 乙은 甲을 대리하여 丙소유의 토지를 구입하였으나, 이 과정에서 丙이 乙을 기망하였다. 다음 설명 중 옳지 <u>않은</u> 것은?

① 甲은 乙의 제한능력을 이유로 매매계약을 취소하지 못한다.
② 乙은 법정대리인의 동의가 없었다면 제한능력을 이유로 위임계약을 취소할 수 있다.
③ 甲과 乙이 위임계약을 합의해지하더라도 매매계약의 효과는 甲에게 귀속한다.
④ 사기를 이유로 매매계약이 취소될 수 있는지 여부는 甲을 기준으로 하여 결정한다.
⑤ 사기를 이유로 매매계약이 취소되면 甲과 丙사이에 부당이득반환의무가 발생한다.

해설 대리행위의 하자
① (○) 대리인은 행위능력자임을 요하지 않는다(제117조).
② (○) 乙은 미성년자이므로 위임계약을 취소할 수 있다.
③ (○) 해지의 효과는 소급하지 않는다.
④ (×) 대리행위의 하자 여부는 대리인을 기준으로 판단한다(제116조 제1항).
⑤ (○) 취소하면 소급하여 무효가 되므로 부당이득반환의무가 발생한다.

답 ④

02 대리권(본인과 대리인과의 관계)★★

제127조(대리권의 소멸사유) 대리권은 다음 각 호의 어느 하나에 해당하는 사유가 있으면 소멸된다.
 1. 본인의 사망
 2. 대리인의 사망, 성년후견의 개시 또는 파산
제128조(임의대리의 종료) 법률행위에 의하여 수여된 대리권은 전조의 경우외에 그 원인된 법률관계의 종료에 의하여 소멸한다. 법률관계의 종료전에 본인이 수권행위를 철회한 경우에도 같다.

1 대리권의 의의 및 성질

대리권은 대리인이 본인을 위하여 대리행위(법률행위)를 할 수 있는 법률상의 지위 또는 자격을 말하고 대리권은 권리가 아니라 일종의 **권한***에 불과하다.

* **권한**
타인을 위해 어떠한 행위를 할 수 있는 지위나 자격을 의미

제5장 권리변동

2 대리권발생 및 소멸 ★★ `6·11·14·15회 출제`

(1) 법정대리

1) **발생원인**
   ① **법률의 규정** : 친권자(제920조), 후견인(제932조), 부부간 가사대리권(제827조)
   ② **지정권자의 지정** : 지정후견인(제931조), 지정유언집행자 (제1093조, 제1094조)
   ③ **법원의 선임** : 부재자재산관리인(제22·23조), 상속재산관리인(제1023조, 제1040조), 유언집행자(제1096조)

   > ✱ **대리인의 사망·성년후견의 개시 또는 파산**
   > 대리인의 한정후견의 개시는 소멸사유가 아님에 주의!!!

2) **소멸사유**
   본인의 사망, 대리인의 사망·성년후견의 개시 또는 파산✱(제127조)   `6·10·12·20회 출제`

(2) 임의대리

1) **발생원인**
   ① 임의대리는 본인이 대리인에게 대리권을 수여함으로써 성립하며, 본인의 대리권수여행위를 수권행위라 한다.
   ② 대리권수여는 대리인의 동의나 승낙을 필요로 하지 않는 단독행위이다.
   ③ 수권행위는 불요식행위이므로 수권행위의 방식에는 제한이 없다. `1회 출제` 즉 구두에 의하거나, 명시적·묵시적 수권행위가 모두 가능하다.

2) **소멸사유**
   ① 본인의 사망, 대리인의 사망·성년후견의 개시 또는 파산(제127조)
   ② 원인된 법률관계 종료 및 법률관계의 종료 전에 본인의 수권행위의 철회(제128조)

3) **주의할 사항**
   ① 본인의 성년후견의 개시는 대리권 소멸사유가 아니고 오히려 대리가 필요한 사유이다.
   ② 대리인은 행위능력자임을 요하지는 않지만 대리인이 된 이후에 피성년후견인이 된 경우에는 본인과의 신뢰관계가 깨진다고 할 수 있으므로 소멸사유로 작용한다.

1편 민법총칙

Wide 수권행위와 기초적 내부관계

① **의 의**(수권행위의 독자성·무인성에 관한 논의)
대리인에게 대리권이 수여되는 경우에 보통은 본인과 대리인 사이의 어떤 법률관계(기초적 내부관계)에 기하여 대리권이 주어지나, 그러한 내부관계(위임)가 있다고 해서 언제나 대리권이 수여되어야 하는 것은 아니다.

② **판 례**
위임과 대리권수여는 별개의 독립된 행위이며, 위임계약만으로는 그 효력은 위임자와 수임자 이외에는 미치는 것이 아니므로 구 민법 제655조의 취지는 위임종료의 사유는 이를 상대방에 통지하거나 상대방이 이를 안 때가 아니면 위임자와 수임자간에는 위임계약에 의한 권리의무관계가 존속한다는 취지에 불과하고 대리권관계와는 아무런 관계가 없는 것이다(대판 1962.5.24. 4294민상251, 252).

단락문제 Q29
제10회 기출

수권행위에 관한 설명 중 틀린 것은? (다툼이 있는 경우 판례에 의함)

① 수권행위는 불요식행위이다.
② 수권행위는 묵시적 의사표시에 의해서도 할 수 있다.
③ 수권행위의 하자 유무는 대리인을 기준으로 하여 정한다.
④ 수권행위는 백지위임장에 의해서도 할 수 있다.
⑤ 수권행위가 무효가 되면 그 대리권에 기한 대리행위는 무권대리가 된다.

> **해설** 대리권의 수여(수권행위)
> ③ 수권행위의 하자 유무는 본인을 기준으로 정한다.   답 ③

단락문제 Q30
제1회 기출개작

임의대리권의 특유한 소멸원인은?

① 본인의 사망   ② 대리인의 사망   ③ 수권행위의 철회
④ 대리인의 파산   ⑤ 대리인의 성년후견개시

> **해설** 임의대리의 특징
> 임의대리권은 수권행위에 의하여 발생함에 유의해야 한다. 임의대리권은 본인의 수권행위에 의해서 발생하고 본인과 대리인 사이의 신임관계에 의해 유지된다. 또한 수권행위는 그 원인된 법률관계와는 별개의 행위이지만 그에 수반하는 것이 보통이므로 민법은 그 원인관계의 종료로 임의대리권도 소멸하는 것으로 하였다(제128조 전단).

제5장 권리변동

3 대리권의 범위와 그 제한

> **제118조(대리권의 범위)** 권한을 정하지 아니한 대리인은 다음 각호의 행위만을 할 수 있다.
> 1. 보존행위
> 2. 대리의 목적인 물건이나 권리의 성질을 변하지 아니하는 범위에서 그 이용 또는 개량하는 행위

(1) 대리권의 범위

1) 법정대리권의 범위

대리권의 범위란 대리인이 본인에 대하여 법률효과를 귀속시킬 수 있는 행위를 할 수 있는 범위를 말하며 법정대리권의 범위는 법정대리권의 발생을 정하는 개별의 법률규정에 정해져 있다.

2) 임의대리권의 범위★★★   〈1·2·14·16·19회 출제〉

① 수권행위의 해석에 의한 범위

임의대리권의 범위는 수권행위에 의하여 정하여지므로 어느 행위가 대리권 범위 내의 행위인지 여부는 결국 개별적인 수권행위의 내용이나 수권행위의 해석에 의하여 결정된다.

② 수권행위로 그 범위를 정하지 않았거나 확정할 수 없는 경우(제118조)★★

  ㉠ 보존행위(제1호) : 대리행위의 목적으로 되어 있는 물건이나 권리의 사용가치* 또는 교환가치**를 현상대로 유지하여 그 가치의 감소를 방지하는 행위를 말하는데, 대리인은 보존행위를 무제한으로 할 수 있다.

  > * 사용가치
  > 임대료
  >
  > ** 교환가치
  > 시장가격

  예) 가옥의 수선, 미등기부동산의 등기, 채권의 추심, 소멸시효의 중단, 기한이 도래한 채무의 변제

  ㉡ 이용행위·개량행위(제2호)

  ⓐ 이용행위란 재산의 수익을 올리는 행위를 말하며, '개량행위'란 사용가치 또는 교환가치를 증가시키는 행위를 말한다.

  ⓑ 이들 행위는 대리의 목적인 물건이나 권리의 성질이 변하지 않는 범위에서만 할 수 있다.

  예) ① 이용행위 : 금전의 이자부대여, 물건의 임대
  ② 개량행위 : 무이자부금전소비대차를 이자부금전소비대차로 변경하는 행위, 가옥의 장식·설비

  ㉢ 처분행위 : 수권행위에 정함이 없거나 불명확한 때에는 관리행위*만 할 수 있고 처분행위는 할 수 없다.

  > *** 관리행위
  > 보존행위·이용행위·개량행위

  예) 대여금의 영수권한만을 위임받은 대리인이 그 대여금 채무의 일부를 면제하는 경우, 부동산을 매수할 권한을 부여받은 대리인이 이를 처분하는 경우

판례가 대리권을 인정한 경우

1. 부동산의 소유자로부터 매매계약을 체결할 대리권을 수여받은 대리인은 특별한 다른 사정이 없는 한 그 매매계약에서 약정한 바에 따라 **중도금이나 잔금을 수령할 수도 있다**(대판 1992.4.14. 91다43107).
2. 매매계약의 체결과 이행에 관하여 포괄적으로 대리권을 수여받은 대리인은 특별한 다른 사정이 없는 한 상대방에 대하여 약정된 매매대금지급기일을 **연기하여 줄 권한도 가진다**(대판 1992.4.14. 91다43107).
3. 일반적으로 말하면 수권행위의 통상의 내용으로서의 임의대리권은 그 권한에 부수하여 필요한 한도에서 상대방의 의사표시를 수령하는 이른바 **수령대리권을 포함한다**(대판 1994.2.8. 93다39379).

 판례가 대리권을 부정한 경우

1. 본인을 위하여 금전소비대차 내지 그를 위한 담보권설정계약을 체결할 권한을 수여받은 대리인에게 본래의 **계약을 해제할 권한까지 있다고 볼 수 없다**(대판 1993.1.15. 92다39365).
2. 임의대리권은 그 원인된 법률관계의 종료에 의하여 소멸하는 것이므로 특별한 사정이 없는 한 **부동산을 매수할 권한을 수여받은 대리인에게는 그 부동산을 처분할 대리권도 있다고 할 수 없다**(대판 1991.12.12. 90다7364).
3. 통칭 매니저의 대리권의 범위는 연주자의 연주활동의 주선이나 연주에 관하여 공연장확보, 공연비용 또는 출연료결정, 연주일정의 확정 등에만 미칠 뿐 **공연계약에 관하여는 대리권이 없다**(대판 1993.5.14. 93다4618).
4. 대여금의 영수권한만을 위임받은 대리인이 그 대여금 채무의 일부를 면제하기 위하여는 본인의 **특별수권이 필요하다**(대판 1981.6.23. 80다3221).
5. 통상 사채알선업자가 전주(錢主)를 위하여 금전소비대차계약과 그 담보를 위한 담보권설정계약을 체결할 대리권을 수여받은 것으로 인정되는 경우라 하더라도 특별한 사정이 없는 한 일단 금전소비대차계약과 그 담보를 위한 담보권설정계약이 체결된 후에 이를 **해제할 권한까지 당연히 가지고 있다고 볼 수는 없다**(대판 1997.9.30. 97다23372).
6. 예금계약의 체결을 수임받은 자가 가지는 대리권에 당연히 그 예금을 담보로 하여 대부를 받거나 기타 **이를 처분할 수 있는 대리권이 포함되어 있는 것은 아니다**(대판 1992.6.23. 91다14987).
7. 은행으로부터 융자를 받도록 하기 위하여 부동산의 등기기록등본과 인감증명을 준 경우 그 **부동산의 처분의 대리권을 주었다고 할 수 없다**(대판 1962.10.11. 62다636).
8. 채권담보의 목적으로 채무불이행시에 대물변제에 충당하기 위하여 부동산의 매도증서를 채권자에게 교부하였다고 하더라도 대물변제에 충당되기 이전에는 그 채권자에게 **부동산을 매도할 수 있는 대리권을 준 것은 아니다**(대판 1963.2.28. 62다910).

Key Point 권한을 정하지 아니한 임의대리인의 대리권

보존행위		대리권 있음
이용 또는 개량행위	① 물건이나 권리의 성질이 변하지 아니하는 행위 ㉠ 사용, ㉡ 임대	대리권 있음
	② 물건이나 권리의 성질이 변하는 행위 ㉠ 예금의 주식전환, ㉡ 은행예금을 찾아 개인에게 빌려주는 행위	대리권 없음
처분행위	① 건물 등 부동산의 매매, 교환 ② 지상권, 전세권, 저당권 등의 설정	대리권 없음

(2) 대리권의 범위를 넘는 행위의 효력

대리권의 범위를 넘는 대리행위를 한 경우에는 무권대리로서 무효가 된다. 다만 이 경우에 <u>본인의 추인</u>으로 유효하게 되거나(제130조, 제133조) <u>권한을 넘는 표현대리</u>(제126조)가 되어 예외적으로 본인에게 효력이 발생할 수 있다.

단락문제 Q31

대리권의 범위가 분명하지 아니한 대리인이 할 수 없는 것은?

① 가옥의 임대
② 소멸시효의 중단
③ 어떤 가옥과 타인의 가옥과의 교환
④ 기한이 도래한 채무의 변제
⑤ 가옥의 보존등기

해설 대리권의 범위
③ 대리권의 범위가 정하여지지 않은 대리인은 보존행위와 대리의 목적인 물건이나 권리의 성질을 변경시키지 않는 한도 내에서 이용·개량행위만을 할 수 있고 처분행위는 할 수 없다(제118조). 교환은 처분행위가 되므로 할 수 없음이 원칙이다. **답 ③**

단락핵심 대리인

(1) 미성년자나 피한정후견인도 대리인이 될 수 있다.	(O)
(2) 본인은 대리인의 제한능력을 이유로 대리행위를 취소할 수 없다.	(O)
(3) 대리인이 제한능력자인 경우 본인과 대리인 사이의 기초적인 내부관계는 제한능력을 이유로 취소될 수 없다.	(X)
(4) 불법행위 및 사실행위에는 대리가 있을 수 없다.	(O)
(5) 피한정후견인이 대리인이 된 후 성년후견개시 심판을 받았더라도 여전히 대리권을 행사할 수 있다.	(X)
(6) 지명채권양도의 통지는 대리인을 통하여도 할 수 있다.	(O)

1편 민법총칙

(3) 대리권의 범위에 대한 제한★★★

1·12회 출제

> **제119조(각자대리)** 대리인이 수인인 때에는 각자가 본인을 대리한다. 그러나 법률 또는 수권행위에 다른 정하는 바가 있는 때에는 그러하지 아니하다.
>
> **제124조(자기계약 쌍방대리)** 대리인은 본인의 허락이 없으면 본인을 위하여 자기와 법률행위를 하거나 동일한 법률행위에 관하여 당사자 쌍방을 대리하지 못한다. 그러나 채무의 이행은 할 수 있다.

1) 각자대리의 원칙과 공동대리(수인의 대리인)

① **각자대리의 원칙**(제119조)★

3·9·10·12회 출제

수인의 대리인이 있는 경우에는 일반적으로 수인의 대리인 각자가 단독으로 본인을 대리하는 것(각자대리)이 원칙이다.

② **공동대리의 인정**

법률 또는 수권행위에 의하여 수인의 대리인이 공동*으로 하지 않으면 대리행위를 할 수 없다는 취지가 명백한 때에는 공동으로 대리행위를 하여야만 그 본래의 효과를 발생시킬 수 있다.

예 법률: 친권의 공동행사(제909조 제2항), 수권행위: 공동대표(제59조)

> *공동
> 동시에 할 필요는 없으나, 수인의 대리인이 모두 대리행위를 하여야 한다.
>
> **각 대리인은 단독으로 의사표시를 수령할 수 있다
> 공동대리인 중 1인이 수령하면 의사표시 도달
>
> ***자신만으로써 계약을 맺는 것을 말한다
> 대리인 1인의 행위로 계약을 체결하는 것

③ **공동대리의 적용범위**(능동대리에 한함)

공동대리의 제한은 능동대리에만 적용되므로 수동대리에서는 공동대리가 되는 경우라 할지라도 각 대리인은 단독으로 의사표시를 수령할 수 있다**(통설).

④ **위반의 효과**

공동대리의 제한에 위반하여 1인의 대리인이 단독으로 대리행위를 한 때에는 권한을 넘은 대리행위로서 무권대리행위가 된다. 따라서 원칙적으로 무효이나 ㉠ 추인 또는 ㉡ 표현대리가 성립하면 소급하여 본인에게 효과가 발생할 수 있다.

2) 자기계약·쌍방대리의 금지★★

① **의 의**

제124조(자기계약과 쌍방대리의 금지)의 입법취지는 본인과 대리인간 또는 양 당사자 본인간의 이해가 충돌하는 것을 방지하려는 데에 있다.

㉠ **자기계약**: 법률행위의 일방당사자가 그 상대방의 대리인이 되어 자신과 계약하는 경우를 말한다.

예 甲(본인)이 乙(대리인)에게 甲의 건물을 매도할 대리권을 수여하자 대리인 자신이 스스로 매수인이 되어 건물을 매수한 경우

㉡ **쌍방대리**: 대리인이 한편으로는 일방을 대리하고, 다른 한편으로는 상대방을 대리하여 자신만으로써 계약을 맺는 것을 말한다.***

예 매매계약에서 대리인이 매도인과 매수인 쌍방을 대리하여 매매계약을 하는 경우

제5장 권리변동

② 금지 및 그 예외 **13회 출제**

㉠ **원칙적 금지** : 자기계약과 쌍방대리는 본인의 이익도모라는 대리제도의 본질에 어긋나기 때문에 원칙적으로 금지된다.

 쌍방대리의 효력

민법 제124조는 "대리인은 본인의 허락이 없으면 본인을 위하여 자기와 법률행위를 하거나 동일한 법률행위에 관하여 당사자 쌍방을 대리하지 못한다."고 규정하고 있으므로 **부동산 입찰절차에서 동일물건에 관하여 이해관계가 다른 2인 이상의 대리인이 된 경우에는 그 대리인이 한 입찰은 무효이다**(대결 2004.2.13. 2003마44).

㉡ **예외적 허용**★★★ : **본인의 허락**이 있거나(제124조 본문), **본인의 이익을 해할 염려가 없는 경우**＊에는 예외적으로 허용된다(제124조 단서).

＊ **본인의 이익을 해할 염려가 없는 경우**
예 다툼 없는 채무의 이행 (○)
대물변제·경개 (×)

 자기계약이 허용되는 경우

법정대리인인 친권자가 부동산을 매수하여 이를 그 자에게 증여하는 행위는 미성년자인 자에게 이익만을 주는 행위이므로 친권자와 자 사이의 이해상반행위에 속하지 아니하고, 또 자기계약이지만 유효하다(대판 1981.10.13. 81다649).

Professor Comment

❶ 물변제·경개는 '다툼이 있는 채무'의 이행이므로 자기계약·쌍방대리가 허용되지 않는다.
❷ 부득이한 사정이 있더라도 자기계약이나 쌍방대리가 허용되지 않는다.(복대리권과 비교할 것)

③ **적용범위**★★
㉠ 자기계약·쌍방대리의 금지규정은 **법정대리와 임의대리 양자에 모두 적용**된다.
㉡ 법정대리에 있어서는 법정대리인과 본인과의 이익이 상반하는 경우에는 대리권이 없다고 규정하는 경우가 많다(제921조, 제954조).

④ **위반의 효과**★
자기계약·쌍방대리의 금지에 위반하는 행위는 **절대 무효가 아니라 무권대리행위**가 된다. 따라서 본인이 이를 사후에 **추인하면 소급적으로 유효**하게 된다.

1편 민법총칙

단락문제 Q32
제13회 기출

자기계약과 쌍방대리에 관한 설명으로 옳은 것을 모두 고른 것은? (다툼이 있으면 판례에 의함)

> ㉠ 대리인은 부동산 매매계약에 따른 소유권이전등기를 신청함에 있어서 쌍방대리를 할 수 있다.
> ㉡ 부동산입찰 절차에서 동일물건에 관하여 동일인이 이해관계가 다른 2인 이상의 대리인이 된 경우, 그 대리인이 한 입찰행위는 유효하다.
> ㉢ 대리인이 계약을 체결함에 있어서 본인이 미리 자기계약을 허락한 경우에는 그 계약은 유효하다.
> ㉣ 친권자가 본인의 지위와 법정대리인으로서의 지위에서 자기의 부동산을 미성년인 자(子)에게 증여하는 자기계약은 무효이다.

① ㉠, ㉡   ② ㉠, ㉢   ③ ㉡, ㉢   ④ ㉡, ㉣   ⑤ ㉢, ㉣

해설 자기계약과 쌍방대리

㉠ (○) 소유권이전등기와 같이 이해충돌이 발생할 여지가 없는 행위의 경우에는 쌍방대리가 허용된다(제124조 단서).
㉡ (×) 본인의 허락이 없는 한 무권대리행위로서 무효이다(제124조 본문, 대결 2004.2.13. 2003마44).
㉢ (○) 본인의 허락이 있으면 자기계약도 허용된다(제124조 본문).
㉣ (×) 법정대리인인 친권자가 부동산을 매수하여 이를 그 자에게 증여하는 행위는 미성년인 자에게 이익만을 주는 행위이므로 친권자와 자 사이의 이해상반행위에 속하지 아니하고, 또 자기계약이지만 유효하다.

답 ②

단락핵심   자기계약과 쌍방대리

(1) 이행기가 도래하지 않은 채무의 이행에는 원칙적으로 쌍방대리가 허용되지 않는다.   (○)
(2) 쌍방대리의 금지규정에 위반된 대리행위는 무권대리행위로 된다.   (○)
(3) 본인이 허락한 경우 자기계약은 유효하나, 쌍방대리는 무효이다.   (×)
  ▶ 본인의 허락이 있으면 모두 유효하다.
(4) 자기계약과 쌍방대리의 금지규정은 법정대리, 임의대리 양자에 적용된다.   (○)
(5) 법정대리인인 친권자가 부동산을 매수하여 이를 그 자(子)에게 증여하는 행위는 자기계약에 해당되지만 유효하다.   (○)
(6) 자기계약의 금지에 위반한 법률행위라도 본인이 추인하면 유효하다.   (○)

제5장 권리변동

4 대리권의 남용(대표권 남용 참조)★★
9회 출제

(1) 의 의
대리인이 외형적으로는 대리권의 범위 내에서 한 행위이지만 본인의 이익을 위해서가 아니라 자기 또는 제3자의 이익을 위해서 대리행위를 하는 경우를 대리권의 남용이라 하고 이러한 대리권 남용행위가 있는 경우에 그 대리행위의 효과가 본인에게 귀속하는지 문제된다.

(2) 판 례
주류의 판례는 제107조 제1항 단서 유추적용설(원칙적으로 유효하나, 대리인의 배임행위를 상대방이 알았거나, 알 수 있었을 때에는 무효)을 취하나 대표행위에 대하여는 신의칙설(권리남용설: 원칙적으로 유효하지만 그 사정을 상대방이 알았거나 중대한 과실로 알지 못한 때에는 무효)을 취한 경우도 있다.

03 대리행위(대리인과 상대방과의 관계)★★★

> **제114조(대리행위의 효력)** ① 대리인이 그 권한내에서 본인을 위한 것임을 표시한 의사표시는 직접 본인에게 대하여 효력이 생긴다.
> ② 전항의 규정은 대리인에게 대한 제3자의 의사표시에 준용한다.
> **제115조(본인을 위한 것임을 표시하지 아니한 행위)** 대리인이 본인을 위한 것임을 표시하지 아니한 때에는 그 의사표시는 자기를 위한 것으로 본다. 그러나 상대방이 대리인으로서 한 것임을 알았거나 알 수 있었을 때에는 전조 제1항의 규정을 준용한다.
> **제118조(대리권의 범위)** 권한을 정하지 아니한 대리인은 다음 각호의 행위만을 할 수 있다.
> 1. 보존행위
> 2. 대리의 목적인 물건이나 권리의 성질을 변하지 아니하는 범위에서 그 이용 또는 개량하는 행위
>
> **제119조(각자대리)** 대리인이 수인인 때에는 각자가 본인을 대리한다. 그러나 법률 또는 수권행위에 다른 정한 바가 있는 때에는 그러하지 아니하다.
> **제124조(자기계약, 쌍방대리)** 대리인은 본인의 허락이 없으면 본인을 위하여 자기와 법률행위를 하거나 동일한 법률행위에 관하여 당사자 쌍방을 대리하지 못한다. 그러나 채무의 이행은 할 수 있다.

1 현명주의(顯名主義)★★★
10회 출제

(1) 의 의
1) 대리인이 대리행위를 할 당시 자신의 행위는 본인을 위하여 한다는 뜻을 상대방에게 표시하여야 하는 원칙을 현명주의라 한다.

2) 이때 '본인을 위하여'란 '본인의 이익만을 위하여'라는 것이 아니며, 경제적 이익이나 불이익을 불문하고 '모든 법적 효과를 본인에게 귀속시킨다'는 것을 의미한다.
3) 현명의 방식에는 특별한 제한이 없다. 따라서 대리인은 반드시 대리인임을 표시하여 의사표시를 하여야 하는 것이 아니고 본인명의로도 할 수 있다(대판 1963. 5. 9. 63다67).
   예) 김××의 대리인 정◇◇, ××주식회사 대표이사 이○○

> **판례** 현명주의에 관한 판례
> 대리인이 어음행위를 하려면 어음상에 대리관계를 표시하여야 하는바, 그 표시방법에 대하여 특별한 규정이 없으므로 어음상에 대리인 자신을 위한 어음행위가 아니고 본인을 위하여 어음행위를 한다는 취지를 인식할 수 있을 정도의 표시가 있으면 된다(대판 1973. 12. 26. 73다1436).

(2) 수동대리의 경우
1) 수동대리에 있어서는 대리인의 상대방에서 본인에 대한 의사표시임을 표시하여야 한다.
2) 통상의 임의대리권은 그 권한에 부수하여 필요한 한도 내에서 상대방의 의사표시를 수령하는 수령대리권을 포함한다(대판 1994. 2. 8. 93다39379).

(3) 상행위인 경우
상행위*에서는 현명주의가 적용되지 않는다. 즉 상행위의 대리인이 본인을 위한 것임을 표시하지 아니하여도 그 행위는 본인에 대하여 효력이 있다(상법 제48조).

> *상행위
> 상법이 적용되는 상인의 법률행위

(4) 현명의 효력
대리인이 행한 법률행위의 효과는 본인에게 귀속한다.

(5) 현명하지 아니한 행위의 효력★★★
1) 원칙
   대리인이 본인을 위한 것임을 표시하지 않고서 한 의사표시는 그 대리인 자신을 위하여 한 것으로 본다(제115조 본문). 따라서 대리인 자신에게 그 효과가 귀속하여 그에 따른 책임을 져야 한다.

> **판례** 대리인이 본인을 위한 것임을 표시하지 아니한 경우 그 법률행위의 효력
> "甲"이 임대차계약을 체결함에 있어서 임차인 명의를 원고 명의로 하기는 하였으나 "甲"의 이름이 원고인 것 같이 행세하여 계약을 체결함으로써 피고는 "甲"과 원고가 동일인인 것으로 알고 계약을 맺게 되었다면 설사 "甲"이 원고를 위하여 하는 의사로서 위 계약을 체결하였다 하더라도 위 계약의 효력은 원고에게 미치지 않는다(대판 1974. 6. 11. 74다165).

2) 예 외
상대방이 대리인으로서 한 것임을 알았거나 알 수 있었을 때에는 그 의사표시는 대리행위로서 효력을 발생한다(제115조 단서).

Key Point | 현명주의

원 칙	현명한 경우	대리인이 한 행위의 효과는 본인에게 귀속한다.
	현명하지 않은 경우	• 대리인 자신의 행위로 본다(대리인책임, 제115조 본문). • 상대방이 대리인으로서 한 것임을 알았거나 알 수 있었을 경우 → 대리행위로 본다(본인책임, 제115조 단서).
예 외		비개성적인 상행위(상법 제48조) → 현명하지 아니하여도 본인에 대하여 효력이 있다.

단락문제 Q33

현명주의에 관한 다음 설명 중 틀린 것은?

① 대리의사의 표시방법에는 아무런 제한이 없으므로 명시적·묵시적으로 할 수 있다.
② 대리의사는 자신의 이익을 위한 배임행위의 효과를 본인에게 귀속시키려는 것을 포함하지 않는다.
③ 수동대리에 있어서는 상대방이 본인에 대한 의사표시임을 표시하여야 한다.
④ 상행위에 관하여는 현명주의가 적용되지 않는다.
⑤ 현명하지 않은 대리행위의 효과는 대리인 자신을 위하여 한 것으로 간주되므로 대리인은 착오를 주장하지 못한다.

해설 현명주의
① (○) 대리행위가 행해졌을 때의 모든 사정을 판단하여 거래행위의 효과를 본인에게 귀속시키는 것이라는 사실을 알 수 있으면 된다.
② (×) 민법 제114조의 이른바 「본인을 위한 것」임을 표시하여야 한다는 것은 그 행위의 법률적 효과를 본인에게 귀속시키려고 하는 의사를 말하는 것이지 결코 「본인의 이익을 위하여」라는 뜻은 아니기 때문에 대리인이 그의 개인적인 이익을 얻고자 권한을 남용해서 배신적 행위를 한 경우에도 대리의사는 있는 것이 된다.
③, ④ (○) 타당한 설명이다.
⑤ (○) 현명(즉 대리인 자격을 표시하는 것)하지 않은 행위는 대리행위가 되지 않는 것이 원칙이다.

답 ②

2 대리인의 능력*

`5·7·23회 출제`

제117조(대리인의 행위능력) 대리인은 행위능력자임을 요하지 아니한다.

(1) 임의대리인은 행위능력자임을 요하지 않는다. 대리행위의 효과는 본인에게 귀속하기 때문이다. 따라서 대리인은 권리능력과 의사능력만 있으면 족하다.
(2) 법정대리의 경우에는 ① 제한능력자가 법정대리인이 되는 것을 금지하는 규정(제937조)이 있으며, ② 그러한 규정이 없더라도 제한능력자 보호를 위하여 법정대리인은 행위능력자여야 한다는 것이 다수설이다.

3 대리행위의 하자**

`3·12·14·15·22회 출제`

제116조(대리행위의 하자) ① 의사표시의 효력이 의사의 흠결, 사기, 강박 또는 어느 사정을 알았거나 과실로 알지 못한 것으로 인하여 영향을 받을 경우에 그 사실의 유무는 대리인을 표준하여 결정한다.
② 특정한 법률행위를 위임한 경우에 대리인이 본인의 지시에 좇아 그 행위를 한 때에는 본인은 자기가 안 사정 또는 과실로 인하여 알지 못한 사정에 관하여 대리인의 부지를 주장하지 못한다.

(1) 판단기준

> * 법률행위를 한 대리인을 표준으로 하여 결정
> 대리인표준설

대리행위에 있어서 하자는 실질적으로 **법률행위를 한 대리인을 표준으로 하여 결정***하는 것이 원칙이다(제116조 제1항). 대리인의 존재로 인한 이익을 향유하므로 그 불이익도 감수하는 것이 공평의 원칙에 부합한다는 것을 이유로 한다.

Professor Comment
불공정한 법률행위의 경우 경솔·무경험의 여부는 대리인을 기준으로, 궁박의 여부는 본인을 기준으로 판단하는 점에 주의한다.

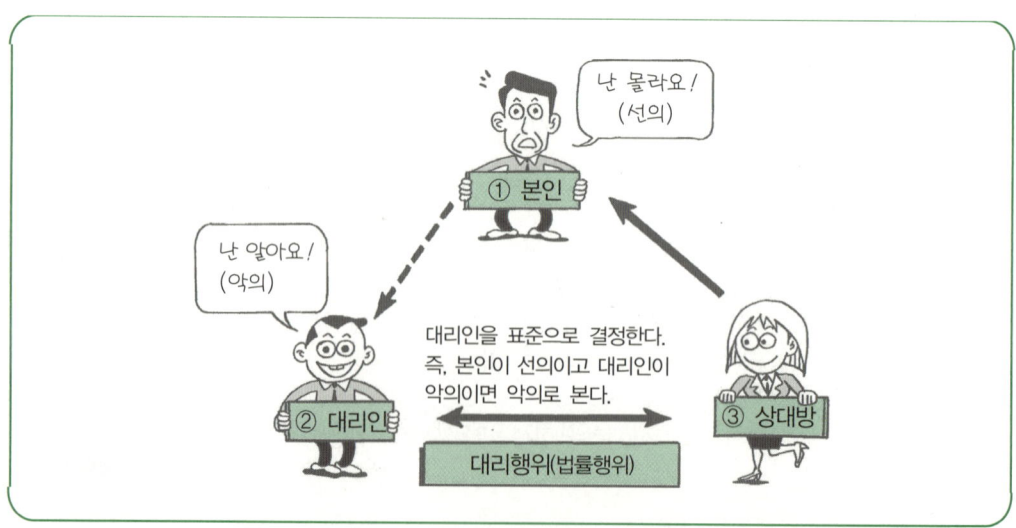

제5장 권리변동

> **Key Point** 하자 있는 대리행위와 그 효력
>
> 1) **대리행위가 비진의의사표시인 경우**
>   표시된 대로 발생하고 상대방이 악의·과실인 때에는 무효이다.
> 2) **대리행위가 통정허위표시인 경우**
>   원칙적으로 본인의 악의·과실을 불문하고 가장행위는 무효이다.
> 3) **대리행위가 착오에 의한 의사표시의 경우**
>   대리행위에 착오 여부나 중대한 과실 여부는 대리인 기준으로 판단하나 대리행위를 취소할 수 있는 권리는 본인에게 있다. 즉 대리인이 취소하기 위해서는 별도의 수권이 필요하다.
> 4) **대리행위가 사기 혹은 강박에 의한 의사표시인 경우**
>   ① 대리인의 의사표시가 상대방의 사기 혹은 강박에 의한 경우에는 본인의 선·악의를 불문하고, 본인이 취소할 수 있다.
>   ② 상대방의 의사표시가 대리인의 사기 혹은 강박에 의한 경우에는 본인의 선·악의를 불문하고 상대방이 취소할 수 있다.
>   ③ 대리인의 의사표시가 제3자의 사기 혹은 강박에 의한 경우에는 상대방이 그 사실을 알았거나, 알 수 있었을 때 한하여 본인이 취소할 수 있다.
>   ④ 상대방의 의사표시가 제3자의 사기 혹은 강박에 의한 경우에는 본인 또는 대리인이 그 사실을 알았거나, 알 수 있었을 때에 한하여 상대방은 취소할 수 있다.

(2) 본인의 악의

1) 특정한 법률행위를 위임한 경우에 대리인이 본인의 지시에 좇아 그 행위를 한 때에는 본인은 자기가 안 사정 또는 과실로 인하여 알지 못한 사정에 관하여 대리인의 부지(알지 못함)를 주장하지 못한다(제116조 제2항).
2) 본인이 비록 대리인에 의해 행해지는 법률행위의 당사자는 아닐지라도 그 효과의 귀속주체이므로 구체적 사정에 대한 본인의 악의를 보호할 수 없기 때문이다.

단락문제 Q34

甲을 본인으로 하는 대리인 乙이 상대방 丙과 통정하여 허위표시를 하였다. 이 경우의 법률효과로서 옳은 것은?

① 甲, 乙, 丙은 모두 무효를 주장할 수 있다.
② 乙만이 무효를 주장할 수 있다.
③ 甲만이 무효를 주장할 수 있다.
④ 乙, 丙이 무효를 주장할 수 있다.
⑤ 丙만이 무효를 주장할 수 있다.

해설 대리인의 통정허위표시
대리행위의 하자는 대리인을 표준으로 하여 결정하며, 대리인과 상대방간에 허위표시가 있는 경우에는 본인과 대리인 및 상대방이 모두 무효를 주장할 수 있다. **답** ①

4 대리행위의 효과*

13회 출제

(1) 법률효과의 본인귀속
1) 대리행위로부터 발생하는 모든 법률행위상의 효과는 직접 본인에게 귀속된다.
2) 법률효과의 본인에 대한 귀속으로 의사표시의 하자에 따른 취소권도 본인에게 발생하고 대리인이 취소권을 행사하기 위해서는 본인으로부터 별도의 수권이 필요하다.

(2) 적용범위
사실행위와 불법행위에는 대리가 허용되지 않으므로 대리인이 대리행위와 관련하여 사실행위와 불법행위를 한 경우에는 본인은 책임을 지지 않는 것이 원칙이나, 제756조의 사용자책임을 지게 되는 경우도 있다.

(3) 본인의 능력*
1) 본인 스스로 법률행위 내지 의사표시를 하는 것이 아니므로 의사능력이나 행위능력을 요하지 아니하나, 권리능력은 반드시 필요*하다.
2) 외국인이 향유할 수 없는 권리는 한국인을 대리인으로 하여도 취득할 수 없다.

> *** 권리능력은 반드시 필요**
> 반면 사자(使者)의 경우에 있어서는 본인은 권리능력뿐만 아니라 의사능력·행위능력까지 구비할 것을 요함

단락문제 Q35
제13회 기출

대리에 관한 설명으로 옳지 않은 것은? (다툼이 있으면 판례에 의함)

① 대리행위의 효과는 일단 대리인에게 귀속하였다가 본인과 대리인 간의 내부적 법률관계에 따라 본인에게 이전한다.
② 물건을 매도하는 대리권을 수여받은 대리인은 특별한 사정이 없는 한 매매계약에 따른 중도금이나 잔금을 수령할 수 있다.
③ 본인은 원인된 법률관계가 존속하고 있더라도 수권행위만을 철회하여 임의대리권을 소멸시킬 수 있다.
④ 지명채권 양도의 통지도 대리인을 통하여 할 수 있다.
⑤ 수인의 대리인에게 대리권을 수여한 경우, 원칙적으로 각자가 본인을 대리한다.

해설 대리행위의 효과귀속
① (X) 본인에게 직접 귀속한다(제114조 제1항).
② (○) (대판 1992.4.14. 91다43107)
③ (○) (제128조 제2문)
④ (○) (대판 1997.6.27. 95다40977) 채권양도의 통지는 관념의 통지인데, 법률행위의 대리에 관한 규정은 관념의 통지에도 유추적용된다는 것이 통설과 판례의 태도이다.
⑤ (○) 이를 각자대리의 원칙이라고 한다(제119조).

답 ①

단락핵심 — 대리행위의 효과

(1) 대리인이 법률행위를 하면서 본인을 위한 것임을 표시하지 아니한 경우 그 행위는 원칙적으로 대리인을 위한 것이 된다. (○)
(2) 대리인이 본인과의 사이에서 대리인과 상대방의 지위를 동시에 가질 수 있는 경우가 있다. (○)
(3) 대리행위의 하자로 인해 취소권이 발생한 경우 그 취소권은 대리인에게 귀속된다. (×)
(4) 상대방이 본인을 강박하여 대리인과 법률행위를 한 경우 본인은 대리행위를 취소할 수 없다. (○)

04 복대리★★ (2·9·11·17·23회 출제)

제120조(임의대리인의 복임권) 대리권이 법률행위에 의하여 부여된 경우에는 대리인은 본인의 승낙이 있거나 부득이한 사유있는 때가 아니면 복대리인을 선임하지 못한다.
제121조(임의대리인의 복대리인선임의 책임) ① 전조의 규정에 의하여 대리인이 복대리인을 선임한 때에는 본인에게 대하여 그 선임감독에 관한 책임이 있다.
② 대리인이 본인의 지명에 의하여 복대리인을 선임한 경우에는 그 부적임 또는 불성실함을 알고 본인에게 대한 통지나 그 해임을 태만한 때가 아니면 책임이 없다.
제122조(법정대리인의 복임권과 그 책임) 법정대리인은 그 책임으로 복대리인을 선임할 수 있다. 그러나 부득이한 사유로 인한 때에는 전조 제1항에 정한 책임만이 있다.
제123조(복대리인의 권한) ① 복대리인은 그 권한내에서 본인을 대리한다.
② 복대리인은 본인이나 제3자에 대하여 대리인과 동일한 권리의무가 있다.

1 복대리의 의의 및 성질

(1) 의 의
1) 대리인에 의해 선임된 복대리인
2) 복대리인은 대리인이 그의 권한 내의 행위를 하게 하기 위하여 대리인 자신의 이름으로 선임한 본인의 대리인이다.

1편 민법총칙

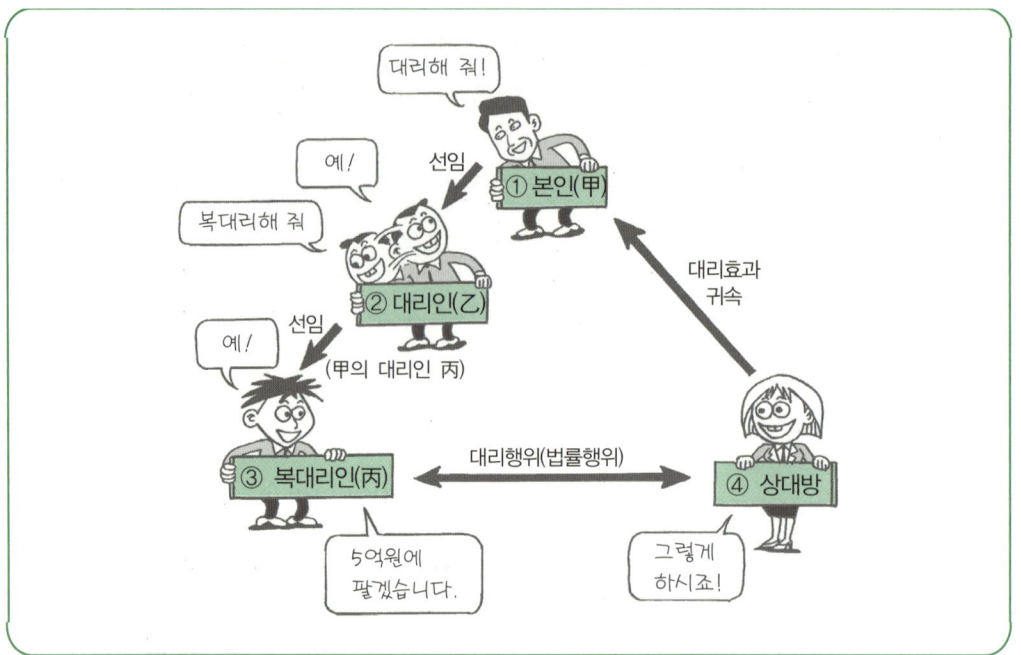

(2) 법적 성질★★

1) **복대리인도 대리인이다.**
   대리인이 스스로 의사를 결정하고 표시하므로, 대리인의 보조자나 사자가 아니다.
2) **본인의 대리인이다.**
   대리인의 대리인이 아니라 복대리인은 직접 본인을 대리한다.
3) **복대리인은 언제나 임의대리인이다.**
   자기를 선임한 대리인이 법정대리인이라도 복대리인은 성질상 임의대리인이다.

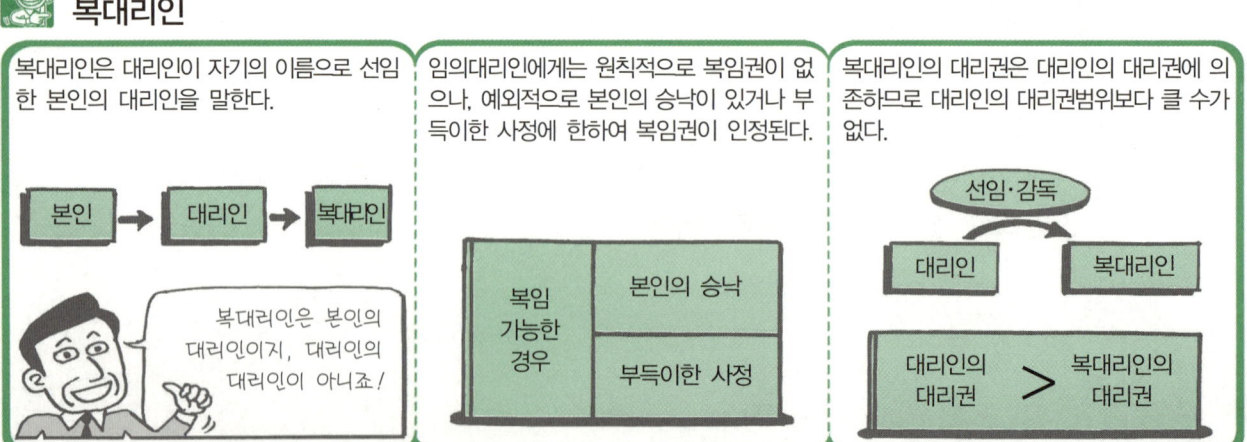

2 대리인의 복임행위(복임권)와 책임★★★

(1) 대리인의 복임행위

1) 의 의
대리인이 복대리인을 선임하는 행위를 말하는데, 이러한 복임행위는 본인의 이름이 아닌 대리인의 이름으로 이루어진다.

2) 성 질
① 본인과 대리인 사이의 내부관계로부터 발생한 대리인이 가지는 법률상의 일종의 권능이라 할 것이다.
② 복대리인은 대리인 자신의 이름으로 선임하기 때문에 대리인의 복대리인 선임행위는 대리행위가 아니다.* 또한, 대리인이 본인의 이름으로 선임한 자는 복대리인이 아니고 단순히 본인의 대리인이다.

> * 복대리인 선임행위는 대리행위가 아니다
> 수권행위라고 보는 것이 다수설

3) 복대리인의 복임권
① 민법 제123조 제2항 규정과 복대리인이 다시 복대리인을 선임하여야 할 실제상의 필요성을 고려하여 복대리인의 복임행위를 인정한다.
② 다만 복대리인은 모두 임의대리인이므로 본인의 승낙이 있거나 부득이한 사유가 있는 때에 한하여 복대리인의 복임행위가 인정된다(통설).

(2) 임의대리인의 복임권과 책임★★★   13회 출제

1) 복임권
① 임의대리인은 원칙적으로 복임권이 없다. 임의대리인은 본인의 신임을 받은 자이며, 언제든지 해임할 수 있기 때문이다.
② 본인의 승낙(본인의 지명 포함)이나, 부득이한 사유가 있는 때에는 예외적으로 복임권을 갖는다(제120조). 부득이한 사유는 엄격히 해석하여 본인이 중병을 앓거나 행방불명인 경우에 한한다.

> **판례** 임의대리인의 복대리인의 선임에 관하여 본인의 묵시적 승낙이 있다고 보아야 할 경우
>
> 대리의 목적인 법률행위의 성질상 대리인 자신에 의한 처리가 필요하지 아니한 경우에는 본인이 복대리 금지의 의사를 명시하지 아니하는 한 복대리인의 선임에 관하여 묵시적인 승낙이 있는 것으로 보는 것이 타당하다(대판 1996.1.26. 94다30690).
>
> 오피스텔의 분양업무는 그 성질상 대리인의 능력에 따라 본인의 분양사업의 성공 여부가 결정되는 것이므로, 사무처리의 주체가 중요하므로 복대리인 선임에 관하여 묵시적 승낙이 인정될 수 없다.

2) 복임권을 갖는 경우 대리인의 책임
① 본인의 승낙이나 부득이한 사유가 있는 때
  ㉠ 임의대리인이 예외적으로 복대리인을 선임한 때에는, 임의대리인이 복대리인의 선임과 감독에 관하여 본인에게 책임을 진다(제121조 제1항).
  ㉡ 즉, 임의대리인이 부적당한 자를 선임하거나 또는 복대리인에 대한 감독을 소홀히 하여 복대리인이 본인에 대하여 손해를 입힌 때에는 대리인이 이를 배상할 책임이 있다.
② 본인의 지명에 의해 복대리인을 선임한 때
  본인의 지명에 의해 복대리인을 선임한 경우에는 책임이 경감된다. 즉, 복대리인의 부적임 또는 불성실함을 알고, 본인에 대한 통지나 그 해임을 태만히 한 때에 한하여 책임을 진다(제121조 제2항).

(3) 법정대리인의 복임권과 책임★★★ 〔14회 출제〕

1) 복임권
① 법정대리인은 항상 복임권을 갖는다.
② 법정대리인은 그 권한이 광범위하고 사임도 용이하지 않을 뿐만 아니라, 본인의 신임을 받아서 대리인이 된 자가 아니기 때문이다.

2) 법정대리인의 책임
① 원 칙
  복대리인의 행위에 대하여는 자신에게 선임·감독의 과실과 상관없이 모든 책임(全責任)을 지며, 이는 일종의 무과실책임이다(제122조 본문).
② 예 외
  다만, 부득이한 사유로 복대리인을 선임한 경우에는 그 선임·감독상의 과실에 대해서만* 책임을 진다(제122조 단서).

  * 선임·감독상의 과실에 대해서만
  책임의 감경

Key Point | 대리인의 복임권과 책임

구 분	복임권	책 임
임의대리인	원칙적으로 복임권이 없다.	
	예외적으로 복임권이 인정되는 경우(Ⅰ) ① 본인의 승낙이 있는 경우 ② 부득이 한 사유가 있는 때	대리인이 본인에게 선임·감독에 관한 고의·과실이 있는 경우 책임이 있다.
	예외적으로 복임권이 인정되는 경우(Ⅱ) - 본인의 지명에 의하여 복대리인을 선임한 경우	부적임 또는 불성실함을 알고 본인에 대한 통지나 그 해임을 태만히 한 경우에 한하여 책임이 있다(책임의 경감).
법정대리인	항상 복임권이 인정된다.	원칙적으로 무과실책임이다.
		예외적으로 부득이한 사유로 인한 때에는 대리인은 본인에 대하여 그 선임·감독에 관한 책임이 있다.

3 복대리인의 지위**

(1) 상대방과의 관계
1) 복대리인은 대리인의 대리인이 아니라, 본인의 대리인이므로 상대방에 대한 관계에 있어서는 대리인과 동일한 권리와 의무가 있다.
2) 복대리인은 본인의 이름으로 대리행위를 하여야 한다.
3) 복대리인은 행위능력자임을 요하지 않는다.

> **판례** 복대리와 표현대리
>
> 대리인이 대리권 소멸 후 직접 상대방과 사이에 대리행위를 하는 경우는 물론 대리인이 대리권 소멸 후 복대리인을 선임하여 복대리인으로 하여금 상대방과 사이에 대리행위를 하도록 한 경우에도, 상대방이 대리권 소멸 사실을 알지 못하여 복대리인에게 적법한 대리권이 있는 것으로 믿었고 그와 같이 믿은 데 과실이 없다면 민법 제129조에 의한 표현대리가 성립할 수 있다 (대판 1998.5.29. 97다55317).

(2) 대리인과의 관계**
1) 복대리인은 대리인의 선임에 의해 그 지위가 발생하기 때문에 그 대리인의 지휘·감독을 받는다.
2) 복대리인의 대리권은 대리인의 대리권에 의존하므로 대리인의 대리권보다 그 범위가 클 수 없으며, 그 기초인 대리권이 소멸하면 복대리권도 소멸한다.

(3) 본인과의 관계
1) 복대리인은 본인에 대하여 대리인과 동일한 권리·의무가 있다(제123조 제2항). 따라서 복대리행위의 효과는 본인에게 직접 귀속한다.
2) 본인·대리인 사이에 위임과 같은 내부관계가 있으면 복대리인도 본인의 수임인으로서 대리행위를 하는 데 있어서 선관주의의무(제681조), 수령한 금전 등의 인도의무(제684조), 비용상환청구권*(제688조), 보수청구권(제686조) 등을 갖는다.

* **비용상환청구권**
인지비용·각종 등기비용 등

단락문제 Q36

복대리에 관한 설명으로 옳은 것은? (다툼이 있으면 판례에 의함)
① 복대리권은 대리권의 존재와 범위에 영향을 받지 않는다.
② 대리인이 대리권소멸 후 복대리인을 선임하였다면, 복대리인의 대리행위로는 표현대리가 성립할 수 없다.
③ 복대리인은 대리인의 대리행위에 의하여 선임되는 본인의 대리인이다.
④ 법정대리인이 부득이한 사유로 복대리인을 선임한 경우에는 본인에 대하여 선임감독상의 책임만 있다.
⑤ 자신이 직접 처리할 필요가 없는 법률행위에 관하여 임의대리인은 본인의 명시적인 금지가 있더라도 복대리인을 선임할 수 있다.

> **해설** 복대리인 선임의 책임
> ① (×) 복대리인의 권한이 대리인의 권한보다 클 수는 없다(제123조 제1항).
> ② (×) 대리권 소멸 후의 표현대리(제129조)가 성립할 수 있다(대판 1998.5.29. 97다55317).
> ③ (×) 복대리인은 대리인이 자기의 이름으로 선임하는 것이므로 대리행위가 아니다.
> ④ (○) (제122조 단서)
> ⑤ (×) 본인의 의사에 반하여 복대리인을 선임할 수 없다(제120조).   **답** ④

단락문제 037
제10회 기출

복대리에 관한 설명 중 틀린 것은?
① 미성년자의 후견인은 본인의 승낙 또는 부득이한 사유 없이도 복대리인을 선임할 수 있다.
② 법원이 선임한 부재자의 재산관리인이 선임한 복대리인은 본인 명의의 예금계약을 해지하고 주식을 매입할 권한이 없다.
③ 복대리인은 대리인과 동일하게 선량한 관리자의 주의의무를 부담한다.
④ 미성년자의 친권자는 피한정후견인을 복대리인으로 선임할 수 있다.
⑤ 복대리인이 대리행위를 할 때에는 대리인의 이름으로 법률행위를 해야 한다.

> **해설** 복대리
> ① (○) 후견인은 법정대리인이기 때문이다(제122조).
> ② (○) 권한을 정하지 아니한 대리인은 보존행위나 이용·개량행위만 할 수 있다(제118조).
> ③ (○) 복대리인은 대리인 자신의 이름으로 선임하지만 본인의 대리인이기 때문이다.
> ④ (○) 대리인은 행위능력자임을 요하지 않는다(제117조).
> ⑤ (×) 복대리인은 본인의 대리인에 해당하므로 본인의 이름으로 법률행위를 해야 한다.   **답** ⑤

4 복대리권의 소멸
13회 출제

(1) 일반적 소멸원인★
대리권일반의 소멸원인인 ① 본인의 사망, ② 대리인(여기서는 복대리인)의 사망, ③ 대리인의 성년후견개시 또는 ④ 대리인의 파산에 의해 소멸한다.

(2) 특유한 소멸원인★
1) 대리인과 복대리인 사이의 내부관계의 종료
대리인·복대리인 사이의 내부관계가 복대리인의 해임 등으로 소멸하면 복대리권은 소멸한다.

2) 대리인의 대리권 소멸
복대리권은 대리인의 대리권을 전제로 하여 그에 의존하므로 대리인의 대리권이 소멸하면 복대리권도 소멸한다.

제5장 권리변동

> **Key Point** 복대리권의 소멸원인

일반적인 소멸사유(제127조)	① 본인의 사망 ② 복대리인의 사망·성년후견개시·파산
대리인·복대리인간 수권관계의 소멸	대리인이 복대리인 선임행위를 철회한 경우
대리인의 대리권 소멸로 인한 복대리권소멸	① 본인의 사망 ② 대리인의 사망·성년후견개시·파산 ③ 임의대리에 있어서 원인된 법률관계의 종료 및 수권행위의 철회

단락문제 Q38 제15회 기출

甲으로부터 대리권을 수여받은 乙은 甲의 승낙을 얻어 스스로 丙을 복대리인으로 선임하였다. 다음 설명 중 옳지 <u>않은</u> 것은? (다툼이 있으면 판례에 의함)

① 丙은 甲의 대리인이다.
② 丙의 선임으로 乙의 대리권이 소멸하는 것은 아니다.
③ 乙의 대리권이 소멸하면 丙의 대리권도 소멸한다.
④ 乙은 甲에 대하여 丙의 선임감독에 관한 책임을 진다.
⑤ 丙이 권한을 넘은 대리행위를 하여도 표현대리에 관한 규정은 적용되지 않는다.

해설 복대리
⑤ 복대리인의 행위에도 표현대리가 적용될 수 있다(대판 1979.11.27. 79다1193). **답** ⑤

단락핵심 복대리

(1) 복대리인은 대리인이 자기의 이름으로 선임한 자이다. (O)
(2) 대리인이 복대리인을 선임하면 대리인의 대리권은 소멸한다. (X)
(3) 복대리인은 대리인의 감독을 받아야 한다. (O)
(4) 법정대리인은 원칙적으로 복임권이 없으나, 임의대리인은 원칙적으로 복임권이 있다. (X)
(5) 법정대리인이 부득이한 사유로 복대리인을 선임한 경우 그 선임과 감독에 대해 고의·과실이 없는 때에는 본인에 대하여 책임을 지지 않는다. (O)

1편 민법총칙

05 무권대리 (광의의 무권대리) ★★★
8·11·12·24·28회 출제

1 의의

(1) 본인이 대리인에게 대리권을 수여하는 방식은 단독행위이면서 **불요식행위*** 이므로 경우에 따라서는 실제로 **대리권이 없는 자가 대리행위를 하는 경우**가 있는데 이를 무권대리라 한다.

> *불요식행위
> 특별한 방식을 요하지 않는 법률행위

(2) 무권대리행위는 무효이지만, 대리권이 존재하는 것으로 믿은 제3자를 보호할 필요가 있다. 이를 위해 일정한 요건을 갖춘 경우 대리행위의 효력이 본인에게 미치도록 한 것을 표현대리라고 한다.

(3) 무권대리행위는 협의의 무권대리행위와 표현대리행위로 구별되며, 통상 **무권대리**라고 하면 표현대리를 제외한 **협의의 무권대리**를 의미한다.

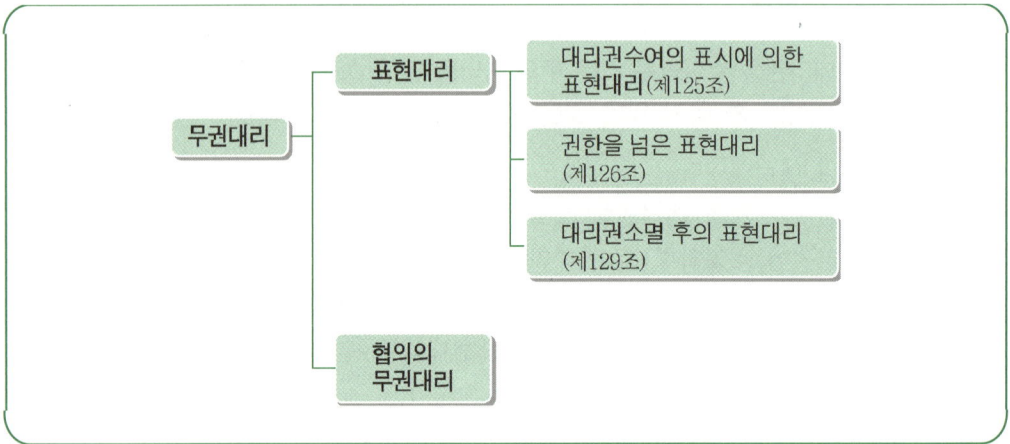

2 표현대리
6·7·10·11·12·17·20·27회 출제

> **제125조(대리권수여의 표시에 의한 표현대리)** 제3자에 대하여 타인에게 대리권을 수여함을 표시한 자는 그 대리권의 범위내에서 행한 그 타인과 그 제3자간의 법률행위에 대하여 책임이 있다. 그러나 제3자가 대리권없음을 알았거나 알 수 있었을 때에는 그러하지 아니하다.
> **제126조(권한을 넘은 표현대리)** 대리인이 그 권한외의 법률행위를 한 경우에 제3자가 그 권한이 있다고 믿을 만한 정당한 이유가 있는 때에는 본인은 그 행위에 대하여 책임이 있다.
> **제129조(대리권소멸후의 표현대리)** 대리권의 소멸은 선의의 제3자에게 대항하지 못한다. 그러나 제3자가 과실로 인하여 그 사실을 알지 못한 때에는 그러하지 아니하다.

(1) 의 의

1) 표현대리의 일반적 의의
① 대리인에게 대리권이 없음에도 불구하고 마치 대리권이 있는 것 같은 외관이 있고 본인이 외관발생에 원인을 주고 있다면 외관을 신뢰한 자 및 거래의 안전을 보호하기 위하여 본인에게 책임을 부과하는 제도이다(대판 1998.5.29. 97다55317).
② 민법은 제125조 이하에서 3가지 유형을 규정한다.

2) 표현대리의 일반적 요건
① 무권대리행위일 것
② 유권대리행위의 외형을 갖출 것
③ 본인에게 귀책사유가 있을 것
④ 상대방에게 귀책사유가 없을 것

 예 즉, 대리행위의 경우에만 표현대리가 적용되며, 단순한 무권한자의 처분행위에는 표현대리가 적용되지 않는다.

 판례 대리행위의 표시를 하지 아니하고 본인인 것처럼 기망하여 본인 명의로 직접 법률행위를 한 경우 민법 제126조의 표현대리의 성립 여부(소극)

민법 제126조의 표현대리는 대리인이 본인을 위한다는 의사를 명시 혹은 묵시적으로 표시하거나 대리의사를 가지고 권한 외의 행위를 하는 경우에 성립하고, 사술을 써서 위와 같은 대리행위의 표시를 하지 아니하고 단지 본인의 성명을 모용하여 자기가 마치 본인인 것처럼 기망하여 본인 명의로 직접 법률행위를 한 경우에는 특별한 사정이 없는 한 위 법조 소정의 표현대리는 성립될 수 없다(대판 2002.6.28. 2001다49814).

표현대리

3) **표현대리의 일반적 효과**(유권대리와 동일한 효과)
   ① 표현대리행위의 법률효과가 본인에게 귀속된다. 따라서 상대방은 본인에게 물권행위의 유효를 주장할 수 있고, 채무의 이행청구 등을 할 수 있다.
   ② 표현대리의 요건이 충족된다고 하여 당연히 그 법률효과가 당연히 발생하는 것은 아니며 상대방의 주장이 필요하다. 특히 변론주의의 원칙상 유권대리에 관한 주장 속에 무권대리에 속하는 표현대리의 주장이 포함되어 있다고 볼 수 없으므로(대판 1983.12.13. 83다카1489) 별도로 표현대리의 요건을 주장·증명해야 한다. 다만 반드시 제125조, 제126조, 제129조를 구별하여 주장할 필요는 없다(대판 1963.6.13. 63다191).
   ③ 표현대리를 주장할 수 있는 자는 표현대리행위의 직접상대방에 한정된다(대판 2002. 12.10. 2002다47631).
   ④ 법정대리행위·신분행위·공법행위 등에는 각 유형별 적용여부가 다르므로 구체적으로 살펴봐야 한다.

> **판례** 강행법규에 위반한 표현대리의 적용
>
> 증권회사 또는 그 임·직원의 부당권유행위를 금지하는 증권거래법 규정은 공정한 증권거래질서의 확보를 위하여 제정된 강행법규로서 이에 위배되는 주식거래에 관한 투자수익보장약정은 무효이고, 투자수익보장이 강행법규에 위반되어 무효인 이상 증권회사의 지점장에게 그와 같은 약정을 체결할 권한이 수여되었는지 여부에 불구하고 그 약정은 여전히 무효이므로 표현대리의 법리가 준용될 여지가 없다(대판 1996.8.23. 94다38119 ; 2002.2.8. 2001다57679).

단락핵심 표현대리 일반

(1) 표현대리가 성립되면 상대방은 민법 제135조의 무권대리책임을 물을 수 없다. (○)
(2) 대리행위가 통정허위표시로서 무효인 경우에도 표현대리가 성립할 수 있다. (×)
(3) 유권대리에 관한 주장 속에 표현대리의 주장이 포함되었다고 볼 수 없다. (○)

(2) 대리권수여 표시에 의한 표현대리(제125조)★★   `8회 출제`

1) **의 의**
   일정한 자에게 대리권을 수여하였다는 뜻을 본인이 제3자에게 표시하였으나 사실은 대리권수여를 하지 않은 경우 그 일정한 자와 대리권수여의 통지를 받은 제3자 간에 대리행위가 행해진 경우이다.

2) **성립요건**
   ① 대리권수여의 표시
      ㉠ 본인이 일정한 자에게 대리권을 수여하였음을 제3자에게 표시(관념의 통지)해야 한다.
      ㉡ 대리권 수여의 방법에는 제한이 없으므로 서면 또는 구두나, 명시적 또는 묵시적 방법(대리권이 추단되는 직함이나 명칭 사용 등)이 모두 가능하다.
      ㉢ 대리권수여표시의 상대방(제3자)은 불특정 대중을 향한 것이어도 상관없다.

② 대리인에게 대리권이 없을 것
　대리권수여의 표시에도 불구하고 대리인으로 표시된 자에게 대리권이 없어야 한다.

③ 표시된 대리권범위내의 행위일 것
　대리인으로 표시된 자가 그 표시된 대리권 범위 내에서 법률행위를 해야 하고 그 표시된 권한 범위를 넘은 때에는 제126조의 표현대리문제가 된다.

④ 상대방의 선의·무과실
　상대방은 대리권 없음을 모르고(선의) 모르는데 과실이 없어야(무과실)한다. 이 경우 본인이 상대방의 악의 또는 과실의 존재를 증명해야 한다.

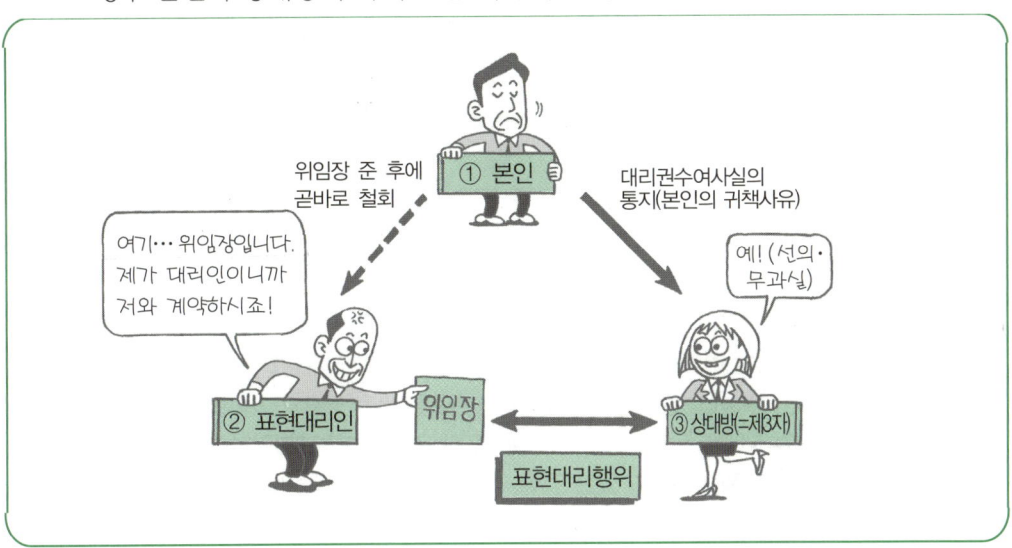

판례 민법 제125조 소정의 대리권 수여의 표시에 의한 표현대리의 성립 요건

1. 대리인이 아니고 **사실행위를 위한 사자**라 하더라도 외견상 그에게 어떠한 권한이 있는 것의 표시 내지 행동이 있어 상대방이 그를 믿었고 또 그를 믿음에 있어 정당한 사유가 있다면 표현대리의 법리에 의하여 본인에게 책임이 있다(대판 1962.2.8. 4294민상192).

2. 민법 제125조가 규정하는 대리권 수여의 표시에 의한 표현대리는 본인과 대리행위를 한 자 사이의 기본적인 법률관계의 성질이나 그 효력의 유무와는 관계가 없으며, 이때 서류를 교부하는 방법으로 민법 제125조 소정의 대리권 수여의 표시가 있었다고 하기 위하여는 본인을 대리한다고 하는 자가 제출하거나 소지하고 있는 서류의 내용과 그러한 서류가 작성되어 교부된 경위나 형태 및 대리행위라고 주장하는 행위의 종류와 성질 등을 종합하여 판단하여야 할 것이다(대판 2001.8.21. 2001다31264).

3. 대리인 또는 대리권이란 말을 사용하지 않았더라도 **사회통념상 대리권을 추단할 수 있는 직함이나 명칭** 등의 사용을 승낙 또는 묵인한 경우에도 대리권 수여의 표시가 있은 것으로 볼 수 있다(대판 1998.6.12. 97다53762).

1편 민법총칙

 대리권 없음에 대한 상대방의 과실을 이유로 표현대리의 성립을 부정한 사례

㉠ 중개인이 본인인 회사에게 오피스텔의 분양 희망자를 중개하여 주고 그 대가로 회사로부터 수수료만을 지급받기로 하였고, ㉡ 분양계약서의 작성 및 분양대금 수납은 회사에서 직접 관리하였으며, ㉢ 중개인은 오피스텔을 분양받고자 하는 자가 있으면 그를 오피스텔 내에 있는 회사 분양사무소에 데리고 가서 분양대금을 지급하고 회사 명의의 계약서를 작성하여 받아오는 방식을 취하였고, ㉣ 상대방의 매매계약서도 그러한 방식에 의하여 작성되었다면, 상대방이 중개인에게 지급한 매매대금에 대한 영수증이 회사의 명의로 발행되지 아니하고 중개인 명의로 발행된 경우, 오피스텔을 분양받으려는 상대방으로서는 본인에게 중개인의 대리권 유무를 확인하여 보았더라면 그가 단순한 중개인에 불과하고 오피스텔의 매매대금을 수령할 대리권이 없다는 점을 쉽게 알 수 있었을 것임에도 이를 게을리한 과실이 있고, 나아가 본인이 중개인에게 오피스텔의 분양중개를 부탁한 것을 가지고 오피스텔 분양에 관련한 어떤 대리권을 수여한 것이라고 볼 수도 없다고 보아 **민법 제125조의 표현대리에 해당하지 않는다**(대판 1997.3.25. 96다51271).

3) 적용범위★★

13회 출제

① 임의대리에는 당연히 적용되나 판례는 법정대리에 대하여 적용을 부정한다.

 제125조가 법정대리에 적용되는지 여부

미성년자가 호적상 망(亡) 甲의 장남으로 등재되어 있었다고 하더라도 그 망 甲과의 사이에 **실체상 전연 혈족관계가 없는 경우**에는 망 甲의 처 乙은 미성년자에 대한 친권자가 아니므로 乙이 미성년자의 법정대리인으로서 변호사에게 소송을 위임하고 그 위임에 기하여 **미성년자의 소송대리를 한 경우에는 법정대리권 및 소송대리권의 흠결이 있는 경우에 해당한다**(대판 1955. 5.12. 4287민상208).
➡ 다만, 사안은 소송행위에 관한 사안이므로 일반화할 수는 없다.

② 복대리에 관해서도 제125조는 적용된다.

 복대리에 있어서의 표현대리를 인정한 사례

원고가 그 소유토지를 타인에게 매도한 후 그 매수인이 소외인 乙과 같이 원고의 대리인 甲에게 와서 소유권이전등기를 할 수 있는 서류를 청함에 원고의 대리인 甲이 그들에게 등기권리증 원고의 인감증명, 주민등록표, 근저당권설정계약서 등의 서류를 해주어 동 소외인 乙이 위 토지에 대하여 피고 명의로 근저당권 설정등기를 경료한 경우 피고는 위 소외인 乙을 원고의 대리인으로 믿은데는 정당한 사유가 있다 할 것이다(대판 1979.11.27. 79다1193).

③ 공법상 행위와 소송행위에는 표현대리규정이 적용되지 않는다.

 소송행위인 강제집행수락 의사표시에 표현대리 규정 적용의 가부

이행지체가 있으면 즉시 강제집행을 하여도 이의가 없다는 강제집행 수락의사표시는 소송행위라 할 것이고, 이러한 **소송행위에는 민법상의 표현대리규정이 적용 또는 유추적용될 수는 없다**
(대판 1983. 2.8. 81다카621).

제5장 권리변동

4) 효 과
21회 출제

① 본인은 무권대리인의 대리행위에 대해 책임을 져야 한다. 즉, 무권대리라고 하여 그 책임을 거부할 수 없다.
② 표현대리의 효과는 상대방이 이를 주장하는 때에 비로소 문제가 되고, 상대방이 주장하지 않는 한 본인쪽에서 표현대리를 주장하지는 못한다(무권대리 행위의 추인 참조).
③ 표현대리가 성립하면 표현대리의 규정만 적용하여야 하고 그와 별도로 무권대리인의 책임을 인정할 필요가 없다는 것이 다수설이다.
④ 표현대리가 성립하는 경우에 상대방에게 과실이 있다고 하더라도 과실상계의 법리를 유추적용하여 본인의 책임을 경감할 수 없다(아래 판례).

> **판례** 표현대리에 과실상계의 법리를 유추적용할 수 있는지 여부
>
> 표현대리행위가 성립하는 경우에 그 본인은 표현대리행위에 의하여 전적인 책임을 져야 하고, 상대방에게 과실이 있다고 하더라도 과실상계의 법리를 유추적용하여 본인의 책임을 경감할 수 없다(대판 1996.7.12. 95다49554).
>
> ▶ 손해배상과 달리 계약내용의 이행을 청구하는 경우에는 과실상계가 인정될 수 없기 때문이다.

단락문제 Q39
제8회 기출

대리권수여의 표시에 의한 표현대리에 관한 설명으로 가장 옳지 않은 것은? (다수설과 판례에 의함)

① 본인이 제3자에 대하여 타인에게 대리권을 수여한다는 통지를 요건으로 한다.
② 단순히 구두(口頭)로 대리권수여의사를 표시하거나 자기 명의의 사용을 묵인한 경우에도 대리권수여의 표시에 의한 표현대리가 성립할 수 있다.
③ 대리권수여의 표시에 의한 표현대리는 법정대리인에게는 적용될 수 없다.
④ 판례에 따르면, 복대리의 경우에도 대리권수여에 의한 표현대리가 성립할 수 있다.
⑤ 판례와 다수설은 대리권수여에 의한 표현대리를 유권대리로 보아 무권대리인의 손해배상책임에 관한 규정을 적용하지 않는다.

> **해설** 대리권수여의 표시에 의한 표현대리
>
> ① (○) 대리권수여의 표시에 의한 표현대리(제125조)의 경우에는 본인이 제3자에 대하여 특정인에게 대리권을 수여하였음을 표시하여야 한다.
> ② (○) 대리권수여의 표시방법에는 특별한 제한이 없으므로 명시적 또는 묵시적으로 할 수 있고, 반드시 대리권 또는 대리인이라는 말을 사용하여야 하는 것은 아니다. 또 자기 명의의 사용을 묵인한 경우에도 제125조가 성립한다(대판 1998.6.12. 97다53762).
> ③ (○) 법정대리는 대리권수여행위가 존재하지 않기 때문이다(대판 1955.5.12. 4287민상208).
> ④ (○) (대판 1979.11.27. 79다1193)
> ⑤ (×) 지문후단은 타당하다. 그러나 전단과 관련하여 판례는 표현대리를 무권대리의 일종으로 보고, 외관책임을 인정한 것으로 파악한다.
>
> **답** ⑤

1편 민법총칙

> **단락핵심** — 대리권수여 표시에 의한 표현대리
>
> (1) 제3자에 대하여 타인에게 대리권을 수여함을 표시한 자는 그 타인과 그 제3자의 사이의 법률행위에 대하여 책임을 지지만 타인에게 대리권 없음을 제3자가 알 수 있었음을 입증함으로써 그 책임을 면할 수 있다. (○)
>
> (2) 대리권 수여표시에 의한 표현대리는 임의대리에만 인정된다. (○)

(3) 권한을 넘은 표현대리(제126조) ★★★   9·15·16회 출제

1) 의 의
권한을 넘은 표현대리는 대리인에게 **기본적인 대리권은 있는데, 대리인이 그 범위를 초과하여 한 경우**에 상대방에게 이를 믿을 만한 사유가 있을 경우에 한하여 본인에게 **책임을 귀속시키는** 표현대리이다.

2) 성립요건
① 기본대리권이 존재할 것

기본대리권은 ㉠ 임의대리권·법정대리권을 불문하며 ㉡ 공법상 행위의 대리권도 기본대리권이 될 수 있다. 그러나 사실행위의 위임을 받은 경우는 기본대리권이 될 수 없다(대판 1992.5.26. 91다32190).

> **판례** — 기본대리권의 존재를 긍정하는 판례 ★★★
>
> 1. 대리인이 본인으로부터 지시를 받은 한도를 넘어서 다액의 금전을 차용한 경우(대판 1962.8.30. 62다400)
> 2. 부동산매도의 위임을 받은 대리인이 본인이 지시한 금액보다 저렴한 가격으로 매도한 경우 (대판 1971.10.22. 71다1921)
> 3. 금 300만원을 대부 받는 데 필요하다 하여 받은 인감도장과 대부용 인감증명서를 이용하여 1,000만원을 차용한 경우(대판 1991.1.15. 90다10605)
> 4. 소유권이전등기절차를 위임받은 자가 교부받은 서류로 제3자에게 매도한 경우(대판 1956.3.3. 4288민상386·387)
> 5. 대리인이 사자 내지 임의로 선임한 복대리인을 통하여 권한 외의 법률행위를 한 경우, 상대방이 그 행위자를 대리권을 가진 대리인으로 믿었고 또한 그렇게 믿는 데에 정당한 이유가 있는 때에는, 복대리인 선임권이 없는 대리인에 의하여 선임된 복대리인의 권한도 기본대리권이 될 수 있을 뿐만 아니라, 그 행위자가 사자라고 하더라도 대리행위의 주체가 되는 대리인이 별도로 있고 그들에게 본인으로부터 기본대리권이 수여된 이상, 민법 제126조를 적용함에 있어서 기본대리권의 흠결 문제는 생기지 않는다(대판 1998.3.27. 97다48982).
> 6. 참고할 판례
>   ① 금 400만원 정도의 소형트럭의 할부구입을 한다 하여 교부한 보증용 인감증명과 인감도장을 5,600여만원인 보증보험계약상의 연대보증을 위하여 사용한 경우(대판 1991.12.21. 91다30668)

제5장 권리변동

② 甲의 자동차할부구입 보증보험계약상 구상금채무에 관한 연대보증을 승낙하고 보증용 인감증명서와 인감도장을 교부하였는데, 甲이 乙을 위한 연대보증을 위해 사용한 경우(대판 1991.4.23. 90다16009)

③ 본인의 인장, 인감증명서, 위임장 및 권리증 등을 소지하고 본인의 대리인이라 하면서 매매계약을 한 경우(대판 1966.1.25. 65다2210) 또는 담보에 제공한 경우(대판 1978.1.17. 77다2157) 또는 가등기를 설정한 경우(대판 1991.2.12. 88다카21647)

④ 기본대리권이 등기신청행위라 할지라도 표현대리인이 그 권한을 유월하여 대물변제라는 사법행위를 한 경우에는 표현대리의 법리가 적용된다(대판 1978.3.28. 78다282·283). 즉 공법상의 행위도 기본대리권이 될 수 있다.

판례 기본대리권의 존재를 부정하는 판례

1. 피고가 소외인 甲의 원고와의 상거래에 대한 재정보증서와 그에 필요한 인감증명서 및 납세증명서를 소외인 甲의 언니인 소외인 乙에게 우송하였음에 지나지 아니한 것이라면 소외인 乙이 자기가 甲이라고 참칭하고 원고와 상거래를 함에 있어 위 재정보증서 등을 사용하였다는 사실만으로서는 소외인 乙이 피고로부터 표현대리를 인정할 기본적 대리권을 수여받은 것이라고 볼 수 없다(대판 1984.10.10. 84다카780).

2. 사술을 써서 대리행위의 표시를 하지 아니하고 단지 본인의 성명을 모용하여 자기가 마치 본인인 것처럼 기망하여 본인 명의로 직접 법률행위를 한 경우에는 특별한 사정이 없는 한 제126조의 표현대리는 성립될 수 없다. 처가 제3자를 남편으로 가장시켜 관련 서류를 위조하여 남편 소유의 부동산을 담보로 금원을 대출받은 경우, 남편에 대한 민법 제126조의 표현대리책임을 부정한다(대판 2002.6.28. 2001다49814).

3. 원고가 부동산 소개업자인 소외인에게 "가옥이동용"의 인감증명만을 교부하여 부동산매매의 알선을 부탁한데 그치고 원고의 인감은 위 소외인이 사위의 방법으로 이를 교부받은 것이라면 원고가 동 소외인에게 매매 기타 처분의 권한까지 수여한 것이라고 보기 어렵다(대판 1982.4.13. 81다408).

4. 민법 제126조의 표현대리가 성립하기 위하여는 무권대리인에게 법률행위에 관한 기본대리권이 있어야 하는바, 증권회사로부터 위임받은 고객의 유치, 투자상담 및 권유, 위탁매매약정실적의 제고 등의 업무는 사실행위에 불과하므로 이를 기본대리권으로 하여서는 권한초과의 표현대리가 성립할 수 없다. 증권회사의 직원이 아니면서도 사실상 투자상담사의 역할을 하는 자에게 유가증권 매매의 위탁 권유 등과 관련하여 증권회사를 대리하여 예탁금을 수령하거나 위탁매매계약을 체결할 권한이 있고 또 그것이 증권업계의 일반적인 관행이라고 볼 수 없다(대판 1992.5.26. 91다32190).

② 권한을 넘은 대리행위가 존재할 것
대리인이 기본대리권의 범위를 넘은 행위를 해야 하나 권한을 넘은 행위가 기본대리권과 같은 종류이어야 할 필요는 없다(대판 1963.11.21. 63다418).

③ 정당한 이유의 존재
  ㉠ 상대방이 대리인에게 대리권이 있다고 믿을 만한 정당한 사유가 있어야 한다.
  ㉡ 정당한 사유란 표현대리인이 대리권을 갖고 있다고 믿는 데 상대방의 과실이 없는 것, 즉 상대방의 선의·무과실을 의미한다(대판 1989.4.11. 88다카13219).
  ㉢ 정당한 이유의 유무는 대리행위시를 기준으로 하여 판정해야 하며 대리행위 이후의 사정을 고려해서는 안 된다(대판 1997.6.27. 97다3828).
  ㉣ 정당한 이유의 입증책임은 표현대리를 유효하다고 주장하는 상대방*에게 있다(대판 1968.6.18. 68다694, 통설은 이에 반대).

*입증책임은 표현대리를 유효하다고 주장하는 상대방
제125조 및 제129조와 다름 주의

[판례] 제126조의 표현대리에 있어서의 정당한 이유를 부정한 사례

1 모(母)가 부동산의 공유자로서 매매계약 당시 부동산 전부를 관리하고 있다는 사실만으로는 모(母)가 자(子)의 상속지분의 매도에 관한 대리권이 있다고 믿을 만한 정당한 사유가 있었다고 인정하기 부족하다(대판 1992.6.9. 92다11473).

2 남편인 피고 몰래 임의로 갖고 나온 피고의 인장, 아파트분양계약서 및 유효기간이 지난 인감증명서를 처가 소지하고 있었던 사실만으로는 피고가 그 처에게 돈 350만원 차용행위나 위 아파트매도행위에 대한 대리권을 수여하였으리라고 원고가 믿음에 정당한 객관적 사정이 있었다고 인정할 수 없다(대판 1981.8.25. 80다3204).

3 참고판례
  ① 甲이 乙이 직접 발급 받은 보증용 인감증명서와 재산세납부증명서를 소지하고 있다는 사실만으로는 乙을 대리하여 연대보증계약을 체결할 권한이 있었다고 믿을 만한 정당한 사유가 있다고 볼 수 없다(대판 1991.2.25. 91다490).
  ② 금원차용 당시 처가 남편을 대신하여 차용금을 수령하고 근저당권설정서류를 교부하였으며 그 후 이자를 대신 지급하여 왔다고 하더라도 차용시부터 약 4년 후 잔존 채무금을 확정하고 분할변제의 약정을 체결함에 있어서도 대리권을 수여 받았다고 믿은 데에 정당한 사유가 있다고 보기는 어려우므로, 위와 같은 새로운 내용의 약정을 체결하는데 관하여는 표현대리가 성립되지 아니한다(대판 1990.12.26. 88다카24516).
  ③ 甲이 채무의 기한연장을 위한 보증절차를 乙로부터 위임받고 乙의 공증용인감증명서, 인감도장, 주민등록증을 소지하고 있음을 기화로 사채업자인 丙으로부터 금원을 차용하면서 乙 소유 부동산에 근저당권을 설정한 경우, 丙이나 그의 대리인 등이 등기필증도 없이 乙의 공증용 인감증명서와 인감도장 및 주민등록증만 소지한 甲을 乙의 대리인으로 믿고 담보제공의사의 존부를 소유자인 乙에게 확인하지 않은 채 甲과 금원대여 및 근저당권설정계약을 체결하였다면, 甲에게 乙을 대리하여 금원을 차용하고 근저당권을 설정할 대리권이 있다고 믿을 만한 정당한 이유가 있다고 보기는 어렵다(대판 1994.11.8. 94다29560).
  ④ 하수급인이 하도급 받은 공사대금 채권을 담보하기 위하여 하도급인과 사이에 장차 완공될 다가구주택의 일부에 대한 전세계약을 체결함에 있어서는, 건축주에게 직접 확인할 수 없는 부득이한 사정이 있는 경우를 제외하고는 직접 건축주에게 과연 당해 다가구주택을 담보로 제공할 의사를 가지고 있는지를 확인하여 보는 것이 보통인바, 하수급인이 아무런 조사도 하지 아니한 채 건축주의 인감증명서 1통만으로 그 대리권이 있는 것으로 믿었다면 그에게 과실이 있다는 이유로, 표현대리의 성립을 부정한다(대판 1995.9.26. 95다23743).

단락문제 Q40

권한을 넘은 표현대리의 경우에 제3자가 대리인에게 권한이 있다고 믿을 만한 정당한 이유가 있는 때에는 본인에게 책임이 있다. 이 경우 정당한 이유에 해당되지 **않는** 것은? (다툼이 있으면 판례에 따름)

① 본인의 인장, 인감증명서, 위임장 및 권리증 등을 소지하고 본인의 대리인이라 하여 매매계약을 체결한 경우
② 다른 토지를 매각하여 달라는 부탁을 받고 인감을 맡은 후, 이를 이용하여 위임장, 인감증명 등 관계서류를 작성하여 근저당권설정계약을 체결한 경우
③ 소유권이전등기절차를 위임받은 자가 교부받은 등기서류로 제3자에게 매도한 경우
④ 특별한 사정없이 처가 남편의 대리인이라 칭하고 부동산 처분에 관한 등기서류를 구비하고 부동산매매계약을 체결한 경우
⑤ 부동산매도의 위임을 받은 대리인이 본인이 지시한 금액보다 저렴한 가격으로 매도한 경우

해설 권한넘은 표현대리
④ 정당한 이유가 없다고 판시했다(대판 1981.8.25. 80다3024). **답** ④

3) 적용범위

15회 출제

① 다른 표현대리행위와의 경합
  ㉠ 제125조(대리권 수여표시에 의한 표현대리)와 제129조(대리권소멸후의 표현대리)가 적용되더라도 그러한 범위를 넘은 경우에는 제126조(권한 넘은 표현대리)가 적용된다고 보는 것이 통설이다.
  ㉡ 제125조와 제129조의 표현대리권이 제126조의 기본대리권에 해당한다.

 표현대리에 있어서 제126조와 제129조의 경합

민법 제129조의 대리권 소멸 후의 표현대리로 인정되는 경우에, 그 표현대리의 권한을 넘는 대리행위가 있을 때에는 **민법 제126조의 표현대리가 성립될 수 있다**(대판 1979.3.27. 79다234).

② 법정대리
제126조는 제125조와 달리 법정대리에도 적용된다.

 민법 제126조의 표현대리 규정이 법정대리에 적용

민법 제126조 소정의 권한을 넘는 표현대리 규정은 거래의 안전을 도모하여 거래상대방의 이익을 보호하려는 데에 그 취지가 있으므로 법정대리라고 하여 임의대리와는 달리 그 적용이 없다고 할 수 없고, 따라서 **한정치산자(피한정후견인)의 후견인이 친족회(후견감독인)의 동의를 얻지 않고 피후견인의 부동산을 처분하는 행위를 한 경우에도 상대방이 친족회의 동의가 있다고 믿은 데에 정당한 사유가 있는 때에는 본인인 한정치산자에게 그 효력이 미친다**(대판 1997.6.27. 97다3828).

③ 복대리
   복임권이 없는 대리인에 의하여 선임된 복대리인의 행위에도 제126조가 적용될 수 있다.
④ 일상가사대리권을 기본대리권으로 한 제126조 표현대리 ★★   14회 출제
   ㉠ 의의 : 부부 간에는 일상의 가사에 대해서는 서로 대리할 수 있는 권한이 있다(제827조).

> **판례** 일상의 가사에 관한 법률행위의 범위 및 그 판단 기준
>
> 일상의 가사에 관한 법률행위라 함은 부부의 공동생활에서 필요로 하는 통상의 사무에 관한 법률행위를 말하는 것으로, 그 구체적인 범위는 부부공동체의 사회적 지위·직업·재산·수입 능력 등 현실적 생활 상태뿐만 아니라 그 부부의 생활 장소인 지역 사회의 관습 등에 의하여 정하여지나, 당해 구체적인 법률행위가 일상의 가사에 관한 법률행위인지 여부를 판단함에 있어서는 그 법률행위를 한 부부공동체의 내부 사정이나 그 행위의 개별적인 목적만을 중시할 것이 아니라, 그 법률행위의 객관적인 종류나 성질 등도 충분히 고려하여 판단하여야 한다(대판 1997.11.28. 97다31229).

   ㉡ 부동산 매매에 있어서의 일상가사대리권 인정 여부 : 부부 간의 일상가사대리권은 그 동거생활을 유지하기 위하여 각각 필요한 범위 내의 법률행위에 국한되어야 할 것이고, 아내가 남편소유의 부동산을 매각하는 것과 같은 처분행위는 특별한 사정이 없는 한 일상가사대리권에 속하지 아니한다(대판 1966.7.19. 66다863).
   ㉢ 일상가사대리권을 기본대리권으로 한 표현대리 : 일상가사에 속하지 않더라도 판례는 부부간의 일상가사대리권을 기본대리권으로 하여 문제의 행위에 수권이 있었다고 믿을 만한 '정당한 이유'가 있는 경우에는 권한을 넘은 표현대리를 인정한다.

> **판례** 일상가사대리권을 기본대리권으로 한 표현대리를 인정한 경우
>
> ❶ 남편이 정신병으로 장기간 병원에 입원함에 있어서 입원비, 생활비, 자녀교육비 등을 준비하여 두지 않은 경우에 그 아내에게 가사대리권이 있었고 남편소유의 부동산을 적정가격으로 매도하여 그로써 위 비용에 충당하고 나머지로써 대신 들어가 살 집을 매수한 경우(대판 1970.10.30. 70다1812)
> ❷ 미국에 간 자의 처와의 사이에 남편의 채무에 관하여 남편 소유의 부동산에 대한 근저당설정계약을 체결한 경우(대판 1964.12.22. 64다1244)
> ❸ 일상가사대리에 관하여 대리할 권한이 있는 처가 남편 몰래 남편의 인감도장, 인감증명서 등을 소지하고 대리인인양 행세하여 금원을 차용하고 그 담보로 남편 소유의 부동산에 가등기를 경료하여 준 경우(대판 1981.6.23. 80다609)

제5장 권리변동

 판례 일상가사대리권을 기본대리권으로 한 표현대리를 부정한 경우

1. 내연의 처에게 일상가사대리권이 수여되었고 남편의 인감증명, 인감도장, 위임장, 일부 등기필증 등을 지참하고 있었다 하더라도 내연의 처가 남편의 인감도장이나 등기필증 등을 용이하게 입수할 수 있는 사정을 근저당설정계약의 상대방이 쉽게 알아차릴 수 있었던 경우(대판 1984.6.26. 81다524).
2. 채무자가 채권자를 자신의 집 부근으로 오게 한 후 처로부터 위임을 받았다고 하여 처 명의로 연대보증약정을 한 경우(대판 1997.4.8. 96다54942)
3. 처가 임의로 남편의 인감도장과 **용도란**에 아무런 기재 없이 대리방식으로 발급받은 인감증명서를 소지하고 남편을 대리하여 친정 오빠의 할부판매보증보험계약상의 채무를 연대보증한 경우, **남편의 표현대리 책임은 부정된다**(대판 1998.7.10. 98다18988).
4. 원고와 소외인이 동거를 하면서 사실상의 부부관계를 맺고 실질적인 가정을 이루어 대외적으로도 부부로 행세하여 왔다면 원고와 위 소외인 사이에 일상가사에 관한 사항에 관하여 상호대리권이 있다고 보아야 한다(대판 80다2077).

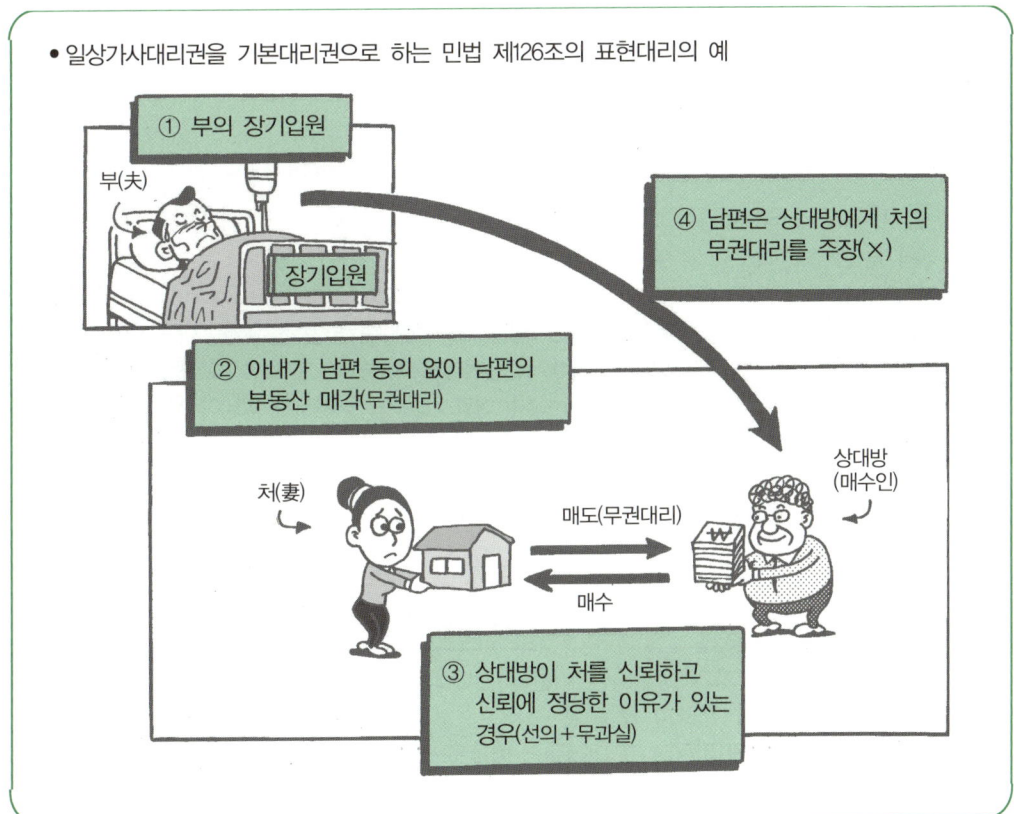

4) 효 과

제126조의 요건이 충족되면 상대방(대리행위의 직접 상대방에 한정됨)은 표현대리인이 한 법률행위의 효력을 본인에게 주장할 수 있다(구체적 내용은 제125조에서와 같음).

1편 민법총칙

> **판례** 제126조 표현대리행위에서의 제3자의 의미
>
> 표현대리에 관한 민법 제126조의 규정에서 제3자라 함은 당해 표현대리행위의 직접 상대방이 된 자만을 지칭하는 것이고, 약속어음의 보증행위의 구체적, 실질적인 **상대방**은 어음의 제3취득자가 아니라 **발행인**이라 할 것이어서 약속어음의 보증 부분이 위조된 경우, 동 **약속어음을 배서·양도받는 제3취득자**는 위 보증행위가 민법 제126조 소정의 표현대리행위로서 보증인에게 그 효력이 미친다고 주장할 수 있는 **제3자에 해당하지 않는다**(대판 2002.12.10. 2001다58443).

단락문제 Q41

다음 중 제126조의 표현대리의 성립가능성이 없는 경우는?

① 부동산등기신청행위를 대리할 수 있는 권한이 있는 자가 그 부동산을 처분한 경우
② 피한정후견인의 후견인이 후견감독인의 동의를 얻지 아니하고 피후견인의 부동산을 처분하고 상대방은 후견감독인의 동의가 있다고 믿은 경우
③ 대리인이 본인 소유의 부동산을 자기 명의로 이전하여 자기가 소유권자라고 칭하면서 제3자에게 처분한 경우
④ 기본대리권이 소멸하였으나 제129조의 표현대리가 성립하고 그 표현대리의 권한을 넘은 대리행위가 있는 경우
⑤ 대리인이 임의로 선임한 복대리인이 권한 외의 법률행위를 한 경우

> **해설** 제126조의 표현대리
> ① 성립가능함(대판 1978.3.28. 78다282·283).
> ② 성립가능함(대판 1997.6.27. 97다3828).
> ③ 성립불가능함. "甲"이 乙로부터 등기원인사실을 조작하여 위 부동산소유권등기를 자기개인 앞으로 이전한 후 이를 자기의 소유물이라 하여 丙에게 매각하고 그 소유권이전등기를 하여 준 것이라면 丙에 대한 그 매매계약당사자는 "甲"이고 乙은 그 당사자가 아님이 자명하므로 乙에 대한 관계에 있어 대리 내지 표현대리 이론을 적용시킬 여지가 없다(대판 1972.12.12. 72다1530).
> ④ 성립가능함(대판 1979.3.27. 79다234).
> ⑤ 성립가능함(대판 1998.3.27. 97다48982).   답 ③

단락핵심   권한을 넘은 표현대리

(1) 권한을 넘은 표현대리가 성립하기 위한 기본대리권은 권한을 넘은 행위와 동일한 종류 또는 유사한 것임을 요하지 않는다.   (○)
(2) 이미 소멸한 대리권에 기하여 그 대리권의 범위를 넘어서 대리권을 행사한 경우에는 권한을 넘은 표현대리가 성립할 수 없다.   (×)
(3) 말소등기신청을 위한 대리권을 수여받은 자가 대물변제를 한 경우에 권한을 넘은 표현대리가 성립할 수 없다.   (×)
(4) 권한을 넘은 표현대리에 관한 규정은 임의대리에만 적용된다.   (×)
(5) 권한을 넘은 표현대리에서 제3자란 대리행위의 직접 상대방이 된 자만을 지칭한다. (○)

(4) 대리권소멸 후의 표현대리(제129조)★

21회 출제

1) 의의
대리권소멸 후의 표현대리는 대리행위를 하기 전에는 대리인에게 대리권이 있었으나 대리행위를 할 당시에 대리권이 소멸하고 없는 경우에 성립된다.

2) 성립요건
① 대리권의 소멸
  이전에는 대리권을 가지고 있었으나 대리행위시에는 그 대리권이 소멸한 경우를 말한다.
② 수권범위 내의 행위일 것
  ㉠ 대리행위는 과거에 가지고 있던 대리권 범위 내에서 이루어져야 한다.
  ㉡ 과거에 가졌던 대리권의 범위를 넘은 대리행위의 경우 제126조의 표현대리가 문제되며, 표현대리의 성립을 인정하기도 했다(대판 1979.3.27. 79다234).
③ 상대방의 선의·무과실
  ㉠ 상대방은 이전에 존재하였던 대리권이 행위시에는 소멸하였음을 알지 못하였고, 알지 못함에 과실이 없어야 한다.
  ㉡ 이 경우 선의·무과실에 대한 <mark>입증책임은 본인이 부담</mark>*하므로 본인이 상대방의 악의 또는 과실을 증명해야 한다.

> *** 입증책임은 본인이 부담**
> 제125조와 같고 제126조와 다름 주의

3) 효과
대리권 소멸후의 표현대리가 성립한 경우 본인은 상대방에 대하여 그 대리행위에 대한 책임을 진다(제125조의 표현대리와 같다).

4) 적용범위
① 대리권소멸 후의 표현대리는 임의·법정대리 구별 없이 적용된다(대판 1975.1.28. 74다1199). 처음부터 대리권이 없었던 경우에는 대리권 소멸 후의 표현대리는 적용이 없다.
② 복대리인의 행위에도 적용된다(대판 1998.5.29. 97다55317).

Key Point 제125조·제126조·제129조의 표현대리(판례에 따름)

구 분	제125조의 표현대리	제126조의 표현대리	제129조의 표현대리
의 의	대리권 수여표시에 의한 표현대리	권한을 넘은 표현대리	대리권 소멸 후의 표현대리

1편 민법총칙

구분			
요건	① 대리권 수여표시 존재 ② 수여표시통지를 받은 자와 행위 ③ 수여표시 통지범위 내 행위 ④ 대리행위시 대리권 부존재	① 기본대리권의 존재 ② 기본대리권의 범위를 초월 ③ 유월된 행위에도 대리권이 존재한다고 믿을 만한 정당한 사유의 존재	① 대리행위 전에는 대리권 존재 ② 대리행위 당시 대리권 소멸
효과	① 원칙: 대리행위의 법률효과가 본인에게 귀속한다. ② 예외: 상대방에게 악의·과실이 있으면 본인은 책임을 면한다.	대리행위의 법률효과가 본인에게 귀속한다.	① 원칙: 대리행위의 법률효과가 본인에게 귀속한다. ② 예외: 상대방에게 악의·과실이 있으면 본인은 책임을 면한다.
입증책임	대리행위의 상대방이 위의 요건을 주장·입증하면 본인이 표현대리를 부정하기 위해서 상대방의 악의·과실을 주장·입증해야 한다.	대리행위의 상대방이 위의 요건 전부, 즉 정당한 사유의 존재까지도 주장·입증해야 대리행위의 효과가 본인에게 귀속한다.	대리행위의 상대방이 위의 요건을 주장·입증하면 본인이 표현대리를 부정하기 위해서 상대방의 악의·과실을 주장·입증해야 한다.
적용	임의대리에 한하여 적용	임의·법정대리 모두에 적용	임의·법정대리 모두에 적용

3 협의의 무권대리

2·3·7·10·11·12·20·22·23회 출제

제130조(무권대리) 대리권 없는 자가 타인의 대리인으로 한 계약은 본인이 이를 추인하지 아니하면 본인에 대하여 효력이 없다.

제131조(상대방의 최고권) 대리권 없는 자가 타인의 대리인으로 계약을 한 경우에 상대방은 상당한 기간을 정하여 본인에게 그 추인 여부의 확답을 최고할 수 있다. 본인이 그 기간 내에 확답을 발하지 아니한 때에는 추인을 거절한 것으로 본다.

제132조(추인, 거절의 상대방) 추인 또는 거절의 의사표시는 상대방에 대하여 하지 아니하면 그 상대방에 대항하지 못한다. 그러나 상대방이 그 사실을 안 때에는 그러하지 아니하다.

제133조(추인의 효력) 추인은 다른 의사표시가 없는 때에는 계약시에 소급하여 그 효력이 생긴다. 그러나 제3자의 권리를 해하지 못한다.

제134조(상대방의 철회권) 대리권 없는 자가 한 계약은 본인의 추인이 있을 때까지 상대방은 본인이나 그 대리인에 대하여 이를 철회할 수 있다. 그러나 계약당시에 상대방이 대리권 없음을 안 때에는 그러하지 아니하다.

제135조(상대방에 대한 무권대리인의 책임) ① 다른 자의 대리인으로 계약을 맺은 자가 그 대리권을 증명하지 못하고 또 본인의 추인을 얻지 못한 경우에는 그 상대방의 선택에 따라 계약을 이행할 책임 또는 손해를 배상할 책임이 있다.
② 대리인으로 계약을 맺은 자에게 대리권이 없다는 사실을 상대방이 알았거나 알 수 있었을 때 또는 대리인으로 계약을 맺은 사람이 제한능력자일 때에는 제1항을 적용하지 아니한다.

제136조(단독행위와 무권대리) 단독행위에는 그 행위당시에 상대방이 대리인이라 칭하는 자의 대리권 없는 행위에 동의하거나 그 대리권을 다투지 아니한 때에 한하여 전6조의 규정을 준용한다. 대리권 없는 자에 대하여 그 동의를 얻어 단독행위를 한 때에도 같다.

(1) 의의

1) 개념
협의의 무권대리라 함은 대리인이 대리권 없이 대리행위를 한 경우에 표현대리라고 볼 수 있는 특별한 사정이 존재하지 않는 경우의 무권대리를 말한다.

2) 유형
민법은 협의의 무권대리를 계약의 무권대리와 단독행위의 무권대리로 나누어 규정하고 있다.

(2) 계약의 무권대리

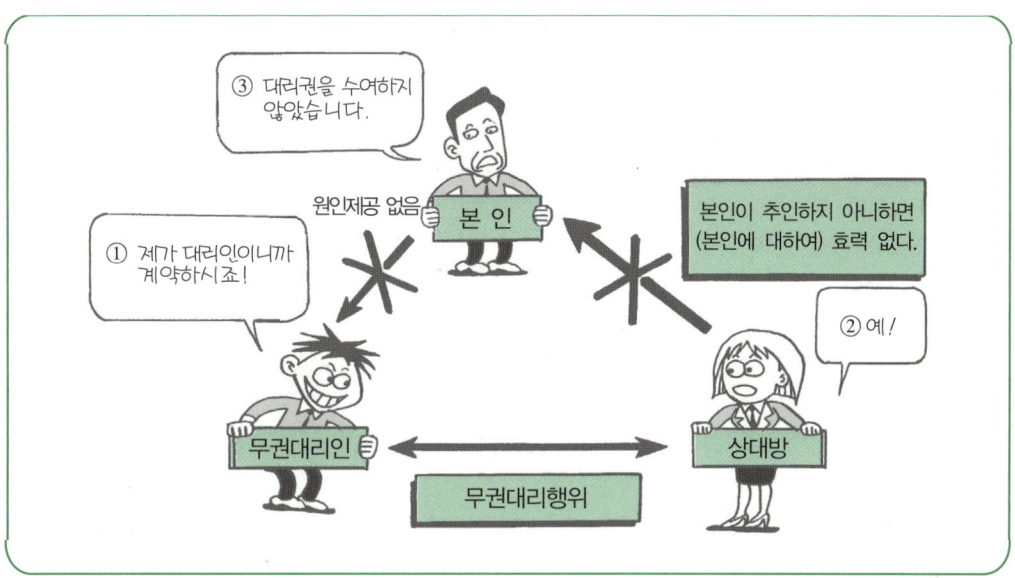

1) 본인의 추인권과 추인거절권
`3·9·10·16·18회 출제`

원칙적으로 본인에게 아무런 법률효과가 미치지 않지만 본인은 추인권 및 추인거절권을 갖는다.

① 본인의 추인권★★★
  ㉠ 추인의 의의 및 성질 : 무권대리행위가 있음을 알고 그 행위의 효과를 자기에게 귀속시키도록 하는 단독행위(형성권의 행사)로 무권대리인이나 상대방의 동의는 필요 없다(대판 1982.1.26. 81다카549).
  ㉡ 추인의 상대방
    ⓐ 무권대리인이든 그와 계약을 한 상대방이든 또 무권대리로 인한 권리 또는 법률관계의 승계인에게도 가능하다(대판 1981.4.14. 80다2314).
    ⓑ 단, 무권대리인에게 한 추인의 경우 상대방이 추인사실을 알 때까지 상대방에 대하여 추인의 효과를 주장할 수 없다(제132조).

1편 민법총칙

ⓒ 추인의 방법 : 명시적이든 묵시적*이든 상관없다.
ⓔ 추인의 효력★★ 6·13회 출제
    ⓐ 추인이 있으면 처음부터 적법한 대리행위이었던 것과 마찬가지로 된다. 즉, 무권대리행위는 계약 시에 소급하여 그 효력이 생긴다**.
    ⓑ 다른 의사표시에 의하여 추인의 소급효를 배제할 수 있으며, 추인으로 인하여 제3자의 권리를 해하지 못한다(제133조).
ⓜ 일부추인
    일부에 대한 추인 또는 변경을 가한 추인은 상대방이 동의하여야 효력이 발생한다(대판 1982.1.26 81다카549).

* 묵시적
  예 무권대리계약의 이행을 청구하는 것
** 소급하여 그 효력이 생긴다
  무효행위의 추인(제139조)과의 차이점

판례 추인을 인정한 경우★★

1. 매매계약을 체결한 무권대리인이 한 매매계약의 매매대금을 본인이 수령한 경우(대판 1963.4.11. 63다64)
2. 무권리자인 문중 명의로 그것도 대표자로 사칭한 자에 의하여 부동산 매매계약이 체결된 후 진정한 소유자가 그 권리자임을 주장하여 매수인으로부터 중도금을 직접 수령한 경우 (대판 1992.2.28. 91다15584)
3. 무권대리인이 매도한 부동산을 본인이 명도하여 주고 8년간이나 이의하지 않는 경우(대판 1968.11.19. 68다1795)
4. 무권대리인이 차용한 금원의 변제기일에 채권자가 본인에게 그 변제를 독촉하자 본인이 그 유예를 요청한 경우(대판 1973.1.30. 72다2309)
5. 어머니가 아들의 재산을 아들 허락 없이 매도한 후 아들이 군에서 돌아와 이를 알고 母에 항의하였으나 10여년간 매수인에 대하여 이의를 하지 아니한 경우(대판 1966.10.4. 66다1078)
6. 그 밖의 사례
  ① 부재자의 母가 적법한 권한 없이 원고와 사이에 부재자소유 부동산에 관한 매매계약을 체결하였으나, 그후 소외인 甲이 부재자의 재산관리인으로 선임된 후에 위 매매계약에 기한 소유권이전등기를 위하여 자기의 인감증명서를 원고에게 교부한 경우 (대판 1982.12.14. 80다1872·1873)
  ② 무권대리인이 상호신용금고로부터 금원을 대출받은 사실을 그 직후에 알고도 그로부터 3년이 지나도록 상호신용금고에 아무런 이의를 제기하지 아니하였으며, 그 동안 4회에 걸쳐 어음을 개서하여 지급의 연기를 구하고, 자신의 이익을 위하여 직접 채무의 일부를 변제하기까지 한 경우(대판 1991.1.25. 90다카26812)
  ③ 처가 타인으로부터 금원을 차용하면서 승낙 없이 남편 소유 부동산에 근저당권을 설정한 것을 알게 된 남편이, 처의 채무 변제에 갈음하여 아파트와 토지를 처가 금전을 차용한 자에게 이전하고 그 토지의 시가에 따라 사후에 정산하기로 합의한 후 그 합의가 결렬되어 이행되지 않았다고 하더라도, 일단 처가 차용한 사채를 책임지기로 한 이상 남편은 처의 근저당권 설정 및 금원 차용의 무권대리 행위를 추인한 것이다(대판 1995.12.22. 94다45098).

제5장 권리변동

> **판례** 추인을 부정한 경우★★

1. 子가 대리권 없이 父소유의 부동산을 매도한 사실에 관하여 매수인이 子를 고소하겠다고 하는 관계로 父가 매매대금에 해당하는 돈을 반환해 주겠다고 하면서 그 매매계약을 해약해 달라고 요청하고 또 그 금원반환기일에 금원을 반환하지 못하게 되자 **그 기일의 연기를 구하였다고 하는 사실만으로는** 父가 子의 위 무권대리 행위를 추인한 것이라고 단정할 수 없다(대판 1986.3.11. 85다카2337).

2. 부(父)가 자(子)와 공동상속한 거주가옥의 부지를 자의 대리권 없이 매도하고 사망한 후 자가 매수인에게 그 매매대금상당액을 지급하기로 약정한 것만으로 망부의 무권대리행위를 추인한 것으로 볼 수는 없다(대판 1991.7.9. 91다261).

3. 무권대리인이 위조한 여러 장의 약속어음공증통지를 여러 사채업자로부터 받고도 이에 대하여 본인이 아무런 이의를 하지 아니하였더라도, 공증사무소에 이의를 제기하였고 위조한 무권대리인에게 항의한 후 그를 고소까지 한 경우에는 그 약속어음과 공증행위를 묵시적으로 추인하였다고 볼 수 없다(대판 1982.6.22. 81다카804).

4. 무권대리행위가 범죄가 되는 경우에 대하여 그 사실을 알고도 장기간 형사고소를 하지 아니하였다 하더라도 그 사실만으로 묵시적인 추인이 있었다고 할 수는 없는 바, 권한 없이 기명날인을 대행하는 방식에 의하여 약속어음을 위조한 경우에 피위조자가 이를 묵시적으로 추인하였다고 인정하려면 추인의 의사가 표시되었다고 볼 만한 사유가 있어야 한다(대판 1998.2.10. 97다31113).

단락문제 Q42
제13회 기출

무권대리인 乙은 甲의 대리인이라 칭하면서 甲소유의 부동산을 丙에게 매도하였다. 이에 관한 설명으로 옳지 <u>않은</u> 것은?

① 甲이 丙에게 乙의 무권대리행위를 추인하면, 이는 무효행위의 추인에 해당하여 위 매매계약은 추인한 때로부터 효력이 있다.
② 甲이 乙에게 무권대리행위를 추인하였지만 丙이 이를 알지 못하였다면 甲은 추인으로써 丙에게 대항할 수 없다.
③ 丙은 甲에게 상당한 기간을 정하여 추인 여부의 확답을 최고할 수 있다.
④ 丙이 乙의 대리권 없음을 알지 못하였다면, 丙은 甲의 추인이 있기 전에 계약을 철회할 수 있다.
⑤ 乙이 행위능력이 없는 때에는, 乙은 丙에 대하여 계약의 이행 또는 손해배상책임을 지지 않는다.

> **해설** 무권대리행위의 추인
> ① (×) 무권대리행위의 추인은 소급효가 인정된다(제133조).
> ② (○) (제132조)
> ③ (○) (제131조)
> ④ (○) (제134조)
> ⑤ (○) (제135조 제2항)
>
> 답 ①

1편 민법총칙

단락문제 Q43
제10회 기출

무권대리의 추인을 인정할 수 있는 것(○)과 추인을 인정할 수 없는 것(×)을 바르게 표시한 것은? (다툼이 있는 경우에 판례에 의함)

> ㉠ 매매계약을 체결한 무권대리인으로터 본인이 매매대금의 전부 또는 일부를 받은 경우
> ㉡ 무권대리인이 차용한 금원의 변제기에 채권자가 본인에게 그 변제를 독촉하자 본인이 그 유예를 요청한 경우
> ㉢ 무권대리인이 임대차계약을 체결한 것에 대해 본인이 임대인 명의의 영수증을 받고 무권대리인에게 차임의 일부를 지급한 경우
> ㉣ 무권대리행위가 범죄가 성립된다는 사실을 알고도 본인이 장기간 형사고소를 하지 않은 경우

① ㉠(○), ㉡(○), ㉢(○), ㉣(×)
② ㉠(○), ㉡(○), ㉢(×), ㉣(×)
③ ㉠(○), ㉡(×), ㉢(○), ㉣(×)
④ ㉠(×), ㉡(○), ㉢(×), ㉣(○)
⑤ ㉠(×), ㉡(×), ㉢(×), ㉣(○)

해설 무권대리행위의 추인

㉠, ㉡, ㉢ (○) (대판 1992.2.28. 91다15584, 대판 1991.1.25. 90다카26812, 대판 1984.12.11. 83다카1531)

㉣ (×) 무권대리행위에 대한 추인은 무권대리행위로 인한 효과를 자기에게 귀속시키려는 의사표시이니만큼 무권대리행위에 대한 추인이 있었다고 하려면 그러한 의사가 표시되었다고 볼 만한 사유가 있어야 하고, 무권대리행위가 범죄가 되는 경우에 대하여 그 사실을 알고도 장기간 형사고소를 하지 아니하였다 하더라도 그 사실만으로 묵시적인 추인이 있었다고 할 수는 없다(대판 1998.2.10. 97다31113).

답 ①

② 본인의 추인거절권
  ㉠ 추인 여부는 본인의 자유이며 무권대리행위를 방치한다고 해도 본인에게도 아무런 법적 불이익이 생기지 않지만 본인은 적극적으로 **추인의 의사가 없음을 통지**하여 무권대리행위를 **확정적으로 무효**로 할 수 있다.
  ㉡ 추인거절의 방법과 상대방은 추인의 경우와 같다.
  ㉢ 추인거절이 있은 후에는 본인은 다시 추인할 수 없으며, **상대방도 최고권이나 철회권을 행사할 수 없다.** 다만 무효행위의 추인(제139조, 비소급적 효력)은 가능하다.

제5장 권리변동

> **Key Point** 상속과 무권대리의 추인

1) **문제점**
   상속에 의하여 무권대리인의 지위와 본인의 지위가 동일인에게 귀속하는 경우 형식적으로는 그 당사자는 상대방에 대하여 이행 또는 손해배상의 의무를 지게 됨과 동시에 무권대리행위를 추인하거나 거절할 수 있는 지위를 겸한다.

2) **무권대리인이 본인을 상속하는 경우**
   ① **사 례**
   아들 甲이 아버지 소유의 부동산을 대리권 없이 丁에게 처분하고 아버지의 사망으로 아버지의 지위를 상속한 때
   ② **무권대리인의 단독상속**(추인거절권 행사 부정 ; 판례)
   아들 甲이 원래 자신의 매매행위가 무권대리행위여서 무효였다는 이유로 상대방 丁 앞으로 경료된 소유권이전등기가 무효의 등기라고 주장하여 그 등기의 말소를 청구하거나 부동산의 점유로 인한 부당이득금의 반환을 구하는 것은 금반언의 원칙이나 신의성실의 원칙에 반하여 허용될 수 없다(대판 1994.9.27. 94다20617).
   ③ **무권대리인이 아닌 공동상속인**(상속인이 수인인 경우의 공동상속인)
   위 사례에서 甲 이외에 형제인 乙이 존재하여 甲과 乙이 공동상속하는 경우 乙은 추인거절권을 행사하는 데 아무런 지장이 없다. 乙은 무권대리인의 지위를 갖지 않기 때문이다. 결국 일부무효의 법리에 따라 규율된다.

3) **본인이 무권대리인을 상속한 경우**
   ① **사 례**
   아버지가 아들소유의 부동산을 대리권 없이 처분하고 아버지의 사망 후 아들이 아버지를 상속한 경우
   ② **판례**(무권리자의 처분행위에 대하여 추인거절권 인정)
   대리형식이 아닌 무권리자 처분행위와 관련하여 권한 없이 처분행위를 한 무권리자의 지위를 상속한 상속인은 신의칙에 반하는 것으로 인정되는 특별한 사정이 없는 한 그 의무의 이행을 거절할 수 있다(대판 2001.9.25. 99다19698).

단락문제 Q44

무권대리인이 본인의 부동산을 제3자에게 매도하는 계약을 체결한 후 사망하고, 본인이 그 무권대리인으로부터 상속을 받은 경우에 어떤 법률관계가 전개되는가?

① 본인은 무권대리인이 행위에 따라 반드시 부동산을 매수인에게 양도해야 한다.
② 본인은 무권대리인의 행위에 대한 추인을 거절하고 무권대리인으로서의 책임을 면제받을 수 있다.
③ 본인은 무권대리인의 행위를 추인하고 부동산을 매수인에게 양도할 수 있다.
④ 본인은 무권대리인의 지위만을 제외하고 그의 재산을 상속받을 수 있다.
⑤ 무권대리인의 사망으로 그 무권대리행위는 행위시에 소급하여 소멸한다.

해설 상속과 무권대리의 추인
① (×) 본인이 무권대리인을 상속한 경우 학설은 추인거절할 수 없다는 견해와 추인거절할 수 있다는 견해가 대립하고 후설에 의하면 본인이 추인거절하고 부동산양도를 거절할 수 있다.

1편 민법총칙

② (×) 본인이 추인거절할 수 있다는 학설에 의하여도 본인이 추인거절하면 계약상의 이행책임은 없으나 무권대리인의 책임에 관한 제135조 제항의 책임은 상속하므로 이 책임은 면할 수 없다.
③ (○) 본인이 추인한다면 계약상 책임을 부담하므로 타당하다.
④ (×) 상속은 피상속인의 지위를 포괄적으로 승계하는 포괄승계원인이므로(제1005조) 상속인은 피상속인의 권리의무를 선별적으로 상속할 수 없다.
⑤ (×) 무권대리인의 사망에 의하여 무권대리행위가 소급적으로 소멸하는 것이 아니라 상속인의 추인의 문제가 생긴다.

답 ③

2) 상대방의 최고권과 철회권 〔16·18회 출제〕

① 최고권(확답을 촉구할 권리)
  ㉠ 상대방은 상당한 기간을 정하여 본인에게 그 무권대리행위를 추인할 것인지의 여부를 최고할 수 있고, 본인이 그 **정해진 기간 내에 확답을 발하지 않으면 추인을 거절한 것으로 본다**(제131조).

  ＊ 정해진 기간 내에 확답을 발하지 않으면 추인을 거절한 것으로 본다
  발신주의

  ㉡ 최고권은 상대방이 악의자인 경우(계약 당시 무권대리 행위임을 알고 있던 경우)에도 **인정된다는 점에서 철회권과 다르다**.

Key Point 제한능력자와 무권대리인의 상대방에 대한 최고

구 분	제한능력자의 상대방의 최고	무권대리인의 상대방의 최고
최고의 성질	의사의 통지	
확답의 효력발생시기	발신주의	
최고기간	1월 이상	상당한 기간
최고의 상대방	법정대리인 또는 능력자가 된 본인	본 인
확답없을 때의 효과	추인 간주, 특별절차를 요하는 경우 취소 간주	추인거절 간주
근 거	제15조	제131조

 무권대리의 상대방 보호

최고란 본인에게 무권대리행위를 추인하느냐 않느냐의 확답을 독촉하는 행위를 말한다.

상대방의 최고에 대하여 본인이 그 기간 내에 확답을 발하지 않으면 추인을 거절한 것으로 간주한다.

상대방이 철회를 하면 무권대리인과 맺은 계약은 확정적 무효가 된다.

제5장 권리변동

② 철회권★★
  ㉠ 본인의 추인이 있을 때까지 상대방은 본인 또는 대리인에 대하여 무권대리계약을 철회할 수 있으며, 이로써 계약을 확정적으로 무효로 할 수 있다.
  ㉡ 계약당시에 대리권이 없는 것을 알고 있었던(악의의) 상대방*은 철회권을 행사할 수 없다(제134조 단서).
  ㉢ 선의·악의는 계약당시를 표준으로 결정하며 악의라는 입증책임은 본인에게 있다.

> * 알고 있었던(악의의) 상대방
> 최고권은 상대방의 선·악의를 불문하고 인정되지만 철회권은 선의의 상대방에게만 인정됨을 주의할 것

Key Point 무권대리 상대방의 권리(최고권, 철회권)

구 분	최고권(제131조)	철회권(제134조)
의 의	본인에 대하여 무권대리행위를 추인할 것인지에 대해 확답을 독촉하는 행위	상대방이 무권대리인과 체결한 계약을 확정적으로 무효로 하는 행위
요 건	① 상대방의 선·악의를 불문하고 인정된다. ② 상당한 기간을 정하여 추인 여부를 확답하라는 뜻을 표시하여 본인에게 최고하여야 한다.	① 계약당시에 상대방이 대리권 없음을 알지 못하여야 한다(선의일 것) ② 추인 전일 것
효 과	본인이 그 기간 내에 확답을 발하지 아니하면 추인을 거절한 것(확정적 무효)으로 간주한다.	철회권 행사로 본인은 추인하지 못하고 계약은 확정적으로 무효가 된다.

단락문제 Q45

무권대리인의 상대방의 최고권과 철회권에 관한 기술 중 틀린 것은?

① 상대방이 악의인 경우에도 최고권을 갖는다.
② 철회권을 행사하기 전에 먼저 최고권을 행사해야 되는 것은 아니다.
③ 본인의 추인이 있을 때까지 철회권을 가진다.
④ 상대방이 악의인 경우에도 철회권을 가진다.
⑤ 표현대리의 상대방은 본인에 대하여 추인 여부의 확답을 최고할 수 있다.

해설 무권대리의 상대방 보호
① (○) (제131조)
② (○) 철회권과 최고권은 독립적인 권리이므로 선후에 관계없이 행사할 수 있다.
③ (○) (제134조)
④ (×) 최고권은 상대방이 악의인 경우에도 행사할 수 있지만 철회권은 선의인 경우에만 가진다.
⑤ (○) 표현대리가 성립하더라도 상대방이 표현대리를 주장하지 않는 한 무권대리행위에 불과하므로 상대방은 본인에 대하여 추인여부를 최고할 수 있다.

답 ④

3) 무권대리인의 책임(제135조 제1항)★★★

7·14·19회 출제

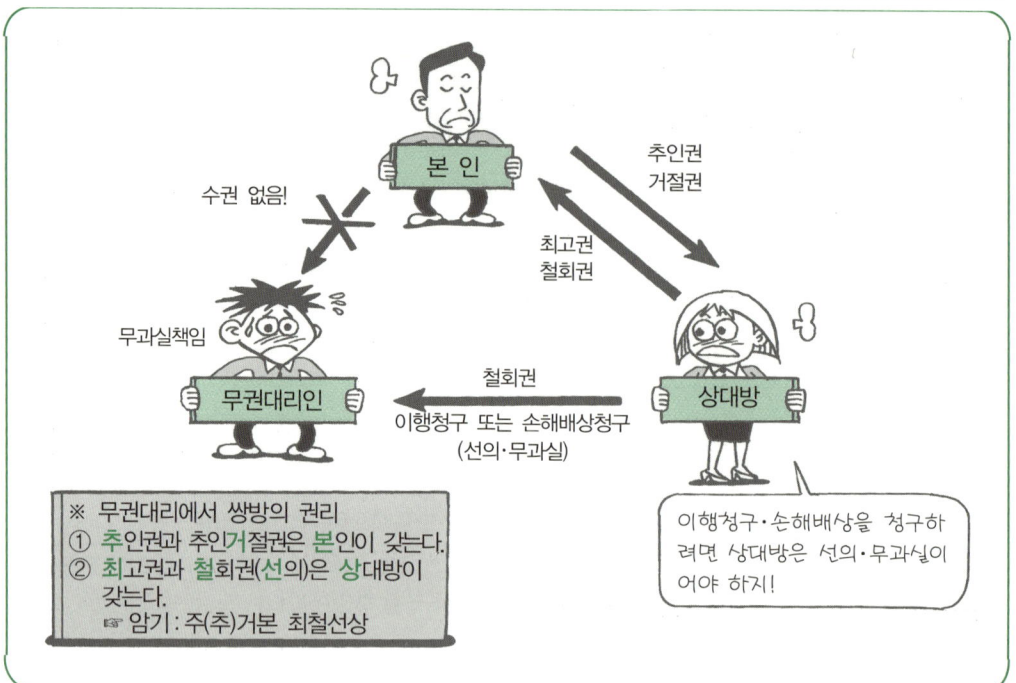

① 무권대리인의 책임발생요건
    ㉠ 무권대리인이 대리권을 증명할 수 없어야 한다. 또한 통설은 표현대리가 성립하지 않는 경우에만 제135조 제1항에 적용된다고 한다.
    ㉡ 상대방이 무권대리인에게 대리권 없음을 모르고 또한 모르는 데 과실이 없어야 한다.*

* 모르고 또한 모르는 데 과실이 없어야 한다.
  선의·무과실

** 무권대리인의 고의(대리권이 없는 것을 알고 있는 것) 또는 과실(대리권 없음을 모르는 데 과실이 있는 것)을 요하지 않는다.
  무과실책임

Professor Comment
대리권이 없음을 알았거나 알 수 있었느냐의 판단은 대리행위당시를 표준으로 무권대리인이 주장·입증하고 아울러 무권대리인의 행위능력 여부도 역시 무권대리인이 주장·입증해야 한다.

    ㉢ 무권대리인이 행위능력자이어야 한다.
    ㉣ 무권대리인의 고의(대리권이 없는 것을 알고 있는 것) 또는 과실(대리권 없음을 모르는 데 과실이 있는 것)을 요하지 않는다.**

 판례
무권대리행위가 제3자의 기망이나 문서위조 등 위법행위로 야기되었다고 하더라도 책임은 부정되지 아니한다(대판 2016도13362).

    ㉤ 본인의 추인이나, 상대방의 철회가 없어야 한다.

② 책임의 내용

> **[판례] 선택채권의 소멸시효 기산점]**
> 무권대리인이 대리권을 증명하지 못하고 본인의 추인도 얻지 못한 경우 상대방의 계약이행청구권이나 손해배상청구권의 소멸시효는 그 선택권을 행사할 수 있을 때부터 진행한다. (대판 63다323)

㉠ 상대방의 선택에 따라 계약의 이행 또는 손해배상의 책임*을 진다.
㉡ 손해배상의 범위에 관해서는 신뢰이익의 배상만 청구할 수 있다는 견해도 있으나, 이행이익의 배상을 청구할 수 있다**는 것이 통설이다.

* 계약의 이행 또는 손해배상의 책임
  선택채권
** 이행이익의 배상을 청구할 수 있다
  이행이익설

(3) 단독행위의 무권대리 ★★

1) **상대방 없는 단독행위**

   상대방 없는 단독행위의 무권대리는 언제나 무효이며, 본인이 추인하더라도 효력이 없고 무권대리인의 책임도 생기지 않는다.

2) **상대방 있는 단독행위**

   ① 원 칙

   상대방 있는 단독행위의 무권대리는 일방적인 의사표시에 의하여 상대방이 불안정한 지위에 놓이는 것은 부적당하므로 원칙적으로 무효이다.

   ② 예 외
   ㉠ 능동대리 : 능동대리에 있어서는 상대방이 대리인이라고 칭하는 자의 대리권 없는 행위에 동의하거나 또는 대리권을 다투지 아니한 때에 한하여 계약과 마찬가지의 효력이 생긴다.
   ㉡ 수동대리 : 수동대리에 있어서는 무권대리인의 동의를 얻어서 행하여진 경우에만 계약에 있어서와 마찬가지의 효력이 생긴다.

1편 민법총칙

단락문제 Q46
제3회 기출개작

甲은 자신이 乙의 대리인이라고 사칭하여 무단으로 乙 소유의 자동차를 乙에게 유리한 가격으로 丙에게 매도한 후 乙에게 통지했다. 다음 중 법률관계에 관한 설명으로 옳은 것은?

① 乙에게 유리한 가격으로 매도하였으므로 그 계약의 효과는 乙에게도 미친다.
② 乙은 추인을 하여 계약의 효력을 받을 수도 있고 추인을 거절할 수도 있다.
③ 丙이 甲이 乙의 대리인이라고 믿고 위 계약을 체결하였어도 자기 쪽에서 의사표시를 철회하여 계약을 무효로 만들 수는 없다.
④ 乙이 추인을 거절하였어도 甲이 丙에게 스스로가 계약을 이행하여야 할 책임이 발생하는 경우는 없다.
⑤ 丙은 乙에게 이 계약의 추인 여부의 확답을 최고할 수는 없다.

해설 무권대리의 효력
② (○) 계약의 무권대리는 본인에 대하여 당연히 효과를 발생하지 않지만 본인은 그 선택에 따라서 추인을 하여 계약의 효력을 받을 수도 있고, 추인을 거절하여 무권대리행위를 무효인 것으로 확정시킬 수도 있다.
③ (×) 상대방은 철회권을 갖는다.
④ (×) 무권대리인은 상대방의 선택에 좇아 이행 또는 손해배상의 책임을 진다.
⑤ (×) 상대방은 최고권을 갖는다.

답 ②

단락핵심 협의의 무권대리

(1) 무권대리인이 한 계약은 본인이 추인하지 아니하면 본인에 대하여 효력이 없다. (○)
(2) 본인이 추인이나 거절의 의사표시를 상대방에 대하여 하지 아니하였더라도 상대방이 그 사실을 안 때에는 이 의사표시로 상대방에게 대항할 수 있다. (○)
(3) 본인이 무권대리행위를 추인하면서 상대방과 합의하여 그 행위의 효력이 추인한 때로부터 발생하는 것으로 정할 수 있다. (○)
(4) 본인은 상대방에게 추인할 수 있으나 무권대리인에게는 추인할 수 없다. (×)
(5) 철회는 본인뿐만 아니라 무권대리인에 대해서도 할 수 있다. (○)
(6) 철회권을 행사하기 전에 반드시 최고권을 먼저 행사하여야 한다. (×)

제5장 권리변동

제5절 무효와 취소

01 개관

1 무효와 취소의 의의 6회 출제

(1) 무효와 취소의 의의
1) 무효(無效)란 법률행위가 성립 당시부터 법률상 당연히 효력을 발생하지 않는 것을 말한다.
2) 취소(取消)는 일단 유효하게 발생한 법률효과를 취소권 있는 자가 일정기간 내에 그 취소의 의사표시를 함으로써 처음부터 효력이 없는 것으로 하는, 즉 소급하여 무효로 돌아가는 취소권자의 단독의 의사표시이다.

(2) 무효와 불성립과의 구별
성립요건을 갖추었으나 효력이 없는 무효는 '성립요건 자체를 결하고 있는 불성립'과는 구별해야 한다. 의사의 불합치(예 계약에서의 불합의)가 있는 경우에는 그 법률행위는 불성립(예 계약의 불성립)이 되며, 무효행위의 추인(제139조) 등이 인정될 수 없다.

 무효와 취소

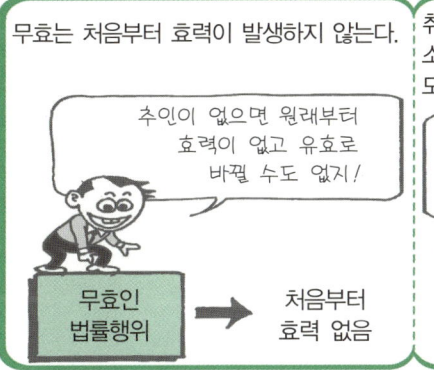

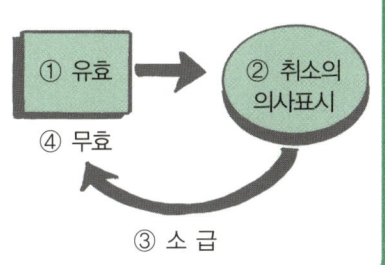

2 무효와 취소의 비교★★

구 별	무 효	취 소
기본적 효과	① 행위시부터 법률상 당연히 효력이 없다. ② 특정인의 주장을 기다려 비로소 효력이 없어지는 것이 아니다.	① 일단 유효한 행위를 행위시에 소급하여 무효로 하는 것이다. ② 이를 위해서는 특정인(취소권자)의 주장(취소)이 있어야 한다.
주장권자 및 방치의 효과	① 무효는 누구에 의해서든지, 누구에 대해서든지 또한, 언제나 이를 주장할 수 있다(예외: 비진의표시, 통정허위표시 등). ② 무효를 방치해 두어도 효력이 없는 것은 변함이 없다.	① 취소는 취소권자만이 할 수 있으나 취소할 때까지는 누구라도 유효하다고 주장할 수 있다. ② 취소후 소급적 무효는 선의의 제3자에게 대항하지 못할 수 있다(제109조 제2항, 제110조 제3항). ③ 일정기간 취소되지 않는 경우에는 유효한 것으로 확정된다(취소권의 소멸).
추 인	① 무효임을 알고 추인한 때에는 새로운 법률행위를 한 것으로 본다. ② 추인하더라도 소급적으로 유효로 할 수 없는 것이 원칙이다.	취소권의 포기를 의미하며 추인에 의하여 처음부터 완전히 유효하였던 것이 된다.
부당이득 반환	이미 이행된 부분에는 부당이득반환의무가 생긴다.	취소 전에는 유효하므로 반환의무가 없으나 취소 후에는 무효와 동일
예	① 의사무능력자의 법률행위 ② 목적달성이 불가능한 법률행위 ③ 강행규정에 위반한 법률행위(효력규정 위반행위) ④ 반사회질서의 법률행위 ⑤ 불공정한 법률행위 ⑥ 상대방 악의·과실인 경우의 비진의 의사표시 ⑦ 허위표시의 당사자간	① 제한능력자의 법률행위 ② 착오에 의한 의사표시 ③ 사기·강박에 의한 의사표시

제5장 권리변동

단락문제 Q47

다음은 법률행위의 무효와 취소에 관한 설명이다. 맞는 것은?

① 무효의 경우에는 시간의 경과에 따라 효력에 변동이 없으나, 취소권은 일정시간이 경과하면 소멸하고, 취소하면 그때부터 효력이 없었던 것이 되어 소급효는 없다.
② 무효와 취소는 법적 평가를 달리하므로, 하나의 행위에 대하여 무효와 취소가 경합되지 않는다.
③ 하나의 법률행위에 무효와 취소의 원인이 모두 포함되는 경우, 당사자는 각각의 요건을 증명하여 무효 또는 취소를 주장할 수 있다.
④ 악의의 제한능력자는 제한능력을 이유로 취소한 행위에 의하여 받은 이익이 현존하지 않더라도 그 이익을 전부 상환하여야 한다.
⑤ 무효·취소는 특정인의 주장이 있는 경우에 비로소 처음부터 효력이 없는 것으로 되는 점에서 일치한다.

> **해설** 무효와 취소의 비교
> ① (×) 취소에는 법률행위의 소급소멸이라는 소급효가 있다.
> ② (×) 무효와 취소는 경합될 수 있다. 예컨대, 7세 어린이의 법률행위는 의사무능력자의 행위로서 무효이면서, 동시에 제한능력자이므로 취소할 수 있다.
> ③ (○) 이와 같은 경우를 무효와 취소의 이중효라고 한다.
> ④ (×) 제한능력자는 악의의 경우에도 현존이익만 반환한다(제141조).
> ⑤ (×) 취소는 특정인의 주장이 있어야 그 효력이 생기지만 무효는 주장이 없어도 당연히 효력이 처음부터 없게 된다.
> **답** ③

02 법률행위의 무효 ★

9·11·28회 출제

1 무효일반

21회 출제

(1) 무효의 의의

법률행위에 있어서 무효란 법률행위가 성립시부터 당연히 효력을 발생하지 않는 것이 확정되어 있는 것을 말한다.

(2) 무효의 효력

1) 법률행위가 무효이면 처음부터 그 법률행위의 내용에 따른 효과가 발생하지 않는다.
2) 민법 제139조 본문은 무효인 법률행위는 추인하여도 그 효력이 생기지 아니한다고 하여 무효인 법률행위는 추인을 하더라도 그 자체가 유효로 되지는 않는다.

1편 민법총칙

3) 무효인 행위에 기하여 이미 이행한 때에 **부당이득이므로 반환***하여야 한다. 다만 제한능력을 이유로 취소시 현존이익에 한하여 반환하는 제141조의 단서규정은 의사능력의 흠결을 이유로 법률행위가 무효가 되는 경우에도 유추적용되므로(대판 2009.1.15. 2008다58367) 급부받은 것을 의사무능력에 따른 계약의 무효를 이유로 반환하는 경우 의사무능력자는 현존이익만 반환하면 족하다.

> * **부당이득이므로 반환**
> 불법원인급여인 경우에는 예외

4) 이러한 무효의 효력은 제3자에게도 주장할 수 있음이 원칙이다.

(3) 일반적 무효의 원인(무효의 사유)★★ `1·7·13회 출제`

구 분	무효사유	비 고
당사자에 관한 사유	의사무능력자의 법률행위	절대적 무효
목적에 관한 사유	① 반사회질서 법률행위(제103조) ② 불공정한 법률행위(제104조) ③ 조건부 법률행위의 무효(제151조) ④ 원시적 불능의 법률행위(제535조) ⑤ 목적을 확정할 수 없는 법률행위	절대적 무효
의사표시에 관한 사유	① 비진의 표시(제107조 제1항 단서) ② 통정허위표시(제108조 제1항)	상대적 무효

2 무효의 종류 `1·11·12회 출제`

(1) 절대적 무효·상대적 무효★ `14회 출제`

절대적 무효는 무효의 효과를 행위의 당사자뿐만 아니라 제3자에게도 주장할 수 있으나 상대적 무효는 법률행위 무효의 효과를 일정한 사람에게만 주장할 수 있고 제3자에게는 무효를 주장하는 것이 제한된다.

> 예 절대적 무효 : 의사무능력자의 행위, 반사회적질서·강행법규 위반행위 등
> 상대적 무효 : 비진의의사표시의 무효, 통정허위표시의 무효 등

(2) 당연무효·재판상 무효★

당연무효는 법률행위를 무효로 하기 위하여 특별한 절차나 행위를 하지 않아도 무효의 효과가 발생한다. 반면에 재판상 무효는 재판에 의하여서만 무효를 주장할 수 있다. 민법상의 무효는 기본적으로 당연무효이다.

> 예 재판상 무효 : 회사설립의 무효(「상법」 제184조), 회사합병의 무효(「상법」 제236조)

(3) 전부무효·일부무효★

> **제137조(법률행위의 일부무효)** 법률행위의 일부분이 무효인 때에는 그 전부를 무효로 한다. 그러나 그 무효부분이 없더라도 법률행위를 하였을 것이라고 인정될 때에는 나머지 부분은 무효가 되지 아니한다.
>
> **약관의 규제에 관한 법률 제16조(일부무효의 특칙)** 약관의 전부 또는 일부의 조항이 제3조 제4항에 따라 계약의 내용이 되지 못하는 경우나 제6조부터 제14조까지의 규정에 따라 무효인 경우 계약은 나머지 부분만으로 유효하게 존속한다. 다만, 유효한 부분만으로는 계약의 목적 달성이 불가능하거나 그 유효한 부분이 한쪽 당사자에게 부당하게 불리한 경우에는 그 계약은 무효로 한다.

1) 전부무효란 법률행위의 전부가 무효로 되는 것을 말하고, 일부무효는 법률행위의 일부만 무효가 되는 것을 말한다.
2) 민법은 전부무효를 원칙으로 하나, 법률행위가 ① 분할 가능하고, ② 당사자 사이에 일부만이라도 유효로 할 가상적 의사가 있는 경우에는 예외적으로 일부무효(일부유효)를 인정한다.
3) 「약관의 규제에 관한 법률」은 오히려 일부무효를 원칙으로 하고 예외적으로 전부무효로 판단한다.

> **판례 법률행위의 일체성과 분할가능성★**
>
> 법률행위의 내용이 불가분인 경우에는 그 일부분이 무효일 때에도 일부 무효의 문제는 생기지 아니하나, 분할이 가능한 경우에는 민법 제137조의 규정에 따라 그 전부가 무효로 될 때도 있고, 그 일부만 무효로 될 때도 있다(대판 1994.5.24. 93다58332).
> ➡ 즉 법률행위가 불가분인 경우에는 일부무효 여부를 따져볼 필요도 없다.

> **판례 일부무효의 법리의 요건으로서 당사자의 가상적 의사★**
>
> 복수의 당사자 사이에 중간생략등기의 합의를 한 경우 그 합의는 전체로서 일체성을 가지는 것이므로, 그 중 한 당사자의 의사표시가 무효인 것으로 판명된 경우 나머지 당사자 사이의 합의가 유효한지의 여부는 민법 제137조에 정한 바에 따라 당사자가 그 무효 부분이 없더라도 법률행위를 하였을 것이라고 인정되는지의 여부에 의하여 판정되어야 할 것이고, 그 당사자의 의사는 실재하는 의사가 아니라 법률행위의 일부분이 무효임을 법률행위 당시에 알았다면 당사자 쌍방이 이에 대비하여 의욕하였을 가정적 의사를 말한다(대판 1996.2.27. 95다38875).
> ❷ 주식투자가와 증권회사 사이에 주식매매거래계좌설정약정 및 투자수익보장약정, 일임매매약정이 일체로서 체결되었으나 그 중 **투자수익보장이 무효인 경우**, 약정 당시 고객이 투자수익보장약정이 무효임을 알았거나 알 수 있었다고 보여질 뿐 아니라 **주식매매거래계좌설정약정 및 일임매매약정에 기하여 주식거래가 계속되어 새로운 법률관계가 계속적으로 형성되어 왔다면, 투자수익보장약정이 무효라고 하여 주식매매거래계좌설정약정이나 일임매매약정까지 무효가 된다고 할 수는 없다**(대판 1996.8.23. 94다38199).

1편 민법총칙

▶ 따라서 사안의 경우 주식매매거래계좌설정약정 및 일임매매약정이 유효하므로 증권회사가 행한 주식의 매도 및 매수 행위는 유효하고, 투자수익보장약정은 무효이므로 수익을 얻지 못한 부분에 대하여 보상할 필요도 없다.

> **판례**
> 민법 제137조는 임의규정으로서 의사자치의 원칙이 지배하는 영역에서 적용된다(대판 2020다253515).

단락문제 Q48
제13회 기출개작

다음 중 무효인 법률행위에 해당하는 것을 모두 고른 것은? (다툼이 있으면 판례에 의함)

㉠ 사람의 생체장기 일부에 대한 매매계약
㉡ 의사무능력자가 체결한 주택의 매매계약
㉢ 사기에 의한 토지매매계약
㉣ 상대방과 통정하여 허위로 체결한 도급계약
㉤ 피성년후견인의 자기 소유 건물에 대한 매매계약

① ㉠, ㉡, ㉢ ② ㉡, ㉢, ㉣ ③ ㉠, ㉡, ㉣ ④ ㉠, ㉢, ㉤ ⑤ ㉢, ㉣, ㉤

해설 무효인 법률행위
㉠ 무효. 사회질서에 반하는 행위에 해당한다.
㉡ 무효. 의사무능력자의 행위는 모두 무효이다.
㉢ 유효. 사기에 의한 의사표시는 유효하고 다만, 취소할 수 있다(제110조 제1항).
㉣ 무효. 통정허위표시는 무효이다(제108조 제1항).
㉤ 유효. 유효하나 취소할 수 있다(제13조).

답 ③

(4) 확정적 무효·불확정적(유동적) 무효

1) 확정적 무효
법률행위의 무효는 원칙적으로 확정적·계속적으로 효력을 발생하지 않으며 후에 추인을 하더라도 효력이 생기지 않는 것을 말한다.

2) 유동적 무효
현재는 무효이나 <mark>추후에 허가나 본인의 추인 등에 의하여 유효하게 될 수 있는 것</mark>*을 말한다.

> 예 토지거래허가구역에서 허가를 취득하기 전의 계약, 무권대리행위의 효력

* 추후에 허가나 본인의 추인 등에 의하여 유효하게 될 수 있는 것
이 때 소급하여 유효가 되는 것이 일반적

제5장 권리변동

3) 토지거래허가를 둘러싼 이른바 유동적 무효에 관한 판례정리★★★　　14회 출제

① 허가받기 전에는 유동적 무효이다.
　㉠ 구 국토이용관리법상의 규제구역 내에서의 토지의 소유권 등 권리를 이전 또는 설정하는 내용의 거래계약은 허가를 받기 전에는 물권적 효력은 물론 채권적 효력도 발생하지 아니하여 무효이다.
　㉡ 다만, 거래계약이 처음부터 허가를 배제하거나 잠탈하는 내용의 계약이 아니라 허가받을 것을 전제로 한 거래계약일 경우에는, 일단 허가를 받으면 그 계약은 소급하여 유효한 계약이 되고 불허가가 된 때에는 무효로 확정되므로 허가를 받기까지는 유동적 무효의 상태에 있다(대판 1991.12.24. 90다12243).

② 유동적 무효상태에서의 법률관계★★
　㉠ 계약의 이행청구 및 손해배상청구(×) : 허가를 받기 전에는 어떠한 내용의 이행청구도 할 수 없고 또한 채무불이행으로 인한 손해배상청구도 할 수 없다*(대판 1994.1.11. 93다22043).

> *이행청구도 할 수 없고 또한 채무불이행으로 인한 손해배상청구도 할 수 없다.
> 계약의 효력이 발생하지 않았기 때문

　㉡ 허가조건부 소유권이전등기청구(×) : 허가받기 전까지는 허가가 있을 것을 조건으로 한 장래이행의 소로서의 소유권이전등기청구를 할 수 없다(대판 1991.12.24. 90다12243).
　㉢ 계약금의 부당이득반환청구(×) : 유동적 무효상태의 매매계약을 체결하고 매도인이 이에 기하여 임의로 지급한 계약금은 그 계약이 유동적 무효상태로 있는 한 이를 부당이득으로 반환을 구할 수는 없고, 유동적 무효상태가 확정적으로 무효로 되었을 때 비로소 부당이득으로 그 반환을 구할 수 있다(대판 1993.7.27. 91다33766).

유동적 무효의 의의

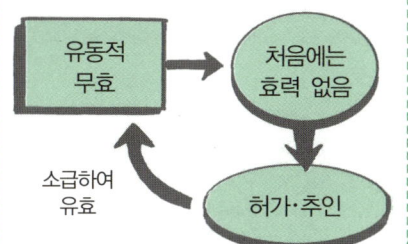

유동적 무효는 처음에는 효력을 발생하지 못하나 나중에 허가 또는 추인을 받음으로써 소급하여 유효가 된다.

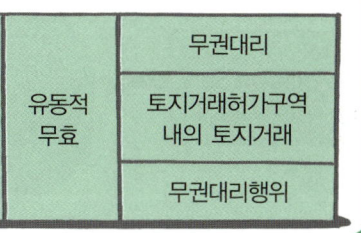

유동적 무효에는 무권대리, 토지거래허가구역에서의 토지거래, 협의의 무권대리행위 등이 있다.

㉣ 유동적 무효상태에서의 계약해제
  ⓐ 채무불이행에 의한 해제(×) : 허가가 있기 전에는 매수인에게 그 계약내용에 따른 대금의 지급의무가 없는 것이므로 설사 그 전에 매도인이 소유권이전등기 소요서류의 이행제공을 하였다 하더라도 **매수인이 이행지체에 빠지는 것이 아니고 허가가 난 다음 그 이행제공을 하면서 대금지급을 최고하고 매수인이 이에 응하지 아니한 경우에 비로소 이행지체에 빠져 매도인이 계약을 해제할 수 있는 것이다**(대판 1992.7.28. 91다33612).
  ⓑ 해약금에 의한 해제(○)★ : 유동적 무효상태인 매매계약에 있어서도 당사자 사이의 매매계약은 매도인이 계약금의 배액을 상환하고 계약을 해제함으로써 적법하게 해제된다(대판 1997.6.27. 97다9369).

 유동적 무효의 법률관계(토지거래허가구역)

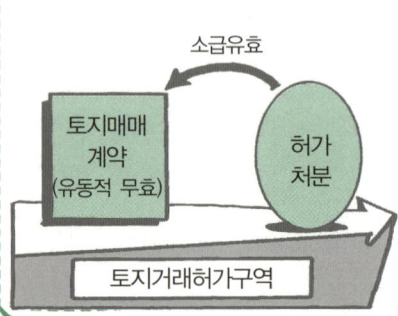

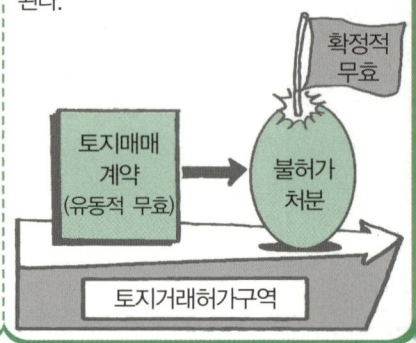

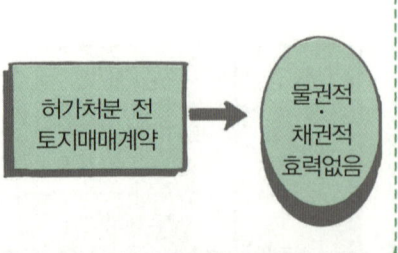

제5장 권리변동

ⓜ 토지거래허가신청절차를 위한 협력의무의 이행청구 및 그 불이행에 대한 손해배상청구와 계약해제
  ⓐ **협력의무의 이행청구 가부(○)★** : 규제지역 내의 토지에 대하여 거래계약이 체결된 경우 당사자 사이에 있어서는 그 계약이 효력있는 것으로 완성될 수 있도록 서로 협력할 의무가 있으므로, 이러한 의무에 위배하여 허가신청절차에 협력하지 않는 당사자에 대하여 상대방은 협력의무의 이행을 소송으로써 구할 이익이 있다(대판 1991.12.24. 90다12243).
  ⓑ **협력의무 불이행에 의한 손해배상청구(○)** : 허가신청을 하여야 할 협력의무를 이행하지 아니하고 매수인이 그 매매계약을 일방적으로 철회함으로써 매도인이 손해를 입은 경우에 매수인은 이 협력의무 불이행과 인과관계가 있는 손해는 이를 배상하여야 할 의무가 있고(대판 1995.4.28. 93다26397), 협력의무 불이행에 대해 상대방에게 일정한 손해액을 배상하기로 하는 약정을 유효하게 할 수 있다(대판 1994.4.15. 93다39782).
  ⓒ **협력의무 불이행에 의한 계약해제(×)★** : 협력할 의무를 이행하지 아니하였음을 들어 일방적으로 유동적 무효의 상태에 있는 거래계약 자체를 해제할 수 없다*(대판 1999.6.17. 98다40459).

  > *해제할 수 없다
  > 부수적 채무의 불이행만으로는 해제권이 발생하지 않음

③ 허가 없는 토지매매에 대한 중간생략등기의 효력(무효)★
토지거래허가구역 내의 토지가 토지거래허가 없이 소유자인 최초 매도인으로부터 중간 매수인 및 최종 매수인에게 순차로 매도되었다면 각 매매계약의 당사자는 각각의 매매계약에 관하여 토지거래허가를 받아야 하며, 설사 최종 매수인이 자신과 최초 매도인을 매매 당사자로 하는 토지거래허가를 받아 자신 앞으로 소유권이전등기를 경료하였다고 하더라도 이는 무효이다(대판 1997.11.11. 97다33218).

④ 유동적 무효가 확정적으로 무효가 되는 경우★★★ `11회 출제`
  ㉠ 처음부터 허가를 배제·잠탈하는 계약(대판 1991.12.24. 90다12243)
  ㉡ 당사자가 허가신청하지 않기로 의사표시를 명백히 한 경우(대판 1993.7.27. 91다33766)
  ㉢ 관청의 불허가처분이 있는 경우(대판 1998.3.27. 97다36996)
  ㉣ 정지조건부 계약에서 그 정지조건이 토지거래허가를 받기 전에 이미 불성취로 확정된 경우(대판 1998.3.27. 97다36996)
  ㉤ 취소사유가 있어 취소권을 행사하는 경우(예 강박에 의한 매매계약의 취소)

Professor Comment
단지허가신청에 협력하지 않거나, 허위의 허가신청으로 불허가처분이 있었다는 사정만으로 당연히 확정적으로 무효가 되는 것은 아니다.

⑤ 유동적 무효가 확정적으로 유효로 되는 경우
　㉠ 사후에 허가받은 경우
　㉡ 토지거래허가구역지정이 해제된 境遇
　㉢ 토지거래허가구역지정기간이 만료되었음에도 허가구역을 재지정하지 아니한 경우(대판 1999.6.17. 98다40459)

단락문제 Q49

토지거래허가구역 내의 토지에 관하여 거래허가를 받기 전에 체결한 매매계약에 관한 설명으로 틀린 것은?

① 관할관청의 불허가처분이 있으면 매매계약은 확정적으로 무효가 된다.
② 매매계약이 정지조건부 계약이었는데 그 조건이 허가를 받기 전에 이미 불성취로 확정된 경우에 그 계약은 확정적으로 무효가 된다.
③ 매도인은 매매대금의 이행제공이 없었음을 이유로 거래허가와 관련된 매수인의 협력의무이행청구를 거절할 수 있다.
④ 당사자는 허가받기 전의 상태에서 상대방의 채무불이행을 이유로 손해배상을 청구하거나 계약을 해제할 수 없다.
⑤ 허가를 받기 전에는 채권적 효력도 발생하지 않으므로 매수인은 매도인에 대하여 토지명도를 청구할 수 없다.

해설 유동적 무효
① (○) (대판 1998.3.27. 97다36996)
② (○) (대판 1998.3.27. 97다36996)
③ (×) 유동적 무효상태의 계약당사자는 그 계약이 효력이 있는 것으로 완성될 수 있도록 서로 협력할 의무를 부담한다. 그러므로 매수인의 협력의무이행청구를 거절할 수 없다(대판 1991.12.24. 90다12243).
④ (○) (대판 1992.7.28. 91다33612)
⑤ (○) (대판 1991.12.24. 90다12243)

답 ③

단락핵심 무 효

(1) 무효행위의 전환이 인정된다면 당연히 일부무효의 법리도 적용된다. (×)
(2) 일부무효의 경우 원칙적으로 민법은 전부무효로 취급하는데 약관규제법은 나머지 부분은 유효함을 원칙으로 한다. (○)
(3) 재판상 무효의 경우는 원고적격이나 제소기간의 제한이 있는 점에서 실질적 효력은 취소와 다를 바 없다. (○)
(4) 법률행위가 무효이어서 쌍방이 부당이득반환의무를 부담하는 경우 쌍방의 의무는 동시이행관계이다. (○)
(5) 법률행위가 무효이더라도 선의의 제3자에게 무효를 주장할 수 없는 경우가 있다. (○)
(6) 유동적 무효인 동안에는 채무불이행에 의한 해제를 할 수 없으나, 해약금에 의한 해제는 가능하다. (○)
(7) 토지거래허가계약구역에서 매매계약을 체결하고 허가를 받기 전에 토지거래허가구역지정이 해제된 경우 매매계약은 확정적으로 무효가 된다. (×)
(8) 처음부터 토지거래허가를 배제·잠탈하는 계약은 확정적 무효에 해당한다. (○)

3 무효행위의 전환과 추인★★   8회 출제

> 제138조(무효행위의 전환) 무효인 법률행위가 다른 법률행위의 요건을 구비하고 당사자가 그 무효를 알았더라면 다른 법률행위를 하는 것을 의욕하였으리라고 인정될 때에는 다른 법률행위로서 효력을 가진다.
> 제139조(무효행위의 추인) 무효인 법률행위는 추인하여도 그 효력이 생기지 아니한다. 그러나 당사자가 그 무효임을 알고 추인한 때에는 새로운 법률행위로 본다.

(1) 무효행위의 전환

1) 의 의

무효행위의 전환이라 함은 본래에 의도한 법률행위로서는 무효이나 다른 법률행위로서의 요건을 구비한 경우에 그 다른 법률행위로서의 효력을 인정하는 것을 말한다.

예 지상권설정계약으로서는 무효인 계약이더라도 토지의 임대차로서 유효하면 토지의 임대차계약의 성립을 인정해 주는 것

2) 요 건

① 일단 성립한 법률행위가 무효이어야 한다.
② 무효인 제1의 행위가 다른 법률행위의 요건을 갖추고 있어야 한다.
③ 당사자가 제1의 행위의 무효를 알았더라면 제2의 행위를 하는 것을 의욕하였으리라고 인정되어야 한다(제138조).

1편 민법총칙

Professor Comment

❶ 이러한 전환의 의사는 전환의 시점이 아니라 행위의 시점을 표준으로 판단하여야 하고, 꼭 현실의 의사일 필요는 없고 가상적 의사이면 족하다.
❷ '다른 법률행위'는 그 법률효과에 있어서 원래의 법률행위보다 '작은 것'이어서 이에 내포될 수 있는 것이어야 한다. 따라서 예컨대, 압류명령이 송달을 결하여 무효이면, 이것은 채권양도로 전환할 수 없다.

3) 전환의 제한 ★★

> 8회 출제

① 제1의 행위가 요식행위이든 불요식행위이든 불문하고 **불요식행위인 제2의 행위로 전환**하는 데에는 문제가 없다.
② 제2의 행위가 요식행위이면 원칙적으로 전환이 인정되지 않지만 판례상 예외가 인정된다(출생신고와 인지, 출생신고와 입양).
③ 단독행위에 관해서는 행위의 성질상 전환이 불가능*하다 (통설).

> *성질상 전환이 불가능
> 당사자의 가상적 의사를 상정하기 어렵기 때문

 양친자관계 창설을 목적으로 입양신고에 갈음하여 친생자로 출생신고를 한 경우의 효력

당사자 사이에 양친자 관계를 창설하려는 명백한 의사가 있고 기타 입양의 성립요건이 모두 구비된 경우에는 **요식성을 갖춘 입양신고 대신 친생자 출생신고가 있다 하더라도 입양의 효력이 있다**(대판 1977.7.26. 77다492).

④ 사회상규에 반하는 경우에는 전환을 인정하기 어렵지만, 불공정한 법률행위(제104조)의 경우에는 무효행위의 전환이 인정된 사례가 있다.

> **판례** **불공정한 법률행위와 무효행위의 전환**

매매계약이 약정된 매매대금의 과다로 말미암아 '불공정한 법률행위'에 해당하여 무효인 경우에도 무효행위의 전환에 관한 민법 제138조가 적용될 수 있다(대판 2011.4.28. 2010다106702).

4) 효 과

무효인 법률행위가 새롭게 유효로 되는 것은 아니고, 제2행위(전환될 행위)요건을 갖추면 **'다른' 법률행위로서의 효력이 발생한다.**★★

> ★★ '다른' 법률행위로서의 효력이 발생한다.
> 그 요건이 갖추어진 때에 효력발생

제5장 권리변동

> **Key Point** 민법상 또는 판례상 인정되는 무효행위의 전환의 예
>
> 1) **민법규정상 인정된 전환**
>   연착된 승낙과 변경을 가한 승낙(제530조·제534조), 무효인 비밀증서에 의한 유언이 자필증서에 의한 유언으로 전환(제1071조) 등
> 2) **판례상 인정된 전환**
>   무효인 출생신고를 입양신고로 바꾸어 입양의 효력을 인정하는 것(대판 1977. 7. 26. 77다492), 혼외자를 혼인 중 출생자로 신고한 것은 무효이나 이를 인지로 인정하는 것(대판 1976. 10. 26. 76다2189) 등

단락문제 Q50

무효행위의 전환에 관한 설명이다. 틀린 것은?

① 본래에 기도한 행위로서는 무효이나 타 행위의 요건을 구비한 경우 타 행위로 효력을 인정하는 것을 말한다.
② 당사자가 제1행위의 무효를 알았더라면 제2행위를 하는 것을 원하였으리라고 인정되어야 한다.
③ 불요식행위로의 전환은 자유롭게 인정될 수 있으나 요식행위로의 전환은 일체 인정할 수 없다.
④ 판례는 혼인 외의 출생자를 본처와의 혼인 중의 출생자로 출생신고한 경우에 이를 무효라고 하면서도 인지신고로서의 효력은 인정된다고 하였다.
⑤ 계약의 승낙에 있어 승낙자가 청약에 변경을 가한 때에는 이 승낙은 새로운 청약으로 전환된다.

해설 무효행위의 전환
①, ② (○) ①은 무효행위전환의 개념으로서 타당하고, ②는 무효행위전환의 요건 중 당사자의 가상적 의사로서 타당하다(제138조).
③ (×) 전환되는 행위가 요식행위인 경우 그 행위자체를 일정한 형식 자체로 해야 하는 행위(예컨대 어음행위)인 경우에는 전환을 인정하기 어렵지만 그 형식을 요구하는 이유가 당사자의 의사를 확실하게 나타내기 위한 것 경우에는 그 전환을 인정할 수 있다고 보는 것이 통설의 입장이다.
④ (○) (대판 1976. 10. 26. 76다2189)
⑤ (○) (제534조)

답 ③

1편 민법총칙

단락핵심 — 무효행위의 전환

(1) 무효행위 전환에 관한 민법 제138조는 강행규정이다. (×)
(2) 비밀증서에 의한 유언이 요건에 흠결이 있어서 무효인 경우에도 자필증서 방식에 적합한 때에는 자필증서로서 유효하다. (○)
(3) 무효인 행위가 다른 법률행위의 요건을 구비하여야 한다. (○)
(4) 전환되는 다른 법률행위에 대한 당사자의 의사는 법률행위의 보충적 해석에 의하여 인정되는 가정적 의사이다. (○)
(5) 무효인 출생신고도 입양의 실질적 가족관계를 이루고 있는 경우 이를 입양신고로 볼 수 있다. (○)

(2) 무효행위의 추인★★

9·10·11·12·14·16회 출제

1) 의의

① 무효행위의 추인(追認)이란 처음부터 효력을 발생하지 않는 무효인 행위를 당사자가 그 무효임을 알면서 인정하는 것을 말한다.
② 무효행위의 추인은 그 무효의 원인이 없어진 것을 전제로 하여 <u>그 추인한 때로부터 새로운 법률행위를 한 것으로 본다는 취지이다</u>(제139조).

판례 무효행위의 추인

상환완료 전의 농지매매예약은 무효이다. 그러나 매도인이 상환을 완료하고 소유권이 전등기를 마친이후에 **그 매매의 무효를 알고 있으면서 매수인에게 인감증명서 등의 등기에 필요한 서류를 교부하였다면 무효행위를 추인한 것으로 새로운 행위를 한 것으로 간주되므로, 원인무효라 볼 수 없다**(대판 1959.10.29. 4292민상250).

2) 추인의 요건★★

① <u>무효원인이 소멸한 이후에</u> 한 추인이어야 한다.
② 당사자가 <u>무효임을 알면서 추인</u>하여야 한다.
③ 추인시에 새로운 법률행위로서 요건을 갖추고 있어야 한다.
④ <u>강행법규위반, 불공정한 행위, 반사회질서행위와 같은 무효는 추인할 수 없다.</u>

 무효행위와 추인

제5장 권리변동

> **판례** 강행법규위반 등의 법률행위로서 무효인 경우에는 추인에 의하여 유효로 되지 않는다.
>
> 강행법규위반·반사회질서행위·불공정한 행위로서 무효가 된 법률행위는 추인의 대상이 되지 않는다. 이러한 행위는 추인을 하더라도 그 행위는 여전히 무효이고 유효로 되지 않는다(대판 1994. 6. 24. 94다10900).

3) 추인의 효과 ★★

① 원 칙

무효행위 추인은 원칙적으로 소급하지 않는다(제139조 단서, 대판 1983. 9. 27. 83므22). 즉, 무효행위 자체를 유효하게 하는 것이 아니라 추인으로 인하여 새로운 법률행위가 있었던 것으로 본다.

② 예 외

㉠ 당사자의 약정에 따라서는 예외적으로 소급적 추인이 가능*하다. 즉, 제3자의 권리를 해하지 않는 경우이거나 당사자 간에서만 효력을 갖는 소급적 추인은 가능하다(통설·판례).

㉡ 신분행위에는 무효행위의 추인에 관한 규정이 적용되지 않으므로 무효행위도 추인하면 소급하여 유효가 되는 경우가 있다.

* 약정에 따라서는 예외적으로 소급적 추인이 가능
  채권적 소급효

> **판례** 신분행위와 무효의 추인
>
> 민법 제139조는 재산법에 관한 총칙규정이고 신분법에 관하여는 그대로 통용될 수 없으므로 혼인신고가 한쪽 당사자의 모르는 사이에 이루어져 **무효인 경우에도** 그 후 양쪽 당사자가 그 혼인에 만족하고 그대로 **부부생활을 계속한 경우에는 그 혼인을 무효로 할 것이 아니다**(대판 1965. 12. 28. 65므61, 그 밖에 입양신고에 관한 대판 2004. 11. 11. 2004므1484 참조).

Wide 무권리자의 처분행위 `14·15회 출제`

① 의의
  ㉠ 타인의 재산을 처분할 권한이 없는 자가 법률행위의 당사자로서 그 재산을 처분하는 행위를 말한다.
  ㉡ 이러한 무권리자의 처분행위는 처분자가 바로 법률행위의 당사자로 된다는 점에서, 처분자 아닌 본인이 당사자가 되는 무권대리인의 처분행위와 구별된다.
  ㉢ 무권리자의 처분행위가 유상행위인 경우, 타인의 권리 매매행위에 관한 규정이 적용 내지 준용되며 적어도 채권행위인 원인행위 자체는 유효하다.

② 무권리자 처분행위에 대한 추인
  ㉠ 개념: 타인재산을 처분할 권한이 없는 자가 계약의 당사자로서 이를 처분할 경우 이러한 무권리자의 처분행위에 대한 권리자의 추인을 뜻한다.
  ㉡ 추인의 근거: 판례는 종래 무권대리의 추인에 준해 취급했는데(대판 1981.1.13. 79다2151) 근래에는 사적자치의 원칙을 그 근거로 하고 있다(대판 2001.11.9. 2001다44291).
  ㉢ 대상: 추인의 대상은 처분행위임이 원칙이나, 변제수령행위도 추인의 대상이 된다.
  ㉣ 방법: 추인은 묵시적으로도 가능하며 무권리자나 그 상대방 어느 쪽에 하여도 된다.
  ㉤ 효과
    ⓐ 법률행위의 당사자의 변경여부: 권리자가 추인을 한 경우 권리자와 상대방사이에 직접 권리·의무가 발생하는 일은 없고, 권리자는 단지 진정한 권리자로서 갖는 추탈권 내지 목적인 권리자체를 포기함에 그친다.
    ⓑ 소급효: 처분에 대한 추인의 효력은 소급하여 생기며, 처음부터 권리자에 의해 적법하게 처분된 것처럼 취급된다. 따라서 '물권적·소급적 추인'이라고 부르기도 한다.
    ⓒ 무권리자의 부당이득반환여부: 권리자가 무권리자의 처분행위를 추인한다고 해서 무권리자가 상대방으로부터 받은 대가를 정당하게 계속 보유한다는 것을 의미하지는 않으므로, 권리자는 무권리자에 대해 그가 취득한 이득을 부당이득으로서 반환할 것을 청구할 수 있다.

Key Point 무효규정에 있어서 표의자의 의사형태

규정	일부무효(제137조)	무효행위의 전환(제138조)	무효행위의 추인(제139조)
의의	나머지 부분이라도 법률행위를 의욕하려는 의사	당사자가 그 무효를 알았더라면 다른 법률행위를 하는 것을 의욕하는 전환의사	법률행위가 무효임을 알고 추인하려는 의사
의사형태	가상적인 의사	가상적인 의사	현실적인 의사

단락문제 Q51 제10회 기출개작

무효인 법률행위에 관한 설명 중 틀린 것은? (다툼이 있는 경우 판례에 의함)

① 제137조는 임의규정으로서 의사자치의 원칙이 지배하는 영역에서 적용된다.
② 무효행위의 추인은 그 무효원인이 소멸한 후에 하여야 그 효력이 있다.
③ 불공정한 법률행위로서 무효인 경우에도 추인에 의하여 유효로 될 수 있다.
④ 당사자가 무효임을 알고 추인한 경우에는 새로운 법률행위로 본다.
⑤ 입양 등 신분행위의 경우에는 무효행위의 추인의 소급효가 인정될 수 있다.

[해설] 무효인 법률행위
①, ②, ④, ⑤ (○) (대판 2004.6.11. 2003다1601, 대판 1997.12.12. 95다38240, 대판 2000.6.9. 99므1633)
③ (×) 불공정한 법률행위로서 무효인 경우에는 추인에 의하여 무효인 법률행위가 유효로 될 수 없다(대판 1994.6.24. 94다10900). **답 ③**

단락문제 Q52

다음 무효행위의 추인에 관한 설명 중 옳은 것은?

① 무효인 행위를 추인한다고 하여 무효인 행위 자체가 유효로 되는 것은 아니다.
② 소급적 추인은 어느 경우에도 인정되지 않는다.
③ 취소할 수 있는 법률행위에서 법정대리인은 취소원인이 소멸한 후에만 추인할 수 있다.
④ 불공정한 법률행위로서 무효인 경우에도 추인할 수 있다.
⑤ 강행법규위반행위도 추인하면 유효하게 된다.

[해설] 무효행위의 추인
① (○) 무효행위의 추인에 의하여 무효행위 자체가 유효로 되는 것은 아니고 다만 새로운 법률행위를 한 것으로 본다(제139조 단서). 이 경우 새로운 행위로서의 요건을 갖추어야 추인으로서 유효하다.
② (×) 당사자의 약정에 따라 소급적 추인도 가능하다.
③ (×) 법정대리인은 제한능력자가 능력자가 되기 전이라도 취소할 수 있다(제144조).
④ (×) 유효로의 전환은 인정되나, 추인은 불가하다.
⑤ (×) 강행법규위반행위는 추인할 수 없다(대판 1994.6.24. 94다10900). **답 ①**

1편 민법총칙

> **단락핵심** **무효인 법률행위의 추인**
> (1) 추인할 때에는 새로운 법률행위로서의 법률요건을 갖추어야 한다. (○)
> (2) 추인을 하는 자는 그 법률행위가 무효임을 알면서 추인하여야 한다. (○)
> (3) 당사자가 무효임을 알고 추인한 경우에는 새로운 법률행위로 본다. (○)
> (4) 대법원은 무효행위의 추인에 대하여 소급효를 전혀 인정하지 않는다. (×)

03 법률행위의 취소
7·10·11·24·28회 출제

1 취소의 의의 및 원인

(1) 의 의
일정한 사유가 있는 경우*, 일단 유효하게 성립한 법률행위의 효력을 후에 행위시에 **소급하여 소멸시키는** 특정인(취소권자)의 **의사표시**를 말하고, 당사자의 일방적 의사표시에 의하여 법률관계가 변동되므로 **취소권은 형성권**이다.

> * **일정한 사유가 있는 경우**
> 제한능력 또는 사기·강박 등

(2) 구별개념

1) 철 회

법률행위의 효력이 발생하기 이전에 장래를 향하여 그 효과의 발생을 저지하는 일방적 의사표시를 말하며, **장래를 향하여 효력이 발생한다**는 점에서 취소와 구별된다.
예 미성년자에 대한 영업허락의 취소(제8조)

2) 해 제

일단 유효하게 성립한 계약의 효력을 소급적으로 소멸시키는 것으로 ① **채무불이행이 있어야 한다**는 점과 ② **계약에서만 인정된다**는 점에서 취소와는 다르다.

(3) 원 인*
2회 출제

1) 본래적 의미의 취소
① **제한능력자****의 행위(제5조 제2항, 제10조, 제13조)
② 착오에 의한 의사표시(제109조)
③ 사기·강박에 의한 의사표시(제110조)

> ** **제한능력자**
> 미성년자, 피성년후견인, 피한정후견인

2) 기타의 취소

이 밖에 취소라는 용어를 사용하나 위와 같은 본래적 취소와는 성격이 다른 것(대체로 철회에 해당)이 민법에는 많이 있다. 그리고 이에 대해서는 민법 제140조 이하의 규정이 적용되지 않는다.

> **예** ① 공법상의 취소로서 실종선고의 취소(제29조) 등
> ② 법률행위의 취소이지만 성격이 다른 것으로서 미성년자의 영업허가의 취소(제8조 제2항), 사해행위의 취소(제406조), 부부간의 계약의 취소(제828조) 등

2 취소권자★★★

2·6·17회 출제

> **제140조(법률행위의 취소권자)** 취소할 수 있는 법률행위는 제한능력자, 착오로 인하거나 사기·강박에 의하여 의사표시를 한 자, 그의 대리인 또는 승계인만이 취소할 수 있다.

(1) 취소권자의 한정

취소는 무효와 달리 취소권을 가진 특정인만이 할 수 있는데, 법률행위의 취소권자는 제한능력자*와 하자있는 의사표시를 한 자, 그 대리인 및 승계인에 한정된다(제140조).

> *** 제한능력자**
> 미성년자, 피성년후견인, 피한정후견인

(2) 취소권자

1) 제한능력자(미성년자, 피성년후견인, 피한정후견인)
① 제한능력자 자신도 취소할 수 있다.
② 제한능력자의 취소는 이를 다시 취소할 수 없다.

2) 착오로 인하거나 사기·강박에 의하여 의사표시를 한 자
민법 제140조에는 '하자있는 의사표시를 한 자'라고 하여 이에 대하여 견해가 대립하였으나, 법령 개정으로 '착오로 인하거나 사기·강박에 의하여 의사표시를 한 자'로 명확하게 규정하였다.

3) 법정대리인·임의대리인
① 제한능력자와 하자있는 의사표시를 한 자의 임의대리인과 법정대리인을 말한다.
② 임의대리인이 취소를 하기 위해서라면 본인으로부터 그에 관한(취소권에 대한) 대리권을 수여받아야 한다.

4) 특정승계인·포괄승계인★
① 특정승계인과 포괄승계인 모두 포함하나 특정승계인의 경우 취소권만의 특정승계는 인정되지 않는다.
② 취소할 수 있는 행위에 의해 취득한 권리의 특정승계가 있는 경우 이에 포함되어 취소권도 승계된다.

(3) 취소 요건의 입증책임

계약이 취소되었다는 주장에 대하여 상대방이 그 취소를 다투는 이상* 취소를 주장하는 자가 취소의 근거사유에 해당하는 사실에 대하여 주장·입증하여야 한다.

3 취소의 방법*

4회 출제

> **제142조(취소의 상대방)** 취소할 수 있는 법률행위의 상대방이 확정한 경우에는 그 취소는 그 상대방에 대한 의사표시로 하여야 한다.

(1) 단독의 의사표시

취소권은 형성권이므로 취소권자의 단독의 의사표시**로써 한다.

> * 상대방이 그 취소를 다투는 이상
> 상대방이 그 법률행위가 유효하다고 주장하는 이상
>
> ** 단독의 의사표시
> 통상의 형성권 행사방법

(2) 상대방에 대한 의사표시

1) 상대방이 확정되어 있는 경우에는 상대방에 대한 의사표시로써 하여야 하며, 그 자로부터 목적물을 전득한 자에 대하여 할 수는 없다. 즉, 전득자는 취소의 상대방이 아니라 단지 취소의 효과를 주장할 수 있는 자(취소의 효과를 받는 자)에 불과하다.
2) 상대방이 확정되어 있지 아니한 경우(예 소유권 포기의 취소)에는 객관적 방법으로 취소의 의사표시를 외부에 나타내면 된다.

(3) 취소원인의 표시

취소의 의사표시를 할 때에는 취소원인을 밝혀야 하지만 상대방이 주위의 사정에 비추어 이를 알 수 있을 때에는 표시할 필요가 없다.

> **판례 취소원인의 표시 정도**
>
> 강박을 이유로 증여의 의사표시를 취소함에 있어서는 그 상대방에 대하여 적어도 그 의사표시 자체에 하자가 있으므로 이를 취소한다거나 또는 강박에 의한 증여이니 그 목적물을 반환하라는 취지가 어느 정도 명확하게 표명되어야 한다(대판 2002.9.24. 2002다11847).

(4) 일부취소

법률행위의 일부분에 취소원인이 존재하는 경우에는 원칙적으로 전부에 대한 취소를 하는 것이나, 민법상 규정이 없으나, 일부무효의 법리를 유추하여 다음과 같은 요건을 갖춘 때에는 일부만을 취소할 수 있다(대판 1998.2.10. 97다44737).
1) 하나의 법률행위의 일부분에만 취소사유가 있고 그 법률행위가 가분적이거나 그 목적물의 일부가 특정될 수 있을 것
2) 나머지 부분이라도 이를 유지하려는 당사자의 가정적 의사가 인정될 것

> **판례 법률행위 일부취소의 한계★**
>
> 매매계약 체결시 토지의 일정 부분을 매매 대상에서 제외시키는 특약을 한 경우, 이는 매매계약의 대상 토지를 특정하여 그 일정 부분에 대하여는 매매계약이 체결되지 않았음을 분명히 한 것으로서 그 부분에 대한 어떠한 법률행위가 이루어진 것으로는 볼 수 없으므로, 그 **특약만을 기망에 의한 법률행위로서 취소할 수는 없다**(대판 1999.3.26. 98다56607).

단락문제 Q53

甲은 丙의 강박에 의하여 乙에게 가옥을 매도하고 乙은 그 가옥을 丁에게 전매·이전하였다. 이 경우 甲은 강박에 의한 의사표시의 취소를 누구에게 하여야 하는가? (乙과 丁은 丙의 강박행위가 있었음을 알고 있었다고 가정함)

① 丙　　　　　　② 乙　　　　　　③ 丁
④ 乙, 丁　　　　⑤ 丙, 丁

해설 취소의 방법(상대방)
취소할 수 있는 의사표시의 상대방은 취소할 수 있는 의사표시가 행하여진 당시의 상대방이지 전득자가 아니다(제142조).　　　　　　　　　　　　　　　**답** ②

4 취소의 효과★★   `1·7·15·16·17·22회 출제`

제141조(취소의 효과) 취소된 법률행위는 처음부터 무효인 것으로 본다. 다만, 제한능력자는 그 행위로 인하여 받은 이익이 현존하는 한도에서 상환(償還)할 책임이 있다.

(1) 소급적 무효   `21회 출제`

취소한 법률행위는 **처음부터 무효인 것으로 간주된다**(제141조 본문). 다만 주장할 수 있는 대상에는 차이가 있다.

1) **제한능력을 이유로 한 취소**
   모든 자에게 취소의 효과를 주장할 수 있다.

2) **착오·사기·강박에 의한 취소**
   선의의 제3자에게 대항하지 못한다.

Key Point | 민법상 소급효

소급효가 있는 것	소급효가 없는 것
1) 착오에 의한 의사표시의 취소	1) 조건의 성취
2) 사기에 의한 의사표시의 취소	2) 기한의 도래
3) 강박에 의한 의사표시의 취소	3) 미성년자의 영업허락의 취소
4) 제한능력자(미성년자, 피성년후견인, 피한정후견인)의 법률행위의 취소	4) 부재자 재산관리에 관한 처분허가의 취소
5) 무권대리행위의 추인	5) 법인설립허가의 취소
6) 계약의 해제(직접효과설)	6) 무효행위의 추인
7) 취득시효의 효력	7) 계약의 해지
8) 소멸시효완성의 효과	8) 공유물의 분할
9) 실종선고 취소의 효과	9) 혼인의 취소

 매도인이 매매계약을 적법하게 해제한 후라도 매수인이 착오를 이유로 매매계약을 취소할 수 있다(취소와 해제의 이중효)

매도인이 매수인의 중도금 지급채무불이행을 이유로 매매계약을 적법하게 해제한 후라도 매수인으로서는 상대방이 한 계약해제의 효과로서 발생하는 손해배상책임을 지거나 매매계약에 따른 계약금의 반환을 받을 수 없는 불이익을 면하기 위하여 착오를 이유로 한 취소권을 행사하여 위 매매계약 전체를 무효로 돌리게 할 수 있다(대판 1991.8.27. 91다11308).

 취소할 수 있는 의사표시를 취소한 후 다시 추인할 수 있는 조건

취소한 법률행위는 처음부터 무효인 것으로 간주되므로 취소할 수 있는 법률행위가 일단 취소된 이상 그 후에는 취소할 수 있는 법률행위의 추인에 의하여 이미 취소되어 무효인 것으로 간주된 당초의 의사표시를 다시 확정적으로 유효하게 할 수는 없고, 다만 무효인 법률행위의 추인의 요건과 효력으로서 추인할 수는 있으나, 무효행위의 추인은 그 무효 원인이 소멸한 후에 하여야 그 효력이 있다(대판 1997.12.12. 95다38240).

단락문제 Q54

원칙적으로 소급효가 발생하는 것을 모두 고른 것은?

> ㉠ 혼인의 취소   ㉡ 실종선고의 취소
> ㉢ 소멸시효의 완성   ㉣ 미성년자 영업허락에 대한 취소
> ㉤ 사기에 의한 매매계약의 취소

① ㉠, ㉢   ② ㉠, ㉢, ㉤   ③ ㉡, ㉢, ㉣
④ ㉡, ㉢, ㉤   ⑤ ㉡, ㉤

해설 소급효가 인정되는 경우
㉠ (×) 혼인의 취소의 효력은 기왕에 소급하지 아니한다(제824조).
㉡ (○) 실종선고의 취소(제29조)는 소급효가 인정된다.
㉢ (○) 소멸시효의 완성(제167조)은 소급효가 인정된다.
㉣ (×) 미성년자 영업허락에 대한 취소(제8조)는 소급효가 없다.
㉤ (○) 사기에 의한 매매계약의 취소(제110조)는 소급효가 인정된다.

답 ④

(2) 부당이득반환의무

1) **원칙**
   ① 취소된 행위에 기하여 이미 이행되었으면 당사자들은 서로 부당이득반환의무를 지며 반환의무는 **동시이행의 관계***에 있다.
   ② 이때 **선의의 수익자**는 그 받은 이익이 **현존하는 한도****에서 반환의무를 부담하지만, **악의의 수익자**는 그 받은 이익에 **이자를 붙여 반환하고 손해가** 있으면 이를 배상***하여야 한다(제741조, 제748조).

2) **제한능력자에 대한 특칙**
   ① 민법은 제한능력자를 보호하기 위하여 제한능력자의 경우에는 반환범위에 관한 특칙을 두고 있다(제141조 단서). 따라서 **제한능력자는 선의·악의에 관계없이 언제나 취소된 행위에 의하여 받은 이익이 현존하는 한도에서 상환할 책임**이 있을 뿐이다.
   ② 현존범위의 판단은 취소시이다.

* **동시이행의 관계**
상대방의 이행이 있을 때까지 이행을 거부할 수 있는 관계

** **그 받은 이익이 현존하는 한도**
현존이익

*** **그 받은 이익에 이자를 붙여 반환하고 손해가 있으면 이를 배상**
전(全)손해

Professor Comment

❶ 이익이 현존한다 함은 얻은 이득이 그대로 남아 있으면 그 본래의 얻은 이득을, 그 후 변형되어서 남아 있으면 그 남은 것만을 반환하면 된다는 뜻이다.
❷ 따라서 낭비한 때에는 이익은 현존하지 않으나, 타인의 재산으로 필요한 비용에 충당하였으면 비용지출을 면한 결과가 되므로 이득은 남아 있는 것이 된다(비용절감의 이론).

1편 민법총칙

> **Key Point** 부당이득반환청구와 입증책임
>
> 1) 판 례
>   ① 선의의 수익자에 대한 부당이득반환청구에 있어서 그 이익이 현존하고 있는 사실에 관하여는 그 반환청구권자에게 입증책임이 있다(대판 1970.2.10. 69다2171).
>   ② 법률상 원인 없이 타인의 재산 또는 노무로 인하여 이익을 얻고 그로 인하여 타인에게 손해를 가한 경우, 그 취득한 것이 금전상의 이득(기타 금전과 유사한 대체물)인 때에는 그 금전은 이를 취득한 자가 소비하였는가의 여부를 불문하고 현존하는 것으로 추정된다(대판 1996.12.10. 96다32881).
> 2) 해 설
>   ① 판례와 같이 물건 자체의 반환을 청구할 때에는 반환청구자가 ㉠ 상대방이 물건의 점유를 취득하였음, ㉡ 그 취득에 대한 법률상의 정당한 이유가 없음, ㉢ 현재 그 물건이 상대방의 지배하에 있음을 증명해야 한다.
>   ② 하지만 판례와 같이 반환의 대상이 금전 기타 그와 유사한 대체물인 경우에는 비록 그 금전이 이미 소비되어 반환청구자가 ㉢의 사실을 증명하지 못하더라도 그 금전은 현존하는 것으로 추정되고, 오히려 상대방(수익자)이 그 금전을 낭비하여 현존이익으로 존재하지 않는다는 사실을 증명해야 반환의무를 면할 수 있다는 의미이다.

단락문제 Q 55

법률행위의 취소에 관한 다음 기술 중 옳지 않은 것은?

① 취소될 때까지는 누구라도 유효하다고 주장할 수 있다.
② 임의대리인은 취소에 관한 대리권이 없어도 당연히 취소할 수 있다고 해석하는 것이 통설이다.
③ 취소권만의 승계는 인정되지 않는다고 보는 것이 통설(通說)이다.
④ 법률행위를 취소한 경우, 제한능력자는 그 행위로 인하여 받은 이익이 현존하는 한도에서 반환할 책임이 있다.
⑤ 부동산 매매계약이 모두 이행된 후 취소되면 매수인의 소유권이전등기말소의무와 매도인의 매매대금반환의무는 동시이행관계이다.

> **해설** 취소권자
> ① (○) 취소할 수 있는 행위는 취소에 의하여 확정적으로 무효로 되고 취소하기전까지는 유효하다.
> ② (×) 대리행위의 효과는 본인에게 귀속되므로 취소권도 본인에게 귀속되고 임의대리인의 경우 취소권에 관한 본인의 수권행위가 있어야 대리인이 취소권을 행사할 수 있다.
> ③ (○) 통설의 입장으로서 타당하다.
> ④ (○) (제141조 단서)
> ⑤ (○) (대판 1995.9.15. 94다55071)
>
> ②

제5장 권리변동

단락문제 Q56　　　　　　　　　　　　　　　　　　제10회 기출

다음 사례의 경우 甲이 丙에게 반환하여야 할 금액은 얼마나 되는가?

> 미성년자 甲은 법정대리인 乙의 동의를 얻지 아니하고 자기 소유의 건물을 1억원에 丙에게 매각하였다. 甲은 매매대금 중 1,000만원은 채무 변제를 위하여 사용하고, 4,000만원은 유흥비로, 3,000만원은 생활비로 각각 사용하였고, 나머지 2,000만원은 현금으로 가지고 있다. 그런데 법정대리인 乙이 甲과 丙 사이의 매매계약을 취소하였다.

① 2,000만원　　② 3,000만원　　③ 5,000만원
④ 6,000만원　　⑤ 1억원

[해설] **현존이익의 범위**
제한능력자가 한 법률행위를 취소할 경우, 현존하는 이익을 한도로 상환할 책임이 있다.(제141조) 설문에서 받은 이익인 1억원 중 이미 소비한 이익은 현존하지 않지만, 필요한 비용(예 생활비)에 충당하였다면 다른 재산의 소비를 면한 것이므로 그 한도에서 이익은 현존하는 것으로 된다(이른바 지출의 절약). 그러므로 유흥비로 쓴 4,000만원을 제외한 나머지 6,000만원을 반환하여야 한다.　　**[답] ④**

단락핵심　　　　　　　취　소

(1) 법률행위가 취소되면 처음부터 무효였던 것으로 되며, 실종선고의 취소에는 소급효가 있다. (○)
(2) 제한능력자의 행위임을 이유로 법률행위를 취소한 경우 제한능력자의 상대방은 그 행위로 인해 받은 이익이 현존하는 한도에서 반환하면 된다. (×)
(3) 제한능력자는 제한능력을 이유로 취소할 수 있는 법률행위를 단독으로 취소할 수 있다. (○)
(4) 하나의 법률행위가 가분적(可分的)인 경우 일부취소도 가능하다. (○)
(5) 법률행위의 취소사유가 없는 경우에는 당사자 쌍방이 각각 취소의 의사표시를 하였다 하더라도 그 법률행위가 취소되는 것은 아니다. (○)

---

5 취소할 수 있는 행위의 추인 ★★　　　　　　8·12·16·20·23회 출제

제143조(추인의 방법, 효과) ① 취소할 수 있는 법률행위는 제140조에 규정한 자가 추인할 수 있고 추인 후에는 취소하지 못한다.
② 전조의 규정은 전항의 경우에 준용한다.

제144조(추인의 요건) ① 추인은 취소의 원인이 소멸된 후에 하여야만 효력이 있다.
② 제1항은 법정대리인 또는 후견인이 추인하는 경우에는 적용하지 아니한다.

(1) 의 의
1) 법률행위를 취소할 수 있음에도 불구하고 취소하지 않겠다는 의사표시로, 말하자면 '취소권을 포기하는 의사표시'를 추인이라 한다.
2) 이에 의하여 취소할 수 있는 법률행위는 확정적으로 유효한 것이 된다.

(2) 요 건★★
1) 추인권자*가 상대방에게 하여야 한다.
2) 추인은 '취소의 원인이 소멸된 후'에 하여야 한다. 따라서 착오·사기·강박을 취소원인으로 하는 경우에는 그러한 상태를 벗어난 후에 추인하여야 한다. 또한 제한능력을 취소원인으로 하는 경우에는 제한능력자는 능력자가 된 후에 취소할 수 있다. 다만 법정대리인은 제한능력자가 능력자가 되기 전이라도 취소할 수 있다.
3) 추인은 그 행위가 취소할 수 있는 것임을 알고 하여야 한다(대판 1997.5.30. 97다2986).

> *추인권자
> 추인권자는 취소권자와 일치함

(3) 방 법
취소의 방법과 동일하다. 즉, 상대방에 대한 단독의 의사표시로써 한다.

(4) 효 과
추인 후에는 취소할 수 없고 그 법률행위는 새로운 법률행위를 함이 없이 완전히 유효한 것으로 확정된다. 따라서 추인의 소급효는 의미가 없다.

취소할 수 있는 행위의 추인

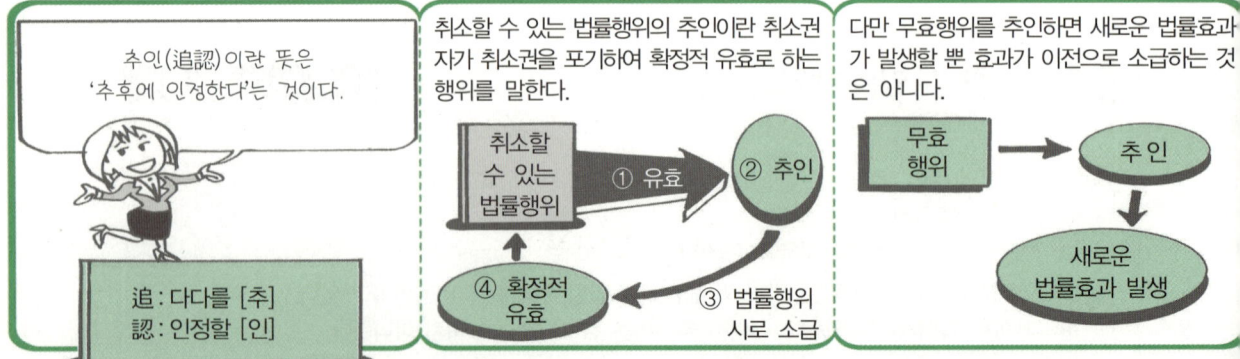

제5장 권리변동

Key Point 민법상 법률행위의 추인

구 분	무권대리행위의 추인	무효행위의 추인	취소할 수 있는 행위의 추인	법정추인
의 의	무권대리행위의 효과를 자신에게 귀속시키도록 하는 단독의 의사표시	처음부터 효력이 발생하지 않은 무효인 행위를 당사자가 그 무효임을 알면서 유효한 행위로 전환시키는 의사표시	취소할 수 있는 행위에 대하여 취소하지 않겠다는 취소권포기의 확정적 의사표시	법률이 정한 사유의 발생으로 취소할 수 있는 행위를 확정적으로 유효하게 만드는 법률요건
주 체	본인	법률행위의 당사자	취소권자	취소권자
상대방	상대방이 원칙이나, 무권대리인에게 추인한 경우에도 상대방이 안 이후에는 추인의 효력을 주장할 수 있다.	법률행위의 상대방 및 그 승계인	법률행위의 상대방 및 그 승계인	
요 건	① 무권대리행위의 존재 ② 무권대리행위에 대하여 알고 있을 것 ③ 의사표시로 할 것	① 무효원인이 소멸한 이후일 것 ② 무효임을 알고있을 것 ③ 추인시 새로운 법률행위로서의 요건을 갖출 것 ④ 재산상의 행위일 것(신분행위에는 독자적 원리 적용)	① 취소권자가 의사표시로 하여야 한다. ② 취소의 원인이 종료하여야 한다.(법정대리인 또는 후견인 예외) ③ 취소할 수 있는 것임을 알 것	① 전부나 일부의 이행 ② 이행의 청구 ③ 경개 ④ 담보의 제공 ⑤ 취득한 권리의 전부나 일부의 양도 ⑥ 강제집행
추인의 효과	① 무권대리 행위시에 소급하여 그 효력이 생긴다. ② 상대방의 동의가 없는 한 일부추인은 무효	새로운 법률행위가 있는 것으로 본다. (비소급적 유효)	더 이상 취소할 수 없다(확정적 유효).	더 이상 취소할 수 없다(확정적 유효).

단락문제 Q57

취소할 수 있는 행위의 추인에 관한 기술로서 가장 옳지 <u>않는</u> 것은? (다수설과 판례에 의함)

① 하자있는 의사표시를 한 자의 승계인은 취소권이 없다.
② 취소할 수 있는 법률행위를 추인하면 그 때부터 확정적으로 유효가 된다.
③ 추인권자는 취소권자에 한한다.
④ 통설에 의하면, 추인은 결국 취소권의 포기이므로 그 행위가 취소할 수 있는 것임을 알고 하여야 한다.
⑤ 제한능력자도 취소권을 행사할 수 있다.

> **해설** 취소할 수 있는 법률행위의 추인
> ① 취소할 수 있는 법률행위는 제한능력자, 하자있는 의사표시를 한 자, 그 대리인 또는 승계인에 한하여 취소할 수 있다(제140조). **답** ①

6 법정추인★★ <small>4·5·9·10·11·18·20회 출제</small>

> **제145조(법정추인)** 취소할 수 있는 법률행위에 관하여 전조의 규정에 의하여 추인할 수 있는 후에 다음 각 호의 사유가 있으면 추인한 것으로 본다. 그러나 이의를 보류한 때에는 그러하지 아니하다.
> 1. 전부나 일부의 이행 2. 이행의 청구
> 3. 경 개 4. 담보의 제공
> 5. 취소할 수 있는 행위로 취득한 권리의 전부나 일부의 양도
> 6. 강제집행

(1) 의 의
1) 객관적으로 보아 추인이라고 인정할 만한 일정한 사실이 있는 경우에, 취소권자의 의사의 여하를 불문하고 법률상 추인한 것으로 보는 것을 법정추인이라고 한다(제145조).
2) 이는 취소할 수 있는 법률행위의 상대방의 불안정한 지위를 구제(보호)하여 주기 위한 제도이다.

(2) 요 건
<small>13회 출제 / 27회 출제</small>

1) 법정추인의 사유★★★
  ① 전부나 일부의 이행(제1호)
     취소권자가 상대방에게 이행한 경우와 상대방의 이행을 수령한 경우를 포함한다.
  ② 이행의 청구(제2호)★★
     취소권자가 상대방의 이행을 청구(예) 매매대금의 이행독촉)하는 것을 말하며, 상대방으로부터 이행청구를 받는 것은 포함되지 않는다.
  ③ 경개(제3호)
     법정추인사유로서의 경개*는 취소권자가 채권자로서 하는 경우이거나 채무자로서 하는 경우이거나 상관없다.

     > *** 경개**
     > 구 채무를 소멸시키고 신 채무를 성립시키는 계약

  ④ 담보의 제공(제4호)
     취소권자가 채무자로서 물적 담보 또는 인적 담보를 제공하는 경우뿐만 아니라, 채권자로서 그 제공을 받는 때도 포함한다.

제5장 권리변동

⑤ **취소할 수 있는 행위로 취득한 권리의 전부나 일부의 양도**(5호)★★
취소권자가 매매계약으로 취득한 소유권이전등기청구권을 타인에게 양도하는 경우에는 법정추인이 되지만 취소권자의 상대방이 자신이 취득한 권리를 양도하는 것은 법정추인이 되지 않는다.

⑥ **강제집행**(제6호)
취소권자가 채권자로 집행한 때뿐만 아니라, 채무자로서 집행을 받는 때에도 포함*한다고 해석된다.

> *채무자로서 집행을 받는 때에도 포함
> 강제집행에 대한 이의신청(집행이의의 소)이 가능했으나 이를 해태한 점에서 정당화됨

2) 사유의 발생시기

① 이상의 행위는 '추인할 수 있는 후'에, 즉 '취소의 원인이 종료한 후'에 행하여진 것이어야 한다.

② 취소원인의 종료 전이라도 제한능력자가 법정대리인의 동의를 얻어서 또는 법정대리인이 스스로 이상의 행위를 한 경우에는 법정추인이 된다. 다만, 피성후견인은 제외된다. 왜냐하면 피성년후견인은 법정대리인의 동의를 얻더라도 단독으로 유효하게 법률행위를 할 수 없기 때문이다.

법정추인

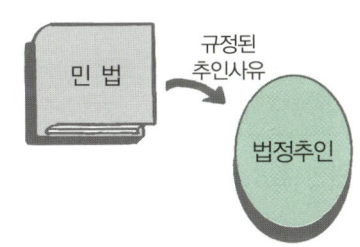

3) 방법
① 취소권자가 위의 행위를 함에 있어서 이의를 유보하지 않았어야 한다(제145조 단서).
② 이의를 유보한다 함은 이행을 하면서 추인하는 것이 아니라는 것을 명백히 하는 것과 같이 법정추인의 효과를 배제할 수 있는 의사를 표시하는 것을 말한다.

4) 법정추인사유에 해당하는 행위를 하는 자에게 추인의사가 있거나 취소사유를 인식할 필요가 없다.

(3) 효 과
1) 위와 같은 사실에 기하여 법률상 당연히 추인한 것으로 본다. 즉, 추인으로 간주된다.
2) 추인의 효과로 법률행위는 유효한 것으로 확정된다.

단락문제 Q58　　　　　　　　　　　　　　　　　　　제27회 기출

취소할 수 있는 법률행위에 관한 취소권자의 이의 보류 없는 행위로서 '법정추인' 사유에 해당하지 <u>않는</u> 것은?

① 경개
② 담보의 제공
③ 계약의 해제
④ 전부나 일부의 이행
⑤ 취소할 수 있는 법률행위로 취득한 권리의 양도

해설 법정추인 사유
③ 민법 제145조 (X)
　　계약의 해제는 법률행위의 효력을 추인하려는 의사가 포함되지 않는다.
① ② ④ ⑤ 표의자의 법률행위의 효력을 추인하려는 의사 포함

답 ③

7 취소권의 단기소멸★★

9회 출제

> **제146조(취소권의 소멸)** 취소권은 추인할 수 있는 날로부터 3년 내에 법률행위를 한 날로부터 10년 내에 행사하여야 한다.

(1) 행사기간★★
취소권은 추인할 수 있는 날로부터 3년 내에, 법률행위를 한 날로부터 10년 내에 행사하여야 한다(제146조). 법률관계의 조속한 확정과 상대방의 불안정한 지위를 고려한 것이다.

(2) 소멸하는 시기★
이상의 어느 기간의 만료*에 의하여 취소권은 소멸한다. 따라서 어느 한 쪽이 먼저 경과한 경우에 소멸한다.

> *기간의 만료
> 취소권을 행사할 수 있는 날로부터 3년 또는 법률행위가 있는 날로부터 10년

(3) 기간의 성질★
제척기간(除斥期間)에 해당하나 반드시 그 기간 내에 소를 제기해야 하는 것은 아니다.

> **판례** 취소권 행사기간의 기산점
>
> 민법 제146조 전단에서 취소권의 제척기간의 기산점으로 삼고 있는 「추인할 수 있는 날」이란 취소의 원인이 종료되어 취소권행사에 관한 장애가 없어져서 취소권자가 취소의 대상인 법률행위를 추인할 수도 있고 취소할 수도 있는 상태가 된 때를 가리킨다고 보아야 한다(대판 1998.11.27. 98다7421).

1편   민법총칙

단락문제 Q59
제10회 기출

다음 사례에 대한 학생의 대답 중 맞는 것은?

> 계약당시 18세인 甲이 법정대리인 乙 모르게 자신이 소유하는 카메라를 丙에게 20만원에 팔기로 하고 즉시 매매대금을 지급받았는데 위 매매계약이 체결된 후 4년이 경과한 현재의 시점에서 乙이 이러한 사정을 발견한 경우, 미성년자측에서는 위 매매계약을 취소할 수 있습니까?
> - 학생 A : 법정대리인 乙의 동의가 없었으므로, 乙은 현재 위 매매계약을 취소할 수 있습니다.
> - 학생 B : 甲이 취소할 수 있는 날로부터 3년이 경과하였으므로, 甲은 현재 위 매매계약을 취소할 수 없습니다.
> - 학생 C : 甲이 성년이 된 후 3년이 경과하지 않았으므로, 甲은 현재 위 매매계약을 취소할 수 있습니다.

① 학생 A   ② 학생 B   ③ 학생 C
④ 학생 A, 학생 C   ⑤ 없다.

해설 취소권의 행사기간
- 학생 A : (X) 미성년자의 법정대리인의 대리권은 미성년자가 성년이 되면 당연소멸한다. 따라서 현재 22세인 甲은 乙의 동의 없이 단독으로 취소할 수 있다. 참고로 甲이 미성년자라 하여도 법정대리인의 동의 없이 단독으로 법률행위를 취소할 수 있다(제140조).
- 학생 B : (X) 취소권의 단기소멸은 추인할 수 있는 날로부터 3년이내에 행사가 가능하다(제146조). 추인할 수 있는 날이란 취소의 원인이 종료한 후를 의미하고 미성년자의 경우 성년자가 된 날을 의미한다. 설문의 경우 甲은 22세로서 성년이 된지 3년이 경과하지 않았기 때문에 취소가 가능하다.
- 학생 C : (○) (제146조)

답 ③

단락문제 Q60
제9회 기출

취소권이 소멸하는 때가 아닌 것은?

① 법정추인사유가 발생한 때
② 취소권을 포기한 때
③ 한정후견종료의 심판이 있던 때로부터 1년이 경과한 때
④ 법정대리인이 제한능력자의 법률행위를 안 날로부터 3년이 경과한 때
⑤ 미성년자가 법률행위를 한 날로부터 10년이 경과한 때

해설 취소권의 소멸
③ 취소권은 소멸하지 않는다. 취소권은 추인할 수 있는 날로부터 3년이 지나면 취소권은 소멸하는데(제146조), 피한정후견인의 경우 한정후견종료의 심판이 있으면 추인할 수 있는 날이 되므로, 한정후견종료의 심판이 있던 때로부터 3년이 경과한 때라야만 취소권이 소멸한다.

답 ③

제5장 권리변동

제6절 법률행위의 부관
2·6·12·24·27회 출제

01 개관

1 부관의 의의

법률행위의 부관이란 당사자의 의사에 의하여 법률행위와 동시에 그 법률행위의 내용으로 부가시킨 약정을 말한다.

2 민법에서 법률행위의 부관

민법에서 법률행위의 부관이라 할 때에는 법률행위의 효력의 발생 또는 소멸에 관하여 이를 제한하기 위해서 당해 법률행위의 내용에 주된 의사표시에 부가되는 종된 의사표시를 의미하는 좁은 의미의 부관을 말한다.

3 부관의 종류

민법상 부관은 조건과 기한을 규정하고 있으며 그 밖에도 해제권 등의 유보, 부담 등이 사적자치의 원칙에 의하여 인정될 수 있다.

02 조건
1·9·10·11·19·22회 출제

제147조(조건성취의 효과) ① 정지조건있는 법률행위는 조건이 성취한 때로부터 그 효력이 생긴다.
② 해제조건있는 법률행위는 조건이 성취한 때로부터 그 효력을 잃는다.
③ 당사자가 조건성취의 효력을 그 성취전에 소급하게 할 의사를 표시한 때에는 그 의사에 의한다.
제148조(조건부권리의 침해금지) 조건있는 법률행위의 당사자는 조건의 성부가 미정한 동안에 조건의 성취로 인하여 생길 상대방의 이익을 해하지 못한다.
제149조(조건부권리의 처분등) 조건의 성취가 미정한 권리의무는 일반규정에 의하여 처분, 상속, 보존 또는 담보로 할 수 있다.
제150조(조건성취, 불성취에 대한 반신의행위) ① 조건의 성취로 인하여 불이익을 받을 당사자가 신의성실에 반하여 조건의 성취를 방해한 때에는 상대방은 그 조건이 성취한 것으로 주장할 수 있다.
② 조건의 성취로 인하여 이익을 받을 당사자가 신의성실에 반하여 조건을 성취시킨 때에는 상대방은 그 조건이 성취하지 아니한 것으로 주장할 수 있다.

1편 민법총칙

> **제151조(불법조건, 기성조건)** ① 조건이 선량한 풍속 기타 사회질서에 위반한 것인 때에는 그 법률행위는 무효로 한다.
> ② 조건이 법률행위의 당시 이미 성취한 것인 경우에는 그 조건이 정지조건이면 조건없는 법률행위로 하고 해제조건이면 그 법률행위는 무효로 한다.
> ③ 조건이 법률행위의 당시에 이미 성취할 수 없는 것인 경우에는 그 조건이 해제조건이면 조건없는 법률행위로 하고 정지조건이면 그 법률행위는 무효로 한다.

1 조건의 의의

(1) 조건이라 함은 법률행위의 효력의 발생·소멸을 '장래의 불확실한 사실*'에 의존케 하는 법률행위의 부관이다.

(2) 조건은 법률행위에 있어서 효과의사와 일체적인 내용을 이루는 의사표시 그 자체이고 따라서 조건의사가 법률행위의 내용으로 외부에 표시되어야 한다(대판 2000.10.27. 2000다30349).

> ***장래의 불확실한 사실**
> 이 점에서 '장래에 도래가 확실한 사실'에 의존케 하는 기한과 구별

조건의 성립요건

조건은 의사표시의 일반원칙에 따라 조건을 붙이고자 하는 의사, 즉 조건의사와 그 표시가 필요하며, 조건의사가 있더라도 그것이 외부에 표시되지 않으면 법률행위의 동기에 불과할 뿐이고 그것만으로는 법률행위의 부관으로서의 조건이 되는 것은 아니다. (중간 생략) 위 각서 중 '변제하고 선처를 받기로 한다'라는 문구는 甲과 丙이 위 약정을 예정대로 이행하면 丙이 선처를 받을 수 있도록 乙이 협조한다는 취지에 불과한 것으로 보인다(대판 2003.5.13. 2003다10797).

2 조건의 종류 ★★

6회 출제

(1) 정지조건과 해제조건

1회 출제

법률행위의 '효력의 발생'을 장래의 불확실한 사실에 의존시키는 조건을 정지조건이라 하고 법률행위의 '효력의 소멸'을 장래의 불확실한 사실에 의존케 하는 조건을 해제조건이라 한다.

> **예** ① 정지조건: 시험에 합격하면 자동차를 사주겠다. 또는 동산의 할부거래(소유권유보부매매)
> ② 해제조건: 시험에 합격할 때까지 생활비를 지원하겠다.

제5장 권리변동

> **판례** 정지조건부 법률행위
>
> 1. 사찰 또는 불교단체의 동산이나 부동산을 관할청의 허가를 받아 대여, 양도 또는 담보에 공하기로 하는 계약을 함에 있어서 반드시 그 계약체결 당시에 미리 관할청의 허가를 받아야 하는 것이라고는 볼 수 없으므로 **그 허가를 받는 것을 조건으로 하여 계약이 체결되었다면 별다른 사정이 없는 한 그 계약체결 당시에 관할청의 허가가 없었다는 사유만으로 이를 무효라고 할 수 없다**(대판 1981.9.22. 80다2586).
> 2. 어떠한 법률행위가 조건의 성취시 법률행위의 효력이 발생하는 소위 **정지조건부 법률행위**에 해당한다는 사실은 그 법률행위로 인한 법률효과의 발생을 저지하는 사유로서 **그 법률효과의 발생을 다투려는** 자에게 주장입증책임이 있다(대판 2009.4.9. 2008다93117).

> **판례** 해제조건부 법률행위 ★★
>
> 1. 약혼예물의 수수는 약혼의 성립을 증명하고 혼인이 성립한 경우 당사자 내지 양가의 정리를 두텁게 할 목적으로 수수되는 것으로 **혼인의 불성립을 해제조건으로 하는 증여와 유사한 성질을 가진다**(대판 1996.5.14. 96다5506).
> 2. 회사 채권자가 회사의 경영 정상화를 위한 투자 약정을 한 후 자신의 그 회사에 대한 **대여금채권에 대해 연대보증을 해주지 않으면 투자하지 않겠다고 하여 그 회사의 대표이사가 연대보증을 한 경우, 그 연대보증계약은 회사 채권자가 약정 투자금을 투자하지 않을 것을 해제조건으로 하는 조건부 계약**이라고 볼 수 있다(대판 1996.2.9. 95다47756).

(2) 수의조건(순수수의조건과 단순수의조건)

1) "내 마음이 내키면 돈 빌려주마"와 같이 조건의 성부(成否)가 당사자의 **일방적 의사***에만 의존하는 조건을 순수수의조건이라 하며 이 경우 **언제나 무효**(법률행위 전체)가 된다.

   <small>* **일방적 의사**: '외부의 제약 없이'</small>

2) "서울에 가면 옷을 사다 주겠다"와 같이 조건의 성부가 결국은 당사자 일방의 의사로 결정되지만, 그 외에 다른 의사결정에 기한 객관적 사실상태의 성립도 있어야만 하는 조건을 단순순의조건이라 하며 일반적으로 **유효한 조건**으로 취급된다.

(3) 비수의조건(우성조건과 혼성조건)

비수의 조건에는 우성조건과 혼성조건이 있다. 조건의 성부가 **당사자의 의사와는 관계없이 자연의 사실 또는 제3자의 의사나 행위에 의하여 결정되는 조건을 우성조건**이라 하고 **조건의 성부가 당사자 일방의 의사와 함께 제3자의 의사에 의하여 결정되는 조건을 혼성조건**이라 한다. 모두 유효한 조건이다.

> **예** ① 우성조건 : 내일 비가 오면 5000원을 주겠다.
> ② 혼성조건 : 네가 甲과 결혼하면 자동차를 주마.

(4) 가장조건★★

형식적으로는 조건 같으나 실질적으로는 조건으로서 효력이 발생하지 못하는 조건을 말한다. 이에는 불법조건·기성조건·불능조건 및 법정조건이 있다.

13·15·17회 출제

1) 불법조건

조건이 선량한 풍속 기타 사회질서에 위반한 때에는 그 조건부 법률행위는 무효이다(제151조 제1항). 조건만이 무효가 아니라 그 법률행위도 무효가 된다.

예 丙을 살인하는 조건으로 부동산을 증여하는 것

2) 기성조건★★

① 법률행위 당시에 이미 성취되어 있는 조건이다.
② 기성조건이 정지조건인 경우에는 조건 없는 법률행위가 되고, 해제조건이면 무효인 법률행위가 된다(제151조 제2항).

예 건축허가가 난다는 조건부로 토지매매계약의 효력이 발생하기로 정하였는데, 이 계약 이전에 실은 이미 건축허가가 난 상태였다면 건축허가라는 정지조건이 기성조건이 되어서 이 계약은 조건이 없는 계약이나 마찬가지이다.

3) 불능조건★★★

① 객관적으로 성취될 수 없는 조건을 말한다.
② 불능조건이 정지조건인 경우에는 무효이고, 해제조건이면 조건 없는 법률행위로서 유효하다(제151조 제3항).

예 한강에 빠진 반지를 건져주면 일정금액을 지급한다는 약속

구 분	기성조건	불능조건
정지조건인 경우	조건 없는 법률행위	무효인 법률행위
해제조건인 경우	무효인 법률행위	조건 없는 법률행위

4) 법정조건★

14회 출제

① 법률이 일정한 사실을 요건으로 이미 정하고 있는 것을 말하며, 당사자가 합의해서 약정한 것이 아니므로 진정한 조건이 아니고 가장조건일 따름이다.
② 다시 말하면 법정조건은 법률행위의 부관으로 볼 수 없다. 다만 민법상 조건의 규정이 유추되는 경우가 많다.

예 법인설립에 있어서 주무관청의 허가, 유언에 있어서 유언자의 사망

제5장 권리변동

단락문제 Q61

다음 조건부 법률행위 중 무효가 아닌 것은?

① 법률행위 당시에 이미 성취한 사실을 해제조건으로 부(附)한 계약
② 甲이 그의 처 乙녀와의 혼인이 장래 해소되는 것을 조건으로 하여 한 丙녀와의 혼인계약
③ 법률행위 당시에 이미 성취한 사실을 정지조건으로 부(附)한 계약
④ 남의 물건을 훔치지 않는다고 하는 조건으로 금전을 주겠다고 한 계약
⑤ 상속포기에 조건을 붙이는 것도 타 상속인의 동의가 있을 경우 이익을 해하지 않으므로 인정된다.

해설 조건의 무효

① (○) 기성조건이 해제조건이면 무효이다.
②,④ (○) 반사회적인 불법조건으로 무효이다.
③ (×) 기성조건이 정지조건인 법률행위는 조건 없는 법률행위로 된다.
⑤ (○) 공익상의 이유로 조건을 붙일 수 없는 법률행위는 상대방의 동의가 있더라도 조건을 붙일 수 없다

답 ③

기성조건과 불능조건(Ⅰ)

따라서 기성조건이 정지조건인 경우에는 조건 없는 법률행위가 되고, 해제조건이면 무효가 된다.

	기성조건
정지조건	조건 없는 법률행위
해제조건	무효인 법률행위

3 조건을 붙일 수 없는 법률행위★★★

〔1·2·5회 출제〕

(1) 사적자치의 원칙과 조건
사적자치의 원칙상 법률행위에 조건을 붙이는 것은 일반적으로 허용되나 거래의 안전이나 법적 안정성의 유지를 위하여 또는 사회질서의 유지를 위하여 조건의 부가를 금지하는 경우가 있는데 이를 '조건에 친하지 않는 법률행위'라 한다.

(2) 공익상의 제한

1) 가족법상의 행위
부첩생활의 종료를 해제조건*으로 하는 증여계약은 무효이다(대판 1966.6.21. 66다530).

2) 어음행위·수표행위
거래의 안전이 중요한 어음행위·수표행위 등에는 원칙적으로 조건을 붙일 수 없으나, 예외적으로 어음보증은 조건을 붙일 수 있다(대판 1986.9.9. 84다카2310).

> *부첩생활의 종료를 해제조건
> 가족제도의 보호
>
> **단독행위
> 해제, 해지, 취소, 상계, 추인 등

(3) 사익상의 제한

1) 원 칙
단독행위**에 조건을 붙이면 상대방의 지위를 매우 불리하게 할 염려가 있으므로, 원칙적으로 허용되지 않는다.

2) 예 외
예외적으로 채무의 면제나 유증과 같이 상대방에게 이익을 줄 뿐 손해를 가할 염려가 없는 행위인 경우에는 조건을 붙일 수 있다.

 기성조건과 불능조건(Ⅱ)

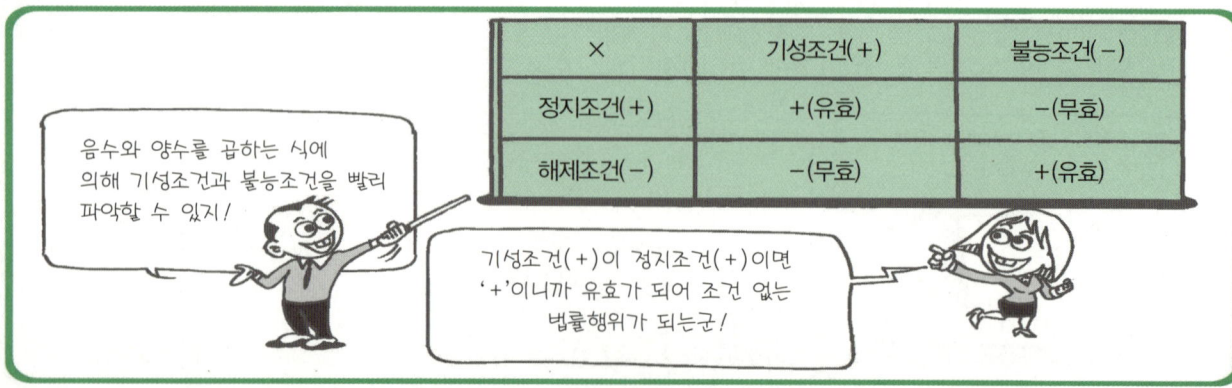

제5장 권리변동

(4) 조건을 붙일 수 없는 법률행위에 조건을 붙인 경우의 효력

1) 법률에 규정이 있는 경우에는 그에 의하고, 법률에 규정이 없는 경우에는 조건만 무효가 되는 것이 아니라 **법률행위 전체가 무효*****가 된다.

2) 상대방의 동의가 있거나 상대방을 특별히 불리하게 하지 않을 때에는 조건부 법률행위로서 유효하다.

> ***
> **법률행위 전체가 무효**
> 조건은 독립성이 인정되지 않은 법률행위의 일부에 불과하기 때문

단락문제 Q62 제2회 기출개작

다음 중 조건을 붙일 수 있는 것은?

① 상속의 승인
② 상대방의 동의 없는 상계
③ 사기에 의한 의사표시의 취소
④ 채무의 면제
⑤ 인 지

해설 조건에 친하지 않는 행위
①과 같은 가족법상의 행위나 어음행위, 수표행위에는 조건을 붙일 수 없다. ②, ③과 같은 단독행위에도 원칙상 조건을 붙일 수 없다. 특히 상계의 의사표시에는 조건이나 기한을 붙이지 못한다는 명문규정이 있다(제493조 제1항). 다만, ④와 같이 단독행위라도 상대방에게 이익을 줄 뿐인 경우에는 조건을 붙일 수 있다. ⑤의 인지란 父가 혼인 외에서 출생한 子를 자기의 子로 인정하는 것이다.
답 ④

---

4 조건부 법률행위의 효력★★

9·20회 출제

(1) 조건의 성부 확정 전의 효력

1) **조건부권리의 의의**

조건의 성취로 일정한 이익을 취득하게 될 자는 그 조건의 성취 여부가 미정(未定)인 동안 그에 대한 기대를 가지게 되는데 민법은 이 기대를 일종의 권리❶로서 보호하고 있으며 이를 조건부권리라고 한다.

> **용어사전**
> ❶ **기대권(期待權)**
> 장래에 일정한 사실이 발생하면 일정한 법률적 이익을 누릴 수가 있다고 하는 기대 내지 희망을 내용으로 하는 권리를 말한다.

2) **조건부권리의 내용**★★

① 조건부권리의 의무자는 조건의 성취로 인하여 생길 상대방의 이익을 해할 수 없으며(제148조), 조건부권리를 침해한 때에는 불법행위에 의한 손해배상책임이 발생한다.

② 제148조에 반하는 처분행위의 효력은 무효이다. 다만 제3자는 조건부권리의 목적물이 부동산일 경우 가등기함으로써, 동산일 경우에는 선의취득에 의하여 자신의 이익을 보호할 수 있다.

③ 조건부권리도 일반규정에 의한 처분·상속·보존 또는 담보의 대상이 된다(제149조).

(2) 조건의 성부 확정 후의 효력★

1) 정지조건부 법률행위에 있어서는 조건이 성취되면 법률행위의 효력이 발생하고, 불성취로 확정되면 무효로 된다(제147조 제1항).
2) 해제조건부 법률행위에 있어서는 조건이 성취하면 효력은 소멸하고, 불성취로 확정되면 효력은 소멸하지 않는 것으로 확정된다(제147조 제2항).
3) 조건성취의 효력은 원칙적으로 소급하지 않는다. 그러나 당사자가 특히 그 효력을 성취 이전에 소급시키려는 의사를 표시한 때에는 그 의사에 의한다(제147조 제3항).

단락문제 Q63

다음 중 법률행위의 조건에 있어서 조건성취 전의 효과에 해당하는 것은?

① 조건의 성취가 미정인 권리는 담보로 제공할 수 없다.
② 장래 물권을 취득하는 기대권은 물권과 동일한 배타적 효력을 갖는다.
③ 조건부권리자는 그 권리를 침해한 상대방에 대하여 손해배상을 청구할 수 있다.
④ 소유권을 유보하여 매도한 물건에는 제3자의 선의취득이 인정될 수 없다.
⑤ 조건부법률행위라고 해서 효력이 불확정적인 것은 아니다.

해설 조건부 권리의 효력
① 조건부권리도 처분·담보제공이 가능하다.
② 배타적 효력도 조건부로 발생한다.
④ 선의취득이 기대권보다 우선한다.
⑤ 조건성취 전에는 불확정적이다.

답 ③

(3) 조건성취, 불성취에 대한 반신의행위★★

1) **반신의행위**
   조건의 성취나 불성취에 신의에 반하는 행위가 개입되는 경우를 말한다. 예를 들어 조건의 성립이 불가능하도록 목적물을 멸실시킨다던가, 사기·강박 등이 사용된 경우이다.

2) **조건성취·불성취의 의제 주장**
   ① 조건의 성취로 인하여 불이익을 받을 당사자가 신의성실에 반하여 조건의 성취를 방해한 때에는 상대방은 그 조건이 성취한 것으로 주장할 수 있고(제150조 제1항) 조건의 성취로 인하여 이익을 받을 당사자가 신의성실에 반하여 조건을 성취시킨 때에는 상대방은 그 조건이 성취하지 아니한 것으로 주장할 수 있다(제150조 제2항).
   예 ① 부동산 중개인에게 매매 완성시 보수지급약속을 한 후 고의로 계약을 불성립시킨 경우
   ② 시험합격시에 학비지급을 약속한 경우 부정합격한 때
   ② 조건이 성취된 것으로 의제되는 시기는 반신의 행위가 없었더라면 조건이 성취되었을 것으로 추산되는 시점이다.

제5장 권리변동

조건성취(또는 불성취)에 대한 반신의행위

조건의 성취로 불이익을 받을 당사자가 신의성실에 반하여 조건의 성취를 방해한 때에는

반신의행위란 '신의성실의 원칙(=신의칙)에 반하여 하는 행위'를 말하지!!

상대방은 그 조건이 성취한 것으로 주장할 수 있다.

방해!

당신이 방해했으므로 이 조건은 성취된 것입니다.

■ 주의할 점!
조건성취를 주장할 수 있다고 해서, 당연히 조건 성취가 되는 것은 아니다.

조건의 성취로 인하여 이익을 받을 당사자가 신의성실에 반하여 조건을 성취시킨 때에는

달성!

상대방은 그 조건이 성취하지 아니한 것으로 주장할 수 있다.

신의칙에 반하므로 이 조건은 성취된 것이 아닙니다.

■ 주의할 점!
조건불성취를 주장 할 수 있다고 해서, 당연히 조건불성취가 되는 것은 아니다.

조건성취로 의제되는 시점은 신의칙에 반하는 행위가 없었더라면 조건이 성취되었으리라고 추산되는 시점이다 (대판 1998.12.22. 98다42356).

1편 민법총칙

단락문제 Q64 제11회 기출

조건부 법률행위에 관한 설명으로 옳은 것은?

① 법률행위 당시에 정지조건이 이미 성취된 것이면 그 법률 행위는 무효이다.
② 법률행위의 조건이 선량한 풍속 기타 사회질서에 위반한 것인 때에도 그 법률행위는 유효하다.
③ 조건을 붙일 수 없는 법률행위에 조건을 붙인 경우에 그 법률행위는 원칙적으로 전부무효가 된다.
④ 건축허가를 받지 못할 때에는 토지매매계약을 무효로 하기로 한 약정은 정지조건부 법률행위에 해당한다.
⑤ 조건이 법률행위의 당시에 이미 성취할 수 없는 것인 경우에 그 조건이 해제조건이면 그 법률행위는 무효이다.

> **해설** 법률행위의 부관(조건)
> ① 조건 없는 법률행위(유효)가 된다(제151조 제2항).
> ② 무효이다(제151조 제1항, 대판 1966.6.21. 66다530).
> ④ 주택건설을 위한 원·피고간의 토지매매계약에 앞서 양자간의 협의에 의하여 건축허가를 필할 때 매매계약이 성립하고 건축허가 신청이 불허되었을 때에는 이를 무효로 한다는 약정 아래 이루어진 본건 계약은 해제조건부계약이다(대판 1983.8.23. 83다카552).
> ⑤ 조건 없는 법률행위(유효)이다(제151조 제3항).   **답** ③

단락핵심 조 건

(1) 조건이 선량한 풍속 기타 사회질서에 위반한 법률행위는 그 조건만 무효이다. (X)
(2) 조건이 법률행위의 당시 이미 성취한 것인 경우에 그 조건이 해제조건이면 그 법률행위는 무효이다. (O)
(3) 조건을 붙일 수 없는 법률행위에 조건을 붙인 경우 그 법률행위는 원칙적으로 전부무효가 된다. (O)
(4) 조건부권리는 보존 또는 담보로 할 수 있으나, 처분할 수는 없다. (X)
(5) 불능조건이 정지조건이면 그 법률행위는 무효이다. (O)
(6) 해제조건 있는 법률행위는 조건이 성취한 때로부터 그 효력을 상실한다. (O)
(7) 조건의 성취로 인하여 불이익을 받을 당사자가 신의성실에 반하여 조건의 성취를 방해한 때에는 그 조건은 그 즉시 성취된 것으로 본다. (X)
⇒ 상대방이 '그 조건은 성취된 것'으로 주장할 수 있을 뿐이다.

제5장 권리변동

03 기한 〔10·11·12회 출제〕

> **제152조(기한도래의 효과)** ① 시기있는 법률행위는 기한이 도래한 때로부터 그 효력이 생긴다.
> ② 종기있는 법률행위는 기한이 도래한 때로부터 그 효력을 잃는다.
> **제153조(기한의 이익과 그 포기)** ① 기한은 채무자의 이익을 위한 것으로 추정한다.
> ② 기한의 이익은 이를 포기할 수 있다. 그러나 상대방의 이익을 해하지 못한다.
> **제154조(기한부권리와 준용규정)** 제148조와 제149조의 규정은 기한있는 법률행위에 준용한다.

1 기한의 의의★

기한이란 법률행위의 효력의 발생·소멸 또는 채무의 이행을 '장래에 도래할 것이 확실한 사실'에 의존케 하는 법률행위의 부관을 말한다.

2 기한의 종류

(1) 시기(始期)

기한 중 법률행위의 효력이 발생하거나 또는 채무의 이행의무가 발생하는 때에 관한 것이다.

(2) 종기(終期)

법률행위의 효력의 소멸시기를 정하는 기한이다.

(3) 확정기한 〔2회 출제〕

도래시기가 확정되어 있는 기한을 말한다.

> 예 「내년 1월 1일부터」와 같이 그 발생(도래)하는 시기가 확정되어 있는 기한

(4) 불확정기한★

그 시기가 도래할 것은 분명하지만 도래시기가 확정되어 있지 않은 기한을 말한다.

> 예 「내가 사망한 때」와 같이 그 발생(도래)시기가 확실치 않은 기한

1편 민법총칙

> **판례** 조건과 기한의 구별기준
>
> **1** "본건 토지를 임차인에게 매도할 때까지"로 약정한 경우는 기간의 약정이 없는 임대차계약이다.
> 임대차계약을 체결함에 있어서 임대기한을 "본건 토지를 임차인에게 매도할 때까지"로 정하였다면 별다른 사정이 없는 한 그것은 도래할지의 여부가 불확실한 것이므로 기한을 정한 것이라고 볼 수 없으니 위 **임대차계약은 기간의 약정이 없는 것이라고 해석함이 상당하다**(대판 1974.5.14. 73다631).
>
> **2** 정지조건인지 불확정기한인지를 판단하는 기준
> 부관이 붙은 법률행위에 있어서 부관에 표시된 사실이 발생하지 아니하면 채무를 이행하지 아니하여도 된다고 보는 것이 상당한 경우에는 조건으로 보아야 하고, 표시된 사실이 발생한 때에는 물론이고 반대로 발생하지 아니하는 것이 확정된 때에도 그 채무를 이행하여야 한다고 보는 것이 상당한 경우에는 표시된 사실의 발생 여부가 확정되는 것을 불확정기한으로 정한 것으로 보아야 한다(대판 2003.8.19. 2003다24215).

3 기한과 친하지 않은 법률행위 ★★ [5·14회 출제]

(1) 법률효과가 즉시 발생할 것을 요하는 경우

기한을 붙일 수 없는 법률행위는 조건과 친하지 않은 법률행위와 같다. 단 어음·수표행위에는 기한을 붙일 수 있다.

(2) 소급효를 가지는 경우

취소, 상계, 해제, 인지와 같이 소급효 있는 법률행위에는 시기를 붙이는 것은 무의미하다.

> **단락문제 Q65** 제5회 기출
>
> 다음 중 기한을 붙일 수는 있으나 조건을 붙일 수 <u>없는</u> 행위는?
> ① 상계   ② 혼인   ③ 채무의 면제
> ④ 상속의 승인·포기   ⑤ 어음행위
>
> **해설** 조건과 친하지 않는 행위
> 어음행위는 조건부로는 할 수 없으나 기한(만기)은 오히려 정할 수 있다.   **답** ⑤

4 기한부 법률행위의 효력 ★★ [7·8·11회 출제]

(1) 기한의 도래(불소급의 원칙)

1) 기일의 도래 또는 기간의 경과, 기한이익의 포기*, 기한의 이익상실로 기한이 도래한다.

   * **기한이익의 포기** 법률행위임에 주의

2) 기한도래의 효과는 절대 소급하지 않으며, 당사자의 특약에 의하여서도 소급효를 인정할 수 없다. 이 점이 조건과 구별되는 점이다.

제5장 권리변동

> **판례** 불확정한 사실이 발생한 때를 이행기로 정한 경우 그 기한의 도래 여부에 대한 판단
> 당사자가 불확정한 사실이 발생한 때를 이행기한으로 정한 경우, 그 사실이 발생한 때는 물론 그 사실의 발생이 불가능하게 된 때에도 그 이행기한은 도래한 것으로 보아야 한다(대판 2007.5.10. 2005다67353).

(2) 기한도래 전의 효력

기한부 법률행위의 당사자는 기한의 도래가 미정인 동안에 기한의 도래로 인하여 생길 상대방의 이익을 해하지 못하며(제154조) 기한의 도래가 미정인 권리·의무는 일반규정에 의하여 처분·상속·보존·담보로 할 수 있다(제154조, 제149조).

(3) 기한도래 후의 효력

① 시기 있는 법률행위는 기한이 도래한 때로부터 그 효력이 생기고, ② 종기 있는 법률행위는 기한이 도래한 때로부터 그 효력을 잃는다.

5 기한의 이익 ★★★   11·16·18회 출제

(1) 채무자의 기한이익추정   21회 출제

기한의 이익이란 기한이 도래하지 않음으로써 당사자가 받는 이익이며, 채무자가 기한의 이익을 갖는다고 추정된다(제153조 제1항)

> **예** 구체적인 경우에 있어서는 무상일 경우에는 채무자만이 기한의 이익을 갖지만 유상(이자부 소비대차)일 경우에는 채무자뿐만 아니라 채권자도 기한의 이익을 갖는다.

> **용어사전**
> ❶ **소비대차**(消費貸借)
> 당사자 일방이 금전 기타 대체물의 소유권을 상대방에게 이전할 것을 약정하고 상대방은 그와 같은 종류, 품질 및 수량으로 반환할 것을 약정하므로 효력이 발생하는 계약이다.
>
> ❷ **임치**(任置)
> 당사자 일방이 상대방에 대하여 금전이나 유가증권 기타 물건의 보관을 위탁하고 상대방이 이를 승낙함으로써 성립하는 계약을 말한다. 임치할 때에 물건을 맡기는 자를 임치인이라고 하고, 보관하는 자를 수치인이라 한다.

Key Point 기한의 이익에 대한 추정

※ 기한의 이익은 원칙적으로 채무자를 위한 것으로 추정하며(제153조), 구체적으로 보면 다음과 같다.

채무자를 위한 경우	무이자 소비대차❶(제601조)
채권자를 위한 경우	무상임치❷(제639조)
쌍방을 위한 경우	이자부 소비대차, 이자부 정기예금, 유상임치

(2) 기한이익의 포기와 상실

5회 출제

1) 기한이익의 포기
기한의 이익은 포기할 수 있다. 그러나 **상대방의 이익을 해하지 못한다**(제153조 제2항).

* **상대방의 이익을 해하지 못한다**
포기할 수 있지만 손해배상 등의 책임이 발생

2) 기한이익의 상실(제388조)
① 인정취지
기한의 이익을 가진 자(채무자)가 경제적 신용을 상실했다고 인정되는 경우 그는 기한의 이익을 상실하며, 채권자의 기한 전의 이행청구를 거절하지 못한다.

② 기한의 이익의 상실사유★★★
　㉠ 채무자가 **담보를 손상하거나 감소 또는 멸실**하게 한 때
　㉡ 채무자가 **담보제공의 의무를 이행하지 않은 때**
　㉢ 채무자가 **파산한 때**(「채무자회생 및 파산에 관한 법률」 제425조)
　㉣ **당사자 간의 특약**이 있는 때

** **담보를 손상하거나 감소 또는 멸실**
물적 담보뿐만 아니라 인적 담보도 포함(통설)

판례 기한이익의 상실에 관한 민법 제388조의 임의규정 여부

기한이익의 상실에 관한 **민법 제388조는 임의규정**이므로 당사자 사이에 제388조와 다른 내용의 약정이 있는 경우에는 **그 약정에 따라 기한이익의 상실 여부를 판단하여야 한다**(대판 2001. 10. 12. 99다56192).

판례 기한이익 상실의 특약의 종류와 해석

기한이익 상실의 특약은 그 내용에 의하여 일정한 사유가 발생하면 채권자의 청구 등을 요함이 없이 당연히 기한의 이익이 상실되어 이행기가 도래하는 것으로 하는 **정지조건부 기한이익 상실의 특약**과 일정한 사유가 발생한 후 채권자의 통지나 청구 등 채권자의 의사행위를 기다려 비로소 이행기가 도래하는 것으로 하는 **형성권적 기한이익 상실의 특약**의 2가지로 대별할 수 있고, 양자 중 어느 것에 해당하느냐는 당사자의 의사해석의 문제이지만 **일반적으로 명백히 정지조건부 기한이익 상실의 특약이라고 볼 만한 특별한 사정이 없는 이상 형성권적 기한이익 상실의 특약으로 추정하는 것이 타당하다**(대판 2002. 9. 4. 2002다28340).

제5장 권리변동

단락문제 Q66
제8회 기출

기한의 이익에 관한 설명으로 틀린 것은? (다수설과 판례에 의함)

① 기한의 이익은 기한이 도래하지 않음으로써 당사자가 받는 이익을 의미한다.
② 기한의 이익을 가지는 자는 원칙적으로 법률관계의 성질에 따라 결정된다.
③ 다른 약정이 없을 경우 기한의 이익은 채무자를 위하여 존재하는 것으로 추정된다.
④ 채무자가 담보물을 손상, 감소 또는 멸실하게 한 때에는 기한의 이익을 상실한다.
⑤ 기한이 일정한 당사자의 이익만을 위하여 존재하는 경우 그 당사자는 자유롭게 기한의 이익을 포기할 수 있고 포기는 소급효를 갖는다.

해설 기한이익
① (○) 기한의 이익에 대한 적절한 정의이다.
② (○) 기한의 이익을 받는 자는 법률행위의 종류, 당사자의 특약 또는 법률행위 당시의 구체적인 사정에 따라 정해진다.
③ (○) (제153조 제1항)
④ (○) (제388조 제1호)
⑤ (✕) 기한이익이 당사자 일방만을 위하여 존재하는 경우에는 자유로이 기한의 이익을 포기할 수 있다. 그러나 기한이익의 포기는 성질상 소급할 수 없다.

답 ⑤

단락핵심   기 한

(1) 기한의 이익은 채권자의 이익으로 본다. (✕)
  ⇒ '채무자'의 이익으로 '추정'한다.
(2) 이자부소비대차의 경우에는 채권자와 채무자 모두가 기한의 이익을 갖는다. (○)
(3) 불확정한 사실의 발생을 기한으로 한 경우 그 발생이 불능인 때에는 법률행위 자체가 무효로 된다. (✕)
  ⇒ 그 발생이 불능인 때에 기한이 도래한 것으로 본다. (○)
(4) 일정한 사유가 발생한 후 채권자의 통지나 청구 등 의사행위를 기다려 비로소 이행기가 도래하는 것으로 약정하는 경우 그 특약은 채권자의 이익을 위한 것으로 본다. (○)
(5) 일반적으로 명백히 기한이익 상실특약이라고 볼 만한 사정이 없으면 형성권적 기한이익 상실특약으로 추정한다. (○)

CHAPTER 06 기간과 소멸시효

학습포인트

- 이 장은 법률행위를 함에 있어서 시간을 정하는 기간과 진정한 권리를 행사할 수 있는 권리의 주체가 일정한 기간동안 행사하지 않으면 그 권리를 소멸시키는 소멸시효를 다루고 있다. 우리 민법은 기간과 소멸시효가 법률행위의 내용에 속하지 않으므로 따로 장을 만들어 다루고 있다.
- 기간은 실례를 통해 이해되어야 할 것이고 특히 기간의 역산방법은 중요하며 제161조를 숙지해야 할 것이다.
- 소멸시효에 있어서는 제척기간과의 구별, 소멸시효의 요건 중에 소멸시효에 걸리지 않는 권리, 소멸시효의 기산점·중단 및 정지, 소멸시효완성의 효과가 시험범위에서 중요한 포인트이고 출제빈도가 높다. 특히 소멸시효의 중단과 관련한 판례를 사안별로 정리해야 한다.

CHAPTER 학습 & 출제되는 키워드

- ☑ 기 간
- ☑ 자연적 계산방법
- ☑ 역법적 계산방법
- ☑ 기간의 역산
- ☑ 소멸시효
- ☑ 제척기간
- ☑ 시효의 대상
- ☑ 권리의 불행사
- ☑ 소멸시효기간
- ☑ 소멸시효의 중단
- ☑ 재판상 청구
- ☑ 파산절차 참가
- ☑ 지급명령 신청
- ☑ 화해를 위한 소환
- ☑ 임의출석
- ☑ 최 고
- ☑ 압류·가압류·가처분
- ☑ 승 인
- ☑ 소멸시효의 정지
- ☑ 제한능력자를 위한 정지
- ☑ 혼인관계의 종료에 의한 정지
- ☑ 소멸시효완성의 효과
- ☑ 소급효
- ☑ 소멸시효 이익의 포기

CHAPTER 학습 & 출제되는 질문

- ☑ 2018년 9월12일 오전 10시에 열리는 사단법인의 사원총회 소집통지는 언제까지 하여야 하는가?
- ☑ 제척기간과 소멸시효에 관산 설명으로 가장 옳지 않은 것은?
- ☑ 소멸시효의 기산점에 관한 설명 중 틀린 것은?
- ☑ 소멸시효의 중단과 정지에 관한 설명으로 틀린 것은?
- ☑ 소멸시효이익의 포기에 관한 판례의 입장과 다른 것은?

제6장 기간과 소멸시효

제1절 기간   `1·7·10·12회 출제`

> **제155조(본장의 적용범위)** 기간의 계산은 법령, 재판상의 처분 또는 법률행위에 다른 정한 바가 없으면 본장의 규정에 의한다.
> **제156조(기간의 기산점)** 기간을 시, 분, 초로 정한 때에는 즉시로부터 기산한다.
> **제157조(기간의 기산점)** 기간을 일, 주, 월 또는 연으로 정한 때에는 기간의 초일은 산입하지 아니한다. 그러나 그 기간이 오전영시로부터 시작하는 때에는 그러하지 아니하다.
> **제158조(나이의 계산과 표시)** 나이는 출생일을 산입하여 만(滿) 나이로 계산하고, 연수(年數)로 표시한다. 다만, 1세에 이르지 아니한 경우에는 월수(月數)로 표시할 수 있다.
> **제159조(기간의 만료점)** 기간을 일, 주, 월 또는 연으로 정한 때에는 기간말일의 종료로 기간이 만료한다.
> **제160조(역에 의한 계산)** ① 기간을 주, 월 또는 연으로 정한 때에는 역에 의하여 계산한다.
> ② 주, 월 또는 연의 처음으로부터 기간을 기산하지 아니하는 때에는 최후의 주, 월 또는 연에서 그 기산일에 해당한 날의 전일로 기간이 만료한다.
> ③ 월 또는 연으로 정한 경우에 최종의 월에 해당일이 없는 때에는 그 월의 말일로 기간이 만료한다.
> **제161조(공휴일 등과 기간의 만료점)** 기간의 말일이 토요일 또는 공휴일에 해당한 때에는 기간은 그 익일로 만료한다.

01 의의

기간은 특정한 시점에서 어느 시점까지의 계속된 시간을 의미한다. 따라서 기간은 어느 특정의 시점이나 시기를 가리키는 '기일'과는 구별해야 한다.

02 기간의 계산방법의 구분 ★

1 자연적 계산법

시·분·초에 의하여 순간에서 순간까지 계산하는 방법을 말한다.

2 역법적 계산법

역법적 계산방법은 역(易)에 따라 일·주·월·년으로 계산하는 방법을 말하며 간편하기는 하나 정확하지 못한 단점이 있다.

1편 민법총칙

03 기간의 계산★★ [16·22·23회 출제]

1 자연적 계산법에 의한 기간의 계산

(1) 시·분·초단위로 하는 기간의 계산은 자연적 계산방법에 의하여 즉시를 기산점으로 하고, 기간의 만료점은 그 정하여진 시·분·초가 종료한 때이다.

(2) 기간에 대한 규정은 임의규정으로서 법률행위로 달리 정할 수 있다(제155조).

2 역법적 계산법에 의한 기간의 계산 [8·18회 출제]

(1) 기산점★★

초일은 산입하지 않는다.* 그러나, 예외적으로 오전 0시부터 기산시와, 연령계산(제158조)에는 초일을 산입한다.

> *초일은 산입하지 않는다.
> 초일 불산입의 원칙

기간의 계산

| 기간이란 어느 시점에서 어느 시점까지 계속된 시간을 의미하고, 기일은 어느 특정된 시점을 의미한다. | 기간을 시·분·초로 정한 때에는 즉시 계산한다. | 일·주·월·년을 단위로 하는 기간의 계산은 초일을 산입하지 않고 익일부터 기산(=기간 산출)하는 것이 원칙이다. |

기간 (1.1부터 12. 31)
1.1 — 6.5 — 12.31
6월 5일은 특정된 날이므로 기일이 된다.

4시부터 6시간이라 하면 즉시 계산하므로 4시부터 10시까지이다
4시부터 6시간
4시 — 10시

일·주·월·년 단위의 기간 → 기간 계산 → 초일(첫날) 불산입

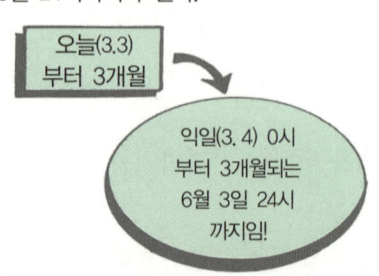

오늘(3월 3일)부터 3개월이라 하면 초일불산입에 따라 3월 4일 0시부터 기산하여 6월 3일 24시까지가 된다.

오늘(3.3)부터 3개월 → 익일(3. 4) 0시부터 3개월되는 6월 3일 24시까지임!

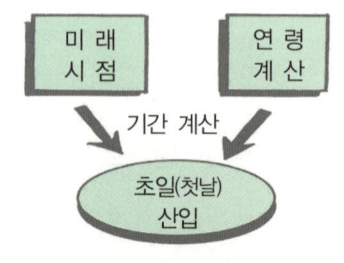

미래시점과 연령계산은 초일을 산입하여 기산한다.

미래시점, 연령계산 → 기간 계산 → 초일(첫날) 산입

내일(1월 1일)부터 1주일간이라고 하면 초일산입하여 1월 1일 0시부터 1월 7일 24시까지가 된다.

내일(1.1)부터 1주일 → 초일(1.1) 0시부터 1주일되는 1월 7일 24시까지임!

제6장 기간과 소멸시효

> **Professor Comment**
> 1998년 5월 10일 오전 5시에 출생한 자는 2017년 5월 9일 오후 12시에 성년이 되고, 오늘(2017년 9월 15일)부터 1개월간은 2017년 10월 15일까지이다. 또 다가올 2020년 10월 15일부터 1개월간은 2020년 10월 14일(오후 12시)까지이다. 이와 같이 기점이 미래시점인 경우에는 당일 0시부터 기산함을 주의해야 한다.

(2) 만료점   **2·15회 출제**

1) 기간을 일·주·월·년으로 정한 때에는 기간만료일의 종료로써 기간이 만료한다(제159조).
2) 기간을 주·월·년으로 정한 때에는 일로 환산하지 않고, 역에 의하여 계산한다(제160조 제1항). 주·월·년의 처음부터 기간을 기산하지 아니하는 때에는 최후의 주·월·년에서 그 기산일에 해당하는 날의 전일로 기간이 만료한다(제160조 제2항).
3) 다만 최후의 월에 해당일이 없는 때에는 그 월의 말일로 기간이 만료한다(제160조 제3항).
4) 기간의 말일이 토요일 또는 공휴일에 해당한 때에는 기간은 그 익일로 만료한다(제161조).

> **판례** 기간의 만료점
> 1. 대한석탄공사에 피용된 채탄부의 정년이 53세라 함은 만 53세가 되는 해의 마지막 날이 아니라 **만 53세에 도달하는 날을 말하는 것이라고 보는 것이 상당하다**(대판 1973.6.12. 71다2669).
> 2. **기간의 초일이 공휴일이라 하더라도** 기간은 초일부터 기산한다(대판 1982.2.23. 81누204).

(3) 기간의 역산(逆算)방법 ★
기간의 역산방법에도 민법상 기간의 계산방법이 그대로 적용된다.

 기간역산

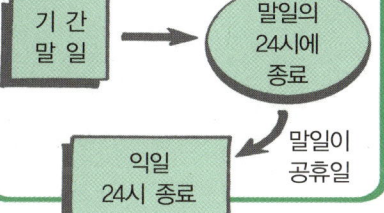

기간을 일·주·월·년으로 정한 경우에는 기간말일의 종료(=말일의 24시)로 하며, 기간의 말일이 공휴일인 경우에는 그 익일로 만료한다.

■ 기간역산
[원칙] 기간역산의 계산은 기간계산에 관한 규정을 유추적용한다. (통설, 판례)
[문제] 사단법인의 정기총회를 9월 30일 소집할 채무가 있는 이사가 1주일 전에 통지하여야 하는 경우, 언제까지 통지를 발송해야 하는가?
[정답] 15. ② 9월 22일 24시
[해설] 기간역산의 계산방법에 의하므로, 먼저 초일불산입하므로 기산일은 9월 29일이 된다. 그로부터 7일을 소급한 9월 23일 오전 0시가 만기가 된다. 따라서 사원총회 소집통지는 발신주의이므로 늦어도 9월 22일 24시까지 발송하면 된다.

1편 민법총칙

단락문제 01
제10회 기출

민법의 기간규정에 관한 설명 중 틀린 것은? (다툼이 있는 경우 판례에 의함)

① 기간의 계산에 대해서는 법률행위로 달리 정할 수 없다.
② 연령계산에는 출생일을 산입한다.
③ 기간은 법률사실로서 사건에 속한다.
④ 정년이 60세라 함은 만 60세에 달하는 날을 의미하지, 만 60세가 만료하는 날을 의미하지 않는다.
⑤ 기간의 말일이 공휴일에 해당하는 때에는 기간은 다음날로 만료하지만, 기간의 초일이 공휴일인 경우에는 그 적용이 없다.

해설 민법상 기간
① 법률행위로 달리 정할 수 있다(제155조).   **답** ①

단락핵심 기 간

(1) 어느 법률이 2009년 1월 30일에 공포되고 부칙에서 공포 후 6월이 경과한 날부터 시행하도록 되어 있다면 그 법률은 2009년 7월 31일 0시부터 시행된다. (○)
(2) 기간계산에 관한 규정은 강행규정이다. (×)
(3) 1989년 8월 5일 오전 8시에 태어난 자는 2008년 8월 5일 오전 0시에 성년이 된다. (○)
 ⇒ 민법상 성년은 19세이다.

제2절 소멸시효 12·14·15·17·24·27·28회 출제

01 시효제도의 일반

1 시효제도와 소멸시효 24회 출제

(1) 시효제도의 의의와 종류

1) 일정한 사실상태가 오랜기간 계속되면 그 상태가 진실한 권리관계에 합치하느냐의 여부를 불문하고 그 사실상태를 존중하여 권리관계를 인정하려는 제도를 시효제도라 한다.
2) 시효제도에는 소멸시효(민법총칙)와 취득시효(물권편)가 있다.
3) 시효는 권리의 행사 또는 불행사의 사실상태가 일정 기간 흐름으로써 권리의 변동인 취득·소멸의 효과가 발생하므로 법률요건이며, 법률사실로서 인간의 정신작용과는 무관한 사건이다.

소멸시효와 취득시효

소멸시효란 권리를 일정기간 행사하지 않을 경우 그 권리를 소멸시키는 제도를 말한다.

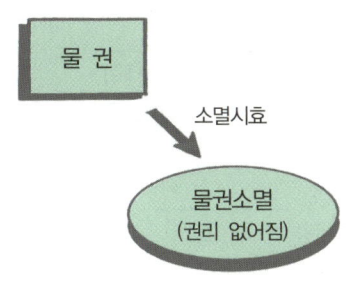

채권과 소유권을 제외한 재산권은 20년간 행사하지 않으면 소멸시효가 완성되어 소멸한다.

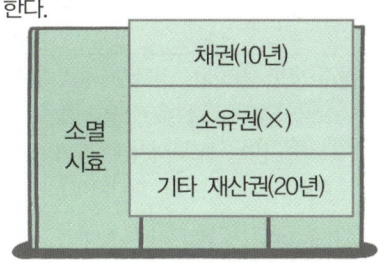

소멸시효에 반대되는 개념으로 취득시효가 있다.

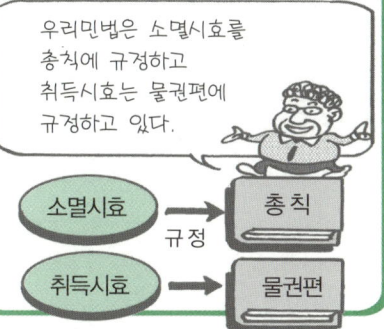

취득시효란 권리를 행사하고 있는 외형이 일정기간 계속되는 경우에

등기를 하여 소유권을 취득하게 하여 법률관계를 안정시키는 제도를 말한다.

등기부취득시효란 부동산의 소유자로 등기하고 10년간 소유의사로 평온·공연·선의·무과실로 점유한 때 소유권을 취득하는 것을 말한다.

(2) 소멸시효제도의 법적 성질

1) 소멸시효제도는 권리가 존재함에도 불구하고 일정기간 동안 권리를 행사하지 아니한 사실관계가 계속됨에 따라서 그 권리를 소멸시키는 제도이다.
2) 첫째 거래의 안전과 법적 생활의 안정 및 평화 달성, 둘째 증거보전의 곤란을 피하기 위하여, 셋째 오랫동안 자신의 권리를 방치한 자는 "권리 위에 잠자는 자는 보호할 가치가 없다"는 법언에 근거한다.

2 소멸시효와 제척기간 ★★★　　　　　6·8·10회 출제

(1) 의 의

소멸시효는 권리자가 권리를 행사할 수 있었음에도 일정기간 권리를 행사하지 않은 경우에 그 권리를 소멸시키는 제도이나, 제척기간은 법률이 규정한 권리의 존속기간이다.

(2) 구체적 차이점

기 준	시효제도	제척기간
법 조문	"시효로 인하여~"	"~행사하여야 한다."
존재이유	사실상태 존중, 입증곤란 회피	신속한 권리관계 확정
기간의 중단제도	인정(제168조 내지 제178조)	부정(대판 2003.1.10. 2000다26425)
기간의 정지	인정(제179조 내지 제182조)	부정설과 제182조 유추적용설이 대립
소송상 취급 (직권조사사항 여부)	변론주의 원칙상 권리가 시효로 소멸되었다는 점을 소멸시효의 이익을 받을 당사자가 주장해야 한다(대판 1979.2.13. 78다2157).	제척기간의 경우에는 당사자의 주장이 없어도 법원이 직권으로 고려해야 한다(대판 1996.9.20. 96다25371).
포 기	완성 후 포기 가능(제184조)	포기불가(대판 1995.11.10. 94다22682·22699)
기간단축·경감	할 수 있다(제184조 제2항).	할 수 없다(다수설).
기간의 연장	할 수 없다(제184조 제2항).	할 수 없다(대판 1995.11.10. 94다22682·22699).
인정분야	주로 청구권	형성권
효 과	소급적 권리소멸	불소급적 권리소멸

제6장 기간과 소멸시효

(3) 제척기간이 정해진 권리의 권리행사방법   13회 출제
1) 미성년자의 취소권과 같은 일반적인 형성권은 재판 외에서 의사표시를 하는 방법으로도 권리를 행사할 수 있다(대판 1993.7.27. 92다52795 참조).
2) 그러나 민법 제204조 제3항과 제205조 제2항에 규정된 점유의 회수 또는 방해제거 등을 위한 기간은 제척기간이고 위의 제척기간은 반드시 그 기간 내에 소를 제기하여야 하는 이른바 출소기간*으로 해석한다(대판 2002.4.26. 2001다8097, 8103).

> *출소기간
> 소송을 제기할 수 있는 법정기간

(4) 제척기간과 소멸시효의 관계
제척기간과 소멸시효는 별개의 제도이므로 사안에 따라서는 중첩적으로 문제될 수 있다.

판례 소멸시효와 제척기간의 적용

1. 매도인에 대한 하자담보에 기한 손해배상청구권에 대하여는 민법 제582조의 제척기간이 적용되고, 이는 법률관계의 조속한 안정을 도모하고자 하는 데에 취지가 있다. 그런데 하자담보에 기한 매수인의 손해배상청구권은 권리의 내용·성질 및 취지에 비추어 민법 제162조 제1항의 채권 소멸시효의 규정이 적용되고, 민법 제582조의 **제척기간 규정으로 인하여 소멸시효 규정의 적용이 배제된다고 볼 수 없으며**, 이때 다른 특별한 사정이 없는 한 무엇보다도 매수인이 매매 목적물을 인도받은 때부터 소멸시효가 진행한다고 해석함이 타당하다.
2. 甲이 乙 등에게서 부동산을 매수하여 소유권이전등기를 마쳤는데 위 부동산을 순차 매수한 丙이 부동산 지하에 매립되어 있는 폐기물을 처리한 후 甲을 상대로 처리비용 상당의 손해배상청구소송을 제기하였고, 甲이 丙에게 위 판결에 따라 손해배상금을 지급한 후 乙 등을 상대로 하자담보책임에 기한 손해배상으로서 丙에게 기지급한 돈의 배상을 구한 사안에서, 甲의 하자담보에 기한 손해배상청구권은 甲이 乙 등에게서 부동산을 인도받았을 것으로 보이는 소유권이전등기일로부터 소멸시효가 진행하는데, 甲이 그로부터 10년이 경과한 후 소를 제기하였으므로, 甲의 하자담보책임에 기한 손해배상청구권은 이미 소멸시효 완성으로 소멸되었다(대판 2011.10.13. 2011다10266).

➡ 甲이 손해배상청구를 한 때는 손해를 안 날로부터 6월 이내이므로 제582조의 제척기간을 준수하였지만, 소멸시효기간 10년이 이미 경과하였으므로 청구가 기각된 사안이다.

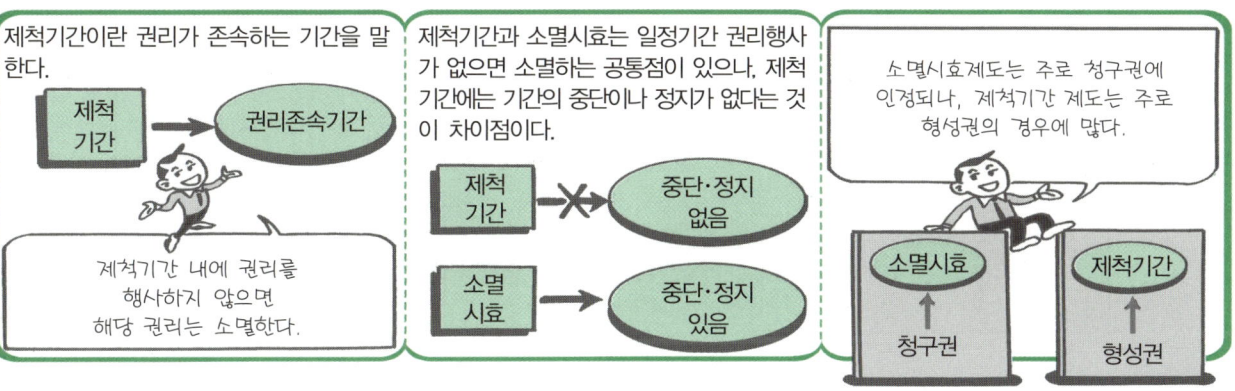

소멸시효와 제척기간

1편 민법총칙

단락문제 02

제척기간과 소멸시효의 특질에 대한 연결 중 부당한 것은?

구 분	소멸시효	제척기간
① 중단제도	있음	없음
② 소급효	있음	있음
③ 원용(이익의 주장)	필요	불요
④ 기간단축	가능	불가
⑤ 이익의 포기	가능	불가

해설 제척기간과 소멸시효의 비교
② 제척기간에는 소급효가 없다.

답 ②

단락문제 03

제13회 기출

제척기간에 관한 설명으로 옳지 않은 것은? (다툼이 있으면 판례에 의함)

① 제척기간에 의한 권리소멸의 효과는 그 기간이 경과한 때로부터 장래에 향하여 생긴다.
② 제척기간에 의한 권리소멸의 여부는 당사자의 주장에 관계없이 법원이 직권으로 조사하여야 한다.
③ 불법행위를 한 날로부터 10년이 경과하면 손해배상청구를 할 수 없도록 한 민법의 규정은 제척기간이 아니라 소멸시효에 관한 규정이다.
④ 형성권의 행사기간은 당사자의 약정에 관계없이 10년이다.
⑤ 제척기간에는 기간의 중단이 있을 수 없다.

해설 형성권의 행사기간
①, ② (○) 앞의 소멸시효와 제척기간의 비교부분 참조
③ (○) 민법 제766조 제2항이 규정하고 있는 '불법행위를 한 날로부터 10년'의 기간이나 예산회계법 제96조 제2항, 제1항이 규정하고 있는 '5년'의 기간은 모두 소멸시효기간에 해당한다(대판 1996.12.19. 94다22927).
④ (×) 형성권의 행사기간은 제척기간으로 보는 것이 통설과 판례(대판 1992.7.28. 91다44766)이며, 별도의 규정(예를 들어 제591조)이나 당사자 간의 약정이 없는 한 그 기간은 10년이라고 본다(대판 1997.6.27. 97다12488). 따라서 당사자 간의 약정이 있으면 그에 따를 수 있다.

답 ④

02 소멸시효의 요건★★★

> 제162조(채권, 재산권의 소멸시효) ① 채권은 10년간 행사하지 아니하면 소멸시효가 완성한다.
> ② 채권 및 소유권 이외의 재산권은 20년간 행사하지 아니하면 소멸시효가 완성한다.
> 제165조(판결등에 의하여 확정된 채권의 소멸시효) ① 판결에 의하여 확정된 채권은 단기의 소멸시효에 해당한 것이라도 그 소멸시효는 10년으로 한다.
> ② 파산절차에 의하여 확정된 채권 및 재판상의 화해, 조정 기타 판결과 동일한 효력이 있는 것에 의하여 확정된 채권도 전항과 같다.
> ③ 전2항의 규정은 판결확정당시에 변제기가 도래하지 아니한 채권에 적용하지 아니한다.
> 제166조(소멸시효의 기산점) ① 소멸시효는 권리를 행사할 수 있는 때로부터 진행한다.
> ② 부작위를 목적으로 하는 채권의 소멸시효는 위반행위를 한 때로부터 진행한다.

1 시효의 대상★★★

`2·5·9·15·16·18·23회 출제`

(1) 소유권 이외의 재산권

1) 시효대상

소멸시효가 인정되기 위해서는 시효의 대상이 되어야 한다. 민법은 **채권과 기타 재산권**이라고만 규정(제162조)하고 있어 시효대상이 문제된다.

2) 채권 및 채권적 청구권

채권은 가장 일반적인 소멸시효의 대상이며 **원상회복청구권, 부당이득반환청구권, 손해배상청구권**과 같은 **채권적 청구권**은 일반적으로 **10년의 소멸시효의 대상**이 된다.

3) 등기청구권에 관한 판례의 견해

`15·19회 출제`

"매매에 의한 이전등기청구권에 대하여서는 점유를 받아 이미 사용하고 있는 경우라면 소멸시효의 대상이 되지 않는다"*는 것이 판례의 입장이며(대판 1976. 11.6. 76다148), 또한 최근 판례는 매수인이 그 부동산을 처분하여 제3자에게 이전하는 경우에도 이전등기청구권의 소멸시효가 진행되지 않는다고 한다.

> ＊ 매매에 의한 이전등기청구권에 대하여서는 점유를 받아 이미 사용하고 있는 경우라면 소멸시효의 대상이 되지 않는다
> 권리 위에 잠자는 자가 아니라는 것이 그 이유

 '매수인'이 부동산을 사용·수익하다가 제3자에게 처분하여 준 경우 시효진행은 부정된다.★

부동산의 매수인이 그 부동산을 인도받은 이상 이를 사용·수익하다가 그 부동산에 대한 보다 적극적인 권리 행사의 일환으로 다른 사람에게 그 부동산을 처분하고 그 점유를 승계하여 준 경우에도 그 이전등기청구권의 행사 여부에 관하여 그가 그 부동산을 스스로 계속 사용·수익만 하고 있는 경우와 특별히 다를 바 없으므로 위 두 어느 경우에나 이전등기청구권의 소멸시효는 진행되지 않는다고 보아야 한다(대판 1999.3.18. 98다32175).

'시효취득자'가 부동산을 사용·수익하다가 제3자에게 처분하여 준 경우 시효진행은 인정된다.★★★

토지에 대한 취득시효 완성으로 인한 소유권이전등기청구권은 그 토지에 대한 점유가 계속되는 한 시효로 소멸하지 아니하고, 그 후 점유를 상실하였다고 하더라도 이를 시효이익의 포기로 볼 수 있는 경우가 아닌 한 이미 취득한 소유권이전등기청구권은 바로 소멸되는 것은 아니나, 취득시효가 완성된 점유자가 점유를 상실할 경우 취득시효 완성으로 인한 소유권이전등기청구권의 소멸시효는 이와 별개의 문제로서, 그 점유자가 점유를 상실한 때로부터 10년간 등기청구권을 행사하지 아니하면 소멸시효가 완성한다(대판 1996.3.8. 95다34866).

(2) 재산권이지만 소멸시효에 걸리지 않는 권리★★★

1) 소유권 및 소유권에 의한 물권적 청구권
소유권에는 이른바 항구성이 있기 때문에 소멸시효에 걸리지 않는다. 다만 점유시효취득의 대상이 되므로 유사한 효과가 발생한다.

2) 점유권
점유권은 일정한 사실상태가 있으면 언제나 존재하고, 그 사실상태가 소멸하면 당연히 소멸하는 것이므로 소멸시효에 걸릴 여지가 없다.

3) 상린권·공유물분할청구권
이들은 그 기초가 되는 법률관계에 의존하는 권리로서 독립하여 소멸시효에 걸리지 않는다.

4) 담보물권(擔保物權)
유치권·질권·저당권 등 담보물권은 피담보채권이 존속하는 한 담보물권만이 소멸시효에 걸리는 일은 없다.*

> * 피담보채권이 존속하는 한 담보물권만이 소멸시효에 걸리는 일은 없다
> 담보물권의 부종성

5) 물권적 청구권(物權的請求權)
물권적 청구권은 물권에 독립하여 소멸시효에 걸리지 않는다(다수설). 그러나 소유권 이외의 물권에 기한 물권적 청구권은 소멸시효에 걸린다는 소수설이 있음을 주의해야 한다.

6) 형성권(形成權)
① 형성권의 존속기간은 언제나 제척기간으로 해석하는 것이 통설이다(판례는 개별적으로 판단한다).
② 존속기간이 정해져 있지 않은 모든 형성권은 그 제척기간이 10년이라고 해석한다. 즉, 형성권은 소멸시효에 걸리지 않는다.

단락문제 04

제5회 기출

다음 중 소멸시효에 걸리는 권리는?

① 친족권 ② 지역권 ③ 저당권
④ 공유물분할청구권 ⑤ 물권적 청구권

해설 소멸시효의 대상
지역권은 물권으로서 20년이 소멸시효기간이다.

답 ②

2 권리의 불행사

3·7·8·9회 출제

(1) 의 의*

1) 권리자가 권리를 행사하는 데 법률상 장애*가 없음에도 불구하고 그 권리를 행사하지 않는 것을 말하므로, 소멸시효의 기산점은 권리를 행사할 수 있는 때로부터 진행한다(제166조 제1항).

> * 법률상 장애
> ① 법률상 장애 : 기한미도래, 조건불성취
> ② 사실상 장애 : 권리자의 질병, 권리의 부지, 채무자의 부재 등

판례 채권양도통지와 권리행사

채권양도의 통지는 그 양도인이 채권이 양도되었다는 사실을 채무자에게 알리는 것에 그치는 행위이므로, 그것만으로 제척기간의 준수에 필요한 권리의 재판외 행사에 해당한다고 할 수 없다(대판 2012. 4. 12. 2010다65399).

2) 비록 사실상 권리의 존재나 권리행사 가능성을 알지 못하였고, 알지 못함에 과실이 없다고 하여도 이러한 사유는 법률상 장애사유에 해당하지 않으며(대판 2007. 5. 31. 2006다63150), 대법원의 판례변경도 법률상 장애사유로 볼 수 없다. 다만 헌법재판소의 위헌결정은 다르다.

판례 면직처분의 근거법률이 위헌 결정되고 그 처분이 불법행위에 해당되는 경우, 그 손해배상청구권의 소멸시효의 기산점(위헌결정일)

헌법재판소에 의하여 면직처분의 근거가 된 법률 규정이 위헌으로 결정되어 위헌결정의 소급효로 인하여 면직처분이 당연무효가 되고 그 면직처분이 불법행위에 해당되는 경우라도, 그 손해배상청구권은 위헌결정이 있기 전까지는 법률 규정의 존재라는 법률상 장애로 인하여 행사할 수 없었다고 보아야 할 것이므로 소멸시효의 기산점은 위헌결정일로부터 진행되는 것이고, 이러한 법리는 그 법률이 위헌결정 당시에는 실효되었다 할지라도 그 법률 규정으로 인한 면직처분의 효력이 그대로 지속되는 경우에도 마찬가지이다(대판 1996. 7. 12. 94다52195).

(2) 소멸시효의 구체적 기산점★★★

> 10·11·12·14·22회 출제

1) 확정기한부 채권
기한의 도래시부터이다.

Professor Comment

❶ 비교: 확정기한부 채권의 이행지체책임도 기한의 도래시부터이다(제387조 제1항 전문).
❷ 소멸시효의 기산점과 채권총론에서 이행지체책임의 기산점과는 서로 비교하여 가끔 시험출제되고 있다. 이하 비교정리하여 꼼꼼히 공부하여야 한다.

2) 불확정기한부 채권
기한의 객관적 도래시부터이다.

Professor Comment

비교: 불확정기한부 채권의 이행지체책임은 채무자가 기한의 도래를 안 때(제387조 제1항 후문) 또는 최고시부터이다.

* **채권의 성립시**
채권은 성립시부터 효력이 발생하는 것이 원칙이기 때문

3) 기한을 정하지 않는 채권
원칙적으로 채권의 성립시* 또는 효력 발생시부터이다.

Professor Comment

비교: 기한을 정하지 않는 채권의 이행지체책임은 이행청구를 받는 때부터 발생한다(제387조 제2항).

판례 기한을 정하지 않는 채권의 기산점

① 단기소멸시효의 기산점은 계속적인 거래관계로 인하여 발생한 채권인 경우 변제기에 관한 특약이 없는 한 각 외상대금 채권이 발생한 때로부터 개별적으로 진행한다(대판 1978.3.28. 77다2463).
② 보험금액청구권은 보험사고가 발생하기 전에는 추상적인 권리에 지나지 아니할 뿐, 보험사고의 발생으로 인하여 구체적인 권리로 확정되어 그 때부터 그 권리를 행사할 수 있게 되는 것이므로, 특별한 다른 사정이 없는 한 원칙적으로 보험금액청구권의 소멸시효는 보험사고가 발생한 때로부터 진행한다고 해석함이 상당하다(대판 1998.2.13. 96다19666).
③ 사용자와 근로자의 합의로 퇴직금 중간정산이 성립한 일부 근로기간에 대하여는 중간정산 시점에 중간정산퇴직금청구권이 발생하고 소멸시효도 그때부터 기산되지만, 중간정산 합의가 없었던 나머지 근로기간에 대하여는 최종 퇴직시에 퇴직금청구권이 발생하고, **소멸시효도 최종 퇴직 시점으로부터 진행한다**고 한 사례(대판 2008.2.1. 2006다20542).

---

4) 할부채권
각 분기의 급부청구권은 각각의 지급일부터이다.

> **형성권적 기한이익 상실의 특약이 있는 할부변제채무에 대한 소멸시효의 기산점**
>
> 기한이익 상실의 특약은 그 내용에 의하여 ㉠ 일정한 사유가 발생하면 채권자의 청구 등을 요함이 없이 당연히 기한의 이익이 상실되어 이행기가 도래하는 것으로 하는 것(정지조건부 기한이익 상실의 특약)과 ㉡ 일정한 사유가 발생한 후 채권자의 통지나 청구 등 채권자의 의사행위를 기다려 비로소 이행기가 도래하는 것으로 하는 것(형성권적 기한이익 상실의 특약)의 2가지로 대별할 수 있고, 이른바 형성권적 기한이익 상실의 특약이 있는 경우에는 그 특약은 채권자의 이익을 위한 것으로서 기한이익의 상실 사유가 발생하였다고 하더라도 채권자가 나머지 전액을 일시에 청구할 것인가 또는 종래대로 할부변제를 청구할 것인가를 자유로이 선택할 수 있으므로, 이와 같은 **형성권적 기한이익 상실의 특약이 있는 할부채무에 있어서는 1회의 불이행이 있더라도 각 할부금에 대해 그 각 변제기의 도래시마다 그 때부터 순차로 소멸시효가 진행하고 채권자가 특히 잔존 채무 전액의 변제를 구하는 취지의 의사를 표시한 경우에 한하여 전액에 대하여 그 때부터 소멸시효가 진행**한다(대판 1997.8.29. 97다12990).

5) 청구 또는 해지통고를 요하는 채권

채권자가 최고(제603조 제2항)나 해지통고*(제635조)를 한 후 상당한 기간 또는 일정한 기간이 경과한 후에 현실로 권리를 행사할 수 있는 채권에서는 '<u>최고나 해지통고를 할 수 있는 때로부터 상당한 기간이 경과한 때</u>'로부터 소멸시효가 진행한다.

> * **해지통고**
> 계속적 계약에서 일정한 사유가 발생하면 해지할 수 있는 권리

6) 정지조건부 권리

<u>조건의 성취시</u>부터이다(제147조 제1항·제166조 제1항, 대판 1992.12.22. 92다28822).

Professor Comment
비교 : 정지조건부 권리의 이행지체책임은 조건성취 후 청구를 받은 때부터이다.

7) 선택채권

<u>선택채권을 행사할 수 있는 때</u>*부터이다.

> * **선택채권을 행사할 수 있는 때**
> 선택권의 행사기간과 구별

8) 부작위채권

위반행위를 한 때부터이다(제166조 제2항).

9) 손해배상청구권

① 채무불이행에 기한 손해배상청구권

부동산소유권이전채무의 이행불능으로 인한 손해배상청구권은 이전채무가 이행불능이 된 때에 발생하므로, 그 소멸시효는 계약체결일이 아니라 <u>소유권이전채무가 이행불능된 때로부터 진행</u>한다(채무불이행시설, 대판 1990.11.9. 90다카22513).

② 불법행위에 기한 손해배상청구권

피해자나 그 법정대리인이 그 손해 및 가해자를 안 날로부터(3년) 또는 불법행위를 한 날로부터(10년) 기산한다. 다만, 제766조 제2항의 10년의 기간을 학설은 제척기간으로 보고 있음에 반해, 판례는 소멸시효로 파악한다.

Professor Comment

비교 : 불법행위에 기한 손해배상청구권의 이행지체책임은 불법행위시부터 발생한다.

10) 부당이득반환청구권·원상회복청구권

취소로 인한 부당이득반환청구권 또는 해제로 인한 원상회복청구권은 그 취소 또는 해제의 의사표시에 의하여 발생하므로 그 의사표시가 행해진 시점부터이다.

11) 동시이행의 항변권이 붙은 채권

동시이행의 항변권이 인정되더라도 권리행사에는 지장이 없으므로 변제기부터이다.

Professor Comment

비교 : 동시이행의 항변이 붙는 채권의 이행지체책임은 상대방이 이행 또는 이행제공을 한 때부터 발생한다.

부동산매매계약에 있어서 매매대금채권의 소멸시효의 기산점

부동산에 대한 매매대금채권이 소유권이전등기청구권과 동시이행관계에 있다고 할지라도, 매매대금청구권은 그 지급기일 이후 시효의 진행에 걸린다(대판 1991.3.22. 90다9797).

12) 구상권

① 보증인의 구상권

보증인의 주채무자에 대한 **사후구상권***과 **사전구상권****은 그 발생원인을 서로 달리하는 별개의 독립된 권리라 할 것이므로 그 소멸시효는 각각 그 권리가 발생되어 이를 행사할 수 있는 때부터 각별로 진행한다 (대판 1981.10.6. 80다2699).

> * **사후구상권**
> 보증인 대신 변제한 후 취득하는 구상권
>
> ** **사전구상권**
> 수탁보증인의 변제 전 일정한 사유가 있는 경우 취득하는 구상권 (제442조)

② 공동불법행위자의 구상권

공동불법행위자 중 1인의 다른 공동불법행위자에 대한 구상금채권은 피해자에게 현실로 손해금을 지급한 때부터이다(대판 1996.3.24. 96다3791).

13) 양도담보설정자의 청산금청구권의 소멸시효의 기산점

양도담보설정자의 청산금청구는 처분정산의 경우에는 담보부동산이 환가되어야 비로소 그 권리행사가 가능한 것이므로, 청산금청구권은 담보부동산의 환가시를 시점으로 하여 소멸시효가 진행된다(대판 1994.5.24. 93다44975).

제6장 기간과 소멸시효

> **Key Point** 소멸시효의 기산점 　　　　　　　　　　　　　　　　　12·21회 출제

권리의 종류	기산점
1) 확정기한부 권리	기한이 도래한 때
2) 불확정기한부 권리	기한이 객관적으로 도래한 때
3) 기한의 정함이 없는 권리	채권이 발생한 때
4) 채무불이행(이행불능)으로 인한 손해배상청구권	본래의 채권을 행사할 수 있을 때(판례는 이행불능으로 된 때라고 함)
5) 청구·해지통고 후 상당기간 또는 일정기간 경과해야 청구가능한 권리	청구·해지통고를 할 수 있는 때로부터 상당한 기간(제603조)이나 일정한 기간(제635조)이 경과한 때로부터
6) 할부금채권(1회라도 변제를 게을리 하면 곧 전액의 청구를 할 수 있다는 특약을 한 경우)	특별한 사정이 없으면 형성권적 기한이익상실특약이 있는 것으로 보아 각 할부금 채권의 변제기 도래시부터 각각 소멸시효가 진행한다(대판 1997.8.29.97다12990)
7) 정지조건부권리	조건성취한 때
8) 부작위채권	위반행위한 때
9) 불법행위로 인한 손해배상청구	불법행위사실을 안 날로부터 3년, 불법행위시로부터 10년
10) 동시이행항변권이 붙은 채권	이행기가 도래한 때
11) 물 권	권리가 발생한 때

단락문제 Q5 　　　　　　　　　　　　　　　　　　　　제8회 기출

소멸시효의 기산점에 관한 설명으로 가장 옳은 것은? (다수설에 의함)

① 기한의 정함이 없는 채권 ·················· 기한이 객관적으로 도래한 때
② 부작위 채권 ·················· 채무자가 위반행위를 한 때
③ 불확정기한부 채권 ·················· 채무자가 기한의 도래를 안 때
④ 동시이행의 항변권이 붙어 있는 채권 ·········· 그 항변권이 소멸된 이후부터
⑤ 확정기한부 채권 ·················· 이행의 청구를 받은 때

> **해설** 소멸시효의 기산점
> ① (×) 기한의 정함이 없는 권리의 경우에는 권리의 성립즉시 소멸시효가 진행하는 것이 원칙이다.
> ② (○) 부작위채권의 경우 소멸시효는 위반행위가 있는 때부터 기산된다(제166조 제2항).
> ③ (×) 불확정기한도 기한이 도래한 때부터 소멸시효가 진행된다. 즉, 채권자의 기한도래에 관한 인식여부나 과실의 유무를 불문하고 기한이 객관적으로 도래한 때로부터 기산한다.
> ④ (×) 동시이행의 항변권이 붙어있는 채권에 대해서도 채권자가 반대급부를 제공하면 언제든지 행사할 수 있으므로 이행기로부터 소멸시효는 진행한다.
> ⑤ (×) 확정기한이 있는 권리는 그 확정기한이 도래한 때가 소멸시효의 기산점이 된다.
>
> **답** ②

1편 민법총칙

단락문제 06
제14회 기출개작

소멸시효의 기산점에 관한 설명으로 틀린 것은? (다툼이 있으면 판례에 의함)

① 채무자가 소멸시효 완성 후에 채무를 승인함으로써 시효이익을 포기한 경우에는 그 채무는 채무를 승인한 때부터 시효가 다시 진행한다.
② 부작위 채권의 소멸시효는 그 위반행위를 한 때로부터 진행한다.
③ 이행불능으로 인한 손해배상청구권의 소멸시효는 이행불능이 된 때부터 진행한다.
④ 무효인 과세처분에 기해 오납한 세금의 반환청구권의 소멸시효는 납세자가 그 과세처분의 무효를 안 것과 상관없이 오납한 날로부터 진행한다.
⑤ 동시이행의 항변권이 붙은 채권의 소멸시효는 채권자가 변제의 제공을 하여 채무자의 동시이행의 항변권이 소멸된 때부터 진행한다.

해설 소멸시효의 기산점
③ (○) (대판 1990.11.9. 90다카22513)
④ (○) (대판 2004.4.27. 2003두10763)
⑤ (×) 동시이행의 항변권에 영향을 받지 않고 변제기가 도래한 때부터 진행한다(대판 1991.3.22. 90다9797).

답 ⑤

단락핵심 소멸시효의 기산점

(1) 소멸시효는 권리를 행사하는데 '법률상의 장애사유'가 없는 때로부터 진행한다. (○)
(2) 기한을 정하지 아니한 권리는 권리가 발생한 때로부터 소멸시효가 진행한다. (○)
(3) 부작위를 목적으로 하는 채권은 위반행위를 하였을 때로부터 소멸시효가 진행한다. (○)
(4) 정지조건부채권의 경우에는 조건이 성취한 때로부터 시효가 진행한다. (○)
(5) 권리가 불확정기한부인 경우에 기한이 객관적으로 도래한 때부터 소멸시효가 진행한다. (○)
(6) 선택채권의 소멸시효는 선택권을 행사한 때부터 진행한다. (×)
  ⇒ 선택권을 행사할 수 있는 때로부터 진행한다.
(7) 채무불이행으로 인한 손해배상청구권의 경우에 소멸시효는 채무불이행시부터 진행한다. (○)
(8) 불법행위로 인한 손해배상청구권은 불법행위시부터 소멸시효가 진행한다. (○)

3 일정기간이 경과할 것(소멸시효기간)

13회 출제

(1) 원칙

3·9회 출제

1) 보통 채권 10년, 채권과 소유권을 제외한 재산권은 20년인데(제162조), 이 경우 재산권은 결국 용익물권과 지식재산권만을 의미한다.
2) 상사채권은 5년(상법 제64조)이고 공법상 채권은 5년(국가재정법 제96조 제1·2항)이다.

10년의 민사소멸시효기간이 적용된 사례

임대인 甲주식회사와 임차인 乙주식회사 사이에 체결된 건물임대차계약이 종료되었는데도 乙회사가 임차건물을 무단으로 점유·사용하자 甲회사가 乙회사를 상대로 부당이득반환을 구한 사안에서, 乙회사는 甲회사에 대하여 임차건물의 점유·사용으로 인한 차임 상당의 부당이득금을 반환할 의무가 있는데, **주식회사인 甲회사, 乙회사 사이에 체결된 임대차계약은 상행위에 해당하지만 계약기간 만료를 원인으로 한 부당이득반환채권은** 법률행위가 아닌 법률규정에 의하여 발생하는 것이고, 발생 경위나 원인 등에 비추어 상거래 관계에서와 같이 정형적으로나 신속하게 해결할 필요성이 있는 것도 아니므로, **특별한 사정이 없는 한 10년의 민사소멸시효가 적용**된다(대판 2012.5.10. 2012다4633).

(2) 단기소멸시효기간 〔11회 출제〕

1) 3년의 단기소멸시효(제163조)

① 이자, 부양료, 급료, 사용료 기타 **1년 이내의 기간으로 정한 금전 또는 물건의 지급을 목적으로 한 채권***

> * **1년 이내의 기간으로 정한 금전 또는 물건의 지급을 목적으로 한 채권**
> 1년 이내의 단위기간(매달, 6개월 마다 등)으로 정기적으로 지급하는 채권을 의미한다는 것이 판례

 집합건물의 관리비 채권

단위로 지급되민법 제163조 제호에서 3년의 단기소멸시효에 걸리는 것으로 규정한 '1년 이내의 기간으로 정한 채권'의 의미 및 1개월 는 집합건물의 관리비채권이 이에 해당(대판 2005다65821)

② 의사, 조산사, 간호사 및 약사의 치료, 근로 및 조제에 관한 채권
③ 도급 받은 자, 기사 기타 공사의 설계 또는 감독에 종사하는 자의 공사에 관한 채권
④ 변호사, 변리사, 공증인, 공인회계사 및 법무사에 대한 직무상 보관한 서류의 반환을 청구하는 채권
⑤ 변호사, 변리사, 공증인, 공인회계사 및 법무사의 직무에 관한 채권
⑥ 생산자 및 상인이 판매한 생산물 및 상품의 대가
⑦ 수공업자 및 제조자의 업무에 관한 채권

2) 1년의 단기소멸시효(제164조) 〔2회 출제〕

① 여관, 음식점, 대석, 오락장의 숙박료, 음식료, 대석료, 입장료, 소비물의 대가 및 체당금의 채권
② 의복, 침구, 장구 기타 동산의 사용료의 채권
③ 노역인, 연예인의 임금 및 그에 공급한 물건의 대금채권
④ 학생 및 수업자의 교육, 의식 및 유숙에 관한 교주, 숙주, 교사의 채권

(3) 판결 등에 의하여 확정된 채권의 소멸시효(제165조)★★

1) 판결에 의하여 확정된 채권은 단기의 소멸시효에 해당한 것이라도 10년으로 한다.
2) 파산절차에 의하여 확정된 채권 및 재판상의 화해, 조정 기타 판결과 동일한 효력이 있는 것에 의하여 확정된 채권도 위와 같다.
3) 위의 1), 2)는 판결확정 당시에 변제기가 도래하지 아니한 채권에 적용하지 아니한다.

> **판례** 판결 등에 의하여 확정된 채권의 소멸시효★
>
> 1. 민법 제165조의 규정은 단기의 소멸시효에 걸리는 것이라도 확정판결을 받은 권리의 소멸시효는 10년으로 한다는 뜻일 뿐 10년보다 장기의 소멸시효를 10년으로 단축한다는 의미도 아니고 본래 소멸시효의 대상이 아닌 권리가 확정판결을 받음으로써 10년의 소멸시효에 걸린다는 뜻도 아니다(대판 1981.3.24. 80다1888·1889).
> 2. 민법 제165조가 판결에 의하여 확정된 채권, 판결과 동일한 효력이 있는 것에 의하여 확정된 채권은 단기의 소멸시효에 해당한 것이라도 그 소멸시효는 10년으로 한다고 규정하는 것은 당해 판결등의 당사자 사이에 한하여 발생하는 효력에 관한 것이고 채권자와 주채무자 사이의 판결등에 의해 채권이 확정되어 그 소멸시효가 10년으로 되었다 할지라도 위 당사자 이외의 채권자와 연대보증인사이에 있어서는 위 확정판결등은 그 시효기간에 대하여는 아무런 영향도 없고 채권자의 연대보증인의 연대보증채권의 소멸시효기간은 여전히 종전의 소멸시효기간에 따른다(대판 1986.11.25. 86다카1569).
> 3. 유치권부 부동산의 매수인은 유치권의 피담보채권의 소멸시효기간이 확정판결 등에 의하여 10년으로 연장된 경우, 그 채권의 소멸시효기간이 연장된 효과를 부정하고 종전의 단기소멸시효기간을 원용할 수는 없다(대판 2009.9.24. 2009다39350).

제6장 기간과 소멸시효

단락문제 07 제27회 기출

소멸시효에 관한 설명으로 옳지 않은 것은? (다툼이 있으면 판례에 따름)

① 채권 및 소유권은 10년간 행사하지 아니하면 소멸시효가 완성한다.
② 지역권은 20년간 행사하지 아니하면 소멸시효가 완성한다.
③ 금전채무의 이행지체로 인하여 발생하는 지연손해금은 3년의 단기소멸시효가 적용되지 않는다.
④ 이자채권이라도 1년 이내의 정기로 지급하기로 한 것이 아니면 3년의 단기소멸시효가 적용되지 않는다.
⑤ 상행위로 인하여 발생한 상품 판매 대금채권은 3년의 단기소멸시효가 적용된다.

해설 **소멸시효**

① (X) 민법 제162조① 소유권은 소멸시효에 걸리지 않는다
② 민법 제162조②
③ 대판 1989.2.28. 88다카214
변제기 이후에 지급하는 지연이자는 금전채무의 이행을 지체함으로 인한 손해배상금이지 이자가 아니고 또 민법 제163조 제호 소정의 1년 이내의 기간으로 정한 채권도 아니므로 단기소멸시효의 대상이 되는 것도 아니다.
④ 대판 1996.9.20. 96다25302
1년 이내의 정기에 지급되는 채권을 의미하는 것이지, 변제기가 1년 이내의 채권을 말하는 것이 아니므로, 이자채권이라고 하더라도 1년 이내의 정기에 지급하기로 한 것이 아닌 이상 위 규정 소정의 3년의 단기소멸시효에 걸리는 것이 아니다.
⑤ 민법 제163조 7

답 ①

소멸시효의 중단

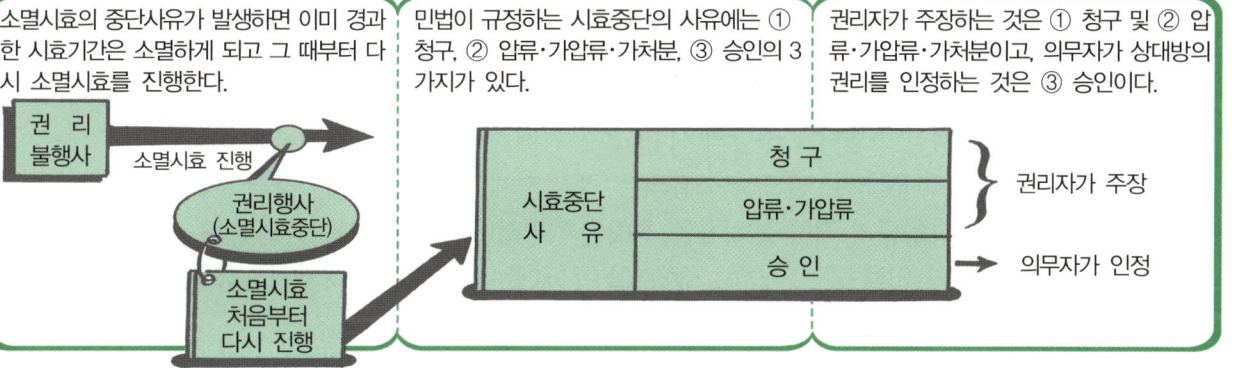

1편 민법총칙

03 소멸시효의 중단 ★★★
`11·16·20·23회 출제`

> **제168조(소멸시효의 중단사유)** 소멸시효는 다음 각호의 사유로 인하여 중단된다.
> 1. 청구   2. 압류 또는 가압류, 가처분   3. 승인
>
> **제169조(시효중단의 효력)** 시효의 중단은 당사자 및 그 승계인간에만 효력이 있다.
>
> **제170조(재판상의 청구와 시효중단)** ① 재판상의 청구는 소송의 각하, 기각 또는 취하의 경우에는 시효중단의 효력이 없다.
> ② 전항의 경우에 6월내에 재판상의 청구, 파산절차 참가, 압류 또는 가압류, 가처분을 한 때에는 시효는 최초의 재판상 청구로 인하여 중단된 것으로 본다.
>
> **제174조(최고와 시효중단)** 최고는 6월내에 재판상의 청구, 파산절차 참가, 화해를 위한 소환, 임의출석, 압류 또는 가압류, 가처분을 하지 아니하면 시효중단의 효력이 없다.
>
> **제176조(압류, 가압류, 가처분과 시효중단)** 압류, 가압류 및 가처분은 시효의 이익을 받은 자에 대하여 하지 아니한 때에는 이를 그에게 통지한 후가 아니면 시효중단의 효력이 없다.
>
> **제177조(승인과 시효중단)** 시효중단의 효력있는 승인에는 상대방의 권리에 관한 처분의 능력이나 권한 있음을 요하지 아니한다.
>
> **제178조(중단후에 시효진행)** ① 시효가 중단된 때에는 중단까지에 경과한 시효기간은 이를 산입하지 아니하고 중단사유가 종료한 때로부터 새로이 진행한다.
> ② 재판상의 청구로 인하여 중단한 시효는 전항의 규정에 의하여 재판이 확정된 때로부터 새로이 진행한다.

1 중단의 의의

소멸시효의 중단이란 소멸시효의 기초가 되는 권리불행사와 충돌하는 **일정한 행위가 있어*** 소멸시효기간이 중단되고, 이미 경과한 시효기간은 소멸하고, 그 때부터 다시 전체의 시효기간이 진행되는 것을 말한다.

> * **일정한 행위가 있어**
> 권리행사로 볼 수 있는 청구 압류 등과 채무자의 승인

2 중단의 사유
`1·5·12·13·14·27회 출제`

(1) 청구

1) **재판상의 청구**(제170조) ★★★
   ① 이행의 소, 확인의 소, 형성의 소, 본소·반소를 불문한 모든 소의 제기는 가장 대표적인 소멸시효 중단의 사유이다. 판례는 응소행위도 재판상 청구의 일종으로 보고 있으며, 반드시 소멸되는 권리 자체를 구해야 하는 것도 아니다.
   ② 재판상청구가 각하, 기각 또는 취하된 경우라도 6월 내에 재판상의 청구, 파산절차 참가, 압류 또는 가압류, 가처분을 한 때에는 시효는 최초의 재판상청구로 인하여 중단된 것으로 본다(제170조 제2항).

재판상 청구로 인정된 경우

1 응소행위

시효중단사유의 하나로 규정하고 있는 재판상의 청구에는 시효를 주장하는 자가 원고가 되어 소를 제기한 데 대하여 **피고로서 응소하여 그 소송에서 적극적으로 권리를 주장하고 그것이 받아들여진 경우도 포함된다**(대판 1993.12.21. 92다47861).

2 일부청구

1) **청구부분이 특정될 수 있는 경우에 있어서의 일부청구는 나머지 부분에 대한 시효중단의 효력이 없고**, 나머지 부분에 관하여는 소를 제기하거나 청구를 확장(청구의 변경)하는 서면을 법원에 제출한 때에 비로소 시효중단의 효력이 생긴다(대판 1975.2.25. 74다1557).

2) 원고의 청구가 **장차 신체감정결과에 따라 청구금액을 확장할 것을 전제로 우선 재산상 및 정신상 손해금 중 일부를 청구**한다는 뜻이라면 채권의 일부에 대해서만 판결을 구하는 취지의 일부청구는 아님이 분명하여 소제기로 인한 **시효중단의 효력은 소장에서 주장한 손해배상채권의 동일성의 범위 내에서 채권 전부에 대하여 미친다**(대판 1992.12.8. 92다29924).

3 근저당권설정등기청구의 소제기와 그 피담보채권이 될 채권의 소멸시효 중단

근저당권설정등기청구의 소의 제기는 그 피담보채권의 재판상의 청구에 준하는 것으로서 피담보채권에 대한 소멸시효 중단의 효력을 생기게 한다(대판 2004.2.13. 2002다7213).

4 매매계약에 기한 소유권이전등기청구권과 건축주명의변경의 소

매매계약에 기한 소유권이전등기청구권의 소멸시효기간 만료 전에 매매계약을 원인으로 건축주명의변경을 구하는 소를 제기한 사안에서, 매매계약에 기한 소유권이전등기청구권의 시효중단 사유인 재판상 청구는 권리자가 소송이라는 형식을 통하여 권리를 주장하면 족하고 반드시 그 권리가 소송물이 되어 기판력이 발생할 것을 요하지 않으므로, 소유권이전등기청구권이 발생한 기본적 법률관계에 해당하는 매매계약을 기초로 하여 건축주명의변경을 구하는 소도 소멸시효를 중단시키는 재판상 청구에 포함된다(대판 2011.7.14. 2011다19737).

5 어음채권의 행사와 원인채권의 소멸시효 중단

원인채권의 지급을 확보하기 위하여 어음이 수수된 당사자 사이에서 채권자가 **어음채권을 피보전권리로 하여 채무자의 재산을 가압류함으로써 그 권리를 행사한 경우에는 그 원인채권의 소멸시효를 중단시키는 효력이 있고**, 이러한 법리는 **채권자가 어음채권을 청구채권으로 하여 채무자의 재산을 압류함으로써 그 권리를 행사한 경우에도 마찬가지**이며, 원인채권의 지급을 확보하기 위하여 어음이 수수된 당사자 사이에 채권자가 어음채권에 관한 집행력 있는 채무명의 정본에 기하여 한 배당요구는 그 원인채권의 소멸시효를 중단시키는 효력이 있다(대판 2002.2.26. 2000다25484).

6 소멸시효 중단사유

「주택임대차보호법」 제3조의3에서 정한 임차권등기명령에 따른 임차권등기는 특정 목적물에 대한 구체적 집행행위나 보전처분의 실행을 내용으로 하는 압류 또는 가압류, 가처분과 달리 어디까지나 주택임차인이 「주택임대차보호법」에 따른 대항력이나 우선변제권을 취득하거나 이미 취득한 대항력이나 우선변제권을 유지하도록 해 주는 담보적 기능을 주목적으로 한다. 비록 「주택임대차보호법」이 임차권등기명령의 신청에 대한 재판절차와 임차권등기명령의 집행 등에 관하여 「민사집행법」상 가압류에 관한 절차규정을 일부 준용하고 있지만, 이는 일방 당사자의 신청에 따라 법원이 심리·결정한 다음 그 등기를 촉탁하는 일련의 절차가 서로 비슷한 데서 비롯된 것일 뿐 이를 이유로 임차권등기명령에 따른 임차권등기가 본래의 담보적 기능을 넘어서 채무자의 일반재산에 대한 강제집행을 보전하기 위한 처분의 성질을 가진다고 볼 수는 없다. 그렇다면 임차권등기명령에 따른 임차권등기에는 「민법」 제168조 제2호에서 정하는 소멸시효 중단사유인 압류 또는 가압류, 가처분에 준하는 효력이 있다고 볼 수 없다(대판 2019.5.16. 2017다226629).

7 소변경과 시효중단
아파트입주자대표회의가 직접 하자보수에 갈음한 손해배상청구의 소를 제기하였다가 구분소유자들로부터 손해배상채권을 양도받아 양수금청구를 하는 것으로 청구원인을 변경한 사안에서, 소를 제기한 때가 아니라 청구원인을 변경하는 취지의 준비서면을 제출한 때에 소멸시효 중단의 효과가 발생한다(대판 2009.2.12. 2008다84229).

> **판례 고소나 형사재판은 소멸시효의 중단사유인 재판상의 청구로 볼 수 없음**
> 형사소송은 피고인에 대한 국가형벌권의 행사를 그 목적으로 하는 것이므로, 피해자가 형사소송에서 소송촉진등에관한특례법에서 정한 배상명령을 신청한 경우를 제외하고는 **단지 피해자가 가해자를 상대로 고소하거나 그 고소에 기하여 형사재판이 개시되어도 이를 가지고 소멸시효의 중단사유인 재판상의 청구로 볼 수는 없다**(대판 1999.3.12. 98다18124).

2) **파산절차 참가**(제171조)
채권자가 파산재단 배당에 참가하기 위하여 채권을 법원에 신고하면 시효중단의 효력이 발생한다. 단, 채권자가 이를 취소하거나 그 청구가 각하*된 때에는 시효중단의 효력이 없다.

* **각하(却下)**
소제기의 적법요건을 구비하지 못하여 법원이 본안판단을 하지 않고 종결하기로 결정한 재판

3) **지급명령 신청**(제172조)
금전 기타 대체물이나 유가증권의 일정한 수량의 지급을 목적으로 한 지급명령 신청(독촉절차)도 시효중단의 효력이 있다.

> **판례 지급명령신청의 각하와 소제기**
> 지급명령 신청이 각하된 경우라도 6개월 이내 다시 소를 제기한 경우라면 민법 제170조 제2항에 의하여 시효는 당초 지급명령 신청이 있었던 때에 중단되었다고 보아야 한다(대판 2011.11.10. 2011다54686).

4) **화해를 위한 소환**(제173조)
화해의 신청도 소멸시효를 중단한다. 그러나 법원이 상대방을 소환했으나 상대방이 출석하지 않거나 또는 출석하더라도 화해 불성립시에는 1개월 내에 소를 제기하지 않으면 중단의 효력은 발생하지 않는다.

제6장 기간과 소멸시효

5) 임의출석(제173조)
쌍방 임의로 법원에 출석하여 구두변론을 함으로써 소를 제기하는 방법으로 소액사건에 적용된다.

6) 최고(제174조)★★★
채권자가 채무자에게 이행을 청구하는 의사의 통지이다. 효력이 가장 약하여 **최고 후 6개월 이내에 위에 기술한 방법 중의 어느 하나 또는 압류·가압류·가처분과 같은 보다 강력한 방법을 취하지 않으면 시효중단의 효력은 발생하지 않는다.** 이러한 절차를 밟으면 최고를 한 때에 시효의 중단효력이 발생한다는 것이다.

> **판례 최고**
>
> ① 채권자가 확정판결에 기한 채권의 실현을 위하여 채무자에 대하여 **민사소송법 소정의 재산관계명시신청을 하고 그 결정이 채무자에게 송달이 되었다면** 거기에 소멸시효 중단사유인 '최고'로서의 효력을 인정하여야 한다(대판 1992.2.11. 91다41118).
>
> ② 최고를 여러 번 거듭하다가 재판상 청구 등을 한 경우에 시효중단의 효력은 **재판상 청구 등을 한 시점을 기준으로 하여 이로부터 소급하여 6월 이내에 한 최고시에 발생한다**(대판 1983.7.12. 83다카437).

(2) 압류·가압류·가처분
압류는 확정판결 등 채무명의에 의한 강제집행방법이며, 가압류·가처분은 채무자의 책임재산을 보전하기 위한 사전적 절차이므로 이러한 행위가 존재하면 권리의 행사가 있었던 것으로 소멸시효는 중단하게 된다.

> **판례 가압류의 시효중단의 효력 및 본안의 승소확정판결이 있는 경우의 시효중단의 효력**
>
> ① 가압류에 의한 집행보전의 효력이 존속하는 동안은 가압류채권자에 의한 권리행사가 계속되고 있다고 보아야 할 것이므로 가압류에 의한 시효중단의 효력은 가압류의 집행보전의 효력이 존속하는 동안은 계속되고, **가압류의 피보전채권에 관하여 본안의 승소판결이 확정되었다고 하더라도 가압류에 의한 시효중단의 효력이 이에 흡수되어 소멸된다고 할 수 없다**(대판 2000.4.25. 2000다11102).
>
> ② 유체동산에 대한 가압류결정을 집행한 경우 가압류에 의한 시효중단 효력은 가압류 집행보전의 효력이 존속하는 동안 계속된다. 그러나 유체동산에 대한 가압류 집행절차에 착수하지 않은 경우에는 시효중단 효력이 없고, 집행절차를 개시하였으나 **가압류할 동산이 없기 때문에 집행불능이 된 경우에는 집행절차가 종료된 때로부터 시효가 새로이 진행된다**(대판 2011.5.13. 2011다10044).

보증인에 대한 압류의 경우, 그 효력 및 압류사실 통지방법

1. 채권자가 연대보증인 겸 물상보증인 소유의 담보부동산에 대하여 임의경매의 신청을 하여 경매개시결정에 따른 압류의 효력이 생겼다면 채권자는 그 압류의 사실을 통지하지 아니하더라도 **연대보증인 겸 물상보증인에 대하여 시효의 중단을 주장할 수 있다.**
2. 시효의 중단은 시효중단행위에 관여한 당사자 및 그 승계인 사이에 효력이 있는 것이므로 위 ①과 같은 경우에도 연대보증인 겸 물상보증인은 보증채무의 부종성에 따라 주채무가 시효로 소멸되었음을 주장할 수는 있는 것으로서, 주채무자에 대한 시효중단의 사유가 없는 이상 연대보증인 겸 물상보증인에 대한 시효중단의 사유가 있다 하여 주채무까지 시효중단되었다고 할 수는 없다.
3. 경매절차에서 이해관계인인 주채무자에게 경매개시결정이 송달되었다면 주채무자는 민법 제176조에 의하여 당해 피담보채권의 소멸시효중단의 효과를 받는다고 할 것이나, 민법 제176조의 규정에 따라 압류사실이 통지된 것으로 볼 수 있기 위하여는 **압류사실을 주채무자가 알 수 있도록 경매개시결정이나 경매기일통지서가 '교부송달의 방법'으로 주채무자에게 송달되어야만 하는** 것이지, 이것이 우편송달(발송송달)이나 공시송달의 방법에 의하여 채무자에게 송달됨으로써 채무자가 압류사실을 알 수 없었던 경우까지도 압류사실이 채무자에게 통지되었다고 볼 수 있는 것은 아니다(대판 1994.1.11. 93다21477).

(3) 승 인★★

1) 시효의 이익을 받을 당사자가 시효로 인하여 권리를 잃을 자에 대하여 그 권리 존재를 인정한다고 표시하는 행위로서 법적 성격은 준법률행위 중 관념의 통지에 해당된다.
2) 이러한 승인은 시효완성 전에 존재하여야 하며 처분능력이나 권한이 있음을 요하지는 않는다. 다만, 관리능력은 필요하다.

 승인의 방법

승인은 시효이익을 받을 당사자인 채무자가 그 시효의 완성으로 권리를 상실하게 될 자 또는 그 대리인에 대하여 그 권리가 존재함을 인식하고 있다는 뜻을 표시함으로써 성립한다고 할 것이며, 이때 그 **표시의 방법**은 아무런 형식을 요구하지 아니하고, 또한 명시적이건 묵시적이건 불문한다 할 것이나, 승인으로 인한 시효중단의 효력은 그 승인의 통지가 **상대방에게 도달하는 때에 발생한다**(대판 1995.9.29. 95다30178).

 일부의 변제

수 개의 동종 채무 중 일부의 변제는 채무 전반에 대한 승인으로 볼 것이다(대판 1980.5.13. 78다1790).

제6장 기간과 소멸시효

 승인의 능력·권한

승인자는 **처분능력 및 처분권한은 불필요하지만 권리에 관한 관리능력이나 권한은 있어야** 하므로 일반적으로 회사의 경리과장, 총무과장 또는 출장소장은 다른 특별한 사정이 없는 한 회사가 부담하고 있는 채무에 관하여 소멸시효의 중단사유가 되는 승인을 할 수 없다(대판 1965.12.28. 65다2133).

 채무승인의 요건

소멸시효의 중단사유로서의 승인은 **소멸시효의 진행이 개시된 이후에만 가능**하고 그 이전에 승인을 하더라도 시효가 중단되지는 않는다고 할 것이고, 또한 현존하지 아니하는 장래의 채권을 미리 승인하는 것은 채무자가 그 권리의 존재를 인식하고서 한 것이라고 볼 수 없어 허용되지 않는다(대판 2001.11.9. 2001다52568)].

 시효완성 후의 승인과 시효이익의 포기]

시효완성 후 소멸시효 중단사유에 해당하는 채무의 승인이 있었다 하더라도 그것만으로는 곧바로 소멸시효 이익의 포기라는 의사표시가 있었다고 단정할 수 없다(대판 2011다21556).

3 중단의 효과   `10·21회 출제`

시효가 중단되면 그 때까지 경과한 시효기간은 이를 산입하지 않는다(제178조 제1항).

(1) 시효중단의 인적 효력범위★★   `8·18·22회 출제`

1) 원 칙

시효의 중단은 **당사자 및 그 승계인간에만 효력이 있다**(제169조). 여기서 당사자라 함은 중단행위에 관여한 당사자를 가리키고 시효의 대상인 권리 또는 청구권의 당사자는 아니며, 승계인이라 함은 '시효중단에 관여한 당사자로부터 중단의 효과를 받는 권리를 그 중단효과 발생 이후에 승계한 자'를 뜻하고, **포괄승계인은 물론 특정승계인도 이에 포함**된다(대판 1997.4.25. 96다46484).

2) 예 외

① 지역권에서 요역지*가 공유인 경우
요역지가 공유인 경우에 그 공유자 1인에 의한 소멸시효의 중단 또는 정지는 다른 공유자를 위하여 효력이 있다(제296조).

  * **요역지**
  지역권의 이익을 받는 토지

② 어느 연대채무자에 대한 이행청구
어느 연대채무자에 대한 이행청구는 다른 연대채무자에게도 효력이 있다(제416조).

③ 보증채무에서의 시효중단
보증인의 재산에 대한 시효중단은 주채무자에 대하여 효력이 없다. 주채무와 보증채무는 별개의 채무이기 때문이다. 그러나 주채무자에 대한 시효중단은 보증인에 대하여 효력이 있다(제440조).

시효중단의 인적 효력범위

1. 물상보증인에 대한 임의경매의 신청은 중단행위의 당사자나 그 승계인 이외의 시효의 이익을 받는 채무자에게도 시효중단의 효력이 미치도록 하되, 채무자에게 압류사실이 통지되어야만 시효중단의 효력이 미치게 함(대판 1990.1.12. 89다카4946).
2. 공유자의 한 사람이 공유물의 보존행위로서 청구를 하였으면 그로 인한 **취득시효중단의 효력은 다른 공유자에게는 미치지 아니한다**(대판 1979.6.26. 79다639).
3. 토지의 소유자가 서울특별시장에게 보상금지급청구를 하였다고 하더라도 **부진정연대채무관계에 있는 국가에 대하여 시효중단의 효과가 발생한다고 할 수 없다**(대판 1997.9.12. 95다42027).

(2) 중단 이후의 시효진행   `19회 출제`

1) 소멸시효가 중단된 후에 그 시효의 기초가 되는 사실상태가 다시 계속되면 즉, 중단사유가 종료된 때(압류·가압류절차의 종료, 판결의 확정 등)에는 새로운 소멸시효가 진행된다.
2) 그 새로운 기산점은 다음과 같다.
   ① 청구로 중단된 경우에는 재판이 확정된 때로부터
   ② 압류·가압류·가처분으로 중단된 경우에는 이들 절차가 종료된 때로부터
   ③ 승인으로 중단된 경우에는 승인이 상대방에게 도달한 때로부터

 배당표의 확정과 시효의 재진행

배당액 중 이의가 없는 부분과 배당받지 못한 부분의 배당표가 확정이 되었다면, 이로써 그와 같이 배당표가 확정된 부분에 관한 권리행사는 종료되고 그 부분에 대하여 중단된 소멸시효는 위 종료시점부터 다시 진행된다. 그리고 위 채권 중 배당이의의 대상이 된 부분은 그에 관하여 적법하게 배당이의의 소가 제기되고 그 소송이 완결된 후 그 결과에 따라 종전의 배당표가 그대로 확정 또는 경정되거나 새로 작성된 배당표가 확정되면 그 시점에서 권리행사가 종료되고 그때부터 다시 소멸시효가 진행한다(대판 2009.3.26. 2008다89880).

3) 판결에 의하여 확정된 채권은 단기의 소멸시효에 해당하는 것이라도 그 소멸시효는 10년으로 한다(제165조 제1항). 그러나 아직 이행기에 도래하지 아니한 채권에는 적용되지 않는다.

단락문제 08
제27회 기출

추가적인 조치가 없더라도 소멸시효 중단의 효력이 발생하는 것은? (다툼이 있으면 판례에 따름)

① 채권자의 승소 확정판결
② 최고
③ 재산명시명령의 송달
④ 이행청구 의사가 표명된 소송고지
⑤ 내용증명우편에 의한 이행청구

> **해설** 소멸시효 중단의 효력
> ① (O) 가장 확실한 소멸시효 중단 사유
> ② 민법 제174조 6월 이내에 재판상의 청구 등 강력한 조치를 하지 아니하면 시효중단의 효력이 없다.
> ③ ④ ⑤는 판례 또는 법률행위의 해석에 의하여 최고의 효력이 인정될 뿐이다.
> **답** ①

단락핵심 시효중단

(1) 소송계속 중 청구의 변경도 시효중단 사유가 된다. (O)
(2) 가압류의 시효중단의 효력은 집행보전의 효력이 존속하는 동안 계속된다. (O)
(3) 가압류가 법률의 규정에 따르지 않아 취소된 때는 시효중단의 효력이 없다. (O)
(4) 민사집행법상의 재산명시신청을 하고 그 결정이 채무자에게 송달된 경우 시효중단사유인 최고로서의 효력이 있다. (O)
(5) 보증채무에 대한 소멸시효가 중단되면 그 효력이 주채무에도 미친다. (X)
(6) 시효중단의 효력은 시효중단에 관여한 당사자로부터 중단의 효과가 생긴 권리를 포괄승계한 자에게는 물론 특정승계한 자에게도 미친다. (O)

04 소멸시효의 정지

1 시효정지의 의의

소멸시효가 거의 완성할 무렵에 권리자의 중단행위가 불가능하거나 심히 곤란한 사정이 발생한 경우 그러한 사정이 종료된 때로부터 일정기간 내에는 소멸시효가 완성하지 않도록 하여 권리자를 보호하기 위한 제도를 말한다.

2 정지사유와 기간*

(1) 제한능력자를 위한 정지

소멸시효의 기간 만료 전 6개월 내에 제한능력자의 법정대리인이 없는 때에는 그가 능력자가 되거나 또는 법정대리인이 취임한 때로부터 6개월 내에는 소멸시효가 완성되지 못한다(제179조).

(2) 법정재산관리자에 대한 제한능력자의 권리

재산을 관리하는 아버지·어머니 또는 후견인에 대한 제한능력자의 권리는 그가 능력자가 되거나 후임 법정대리인이 취임한 때부터 6개월 내에는 소멸시효가 완성되지 않는다(제180조 제1항).

(3) 혼인관계의 종료에 의한 정지

부부 중 한쪽이 다른 쪽에 대하여 가지는 권리는 혼인관계가 종료*된 때부터 6개월 내에는 소멸시효가 완성되지 않는다(제180조 제2항).

* 혼인관계가 종료
이혼 또는 사별 후 재혼한 경우

(4) 재산상속에 관한 정지

상속재산에 속하는 권리나 상속재산에 대한 권리는 상속인의 확정, 관리인의 선임 또는 파산선고가 있는 때로부터 6개월 내에는 소멸시효가 완성하지 않는다(제181조).

(5) 천재·사변에 의한 정지

천재·기타 사변으로 인하여 소멸시효가 중단할 수 없을 때에는 그 사유가 종료한 때로부터 1개월** 내에는 소멸시효가 완성하지 않는다(제182조).

** 1개월
6개월 아님 주의

단락문제 Q09

시효정지의 사유에 관한 설명 중 틀린 것은?

① 천재 그 밖의 사변으로 말미암아 소멸시효를 중단할 수 없는 때에는 그 사유가 종료한 때로부터 6월 안에는 시효가 완성하지 않는다.
② 상속재산에 대한 권리는 상속인의 확정, 관리인의 선임 또는 파산선고가 있는 때로부터 6월 안에 소멸시효가 완성하지 않는다.
③ 부부의 일방의 타방에 대한 권리는 혼인관계의 종료한 때로부터 6월 안에는 소멸시효가 완성하지 않는다.
④ 재산을 관리하는 부모 또는 후견인에 대한 제한능력자의 권리는 그가 능력자가 되거나 또는 후임의 법정대리인이 취임한 때로부터 6월 안에는 소멸시효가 완성하지 않는다.
⑤ 소멸시효의 기간만료 전 6월 안에 제한능력자의 법정대리인이 없는 때에는 법정대리인이 취임한 때로부터 6월 안에는 시효가 완성하지 않는다.

해설 시효정지기간
① 이 경우 시효정지기간은 '1월'이다(제182조).   **답** ①

소멸시효의 정지

| 소멸시효가 거의 완성될 무렵에 권리자의 중단행위가 불가능한(또는 심히 곤란한 사정이 발생한) 경우 | 그러한 사정이 종료될 때까지 시효완성을 멈추게 하는 제도가 소멸시효의 정지제도이다. | 소멸시효가 정지된 후 원인이 되었던 사정이 종료된 때에는 그 때로부터 나머지 기간을 다시 시효진행을 한다. |

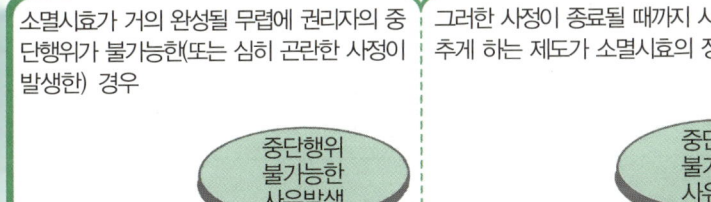

소멸시효의 중단의 경우에는 권리자의 권리행사 등이 있게 되면 이전의 소멸시효기간은 소멸하고 새로이 소멸시효가 진행되지만

소멸시효의 정지의 경우에는 사정이 있는 기간만 소멸시효가 정지될 뿐 이후에 다시 소멸시효가 연결되어 진행되는 것이 다른 점이다.

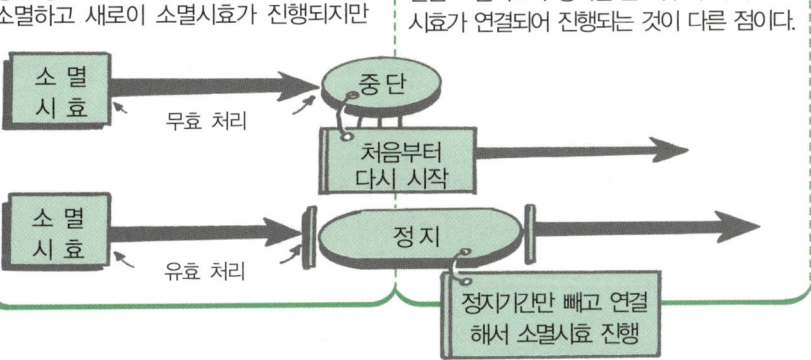

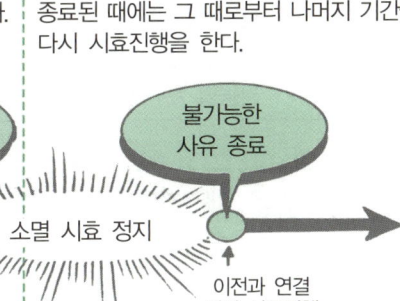

소멸시효 중단의 경우 이미 경과한 기간은 무효(無效)로 처리하나, 소멸시효 정지의 경우 유효(有效)로 처리한다.

05 소멸시효 완성의 효과 ★★ 8·20회 출제

> **제167조(소멸시효의 소급효)** 소멸시효는 그 기산일에 소급하여 효력이 생긴다.

1 시효완성의 효과 일반

(1) 절대적 소멸설(판례)과 상대적 소멸설

소멸시효가 완성되면 권리는 당연히 상실된다는 절대적 소멸설(판례)과 권리의 소멸을 주장할 권리가 생길 뿐이라는 상대적 소멸설의 대립이 있다.

[판례] 담보가등기가 경료된 부동산을 양수한 자가 그 피담보채권의 소멸시효를 원용할 수 있는 근거 및 그 소멸시효 원용권의 성질

 채권담보의 목적으로 매매예약의 형식을 빌어 소유권이전청구권 보전을 위한 가등기가 경료된 부동산을 양수하여 소유권이전등기를 마친 제3자는 당해 가등기담보권의 **피담보채권의 소멸에 의하여 직접 이익을 받는 자**이므로, 그 가등기담보권에 의하여 담보된 채권의 채무자가 아니더라도 그 **피담보채권에 관한 소멸시효를 원용할 수 있다**.

 이와 같은 직접수익자의 소멸시효 원용권은 채무자의 소멸시효 원용권에 기초한 것이 아닌 독자적인 것으로서 채무자를 대위하여서만 시효이익을 원용할 수 있는 것은 아니며, 가사 채무자가 이미 그 가등기에 기한 본등기를 경료하여 시효이익을 포기한 것으로 볼 수 있다고 하더라도 그 시효이익의 포기는 상대적 효과가 있음에 지나지 아니하므로 **채무자 이외의 이해관계자에 해당하는 담보 부동산의 양수인으로서는 여전히 독자적으로 소멸시효를 원용할 수 있다**(대판 1995.7.11. 95다12446).

[판례] 채권자대위소송의 제3채무자는 채무자의 채권자에 대한 소멸시효 항변을 원용할 수 없다.

채권자가 채권자대위권을 행사하여 제3자에 대하여 하는 청구에 있어서, 제3채무자는 채무자가 채권자에 대하여 가지는 항변으로 대항할 수 없고, 채권의 소멸시효가 완성된 경우 이를 원용할 수 있는 자는 원칙적으로는 시효이익을 직접 받는 자뿐이고, 채권자대위소송의 제3채무자는 이를 행사할 수 없다고 할 것이다(대판 2008.1.31. 2007다64471).

[판례] 사해행위취소소송 수익자의 취소채권자 채권에 대한 시효소멸의 주장

소멸시효를 원용할 수 있는 사람은 권리의 소멸에 의하여 직접 이익을 받는 자에 한정되는바, 사해행위취소소송의 상대방이 된 사해행위의 수익자는, 사해행위가 취소되면 사해행위에 의하여 얻은 이익을 상실하고 사해행위취소권을 행사하는 채권자의 채권이 소멸하면 그와 같은 이익의 상실을 면하는 지위에 있으므로, 그 채권의 소멸에 의하여 직접 이익을 받는 자에 해당하는 것으로 보아야 한다(대판 2007.11.29. 2007다54849).

제6장 기간과 소멸시효

Professor Comment

절대적 소멸설이 판례의 입장이어서 소멸시효가 완성되면 당연히 권리가 상실되나 다만 변론주의로 인하여 소송에서는 시효완성사실을 공격·방어의 방법으로서 제출하여야 한다.

(2) 시효완성의 소급효

1) 소급효를 인정하므로 권리가 소멸되는 시기는 시효완성시가 아니라 기산일에 소급하여 소멸된다. 그 이유는 부당이득반환의 청구를 배제하기 위함이다. 따라서 기산일 이후의 이자를 지급할 필요가 없다.

2) 소멸시효가 완성된 채권이 그 완성 전에 상계적상(相計適狀)에 있었던 것이면 그 채권자는 상계를 할 수 있다(제495조). 이는 상계적상에 있는 채권의 당사자는 서로 채권관계를 결제했다고 생각하는 것이 보통이므로, 이러한 당사자 사이의 신뢰를 고려한 것이다.

(3) 종된 권리의 효력

이 때 주된 권리의 소멸시효가 완성되면 종된 권리에 그 효력이 미친다.*

> * 종된 권리에 그 효력이 미친다
> 왜냐하면 주된 권리가 소급하여 소멸하기 때문이다(제167조).

예 원본채권이 시효로 소멸하면, 이자채권도 함께 소멸한다.

판례 공동불법행위자의 구상권은 피해자의 손해배상청구권에 종된 권리가 아니다.

공동불법행위자의 다른 공동불법행위자에 대한 구상권은 피해자의 다른 공동불법행위자에 대한 손해배상채권과는 그 발생 원인 및 성질을 달리하는 별개의 권리이고, 공동불법행위자 중 1인의 손해배상채무가 시효로 소멸한 후에 다른 공동불법행위자 1인이 피해자에게 자기의 부담 부분을 넘는 손해를 배상하였을 경우에도, 그 공동불법행위자는 다른 공동불법행위자에게 구상권을 행사할 수 있다(대판 1997.12.23. 97다42830).

(4) 시효완성 이후의 변제와 상계

시효의 이익은 사후에 포기할 수 있으므로 **시효완성 이후의 변제는 유효하다.**

▼ 소멸시효 완성의 효과

규 정	절대적 소멸설(판례)	상대적 소멸설(소수설)
1) 의 의	소멸시효의 완성으로 당연히 권리가 소멸한다는 설	소멸시효의 완성으로 권리가 당연히 소멸하는 것이 아니고, 시효의 이익을 받을 자에게 권리의 소멸을 주장할 권리가 생길 뿐이라는 설
2) 소멸시효의 완성 후에 채무자가 완성사실을 모르고 변제한 경우	도의관념에 적합한 비채변제(非債辨濟)(제744조)	유효한 채무변제 (채무가 소멸하지 않았으므로)
3) 소멸시효의 완성 후에 채무자가 완성사실을 알고 변제한 경우	시효이익의 포기(제184조 제1항) 내지 비채변제(제742조)	유효한 채무변제 (채무가 소멸하지 않았으므로)
4) 시효이익의 포기의 법적 성질	설명 곤란 (채무가 소멸하였으므로)	설명 적합 (원용권을 포기하는 의사표시로 해석)
5) 소송수행상 차이	당사자의 원용이 없더라도 소멸시효의 완성사실로부터 당연 소멸, 다만 변론주의 원칙상 주장	당사자의 원용이 없는 한 직권으로 시효를 고려하지 못한다.

2 소멸시효의 주장과 신의칙

소멸시효의 주장이 신의칙에 반하여 허용되지 않는 경우를 인정한다. 판례는 대표적으로 ① 소멸시효의 주장을 하지 아니할 것처럼 행동하여 상대방에게 신뢰를 준 경우, ② 소멸시효의 주장이 사실상 불가능하거나, 현저히 곤란하게 만든 경우를 들고 있다.

판례 채무자의 소멸시효 완성 주장이 신의칙에 반하여 허용되지 않는 경우

1. 채무자의 소멸시효에 기한 항변권의 행사도 우리 민법의 대원칙인 신의성실의 원칙과 권리남용금지의 원칙의 지배를 받는 것이어서, ㉠ 채무자가 시효완성 전에 채권자의 권리행사나 시효중단을 불가능 또는 현저히 곤란하게 하였거나 ㉡ 그러한 조치가 불필요하다고 믿게 하는 행동을 하였거나, ㉢ 객관적으로 채권자가 권리를 행사할 수 없는 장애사유가 있었거나, ㉣ 일단 시효완성 후에 채무자가 시효를 원용하지 아니할 것 같은 태도를 보여 권리자로 하여금 그와 같이 신뢰하게 하였거나, ㉤ 채권자보호의 필요성이 크고 같은 조건의 다른 채권자가 채무의 변제를 수령하는 등의 사정이 있어 채무이행의 거절을 인정함이 현저히 부당하거나 불공평하게 되는 등의 특별한 사정이 있는 경우에는 채무자가 소멸시효의 완성을 주장하는 것이 신의성실의 원칙에 반하여 권리남용으로서 허용될 수 없다(대판 2008.9.25. 2006다18228).

2. 국가공무원 甲이 국가배상청구권에 관한 시효완성 이전에 판결문을 위조하는 등의 방법으로 乙의 인격적인 법익 침해에 관한 국가배상청구권 행사를 불가능 또는 현저히 곤란하게 만들었고, 위조된 위 판결문에 관한 시정조치가 이루어지기 전까지는 객관적으로 乙이 국가배상청구를 하는 것을 기대하기 어려운 장애 상태가 계속되었으므로, 이때 국가가 소멸시효 완성을 주장하는 것은 권리남용에 해당하여 허용될 수 없다(대판 2008.9.11. 2006다70189).

3. 채무자가 소멸시효의 이익을 원용하지 않을 것 같은 신뢰를 부여한 경우에도 채권자는 그러한 사정이 있는 때로부터 상당한 기간 내에 권리를 행사하여야만 채무자의 소멸시효의 항변을 저지할 수 있는데, 여기에서 '상당한 기간' 내에 권리행사가 있었는지는 채권자와 채무자 사이의 관계, 신뢰를 부여하게 된 채무자의 행위 등의 내용과 동기 및 경위, 채무자가 그 행위 등에 의하여 달성하려고 한 목적과 진정한 의도, 채권자의 권리행사가 지연될 수밖에 없었던 특별한 사정이 있었는지 여부 등을 종합적으로 고려하여 판단할 것이다. 다만 신의성실의 원칙을 들어 시효 완성의 효력을 부정하는 것은 법적 안정성의 달성, 입증곤란의 구제, 권리행사의 태만에 대한 제재를 이념으로 삼고 있는 소멸시효 제도에 대한 대단히 예외적인 제한에 그쳐야 할 것이므로, 위 권리행사의 '상당한 기간'은 특별한 사정이 없는 한 민법상 시효정지의 경우에 준하여 단기간(저자주 : 6월)으로 제한되어야 한다. 그러므로 개별 사건에서 매우 특수한 사정이 있어 그 기간을 연장하여 인정하는 것이 부득이한 경우에도 불법행위로 인한 손해배상청구의 경우 그 기간은 아무리 길어도 민법 제766조 제1항이 규정한 단기소멸시효기간인 3년을 넘을 수는 없다고 보아야 한다(대판 2013.5.16. 2012다202819).

1편 민법총칙

단락문제 Q10   제8회 기출

소멸시효의 효과에 관한 설명 중 가장 옳지 않은 것은?

① 소멸시효의 완성으로 인하여 채무를 면하게 되는 자는 기산일 이후의 이자를 지급할 필요가 없다.
② 소멸시효가 완성된 채권이 시효의 완성 전에 상계할 수 있었던 것이면 상계할 수 있다.
③ 시효의 중단은 당사자간에만 효력이 있다.
④ 절대적 소멸설은 소멸시효의 완성으로 권리가 당연히 소멸한다고 한다.
⑤ 상대적 소멸설은 소멸시효의 완성으로 권리가 당연히 소멸하는 것이 아니라 시효의 이익을 받을 자에게 권리의 소멸을 주장할 권리가 생길 뿐이라고 한다.

해설 소멸시효 완성의 효과
① (○) 소멸시효는 그 기산일에 소급하여 효력이 생기기 때문이다(제167조).
② (○) (제495조)
③ (×) 시효중단은 당사자 및 그 승계인간에만 효력이 있다(제169조).
④ (○) 다수설 및 판례의 견해이다(대판 1979.2.13. 78다2157).

답 ③

06 소멸시효 이익의 포기   1·10·13·16회 출제

제184조(시효의 이익의 포기 기타) ① 소멸시효의 이익은 미리 포기하지 못한다.
② 소멸시효는 법률행위에 의하여 이를 배제, 연장 또는 가중할 수 없으나 이를 단축 또는 경감할 수 있다.

1 의의

(1) 이익포기의 의미

소멸시효로 인하여 생기는 법률상 이익을 받지 않겠다는 일방적인 의사표시(단독행위)이다.

(2) 소멸시효이익의 포기주체

완성된 소멸시효의 이익을 포기하는 자는 소멸시효로 인하여 소멸되는 채무의 채무자이며, 시효완성의 사실을 알고서 하여야 한다. 다만 판례는 알고서 한 것으로 추정한다(대판 1992.5.22. 92다4796).

제6장 기간과 소멸시효

> **채무승인과 소멸시효이익의 포기**
>
> **소멸시효 중단사유로서의 채무승인은** 시효이익을 받는 당사자인 채무자가 소멸시효의 완성으로 채권을 상실하게 될 자에 대하여 상대방의 권리 또는 자신의 채무가 있음을 알고 있다는 뜻을 표시함으로써 성립하는 이른바 **관념의 통지로** 여기에 어떠한 효과의사가 필요하지 않다. 이에 반하여 시효완성 후 시효이익의 포기가 인정되려면 시효이익을 받는 채무자가 시효의 완성으로 인한 법적인 이익을 받지 않겠다는 효과의사가 필요하기 때문에 **시효완성 후 소멸시효 중단사유에 해당하는 채무의 승인이 있었다 하더라도 그것만으로는 곧바로 소멸시효이익의 포기라는 의사표시가 있었다고 단정할 수 없다**(대판 2013.2.28. 2011다21556).

2 민법의 규정★★ 14회 출제

(1) 시효완성 전 포기의 가능성

1) **원칙적 무효**(제184조 제1항)

   시효기간 완성 전의 포기 또는 시효완성을 곤란케 하는 특약(예 시효기간배제·연장·가중 등)은 무효이다.

2) **예외적으로 가능한 경우**

   그러나 채무자를 보호할 수 있는 시효기간의 단축, 경감 및 완성 후의 포기는 가능하다(제184조 제2항).

(2) 시효완성 후 포기의 효과

1) **효 과**

   포기의 효력은 그 의사표시가 상대방에게 도달한 때 발생하며, 포기를 하면 처음부터 시효의 이익이 발생하지 않았던 것으로 된다.*

   * 포기를 하면 처음부터 시효의 이익이 발생하지 않았던 것으로 된다.
   절대적 소멸설의 입장

2) **인적 범위**

   포기의 효과는 상대적이므로 ① 주채무자가 시효의 이익을 포기하더라도 보증인에게는 영향이 미치지 않으며, ② 연대채무자 중 한 사람이 포기하여도 다른 연대 채무자에게는 효력이 없다.

시효이익의 포기

1. 시효완성의 이익 포기의 의사표시를 할 수 있는 자는 **시효완성의 이익을 받을 당사자 또는 대리인에 한정된다**고 할 것이고, 그 밖의 제3자가 시효완성의 이익 포기의 의사표시를 하였다 하더라도 이는 시효완성의 이익을 받을 자에 대한 관계에서 아무 효력이 없다(대판 1998.2.27. 97다53366).

2. 다른 채권자가 신청한 부동산경매절차에서 채무자 소유 부동산이 매각되고 그 대금이 이미 소멸시효가 완성된 채무를 피담보채무로 하는 근저당권을 가진 채권자에게 배당되어 채무 변제에 충당될 때까지 채무자가 아무런 이의를 제기하지 아니하였다면, 경매절차 진행을 채무자가 알지 못하였다는 등 다른 특별한 사정이 없는 한 채무자는 채권에 대한 **소멸시효 이익을 포기한 것으로 볼 수 있다**(대판 2012.5.10. 2011다109500).

3. 소유권이전등기청구권의 소멸시효기간이 지난 후에 등기의무자가 소유권이전등기를 해 주기로 약정(합의)한 바 있다면 다른 특단의 사정이 없는 한 이는 시효이익을 **포기한 것으로 보아야** 할 것이다(대판 1993.5.11. 93다12824).

4. 소멸시효완성 이후에 있은 과세처분에 기하여 세액을 납부하였다 하더라도 이를 들어 바로 소멸시효의 이익을 **포기한 것으로 볼 수 없다**(대판 1988.1.19. 87다카70).

5. 보증채무에 대한 소멸시효가 중단되는 등의 사유로 완성되지 아니하였다고 하더라도 주채무에 대한 소멸시효가 완성된 경우에는 시효완성 사실로써 주채무가 당연히 소멸되므로 보증채무의 부종성에 따라 보증채무 역시 당연히 소멸된다. 그리고 주채무에 대한 소멸시효가 완성되어 보증채무가 소멸된 상태에서 보증인이 보증채무를 이행하거나 승인하였다고 하더라도, 주채무자가 아닌 보증인의 행위에 의하여 주채무에 대한 소멸시효 이익의 포기 효과가 발생된다고 할 수 없으며, 주채무의 시효소멸에도 불구하고 보증채무를 이행하겠다는 의사를 표시한 경우 등과 같이 부종성을 부정하여야 할 다른 특별한 사정이 없는 한 보증인은 여전히 주채무의 시효소멸을 이유로 보증채무의 소멸을 주장할 수 있다고 보아야 한다(대판 2012. 7.12. 2010다51192).

6. 소멸시효 이익의 포기는 상대적 효과가 있을 뿐이어서 다른 사람에게는 영향을 미치지 아니함이 원칙이나, 소멸시효 이익의 포기 당시에는 권리의 소멸에 의하여 직접 이익을 받을 수 있는 이해관계를 맺은 적이 없다가 나중에 시효이익을 이미 포기한 자와의 법률관계를 통하여 비로소 시효이익을 원용할 이해관계를 형성한 자는 이미 이루어진 시효이익 포기의 효력을 부정할 수 없다. 왜냐하면, 시효이익의 포기에 대하여 상대적인 효과만을 부여하는 이유는 포기 당시에 시효이익을 원용할 다수의 이해관계인이 존재하는 경우 그들의 의사와는 무관하게 채무자 등 어느 일방의 포기 의사만으로 시효이익을 원용할 권리를 박탈당하게 되는 부당한 결과의 발생을 막으려는 데 있는 것이지, 시효이익을 이미 포기한 자와의 법률관계를 통하여 비로소 시효이익을 원용할 이해관계를 형성한 자에게 이미 이루어진 시효이익 포기의 효력을 부정할 수 있게 하여 시효완성을 둘러싼 법률관계를 사후에 불안정하게 만들자는 데 있는 것은 아니기 때문이다(대판 2015. 6.11. 2010다200227).

제6장 기간과 소멸시효

PART 02 물권법

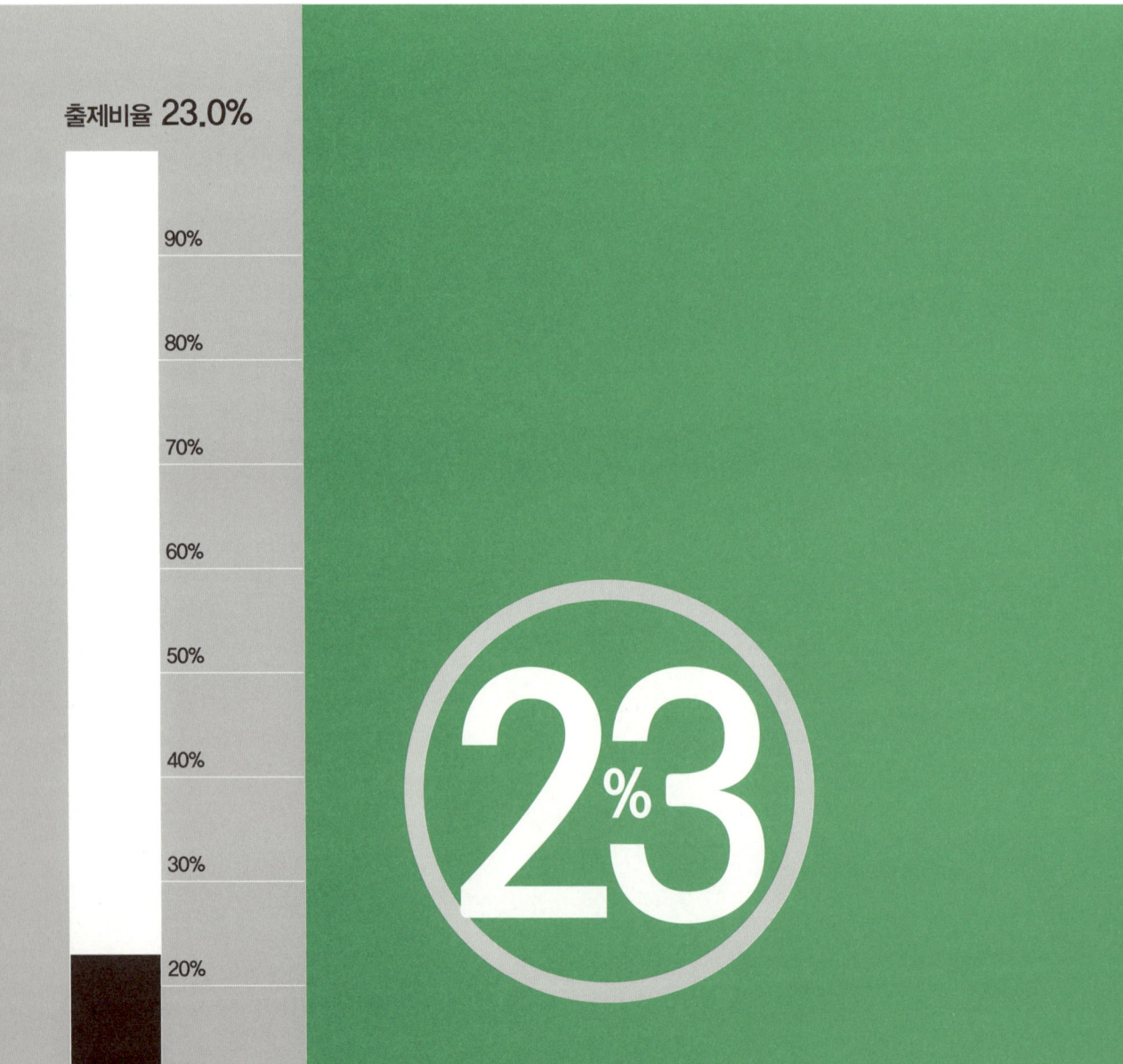

구 분		24회	25회	26회	27회	28회	합계	비율(%)
제2편 물권법	물권법 총설	2	2	2	2	2	12	6.0
	점유권과 소유권	2	3	3	3	5	16	8.0
	용익물권	2	1	1	1	1	6	3.0
	담보물권	3	2	3	2	2	12	6.0
	소 계	9	8	9	8	10	46	23.0

CHAPTER 01 물권법 총설

학습포인트

- 제17회 시험(2014)부터 물권·채권부분의 출제비율이 높아져 16문제가 출제되고 있으며 민법총칙과 연관된 문제와 조문을 기초로 한 문제가 출제되고 있다.
- 민법 조문과 기본개념을 기초로 이해하고 민법총칙과 연계되는 부분에 집중하면 된다. 과욕을 부려 민법의 심해에서 허우적거리는 우를 범하지 말기를 바란다. 본 교재의 내용만으로도 충분히 고득점할 수 있다.
- 물권의 기본개념과 물권법정주의 등 기본개념을 정립하는 수준에서 공부하도록 하고, 물권변동과 관련하여 등기 및 점유의 이전에 집중하도록 한다.
- 시험에서는 주로 부동산 물권변동을 큰 주제로 하여 등기와 관련된 문제가 출제된다.

CHAPTER 학습 & 출제되는 키워드

- ☑ 물권총설
- ☑ 일물일권주의
- ☑ 소유권
- ☑ 물권의 효력
- ☑ 방해제거청구권
- ☑ 공시의 원칙
- ☑ 등기를 요하는 물권변동
- ☑ 동산물권의 변동
- ☑ 물권법정주의
- ☑ 물권의 종류
- ☑ 용익물권
- ☑ 물권적 청구권
- ☑ 방해예방청구권
- ☑ 공신의 원칙
- ☑ 등기의 효력
- ☑ 물권의 변동
- ☑ 관습법상의 물권
- ☑ 점유권과 본권
- ☑ 담보물권
- ☑ 반환청구권
- ☑ 물권의 변동
- ☑ 부동산물권의 변동
- ☑ 등기청구권
- ☑ 혼 동

CHAPTER 학습 & 출제되는 질문

- ☑ 물권법정주의에 대한 설명 중 틀린 것은?
- ☑ 물권적 청구권의 내용에 관한 다음 설명 중 옳지 못한 것은?
- ☑ 다음 중 등기하여야 부동산에 관한 물권변동의 효력이 발생하는 경우로 짝지어진 것은?
- ☑ 소유권의 취득에 관한 설명 중 옳지 않은 것은?
- ☑ 미등기 매수인의 지위에 관한 설명으로 옳은 것은?
- ☑ 다음 중 물권이 소멸하지 않는 것은?

제1장 물권법 총설

01 물권총설　　11·24회 출제

1 물권

(1) 물권의 의의
물권이란 물건을 직접 지배하여 사용·수익·처분할 수 있는 배타적인 권리이다. 물권은 재산권인 점에서 채권과 같지만 직접성, 배타성을 기초로 절대권의 성질을 갖는다는 점에서 채권과 구별된다.

(2) 물권의 객체
물권의 객체는 원칙적으로 특정된 독립의 물건이다. 다만 예외적으로 권리도 물권의 객체가 될 수 있다. 즉 재산권을 목적으로 하는 권리질권, 지상권·전세권을 목적으로 하는 저당권, 준점유의 객체는 권리이다.

(3) 특정된 독립의 물건에 대한 권리　　14회 출제

1) 물건에 대한 권리

물권은 물건에 대한 권리이며 물건이란 ① 유체물 및 ② 전기 기타 관리할 수 있는 자연력이다.

▼ 민법상 물건

① 유체물	부동산: 토지 및 그 정착물(건물, 수목의 집단) 동　산: 부동산 외의 물건
② 전기 기타 관리할 수 있는 자연력	전기, 냉기, 열기, 증기 전파 음향 등의 자연력 중 관리, 즉 배타적으로 지배할 수 있는 것만 물건에 해당한다.

 물 권

물권이란 특정한 물건을 직접 지배하여 얻는 배타적인 권리를 말한다.

물권의 대상이 되는 물건은 바로 부동산학에서 배운 재산(동산과 부동산)이며, 물권은 모든 사람에게 주장할 수 있는 절대적인 권리이다.

채권은 물건(동산과 부동산)을 거래하면서 생기는 채무관계에 대한 권리를 말한다.

2) 독립된 물건에 대한 권리

거래통념상 독립한 물건에 대하여 1개의 물권이 성립하는 것이 원칙이며, 그 구성부분이나 일부에는 독립한 물권이 성립할 수 없다. 다만 판례는 성숙한 농작물의 경우 토지에 부합하지 않은 독립한 물건이며, 경작자에게 소유권이 귀속한다고 한다(대판 1979.8.28. 79다784).

3) 특정된 물건에 대한 권리

물권은 물건에 대한 배타적 지배를 본질적 내용으로 하므로 특정되어 있지 않은 물건에 대해서는 물권이 성립할 수 없다.

> **예** 甲이 소유하는 자동차 10대 가운데 3대에 대하여 乙의 채권을 인정할 수는 있지만, 자동차 10대 중 3대에 대하여 乙에게 소유권을 인정할 수 없다.

단락문제 Q1
제24회 기출

물권에 관한 설명으로 옳지 않은 것은? (다툼이 있으면 판례에 따름)

① 물권법정주의에 관한 민법 제185조의 "법률"에는 규칙이나 지방자치단체의 조례가 포함되지 않는다.
② 온천에 관한 권리는 독립한 물권으로 볼 수 없다.
③ 일물일권주의 원칙상 특정 양만장 내의 뱀장어들 전부에 대해서는 1개의 양도담보권을 설정할 수 없다.
④ 사용·수익권능이 영구적·대세적으로 포기된 소유권은 특별한 사정이 없는 한 허용될 수 없다.
⑤ 소유권에 기한 물권적 청구권은 소멸시효의 대상이 아니다.

해설 물 권
① (○) 형식적 의미의 법률을 말한다.
② (○) 온천에 관한 권리를 관습상의 물권이라 볼 수 없고 온천수는 민법 제235조, 제236조 소정의 공용수 또는 생활상 필요한 용수에 해당하지 아니한다(대판 69다1239).
③ (×) 일반적으로 일단의 증감 변동하는 동산을 하나의 물건으로 보아 이를 채권담보의 목적으로 삼으려는 이른바 집합물에 대한 양도담보설정계약체결도 가능하며 이 경우 그 목적 동산이 담보설정자의 다른 물건과 구별될 수 있도록 그 종류, 장소 또는 수량지정 등의 방법에 의하여 특정되어 있으면 그 전부를 하나의 재산권으로 보아 이에 유효한 담보권의 설정이 된 것으로 볼 수 있다(대판 88다카20224).
④ (○) 물권법정주의 위반(민법 제185조 물권은 법률 또는 관습법에 의하는 외에는 임의로 창설하지 못한다.)
⑤ (○) 실질적 소유권에 기한 물권적 청구권이므로 따로 시효소멸되지 아니한다(대판 78다2412).

답 ③

Key Point | 일물일권주의

1) 의 의
물권의 객체(목적물)는 하나의 독립한 물건이어야 한다는 원칙이다.

2) 하나의 물건(부동산)의 표준
① 토 지
1필의 토지를 하나의 물건으로 본다. 토지의 일부에 대한 지상권·지역권·전세권의 성립은 가능하나, 저당권의 성립은 인정될 수 없다. 토지의 공유지분에 대하여는 지상권·지역권·전세권은 성립할 수 없으나 저당권의 성립은 가능하다.

② 건 물
토지로부터 독립한 별개의 부동산으로 보는 것이 민법의 특징이다. 1동(棟)의 건물은 물리적 구조만에 의해 정할 것이 아니라 사회 통념에 따라 결정된다.

③ 수목·수목의 집단
수목 또는 수목의 집단은 독립한 물권의 객체가 되지 못하는 것이 원칙이지만, 「입목에 관한 법률」에 의하여 등기된 수목의 집단(입목)이나 명인방법이라는 관습법상의 공시방법(명인방법)을 갖춘 수목 또는 수목의 집단은 토지와 별개의 독립한 물건으로 다루어진다.

④ 미분리의 천연과실
뽕잎·엽연초·과수의 열매 등도 관습상 명인방법에 의한 공시에 의해서 토지로부터 독립한 거래의 목적으로 할 수 있다.

⑤ 농작물
토지에 정착하여 경작·재배되고 있는 농작물은 정당한 권원이 있다면 당연히 독립한 물건으로 경작자의 소유에 속할 수 있다. 그러나 판례는 이에 더 나아가 적법한 경작권 없이 타인의 토지를 경작하였더라도 그 경작한 입도가 성숙하여 독립한 물건으로서의 존재를 갖추었으면 입도의 소유권은 경작자에게 귀속한다고 한다(대판 1979.8.28, 79다784)고 하여 경작자를 보호한다. 다만 경작자는 토지소유자에게 토지사용의 대가를 부당이득으로 반환해야 한다.

3) 하나의 물권
① 배타적 지배권
하나의 물건 위에는 하나의 물권만이 성립할 수 있다. 그러나 ㉠ 본권과 점유권, ㉡ 소유권과 제한물권은 동일물 위에 동시에 성립할 수 있다. ㉢ 동일물 위에 여러 개의 저당권이 설정될 수 있는데 이 경우에는 설정된 순서에 따라 우선순위가 결정된다.

② 공유관계
공유란 1개의 소유권이 분량적으로 제한된 것으로 일물일권주의에 반하지 않는다.

4) 일물일권주의의 예외
① 「민법」상의 예외
건물의 구분소유(제215조), 토지·건물의 일부에 대한 용익물권의 설정, 구분지상권의 인정(제289조의2)등은 물건의 일부에 대한 물권의 성립을 인정하고 있다.

② 특별법상의 예외
「집합건물 소유 및 관리에 관한 법률」은 1동의 건물에 여러 개의 구분소유권을 인정하고, 각종의 재단저당법은 여러 개의 물건 위에 하나의 저당권을 허용한다.

③ 관습법상의 예외
집합물의 양도담보를 인정하고 있다.

2편 물권법

 구분소유의 요건

1동 건물의 구분된 각 부분이 구조상·이용상 독립성을 가지는 경우 각 부분을 구분건물로 할지 1동 전체를 1개의 건물로 할지는 소유자의 의사에 의하여 자유롭게 결정할 수 있는 점에 비추어 보면, 구분건물이 물리적으로 완성되기 전에 분양계약 등을 통하여 장래 신축되는 건물을 구분건물로 하겠다는 **구분의사를 표시함으로써 구분행위**(반드시 등기나 등록일 필요는 없음)를 한 다음 1동의 건물 및 구분행위에 상응하는 구분건물이 객관적·물리적으로 완성되면 그 시점에서 구분소유가 성립하지만, 이후 소유권자가 **분양계약을 전부 해지하고 1동 건물의 전체를 1개의 건물로 소유권보존등기를 마쳤다면 이는 구분폐지행위를** 한 것으로서 구분소유권은 소멸한다. 그리고 이러한 법리는 구분폐지가 있기 전에 개개의 구분건물에 대하여 유치권이 성립한 경우라 하여 달리 볼 것은 아니다(대판 2016.1.14. 2013다219142).

 물권과 채권의 비교

제1장 물권법 총설

> **판례** 집합물의 양도담보
>
> 돈사에서 대량으로 사육되는 돼지를 집합물에 대한 양도담보의 목적물로 삼은 경우, 그 돼지는 번식, 사망, 판매, 구입 등의 요인에 의하여 증감 변동하기 마련이므로 양도담보권자가 그 때마다 별도의 양도담보권설정계약을 맺거나 점유개정의 표시를 하지 않더라도 **하나의 집합물로서 동일성을 잃지 아니한 채 양도담보권의 효력은 항상 현재의 집합물 위에 미치게 되고, 양도담보설정자로부터 위 목적물을 양수한 자가 이를 선의취득하지 못하였다면 위 양도담보권의 부담을 그대로 인수하게 된다**(대판 2004.11.12. 2004다22858).

(4) 물권의 특성

1) 물건에 대한 직접적 지배권
물권은 타인의 행위를 개입시키지 않고 특정의 물건을 직접 지배하여 사용·수익할 수 있는 권리이다. 예컨대 물권인 전세권은 물권으로서 목적물을 직접 사용·수익하는 권리인데, 임차권은 채권(임대차계약)으로서 임대인을 통해서 간접적으로 물건을 사용·수익하는 권리이다.

2) 물건에 대한 배타적(독점적) 지배권
직접적 지배권의 성격을 전제할 때 1개의 물건 위에 양립할 수 없는 물권이 2개 이상 동시에 성립할 수 없다.

3) 권리의 절대성
① 물권자는 물권을 모든 사람에게 주장할 수 있다(절대적 효력).
② 물권은 대세적 효력을 가지기 때문에 절대권 또는 대세권이라 할 수 있고, 채권은 대인적 효력만을 가지기 때문에 상대권 또는 대인권이라 할 수 있다.

단락문제 02

> 채권과의 대비를 통해 물권의 본질을 설명한 것이다. 틀린 것은?
>
> ① 물권은 배타적인 권리이나 채권은 배타성(排他性)이 없다.
> ② 물권은 채권과 같이 타인의 행위를 매개로 하여 권리의 내용을 실현하는 것이 아니고 물권을 직접지배하여 권리의 내용을 실현하는 권리이다.
> ③ 물권은 동일물건 위에 동일내용의 것은 동시에 성립하지 못하나 채권은 그러하지 아니하다.
> ④ 물권의 침해는 불법행위가 되어 손해배상의 책임이 발생하나 채권의 침해는 그러하지 아니하다.
> ⑤ 물권이나 채권이나 재산권인 점에서는 차이가 없다.
>
> **해설** 물권과 채권의 비교
> ④ 물권뿐만 아니라 채권의 침해도 일정한 경우 불법행위를 구성하여 손해배상책임이 생긴다는 것이 통설·판례이다.
> **답** ④

2 물권법

(1) 물권법의 의의
물권법은 사람이 재화를 직접 지배하는 관계를 규율하는 법이다. 물권법은 특질로는 강행규정성, 공공성, 고유법성을 들 수 있다.

(2) 물권법의 법원
1) 물권법의 법원으로는 성문법인 민법 제2편(물권법편)을 비롯하여 각종의 특별법(「부동산등기법」,「입목에 관한 법률」,「상법」,「공장 및 광업재단 저당법」 등)이 있다.
2) 또한 불문법인 관습법이 있다.
   예 관습법상 법정지상권, 분묘기지권
3) 그러나 대륙법계에 속하는 민법에서는 판례의 법원성을 부정한다.

3 물권법정주의

21·22회 출제

제185조(물권의 종류) 물권은 법률 또는 관습법에 의하는 외에는 임의로 창설하지 못한다.

(1) 의 의
물권의 종류와 내용은 법률이 정하는 것에 한정되고, 당사자가 이와 다른 물권을 임의로* 창설하지 못한다(민법 제185조).

* **임의로**
계약에 의해서는 물권 창설 불가

1) 법 률
형식적 의미의 법률만을 말하고 명령, 규칙 등은 포함되지 않는다.

2) 관습법
관습법이란 사회생활에서 계속적으로 행해지는 관행이 사회일반의 법적 확신을 얻어서 법규범으로 승인된 것을 의미한다(자세한 것은 민법의 법원 참조).

제1장 물권법 총설

📋 판례 | 물권법정주의에 관한 판례

1 사도통행권

민법 제185조는 '물권은 법률 또는 관습법에 의하는 외에는 임의로 창설할 수 없다'고 규정하여 이른바 물권법정주의를 선언하고 있고, **물권법의 강행규정성은 이를 중핵으로 하고 있으므로, 법률(성문법과 관습법)이 인정하지 않는 새로운 종류의 물권을 창설하는 것은 허용되지 아니한다.** 따라서 관습상의 사도통행권(私道通行權)인정은 물권법정주의에 위배된다(대판 2002.2.26. 2001다64165).

2 온천권

온천에 관한 권리(광천권, 온천권, 온천수이용권)는 관습법상 물권의 일종 내지는 준물권이라고 볼 수 없고 또한 온천수는 민법 제235조, 제236조 소정의 공용수 또는 생활상 필요한 용수에 해당하지 않는다(대판 1970.5.26. 69다1239).

3 미등기무허가 건물의 양수인의 소유권

미등기무허가 건물의 양수인은 그 소유권이전등기를 경료받지 않는 한 건물에 대한 소유권을 취득할 수 없고, 그러한 건물의 취득자에게 소유권에 준하는 관습법상의 물권이 있다고 볼 수 없다(대판 1996.6.14. 94다53006).

4 소유권의 사용·수익 권능을 대세적으로 포기할 수 없음

소유권의 핵심적 권능에 속하는 사용·수익의 권능이 소유자에 의하여 대세적으로 유효하게 포기될 수 있다고 하면, 이는 결국 처분권능만이 남는 민법이 알지 못하는 새로운 유형의 소유권을 창출하는 것으로서, 객체에 대한 전면적 지배권인 소유권을 핵심으로 하여 구축된 물권법의 체계를 현저히 교란하게 된다(대판 2009.3.26. 2009다228).

➡ 즉 소유권의 사용·수익 권능을 대세적으로 포기하는 것은 허용될 수 없다.

(2) 물권의 설정·변경

민법 제185조는 강행규정으로 이에 위반한 당사자 간의 약정은 무효이다.

1) 법률 또는 관습법에 인정된 물권 중 어느 하나에 대하여서만 선택할 수 있고 **임의로 창설할 수 없다.*** 이에 위반하여 새로운 물권을 창설하는 물권행위는 전부무효이다.

   예 일반 동산에 대하여 저당권을 설정하는 것은 무효이다.

   * 임의로 창설할 수 없다.
   종류강제

   ** 임의로 그 내용을 변경할 수 없다.
   내용강제

2) 당사자가 선택한 물권은 법률 또는 관습법이 정하는 바에 따라서 효력이 발생할 뿐이고, **당사자가 임의로 그 내용을 변경할 수 없다.**** 이에 위반하는 물권행위는 일부무효의 법리에 따라서 규율하게 된다.

   예 양도금지의 특약이 있는 지상권의 설정행위는 금지특약부분에 한하여 무효이다(제282조·제289조).

단락문제 Q3

물권법정주의(物權法定主義)에 관한 다음 설명 중 옳지 않은 것은?

① 물권법정주의에 위반하는 법률행위는 무효이다.
② 물권법정주의는 물권의 내용에 관하여는 인정되지 않는다.
③ 물권법정주의는 관습법에 의한 물권의 발생을 배제하는 것은 아니다.
④ 물권법정주의는 계약자유의 원칙을 배제하고 있는 것이다.
⑤ 물권법정주의의 원칙상 온천권은 인정되지 않는다.

> **해설** 물권법정주의(민법 제185조)
> ② 물권법정주의는 "물권의 종류와 내용은 법률로 정한다"는 것이다. **답** ②

4 물권의 종류

8회 출제

(1) 민법상의 물권

▼ 민법상 물권의 종류

점유권	(부동산, 동산)물건의 사실상의 지배		
본 권	소유권	(부동산, 동산)사용가치 + 교환가치	
	제한물권 (타물권)	용익물권(사용가치)	지상권(타인의 토지)
			지역권(타인의 토지)
			전세권(타인의 부동산 : 토지, 건물)
		담보물권(교환가치)	유치권(부동산, 동산) – 법정
			질권(동산, 권리) – 약정
			저당권(부동산, 권리) – 약정

1) 점유권과 본권

① 점유권은 어떤 물건을 '**사실상 지배**'하고 있을 때 그것을 법률적으로 정당화할 수 있는 **권원의 유무를 불문**하고 그 사실상의 지배 자체를 보호하는 것을 목적으로 하는 권리이다.
② 본권은 어떤 물건을 현재 지배하고 있느냐의 여부와 관계없이 그것을 '지배할 수 있는 권리'이다.

2) 소유권과 제한물권(본권의 분류)

① 소유권은 **일정한 물건***을 전면적으로 즉 사용가치와 교환가치를 모두 지배할 수 있는 권리로 **완전물권**이라고도 한다.

* **일정한 물건**
부동산·동산

② 제한물권은 소유권에 제한을 가하여 제한된 방법으로 특정의 목적을 위하여 지배할 수 있는 권리로서 원칙적으로 타인의 물건 위에 성립한다는 의미에서 **타물권**이라고도 한다.

3) 용익물권과 담보물권(제한물권의 분류)

① 제한물권 중 **용익물권**은 물건의 사용가치의 지배를 목적으로 하는 것으로 민법상으로는 **지상권, 지역권, 전세권**이 이에 속하는데 부동산에만 성립할 수 있다.

② **담보물권**은 채권담보를 위하여 물건의 교환가치의 지배를 목적으로 하는 제한물권으로 민법상의 **유치권, 질권, 저당권**이 이중 유치권은 당사자의 약정을 필요로 하지 않고 법률 규정에 의해 당연히 성립하는 법정담보물권이다.

(2) 특별법상의 물권

1) 가등기담보권 및 양도담보권

이는 미리 담보목적물에 대한 소유권이전 청구권 보전의 가등기를 하거나 소유권 자체를 이전함으로써 담보의 목적을 달성하는 물권이다. 이에 대하여는 종래에 논의가 많았으나, 「가등기담보 등에 관한 법률」 제정 이후 특별법상의 담보물권으로 보게 되었다.

2) 기타 특별법상의 물권

상법상의 상사유치권·상사질권·선박저당권·선박우선특권을 비롯하여 공장 및 광업재단 저당법, 자동차 등 특정동산 저당법 등에 따른 각종의 저당권과, 광업권, 어업권 등 물권에 준하는 권리가 있다.

(3) 관습법상의 물권

민법 제185조는 관습법에 의하여 물권이 성립할 수 있음을 규정하고 있는데 이에 관하여 판례가 인정하는 것으로는 **분묘기지권, 관습법상 법정지상권, 양도담보권(동산)** 등이 있다.

▼ 부동산물권과 동산물권

1) 부동산물권	점유권, 소유권, 지역권, 지상권, 전세권, 유치권, 저당권
2) 동산물권	점유권, 소유권, 유치권, 질권
3) 부동산·동산에 공통으로 인정되는 물권	점유권, 소유권, 유치권

Professor Comment
질권은 부동산을 객체로 할 수 없다. 즉 질권은 동산 및 채권에 대해서만 설정이 가능하다.

5 물권의 효력★

(1) 물권 상호간의 효력

1) **내용이 같은 물권 상호간**

    물권은 목적물을 배타적으로 지배하는 권리이므로 내용이 같은 물권이 동일물 위에 중복해서 성립할 수 없다.

    > **예** 甲이 소유권이나 지상권을 취득한 물건에 다시 乙이 소유권이나 지상권을 취득할 수 없다. 다만 저당권은 목적물을 현실적으로 지배·이용하는 것이 아니므로 동일물 위에 여러 개가 성립할 수 있지만 성립의 선후(등기의 선후)에 따라서 우선순위가 정해진다.

2) **종류를 달리하는 물권 상호간**

    ① 소유권과 제한물권

      소유권과 제한물권이 동일물 위에 존재하게 되면 성질상 제한물권이 소유권에 우선한다.

    ② 용익물권과 담보물권

      용익물권과 담보물권 상호간에는 먼저 성립한 물권이 나중에 성립한 물권에 우선한다.

      > **예** 저당권 설정 후의 지상권은 저당권 실행으로 소멸하지만, 지상권 설정 후의 저당권이 실행된 경우에는 지상권은 소멸하지 않는다.

    ③ 점유권

      점유권은 현재의 사실상의 지배로 성립하기 때문에 우선적 효력이 없다. 점유권은 본권과 병존할 수도 있고, 동일물 위에 직접점유, 간접점유의 형식으로 병존할 수 있다.

(2) 채권에 우선하는 효력

1) **원 칙**

    그 성립의 선후와 관계없이 언제나 물권이 우선한다[매매는 임대차를 깨뜨린다(로마법)].

2) **예 외**

    ① 채권이 대항요건을 갖춘 예로 ㉠ 채권이 가등기된 경우, ㉡ 등기된 부동산임차권, ㉢ 등기된 환매권, ㉣ 확정일자 있는 임차보증금(우선변제권) 등이 있다. 이 경우에는 (가)등기 등 대항력의 발생시기와 물권이 성립한 시기를 비교하여 그 선후에 따라 우열이 결정된다.

    ② 특별법상의 소액보증금(「주택임대차 보호법」·「상가건물 임대차보호법」에 따른 최우선변제권)의 경우에는 물권보다 언제나 우선한다.

제1장 물권법 총설

Key Point 물권(법)과 채권(법)의 비교

물권(물권법)	채권(채권법)
1) **지배권**: 사람이 물건을 지배	1) **청구권**: 특정인 甲의 특정인 乙에 대한 권리
2) **절대권**: 제3자에 대항력이 있다(대세권). 모든 사람에게 주장할 수 있는 권리	2) **상대권**: 제3자에 대항력이 없다. 특정인에게만 주장할 수 있는 권리(대인권)
3) 배타성이 있다. 하나의 독립한 물건에 대하여 하나의 물권을 인정하는 원칙(일물일권주의)	3) 배타성이 없다. 이중매매처럼 1개의 급부에 수 개의 채권이 성립할 수 있다.
4) 처분의 자유 지상권, 전세권은 자유로이 양도, 담보 제공	4) 처분의 자유가 제한 • 채권도 양도성이 인정된다(제449조). 그러나 제한이 많이 존재한다. • 임차권의 양도, 전대시 반드시 임대인의 동의 필요(제629조)
5) 용익권자의 수선, 유지의무(○) 지상권자, 전세권자는 필요비 상환청구권이 없고, 유익비상환청구권만 행사가 가능	5) 용익권자의 수선, 유지의무(×) 임차권자는 필요비 및 유익비 상환청구권의 행사가 가능

6) 존속기간
① 소유권: 없다.
② 지상권: 최단기간(5년, 15년, 30년)
③ 지역권: 영구무한가능(통설)
④ 전세권
   ㉠ 토 지: 최장기간만 규정(10년)
   ㉡ 건 물
     • 최장기간(10년)
     • 최단기간(1년)
	6) 존속기간
	① 임대차
	   ㉠ 임대차계약: 제651조 제1항(20년의 제한 규정)에 대한 위헌결정으로 제한 없음
	   ㉡ 갱신계약: 10년(제651조 제2항)
	② 주택임대차
	   최단기간만 제한: 2년(2년 미만의 경우는 2년)
	③ 상가건물임대차
	   최단기간만 제한: 1년(1년 미만의 경우는 1년)

7) 물권법정주의 강행법규성, 고유법성, 사회성	7) 계약자유의 원칙 임의법규성, 세계법성, 채권자보호성
8) 우선적 효력이 있다. ① 물권 > 채권 • 예외: 등기된 임차권, 주택·상가 임대차 등 ② 물권과 물권: 먼저 성립한 것이 우선된다.	8) 우선적 효력이 없다(채권자 평등의 원칙).

6 물권적 청구권★★

17·20·27회 출제

(1) 의의·인정근거

1) 의의

물건에 대한 원활한 지배 상태가 어떠한 사정으로 **방해 당하고 있거나 방해의 염려가 있는 경우***에 물권자가 그 방해상태의 지배자에 대하여 방해의 제거 또는 예방을 청구할 수 있는 권리이다. 이에는 ① 점유를 침탈당하거나 반환을 거절하는 점유자에 대한 물권적 반환청구권, ② 점유의 침탈 또는 반환 거부 이외의 방법으로 방해하는 경우의 방해제거청구권 ③ 장래 방해가 발생할 염려가 있는 경우의 방해예방청구권이 있다.

> * 방해 당하고 있거나 방해의 염려가 있는 경우
> 침해가 이미 종료한 경우에는 손해배상만 청구할 수 있다.

2) 민법 규정

민법은 점유권(제204조~제206조)과 소유권(제213조~제214조)에 관하여 각각 그 근거를 두고 있다. 소유권에 기한 물권적 청구권에 관한 규정을 지상권과 전세권에 준용하는 형식을 취하고 있고(제290조, 제319조), 점유를 수반하지 않는 지역권과 저당권에는 물권적 반환청구권은 준용되지 않는다(제301조, 제370조). 유치권에는 물권적 청구권 규정이 없다(다만 점유권을 기초로 행사 가능).

물권적 청구권

청구권(請求權)이란 특정인이 다른 특정인에게 일정한 행위를 요구하는 권리를 말한다.

청구권 → 행위요구

물권적 청구권이란 물권이 침해(또는 방해)를 당하거나 당할 우려가 있는 경우

그 침해자에게 침해의 제거 또는 예방을 청구할 수 있는 권리를 말한다.

물권적 청구권에는
① 물권적 반환청구권,
② 물권적 방해제거청구권,
③ 물권적 방해예방청구권의 3가지가 있다.

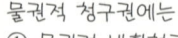

물권적 청구권은 침해자(또는 방해자)의 고의·과실과 관계없이 청구할 수 있다.

물권적 청구권은 침해자의 고의가 있어도 청구 가능하고, 고의가 없어도 청구 가능하지!

물권적 청구권은 물권으로부터 파생된 권리이므로, 물권적 청구권만을 양도할 수는 없다.

물권을 양도하면 물권적 청구권 역시 양도되지만, 물권적 청구권만 따로 양도할 수는 없지!

제1장 물권법 총설

▼ 물권적 청구권

구 분	지상권	지역권	전세권	유치권	질 권	저당권
방해예방청구권	○	○	○	×	○(통설)	○
방해제거청구권	○	○	○	×	○(통설)	○
반환청구권	○	×	○	×	○(통설)	×

Professor Comment

❶ 저당권, 지역권은 점유를 요소로 하지 않으므로 반환청구권은 인정되지 않는다.
❷ 질권에는 명문규정이 없어 그 인정 여부에 대해 논란이 있을 수 있지만 입법상의 착오로 보고 질권에도 물권적 청구권을 인정한다(통설).
❸ 유치권은 물권적 청구권이 부정되지만, 점유를 기초로 하므로 점유권에 기한 권리행사가 가능하다.

(2) 성 질

1) 물권에 기한 권리

① 물권적 청구권은 물권과 운명을 같이 한다. 물권이 소멸·이전하면 물권적 청구권도 소멸·이전한다.

② 물권이 채권에 우선하는 만큼 물권적 청구권이 채권적 청구권에 우선한다. 파산의 경우에 환취권에 의하여 보호된다.

③ 소멸시효

물권적 청구권은 물권과 분리하여 소멸시효에 걸리지 않는다(다수설). 이에 대하여 소멸시효에 걸린다는 견해 또는 제한물권에 기한 물권적 청구권은 소멸시효에 걸린다는 소수설이 있다.

Professor Comment

소유권은 소멸시효에 걸리지 않음에도 불구하고 물권적 청구권만 시효로 소멸한다면 소유자는 소유권은 있어도 물건의 반환을 청구할 수 없고, 점유자는 점유할 권원은 없으나 반환할 필요가 없다는 부당한 상태가 될 것이기 때문에 물권적 청구권만 독립하여 소멸시효에 걸리지 않는다.

2) 청구권

① 특정인에 대한 권리로서 이행의 문제를 남긴다는 점에서 채권적 성질을 가지나, 물권에 의존하는 점에서 물권적 성질을 갖는다.

② 이행지체, 채무의 변제 등 채권에 관한 규정이 준용되며, 채권자 대위권의 대상이 될 수도 있다.

3) 청구권의 성격

상대방에게 적극적으로 방해제거에 필요한 행위를 청구할 수 있는 권리(행위청구권설)로 보는 견해와 방해제거에 필요한 행위는 물권자가 할 수 있는 행위이며, 상대방에 대하여 이를 인용할 것을 요구하는 권리(인용청구권설)로 보는 견해가 있으며, 민법 제214조의 규정에 의하면, 소유자는 소유권을 방해하는 자에 대하여 그 방해제거행위를 청구할 수 있고, 소유권을 방해할 염려가 있는 행위로 인하여 발생하리라고 예상되는 손해의 배상에 대한 담보를 지급할 것을 청구할 수 있다(대판 2014다52612).

4) 비용부담의 문제
① 학설의 다툼
행위청구권설을 기초로 상대방이 부담한다고 보는 견해(상대방부담설)와 인용청구권설을 기초로 물권자가 부담한다고 보는 견해(물권자부담설), 그 밖에 방해의 원인에 책임이 있는 자가 부담한다는 견해, 상대방부담설을 기초로 하되 상대방은 각종 비용상환청구권이 인정된다는 견해가 있다.
② 판례의 입장

> **판례** 물권적청구권의 비용부담
> 소유자가 침해자에 대하여 방해제거행위 또는 방해예방행위를 하는 데 드는 비용을 청구할 수 있는 권리는 위 규정(민법 제214조)에 포함되어 있지 않으므로, 소유자가 민법 제214조에 기하여 방해배제비용 또는 방해예방비용을 청구할 수는 없다(대판 2014다52612).

(3) 행사 요건
1) 물권에 대한 방해 또는 방해의 우려가 있을 것
① 물권의 원활한 지배가 **방해 당하거나 그 염려가 있는 객관적 상태**[*]로서 충분하고 어떤 자의 고의나 과실에 의할 필요는 없다. 태풍으로 나무가 쓰러진 경우, 제3자가 훔친 물건을 놓고 간 경우에도 물권적 청구권은 성립한다.

* **방해 당하거나 그 염려가 있는 객관적 상태**
방해상태가 이미 종료한 경우에는 대상이 아니다.

② 물권에 대한 방해가 이미 종료한 경우에는 물권적 청구권을 행사할 수 없으며, 손해의 배상만 청구할 수 있다.

2) 침해에 대한 인용의무가 없을 것
청구의 상대방에게 방해를 정당화하는 권원이 있는 경우에는 물권적 청구권은 발생하지 않는다. 임차권이나 상린권을 가진 상대방에 대하여는 물권적 청구권을 행사할 수 없다.

3) 청구권의 주체
현재 침해를 받고 있거나 침해를 받을 염려가 있는 물권자이다.

4) 청구의 상대방
현재 물권을 침해하고 있거나 침해할 염려가 있는 상태를 자기의 **지배**^{**} 내에 두고 있는 자이다(점유보조자는 청구의 상대방이 아니다).

** **지배**
직접점유, 간접점유 불문

> 예 甲의 토지에 乙이 불법건축물을 건축한 후 현재는 丙에게 매각되어 丙이 점유하고 있는 경우, 물권적 청구권(이 사안에서는 방해제거청구권)은 丙에게 행사되어야 한다.

(4) 다른 청구권과의 관계★

1) 불법행위책임과의 관계

고의 또는 과실로 타인에게 손해를 가한 자는 그 손해를 배상할 책임이 있으며(민법 제750조) 이를 불법행위에 따른 손해배상책임이라 하며 이는 불법행위자의 고의 또는 과실, 위법성, 손해의 발생 및 인과관계 등을 요건으로 하고 손해배상의 방법으로 금전배상을 원칙으로 하기 때문에 물권적 청구권과는 요건, 당사자, 권리의 성질 등이 다르다. 양자는 경합하여 성립할 수 있고, 일방이 소멸하더라도 타방이 당연히 소멸하지는 않는다.

> **Key Point** 물권적 청구권과 불법행위로 인한 손해배상청구권과의 차이점

구 분	물권적 청구권	불법행위
요 건	물권적 청구권의 성립요건에는 상대방의 고의·과실이 필요 없고 침해가능성이 있는 경우에도 행사할 수 있다.	불법행위에는 상대방의 고의·과실이 필요하고 현실적으로 침해될 경우에만 행사할 수 있다.
효 과	물권적 청구권은 침해의 제거 및 원상회복과 침해우려를 배제하기 위한 것으로 이를 위한 구체적인 작위 또는 부작위를 청구할 수 있다.	불법행위에는 법률에 특별한 규정이 없는 한 발생한 손해를 금전으로 배상하는 손해배상청구만이 가능하다.
양자의 관계	양자가 병존하는 경우, 즉 물권적 청구권과 불법행위로 인한 손해배상청구권을 행사할 수 있는 경우에는 양자를 함께 청구할 수도 있고 선택적으로도 행사할 수 있다.	

2) 계약종료로 인한 목적물반환청구권과의 관계

예컨대 전세권이 기간 만료로 소멸하면 계약관계의 종료로 인한 반환청구권과 물권적 반환청구권이 경합하여 성립하나, 일방의 이행이 있으면 타방은 당연히 소멸한다.

3) 부당이득 반환청구권과의 관계

계약의 무효, 취소에 따라 상대방이 점유하고 있는 원물을 반환하는 경우 그 반환범위에 대해서 그가 선의인 경우 제201조 이하가 특칙으로 적용(법조경합)되어 과실수취권이 인정되므로 쌍무계약이 취소된 경우 선의의 매수인에게 과실취득권이 인정되는 이상 선의의 매도인에게도 민법 제587조의 유추적용에 의하여 대금의 운용이익 내지 법정이자의 반환은 인정되지 않는다(대판 1993.5.14. 92다45025).

2편 물권법

▼ 물권의 일반적 효력★★

우선적 효력	① 물권과 물권 사이: 먼저 성립한 물권이 우선한다. 　㉠ 점유권은 우선적 효력이 없다. 　㉡ 소유권과 제한물권간에는 성질상 언제나 제한물권이 우선한다. ② 물권과 채권사이: 원칙상 물권이 우선한다. 　• 다만, 다음의 경우에는 예외가 인정된다. 　㉠ 채권이 가등기된 경우 　㉡ 등기된 부동산 임차권(제621조), 등기된 환매권(제592조) 　㉢ 대항력 갖춘 주택임대차 및 상가건물임대차
물권적 청구권	① 반환청구권: 침탈시 → 반환 및 손해배상청구(중첩적) ② 방해제거청구권: 방해시 → 방해제거 및 손해배상청구(중첩적) ③ 방해예방청구권 → 예방이나 손해배상의 담보 청구(선택적)

단락문제 Q4

물권적 청구권에 관한 설명으로 틀린 것은?

① 소유권에 기한 물권적 청구권은 소멸시효에 걸리지 않는다.
② 사기에 의해 물건을 인도한 자는 점유물반환청구권을 행사할 수 없다.
③ 점유보조자도 그 물건의 사실적 지배를 가지는 이상 물권적 청구권을 행사할 수 있다.
④ 매매를 원인으로 소유권이전등기를 경료해준 자는 불법점유자에 대하여 소유권에 기한 물권적 청구권을 행사하지 못한다.
⑤ 물권적 청구권은 손해배상청구권을 당연히 포함하는 것은 아니다.

> **해설** 물권적 청구권의 행사 등
> ① (○) 채권담보의 목적으로 이루어지는 부동산 양도담보의 경우에 있어서 피담보채무가 변제된 이후에 양도담보권설정자가 행사하는 등기청구권은 양도담보권설정자의 실질적 소유권에 기한 물권적 청구권이므로 따로이 시효소멸되지 아니한다(대판 1979.2.13. 78다2412). 매매계약이 합의해제된 경우에도 매수인에게 이전되었던 소유권은 당연히 매도인에게 복귀하는 것이므로 합의해제에 따른 매도인의 원상회복청구권은 소유권에 기한 물권적 청구권이라고 할 것이고 이는 소멸시효의 대상이 되지 아니한다(대판 1982.7.27. 80다2968).
> ② (○) 물권적 청구권은 법률적으로 물권에 대한 방해상태를 정당화하는 권원이 있을 때 또는 물권적 청구권의 행사가 현저하게 공공의 이익에 반하거나 사회통념상 상대방에게 부당한 부담을 부과시키는 것인 경우에는 물권적 청구권이 성립될 수 없다. 사기의 의사표시에 의해 건물을 명도해 준 것이라면 건물의 점유를 침탈당한 것이 아니므로 피해자는 점유회수의 소권을 가진다고 할 수 없다(대판 1992.2.8. 91다17443).
> ③ (×) 점유보조자에게는 점유권에 기한 반환청구권은 인정되지 않는다(대판 1976.9.28. 76다1588).
> ④ (○) 소유권에 의한 물권적 청구권을 소유권과 분리하여 소유권 없는 전 소유자에게 유보하여 행사시킬 수는 없으므로 소유권을 상실한 전 소유자는 제3자인 불법점유자에 대하여 소유권에 기한 물권적 청구권에 의한 방해배제를 구할 수는 없다(대판 1980.9.9. 80다7).
> ⑤ (○) 물권적 청구권과 손해배상청구권은 성립요건에서 차이가 있기 때문에 물권적 청구권에 손해배상청구권이 당연히 포함되는 것은 아니다. 그러므로 물권적 청구권과 불법행위로 인한 손해배상청구권을 행사할 수 있는 경우에는 양자를 함께 청구할 수도 있고 선택적으로도 행사할 수 있다.
>
> **답** ③

제1장 물권법 총설

단락핵심 — 물권 총설

(1) 명인방법이라는 관습법상의 공시방법(명인방법)을 갖춘 수목 또는 수목의 집단은 토지와 별개의 독립한 물건으로 다루어진다. (○)
(2) 적법한 경작권 없이 타인의 토지를 경작하였더라도 그 경작한 입도가 성숙하여 독립한 물건으로서의 존재를 갖추었으면 입도의 소유권은 경작자에게 귀속한다. (○)
(3) 관습상의 사도통행권(私道通行權)은 관습상의 물권으로 인정된다. (×)
(4) 미등기무허가 건물의 양수인은 그 소유권이전등기를 경료받지 않는 한 건물에 대한 소유권을 취득할 수 없고, 그러한 건물의 취득자에게 소유권에 준하는 관습법상의 물권이 있다고 볼 수 없다. (○)
(5) 물권적 청구권은 상대방의 고의·과실이 필요하고 침해가능성만으로는 행사할 수 없다. (×)

02 물권의 변동

1 물권변동의 의의

물권의 변동이란 물권의 **발생·변경·소멸**을 총칭하는 개념이다. 객체에 따라서 부동산물권변동과 동산물권변동으로, 원인에 따라서 **법률행위에 의한 물권변동***과 법률규정에 의한 물권변동으로 분류된다.

> * 법률행위에 의한 물권변동
> 물권행위

Wide | 물권변동의 태양

① 물권의 발생 (물권의 취득)	원시취득 (절대적 취득)	시효취득, 선의취득, 무주물선점, 유실물습득, 매장물 발견, 가옥의 신축 등	
	승계취득 (상대적 취득)	이전적 승계	포괄승계 : 상속, 포괄유증, 회사합병 등 특정승계 : 매매, 증여, 교환, 각종 제한 물권의 양도 등
		설정적 승계	지상권, 전세권, 저당권 등의 설정
② 물권의 변경	주체의 변경	물권의 승계취득	
	내용의 변경	성질적 변경	물상대위
		수량적 변경	소유권에 제한물권의 설정 및 소멸, 첨부 등
	작용의 변경	1번 저당권의 소멸로 2번 저당권의 순위승진 등	
③ 물권의 소멸	절대적 소멸	목적물 멸실, 소멸시효, 물권포기	
	상대적 소멸	물권의 양도	

2 공시의 원칙과 공신의 원칙★★

(1) 공시의 원칙

1) 의의

물권변동에는 공시방법을 갖추어야 한다. 물권은 배타성이 있는 권리이기 때문에 그 변동관계를 제3자(일반인)도 알 수 있도록 해야 하기 때문이다.

※ 소유권과 양도담보의 공시만 가능하다.
저당권은 설정할 수 없다

① 성문법상의 공시방법
부동산에는 등기, 일반동산에는 점유(인도), 수목의 집단·미분리의 과실 등에는 명인방법이 있다. 또한 동산 중에서 선박·자동차·항공기·건설기계 등에는 등기·등록이 공시방법으로 인정되고 있다.

② 관습법상의 공시방법(명인방법)
㉠ 판례상 인정된 관습법상의 공시방법으로 명인방법이 있다. 이는 지상물(수목, 미분리과실)의 소유권은 원칙적으로 그 부동산 소유자에게 귀속하지만, 독립한 별개의 물건으로 다룰 필요가 있기 때문에 그것이 누구에게 귀속하는지 알리는 방법이 요구되었다.

 공시의 원칙

제1장 물권법 총설

  ㄴ 적법한 명인방법이 되기 위해서는 ⓐ 그 대상이 무엇인지, 그리고 그 소유자가 누구인지 확정되어야 하고(특정성), ⓑ 그 표시 상태가 계속되어야 한다(계속성).
  ㄷ 명인방법에 의해서는 소유권의 귀속만을 공시할 수 있으므로 소유권과 양도담보의 공시만 가능하다.*

2) 입법주의

① **의사주의**(대항요건주의)
당사자의 의사표시만으로 물권변동의 효력이 발생하고 그밖에 어떤 형식을 갖출 것을 요구하지 않는 입법주의(프랑스 민법, 일본 민법)이다. 공시는 제3자에게 대항하기 위한 요건이다.

② **형식주의**(성립요건주의)
당사자의 의사표시만으로는 물권변동의 효력이 생기지 않고 제3자에 대해서는 물론이고 당사자간에서도 등기, 인도 등의 공시방법을 갖추어야 비로소 물권변동이 일어나는 것으로 하는 입법주의(독일 민법)이다. 민법은 법률행위로 인한 물권변동에 관하여 이 원칙을 취하고 있다.

Professor Comment
공시의 원칙은 의사주의와 형식주의 모두에 적용된다.

3) 공시원칙의 확장

공시의 원칙은 물권에 관하여서만 인정되는 것은 아니고, 법인설립에 있어서의 등기, 혼인, 협의이혼 등 신분행위에 있어서의 신고 등에 관하여도 인정된다.

(2) 공신의 원칙

1) **의의**: 진실한 권리관계와 공시방법이 일치하지 않더라도 공시방법을 신뢰한 자는 보호된다는 원칙을 말한다. 따라서 무권리자로부터 물건을 취득한 자도 선의·무과실이면 물권을 취득할 수 있다. 민법은 동산에 관하여는 이 원칙을 채용**하고 있으나 부동산에 관하여는 채택하고 있지 않다.

** 이 원칙을 채용
선의취득제도

Key Point 공시의 원칙과 공신의 원칙의 비교

공시의 원칙	공신의 원칙
1) 상대방을 소극적으로 보호	1) 상대방을 적극적으로 보호
2) 정적 안전에 중점	2) 동적 안전에 중점
3) 물권변동에 있어서 어느 나라나 인정	3) 물권변동에 있어서 각국의 입법에 따라 다르다.
4) 민법은 부동산 및 동산의 물권변동에 모두 인정	4) 민법은 동산물권의 변동에만 인정

2) 공신의 원칙의 확장

공신의 원칙은 물권 이외에도 진실의 권리관계가 존재하는 것과 같은 외관을 신뢰한 자를 보호할 필요가 있는 경우에도 확장해서 인정된다. 표현대리 제도, 채권의 준점유자에 대한 변제의 유효성도 공신의 원칙과 유사한 제도이다.

Professor Comment

공시의 원칙이 채택되고 있다고 하여 공신의 원칙이 모두 채택되는 것은 아니다. 즉, 공시의 원칙의 채택과 공신의 원칙의 채택은 서로가 논리적 관계는 없다.

단락문제 Q5

물권변동에 관한 기술로서 타당한 것은?

① 우리 민법은 동산·부동산을 구별하지 않고 인도(引渡)를 그 공시방법으로 한다.
② 공시의 원칙은 오로지 물권에 한(限)한다.
③ 공신의 원칙은 의사주의하에서는 인정되지 않는다.
④ 공신의 원칙을 채택하면 거래의 안전은 꾀할 수 있으나 진정한 권리자가 희생되는 경우가 있게 된다.
⑤ 공시의 원칙과 공신의 원칙은 별개의 제도이므로 아무런 관련이 없다.

해설 물권변동과 공시제도
① (×) 동산은 인도, 부동산은 등기를 공시방법으로 한다.
② (×) 공시의 원칙은 물권에 관하여서만 인정되는 것이 아니고 광업권이나 어업권과 같은 준물권, 지식재산권, 채권의 양도, 혼인, 회사의 설립 등에도 광범위하게 인정된다.
③ (×) 의사주의 하에서는 거래의 안전을 위하여 공신의 원칙을 인정할 필요성이 커진다.
④ (○) 제3자를 보호하기 위해서는 진정한 권리자에 대한 권리박탈이 불가피하기 때문이다.
⑤ (×) 공시의 원칙이 무너지면 공신의 원칙에 의하여 정적 안전이 무너질 수 있다.   **답** ④

03 부동산물권의 변동   10·12·15·22·23회 출제

제186조(부동산물권변동의 효력) 부동산에 관한 법률행위로 인한 물권의 득실변경은 등기하여야 그 효력이 생긴다.

제187조(등기를 요하지 아니하는 부동산물권취득) 상속, 공용징수, 판결, 경매 기타 법률의 규정에 의한 부동산에 관한 물권의 취득은 등기를 요하지 아니한다. 그러나 등기를 하지 아니하면 이를 처분하지 못한다.

제245조(점유로 인한 부동산소유권의 취득기간) ① 20년간 소유의 의사로 평온, 공연하게 부동산을 점유하는 자는 등기함으로써 그 소유권을 취득한다.
② 부동산의 소유자로 등기한 자가 10년간 소유의 의사로 평온, 공연하게 선의이며 과실 없이 그 부동산을 점유한 때에는 소유권을 취득한다.

제1장 물권법 총설

1 등기를 요하는 물권변동 [10·12·13회 출제]

(1) 법률행위로 인한 물권변동(제186조)

1) 물권의 득실변경은 <u>물권행위와 등기를 갖추어야 성립하고 효력을 발생</u>*한다.

   * 물권행위와 등기를 갖추어야 성립하고 효력을 발생
   형식주의·성립요건주의

2) 즉, 소유권·지상권·지역권·전세권·저당권 등은 물권행위 외에 등기를 갖추어야 물권변동의 효력이 발생한다.
3) 다만, 부동산물권이라도 등기능력이 없는 점유권과 유치권은 점유의 이전이 있으면 족하고 등기는 필요하지 않다.
4) 여기서 말하는 법률행위란 물권행위를 가리키는 것이며(다수설), 매매 등으로 인한 부동산물권의 양수(讓受)와 같은 물권적 합의, 부동산물권의 포기 등의 물권적 단독행위도 포함된다.
5) 물권의 득실변경이란 물권의 설정, 이전, 변경은 물론이고 처분의 제한 및 소멸을 포함하는 것으로 보아야 한다.

(2) 부동산물권의 점유시효취득

점유취득시효에 의한 부동산소유권의 취득은 법률규정에 의한 물권변동이나 등기를 하여야만 효력이 발생한다(제245조 제1항).

(3) 기타 문제되는 경우

1) **원인행위의 실효에 따른 물권의 복귀**

   물권행위의 원인행위인 채권행위가 무효, 취소 또는 해제된 경우에 그 실효된 원인행위의 이행으로서 이루어진 물권변동은 말소등기 없이도 물권은 당연히 복귀하게 된다(판례의 일관된 입장).

2) **재단법인 출연재산의 귀속시기**

   판례는 출연자와 법인 간에는 등기 없이도 출연부동산이 법인설립과 동시에 법인에게 귀속되지만, 제3자에게 대항하기 위해서는 제186조에 의하여 등기하여야 한다(대판 1993.9.14. 93다8054).

> **Wide** 제한물권의 소멸청구(제287조, 제311조) 또는 소멸통고(제313조)
>
> ① **소멸청구**
>   ㉠ 일정한 요건하에 지상권설정자와 전세권설정자는 지상권 또는 전세권의 소멸을 청구할 수 있는데 이들의 청구가 있는 경우에 그 제한물권은 말소등기 없이도 소멸하는지 여부가 문제된다.
>   ㉡ 학설은 등기불요설과 등기필요설로 대립하고 있으나 이에 대한 판례는 보이지 않는다.
>
> ② **소멸통고**
>   ㉠ 전세권의 존속기간이 정하여지지 아니한 경우 각 당사자는 언제든지 상대방에게 전세권의 소멸을 통고할 수 있고, 일정한 기간(6월)이 경과하면 전세권이 소멸하는데 이 때 등기가 필요한지 여부가 문제된다.
>   ㉡ 학설은 등기불요설과 등기필요설로 대립하고 있으나 이에 대한 판례는 보이지 않는다.

2 물권변동의 요건으로서 등기의 유효요건★★★

(1) 형식적 유효요건
1) **등기의 존재**(기재)
   ① 등기부에 기재
      등기의 신청이 있었다 해도 어떤 사정으로 등기가 실행되지 않으면(등기부에 기재되지 않으면) 등기가 있다고 할 수 없다.
   ② 불법말소된 경우
      등기는 물권변동의 효력발생요건일 뿐 효력존속요건이 아니므로 불법말소된 경우 물권은 소멸하지 않고 말소된 등기의 회복등기가 행하여지면 말소된 종전의 등기와 동일한 순위의 효력을 가진다(대판 1997.9.30. 95다39526).

2) **표제부의 하자**(형식적 하자의 부존재 Ⅰ)
   ① 대상부동산의 존재
      존재하지 않는 부동산 또는 그 지분에 대한 등기는 당연 무효이다.
   ② 표제부의 기재와 부동산 실제와의 일치
      표시에 다소 착오나 오류가 있더라도 그것이 그 부동산을 표시함에 족한 정도로 동일성 또는 유사성이 있는 경우에는 그 등기는 부동산을 공시하는 것으로서 유효하나(대판 1975.4.22. 74다2188), 동일성 혹은 유사성조차 인정할 수 없는 착오 또는 오류가 있는 경우에는 그 등기는 무효이다(대판 1975.4.22. 74다2188).

3) **일부동산일등기용지의 원칙**(형식적 하자의 부존재 Ⅱ) - **중복등기**(이중보존등기)★★★
   ① 의 의
      부동산 1등기용지주의에 의해 하나의 부동산에는 하나의 등기만 이루어져야 하는데, 내용에 있어 서로 모순되는 2개 이상의 등기가 절차의 잘못으로 기재된 경우의 문제를 말한다.
   ② 표시란의 이중등기(이중보존등기)
      ㉠ 부동산의 실제상황과 일치하는 보존등기만이 효력을 가진다.
      ㉡ 부동산의 실제상황과 일치하는 수 개의 보존등기가 있는 경우, 등기명의인이 동일인 경우 1부동산 1등기용지의 원칙상 먼저 행하여진 등기만이 유효하고 뒤에 행하여진 등기는 무효이다. 또한 등기명의인이 동일인이 아닌 경우 먼저 된 소유권보존등기가 원인무효라는 아무런 자료가 없다면 뒤에 된 소유권보존등기는 실체관계에 부합하는지 여부를 따져 볼 필요 없이 무효이다(대판 1990.11.27. 87다카2961).

제1장 물권법 총설

4) 신청절차의 적법

등기는 부동산등기법이 정하는 신청절차에 따라 행하여져 하지만, **신청절차의 하자가 있다고 하여 반드시 무효가 되는 것은 아니다**. 즉 당사자에게 등기신청의 의사가 있고, 또한 **등기가 실체관계와 부합하는 경우 그 등기는 유효**하다.

> **예** 위조문서에 의한 등기, 무권대리인의 신청에 의한 등기, 등기의무자인 사자명의로 신청된 등기 건물을 매수했음에도 불구하고 보존등기한 경우 등이 실체의 권리관계와 일치하는 경우

5) 관할등기소

등기는 관할등기소에서 하여야 하며, 관할위반의 등기는 당연무효(절대무효)이다(부동산등기법 제29조 제1호).

판례 **사자명의(死者名義)로 신청한 등기의 유효성**

등기의무자인 사자명의의 신청으로 행해진 등기라도 그 등기가 사자의 공동상속인들의 의사에 따라 이루어진 것이고, 현재의 실체적 권리관계에 합치되면 유효하다(대판 1954.4.27. 4287민상336).

판례 **등기가 실체관계와 부합한다는 의미**

등기절차에 어떤 하자가 있다고 하더라도 유효한 원인행위 또는 법률의 규정에 따른 **등기청구권에 상응하는 등기가 이미 경료되었고, 진정한 권리자(등기의무자)가 현재의 등기명의인(등기권리자)의 등기청구권행사를 저지할 만한 실체법상의 대항사유가 없어서 진실한 권리관계와 합치되는 것**을 말한다(대판 1994.6.28. 93다55777).

단락문제 Q6

물권변동에 관한 설명으로 틀린 것은? (다툼이 있으면 판례에 의함)

① 甲이 그 소유의 토지를 乙에게 증여하면서 매매를 한 것처럼 꾸며 소유권이전등기를 해준 경우, 乙은 그 토지의 소유권을 취득한다.
② 甲소유의 X토지에 대한 등기부가 멸실된 경우, 甲이 회복기간 내에 멸실회복등기를 하지 않으면 甲은 X토지에 대한 소유권을 상실한다.
③ 甲이 자기 소유 건물을 乙에게 매도하여 소유권이전등기를 해 준 뒤 관계서류를 위조하여 乙의 등기를 말소한 경우, 말소등기의 회복등기가 없더라도 乙은 소유권을 상실하지 않는다.
④ 甲으로부터 토지를 매수한 乙이 甲명의로 된 유효한 보존등기에 기초하여 소유권이전등기를 하지 않고 새로 등기부를 개설하여 乙명의로 보존등기를 한 경우, 乙은 소유권을 취득하지 못한다.
⑤ 乙이 甲의 토지를 상속한 뒤 丙에게 토지를 매도하고 직접 甲에서 丙으로 매매를 원인으로 하는 소유권이전등기가 이루어진 경우, 丙은 소유권을 취득한다.

> **해설** 물권의 변동
> ① (○) (대판 1980.7.22. 80다791)
> ② (×) 등기는 권리의 존속요건에 해당하지 않는다(대판 1996.3.12. 95다46166).
> ③ (○) 위조서류에 의한 말소등기는 무효이므로 乙은 소유권을 상실하지 않는다.
> ④ (○) 뒤에 경료된 보존등기는 무효이므로 소유권 이전의 효력이 발생하지 않는다.
> ⑤ (○) 실체관계에 부합하므로 유효한 등기이다(대판 1972.9.26. 72다1048, 대판 1998.4.14. 98도16 등 참조).
>
> 답 ②

(2) 실질적 유효요건 　　　　　　　　　　　　　　　　　　　　　18·19회 출제

1) **물권행위와의 시간적 불합치**

    시간적 불일치가 발생하는 경우 ① 선행하는 등기는 그에 부합하는 물권행위가 없으므로 우선은 효력이 없으나 후에 그에 대응하는 물권행위가 있게 되면 유효한 등기가 되며, ② 물권행위가 있은 후, 등기를 하기 전에 당사자가 사망하거나 행위능력을 상실한 경우에도 물권행위의 효력에는 아무런 영향을 주지 않는다.

2) **물권행위와의 내용적 불합치★★★**

    ① 권리의 종류·내용의 불일치

    물권행위상의 권리의 종류 또는 내용과 등기상의 권리의 종류 또는 내용이 합치하지 않는 경우에는 언제나 무효이다.

    ② 권리내용의 양적 불일치

    원칙적으로는 전부무효*로 하나, 특별한 사정이 인정되는 경우(제3자의 이익을 해하지 아니하는 경우)일치하는 부분에 대하여 대한 유효성을 인정할 수 있다.

    * **원칙적으로는 전부무효**
    일부무효의 법리

    > **예** 등기상 1억원에 대한 저당권이 설정되어 있으나 실제로는 채무액이 5천만원에 불과한 경우에는 5천만원에 한하여 유효한 등기로 인정될 수 있다.

3) **중간생략등기**(등기과정의 불일치)

    ① 의 의

    부동산물권이 최초의 양도인으로부터 중간취득자에게, 중간취득자로부터 최종취득자에게 전전 이전되어야 할 경우에 그 중간취득자에의 등기를 생략하고 최초의 양도인으로부터 직접 최후의 양수인에게 하는 등기를 말한다.

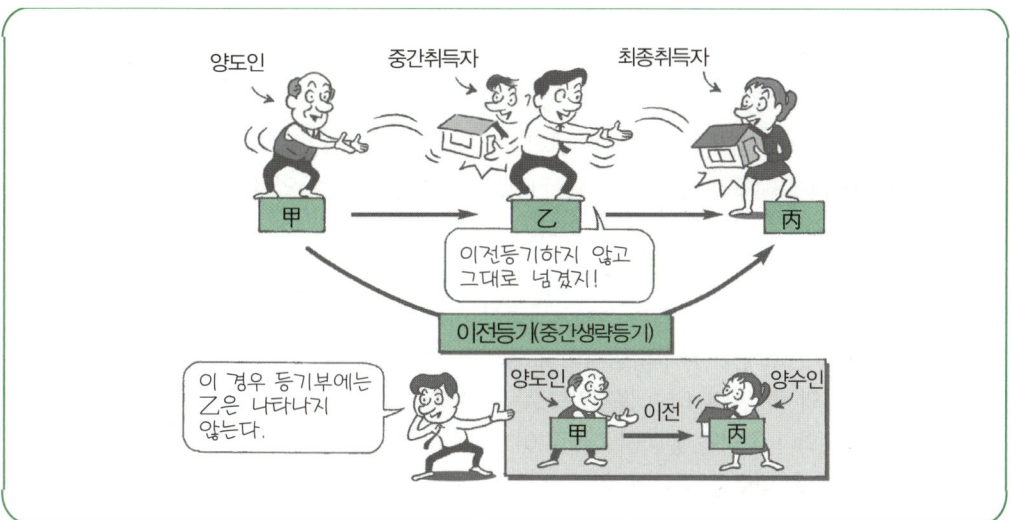

② **중간생략등기 합의의 사법상 유효성**　　**21회 출제**
부동산등기특별조치법에 위반한 중간생략합의에 대해, 판례는 이를 단속규정으로 보아 사법상 효력까지 무효로 하는 것은 아니라고 한다(대판 1998.9.25. 98다22543). 따라서 3자 사이에 합의가 있는 경우 최종 매수인은 최초매도인에 대하여 소유권이전등기를 청구할 수 있으며, 등기가 기재되면 그 등기는 유효하다.

③ **이미 등기된 중간생략등기의 효력**
　㉠ 판례는 동의 또는 3자합의를 요건으로 유효성을 인정하면서도 그 요건을 대폭 완화하여 합의는 묵시적(黙示的)으로나 순차적으로도 가능하다고 한다(대판 1982.7.13. 81다254).
　㉡ 또한 그러한 합의가 없더라도 이미 중간생략등기가 적법한 등기원인에 기하여 성립되어 있는 때에는 합의가 없었음을 이유로 무효를 주장할 수 없고, 따라서 그 말소를 청구하지 못한다(대판 1980.2.12. 79다2104).
　㉢ 마찬가지로 건물양수인 명의로 보존등기를 한 경우(대판 1981.1.13. 80다1959), 상속인이 자기 명의로 등기하지 않고 직접 제3자에게 매도하여 등기한 경우에도 실체관계에 부합하는 유효한 등기라고 본다.
　㉣ 다만, 토지거래허가구역 내의 토지에 관하여 매매계약을 체결한 후 중간매수인이 자신명의로 이전등기를 함이 없이 최종매수인에게 재차 매도하고 최종매수인이 토지거래허가를 받아 자신명의로 이전등기를 경료한 경우에는 무효이다(대판 1996.6.28. 96다3982).

④ **최종매수인이 최초매도인에 대한 직접 중간생략등기를 청구할 수 있는지 여부**
관계당사자 전원의 의사합치가 있어야만 직접 청구할 수 있다.

> **판례** 중간생략등기

1 중간생략 등기와 중간생략의 합의가 없는 경우의 소유권이전등기청구
중간생략등기의 합의가 없다면 부동산의 전전매수인은 매도인을 대위하여 그 전매도인인 등기명의자에게 매도인 앞으로의 소유권이전등기를 구할 수는 있을지언정 **직접 자기 앞으로의 소유권이전등기를 구할 수는 없다**(대판 1969.10.28. 69다1351).

2 소유권이전등기청구권의 양도성
매매로 인한 소유권이전등기청구권은 특별한 사정이 없는 이상 그 권리의 **성질상 양도가 제한**되고 그 양도에 **채무자의 승낙이나 동의를 요한다**고 할 것이므로 통상의 채권양도와 달리 양도인의 채무자에 대한 통지만으로는 채무자에 대한 대항력이 생기지 않으며 반드시 채무자의 동의나 승낙을 받아야 대항력이 생긴다(대판 2001.10.9. 2000다51216).

3 미등기부동산을 양수한 경우의 등기
토지대장상 소유권 이전 등록을 받은 자는 **대장상 최초의 소유자 명의인 앞으로 보존등기를 한 다음에 이전 등기를** 하여야 한다. 그러나 이미 등기된 경우에는 유효한 등기로 본다(대판 2009.10.15. 2009다48633).

4) 실제와 다른 등기원인에 의한 등기
현재의 권리상태와 일치한다면 등기원인이 다르더라도 유효한 등기로 본다.
> **예** 증여에 의한 소유권이전등기를 매매에 의한 이전등기로 한 경우, 원인무효인 등기의 말소를 진정한 등기명의의 회복을 원인으로 소유권이전등기를 한 경우 등

5) 무효등기의 유용★★★
① 의 의
어떤 등기가 행하여져 있으나, 그것이 실체적 권리관계에 부합하지 않는 것이어서 무효로 된 후에 그 등기에 부합하는 실체적 권리관계가 있게 된 때에, 그 무효등기를 새로운 권리관계의 공시방법으로 사용하는 것을 말한다.

② 요 건
㉠ 무효등기는 **원시적 무효**인 경우와, **후발적 무효**가 된 경우를 포함한다.
㉡ **무효등기에 부합하는 실체적 권리관계**가 사후에 발생하여야 한다.
㉢ **무효등기유용의 합의**가 있어야 한다. 다만, 묵시적 합의도 가능하다.
㉣ 유용의 합의 전에 **이해관계가 있는 제3자가 없어야 한다.**

③ 표제부의 유용
㉠ 표제부의 유용은 허용되지 않으며, **사항란의 등기**★에 한하여 인정한다.

> ★ 사항란의 등기
> 판례는 저당권의 유용을 인정한 바 있음

㉡ 멸실된 건물의 보존등기를 멸실한 후 신축한 건물의 보존등기로 유용하는 것은 중복등기의 우려가 있어서 **허용되지 않는다.**

제1장 물권법 총설

> **판례** 멸실된 건물등기의 신축건물에의 유용 – 금지
>
> 기존 건물이 멸실되고 새로이 건물이 세워진 경우 신축된 건물과 멸실된 건물이 그 재료, 위치, 구조 기타 면에 있어서 상호 유사한 면이 있다고 하더라도 그로써 신축된 건물이 멸실된 건물과 동일한 건물이라고는 할 수 없으므로, 그 등기는 신축건물에 대한 등기로서 유효하다고 할 수 없다(대판 1976.10.26. 75다2211).

④ 저당권등기의 유용
  ㉠ 등기원인의 하자로 인하여 등기가 원시적 무효인 경우에는 등기와 부합하는 실체관계가 있으면 그 때부터 등기가 유효로 된다.
  ㉡ 유효한 등기였으나 후에 실체관계가 없어져 무효로 된 경우에는 유용하기 전에 새로운 이해관계를 가지게 된 제3자가 없는 한 유효성을 인정한다(대판 1994.1.28. 93다31702).

3 등기를 갖추지 않은 부동산 매수인(미등기매수인)의 지위 ★★★ 18회 출제

(1) 법률상 소유권 취득의 불가능
1) 형식주의(제186조) 원칙상 매수인은 소유권을 취득하지 못한다.
2) 법률상의 소유자인 매도인의 채권자가 강제집행을 하는 경우에 매수인은 이의를 제기하지 못하고, 매도인의 파산시 환취권과 별제권이 없다.
3) 매수인의 채권자는 목적물을 대상으로 강제집행할 수 없다.

(2) 점유자로서의 권리
1) 미등기의 매수인이더라도 매매계약의 이행으로 인도받은 때에는 이를 점유·사용할 권리가 있다.
2) 매수인은 점유보호청구권(제204조 내지 제206조)을 행사할 수 있다.

(3) 매도인의 소유권에 기한 반환청구권 부인
매도인이 소유권에 기한 반환청구(제213조 본문)를 할 때에, 점유자는 반환을 거절할 수 있다(동조 단서).

(4) 등기청구권과 소멸시효
1) 매수인은 매도인에게 등기청구권을 행사할 수 있다.
2) 매수인의 점유가 계속되는 한 등기청구권은 시효에 걸리지 않는다(대판 1976.11.6. 76다148).

(5) 과실수취권
목적물을 인도받은 부동산취득자는 목적부동산으로부터 발생하는 과실을 수취할 수 있다(제587조 본문). 다만, 대금을 지급하지 않은 경우에는 인도받은 날 이후로 대금의 이자를 지급해야 한다(제587조 단서).

단락문제 07

물권의 변동에 관한 설명으로 옳은 것은? (다툼이 있으면 판례에 의함)

① 건물을 신축한 자는 등기를 하여야 소유권을 취득한다.
② 5년간 소유의 의사로 평온·공연하게 동산을 점유한 자는 그 점유개시 당시에 과실이 있더라도 소유권을 취득한다.
③ 미등기건물의 매수인은 그 건물의 불법점유자에 대하여 직접 자신의 소유권에 기한 명도를 청구할 수 없다.
④ 점유권은 상속으로 상속인에게 이전될 수 없다.
⑤ 합유지분포기에 따른 물권변동의 효력은 등기 없이도 발생한다.

해설 물권의 변동(미등기매수인의 지위)
① (×) 등기 없이 소유권을 취득한다(대판 1990.4.24. 89다카18884).
② (×) 과실이 있다면 소유권을 취득할 수 없다(제246조 제2항).
③ (○) 아직 소유권을 취득하지 못하였기 때문이다.
④ (×) 상속된다(제193조).
⑤ (×) 법률행위에 의한 물권변동이므로 등기하여야 한다.

답 ③

법률규정에 의한 부동산 물권변동(Ⅰ)

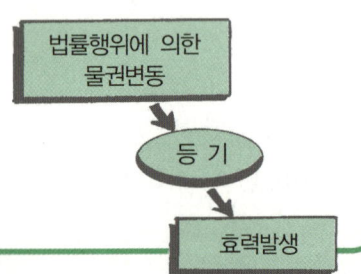

4 등기 없이 발생하는 물권변동★★

(1) 법률의 규정에 의한 물권변동
법률행위가 아닌 사유로 물권변동이 일어나는 경우에는 원칙적으로 등기를 요하지 아니한다.

(2) 물권변동의 예
`21·22회 출제`

민법 제187조가 규정하는 '상속·공용징수(公用徵收)·판결(공유물분할판결, 채권자 취소 판결 등 형성판결만 해당)·경매'는 이의 대표적인 예이다.

 등기 없이 물권변동을 일으키는 판결

민법 제187조에서의 이른바 판결이라 함은 판결 자체에 의하여 부동산물권취득의 형성적 효력이 발생하는 경우를 말하는 것이고, 당사자 사이에 이루어진 어떠한 법률행위를 원인으로 하여 부동산소유권 이전등기절차의 이행을 명하는 것과 같은 내용의 판결 또는 소유권이전의 약정을 내용으로 하는 화해조서는 이에 포함되지 않는다(대판 1965.8.17. 64다1721).

(3) 처분시 등기필요
법률의 규정에 의하여 등기 없이 물권을 취득하더라도 그것을 처분하려면 등기해야 한다.

Key Point	등기 없이 발생하는 물권변동	`19·20회 출제`

1) 법률규정에 의한 물권변동	① 혼동에 의한 물권의 소멸(제191조) ② 부합(附合)·매장물발견으로 인한 소유권의 취득(제254조, 제256조) ③ 법정지상권(제366조) ④ 피담보채권소멸에 의한 담보물권의 소멸(제369조) ⑤ 법정저당권의 취득(제649조) ⑥ 법률규정에 의한 부동산의 국가귀속(제80조, 제1058조, 「도시개발법」제66조) ⑦ 회사합병으로 인한 소유권의 취득(「상법」제235조 등) ⑧ 분배농지의 상환완료에 의한 소유권취득(대판 1962.5.10. 4294민상1232) ⑨ 구분소유건물의 공용부분에 대한 지분이전(「집합건물의 소유 및 관리에 관한 법률」제13조) ⑩ 용익물권의 존속기간만료에 의한 소멸(「부동산등기법」제54조) ⑪ 공유수면매립지의 소유권취득(「공유수면 관리 및 매립에 관한 법률」제46조)
2) 물권변동의 성질상 등기가 불필요한 경우	① 등기능력 없는 부동산물권의 변동(예컨대, 점유권·유치권·분묘기지권·특수지역권 등) ② 법률행위의 무효·취소 또는 해제로 인한 물권의 복귀 ③ 관습법상의 법정지상권(대판 1966.9.20. 66다1434)의 취득 ④ 신축건물(대판 1979.6.12. 78다1992) ⑤ 소멸시효의 완성으로 인한 물권의 소멸(대판 1979.2.13. 78다2157) ⑥ 포락(浦落) 등 부동산의 멸실에 의한 토지소유권의 소멸(대판 1965.3.30. 64다1951)

2편 물권법

단락문제 08

다음 중 법률의 규정에 의한 물권변동으로 등기를 요하지 않는 것은?

㉠ 전세권의 설정	㉡ 저당권의 설정
㉢ 경매로 인한 소유권취득	㉣ 상 속
㉤ 신축건물의 소유권취득	㉥ 매매를 원인으로 한 소유권의 이전

① ㉠, ㉡, ㉥   ② ㉠, ㉢, ㉣
③ ㉡, ㉢, ㉣   ④ ㉢, ㉣, ㉤
⑤ ㉢, ㉤, ㉥

해설 등기를 요하지 아니하는 부동산물권취득
상속, 공용징수, 판결, 경매 기타 법률의 규정에 의한 부동산에 관한 물권의 취득은 등기를 요하지 아니한다(제187조). 경매, 상속, 신축으로 인한 소유권취득은 법률의 규정에 의한 경우이다.

답 ④

법률규정에 의한 부동산 물권변동(Ⅱ)

그러나 등기하지 않은 물권변동이라 하더라도 해당 물권을 처분하려면 반드시 등기를 해야 한다.

> 상속받은 주택을 팔려면 일단 등기를 해야 한다.

등기를 요하지 아니하는 물권변동(법률규정에 의한 물권변동)에는 **경매·상속·판결·공용징수·신축건물의 소유권 취득·혼동에 의한 물권소멸·법정지상권·법정저당권** 등이 있다.

> 앞글자만 따면 '**경상판공 신혼법법**' 이 되지!

법률규정에 의한 물권변동은 등기를 요하지 아니하나 예외적으로 **부동산점유취득시효는 등기를 해야 한다.**

> 20년 동안 부동산을 점유하여 시효취득하는 경우에는 등기를 해야만 물권변동이 된다.

20년 점유취득 → 등기해야 유효!

제1장 물권법 총설

단락핵심 — 부동산물권의 변동

(1) 부동산에 관한 법률행위로 인한 물권의 득실변경은 등기하여야 그 효력이 생긴다. (○)
(2) 상속·공용징수·판결·경매 기타 법률의 규정에 의한 부동산에 관한 물권의 취득은 등기를 요하지 아니하나, 이를 처분하려면 등기하여야 한다. (○)
(3) 부동산 점유취득시효에 의한 소유권의 취득은 등기를 요한다. (○)
(4) 건물의 신축에 의한 소유권의 취득은 반드시 등기를 하여야 한다. (×)
(5) 이중보존등기가 존재하는 경우 부동산의 실제상황과 일치하는 보존등기만이 효력을 가진다. (○)
(6) 등기절차에 어떤 하자가 있다면 그 등기가 실체의 법률관계와 일치하더라도 그 등기는 무효이다. (×)
(7) 이미 중간생략등기가 적법한 등기원인에 기하여 성립되어 있는 때에는 합의가 없었음을 이유로 무효를 주장할 수 없다. (○)
(8) 미등기의 매수인이더라도 매매계약의 이행으로 인도받은 때에는 이를 점유·사용할 권리가 있다. (○)
(9) 법률의 규정에 의하여 등기 없이 물권을 취득하더라도 그것을 처분하려면 등기해야 한다. (○)

5 등기의 효력

17회 출제

등기의 효력이란 등기가 기재된 경우 그 등기가 가지게 되는 힘을 의미한다. 특히 권리변동적 효력, 순위확정적 효력, 대항력은 적법하고 유효한 등기에 한하여 인정되는 것임에 반하여, 추정적 효력은 일정한 형식을 갖추기만 하면 인정되는 효력이라는 점에서 차이가 있다.

(1) 권리변동효력

등기는 **부동산 물권변동의 성립요건** 또는 **효력발생요건**으로 물권행위에 부합하는 등기가 이루어지면 비로소 물권이 효력을 발생하게 된다. 즉 권리변동에 관하여 등기관이 등기를 마친 경우 그 등기는 접수한 때부터 효력을 발생한다(「부동산등기법」 제6조 제2항).

예 매매계약에 따른 소유권이전등기

(2) 순위확정력

권리의 순위는 그 **등기의 전후**에 따라 정해진다.
1) 즉 **주등기**의 경우 ① 같은 구(동구)사이에는 순위번호로, ② 다른 구에서는 접수번호로 판단한다.
2) **부기등기**의 순위는 **주등기의 순위**에 의하며, 부기등기 상호간의 순위는 그 등기 순서에 의한다.

예 저당권설정 합의에 따른 저당권등기, 임차권등기

(3) 추정적 효력

형식상 유효한 등기가 있으면 이에 부합하는 권리관계가 존재하는 것으로 추정되는 절차적 효력을 말한다.

> **예** 乙이 등기공무원을 속여 甲소유의 부동산을 자신의 명의로 이전한 경우, 乙명의의 소유권이전등기가 무효임을 증명하여야 하는 것은 甲이다.

1) 등기의 추정력을 법률상 추정으로 보며, 부동산의 경우에는 등기의 추정력이 점유의 추정력에 우선한다.
2) 추정력이 미치는 범위는 등기절차의 적법추정, 등기사항의 적법추정, 등기원인의 적법추정 등이 인정된다.
3) 소유권이전등기의 명의인은 제3자에 대하여 뿐만 아니라, 그 전 소유자에 대하여도 적법한 등기원인에 의하여 소유권을 취득한 것으로 추정된다(대판 2000.3.10. 99다65462).
4) 등기의 내용을 신뢰하는 것은 무과실로 추정된다(대판 1994.6.28. 94다7829).
5) 가등기는 추정력이 인정되지 않는다.

 판례 등기추정력의 인적 범위

부동산에 관하여 소유권이전등기가 마쳐져 있는 경우 그 등기명의자는 제3자에 대하여서 뿐만 아니라, 그 전 소유자에 대하여서도 적법한 등기원인에 의하여 소유권을 취득한 것으로 추정되고, 한편 부동산 등기는 현재의 진실한 권리상태를 공시하면 그에 이른 과정이나 태양을 그대로 반영하지 아니하였어도 유효한 것으로서, 등기명의자가 전 소유자로부터 부동산을 취득함에 있어 등기부상 기재된 등기원인에 의하지 아니하고 다른 원인으로 적법하게 취득하였다고 하면서 등기원인 행위의 태양이나 과정을 다소 다르게 주장한다고 하여 이러한 주장만 가지고 그 등기의 추정력이 깨어진다고 할 수는 없을 것이므로, 이러한 경우에도 이를 다투는 측에서 등기명의자의 소유권이전등기가 전 등기명의인의 의사에 반하여 이루어진 것으로서 무효라는 주장·입증을 하여야 한다(대판 2000.3.10. 99다65462).

Key Point 등기의 추정이 깨어지는 경우 　　　　　　　　　　　　　**23회 출제**

소유권 이전등기	소유권 보존등기
1) 전소유자의 사망 후에 이루어진 경우 2) 전소유자가 허무인인 경우 3) 전소유자 아닌 자의 행위로 등기된 경우 4) 등기의 기재 자체에 의하여 부실한 등기임이 명백한 경우	1) 보존등기의 명의인이 전소유자로부터 매수하였다고 주장하는 경우 2) 보존등기명의자 이외의 자가 사정받은 사실이 인정되는 경우 3) 건물보존등기명의자 이외의 자가 그 건물을 신축한 사실이 인정되는 경우

※ 이 밖의 경우에는 등기의 추정력이 쉽게 깨어지지 않는다는 점에 주의할 것

(4) 대항력
임차권·환매권 등은 이를 등기하면 당사자 외의 제3자에게도 대항할 수 있다.
> **예** 건물이나 토지의 임대차 등기

(5) 공신력의 부정(공신의 원칙 부정)
제3자보호규정(**예** 제108조 제2항, 제109조 제2항 등)이 따로 존재하지 않는 한 부실등기를 선의로 신뢰하고 거래한 자는 보호되지 않는다.

(6) 가등기의 효력
청구권보전의 가등기*는 권리의 순위보전의 효력만이 있고, 권리변동효력은 생기지 아니하며, 본등기시에 권리변동의 효력이 생긴다. 다만 가등기에 의하여 본등기가 된 경우 그 등기의 순위는 가등기시를 기준으로 판단한다.

> * **가등기**
> 판례는 가등기에 권리추정력을 인정하지 않는다.

6 등기청구권 24회 출제

(1) 의의
1) 부동산에 관한 물권변동은 등기권리자와 등기의무자가 공동으로 등기를 신청해야 한다. 이 때 등기권리자가 등기의무자에게 등기에 협력하여 줄 것을 청구할 수 있는 실체법상의 권리를 등기청구권이라고 한다.
2) 등기관(국가기관)에 대하여 등기를 신청하는 공권(公權)인 등기신청권과는 구별해야 한다.

등기청구권	사권(私權) 甲(사인) → 乙(사인)
등기신청권	공권(公權) 甲(사인) → 등기관(국가기관)

> **Wide** 등기청구권의 문제가 발생하지 않는 경우
>
> ① 토지 또는 건물의 보존등기, 멸실회복등기는 등기의무자가 없기 때문에 등기청구권의 문제가 일어나지 않는다.
> ② 상속·공용징수에 의한 등기는 등기권리자가 단독으로 신청할 수 있기 때문에 등기청구권의 문제가 일어나지 않는다.
> ③ 경매에 의한 등기는 관공서의 촉탁으로 이루어지므로 등기청구권의 문제가 일어나지 않는다.
> ④ 등기가 직권으로 행하여지는 경우에 등기청구권의 문제가 일어나지 않는다(직권경정등기).

(2) 등기청구권의 발생원인과 성질★★

1) 법률행위로 인한 물권변동의 경우
법률행위에 의한 등기청구권은 채권행위(예 매매계약, 증여계약)에서 발생하는 것이므로 채권적 청구권에 해당한다.

2) 실체관계와 등기가 일치하지 않는 경우
실체관계와 등기의 불일치를 제거하기 위해 등기청구권이 발생하는데, 이 때의 등기청구권은 물권의 효력으로서 발생하는 일종의 물권적 청구권이다.

예 위조서류에 의한 이전등기시·매매에 의하여 이전등기가 되었으나 매매가 무효인 경우·명의신탁의 해지시의 등기청구권

3) 시효로 인한 물권의 득실의 경우
점유취득시효에 의한 부동산소유권의 취득은 법률규정에 의한 물권변동이나 등기하여야 취득한다. 이 때의 등기청구권은 채권적 청구권으로 보고 있다.

4) 기타의 경우
부동산임대차에서 당사자 간에 반대약정이 없으면 등기청구권이 발생하며(제621조), 부동산환매권의 경우 당사자 사이의 약정에 의하여 등기청구권이 발생하며 이는 모두 채권적 청구권이다(제592조).

(3) 등기청구권과 소멸시효★★★

1) 소멸시효에 걸리는 등기청구권
채권적 청구권에 해당하는 등기청구권은 원칙적으로 10년의 소멸시효에 걸린다.

2) 소멸시효에 걸리지 않는 등기청구권

① 소유권에 기한 등기청구권
실제 소유자와 등기가 일치하지 않는 경우에 소유자의 등기청구권은 물권적 청구권으로서의 성질을 가진다. 따라서 소유권에 기한 등기청구권은 소멸시효에 걸리지 않는다.

예 적법한 명의신탁이 성립한 경우 명의신탁 해지 후의 등기청구권

② 인도받아 점유하고 있는 매수인의 등기청구권
매수인이 매매목적물을 인도받아 점유하고 있는 경우에는 채권적 청구권임에도 불구하고 다른 채권과는 달리 소멸시효에 걸리지 않는다.

인도받아 점유하고 있는 자의 등기청구권

1. 시효제도의 존재이유에 비추어 보아 부동산 매수인이 그 **목적물을 인도받아서 이를 사용수익하고 있는 경우**에는 그 매수인을 권리 위에 잠자는 것으로 볼 수도 없고 또 매도인 명의로 등기가 남아 있는 상태와 매수인이 인도받아 이를 사용수익하고 있는 상태를 비교하면 매도인 명의로 잔존하고 있는 등기를 보호하기 보다는 매수인의 사용수익상태를 더욱 보호하여야 할 것이므로 **그 매수인의 등기청구권은 다른 채권과는 달리 소멸시효에 걸리지 않는다고** 해석함이 타당하다(대판 1976.11.6. 76다148).

2. 부동산의 매수인이 그 부동산을 인도받은 이상 이를 사용·수익하다가 그 부동산에 대한 보다 적극적인 권리 행사의 일환으로 다른 사람에게 그 부동산을 처분하고 그 점유를 승계하여 준 경우에도 **이전등기청구권의 소멸시효는 진행되지 않는다고 보아야 한다**(대판 1999.3.18. 98다32175).

▶ 다만 점유시효취득자가 그 부동산을 처분하고 점유를 승계하여 준 경우에는 등기청구권이 소멸시효에 걸린다는 점을 주의할 것

3) 소유권 이외의 물권에 기한 등기청구권

소유권 이외의 물권에 기한 등기청구권의 경우에도 물권 자체가 소멸시효에 걸리는 경우가 있겠으나, 이때의 등기청구권도 물권적 청구권으로서 본권과 운명을 같이한다(물권설정을 위한 채권적 계약에 기한 등기청구권과 구별되어야 함).

(4) 등기청구권의 행사

1) 등기청구권은 실체법상의 권리로서 상대방에 대한 의사표시로써 행사할 수 있으며 상대방이 의무를 이행하지 않으면 그 의사표시를 구하는 소(訴)를 제기하여 판결을 받아 단독신청에 의하여 등기를 할 수 있다(제389조 제2항).

2) 등기청구권은 "보통 등기권리자가 등기의무자에 대하여 행사하는 경우(등기청구권)"가 많으나 "등기의무자도 부동산 소유명의에 의한 공조(公租), 공과(公課)를 면하기 위하는 등의 이유로 등기권리자에 대하여 행사할 수 있다(등기인수청구권)."

등기인수청구권

등기의무자가 자기 명의로 있어서는 안 될 등기가 자기 명의로 있음으로 인하여 사회생활상 또는 법상 불이익을 입을 우려가 있는 경우에는 소의 방법으로 등기권리자를 상대로 등기를 인수받아 갈 것을 구하고 그 판결을 받아 등기를 강제로 실현할 수 있도록 한 것이다(대판 2001.2.9. 2000다60708).

중간생략등기의 합의가 없는 경우의 등기청구권

중간생략등기의 합의가 없다면 부동산의 전전매수인은 매도인을 대위하여 그 전매도인인 등기명의자에게 매도인 앞으로의 소유권이전등기를 구할 수는 있을지언정 직접 자기 앞으로의 소유권이전등기를 구할 수는 없다(대판 1969.10.8. 69다1351).

(5) 진정명의회복을 원인으로 한 소유권이전등기청구권

1) 의 의
   ① 실체적 법률관계와 부합하지 않는 무효의 등기가 경료된 경우 말소등기를 통해 등기부 기재와 실체적 법률관계의 합치를 도모함이 원칙적인 형태이다.
   ② 그런데 이러한 말소등기 이외에도 이미 자기 앞으로 소유권을 표상하는 등기가 되어 있었거나 법률에 의해 소유권을 취득한 자는 진정한 등기명의의 회복을 원인으로 한 소유권이전등기절차의 이행을 직접 구할 수 있다(대판 1990.11.27. 89다카12398).

2) 법적 성격 및 말소등기청구와의 관계
   ① 말소등기청구와 마찬가지로 물권적 청구권의 성격을 가진다.
   ② 말소등기청구와 진정명의회복을 원인으로 한 소유권이전등기청구는 모두 자신의 물권적 권리를 회복하려는 동일한 목적을 위한 것이므로, 양자는 동일한 청구이며 양 청구권을 소송상 행사함에 있어 앞의 청구가 뒤의 청구에 기판력을 미친다.

 진정명의회복을 위한 소유권이전등기청구권

진정명의회복을 원인으로 한 소유권이전등기청구권과 무효등기의 말소청구권은 어느 것이나 진정한 소유자의 등기명의를 회복하기 위한 것으로서 실질적으로 그 목적이 동일하고, 두 청구권 모두 소유권에 기한 방해배제청구권으로서 그 법적 근거와 성질이 동일하므로, 비록 전자는 이전등기, 후자는 말소등기의 형식을 취하고 있다고 하더라도 그 소송물은 실질상 동일한 것으로 보아야 하고, 따라서 소유권이전등기말소청구소송에서 패소확정판결을 받았다면 그 기판력은 그 후 제기된 진정명의회복을 원인으로 한 소유권이전등기청구소송에도 미친다(대판 2001.9.20. 99다37894).

3) 인정사례
   ① 무효등기를 제3자에게 대항할 수 없는 경우
      > **예** 허위표시에 기해 甲소유 부동산을 乙에게 소유권이전등기 후 그 등기가 무효라는 것을 모르는 丙앞으로 저당권 설정등기가 마쳐진 경우 丙의 저당권을 보호하면서 甲에게로 소유권을 회복하기 위해서 진정명의회복을 원인으로 한 이전등기청구를 할 수 있다.

② 무효등기에 기해 순차로 등기가 경료되어 있는 경우
  예 甲으로부터 乙, 丙, 丁, 戊 순으로 이전등기가 되었으나, 甲과 乙간의 매매가 불공정한 행위로 무효여서 甲이 소유권을 회복하려고 하나, 乙, 丙, 丁 중 행방이 묘연한 자가 있는 경우 허용된다.
③ 사해행위 취소에 따른 원상회복을 구하는 경우
  예 甲의 채무자 乙이 사해행위로 丙에게 乙의 유일한 재산인 부동산을 양도하고, 그 후 선의의 丁이 저당권을 설정한 후 甲이 채권자취소권(제406조)을 행사하여 일탈 재산의 원상회복을 구할 경우 허용된다.

단락문제 09

등기청구권에 관한 다음 기술 중 틀린 것은?

① 등기권리자의 등기의무자에 대해 등기신청에 협력할 것을 요구하는 사법상의 권리이다.
② 등기공동신청주의의 실현을 위한 실체법상의 권리이다.
③ 국가에 대한 공권(公權)인 등기신청권과는 구별해야 한다.
④ 등기의무자가 등기청구권을 갖는 경우도 있다.
⑤ 등기청구권은 소멸시효에 걸리지 않는다.

해설 **등기청구권의 소멸시효**
④ (○) 이를 등기인수청구권 또는 등기수취청구권이라 한다.
⑤ (×) 등기청구권도 하나의 사법상의 권리로서 채권적 청구권인 등기청구권은 10년의 소멸시효에 걸린다고 보아야 한다. 다만, 판례는 목적부동산을 인도받아 사용·수익중에 있는 부동산매수인의 등기청구권은 채권적 청구권이지만, 소멸시효에 걸리지 않는다고 한다(대판 1976.11.6. 76다148).　　　　　　　답 ⑤

2편 물권법

> **단락핵심**   등기청구권
>
> (1) 판례는 비록 매수인이 목적물의 인도나 명도를 받았다 하여도 등기청구권은 소멸시효에 걸린다고 한다. (×)
>   ⇒ 판례는 목적부동산을 인도받아 사용·수익 중에 있는 부동산 매수인의 등기청구권은 채권적 청구권이지만 소멸시효에 걸리지 않는다고 한다.
> (2) 등기청구권은 등기의무자와 등기권리자가 함께 등기공무원에 신청하는 등기신청권과 유사한 개념이다. (×)
>   ⇒ 등기청구권은 등기의무자에 대한 사법상 권리이지만, 등기신청권은 국가에 대한 공권이다.
> (3) 등기의무자가 자기 명의로 있어서는 안 될 등기가 자기 명의로 있음으로 인하여 사회생활상 또는 법상 불이익을 입을 우려가 있는 경우에는 등기권리자를 상대로 등기를 인수받아 갈 것을 청구할 수 있다. (○)
> (4) 진정명의 회복을 위한 소유권이전등기청구권은 자기 명의로 등기를 하였던 자에게만 인정된다. (×)
>   ⇒ 법률에 의하여 소유권을 취득했던 자도 진정명의 회복을 위한 소유권 등기를 청구할 수 있다.

7 명인방법에 의한 물권변동 (관습·판례상의 공시방법)

(1) 의 의
명인방법(明認方法)은 관습 및 판례에 의하여 인정된 지상물에 대한 소유권의 공시방법이다.

(2) 대 상
수목·수목의 집단·미분리의 과실. 다만, 입목(수목) 중 「입목에 관한 법률」에 의해서 소유권보존등기가 된 것은 해당되지 않는다.

(3) 적법한 명인방법이 되기 위한 요건
적법한 명인방법이 되기 위해서는 ① 그 대상이 무엇인지, 그리고 그 소유자가 누구인지 확정되어야 하고(특정성), ② 그 표시 상태가 계속되어야 한다(계속성).

(4) 명인방법으로 공시할 수 있는 물권변동
소유권의 이전 또는 유보에 한한다. 명인방법에 의해 저당권이나 질권의 설정은 불가능하다.

제1장 물권법 총설

04 동산물권의 변동   12회 출제

제188조(동산물권양도의 효력, 간이인도) ① 동산에 관한 물권의 양도는 그 동산을 인도하여야 효력이 생긴다.
② 양수인이 이미 그 동산을 점유한 때에는 당사자의 의사표시만으로 그 효력이 생긴다.
제189조(점유개정) 동산에 관한 물권을 양도하는 경우에 당사자의 계약으로 양도인이 그 동산의 점유를 계속하는 때에는 양수인이 인도받은 것으로 본다.
제190조(목적물반환청구권의 양도) 제3자가 점유하고 있는 동산에 관한 물권을 양도하는 경우에는 양도인이 그 제3자에 대한 반환청구권을 양수인에게 양도함으로써 동산을 인도한 것으로 본다.

1 법률행위에 의한 변동

(1) 요건(인도)

법률행위로 인한 동산물권의 변동에 있어서는 **인도(引渡)가** 그 **효력발생요건**이다.

(2) 인도의 태양★

1) **현실의 인도**

   현실적으로 물건을 교부하는 것과 같이 **물건에 대한 사실상의 지배**★를 이전하는 것이다.

   ★ 사실상의 지배
   점유

2) **간이인도**

   양수인 또는 그의 직접점유자가 **이미 목적물을 점유하고 있는 경우**에 당사자 사이의 점유이전에 대한 의사표시만으로써 양수인이 인도받는 것으로 하는 것이다.

   예 乙이 甲으로부터 빌려 쓰고 있는 카메라를 양수하는 경우

3) **점유개정**★

   동산의 양도 후에도 양도인이 계속하여 그 동산을 점유하고자 하는 경우에 당사자 간의 소유권이전 및 점유매개관계의 설정합의로써 관념상 인도가 있은 것으로 간주하는 것을 말한다.

   예 甲이 乙에게 매도한 카메라를 그대로 빌려 쓰는 경우

4) **목적물반환청구권의 양도**

   대여 등으로 제3자에게 점유시키고 있는 동산을 제3자가 점유한 상태로 양도하고자 하는 경우에 양도인이 갖고 있는 그 **제3자에 대한 반환청구권을 양수인에게 양도함**으로써 그 동산의 인도가 있은 것으로 본다.

   예 甲이 乙에게 빌려준 카메라를 丙에게 팔고, 甲이 乙에 대한 반환청구권을 丙에게 양도하는 경우

2 법률규정에 의한 변동

(1) 법률규정에 의한 동산 물권의 변동은 인도를 요하지 않는다.
(2) 상속(제193조), 공용징수, 판결, 경매 등의 사유로 동산물권이 변동하는 경우에는 인도하지 않아도 당연히 물권이 변동하게 된다.
(3) 제246조는 점유로 인한 동산소유권의 취득기간(점유시효취득)을, 제249조는 공신의 원칙에 근거한 선의취득에 대하여 규정하고 있지만, 이 경우에도 점유를 요구하고 있는 바, 인도를 필요로 하며, 특히 점유개정에 의한 선의취득은 인정하지 않음을 주의하여야 한다(자세한 것은 소유권의 취득 부분 참조).

05 물권의 소멸

1 물권일반의 소멸원인

물권의 소멸원인에는 목적물의 멸실, 소멸시효의 완성, 물권의 포기, 존속기간의 만료, 혼동* 등이 있다.

*혼동
혼동에는 물권의 혼동과 채권의 혼동이 있음

**포락
물에 잠김

(1) 목적물의 멸실
물권은 일정한 물건에 대한 권리이므로 그 목적물이 멸실하면 물권도 당연히 소멸하게 된다. 이때 그 멸실 여부는 사회통념에 따라 결정해야 할 것이다.
예 건물의 지진, 화재, 폭격, 철거되거나, 하천 주변 토지가 포락**된 경우

(2) 소멸시효
물권은 재산권의 일종이며, 민법은 소유권을 제외한 그 밖의 재산권은 20년의 소멸시효기간을 정해 놓고 있다.

(3) 물권의 포기
1) 물권을 소멸시키는 물권자의 의사표시***와 등기에 의해 물권은 소멸한다. 물권의 포기는 법률행위에 의한 물권변동이기 때문이다.

*** 물권을 소멸시키는 물권자의 의사표시
물권적 단독행위

2) 지상권 또는 전세권이 저당권의 목적이 되면, 그 지상권 또는 전세권자는 저당권자의 동의 없이 포기할 수 없다.
3) 사용·수익권만의 포기 등과 같이, 물권의 일부권능만을 채권적으로 포기하는 것은 가능하다(대판 2006.5.12. 2005다31736).

제1장 물권법 총설

▼ 물권의 소멸

상대적 소멸(물권의 주체가 변동)	절대적 소멸(물권 자체가 소멸)

매매, 교환, 상속, 공용수용 등
(물권의 주체만 변경, 물권 자체는 여전히 존재)
	1) 공통 원인
	   목적물 멸실, 소멸시효, 포기, 혼동, 몰수
	2) 각종 물권의 특수한 원인
	   전세권의 소멸통고(단, 등기요부에 대하여는 학설대립), 담보물권의 피담보채권소멸

2 물권의 혼동

제191조(혼동으로 인한 물권의 소멸) ① 동일한 물건에 대한 소유권과 다른 물권이 동일한 사람에게 귀속한 때에는 다른 물권은 소멸한다. 그러나 그 물권이 제3자의 권리의 목적이 된 때에는 소멸하지 아니한다.
② 전항의 규정은 소유권 이외의 물권과 그를 목적으로 하는 다른 권리가 동일한 사람에게 귀속한 경우에 준용한다.
③ 점유권에 관하여는 전2항의 규정을 적용하지 아니한다.

(1) 원칙

동일물에 대한 소유권과 제한물권이 혼동하면 원칙적으로 제한물권은 소멸한다.

> 예 저당권자가 저당부동산의 소유권을 취득하거나 또는 지상권자가 소유권자를 상속하는 경우 등에는 그 저당권이나 지상권은 혼동으로 인하여 소멸한다.

(2) 예외

1) 제3자의 이익을 위하여 그 제한물권을 존속시킬 필요가 있는 경우
   > 예 甲소유의 토지에 대하여 乙이 저당권을 가지고, 乙의 저당권은 다시 丙의 질권의 목적으로 되어 있는 경우에 乙이 그 토지의 소유권을 취득하더라도 乙의 저당권은 소멸하지 않는다.

2) 본인의 이익을 위하여 그 제한물권을 존속시킬 필요가 있는 경우(아래 판례 참조)
   > 예 甲의 토지 위에 乙이 1번저당권을, 丙이 2번저당권을 각각 가지고 있는 경우에 乙이 소유권을 취득하더라도 乙의 저당권은 소멸하지 않는다.

(3) 소유 이외의 물권

소유권 이외의 물권과 그를 목적으로 하는 다른 권리가 동일한 사람에게 귀속한 경우에도 위의 내용이 그대로 준용된다(제191조 제2항).

> **판례** 제한물권이 혼동에 의하여 소멸하지 않는 경우
> 어떠한 물건에 대한 소유권과 다른 물권이 동일한 사람에게 귀속한 경우 그 제한물권은 혼동에 의하여 소멸하는 것이 원칙이지만, **본인 또는 제3자의 이익을 위하여 그 제한물권을 존속시킬 필요가 있다고 인정되는 경우에는 민법 제191조 제1항 단서의 해석에 의하여 혼동으로 소멸하지 않는다**(대판 1998.7.10. 98다18643).

2편 물권법

 물권과 채권의 혼동

채권은 채권과 채무가 동일한 주체에 귀속한 때에 한하여 혼동으로 소멸하는 것이 원칙이므로, 어느 특정의 물건에 관한 채권을 가지는 자가 그 물건의 소유자가 되었다는 사정만으로는 채권과 채무가 동일한 주체에 귀속한 경우에 해당한다고 할 수 없어 그 물건에 관한 채권이 혼동으로 소멸하는 것은 아닌바, 토지를 乙에게 명의신탁하고 장차의 소유권이전의 청구권 보전을 위하여 자신의 명의로 가등기를 경료한 甲이, 乙에 대하여 가지는 **가등기에 기한 본등기청구권은 채권**으로서, 甲이 乙을 상속하거나 乙의 가등기에 기한 본등기 절차 이행의 의무를 인수하지 아니하는 이상, 甲이 가등기에 기한 본등기 절차에 의하지 아니하고 乙로부터 별도의 소유권이전등기를 경료받았다고 하여 혼동의 법리에 의하여 甲의 가등기에 기한 본등기청구권이 소멸하는 것은 아니다(대판 1995.12.26. 95다29888).

 부동산에 대한 소유권과 임차권이 동일인에게 귀속하더라도 임차권이 혼동에 의하여 소멸하지 않는 경우(물권과 채권의 혼동임에 주의할 것)

부동산에 대한 소유권과 임차권이 동일인에게 귀속하게 되는 경우 임차권은 혼동에 의하여 소멸하는 것이 원칙이지만, 그 임차권이 대항요건을 갖추고 있고 또한 그 대항요건을 갖춘 후에 저당권이 설정된 때에는 혼동으로 인한 물권소멸 원칙의 예외 규정(민법 제1191조 제1항 단서)을 준용하여 임차권은 소멸하지 않는다(대판 2001.5.15. 20000다12693).

 혼 동

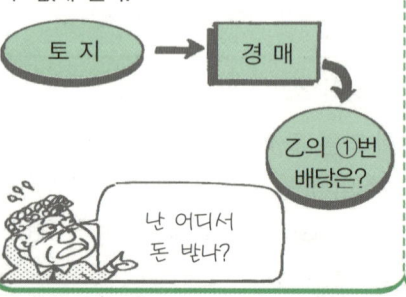

단락문제 Q10

혼동으로 인한 물권의 소멸에 관한 다음 설명 중 옳지 않은 것은?

① 甲토지의 저당권을 가진 자가 후에 그 토지의 소유권을 취득하면 그 저당권은 소멸한다.
② 甲토지에 A가 1번 저당권을, B가 2번 저당권을 가졌을 경우, B가 甲토지의 소유권을 취득하면 B의 2번 저당권은 소멸하지 않는다.
③ 甲토지의 지상권자가 동시에 그 지상권 위의 저당권을 취득하면 저당권은 혼동으로 소멸한다.
④ 甲토지의 지상권자가 상속으로 소유권을 취득하였더라도 그 지상권이 타인의 저당권의 목적이 되었을 때에는 혼동으로 소멸하지 않는다.
⑤ 지역권자가 승역지의 소유권을 취득한 경우 지역권은 소멸한다.

해설 물권의 소멸원인(혼동)

① (○) 저당권자가 저당목적물에 대해 소유권을 취득하여 더 이상 저당권이 필요 없게 되므로 저당권은 혼동으로 소멸한다.
② (×) 2번 저당권자인 B가 甲의 토지에 대해 소유권을 취득하면 혼동으로 인하여 B의 저당권은 소멸된다. 그러나 이 사례와는 달리 만약 1번 저당권자인 A가 甲소유의 토지에 대해 소유권을 취득한다면 2번 저당권자인 B가 최우선순위로 승진하므로 이를 방지하기 위하여 A의 저당권은 혼동으로 인해 소멸하지 않고 존속하는 것이다.
③ (○) 이 경우는 지상권과 저당권이 동일인에게 귀속되게 되므로 자기의 지상권에 자기가 저당권을 갖게 되는 것은 무의미하므로 저당권은 혼동으로 소멸하게 된다.
④ (○) 지상권자가 설정목적토지를 상속받으면 지상권이 소멸되게 되는 것이 일반적이지만, 그 지상권에 제3자가 저당권을 갖고 있는 경우는 그 저당권의 존속을 유지하기 위하여 그 지상권이 소멸하지 않는다(제191조 제1항 단서).
⑤ (○) 지역권자가 승역지를 소유하게 되면 자기의 토지에 지역권은 무의미하게 되므로 혼동으로 인하여 지역권은 소멸한다.

답 ②

단락핵심 물권의 소멸

(1) 지상권 또는 전세권이 저당권의 목적이 되면, 그 지상권 또는 전세권자는 저당권자의 동의 없이 지상권 또는 전세권을 포기할 수 없다. (○)
(2) 저당권자가 저당부동산의 소유권을 취득하거나 또는 지상권자가 소유권자를 상속하는 경우 등에는 그 저당권이나 지상권은 혼동으로 인하여 소멸한다. (○)
(3) 甲의 지상권에 대하여 乙이 저당권을 가지고, 乙의 저당권은 다시 丙의 질권의 목적으로 되어 있는 경우에 乙이 그 지상권을 취득하면 乙의 저당권은 소멸한다. (×)

점유권과 소유권

학습포인트

- 점유권과 관련하여 점유의 개념에 유의하고 자주점유의 유형과 판례, 점유의 추정력 개념을 이해한다. 점유자와 회복자의 관계에서 주로 사례형 문제들이 출제된다.
- 소유권과 관련하여 상린관계에 관한 조문을 주의하고, 특히 점유취득시효는 가장 자주출제되는 문제이므로 반드시 확인하도록 한다. 소유권취득의 원인이 될 수 있는 규정은 특히 주의하여 확인하도록 한다.

CHAPTER 학습 & 출제되는 키워드

- ☑ 점유권
- ☑ 간접점유자
- ☑ 선의점유와 악의점유
- ☑ 과실수취권
- ☑ 소유권에 기한 물권적 청구권
- ☑ 소유권의 취득
- ☑ 선점·습득·발견
- ☑ 공 유

- ☑ 점유의 관념화
- ☑ 점유의 태양
- ☑ 점유의 추정력
- ☑ 비용상환청구권
- ☑ 상린관계
- ☑ 점유취득시효
- ☑ 부합·혼화·가공
- ☑ 합 유

- ☑ 점유보조자
- ☑ 자주점유와 타주점유
- ☑ 점유자와 회복자의 관계
- ☑ 점유보호청구권
- ☑ 주위토지통행권
- ☑ 선의취득
- ☑ 공동소유
- ☑ 총 유

CHAPTER 학습 & 출제되는 질문

- ☑ 점유권에 관한 다음 설명 중 틀린 것은?
- ☑ 특별한 사정이 없는 한 타주점유자인 경우를 모두 고른 것은?
- ☑ 점유자와 회복자의 관계에 관한 설명 중 옳은 것을 모두 고른 것은?
- ☑ 주위토지통행권에 관한 설명으로 틀린 것은?
- ☑ 甲소유의 X토지를 乙이 소유의 의사로 평온·공연하게 20년간 점유하였지만, 등기 전에 甲이 丙에게 그 토지를 매도하고 유효하게 이전등기를 해준 경우에 관한 설명으로 옳은 것은?
- ☑ 다음 중 소유권의 취득에 관한 판례의 입장으로 틀린 것은?

제2장 점유권과 소유권

제1절 점유권

01 점유제도와 점유권

1 점유권 의의

(1) 점유제도

물건을 사실상 지배하고 있는 경우에 그 지배를 정당화시켜주는 법적 권리의 존재 여부를 불문하고 그 사실상의 지배상태 자체에 대하여 일정한 법률효과*를 부여하는 제도이다.

> *일정한 법률효과
> 권리의 적법추정·과실수취권·시효취득 등

(2) 점유권

점유권은 물건에 대한 사실상의 지배 즉 점유를 법률요건으로 하여 발생하는 물권의 일종을 말한다. 우리 민법은 점유라는 사실에 의하여 점유권이 발생하고, 다시 이 점유권으로부터 여러 가지의 법률효과를 발생하는 것으로 구성하고 있다.

2 점유의 관념화(점유보조자와 간접점유자)

제195조(점유보조자) 가사상·영업상 기타 유사한 관계에 의하여 타인의 지시를 받아 물건에 대한 사실상의 지배를 하는 때에는 그 타인만을 점유자로 한다.

제194조(간접점유) 지상권, 전세권, 질권, 사용대차, 임대차, 임치 기타의 관계로 타인으로 하여금 물건을 점유하게 한 자는 간접으로 점유권이 있다.

점유권·본권

(1) 점유권
물건을 사실상 지배하는 권리이다.

(2) 본 권
점유를 정당화할 수 있는 권리이다.
> 예 소유권, 지상권, 전세권 등

점유권이란 물건을 사실상 지배하는 권리를 말한다.

사실상의 지배가 인정되려면
① 계속 점유하고 있고,
② 타인의 간섭을 배제할 가능성이 있어야 하고,
③ 점유설정의사(사실상 물건을 지배하려는 의사)를 가지고 있어야 한다.

점유를 하고 있으면 본권(법률상의 권리)이 있는지 여부는 묻지 않는다.

훔친 핸드폰인데 내가 점유하고 있으므로 점유권은 나에게 있지. 그러나 점유할 권리인 본권은 없지!

(1) 의의

1) 점유는 물건에 대한 사실상의 지배로 성립하지만 반드시 물리적으로 물건에 대하여 직접으로 실력을 미친다는 것을 의미하지는 않는다.
2) 구체적으로 살펴보면 ① 사실상으로는 물건에 대하여 직접으로 실력을 미치고 있으면서도 점유가 인정되지 않는 경우가 있는가 하면(예 매장의 점원과 같은 점유보조자), ② 반대로 직접으로 실력을 미치지 않고 있으면서도 점유가 인정되는 경우가 있다(예 건물임대인과 같은 간접점유자*). 또한 ③ 민법은 상속에 의한 점유의 승계를 인정하여 피상속인의 사망으로 상속이 개시되면 피상속인이 점유하고 있던 물건은 당연히 상속인의 점유가 된다(제193조).

> * 간접점유자
> 점유매개관계 필요

(2) 점유보조자

1) 물건에 대하여 실력을 행사하면서도 사실상의 지배, 즉 점유를 인정받지 못하는 자를 점유보조자라고 한다.
2) 점유보조자가 점유자의 지시에 따라야 할 관계(점유보조관계)가 있어야 한다. 다만 이들 사이의 법률관계가 반드시 적법하거나 유효하여야 하는 것은 아니다.

 점유의 관념화

(1) 직접점유
   물건을 직접 지배하는 것이다.
(2) 간접점유
   직접점유를 매개로 한 점유이다.
(3) 점유보조자
   직접점유자의 수족에 불과한 자로서점유권이 인정되지 않는다.

3) 점유보조자는 점유자가 아니며 점유주만이 점유자이다. 따라서 점유보조자에게 는 점유보호청구권이 인정되지 않는다. 다만 점유보조자는 점유자의 자력구제권 을 대신 행사할 수 있다.

(3) 간접점유

1) 간접점유가 성립하기 위해서는 ① 점유매개자(임차인 등)가 직접점유 하여야 하고, ② 점유매개관계(임대차 등)가 존재하고 있어야 하나, 점유매개관계가 반드시 유효해야 하는 것은 아니며, 점유매개관계가 중첩적으로 존재할 수도 있다.
2) 간접점유자와 직접점유자는 모두 점유자이므로 제3자에 대하여 점유보호청구 권을 각자 행사할 수 있으나(제207조) 간접점유자의 경우 점유자인지 여부를 식별하기 곤란하므로 자력구제권은 인정되지 않는다.
3) 직접점유자(임차인 등)는 간접점유자(임대인 등)에게 점유보호청구권을 행사할 수 있으나 간접점유자(임대인 등)는 직접점유자(임차인 등)에게 점유보호청구권 을 행사할 수 없다.
4) 지상권, 전세권, 질권, 사용대차, 임대차, 임치 기타의 관계로 타인으로 하여 금 물건을 점유하게 한 자는 간접으로 점유권이 있다(제194조).

> **판례 간접점유의 침탈**
> 직접점유자가 임의로 점유를 타에 양도한 경우에는 점유이전이 간접점유자의 의사에 반한다 하더라도 간접점유자의 점유가 침탈된 경우에 해당하지 않는다(대판 1993.3.9. 92다5300).

(4) 상속에 의한 점유의 승계

1) 피상속인이 사망하면 점유권은 당연히 상속인에게 이전하기 때문에(제193조), 피상 속인의 사망으로 상속이 개시되면 피상속인이 점유하고 있었던 물건은 당연히 상속인의 점유가 된다.
2) 상속인이 사실상 지배하거나 관리하고 있을 필요가 없으며, 상속의 개시를 알 고 있을 필요도 없다.
3) 상속·합병은 자주점유를 인정할 수 있는 새로운 권원이 아니므로 상속에 의하여 점 유권을 취득한 경우 상속인이 새로운 권원에 의해 자기 고유의 점유를 시작하 지 않는 한 피상속인의 점유를 떠나 자기만의 점유주장을 할 수 없다(대판 2004.9.24. 2004다27273).

3 점유의 태양

19·22회 출제
27·28회 출제

(1) 자주점유와 타주점유

1) 의의

① 자주점유란 소유의 의사를 가지고 하는 점유*를 말한다. 소유의 의사라 함은 소유자가 할 수 있는 것과 같은 배타적 지배를 사실상 행사하려고 하는 의사를 말한다.

*점유
사실상의 지배

② 타주점유란 자주점유 이외의 점유를 말하는데, 타인이 소유권을 가지고 있다는 것을 전제로 하여 하는 점유이다.
  예 지상권자, 전세권자, 임차인, 수치인 등

③ 양자는 소유의 의사에 따라 구별되는데, 이러한 소유의 의사의 유무는 점유취득의 원인이 된 사실, 즉 권원의 성질에 의하여 객관적으로 결정되나 이를 알 수 없는 경우에는 자주점유로 추정된다.

④ 자주점유와 타주점유의 구별은 취득시효, 무주물선점, 점유자의 회복자에 대한 배상책임의 범위 등에서 그 실익이 있다.

> **판례 자주점유의 추정**
>
> **1** 국가나 지방자치단체가 토지의 취득절차에 관한 서류를 제출하지 못하고 있다는 사정만으로 자주점유의 추정이 번복되는 것은 아니다(대판 2010.10.14. 2008다92268).
>
> **2** 시효취득을 주장하는 점유자가 사인에게는 처분권한이 없는 귀속재산이라는 사실을 알면서 이를 매수하여 점유를 개시한 경우에도 위 법리에 비추어 자주점유의 추정이 번복된다(대판 2012.4.26. 2012다2187).

2) 자주점유와 타주점유의 구별실익

구 분	자주점유	타주점유
취득시효의 요건	인 정	부 인
무주물선점의 요건	인 정	부 인
선의점유자의 회복자에 대한 배상책임의 범위	자주점유이며 선의 점유인 경우 현존이익의 범위 내에서 배상	선·악의를 불문하고 손해의 전부를 배상

3) 점유의 전환

① 타주점유에서 자주점유로의 전환
  ㉠ 타주점유자가 새로운 권원에 의하여 소유의 의사를 가지고 점유를 시작하는 경우에 자주점유로 전환된다.
  ㉡ 타주점유자가 그로 하여금 타주점유를 하게 한 자(간접점유자)에게 대하여 소유의 의사를 표시한 경우에 자주점유로 전환된다.

ⓒ 상속은 자주점유로 전환되기 위한 새로운 권원에 해당하지 않는다(대판 1997.12.12. 97다40012).
② 자주점유에서 타주점유로의 전환
  ㉠ 소유자의 경우 토지를 매도(대판 1995.5.23. 94다51871)하거나, 소유권을 포기한 때 또는 강제집행으로 경락(대판 1968.7.30. 68다523)된 때에는 타주점유로 전환된다.
  ㉡ 매수인의 경우 매매계약을 해제하거나(대판 1972.2.22. 71다2306) 취소한 때에는 타주점유로 전환된다.

(2) 선의점유와 악의점유
1) 선의점유란 점유할 수 있는 권리, 즉 본권이 없음에도 불구하고 본권이 있다고 오신한 상태에서 하는 점유를 말한다.
2) 악의점유란 본권이 없다는 것을 알면서 또는 그에 관하여 의심을 품으면서 하는 점유를 말한다.
3) 선의인지 악의인지 불분명한 경우에는 선의점유로 추정된다(제197조 제1항). 양자의 구별은 점유자의 과실취득권, 선의취득, 점유자의 회복자에 대한 책임 등에서 그 실익이 있다.
4) 선의의 점유자라도 본권에 관한 소에 패소한 때에는 그 소가 제기된 때로부터 악의의 점유자로 본다(제197조 제2항).

(3) 과실 있는 점유와 과실 없는 점유
전자는 본권이 있다고 오신한 데 과실이 있는 점유를 말하고, 후자는 본권이 있다고 오신한 데 과실이 없는 점유를 말한다. 민법상 선의점유는 추정되지만, 무과실은 추정되지 않으므로 그 무과실을 주장하는 자가 스스로 과실 없음을 증명해야 한다.

(4) 하자 있는 점유와 하자 없는 점유
강폭·은비·악의·과실·불계속 등 완전한 점유로서의 효력발생을 저해하는 요소가 있는 점유를 하자 있는 점유라 한다. 이에 대해 평온·공연·선의·무과실·계속인 점유를 하자 없는 점유라고 한다. 양자는 취득시효, 선의취득, 점유자의 과실수취권 등에서 그 구별할 실익이 있다.

구 분	선의점유	악의점유
점유자의 과실취득권	인 정	부 인
선의취득	인 정	부 인
점유자의 회복자에 대한 책임	• 자주점유 : 현존이익의 범위 내에서 배상 • 타주점유 : 손해 전부를 배상	손해의 전부를 배상
취득시효	부동산등기부취득시효, 동산의 단기취득시효 가능	점유취득시효만 인정

2편 물권법

> **단락핵심** 점유의 태양
>
> (1) 자주점유인지를 판단할 때 소유의 의사의 유무는 권원의 성질에 의하여 객관적으로 결정된다. (○)
> (2) 국가나 지방자치단체가 토지의 취득절차에 관한 서류를 제출하지 못하고 있다면, 자주점유의 추정은 번복된다. (×)
> (3) 상속은 자주점유로 전환되기 위한 새로운 권원에 해당한다. (×)
> (4) 민법상 선의점유는 추정되지만, 무과실은 추정되지 않으므로 그 무과실을 주장하는 자에게 입증책임이 있다. (○)

02 점유권의 취득과 상실

1 점유의 취득

(1) 직접점유의 취득

1) 어떤 물건에 대한 사실적 지배가 성립되면 점유의 원시취득이 인정된다.
2) 점유권의 승계취득에는 **특정승계***와 **포괄승계****가 있다.

(2) 간접점유의 취득

1) 간접점유는 직접점유자였던 자가 **점유매개관계*****(예 지상권, 전세권, 질권, 임대차 등)를 설정하여 간접점유자가 될 수 있다.
2) 직접점유자가 점유개정에 의하여 점유매개자가 된다.
3) 점유자 아닌 자가 스스로는 직접점유를 취득하고 동시에 제3자에게 간접점유를 취득시킴으로써 제3자는 간접점유자가 된다.
4) 직접점유자에 대한 목적물 반환청구권을 양수함으로써 간접점유자가 된다.

* **특정승계**
현실인도, 간이인도

** **포괄승계**
상속, 합병 등

*** **점유매개관계**
반드시 유효해야 하는 것은 아님에 주의!!

(3) 점유권취득의 효과★★

1) **원시취득의 효과**
   취득한 그 때부터 점유권자로서 점유권의 모든 효력을 누구에게나 주장할 수 있다.

2) **승계취득의 효과**
   ① 점유의 분리·병합
   ㉠ 의의 : 점유권의 승계인은 그의 선택에 따라서 자기의 점유만을 주장하거나, 자기의 점유와 전점유자의 점유를 아울러 주장할 수도 있다(제199조 제1항).
   ㉡ 하자의 승계 : 전(前)점유자의 점유를 아울러 주장하는 경우에는 그 하자까지도 함께 승계한다(제199조 제2항).
   ㉢ 취득시효기간의 기산점 : 전점유자의 점유기간 중의 임의시점을 택하여 전점유자의 점유의 승계를 주장할 수 없고, 현재의 점유자는 자기의 점유개시일이나 전주의 점유개시일을 선택할 수 있을 뿐이다(대판 1998.4.10. 97다56822).
   ② 상속에의 적용 여부
   점유의 분리·병합은 상속의 경우에는 적용되지 않는다(대판 1972.6.27. 72다535).

2 점유권의 소멸(점유의 상실)

직접점유의 소멸은 점유자가 물건에 대한 사실적 지배를 상실(목적물의 멸실, 점유물의 유실, 직접점유의 이전)함으로써 소멸한다. 간접점유는 목적물의 멸실이나 유실 등으로 직접점유자가 점유를 상실하거나 또는 직접점유자와의 점유매개관계가 단절됨으로써 소멸한다. 다만 혼동, 소멸시효에 의한 소멸은 점유권에는 적용되지 않는다.

03 점유권의 효력

1 점유의 추정력

19·22회 출제

(1) 자주점유·선의점유·평온공연한 점유의 추정
점유자는 소유의 의사로 선의·평온 및 공연하게 점유한 것으로 추정한다(제197조 제1항).

(2) 점유 계속의 추정
1) 전·후 양 시점에 점유한 사실이 있는 때에는 그 점유는 계속한 것으로 추정한다(제198조).
2) 전후 양 시점의 점유자가 다른 경우에도 점유의 승계가 입증되면 점유계속은 추정된다(대판 1996.9.20. 96다24279·24286).

(3) 권리의 적법추정

1) 점유자가 점유물에 대하여 행사하는 권리는 적법하게 보유한 것으로 추정한다(제200조). 그러나 당사자 사이에는 추정력이 미치지 않는다*.

2) 등기·등록의 대상이 되는 물건(부동산·선박·자동차·항공기)의 경우 등기·등록의 추정력이 점유의 추정력보다 우선한다.

> * 당사자 사이에는 추정력이 미치지 않는다
> 등기의 추정력은 당사자 사이(예 매도인과 매수인)에도 미치는 것과 구별되는 점에 주의할 것

2 점유자와 회복자의 관계   17·20·22회 출제

제201조(점유자와 과실) ① 선의의 점유자는 점유물의 과실을 취득한다.
② 악의의 점유자는 수취한 과실을 반환하여야 하며 소비하였거나 과실로 인하여 훼손 또는 수취하지 못한 경우에는 그 과실의 대가를 보상하여야 한다.
③ 전항의 규정은 폭력 또는 은비에 의한 점유자에 준용한다.
제202조(점유자의 회복자에 대한 책임) 점유물이 점유자의 책임 있는 사유로 인하여 멸실 또는 훼손한 때에는 악의의 점유자는 그 손해의 전부를 배상하여야 하며 선의의 점유자는 이익이 현존하는 한도에서 배상하여야 한다. 소유의 의사가 없는 점유자는 선의인 경우에도 손해의 전부를 배상하여야 한다.
제203조(점유자의 상환청구권) ① 점유자가 점유물을 반환할 때에는 회복자에 대하여 점유물을 보존하기 위하여 지출한 금액 기타 필요비의 상환을 청구할 수 있다. 그러나 점유자가 과실을 취득한 경우에는 통상의 필요비는 청구하지 못한다.
② 점유자가 점유물을 개량하기 위하여 지출한 금액 기타 유익비에 관하여는 그 가액의 증가가 현존한 경우에 한하여 '회복자'의 선택에 좇아 그 지출금액이나 증가액의 상환을 청구할 수 있다.
③ 전항의 경우에 법원은 회복자의 청구에 의하여 상당한 상환기간을 허여할 수 있다.

(1) 서 설

물건의 점유자와 그 물건의 회복자간에는 ① 점유기간 중 과실(果實)은 누가 취득하느냐 ② 점유자는 회복자에 대하여 어떤 책임을 지느냐 ③ 점유자는 회복자에 대하여 비용**상환청구를 할 수 있느냐의 3가지 문제가 생긴다.

> ** 비용
> 필요비와 유익비

(2) 과실의 수취(선의점유자의 과실수취권)

1) 의 의

물건의 과실은 그 물건의 사용·수익권한을 가지고 있는 자가 취득할 수 있고, 그 권한이 없는 자가 과실을 수취하면 이를 사용·수익권한이 있는 자에게 반환하여야 한다. 그러나 민법은 선의의 점유자에게 과실취득권을 규정하여 선의점유자의 신뢰를 보호하고 있다(제201조 제1항).

제2장 점유권과 소유권

2) 선의점유자에게 과실수취권이 인정되기 위한 요건

① 물건의 점유자가 선의이어야 하며, 폭력 또는 은피에 의한 점유가 아니어야 한다(제201조 제1·3항).

② 선의점유자란 과실취득권을 포함하는 본권*이 있다고 오신한 자만을 가리키며, 과실취득권을 포함하지 않는 본권**을 가지고 있다고 오신한 자는 포함되지 않는다(대판 2000.3.10. 99다63350).

> * 과실취득권을 포함하는 본권
> 예 소유권·지상권·전세권 등
> ** 과실취득권을 포함하지 않는 본권
> 예 저당권 등

③ 선의에 대한 과실유무를 불문하는 것이 통설의 입장이지만 판례는 그 범위를 좁혀 오신할 만한 정당한 근거가 있어야 한다는 입장이다(대판 2000.3.10. 99다63350).

④ 과실에 관하여 독립한 소유권이 성립하는 시기는 천연과실에 있어서는 원물로부터 분리한 때이고(제102조 제1항), 법정과실에 있어서는 선의가 존속한 일수의 비율에 따라 취득한다(제102조 제2항).

⑤ 선의의 점유자라도 본권에 관한 소에서 패소한 때에는 그 소(訴)가 제기된 때로부터 악의의 점유자로 간주된다(제197조 제2항).

3) 과실수취권 인정의 효과

① 선의점유자는 과실을 적법하게 수취할 수 있으므로 이를 반환(부당이득 반환)할 필요가 없다.

> **판례** 선의로 타인의 토지를 점유·사용한 자의 부당이득반환 여부
>
> 토지를 사용함으로써 얻는 이득은 그 토지로 인한 과실과 동일시할 것이므로, 민법 제201조 제1항에 의하여 선의의 점유자는 비록 법률상 원인 없이 타인의 토지를 점유·사용하고 이로 말미암아 그에게 손해를 입혔다 하더라도 그 점유·사용으로 인한 이득을 그 타인에게 반환할 의무는 없다(대판 1995.5.12. 95다573·580).

② 과실에는 천연과실과 법정과실을 모두 포함하며 사용이익도 포함한다.

③ 다만, 판례에 의하면 선의점유자에게 과실(過失)이 있어서 진정한 소유자에 대하여 불법행위를 구성하는 경우에는 손해배상책임이 있다(대판 1966.7.19. 66다994)."고 한다.

4) 악의점유자 등의 과실반환의무

① 과실수취권이 인정되지 않는 경우(악의·폭력·은비의 점유자 등) 과실을 수취한 점유자는 그 수취한 과실을 반환하여야 한다(원물반환의 원칙).

② 수취한 과실을 소비하였거나 과실로 인하여 훼손 또는 수취하지 못한 경우***에는 그 대가를 보상하여야 한다. 뿐만 아니라 이 때에는 받은 이익에 이자를 붙여 반환하여야 한다(대판 2003.11.14. 2001다61869).

> *** 훼손 또는 수취하지 못한 경우
> 예 수확기에 있는 곡식을 밭에 내버려두어 썩게 하는 것

③ 제201조 제2항은 악의점유자의 과실반환 및 대가보상에만 관한 것이며, 일반불법행위의 규정에 의한 피해자의 손해전보(損害塡補)를 배제하는 것이 아니기 때문에 둘은 경합적으로 적용될 수 있다.*

> * 경합적으로 적용될 수 있다.
> 즉, 선택적으로 책임을 물을 수 있음

(3) 점유물의 멸실·훼손에 대한 책임

1) 소유의 의사를 가지고 점유한 선의 점유자(자주점유이며, 선의점유자인 경우)는 점유물의 멸실·훼손에 대해 이익이 현존하는 범위 내에서 배상할 책임을 진다(제202조 전단).

2) 점유자가 ① 선의이지만 타주점유자이거나, ② 악의의 점유자인 경우(자주점유나 타주점유를 모두 포함)에는 점유물의 멸실·훼손으로 생긴 손해의 전부를 배상할 책임이 있다(제202조).

(4) 점유자의 비용상환청구권

1) **비용상환청구권의 의의**
   점유자가 점유 중에 점유물에 대하여 비용을 지출한 경우 그 비용을 결국 점유를 회수한 자에게 귀속하므로 비용을 지출한 자와 그 이익을 받는 자 사이의 이해관계를 조절할 필요가 있으므로 민법은 이에 대하여 필요비와 유익비로 나누어 규율하고 있다.

2) **필요비의 상환청구**(제203조 제1항)
   ① 필요비란 점유물을 보존하는 데 들인 비용을 말한다.
      예 물건의 수선비나 기타 공조(公租)·공과금(公課金) 등
   ② 점유자는 회복자에 대하여 지출한 필요비 전액의 반환을 청구할 수 있다. 다만, 점유자가 과실을 취득한 경우에는 '통상의 필요비'는 청구하지 못한다.
      예 통상의 필요비 : 보존비, 수선비, 수리비, 부품교체비 등 사용·수익의 보존에 통상 필요한 비용으로 대규모 수선비용은 이에 해당하지 않는다.

3) **유익비의 상환청구**(제203조 제2항)
   ① 유익비란 물건의 보존(현상유지)을 넘어서는 지출비용으로서 그 물건의 가치를 증대시키는 개량비용을 말한다.
      예 황무지를 개간, 통로개설, 지반공사 등에 지출한 비용 등이 유익비에 해당한다.
   ② 유익비를 지출한 점유자는 회수자에 대하여 ㉠ 그 가액의 증가가 현존하는 경우에 한하여, ㉡ '회복자(回復者)의 선택'에 좇아 그 지출금액이나 증가액의 상환을 청구할 수 있다.

> **Key Point** 유익비로 인정되기 위한 요건
>
> 1) 비용의 지출이 있어야 한다.
> 2) 비용의 지출로 인하여 점유물의 가치가 증대되었어야 한다.
>   ① 점유물의 본래적 용도에 부합하여야 한다. 따라서 사무용 건물을 식당으로 개조한 경우에는 유익비로 인정되지 않는다.
>   ② 부착물 등이 점유물에 부합하지 않고, 독립성을 유지한다면 그 물건은 점유자의 소유이므로 점유자가 회수할 수 있고, 유익비에 해당하지 않는다.
> 3) 그 가치의 증대가 현존하여야 한다.

4) **비용상환청구권의 발생시기 및 상대방**

   비용상환청구권은 점유자가 회복자로부터 점유물의 반환을 청구받거나, 회복자에게 점유물을 반환한 때에 비로소 행사할 수 있고, 이행기가 도래하며, 청구의 상대방은 점유회복 당시의 소유자, 즉 회복자이다.

5) **유치권에 의한 보호**

   필요비와 유익비 모두 물건에 관하여 생긴 채권이므로 유치권이 인정된다(제320조). 그러나 유익비의 경우 법원이 상환기간을 허락하면 이행기가 연기되므로 유치권은 소멸하게 된다.

6) **적용범위**

   ① 비용상환청구권에 관한 규정은 점유자와 회복자 사이에 특별한 법률관계가 없는 경우에 한하여 적용되는 것으로 점유자와 회복자 사이에 지상권설정관계나 임대차 설정관계 등이 존재하는 경우에는 그에 따르게 된다.
   ② 따라서 대항력 없는 임차인이 유익비를 지출한 임차건물이 경매에 의해 소유자가 교체된 경우 임차인은 신소유자를 상대로 제203조 제2항에 의한 유익비의 상환을 청구할 수 없고 임대인(전소유자)에게 제626조 제2항에 의해 임대차계약상의 유익비상환청구만을 할 수 있다(대판 2003.7.25. 2001다64752).

> **Key Point** 필요비와 유익비의 비용상환청구권 비교
>
> | 구 분 | 필요비 | 유익비 |
> |---|---|---|
> | 의 의 | 점유물의 보존(현상유지)을 위해 지출한 비용 | 점유물의 개량(가치증대)을 위하여 지출한 비용 |
> | 비용상환 청구 | 지출한 비용 전부를 반환청구할 수 있음이 원칙이나, 과실을 취득한 경우에는 통상의 필요비는 반환청구 할 수 없다. | 지출한 비용과 가치의 증가액 중에서 회복자가 선택한 비용의 반환을 청구할 수 있다. |
> | 유치권의 행사 | 특별한 제한 없이 행사할 수 있다. | 행사할 수 있지만, 제203조 제3항에 의한 유예기간이 부여되면 변제기가 도래하지 않아 유치권행사가 불가능하다. |

2편 물권법

> **유익비상환청구가 있는 경우 실제 지출한 비용과 현존하는 증가액 산정**
>
> 유익비의 상환범위는 점유자 또는 임차인이 유익비로 지출한 비용과 현존하는 증가액 중 회복자 또는 임대인이 선택하는 바에 따라 정하여진다고 할 것이고, 따라서 유익비상환의무자인 회복자 또는 임대인의 선택권을 위하여 **그 유익비는 실제로 지출한 비용과 현존하는 증가액을 모두 산정하여야 할 것**이다(대판 2002.11.22. 2001다40381).

단락문제 Q1

점유자와 회복자의 관계에 관한 설명 중 옳은 것은?

① 점유자가 점유물을 개량하기 위하여 지출한 금액 기타 유익비는 그 증가액이 현존한다 하더라도 그 증가액의 상환을 청구할 수 없다.
② 선의의 점유자가 과실을 취득했을 경우에는 이를 부당이득으로 반환하여야 한다.
③ 점유물의 멸실·훼손에 대하여 선의의 타주점유자는 현존이익의 한도 내에서 배상책임을 진다.
④ 소유권이 있다고 오신한 선의점유자는, 회복자에 대하여 이익이 현존하는 한도에서 배상책임을 진다.
⑤ 회복자가 소유권이전등기 말소를 구하는 경우에 점유자는 비용상환청구권으로 유치권 항변을 할 수 있다.

> **해설** **점유자와 회복자**(선의의 점유자의 배상책임 등)
> ① (×) 유익비는 지출로 인하여 그 가액의 증가가 현존한 경우에 한하여 회복자의 선택에 좇아 점유자는 회복자에게 그 지출액이나 증가액의 상환을 청구할 수 있다(제203조 제2항).
> ② (×) 선의의 점유자는 과실수취권이 있으므로 반환할 필요가 없다.
> ③ (×) 타주점유자는 선의의 경우에도 손해의 전부를 배상하여야 한다(제202조).
> ④ (○) 선의점유자는 그 물건의 회복자에 대하여 현존이익 한도로 배상책임을 진다(제202조).
> ⑤ (×) 점유자의 유익비상환청구권은 점유자가 그 점유물을 「반환」할 때 비로소 회복자에 대해 발생하는 것이므로 소유권이전등기의 말소만을 구하는 본건에 있어 그 유익비상환청구권으로서 동시이행 또는 유치권행사의 항변을 할 수 없다(대판 1976.3.23. 76다172).
>
> ④

제2장 점유권과 소유권

> **단락핵심** 　　점유자와 회복자의 관계
>
> (1) 자기에게 본권이 없는 것을 알면서 타인의 물건을 점유하고 있는 자도 보존을 위해 필요비를 지출한 경우에 회복자에게 그 상환을 청구할 수 있다. (○)
> (2) 점유자가 과실을 취득한 경우에는 통상의 필요비에 대하여 그 상환을 청구하지 못한다. (○)
> (3) 악의점유자가 자주·타주점유이든 그 귀책사유로 점유물이 멸실·훼손된 경우에는 손해전부에 대한 책임을 진다. (○)
> (4) 점유자가 물건을 사용하면서 손상된 부품을 교체하는 데 비용을 지출하였다면, 이는 필요비에 해당한다. (○)
> (5) 점유자가 유익비를 지출한 경우 가액의 증가가 현존한 때에 한하여 점유자의 선택에 따라 지출금액이나 증가액의 상환을 청구할 수 있다. (×)
> (6) 점유가 불법행위로 인하여 개시되었다면, 점유자가 지출한 유익비의 상환청구권을 기초로 하는 유치권의 주장은 배척된다. (○)

3 점유보호청구권　　　　　　　　　　　　　　　　　　　　　　　　　　21회 출제

제204조(점유의 회수) ① 점유자가 점유의 침탈을 당한 때에는 그 물건의 반환 및 손해의 배상을 청구할 수 있다.
② 전항의 청구권은 침탈자의 특별승계인에 대하여는 행사하지 못한다. 그러나 승계인이 악의인 때에는 그러하지 아니하다.
③ 제1항의 청구권은 침탈을 당한 날로부터 1년내에 행사하여야 한다.
제205조(점유의 보유) ① 점유자가 점유의 방해를 받은 때에는 그 방해의 제거 및 손해의 배상을 청구할 수 있다.
② 전항의 청구권은 방해가 종료한 날로부터 1년내에 행사하여야 한다.
③ 공사로 인하여 점유의 방해를 받은 경우에는 공사착수 후 1년을 경과하거나 그 공사가 완성한 때에는 방해의 제거를 청구하지 못한다.
제206조(점유의 보전) ① 점유자가 점유의 방해를 받을 염려가 있는 때에는 그 방해의 예방 또는 손해배상의 담보를 청구할 수 있다.
② 공사로 인하여 점유의 방해를 받을 염려가 있는 경우에는 전조 제3항의 규정을 준용한다.
제207조(간접점유의 보호) ① 전3조의 청구권은 제194조의 규정에 의한 간접점유자도 이를 행사할 수 있다.
② 점유자가 점유의 침탈을 당한 경우에 간접점유자는 그 물건을 점유자에게 반환할 것을 청구할 수 있고 점유자가 그 물건의 반환을 받을 수 없거나 이를 원하지 아니하는 때에는 자기에게 반환할 것을 청구할 수 있다.
제208조(점유의 소와 본권의 소와의 관계) ① 점유권에 기인한 소와 본권에 기인한 소는 서로 영향을 미치지 아니한다.
② 점유권에 기인한 소는 본권에 관한 이유로 재판하지 못한다.

(1) 의 의

1) 점유보호청구권은 본권의 유무와는 관계없이 점유 그 자체를 보호하기 위하여 인정되는 일종의 물권적 청구권으로 민법상 점유물반환청구권·점유물방해제거청구권·점유물방해예방청구권 3가지가 있다.
2) 점유보조자는 점유자가 아니므로 점유보호청구권이 인정되지 않는다.

(2) 점유물반환청구권

1) 의의
점유자가 점유를 침탈당한 때에 그 물건의 반환을 청구할 수 있는 권리이다.

2) 요건
① 점유를 침탈당하였을 것, 즉 점유자가 그 의사에 기하지 않고 사실적 지배를 빼앗겼어야 한다.

> **판례** 사기에 의한 건물 명도와 점유의 침탈
> 사기의 의사표시에 의해 건물을 명도해 준 것이라면 건물의 점유를 침탈당한 것이 아니므로 피해자는 점유회수의 소권을 가진다고 할 수 없다(대판 1992.2.28. 91다17443).

② 반환청구권은 점유침탈자의 고의·과실을 요하지 않으며, 점유의 이전을 청구할 권리가 있더라도, 적법한 절차를 거치지 않았다면 반환청구의 상대방이 된다.

3) 당사자
① 청구권자는 침탈당한 자(직접점유자, 간접점유자, 본권 없는 자도 포함 됨)이고 상대방은 점유의 침탈자 및 그 승계인이다.
② 승계인 중 특정승계인에 대해서는 그 자가 악의인 경우에만 반환청구권을 행사할 수 있다(제204조 제2항).
③ 엄폐물법칙(掩蔽物法則)이 적용되는 바, 선의의 특정승계인으로부터 전득한 자가 악의라 하더라도 전득자에 대해서는 반환청구할 수 없다는 것이 통설의 입장이다.

4) 내용
직접점유자는 자신에게 반환할 것을 청구할 수 있으나 간접점유자의 경우, 직접점유자에게 반환할 것을 청구할 수 있고, 직접점유자가 그 물건의 반환을 받을 수 없거나 이를 원하지 아니하는 때에 한하여 자기에게 반환할 것을 청구할 수 있다(제207조 제2항).

5) 행사기간
점유물반환청구권은 침탈을 당한 날로부터 1년 내에 행사하여야 하는데, 여기의 행사기간은 "그 기간 내에 소를 제기해야 하는 출소기간(제척기간)"이다(대판 2002.4.26. 2001다8097).

(3) 점유물방해제거청구권

1) 의의
점유자가 점유의 방해를 받은 경우에 그 **방해의 제거를 청구**할 수 있는 권리이다.

2) 요건
① 점유의 방해를 받았을 것, 즉 **점유의 침탈 이외의 방법**으로 기존의 점유상태에 대한 **부분적 침해**를 받았을 것을 요한다(대판 1987.6.9. 86다카2942).

* **위법한 방해**
사회생활상 인용할 수 없을 정도이어야 한다.

② 그 방해는 **위법한 방해***이어야 방해자의 **고의·과실을 요하지 않는다**.

3) 내용
방해의 제거를 청구할 수 있다.

4) 행사기간
방해제거청구는 그 **성질상 방해가 존속하는 동안은 언제나 청구할 수 있으나**, 공사로 인하여 점유의 방해를 받은 경우에는 **공사착수 후 1년을 경과하거나 그 공사가 완성한 때에는 방행의 제거를 청구하지 못한다**.

(4) 손해배상청구권

1) 의의
점유를 침탈당하였거나, 점유를 방해받고 있는 경우, 손해가 발생하였다면 반환청구권이나, 방해제거청구권과 함께 또는 단독으로 그 손해의 배상을 청구할 수 있다.

2) 요건
① 점유의 침탈이나 점유의 방해가 존재하여야 한다. 침탈이나 방해의 의미는 앞의 반환청구 및 방해제거청구에서와 같다.
② **침탈자의 고의·과실이 필요하다**(법적 성질은 제750조의 불법행위책임).
③ 그 침탈과 방해는 위법해야 하고, 침탈자는 책임능력이 있을 것을 요한다.

3) 당사자
① 청구권자는 침탈당한 자(직접점유자, 간접점유자, 본권 없는 자도 포함됨)이고 **상대방은 침탈자 및 방해자**이다.
② 반환청구의 상대방이 특정승계인(악의)을 포함하는 데 반하여 손해배상청구권의 상대방은 침탈자와 방해자 및 그 포괄승계인에 한정된다.

4) 내용
손해의 배상을 청구할 수 있으며, 그 범위는 일반불법행위책임과 동일하게 전 손해의 배상이며, 지연이자를 포함한다.

5) 행사기간

손해배상청구권은 침탈을 당한 날로부터 1년 내에 행사하여야 하는데, 위와 같은 제척기간은 재판 외에서 권리행사하는 것으로 족한 기간이 아니라 반드시 그 기간 내에 소를 제기해야 하는 출소기간으로 보며, 침탈에 의한 경우나 방해에 의한 경우를 불문한다(대판 2002.4.26. 2001다8097·8103).

(5) 점유물방해예방청구권

1) 의 의

점유자가 점유의 방해를 받을 염려가 있는 때에 그 방해의 예방 또는 손해배상의 담보를 청구할 수 있는 권리이다(선택적 청구이므로 동시에 청구할 수는 없다).

2) 요 건

점유의 방해를 받을 염려가 있어야 한다. 그러한 상태의 유무는 점유자의 주관에 의하여 결정될 것이 아니라 구체적 사정 하에서 일반사회통념에 따라 객관적으로 판단되어야 할 것이다.

3) 내 용

① 방해의 예방청구는 방해의 염려를 일으키는 원인을 제거하여 방해를 미연에 방지하는 조치를 청구하는 것이며, 상대방의 부작위(不作爲)는 물론 작위도 청구할 수 있다.

② 방해의 예방과 손해배상의 담보청구는 결국 동일한 목적을 추구하는 것이기 때문에 점유자는 어느 한쪽만을 선택적으로 청구할 수 있을 뿐이다.

4) 행사기간

방해의 염려가 존속하는 동안은 언제든지 이 청구권을 행사할 수 있으나, 공사로 인하여 점유방해의 염려가 생긴 때에는 공사착수 후 1년을 경과하거나 그 공사가 완성한 때에는 청구하지 못한다.

(6) 점유의 소와 본권의 소와의 관계

1) 의 의

점유보호청구권에 의거하는 소를 '점유의 소(訴)'라 하고, 소유권·지상권·전세권 등 본권에 의거하는 소를 '본권의 소'라 한다.

2) 상호독립성

① 양자는 본질적으로 그 기초와 목적을 달리하기 때문에 서로 영향을 미치지 아니하므로(제208조 제1항) 양소(兩訴)를 동시에 또는 각각 제기할 수 있고, 어느 일방의 소에서 패소하더라도 타방의 소를 제기할 수 있다.

② 점유권의 소와 본권의 소, 양자의 판결이 모순되더라도 이는 판결의 집행시에 해결하면 된다.

> 예 소유권자가 점유를 회복하지만 점유자에게 손해를 배상하도록 한다.

단락문제 02

甲이 점유하고 있는 X물건을 乙이 침탈한 경우에 대한 설명으로 틀린 것은? (다툼이 있으면 판례에 의함)

① 甲의 乙에 대한 점유물반환청구권은 침탈당한 날로부터 1년 내에 행사하여야 하며, 이는 출소기간이다.
② 乙이 선의인 丙에게 X물건을 매도·인도한 경우, 甲은 丙에 대하여 손해배상을 청구할 수 없다.
③ 乙이 선의의 丙에게 X물건을 매도·인도한 경우, 甲은 丙에 대하여 점유물반환청구권을 행사할 수 있다.
④ 甲이 丁소유의 X물건을 임차하여 점유하였던 경우, 丁도 乙에 대하여 점유물반환청구권을 행사할 수 있다.
⑤ 만일 甲이 乙의 사기로 인해 점유를 乙에게 이전한 경우, 乙에 대하여 점유물반환을 청구할 수 없다.

해설 점유물반환청구권
① (○) (대판 2002.4.26. 2001다8097)
② (○) 특별승계인은 선의·악의를 불문하고 손해배상청구권의 상대방이 되지 않는다.
③ (×) 점유물반환청구는 점유침탈자에게 대하여 할 수 있으며, 그의 포괄승계인은 언제든지(선의·악의 불문) 상대방으로 되지만, 특정승계인에 대해서는 악의인 경우에 한해서만 할 수 있다(제204조 제2항).
④ (○) (제207조)
⑤ (○) 점유를 침탈당한 것이 아니기 때문이다(대판 1992.2.28. 91다17433).

답 ③

단락핵심 — 점유보호청구권

(1) 점유자가 점유의 침탈을 당한 때에는 그 물건의 반환 및 손해의 배상을 청구할 수 있다. (○)
(2) 甲이 점유하고 있는 물건을 乙이 침탈하여 선의의 丙에게 양도하고, 다시 丙이 악의의 丁에게 양도한 때에는 甲은 丁에게 점유권에 기하여 그 물건의 반환을 청구하지 못한다. (○)
(3) 점유의 방해를 받은 점유자는 방해의 제거 및 손해의 배상을 청구할 수 있으나, 손해배상을 청구하려면 방해자의 고의나 과실이 있어야 한다. (○)
(4) 점유의 방해를 받을 염려가 있을 때라면 점유자는 방해의 예방과 손해배상의 담보를 함께 청구할 수 있다. (×)
(5) 점유회수청구권의 행사기간은 출소기간이다. (○)
(6) 직접점유자가 자기 의사에 기하여 점유물을 제3자에게 인도한 경우, 간접점유자는 제3자에게 점유회수를 청구할 수 없다. (○)

4 자력구제권(사력구제)

> **제209조(자력구제)** ① 점유자는 그 점유를 부정히 침탈 또는 방해하는 행위에 대하여 자력으로써 이를 방위할 수 있다.
> ② 점유물이 침탈되었을 경우에 부동산일 때에는 **점유자는 침탈 후 즉시 가해자를 배제하여 이를 탈환할 수 있고** **동산일 때에는 점유자는 현장에서 또는 추적하여 가해자로부터 이를 탈환할 수** 있다.

(1) 의 의
자력구제라 함은 자기의 권리를 보존하기 위하여 또는 그 실현을 위하여 점유자 자신의 힘으로 점유를 방위, 탈환하는 것을 말하며 자조행위(自助行爲)라고도 한다.

(2) 인정범위
통설에 의하면 점유보조자에게 점유권은 인정되지 않지만 자력구제권은 인정되나 간접점유자는 점유권은 인정되나 자력구제권은 인정되지 않는다.

(3) 자력방위권
점유자는 그 점유를 부정하게 침탈 또는 방해하는 행위에 대하여 자력으로 이를 방위할 수 있다(제209조 제1항).

(4) 자력탈환권
1) 점유가 현실적으로 침탈된 경우에는 일정한 시간적 한계 내에서 실력으로써 이를 탈환할 수 있다(제209조 제2항). 즉 **부동산의 경우에는 침탈 후 즉시 가해자를** 배제할 수 있고, **동산의 경우에는 현장에서 또는 추적하여 탈환할 수 있다.**
2) 그 이후에는 자력탈환은 불가능하고 단지 점유보호청구권에 기한 반환청구를 하거나 제척기간이 지난 경우에는 **본권에 기한 구제를 받을 수밖에 없다.**

> **Key Point** 점유권·점유보호청구권·자력구제권
>
> ① 직접점유자에게 자력구제권이 있다.
> ② 점유보조자는 비록 점유권은 인정되지 않지만 점유자를 위하여 자력구제권은 인정된다는 것이 통설이다.
> ③ 간접점유자는 물건을 직접 지배하고 있지 않다는 점을 근거로 이를 인정하지 않는 것이 통설이다.
>
> | 구 분 | 점유권 | 점유보호청구권 | 자력구제권 |
> |---|---|---|---|
> | 직접점유자 | ○ | ○ | ○ |
> | 간접점유자 | ○ | ○ | × |
> | 점유보조자 | × | × | ○ |

5 준점유

준점유란 물건 이외의 재산상 이익에 대한 사실상의 지배, 즉 재산권을 사실상 행사하는 것을 말한다. 준점유의 객체는 '점유를 수반하지 않는 재산권(채권·지역권·저당권·형성권·지식재산권 등)'에 한한다.

> **[판례] 예금채권의 준점유자로 보기 위한 요건**
>
> 채권의 준점유자라고 하려면 채권의 사실상 귀속자와 같은 외형을 갖추어야 하므로 **예금채권의 준점유자는 예금통장과 그에 찍힌 인영과 같은 인장을 소지하여야 한다**(대판 1985.12.24. 85다카880).

제2절 소유권

01 소유권 서설

제211조(소유권의 내용) 소유자는 **법률의 범위** 내에서 그 소유물을 **사용, 수익, 처분**할 권리가 있다.
제212조(토지소유권의 범위) 토지의 소유권은 **정당한 이익있는 범위** 내에서 **토지의 상하**에 미친다.
제215조(건물의 구분소유) ① 수인이 한 채의 건물을 구분하여 각각 그 일부분을 소유한 때에는 건물과 그 부속물중 공용하는 부분은 그의 공유로 추정한다.
② 공용부분의 보존에 관한 비용 기타의 부담은 각자의 소유부분의 가액에 비례하여 분담한다.

1 소유권의 내용

소유권은 **물건***을 법률의 범위 내에서 전면적·배타적으로 지배할 수 있는 권리, 즉 소유하는 물건의 자유로운 사용·수익·처분권능의 전부를 내포하는 가장 기본적인 물권이다(제211조).

2 토지소유권의 범위   **24회 출제**

토지의 소유권은 정당한 이익있는 범위 내에서 토지의 상하에 미친다. 따라서 지표뿐만 아니라 **지상의 공간**이나 **지하**에까지 미친다. 그러나 광물에 대하여는 토지소유권의 효력이 미치지 아니한다. 토지소유권의 경계는 **지적법령**** 에 따른 **지적공부에 의하여 결정*****된다.

* **물건**
  동산 및 부동산

** **지적법령**
  공간정보의 구축 및 관리 등에 관한 법률 및 그 하위 법령

*** **지적공부에 의하여 결정**
  토지대장·임야대장을 의미하며 등기부는 이에 해당하지 않는다.

온천권이 토지소유권과 독립되는 물권이나 준물권으로 볼만한 관습이 있음을 인정할 만한 증거는 없는데다가 온천수도 지하수의 일종이고 온천수의 용출 및 인수에 관한 시설이 그 토지 상의 건물에 상용되는 것인 이상 그 토지 및 건물과 함께 운명을 같이 하는 종물로서 그 토지와 건물의 소유권을 취득한 자는 온천수와 그 용출 및 인수시설에 관한 지배권도 아울러 취득하는 것이다.(75나133(반소134)판결)

3 건물의 구분소유

(1) 한 채의 건물을 구분하여 각각 그 일부분을 소유할 수 있는 근거를 마련하고 있으며, 건물과 그 부속물 중 공용하는 부분은 각 구분소유자의 공유로 추정한다.
(2) 공용부분의 보존에 관한 비용 기타의 부담은 각자의 소유부분의 가액에 비례하여 분담하도록 하고 있으나, 「집합건물의 소유 및 관리에 관한 법률」은 이에 대하여 특별한 규정들을 두고 있다.

02 소유권에 기한 물권적 청구권

제213조(소유물반환청구권) 소유자는 그 소유에 속한 물건을 점유한 자에 대하여 반환을 청구할 수 있다. 그러나 점유자가 그 물건을 점유할 권리가 있는 때에는 반환을 거부할 수 있다.
제214조(소유물방해제거, 방해예방청구권) 소유자는 소유권을 방해하는 자에 대하여 방해의 제거를 청구할 수 있고 소유권을 방해할 염려있는 행위를 하는 자에 대하여 그 예방이나 손해배상의 담보를 청구할 수 있다.

소유자는 소유권이 침해되거나 침해될 우려가 있을 때 소유물반환청구권, 소유물방해제거청구권, 소유물방해예방청구권을 행사할 수 있다(자세한 것은 제2편 제1장 물권적 청구권 참조).

03 상린관계

서로 인접하는 부동산의 소유자·점유자 상호간의 이용조절을 위하여 민법은 상린관계에 관한 규정을 두고 있다(제216조 내지 제244조). 이들 규정은 독립된 권리가 아니라 소유권에 종속된 것으로서 소유권의 내용 그 자체이다.

제2장 점유권과 소유권

1 인지사용청구권

> **제216조(인지사용청구권)** ① 토지소유자는 경계나 그 근방에서 담 또는 건물을 축조하거나 수선하기 위하여 필요한 범위내에서 이웃 토지의 사용을 청구할 수 있다. 그러나 이웃 사람의 승낙이 없으면 그 주거에 들어가지 못한다.
> ② 전항의 경우에 이웃 사람이 손해를 받은 때에는 보상을 청구할 수 있다.

이웃토지의 사용을 이웃사람이 거절하면 판결로 이에 갈음할 수 있지만, 주거출입에 대하여 이웃 사람이 거절하면 판결로도 승낙에 갈음할 수 없다는 것이 통설이다.

2 생활방해의 금지와 인용의무(수인의무)

> **제217조(매연 등에 의한 인지에 대한 방해금지)** ① 토지소유자는 매연, 열기체, 액체, 음향, 진동 기타 이에 유사한 것으로 이웃 토지의 사용을 방해하거나 이웃 거주자의 생활에 고통을 주지 아니하도록 적당한 조처를 할 의무가 있다.
> ② 이웃 거주자는 전항의 사태가 이웃 토지의 통상의 용도에 적당한 것인 때에는 이를 인용할 의무가 있다.

(1) 의 의
토지소유자는 매연·열기체·액체·음향·진동 기타 이와 유사한 것으로 이웃 토지의 사용을 방해하거나 이웃 거주자의 생활에 고통을 주지 아니하도록 적당한 조치를 할 의무가 있다.

(2) 요 건
1) 매연·열기체·액체·음향·진동 기타 이와 유사한 것이 발생하여야 한다.
2) "기타 이와 유사한 것"이란 가스, 악취, 먼지 등을 포함하나, 광선을 벽으로 막는 것과 같은 소극적 방해는 포함되지 않는다는 것이 통설이나, 판례는 일조권 침해와 관련된 판결에서도 제214조 이외에 제217조를 근거규정으로 적시하고 있다.
3) 그로 인해 이웃토지의 사용이 방해되거나, 이웃 거주자의 생활에 고통을 발생하여야 한다.
4) 생활방해의 사태가 이웃 토지의 통상의 용도에 적당한 것이 아니어야 하며, 통상의 용도에 적당한 것인지의 여부는 사회통념에 따라 객관적으로 판단한다.

(3) 효 과
이웃 거주자는 물권적 청구권의 일환으로 생활에 고통을 주지 아니하도록 적당한 조치를 청구할 수 있다.

(4) 입증책임
요건 중 매연 등의 존재와 사용방해 또는 생활상의 고통은 적당한 조치를 청구하는 자가 입증해야 하나, 통상의 용도에 적당한 범위라는 점은 상대방이 주장·입증하여야 한다.

3 수도 등 시설권

> **제218조(수도 등 시설권)** ① 토지소유자는 타인의 토지를 통과하지 아니하면 필요한 수도, 소수관, 가스관, 전선 등을 시설할 수 없거나 과다한 비용을 요하는 경우에는 타인의 토지를 통과하여 이를 시설할 수 있다. 그러나 이로 인한 손해가 가장 적은 장소와 방법을 선택하여 이를 시설할 것이며 타토지의 소유자의 요청에 의하여 손해를 보상하여야 한다.
> ② 전항에 의한 시설을 한 후 사정의 변경이 있는 때에는 타토지의 소유자는 그 시설의 변경을 청구할 수 있다. 시설변경의 비용은 토지소유자가 부담한다.

수도 등을 시설한 후에 사정변경이 발생한 경우 타토지소유자는 토지소유자의 비용으로 그 시설을 변경할 것을 청구할 수 있다.

4 주위토지통행권

> **제219조(주위토지통행권)** ① 어느 토지와 공로사이에 그 토지의 용도에 필요한 통로가 없는 경우에 그 토지소유자는 주위의 토지를 통행 또는 통로로 하지 아니하면 공로에 출입할 수 없거나 과다한 비용을 요하는 때에는 그 주위의 토지를 통행할 수 있고 필요한 경우에는 통로를 개설할 수 있다. 그러나 이로 인한 손해가 가장 적은 장소와 방법을 선택하여야 한다.
> ② 전항의 통행권자는 통행지소유자의 손해를 보상하여야 한다.
> **제220조(분할, 일부양도와 주위통행권)** ① 분할로 인하여 공로에 통하지 못하는 토지가 있는 때에는 그 토지소유자는 공로에 출입하기 위하여 다른 분할자의 토지를 통행할 수 있다. 이 경우에는 보상의 의무가 없다.
> ② 전항의 규정은 토지소유자가 그 토지의 일부를 양도한 경우에 준용한다.

(1) 의의

1) 토지소유자가 인접한 토지를 통로로 사용할 수 있는 권리이다.
2) 여기서 토지소유자는 외부적 관계에서 소유권을 행사할 수 있는 자이므로 **명의신탁자는 이에 해당하지 아니한다***(대판 2008.5.8. 2007다22767).

> * **명의신탁자는 이에 해당하지 아니한다**
> 즉, 명의수탁자가 주장할 수 있음.

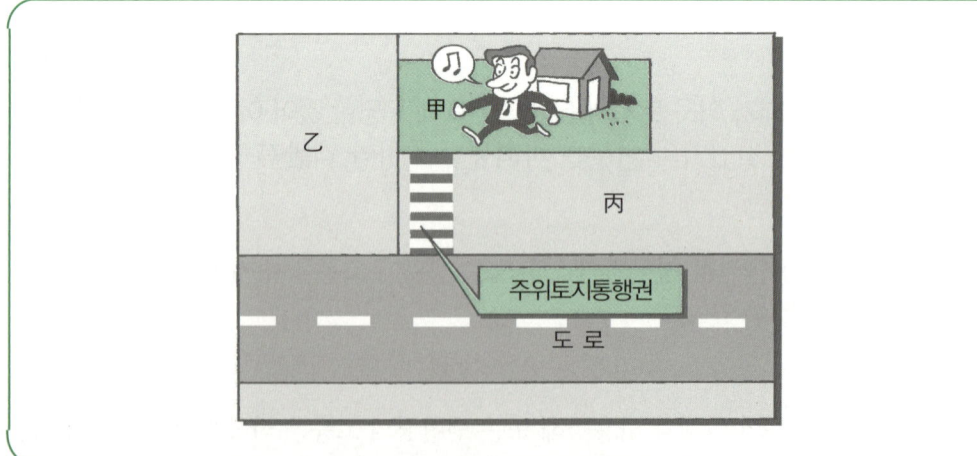

(2) 요건
1) 어느 토지와 공로 사이에 그 토지의 용도에 필요한 통로가 없을 것
2) 그 토지소유자는 주위의 토지를 통행 또는 통로로 하지 아니하면 공로에 출입할 수 없거나, 출입에 과다한 비용을 요할 것

> **[판례] 공로에 통하는 기존 통로가 있는 경우 주위토지통행권의 인정 여부**
> 주위토지통행권은 어느 토지가 타인 소유의 토지에 둘러싸여 공로에 통할 수 없는 경우뿐만 아니라, 이미 기존의 통로가 있더라도 그것이 당해 토지의 이용에 부적합하여 실제로 통로로서의 충분한 기능을 하지 못하고 있는 경우에도 인정된다(대판 2003.8.19. 2002다53469).

(3) 효과
1) 토지소유자는 다른 토지를 통행하거나 또는 통로를 개설할 수 있다(제219조 제1항 본문).
2) 이때에 통행지 또는 통로개설지에 가장 손해가 적은 장소와 방법을 선택하여야 한다(제219조 제1항 단서).
3) 통행권자는 통행지소유자의 손해를 보상하여야 한다(제219조 제2항).
4) 주위토지통행권이 인정되었다고 하더라도 나중에 그 토지에 접하는 공로가 개설되어 그 통행권을 인정할 필요가 없어지면 그 주위토지통행권은 소멸한다(대판 1998.3.10. 97다47118).

(4) 무상의 주위토지통행권
기존에 공로에 통하고 있었던 토지가 분할 또는 일부의 양도로 공로에 통하지 못하는 토지로 된 경우에, 그 토지소유자는 다른 분할자 또는 양수인의 토지를 통행할 수 있고, 이 때에는 보상의무가 없다(제220조).

> **[판례] 무상의 주위토지통행권**
>
> **1** 무상의 주위토지통행권이 승계되는지 여부
> 무상주위통행권에 관한 민법 제220조의 규정은 토지의 직접 분할자 또는 일부 양도의 당사자 사이에만 적용되고 포위된 토지 또는 피통행지의 특정승계인에게는 적용되지 않으며(대판 2009.8.20. 2009다38247·38254). 이러한 법리는 분할자 또는 일부 양도의 당사자가 무상주위통행권에 기하여 이미 통로를 개설해 놓은 다음 특정승계가 이루어진 경우라 하더라도 마찬가지라 할 것이다(대판 2002.5.31. 2002다9202).
> ➡ 무상의 주의토지통행권이 승계되는 것은 아니다. 그러나 계약의 구체적 상황에 따라 양수인에게 무상의 주위토지통행권이 인정될 수 있다.
>
> **2** '토지 일부의 양도'의 의미
> 무상의 주위토지통행권이 발생하는 토지의 일부 양도라 함은 1필의 토지의 일부가 양도된 경우뿐만 아니라 일단으로 되어 있던 동일인 소유의 수필의 토지 중 일부가 양도된 경우도 포함된다(대판 2005.3.10. 2004다65589·65596).

단락문제 03

주위토지통행권에 관한 설명으로 틀린 것은?

① 기존 통로가 토지용도에 필요한 통로로서의 기능을 다하지 못하는 경우에도 새로운 통행권이 인정된다.
② 건축법상 도로의 폭 등에 관하여 제한규정이 있다면 반사적 이익으로서 포위된 토지소유자에게 이와 일치하는 통행권이 인정된다.
③ 기존의 통로보다 더 편리하다는 이유만으로 다른 곳으로 통행할 권리를 갖는 것은 아니다.
④ 통행지 소유자는 통행권자의 허락을 얻어 사실상 통행하고 있는 자에게 손해의 보상을 청구할 수 없다.
⑤ 분할이나 토지의 일부양도로 포위된 토지의 특정승계인의 경우에는 주위토지통행권에 관한 일반원칙에 따라 그 통행권의 범위를 따로 정하여야 한다.

해설 주위토지통행권이 인정되는 경우

② (×) 규정 자체만으로 당연히 포위된 토지 소유자에게 그 반사적 이익으로서 건축법에서 정하는 도로의 폭이나 면적 등과 일치하는 주위토지통행권이 바로 생긴다고 단정할 수는 없다(대판 1992.4.24. 91다32251).
⑤ (○) 민법 제220조의 규정은 직접 분할자, 일부 양도의 당사자 사이에만 적용되고 포위된 토지 또는 피통행지의 특정승계인의 경우에는 주위토지통행권에 관한 민법 제219조의 일반원칙으로 돌아가 통행권의 유무를 가려야 한다(대판 1991.7.23. 90다12670). **답** ②

단락핵심 주위토지통행권

(1) 통행지소유자는 통행권자의 허락을 얻어 사실상 통행하는 자에게 손해보상을 청구할 수 있다. (×)
(2) 통행권은 이미 기존통로가 있더라도 그것이 통행권자의 토지이용에 부적합하여 그 기능을 상실한 경우에도 인정된다. (○)
(3) 토지분할로 인하여 공로에 통하지 못하는 토지가 생긴 경우, 포위된 토지의 특별승계인에게는 무상의 주위토지통행권이 인정되지 않는다. (○)
(4) 대외적으로 소유권을 주장할 수 없는 명의신탁자에게도 통행권이 인정된다. (×)
(5) 통행권자는 통행지소유자의 점유를 배제할 권능이 없고, 그 소유자도 통행권자가 통행지를 배타적으로 점유하지 않는 이상 통행지의 인도를 청구할 수 없다. (○)
(6) 기존의 통로보다 더 편리하다는 이유만으로 다른 곳으로 통행할 권리를 갖는 것은 아니다. (○)
(7) 분할이나 토지의 일부 양도로 포위된 토지의 특정승계인의 경우에는 주위토지통행권에 관한 일반원칙에 따라 그 통행권의 범위를 따로 정하여야 한다. (○)

제2장 점유권과 소유권

5 물에 관한 상린관계

제221조(자연유수의 승수의무와 권리) ① 토지소유자는 이웃 토지로부터 자연히 흘러오는 물을 막지 못한다.
② 고지소유자는 이웃 저지에 자연히 흘러 내리는 이웃 저지에서 필요한 물을 자기의 정당한 사용범위를 넘어서 이를 막지 못한다.

제222조(소통공사권) 흐르는 물이 저지에서 폐색된 때에는 고지소유자는 자비로 소통에 필요한 공사를 할 수 있다.

제223조(저수, 배수, 인수를 위한 공작물에 대한 공사청구권) 토지소유자가 저수, 배수 또는 인수하기 위하여 공작물을 설치한 경우에 공작물의 파손 또는 폐색으로 타인의 토지에 손해를 가하거나 가할 염려가 있는 때에는 타인은 그 공작물의 보수, 폐색의 소통 또는 예방에 필요한 청구를 할 수 있다.

제224조(관습에 의한 비용부담) 전2조의 경우에 비용부담에 관한 관습이 있으면 그 관습에 의한다.

제225조(처마물에 대한 시설의무) 토지소유자는 처마물이 이웃에 직접 낙하하지 아니하도록 적당한 시설을 하여야 한다.

제226조(여수소통권) ① 고지소유자는 침수지를 건조하기 위하여 또는 가용이나 농, 공업용의 여수를 소통하기 위하여 공로, 공류 또는 하수도에 달하기까지 저지에 물을 통과하게 할 수 있다.
② 전항의 경우에는 저지의 손해가 가장 적은 장소와 방법을 선택하여야 하며 손해를 보상하여야 한다.

제227조(유수용공작물의 사용권) ① 토지소유자는 그 소유지의 물을 소통하기 위하여 이웃 토지소유자의 시설한 공작물을 사용할 수 있다.
② 전항의 공작물을 사용하는 자는 그 이익을 받는 비율로 공작물의 설치와 보존의 비용을 분담하여야 한다.

제228조(여수급여청구권) 토지소유자는 과다한 비용이나 노력을 요하지 아니하고는 가용이나 토지이용에 필요한 물을 얻기 곤란한 때에는 이웃 토지소유자에게 보상하고 여수의 급여를 청구할 수 있다.

제229조(수류의 변경) ① 구거 기타 수류지의 소유는 대안의 토지가 타인의 소유인 때에는 그 수로나 수류의 폭을 변경하지 못한다.
② 양안의 토지가 수류지소유자의 소유인 때에는 소유자는 수로와 수류의 폭을 변경할 수 있다. 그러나 하류는 자연의 수로와 일치하도록 하여야 한다.
③ 전2항의 규정은 다른 관습이 있으면 그 관습에 의한다.

제230조(언의 설치, 이용권) ① 수류지의 소유자가 언을 설치할 필요가 있는 때에는 그 언을 대안에 접촉하게 할 수 있다. 그러나 이로 인한 손해를 보상하여야 한다.
② 대안의 소유자는 수류지의 일부가 자기소유인 때에는 그 언을 사용할 수 있다. 그러나 그 이익을 받는 비율로 언의 설치, 보존의 비용을 분담하여야 한다.

제231조(공유하천용수권) ① 공유하천의 연안에서 농, 공업을 경영하는 자는 이에 이용하기 위하여 타인의 용수를 방해하지 아니하는 범위내에서 필요한 인수를 할 수 있다.
② 전항의 인수를 하기 위하여 필요한 공작물을 설치할 수 있다.

제232조(하류 연안의 용수권보호) 전조의 인수나 공작물로 인하여 하류연안의 용수권을 방해하는 때에는 그 용수권자는 방해의 제거 및 손해의 배상을 청구할 수 있다.

제233조(용수권의 승계) 농, 공업의 경영에 이용하는 수로 기타 공작물의 소유나 몽리자의 특별승계인은 그 용수에 관한 전소유나 몽리자의 권리의무를 승계한다.

제234조(용수권에 관한 다른 관습) 전3조의 규정은 다른 관습이 있으면 그 관습에 의한다.

제235조(공용수의 용수권) 상린자는 그 공용에 속하는 원천이나 수도를 각 수요의 정도에 응하여 타인의 용수를 방해하지 아니하는 범위내에서 각각 용수할 권리가 있다.

제236조(용수장해의 공사와 손해배상, 원상회복) ① 필요한 용도나 수익이 있는 원천이나 수도가 타인의 건축 기타 공사로 인하여 단수, 감수 기타 용도에 장해가 생긴 때에는 용수권자는 손해배상을 청구할 수 있다.
② 전항의 공사로 인하여 음료수 기타 생활상 필요한 용수에 장해가 있을 때에는 원상회복을 청구할 수 있다.

(1) 제221조 내지 제223조는 자연적 배수에 관한 규정이고, 이 중 소통공사권과 공작물에 대한 공사청구권의 비용부담에 관한 관습이 있으면 그 관습에 의하도록 하고 있는 점에 주의한다.
(2) 유수용공작물을 사용하는 자는 그 이익을 받는 비율로 공작물의 설치와 보존의 비용을 분담하여야 한다.

6 경계에 관한 상린관계

> **제237조(경계표, 담의 설치권)** ① 인접하여 토지를 소유한 자는 공동비용으로 통상의 경계표나 담을 설치할 수 있다.
> ② 전항의 비용은 쌍방이 절반하여 부담한다. 그러나 측량비용은 토지의 면적에 비례하여 부담한다.
> ③ 전2항의 규정은 다른 관습이 있으면 그 관습에 의한다.
> **제238조(담의 특수시설권)** 인지소유자는 자기의 비용으로 담의 재료를 통상보다 양호한 것으로 할 수 있으며 그 높이를 통상보다 높게 할 수 있고 또는 방화벽 기타 특수시설을 할 수 있다.
> **제239조(경계표 등의 공유추정)** 경계에 설치된 경계표, 담, 구거 등은 상린자의 공유로 추정한다. 그러나 경계표, 담, 구거 등이 상린자 일방의 단독비용으로 설치되었거나 담이 건물의 일부인 경우에는 그러하지 아니하다.
> **제240조(수지, 목근의 제거권)** ① 인접지의 수목가지가 경계를 넘은 때에는 그 소유자에 대하여 가지의 제거를 청구할 수 있다.
> ② 전항의 청구에 응하지 아니한 때에는 청구자가 그 가지를 제거할 수 있다.
> ③ 인접지의 수목뿌리가 경계를 넘은 때에는 임의로 제거할 수 있다.

(1) 경계표와 담의 설치비용은 쌍방이 절반하여 부담하나, 측량비용은 토지의 면적에 비례하여 부담하며, 특히 이 경우 다른 관습이 있으면 그 관습이 우선한다.
(2) 인지 소유자가 담의 재료를 통상보다 양호한 것으로 하거나, 벽의 높이를 올리거나 기타 특수한 시설을 설치하기 위해서는 자신이 비용을 부담하여야 한다.
(3) 경계표와 담, 구거 등은 상린자의 공유로 추정(다만 분할청구는 불가)되므로, 이와 다른 정황은 주장하는 자가 그 사실을 증명하여야 한다.
(4) 인접지의 수지(나무가지)가 경계를 넘으면 먼저 그 소유자에 대하여 가지의 제거를 청구하고 이에 응하지 아니하는 경우 직접 제거할 수 있으나, 인접지의 목근(나무뿌리)가 경계를 넘은 때에는 임의로 제거할 수 있다.

7 토지의 심굴 및 공작물설치의 상린관계

제241조(토지의 심굴금지) 토지소유자는 인접지의 지반이 붕괴할 정도로 자기의 토지를 심굴하지 못한다. 그러나 충분한 방어공사를 한 때에는 그러하지 아니하다.

제242조(경계선부근의 건축) ① 건물을 축조함에는 특별한 관습이 없으면 **경계로부터 반미터** 이상의 거리를 두어야 한다.
② 인접지소유자는 전항의 규정에 위반한 자에 대하여 건물의 변경이나 철거를 청구할 수 있다. 그러나 건축에 착수한 후 1년을 경과하거나 건물이 완성된 후에는 손해배상만을 청구할 수 있다.

제243조(차면시설의무) **경계로부터 2미터 이내**의 거리에서 이웃 주택의 내부를 관망할 수 있는 창이나 마루를 설치하는 경우에는 적당한 차면시설을 하여야 한다.

제244조(지하시설 등에 대한 제한) ① 우물을 파거나 용수, 하수 또는 오물 등을 저치할 지하시설을 하는 때에는 **경계로부터 2미터 이상**의 거리를 두어야 하며 저수지, 구거 또는 지하실공사에는 경계로부터 **그 깊이의 반 이상**의 거리를 두어야 한다.
② 전항의 공사를 함에는 토사가 붕괴하거나 하수 또는 오액이 이웃에 흐르지 아니하도록 적당한 조처를 하여야 한다.

경계선 부근의 건축에서 '경계로부터 반미터'란 **경계로부터 건물의 가장 돌출된 부분까지의 거리를 말한다**(대판 2011.7.28. 2010다108883).

Key Point 관습이 성문법보다 우선 적용되는 경우

1) 관습에 의한 저수, 배수, 인수, 소통공사에 대한 비용부담(제222조, 제223조)
2) 수류변경(제229조)
3) 경계표·담의 설치권(제237조)
4) 경계선부근의 건축(제242조)
5) 특수지역권(제302조)

판례 상린관계에 관한 판례 정리

1 민법 제219조에 정한 **주위토지통행권**은 소유자 또는 지상권자, 전세권자 등 **토지사용권을 가진 자에게 인정되는 권리**이다. 따라서 **명의신탁자에게는 주위토지통행권이 인정되지 아니한다**(대판 2008.5.8. 2007다22767).

2 민법 제229조 제2항이 '양안의 토지가 수류지 소유자의 소유인 때에는 소유자는 수로와 수류의 폭을 변경할 수 있다'고 규정한 것은 수류지 소유자는 수로와 수류의 폭을 변경하여 물을 가용 또는 농·공업용 등에 이용할 권리가 있다는 것을 의미함에 그치고, 더 나아가 수로와 수류의 폭을 임의로 변경하여 범람을 일으킴으로써 인지 소유자에게 손해를 발생시킨 경우에도 면책된다는 취지를 규정한 것이라고 볼 수는 없다(대판 2012.4.13. 2010다9320).

2편 물권법

단락문제 Q4

소유권에 관한 설명 중 틀린 것은? (다툼이 있으면 판례에 의함)

① 무주의 토지는 국유이므로, 선점의 대상이 되지 않는다.
② 경계에 설치된 경계표 또는 담은 상린자의 공유로 추정한다.
③ 매장물이 학술·고고의 중요한 재료가 되는 경우에 발견자가 소유권을 취득하지 못한다.
④ 소유권에 기한 물권적 청구권은 소유권과 분리하여 양도될 수 없다.
⑤ 공로에 통하는 기존통로가 있다면 그것이 이용에 부적합하여 실제로 통로로서의 충분한 기능을 하지 못하더라도 주위토지통행권이 인정될 수 없다.

해설 주위토지통행권 등

①, ②, ③ (○) (제252조 제2항·제239조·제255조) 다만 습득자 등은 국가에 대하여 보상을 청구할 수 있다.
④ (○) (대판 1969.5.27. 68다725)
⑤ (×) 주위토지통행권은 이미 기존의 통로가 있더라도 그것이 당해 토지의 이용에 부적합하여 실제로 통로로서의 충분한 기능을 하지 못하고 있는 경우에도 인정된다(대판 2003.8.19. 2002다53469).

답 ⑤

단락핵심 — 상린관계

(1) 인접지의 수목가지가 경계를 넘은 때에는 그 소유자에 대하여 가지의 제거를 청구함이 없이 임의로 제거할 수 있다. (×)
⇒ **수목뿌리와 달리 수목의 소유자가 가지의 제거청구에 응하지 아니한 때에 그 가지를 제거할 수 있다.**
(2) 부동산소유자는 이웃의 전세권자에 대하여도 상린관계에 따라야 한다. (○)
(3) 인접하여 토지를 소유한 자는 자기의 비용으로 통상의 경계표나 담을 설치하여야 한다. (×)
⇒ **경계표·담의 설치비용은 인지소유자가 쌍방이 절반하여 부담한다**(제237조 제1·2항).
(4) 공용물(公用物)에 대하여는 안온방해의 금지규정이 적용되지 아니한다. (×)
(5) 소통공사권과 공작물에 대한 공사청구권의 비용부담에 관한 관습이 있으면 그 관습에 의한다. (○)
(6) 경계선 부근의 건축에서 '경계로부터 반미터'란 '경계로부터 건물의 가장 돌출된 부분까지의 거리'를 말한다. (○)

제2장 점유권과 소유권

04 소유권의 취득

소유권은 법률행위에 의하여 취득하는 이외에 선의취득, 시효취득(취득시효), 부합·혼화·가공 등의 법률규정에 의하여 취득할 수 있다.

1 부동산소유권의 취득시효(시효취득)

> **제245조(점유로 인한 부동산소유권의 취득기간)** ① 20년간 소유의 의사로 평온, 공연하게 부동산을 점유하는 자는 등기함으로써 그 소유권을 취득한다.
> ② 부동산의 소유자로 등기한 자가 10년간 소유의 의사로 평온, 공연하게 선의이며 과실 없이 그 부동산을 점유한 때에는 소유권을 취득한다.
> **제247조(소유권취득의 소급효, 중단사유)** ① 전2조의 규정에 의한 소유권취득의 효력은 점유를 개시한 때에 소급한다.
> ② 소멸시효의 중단에 관한 규정은 전2조의 소유권취득기간에 준용한다.

(1) 취득시효제도의 의의

1) 취득시효제도는 권리를 행사하고 있는 것과 같은 <u>외관이 일정한 기간동안 계속</u>하는 경우에 <u>권리취득의 효과</u>가 생기는 것으로 하는 제도이다. 시효취득이 가능한 권리는 <u>소유권, 전세권, 지상권, 계속되고 표현된 지역권</u> 등이다.
2) 민법은 부동산소유권의 시효취득에 대하여 <u>점유취득시효와 등기부(등기기록)취득시효</u>의 2가지로 나누어 규정하고 있다(제245조).

시효취득의 대상이 되는 권리	시효취득의 대상이 될 수 없는 권리
① 소유권 ② 전세권 ③ 지상권(대판 1994.10.14. 94다9849) ④ 질 권 ⑤ 준물권(광업권·어업권) ⑥ 지식재산권(저작권, 특허권, 상표권 등) ⑦ 계속되고 표현된 지역권	① 점유를 수반하지 않는 물권(저당권) ② 한번 행사하면 소멸하는 권리(취소권·환매권·해제권) ③ 가족관계를 전제로 하는 권리(부양청구권) ④ 계속적이 아니거나 표현되지 않은 지역권 ⑤ 법률의 규정에 의해 성립되는 점유권·유치권 ⑥ 채 권

(2) 부동산소유권의 취득시효의 공통요건

1) **취득시효의 대상**
① 토지의 일부(분필되지 않은 토지 포함)는 물론, 공유지분(대판 1979.6.26. 79다639) 및 <u>자기의 물건에 대한 시효취득도 가능</u>하다(대판 2001.7.3. 2001다17572).
② 국유나 공유(公有)의 부동산 중 행정재산은 시효취득의 대상이 되지 않으나 <u>일반재산</u>*인 경우에는 시효취득이 가능하다.

> * **일반재산**
> 행정재산을 제외한 재산을 말하며 종래에는 잡종재산이라고 불렀다.

2) 소유의 의사

취득시효의 요건으로서 점유는 소유의 의사로 하는 점유 즉 **자주점유**이어야 한다. 자주점유의 요건인 소유의 의사는 **객관적으로 점유권원의 성질에 의하여 결정**된다.

> **판례** 자주점유로 본 판례
>
> ① 토지의 매수인이 매매계약에 의하여 목적 토지의 점유를 취득한 경우 설사 그것이 타인의 토지의 매매에 해당하여 그에 의하여 곧바로 소유권을 취득할 수 없다고 하더라도 **매도인에게 처분권한이 없다는 것을 잘 알면서 이를 매수하였다는 등의 다른 특별한 사정이 입증되지 않는 한, 그 사실만으로 바로 그 매수인의 점유가 소유의 의사가 있는 점유라는 추정이 깨어지는 것이라고 할 수 없다**(대판 2000.3.16. 97다37661).
> ② 공유자들이 분할 전 토지의 전체면적 중 각 점유부분을 구분소유(상호명의신탁)한다고 믿고서 그 각 점유부분의 대략적인 면적에 해당하는 만큼의 지분에 관해 소유권이전등기를 경료받은 경우(대판 2002.1.11. 2001다50531)
> ③ 등기를 수반하지 아니한 점유임이 밝혀졌다고 하여 이 사실만 가지고 바로 점유권원의 성질상 소유의 의사가 결여된 타주점유라고 할 수 없다(대판 2000.3.16. 97다37661).

> **판례** 타주점유로 본 판례
>
> ① **처분권한이 없는 자로부터 그 사실을 알면서 부동산을 취득하거나 어떠한 법률행위가 무효임을 알면서 그 법률행위에 의하여 부동산을 취득하여 점유하게 된 경우**(대판 2000.9.29. 99다50705)
> ② 공유토지는 공유자 1인이 그 전부를 점유하고 있어도 특별한 사정이 없는 한 그 권원의 성질상 다른 공유자의 지분비율 범위 내에서는 **타주점유**이다(대판 1968.4.30. 67다2862외 다수).

> **판례** 자주점유의 추정이 깨어지는지 여부에 관한 판례
>
> ① 부동산을 매수하여 이를 점유하게 된 자는 그 매매가 무효가 된다는 사정이 있음을 알았다는 등의 특단의 사정이 없는 한 그 점유의 시초에 소유의 의사로 점유한 것이라고 할 것이다(대판 1994.12.27. 94다25513).
> ② 자주점유자가 시효취득기간 진행 중 당해부동산의 전 소유자를 상대로 소유권이전등기 말소등기청구소송을 제기하였다가 패소확정되었다고 하더라도 자주점유가 타주점유로 되는 것은 아니다(대판 1981.3.24. 80다2226). 다만 패소확정 된 이후에는 타주점유이다.
> ③ 점유자가 스스로 매매 또는 증여와 같은 권원을 주장하였으나 이것이 인정되지 않는 경우에도 원래 위와 같은 자주점유의 권원에 대한 입증책임이 점유자에게 있지 아니한 이상 **자주점유의 추정이 번복되거나 또는 점유권원의 성질상 타주점유라고 볼 수 없다**(대판 1983.7.12. 82다708·709, 82다카1792·1793).

3) 평온·공연한 점유

평온·공연한 점유이면 족하고, 선의·무과실은 요건이 아니다. 다만, 등기부취득시효에서의 점유는 선의·무과실로 점유를 개시할 것을 요한다.

(3) 점유취득시효의 특별요건과 효과 18·21·24회 출제

1) 20년 동안의 점유계속

① 점유의 승계를 인정하므로, 반드시 시효완성 당시의 점유자가 20년간 점유할 필요는 없으며, 전점유자와 합하여 20년간 점유를 계속한 경우에도 인정된다.

② 시효기간 중 등기명의인이 동일하고 그 명의인에 대하여 시효취득을 주장함에 있어서는 시효기간의 기산점을 어디에 두든지 상관없으나, 시효기간 만료 후 이해관계 있는 제3자가 있는 경우에는 시효이익을 주장하는 자가 시효기산점을 임의로 선택할 수 없고, 점유가 개시된 때를 그 기산점으로 하여야 한다(대판 1982.1.26. 81다826).

2) 이전등기

취득시효는 법률의 규정에 의한 물권변동이지만 등기하여야만 소유권을 취득한다. 시효취득은 성질상 원시취득에 해당하지만 실무상 점유취득시효 완성 당시의 진정한 소유명의자로부터 이전등기의 형식을 취한다.

소유자가 점유자의 점유취득을 방해한 경우의 법률관계

① 점유취득시효완성 후 등기 전의 원소유자에 대한 관계
  ㉠ 시효의 경과만으로 자신이 소유자라는 확인을 구할 수는 없다.
  ㉡ 소유자는 시효완성자에게 건물의 철거나 대지의 인도를 구할 수 없으며, 점유로 인한 부당이득반환청구권을 행사할 수 없다.
  ㉢ 시효완성당시의 소유자가 시효완성의 사실을 알고 제3자에게 매도한 경우 점유자는 소유자를 상대로 불법행위에 의한 손해배상청구권을 행사할 수 있다. 그러나 채무불이행책임을 물을 수는 없다.
  ㉣ 취득시효완성을 이유로 소유권이전등기의무가 이행불능된 경우에는 이행불능 전에 소유명의자에 대하여 시효완성을 이유로 그 권리를 주장하거나 행사한 경우에 한하여 대상청구권을 행사할 수 있다.
② 점유취득시효완성 후 등기 전의 새로운 권리자에 대한 관계
  ㉠ 점유취득시효완성 후의 등기 전의 새로운 권리자에 대하여는 시효취득완성의 효과를 주장할 수 없다.
  ㉡ 점유취득시효완성 후 점유자가 소유권이전등기를 하기 전에 제3자가 원소유자로부터 소유권이전등기·지상권·전세권·저당권 등의 등기를 경료하면 제3자에 대하여 시효취득을 주장할 수 없으며 다만 그 등기가 원소유자의 배임행위에 적극적으로 가담한 경우에는 제3자의 등기가 사회상규에 반하여 무효라고 주장할 수 있을 뿐이다.
  ㉢ 점유취득시효완성 후 점유자가 소유권이전등기를 하기 전에 원소유자가 제3자에게 명의신탁을 한 경우에는 등기명의인을 대위하여 적법한 명의신탁을 해지하여 원소유자 명의로 소유권이전등기를 청구할 수 있으므로 수탁자에 대하여 점유취득시효완성의 효과를 주장할 수 있다. 그러나 점유취득시효완성 후 등기 전에 명의신탁이 해지된 경우에는 시효완성을 주장할 수 없다.

(4) 등기부(등기기록)취득시효의 특별요건과 효과

1) 등 기

목적부동산에 대하여 등기기록상 소유자로 등기되어 있어야 한다.

* 등기
분필절차를 밟지 않는 한 등기부취득시효 불가

> **판례** 등기부취득시효의 요건인 등기는 적법·유효한 등기일 필요는 없다.
> 이 사건 토지의 등기부상 공유지분의 합계가 1을 초과하고 소외인 명의의 공유지분이전등기가 무효라고 하더라도 이 사건 토지의 등기는 부동산등기법 제15조가 규정한 1부동산 1용지주의에 위배되지 아니하므로 이를 기초로 하는 등기부취득시효가 인정될 수 있다(대판 2015.2.12. 2013다215515).

제2장 점유권과 소유권

2) 선의·무과실*

민법 제245조 제2항에서 정한 부동산의 등기기록시효취득을 인정하기 위하여는 소유자로 등기된 자가 10년간 소유의 의사로 평온, 공연하게 선의로 부동산을 점유하였다는 요건 외에 점유의 개시에 과실이 없었음을 요하며 위와 같은 무과실에 대하여는 그 주장자에게 입증책임이 있다(대판 1987.8.18. 87다카191).

> * **선의·무과실**
> 선의·무과실은 점유에 관한 것이라는 판례의 입장 유의

3) 10년간의 점유

10년간 점유가 계속되어야 한다. 다만, 부동산의 소유자로 등기된 기간과 점유기간이 때를 같이 하여 다같이 10년임을 요하는 것은 아니고 앞 사람의 등기까지 아울러 10년 동안 부동산의 소유자로 등기되어 있으면 족하다(대판 1989.12.26. 87다카2172).

(5) 시효완성의 효과

1) 등기청구권 및 소유권의 취득

등기부취득시효가 완성된 경우(등기된 채로 10년 간 점유)에는 시효완성과 동시에 소유권을 취득하지만, 점유취득시효가 완성된 경우(등기 없이 20년 간 점유)에는 시효완성 당시의 소유명의자에 대하여 등기청구권(채권적 청구권)을 취득하고 그에 따라 등기하여야 소유권을 취득한다.

2) 소급효

취득시효에 의한 소유권취득의 효력은 점유를 개시한 때에 소급한다. 따라서 시효기간 중에 수취한 과실은 부당이득반환의 대상이 되지 아니한다.

3) 소유권취득의 법적 성질

취득시효에 의한 소유권취득은 원시취득이다. 따라서 전주의 권리에 존재하던 모든 제한은 시효취득과 함께 소멸한다. 그러나 취득시효의 기초가 된 점유가 이미 타인의 권리*를 인용하고 있는 경우에는 그 권리의 제한이 있는 소유권을 취득한다.

> * **타인의 권리**
> 예) 지상권·지역권·전세권

📖 **부동산 점유취득시효에 관한 판례**

1 취득시효완성자에 대한 지상건물철거 및 대지인도청구 가부

乙이 甲소유의 대지 일부를 소유의 의사로 평온, 공연하게 20년간 점유하였다면 乙은 甲에게 소유권이전등기절차의 이행을 청구할 수 있고 甲은 이에 응할 의무가 있으므로 乙이 위 대지에 관하여 소유권이전등기를 경료하지 못한 상태에 있다고 해서 甲이 乙에 대하여 그 대지에 대한 불법점유임을 이유로 그 지상건물의 철거와 대지의 인도를 청구할 수는 없다(대판 1988.5.10. 87다카1979).

2 취득시효 완성 후 원소유자의 처분행위가 불법행위에 해당하는 경우와 그 처분의 효력

① 부동산에 대한 점유취득시효가 완성되었다고 하더라도 이를 등기하지 아니하고 있는 사이에 그 부동산에 관하여 제3자에게 소유권이전등기가 마쳐지면 점유자는 그 제3자에게 대항할 수 없다.

② 부동산에 관한 취득시효가 완성된 후 취득시효를 주장하거나 이로 인한 소유권이전등기청구를 하기 이전에는 등기명의인 부동산 소유자로서는 특별한 사정이 없는 한 시효취득 사실을 알 수 없으므로 이를 제3자에게 처분하였다 하더라도 불법행위가 성립할 수 없다.
③ 부동산의 소유자가 취득시효의 완성 사실을 알 수 있는 경우에 부동산 소유자가 부동산을 제3자에게 처분하여 소유권이전등기를 넘겨줌으로써 취득시효 완성을 원인으로 한 소유권이전등기의무가 이행불능에 빠지게 되어 취득시효 완성을 주장하는 자가 손해를 입었다면 불법행위를 구성한다 할 것이며, 부동산을 취득한 제3자가 부동산 소유자의 이와 같은 불법행위에 적극 가담하였다면 이는 사회질서에 반하는 행위로서 **무효**이다(대판 1998.4.10. 97다56495).

3 **부동산소유자가 취득시효가 완성된 부동산을 제3자에게 처분한 경우 채무불이행 책임의 성부**
부동산 점유자에게 시효취득으로 인한 소유권이전등기청구권이 있다고 하더라도 이로 인하여 부동산 소유자와 시효취득자 사이에 **계약상의 채권·채무관계가 성립하는 것은 아니므로**, 그 부동산을 처분한 소유자에게 **채무불이행 책임을 물을 수 없다**(대판 1995.7.11. 94다4509).

4 **점유취득시효 완성 후 등기 전 시효취득자의 지위**
부동산에 관한 점유취득시효기간이 경과하였다고 하더라도 그 점유자가 자신의 명의로 등기하지 아니하고 있는 사이에 먼저 제3자 명의로 소유권이전등기가 경료되어 버리면, 특별한 사정이 없는 한 그 제3자에 대하여는 시효취득을 주장할 수 없으나, 그 제3자가 취득시효기간 만료 당시의 등기명의인으로부터 신탁 또는 명의신탁받은 경우라면 종전 등기명의인으로서는 언제든지 이를 해지하고 소유권이전등기를 청구할 수 있고, 점유시효취득자로서는 종전 등기명의인을 대위하여 이러한 권리를 행사할 수 있으므로, 그러한 제3자가 소유자로서의 권리를 행사하는 경우 점유자로서는 취득시효완성을 이유로 이를 저지할 수 있다(대판 2007.10.11. 2007다43894).

5 **자주점유에 대한 입증책임의 소재 및 자주점유 추정이 번복되는 경우**
① 민법 제197조 제1항에 의하면 물건의 점유자는 소유의 의사로 점유한 것으로 추정되므로 점유자의 점유가 소유의 의사 없는 타주점유임을 주장하는 상대방에게 타주점유에 대한 입증책임이 있는 것이고, 점유자가 스스로 매매 등과 같은 자주점유의 권원을 주장한 경우 이것이 인정되지 않는다는 이유만으로 자주점유의 추정이 번복된다거나 또는 점유권원의 성질상 타주점유로 볼 수는 없다.
② 점유자가 성질상 소유의 의사가 없는 것으로 보이는 권원에 바탕을 두고 점유를 취득한 사실이 증명되었거나, 점유자가 타인의 소유권을 배제하여 자기의 소유물처럼 배타적 지배를 행사하는 의사를 가지고 점유하는 것으로 볼 수 없는 객관적 사정, 즉 외형적·객관적으로 보아 점유자가 타인의 소유권을 배척하고 점유할 의사를 갖고 있지 아니하였던 것이라고 볼 만한 사정이 증명된 경우에 그 추정은 깨어지는 것이고, 점유자가 점유 개시 당시 소유권 취득의 원인이 될 수 있는 법률행위 기타 법률요건 없이 그와 같은 법률요건이 없다는 사실을 알면서 타인 소유의 부동산을 무단점유한 것이 입증된 경우에도 특별한 사정이 없는 한 점유자는 타인의 소유권을 배척하고 점유할 의사를 갖고 있지 않다고 보아야 할 것이므로 이로써 소유의 의사가 있는 점유라는 추정은 깨어졌다고 보아야 한다(대판 2003.8.22. 2001다23225).

제2장 점유권과 소유권

(6) 소유권 이외의 재산권의 취득시효
소유권 이외의 재산권 즉 지상권, 전세권, 지역권 등이 취득시효에는 소유권의 취득시효에 관한 규정이 준용된다(제248조).

(7) 시효이익의 포기
물건의 점유자는 시효완성의 이익을 받지 않겠다는 의사표시를 할 수 있는데, 이것을 시효이익의 포기라고 한다. 시효이익의 포기는 특별한 방식을 요하지 않는다.

판례 | 시효이익의 포기로 본 판례

1. 시효취득 완성 후 상호 간의 토지를 교환하기로 약정하여 그 등기를 마친 경우(대판 1991.8.13. 91다16983).
2. 국유재산을 점유하여 취득시효가 완성된 후 **그 전에 밀린 점용료를 변상금이란 명목으로 납부하는 데까지 나아간 경우**(대판 1998.3.10. 97다53304).
3. 토지의 점유자가 그 소유자에게, 소유자가 점유자를 상대로 한 소송의 확정판결에서 점유자로 하여금 소유자에게 임료 상당의 부당이득으로 지급할 것을 명한 금액보다 거의 배나 되는 금액을 지급하기로 하고 그 금원을 4년여 동안이나 아무 이의 없이 지급하여 온 경우(대판 1997.10.24. 97다14606).
4. **취득시효완성 후 그 사실을 모르고 당해 토지에 관하여 어떠한 권리도 주장하지 않기로 한 경우**(대판 1998.5.22. 96다24101).
5. 소송 계속 중 원고가 그 토지에 대한 피고의 소유를 인정하여 피고와 합의하여 위 소송을 취하한 경우(대판 1973.9.29. 73다762).

판례 | 시효이익의 포기가 아니라고 본 판례

1. 취득시효가 완성된 후 그 점유자가 국가와 국유재산대부계약을 체결한 경우(대판 1996.11.12. 96다32959).
2. 점유자의 취득시효 완성 후 소유자가 토지에 대한 권리를 주장하는 소를 제기하여 승소판결을 받은 사실이 있다고 하더라도 그 판결에 의하여 시효중단의 효력이 발생할 여지는 없고, 점유자가 그 소송에서 그 토지에 대한 시효취득을 주장하지 않았다고 하여 **시효이익을 포기한 것이라고도 볼 수 없으며 그 토지에 대한 점유자의 점유가 평온·공연한 점유가 아니게 되는 것도 아니다**(대판 1996.10.29. 96다23573·23580).
3. 점유로 인한 부동산 소유권의 취득기간이 경과한 뒤에 **점유자가 소유자에게 그 부동산을 매수하자고 제의한 일이 있었던 경우**(대판 1992.9.1. 92다26543).

2 동산소유권의 취득시효

> **제246조(점유로 인한 동산소유권의 취득기간)** ① 10년간 소유의 의사로 평온, 공연하게 동산을 점유한 자는 그 소유권을 취득한다.
> ② 전항의 점유가 선의이며 과실 없이 개시된 경우에는 5년을 경과함으로써 그 소유권을 취득한다.
> **제247조(소유권취득의 소급효, 중단사유)** ① 전2조의 규정에 의한 소유권취득의 효력은 점유를 개시한 때에 소급한다.
> ② 소멸시효의 중단에 관한 규정은 전2조의 소유권취득기간에 준용한다.
> **제248조(소유권 이외의 재산권의 취득시효)** 전3조의 규정은 소유권 이외의 재산권의 취득에 준용한다.

(1) 의 의
10년간 소유의 의사로 평온·공연하게 동산을 점유한 자가 그 소유권을 취득하는 제도이다.

(2) 동산 소유권의 취득시효의 요건
1) **취득시효의 대상**
   동산이어야 하며, 등기나 등록의 대상이 되는 동산은 이에 해당하지 않는다.
2) **소유의 의사**
   자주점유이어야 하는 점은 부동산의 경우와 같다.
3) **평온·공연, 선의·무과실에 의한 점유**
   평온·공연한 점유이면 10년의 점유가 필요하나(제246조 제1항), 평온·공연한 점유이면서 선의·무과실에 의한 점유일 경우에는 5년의 점유로 족하다(제246조 제2항).

구 분	점유취득시효(제246조 제1항)	단기취득시효(제246조 제2항)
의 의	10년간 소유의 의사로 평온·공연하게 동산을 점유한 자는 그 소유권을 취득한다.	점유를 개시한 때에 선의·무과실이었고 5년간 소유의 의사로 평온·공연하게 동산을 점유한 자는 그 소유권을 취득한다.
요 건	• 10년간의 자주점유 • 평온·공연한 점유	• 5년간의 자주 점유 • 평온·공연한 점유 • 선의·무과실의 점유개시

(3) 효 과
부동산의 등기부시효취득과 동일하다. 즉, 기간의 경과로 소유권을 취득하며, 그 효과는 소급한다. 다만 점유시에 일정한 제한을 수인하면서 기간이 경과한 경우, 그 제한은 존속한다.

단락문제 05

부동산의 점유취득시효에 관한 설명으로 틀린 것은? (다툼이 있으면 판례에 의함)

① 시효취득자는 취득시효의 완성으로 바로 소유권을 취득할 수 없고, 이를 원인으로 소유권이전등기청구권이 발생할 뿐이다.
② 시효취득자의 점유가 계속되는 동안 이미 발생한 소유권이전등기청구권은 시효로 소멸하지 않는다.
③ 시효취득으로 인한 소유권이전등기청구권이 발생하면 부동산소유자와 시효취득자 사이에 계약상의 채권관계가 성립한 것으로 본다.
④ 등기부상 소유명의자가 진정한 소유자가 아니면 원칙적으로 그를 상대로 취득시효의 완성을 원인으로 소유권이전등기를 청구할 수 없다.
⑤ 취득시효 완성 후 시효취득자가 소유권이전등기절차 이행의 소를 제기하였으나 그 후 상대방의 소유를 인정하여 합의로 소를 취하한 경우, 특별한 사정이 없으면 이는 시효이익의 포기이다.

해설 점유취득시효

② (○) (대판 1997.7.8. 96다53826)
③ (×) 부동산 점유자에게 시효취득으로 인한 소유권이전등기청구권이 있다고 하더라도 이로 인하여 부동산 소유자와 시효취득자 사이에 계약상의 채권·채무관계가 성립하는 것은 아니므로, 그 부동산을 처분한 소유자에게 채무불이행 책임을 물을 수 없다(대판 1995.7.11. 94다4509).
④ (○) (대판 2009.12.24. 2008다71858)
⑤ (○) (대판 1973.9.29. 73다762)

답 ③

단락핵심   취득시효

(1) 자기의 소유물도 취득시효의 객체가 된다. (○)
(2) 점유취득시효의 요건으로서의 점유는 자주점유이어야 하고 평온·공연한 점유이어야 한다. (○)
(3) 점유는 평온·공연하여야 하므로, 간접점유로는 취득시효를 완성할 수 없다. (×)
(4) 부동산의 등기부취득시효를 주장하려면 당해 부동산의 점유자가 소유자는 아니지만 소유자로 등기되어 있어야 하는데, 여기서 등기기간은 반드시 10년간 그의 명의로 등기되어 있어야 하는 것은 아니고 전자명의의 등기기간까지 포함하여 10년이면 충분하다. (○)
(5) 점유취득시효 완성 후 일시적으로 타에 소유권이전등기가 되었다가 시효완성 당시의 소유명의인이 다시 소유권을 회복한 경우, 시효완성자는 소유명의인에게 시효완성을 주장할 수 있다. (○)
(6) 등기부취득시효가 완성되기 위해서는 과실 없이 점유를 개시하여야 한다. (○)
(7) 점유취득시효가 완성되더라도, 등기를 하여야 소유권을 취득한다. (○)
(8) 취득시효에 의한 소유권취득의 효과는 취득시효기간이 완성된 때에 소급한다. (×)

⑼ 토지에 대한 취득시효의 완성을 이유로 소유권이전등기를 청구하려면 시효완성 당시의 소유자를 상대로 하여야 한다. (O)

⑽ 시효완성 당시의 소유권보존등기 또는 이전등기가 무효라면 원칙적으로 그 등기명의인은 시효완성을 원인으로 한 소유권이전등기청구의 상대방이 될 수 없다. (O)

⑾ 부동산에 대한 점유취득시효가 완성되었다고 하더라도 이를 등기하지 아니하고 있는 사이에 그 부동산에 관하여 제3자에게 소유권이전등기가 마쳐지면 점유자는 그 제3자에게 대항할 수 없다. (O)

⑿ 점유취득시효 완성 후 아직 소유권이전등기가 경료되지 아니한 경우, 소유명의인은 시효완성자에 대하여 점유로 인한 부당이득반환청구를 할 수 없다. (O)

⒀ 등기부취득시효의 완성으로 시효취득한 후에 그 부동산에 관한 등기가 불법 말소된 경우 시효완성자는 소유권을 상실한다. (X)

⒁ 부동산 소유자가 자신의 부동산에 대하여 취득시효가 완성된 사실을 알면서도 이를 제3자에게 처분하였고, 그 제3자가 적극 가담하였다면 그 처분은 무효이다. (O)

3 동산물권의 선의취득 ★★★   〔22회 출제〕

제249조(선의취득) 평온, 공연하게 동산을 양수한 자가 선의이며 과실 없이 그 동산을 점유한 경우에는 양도인이 정당한 소유자가 아닌 때에도 즉시 그 동산의 소유권을 취득한다.

(1) 의 의

'선의취득'이란 **동산물권***의 물권변동원인으로서 동산의 점유에 **공신력(公信力)**을 인정함으로써 무권리자로부터의 **권리의 취득을 인정**하는 제도이며, '즉시취득'이라고도 한다.

* **동산물권**
소유권과 질권의 취득에 한정

예 A가 B에게 임대해 준 동산을 B가 C에게 양도했을 경우, C가 그 물건(동산)이 A의 소유라는 것을 모르고(선의), 또 과실도 없이 양수했다면 C가 그 물건을 선의취득하게 되고, 소유자인 A는 C에게 그 물건의 반환청구를 할 수 없게 되는 것이다.

제2장 점유권과 소유권

Professor Comment

선의취득이 동산의 취득시효와 근본적으로 구별되는 점은 일정요건을 갖추면서 즉시 취득한다는 점이다. 즉 선의에 의한 동산취득시효(제246조 제2항)는 선의·무과실로 점유를 개시하였더라도 5년의 기간이 경과하여야 한다.

(2) 요 건

1) 객체에 관한 요건

① 선의취득은 동산의 점유에 공신력(公信力)을 인정하는 제도이므로 그 목적물(객체)은 동산에 한정된다. 따라서 부동산, 동산에 해당하지만 등기의 대상이 되는 자동차 등은 선의취득의 대상이 아니다.

② 금전은 금액 자체를 의미하기 때문에 그것이 단순한 물건으로 거래되는 경우(기념품, 수집용 골동품) 이외에는 선의취득의 대상이 되지 않는다.

2) 양도인에 관한 요건

① 양도인이 점유하고 있을 것이 필요하다. 전주의 점유는 직접점유이든 간접점유이든, 자주점유이든 타주점유이든 묻지 않는다.

② 양도인은 무권리자일 것, 즉 양수인이 처분권 없는 자로부터 동산을 취득한 경우다.

③ 거래행위(매매, 증여, 교환 등 특정승계행위)는 유효하여야 한다. 따라서 대리권 없는 자가 타인의 물건을 처분하는 무권대리의 경우에는 원칙적으로 선의취득의 적용은 인정될 수 없다.

3) 취득자(양수인)에 관한 요건

① 점유의 취득

점유를 이전받아야 한다. 다만 점유개정에 의한 점유취득은 제외된다.

② 점유의 평온·공연·선의·무과실

선의·무과실은 거래*로 인한 점유의 승계 당시에만 존재하면 된다. 즉, 그 후에 악의로 되더라도 무방하다. 평온·공연·선의는 추정된다. 그러므로 취득자의 상대방이 평온·공연·선의가 아님을 입증하여야 한다. 무과실도 추정된다는 것이 다수설이나 판례는 그 반대이다.

> * 거래
> 사실행위(예) 벌채, 습득 등)에는 선위취득규정이 적용되지 않는다.

(3) 효 과

1) 물권의 취득

선의취득의 요건이 갖추어지면 무권리자와 거래한 자도 그 거래의 목적이 된 소유권이나 질권(제343조, 제249조)을 바로 취득한다.

2편 물권법

2) 원시취득
소유권 또는 질권의 취득은 원시취득이다. 취득자는 양도인*이 가지고 있던 권리를 승계취득하는 것이 아니라, 처분자가 무권리자임에도 불구하고 법률의 규정에 의한 것이므로 새로운 권리를 원시취득하는 것이다.

3) 부당이득 반환의 문제
선의취득자는 원권리자**에 대해 부당이득 반환의무가 없다. 선의취득자는 유상·무상행위를 묻지 않고 부당이득 반환의무가 없다.***

> * 양도인
> 처분자
>
> ** 원권리자
> 원소유자
>
> *** 부당이득 반환의무가 없다.
> 선의취득은 법률의 규정(제249조)에 의하여 권리를 취득하는 것이기 때문이다.

(4) 도품(盜品) 또는 유실물(遺失物)에 관한 특칙   〔18회 출제〕

1) 의의
선의취득요건을 갖추고 있더라도 그 객체(목적물)가 도품 또는 유실물인 때에는 피해자 또는 유실자에게 일정기간 동안 반환청구권을 인정함으로써 선의취득의 효력을 2년간 제한하고 있다(제250조 본문).

2) 요건
① 도품이란 절도 또는 강도가 점유자의 의사에 반하여 적극적으로 점유를 이탈시킨 물건을 말한다.
② 유실물이란 외부의 작용 없이 소극적으로 점유자의 의사에 기하지 않고서 그의 점유를 이탈한 것으로서 도품이 아닌 것을 말한다. 따라서 사기·공갈·횡령 등에 의하여 점유가 이탈된 물건은 이에 포함되지 않는다.

> **판례** 도품 또는 유실물의 의미
>
> 민법 제250조, 제251조의 도품, 유실물에는 ㉠ 점유수탁자가 적극적으로 제3자에게 부정처분한 위탁물 횡령의 경우는 포함되지 않고 ㉡ 점유보조자가 횡령한 경우에는 비록 형사상 절도죄가 성립함은 별론으로 하더라도 위탁물 횡령의 경우와 다를 바 없으므로 이 역시 민법 제250조의 도품, 유실물에 해당하지 않는다(대판 1991.3.22. 91다70).

③ 선의취득의 대상이 되는 금전이라 하더라도 특칙이 적용되지 않는다(제250조 단서).

3) 효과
① 무상반환의 청구(원칙)
㉠ 선의취득한 동산이 도품이나 유실물인 때에는 피해자 또는 유실자는 2년 내에 물건의 반환을 청구할 수 있다.
㉡ 상대방은 반환청구기간 내에 도품 또는 유실물을 취득하여 현재 그 물건을 점유하고 있는 자이다.

② 유상반환의 청구(예외)
  ㉠ 취득자가 경매나 공개시장 또는 동종류의 물건을 판매하는 상인에게서 선의로 매수한 경우에는 취득자가 지급한 대가*를 변상하여야 한다.
  ㉡ 주의할 점은 제251조는 선의취득자가 '선의'일 경우만 규정하고 있으나, 제251조는 제249조를 전제로 한 규정이므로 이는 '선의·무과실'로 해석하여야 한다(대판 1991. 3.22. 91다70).
  ㉢ 민법 제251조의 규정은 선의취득자에게 그가 지급한 대가의 변상을 받을 때까지는 그 물건의 반환청구를 거부할 수 있는 항변권만을 인정한 것이 아니고 피해자가 그 물건의 반환을 청구하거나 어떠한 원인으로 반환을 받은 경우에는 그 대가변상의 청구권이 있다**(대판 1972.5.23. 72다115).

> * 대가
> 선의취득자가 취득시 지급한 대가(시가가 아님)
>
> ** 그 대가변상의 청구권이 있다
> 선의취득한 물건을 먼저 반환한 이후에도 대가의 변상을 청구할 수 있다.

단락핵심 — 선의취득

(1) 선의취득시 양수인은 평온·공연·선의·무과실로 동산을 양수하고 이를 점유하여야 하는데, 판례는 양수인의 무과실은 이를 추정하지 않는다. (○)
(2) 선의취득에 의하여 취득할 수 있는 동산물권은 소유권과 질권, 2가지가 있다. (○)
(3) 무상으로 선의취득을 하더라도 취득자가 원권리자에 대하여 부당이득반환의무를 지지 않는다. (○)
(4) 우리 민법상 선의취득제도는 부동산에 대해서도 인정된다. (×)
(5) 무효인 매매계약에 의해 동산의 점유를 취득한 자는 선의취득을 하지 못한다. (○)
(6) 점유개정에 의해 이중으로 양도담보권을 설정한 경우 나중에 담보권을 설정받은 채권자는 현실인도를 받기 전이라도 양도담보권을 취득할 수 있다. (×)
(7) 양수인이 유실물을 공개시장에서 매수한 때에는 그가 선의인 한, 과실 여부와 관계없이, 유실자는 양수인이 지급한 대가를 변상하고 그 물건의 반환을 청구할 수 있다. (×)
  ⇒ 제251조는 제249조에 의한 선의취득이 인정된 것을 전제로 하므로, 선의취득이 인정되기 위해서는 선의·무과실이어야 한다. 따라서 과실이 있는 자는 제251조의 적용대상이 될 수 없다.

단락문제 Q6

선의취득에 관한 설명 중 틀린 것은?

① 선의취득의 목적물은 동산이며, 부동산은 선의취득할 수 없다.
② 선의취득할 수 있는 권리는 소유권과 질권이다.
③ 평온, 공연하게 동산을 양수한 자가 선의이며 과실 없이 그 동산을 점유한 때에 인정된다.
④ 대표적인 사례로 타인의 산림을 자기 것으로 오신하여 벌채한 경우를 들 수 있다.
⑤ 선의취득의 요건을 충족하면 점유의 이전 즉시 권리를 취득하며, 다만 점유개정에 의한 점유취득시에는 선의취득이 인정되지 아니한다.

해설 선의취득의 요건
① (○) 부동산은 시효취득만 인정된다(제249조, 제245조, 제246조).
② (○) (소유권 : 제249조, 질권 : 제343조)
③ (○) (제249조)
④ (×) 양수인은 거래로 인한 경우에만 선의취득할 수 있으므로 벌채한 경우에는 선의취득할 수 없다.
⑤ (○) (제249조) 점유개정에 의한 선의취득을 부정한 판례(대판 1978.1.17. 77다1872). **답** ④

4 선점·습득·발견

제252조(무주물의 귀속) ① 무주의 동산을 소유의 의사로 점유한 자는 그 소유권을 취득한다.
② 무주의 부동산은 국유로 한다.
③ 야생하는 동물은 무주물로 하고 사양하는 야생동물도 다시 야생상태로 돌아가면 무주물로 한다.
제253조(유실물의 소유권취득) 유실물은 법률에 정한 바에 의하여 공고한 후 6개월 내에 그 소유자가 권리를 주장하지 아니하면 습득자가 그 소유권을 취득한다.
제254조(매장물의 소유권취득) 매장물은 법률에 정한 바에 의하여 공고한 후 1년 내에 그 소유자가 권리를 주장하지 아니하면 발견자가 그 소유권을 취득한다. 그러나 타인의 토지 기타 물건으로부터 발견한 매장물은 그 토지 기타 물건의 소유자와 발견자가 절반하여 취득한다.
제255조(문화재의 국유) ① 학술, 기예 또는 고고의 중요한 재료가 되는 물건에 대하여는 제252조 제1항 및 전조의 규정에 의하지 아니하고 국유로 한다.
② 전항의 경우에 습득자, 발견자 및 매장물이 발견된 토지 기타 물건의 소유자는 국가에 대하여 적당한 보상을 청구할 수 있다.

Key Point 선점·습득·발견의 비교

구 분	무주물선점(제252조)	유실물습득(제253조)	매장물발견(제254조)
의 의	무주(無主)의 동산을 소유의 의사로 점유한 자는 그 소유권을 취득한다.	유실물은 법률에 정한 바에 의하여 공고한 후 6개월 내에 그 소유자가 권리를 주장하지 아니하면 습득자가 그 소유권을 취득한다.	매장물은 법률에 정한 바에 의하여 공고한 후 1년 내에 그 소유자가 권리를 주장하지 아니하면 발견자가 그 소유권을 취득한 자
요 건	① 무주물이어야 한다. ② 대상은 동산에 한한다. – 무주의 부동산은 국유 ③ 자주점유이어야 한다.	① 습득이란 유실물의 점유를 취득하는 것이다. ② 소유의 의사는 필요하지 않다.	① 발견이란 매장물의 존재를 인식하는 것이다. ② 점유취득은 요하지 않는다.
효 과	소유권을 원시취득한다.	소유권을 원시취득한다.	① 소유권을 원시취득한다. ② 타인의 토지 기타 물건으로부터 발견한 매장물은 그 토지 기타의 물건의 소유자와 발견자가 절반하여 취득한다.

5 첨 부

15·22회 출제

제256조(부동산에의 부합) 부동산의 소유자는 그 부동산에 부합한 물건의 소유권을 취득한다. 그러나 타인의 권원에 의하여 부속된 것은 그러하지 아니하다.

제257조(동산간의 부합) 동산과 동산이 부합하여 훼손하지 아니하면 분리할 수 없거나 그 분리에 과다한 비용을 요할 경우에는 그 합성물의 소유권은 주된 동산의 소유자에게 속한다. 부합한 동산의 주종을 구별할 수 없는 때에는 동산의 소유자는 부합당시의 가액의 비율로 합성물을 공유한다.

제258조(혼화) 전조의 규정은 동산과 동산이 혼화하여 식별할 수 없는 경우에 준용한다.

제259조(가공) ① 타인의 동산에 가공한 때에는 그 물건의 소유권은 원재료의 소유자에게 속한다. 그러나 가공으로 인한 가액의 증가가 원재료의 가액보다 현저히 다액인 때에는 가공자의 소유로 한다.
② 가공자가 재료의 일부를 제공하였을 때에는 그 가액은 전항의 증가액에 가산한다.

제260조(첨부의 효과) ① 전4조의 규정에 의하여 동산의 소유권이 소멸한 때에는 그 동산을 목적으로 한 다른 권리도 소멸한다.
② 동산의 소유자가 합성물, 혼화물 또는 가공물의 단독소유자가 된 때에는 전항의 권리는 합성물, 혼화물 또는 가공물에 존속하고 그 공유자가 된 때에는 그 지분에 존속한다.

(1) 의의 및 유형

첨부란 민법상 소유권취득의 원인으로 규정된 부합, 혼화, 가공을 총칭하는 개념으로서 어떤 물건에 타인의 물건이 결합하거나 타인의 노력이 가하여지는 것을 말한다.

1) 부 합

① 소유자를 달리하는 수 개의 물건이 결합하여 1개의 물건으로 되는 것을 말하며 사회관념상 부합물이 거래상 독립성을 잃을 정도로 결합될 것을 요구한다.
② 부동산에 부합하는 물건은 동산뿐만 아니라 부동산도 가능하다.

부동산과의 부합

1 증축부분의 기존건물에 부합 여부
건물이 증축된 경우에 증축부분의 기존건물에 부합 여부는 증축부분이 기존건물에 부착된 물리적 구조뿐만 아니라, 그 용도와 기능의 면에서 기존건물과 독립된 경제적 효용을 가지고 거래상 별개의 소유권의 객체가 될 수 있는지 여부 및 증축하여 이를 소유하는 자의 의사 등을 종합하여 판단하여야 한다(대판 1999.7.27. 99다14518).

2 농작물의 소유권
타인소유의 토지에 사용수익의 권한 없이 농작물을 경작한 경우에 그 농작물의 소유권은 경작한 사람에게 귀속된다(대판 1970.3.10. 70도82).

3 임차인이 권원에 의하여 증축한 부분이 독립한 소유권의 객체가 되기 위한 요건
증축된 부분이 구조상으로나 이용상으로 기존 건물과 구분되는 독립성이 있는 때에는 구분소유권이 성립하여 증축된 부분은 독립한 소유권의 객체가 된다(대판 1994.6.10. 94다11606).

4 단순히 임차인의 승낙만 받은 경우
토지소유자의 승낙 없이 그 임차인의 승낙만을 받아 그 부동산 위에 나무를 심었다면 특별한 사정이 없는 한 토지소유자에 대하여 그 나무의 소유권을 주장할 수 없다(대판 1989.7.11. 88다카9067).

➡ 임차권을 기초로 하는 경우에는 그 임차권의 목적이 무엇인가를 고려해야 한다. **3** 경우에는 건물 소유를 목적으로 하는 임차권으로서 건물의 증축이 허용된다고 보지만, **4** 임차권은 수목의 식재가 임차권의 목적이 아니었던 사례이므로 구별해야 한다.

2) 혼화
각기 다른 소유자에게 속한 수 개의 동산이 서로 섞여져서 원물을 구별할 수 없게 되는 것을 말한다.

3) 가공
타인의 물건에 노력을 가하여 새로운 물건을 만들어내는 것이다.

(2) 첨부의 효과

1) 소유권의 귀속 변경
부합·혼화·가공의 효과에 따라 소유권자가 변경되어 단독소유가 되거나, 공유가 된다.

2) 부합하는 물건을 목적으로 한 권리(제260조 제1·2항)
① 부합에 의하여 동산의 소유권이 소멸한 때에는 그 동산을 목적으로 한 다른 권리도 소멸한다.
② 동산의 소유자가 합성물, 혼화물 또는 가공물의 단독소유자가 된 때에는 그 목적물에 대한 권리는 합성물, 혼화물 또는 가공물에 존속한다.
③ 동산의 소유자가 합성물, 혼화물 또는 가공물의 공유자가 된 때에는 그 지분에 존속한다.

3) 구상권의 발생(제261조)

첨부에 의하여 손해를 받은 자는 부당이득의 반환을 청구할 수 있다.

> **예** 甲이 자신의 금(Gold)과 乙소유의 다이아몬드 원석을 가공하여 반지를 만들었으나 소유권이 乙에게 귀속될 때
> ① 甲은 부당이득반환(금의 가액과 가공비용)을 청구할 수 있고, 부당이득반환청구권을 피담보채권으로 하여 다이아몬드에 유치권을 행사할 수 있다.
> ② 甲의 금에 양도담보권을 가지고 있던 丙은 권리를 잃지만, 乙의 다이아몬드에 양도담보권을 가지고 있던 丁은 반지에 대하여 권리를 행사할 수 있다.
> ③ 만약 반지가 甲과 乙의 공유가 되었다면 丙과 丁은 각각 甲과 乙의 지분에 대하여 권리를 행사할 수 있다.

05 공동소유 `15·16·19·28회 출제`

1 총 설

공동소유란 1개의 물건을 2인 이상의 다수인이 공동으로 소유하는 관계를 말하는데, 민법은 공유(共有)·합유(合有)·총유(總有)의 3가지 형태를 규정하고 있다.

2 공유 `17·18·20·22·27·28회 출제`

> **제262조(물건의 공유)** ① 물건이 지분에 의하여 수인의 소유로 된 때에는 공유로 한다.
> ② 공유자의 지분은 균등한 것으로 추정한다.
> **제263조(공유지분의 처분과 공유물의 사용, 수익)** 공유자는 그 지분을 처분할 수 있고 공유물 전부를 지분의 비율로 사용, 수익할 수 있다.
> **제264조(공유물의 처분, 변경)** 공유자는 다른 공유자의 동의 없이 공유물을 처분하거나 변경하지 못한다.
> **제265조(공유물의 관리, 보존)** 공유물의 관리에 관한 사항은 공유자의 지분의 과반수로써 결정한다. 그러나 보존행위는 각자가 할 수 있다.
> **제266조(공유물의 부담)** ① 공유자는 그 지분의 비율로 공유물의 관리비용 기타 의무를 부담한다.
> ② 공유자가 1년 이상 전항의 의무이행을 지체한 때에는 다른 공유자는 상당한 가액으로 지분을 매수할 수 있다.

(1) 의 의

물건이 지분에 의하여 수인의 소유로 귀속되고 있는 공동소유의 형태를 말한다. 그 법률적 성질은 1개의 소유권이 **분량적으로 분할***되어 여러 사람에게 속하고 있는 상태라고 본다.

> * **분량적으로 분할**
> 지분적 조합(공동목적(×)

(2) 공유관계의 성립

1) **법률행위에 의한 성립**(당사자의 의사에 의한 성립)
   ① 공유는 1개의 물건을 수인이 공유한다는 뜻의 의사의 합치에 의하여 성립할 수 있다.
   ② 이 때 그 물건이 <u>부동산인 때에는 등기</u>(공유 및 지분)를 하여야 한다.
   > 예 하나의 물건을 여러 사람이 공동으로 양수하는 경우

2) **법률의 규정에 의한 성립**
   ① <u>구분소유건물에 있어서의 공용부분</u>(제215조 제1항)
   ② <u>인지(隣地)의 경계에 설치된 경계표, 담, 구거 등</u>(제239조)
   ③ <u>수인공동의 무주물선점</u>(제252조), <u>유실물습득</u>(제253조), <u>매장물발견</u>(제254조 본문), 타인의 물건 속에서의 매장물발견(제254조 단서)
   ④ <u>주종을 구별할 수 없는 동산의 부합</u>(제257조 후단) 및 <u>혼화</u>(제258조)
   ⑤ 공유물의 과실(제102조)
   ⑥ 수인의 상속인에 의한 공동상속재산(제1006조)·공동포괄수유재산(제1078조)
   ⑦ 귀속불명의 부부재산(제830조 제2항)

 공동소유(공유/합유/총유)

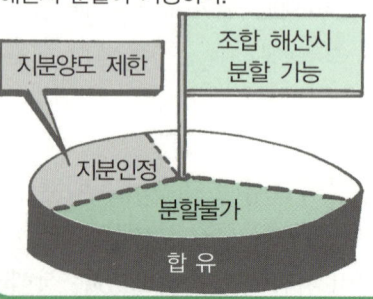

(3) 공유의 지분 및 내부관계

1) 지분의 비율

① **지분의 비율을 정하는 방법**
  지분의 비율은 원칙적으로 그 공유의 성립원인이 되는 법률행위(당사자 간의 계약)나 법률의 규정에 의하여 정하여진다.

② **지분의 비율이 정해지지 않은 경우**(균등 추정)
  당사자 간의 약정이나 법률의 규정에 의하여 지분의 비율이 확정되지 않은 경우에는 균등한 것으로 추정된다(제262조 제2항).

2) 지분의 내용(공유자 간의 내부관계)

① **공유물의 사용·수익**(제263조)
  공유자는 공유물 전부를 지분의 비율로 사용·수익할 수 있다.

② **공유물의 처분·변경**(제264조)

  ㉠ 공유자는 다른 공유자 전원의 동의 없이 공유물을 처분*하거나 변경하지 못한다. 전체로서의 공유물은 공유자 전원에게 속하기 때문이다.

  ㉡ 여기서 처분이란 사실상의 처분은 물론 법률상의 처분도 포함(예: 공유토지 상의 지상권설정, 건물신축 등)하며, 변경이란 목적물이 멸실하지 않는 범위 내에서 그 성질을 변하게 하는 것을 말한다.

  ㉢ 그러나 여기서 무효는 물권변동이 무효일 뿐, 매매계약 자체는 타인(他人)권리의 매매에 해당하며 유효할 수 있다.

> * **공유물을 처분**
> 공유지분의 처분과 구별할 것
>
> ** **과반수**
> 1/2지분권자는 이에 해당하지 않음을 주의할 것

③ **공유물의 관리·보존**(제265조)

  ㉠ 공유물의 관리에 관한 사항은 공유자의 지분의 과반수**로써 결정한다. 그러나 보존행위는 각자가 단독으로 할 수 있다.

  ㉡ 공유자가 공유물을 타인에게 임대하는 행위 및 그 임대차계약을 해지하는 행위는 공유물의 관리행위에 해당하므로 「민법」 제265조 본문에 의하여 공유자의 지분의 과반수로써 결정하여야 한다(대판 2010.9.9. 2010다37905).

  ㉢ 공유물의 소수지분권자가 다른 공유자와 협의 없이 공유물의 전부 또는 일부를 독점적으로 점유·사용하고 있는 경우, 다른 소수지분권자가 공유물의 보존행위로서 공유물의 인도를 청구할 수 있는지 여부(부정) 및 자신의 지분권에 기초하여 공유물에 대한 방해상태를 제거하거나 공동 점유를 방해하는 행위의 금지 등을 청구할 수 있는지 여부(긍정) 따라서 소수지분권자가 (과반수미달) 소수지분권자를 상대로 한 공유물인도청구는 종전의 판례는 긍정하였지만 이제는 판례가 변경되어 인도청구는 허용하지 않게 되었다. 다만, 그 공유물에 대하여 출입금지 등 방해배제는 허용이 된다는 취지이다(대판 2020.5.21. 2018다287522 전원).

ⓐ 과반수의 공유지분을 가진 공유자는 공유토지의 전부 또는 특정부분을 배타적으로 사용·수익할 것을 정할 수 있으므로(제265조에 의해 관리권이 있으므로), 소수지분권자는 과반수 지분권자를 상대로 공유물의 인도를 청구할 수 없다(대판 2001.11.27. 2000다33638·33645). 다만, 부당이득의 반환은 청구할 수 있다.

ⓜ 과반수 지분권자라 하더라도 나대지에 새로운 건물을 건축하는 행위는 관리행위를 넘어서는 처분행위에 해당하는 것이므로 단독으로 결정할 수 없는 바, 소수지분권자는 그 행위의 중지를 청구할 수 있다.

ⓑ 상속에 의하여 수인의 공유로 된 부동산에 관하여 그 공유자 중의 1인이 부정한 방법으로 공유물 전부에 관한 소유권이전등기를 그 단독명의로 경료함으로써 타의 공유자가 공유물에 대하여 갖는 권리를 방해한 경우에 있어서는 그 방해를 받고 있는 공유자 중의 1인은 공유물의 보존행위로서 위 단독명의로 등기를 경료하고 있는 공유자에 대하여 그 공유자의 공유지분을 제외한 나머지 공유지분 전부에 관하여 소유권이전등기 말소등기절차의 이행을 구할 수 있다(대판 1988.2.23. 87다카961).

ⓢ 건물의 공유자가 공동으로 건물을 임대하고 보증금을 수령한 경우, 특별한 사정이 없는 한 그 임대는 각자 공유지분을 임대한 것이 아니고 임대목적물을 다수의 당사자로서 공동으로 임대한 것이고 그 보증금 반환채무는 성질상 불가분채무에 해당된다고 보아야 할 것이다(대판 1998.12.8. 98다43137).

④ 공유물에 관한 부담(제266조)
ⓐ 공유물의 관리비용 기타의 의무는 각 공유자가 그 지분의 비율로 부담한다.
ⓑ 단, 공유자가 1년 이상 의무를 이행하지 않을 때에는 다른 공유자는 상당한 가액으로 지분을 매수할 수 있다.

3) 지분의 처분
① 공유자는 다른 공유자의 동의 없이 자유로이 그 지분*을 처분할 수 있다.
② 이를 금하는 당사자 간의 특약은 유효하나 그것은 당사자 간에 채권적 효력을 가질 뿐이고, 양수인은 지분권을 취득한다.
③ 공유지분이 양도된 경우에는 종래의 공유관계는 그대로 양수인에게 승계된다.

* 지분
공유물의 처분과 명확히 구별할 것

4) 지분의 탄력성
공유자 중의 1인이 그 지분을 포기하거나 상속인 없이 사망한 때에는 그 지분은 다른 공유자에게 각각 그 지분의 비율로 귀속한다(제267조).

제2장 점유권과 소유권

단락문제 07

공유에 대한 설명으로 틀린 것은? (다툼이 있으면 판례에 의함)

① 제3자가 공유물을 불법점유한 경우, 공유자는 단독으로 공유물 전부의 반환을 청구할 수 있다.
② 부동산공유자는 자기 지분 위에 다른 공유자의 동의 없이 저당권을 설정할 수 있다.
③ 공유자는 다른 공유자가 분할로 인하여 취득한 물건에 대하여 그 지분의 비율로 매도인과 동일한 담보책임이 있다.
④ 공유자 간에 분할에 관해 이미 협의가 성립된 때에는 재판상 분할청구는 인정되지 않는다.
⑤ 재판에 의하여 공유물을 분할하는 경우에는 대금분할이 원칙이다.

해설 공유물 분할의 원칙
① (○) 공유물의 관리에 관한 사항은 공유자의 지분의 과반수로써 결정한다. 그러나 보존행위는 각자가 할 수 있다(제265조).
③ (○) (제270조)
④ (○) (대판 1967.11.14. 67다1105)
⑤ (×) 재판에 의한 공유물분할은 현물분할의 방법에 의함이 원칙이나, 일정한 경우 예외적으로 대금분할의 방법에 의하여야 한다(대판 1999.6.11. 99다6746).   **답** ⑤

(4) 공유의 외부관계

1) 지분권의 대외적 주장

각 공유자는 공유물에 경료된 원인무효의 등기에 대하여 ① 단독으로 등기 전부의 말소를 청구할 수 있을 뿐만이 아니라(대판 2009.2.26. 2006다72802, 2010.1.14. 2009다67429) ② 각 공유자에게 해당 지분별로 진정명의 회복을 원인으로 한 소유권이전등기를 이행할 것을 청구할 수도 있다. 다만, 불법점거로 인한 손해배상 부당이득반환청구의 경우에는 각 공유자는 그 지분의 한도 내에서만 청구가 가능하다(대판 1979.1.30. 78다2088).

① 지분권 확인 청구
  ㉠ 공유자가 자신의 지분만을 확인하는 경우에는 단독으로 할 수 있음(아래 판례).
  ㉡ 공유자 중 1인이 <u>다른 공유자의 지분을 확인하기 위해서는 공유자 전원이 필수적 공동소송*의 방법</u>으로 하여야 한다(공유관계의 대외적 주장 참조).

> *** 필수적 공동소송**
> 공유자 전원이 원고(또는 피고)가 되지 않으면 부적법하여 각하판결을 받음

지분권 확인청구

공유자의 지분은 다른 공유자의 지분에 의하여 일정한 비율로 제한을 받는 것을 제외하고는 독립한 소유권과 같은 것으로서 공유자는 그 지분을 부인하는 제3자에 대하여 각자 그 지분권을 주장하여 지분의 확인을 소구하여야 한다(대판 1994.11.11. 94다35008).

② 반환 및 방해제거

제3자(공유자 아닌 자)가 공유물에 대한 점유를 침탈하거나 그 외의 방해행위를 하는 경우에, 각 공유자는 그의 지분에 기하여 단독으로 자기에게 공유물전부의 반환(인도) 또는 그에 대한 방해배제를 청구할 수 있으며, 공유부동산이 법률상 원인 없이 타인 명의로 등기된 경우 그 말소를 구할 수 있다.

③ 지분권에 기한 시효중단

각 공유자는 자기의 지분권에 기하여 단독으로 자기지분에 관한 시효를 중단시킬 수 있다. 이 경우 시효중단의 효과는 자기의 지분에만 발생한다(대판 1979.6.26. 79다639).

④ 지분권의 등기

공유자가 가등기를 마쳐 둔 경우 일부공유자가 단독으로 본등기를 청구할 수 있다.

 공동매수인의 가등기에 기한 본등기청구

1 복수의 권리자가 소유권이전청구권을 보존하기 위하여 가등기를 마쳐 둔 경우 특별한 사정이 없는 한 그 권리자 중 한 사람은 자신의 지분에 관하여 단독으로 그 가등기에 기한 본등기를 청구할 수 있다. 이는 명의신탁해지에 따라 발생한 소유권이전청구권을 보존하기 위하여 복수의 권리자 명의로 가등기를 마쳐 둔 경우에도 마찬가지이다(대판 2002.7.9. 2001다43922·43939).

2 한 사람의 채무자에 대한 복수채권자의 채권을 담보하기 위하여 그 채무자와 복수채권자가 채무자소유의 부동산에 관하여 복수채권자를 공동의 권리자로 하는 매매예약을 체결하고 그에 따른소유권이전등기청구권보전의 가등기를 한 경우, **복수채권자는 매매예약완결권을 준공유하는 관계에 있다** 할 것이고 매매예약완결권의 행사와 이에 따른 소유권의 이전등기를 구하는 소의 제기는 다같이 매매예약완결권의 처분행위라 할 것이므로 **매매예약완결의 의사표시는 복수채권자 전원에 의하여 공동으로 행사되어야 하며** 매매예약이 완결된 매매목적물에 대한 소유권이전의 본등기의 이행을 구하는 소는 필요적 공동소송으로서 매매예약완결권을 준공유하고 있던 복수채권자 전원에 의하여 제기되어야 한다(대판 1985.10.8. 85다카604).

➡ **1**은 단순한 공유관계이나, **2**는 예약완결권 즉, 형성권을 공동소유하는 관계이므로 서로 구분하여 알고 있어야 한다.

2) 공유관계의 대외적 주장

지분에 의하지 않고 전체로서의 공유관계를 주장해서 공유관계의 확인·등기의 청구·시효중단을 하고자 하는 경우에는 <u>공유자 전원이 공동으로 하여야 한다</u>*. 공유자 중 1인이 제3자에 대하여 다른 공유자의 지분을 확인 청구하는 경우에도 같다.

> * 공유자 전원이 공동으로 하여야 한다
> 필수적 공동소송

> **공유관계의 대외적 주장**
> 공유자 전원의 명의로 이전등기를 청구하는 경우에는 공유자 각자가 단독으로 할 수 있는 보존행위가 아니므로 공유자 전원이 공동으로 공동청구하여야 한다(대판 1961.5.4. 4292민상853).

3) 공유자에 대한 제3자의 권리행사

① 소유권확인청구 또는 소유권이전등기청구
   제3자의 공유자에 대한 소유권확인청구나, 소유권이전등기청구는 반드시 공유자 전원을 상대로 할 필요는 없으며 공유자 각자에 대하여 그 지분의 한도 내에서 할 수 있다(대판 1964.12.29. 64다1504).

② 공동상속인들의 건물철거의무의 성질
   "공동상속인들의 건물철거의무는 그 성질상 불가분채무라고 할 것이고 각자 그 지분의 한도 내에서 건물 전체에 대한 철거의무를 지는 것이다(대판 1980.6.24. 80다756)."라고 판시하면서 공동상속인 중의 1인에 대한 청구를 인용한 바 있다.

③ 공동상속인 등의 소유권이전의무
   공동상속인을 상대로 피상속인이 이행하여야 할 부동산 소유권이전등기 절차이행을 청구하는 소는 필수적 공동소송이 아니다(대판 1964.12.29. 64다1504).

4) 부당이득반환

① 공유자 1인이 공유물을 배타적으로 사용하거나 제3자가 공유물을 불법점유한 경우에 각 공유자는 단독으로 부당이득의 반환을 청구할 수 있다. 다만, 부당이득의 범위는 자신의 지분비율에 한정된다.

② 다른 공유자의 동의 없이 지분의 범위를 초과하여 사용·수익하는 경우에도 동일하다.

2편 물권법

단락문제 08

공유(共有)에 관한 다음 기술 중 옳은 것은?

① 공유물에 대하여 제3자의 침해가 있을 때에는 각 공유자는 단독으로 공유물 전부에 대하여 방해의 배제를 청구할 수 있다.
② 다른 공유자의 동의 없이 공유지분을 임의로 처분할 수 없다.
③ 공유물의 보존행위는 공유자의 지분의 과반수로써 결정하여야 한다.
④ 공유자가 상속인 없이 사망한 때에는 그 지분은 국가에 귀속된다.
⑤ 공유는 일물일권주의(一物一權主義)에 반한다.

해설 공유물에 대한 방해배제청구권의 행사요건
① (○) 공유물에 대한 보존행위는 재판상 또는 재판 외에서 각 공유자가 단독으로 할 수 있다(제265조).
② (×) 공유자는 그 지분을 처분할 수 있고 공유물 전부를 지분의 비율로 사용, 수익할 수 있다(제263조).
③ (×) 공유물의 관리에 관한 사항은 공유자의 지분의 과반수로써 결정한다. 그러나 보존행위는 각자가 할 수 있다(제265조).
④ (×) 공유자가 그 지분을 포기하거나 상속인 없이 사망한 때에는 그 지분은 다른 공유자에게 각 지분의 비율로 귀속한다(제267조).
⑤ (×) 반하지 않는다. 소유권은 1개이고 다만 그 소유권이 수인에게 분량적으로 공동 귀속된 것에 지나지 않기 때문이다.

답 ①

(5) 공유물의 분할

제268조(공유물의 분할청구) ① 공유자는 공유물의 분할을 청구할 수 있다. 그러나 5년 내의 기간으로 분할하지 아니할 것을 약정할 수 있다.
② 전항의 계약을 갱신한 때에는 그 기간은 갱신한 날로부터 5년을 넘지 못한다.
③ 전2항의 규정은 제215조, 제239조의 공유물에는 적용하지 아니한다.

제269조(분할의 방법) ① 분할의 방법에 관하여 협의가 성립되지 아니한 때에는 공유자는 법원에 그 분할을 청구할 수 있다.
② 현물로 분할할 수 없거나 분할로 인하여 현저히 그 가액이 감손될 염려가 있는 때에는 법원(法院)은 물건의 경매를 명할 수 있다.

제270조(분할로 인한 담보책임) 공유자는 다른 공유자가 분할로 인하여 취득한 물건에 대하여 그 지분의 비율로 매도인과 동일한 담보책임이 있다.

1) 분할자유의 인정

각 공유자는 원칙적으로* 언제든지 공유물의 분할을 청구할 수 있다(제268조 제1항 본문).

> *각 공유자는 원칙적으로 상호명의신탁의 경우 공유자는 공유물분할청구를 할 수는 없다.

2) 분할자유의 제한(분할금지)

① 약정에 의한 제한
㉠ 공유자는 5년 내의 기간 동안 공유물을 분할하지 아니할 것을 약정할 수 있다(제268조 제1항 단서).
㉡ 불분할계약은 갱신할 수 있으나, 그 기간은 갱신한 날로부터 5년을 넘지 못한다(제268조 제2항).

② 법률규정에 의한 제한
법률상 공유로 추정되는 구분소유건물의 공용부분(제215조)과 경계선상의 경계표(제239조) 등에 대해서는 분할청구가 인정되지 않는다.

3) 분할의 방법

① 공유물분할청구권
각 공유자에게는 공유물분할청구권이 인정되며, 그것은 일종의 형성권이라는 것이 통설이다.

② 협의에 의한 분할
㉠ 현물분할 : 공유물을 분량적으로 분할하는 것으로(예 토지의 분할) 가장 보편적인 분할방법이다.
㉡ 대금분할 : 공유물을 타(他)에 매각하여 그 대금을 나누는 방법이다.
㉢ 가격배상 : 공유자 중의 한 사람이 다른 공유자의 지분을 매수하여 그 대가를 지급하고 단독소유권을 취득하는 방법이다.

③ 재판에 의한 분할(공유물분할의 소)
㉠ 소의 제기
ⓐ 공유자 중 1인은 불분할 약정 또는 법률의 규정이 없는 한 언제든지 소를 제기할 수 있다.
ⓑ 소를 제기하는 자는 나머지 공유자 전원을 피고로 하여야 하며(고유필수적 공동소송), 그 성질은 형식적 형성의 소이다.
ⓒ 그러나 이미 공유자 간에 분할협의가 이루어졌으나 그 이행이 이루어지지 않는 것에 불과한 경우에는 공유물분할청구를 할 것이 아니라 분할협의에 따른 이행의 소를 제기하여야 한다(대판 1995.1.12. 94다30348).

ⓒ 분할 방법
- ⓐ 법원은 현물분할 방식을 원칙으로 하나 현물로 분할할 수 없거나 분할로 인하여 그 가액이 현저히 감소될 우려가 있는 때에는 공유물을 경매하여 그 대금을 분할한다(대판 2009.9.10. 2009다40219).
- ⓑ 그 밖에 일부에 대해서는 현물로 하고 다른 공유자에 대하여는 가격배상만 하는 방법의 공유물분할도 가능하며(대판 2004.10.14. 2004다30583), 공유자 상호간에 금전으로 경제적 가치의 과부족을 조정하게 하여 분할하는 것도 현물분할의 한 방법으로 허용된다(대판 2004.7.22. 2004다10183).
- ⓒ 그러나 분할청구자 지분의 일부에 대하여만 공유물 분할을 명하고 일부 지분에 대하여는 이를 분할하지 아니한 채 공유관계를 유지하도록 할 수는 없다(대판 2011.3.10. 2010다92506).

4) 공유물분할의 효과
① 공유관계의 종료
분할에 의하여 각 공유자의 지분의 교환(현물분할의 경우) 또는 매매(가격배상의 경우)가 있게 되고 공유관계는 종료하게 된다. 다만 예외적으로 수인 중 일부에게 공유관계를 유지시키는 분할이 이루어지는 경우도 있다.

② 효과의 불소급
분할의 효과는 소급하지 않는다.

③ 공유자 간의 담보책임
분할은 지분의 교환·매매의 실질을 가지므로 각 공유자는 다른 공유자가 분할로 인하여 취득한 물건에 대하여 그 지분의 비율로 매도인과 동일한 담보책임을 진다(제270조).

제2장 점유권과 소유권

Key Point 구분소유적 공유관계(상호명의신탁)

1) **의의 및 법적 성질**
   ① 의의
   실질적으로는 1필의 토지 중 일부를 특정하여 매수하면서 형식적으로는 그 토지 전체에 관하여 공유지분이전등기를 한 경우와 같이 내부적으로 각 공유자들이 그 토지의 특정부분만을 배타적으로 사용·수익하는 관계를 구분소유적 공유관계(상호명의신탁)라고 한다.
   ② 법적 성질
   판례는 관계 당사자 내부관계에 있어서는 각 특정매수 부분의 소유권을 취득하고, 각 공유지분등기는 각자 특정매수한 부분에 관하여 각 상호명의신탁하고 있는 것으로 본다(대판 1980.12.9. 79다634).

2) **구분소유적 공유관계의 성립요건**(대판 2009.3.26. 2008다44313)
   ① 어떤 토지에 관하여 그 위치와 면적을 특정하여 여러 사람이 구분하여 소유하기로 하는 약정이 있을 것
   ② 1필지의 토지에 공유지분의 등기가 되어 있을 것

3) **법률관계**(대판 1994.2.8. 93다42986)

내부적 법률관계	외부적 법률관계
① 각 공유지분권자는 특정부분에 대하여 소유권을 취득하고 이를 배타적으로 사용·수익할 수 있다. ② 따라서 다른 구분소유자가 사용·수익을 방해하는 경우에는 소유권에 기하여 그 배제를 구할 수 있다. ③ 구분소유적 공유의 지분비율은 목적물 전체에 대한 공유자의 양수부분의 면적 비율에 의해 결정된다. ④ 공유관계의 해소를 하려면 공유물 분할이 아닌 상대방에 대한 명의신탁관계를 해지하여 이를 해소시키고 그 특정매수 부분에 대한 소유권확인 혹은 지분이전을 청구하면 된다.	① 1필지 전체에 관하여 공유관계가 성립하고 공유자로서의 권리를 주장할 수 있다. ② 제3자의 방해행위가 있을 때 자기의 구분소유부분뿐만 아니라 전체 토지에 대하여 공유물의 보존행위로서 그 배제를 구할 수 있다. ③ 제3자의 공유토지에 대한 불법점유로 인한 부당이득반환청구는 청구자의 지분비율에 관해서만 인정된다. ④ 공유자 중 1인만이 특정점유부분을 제3자에게 양도한 경우 양수인은 양도인만을 상대로 특정부분을 분할하여 이에 대한 소유권이전등기를 청구할 수 없다.

4) **구분소유적 공유관계의 승계**(대판 2008.2.15. 2006다68810·68827)
   ① 양수인이 구분소유적 공유관계를 알고, 이를 승인하면 구분소유적 공유관계는 유지된다.
   ② 양수인이 구분소유적 공유관계를 모르거나, 이를 부인하면 구분소유적 공유관계는 종료한다.
   ③ 경매의 경우에는 그 지분이 구분소유적 공유관계를 표상하는 것으로 취급되어 감정평가와 최저경매가격 결정이 이루어지고 경매가 실시되었다는 점이 입증되지 않은 이상, 위 매수인은 1필지 전체에 대한 공유지분을 적법하게 취득하고 기존의 상호명의신탁관계는 소멸한다고 보아야 하며, 이는 매수인의 구분소유적 공유관계에 대한 인식 유무에 따라 달라지지 않는다.

5) **구분소유적 공유관계의 종료**
   ① 상호명의신탁의 해지
   ② 1인이 공유물의 전체지분을 취득하는 경우
   ③ 제3자에게 공유물 전부를 처분한 경우

2편 물권법

단락문제 09

부동산의 공유물분할에 관한 설명으로 틀린 것은?

① 분할은 공유자 각자의 청구에 의하고, 그 분할청구로 공유물분할의 법률관계가 발생한다.
② 등기된 분할금지특약은 채권적 효력을 가질 뿐이므로 그 지분권의 승계인에게는 효력이 미치지 않는다.
③ 분할청구가 있으면 공유자 전원은 그 협의에 응할 의무를 진다.
④ 공유물분할의 소는 결국 분할방법을 정하기 위한 것이고, 그 상대방은 다른 공유자 전원이어야 한다.
⑤ 공유자 사이의 분할협의가 성립하면 더 이상 공유물분할의 소는 허용되지 않는다.

해설 **공유물분할**(등기된 분할금지특약의 효력 등)
① (○) (제268조, 제269조)
② (×) 공유자는 5년 내의 기간 동안 공유물을 분할하지 아니할 것을 약정할 수 있다(제268조 제1항). 부동산에 관한 분할금지의 약정은 등기하여야 한다(부동산등기법 제52조 제8호). 분할금지의 특약은 등기된 경우에 한하여 승계된다(통설).
③ (○) 공유물의 분할은 공유자 전원이 분할절차에 참여하여야 한다(대판 1968.5.21. 68다414).
④ (○) 공유물분할의 소는 분할을 청구하는 공유자가 다른 공유자 전원을 상대로 하여 제기하는 필수적 공동소송이며, 형성의 소의 성질을 갖는다.
⑤ (○) 이미 공유물분할에 관한 협의가 성립된 경우, 공유물분할의 소를 제기하거나 유지함은 허용되지 않는다(대판 1995.1.12. 94다30348).

답 ②

단락핵심 　　　　　　　　　　공 유

(1) 공유지분은 균등한 것으로 본다. (×)
　⇒ 균등한 것으로 '추정'한다.
(2) 공유물의 변경에는 공유자 전원의 동의가 필요하나, 공유지분은 단독으로 처분할 수 있다. (○)
(3) 각 공유자는 단독으로 공유물의 분할을 청구할 수 있고, 이때 공유물의 분할은 공유자의 지분의 과반수로써 정한다. (×)
(4) 공유자의 약정으로 일정기간 분할을 금지할 수 있다. 그러나 제3자에게 이를 대항하기 위해서는 등기하여야 한다. (○)
(5) 건물에 대한 과반수 지분의 공유자로부터 건물의 특정부분의 배타적 사용을 허락받은 점유자에 대하여 소수지분의 공유자는 그 점유자가 사용하는 건물부분에서의 퇴거를 청구할 수 없다. (○)
(6) 공유자가 상속인 없이 사망한 경우 그 지분은 국유가 된다. (×)
(7) 공유자 중 1인이 다른 공유자의 지분권을 대외적으로 주장하는 행위는 공유물의 보존행위로 볼 수 있다. (×)
(8) 이미 공유자 간에 분할협의가 이루어졌으나 그 이행이 이루어지지 않는 경우에도 공유물의 분할을 청구할 수 있다. (×)
(9) 공유물분할의 소가 제기된 경우 공유물분할청구자 지분의 일부에 대하여만 공유물분할을 명하고 일부지분에 대하여는 공유관계를 유지할 수 있다. (×)

제2장 점유권과 소유권

3 합유

제271조(물건의 합유) ① 법률의 규정 또는 계약에 의하여 수인이 조합체로서 물건을 소유하는 때에는 합유로 한다. 합유자의 권리는 합유물 전부에 미친다.
② 합유에 관하여는 전항의 규정 또는 계약에 의하는 외에 다음 3조의 규정에 의한다.

제272조(합유물의 처분, 변경과 보존) 합유물을 처분 또는 변경함에는 합유자 전원의 동의가 있어야 한다. 그러나 보존행위는 각자가 할 수 있다.

제273조(합유지분의 처분과 합유물의 분할금지) ① 합유자는 전원의 동의 없이 합유물에 대한 지분을 처분하지 못한다.
② 합유자는 합유물의 분할을 청구하지 못한다.

제274조(합유의 종료) ① 합유는 조합체의 해산 또는 합유물의 양도로 인하여 종료한다.
② 전항의 경우에 합유물의 분할에 관하여는 공유물의 분할에 관한 규정을 준용한다.

(1) 합유의 의의 및 특색

1) 합유(合有)란 수인(數人)이 조합 이른바 **합수적 조합체**[*]로서 물건을 공동으로 소유하는 형태를 말한다(제271조 제1항 전단).

* **합수적 조합체**
예 동업단체

2) 합유에 있어서도 각 합유자에게 합유물에 대한 지분이 인정된다.

Professor Comment
이 점에서 공유와 같고, 총유와 다르다.

3) 각 합유자에게는 공유에서와 달리 지분처분의 자유와 분할청구권이 인정되지 않는다.

 수인이 부동산을 공동으로 매수한 경우, 매수인들 사이의 법률관계

수인이 부동산을 공동으로 매수한 경우, 매수인들 사이의 법률관계는 공유관계로서 단순한 공동매수인에 불과하여 매도인은 매수인 수인에게 그 지분에 대한 소유권이전등기의무를 부담하는 경우도 있을 수 있고, 그 수인을 조합원으로 하는 조합체에서 매수한 것으로서 매도인이 소유권 전부의 이전의무를 그 조합체에 대하여 부담하는 경우도 있을 수 있다(대판 2006.4.13. 2003다25256).

 동업을 목적으로 하는 조합이 조합재산으로 취득한 부동산을 1인 명의로 등기한 경우

매수인들이 상호 출자하여 공동사업을 경영할 것을 목적으로 하는 조합이 조합재산으로서 부동산의 소유권을 취득하였다면 민법 제271조 제1항의 규정에 의하여 당연히 그 조합체의 합유물이 되고, 다만 그 조합체가 합유등기를 하지 아니하고 그 대신 조합원 1인의 명의로 소유권이전등기를 하였다면 이는 **조합체가 그 조합원에게 명의신탁한 것으로 보아야 한다**(대판 2006.4.13. 2003다25256).

(2) 합유의 성립
1) 계약에 의한 조합체의 합유
   ① 당사자 간의 계약에 의하여 조합이 성립하는 경우에 조합의 재산에 대하여 합유가 성립한다.
   ② 계약에 의한 조합성립의 예로는 동업계약(同業契約)과 계(契)가 있다.
2) 법률의 규정에 의한 조합
   민법상 조합의 조합재산, 수탁자가 수인인 경우의 수탁재산 등이 있다.

(3) 합유관계의 내용
1) 불가분성
   ① 합유자의 권리, 즉, 지분은 합유물 전부에 미친다(제271조 후단).
   ② 이것은 합유자가 그 지분에 따라 합유물을 전체로서 사용·수익할 수 있다는 뜻이다.
2) 합유물의 보존 및 처분·변경
   합유물을 처분 또는 변경하려면 합유자 전원의 동의가 있어야 하나(제272조 본문) 목적물(합유물)의 보존행위는 각 합유자가 단독으로 할 수 있다(제272조 단서).
3) 합유지분의 처분
   각 합유자가 합유물에 대하여 갖는 지분은 임의로 처분하지 못하며, 합유자 전원의 동의를 얻어야 한다(제273조 제1항).
4) 합유물의 분할금지
   합유자는 합유물의 분할을 청구하지 못한다(제273조 제2항). 그러나 이는 임의규정으로 이와 다른 합유자 사이의 특약이 가능하다.

합유재산

① 합유로 소유권이전등기가 마쳐진 부동산에 대하여 원고의 명의신탁해지로 인한 소유권이전등기이행청구소송은 **합유재산에 관한 소송으로서 고유필요적 공동소송으로서 합유자 전원을 피고로 해야 한다**(대판 1983.10.25. 83다카850).

② 민법상 조합에서 조합의 채권자가 조합재산에 대하여 강제집행을 하려면 조합원 전원에 대한 집행권원을 필요로 하고, 조합재산에 대한 강제집행의 보전을 위한 가압류의 경우에도 마찬가지로 조합원 전원에 대한 가압류명령이 있어야 하므로, 조합원 중 1인만을 가압류채무자로 한 가압류명령으로써 조합재산에 가압류집행을 할 수는 없다(대판 2015.10.02. 2012다21560).

③ 공동이행방식의 공동수급체는 기본적으로 민법상 조합의 성질을 가지는 것이므로(대판 2000.12.12. 99다49620 등 참조), 공동수급체가 공사를 시행함으로 인하여 도급인에 대하여 가지는 채권은 원칙적으로 공동수급체의 구성원에게 합유적으로 귀속하는 것이어서 특별한 사정이 없는 한 구성원 중 1인이 임의로 도급인에 대하여 출자지분의 비율에 따른 급부를 청구할 수 없다(대판 1997.8.26. 97다4401 등 참조). 다만 공동이행방식의 공동수급체라도 그 개별 구성원이 각자의 지분비율에 따라 직접 도급인에게 공사대금을 청구할 수 있도록 하는 별도의 약정을 한 경우와 같이 공사도급계약의 내용에 따라서는 도급인에 대한 채권이 조합체로서의 공동수급체가 아니라 구성원 각자에게 지분비율에 따라 구분·귀속될 수 있고(대판 2002.1.11. 2001다75332 참조), 그러한 약정은 명시적으로는 물론 묵시적으로도 이루어질 수 있다(대판 2012.5.17. 2009다105406 전원합의체).

(4) 합유의 종료

1) 조합체의 해산
우선 조합체를 성립시킨 계약 또는 **합유자 전원의 합의**로써 결정하고 그렇지 못할 경우에는 공유물의 분할에 관한 규정을 준용한다(제274조 제2항).

2) 합유물의 양도
① **합유자 전원의 동의**에 의하여 타인에게 양도하는 경우 합유관계는 **종료**한다.
② 조합재산을 구성하는 수 개의 물건 중의 일부를 양도한 경우에는 나머지 합유물에 대한 합유관계는 존속한다.

 합유자 중 1인이 사망한 경우 합유관계의 상대적 소멸

부동산의 합유자 중 일부가 사망한 경우 합유자 사이에 특별한 약정이 없는 한 사망한 합유자의 상속인은 합유자로서의 지위를 승계하는 것이 아니므로 해당 부동산은 잔존 합유자가 2인 이상일 경우에는 잔존 합유자의 합유로 귀속되고 잔존 합유자가 1인인 경우에는 잔존 합유자의 단독소유로 귀속된다(대판 1994.2.25. 93다39225).

단락문제 Q10

합유(合有)에 관한 다음 설명 중 맞지 않는 것은?

① 합유자의 권리는 합유물 전부에 미친다.
② 합유물을 처분 또는 변경함에는 합유자전원의 동의가 있어야 하지만, 보존행위는 각자가 할 수 있다.
③ 합유는 조합체(組合體)의 해산 또는 합유물의 양도로 인하여 종료한다.
④ 합유자는 전원의 동의 없이 합유물에 대한 지분을 처분하지 못하고 또 합유물의 분할을 청구하지 못한다.
⑤ 부동산의 합유자가 사망한 경우에는 그 상속인이 합유자로서의 지위를 승계한다.

해설 합유자가 사망한 경우의 법률관계 등
⑤ 합유자 중 일부가 사망한 경우 합유자 사이에 특별한 약정이 없는 한 사망한 합유자의 상속인은 합유자로서의 지위를 승계하지 않고 잔존합유자의 합유로 귀속된다(대판 1994.2.25. 93다39225). **답** ⑤

단락핵심 합 유

(1) 합유물을 처분 또는 변경하려면 합유자 전원의 동의가 있어야 한다. (O)
(2) 부동산의 합유자가 사망한 경우에는 특별한 사정이 없는 한 그 상속인이 합유자의 지위를 승계한다. (X)
(3) 합유자는 합유물의 분할을 청구하지 못한다. (O)

4 총 유

제275조(물건의 총유) ① 법인이 아닌 사단의 사원이 집합체로서 물건을 소유할 때에는 총유로 한다.
② 총유에 관하여는 사단의 정관 기타 규약에 의하는 외에 다음 2조의 규정에 의한다.
제276조(총유물의 관리, 처분과 사용, 수익) ① 총유물의 관리 및 처분은 사원총회의 결의에 의한다.
② 각 사원은 정관 기타의 규약에 좇아 총유물을 사용, 수익할 수 있다.
제277조(총유물에 관한 권리의무의 득상) 총유물에 관한 사원의 권리의무는 사원의 지위를 취득상실함으로써 취득상실된다.

(1) 총유의 의의 및 특색

1) 총유(總有)란 '법인이 아닌 사단*'의 재산소유형태(제275조 제1항)이며, 단체주의적 색채가 짙다.

> *법인이 아닌 사단
> 제1편 제3장 제2절 법인부분 참조

2) 법인이 아닌 사단이란 실질은 사단에 해당하지만 법인이 아닌 단체를 말하며 권리능력 없는 사단이라고도 한다.

예 종중·문중, 교회, 동창회, 재건축조합, 사찰재산, 존락단체의 재산, 어촌계, 동·리의 재산 등

3) 공유나 합유에서와 달리 지분이 인정되지 않는다.

4) 소유권의 내용이 관리·처분 등의 권능과 사용·수익 등의 권능으로 양분되어 전자는 구성원의 총체*에, 후자는 각 구성원**에 귀속하는 특색을 가진다.

> * 전자는 구성원의 총체
> 사용·수익권능
>
> ** 후자는 각 구성원
> 관리처분권능

(2) 총유의 등기

부동산의 총유는 등기를 하여야 하며, 그 등기신청은 사단의 명의로 그 대표자 또는 관리인이 한다(「부동산등기법」 제26조).

(3) 총유관계의 내용

총유관계의 구체적 내용은 사단의 정관 기타 규약에서 정한 바가 있으면 그에 의하고, 그러한 것이 없으면 다음의 일반적인 원칙에 의한다(제275조 제2항).

1) 총유물의 관리 및 처분은 사원총회의 결의에 의한다. 이에 위반하면 그 처분행위는 무효이다.

> **[판례] 채무부담행위**
>
> 비법인사단이 타인 간의 금전채무를 보증하는 행위를 총유물의 관리·처분행위로 볼 수 없다. 따라서 비법인사단인 재건축조합의 조합장이 채무보증계약을 체결하면서 조합규약에서 정한 조합 임원회의 결의 등 절차를 거치지 않았다 하더라도 그 보증계약은 다른 특별한 사정이 없는 한 유효하다(대판 2007.4.19. 2004다60072).

2) 각 사원은 정관 기타 규약에 좇아 총유물을 사용·수익할 수 있다.
3) 총유재산에 관한 소송은 ① 법인 아닌 사단이 그 명의로 사원총회의 결의를 거쳐서 하거나 또는 ② 그 구성원 전원이 당사자가 되어 필수적 공동소송의 형태로 할 수 있을 뿐 그 사단의 구성원은 설령 그가 사단의 대표자라거나 사원총회의 결의를 거쳤다 하더라도 그 소송의 당사자가 될 수 없고, 이러한 법리는 총유재산의 보존행위로서 소를 제기하는 경우에도 마찬가지***라 할 것이다(대판 2005.9.15. 2004다44971).

> *** 마찬가지
> 필수적 공동소송의 형태

4) 총유물에 관한 사원의 권리의무는 사원의 지위를 취득·상실함으로써 당연히 취득·상실한다.

단락핵심 총 유

(1) 총유물의 처분에 관해 정관 규정이 없는 법인 아닌 사단의 대표가 사원총회의 결의 없이 한 총유물의 처분은 선의의 전득자에 대하여도 효력이 없다. (○)
(2) 총유물의 지분은 동등한 것으로 추정된다. (×)
(3) 총유물의 관리 및 처분권능은 법인 아닌 사단에 귀속되나, 총유물의 사용 및 수익권능은 그 구성원 각자에게 귀속된다. (○)

(4) 총유물의 관리 및 처분은 사원총회에 의하나 보존행위는 구성원 각자가 할 수 있다. (×)
(5) 총유재산의 보존행위로서 소를 제기하는 경우에는 그 사단의 대표자가 그 소송의 당사자가 될 수 있다. (×)
⇒ 그 사단 자체가 당사자가 되는 것이며, 대표자는 당사자가 될 수 없다.

5 준공동소유

제278조(준공동소유) 본 절의 규정은 소유권 이외의 재산권에 준용한다. 그러나 다른 법률에 특별한 규정이 있으면 그에 의한다.

(1) 준공동소유란 수인이 공동으로 소유권 이외의 재산권을 소유하는 것을 말하며, 여기에는 준공유, 준합유, 준총유의 3가지가 있다.
(2) 준공동소유가 인정되는 재산권의 주요한 것은 지상권·전세권·지역권·저당권 등의 물권과 광업권·어업권 등의 준물권, 그리고 저작권·특허권 등의 지식재산권, 주식 등이 있다.
(3) 채권에 대해서도 준공동소유가 성립할 수 있다.
(4) 준공동소유에도 다른 법률에 특별한 규정이 없는 한 공동소유에 관한 민법의 규정이 준용된다(제278조). 다만 형성권 등 권리는 준공유임에도 불구하고 권리자 전원이 행사하여야 한다는 점에 주의한다.

> **판례** 형성권 등 권리의 공동소유
>
> **1** 소유권이전등기청구권보전의 가등기가 수인 명의로 경료된 경우 매매예약완결권의 행사 (= 준공유)
> 1인 채무자에 대한 복수채권자의 채권을 담보하기 위하여 그 복수채권자와 채무자가 채무자 소유의 부동산에 관하여 복수채권자를 공동권리자로 하는 매매예약을 체결하고 그에 따른 소유권이전등기청구권보전의 가등기를 한 경우 복수채권자는 **매매예약 완결권을 준공유하는 관계에 있다**(대판 1984.6.12. 83다카2282). 따라서 **복수의 채권자 전원이 행사하여야 하고, 소송형태도 필수적 공동소송으로만 가능하다.**
>
> **2** 택지개발예정지구 내의 청약권을 공동상속한 경우 그 행사방법
> 그 공급대상자가 사망하여 공동상속인들이 청약권을 공동으로 상속하는 경우에는 공동상속인들이 그 상속지분비율에 따라 피상속인의 청약권을 준공유하게 되며, 공동상속인들은 단독으로 청약권 전부는 물론 그 상속지분에 관하여도 이를 행사할 수 없고, 그 **청약권을 준공유하고 있는 공동상속인들 전원이 공동으로만 이를 행사할 수 있다**(대판 2003.12.26. 2003다11738).

단락문제 Q11

공동소유에 관한 다음 설명 중 옳은 것은?

① 수인이 조합체로서 물건을 가지는 경우에는 합유가 되고, 법인이 아닌 사단의 사원이 집합체로서 물건을 가지는 경우에는 총유가 된다.
② 공유자가 그 지분을 처분하려면 다른 공유자의 동의를 얻어야 한다.
③ 합유지분은 합유자의 과반수 이상의 동의를 얻어서 처분할 수 있다.
④ 총유도 합유나 공유와 같이 지분권을 가지나 전원의 동의 없이는 처분하지 못한다.
⑤ 법률 또는 계약에 특별한 정함이 없는 합유물을 변경함에는 합유물 지분의 과반수로써 결정한다.

해설 공동소유의 형태
① (○) (제271조, 제275조)
② (×) 공유지분의 처분은 다른 공유자의 동의 없이 자유로이 처분할 수 있다(제263조).
③ (×) 합유지분의 처분은 합유자의 전원의 동의를 요한다(제273조).
④ (×) 총유에는 사원의 지분이 존재하지 않는다.
⑤ (×) 합유물의 변경에는 전원의 동의를 요한다(제272조). **답** ①

CHAPTER 03 용익물권

학습포인트

- 용익물권에서는 주로 지상권과 전세권이 주를 이루고 지역권에 관하여는 조문수준에서 출제된다.
- 지상권의 갱신청구권, 매수청구권의 개념을 이해하고 지상권과 전세권을 반드시 비교하면서 공부하도록 한다.
- 법정지상권은 민법 전반에 걸쳐 문제가 되므로 반드시 그 유형별로 자세히 공부해 둔다.
- 전세권의 경우 전세금의 특징을 잘 이해하고 있어야 임대차의 보증금 등과 비교할 수 있다.

CHAPTER 학습 & 출제되는 키워드

- ☑ 용익물권
- ☑ 갱신청구권
- ☑ 지료
- ☑ 구분지상권
- ☑ 지역권
- ☑ 전세권
- ☑ 전세권의 존속기간
- ☑ 전세권의 처분
- ☑ 지상권
- ☑ 지상물매수청구권
- ☑ 지상권의 소멸
- ☑ 법정지상권
- ☑ 지역권의 존속기간
- ☑ 전세금
- ☑ 건물전세권의 법정갱신
- ☑ 전세금반환청구권의 양도
- ☑ 지상권의 존속기간
- ☑ 지상권의 처분
- ☑ 유익비상환청구권
- ☑ 분묘기지권
- ☑ 요역지와 승역지
- ☑ 전세권의 취득
- ☑ 전세금증감청구권
- ☑ 전전세

CHAPTER 학습 & 출제되는 질문

- ☑ 다음은 지상권과 임차권을 비교 설명한 것이다. 맞는 것은?
- ☑ 지상권에 관한 설명으로 옳은 것은?
- ☑ 대지와 건물을 동일인이 소유하고 있었으나 적법한 원인에 의하여 그 소유자를 달리한 경우, 관습상 법정지상권이 성립한다. 다음 중 그 적법한 원인이라고 볼 수 있는 것은 몇 개인가?
- ☑ 다음 지역권과 상린관계(相隣關係)와의 대비를 설명한 것 중에서 옳은 것은?
- ☑ 전세권에 관한 설명으로 옳은 것은?
- ☑ 용익물권에 관한 설명으로 옳은 것은?

제3장 용익물권

(1) 용익물권이란 소유권의 권능 중 사용·수익의 권능이 인정되는 제한물권으로 지상권·지역권·전세권을 민법에서 규정하고 있다.
(2) 지상권과 지역권은 토지에만 인정되고, 전세권은 토지와 건물에 모두 인정된다. 특히 전세권은 용익물권의 성질을 기초로 하면서 담보물권의 성질도 함께 가진다.

제1절 지상권   9·17·24·27회 출제

01 의의 및 성질

제279조(지상권의 내용) 지상권자는 타인의 토지에 건물 기타 공작물이나 수목을 소유하기 위하여 그 토지를 사용하는 권리가 있다.
제291조(지역권의 내용) 지역권자는 일정한 목적을 위하여 타인의 토지를 자기토지의 편익에 이용하는 권리가 있다.
제303조(전세권의 내용) ① 전세권자는 전세금을 지급하고 타인의 부동산을 점유하여 그 부동산의 용도에 좇아 사용·수익하며, 그 부동산 전부에 대하여 후순위권리자 기타 채권자보다 전세금의 우선변제를 받을 권리가 있다.
② 농경지는 전세권의 목적으로 하지 못한다.

지상권·용익물권

(1) **지상권**
타인의 토지를 사용하는 용익물권이다.

(2) **용익물권**
타인의 물건을 사용·수익(=용익)하는 권리이다.

종류 ─ 지상권
     ─ 지역권
     ─ 전세권

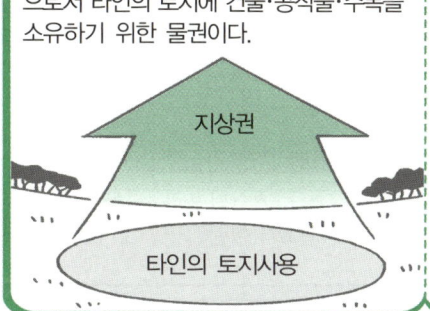

지상권은 타인의 토지를 사용하는 용익물권으로서 타인의 토지에 건물·공작물·수목을 소유하기 위한 물권이다.

지상권은 (지상권)등기를 해야 취득하나, 법정지상권은 등기를 하지 않아도 법률의 규정에 의하여 지상권이 인정된다.

지상권 → 등기
법정지상권 → 등기 불필요

1 의의

지상권은 타인의 토지에 **건물 기타의 공작물이나 수목***을 **소유****하기 위하여 그 토지를 사용할 수 있는 권리로서, 부동산(토지)용익물권의 일종이다.

> * 건물 기타의 공작물이나 수목
> 지상물이라 함
>
> ** 소유
> 사용하기 위한 권리×

2 법적 성질★★

(1) 지상권은 타인의 토지에 대한 권리로서 타물권에 해당한다. 1필 토지 전부뿐만 아니라 그 일부라도 무방하며, 지상에 한하지 않고 지하의 사용을 내용으로 할 수 있다.

(2) 지상권은 건물 기타의 공작물이나 수목을 소유하기 위한 권리이지만 **공작물이나 수목이 현존하지 않는 때에도 설정계약에 의하여 지상권은 유효하게 성립한다.*****

> *** 유효하게 성립한다.
> 부종성이 인정되지 않음

(3) 지상권은 토지의 사용을 본체로 하기 때문에 **토지를 점유할 권리를 포함하며, 상린관계의 규정이 준용된다.**

(4) 물권으로서 당연히 **양도성과 상속성을 가진다.**

(5) 토지사용의 대가인 **지료의 지급은 지상권의 요소가 아니다.** 이 점에서 차임의 지급이 그 요소가 되는 임차권과 다르다.

> 예 전세권에서는 전세금의 지급, 임차권에서는 차임의 지급이 본질적 요소이다.

Key Point 지상권과 임차권의 비교

구 분	지상권	임차권
권리의 성질	물 권	채 권
목적물의 대상	토 지	동산, 부동산
성 립	법률행위 또는 법률의 규정에 의해	채권계약(법률행위)에 의해
대가관계	지료는 지상권의 필수적 성립요소가 아님	차임은 임차권의 필수적 성립요소임
존속기간	① 최단기간의 제한이 있다. ② 약정이 없는 때에는 30년, 15년, 5년(제281조) ③ 법정갱신제도가 없다.	① 최장기간의 제한이 있다. ② 약정이 없는 때에는 언제든지 해지통고 가능 ③ 법정갱신제도를 인정하고 있다.
양도, 임대, 담보	자유롭다(제282조).	임대인의 동의가 필요하다(제629조).
대항력	제3자에 대한 대항력이 있다.	원칙적으로 제3자에 대한 대항력이 없다. 단, 등기하면 대항력이 있다.
소멸사유	① 존속기간의 만료 ② 지상권설정자의 소멸청구권(2년 이상 지료 연체시) 발생 ③ 토지의 멸실, 혼동, 소멸시효, 토지수용, 포기 등 ④ 지상권에 우선하는 저당권실행	① 존속기간의 만료 ② 해지통고(기간약정이 없거나, 해지권 유보, 파산시) ③ 차임연체액이 2기에 달하면 해지권 발생 ④ 임대인의 동의 없이 임차권의 양도, 전대시 해지권 발생
소멸효과	지상물수거권, 지상물매수청구권, 유익비상환청구권(필요비상환청구는 불가)	손해배상청구권, 비용상환청구권(필요비, 유익비 모두), 지상물매수청구권, 부속물매수청구권, 법정질권, 법정저당권

제3장 용익물권

> **Professor Comment**
> 지상권, 전세권, 임차권은 각각 인정되는 제도와 인정되지 않는 제도를 비교하면서 공부할 것
> 예 지상물매수청구권, 법정갱신 등

단락문제 Q1

지상권(地上權)과 임차권(賃借權)의 차이에 관한 설명 중 타당하지 않은 것은?

① 지상권설정에는 합의와 등기가 요건이지만 임차권은 계약으로 족하다.
② 지상권은 물권이며, 임차권은 채권이다.
③ 지상권과 임차권은 그 존속기간에 있어서 서로 상이하다.
④ 지료는 지상권설정의 요건이 아니나 임차권은 유상계약이다.
⑤ 지상권도 타인의 토지를 이용하는 것이므로 임차권과 마찬가지로 토지소유자의 동의 없이 양도할 수 없다.

해설 지상권과 임차권의 차이
③ (○) 지상권은 그 사용목적에 따른 30년·15년·5년의 최단기간이 보장되며, 최장기간의 제한은 없다.
④ (○) 임차권에서는 지료의 지급을 그 요소로 한다(제618조).
⑤ (×) 지상권은 임의로 양도·임대·담보제공할 수 있다(제282조).   **답** ⑤

02 지상권의 취득

1 법률행위에 의한 취득

(1) 지상권은 토지소유자와 타인의 토지를 사용하려는 자(지상권자)간의 지상권설정에 대한 물권적 합의와 등기를 하는 때에 취득한다.
(2) 유언과 지상권의 양도 등에 의해서 지상권을 승계취득할 수 있으며, 물론 이 경우에도 등기를 하여야 그 효력이 발생한다.

2 법률의 규정에 의한 취득

(1) 상속·판결·경매·공용징수·취득시효 및 기타 법률의 규정에 의하여 지상권이 취득될 수 있다. 이러한 법률의 규정에 의한 지상권의 취득은 등기 없이 효력이 발생하지만(제187조), 예외적으로 점유취득시효로 인한 지상권의 취득은 등기함으로써 효력이 생긴다.

(2) 법정지상권은 토지와 그 지상건물(또는 입목)이 동일인에게 속하고 있었으나 경매 기타의 사유로 각각 소유자를 달리하게 된 때에 그 건물소유자(또는 입목소유자)에게 법률상 당연히 인정되는 지상권이다. 등기 없이도 취득하지만, 처분하기 위해서는 등기가 필요하다.
(3) 분묘기지권과 관습법상의 법정지상권이 있다. 관습법상 법정지상권도 등기 없이 취득하지만, 처분하기 위해서는 등기가 필요하다(법정지상권은 후술한다).

03 지상권의 존속기간

1 존속기간을 약정하는 경우 ★★★

(1) 민법의 태도
지상권의 존속기간은 당사자가 설정행위로써 임의로 정할 수 있으나, 최단기간에 대하여는 일정한 제한이 있다.

(2) 최단기간
1) 지상권의 존속기간을 당사자가 약정하는 경우에는 그 기간을 다음의 연한보다 단축하지 못한다(제280조 제1항).

석조, 석회조, 연와조 또는 이와 유사한 견고한 건물이나 수목의 소유를 목적으로 하는 때	30년
그 밖의 건물의 소유를 목적으로 하는 때	15년
건물 이외의 공작물의 소유를 목적으로 하는 때	5년

2) 만일 설정행위에서 위와 같은 기간보다 짧은 기간을 정한 때에는 그 존속기간을 위의 최단기간까지 연장한다(제280조 제2항).
3) '기존의' 공작물이나 수목의 사용을 목적으로 하는 지상권을 설정하는 경우에는 최단기간의 적용을 받지 않는다(대판 1996.3.22. 95다49318).

(3) 최장기간
민법은 최장기간에 대해서는 규정이 없으므로 지상권의 존속기간을 영구무한으로 정할 수 있는가에 한하여 견해가 대립하고 있으나, 영구로 약정하는 것도 허용된다는 것이 다수설, 판례의 입장이다(대판 2001.5.29. 99다66410).

제3장 용익물권

2 존속기간을 약정하지 않은 경우**

(1) 지상물의 종류와 구조에 따른 기간

계약으로 지상권의 존속기간을 정하지 아니한 때에는 지상물의 종류와 구조에 따른 최단존속기간을 존속기간*으로 한다(연장함).

> *최단존속기간을 존속기간
> 위 기간보다 짧게 정한 경우에 위 기간까지

(2) 공작물의 종류와 구조를 정하지 아니한 경우

지상권설정당시에 공작물의 종류와 구조를 정하지 아니한 때에는 지상권은 보통 건물의 소유를 목적으로 한 것으로 본다(제281조 제2항). 즉, 그 존속기간은 15년이다.

(3) 편면적 강행규정

존속기간에 관한 규정은 강행규정이므로 이에 반하여 지상권자에게 불리한 약정은 무효**이다(제289조).

> **지상권자에게 불리한 약정은 무효
> 편면적 강행규정

3 계약의 갱신과 존속기간***

> 제283조(지상권자의 갱신청구권, 매수청구권) ① 지상권이 소멸한 경우에 건물 기타 공작물이나 수목이 현존한 때에는 지상권자는 계약의 갱신을 청구할 수 있다.
> ② 지상권설정자가 계약의 갱신을 원하지 아니하는 때에는 지상권자는 상당한 가액으로 전항의 공작물이나 수목의 매수를 청구할 수 있다.

(1) 지상권자의 갱신청구권

1) 의 의

지상권이 존속기간의 만료로 소멸한 경우에 건물 기타 공작물이나 수목이 현존한 때에는 지상권자는 계약의 갱신을 청구할 수 있다(제283조 제1항).

2) 법적 성질

지상권자의 지상권 갱신청구권은 형성권이 아니다. 이에 반하여 지상권자의 지상물매수청구권은 형성권이다.

3) 지상권자의 지상물매수청구권

① 지상권설정자는 갱신을 거절할 수 있다. 그러나 거절한 경우에는 지상권자는 상당한 가액으로 지상물의 매수를 청구할 수 있다.
② 지료연체를 이유로 토지소유자(지상권설정자)가 그 지상권소멸청구를 하여 지상권이 소멸된 경우에는 매수청구권이 인정되지 않는다(대판 1972.12.26. 72다2085).

Professor Comment
지상권자의 갱신청구를 시작으로 지상권설정자의 태도에 따른 법률관계의 전개과정을 자신이 당사자의 입장에서 이해해보는 방법이 좋다. 그리고 각 권리의 요건, 성질 등을 중심으로 학습하여야 한다.

(2) 계약갱신과 존속기간

1) 계약으로 지상권을 갱신한 경우에는 지상권의 존속기간은 갱신한 날로부터 그 최단존속기간보다 단축하지 못한다. 그러나 최단기간보다 장기의 기간을 정하는 것은 무방하다(제284조).
2) 계약을 갱신하면서 존속기간이나 지료 등에 관하여 새로이 정한 바가 없으면 그것은 전계약과 동일한 것으로 추정한다(통설).

단락문제 02

지상권에 관한 설명으로 틀린 것은? (다툼이 있으면 판례에 의함)

① 지상권자는 반대특약이 없는 한 유익비의 상환을 청구할 수 있다고 해석함이 일반적이다.
② 상당기간 내구력을 가지며 용이하게 해체할 수 없는 건물의 소유를 목적으로 하는 지상권의 존속기간은 약정이 없으면 30년이다.
③ 지상권의 존속기간을 영구로 약정하는 것도 허용된다.
④ 지상권의 양도를 금지하는 특약이 있더라도 지상권의 양도는 절대적으로 보장된다.
⑤ 종류를 정하지 않은 수목의 소유를 목적으로 한 지상권의 존속기간은 15년이다.

해설 **지상권의 존속기간**
① (○) 명문의 규정이 없음에도 불구하고 제626조 제2항을 유추적용하여 유익비는 반환청구할 수 있다고 본다(통설).
② (○) 계약으로 지상권의 존속기간을 정하지 아니한 때에는 그 기간은 전조의 최단존속기간으로 한다(제281조 제1항). 석조, 석회조, 연와조 또는 이와 유사한 견고한 건물이나 수목의 소유를 목적으로 하는 경우에는 30년이다.
③ (○) 존속기간을 영구로 약정하는 것도 허용된다(대판 2001.5.29. 99다66410).
④ (○) 지상권의 양도를 금지하는 특약은 무효이다. 민법 제282조, 제289조는 편면적 강행규정이다.
⑤ (×) 지상권의 설정당시에 공작물의 종류와 구조를 정하지 않은 경우에는 15년으로 하도록 하고 있으나(제281조 제2항) 수목은 제외되므로 지상물이 수목인 경우에는 언제나 30년으로 보아야 한다.

답 ⑤

제3장 용익물권

> **단락핵심** 　　　　　　　지상권의 존속기간
>
> (1) 지상권설정 당시에 공작물의 종류와 구조를 정하지 않은 경우에는 그 지상권의 존속기간은 10년이다. (×)
>   ⇒ 이 경우 존속기간은 15년이다.
> (2) 지상권의 존속기간에는 최장기의 제한이 없다. (○)
> (3) 지료연체를 이유로 토지소유자가 그 지상권소멸청구를 하여 지상권이 소멸된 경우에는 매수청구권이 인정되지 않는다. (○)

04 지상권의 효력　　　　　　　　　　　　　　　　　　　20회 출제

1 토지사용권

(1) 토지사용권의 내용과 범위

1) 설정행위로 정한 목적의 범위
   ① 지상권자는 설정행위로써 정한 목적의 범위 내에서 토지를 사용할 권리를 갖는다.
   ② 지상권설정의 목적(지상권설정의 목적은 등기사항임. 부동산등기법 제69조 제1호) 이외로 사용할 수 없다.

2) 토지사용권이 미치는 토지의 범위
   토지사용권이 미치는 토지의 범위는 공작물 또는 수목의 부지뿐만 아니라 그들을 소유하는 목적을 달성하는 데 필요한 범위에서 주위의 공지*도 포함한다.

   *주위의 공지: 위요지라 함

(2) 상린관계규정의 준용

지상권은 토지를 사용하는 권리이므로 인접하는 토지의 이용을 조절하는 것을 목적으로 하는 상린관계에 관한 규정(제216조~제244조)은 당연히 지상권자 사이 또는 지상권자와 인지소유자 사이에 준용된다(제290조).

(3) 점유권과 물권적 청구권

1) 점유권
   지상권은 토지를 점유할 권리를 포함한다.

2) 물권적 청구권
   ① 토지사용이 방해되는 때에는 지상권에 기한 물권적 청구권이 인정된다.
   ② 물권적 청구권은 반환·방해제거·방해예방 등 3종이 모두 인정된다.

2 지상권의 처분★★★

제282조(지상권의 양도, 임대) 지상권자는 타인에게 그 권리를 양도하거나 그 권리의 존속기간 내에서 그 토지를 임대할 수 있다.

(1) 처분의 자유
1) 지상권자는 지상권설정자의 동의 없이도 타인에게 그 권리를 양도하거나 그 권리의 존속기간 내에서 그 토지를 임대할 수 있다.
2) 이는 강행규정으로 이에 위반하는 약정으로서 지상권자에게 불리한 것은 효력이 없다.

> **Key Point** 지상권·전세권·임대차의 처분 등 비교

구 분	지상권	전세권	임대차
양도·임대	지상권설정자의 동의 없이도 타인에게 양도하거나 임대할 수 있다.	전세권설정자의 동의 없이도 양도하거나 임대할 수 있다.	임차권을 양도하거나 전대하기 위해서는 임대인의 동의가 필요하다.
	이에 반하는 약정으로서 지상권자에게 불리한 것은 효력이 없다.	특약에 의하여 이와 다른 약정을 할 수 있으나 등기하여야 제3자에게 대항할 수 있다.	특약에 의하여 이와 다른 약정을 할 수 있다.
저당권의 설정	저당권의 목적으로 할 수 있다.	저당권의 목적으로 할 수 있다. 그러나 반대특약이 등기되어 있으면 제3자에게 대항할 수 있다.	채권에 불과하므로 저당권의 목적이 될 수 없다.

(2) 담보제공
지상권은 저당권의 목적이 될 수 있다(제371조 제1항). 즉, 지상권을 담보로 제공할 수도 있다.

(3) 지상물의 양도와 지상권
지상물을 양도한 경우에 다른 의사표시가 없는 이상 (종된)지상권도 당연히 이전하는 것으로 본다. 그러나 지상물을 양도하더라도 지상권이전등기를 하지 않는 한 지상권이 양도되는 것은 아니다.

> **지상권과 지상물 소유권의 양도**
>
> 지상권자는 지상권을 유보한 채 지상물 소유권만을 양도할 수도 있고 지상물 소유권을 유보한 채 지상권만을 양도할 수도 있는 것이어서 지상권자와 그 지상물의 소유권자가 반드시 일치하여야 하는 것은 아니며, 또한 지상권설정시에 그 지상권이 미치는 토지의 범위와 그 설정 당시 매매되는 지상물의 범위를 다르게 하는 것도 가능하다(대판 2006. 6. 15. 2006다6126).

3 지 료 ★★

19회 출제

(1) 지료지급의무의 발생

1) 지료(地料)란 토지사용의 대가를 말하며, **지료지급이 지상권의 요소는 아니나** 당사자가 지료의 지급을 약정하면 지료지급의무가 생긴다.
2) 지료액 또는 그 지급시기 등 지료에 관한 약정은 이를 등기*하여야 제3자에게 대항할 수 있다.

* 등기
대항요건

> **판례** 토지소유권 또는 지상권의 이전과 지료지급
> 지상권에 있어서 유상인 지료에 관하여 지료액 또는 그 지급시기 등의 약정은 이를 등기하여야만 그 뒤에 토지소유권 또는 지상권을 양수한 사람 등 제3자에게 대항할 수 있고, 지료에 관하여 등기되지 않은 경우에는 무상의 지상권으로서 지료증액청구권도 발생할 수 없다(대판 1999.9.3. 99다24874).

(2) 지료증감청구권

1) 지료가 토지에 관한 조세 기타 부담의 증감이나 지가의 변동으로 인하여 상당하지 아니하게 된 때에는 당사자는 그 증감을 청구할 수 있다(제286조).
2) 지료증감청구권은 **형성권**으로 당사자의 일방적 의사표시에 의하여 효력이 생긴다.
3) 지상권자에 불리한 약정은 무효이므로 **지료감액청구권을 부인하는 당사자 간의 특약**은 무효이다(제289조).

(3) 지료체납의 효과

지상권자가 2년 이상의 지료*를 지급하지 않을 때에는 지상권설정자는 지상권의 소멸을 청구할 수 있다(제287조).

* 2년 이상의 지료
연속하여 2년일 필요는 없고 2년분의 지료에 달하면 족함

단락문제 Q3

지상권(地上權)에 관한 다음 기술 중 옳은 것은?

① 지상권은 이를 담보로 제공할 수 없다.
② 지상권자는 그 권리의 존속기간 안에서 그 토지를 임대할 수 있다.
③ 지상권은 법률의 규정에 의하여서는 성립할 수 없다.
④ 지료의 약정이 있는 경우, 사정의 변경이 있어도 당사자는 지료의 증감을 청구할 수 없다.
⑤ 1년 동안 지료연체 중에 토지소유자가 변경된 경우 지상권자가 1년 더 지료를 연체하면 새로운 토지소유자는 지상권의 소멸을 청구할 수 있다.

> **해설** 지상권자의 권리
> ① (×) 지상권은 저당권의 목적으로 할 수 있다(제371조 제1항).
> ② (○) (제282조)
> ③ (×) 지상권은 법률의 규정에 의해서도 성립될 수 있다(제305조 제1항, 제366조 등).
> ④ (×) 조세 기타 부담의 증감으로 상당하지 아니하게 된 때에는 지료증감청구가 가능하다(제286조).
> ⑤ (×) 소유자가 변경된 때부터 2년 이상의 지료가 연체되어야 지상권소멸을 청구할 수 있다(대판 2001.3.13. 99다17142).
>
> **답** ②

단락핵심   지상권의 효력

(1) 특약으로 지상권을 저당권의 목적으로 하는 것을 금지할 수 있다.   (×)
(2) 지상권자가 2년 이상 지료를 연체하면 설정자는 지상권의 소멸을 청구할 수 있다. (○)
(3) 각 지상권자의 지료지급 연체가 토지소유권의 양도 전후에 이루어진 경우 그 연체된 기간을 합하여 2년이 되면 양수인은 지상권 소멸청구를 할 수 있다.   (×)
(4) 지료가 등기되지 않은 약정지상권이 타인에게 매도되어 이전등기된 경우 지료증액청구권이 발생하지 않는다.   (○)

05 지상권의 소멸

제287조(지상권소멸청구권) 지상권자가 2년 이상의 지료를 지급하지 아니한 때에는 지상권설정자는 지상권의 소멸을 청구할 수 있다.

1 소멸사유

(1) 물권일반의 소멸사유

① 목적물(토지)의 멸실   ② 존속기간의 만료
③ 혼 동   ④ 소멸시효의 완성
⑤ 지상권에 우선하는 저당권의 실행에 의한 경매   ⑥ 토지수용 등

(2) 지상권 특유의 소멸사유★★★

1) **지상권설정자의 소멸청구**
   ① 지상권자가 2년 이상의 지료의 체납이 있는 경우에 지상권설정자는 지상권의 소멸을 청구할 수 있다(제287조).
   ② 2년 이상의 지료의 체납이란 체납된 지료의 합산액이 2년분 이상이 되는 것을 의미하고 계속해서 2년분의 지료를 체납한 경우로 한정되는 것은 아니다.

③ 지료의 체납이 지상권자에게 책임있는 사유로 인한 것이어야 한다.
④ 지료의 등기를 하지 않는 이상 토지소유자는 구 지상권자의 지료연체 사실을 들어 지상권을 이전받은 자에게 대항하지 못한다(대판 1996.4.26. 95다52864).
⑤ 지료의 체납이 토지소유권 양도의 전후에 걸쳐 이루어진 경우에는 특정한 소유자에 대하여 2년분 이상의 지료를 체납한 때에 소멸청구할 수 있다(대판 2001.3.13. 99다17142).
⑥ 이와 다른 특약으로서 지상권자에게 불리한 것은 무효이다.
⑦ 지상권이 저당권의 목적이 된 때에는 지상권의 소멸청구는 저당권자에게 통지한 후 상당한 기간이 경과함으로써 그 효력이 생긴다(제288조).
⑧ 소멸청구에 의하여 지상권이 소멸하는 데에 등기를 필요로 하는지에 대해 견해 대립이 있으나, 판례는 명확한 입장을 밝힌 바가 없다.

> *Professor Comment*
> 지상권(2년 이상의 지료 연체)(제287조), 전세권(정해진 용법에 따르지 않은 경우)(제311조), 임대차(2기의 차임 연체)(제640조)의 소멸청구사유가 서로 다르므로 주의해야 한다.

2) 지상권의 포기

지상권의 포기는 원칙적으로 지상권자의 자유이며 그에 따른 등기의 실행으로 지상권은 소멸한다. 다만 ① 포기함으로써 토지소유자에게 손해(지료수입감소)가 생길 때에는 그 손해를 배상하여야 하고, ② 지상권이 저당권의 목적이 된 경우에는 저당권자의 동의가 없이는 포기할 수 없다.

2 소멸의 효과★★★

> **제285조(수거의무, 매수청구권)** ① 지상권이 소멸한 때에는 지상권자는 건물 기타 공작물이나 수목을 수거하여 토지를 원상에 회복하여야 한다.
> ② 전항의 경우에 지상권설정자가 상당한 가액을 제공하여 그 공작물이나 수목의 매수를 청구한 때에는 지상권자는 정당한 이유 없이 이를 거절하지 못한다.

> *Professor Comment*
> 계약갱신청구권과 지상물매수청구권이 건물소유를 목적으로 하는 토지임차권에 준용됨을 기억하고 임차권 부분과 연계하여 학습하도록 하자.

(1) 지상물수거권 및 수거의무

1) 지상권이 소멸한 때에는 지상권자는 건물 기타 공작물이나 수목을 수거하여 토지를 원상에 회복하여야 한다(제285조 제1항).
2) 지상물의 수거는 지상권소멸 후 지체 없이 하여야 하나, 수거를 위하여 필요한 기간동안 토지의 사용을 계속할 수 있다(통설).

(2) 지상물매수청구권

1) **지상권설정자의 지상물매수청구권**(제285조 제2항)
   지상권이 소멸한 때에 지상권설정자가 상당한 가액을 제공하여 그 공작물이나 수목의 매수를 청구한 때에는 지상권자는 정당한 이유 없이 이를 거절하지 못한다.

2) **지상권자의 지상물매수청구권**(제283조)
   ① 지상권자의 갱신청구에 대하여 지상권설정자가 그것을 거절한 경우에는 지상물의 매수를 청구할 수 있다.
   ② 지상권자 건물매수를 청구한 경우라도 건물 소유권 이전에 필요한 등기관련서류 등을 제공하기 전까지는 건물부지의 지상료 상당의 부당이익을 반환해야 한다(대판 2001.6.1. 99다60535 참조).
   ③ 매수청구권은 형성권으로서(통설), 그 행사에 의하여 곧바로 지상물에 대한 매매가 성립하게 된다(대판 1972.7.25. 72다653).
   ④ 지상권자가 2년간 지료를 지급하지 아니하여 지상권소멸청구를 당한 경우는 지상물매수청구권을 행사하지 못한다(대판 1993.6.29. 93다10781).
   ⑤ 매수청구권에 관한 규정은 강행규정으로서 이에 위반되는 약정으로 지상권자에게 불리한 것은 무효이다.

(3) 유익비상환청구권

1) 필요비는 지상권자 스스로 부담하므로 인정되지 않고, 유익비만 상환청구할 수 있다.
2) 유익비를 지상권자가 부담한다는 특약*이 있을 때에는 유익비상환청구권은 인정되지 않는다.

* **지상권자가 부담한다는 특약**
유익비상환청구권 포기 특약 가능

Professor Comment
> 지상권자에게는 필요비 상환청구권이 인정되지 않고, 유익비는 명문규정이 없지만 임차인의 유익비상환청구권(제626조 제2항)을 유추하여 인정하고 있다.

단락문제 04

용익물권(用益物權)의 특성에 관한 다음의 기술 중 옳은 것은?

① 지상권과 지역권은 그 사용목적과 내용에 제한이 없지만, 전세권에는 있다.
② 지상권·전세권 및 지역권은 용익권자가 독점적으로 목적물의 사용·수익할 권리를 갖는다.
③ 지상권과 전세권에는 각각 최장기간과 최단기간의 제한이 정하여져 있다.
④ 지상권이나 전세권을 설정하여 타인으로 하여금 물권을 점유하게 한 자는 간접으로 점유권이 있다.
⑤ 지상권에는 지료증감청구권이 인정되지만, 전세권에는 전세금증감청구권이 인정되지 않는다.

해설 용익물권의 특성(점유매개관계에 의한 간접점유)
① (×) 지상권과 지역권에도 그 사용목적과 내용에 제한이 있다(제297조 참조).
② (×) 지역권은 그 성질상 비배타적 권리이다.
③ (×) 민법은 지상권에 대해 최단기간만 규정하고 있다. 전세권은 원칙적으로 단기의 보장은 없고 최장기의 제한만이 있을 뿐이다(제312조 제1항). 다만 건물의 전세권에 대하여 1년의 단기보장규정을 신설하였다(제312조 제2항).
④ (○) 점유매개관계에 기한 간접점유이다(제194조). 간접점유자는 점유권을 가지므로 점유보호청구권(제204조 내지 제206조)을 행사할 수 있다.
⑤ (×) 전세금증감청구권을 인정하고 있다(제312조의2). 답 ④

단락핵심 지상권의 소멸

(1) 지상권이 소멸하더라도 현존하는 건물, 공작물 기타 수목을 위하여 지상권자는 계약의 갱신을 청구할 수 있다. (○)
(2) 지상권이 소멸하면 지상권설정자는 현존하는 건물의 매수를 청구할 수 있다. (○)
(3) 지상권이 소멸할 때 지상권자는 필요비의 상환을 청구할 수 있다. (×)

06 구분지상권

제289조의2(구분지상권) ① 지하 또는 지상의 공간은 상하의 범위를 정하여 건물 기타 공작물을 소유하기 위한 지상권의 목적으로 할 수 있다. 이 경우 설정행위로써 지상권의 행사를 위하여 토지의 사용을 제한할 수 있다.
② 제1항의 규정에 의한 구분지상권은 제3자가 토지를 사용·수익할 권리를 가진 때에도 그 권리자 및 그 권리를 목적으로 하는 권리를 가진 자 전원의 승낙이 있으면 이를 설정할 수 있다. 이 경우 토지를 사용·수익할 권리를 가진 제3자는 그 지상권의 행사를 방해하여서는 아니된다.

1 의의 및 특질★★

22회 출제

(1) 구분지상권은 타인의 토지의 지하 또는 지상에 일정한 범위*를 정하여 건물 기타 공작물**을 소유하기 위하여 그 구분층을 사용할 것을 내용으로 하는 지상권이다(제289조의2). 이는 토지를 입체적으로 이용하게 하여 토지이용의 효율성을 높이기 위해 인정되는 것이다.

* 지하 또는 지상에 일정한 범위
수직적 일부

** 건물 기타 공작물
터널, 고가도로, 지하철 송전선 등 포함, 수목 제외

(2) 일반지상권은 토지의 상하 전층을 객체로 하나, 구분지상권은 토지의 상하의 어떤 층만을 객체로 한다.

(3) 일반지상권은 건물 기타의 공작물뿐만 아니라 수목을 소유하기 위하여서도 설정할 수 있으나, 토지의 상하 전부를 이용해야 하는 수목의 소유를 위해서는 구분지상권을 설정할 수 없다.

2 구분지상권의 설정

(1) 합의와 등기

일반지상권의 설정에서와 마찬가지로 당사자 사이에 구분지상권의 설정에 관한 물권적 합의와 등기에 의하여 설정된다.

구분지상권·수목소유 목적

(1) **지상권**
타인의 토지를 사용하는 용익물권이다.

(2) **용익물권**
타인의 물건을 사용·수익(=용익)하는 권리이다.
종류 ┬ 지상권
     ├ 지역권
     └ 전세권

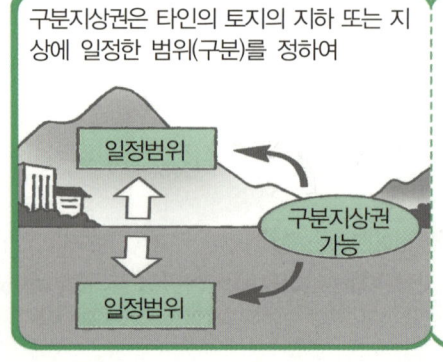

구분지상권은 타인의 토지의 지하 또는 지상에 일정한 범위(구분)를 정하여

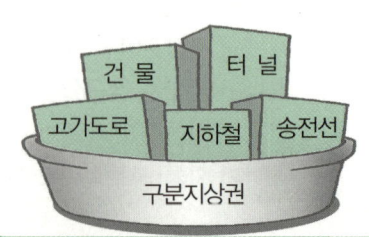

건물 기타 공작물(터널·고가도로·지하철·송전선 등)을 소유하기 위하여 그 구분층을 사용할 것을 내용으로 하는 지상권이다.

(2) 설정범위의 확정

구분지상권을 설정하기 위해서는 그 객체가 되는 목적토지의 상하의 범위 즉 구분층의 한계를 확정하여야 하며, 그것을 등기하여야 한다.

(3) 권리자 전원의 승낙

구분지상권을 설정하려는 토지에 제3자가 당해토지를 사용·수익할 권리*를 가진 때에는 그 권리자 및 권리를 목적으로 하는 권리를 가진 자 전원의 승낙이 있어야 한다(제289조의2 제2항 전단).

> *사용·수익할 권리
> 지상권·지역권·전세권 등의 물권과 등기된 임차권 등

3 구분지상권의 효력

19회 출제

(1) 일반지상권의 준용

일반지상권의 내용을 규정한 제279조를 제외하고 지상권에 관한 민법의 규정은 모두 구분지상권에 준용된다(제290조 제2항).

(2) 소유자의 사용권제한 특약

구분지상권의 설정으로 토지소유자의 사용권이 완전배제되는 것은 아니나 설정행위로써 구분지상권의 행사를 위하여 토지소유자의 사용권을 제한하는 특약을 할 수 있으며(제289조의2 제1항 후단) 이를 등기하면 토지소유자 이외의 제3자에게도 대항할 수 있다(「부동산등기법」 제69조 제5호).

(3) 승낙자의 의무

구분지상권이 당해토지에 대한 용익권을 가지는 제3자 전원의 승낙을 얻어 설정된 경우, 그들 제3자는 구분지상권의 정당한 행사를 방해해서는 아니 될 의무를 부담한다(제289조의2 제2항 후단).

단락문제 05

구분지상권에 관한 설명으로 틀린 것은?

① 구분지상권의 행사를 위하여 토지소유권자의 사용권을 제한하는 특약을 구분지상권설정행위에서 할 수 있다.
② 구분지상권은 토지의 지상 또는 지하의 공간을 상하의 범위로 정하여 설정할 수 있게 함으로써 토지의 입체적 이용을 가능하게 한다.
③ 구분지상권은 건물 기타의 공작물 및 수목을 소유하기 위해서 설정할 수 있다.
④ 구분지상권을 설정하려는 토지에 이미 제3자가 사용, 수익할 권리를 가지고 있는 경우에는 이들의 동의를 얻어야 한다.
⑤ 1필의 토지의 일부의 특정 구분층에 대하여 구분지상권을 설정할 수 있다.

해설 구분지상권의 설정대상
③ 구분지상권은 타인의 토지의 지상 또는 지하에 건물 기타 공작물을 소유하기 위하여 타인의 토지를 사용하는 물권으로서 수목을 소유하기 위하여서는 구분지상권을 설정할 수 없다(제289조의2). 수목은 지하나 공중에 심을 수 없기 때문이다. **답** ③

07 법정지상권

1 법정지상권의 의의

(1) 의 의

법정지상권은 토지와 그 지상건물(또는 입목)이 동일인에게 속하고 있었으나 경매 기타의 사유로 각각 소유자를 달리하게 된 때 그 건물소유자에게 법률상 당연히 인정되는 지상권을 말한다.

(2) 제도의 취지

이는 미리 그 지상건물이나 입목을 위한 지상권을 설정할 수 없는 경우에 법률상 당연히 토지의 사용을 확보해 줌으로써 독립된 부동산으로 되어 있는 건물이나 입목법에 의한 입목의 이용 내지 존립을 보호하는 기능을 수행한다.

> **Key Point** 법정지상권이 인정되는 대표적인 규정
>
> 1) 전세권 보호를 위한 법정지상권(제305조 제1항)
> 2) 저당권실행에 의한 법정지상권(제366조)
> 3) 가등기담보권의 실행에 의한 법정지상권(「가등기담보 등에 관한 법률」 제10조)
> 4) 「입목에 관한 법률」에 의한 법정지상권(「입목에 관한 법률」 제6조 제1항)

2 법정지상권의 내용

(1) 법정지상권은 법률에 의하여 당연히 성립하고 그 등기를 요하지 않는다. 다만, 이를 제3자에게 처분하려면 등기를 하여야 한다.
(2) 법정지상권의 존속기간은 특별한 규정이 없는 한 기간을 정하지 않은 지상권으로 본다.

 법정지상권

① 법률상 당연히 인정되는 지상권이다.
② 법정지상권을 제3자에게 처분하려면 등기를 하여야 한다.

제3장 용익물권

3 전세권보호를 위한 법정지상권

(1) 전세권설정당시에 토지소유자와 건물소유자가 동일인이었으나, 토지의 양도 등으로 토지소유자와 건물소유자가 다르게 된 경우 건물소유자는 법정지상권을 취득한다(제305조).

(2) 법정지상권을 취득하는 자는 전세권자가 아니라 건물소유자*(전세권설정자)이다.

> *** 건물소유자**
> 전세권자가 취득한다고 보면, 전세권의 소멸시에 지상권도 같이 소멸하거나, 전세권자가 전세권 없는 지상권을 취득하게 되는 문제가 발생하기 때문이다.

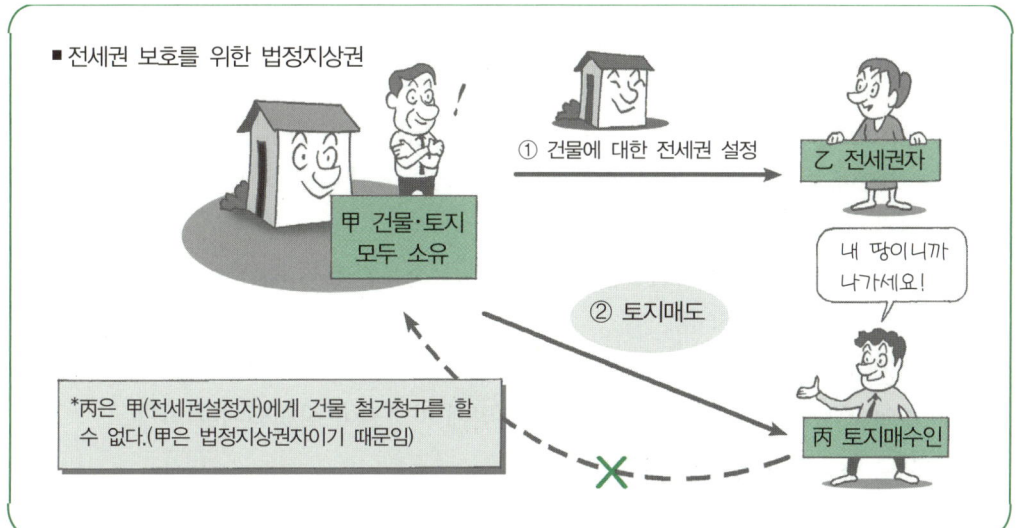

4 저당권실행에 의한 법정지상권★★★

(1) 의 의

토지와 그 지상의 건물이 동일인 소유였으나, 저당물의 경매로 인하여 토지와 그 지상건물이 다른 소유자에 속한 경우에는 토지소유자는 건물소유자**에 대하여 지상권을 설정한 것으로 본다(제366조).

> **** 건물소유자**
> 저당권자가 아님을 주의할 것

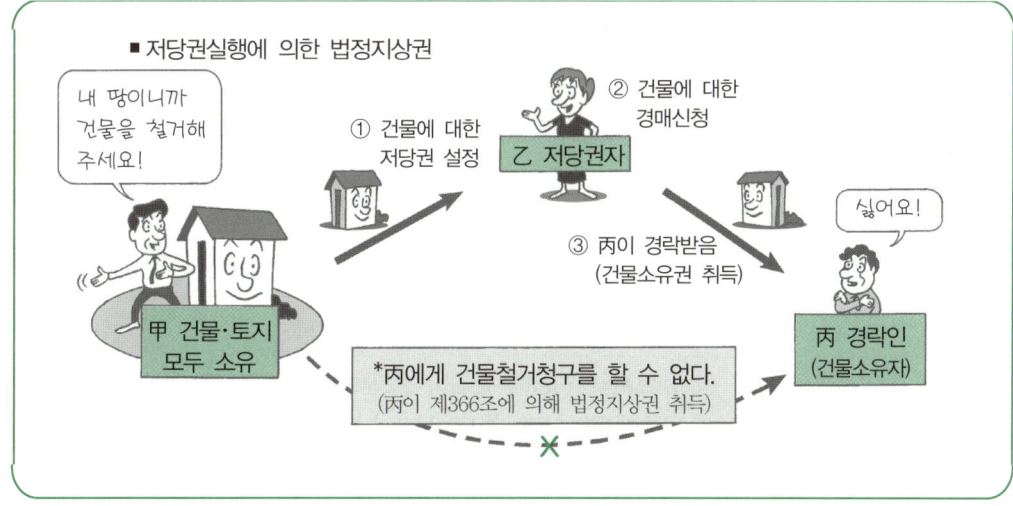

(2) 성립요건

1) **건물이 저당권 설정 당시에 존재할 것**
   ① 건물이 없는 토지에 저당권을 설정한 후에 저당권설정자가 건물을 지은 경우에는 법정지상권이 성립되지 않는다.
   ② 건물은 저당권설정 당시에 실제로 있으면 되고 보존등기까지 있어야 하는 것은 아니므로 미등기건물인 경우에도 법정지상권은 성립한다(대판 2004.6.11. 2004다13533).
   ③ 저당권 설정 당시 건물이 존재한 이상 그 이후 건물을 개축, 증축하는 경우는 물론이고 건물이 멸실되거나 철거된 후 재축, 신축하는 경우에도 법정지상권이 성립하며, 이 경우의 법정지상권의 내용인 존속기간, 범위 등은 구 건물을 기준으로 하여 그 이용에 일반적으로 필요한 범위 내로 제한된다(대판 1991.4.26. 90다19985).

2) **소유자가 동일할 것**
   저당권설정 당시에 토지와 건물이 각각 다른 소유자에게 속하고 있었던 때에는 법정지상권은 성립되지 않는다.

3) **저당권의 설정**
   토지와 건물의 어느 한 쪽이나 또는 둘 위에 저당권이 설정되어야 한다.

4) **경매로 소유자가 달라질 것**
   ① 여기서의 경매는 저당권실행경매를 의미한다.
   ② 그 밖의 사유(매매 등)로 소유자가 달라진 경우에는 관습법상의 법정지상권이 성립할 수 있다.

5) **특약의 배제**
   민법 제366조는 강행규정이며, 저당권설정 당사자의 특약으로 법정지상권의 성립을 막을 수는 없다(대판 1988.10.25. 87다카1564).

> **판례** 법정지상권 성립을 부정한 예
> 토지에 관하여 저당권이 설정될 당시 그 지상에 토지소유자에 의한 건물의 건축이 개시되기 이전이었다면, 건물이 없는 토지에 관하여 저당권이 설정될 당시 근저당권자가 토지소유자에 의한 건물의 건축에 동의하였다고 하더라도 법정지상권이 성립되지 않는다(대판 2003.9.5. 2003다26051).

> **판례** 법정지상권 성립을 긍정한 예
> 토지에 저당권을 설정할 당시 토지의 지상에 건물이 존재하고 있었고 그 양자가 동일 소유자에게 속하였다가 그 후 저당권의 실행으로 토지가 낙찰되기 전에 건물이 제3자에게 양도된 경우, 건물을 양수한 제3자는 민법 제366조 소정의 법정지상권을 취득한다(대판 1999.11.23. 99다52602).

(3) 효과(내용)

1) 법정지상권의 범위
보통의 지상권자와 같이 건물의 대지에 한정되지 않으며, 이용의 필요한도 내에서 대지 이외의 부분까지도 미친다.

2) 존속기간
「민법」제280조 제1항이 정하는 기간으로 보는 것이 상당하다(대판 1992.6.9. 92다4857).

3) 지료
먼저 당사자의 협의에 의하여 결정하고, 협의가 되지 않는 경우에는 당사자의 청구로 법원이 정한다(제366조 제1항).

4) 법정지상권의 양도
① 법정지상권을 취득한 자가 그 건물을 제3자에게 양도하는 경우, 그 건물에 대한 이전등기로서 당연히 법정지상권도 제3자에게 이전되는 것이 아니라 별도의 이전등기(부기등기)가 있어야 한다.

② 법정지상권을 가진 건물소유자로부터 건물을 양수하면서 법정지상권까지 양도받기로 한 자는 채권자대위의 법리에 따라 전건물소유자 및 대지소유자에 대하여 차례로 지상권의 설정등기 및 이전등기절차이행을 구할 수 있다 할 것이므로 이러한 법정지상권을 취득할 지위에 있는 자에 대하여 대지소유자가 소유권에 기하여 건물철거를 구함은 지상권의 부담을 용인하고 그 설정등기절차를 이행할 의무 있는 자가 그 권리자를 상대로 한 청구라 할 것이어서 신의성실의 원칙상 허용될 수 없다(대판 1985.4.9. 84다카1131).

5) 법정지상권의 소멸
존속기간의 만료, 토지소유자의 소멸 청구, 지상권자의 포기, 혼동, 당사자 간의 합의에 의해서 소멸한다.

 법정지상권이 건물의 소유에 부속되는 종속적인 권리인지 여부 — 종속적인 권리 아님

민법 제366조 소정의 법정지상권은 건물의 유지, 존립을 위하여 특별히 인정된 권리이기는 하지만 그렇다고 하여 위 법정지상권이 건물의 소유에 부속되는 종속적인 권리가 되는 것이 아니며 하나의 독립된 법률상의 물권으로서의 성격을 지니고 있는 것이기 때문에 건물의 소유자가 건물과 법정지상권 중 어느 하나만을 처분하는 것도 가능하다(대판 2001.12.27. 2000다1976).

(4) 공동저당권의 예외
1) 공동저당이란 동일한 피담보채권을 위하여 수 개의 물건에 저당권을 설정하는 것을 말한다.

2) 토지와 건물을 공동저당의 목적으로 한 경우에도 저당권의 실행으로 건물과 토지의 소유자가 달라지면 법정지상권이 성립한다.
3) 그러나, 공동저당의 목적인 건물이 철거된 후 그 자리에 새 건물이 신축된 경우에는 공동저당이 아닌 경우와는 달리, 법정지상권이 인정되지 않는다(아래 판례). 만약 법정지상권을 인정한다면 건물에 설정된 저당권은 건물의 철거로 소멸하므로, 저당권자가 건물의 경락대금에서는 변제받지 못하는 반면, 토지의 가치는 법정지상권의 제한을 받는 이중의 부담을 지게 되기 때문이다.

동일인 소유의 토지와 그 지상건물에 관하여 공동저당권이 설정된 후 건물이 철거되고 신축된 경우 법정지상권의 성립 여부 — 성립하지 않음

동일인의 소유에 속하는 토지 및 그 지상 건물에 관하여 공동저당권이 설정된 후 그 지상 건물이 철거되고 새로 건물이 신축된 경우에는 특별한 사정이 없는 한 저당물의 경매로 인하여 토지와 그 신축건물이 다른 소유자에 속하게 되더라도 그 신축건물을 위한 법정지상권은 성립하지 않는다(대판 2003.12.18. 98다43601).

단락문제 Q6

법정지상권에 관한 다음 설명 중 잘못된 것은?

① 대지와 건물이 동일한 소유자에게 속한 경우 건물에 전세권을 설정한 때에는 그 대지소유권의 특별승계인은 전세권설정자에 대하여 지상권을 설정한 것으로 본다.
② 저당물의 경매로 인하여 토지와 그 지상건물이 다른 소유자에 속한 경우에는 토지소유자는 건물소유자에 대하여 지상권을 설정한 것으로 본다.
③ 입목(立木)의 경매 기타 사유로 인하여 토지와 그 입목이 각각 다른 소유자에게 속하게 되는 경우에는 토지소유자는 입목소유자에 대하여 지상권을 설정한 것으로 본다.
④ 판례에 의하면, 대지와 그 지상건물이 같은 소유자에 속하여 있다가 매매 등으로 인하여 각각 그 소유자를 달리하게 된 경우에, 그 건물을 철거한다는 합의가 없는 한 건물의 소유자는 그 토지 위에 관습법상의 법정지상권을 취득한다.
⑤ 관습법상의 법정지상권은 그에 관한 등기가 없으면 대지소유자에게 이를 주장할 수 없다.

해설 관습상의 법정지상권의 취득
⑤ 법률행위로 인한 취득이 아니고 대지소유자가 건물소유자에게 관습상 설정한 것으로 보는 이른바, 관습상 지상권에 있어서의 등기는 권리를 처분하기 위하여 필요한 것이지 그 취득에는 필요하지 않으므로 권리자는 등기 없이 그 권리를 누구에게나 주장할 수 있다(대판 1971.2.23. 70다2928).

답 ⑤

제3장 용익물권

> **단락핵심** 　　　　　　**법정지상권**
>
> (1) 동일 소유자에게 속하는 건물과 토지 모두가 동시에 저당권의 목적이 되어도 법정지상권 성립에 지장이 없다. (O)
> (2) 법정지상권의 성립에는 등기가 필요하지 않으나 그 처분에는 등기가 필요하다. (O)
> (3) 저당권설정 당시에 존재하던 건물이 멸실하여 재축한 경우에도 법정지상권은 인정된다. (O)
> (4) 저당권설정 당시에 동일소유자에게 귀속되었으면 그 후 토지와 건물의 소유자가 달라져도 법정지상권은 성립된다. (O)
> (5) 법정지상권이 있는 건물의 소유권이전등기청구권을 가진 자는 건물 소유권을 취득하기 전에 법정지상권만을 양수할 수 없다. (×)

08 관습법상의 지상권　　　　　21회 출제

1 관습법상의 법정지상권★★★

(1) 의 의

1) 관습법상의 법정지상권이란 동일인의 소유에 속하였던 토지와 건물 중의 어느 한쪽이 매매 등의 원인으로 인하여 그 소유자를 각각 달리하게 될 경우에, 특히 그 건물을 철거한다는 특약이 없는 이상 건물소유자가 당연히 취득하게 되는 지상권을 말한다.
2) 관습법상의 법정지상권은 건물과 토지의 소유권이 분리될 경우, 건물이 철거되어 발생하는 사회경제적 낭비를 예방하기 위한 것이다.

> **판례** 　**관습법상 법정지상권을 인정한 판례**　　　　　23회 출제
>
> 1 매수인의 의사에 따라 건물만이 매도된 경우에도 관습상의 법정지상권이 인정된다(대판 1997.1.21. 96다40080).
> 2 건물부지의 공유자들이 그 대지를 분할하여 그 건물부지를 공유자 중의 한사람의 단독소유로 귀속된 경우에는 특별한 사정이 없는 한 그 건물소유자는 그 건물을 위하여 관습에 의한 법정지상권을 취득한다(대판 1967.11.14. 67다1105).
> 3 원고와 피고가 1필지의 대지를 구분소유적으로 공유하고 피고가 자기 몫의 대지 위에 건물을 신축하여 점유하던 중 위 대지의 피고지분만을 원고가 경락취득한 경우 피고는 관습법상의 법정지상권을 취득한다(대판 1990.6.26. 89다카24094).

2편 물권법

> **관습법상 법정지상권을 부정한 판례**
>
> 1. 원래 동일인에게의 소유권 귀속이 원인무효로 이루어졌다가 그 뒤 그 원인무효임이 밝혀져 그 등기가 말소됨으로써 그 건물과 토지의 소유자가 달라지게 된 경우에는 관습상의 법정지상권을 허용할 수 없다(대판 1999.3.26. 98다64189).
> 2. 원소유자로부터 대지와 건물이 한 사람에게 매도되었으나 대지에 관하여만 그 소유권이전등기가 경료되고 건물의 소유 명의가 매도인 명의로 남아 있게 되어 형식적으로 대지와 건물이 그 소유 명의자를 달리하게 된 경우에 있어서는, 관습에 의한 법정지상권을 인정할 필요는 없다(대판 1998.4.24. 98다4798).
> 3. 미등기 무허가건물의 양수인이라 할지라도 그 소유권이전등기를 경료받지 않는 한 건물에 대한 소유권을 취득할 수 없고, 그러한 건물의 취득자에게 소유권에 준하는 관습상의 물권이 있다고 볼 수 없다(대판 1996.6.14. 94다53006). 따라서 법정지상권도 성립할 수 없다.
> 4. 환지처분은 관습법상의 법정지상권 취득의 원인이 되지 않는다(대판 1991.4.9. 89다카1305).
> 5. 토지소유권을 명의신탁받은 명의수탁자가 명의신탁관계의 존속중 그 토지 위에 건물을 신축한 후 명의신탁이 해지되어 등기명의가 명의신탁자에게 환원된 경우 수탁자는 관습법상의 법정지상권을 취득할 수 없다(대판 1986.5.27. 86다카62).

(2) 성립요건

1) 소유자의 동일

"처분 당시에" 토지와 건물의 소유자가 동일인이어야 한다(원시적으로 동일인의 소유였을 필요는 없음). 동일인의 소유에 속하는 이상 미등기이거나 무허가건물인 경우라도 상관없다.

 관습법상의 법정지상권

제3장 용익물권

> **판례** 환매등기, 무허가건물의 법정지상권의 성립
>
> **1 환매등기와 법정지상권의 성립**
> 특별한 사정이 없는 한 환매권의 행사에 따라 토지와 건물의 소유자가 달라진 경우 그 건물을 위한 관습상의 법정지상권은 애초부터 생기지 않는다(대판 2010.11.25. 2010두16431).
>
> **2 무허가건물의 법정지상권 성립**
> 토지와 그 지상의 건물이 동일한 소유자에게 속하였다가 토지 또는 건물이 매매나 기타 원인으로 인하여 양자의 소유자가 다르게 된 때에는 그 건물을 철거하기로 하는 합의가 있었다는 등의 특별한 사정이 없는 한 건물소유자는 토지소유자에 대하여 그 건물을 위한 관습상의 지상권을 취득하게 되고, 그 건물은 반드시 등기가 되어 있어야만 하는 것이 아니고 무허가건물이라고 하여도 상관이 없다(대판 1991.8.13. 91다16631).

2) 매매 등으로 인하여 소유자가 달라질 것
토지와 건물 중의 어느 한쪽이 **매매 등의 원인***으로 처분되어 그 소유자가 달라야 한다.

* **매매 등의 원인**
증여·국세징수법에 의한 공매·강제경매 등

3) 철거특약의 부존재**
당사자 사이에 건물을 철거한다는 조건(특약)이 없어야 한다.

** **철거특약의 부존재**
저당권 실행에 의한 법정지상권과의 차이점

4) 등기의 불요
등기는 성립요건이 아니다. 따라서 법정지상권을 취득한 자는 토지가 양도된 경우에도 법정지상권 취득당시의 토지소유자 뿐만 아니라 그의 승계취득자에 대하여도 등기 없이 대항할 수 있다. 그러나 취득한 관습법상의 법정지상권을 처분하려면 등기를 하여야 한다(제187조).

(3) 효과(내용)

1) 일반지상권의 준용
원칙적으로 일반지상권과 다를 바 없으며 민법의 지상권에 관한 규정이 준용된다. 다만 그 존속기간 및 효력범위는 법정지상권 성립 당시의 건물을 기준으로 한다.

> **판례** 법정지상권 성립 후 건물이 증·개축되거나 신축된 경우
>
> 민법 제366조 소정의 법정지상권이나 관습상의 법정지상권이 성립한 후에 건물을 개축 또는 증축하는 경우는 물론 건물이 멸실되거나 철거된 후에 신축하는 경우에도 법정지상권은 성립하나, 다만 그 법정지상권의 범위는 구건물을 기준으로 하여 그 유지 또는 사용을 위하여 일반적으로 필요한 범위 내의 대지 부분에 한정된다(대판 1997.1.21. 96다40080).

2) 존속기간

존속기간을 정하지 아니한 지상권으로 본다(대판 1988. 4. 12. 87다카2404). 따라서 법정지상권 성립 당시에 존재하던 건물의 종류에 따라 최단존속기간인 30년 또는 15년 동안 법정지상권이 존속하는 것으로 본다. 그러므로 법정지상권이 성립한 후에 건물을 개축 또는 증축하는 경우는 물론이거니와 건물이 동일성을 상실할 정도로 멸실되거나 철거된 후에 신축하는 경우에도 법정지상권은 존속*하나, 그 범위는 구 건물을 기준으로 한다(대판 1991. 11. 8. 90다15716).

> *법정지상권은 존속
> 지상권은 부종성이 없다.

3) 지료

지료는 ① 당사자의 협의가 이루어지지 않으면 ② 당사자의 청구에 의하여 법원이 결정한다(제366조 단서의 유추적용).

단락문제 Q 7

(관습상)법정지상권에 관한 설명 중 옳은 것은? (다툼이 있으면 판례에 의함)

① 법정지상권은 등기 없이 당사자의 약정만으로 승계취득할 수 있다.
② 건물소유자가 토지소유자와 건물소유를 목적으로 하는 토지임대차계약을 체결한 경우 관습상 법정지상권을 포기하였다고 볼 수 없다.
③ 토지의 매수인이 이전등기를 하지 않은 상태에서 매도인의 승낙을 받아 건물을 신축한 후 매매계약이 해제된 경우에도 매수인은 관습상 법정지상권을 취득한다.
④ 법정지상권이 있는 건물이 개축된 경우는 법정지상권이 소멸한다.
⑤ 법정지상권이 있는 건물의 양수인으로서 장차 법정지상권을 취득할 지위에 있는 자가 그 대지를 점유·사용함으로 인하여 얻은 이득은 부당이득이다.

해설 관습상 법정지상권자의 지료지급의무와 부당이득관계

① (×) 법정지상권은 법률규정에 의한 물권변동이므로 등기 없이 취득할 수 있지만, 등기를 하지 아니하면 이를 처분할 수 없으므로(제187조 단서), 당사자의 약정만으로는 승계취득할 수 없다.
② (×) 건물 소유자가 토지소유자와 사이에 건물의 소유를 목적으로 하는 토지 임대차계약을 체결한 경우에는 관습상의 법정지상권을 포기한 것으로 봄이 상당하다(대판 1992. 10. 27. 92다3984).
③ (×) 당초에 건물과 그 대지가 동일인의 소유였다가 경매 등의 사유로 소유자를 달리하게 되는 경우가 아닌 이상 관습에 의한 법정지상권도 성립되지 아니한다(대판 1988. 6. 28. 87다카2895).
④ (×) 민법 제366조 소정의 법정지상권이나 관습상의 법정지상권이 성립한 후에 건물을 개축 또는 증축하는 경우는 물론 건물이 멸실되거나 철거된 후에 신축하는 경우에도 법정지상권은 성립하나, 다만 그 법정지상권의 범위는 구건물을 기준으로 하여 그 유지 또는 사용을 위하여 일반적으로 필요한 범위 내의 대지부분에 한정된다(대판 1997. 1. 21. 96다40080).
⑤ (○) (대판 1997. 12. 26. 96다34665)

답 ⑤

관습법상 법정지상권

(1) 건물철거의 특약이 있는 경우 관습법상 법정지상권은 인정되지 않는다. (○)
(2) 미등기 무허가건물의 양수인이라 할지라도 그 소유권이전등기를 경료받지 않는 한 건물에 대한 소유권을 취득할 수 없고, 그러한 건물의 취득자에게 소유권에 준하는 관습상의 물권이 있다고 볼 수 없으므로 법정지상권이 성립하지 않는다. (○)
(3) 환지처분은 관습법상의 법정지상권 취득의 원인이다. (×)
(4) 법정지상권이 성립한 후에 건물을 개축 또는 증축하는 경우와 달리 건물이 동일성을 상실할 정도로 멸실되거나 철거된 후에는 법정지상권이 소멸한다. (×)

2 분묘기지권(墳墓基地權)★★★

(1) 의의

분묘기지권은 타인의 토지에 분묘(내부에 시신이 안장되어 있는 것)를 설치한 자가 그 분묘를 유지 관리하기 위하여 일정 범위의 타인소유 토지를 사용할 수 있는 권리로서 판례에 의하여 인정된 지상권과 유사한 용익물권이다.

(2) 성립요건

1) 분묘기지권은 관습법상 인정된 물건으로서 그 성립에 등기를 요하지 않는다(대판 1955.9.29. 4288민상210).

2) 판례에 의하면 다음과 같은 3가지 경우에 성립한다.
   ① 토지소유자의 승낙을 얻어 그의 소유지 내에 분묘를 설치한 경우(대판 2000.9.26. 99다14006)
   ② 타인 토지에 승낙 없이 분묘를 설치하고 20년간 평온·공연하게 그 분묘의 기지를 점유함으로써 취득시효가 완성된 경우(대판 1955.9.29. 4288민상210)
   ③ 자기 토지에 분묘를 설치한 후 그 분묘기지에 대한 소유권을 유보하거나 분묘도 함께 이전한다는 특약을 함이 없이 토지를 처분한 경우(대판 1955.9.29. 4288민상210)

> **판례** 장래를 위한 분묘기지권의 인정 여부
>
> 분묘기지권은 이미 설치되어 있는 분묘의 소유를 위해서만 인정되고 장래에 분묘를 설치하기 위해서나 그 밖의 다른 목적을 위해서는 인정되지 않는다(대판 1958.6.12. 4290민상71).

3) 어느 경우나 분묘(내부에 시신이 인장되어 있는 것)라는 점이 전제되어야 하며, 외부에서 존재를 인식할 수 있는 것(봉분이나 비석 등)이어야 한다.

(3) 권리의 내용

1) 토지사용권의 범위

분묘기지권이 미치는 지역은 위 목적을 달성할 수 있는 범위 내라 할 것이므로 분묘의 기지뿐만 아니라 분묘의 보호 및 제사에 필요한 범위의 빈 땅에도 미친다(대판 1965.3.23. 65다17).

> **판례** 기존의 분묘기지권이 미치는 범위 내에서 단분형태의 분묘를 새로이 설치할 수 없음
>
> 분묘기지권에는 그 효력이 미치는 지역의 범위 내라고 할지라도 기존의 분묘 외에 새로운 분묘를 신설할 권능은 포함되지 아니하는 것이므로, 부부 중 일방이 먼저 사망하여 이미 그 분묘가 설치되고 그 분묘기지권이 미치는 범위 내에서 그 후에 사망한 다른 일방을 단분(單墳)형태로 합장하여 분묘를 설치하는 것도 허용되지 않는다(대판 2001.8.21. 2001다28367).
>
> ▶ 쌍분(雙墳)형태도 허용되지 않는다(대판 1997.5.23. 95다29086). 분묘기지권이 미치는 토지의 범위 및 존속기간에 영향을 미치기 때문이다.

2) 분묘기지권의 존속기간

① 분묘기지권의 존속기간은 당사자의 약정이 있는 등 특별한 사정이 없으면 권리자가 분묘의 수호와 봉사를 계속하며 그 분묘가 존속하고 있는 동안은 분묘기지권은 존속한다(대판 1994.8.26. 94다28970).

② 권리자가 상당한 기간 분묘의 수호와 봉사를 저버린 경우에는 토지소유자는 그 분묘의 이전을 청구할 수 있다. 그리고 분묘기지권은 분묘가 존속하는 동안 인정되는 것이므로 이장으로 인하여 더 이상 분묘수호와 봉제사에 필요 없게 된 부분이 생겨났다면 그 부분에 대해서는 분묘기지권은 소멸한다(대판 1994.12.23. 94다15530).

3) 분묘기지권의 지료

지료에 관해서는 견해가 대립하나, 특별한 사정이 없는 한 무상*인 것으로 본다. 분묘기지권을 시효로 취득한 경우, 분묘기지권자는 토지소유자가 지료를 청구하면 그 청구한 날부터의 지료를 지급할 의무가 있다(대판 2021.4.29. 2017다228007).

* **특별한 사정이 없는 한 무상**
지료는 지상권의 성립요건이 아님을 고려할 것

단락문제 Q8

분묘기지권에 관한 설명으로 틀린 것은? (다툼이 있으면 판례에 의함)

① 토지소유자의 승낙 없이 분묘를 설치한 후 20년간 평온·공연하게 분묘기지를 점유한 자는 그 기지의 소유권을 시효취득한다.
② 타인토지에 분묘를 설치·소유하는 자에게는 그 토지에 대한 소유의 의사를 추정할 수 없다.
③ 등기는 분묘기지권의 취득요건이 아니다.
④ 이장으로 인하여 더 이상 분묘수호와 봉제사에 필요 없게 된 부분이 생겨났다면 그 부분에 대해서는 분묘기지권은 소멸한다.
⑤ 특별한 사정이 없는 한 분묘기지권의 존속기간은 권리자가 분묘의 수호와 봉사를 계속하며 그 분묘가 존속하고 있는 동안이다.

해설 분묘기지권
① (×) 분묘기지권은 일종의 관습법상 법정지상권이지 소유권이 아니다(대판 1969.1.28. 68다1927). 즉, 취득하는 것은 분묘기지권이다.
② (○) 타인의 토지 위에 분묘를 설치·소유하는 자는 다른 특별한 사정이 없는 한 그 분묘의 보존관리에 필요한 범위 내에서만 타인의 토지를 점유하는 것이므로 점유의 성질상 소유의 의사가 추정되지 않는다(대판 1997.3.28. 97다3651).
③ (○) 관습법상 인정되는 법정지상권으로 등기 없이 취득한다(대판 1994.12.23. 94다15530).
④ (○) (대판 1994.12.23. 94다15530)
⑤ (○) (대판 1994.8.26. 94다28970)

답 ①

제2절 지역권

01 지역권의 의의 및 성질

1 의의
타인의 토지(승역지)를 자기토지(요역지)의 편익에 이용하는 권리로서 부동산(토지)용익물권의 일종이다.

2 법적 성질★★★ 18회 출제

(1) 타인의 토지를 이용하는 권리
1) 상린관계와 달리 요역지와 승역지는 반드시 서로 인접할 필요가 없다.
2) 지역권은 유상(지료)·무상의 어느 것으로 하거나 무방하다. 다만 대가(지료)를 약정하면 지역권의 내용으로는 인정되나 그것은 등기사항이 아니므로, 등기할 수 없고, 등기할 수 없으므로 제3자에게는 대항할 수도 없다.

 지역권
① 지역권은 토지에 관한 권리이며 사람에 관한 권리는 아니다.
② 지역권은 자기 토지의 편익을 위해 타인의 토지를 이용할 뿐이므로 다른 물권과 달리 배타성이 없다.

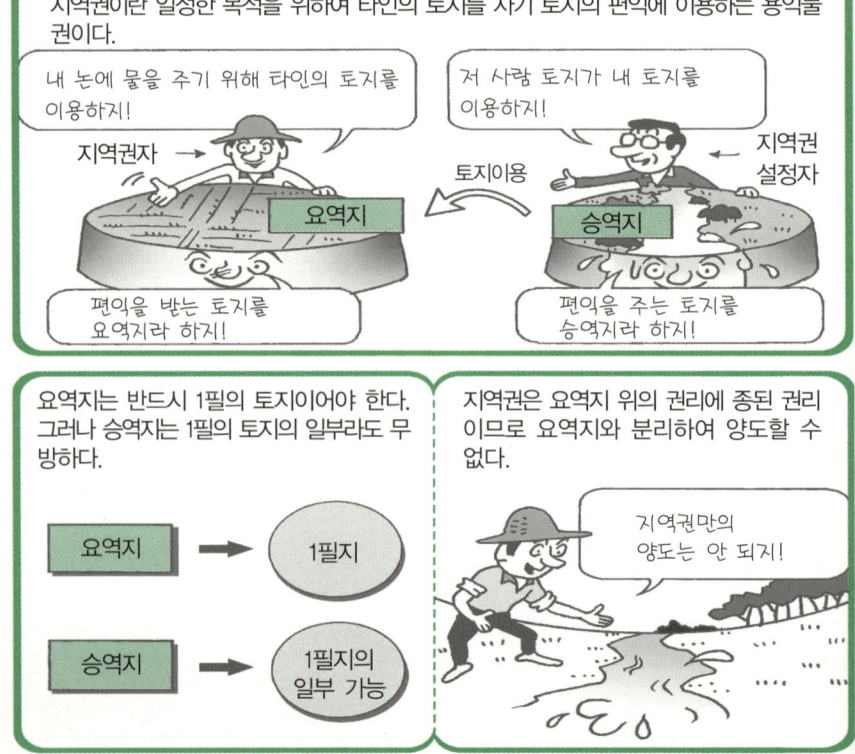

(2) 요역지와 승역지 사이의 관계

1) **지역권자**
   지역권은 토지 사이의 이용의 조절을 목적으로 하는 것이므로 토지소유자 사이에서만 인정되는 것이 아니라, 지역권이 설정된 후에 있어서는 요역지와 승역지의 지상권자·전세권자·임차인 사이에서도 인정된다.

2) **토지의 일부**
   요역지는 1필의 토지이어야 하나 승역지는 1필의 토지 일부이어도 된다.

(3) 요역지 위의 권리(소유권 등)에 종(從)된 권리

1) **수반성**
   지역권이 요역지 위의 권리(소유권 등)와 법률적 운명을 같이 하는 성질을 말한다. 따라서 요역지를 매수한 자는 지역권도 취득한다. 다만 수반성은 당사자 간의 약정으로 배제할 수 있고 이를 등기하면 제3자에게도 대항할 수 있다.

2) **부종성**(제292조)
   ① 지역권은 요역지소유권에 부종하여 이전하며 또는 요역지에 대한 소유권 이외의 권리의 목적이 된다. 그러나 다른 약정이 있는 때에는 그 약정에 의한다.
   ② 지역권은 요역지와 분리하여 양도하거나 다른 권리의 목적으로 하지 못한다.

(4) 지역권의 불가분성(제295조)

1) **공유자 1인의 지역권 소멸금지**(제293조)
   ① 토지공유자의 1인은 그의 지분에 관하여 그 토지를 위한 지역권 또는 그 토지가 부담하는 지역권을 소멸하게 하지 못한다(동조 제1항).
   ② 요역지 또는 승역지가 분할되거나 일부 양도된 경우에는 지역권은 요역지의 각 부분을 위하여 또는 승역지의 각 부분에 종속한다(동조 제2항 본문).
   ③ 지역권이 그 성질상 토지의 일부분에만 관한 것인 때에는 그 일부분만을 위하여 또는 그 일부분에만 존속한다(동조 제2항 단서).

2) **소멸시효의 중단·정지**(제296조)
   요역지가 수인의 공유인 경우, 공유자 중 1인을 위한 지역권 소멸시효의 중단 또는 정지는 다른 공유자를 위하여서도 효력이 있다.

3) **공유자 1인의 지역권 취득**
   공유자의 1인이 지역권을 취득한 때에는 다른 공유자도 이를 취득한다(제295조 제1항). 따라서 점유에 의한 지역권의 취득시효의 중단은 지역권을 행사하는 모든 공유자에 대해서 하지 않으면 그 효력이 없다(제295조 제2항).

02 지역권의 득실 및 존속기간

1 지역권의 취득

(1) 일반취득사유

설정계약(물권계약), 유언·상속·양도 및 취득시효의 완성으로 취득한다.

(2) 시효취득

1) 시효취득의 대상

제294조의 규정에 의하여 지역권은 계속되고 표현된 것*에 한하여 「민법」 제245조의 규정을 준용하도록 되어 있으므로, 통행지역권은 요역지의 소유자가 승역지 위에 도로를 설치하여 승역지를 사용하는 객관적 상태가 제245조에 규정된 기간(20년) 동안 계속된 경우에 한하여 그 시효취득을 인정할 수 있다(대판 1992.9.8. 92다20385).

> *계속되고 표현된 것
> 예 포장된 도로

2) 공유

공유자 중의 1인이 공유지를 위한 지역권을 시효취득하는 때에는 다른 공유자도 이를 취득한다(제295조 제1항).

2 지역권의 존속기간

(1) 「민법」의 태도

「민법」은 아무런 규정도 두고 있지 않다. 즉, 최장존속기간, 최단존속기간 모두 규정되어 있지 않으므로 당사자의 약정에 따른다.

(2) 영구무한의 지역권

성질상 영구무한의 지역권도 설정할 수 있다.

3 지역권의 소멸

(1) 일반소멸사유

① 요역지 또는 승역지의 멸실	② 지역권의 포기
③ 혼 동	④ 존속기간의 만료
⑤ 약정소멸사유의 발생	⑥ 승역지의 수용
⑦ 제3자에 의한 승역지의 시효취득	⑧ 소멸시효의 완성 등

(2) 승역지의 시효취득

1) 원칙

승역지가 제3자에 의하여 시효취득되는 때에는 지역권은 소멸하는 것이 원칙이다.

2) 예외(지역권이 소멸되지 않는 경우)
  ① 그 제3자가 지역권의 존재를 인용하면서 점유를 계속한 경우
  ② 취득시효가 진행하는 동안에 지역권자가 그의 권리를 행사한 경우

(3) 소멸시효의 완성
지역권은 소멸시효에 걸리는 권리로서 20년간 이를 행사하지 않으면 소멸시효의 완성으로 소멸한다(제162조 제2항).

03 지역권의 효력

1 지역권자의 권리**

(1) 요역지의 편익을 위한 승역지 사용권
1) 지역권자는 설정행위나 시효취득의 기초가 된 점유에 의하여 정해진 목적의 범위 내에서 승역지를 자기토지의 편익에 사용할 수 있다.
2) 먼저 성립한 지역권이 후에 성립하는 것에 우선한다.

(2) 지역권에 기한 물권적 청구권
지역권에는 승역지를 점유할 권능이 없기 때문에 목적물 반환청구권은 인정될 여지가 없고, 방해제거청구권과 방해예방청구권만 인정된다.

(3) 용수지역권(제297조)
1) 용수승역지의 수량이 요역지 및 승역지의 수요에 부족한 때에는 그 수요정도에 의하여 먼저 가용에 공급하고 다른 용도에 공급하여야 한다. 그러나 설정행위에 다른 약정이 있는 때에는 그 약정에 의한다.
2) 승역지에 수 개의 용수지역권이 설정된 때에는 후순위의 지역권자는 선순위의 지역권자의 용수를 방해하지 못한다.

2 승역지소유자의 의무 등

(1) 기본적 의무(인용의무, 부작위의무)
승역지소유자는 승역지가 요역자의 편의에 이용되는 범위에서 지역권자의 행위를 인용할 의무와 일정한 이용을 하지 않을 부작위의무를 부담한다.

(2) 승역지소유자의 의무의 승계
계약에 의하여 승역지소유자가 자기의 비용으로 지역권의 행사를 위하여 공작물의 설치 또는 수선의 의무를 부담한 때에는 승역지소유자의 특별승계인도 그 의무를 부담한다(제298조).

(3) 위기(委棄)에 의한 부담면제

승역지의 소유자는 지역권에 필요한 부분의 토지소유권을 지역권자에게 위기하여(이전한다는 의사표시) 위 **(2)**의 부담을 면할 수 있다(제299조).

(4) 공작물의 공동사용

승역지의 소유자는 지역권자가 승역지에 설치한 공작물을 사용할 수 있으나 지역권 행사를 방해할 수 없고, 수익정도의 비율에 따라 설치·보존상의 비용을 부담한다(제300조).

단락문제 09

지역권에 관한 다음 설명 중 틀린 것은?

① 민법에서 지역권의 존속기간은 10년을 넘지 못한다고 규정하고 있다.
② 요역지와 승역지는 서로 인접하고 있어야 하는 것은 아니다.
③ 취득시효의 대상이 되는 것은 표현되고 계속되는 지역권에 한정된다.
④ 지역권은 요역지와 분리하여 이를 양도하거나 다른 권리의 목적으로 하지 못한다.
⑤ 지역권이 침해당한 때에는 지역권자는 방해제거·방해예방청구권만 가지고 반환청구권은 가지지 않는다.

해설 지역권의 존속기간
① 지역권의 최단기간이나 최장기간은 민법에 규정되어 있지 아니하다. **답** ①

단락핵심   지역권

(1) 지역권은 요역지와 분리하여 양도하거나 다른 권리의 목적으로 하지 못한다. (○)
(2) 지역권은 요역지와 분리하여 저당권의 목적이 될 수 있다. (×)
(3) 요역지와 승역지는 서로 인접하고 있어야 하는 것은 아니다. (○)
(4) 요역지가 수인의 공유인 경우에 그 1인에 의한 지역권소멸시효의 중단은 다른 공유자를 위하여 효력이 있다. (○)
(5) 토지의 일부를 위한 지역권은 인정되지 않는다. (○)
(6) 공유자의 1인이 지역권을 취득한 때에는 다른 공유자도 이를 취득한다. (○)
(7) 요역지 또는 승역지가 분할되거나 일부 양도된 경우에는 지역권은 요역지의 각 부분을 위하여 또는 승역지의 각 부분에 존속한다. (○)
(8) 지역권이 침해당한 때에는 지역권자는 방해제거·방해예방청구권뿐만 아니라 반환청구권을 행사할 수 있다. (×)
(9) 승역지의 소유자는 지역권에 필요한 부분의 토지소유권을 지역권자에게 위기할 수 있다. (○)

제3장 용익물권

제3절 전세권 `10·12·14·16·17·20·24·27·28회 출제`

01 전세권의 의의 및 성질

1 전세권의 의의

(1) 전세권은 전세금을 지급하고 타인의 부동산을 점유하여 그의 용도에 좇아 사용·수익하는 것을 내용으로 하는 한편, 그 부동산 전부에 대하여 후순위권리자 기타 채권자보다 전세금의 우선변제권이 인정되는 특수한 용익물권이다(제303조 제1항).

(2) 이러한 전세권은 외국의 입법례에서는 유례가 없는 우리의 특유한 제도이다.

> **Wide** 물권인 전세권과 채권적 전세의 구별
>
> 대개 일상생활에 쓰이고 있는 '전세'라는 용어는 여기서 의미하는 물권법상의 전세권이 아니고 채권적 전세, 즉 임대차를 의미한다.

전세권
① 전세금을 지급하고 타인의 부동산을 사용·수익하는 권리이다.
② 일상생활에서 쓰는 '전세'라는 용어는 물권법상의 전세권이 아니라 채권으로서의 전세(=임대차)이다.

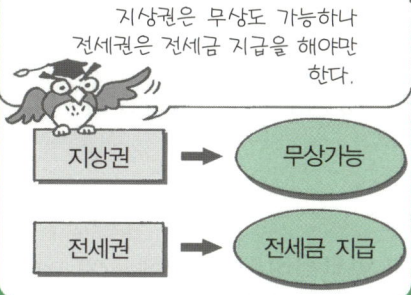
전세권은 전세금의 지급을 요소로 하며 등기를 해야 한다.

전세권은 부동산(건물 또는 토지)·부동산 일부에 성립할 수 있으나, 농경지는 전세권의 목적이 될 수 없다.

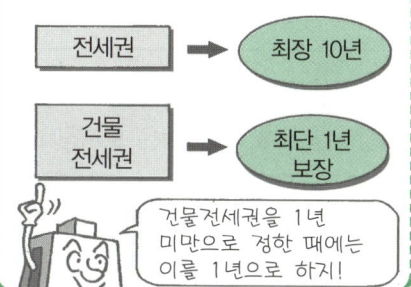
전세권설정계약시 존속기간은 최장 10년을 넘지 못하며, 건물전세권의 경우 최단존속기간 1년을 보장한다.

법정갱신은 건물전세권에서만 인정되며, 법정갱신시 등기를 하지 않아도 효력이 인정된다.

2 전세권의 성질★★★

(1) 타인의 부동산에 대한 권리(타물권)
1) 전세권은 타인 소유의 부동산(토지, 건물)에 대한 권리이다.
2) 전세권 객체인 부동산은 1필의 토지의 일부* 또는 1동의 건물의 일부라도 된다.
3) 농경지는 전세권의 목적으로 할 수 없다(제303조 제2항).

(2) 사용·수익하는 권리(용익물권)
목적부동산을 점유할 수 있는 권리가 당연히 포함되고, 전세권자가 토지를 사용하는 관계에서는 소유자와 마찬가지로 상린관계의 규정이 준용된다(제319조).

(3) 전세금
전세권은 전세금**의 지급을 요소로 한다(제303조 제1항). 전세금은 반드시 지급되어야 하며 그 금액은 등기하여야 한다(「부동산등기법」 제72조 제1항).

> **판례 전세금의 지급방법**
> 전세금의 지급은 전세권 성립요소가 되는 것이지만, 그렇다고 하여 **전세금의 지급이 반드시 현실적으로 수수되어야만 하는 것은 아니고 기존의 채권으로 전세금의 지급에 갈음할 수 있다**(대판 1995.2.10. 94다18508).

* **1필의 토지의 일부**
  구분전세권은 없음 주의!!
* **** 전세금**
  필수적 성립요소
* ***** 양도금지의 특약**
  지상권과의 차이점

(4) 물권(제한물권·타물권)
전세권은 물권으로서 당연히 양도성과 상속성을 갖는다. 다만, 양도금지의 특약★★★은 가능하다(제306조).

(5) 특수한 물권
1) 전세금의 우선변제권이 확보되어 있는 점에서(제303조 제1항) 담보물권적 성질을 겸유하고 있는 것이다(전세권 = 용익물권성 + 담보물권성).
2) 기타 부종성, 수반성, 불가분성, 물상대위성을 갖는다.

> **Wide 건물전세권의 특칙**
> 건물전세권의 지상권, 임차권에 대한 효력(제304조), 건물전세권과 법정지상권(제305조), 최단 기간의 제한(제312조 제2항), 법정갱신(제312조 제4항)은 토지전세권에는 적용되지 않는다.

단락문제 Q10

전세권과 부동산임차권을 비교하여 설명한 것 중 옳은 것은?

① 전세금은 전세권의 요소이나, 차임은 임차권의 요소가 아니다.
② 전세권자와 임차인 모두에게는 부속물매수청구권이 있다.
③ 전세권자와 임차인은 목적물에 들인 필요비(必要費)·유익비(有益費)의 상환청구를 할 수 있다.
④ 전세권자나 임차인의 파산은 소멸청구의 이유가 된다.
⑤ 임대차에서는 묵시의 갱신이 되나 전세권에는 그것이 인정되지 않는다.

해설 전세권과 부동산임차권의 비교
① (×) 전세금, 차임은 각각 전세권, 임차권의 요소이다.
② (○) (제316조 제2항·제646조 제1항)
③ (×) 전세권자에게는 필요비상환청구권이 없다.
④ (×) 임차인의 파산은 해지통고의 사유가 되나(제637조 제1항) 전세권에는 규정이 없다.
⑤ (×) 건물전세권에는 묵시의 갱신이 인정된다(제312조 제4항).

답 ②

Key Point — 전세권과 임차권의 비교

전세권	임차권
1) 물 권	1) 채 권
2) 전세권자는 수선, 유지의무가 있다.	2) 임차인은 수선, 유지의무가 없다.
3) 유익비 상환청구권만 인정	3) 필요비·유익비 상환청구권 인정
4) 부속물매수청구권(건물) 인정	4) 지상물매수청구권(토지)
5) 최장기 : 10년	5) 최장기 : 제한 없음(제651조 제1항 위헌결정)

단락핵심 — 전세권의 의의 및 성질

(1) 전세금의 지급은 전세권의 요소이다. (○)
(2) 전세금의 지급은 현실적으로 수수되어야 하는 것이 아니고, 기존의 채권으로 전세금의 지급에 갈음할 수 있다. (○)
(3) 전세권이 설정된 토지 위에 제3자가 건물을 무단으로 건축한 경우, 특별한 사정이 없는 한 토지소유자가 아닌 전세권자는 건물의 철거를 청구할 수 없다. (×)

02 전세권의 취득과 존속기간

1 전세권의 취득

(1) 취득사유
전세권의 양도나 상속 또는 취득시효, 전세권설정계약에 의하여 취득된다.

(2) 설정계약에 의한 취득
1) 설정계약에 의한 취득은 법률행위로 인한 물권변동이므로 등기하여야 효력이 발생함은 물론이다.
2) 이 전세권설정계약은 합의 외에 전세금의 지급이 그 성립요건이다.
3) 그러나 목적물의 인도는 전세권의 성립요건이 아니다*(대판 1995.2.10. 94다18508).

2 전세권의 존속기간

(1) 존속기간을 정하는 경우
1) **최장기간 및 최단기간**(제312조 제1항·제2항)
   ① 최장기간: 최장 10년을 넘지 못하며, 당사자의 약정기간이 10년을 넘는 때에는 10년으로 단축된다(토지·건물전세권).
   ② 최단기간
   건물에 대한 전세권에 한하여** 최단존속기간은 1년이며, 존속기간을 1년 미만으로 정한 때에는 1년을 약정한 것으로 법률상 다루어진다.

2) **설정계약의 갱신**(제312조 제3항)
   ① 존속기간이 만료하면 당사자 간의 합의로써 설정계약을 갱신할 수 있다.
   ② 그러나 이 경우에도 존속기간은 갱신한 날로부터 10년을 넘지 못한다.
   ③ 토지 전세권자에게 갱신청구권은 인정되지 않는다.

3) **건물전세권의 법정갱신***(제312조 제4항)
   ① 건물의 전세권설정자가 전세권의 존속기간만료 전 6월부터 1월까지 사이에 전세권자에 대하여 갱신거절의 통지 또는 조건을 변경하지 아니하면 갱신하지 아니한다는 뜻의 통지를 하지 아니한 경우일 것
   ② 존속기간이 만료된 때에 전전세권(前傳貰權)과 동일한 조건으로 다시 전세권을 설정한 것으로 본다. 이 경우 전세권의 존속기간은 정함이 없는 것으로 본다.
   ③ 전세권의 법정갱신이 있으면 전세권자는 등기 없이도 전세권설정자나 그 목적물을 취득한 제3자에 대해 그 권리를 주장할 수 있다(대판 1989.7.11. 88다카21029).

---

* **인도는 전세권의 성립요건이 아니다**
부동산물권의 공시방법은 인도가 아니라 등기이다.

** **건물에 대한 전세권에 한하여**
토지전세권에는 인정되지 않음 주의

*** **건물전세권의 법정갱신**
건물전세권에 한하여 인정된다. 무주택자나 영세상공업자를 보호하기 위한 정책적인 규정이다.

제3장 용익물권

   4) 등 기
      존속기간은 등기하여야 제3자에게 대항할 수 있으며, 등기가 없으면 존속기간의 약정이 없는 경우로서 다루어진다.

(2) **존속기간을 정하지 않은 경우**(제313조)
   각 당사자는 언제든지 상대방에 대하여 전세권의 소멸을 통고할 수 있고 상대방이 이 통고를 받은 날로부터 6월이 경과하면 전세권은 소멸한다.

03 전세권의 효력

1 당사자의 기본적 권리·의무 ★★★   21회 출제

(1) **전세권자의 점유권과 사용·수익권**
   전세권자는 목적부동산을 점유하여 그 부동산의 용도에 좇아 사용·수익할 권리가 있다(제303조 제1항).

(2) **전세권자의 원상회복·손해배상의무**(제311조)
   1) 전세권자는 설정행위나 목적부동산의 성질에 의하여 정해진 용도에 따라서 목적물을 사용·수익할 의무가 있다.
   2) 이에 위반할 경우 전세권설정자는 전세권의 소멸을 청구할 수 있고(제311조 제1항) 전세권자는 전세권설정자의 선택*에 따라서 원상회복 또는 손해배상의 의무를 진다(제311조 제2항).

   * **전세권설정자의 선택**
      전세권자의 선택이 아님 주의!!!
   ** **필요비상환청구권**
      지상권(×), 전세권(×), 임대차(○)

(3) **전세권자의 현상유지·수선의무**
   전세권자는 목적물의 현상의 유지와 통상의 관리에 속한 수선을 해야 할 의무를 부담하므로 필요비를 지출하였더라도 필요비상환청구권**이 인정되지 않는다(제309조).

(4) **전세권자의 물권적 청구권**
   물권적 청구권(반환·방해배제·방해예방 등)이 모두 인정된다(제319조).

(5) **전세권설정자의 인용의무**
   전세권설정자는 소극적인 인용의무만 부담한다.

(6) **상린관계규정의 준용**
   상린관계의 규정(제216조 내지 제244조)은 당연히 인지의 전세권자(隣地傳貰權者) 사이 또는 인지의 전세권자와 토지소유자 및 지상권자 사이에 준용된다(제319조).

2 건물전세권의 효력

(1) 지상권·임차권에 대한 효력
1) 타인의 토지에 있는 건물에 전세권이 설정된 경우의 전세권의 효력은 그 건물의 소유를 목적으로 한 지상권 또는 임차권에 미친다(제304조 제1항).
2) 이 경우에 전세권설정자는 전세권자의 동의 없이 지상권 또는 임차권을 소멸하게 하는 행위를 하지 못한다(제304조 제2항). 그러나 토지소유자가 지료의 체납을 이유로 소멸시킬 수는 있다.

(2) 법정지상권**
1) 동일소유자에 속하는 대지와 건물 중 건물에 대해서만 전세권을 설정하여 사용·수익하던 중 대지만에 대한 소유권의 변동이 일어난 경우 그 대지소유권의 특별승계인은 전세권설정자에 대하여 지상권을 설정한 것으로 본다(제305조 제1항 본문).
2) 지료는 약정이 성립하지 않은 경우에는 당사자의 청구에 의하여 법원이 이를 정한다(제305조 제1항 단서).

3 전세금증감청구권**

(1) 의 의
전세금이 목적부동산에 관한 조세·공과금 기타 부담의 증감이나 경제사정의 변동으로 인하여 상당하지 아니하게 된 때에는 당사자는 장래에 대하여 그 증감을 청구할 수 있다(제312조의2).

(2) 법적 성질
전세금증감청구권은 형성권으로서의 성질을 가지므로 증액 또는 감액을 청구하는 당사자의 일방적 의사표시만으로 효과가 발생한다.

(3) 증액의 제한 「민법 제312조의2 단서의 시행에 관한 규정」 제2조, 제3조)
1) 전세금의 증액청구의 비율은 약정한 전세금의 20분의 1을 초과하지 못한다.
2) 전세금의 증액청구는 전세권설정계약이 있은 날 또는 약정한 전세금의 증액이 있은 날로부터 1년 이내에는 이를 하지 못한다.

4 전세권의 처분***

[22회 출제]

(1) 처분의 자유
전세권은 물권이기 때문에 원칙적으로 처분의 자유가 인정된다. 다만 당사자는 설정행위로써 이를 금지할 수 있고* 이를 등기하면 제3자에게도 대항할 수 있다.

* 금지할 수 있고
지상권과 다름에 주의!!!

(2) 전세권의 양도·담보제공·임대(제306조)

Professor Comment
사용, 수익의 권능과 전세금반환청구권은 원칙적으로 분리처분이 금지되고(담보물권의 수반성), 기간이 만료된 경우에는 전세권반환청구권만의 양도가 가능하다는 것이 판례의 입장이다.

1) 양 도
설정행위로써 금지되어 있지 않는 한 전세권자는 임의로(전세권설정자의 동의 없이) 전세권을 양도할 수 있다. 이는 일반원칙에 따라 등기하여야 효력이 발생한다.

2) 담보제공
전세권자는 임의로 전세권을 타인에게 담보로 제공할 수 있으나 성질상 저당권을 설정할 수 있을 뿐이다.

3) 임 대
전세권자는 그 존속기간 내에서 임의로 전세권의 목적물을 임대할 수 있다. 다만 이 경우 전세권자의 책임은 가중된다(제308조).

4) 전세금반환청구권의 양도
전세권이 존속하는 중에 전세권과 분리하여 전세금반환청구권만을 분리하여 양도하는 것은 허용되지 않는다. 다만, 전세권이 종료할 것을 조건으로 장래에 발생할 전세금반환채권(장래채권)을 양도하는 것은 가능하다(대판 2002.8.23. 2001다69122).

(3) 전전세(轉傳貰)

1) 의 의
① 전전세란 전세권자의 전세권을 유지하면서 그 존속기간 내에서 그 목적물에 대해 타인에게 전세권을 다시 설정하는 것을 말한다.
② 설정행위로써 금하지 않은 이상 전세권자는 그 존속기간 내에서 임의로(전세권설정자의 동의 없이, 이 점이 전대차나 임대차의 양도와 다르다) 전전세할 수 있으며, 원전세권의 일부를 목적으로 하는 전전세권도 유효하다.

2) 요 건 : 전전세권의 합의와 등기를 요하며, 전전세금을 지급하여야 한다.
① 전전세금은 원전세금의 금액을 한도로 하여야 한다(통설).
② 전전세권의 설정은 원전세의 범위 내에서 할 수 있다.
③ 전전세권의 존속기간은 원전세권의 존속기간 내이어야 한다.

3) 효 과
① 전전세권자는 전세권자로서의 모든 권리와 의무를 진다. 그러나 직접으로 원전세권설정자에 대하여는 아무런 권리의무를 갖지 않는다.
② 전전세권이 설정되어도 원전세권은 소멸되지 않는다.
③ 전세권자는 전전세하지 않았더라면 면할 수 있었을 불가항력으로 인한 손해에 대하여도 책임을 진다(제308조).

④ 전세권이 소멸하면 전전세권도 소멸한다. 그러나 전전세권이 존속하는 동안 전세권자는 원전세권을 소멸시키는 행위(예 전세권의 포기)를 하지 못한다.

단락문제 Q11

전세권의 효력에 관한 다음 설명 중 틀린 것은?

① 건물의 전세권자는 필요한 범위에서 대지 및 부근의 토지를 사용할 수 있다.
② 전세권자는 목적물을 점유하여 사용·수익할 수 있다.
③ 전세권자는 전세권을 양도하거나 담보로 제공할 수 있다.
④ 전세권자는 설정자의 동의를 얻지 아니하면 전전세를 할 수 없다.
⑤ 전세권자는 전세금감액청구권을 가진다.

해설 전세권자의 처분권(전전세) 등
④ 설정행위로 금하지 않은 이상 설정자의 동의 없이 처분(양도·담보제공·임대·전전세)할 수 있다(제306조).
답 ④

단락핵심 — 전세권의 효력

(1) 전세권자와 임차인은 목적물에 지출한 필요비와 유익비의 상환을 청구할 수 있다. (×)
  ➡ 전세권자에게 필요비상환청구권은 인정되지 아니한다.
(2) 전세권의 일부에 전전세권을 설정하는 것도 가능하다. (○)
(3) 전세권자에게 경매권은 있으나 우선변제권은 없다. (×)
  ➡ 우선변제권이 인정된다.
(4) 원전세권의 소멸은 전전세권의 소멸원인이 된다. (○)
(5) 전세권은 임차권과 달리 전세권설정자의 동의가 없어도, 전세권자와 그 양수인 사이의 합의만으로 유효하게 양도될 수 있다. (○)
(6) 장래 전세권이 소멸하는 경우에 전세금반환채권이 발생하는 것을 조건으로 전세권과 분리하여 그 조건부 채권을 전세권 존속 중에도 양도할 수 있다. (○)
(7) 건물의 일부에 전세권이 설정된 경우 전세권자는 건물전체에서 우선변제 받을 수 있는지 여부는 별론으로 하고, 건물 전체에 대하여 경매를 신청할 수는 있다. (×)
  ➡ 경매를 신청할 수 없다. 목적물에 대하여 이해관계를 맺고 있는 제3자를 보호하기 위한 것이다.

04 전세권의 소멸

1 물권일반의 소멸사유

① 존속기간의 만료
② 혼동
③ 소멸시효의 완성
④ 전세권의 포기
⑤ 약정소멸사유의 발생
⑥ 전세권에 우선하는 저당권의 실행에 의한 경매
⑦ 토지수용 등

2 전세권에 특유한 소멸사유★★★

(1) 전세권설정자의 소멸청구

1) 전세권자가 전세권설정계약 또는 그 목적물의 성질에 의하여 정하여진 용법으로 이를 사용·수익하지 않는 경우 전세권설정자는 전세권의 소멸을 청구할 수 있다(제311조 제1항).

> 예 처분금지 특약위반, 목적물의 수선·유지의무 위반시

2) 이 경우 전세권설정자는 전세권자에 대하여 원상회복 또는 손해배상도 청구할 수 있다(제311조 제2항).

(2) 전세권의 소멸통고(제313조)

전세권의 존속기간을 약정하지 아니한 때에는 각 당사자는 언제든지 상대방에 대하여 전세권의 소멸을 통고할 수 있고, 상대방이 이 통고를 받은 날로부터 6월이 경과하면 전세권은 소멸한다.

(3) 목적부동산의 멸실(제314조)

1) 전부멸실의 경우
   전세권자에게 책임이 있는지를 불문하고 전세권은 소멸한다.

2) 일부멸실의 경우
   ① 불가항력에 의한 일부멸실
      ㉠ 전세권의 목적물의 일부가 불가항력으로 인하여 멸실된 때에는 그 멸실된 부분의 전세권은 소멸한다.
      ㉡ 잔존부분만으로 전세권의 목적을 달성할 수 없으면 전세권자는 전세권설정자에게 전세권 전부의 소멸을 통고하고 전세금의 반환을 청구할 수 있다.
   ② 전세권자의 귀책사유에 의한 일부멸실
      잔존부분만으로 전세권의 목적을 달성할 수 없는 경우*에는 전세권설정자는 제311조에 의한 전세권 소멸을 청구할 수 있다.

* 목적을 달성할 수 없는 경우
사회통념상 판단

(4) 전세권자의 손해배상책임(제315조)

1) 전세권의 목적물의 전부 또는 일부가 전세권자에 책임 있는 사유로 인하여 멸실된 때에는 전세권자는 손해를 배상할 책임이 있다.
2) 이 경우에 전세권설정자는 전세권이 소멸된 후 전세금으로써 손해의 배상에 충당하고 잉여가 있으면 반환하여야 하며 부족이 있으면 다시 청구할 수 있다.

3 소멸의 효과 ★★★

19회 출제

(1) 전세금의 반환과 목적물의 인도

전세권설정자는 전세권자로부터 그 목적물의 인도 및 전세권설정등기의 말소등기에 필요한 서류의 교부를 받는 동시에 전세금을 반환하여야 한다(제317조).

> **판례 │ 전세권설정자의 전세금 반환의무**
>
> 1 전세권자가 그 목적물을 인도하였다고 하더라도 전세권설정등기의 말소등기에 필요한 서류를 교부하거나 그 이행의 제공을 하지 아니하는 이상, 전세권설정자는 전세금의 반환을 거부할 수 있고, 이 경우 다른 특별한 사정이 없는 한 그가 전세금에 대한 이자 상당액의 이득을 법률상 원인 없이 얻는다고 볼 수 없다(대판 2002.2.5. 2001다62091).
>
> 2 전세권이 성립한 후 전세목적물의 소유권이 이전된 경우 민법이 전세권 관계로부터 생기는 상환청구, 소멸청구, 갱신청구, 전세금증감청구, 원상회복, 매수청구 등의 법률관계의 당사자로 규정하고 있는 전세권설정자 또는 소유자는 모두 목적물의 소유권을 취득한 신 소유자로 새길 수밖에 없다고 할 것이므로, 전세권은 전세권자와 목적물의 소유권을 취득한 신 소유자 사이에서 계속 동일한 내용으로 존속하게 된다고 보아야 할 것이고, 따라서 목적물의 신 소유자는 구 소유자와 전세권자 사이에 성립한 전세권의 내용에 따른 권리의무의 직접적인 당사자가 되어 전세권이 소멸하는 때에 전세권자에 대하여 전세권설정자의 지위에서 전세금 반환의무를 부담하게 된다(대판 2006.05.11. 2006다6072).
>
> 3 임대인과 임차인이 임대차계약을 체결하면서 임대차보증금을 전세금으로 하는 전세권설정등기를 경료한 경우 임대차보증금은 전세금의 성질을 겸하게 되므로, 당사자 사이에 다른 약정이 없는 한 임대차보증금 반환의무는 민법 제317조에 따라 전세권설정등기의 말소의무와도 동시이행관계에 있다(대판 2011.3.24. 2010다95062).

(2) 경매청구권과 우선변제권

1) **경매청구권**

전세권설정자가 전세금의 반환을 지체한 때에는 전세권자는 민사집행법이 정한 바에 의하여 전세권의 목적물의 경매를 청구할 수 있다(제318조).

전세권의 목적물이 아닌 나머지 건물부분에 대한 경매신청

건물의 일부에 대하여 전세권이 설정되어 있는 경우 그 전세권자는 「민법」 제303조 제1항의 규정에 의하여 그 건물 전부에 대하여 후순위권리자 기타 채권자보다 전세금의 우선변제를 받을 권리가 있고, 「민법」 제318조의 규정에 의하여 전세권설정자가 전세금의 반환을 지체한 때에는 전세권의 목적물의 경매를 청구할 수 있는 것이나, **전세권의 목적물이 아닌 나머지 건물부분에 대하여는 우선변제권은 별론으로 하고 경매신청권은 없으므로, 위와 같은 경우 전세권자는 전세권의 목적이 된 부분을 초과하여 건물 전부의 경매를 청구할 수 없다**(대결 2001.7.2. 2001마212).

2) 우선변제권
① 전세권자는 전세금의 반환에 관하여 후순위권리자 기타 채권자보다 우선변제를 받을 권리가 있다(제303조 제1항).
② 전세권자의 우선변제권의 실행은 민사집행법상 전세권의 목적부동산에 대한 경매의 방법에 의하게 된다.
③ 동일한 건물에 저당권이 전세권보다 먼저 설정된 경우, 전세권자가 경매를 신청하여 매각되면 전세권과 저당권은 모두 소멸한다.

(3) 부속물수거권
전세권이 소멸한 때에는 전세권자는 그 목적물을 원상에 회복하여야 하며, 그 목적물에 부속시킨 물건은 수거할 수 있다(제316조 제1항 본문).

* 전세권설정자의 매수청구권
지상권설정자(○),
전세권설정자(○),
임대인(×)

** 전세권자의 매수청구권
지상권자·전세권자·임차인(○)

(4) 부속물매수청구권
1) 전세권설정자의 매수청구권*
목적부동산에 부속시킨 물건에 대하여 전세권설정자가 매수를 청구한 때에는 전세권자는 정당한 이유 없이 이를 거절하지 못한다(제316조 제1항 단서).

2) 전세권자의 매수청구권**
① 전세권설정자의 동의를 얻어 부속***시킨 것인 때에는 전세권자는 전세권설정자에 대하여 그 부속물건의 매수를 청구할 수 있다.

*** 부속
부속 → 매수청구권 / 부합 → 비용반환청구권

② 그 부속물건이 전세권설정자로부터 매수한 것인 때에도 또한 같다(제316조 제2항).

3) 매수청구권의 성질
부속물매수청구권은 형성권이므로, 매수청구시 매매계약이 성립하고 대금은 협의 또는 법원의 결정에 의해 정해진다.

2편 물권법

(5) 전세권자의 유익비상환청구권

1) 목적물을 개량하기 위하여 지출한 금액 기타 유익비에 관하여는 그 가액의 증가가 현존한 경우에 한하여 전세권설정자*의 선택에 좇아 그 지출액이나 증가액의 상환을 청구할 수 있다(제310조).
2) 전세권자에게는 목적물의 유지·수선의무가 있으므로(제309조), 필요비상환청구권**은 인정되지 않는다.

> * 전세권설정자
> 전세권자 아님 주의
> ** 필요비상환청구권
> 지상권(×), 전세권(×), 임대차(○)

 전세권이 기간만료로 소멸한 경우의 효과

전세권이 기간만료로 종료된 경우 전세권은 전세권설정등기의 말소등기 없이도 당연히 소멸하고, 저당권의 목적물인 전세권이 소멸하면 저당권도 당연히 소멸한다(대판 1999.9.17. 98다31301).

단락문제 Q12

乙이 甲소유의 건물에 전세권을 설정받았다. 다음 甲과 乙의 법률관계에 대한 설명 중 옳은 것은?

① 乙은 일단 결정한 전세금액에 관하여도 그 감액을 청구할 수 있다.
② 乙은 제3자에게 전세권을 양도할 수 있는데, 이 경우에는 등기가 필요없다.
③ 乙은 전세권이 소멸한 경우에 전세금에 관하여 우선변제권이 없다.
④ 乙의 전세권 존속기간에 관하여는 일반적인 토지전세권의 존속기간과 동일하다.
⑤ 乙이 사망한 경우에 전세권은 상속되지 않고 당연히 소멸한다.

해설 전세금의 증감청구권
① (○) (제312조의2)
② (×) 전세권의 양도에는 전세권이전등기를 하여야 효력이 발생한다. 민법에서는 등기가 물권변동의 효력발생요건이기 때문이다(제186조).
③ (×) 전세권은 담보물권의 성질도 있어서 경매권과 우선변제권도 인정된다(제303조, 제318조).
④ (×) 건물전세권의 최단기간은 1년 이상이고 최장 10년이다(제312조). 토지전세권에는 최단기간의 규정이 없다.
⑤ (×) 전세권은 상속된다.

답 ①

전세권의 소멸

(1) 전세권이 소멸한 경우에 전세금에 관하여 우선변제권이 있다. (○)
(2) 전세권자가 전세권설정계약에 의하여 정해진 용법으로 사용·수익하지 아니하면 전세권설정자는 전세권의 소멸을 청구할 수 있다. (○)
(3) 전세권의 목적부동산이 멸실하면 멸실된 부분의 전세권은 당연히 소멸한다. (○)
(4) 전세권을 목적으로 한 저당권이 설정되었는데 전세권이 소멸하면 전세권 자체에 대하여 저당권을 실행할 수 있다. (×)
(5) 전세권자는 전세권설정자의 동의를 얻지 않고 부속시킨 물건의 매수를 청구할 수 있다. (×)
(6) 전세권이 소멸한 경우 지상물매수청구권에 관한 규정이 없으나 판례는 이를 인정한다. (○)
(7) 전세권이 소멸한 후 전세금의 일부가 이전된 때에는 이를 등기할 수 있다. (○)

CHAPTER 04 담보물권

학습포인트
- 담보물권의 기본적인 특징을 이해하여야 유치권, 질권, 저당권의 유사점과 상이점을 구별할 수 있다.
- 유치권의 성립요건 중 견련성과 유치물의 사용가능성은 특히 중요하므로 철저히 공부해야 한다.
- 질권의 경우 조문수준에서 출제되므로 너무 깊게 공부하지 않도록 한다.
- 저당권은 가장 많이 출제되고 그 난이도도 상당하므로 사례까지 꼼꼼히 확인해야 할 필요가 있다.

CHAPTER 학습 & 출제되는 키워드

- ☑ 채권담보제도
- ☑ 유치권
- ☑ 경매권, 간이변제충당권
- ☑ 유치적 효력
- ☑ 전질권
- ☑ 저당권의 피담보채권
- ☑ 일괄경매청구권
- ☑ 채권최고액
- ☑ 부종성·수반성
- ☑ 동시이행의 항변권
- ☑ 질 권
- ☑ 우선변제적 효력
- ☑ 권리질권
- ☑ 저당권과 용익권의 관계
- ☑ 제3취득자의 지위
- ☑ 피담보채권의 확정시기
- ☑ 불가분성·물상대위성
- ☑ 견련성
- ☑ 동산질권
- ☑ 유질계약의 금지
- ☑ 저당권
- ☑ 법정지상권
- ☑ 근저당
- ☑ 공동저당

CHAPTER 학습 & 출제되는 질문

- ☑ 담보물권의 공통된 성질에 관한 설명으로 옳은 것은?
- ☑ 유치권에 관한 설명 중 옳은 것을 모두 고르면?
- ☑ 甲은 자기소유 X건물의 전면적 수리를 乙에게 의뢰하였고, 대금지급기일이 경과했음에도 그 대금을 지급함이 없이 수리를 완료한 乙에게 건물의 반환을 요구한다. 다음 중 틀린 것은?
- ☑ 저당권침해에 대한 다음 설명 중 틀린 것은?
- ☑ 근저당권의 피담보채권이 확정되는 시기가 아닌 것은?

제1절 총설 [15회 출제]

01 채권담보제도

1 채권담보의 의의
채권담보는 금전채권자가 금전채권의 일반적 효력을 보강하여(채무자의 자력을 보충·강화하여) 채권의 실현을 확보하기 위한 법률적 수단이다.

2 인적 담보제도와 물적 담보제도

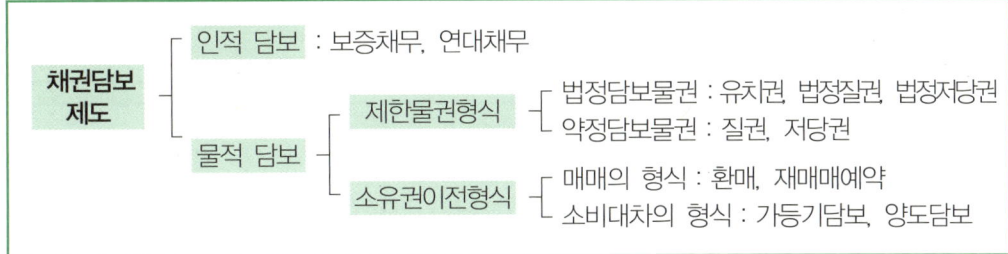

(1) 인적 담보제도란 채무자의 일반재산 이외의 제3자(보증인)의 일반재산을 가지고 채권을 담보*하려는 제도(연대채무 및 보증채무)이며, 채권법에서 다룬다.

 * 제3자(보증인)의 일반재산을 가지고 채권을 담보
 예 연대채무, 보증채무

(2) 물적 담보제도란 채무자 또는 제3자의 특정한 재산 위에 채권자가 특별한 권리를 보유함으로써 채권을 담보하려는 제도(유치권·질권·저당권)로서 양도담보, 환매, 재매매의 예약, 대물변제의 예약, 소유권유보부매매 등도 이에 속한다.

02 담보물권의 종류

1 근거법률에 따른 분류 [13회 출제]

(1) 민법상의 담보물권
 1) 유치권·질권·저당권 등 3가지가 있다.
 2) 용익물권인 전세권은 담보물권적 성질도 겸유하고 있다.

> **Key Point** 민법상 담보물권의 비교

구 분	유치권	질 권	저당권
성 립	법률이 정하는 일정요건을 갖추면 당연히 성립	당사자 간의 약정 + 인도	당사자 간의 약정 + 등기
법적 성격	법정담보물권	약정담보물권	약정담보물권
목적물	물건(동산, 부동산), 유가증권	동산, 재산권	부동산
본질적 효력	유치적 효력 (점유를 요건으로 함)	유치적 효력 + 우선변제적 효력(점유가 요건)	우선변제적 효력 (점유할 권능은 없음)
경매권	인 정	인 정	인 정
간이변제충당권	법원의 허가를 얻어 할 수 있다.	법원의 허가를 얻어 할 수 있다.	부 정
우선변제권 및 물상대위성	부 정	인 정	인 정

(2) 특별법상의 담보물권

상사유치권과 상사질권, 선박저당권, 선박채권자의 우선특권, 임금우선특권, 소액보증금우선특권 등이 있다.

2 성립원인에 따른 분류

법률상 당연히 발생하는 법정담보물권과 계약에 의해 성립하는 약정담보물권으로 구분할 수 있다. 법정담보물권의 경우에는 등기 등이 없어도 성립할 수 있으나, 약정담보물권은 법률행위에 의한 물권이므로 물권적 합의와 함께 등기하여야 성립한다.

> 예 법정담보물권: 유치권(상사유치권 포함), 법정질권, 법정저당권
> 약정담보물권: 저당권, 질권 등

03 담보물권의 특질(통유성)

1 부종성

(1) 피담보채권이 성립하고 있지 않거나 소멸하고 없는 때에는 담보물권도 소멸하는 성질을 말한다. 즉, 피담보채권의 존재 없이는 담보물권은 존재할 수 없다.
(2) 민법은 근저당권(제357조)에서 부종성을 완화하고 있으며, 근질권의 경우도 가능하다.

제4장 담보물권

2 수반성

채권양도에 의하여 피담보채권이 그 동일성을 유지하면서 이전하면 담보물권도 따라서 이전하고, 피담보채권 위에 부담이 설정되면 담보물권도 그 부담에 복종하는 성질을 말한다.

3 불가분성

담보물권은 피담보채권의 전부가 변제될 때까지 목적물의 전부에 대하여 효력을 미친다는 성질을 말한다.

4 물상대위성(物上代位性)

(1) 담보물권은 목적물이 멸실·훼손·공용징수로 인해 멸실되더라도 그 목적물의 가치를 대표하는 변형물*에 담보물권의 효력이 미친다는 성질을 말한다.

* 변형물
보상금·보험금 등

(2) 변형물이란 수용보상금·보험금 등을 의미하며, 담보목적물의 매각대금, 전세금, 보증금, 차임 등의 금전은 변형물에 해당하지 않는다.
(3) 우선변제를 받는 효력이 없는 유치권에는 이 물상대위성이 인정되지 않는다.

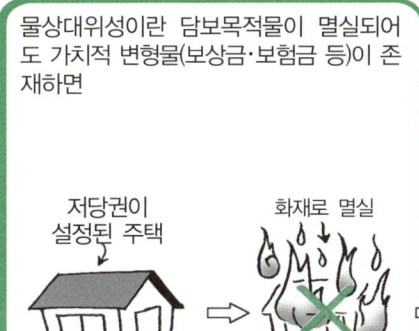

담보물권과 물상대위성
① 담보물권에는 유치권·질권·저당권이 있다.
② 다만, 물상대위권은 질권·저당권에만 인정된다.

2편 물권법

> **Wide** 순위승진의 원칙과 소유자 저당
>
> ① 순위승진의 원칙
>   ㉠ 선순위의 담보물권이 소멸하면 후순위의 담보물권의 순위가 승진한다는 원칙을 말한다.
>   ㉡ 유치권에는 순위승진의 원칙이 인정되지 않는다.
> ② 소유자 저당
>   ㉠ 자기가 가지는(소유)물건, 권리 위에 자기가 저당권을 설정하는 것을 말한다.
>   ㉡ 혼동으로 저당권은 소멸되는 것이 되므로 우리 법제상 인정하지 않는 것이 원칙이다.
>   ㉢ 후순위자의 순위 승진을 막기 위하여 혼동의 예외로 인정되는 경우가 있다(혼동의 예외 참조).

제2절 유치권 24·27·28회 출제

01 유치권의 의의와 법적 성질

1 유치권의 의의 17회 출제

(1) 의의

유치권은 **타인의 물건*** 또는 유가증권을 점유한 자가 그 물건이나 유가증권에 관하여 생긴 채권을 가지는 경우에 그 변제를 받을 때까지 그 물건 또는 유가증권을 **유치****할 수 있는 권리이다. 공평의 관념에서 인정되는 법정담보물권이다. 다만, 당사자간의 합의로 유치권의 성립을 배제할 수 있다.

* 타인의 물건
동산·부동산

** 유치
점유+인도거절

(2) 유치권과 동시이행항변권과의 비교

1) 동시이행의 항변권이란 쌍무계약으로부터 생긴 양채권이 있는 경우에 당사자 일방은 상대방이 채무의 이행을 제공할 때까지 자기의 채무이행을 거절할 수 있는 것을 말한다(제536조).
2) 이는 대가관계에 있는 쌍방의 채무는 동시에 이행되는 것이 공평하고 또 신의에 적합하다는 이유에서 인정된 것으로 유치권의 인정근거와 비슷하다.

제4장 담보물권

> **Key Point** 유치권과 동시이행항변권의 비교

구 분		유치권	동시이행의 항변권
공통점	① 본 질	로마법상 악의의 항변에서 유래하였고, 공평의 원칙에 근거함	
	② 권리의 발생	㉠ 견련관계와 채권의 변제기 도래, ㉡ 특약으로 배제 가능	
	③ 권리의 소멸	피담보채권이나 항변권자의 채권이 소멸한 경우	
	④ 소송상 효력	상대방의 청구에 대하여 항변을 하면 상환이행판결을 한다.	
차이점	① 법적 성질	물권이다.	쌍무계약에서 발생하는 이행 상의 거절권능일 뿐이다.
	② 제도의 목적	유치권자의 채권 담보	당사자 일방의 이행강요 배제
	③ 효 력	목적물의 유치	상대방 청구에 연기적 항변
	④ 거절급부	물건의 인도에 한정	자기 채무의 이행으로 그 제한이 없다.
	⑤ 경매권	있다.	없다.
	⑥ 담보제공	유치권은 소멸한다.	항변권은 소멸하지 않는다.
	⑦ 가분성	없다.	
	⑧ 상대방	누구에게나 주장이 가능하다.	특정의 채권자에게만 주장이 가능하다.
	⑨ 권리의 소멸	㉠ 점유의 상실 ㉡ 담보의 제공	변제의 제공

2 법적 성질★★

(1) 점유할 수 있는 권리
유치권은 목적물을 점유할 수 있는 권리를 포함하는 독립의 물권으로서 목적물의 소유권이 누구에게 속하는가에 상관없이 그 권리를 주장할 수 있다.

(2) 제한물권
타인의 물건이나 유가증권 위에 성립하는 제한적 권리이다.

(3) 추급력의 부정
목적물에 대한 점유를 잃으면* 유치권은 소멸하며, 물권으로서의 추급력이 없다.

> *점유를 잃으면
> 일시적 점유이탈이 있었으나 점유보호청구권의 실행으로 점유를 회복한 때에는 소멸하지 않는다.

(4) 법정담보물권
1) 법정담보물권이다. 따라서 부동산유치권에 있어서도 등기가 필요 없다.
2) 부종성, 수반성, 불가분성이 인정되나 우선변제권이 없으므로 물상대위성은 없다.
3) 경매권은 인정된다.

2편 물권법

> **단락핵심** 　　　　　유치권의 의의와 성질
>
> (1) 유치권의 목적부동산이 제3자에게 양도된 경우, 유치권자는 특별한 사정이 없는 한 제3자에게 유치권을 주장할 수 없다. (×)
> (2) 유치권은 상당한 담보를 제공하고 소멸시킬 수 있으나, 동시이행의 항변권은 그렇지 못하다. (○)
> (3) 유치권은 특정채권담보를 위한 법정담보물권인 데 대하여 동시이행의 항변권은 쌍무계약의 권능이다. (○)
> (4) 동시이행의 항변권과 유치권이 동시에 성립하는 경우, 유치권이 우선한다. (×)
> ➡ 권리자는 동시이행의 항변권과 유치권을 선택적·중첩적으로 행사할 수 있다.

02 유치권의 성립요건   `10·20회 출제`

1 유치권의 목적물★★

(1) 유치권의 목적이 될 수 있는 것은 <mark>타인의 물건**</mark>(동산 + 부동산) 또는 유가증권이다.
(2) 목적물은 채무자뿐만 아니라 제3자의 소유에 속한 것이라도 상관없다.

> **** 타인의 물건**
> • 유치권 : 동산 + 부동산
> • 질　권 : 동산 + 채권
> • 저당권 : 부동산

2 피담보채권과 목적물과의 견련성★★★

(1) 피담보채권은 유치권의 목적물에 관하여 생긴 것이어야 한다. 즉 <mark>채권이 목적물 자체로부터 발생한 경우에 견련성이 인정</mark>된다.
> 예 • 목적물의 하자로 인한 손해배상청구권, 필요비·유익비 상환청구권
> 　　• 목적물에 관한 보존비용, 유익비 등의 상환청구권, 수선료 청구권

(2) 채권이 목적물의 반환청구권과 동일한 법률관계(매도인의 대금채권) 또는 사실관계로부터 발생한 경우에 견련성이 인정된다.
> 예 물건 또는 유가증권에 대한 매매계약이 취소된 경우의 매매대금상환청구권

제4장 담보물권

> **판례** 유치권의 성립(견련성)
>
> **1** 유치권 성립에 채권과 목적물의 점유와의 견련성 불요
> 물건의 점유 이전에 그 물건에 관련하여 채권이 발생한 후 그 물건을 점유한 경우에도 유치권이 성립한다(대판 1965.3.30. 64다1977).
>
> **2** 다세대주택 전체의 공사대금을 위하여 다세대 주택 중 한 세대를 유치한 사례
> 다세대주택의 창호 등의 공사를 완성한 하수급인이 공사대금채권 잔액을 변제받기 위하여 위 다세대주택 중 한 세대를 점유하여 유치권을 행사하는 경우, 그 유치권은 위 한 세대에 대하여 시행한 공사대금만이 아니라 **다세대주택 전체에 대하여 시행한 공사대금채권의 잔액 전부를 피담보채권으로 하여 성립한다**(대판 2007.9.7. 2005다16942).
>
> **3** 건축자재대금은 그 건축자재로 지은 건물과 견련성 없음
> 갑이 건물 신축공사 수급인인 을 주식회사와 체결한 약정에 따라 공사현장에 시멘트와 모래 등의 건축자재를 공급한 사안에서, **갑의 건축자재대금채권은 매매계약에 따른 매매대금채권에 불과할 뿐 건물 자체에 관하여 생긴 채권이라고 할 수는 없다**(대판 2012.1.26. 2011다96208).
>
> **4** 건물임대차에 있어서 보증금이나 손해배상청구권은 그 건물과 견련성 없음
> 건물의 임대차에 있어서 임차인의 임대인에게 지급한 **임차보증금반환청구권**이나 임대인이 건물시설을 아니하기 때문에 임차인에게 건물을 임차목적대로 사용하지 못한 것을 이유로 하는 **손해배상청구권**은 모두 제320조 소정 소위 그 건물에 관하여 생긴 채권이라 할 수 없다(대판 1976.5.11. 75다1305).

3 피담보채권이 변제기에 있을 것

채권(피담보채권)이 변제기에 있어야 한다. 변제기의 도래 전에 유치권을 인정하면 변제기 전의 채무의 이행을 간접적으로 강제하는 것이 되어 부당하기 때문이다.

4 유치권자가 목적물을 점유할 것★★

(1) 목적물을 점유하고 있어야 하므로 점유를 상실하면 유치권은 소멸한다(제328조).

(2) 점유가 불법*행위로 인하여 시작된 것이 아니어야 한다(제320조 제2항).

* **점유가 불법**
불법점유자는 비용상환청구권을 행사할 수 있으나 이를 위하여 유치권을 주장할 수는 없다.

유치권의 성립(점유의 취득시기)

1. 부동산에 관하여 "**경매개시결정등기가 된 뒤**"에 비로소 부동산의 점유를 이전받거나 피담보채권이 발생하여 유치권을 취득한 경우에는 **경매절차의 매수인에 대하여 유치권을 행사할 수 없다**(대판 2005.8.19. 2005다22688 판결, 대법원 2006.8.25. 2006다22050 판결 등 참조).

2. 이는 집행절차의 법적 안정성을 보장할 목적으로 매각절차인 경매절차가 개시된 뒤에 유치권을 취득한 경우에는 그 유치권을 경매절차의 매수인에게 행사할 수 없다고 보는 것이므로, 부동산에 **저당권이 설정되거나 가압류등기가 된 뒤**에 유치권을 취득하였더라도 "**경매개시결정등기가 되기 전**"에 민사유치권을 취득하였다면 경매절차의 매수인에게 **유치권을 행사할 수 있다**(대법원 2009.1.15. 2008다70763 판결, 대법원 2011.11.24. 2009다19246 판결 참조).

3. 한편 부동산에 관한 민사집행절차에서는 경매개시결정과 함께 압류를 명하므로 압류가 행하여짐과 동시에 매각절차인 경매절차가 개시되는 반면, 국세징수법에 의한 체납처분절차에서는 그와 달리 체납처분에 의한 압류(이하 '체납처분압류'라고 한다)와 동시에 매각절차인 공매절차가 개시되는 것이 아닐 뿐만 아니라, 체납처분압류가 반드시 공매절차로 이어지는 것도 아니다. 또한 체납처분절차와 민사집행절차는 서로 별개의 절차로서 공매절차와 경매절차가 별도로 진행되는 것이므로, 부동산에 관하여 체납처분압류가 되어 있다고 하여 경매절차에서 이를 그 부동산에 관하여 경매개시결정에 따른 압류가 행하여진 경우와 마찬가지로 볼 수는 없다.

4. 따라서 **체납처분압류가 되어 있는 부동산**이라고 하더라도 그러한 사정만으로 경매절차가 개시되어 **경매개시결정등기가 되기 전**에 그 부동산에 관하여 민사유치권을 취득한 유치권자가 경매절차의 매수인에게 그 **유치권을 행사할 수 없다고 볼 것은 아니다**(대판 2014.3.20. 2009다60336 전합).

(3) 직접점유와 간접점유가 모두 가능하며(대결 2002.11.27. 2002마3516), 채권과 점유 사이에 견련성이 필요한 것도 아니다. 채권자가 채무자를 직접점유자로 하여 유치물을 간접점유하는 경우에는 유치권의 요건으로서의 점유에 해당하지 않는다(대판 2008.4.11. 2007다27236).

(4) 부동산유치권도 등기가 불필요하다.

 유치권의 배제 가능성

① 유치권은 당사자 간 특약으로 배제가 가능하다.
② 또한 임차보증금을 피담보채권으로 하여 유치권이 성립될 수는 없다. 다만, 이 경우 동시이행항변권은 인정된다.

5 유치권을 배제하는 특약이 없을 것*

유치권은 법률상 당연히 성립하나 당사자 사이에 미리 **유치권의 발생을 배제하는 특약**을 맺으면 유치권은 성립하지 않는다.

> **판례 유치권 포기특약의 효력**
>
> 건물의 임차인이 임대차관계 종료시에는 건물을 원상으로 복구하여 임대인에게 명도하기로 약정한 것은 건물에 지출한 각종 유익비 또는 필요비의 상환청구권을 미리 포기하기로 한 취지의 특약이라고 볼 수 있어 임차인은 유치권을 주장을 할 수 없다(대판 1975.4.22. 73다2010).

Key Point 유치권의 인정 여부

인정되는 경우	부정되는 경우
1) 신축건물의 공사비채권을 확보하기 위해 신축건물을 점유하는 때(대판 1995.9.15. 95다16202).	1) 임차보증금반환청구권 또는 권리금 반환청구권 2) 이중매매 또는 타인의 물건의 매매로 인한 손해배상청구권
2) 임차인이 필요비·유익비를 지출하고 그 채권을 확보하기 위해 필요비·유익비를 지급받을 때까지(임차기간이 종료된 후라도 임차물을 점유하는 때)	3) 채권이 목적물 자체를 목적으로 하는 것 예 임차권

2편 물권법

단락문제 Q1
제24회 기출

유치권에 관한 설명으로 옳지 않은 것은? (다툼이 있으면 판례에 따름)

① 유치권에는 물상대위성이 인정되지 않는다.
② 분할이 가능한 토지의 일부에도 유치권이 성립할 수 있다.
③ 피담보채권의 양도와 목적물의 인도가 있으면 유치권은 이전된다.
④ 유치권자는 채권의 변제를 받기 위해 유치물을 경매할 수 있다.
⑤ 유치부동산에 대하여 법원이 간이변제충당을 허가한 경우, 그 부동산에 대한 등기를 하여야 소유권이 이전된다.

해설 유치권
① (O) 민법 제328조(유치권은 점유의 상실로 인하여 소멸한다.)
② (O) 판례에 의하면 가능하다.
③ (O) 유치권의 수반성, 공시방법
④ (O) 유치권자는 채권의 변제를 받기 위하여 유치물을 경매할 수 있다(민법 제322조 제1항).
⑤ (×) 정당한 이유있는 때에는 유치권자는 감정인의 평가에 의하여 유치물로 직접 변제에 충당할 것을 법원에 청구할 수 있다(민법 제322조 제2항). 이는 법률의 규정에 의한 물권변동(민법 제185조) 등기가 필요하지 않다

답 ⑤

단락핵심 — 유치권의 성립요건

(1) 어떤 물건을 점유하기 전에 그에 관하여 발생한 채권에 대해서는 후에 채권자가 그 물건의 점유를 취득하더라도 유치권이 성립하지 않는다. (×)
　⇒ 유치권의 성립에는 채권자의 채권과 유치권의 목적인 물건과의 일정한 관련이 있으면 충분하고 반드시 채권과 점유가 동시에 발생하여야 하는 것은 아니다.
(2) 채무자 소유가 아닌 타인의 물건에 관해서도 유치권은 성립할 수 있다. (O)
　⇒ 임차인이 수리를 맡긴 시계에 대하여도 유치권이 성립한다.
(3) 채권이 목적물의 반환의무와 동일한 사실관계로부터 발생한 경우에도 유치권은 성립한다. (O)
(4) 유치권이 성립하려면 피담보채권은 변제기에 있어야 한다. (O)
(5) 임차인이 임대차기간 만료 전에 임차목적물을 보존하기 위해 비용을 지출한 경우, 비용상환청구권은 목적물에 관하여 생긴 채권으로 본다. (O)
(6) 건물임차인이 점유할 권원이 없음을 알면서 계속 건물을 점유하여 유익비를 지출한 경우, 그 비용상환청구권에 관하여 유치권은 성립하지 않는다. (O)
(7) 점유가 불법행위로 인하여 개시되었다면, 점유자가 지출한 유익비의 상환청구권을 기초로 하는 유치권의 주장은 배척된다. (O)
(8) 채권자가 채무자를 직접점유자로 하여 간접점유하는 경우에도 유치권은 성립할 수 있다. (×)
(9) 임대인과 권리금반환약정을 체결한 임차인은 권리금반환채권을 담보하기 위해 임차목적물을 유치할 권리가 있다. (×)

03 유치권의 효력

1 유치권자의 권리★★★

Professor Comment

유치권에는 경매권은 있으나 우선변제권이 없다는 점에 유의한다. 그러나 유치권자는 경락인에 대하여도 채권을 변제받을 때까지 유치권을 행사할 수 있어 사실상 변제가 확보되는 셈이다. 다만 경락인에 대한 변제청구권이 인정되는 것은 아니다.

(1) 목적물의 유치

1) '유치한다'의 의미

 유치권자는 채권의 변제를 받을 때까지 목적물을 유치할 수 있다. 유치한다는 것은 목적물의 점유를 계속하고 인도를 거절하는 것을 의미한다.

2) 부당이득반환 여부

 건물 또는 토지임차인이 그의 비용상환청구권에 관한 유치권을 행사함에 있어 종전대로 부동산을 계속하여 사용할 수 있지만 (특별한 사정이 없는 한) 그 동안의 이득은 부당이득으로 반환해야 한다(대판 1963.7.11. 63다235).

3) 유치권의 행사

 유치권은 물권이기 때문에 유치권자는 채무자뿐만 아니라 목적물의 양수인 또는 매수인에 대해서도 대항할 수 있다(대판 1972.1.31. 71다2414).

4) 유치권 행사의 효과

 목적물인도청구의 소에 대하여 피고가 유치권에 의하여 인도를 거절한 때에는 채권의 변제와 상환으로 목적물을 인도하라는 **상환급부의 판결***을 하게 된다.

(2) 경매권과 간이변제충당권 [23회 출제]

1) 유치권자는 채권의 변제를 받기 위하여 유치물을 경매할 수 있다.

2) 정당한 이유 있는 때에는 유치권자는 유치물로써 직접 채권의 변제에 충당할 것을 법원에 청구할 수 있다(간이변제충당)(제322조 제2항).

3) 유치권에는 원칙적으로 우선변제권이 없으나 기술한 목적물에 대한 유치권능, 간이변제충당권, 과실수취권 등이 사실상 우선변제권이 있는 것과 마찬가지의 효과를 가져온다.

4) 채무자가 파산한 경우 유치권자는 **별제권****을 가진다(「채무자 회생 및 파산에 관한 법률」 제411조).

> * **상환급부의 판결**
> 일부승소판결의 일종
>
> ** **별제권**
> 파산재단에 속하는 특정 재산에서 다른 채권자보다 우선하여 변제를 받을 수 있는 권리

(3) 과실수취권
1) 유치권자는 유치물의 과실(천연과실 및 법정과실)을 수취하여 다른 채권보다 먼저 그 채권의 변제에 충당할 수 있다.
2) 과실은 먼저 채권의 이자에 충당하고 그 잉여가 있으면 원본에 충당한다.

(4) 유치물사용권
유치권자는 원칙적으로 유치물을 사용할 수 없으나 유치물의 보존에 필요한 경우 채무자의 승낙 없이도 사용할 수 있다(제324조 제2항). 유치물의 보존을 위한 사용은 적법행위이므로 불법점유로 인한 손해배상책임이 없으나(대판 1972.1.31. 71다2414), 그 사용이익은 부당이득으로 반환해야 한다(통상 피담보채권과 상계함).

(5) 비용상환청구권   **18회 출제**
1) **필요비**
유치물에 관하여 필요비를 지출한 때에는 소유자에게 그 상환을 청구할 수 있다(제325조 제1항).

2) **유익비**
유치물에 관하여 유익비를 지출한 때에는 그 가액의 증가가 현존한 경우에 한하여 소유자의 선택에 좇아* 그 지출한 금액이나 증가액의 상환을 청구할 수 있다. 그러나 법원은 소유자의 청구에 의하여 상당한 기간을 허여** 할 수 있다(제325조 제2항).

* **소유자의 선택에 좇아**
  유치권자의 선택이 아님을 주의
** **상당한 기간을 허여**
  변제기 미도래로 유치권 소멸

> **판례** 유치권 성립 후 유익비 지급에 대한 유치권행사 여부
> 유치권자의 점유 하에 있는 유치물의 소유자가 변동하더라도 유치권자의 점유는 유치물에 대한 보존행위로서 하는 것이므로 적법하고, 그 소유자변동 후 유치권자가 유치물에 관하여 **새로이 유익비를 지급하여 그 가격의 증가가 현존하는 경우에는 이 유익비에 대하여도 유치권을 행사할 수 있다**(대판 1972.1.31. 71다2414).

Professor Comment
유익비상환청구권은 항상 그 가액의 증가가 현존하여야 하고 상환하는 가액은 소유자의 선택에 의한다. 여기서, 소유자는 비용상환청구권의 상대방으로 주로 채무자이나 제3자인 경우도 있다.

(6) 물권적 청구권
점유권에 기한 점유보호청구권은 가능하나, 유치권에 기한 물권적 청구권은 부정된다.

제4장 담보물권

2 유치권자의 의무★★★

(1) 선관주의의무
유치물을 선량한 관리자의 주의로 점유해야 한다(제324조 제1항).

(2) 임의사용·처분금지
유치권자는 채무자의 승낙 없이* 유치물의 사용**, 대여 또는 담보제공을 하지 못한다(제324조 제2항).

(3) 의무위반의 효과
유치권자가 위의 의무를 위반한 때에는 채무자가 유치권의 소멸을 청구★★★할 수 있다(제324조 제3항).

> * 승낙 없이
> 채무자와 소유자가 다른 경우에는 소유자의 승낙을 의미한다.
>
> ** 사용
> 보존을 위한 사용은 승낙 없이도 가능
>
> *** 소멸을 청구
> 당연히 소멸하는 것이 아님을 주의

Wide 유치권자가 채무자의 승낙 없이 유치물을 사용한 사례의 해결

① 유치물의 사용가능성
유치권자가 유치물을 사용하기 위해서는 채무자의 승낙이 있거나 보존을 위해 필요한 경우이어야 한다. 이러한 사유 없이 유치권자가 유치물을 사용하면 채무자(유치물의 소유자)는 유치권의 소멸을 청구할 수 있다.

② 유치물 사용이익의 반환
㉠ 채무자의 승낙을 얻은 경우 사용이익은 과실에 준하므로 유치권자는 이를 가지고 다른 채권자보다 먼저 자신의 채권의 변제에 충당할 수 있다.
㉡ 그 밖의 경우에는 이를 채무자에게 부당이득으로 반환하여야 하나 상계하여 사실상 우선변제를 받는 효과를 가져올 수 있다.

단락문제 Q2

유치권자에게 인정되지 않는 권리는?

① 경매권
② 비용상환청구권
③ 간이변제충당권
④ 물상대위권
⑤ 유치물의 보존에 필요한 경우 그 사용권

해설 유치권
① 인정된다(제322조 제1항).
② 인정된다(제325조 제1항, 제2항).
③ 인정된다(제322조 제2항).
④ 인정되지 않는다. 유치권에는 물상대위권이 인정되지 않는다. 또한 유치권의 경우 물권적 청구권에 관한 규정이 준용되지 않는다는 점도 주의하여야 한다.
⑤ 인정된다(제324조 제2항).

답 ④

2편 물권법

> **단락핵심** 유치권의 효력
>
> (1) 유치권자에게 우선변제권은 없으므로, 채무자가 파산한 경우에도 별제권을 가질 수 없다. (×)
> (2) 유치권자는 채권 전부의 변제를 받을 때까지 유치물 전부에 대하여 그 권리를 행사할 수 있다. (○)
> (3) 물건의 인도청구소송에서 피고의 유치권항변이 인용되는 경우, 법원은 그 물건에 관하여 생긴 채권의 변제와 상환으로 물건을 인도할 것을 명하여야 한다. (○)
> (4) 유치권자가 소유자의 승낙 없이 제3자에게 유치물을 임대한 경우, 임차인은 소유자에게 임대차의 효력을 주장할 수 없다. (○)
> (5) 유치권자에게는 사용·수익권이 있으므로 그 사용이익을 반환할 필요가 없다. (×)

04 유치권의 소멸

1 일반적 소멸사유*

21회 출제

(1) 목적물의 멸실·수용·혼동·포기 등으로 소멸한다. 다만, 유치권은 소멸시효에 걸리지 않는 권리*로서 시효로 인한 소멸은 있을 수 없다.

(2) 유치권은 담보물권의 공동소멸사유인 피담보채권의 소멸로 소멸한다(부종성). 그리고 유치권의 행사는 피담보채권의 소멸시효의 진행에 영향을 미치지 아니한다(제326조).

> * **소멸시효에 걸리지 않는 권리**
> 다만, 피담보채권이 시효로 소멸하면 부종성에 따라 유치권이 소멸할 수 있다.
>
> ** **소멸을 청구**
> 형성권
>
> *** **채무자**
> 해석상 목적물의 소유자도 가능

2 특수한 소멸사유***

(1) **채무자의 소멸청구**

유치권자가 선관주의의무에 위반하거나 채무자의(소유자와 채무자가 동일인이 아닐 때에는 소유자) 승낙 없이 유치물을 사용·대여·담보제공한 때에는 채무자가 유치권의 소멸을 청구**할 수 있고, 그에 의해 유치권은 당연히 소멸한다.

(2) **타담보의 제공**

1) 채무자***는 상당한 담보를 제공하고 유치권의 소멸을 청구할 수 있다(제327조).
2) 유치권자의 승낙(또는 이를 대신하는 판결)이 있어야 한다.

(3) **점유의 상실**

유치권은 점유의 상실로 인하여 소멸한다(제328조). 점유는 유치권의 성립요건일 뿐만 아니라 존속요건이기 때문이다.

제3절 질권

`16·24회 출제`

01 의의 및 법적 성질

> **제329조(동산질권의 내용)** 동산질권자는 채권의 담보로 채무자 또는 제3자가 제공한 동산을 점유하고 그 동산에 대하여 다른 채권자보다 자기채권의 우선변제를 받을 권리가 있다.

1 의 의

채권자가 그 채권을 담보로 채무자 또는 제3자가 제공한 동산이나 재산권을 점유하고 채권의 변제가 있을 때까지 유치하여 다른 채권자보다 먼저 자기 채권의 우선변제를 받을 수 있는 **약정담보물권**[*]이다(제329조, 제345조).

> * **약정담보물권**
> 당사자의 합의에 의해서 성립하는 물권

2 법적 성질

(1) 질권은 약정담보물권으로서 담보물권의 통유성을 가진다. 따라서 부종성, 수반성, 불가분성, 물상대위성이 모두 인정된다.
(2) 목적물을 유치하여 채무의 변제를 강제할 수 있으며(유치적 효력), 목적물의 교환가치로부터 우선변제를 받을 수 있는 효력이 있다.

3 질권의 종류

민법은 동산질권과 권리질권을 모두 인정하고 있다.

구 분	동산질권	권리질권
목적물	유체동산	동산 외의 재산권(양도성 있는 것만)
성 립	① 약정질권 : 질권계약 + 목적물 인도 ② 법정질권 : 법률의 규정	① 채권질권 : 설정합의 + 채권증서의 교부 ② 기타질권 : 주식, 지식재산권
효 력	① 유치적 효력 ② 우선변제적 효력 : 유질계약의 금지 ③ 전질권 ④ 점유보호청구권 : 물권적 청구권에 대해 견해대립	① 유치적 효력 ② 우선변제적 효력 : 유질계약의 금지
의 무	① 선관주의 의무 ② 질물사용, 임대, 담보제공 금지 ③ 질물반환의무 : 질권소멸시	① 선관주의 의무 ② 담보제공 금지 ③ 증서 등 반환의무 : 질권소멸시

2편 물권법

02 동산질권

1 동산질권의 성립 [17회 출제]

> **제330조(설정계약의 요물성)** 질권의 설정은 질권자에게 목적물을 인도함으로써 그 효력이 생긴다.
> **제331조(질권의 목적물)** 질권은 양도할 수 없는 물건을 목적으로 하지 못한다.
> **제332조(설정자에 의한 대리점유의 금지)** 질권자는 설정자로 하여금 질물의 점유를 하게 하지 못한다.

동산질권은 약정담보물권이므로 당사자 사이의 질권설정계약과 목적물인 동산의 인도로 성립하는 것이 원칙이나 예외적으로 법률규정에 의하여 성립하는 경우도 있다.

(1) 동산질권설정계약(합의)

1) **당사자**
   질권자와 질권설정자가 당사자가 되며, 질권자는 채권자이어야 하지만 질권설정자는 채무자 이외에 제3자(물상보증인)도 가능하다.

2) **처분권한**
   질권설정자인 채무자나 물상보증인은 목적물에 대한 처분권한을 가지고 있어야 한다. 다만, 처분권한이 없는 경우 질권의 선의취득이 인정될 수 있다.

(2) 목적동산의 인도

1) 동산질권의 목적물은 양도할 수 있는 물건이어야 한다. 질물을 경매에 부쳐 환가하려면 양도할 수 있는 물건이어야 하기 때문이다. 따라서 단순히 채무자를 보호하기 위해 압류를 금지하는 경우에는 질권의 목적물이 될 수 있다.
2) 목적물을 질권자에게 인도하여야 질권의 효력이 생긴다. 현실인도, 간이인도, 목적물반환청구권의 양도에 의한 인도가 가능하나, 점유개정은 금지된다(제332조).
3) 설정자에 의한 대리점유(점유개정)를 금지하여 거래의 안전을 보호하고 있다. 따라서 질권설정 후에 질물을 반환하면 질권은 소멸한다.

(3) 피담보채권

1) 질권을 설정하여 담보할 수 있는 채권에는 제한이 없으므로 조건부채권이나 기한부채권 등 장래의 채권도 피담보채권이 될 수 있다.
2) 계속적 거래관계로부터 발생하는 채권을 담보하는 경우에도 이용되며, 이를 근질이라 한다.

(4) 법정질권

토지임대인이 임대차에 관한 채권에 의하여 임차지에 부속 또는 그 사용의 편익에 제공한 임차인 소유의 동산 및 그 토지의 과실을 압류한 때에는 임대인이 질권을 취득한다(제648조). 그 밖에 건물 등의 임대인의의 법정질권등(제650조)이 인정된다.

2 동산질권의 효력

제333조(동산질권의 순위) 수 개의 채권을 담보하기 위하여 동일한 동산에 수 개의 질권을 설정한 때에는 그 순위는 설정의 선후에 의한다.
제334조(피담보채권의 범위) 질권은 원본, 이자, 위약금, 질권실행의 비용, 질물보존의 비용 및 채무불이행 또는 질물의 하자로 인한 손해배상의 채권을 담보한다. 그러나 다른 약정이 있는 때에는 그 약정에 의한다.
제335조(유치적효력) 질권자는 전조의 채권의 변제를 받을 때까지 질물을 유치할 수 있다. 그러나 자기보다 우선권이 있는 채권자에게 대항하지 못한다.
제338조(경매, 간이변제충당) ① 질권자는 채권의 변제를 받기 위하여 질물을 경매할 수 있다.
② 정당한 이유있는 때에는 질권자는 감정인의 평가에 의하여 질물로 직접 변제에 충당할 것을 법원에 청구할 수 있다. 이 경우에는 질권자는 미리 채무자 및 질권설정자에게 통지하여야 한다.
제339조(유질계약의 금지) 질권설정자는 채무변제기전의 계약으로 질권자에게 변제에 갈음하여 질물의 소유권을 취득하게 하거나 법률에 정한 방법에 의하지 아니하고 질물을 처분할 것을 약정하지 못한다.
제340조(질물 이외의 재산으로부터의 변제) ① 질권자는 질물에 의하여 변제를 받지 못한 부분의 채권에 한하여 채무자의 다른 재산으로부터 변제를 받을 수 있다.
② 전항의 규정은 질물보다 먼저 다른 재산에 관한 배당을 실시하는 경우에는 적용하지 아니한다. 그러나 다른 채권자는 질권자에게 그 배당금액의 공탁을 청구할 수 있다.
제341조(물상보증인의 구상권) 타인의 채무를 담보하기 위한 질권설정자가 그 채무를 변제하거나 질권의 실행으로 인하여 질물의 소유권을 잃은 때에는 보증채무에 관한 규정에 의하여 채무자에 대한 구상권이 있다.
제342조(물상대위) 질권은 질물의 멸실, 훼손 또는 공용징수로 인하여 질권설정자가 받을 금전 기타 물건에 대하여도 이를 행사할 수 있다. 이 경우에는 그 지급 또는 인도전에 압류하여야 한다.
제343조(준용규정) 제249조 내지 제251조, 제321조 내지 제325조의 규정은 동산질권에 준용한다.
제344조(타법률에 의한 질권) 본절의 규정은 다른 법률의 규정에 의하여 설정된 질권에 준용한다.

(1) 동산질권의 효력이 미치는 범위

1) 목적물의 범위
   ① 종물과 과실
      ㉠ 질물뿐만 아니라 질물의 종물(질권자가 점유한 경우), 천연과실, 법정과실에까지 미친다.
      ㉡ 종물의 경우 질물을 환가처분할 때 함께 처분하여 배당한다.
      ㉢ 천연과실과 법정과실의 경우에는 질권자가 수취하여 다른 채권보다 먼저 피담보채권의 변제에 우선충당할 수 있다(제343조, 제323조, 제324조 제2항, 제333조).
   ② 물상대위
      ㉠ 질물이 멸실·훼손 또는 공용징수로 인하여 질권설정자가 받을 금전 기타 물건에 대하여도 질권의 효력이 미친다.
         예) 보험금청구권, 손해배상청구권, 보상금청구권
      ㉡ 질권자가 물상대위권을 행사하려면, 질권설정자가 금전 기타의 물건을 지급 또는 인도받기 전에 압류하여야 한다(제342조 제2문). 다만 반드시 대위권을 행사하는 질권자가 압류하여야 하는 것은 아니며, 다른 채권자 등이 압류한 경우에도 대위권을 행사할 수 있다(대판 1987.5.26. 86다카1058).

2) 피담보채권의 범위
① 질권은 원본·이자·위약금·질권실행비용·질물보존비용·채무불이행으로 인한 손해배상·질물의 하자로 인한 손해배상의 채권을 담보한다(제334조).
② 당사자는 이와 다른 약정을 할 수도 있다(제334조 단서).
③ 불가분성이 인정되므로 질권자는 채권 전부의 변제를 받을 때까지 질물 전부에 관하여 그 권리를 행사할 수 있다(제343조, 제321조).

(2) 유치적 효력
1) 질권자는 피담보채권의 변제를 받을 때까지 질물을 유치할 수 있다. 그러나 자기보다 우선권이 있는 채권자에게 대항하지 못한다.
2) 질권자보다 우선권이 있는 채권자가 경매신청을 한 경우, 질권자는 질물을 인도하여 하며 다만 경매에 의해 환가된 금전으로 순위에 따라 배당을 받을 수 있다.

(3) 우선변제적 효력
1) 순위
① 동산질권자는 질물로부터 다른 채권자보다 먼저 자기의 채권의 우선변제를 받을 수 있다(제329조). 즉 질권질권자에 우선하는 질권자나 우선특권자가 있는 때에는 그 범위에서 질권자의 우선변제권이 제한된다.
② 동일한 동산에 수 개의 질권이 설정된 경우에는 설정의 선후에 따라 순위가 결정된다(제333조).

2) 우선변제권의 행사
① 채무자가 이행지체에 빠져야 하며, 피담보채권이 금전채권이 아닌 경우에는 그것이 금전채권으로 변하였어야 한다.
> 예 토지의 소유권이전채권을 피담보채권으로 하여 질권이 설정된 경우, 피담보채권이 이행지체에 빠져야 하고, 소유권이전채권이 손해배상채권으로 변해야 한다.

② 질권자는 민사집행법이 정하는 절차에 따라서 질물에 대한 경매신청을 하여 질물의 매각대금으로부터 우선변제를 받는다(제338조 제1항).
③ 질물보다 먼저 채무자의 다른 재산에 관하여 배당을 실시하는 경우, 질권자는 채권 전액을 가지고 배당에 참가할 수 있으나 다른 채권자는 질권자에게 그 배당금액의 공탁을 청구할 수 있다(제340조 제2항).
④ 질물에 관하여 질권자가 경매를 신청하기 전에 다른 채권자가 질물에 대하여 경매를 신청하는 경우, 질권자는 그 대가로부터 순위에 따라 우선변제를 받으며, 질권설정자가 파산한 때에는 별제권을 갖는다(「채무자 회생 및 파산에 관한 법률」 제411조).

제4장 담보물권

> *Professor Comment*
> 다른 채권자가 질물에 대하여 경매를 신청한 경우, 질권자가 그 보다 우선하는 순위에 있다면, 질물의 인도자체를 거절할 수도 있고, 인도하여 환가할 수도 있다.

3) 간이변제충당권(제338조 제2항)
① 질물이 소액에 지나지 않아 경매비용이 부담스러운 경우와 같이 경매에 부치는 것이 부적절한 경우와 같이 정당한 이유가 있는 때에는 감정인의 평가에 의하여 질물로 직접 변제에 충당(간이변제충당)할 수 있다.
② 간이변제충당을 하기 위해서는 질권자가 미리 채무자 및 질권설정자에게 통지하고 법원에 간이변제충당을 청구하여야 한다.

4) 유질계약의 금지(제339조)
① 유질계약은 질권설정자가 채무변제기 전에 계약으로 질권자에게 변제에 갈음하여 질물의 소유권을 취득하게 하거나 법률이 정한 방법에 의하지 않고 질물을 할 것을 약정하는 것이다.
② 유질계약은 금지되므로 유질계약을 하더라도 그 계약은 무효이며, 법률이 정한 방법에 의해서 변제받아야 한다.
③ 변제기 전에 하는 약정이 금지되는 것이므로 변제기 이후에 유질계약과 동일한 약정을 하는 것은 허용된다. 또한 상행위에 의하여 생긴 채권을 위한 질권의 경우에는 유질계약도 허용된다.

(4) 과실수취권과 비용상환청구권 등
민법은 과실수취권(제323조), 유치물의 관리 및 사용(제324조), 비용상환청구권(제325조)에 관한 규정을 질권에도 준용하고 있다(제343조, 자세한 것은 유치권 부분 참조).

(5) 물상보증인의 구상권 〔23회 출제〕
타인의 채무를 담보하기 위한 질권설정자가 그 채무를 변제하거나 질권의 실행으로 인하여 질물의 소유권을 잃은 때에는 보증채무에 관한 규정에 의하여 채무자에 대한 구상권이 있다(제341조). 그러나 수탁보증인과 같은 사전구상권은 인정되지 않는다.

단락문제 03

동산질권에 관한 다음의 설명 중 틀린 것은? (다툼이 있으면 판례에 의함)

① 질권의 효력은 질물 뿐만 아니라 질권자가 점유한 질물의 종물, 천연과실, 법정과실에까지 미친다.
② 동산질권의 목적물은 양도할 수 있는 물건이어야 한다.
③ 질물이 멸실·훼손 또는 공용징수로 인하여 질권설정자가 받을 금전 기타 물건에 대하여도 질권의 효력이 미친다.
④ 질권자가 물상대위권을 행사하려면, 질권설정자가 금전 기타의 물건을 지급 또는 인도받기 전에 질권자가 직접 압류하여야 한다.
⑤ 간이변제충당을 하기 위해서는 질권자가 미리 채무자 및 질권설정자에게 통지하고 법원에 간이변제충당을 청구하여야 한다.

해설 질권의 효력
④ 특정할 수 있다면 다른 사람이 압류해도 상관없다. **답** ④

3 동산질권자의 전질권

제336조(전질권) 질권자는 그 권리의 범위내에서 자기의 책임으로 질물을 전질할 수 있다. 이 경우에는 전질을 하지 아니하였으면 면할 수 있는 불가항력으로 인한 손해에 대하여도 책임을 부담한다.
제337조(전질의 대항요건) ① 전조의 경우에 질권자가 채무자에게 전질의 사실을 통지하거나 채무자가 이를 승낙함이 아니면 전질로써 채무자, 보증인, 질권설정자 및 그 승계인에게 대항하지 못한다.
② 채무자가 전항의 통지를 받거나 승낙을 한 때에는 전질권자의 동의없이 질권자에게 채무를 변제하여도 이로써 전질권자에게 대항하지 못한다.

(1) 의의 및 종류

1) 전질이란 질권자가 질물 위에 새로이 질권을 설정하는 것이다.
2) 전질에는 질물소유자(채무자 또는 물상보증인)의 승낙을 얻어 전질하는 경우(승낙전질)과 질물소유자의 승낙 없이 질권자가 단독으로 자신의 책임 하에 전질하는 경우(책임전질)가 있다.
3) 민법은 승낙전질에 대하여는 규정을 두고 있지 않으며, 책임전질에 관하여만 규정하고 있다.

(2) 책임전질

1) 책임전질의 성립요건
① 원질권자와 전질권자의 물권적 합의 및 질물의 인도
② 전질권은 원질권의 범위 내일 것
③ 전질은 피담보채권의 입질을 포함하므로 권리질권 설정의 요건을 갖출 것

2) 책임전질의 효과
① 전질권자는 자기의 채권의 변제를 받을 때까지 질물을 유치할 수 있다(제335조).
② 전질권자가 전질권을 행사하려면 전질권자의 채권과 원질권자의 채권이 모두 변제기에 이르러야 한다. 이 경우 먼저 전질권자의 채권에 충당하고 나머지가 있으면 원질권자의 채권에 충당한다.
③ 질권자는 전질을 하지 않았으면 면할 수 있었던 불가항력으로 인한 손해에 대하여도 책임을 진다(제336조 제2문).
④ 질권자는 그의 질권을 소멸하게 하는 처분을 하지 못한다. 이는 전질권을 보호하기 위한 것이므로, 전질권을 해하지 않는 범위 내에서는 그러한 처분이 가능하다.
⑤ 채무자는 전질권자의 동의 없이 질권자에게 채무를 변제하여도 이로써 전질권자에게 대항하지 못한다(제337조 제2항).

(3) 승낙전질

1) 의의 및 성질
질권자가 질권설정자의 승낙을 얻어 질물에 다시 질권을 설정하는 것이므로 질권설정자의 지위는 물상보증인의 지위와 유사하다.

2) 성립요건
① 질물소유자(질물의 처분권을 가진 자)의 승낙*이 있어야 한다. 따라서 별도로 채무자에 대한 통지나 채무자의 승낙을 필요로 하지 않는다.
② 승낙전질은 질물을 재입질하는 것으로 원질권과 무관하며, 원질권의 범위에 제한을 받지 않는다.

> *승낙
> 승낙 없이 질물만을 재입질할 경우 원질권설정자는 질권의 소멸을 청구할 수 있다.

3) 승낙전질의 효과
① 원질권자의 책임이 가중되지 않는다.
② 원질권설정자는 자기의 채무를 원질권자에게 변제하여 질권을 소멸시킬 수 있다. 그러나 이를 이유로 전질권자에게 전질권의 소멸을 주장할 수는 없다. 다만 원질권설정자가 채무를 변제하는 것에 대하여 전질권자가 동의하였다면 그 변제로 원질권설정자는 전질권자에게 변제를 주장하여 질물의 반환을 청구할 수 있다.

2편 물권법

단락문제 Q4

다음은 전질권에 관한 설명이다. 틀린 것은? (다툼이 있으면 판례에 의함)

① 책임전질의 경우 전질권은 원질권의 범위를 초과할 수 없다.
② 책임전질의 경우 전질권자의 채권이 변제기에 이르면 전질권을 행사할 수 있다.
③ 책임전질의 경우 질권자는 과실이 없더라도 전질을 하지 않았으면 면할 수 있었던 불가항력으로 인한 손해에 대하여도 책임을 진다.
④ 승낙전질은 질물을 재입질하는 것으로 원질권과 무관하며, 원질권의 범위에 제한을 받지 않는다.
⑤ 승낙전질의 경우 원질권자의 책임이 가중되지 않는다.

해설 전질권
② 전질권자가 전질권을 행사하려면 전질권자의 채권과 원질권자의 채권이 모두 변제기에 이르러야 한다.

답 ②

4 동산질권의 침해에 대한 구제

(1) 점유보호청구권

동산질권자는 점유할 권리가 있으므로 점유권에 기한 점유보호청구권을 행사할 수 있다.

(2) 물권적 청구권

민법에서는 질권에 의한 물권적 청구권을 규정하고 있지 아니하며, 학설은 나뉘어 있다.

(3) 질물이 훼손된 경우

채무자가 담보를 손상, 감소 또는 멸실하게 한 때에는 기한의 이익을 상실하므로 질권자는 채무의 이행을 즉시 청구할 수도 있고, 잔존물에 대하여 질권을 실행할 수도 있다.

5 동산질권자의 의무

(1) 질권자는 타인의 물건을 담보목적으로 점유하는 자이므로 선량한 관리자의 주의로 질물을 보관하여야 하고, 질권설정자의 승낙 없이 질물을 사용·대여하거나 담보로 제공하지 못한다(제343조, 제324조 제2항). 이를 위반할 경우 질권설정자는 질권의 소멸을 청구할 수 있다(제343조, 제324조 제3항).

(2) 질권이 소멸하면 질권자는 질물을 질권설정자에게 반환하여야 한다. 그러나 질권은 담보권이므로 채무의 변제와 질물의 반환의무가 동시이행관계인 것은 아니다.

6 동산질권의 소멸

(1) 동산질권의 ① 물권 일반의 공통된 소멸사유인 목적물의 멸실, 몰수, 첨부, 취득시효, 포기, 혼동 등과 ② 담보물권의 공통된 소멸사유인 피담보채권의 소멸, 질권의 실행, 질권에 우선하는 다른 채권자의 경매 등으로 소멸한다.

(2) 동산질권의 특유한 소멸사유로는 질권자의 의무위반에 따른 질권설정자의 소멸청구가 있다(제343조, 제324조 제3항).

(3) 동산질권은 담보권이므로 단독으로 소멸시효에 걸리지 않지만, 피담보채권의 소멸시효가 완성되면 부종성에 따라 동산질권도 소멸한다. 뿐만 아니라 질권의 존재는 소멸시효에 영향을 미치지 아니하므로 질물을 질권자가 점유하고 있더라도 피담보채권의 소멸시효는 계속 진행한다.

단락핵심 동산질권

(1) 간이인도에 의하여 동산질권을 설정할 수 있으나, 점유개정에 의하여 동산질권을 설정할 수는 없다. (O)
(2) 질물이 멸실·훼손 또는 공용징수로 인하여 질권설정자가 받을 금전 기타 물건에 대하여도 질권의 효력이 미친다. (O)
(3) 질물보다 먼저 채무자의 다른 재산에 관하여 배당을 실시하는 경우, 질권자는 채권 전액을 가지고 배당에 참가할 수 없다. (X)
(4) 유질계약은 금지되므로 유질계약을 하더라도 그 계약은 무효이며, 법률이 정한 방법에 의해서 변제받아야 한다. (O)
(5) 채무자가 담보를 손상, 감소 또는 멸실하게 한 때에는 기한의 이익을 상실하므로 질권자는 채무의 이행을 즉시 청구할 수도 있고, 잔존물에 대하여 질권을 실행할 수도 있다. (O)
(6) 질권이 존재하면 소멸시효는 진행하지 않는다. (X)

03 권리질권

> **제345조(권리질권의 목적)** 질권은 재산권을 그 목적으로 할 수 있다. 그러나 부동산의 사용, 수익을 목적으로 하는 권리는 그러하지 아니하다.
> **제346조(권리질권의 설정방법)** 권리질권의 설정은 법률에 다른 규정이 없으면 그 권리의 양도에 관한 방법에 의하여야 한다.
> **제355조(준용규정)** 권리질권에는 본절의 규정외에 동산질권에 관한 규정을 준용한다.

1 권리질권 총설

(1) 권리질권의 의의

권리질권은 동산질권의 대상이 아닌 재산권을 목적으로 하는 질권이다(제345조). 기본적으로는 동산질권과 동일한 구조를 가지며, 그 대상만을 달리하므로 차이점을 중심으로 설명한다.

(2) 권리질권의 목적

1) 권리질권의 목적으로 되는 것은 양도성이 있는 재산권으로 채권, 주식, 지식재산권이 주요한 대상이 된다.
2) 재산권이이어야 하므로 인격권·친족권 등은 권리질권의 목적이 될 수 없다.
3) 담보물권이므로 환가할 수 있어야 하므로 양도성을 전제로 한다.
4) 부동산의 사용·수익을 목적으로 하는 권리가 아니어야 한다(제345조 단서). 따라서 지상권·지역권·전세권·부동산임차권은 목적이 될 수 없다.
5) 그 밖에 광업권(「광업법」 제11조)·어업권(「수산업법」 제16조)은 질권의 목적이 될 수 없다.

(3) 권리질권의 설정방법

권리질권의 설정은 법률에서 다른 규정이 없으면 그 권리의 양도에 관한 방법에 의하여야 한다(제346조).

2 채권질권

(1) 채권질권의 설정

> **제345조(권리질권의 목적)** 질권은 재산권을 그 목적으로 할 수 있다. 그러나 부동산의 사용, 수익을 목적으로 하는 권리는 그러하지 아니하다.

제4장 담보물권

1) **채권질권의 목적**
   ① 채권은 양도성을 가지는 것이 원칙이므로 원칙적으로 질권의 목적이 될 수 있다. 그러나 법률규정에 양도가 금지되거나(부양청구권, 연금청구권 등), 성질상 양도가 금지되는 것(특정인을 대상으로 하는 채권 등)은 채권질권의 목적이 될 수 없다.
   ② 당사자 사이에 양도가 금지된 채권의 경우에는 채권질권의 목적이 될 수 없는 것이 원칙이나, 양도금지의 특약은 <u>선의의 제3자에게</u>* 대항할 수 없으므로 양도금지특약이 붙은 채권을 질권의 목적으로 하더라도 질권자가 선의인 경우에는 질권이 유효하게 성립할 수 있다.

   * **선의의 제3자에게**
   판례는 선의·무중과실 요구

   ③ 질권자 자신에 대한 채권도 질권의 목적이 될 수 있다.
   > **예** 보험회사가 보험금청구권 위에 질권을 취득하고 금전을 대여하는 경우

2) **채권질권에 의하여 담보되는 채권**(피담보채권)
   이는 동산질권과 동일하므로 특별히 설명할 것이 없다.

3) **채권질권의 설정방법**

   > **제347조(설정계약의 요물성)** 채권을 질권의 목적으로 하는 경우에 채권증서가 있는 때에는 질권의 설정은 그 증서를 질권자에게 교부함으로써 그 효력이 생긴다.
   > **제348조(저당채권에 대한 질권과 부기등기)** 저당권으로 담보한 채권을 질권의 목적으로 한 때에는 그 저당권등기에 질권의 부기등기를 하여야 그 효력이 저당권에 미친다.
   > **제349조(지명채권에 대한 질권의 대항요건)** ① 지명채권을 목적으로 한 질권의 설정은 설정자가 제450조의 규정에 의하여 제3채무자에게 질권설정의 사실을 통지하거나 제3채무자가 이를 승낙함이 아니면 이로써 제3채무자 기타 제3자에게 대항하지 못한다.
   > ② 제451조의 규정은 전항의 경우에 준용한다.
   > **제350조(지시채권에 대한 질권의 설정방법)** 지시채권을 질권의 목적으로 한 질권의 설정은 증서에 배서하여 질권자에게 교부함으로써 그 효력이 생긴다.
   > **제351조(무기명채권에 대한 질권의 설정방법)** 무기명채권을 목적으로 한 질권의 설정은 증서를 질권자에게 교부함으로써 그 효력이 생긴다.

   ① **일반원칙** : 일반적으로 채권질권은 ㉠ 채권의 양도방법에 의하여 설정한다(제346조). 다만 ㉡ 채권을 질권의 목적으로 하는 경우에 채권증서가 있는 때에는 질권의 설정은 그 증서를 교부함으로써 그 효력이 생긴다(제347조).
   ② **지명채권의 경우** : 질권설정의 합의와 채권증서의 교부가 필요하다. 다만, 질권설정을 가지고 제3채무자 기타 제3자에게 대항하기 위해서는 제3채무자에게 질권의 설정을 통지하거나 제3채무자가 이를 승낙하여야 하고, 특히 제3채무자 이외의 제3자에게 대항하기 위해서는 확정일자 있는 증서로 통지나 승낙을 하여야 한다(제349조, 제450조 ; 자세한 것은 채권총론의 채권의 양도 참조).
   ③ **지시채권의 경우** : 질권설정의 합의와 증서의 배서·교부가 있어야 한다(제350조).

④ 무기명채권의 경우 : 질권설정의 합의와 증서의 교부가 있어야 한다(제351조).
⑤ 저당권부채권의 경우
  ㉠ 권리질권의 목적이 될 채권이 저당권부채권인 경우(채권이 저당권에 의해 담보되는 경우)에는 그 저당권도 질권의 목적이 된다.
  ㉡ 다만, 저당권에도 질권의 효력이 미치기 위해서는 그 저당권 등기에 질권의 부기등기를 하여야 한다(제348조).

(2) 채권질권의 효력

> **제352조(질권설정자의 권리처분제한)** 질권설정자는 질권자의 동의없이 질권의 목적된 권리를 소멸하게 하거나 질권자의 이익을 해하는 변경을 할 수 없다.
> **제353조(질권의 목적이 된 채권의 실행방법)** ① 질권자는 질권의 목적이 된 채권을 직접 청구할 수 있다.
> ② 채권의 목적물이 금전인 때에는 질권자는 자기채권의 한도에서 직접 청구할 수 있다.
> ③ 전항의 채권의 변제기가 질권자의 채권의 변제기보다 먼저 도래한 때에는 질권자는 제3채무자에 대하여 그 변제금액의 공탁을 청구할 수 있다. 이 경우에 질권은 그 공탁금에 존재한다.
> ④ 채권의 목적물이 금전 이외의 물건인 때에는 질권자는 그 변제를 받은 물건에 대하여 질권을 행사할 수 있다.

1) 채권질권의 효력이 미치는 대상(목적)의 범위
① 입질채권 자체뿐만 아니라 입질채권의 이자, 지연손해금에도 효력이 미친다(제353조, 제323조).
② 입질채권이 보증채무나 담보물권에 의하여 담보되는 경우 그 보증채무나 담보물권에도 미친다. 다만 저당권부 입질채권의 경우에는 부기등기가 필요하다.

2) 담보되는 채권의 범위(피담보채권의 범위)
동산질권과 동일하므로 따로 설명할 것이 없다.

3) 유치적 효력
① 동산질권과 마찬가지로 유치적 효력이 인정된다. 따라서 증권 또는 증서가 있는 경우 그 증서 또는 증권을 유치할 수 있다.
② 질권설정자는 질권자의 동의 없이 질권의 목적된 권리를 소멸하게 하거나 질권자의 이익을 해하는 변경을 할 수 없다(제352조).

4) 우선변제적 효력(제353조)
① 채권질권자는 민사집행법에 정하여진 집행방법(채권의 추심, 전부, 현금화)에 의하여 질권을 실행하거나(제354조), 입질채권의 이자를 추심하여 우선변제에 충당할 수 있다.
② 채권의 목적물이 금전인 때에는 질권자는 자기채권의 한도에서 직접 청구할 수 있다. 다만 입질채권의 변제기가 질권자의 채권의 변제기보다 먼저 도래한 때에는 질권자는 제3채무자에 대하여 그 변제금액의 공탁을 청구할 수 있다. 이 경우에 질권은 그 공탁금에 존재한다.

③ 채권의 목적물이 금전 이외의 물건인 때에는 질권자는 그 변제를 받은 물건에 대하여 질권을 행사할 수 있다.

④ 채권질권에 있어서도 유질계약은 금지된다. 다만 입질채권이 금전채권인 경우에는 ②와 같은 예외(자기채권의 한도에서 직접 청구)가 인정된다.

5) 물상대위

① 채권질권에도 물상대위가 인정되므로(제355조, 제342조) 입질채권이 손해배상채권 기타 변형물로 존재하는 경우에는 이를 압류하여 우선변제권을 행사할 수 있다.

② 저당목적물의 변형물인 금전 기타 물건에 대하여 이미 제3자가 압류하여 그 금전 또는 물건이 특정된 이상 저당권자가 스스로 이를 압류하지 않고서도 물상대위권을 행사하여 일반 채권자보다 우선변제를 받을 수 있다(대판 1998.9.22. 98다12812).

3 지식재산권을 목적으로 하는 질권

(1) 특허권, 실용신안권, 디자인권, 상표권, 저작재산권 등의 지식재산권에 대하여도 질권을 설정할 수 있다.

(2) 지식재산권에 질권을 설정하려면 질권설정의 합의와 등록(공시방법)이 필요하다. 다만 저작권의 경우에는 이를 대항요건으로 규정하고 있다(「저작권법」 제54조).

(3) 질권자는 민사집행법이 정하는 환가방법에 의하여 지식재산권을 환가하여 그 대가로 우선변제 받을 수 있다.

(4) 질권자는 설정자의 승낙 없이 지식재산권을 행사하여 그 수익으로 우선변제에 충당할 수 없는 것이 원칙이다. 따라서 ① 설정자의 승낙이 있는 경우에 한하여 그 수익에서 우선변제 받을 수 있고, 다만 승낙이 없더라도 ② 질권설정자가 받게 될 대가나 물건이 있는 경우, 그 지급 또는 인도 전에 압류하여 질권을 행사할 수 있다.

단락문제 05

권리질권에 관한 다음의 설명 중 틀린 것은? (다툼이 있으면 판례에 의함)

① 인격권·친족권 등은 권리질권의 목적이 될 수 없다.
② 질권자 자신에 대한 채권은 질권의 목적이 될 수 없다.
③ 지시채권에 대하여 질권을 설정하는 경우 질권설정의 합의와 증서의 배서·교부가 있어야 한다. 그러나 무기명채권의 경우 배서가 필요치 않다.
④ 입질채권 자체뿐만 아니라 입질채권의 이자, 지연손해금에도 효력이 미친다.
⑤ 채권의 목적물이 금전인 때에는 질권자는 자기채권의 한도에서 직접 청구할 수 있다.

해설 권리질권
②(×) 질권자 자신에 대한 채권도 질권의 목적이 될 수 있다. **답** ②

단락핵심 권리질권

(1) 부동산의 사용·수익을 목적으로 하는 권리는 권리질권의 목적이 될 수 있다. (×)
(2) 당사자 사이에 양도가 금지된 채권의 경우에는 채권질권의 목적이 될 수 없는 것이 원칙이다. (○)
(3) 보험회사가 보험금청구권 위에 질권을 취득하고 금전을 대여하는 경우 채권질권이 성립한다. (○)
(4) 지명채권에 대하여 질권을 설정하려는 경우 질권설정의 합의와 채권증서의 교부가 필요하다. (○)
(5) 권리질권의 목적이 될 채권이 저당권부채권인 경우 저당권에도 질권의 효력이 미치기 위해서는 그 저당권 등기에 질권의 이전등기를 하여야 한다. (×)
  ⇒ 질권의 부기등기를 하여야 한다.
(6) 채권의 목적물이 금전인 때에는 질권자는 자기채권의 한도에서 직접 청구할 수 있다. (○)
(7) 채권질권에 있어서도 유질계약은 금지된다. 다만 입질채권이 금전채권인 경우에는 피담보채권의 범위 안에서 예외가 인정될 수 있다. (○)

제4절 저당권

9·16·28회 출제

01 저당권의 의의 및 성질

1 저당권의 의의

저당권은 채무자 또는 제3자(물상보증인)가 **점유를 이전하지 아니하고*** 채무의 담보로 제공한 부동산 및 기타의 목적물에 대하여 채무의 변제가 없는 경우에 다른 채권자보다 자기채권의 우선변제를 받는 권리이다(제356조).

> * 점유를 이전하지 아니하고
> 사용·수익 권능이 없다.

2 법적 성질*

(1) 저당권의 특질
1) 당사자 간의 합의에 기하여 성립하는 약정담보물권이다. 다만, 예외적으로 법정저당권이 성립하는 경우가 있다(제649조).
2) 자기가 가지는 물건이나 권리 위에 저당권이 성립하는 것은 혼동의 예외에 해당되는 경우뿐이다. 즉 소유자 저당은 우리 민법에서 인정되지 않는다.
3) 목적물에 대한 점유를 요소로 하지 않는다. 그러므로 유치적 효력은 없다.
4) 저당권자는 목적물로부터 다른 채권자에 앞서서 우선변제를 받을 수 있다.

(2) 담보물권으로서의 통유성
1) 담보물권의 통유성인 부종성, 수반성, 불가분성, 물상대위성이 인정된다.
2) 근저당권의 경우 부종성이 완화되며, 공동저당의 경우 불가분성의 예외가 인정된다.

02 저당권의 성립

1 저당권설정계약***

(1) 계약의 성질
1) 저당권설정행위는 부동산의 교환가치를 제한하는 행위이므로 설정자는 목적물을 처분할 권리 내지 권능을 가지고 있어야 한다.

2) 저당권은 채권의 담보를 목적으로 하므로 피담보채권계약에 종된 계약에 해당한다.
3) 저당권설정계약은 불요식*이며, 조건이나 기한을 붙일 수 있다.

> *** 불요식**
> 저당권 성립에 등기가 필요한 점과 구별할 것

(2) 계약의 당사자

1) 저당권자

  피담보채권의 채권자(소유자 저당은 불가)가 저당권자가 되는 것이 원칙이다.

 제3자 명의의 근저당권 설정등기의 유효성

저당권은 채권담보를 위한 것이므로 원칙적으로 채권자와 근저당권자는 동일인이 되어야 하지만, 제3자를 근저당권 명의인으로 하는 근저당권을 설정하는 경우 그 점에 대하여 채권자와 채무자 및 제3자 사이에 합의가 있고, 채권양도, 제3자를 위한 계약, 불가분적 채권관계의 형성 등 방법으로 채권이 그 제3자에게 실질적으로 귀속되었다고 볼 수 있는 특별한 사정이 있는 경우에는 제3자 명의의 근저당권설정등기도 유효하다(대판 2001. 3. 15. 99다48948).

 저당권

저당권은 채권을 담보할 뿐이고 저당권자가 직접 저당물을 사용·수익하지는 않는다.

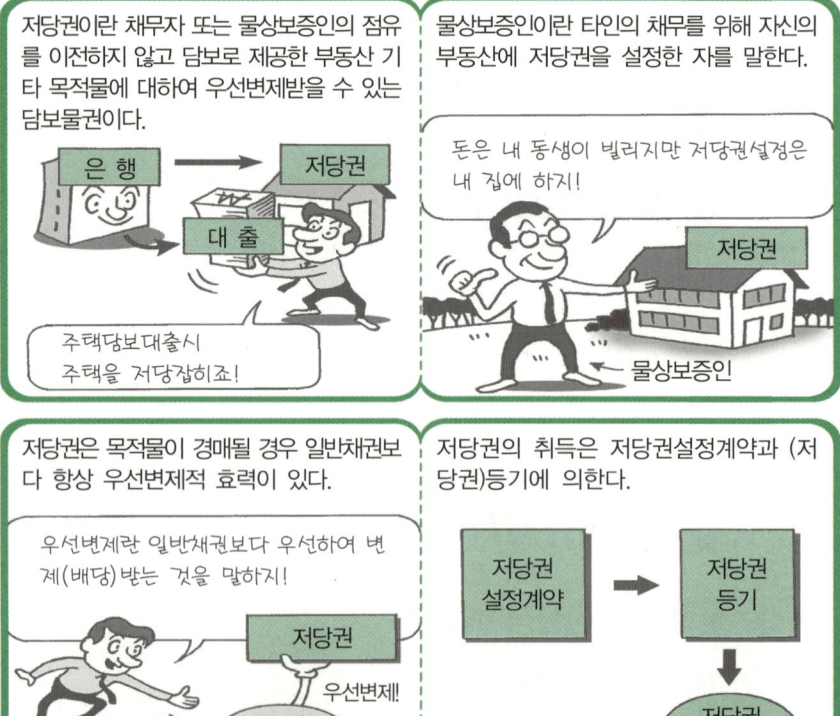

2) 저당권설정자

① 채무자나 제3자(물상보증인)* 모두 저당권설정자가 될 수 있다.
② 저당권설정자는 저당물에 대한 처분권한이 필요하다. 따라서 자기 소유가 아닌 물건 위에 저당권을 설정하지 못하며, 목적물의 진정한 소유자라도 법률상 처분권능을 제한당하고 있는 자는 저당권을 설정하지 못한다.

> 예) 압류 또는 가압류를 당한 자, 처분금지 가처분을 받은 자 등

*물상보증인: 타인의 채무를 위해 자신의 부동산에 저당권을 설정하는 자를 물상보증인이라 하며, 물상보증인을 "채무 없이 책임을 지는 자"라고도 한다.

판례 실제 채무자가 아닌 자를 근저당권설정자로 한 경우의 효력

부동산을 매수한 자가 소유권이전등기를 마치지 아니한 상태에서 매도인인 소유자의 승낙 아래 매수 부동산을 타에 담보로 제공하면서 당사자 사이의 합의로 편의상 매수인 대신 등기부상 소유자인 매도인을 채무자로 하여 마친 근저당권설정등기는 실제 채무자인 매수인의 근저당권자에 대한 채무를 담보하는 것으로서 유효하다(대판 2001.3.15. 99다48948).

2 저당권의 설정등기   [18회 출제]

(1) 등기(저당권의 효력발생요건)

1) 물권행위(설정계약) 외에 부동산물권변동의 일반원칙에 따라 등기하여야 효력이 발생한다.
2) 저당권설정비용은 특약이 없으면 채무자가 부담하는 것이 관행이다(대판 1962.2.15. 4294민상291).

(2) 등기사항

채권자, 채무자, 채권액**, 변제기, 이자 및 그 발생시기 또는 지급시기, 원본 또는 이자의 지급장소 등이다.

**채권자, 채무자, 채권액: 필수적 기재사항

(3) 저당권등기의 유용

저당권의 등기가 행해진 후에 설정계약이 무효가 되거나 피담보채권이 변제되어 소멸되었음에도 불구하고 등기가 말소되지 않은 채로 존재하는 경우에 제3자의 권리를 침해하지 않는 한 당사자 간의 계약으로 이미 무효가 된 그 등기를 채권액·변제기 등이 동일한 다른 채권을 담보하기 위한 저당권의 등기로 이용할 수 있다(대판 1998.3.24. 97다56242).

(4) 저당권등기의 불법말소 및 탈루

저당권등기가 불법말소된 경우에 그 말소등기는 실체관계에 부합하지 않는 것으로서 무효이고 따라서 말소된 저당권자는 저당권을 상실하지 않고 그 말소된 등기의 회복등기(말소회복등기)를 할 수 있다(대판 1968.8.30. 68다1187).

2편 물권법

3 저당권의 객체(목적물)★★ 〔14·21회 출제〕

등기·등록 등의 공시방법이 마련되어 있는 물건 또는 권리만 저당권의 대상이 된다.

(1) 민법 및 그 밖의 법률

민법에서는 부동산(토지, 건물)(제356조), 지상권·전세권(제371조 제1항) 등을 규정하고 있으며(지역권은 불가) 그 밖에 상법상 등기된 선박, 입목, 광업권, 어업권, 공장재단, 광업재단, 자동차, 항공기, 건설기계 등이 있다.

(2) 문제되는 경우

1) 토지의 일부

1필의 토지의 일부인 경우는 저당권을 설정하지 못하므로, 분필하여 분할등기 후에야 저당권의 설정이 가능하다.

2) 건물의 일부

1동의 건물의 일부인 경우도 저당권을 설정하지 못하고 구분소유권의 목적인 경우에만 저당권의 목적(저당권 설정)이 된다.

4 저당권의 피담보채권(저당권을 설정할 수 있는 채권)★★

(1) 금전채권

피담보채권은 금전채권이 대표적이지만 반드시 그에 한정되는 것은 아니다. 따라서 금전채권이 아니더라도 저당권실행시에 금전채권으로 변경될 수 있으면 족하다.

(2) 채권의 일부나 수 개의 채권, 장래의 채권

피담보채권은 어느 채권의 일부이거나 수 개의 채권을 합한 것이라도 상관없고, 현존하는 특정의 채권인 것이 원칙이지만, 장래의 특정채권은 물론이고, 장래의 증감변동하는 다수의 채권이라도 최고액이 한정되고 일정시기에 확정될 것이면 무방하다.

5 법정저당권의 성립

토지임대인이 변제기를 경과한 최후 2년의 차임채권에 의하여 그 지상의 임차인소유건물을 압류한 경우이다(제649조). 법률에 의한 것으로 저당권설정등기 없이 성립*한다(제187조).

> * **저당권설정등기 없이 성립**
> 토지에 대한 압류등기를 하면 그 토지 위의 건물에 저당권이 성립한다.

6 부동산공사 수급인의 저당권설정청구권

부동산공사의 수급인은 보수에 관한 채권을 담보하기 위해 도급인에 대하여 그 부동산을 목적으로 한 저당권의 **설정을 청구할 수 있다****(제666조).

> * **설정을 청구할 수 있다.**
> 저당권설정등기 후에야 저당권이 성립한다는 점을 주의할 것

단락문제 06

저당권에 관한 설명 중 **틀린** 것은?

① 채무자 이외의 제3자도 저당권설정자가 될 수 있다.
② 저당권설정계약에는 조건을 붙이지 못한다.
③ 저당권에 의하여 담보할 수 있는 채권은 금전채권에 한하지 않는다.
④ 등기된 입목이나 등록된 건설기계는 저당권의 객체가 된다.
⑤ 채무자의 변제로 피담보채권이 소멸하면 말소등기를 하지 않아도 저당권은 소멸한다.

해설 저당권설정계약 등
① (○) (제356조)
② (×) 저당권 설정계약에 조건을 붙일 수 있다(「부동산등기법」 제75조 제1항 제7호).
③ (○) 저당권의 피담보채권은 저당권실행시 금전채권으로 될 수 있으면 족하다. 등기사항으로서 (피담보)채권액은 저당권자가 우선변제를 받을 수 있는 상한을 의미한다(「부동산등기법」 제77조).
④ (○) (「입목에 관한 법률」 제3조, 「자동차 등 특정동산 저당법」 제3조)
⑤ (○) (제369조, 대판 2002.9.24. 2002다27910)

답 ②

03 저당권의 효력

17·19·20·24·27회 출제

1 저당권의 효력이 미치는 범위***

(1) 담보되는 채권의 범위(피담보채권의 범위 ; 제360조)
 1) 원본, 이자, 위약금, 채무불이행으로 인한 손해배상 및 저당권의 실행비용을 담보한다.
 2) 지연배상(채무불이행에 의한 손해배상)에 대하여는 원본의 이행기일을 경과한 후의 1년분에 한하여 저당권을 행사할 수 있다(후순위권리자 또는 저당부동산의 제3취득자의 보호를 위함).

2편 물권법

Key Point 피담보채권의 범위

원본(무제한)	담보되는 원본액, 변제기, 지급장소 등은 등기해야 한다.
이자(무제한)	이율, 지급시기, 지급장소 등을 등기해야 한다.
채무불이행에 의한 손해배상	지연배상(지연이자)은 이행기일을 경과한 후의 1년분에 한한다(후순위권리자 또는 저당부동산의 제3취득자의 보호를 위함).
위약금	등기한 경우에 한해 피담보채권으로서의 효력이 미친다.
저당권 실행비용 등	부동산감정비용, 경매신청등록세 등

> **판례** 지연배상의 범위에 대한 제한
>
> 저당권의 피담보채무의 범위에 관하여 제360조가 **지연배상에 대하여는 원본의 이행기일을 경과한 후의 1년분에 한하여 저당권을 행사할 수 있다**고 규정하고 있는 것은 저당권자의 제3자에 대한 관계에서의 제한이며 채무자나 저당권설정자가 저당권자에 대하여 대항할 수 있는 것이 아니다(대판 1992.5.12. 90다8855).

(2) 목적물의 범위 23회 출제

1) **부합물**(附合物)

① **저당권의 효력**은 목적부동산에 부합된 물건, 즉 **부합물*에도 미친다**(제358조 본문). 목적토지상의 수목이나 건물의 부속물 또는 증축건물은 이러한 부합물의 예이다.

> * **부합물**
> 부합하였으므로 독립성을 잃어 저당물의 일부가 된다.

> **판례** 종래의 건물에 대한 저당권의 효력이 증축된 현존건물에 미치는지 여부
>
> 저당건물이 증축된 경우에 그 증축부분이 독립성을 가지지 않는다면 저당권의 효력은 증축부분에도 미친다(대판 1967.6.15. 67마439). 증축부분이 경락허가결정서에 경매부동산의 부합물로 표시되지 않더라도 동일하다(대판 1991.4.12. 90다11967). 그러나 증축된 부분이 기존건물과 별개의 건물로 인정되거나(대판 1988.2.23. 87다카600), **기존의 건물을 헐고 새로운 건물을 지은 경우**(대판 1992.3.31. 91다39184)에는 저당권의 효력이 미치지 않는다.

② 부합의 시기는 이를 묻지 않는다. 즉, **저당권설정 후에 부합된 물건이라도 저당권의 효력이 미친다.** 다만 법률의 규정이 있거나 설정행위에서 다른 약정**이 있는 경우에는 그러하지 아니하다.

> ** **설정행위에서 다른 약정**
> 다만, 등기하여야 제3자에게 대항할 수 있다(「부동산등기법」 제75조 제1항 제7호).

2) **종물**(從物)

① **저당권의 효력은 목적부동산의 종물***에도 미친다**(제358조 본문).

② 종물도 **저당권설정시에 존재한 것이든, 그 이후에 부가된 것이든 저당권의 효력이 미치며**, 부합물의 경우와 같은 예외가 있게 된다(제358조 단서).

> *** **종물**
> 독립한 물건이다.

제4장 담보물권

Professor Comment
종된 권리에 대하여도 동일하다. 따라서 구분건물의 전유부분에 설정된 저당권의 효력은 그 전유부분의 소유자가 나중에 대지사용권을 취득한 경우에는 그 대지사용권에도 미친다(대판 2001.2.9. 2009다62179).

3) 과실(果實)

① 원 칙
  천연과실이거나 법정과실이거나 원칙적으로 저당권의 효력이 미치지 않는다.*

  * 미치지 않는다.
  저당물의 사용수익권한은 저당권설정자에게 있기 때문임

② 예 외
  저당부동산에 대한 압류가 있은 후에는 그 부동산으로부터 수취한 과실 또는 수취할 수 있는 과실에 저당권의 효력이 미친다(제359조).

4) 목적토지상의 건물
건물과 토지는 별개의 물건이므로 토지만을 저당권의 객체로 한 경우 그 위의 건물에는 저당권의 효력이 미치지 않는다.

5) 물상대위 **21·23회 출제**

① 저당권은 본래의 목적물에 대해서 뿐만 아니라 그 대표물(금전, 기타 물건) 위에도 효력을 미친다. 단, 지급 또는 인도 전에 압류하여야 하며 저당권자 이외의 제3자가 압류한 경우에도 효력이 있다(제370조, 제342조).

② 전세권을 목적으로 설정된 저당권에 있어서는 전세권의 존속기간이 만료하여 전세권이 소멸한 경우에는 전세금반환청구권에 대하여 물상대위를 할 수 있다(대판 1999.9.17. 98다31301).

2 우선변제적 효력**

(1) 우선변제권의 내용
목적물로부터 우선변제를 받을 권리가 있으며, 이는 저당권의 본체적 효력이다.

1) 일반채권자에 대한 관계
일반채권자**에 대하여서는 언제나 우선한다.

** 일반채권자
우선변제권이 없는 채권자

Professor Comment
가압류채권 이후에 설정된 저당권은 채권에 우선하지 못하고, 경락대금은 가압류채권자와 저당권자 간에 안분배당한다.

2) 저당권자 상호 간의 관계
각 저당권의 설정순위, 즉 설정등기의 선후에 의한다.

3) 저당권과 전세권과의 관계

전세금반환청구권에 대하여 우선변제권이 있는 전세권과 저당권의 순위는 등기의 선후에 의하여 결정된다(「민사집행법」 제91조).

> **1번 저당권 설정 후에 대항력을 취득한 주택임차권(전세권도 동일)의 효력**
>
> 1번 저당권과 2번 저당권 사이에 전세권이 있는 경우 2번 저당권의 신청으로 경매가 행해지더라도 1번 저당권이 소멸하므로 전세권도 소멸하고 전세권자는 매수인에 대하여 대항할 수 없다(대판 1987.2.24. 86다카1936).

4) 국세우선권과의 관계
① 저당목적물 자체에 부과된 국세(상속세·증여세 등)와 가산금은 법정기일(신고·고지·통지에 의한 납세의무성립일 또는 납기개시일) 전에 설정된 저당채권에 대하여도 언제나 우선한다.
② 저당목적물의 소유자가 체납하고 있는 국세는 그 법정기일 전에 설정된 저당권에 우선하여 징수하지 못한다.

5) 別除權
저당부동산의 소유자가 파산한 경우에는 저당권자는 별제권을 가진다.

6) 일반재산에 대한 집행
저당부동산의 매각대금으로부터 배당받고 부족한 잔여가 있는 경우 저당권자는 채무자의 일반재산에 대하여도 집행*할 수 있다.

7) 주택(상가건물)임대차보호법상 소액보증금
주택(상가건물)임대차보호법상 일정한 소액보증금은 성립순위에 불문하고 저당권에 우선한다.

(2) 저당권의 실행(담보권 실행 경매에 의한 실행)

1) 의 의
① 저당권자는 그 채권의 변제를 받기 위하여 저당물의 경매**를 청구(신청)할 수 있다.
② 저당물의 소유권을 취득한 제3자도 경매인이 될 수 있다.

2) 요 건
① 경매에 의하여 실행하기 위해서는 유효한 채권과 저당권이 존재하여야 한다.
② 채권의 이행기가 도래하고 있어야 한다.***
③ 제3취득자에 대한 통지는 요건이 아니다.

---

* **일반재산에 대하여도 집행**
이때에는 우선변제권이 없다.

** **경매**
저당권의 실행방법은 경매에 의한 방법 이외에도 유저당, 대물변제의 예약, 임의환가의 방법 등이 허용된다.

*** **이행기가 도래하고 있어야 한다.**
즉, 이행지체가 있어야 한다.

제4장 담보물권

3) 배당순위

1순위	집행비용	경매를 실행하는 데 필요한 각종 비용
2순위	비용상환채권	제3자 등(제3취득자, 임차인, 전세권자 등)이 경매 목적물에 투입한 필요비·유익비
3순위	최우선변제금	소액임차보증금(주택·상가) / 최종 3개월분의 임금과 재해보상금(근로기준법) / 최종 3년간의 퇴직금(근로자퇴직급여 보장법)
4순위	집행목적물에 대한 국세 등	국세·지방세·그 가산금 중 경매목적물에 대해 직접 부과된 것에 한정된다(예를 들어 취득세, 보유세 등).
5순위	우선변제권이 인정되는 채권	저당권·전세권의 피담보채권 / 대항력과 확정일자를 갖춘 주택·상가의 임차보증금반환채권 다만, 국세 및 지방세의 법정기일 전에 설정(등기 또는 대항력 취득)된 것에 한정된다.
6순위	임금채권	임금 기타 근로관계로 인해 발생한 채권
7순위	일반 국세 등	국세·지방세 및 이에 관한 체납처분비, 가산금 등의 징수금. 다만, 국세 및 지방세의 법정 기일 전에 전세권이나 저당권이 설정된 경우에 한한다.
8순위	공과금 등	국세 및 지방세의 다음 순위로 징수하는 공과금 중 산업재해보상보험료·국민건강보험료·국민연금보험료·고용보험료 등
9순위	일반채권	위의 채권 이외의 통상의 채권

* 다만 1. 매각재산에 조세채권의 법정기일 전에 설정된 저당권·전세권이 존재하는 경우이다.
　　　2. 동순위의 채권은 안분비례하여 배당한다.

단락문제 Q7

저당권에 관한 다음 기술 중 옳지 않은 것은?

① 저당권은 이행기일을 경과한 후의 1년 분의 지연배상에 한하여 담보한다.
② 저당권의 효력은 저당부동산의 종물(從物)에도 미친다.
③ 저당권실행비용은 등기되지 않지만 저당권에 의해서 모두 담보된다.
④ 저당권이 설정된 건물을 증축한 경우 증축된 부분은 특별한 사정이 없는 한 저당권의 효력이 미친다.
⑤ 과수원 부지에 저당권이 설정된 경우 과수원의 사과에도 당연히 저당권의 효력이 미친다.

해설 저당권의 효력이 미치는 범위
① (○) (제360조)
② (○) (제358조)
③ (○) (제360조)
④ (○) (대결 1967.6.15. 67마439)
⑤ (×) 천연과실은 원칙적으로 저당권의 효력이 미치지 않는다. 다만 저당부동산에 대한 압류가 있은 후에는 그 과실에도 효력이 미친다(제359조).　　**답** ⑤

3 저당권과 용익권의 관계 ★★★

(1) 법정지상권

1) 의 의
토지와 그 지상건물이 동일인 소유로서 저당권이 설정된 후 저당물의 경매로 인하여 토지와 그 지상건물이 소유자를 달리하게 된 때에는 토지소유자는 그 지상건물의 소유자에 대하여 법률상 당연히 지상권을 설정한 것으로 본다(제366조).

2) 성립요건
① 저당권설정 당시에 토지 위에 건물이 존재하고 있어야 한다.
② 토지와 건물이 저당권설정 당시에 동일인에게 속하고 있어야 한다.
③ 토지나 건물의 어느 한쪽이나 또는 양자 모두에 저당권이 설정되어야 한다.
④ 경매의 결과 토지와 건물이 각각 그 소유자를 달리하게 되어야 한다.
⑤ 법률의 규정에 의한 물권변동이므로 등기는 그 요건이 아니다.

3) 내 용
① 범 위
건물의 대지에 한하지 않고 건물의 이용에 필요한 상당한 범위에까지 미친다.
② 존속기간
기간을 약정하지 아니한 지상권에 준하는 것으로 보아(제281조) 그 최단존속기간으로 한다.
③ 지 료
당사자의 협의로 정할 수 있으나, 협의가 이루어지지 않으면 당사자의 청구로 법원이 정한다.

(2) 일괄경매청구권

1) 의 의
민법은 저당권의 실행을 쉽게 하기 위하여 토지를 목적으로 저당권을 설정한 후에 그 설정자가 그 저당토지 위에 건물을 축조한 때에는 저당권자는 토지와 함께 그 건물에 대해서도 (일괄)경매를 청구할 수 있도록 하였다(제365조 본문).

2) 요 건
① 저당권설정 후에 저당토지상에 건물이 신축된 경우이어야 하므로, 저당권설정 당시에 이미 건물이 존재하고 있는 경우에는 법정지상권이 문제된다.
② 저당권설정자가 아닌 토지소유자 등 제3자가 건물을 지은 경우에는 일괄경매청구권이 인정되지 않는다.
③ 토지만을 경매하여 그 대금으로 충분히 피담보채권의 변제를 받을 수 있다 하더라도 일괄경매가 가능하다.
④ 일괄경매청구권은 권리이지 의무는 아니다.

제4장 담보물권

> **판례** 일괄경매를 청구할 수 있는 자
>
> **1** 저당권설정자로부터 저당토지에 대한 용익권을 설정받은 자에 의하여 축조된 건물의 소유권을 저당권설정자가 취득한 경우 일괄경매청구가 허용된다(대판 2003.4.11. 2003다3850).
> **2** 토지와 그 지상건물의 소유자가 이에 대하여 공동저당권을 설정한 후 건물을 철거하고 그 토지상에 새로이 건물을 축조하여 소유하고 있는 경우에 저당권자는 그 토지와 신축건물의 일괄경매를 청구할 수 있다(대결 1998.4.28. 97마2935).

3) 효과

① **우선변제효력의 범위**
토지·건물을 일괄경매하는 경우에도 저당권의 우선변제적 효력은 건물에 관하여는 미치지 않으므로 그 건물의 경매대가에 대해서는 우선변제를 받을 권리가 없다(제365조 단서).

② **토지와 건물의 동일인에의 경락**
토지와 건물을 동일인에게 경락시켜 건물을 유지하려는 것이 그 취지이므로 토지와 건물은 동일인에게 경락되어야 한다.

  일괄경매청구권

① 일괄경매청구권이 인정된다 하더라도 토지저당권자가 건물로부터 우선변제(=배당)를 받을 수는 없다.
② 또한 일괄경매청구권을 행사하려면 권리행사 당시 토지와 건물이 동일소유자 소유여야 한다.

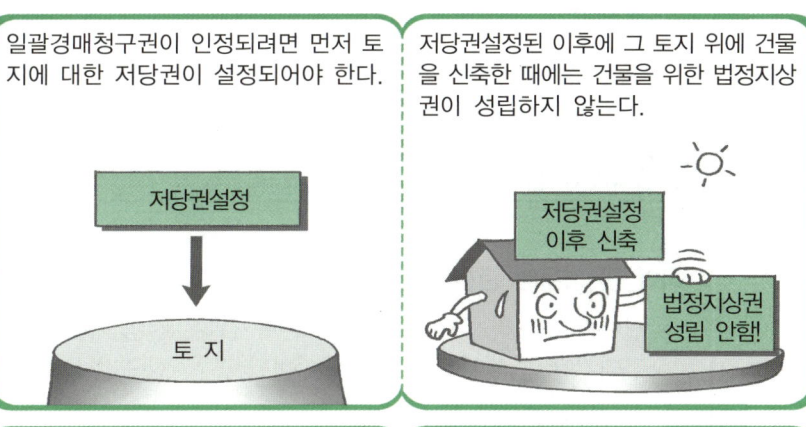

4 제3취득자의 지위★★

(1) 제3취득자의 의의

저당권설정자는 저당권의 설정 후에도 그 목적부동산의 소유권을 양도하거나 지상권 또는 전세권을 설정할 수 있는데, 이러한 경우 목적부동산의 양수인·지상권자·전세권자 등을 통틀어 저당부동산의 제3취득자라고 한다.

(2) 제3취득자의 변제

1) 저당부동산에 대하여 소유권·지상권 또는 전세권을 취득한 제3자는 피담보채권의 변제기가 도래한 후에 저당권자에게 그 부동산으로 담보된 채권*을 변제하고 저당권의 소멸을 청구할 수 있다.
2) 저당부동산에 대한 채무를 변제하면 채권자(저당권자)를 대위하고 구상권**을 가진다.

(3) 제3취득자의 비용상환청구권

저당물의 제3취득자가 그 부동산의 보존·개량을 위하여 필요비 또는 유익비를 지출한 때에는 저당물의 경매대가에서 우선상환***을 받을 수 있다(제367조).

(4) 경매인

저당물의 소유권을 취득한 자(제3취득자)는 경매인****이 될 수 있다.

> * 그 부동산으로 담보된 채권
> 지연배상을 포함한 채무 전부가 아니라 채권자의 우선변제권이 인정되는 범위의 채무만 변제하면 족하다는 점에서 동규정의 의의가 있다.
>
> ** 구상권
> 타인을 위하여 변제를 한 자가 그 타인에 대하여 가지는 반환청구권
>
> *** 경매대가에서 우선상환
> 유익비반환청구라도 기간의 허여가 인정되지 않는 점 주의할 것
>
> **** 경매인
> 경매에 참가하여 매수인이 될 수 있다.

단락문제 08

타인의 토지에 지상권을 취득한 자가 건물을 축조하고 그 건물에 전세권을 설정하여 준 경우에 관한 설명으로 옳은 것은? (다툼이 있으면 판례에 의함)

① 전세권이 법정갱신된 경우, 그 존속기간은 전(前)전세권의 약정기간과 동일하다.
② 전세기간 중 건물의 소유권이 이전된 경우, 신구 소유자가 연대하여 전세금반환채무를 부담한다.
③ 건물 일부에 전세권이 설정된 경우, 전세권자는 건물 전부에 대하여 전세권에 기한 경매를 청구할 수 있다.
④ 건물소유자가 지료를 체납하여 지상권이 소멸하였더라도 전세권자는 토지 소유자에게 대항할 수 있다.
⑤ 건물 위에 1순위 저당권, 전세권, 2순위 저당권이 차례대로 설정된 후, 2순위 저당권자가 경매를 신청하면 전세권과 저당권은 모두 소멸하고 배당순위는 설정등기의 순서에 의한다.

해설 저당권과 용익권의 관계
⑤ 2순위 저당권자가 경매를 신청하면 1순위 저당권도 소멸하므로 1순위 저당권 보다 후순위인 전세권도 당연히 소멸한다.

답 ⑤

5 저당권침해에 대한 구제★★★

(1) 저당권침해의 의의

저당권의 침해란 채무자 또는 제3자가 작위 또는 부작위에 의하여 목적물의 멸실·훼손·제거 및 기타 그 **담보가치**를 감소케 하는 것을 말한다.

> ＊ 담보가치
> 교환가치, 매매시가

예 저당산림의 부당한 벌채, 저당건물의 관리태만으로 인한 붕괴, 종물의 부당한 분리, 저당권실행절차의 고의적인 방해 등

(2) 각종의 구제방법★★★

1) 물권적 청구권

① 저당권자는 그 물권에 기하여 침해의 제거 또는 예방을 청구할 수 있다(방해제거청구권, 방해예방청구권).
② 저당권자는 목적물을 점유하지 않기 때문에 **반환청구권은 인정되지 않는다**.
③ **채무가 이미 변제되었음에도 불구하고 선순위의 저당권등기가 말소되지 않는 경우에는 후순위저당권자는 그 말소를 청구할 수 있다.**
④ 저당권이 설정된 토지에 소유자 등이 건물을 신축하는 경우 저당권자는 '교환가치의 실현이 방해될 염려가 있으면' 공사의 중지를 청구할 수 있다(대결 2004.3.29. 2003마1753).

> **판례** 저당권자의 저당목적물에 대한 방해배제청구권의 내용
>
> 저당권자는 물권에 기하여 그 침해가 있는 때에는 그 제거나 예방을 청구할 수 있다고 할 것인바, 공장저당권의 목적 동산이 저당권자의 동의를 얻지 아니하고 설치된 공장으로부터 반출된 경우에는 저당권자는 점유권이 없기 때문에 설정자로부터 일탈한 저당목적물을 저당권자 자신에게 반환할 것을 청구할 수는 없지만, **저당목적물이 제3자에게 선의취득되지 아니하는 한 원래의 설치 장소에 원상회복할 것을 청구함은 저당권의 성질에 반하지 아니함은 물론 저당권자가 가지는 방해배제권의 당연한 행사에 해당한다**(대판 1996.3.22. 95다55184).

2) 손해배상청구권

① 저당권에 대한 침해가 침해자의 고의 또는 과실에 기한 때에는 불법행위를 이유로 손해배상을 청구할 수 있다.
② 이 손해배상청구권은 **저당권의 실행 전이라도 행사할 수 있다**(통설).
③ 물권적 청구권과 달리 침해에도 불구하고 **저당권자가 채권의 완전한 만족을 얻을 수 있다면 손해는 없는 것이기 때문에 손해배상청구권이 인정되지 않는다.**

3) 담보물보충청구권(제362조)

① 저당권설정자의 책임 있는 사유로 인하여 저당물의 가액이 현저히 감소된 때에는 저당권자는 저당권설정자에 대하여 **원상회복** 또는 **상당한 담보제공**을 청구할 수 있다.

② 담보물보충청구권을 행사하는 경우에는 손해배상청구이나 기한의 이익의 상실로 인한 즉시변제청구를 할 수 없다.

4) 기한의 이익의 상실
① 채무자가 담보물을 손상·감소·멸실하게 한 때에는 기한의 이익을 잃는다.
② 이때에 저당권자는 곧 변제를 청구하거나 저당권을 실행할 수 있다.

단락문제 09

저당권에 관한 설명으로 옳은 것은? (다툼이 있으면 판례에 의함)

① 건물의 저당권자는 저당권의 침해를 이유로 자신에게 건물을 반환할 것을 청구할 수 있다.
② 저당권이 실행되는 경우 저당권자에 우선하는 전세권자가 배당요구를 하더라도 전세권은 매각으로 소멸하지 않는다.
③ 전세권 위에 저당권이 설정된 경우 전세권의 존속기간이 만료하면, 저당권자는 전세권 자체에 대해 저당권을 행사할 수 있다.
④ 물상보증인이 저당부동산을 제3자에게 양도하고, 그 제3취득자가 저당권의 피담보채무의 이행을 인수한 경우, 저당권이 실행되면 물상보증인이 채무자에 대한 구상권을 취득한다.
⑤ 甲의 토지에 乙이 저당권을 취득한 후 丙이 토지 위에 축조한 건물의 소유권을 甲이 취득한 경우, 乙은 토지와 건물에 대해 일괄경매를 청구하여 그 매각대금 전부로부터 우선변제를 받을 수 있다.

해설 저당권
① (×) 저당권에 기한 물권적 청구권으로는 방해배제청구권과 방해예방청구권만이 인정될 뿐 반환청구권은 인정되지 아니한다(제370조·제214조).
② (×) 전세권자가 저당권자보다 선순위일 경우에는 소멸하지 않는 것이 원칙이지만 전세권자가 배당요구를 할 경우에는 소멸한다(「민사집행법」 제91조 제4항).
③ (×) 전세권의 존속기간이 만료하면 전세권의 용익물권적 권능이 소멸하기 때문에 그 전세권에 대한 저당권자는 더 이상 전세권 자체에 대하여 저당권을 실행할 수 없다(대판 2008.3.13. 2006다29372·29389).
④ (○) (대판 1997.5.30. 97다1556)
⑤ (×) (대판 2003.4.11. 2003다3850) 그러나 저당권자는 토지의 경매대금에 한정하여 우선변제 받을 수 있다(제365조 단서).

답 ④

단락핵심 — 저당권의 효력

(1) 저당권은 원본, 이자, 위약금, 채무불이행으로 인한 손해배상 및 저당권의 실행비용을 담보한다. (O)
(2) 지연배상(채무불이행에 의한 손해배상)에 대하여는 원본의 이행기일을 경과한 후의 3년분에 한하여 저당권을 행사할 수 있다. (X)
(3) 저당권설정 후에 저당목적물에 부합된 물건에는 저당권의 효력이 미치지 않는다. (X)
(4) 전세권을 목적으로 설정된 저당권에 있어서는 전세권의 존속기간이 만료하여 전세권이 소멸한 경우에는 전세금반환청구권에 대하여 물상대위를 할 수 있다. (O)
(5) 저당권설정 후에 저당토지상에 건물이 신축된 경우에는 일괄경매청구권을 행사할 수 없다. (X)
(6) 일괄경매청구권은 사회적 낭비를 막기 위한 것이므로 저당권자의 의무로 해석된다. (X)
(7) 저당부동산에 대하여 전세권을 취득한 제3자는 피담보채권의 변제기가 도래한 후에 저당권자에게 그 부동산으로 담보된 채권을 변제하고 저당권의 소멸을 청구할 수 있다. (O)

04 저당권의 처분 및 소멸

1 저당권의 처분

(1) **처분의 제한** : 저당권은 그 담보한 채권과 분리하여 타인에게 양도하거나 다른 채권의 담보로 하지 못한다(제361조, 수반성).
(2) **저당권부채권의 양도** : 저당권은 언제나 피담보채권과 일체로 양도하여야 한다. 따라서 채권에 대해서는 채권양도의 대항요건(채무자에 대한 통지나 채무자의 승낙 ; 제449조 내지 제452조)을 갖추어야 하고, 저당권에 대해서는 이전등기를 경료해야 한다(제186조).
(3) **저당권부채권의 입질** : 저당권의 피담보채권이 입질되는 경우에는 저당권도 함께 질권의 목적이 된다(제348조, 자세한 것은 권리질권 참조).

2 저당권의 소멸

(1) **일반적 소멸사유**
목적물의 멸실·혼동·포기 등과 같은 물권일반에 공통되는 소멸원인과 피담보채권의 소멸과 같은 담보물권에 공통되는 소멸원인에 의하여 소멸하는 외에 경매 또는 제3취득자의 변제 등에 의하여 소멸한다.

근저당권설정등기가 불법 말소된 후 목적 부동산이 경매절차에서 경락된 경우, 그 근저당권의 소멸 여부

부동산에 관하여 근저당권설정등기가 경료되었다가 그 등기가 위조된 등기서류에 의하여 아무런 원인 없이 말소되었다는 사정만으로는 곧바로 근저당권이 소멸하는 것은 아니라고 할 것이지만, 근저당권설정등기가 원인 없이 말소된 이후에 그 근저당 목적물인 부동산에 관하여 다른 근저당권자 등 권리자의 경매신청에 따라 경매절차가 진행되어 경락허가결정이 확정되고 경락인이 경락대금을 완납하였다면, 원인 없이 말소된 근저당권은 이에 의하여 소멸한다(대판 1998.10.2. 98다27197).

(2) 기타

1) **소멸시효**

   피담보채권이 소멸시효로 소멸하면 그에 따라 저당권도 소멸*한다. 그러나 피담보채권과 분리하여 저당권만이 단독으로 소멸시효에 걸리는 일은 없다(통설).

   *그에 따라 저당권도 소멸
   부종성

2) **지상권 또는 전세권을 목적으로 하는 저당권**

   ① 지상권 또는 전세권을 목적으로 저당권을 설정한 자는 저당권자의 동의 없이 지상권 또는 전세권을 소멸하게 하는 행위를 하지 못한다(제371조).
   ② 지상권 또는 전세권이 소멸하면 그것을 목적으로 하는 저당권도 소멸한다(대판 1999. 9.17. 98다31301).

05 특수한 저당권

1 근저당★★★

22회 출제

(1) 근저당의 의의

계속적인 거래관계(예컨대, 당좌대월계약)로부터 발생·소멸하는 불특정다수의 채권을 장래의 결산기에 있어서 일정한 한도액까지 담보하기 위한 저당권이다(제357조).

(2) 법률적 성격

1) 장래에 증감하여 변동하는 불특정의 채권을 담보하며, 일시적으로 피담보채권이 소멸되더라도 근저당은 소멸되지 않는다(부종성의 완화).
2) 원본과 이자를 합산한 것이 최고액을 넘으면 초과부분에 대하여는 우선변제권이 인정되지 않는다.
3) 포괄근저당도 유효성을 인정하는 것이 보통이다(대판 1997.5.28. 96다9508).

제4장 담보물권

> **Wide** 포괄근저당
>
> ① 근저당의 형식을 취하지만 기본계약이 없이 당사자 사이에 발생하는 현재와 장래의 모든 채권을 일정한 한도액까지 담보하기로 하는 내용의 것을 말한다.
> ② 어음대출, 증서대출, 당좌대출, 어음할인, 지급보증, 매출채권거래, 상호부금거래, 사채인수, 유가증권대여, 외국환거래 기타 여신거래로 말미암은 모든 채무를 대상으로 한다.

Key Point 저당권과 근저당권의 비교

구 분	저 당 권	근 저 당 권
부종성	엄격히 적용된다.	완화된다.
피담보채권 범위	① 원 본 ② 이 자 ③ 위약금 ④ 지연이자(이행기경과 1년분) ⑤ 저당권실행비용	① 원 본 ② 이 자 ③ 위약금 ④ 지연이자 → 채권최고한도액까지이다. ⑤ 근저당실행비용은 포함되지 않는다.
등기사항	① 필수적 등기사항 : 저당권 취지·원본채권·채무자 ② 임의적 등기사항 : 이자, 위약금	① 필수적 등기사항 : 근저당 취지·채권최고액·채무자 ② 임의적 등기사항 : 이자, 위약금, 존속기간 등
피담보채권액의 확정시기	저당권 설정당시	결산기(또는 변제기)에 확정된다.

(3) 근저당의 설정

근저당의 설정도 보통의 저당권을 설정하는 경우와 같이 물권적 합의와 등기가 있어야 한다.

1) **설정계약**

    ① 당사자 : 근저당권설정자는 채무자인 것이 보통이지만, 채무자 이외의 자(물상보증인)도 가능하다.
    ② 최고액과 피담보채권의 범위 기준
       최고액과 피담보채권의 기초가 되는 계속적 계약관계, 예를 들어 당좌대월계약 등의 기본계약이 있어야 한다.
    ③ 존속기간 또는 결산기
       이를 정하느냐 여부는 자유이나 기본계약에서 결산기가 정하여지는 것이 보통이고, 존속기간도 그에 의해 결정된다.

2) 등 기

① **등기원인과 최고액**
  근저당 등기에는 반드시 근저당이란 뜻과 피담보채권의 최고액을 명시해야 한다.

② **이자**: 채무의 이자는 최고액 중에 산입되므로, 근저당에 있어서는 이자를 등기할 수 없다.

③ **존속기간**: 근저당의 존속기간이 약정된 경우 이를 반드시 등기하여야 하는 것은 아니나, 그에 관한 등기가 있으면 그 기간만료시가 결산기이며, 따라서 그 후에 발생한 채권은 근저당에 의하여 담보될 수 없다.

(4) 근저당의 효력

1) 실행시기
근저당권자는 피담보채권이 확정되고 또 그 채권의 변제기가 도래하면 근저당권을 실행하여 우선변제를 받을 수 있다.

2) 피담보채권의 범위

① **최고액**
  근저당에 의하여 담보되는 채권은 설정계약에서 정한 최고액을 한도로 한다. 따라서 피담보채권액이 최고액을 넘는 때에는 그 최고액까지만 우선변제를 받을 수 있고, 그 초과부분은 근저당권에 의하여 담보되지 않는다(대판 1971.4.6. 71다26).

② **「민법」 제360조**
  ㉠ 근저당권의 효력이 미치는 피담보채권의 범위에 관해 저당권설정계약에 정한 바가 없다면, 제357조 제2항과 함께 제360조가 적용된다. 따라서 원본, 이자, 위약금, 채무불이행으로 인한 손해배상액이 담보된다.
  ㉡ 또한 지연이자 내지 지연배상은 1년분에 한하지 않고 채권최고액을 초과하지 않는 이상 모두 담보된다.
  ㉢ 다만, 근저당권의 실행비용은 최고액에 포함되지 않는다.

3) 피담보채권의 확정시기
① 근저당권의 설정계약 내지 기본계약에서 규정하고 있는 결산기가 도래한 때
② 근저당권의 존속기간이 있는 경우 그 기간이 만료된 때
③ 기본계약 또는 근저당설정계약이 해지 또는 해제된 때(대판 2002.2.26. 2000다48265)
④ 채무자가 파산선고를 받은 때
⑤ 채무자에 대한 회생절차(회사정리절차)개시결정이 있는 때

Key Point 피담보채권액의 확정시기

1) 근저당권자가 경매를 신청하는 경우에는 경매신청시에 피담보채권이 확정된다(대판 2002.11. 26. 2001다73022).
2) 후순위저당권자*가 경매를 신청하는 경우에는 경락인이 경락대금을 완납한 때 확정된다(대결 1999.9.21. 99마26085).

4) 결산기의 정함이 없는 경우
근저당권설정자**는 언제든지 근저당권자를 상대로 해지의 의사표시를 함으로써 피담보채무를 확정할 수 있다(대판 2002.2.26. 2000다48265).

* 후순위저당권자
후순위의 전세권자, 가등기담보권자도 동일하다.

** 근저당권설정자
제3취득자가 대위행사할 수 있음

5) 피담보채권 확정의 효과
피담보채권이 확정되면 그 후에 발생하는 원금채권은 그 근저당권에 의하여 담보되지 못하고(대판 1988.10.11. 87다카545), 피담보채권이 확정된 이후 근저당권은 부종성을 가지게 되어 보통의 저당권과 같은 취급을 받게 된다(대판 2002.11.26. 2001다73022).

6) 채권액이 최고액을 초과하는 경우
① 채무자에 대한 범위
채무자인 근저당권설정자는 채권최고액만이 아니라 현실적으로 존재하는 채권 전액을 변제하여야 한다.
② 물상보증인 등에 대한 범위
채권최고액의 범위 내에서 우선변제권이 인정되는 채무만 변제하면 근저당의 소멸을 청구할 수 있다.

 근저당권자의 채권총액이 채권최고액을 초과하는 경우, 근저당권의 효력이 미치는 범위

원래 저당권은 원본, 이자, 위약금, 채무불이행으로 인한 손해배상 및 저당권의 실행비용을 담보하는 것이며, 채권최고액의 정함이 있는 근저당권에 있어서 이러한 채권의 총액이 그 채권최고액을 초과하는 경우, 적어도 근저당권자와 채무자겸 근저당권설정자와의 관계에 있어서는 위 채권 전액의 변제가 있을 때까지 근저당권의 효력은 채권최고액과는 관계없이 잔존채무에 여전히 미친다(대판 2010.5.13. 2010다3681).

(5) 근저당의 소멸
1) 피담보채권의 발생가능성의 소멸
피담보채권이 확정된 때 채권이 존재하지 않거나 채권이 변제된 때, 그리고 근저당실행이 종료된 때에 근저당은 소멸한다.

2) 근저당설정계약의 해지
피담보채권이 확정되기 전이라도 채권을 변제하고 소멸시키거나 거래의 계속을 원하지 않는 경우 근저당설정계약을 해지하고 설정등기의 말소를 청구할 수 있다.

2 공동저당★★★

(1) 의의
동일한 채권을 담보하기 위하여 수 개의 부동산 위에 설정되는 수 개의 저당권을 말하는데 '총괄저당'이라고도 한다.

(2) 특질
각 부동산마다 1개의 저당권이 성립되어 목적물의 수만큼의 저당권이 성립하는 것이나, 불가분적으로 결합되어 있기 때문에 저당권실행에 의하여 전액의 변제를 받음으로써 다른 저당권도 소멸한다.

(3) 공동저당의 성립(설정계약 + 등기)
1) 설정계약
하나의 채권의 담보로서 수 개의 부동산 위에 저당권이 설정되면 성립하며, 각 목적부동산에 대한 저당권이 동시에 공동저당으로서 설정되어야 하는 것은 아니다.

2) 등기
각 부동산에 관하여 저당권설정의 등기를 요하는데 각각의 저당권 등기에 있어서 다른 부동산과 함께 1개의 채권의 공동담보로 되어 있다는 것을 함께 기재*하여야 한다.

> *기재
> 공동담보목록에 공시된다.

(4) 후순위 저당권자와의 관계(채무자소유의 수 개의 저당목적물)★★★
1) 동시배당에 있어서의 부담의 안분
① 각 부동산의 경매대가에 비례하여 그 채권의 분담을 정하며(제368조 제1항), 이는 후순위저당권자가 있든 없든 불문하고 적용된다(통설). 그러나 공동저당물의 하나가 물상보증인 소유인 경우에는 동시배당에 관한 제368조가 적용되지 않는다.
② 각 부동산의 경매가격에 비례하여 그 채권의 분담을 정하고 나머지를 후순위저당권자의 변제에 충당한다.

공동저당

① 공동저당을 총괄저당이라고도 한다.
② 공동저당이 설정되려면 공동저당설정계약 + 등기가 필요하다.

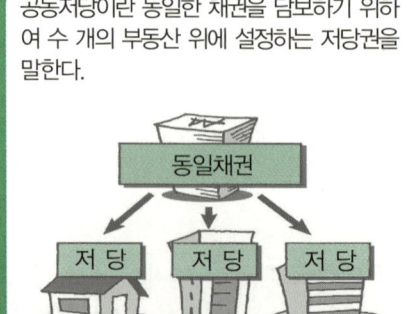
공동저당이란 동일한 채권을 담보하기 위하여 수 개의 부동산 위에 설정하는 저당권을 말한다.

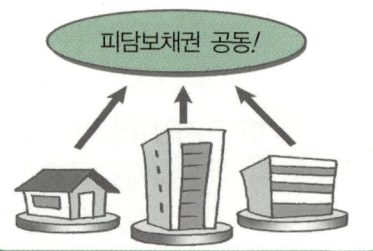
공동저당은 각각의 부동산마다 저당권이 설정된 것이고 단지 피담보채권을 공동으로 할 뿐이다.

③ 공동저당의 목적물 중 어떤 부동산의 매득금만으로 채권 전액을 변제하기에 족한 경우에는 다른 부동산의 매각을 허용하여서는 안 된다(과잉경매의 금지).

2) 이시배당(異時配當)에 있어서의 후순위저당권의 대위
① 공동저당의 목적물 중 일부만이 경매되어 그 대가를 먼저 배당하는 때에는 공동저당권자는 그 대가에서 채권전부의 변제를 받을 수 있다(제368조 제2항 전단).
② 이 경우에 그 경매한 부동산의 차순위저당권자는 선순위인 공동저당권자가 만약 동시에 배당을 하였다고 한다면 다른 부동산의 경매대가에서 변제를 받을 수 있는 한도에서 선순위자를 대위하여 저당권을 행사할 수 있다(제368조 제2항 후단).
③ 후순위저당권자의 대위는 특정 부동산에서 **배당으로 공동저당권자가 그 채권의 전부뿐만 아니라 일부밖에 변제받지 못한 경우에도 인정**된다.
④ **대위권자의 범위에는 공동저당권자의 모든 후순위저당권자가 이에 해당된다.**
⑤ 대위에 의하여 공동저당권자의 저당권은 후순위저당권자에게 이전하고, 이는 법률규정에 의한 물권변동(제187조)이므로, 등기 없이도 저당권이전의 효력이 발생한다.

(5) 선순위저당권자와의 관계
공동저당의 목적물 가운데 어느 부동산 위에 선순위저당권자가 존재하면 공동저당권자는 모든 부동산을 일괄경매할 수 없고, 선순위저당권이 존재하는 부동산만은 따로 경매하여야 한다.

(6) 물상보증인 또는 제3취득자와의 관계(공동저당목적물 중 전부 또는 일부가 제3자 소유인 경우)★★★

1) 원 칙
목적물이 경매되는 경우에 이들은 변제자대위의 규정에 의하여 채무자 또는 다른 자의 소유부동산 위의 공동저당권을 대위한다.

2) 변제자대위와 후순위저당권자의 물상대위의 충돌(목적물의 일부가 물상보증인 소유인 경우)
① 공동저당의 목적인 채무자 소유의 부동산과 물상보증인 소유의 부동산에 각각 채권자를 달리하는 후순위 저당권이 설정된 후, **물상보증인 소유의 부동산에 대하여 먼저 경매가 이루어져 그 경매대금의 교부에 의하여 1번 저당권자가 변제를 받은 경우, 물상보증인의 부동산에 대하여 후순위저당권을 가진 자가 물상보증인에게 이전한 1번 저당권으로부터 우선하여 변제를 받을 수 있다**(대판 2001.6.1. 2001다21854).

> 예 물상보증인이 채무자의 부동산에 대하여 갖는 1번 저당권자의 변제자대위권(제481조)을 후순위저당권자의 물상대위(제370조, 제342조)보다 우선적으로 보호한다.

② 공동저당의 목적인 채무자 소유의 부동산과 물상보증인 소유의 부동산 중 채무자 소유의 부동산에 대하여 먼저 경매가 이루어져 그 경매대금의 교부에 의하여 1번 공동저당권자가 변제를 받더라도, 채무자 소유의 부동산에 대한 후순위저당권자는 민법 제368조 제2항 후단에 의하여 1번 공동저당권자를 대위하여 물상보증인 소유의 부동산에 대하여 저당권을 행사할 수 없다(대결 1995.6.13. 95마500).

> **판례** 공동저당에 있어서 후순위저당권자의 대위와 물상보증인의 변제자대위의 우선순위
>
> 공동저당의 목적인 채무자 소유의 부동산과 물상보증인 소유의 부동산에 각각 채권자를 달리 하는 후순위저당권이 설정되어 있는 경우, 물상보증인 소유의 부동산에 대하여 먼저 경매가 이루어져 그 경매대금의 교부에 의하여 1번당권자가 변제를 받은 때에는 물상보증인은 채무자에 대하여 구상권을 취득함과 동시에,「민법」제481조, 제482조의 규정에 의한 변제자대위에 의하여 채무자 소유의 부동산에 대한 1번저당권을 취득하고, 이러한 경우 물상보증인 소유의 부동산에 대한 후순위저당권자는 물상보증인에게 이전한 1번저당권으로부터 우선하여 변제를 받을 수 있다(대판 1994.5.10. 93다25417).

(7) 공동저당권과 법정지상권

1) **법정지상권**(제366조) **및 관습법상 법정지상권**
   공동저당권의 실행으로 토지와 그 토지 위의 건물의 소유자가 달라지는 경우 법정지상권이 발생한다(자세한 것은 지상권 부분 참조).

2) **토지와 그 토지 위의 건물에 공동저당권이 설정된 경우**
    공동저당권의 행사로 토지와 그 토지 위의 건물이 다른 사람에게 귀속된 경우 그 건물의 소유자는 법정지상권을 취득한다.
   ② 공동저당이 설정된 후 그 지상의 건물이 철거되고 새로운 건물이 건축된 사안의 경우 새로운 건물을 위한 법정지상권은 성립하지 않는다. 만약 법정지상권을 인정한다면 공동저당권자는 철거된 건물에 설정되었던 저당권을 잃는 동시에 토지 또한 법정지상권의 부담을 지게 되기 때문이다.

> **판례** 공동저당권이 실행되었으나 법정지상권이 성립하지 않는 경우
>
> 동일인의 소유에 속하는 토지 및 그 지상 건물에 관하여 공동저당권이 설정된 후 그 지상 건물이 철거되고 새로 건물이 신축된 경우에는 그 신축물의 소유자가 토지의 소유자와 동일하고 토지의 저당권자에게 신축건물에 관하여 토지의 저당권과 동일한 순위의 공동저당권을 설정해 주는 등 특별한 사정이 없는 한 저당물의 경매로 인하여 토지와 그 신축건물이 다른 소유자에 속하게 되더라도 그 신축건물을 위한 법정지상권은 성립하지 않는다(대판 2003.12.18. 98다43601).

단락문제 Q10

저당권에 관한 다음의 설명 중 옳지 않은 것은?

① 지상권 또는 전세권을 저당권의 목적으로 할 수 있다.
② 저당부동산에 대하여 소유권, 지상권 또는 전세권을 취득한 제3자는 저당권자에게 그 부동산으로 담보된 채권을 변제하고 저당권의 소멸을 청구할 수 있다.
③ 동일한 채권의 담보로 수 개의 부동산에 저당권을 설정한 경우 그 부동산의 경매대가를 동시에 배당하는 때에는 각 부동산의 경매대가에 비례하여 그 채권의 분담을 정한다.
④ 토지를 목적으로 저당권을 설정한 후 그 설정자가 그 토지에 건물을 축조한 때에는 저당권자는 토지와 함께 그 건물에 대하여도 경매를 청구하여 토지와 건물의 경매대가로부터 우선변제를 받을 수 있다.
⑤ 저당권의 효력은 저당부동산에 부합된 물건과 종물에 미치는 것이 원칙이지만 설정행위에서 그와 다른 약정을 할 수 있다.

해설 저당권
① (○) (제371조)
② (○) (제364조 : 제3자취득자의 변제)
③ (○) (제368조 제1항)
④ (×) 토지의 대가에서만 우선변제 받을 수 있다(제365조).
⑤ (○) (제358조)

답 ④

단락핵심 — 특수한 저당권(근저당권과 공동저당권)

(1) 근저당권의 경우 피담보채권액이 최고액을 넘는 때에는 그 최고액까지만 우선변제를 받을 수 있고, 그 초과부분은 근저당권에 의하여 담보되지 않는다. (○)
(2) 근저당권의 경우 지연이자 내지 지연배상은 1년분에 한하여 채권최고액 안에서 담보된다. (×)
(3) 근저당권의 경우 기본계약 또는 근저당설정계약이 해지 또는 해제되면 채권액이 확정된다. (○)
(4) 근저당권설정자는 언제든지 근저당권자를 상대로 해지의 의사표시를 함으로써 피담보채무를 확정할 수 있다. (○)
(5) 동일한 부동산에 2개의 근저당권이 설정된 경우, 후순위근저당권자가 경매를 신청하면 근저당권의 피담보채권액은 확정된다. (×)
(6) 공동저당권이 동시배당되는 경우 각 부동산의 경매대가에 비례하여 그 채권의 분담을 정하며, 이는 후순위저당권자가 있든 없든 불문하고 적용된다. (○)
(7) 토지와 그 토지 위의 건물에 공동저당이 설정된 경우 공동저당의 실행으로 그 토지와 건물의 소유자가 달라진 경우 법정지상권이 설정된다. (○)

PART 03 채권법

출제비율 19.5%

구 분		24회	25회	26회	27회	28회	합계	비율(%)
제3편 채권법	채권총칙	3	2	2	2	2	11	5.5
	계약총칙	2	1	2	1	1	7	3.5
	계약각론	2	3	2	3	3	13	6.5
	부당이득·불법행위	1	2	2	2	1	8	4.0
소 계		8	8	8	8	7	39	19.5

CHAPTER 01 채권총칙

학습포인트

- 채권총론에서는 채권의 목적, 채권의 효력, 채권의 소멸, 다수당사자의 채권관계 등에 대하여 규율하고 있다. 민법총칙과 유기적으로 연결되는 채무불이행(이행지체·이행불능)을 중심으로 보고 다수당사자의 채권관계는 조문을 숙지하는 것으로 족하다.
- 이 장에서는 특정물채권의 특징, 채무불이행의 효과, 채권자대위권의 행사, 채권자취소권의 행사, 채권양도의 대항력, 변제, 혼동 등이 중요하며, 연대채무와 부진정연대채무, 연대보증채무 등이 출제가능성이 크다.

CHAPTER 학습 & 출제되는 키워드

- ☑ 종류채권
- ☑ 선택채권
- ☑ 이행기의 도래
- ☑ 채권자지체
- ☑ 채권의 양도
- ☑ 지시채권과 무기명채권의 양도
- ☑ 변제·대물변제·공탁
- ☑ 불가분채무
- ☑ 금전채권
- ☑ 임의채권
- ☑ 이행보조자
- ☑ 채권자대위권
- ☑ 지명채권양도
- ☑ 채무인수
- ☑ 상계·경개·면제·혼동
- ☑ 연대채무
- ☑ 이자채권
- ☑ 채무불이행
- ☑ 손해배상
- ☑ 채권자취소권
- ☑ 승낙과 통지
- ☑ 이행인수
- ☑ 분할채권관계와 분할채무관계
- ☑ 보증채무

CHAPTER 학습 & 출제되는 질문

- ☑ 특정물채권에 관한 기술 중 맞는 것으로 묶은 것은?
- ☑ 진주에 거주하는 甲은 서울에서 과일도매상을 경영하는 乙에게 2백상자의 사과를 팔고 목적물을 화물차로 위탁발송하였다. 그러나 화물차의 사고로 사과가 부패되었다. 이 경우 법률관계에 대한 설명으로 틀린 것은?
- ☑ 채권자대위권에 관한 다음 설명 중 틀린 것은?
- ☑ 변제의 효력에 관한 설명으로 타당한 것은?
- ☑ 연대채무에 관한 내용 중 옳지 않은 것은?
- ☑ 보증채무에 관한 설명 중 틀린 것은?
- ☑ 부진정연대채무에 대한 다음 기술 중 틀린 것은?

제1절 채권법 총설

01 채권법 일반

1 채권

(1) 의의

채권은 채권자가 채무자*에 대하여 급부를 청구할 수 있는 권리를 말한다.

> *채무자
> 물권과 달리 특정한 채무자만 상대방이 된다.

(2) 채권관계

채권관계란 2인 또는 그 이상의 다수인이 채권자 또는 채무자로서 서로 일정한 행위를 요구할 수 있는 권리를 갖고(채권) 이에 대응하는 채무를 부담하여 성립하는 법률관계를 말한다.

(3) 채권의 성질

1) 채권은 채무자의 일정한 행위를 목적으로 하는 권리이다.
2) 채권은 특정인에게만 행사할 수 있는 상대적인 권리이다.
3) 채권은 배타성이 없는 권리이다.
4) 채권은 물권에 비해 양도성이 약하다.

(4) 채권과 청구권

청구권은 타인에게 일정한 행위를 요구할 수 있는 권리를 말한다. 이에 대하여 채권은 청구권의 일종이지만 청구권이 채권 이외의 물권, 친족권 등에서도 발생하기 때문에 채권이 바로 청구권을 말하는 것은 아니다.

채권

| 채권이란 특정인에게 일정한 행위를 요구하는 권리를 말한다. | 채권은 물건을 직접 규율하지 않고 채무(빚)의 급부(갚는 것)를 통해서 간접적으로 물건을 규율한다. | 채권행위는 채권과 채무의 발생을 목적으로 하는 법률행위를 말한다. |

2 채권법

(1) 의 의
채권법은 특정인이 타인의 일정한 행위를 청구하는 법률관계를 규율하는 법규의 전체를 말한다.

(2) 채권법의 일반적 성질

1) 임의법적 성질
물권법은 강행법적인 성질을 가지지만, 채권법은 원칙적으로 임의법적인 성질이 강하다.

2) 보편적인 성질
물권법은 그 나라의 전통이나 관습의 영향을 많이 받지만 채권법은 세계적으로 그 내용이 통일되어 가는 경향이 있다.

3) 신의칙의 중시
채권의 목적을 달성하기 위해서는 채권자와 채무자의 협력이 요구되는 만큼 당사자 간의 신의성실을 바탕으로 해서 이루어진다.

 채권관계

채권행위를 통해 발생한 법률관계를 채권관계라고 한다.

채권관계는
① 법률행위에 의한 채권관계와
② 법률규정에 의한 채권관계가 있다.

법률행위 / 법률규정

채권법은 채권관계를 규율하는 법규의 전체를 의미한다.

채권법의 중심을 이루고 있는 것이 바로 민법 제3편 채권법이며 이와 같이 5장으로 구성되어 있다.

채권법
- 제1장 총론
  - 제1절 채권의 목적
  - 제2절 채권의 효력
  - 제3절 다수당사자의 채권관계
  - 제4절 채권양도와 채무인수
  - 제5절 채권의 소멸
- 제2장 계약
  - 제1절 총칙
    - 제1관 계약의 의의
    - 제2관 계약의 성립
    - 제3관 계약의 효력
  - 제2절 각론(전형계약)
    - 매매
    - 교환
    - 소비대차
    - 사용대차
    - 임대차
    - 고용
    - 도급
    - 여행계약
    - 현상광고
    - 위임
    - 임치
    - 조합
    - 종신정기금
    - 화해
- 제3장 사무관리
- 제4장 부당이득
- 제5장 불법행위

02 채권의 목적

1 의의

채권은 채권자가 채무자에 대하여 청구할 수 있는 일정한 행위를 목적으로 하며, 이를 채권의 내용 또는 급부라고도 말한다.

2 급부의 요건

확정성	채권을 이행할 때까지 확정할 수 있어야 한다.	이 요건을 하나라도 구비하지 못하면 그 채권은 무효이다.
실현가능성	사회통념상 급부는 실현가능하여야 한다.	
적법성	급부는 적법하여 강행법규에 위배되지 않아야 한다.	
사회적 타당성	선량한 풍속 기타 사회질서에 위반하지 않아야 한다.	

3 급부의 종류

구별기준	급부의 종류	급부의 내용	구별실익
급부의 내용	작위급부	급부내용이 적극적인 행위인 경우	채무불이행에 대한 구제방법
	부작위급부	단지 특정한 행위를 하지 않아야 하는 소극적인 행위의 경우	
물건인도	주는 급부	작위 급부의 내용이 물건의 인도인 경우	채무불이행에 대한 구제방법
	하는 급부	물건 인도 이외의 경우	
물건의 특정	특정물급부	인도되는 목적물이 특정되어 있는 경우	특정의 필요성, 이행의 방법·장소, 위험부담.
	불특정물급부	특정되어 있지 않은 경우	
분할가능성	가분급부	급부의 본질 또는 가치를 감하지 않고 분할할 수 있는 경우(예 금전, 쌀, 기름 등)	다수당사자의 채권관계
	불가분급부	급부의 본질 또는 가치를 감하지 않고 분할할 수 없는 경우(예 일필의 경주마)	
급부실현모습	일시적 급부	1회의 작위 또는 부작위로 급부실현이 가능한 경우	이행지체, 이행불능, 동시이행의 항변, 계약의 해지
	계속적 급부	계속적·반복적 작위·부작위로 급부가 실현되는 경우	
	회귀적 급부	일시적 급부 + 계속적 급부인 경우	

4 민법규정

채권편에서는 특정물채권, 종류채권, 금전채권, 이자채권, 선택채권 등을 규정하고 있다.

(1) 특정물채권

> **제374조(특정물인도채무자의 선관의무)** 특정물의 인도가 채권의 목적인 때에는 채무자는 그 물건을 인도하기까지 선량한 관리자의 주의로 보존하여야 한다.
> **제462조(특정물의 현상인도)** 특정물의 인도가 채권의 목적인 때에는 채무자는 이행기의 현상대로 그 물건을 인도하여야 한다.

1) 특정물채권의 의의
특정물채권이란 특정물의 인도를 목적으로 하는 채권으로서, 주는 급부 중의 하나이다.

2) 특정물채권의 특징
특정물채권은 채권의 성립시부터 특정물의 인도를 목적으로 하는 경우뿐만 아니라, 종류채권이나 선택채권의 경우에도 목적물이 특정된 때부터는 특정물채권으로 취급한다.

3) 선관주의의무
① 특정물채권의 채무자는 목적물을 인도할 때까지 선량한 관리자의 주의로 보존하여야 한다(제374조).
② 선관주의의무에 위반하여 목적물이 멸실·훼손한 경우에는 손해배상책임(채무불이행책임)을 지게 되고, 선관주의의무를 다하였음에도 불구하고 목적물이 멸실·훼손된 경우에는 위험부담의 문제가 발생하게 된다(자세한 것은 위험부담 참조).

4) 목적물의 현상인도의무
특정물의 인도가 채권의 목적인 때에는 채무자는 의무발생 후 선관주의의무를 다하여 보관한 후 이행기의 상태대로 물건을 인도하면 된다(제462조).

(2) 종류채권

> **제375조(종류채권)** ① 채권의 목적을 종류로만 지정한 경우에 법률행위의 성질이나 당사자의 의사에 의하여 품질을 정할 수 없는 때에는 채무자는 중등품질의 물건으로 이행하여야 한다.
> ② 전항의 경우에 채무자가 이행에 필요한 행위를 완료하거나 채권자의 동의를 얻어 이행할 물건을 지정한 때에는 그때로부터 그 물건을 채권의 목적물로 한다.
> **제460조(변제제공의 방법)** 변제는 채무내용에 좇은 현실제공으로 이를 하여야 한다. 그러나 채권자가 미리 변제받기를 거절하거나 채무의 이행에 채권자의 행위를 요하는 경우에는 변제준비의 완료를 통지하고 그 수령을 최고하면 된다.
> **제467조(변제의 장소)** ① 채무의 성질 또는 당사자의 의사표시로 변제장소를 정하지 아니한 때에는 특정물의 인도는 채권성립당시에 그 물건이 있던 장소에서 하여야 한다.
> ② 전항의 경우에 특정물인도 이외의 채무변제는 채권자의 현주소에서 하여야 한다. 그러나 영업에 관한 채무의 변제는 채권자의 현영업소에서 하여야 한다.

1) 종류채권의 의의
종류채권이란 일정한 종류에 속하는 물건의 일정량의 인도를 목적으로 하는 채권으로서, 주는 급부 중의 하나이며, 주로 대량상품거래에서 발생한다.

2) 특정의 의의
① 채무자가 현실적으로 종류채무를 이행하기 위해서는 추상적으로 정해져 있는 물건 가운데서 구체적으로 이행할 물건을 지정하여야 할 필요가 있는데, 이와 같이 급부목적물을 구체적으로 확정하는 것을 종류채권의 특정이라 한다.
② 채무자가 이행에 필요한 행위를 완료(항을 바꾸어 설명한다)하거나 채권자의 동의를 얻어 이행할 물건을 지정한 때에는 그때로부터 그 물건을 채권의 목적물로 한다(제375조). 그 밖에 당사자의 합의로 특정 방법을 정할 수 있다.
③ 법률행위의 성질이나 당사자의 의사에 의하여 품질을 정할 수 없는 때에는 채무자는 중등품질의 물건으로 특정하면 된다.

3) 이행에 필요한 행위의 완료
① **지참채무**(持參債務)의 경우 : 채무자가 목적물을 채권자의 주소지 또는 합의된 제3지에서 급부하여야 하는 지참채무의 경우에는 채무자가 그 장소에서 채무의 내용에 좇아 현실적으로 변제의 제공을 한 때에 특정된다.
② **추심채무**(推尋債務)의 경우 : 채권자가 채무자의 주소지 또는 합의된 제3지에 와서 목적물을 추심하여 변제받아야 하는 추심채무의 경우에는 채무자가 목적물을 분리하여 채권자가 추심하러 온다면 언제든지 수령할 수 있는 상태에 놓아두고 이를 채권자에게 통지하여 수령을 최고한 때에 특정된다.
③ **송부채무**(送付債務)의 경우 : 학설의 대립은 있으나, 채무자의 호의로 제3지에 송부하는 송부채무의 경우에는 목적물을 분리하여 제3지로 발송하는 때에 특정되는 것으로 본다.
④ **목적물의 멸실에 의한 특정** : 종류에 속하는 물건이 멸실되어 이행에 필요한 수량만 남은 경우에는 종류채권은 특별물채권이 된다.

4) 제한종류채권
한정된 범위의 종류물 가운데 일정량의 물건의 급부를 목적으로 하는 제한종류채권(또는 재고채권, 한정종류채권)의 경우에도 위의 특정에 관한 내용이 그대로 적용된다.

5) 특정의 효과

① 급부위험의 이전
  ㉠ 위험의 문제는 ⓐ 채권자가 급부를 요구하여 이를 수령할 수 있는지 여부에 대한 급부위험과 ⓑ 급부에 대한 대가(반대급부)를 받을 수 있는지 여부에 대한 반대급부의 위험으로 구별된다.
  ㉡ 종류채권의 경우 채무자가 내심 급부의 목적물로 지정하였으나 아직 특정이 되지 아니한 경우 그 목적물이 멸실·훼손된 경우, 채무자는 다른 물건을 구하여 급부하여야 할 의무가 있다. 반면 특정된 후에는 종류채권은 특정물채권으로 변하므로 특정물이 멸실·훼손되면 채무자의 급부의무는 면제된다(다만 채무불이행책임은 별론으로 한다. 자세한 것은 위험부담 참조).

② 변경권의 문제
  종류채권이 특정된 경우라도 채무자는 이를 무시하고 다른 물건으로 다시 특정할 수 있는지에 대하여 학설의 대립이 있으나, 채권자에게 불이익이 없는 한 이를 인정한다.
  > **예** 소비자가 가전회사에 냉장고를 주문하였으나, 설치 중 회사의 과실로 멸실된 경우라도 가전회사는 동일모델의 다른 냉장고를 설치하고 대금의 지급을 요구할 수 있다.

단락문제 01

다음의 설명 중 틀린 것은? (다툼이 있으면 판례에 의함)

① 특정물채권의 채무자는 특정물을 이행기의 현상대로 인도하면 족하다.
② 특정물채권의 채무자는 목적물을 이행기 때까지 선량한 관리자의 주의로 보존하여야 한다.
③ 지참채무의 경우 채무자가 채권자의 주소에서 채권자가 언제든지 수령할 수 있을 정도로 준비를 하여야 특정이 이루어진다.
④ 종류채권의 경우 채무자가 내심 급부의 목적물로 지정하였으나 아직 특정이 되지 아니한 경우 그 목적물이 멸실·훼손된 경우, 채무자는 다른 물건을 구하여 급부하여야 할 의무가 있다.
⑤ 법률행위의 성질이나 당사자의 의사에 의하여 품질을 정할 수 없는 때에는 채무자는 중등품질의 물건으로 특정하면 된다.

해설 특정물채권과 종류채권
② 이행기가 아니라, 인도할 때까지 선량한 관리자의 주의로 보존하여야 한다. **답** ②

(3) 금전채권

18회 출제

> **제376조(금전채권)** 채권의 목적이 어느 종류의 통화로 지급할 것인 경우에 그 통화가 변제기에 강제통용력을 잃은 때에는 채무자는 다른 통화로 변제하여야 한다.
>
> **제377조(외화채권)** ① 채권의 목적이 다른 나라 통화로 지급할 것인 경우에는 채무자는 자기가 선택한 그 나라의 각 종류의 통화로 변제할 수 있다.
> ② 채권의 목적이 어느 종류의 다른 나라 통화로 지급할 것인 경우에 그 통화가 변제기에 강제통용력을 잃은 때에는 그 나라의 다른 통화로 변제하여야 한다.
>
> **제378조(동전)** 채권액이 다른 나라 통화로 지정된 때에는 채무자는 지급할 때에 있어서의 이행지의 환금시가에 의하여 우리나라 통화로 변제할 수 있다.
>
> **제397조(금전채무불이행에 대한 특칙)** ① 금전채무불이행의 손해배상액은 법정이율에 의한다. 그러나 법령의 제한에 위반하지 아니한 약정이율이 있으면 그 이율에 의한다.
> ② 전항의 손해배상에 관하여는 채권자는 손해의 증명을 요하지 아니하고 채무자는 과실없음을 항변하지 못한다.

1) 의의

고유한 의미에 있어서의 금전채권이란 **일정액의 금전의 인도를 목적으로 하는 채권***을 말한다. 금전채권은 보통 금액채권을 뜻하지만 민법은 이것 이외에 따로 금종채권과 외화채권에 관해 규정한다.

> * 일정액의 금전의 인도를 목적으로 하는 채권
> 금액채권

2) 이행불능

금전채권에 있어서는 목적물의 특성상 이행불능의 상태가 있을 수 없고, 이행지체만이 문제된다.

3) 손해배상

> ** 법정이율
> 연 5푼

① 금전채무의 불이행의 경우 손해배상액은 당사자 사이에 약정이 있으면 법령의 제한에 위반되지 않는 한 그에 의하고 특별한 약정이 없으면 **법정이율****에 의한다.

② 손해배상에 관하여 채권자는 손해의 증명을 요하지 아니하므로(제397조 제2항 제1문). 따라서 채권자가 채권의 존재 및 변제기의 도과를 증명하면 족하며, **채무자는 과실 없음을 항변하지 못한다**(제397조 제2문).

4) 외화채권

① 다른 나라의 통화로 지급받는 채권을 외화채권이라 한다.

② 외화채권인 경우 채무자는 자기가 선택한 그 나라의 각 종류의 통화로 변제할 수 있다.

③ 다른 나라의 특정 종류의 통화로 지급할 것인 경우, 그 통화가 변제기에 강제통용력을 잃더라도 이행불능이 되는 것이 아니고, 채무자는 그 나라의 다른 통화로 변제하여야 한다.

④ 외화채권은 외화로 변제하는 것이 원칙이지만, 민법은 채무자에게 대용권을 인정하여, 채무자는 지급할 때에 있어서의 이행지의 환금시가(변제로서 지급하는 시기, 즉 지급시)에 의하여 우리나라 통화로 변제할 수 있도록 하고 있다(제377조).

(4) 이자채권 23회 출제

> **제379조(법정이율)** 이자있는 채권의 이율은 다른 법률의 규정이나 당사자의 약정이 없으면 연 5분으로 한다.

1) 의 의
이자채권이란 이자의 발생 또는 지급을 목적으로 하는 채권을 말한다. 이자는 금전 기타 대체물의 사용대가로서 원본액과 사용기간에 비례하여 지급되는 금전 기타의 대체물을 말한다.

2) 종속성과 부종성
이자채권은 원본채권에 대하여 종속성 또는 부종성을 가진다.

3) 종 류
이자채권은 원본에 대하여 일정시기에 일정률의 이자를 발생하는 것을 목적으로 하는 기본적 이자채권과, 기본적 이자채권에 기하여 각 기(期)의 변제기에 도달한 이자의 지급을 목적으로 하는 지분적 이자채권으로 나뉜다. 특히 지분적 이자채권은 독립한 거래의 대상이 된다.

4) 이자의 이율
① 법정이율
  법률이 정한 이율로 민사에 있어서는 연 5분이고(제379조), 상사에 있어서는 연 6분(상법 제54조)이며, 공탁금의 이자는 연 1만분의 35이다(「공탁법」 제6조).

② 약정이율
  ㉠ 당사자는 이율을 자유롭게 약정할 수 있으나, 금전소비대차에 관하여는 이를 특별법으로 제한하고 있다.
  ㉡ 이자에 관한 일반법인 「이자제한법」은 대차원금이 10만원 이상인 경우 연 25%(2014년 7월 1일 이전에는 30%)로 제한하고 있으며, 대부업등록을 한 대부업자가 금전을 대부한 경우에는 「대부업 등의 등록 및 금융이용자 보호에 관한 법률」에서 연 27.9%(2018년12월31까지 한시적)로 제한하고 있다.
  ㉢ 법령의 제한을 위반하여 이자를 약정한 경우, 제한을 초과부분은 무효이며, 초과부분을 이미 지급한 경우라도 초과된 부분은 원본에 충당되고, 원본이 소멸한 때에는 채무자가 초과부분의 반환을 청구할 수 있다(「이자제한법」 제2조 제4항).

제1장 채권총칙

단락문제 02

다음은 금전채권에 관한 설명이다. 이 중 틀린 것은? (다툼이 있으면 판례에 의함)

① 금전채권에 있어서는 목적물의 특성상 이행불능의 상태가 있을 수 없고, 이행지체만이 문제된다.
② 금전채무의 불이행의 경우 손해배상액은 당사자 사이에 약정이 있으면 법령의 제한에 위반되지 않는 한 그에 의하고 특별한 약정이 없으면 법정이율에 의한다.
③ 외화채권의 경우 민법상 채무자는 지급할 때에 있어서의 이행지의 환금시가에 의하여 우리나라 통화로 변제할 수 있다.
④ 법령의 제한을 위반하여 이자를 약정한 경우, 이자약정 전체가 무효이다.
⑤ 지분적 이자채권은 독립한 거래의 대상이 된다.

해설 금전채권과 이자채권
④ 법령의 제한을 위반하여 이자를 약정한 경우, 제한을 초과부분은 무효이며, 초과부분을 이미 지급한 경우라도 초과된 부분은 원본에 충당되고, 원본이 소멸한 때에는 채무자가 초과부분의 반환을 청구할 수 있다(「이자제한법」 제2조 제4항).   **답** ④

(5) 선택채권 [8·15회 출제]

제380조(선택채권) 채권의 목적이 수 개의 행위 중에서 선택에 좇아 확정될 경우에 다른 법률의 규정이나 당사자의 약정이 없으면 선택권은 채무자에게 있다.

제381조(선택권의 이전) ① 선택권행사의 기간이 있는 경우에 선택권자가 그 기간내에 선택권을 행사하지 아니하는 때에는 상대방은 상당한 기간을 정하여 그 선택을 최고할 수 있고 선택권자가 그 기간내에 선택하지 아니하면 선택권은 상대방에게 있다.
② 선택권행사의 기간이 없는 경우에 채권의 기한이 도래한 후 상대방이 상당한 기간을 정하여 그 선택을 최고하여도 선택권자가 그 기간내에 선택하지 아니할 때에도 전항과 같다.

제382조(당사자의 선택권의 행사) ① 채권자나 채무자가 선택하는 경우에는 그 선택은 상대방에 대한 의사표시로 한다.
② 전항의 의사표시는 상대방의 동의가 없으면 철회하지 못한다.

제383조(제3자의 선택권의 행사) ① 제3자가 선택하는 경우에는 그 선택은 채무자 및 채권자에 대한 의사표시로 한다.
② 전항의 의사표시는 채권자 및 채무자의 동의가 없으면 철회하지 못한다.

제384조(제3자의 선택권의 이전) ① 선택할 제3자가 선택할 수 없는 경우에는 선택권은 채무자에게 있다.
② 제3자가 선택하지 아니하는 경우에는 채권자나 채무자는 상당한 기간을 정하여 그 선택을 최고할 수 있고 제3자가 그 기간내에 선택하지 아니하면 선택권은 채무자에게 있다.

제385조(불능으로 인한 선택채권의 특정) ① 채권의 목적으로 선택할 수 개의 행위 중에 처음부터 불능한 것이나 또는 후에 이행불능하게 된 것이 있으면 채권의 목적은 잔존한 것에 존재한다.
② 선택권없는 당사자의 과실로 인하여 이행불능이 된 때에는 전항의 규정을 적용하지 아니한다.

제386조(선택의 소급효) 선택의 효력은 그 채권이 발생한 때에 소급한다. 그러나 제3자의 권리를 해하지 못한다.

1) 의의

선택채권이란 수 개의 서로 다른 급부가 선택적으로 채권의 목적으로 되어 있으나, 선택에 의하여 그 중 하나가 급부의 목적으로 확정되는 채권이다. 선택채권의 수 개의 급부는 서로 다른 급부이면 족하고, 이행기에 급부가 특정될 수 있으면 족하다.

2) 선택채권의 특정

① **특정의 의의**

선택되는 급부가 여러 개이더라도 선택채권은 수 개의 채권은 아니고 하나의 채권이다. 선택에 의하여 급부가 확정될 때까지 이행청구나 강제이행을 하지 못한다. 따라서 채무를 이행하기 위하여 수 개의 급부 가운데 어느 하나를 특정해서 단순채권으로 변경하여야만 하는데, 이처럼 수 개의 급부 가운데 하나의 급부로 확정되는 것을 선택채권의 특정이라고 한다.

② **선택권의 행사방법**

법률의 규정이나 당사자의 약정이 없으면 특정을 위한 선택권은 채무자에게 있으며(제380조), 선택권은 상대방에 대한 의사표시로 하며, 상대방의 동의가 없으면 철회하지 못한다(제382조 제1·2항).

③ **선택권의 이전**

㉠ 선택권행사의 기간이 있는 경우, 선택권자가 그 기간 내에 선택권을 행사하지 아니하는 때에는 상대방은 상당한 기간을 정하여 그 선택을 최고할 수 있고 선택권자가 그 기간 내에 선택하지 아니하면 선택권은 상대방에게 이전한다.

㉡ 선택권행사의 기간이 없는 경우, 채권의 기한이 도래한 후 상대방이 상당한 기간을 정하여 그 선택을 최고하였으나 선택권자가 그 기간 내에 선택하지 아니할 때에도 선택권은 상대방에게 이전한다(제381조).

④ **불능으로 인한 선택채권의 특정**

채권의 목적으로 선택할 수 개의 행위 중에 처음부터 불능한 것이나 또는 후에 이행이 불가능하게 되면 채권의 목적은 잔존한 것에 존재한다. 그러나 선택권 없는 당사자의 과실로 인하여 이행불능이 된 때에는 선택권자는 그 불능이 된 급부를 선택하고 손해배상을 청구할 수도 있다(제385조).

⑤ **제3자가 선택권을 가지는 경우**

㉠ 제3자가 선택권을 가지는 경우에는 제3자가 채권자와 채무자 모두에게 의사표시로 특정을 하여야 하며, 채권자와 채무자 모두의 동의가 없으면 선택의 의사표시를 철회하지 못한다.

㉡ 선택이 불가능한 경우 또는 선택권을 행사하지 않아 채권자나 채무자가 최고를 하였음에도 선택권을 행사하지 아니하면 특별한 약정이 없는 한 선택권은 채무자에게 이전한다.

제1장 채권총칙

⑥ 선택의 소급효
선택의 효력은 그 채권이 발생한 때에 소급하나 제3자의 권리를 해하지 못한다(제386조).

단락문제 Q3

다음 중 선택권의 행사에 관한 설명으로 바르지 못한 것은? (다툼이 있으면 판례에 의함)

① 선택권의 행사는 일방당사자의 의사표시만으로 가능하므로 상대방의 동의가 필요하지 않다.
② 선택권을 어느 당사자에게 줄 것인지는 채권자와 채무자가 협의로 정할 수 있다.
③ 채권의 목적으로 선택할 수 개의 행위 중에 처음부터 불능한 것이나 또는 후에 이행이 불가능하게 되면 채권의 목적은 잔존한 것에 존재한다.
④ 제3자가 선택권을 가지는 경우에는 제3자가 채무자에게 선택의 의사표시를 하더라도 효력이 없다.
⑤ 선택권의 행사는 상대방에게 중요한 영향을 미치므로 철회를 인정할 수 없다.

해설 선택채권
④ (○) 제3자가 선택권을 가지는 경우에는 제3자가 채권자와 채무자 모두에게 의사표시로 특정을 하여야 효력이 발생한다(제383조)
⑤ (×) 상대방이 동의하면 철회할 수 있다(제382조).

답 ⑤

(6) 임의채권(대용권)

한 개의 특정된 급부를 목적으로 하지만 채권자 또는 채무자가 다른 급부로서 본래의 급부를 대신할 수 있는 권리*를 가지는 경우가 있는데, 이를 임의채권이라 한다.

*본래의 급부를 대신할 수 있는 권리
대용권

예 특정된 냉장고가 단종되면 매도인이 동일 기능의 새 모델로 급부할 수 있는 경우

단락핵심 채권의 목적

(1) 특정물채권의 채무자는 변제기까지 선량한 관리자의 주의로 보존하여야 한다.	(×)
(2) 품질을 정하지 않은 종류채무는 중등품질의 물건으로 이행하여야 한다.	(○)
(3) 수집용 화폐의 급부와 같이 금전채무는 예외적으로 특정물 채무가 될 수 있다.	(○)
(4) 지참채무의 경우 채무자가 이행지에 목적물을 이동시키면 특정된다.	(×)
⇒ 목적물을 이동시킨 것으로 부족하고 채무내용에 좇은 변제제공을 하여야 한다.	
(5) 불능으로 인한 선택채권의 특정은 소급효가 있다.	(○)
(6) 외화채권의 경우 채무자는 이행기에 있어서의 이행지의 환금시가에 의하여 우리나라 통화로 변제할 수 있다.	(×)
⇒ 이행기가 아니라 실제로 변제한 때, 즉 지급시의 환금시가로 변제할 수 있다.	
(7) 법률의 규정이나 특약이 없으면 선택권은 채무자에게 있다.	(○)
(8) 선택의 효력은 그 채권이 발생한 때에 소급한다.	(○)
(9) 선택의 의사표시는 상대방의 동의가 없으면 철회하지 못한다.	(○)

3편 채권법

제2절 채권의 효력 `24·27회 출제`

01 서설 `24회 출제`

1 의의
채권의 효력은 채권이라고 하는 권리의 내용을 실현하기 위해 법에 의하여 채권자에게 주어진 권능 또는 권한을 말한다.

2 채권의 효력

(1) 청구력과 급부보유력
채권자가 채무자에 대하여 급부를 청구*하고, 채무자가 한 급부를 수령하여 이를 적법하게 보유**하는 데 있다.

> * 급부를 청구
> 청구력
> ** 급부를 수령하여 이를 적법하게 보유
> 급부보유력

(2) 강제력
만약 채권이 청구력에 의하여 실현되지 않는 경우에 채권의 실현을 보장하기 위해 강제력이 인정된다.

Professor Comment
> 자연채무: 강제력, 특히 소구력이 인정되지 않는 채무를 자연채무라고 하며, 부제소 합의가 붙은 채무, 파산절차나 개인회생절차에 의해 면책된 채권 등이 있다.

02 채무불이행

> **제390조(채무불이행과 손해배상)** 채무자가 채무의 내용에 좇은 이행을 하지 아니한 때에는 채권자는 손해배상을 청구할 수 있다. 그러나 채무자의 고의나 과실없이 이행할 수 없게 된 때에는 그러하지 아니하다.
> **제387조(이행기와 이행지체)** ① 채무이행의 확정한 기한이 있는 경우에는 채무자는 기한이 도래한 때로부터 지체책임이 있다. 채무이행의 불확정한 기한이 있는 경우에는 채무자는 기한이 도래함을 안 때로부터 지체책임이 있다.
> ② 채무이행의 기한이 없는 경우에는 채무자는 이행청구를 받은 때로부터 지체책임이 있다.
> **제391조(이행보조자의 고의, 과실)** 채무자의 법정대리인이 채무자를 위하여 이행하거나 채무자가 타인을 사용하여 이행하는 경우에는 법정대리인 또는 피용자의 고의나 과실은 채무자의 고의나 과실로 본다.

제1장 채권총칙

1 채무불이행의 의의

채무자가 정당한 이유 없이 고의 또는 과실로 채무의 내용에 좇은 이행을 하지 않은 경우이다.

2 채무불이행의 태양(態樣)★

이행불능	① 채권의 성립 후에 이행할 수 없게 된 경우 ② 이행이 불가능하게 된 것에 대하여 채무자의 고의 또는 과실이 있고, 그에 대하여 정당한 이유가 없을 것 ③ 계약의 해제사유가 되며, 전보배상의 사유가 된다.
이행지체	① 이행이 가능함에도 불구하고 이행기까지 이행하지 않는 경우 ② 이행을 하지 않는 것에 대하여 채무자의 고의 또는 과실이 있고, 그에 대하여 정당한 이유가 없을 것 ③ 손해배상책임이 가중되고, 계약해제사유가 된다.
불완전이행	① 이행이 가능하여 이행행위를 하였으나 그 내용이 불완전한 경우 ② 불완전한 이행에 대하여 채무자의 고의 또는 과실이 있고, 그에 대하여 정당한 이유가 없을 것 ③ 계약해제, 손해배상사유가 되며, 특히 확대손해에 대하여도 배상책임이 인정될 수 있다.

3 이행기의 도래(제387조) [21회 출제]

(1) 확정기한부채권

1) 그 기한이 도래한 때로부터 지체책임이 있다. 즉 확정적으로 이행기가 정해진 경우 그 기한의 다음날로부터 지체책임을 진다.
2) 추심채무와 같이 채무 이행에 채권자의 협력이 필요한 경우에는 채권자의 협력이 있어야 비로소 지체로 볼 수 있다.
3) 동시이행의 관계에 있을 때에는 상대방의 이행제공이 있을 때까지 지체책임을 지지 않는다(자세한 것은 계약총론의 동시이행의 항변권 참조).

(2) 불확정기한부채권

1) 채무자가 그 기한이 도래하였음을 안 때로부터 지체책임이 있다.
2) 채권자의 최고가 있으면 채무자가 기한도래의 사실을 알지 못하더라도 지체책임을 진다(대판 1972.8.22. 72다1066).

(3) 기한 없는 채무

1) 기한이 없는 채무는 채권의 발생과 동시에 이행기에 있게 되나, 이행지체가 되기 위해서는 채권자의 최고가 있어야 한다. 즉 이행청구를 받은 다음날부터 지체책임을 지게 된다.
2) 다만, 소비대차의 경우에는 대주가 최고할 때 상당한 기간을 정하여야 하므로(제603조 제2항) 그 기간이 경과한 때로부터 지체책임을 지며, 불법행위로 인한 손해배상채무는 그 채무의 성립과 동시에 지체책임을 진다(대판 1971.6.8. 70다2401).

(4) 기한이익의 상실(제388조)

① 채무자가 담보제공의 의무를 이행하지 아니하거나, ② 채무자가 담보를 손상, 감소 또는 멸실하게 한 때, ③ 채무자가 파산의 선고를 받은 때에는 기한이익을 상실하게 되므로, 채권자는 채무자에게 즉시 이행할 것을 청구할 수 있고, 그 청구를 받은 다음날부터 지체책임을 진다(자세한 것은 제5장 제6절 3 기한 참조).

4 이행보조자와 법정대리인의 고의·과실   [18회 출제]

(1) 이행보조자란 채무자가 채무의 이행을 위하여 이용하는 자를 말하며, 채무자의 법정대리인이나 피용자 등을 말한다. 사용자책임(제756조)과 달리 종속적 관계일 필요는 없다(대판 1999.4.13. 98다51077).
(2) 채무이행에 있어서 이행보조자 또는 법정대리인의 고의·과실은 채무자의 고의·과실로 본다.

단락문제 Q4

채무불이행에 대한 다음의 설명 중 틀린 것은? (다툼이 있으면 판례에 의함)

① 이행기가 도래하여 채무자의 이행행위가 있었으나 채무의 내용에 좇은 것으로 볼 수 없을 때에도 채무불이행의 하나로 파악한다.
② 불확정기한인 채무의 경우 채무자가 그 기한이 도래하였음을 안 때로부터 지체책임이 있다.
③ 기한이 없는 채무는 채권의 발생과 동시에 이행기에 있게 되므로 채권발생의 다음날부터 지체책임을 지게 된다.
④ 불법행위로 인한 손해배상채무는 그 채무의 성립과 동시에 지체책임을 진다
⑤ 채무의 이행에 있어서 이행보조자 또는 법정대리인의 고의·과실은 채무자의 고의·과실로 취급된다.

해설 이행지체
③ 기한이 없는 채무는 채권의 발생과 동시에 이행기에 있게 되나, 이행지체가 되기 위해서는 채권자의 최고가 있어야 한다. 즉 이행청구를 받은 다음날부터 지체책임을 지게 된다.   **답** ③

제1장 채권총칙

단락핵심 — 채무불이행

(1) 불완전이행도 채무불이행의 한 유형에 해당한다. (○)
(2) 불확정기한부채권의 경우 채무자가 그 기한이 도래한 때로부터 지체책임이 있다. (×)
(3) 기한이 없는 채무는 채무자가 이행청구를 받은 다음날부터 지체책임을 지게 된다. (○)
(4) 이행보조자가 되기 위해서는 사용자책임과 마찬가지로 채무자와 종속적 관계가 있어야 한다. (×)
(5) 채무의 이행에 있어서 이행보조자 또는 법정대리인의 고의·과실은 채무자의 고의·과실로 추정된다. (×)
  ⇒ '간주'된다(제391조).

03 채무불이행에 대한 구제

1 강제이행

제389조(강제이행) ① 채무자가 임의로 채무를 이행하지 아니한 때에는 채권자는 그 강제이행을 법원에 청구할 수 있다. 그러나 채무의 성질이 강제이행을 하지 못할 것인 때에는 그러하지 아니하다.
② 전항의 채무가 법률행위를 목적으로 한 때에는 채무자의 의사표시에 가름할 재판을 청구할 수 있고 채무자의 일신에 전속하지 아니한 작위를 목적으로 한 때에는 채무자의 비용으로 제3자에게 이를 하게 할 것을 법원에 청구할 수 있다.
③ 그 채무가 부작위를 목적으로 한 경우에 채무자가 이에 위반한 때에는 채무자의 비용으로써 그 위반한 것을 제각하고 장래에 대한 적당한 처분을 법원에 청구할 수 있다.
④ 전3항의 규정은 손해배상의 청구에 영향을 미치지 아니한다.

공권력을 이용하여 채권의 본래의 이행을 강제로 실현시키는 것으로 직접강제, 대체집행, 간접강제가 있으며, 그 순서에 따라야* 하므로 직접강제가 가능한 경우 대체집행이나 간접강제는 허용되지 않는다.

* **그 순서에 따라야**
비례의 원칙에 근거한다.

2 해제권

(1) 이행불능인 때 채권자는 계약을 해제할 수 있다.
(2) 이행지체의 경우 채권자가 상당한 기간을 정하여 이행을 최고하고, 그 기간 내에 이행이 없거나, 채무의 이행이 더 이상 채권자에게 이익이 없는 때에는 채권자는 계약을 해제할 수 있다(자세한 것은 계약총론의 해제권 참조).
(3) 해제권의 행사는 손해배상의 청구에 영향이 없다.

3 손해배상

제390조(채무불이행과 손해배상) 채무자가 채무의 내용에 좇은 이행을 하지 아니한 때에는 채권자는 손해배상을 청구할 수 있다. 그러나 채무자의 고의나 과실 없이 이행할 수 없게 된 때에는 그러하지 아니하다.

제392조(이행지체 중의 손해배상) 채무자는 자기에게 과실이 없는 경우에도 그 이행지체 중에 생긴 손해를 배상하여야 한다. 그러나 채무자가 이행기에 이행하여도 손해를 면할 수 없는 경우에는 그러하지 아니하다.

제393조(손해배상의 범위) ① 채무불이행으로 인한 손해배상은 통상의 손해를 그 한도로 한다.
② 특별한 사정으로 인한 손해는 채무자가 그 사정을 알았거나 알 수 있었을 때에 한하여 배상의 책임이 있다.

제394조(손해배상의 방법) 다른 의사표시가 없으면 손해는 금전으로 배상한다.

제395조(이행지체와 전보배상) 채무자가 채무의 이행을 지체한 경우에 채권자가 상당한 기간을 정하여 이행을 최고하여도 그 기간내에 이행하지 아니하거나 지체후의 이행이 채권자에게 이익이 없는 때에는 채권자는 수령을 거절하고 이행에 갈음한 손해배상을 청구할 수 있다.

제396조(과실상계) 채무불이행에 관하여 채권자에게 과실이 있는 때에는 법원은 손해배상의 책임 및 그 금액을 정함에 이를 참작하여야 한다.

제397조(금전채무불이행에 대한 특칙) ① 금전채무불이행의 손해배상액은 법정이율에 의한다. 그러나 법령의 제한에 위반하지 아니한 약정이율이 있으면 그 이율에 의한다.
② 전항의 손해배상에 관하여는 채권자는 손해의 증명을 요하지 아니하고 채무자는 과실없음을 항변하지 못한다.

제398조(배상액의 예정) ① 당사자는 채무불이행에 관한 손해배상액을 예정할 수 있다.
② 손해배상의 예정액이 부당히 과다한 경우에는 법원은 적당히 감액할 수 있다.
③ 손해배상액의 예정은 이행의 청구나 계약의 해제에 영향을 미치지 아니한다.
④ 위약금의 약정은 손해배상액의 예정으로 추정한다.
⑤ 당사자가 금전이 아닌 것으로써 손해의 배상에 충당할 것을 예정한 경우에도 전4항의 규정을 준용한다.

제399조(손해배상자의 대위) 채권자가 그 채권의 목적인 물건 또는 권리의 가액전부를 손해배상으로 받은 때에는 채무자는 그 물건 또는 권리에 관하여 당연히 채권자를 대위한다.

(1) 손해배상의 의의

1) 채무를 이행하지 아니하여 발생한 손해의 배상을 말하며, 강제이행을 하였지만 여전히 손해가 남아있는 경우, 또는 강제이행이 불가능하여 그에 갈음한 손해의 배상을 청구할 수 있다.
2) 채무자가 채무의 이행을 지체한 경우에 채권자가 상당한 기간을 정하여 이행을 최고하여도 그 기간 내에 이행하지 아니하거나 지체 후의 이행이 채권자에게 이익이 없는 때에는 채권자는 수령을 거절하고 이행에 가름한 손해배상을 청구할 수 있다(제395조).
3) 손해의 배상은 다른 의사표시가 없으면 금전으로 배상한다(제394조).

(2) 손해배상의 범위

1) 통상손해와 특별손해

손해배상의 범위는 통상손해와 특별손해(제393조)로 구분되며, 특별손해의 사정을 알았거나 알 수 있었는지 여부를 판단하는 기준시점은 이행기이다. 다만, 이행불능에 의한 손해배상의 경우에는 이행불능 당시를 기준으로 한다(대판 2007. 9. 20. 2005다63337).

2) 이행이익과 신뢰이익의 배상

채무불이행에 따른 손해와 같이 채무가 변제되었을 이익을 배상하는 것을 이행이익의 배상이라 함에 반하여, 계약자체의 유효를 신뢰하고 지출한 비용을 배상하는 것을 신뢰이익의 배상이라고 한다.

> **판례 손해배상액의 판단기준 시기**
>
> 이행지체에 의한 전보배상에 있어서의 손해액 산정은 본래의 의무이행을 최고한 후 상당한 기간이 경과한 당시의 시가를 표준으로 하고, 이행불능으로 인한 전보배상액은 이행불능 당시의 시가 상당액을 표준으로 할 것인바, 채무자의 이행거절로 인한 채무불이행에서의 손해액 산정은, 채무자가 이행거절의 의사를 명백히 표시하여 최고 없이 계약의 해제나 손해배상을 청구할 수 있는 경우에는 이행거절 당시의 급부목적물의 시가를 표준으로 해야 한다(대판 2007.9.20. 2005.63337).

3) 과실상계와 손익상계

① 과실상계란 채무불이행에 관하여 채권자에게 책임이 있는 경우 채무자의 책임을 제한하는 것이고, 손익상계란 채무불이행으로 손해를 입은 자가 이로 인해 이익도 함께 얻고 있는 경우 그 이익을 손해배상액에서 공제하는 것을 말한다.

② 구체적 손해배상의 범위는 먼저 과실상계를 한 후에 손익상계하여 결정한다.

> **판례 과실상계**
>
> ① 과실상계에 있어서 과실이란 사회통념상, 신의성실의 원칙상, 공동생활상 요구되는 약한 부주의까지를 가리키는 것이라 할 것이다. 피해자에게 과실이 인정되면 법원은 손해배상의 책임 및 그 금액을 정함에 있어서 이를 참작하여야 하며, 배상의무자가 피해자의 과실에 관하여 주장하지 않는 경우에도 소송자료에 의하여 과실이 인정되는 경우에는 이를 법원이 직권으로 심리·판단하여야 한다.
>
> ② 고의에 의한 채무불이행으로서 채무자가 채권자의 착오를 이용하거나 이에 적극 편승하여 계약을 체결하고 그 결과로 부당한 이익을 취득하는 경우, 채권자의 과실에 기한 과실상계가 허용되지 않는다(대판 2008.5.15. 2007다88644).

4) 금전채무불이행의 특칙

금전채무불이행의 손해배상액은 법정이율에 의한다. 그러나 법령의 제한에 위반하지 아니한 약정이율이 있으면 그 이율에 의한다. 또한 이에 관하여 채권자는 손해의 증명을 요하지 아니하고 채무자는 과실없음을 항변하지 못한다(제397조, 자세한 것은 금전채권 참조).

(3) 손해배상액의 예정(제398조)

1) 손해배상액이 예정된 경우 채권자는 채무불이행 사실만 주장·증명하면 손해의 발생 및 그 액을 증명하지 않고서 예정액을 청구할 수 있고, 채무자는 과실상계로 주장할 수 없다(대판 2016.6.10. 2014다200763).
2) 당사자는 채무불이행에 관한 손해배상액을 예정할 수 있으나 손해배상의 예정액이 부당히 과다한 경우에는 법원은 적당히 감액할 수 있다.
3) 손해배상액의 예정은 이행의 청구나 계약의 해제에 영향을 미치지 아니한다.
4) 위약금의 약정은 손해배상액의 예정으로 추정되므로(계약각론의 계약금 부분 참조), 위약벌에 해당한다는 점은 채권자가 증명하여야 한다. 위약벌에 해당하면 미리 정한 액수를 초과하는 손해에 대하여도 배상을 청구할 수 있는 차이점이 있기 때문이다.
5) 당사자가 금전이 아닌 것으로써 손해의 배상에 충당할 것을 예정한 경우에도 동일하다.

(4) 손해배상자대위

1) 의 의
① 채권자가 그 채권의 목적인 물건 또는 권리의 가액전부를 손해배상으로 받은 때에는 채무자는 그 물건 또는 권리에 관하여 당연히 채권자를 대신하여 행사할 수 있다.
② 손해배상을 받은 채권자가 2중의 이득을 얻지 못하도록 하기 위함이다.

2) 요 건
채권자가 그 채권의 목적인 물건 또는 권리의 가액전부를 손해배상으로 받았어야 하므로 일부만을 받은 경우에는 인정되지 않는다(변제자대위와 구별할 것).

3) 효 과
채권의 목적인 물건 또는 권리가 법률상 당연히 채권자로부터 배상자에게 이전되며, 등기, 인도 채권양도의 통지나 승낙 등이 필요하지 않다.

단락문제 05

채무불이행이 발생한 경우 이에 대한 손해배상에 관한 설명으로 잘못된 것은? (다툼이 있으면 판례에 의함)

① 이행지체 후의 이행이 채권자에게 이익이 없는 때에는 채권자는 수령을 거절하고 이행에 갈음한 손해배상을 청구할 수 있다.
② 손해의 배상은 다른 의사표시가 없으면 금전으로 배상하며, 이행불능에 따른 손해배상액은 이행불능 당시의 목적물의 시가 상당액이다.
③ 구체적 손해배상의 범위는 먼저 손익상계를 한 후에 과실상계하여 결정한다.
④ 과실상계에 있어서 과실이란 사회통념상, 신의성실의 원칙상, 공동생활상 요구되는 약한 부주의까지를 가리키는 것이라 할 것이다.
⑤ 손해배상액이 예정된 경우 채권자는 채무불이행 사실만 주장·증명하면 손해의 발생 및 그 액수를 증명하지 않고서도 예정액을 청구할 수 있다.

해설 채무불이행에 의한 손해배상
③ 구체적 손해배상의 범위는 먼저 과실상계를 한 후에 손익상계하여 결정한다.   **답** ③

단락핵심 채무불이행에 따른 손해배상

(1) 손해배상의 범위는 통상손해와 특별손해(제393조)로 구분되며, 특별손해의 사정을 알았거나 알 수 있었는지 여부를 판단하는 기준시점은 이행기이다. (○)
(2) 이행불능에 따른 손해배상을 청구할 경우 그 손해배상액은 이행기를 기준으로 한다. (×)
(3) 구체적 손해배상의 범위는 먼저 과실상계를 한 후에 손익상계하여 결정한다. (○)
(4) 과실상계에 있어서 과실이란 추상적 경과실을 의미한다. (×)
  ⇒ 과실상계에 있어서 과실이란 사회통념상, 신의성실의 원칙상, 공동생활상 요구되는 약한 부주의까지를 가리키는 것이라 할 것이다.
(5) 손해배상액이 예정된 경우 채권자는 채무불이행 사실만 주장·증명하면 손해의 발생 및 그 액을 증명하지 않고서 예정액을 청구할 수 있다. (○)
(6) 채무불이행이 발생하여 제3자가 손해의 일부를 배상한 경우 채권의 목적인 물건 또는 권리가 법률상 당연히 채권자로부터 배상자에게 이전되며, 등기, 인도, 채권양도의 통지나 승낙 등이 필요하지 않다. (×)
  ⇒ 손해의 전부를 배상하여야 손해배상자대위가 가능하다.

04 채권자지체(수령지체)

> **제400조(채권자지체)** 채권자가 이행을 받을 수 없거나 받지 아니한 때에는 이행의 제공있는 때로부터 지체책임이 있다.
> **제401조(채권자지체와 채무자의 책임)** 채권자지체 중에는 채무자는 고의 또는 중대한 과실이 없으면 불이행으로 인한 모든 책임이 없다.
> **제402조(동전)** 채권자지체 중에는 이자있는 채권이라도 채무자는 이자를 지급할 의무가 없다.
> **제403조(채권자지체와 채권자의 책임)** 채권자지체로 인하여 그 목적물의 보관 또는 변제의 비용이 증가된 때에는 그 증가액은 채권자의 부담으로 한다.

1 채권자지체(수령지체)의 의의

다수설인 채무불이행설의 입장에 따르면, 채권자지체는 채무불이행의 한 형태로서 채무자가 채무내용에 좇은 제공을 하였음에도 불구하고 채권자가 협력하지 않거나 협력할 수 없기 때문에 이행이 지연되고 있는 상태를 말한다.

2 채권자지체의 효과

채권자지체가 성립하면 채무자는 이자지급의무가 면제되고(제403조), 주의의무가 경감된다(제401조). 또한 채권자는 증가된 보관·변제 비용을 부담한다.

05 채권의 대외적 효력(책임재산의 보전) [23회 출제]

> **제404조(채권자대위권)** ① 채권자는 자기의 채권을 보전하기 위하여 채무자의 권리를 행사할 수 있다. 그러나 일신에 전속한 권리는 그러하지 아니하다.
> ② 채권자는 그 채권의 기한이 도래하기 전에는 법원의 허가 없이 전항의 권리를 행사하지 못한다. 그러나 보전행위는 그러하지 아니하다.
> **제406조(채권자취소권)** ① 채무자가 채권자를 해함을 알고 재산권을 목적으로 한 법률행위를 한 때에는 채권자는 그 취소 및 원상회복을 법원에 청구할 수 있다. 그러나 그 행위로 인하여 이익을 받은 자나 전득한 자가 그 행위 또는 전득당시에 채권자를 해함을 알지 못한 경우에는 그러하지 아니하다.
> ② 전항의 소는 채권자가 취소원인을 안 날로부터 1년, 법률행위있은 날로부터 5년내에 제기하여야 한다.

채권내용의 강제적 실현은 결국 채무자의 재산에 대한 강제집행으로 귀결되는데 채무자의 재산이 일탈될 경우 채권은 의미가 없게 된다. 이에 민법은 채무자의 재산을 보전하기 위해서 채권자 대위권과 채권자취소권을 규정하고 있다.

제1장 채권총칙

1 채권자대위권

(1) 의 의

채권자가 자기 채권을 보전하기 위하여 채무자의 권리를 대신 행사하는 권리이다. 채권자대위권은 실체법상의 권리이지 소송법상의 권리가 아니며, 채권자가 자기의 이름으로 행사하는 것이므로 대리권이 아니고, 일종의 법정재산관리권이다.

* **피대위채권**
채무자의 제3자에 대한 채권을 말하며, 일신전속권이 아니어야 한다.

(2) 요 건

1) 피대위채권*의 존재 및 채무자의 권리행사 해태

 조합원의 탈퇴권이 일신전속권에 해당하지 않는다는 사례

민법상 조합원은 조합원이 조합을 탈퇴할 권리는 그 성질상 조합계약의 해지권으로서 그의 일반재산을 구성하는 재산권의 일종이라 할 것이고 채권자대위가 허용되지 않는 일신전속적 권리라고는 할 수 없다(대결 2007.11.30. 2005마1130).

2) 피보전채권의 존재
3) 피보전채권의 이행기 도래 또는 도래하지 않은 경우 법원의 허가
4) 피보전채권의 보전의 필요성

Key Point | 보전의 필요성과 무자력

1) 피보전채권에 대한 보전의 필요성이 인정되기 위해서는 원칙적으로 채무자가 무자력이어야 한다.
2) 다만, 다음의 경우에는 무자력이 아닌 경우에도 채권보전의 필요성이 인정된다.
   ① 보전하려는 채권이 특정채권인 경우(특정물 매매)
   ② 등기청구권 보전을 위한 등기청구권의 대위행사(토지가 甲으로부터 乙을 거쳐 丙으로 매도된 경우)
   [판례] 채권자는 자기의 채무자에 대한 부동산의 소유권이전등기청구권 등 특정채권을 보전하기 위하여 채무자가 방치하고 있는 그 부동산에 관한 특정권리대위하여 행사할 수 있고 그 경우에는 채무자의 무자력을 요건으로 하지 아니하는 것이다(대판 91다483).
   ③ 임차인이 임대인(소유자)의 방해배제청구권을 대위행사하는 경우
   ④ 타인의 건물에서 유실물을 실제로 습득한 자가 법률상의 습득자를 대위하여 보상금의 반액을 청구하는 경우
   ⑤ 채권자가 채무자를 대위하여 상속등기를 하는 경우
   ⑥ 의료인이 그의 치료비청구권을 보전하기 위하여 채무자인 환자가 국가에 대하여 가지고 있는 국가배상청구권을 대위행사하는 경우
   ⑦ 임대차보증금 반환채권을 양수한 채권자가 그 이행을 청구하기 위하여 임차인의 가옥인도가 선이행되어야 할 필요가 있어서 임대인을 대위하여 임차인에게 가옥을 임대인에게 인도하라고 하는 경우

(3) 효과

채권자가 대위한 행위의 모든 효과는 채무자에게 귀속되어 전(全)채권자의 공동담보가 된다. 따라서 제3채무자는 원칙적으로 채무자에게 급부하여야 하나, 채무자가 수령을 거부할 경우 채권자가 대위수령할 수 있다.

2 채권자취소권

12·17·20·22회 출제

(1) 의의

채무자가 채권자를 해함을 알면서 자기의 재산을 감소시키는 법률행위*를 한 경우에 채권자가 그 법률행위를 취소하고 일탈된 재산의 원상회복을 내용으로 하는 권리이다. 채권자취소권은 채무자의 책임재산을 보전하는 기능을 한다. 채권자취소권 역시 실체법상의 권리이다.

* 채무자가 채권자를 해함을 알면서 자기의 재산을 감소시키는 법률행위
이를 사해행위(詐害行爲)라고 한다.

(2) 요건

1) 피보전채권의 존재
① 채권자취소권에 의하여 보전될 채권이 존재하여야 한다.
② 피보전채권이 존재하면 족하고 이행기 내지 변제기에 달할 필요는 없다(통설). 따라서 조건부나 기한부 채권을 가진 채권자도 채권자취소권을 행사할 수 있다.

2) 사해행위의 존재
① 채무자가 채권자를 해하는 법률행위(사해행위)를 하여야 한다. 즉 채무자의 재산행위로 말미암아 채무자의 적극재산이 소극재산인 채무의 총액보다 적은 채무초과 또는 무자력**상태를 만들거나, 그 상황을 악화시키는 것을 말한다.

** 무자력
채무자의 소극재산(빚)이 적극재산을 초과하는 상태

② 독립성이 인정되는 법률행위이어야 하므로 채권양도행위가 사해행위에 해당하지 않는다면 그 통지행위만을 별도로 사해행위로 보아 채권자취소권의 대상으로 할 수 없다(대판 2012.8.30. 2011다32785).
③ 채무자의 재산행위이어야 하므로 신분행위는 원칙적으로 사해행위가 될 수 없다.
  예 상속의 승인과 포기, 합의이혼(다만 재산분할합의는 사해행위 가능)

제1장 채권총칙

Key Point 사해행위와 관련된 사례

사해행위에 해당하는 사례	사해행위에 해당하지 않는 사례
1) 이미 채무초과에 빠진 상태에서 일부채권자에게만 이익이 되는 변제, 대물변제, 저당권 설정 등 2) 부동산을 타인에게 무상으로 양도하는 행위 3) 이미 채무초과상태에 빠진 채무자가 부동산을 매각하여 소비하기 쉬운 현금으로 바꾼 행위 4) 채무초과 상태에서 채권자 1인과 통모하여 그에게 부동산을 매각한 뒤 그의 매매대금채권과 그 채권자의 채권을 상계한 경우	1) 정상적인 변제·대물변제·저당권 설정 2) 채무자가 부동산을 처분하였으나 그 부동산에 설정된 저당권에 의하여 담보된 채권액이 그 부동산 가액을 초과하는 경우 3) 이미 채무초과상태에서 유일한 재산인 부동산을 채권자 중 어느 한사람에게 담보로 제공하였으나, 그것이 사업을 계속추진하기 위해 신규자금을 융통받기 위한 부득이한 사유가 있었던 경우

④ **채무자와 수익자 및 전득자의 악의** : 채무자의 선의와 수익자 및 전득자의 악의가 추정되므로, 채무자의 악의는 채권자취소권을 행사하는 자가 증명하여야 하나, 수익자 및 전득자는 스스로 자신의 선의를 증명하여야 한다.

⑤ **채권자취소권의 재판상 행사** : 채권자취소권은 반드시 법원에 소를 제기하여 행사하여야 한다.

3) 효과

① 채권자취소권 행사시 사해행위의 취소뿐만 아니라 원물반환 또는 가액반환*의 청구도 가능하다. 원물반환시에는 원물을 환가하여, 가액반환시에는 그 가액에서 채권의 만족을 받을 수 있다.

* **원물반환 또는 가액반환** 선택적으로 행사해야 함

② 채무자가 수령을 거부하는 경우 채권자는 자기에게 직접 반환할 것을 청구할 수 있으며, 이 경우 채권자는 채무자에게 반환할 채무와 자신의 채권을 상계하여 사실상 우선변제를 받을 수 있다.

4) 채권자취소권의 행사

① **행사방법** : 채권자취소권은 수익자 또는 전득자를 피고로 하여 채권자 자신의 이름으로 행사하는 것이다.

② **행사기간** : 채권자취소의 소는 채권자가 취소원인을 안 날로부터 1년, 법률행위 있은 날로부터 5년 내에 제기하여야 한다(법 제406조 제2항).

3편 채권법

Key Point 채권자대위권과 채권자취소권의 비교 ★★

구 분		채권자대위권	채권자취소권
의 의		채무자가 재산권을 행사하지 않는 경우에 채권자가 채권을 보전하기 위하여 채무자에 갈음하여 권리를 행사함으로써 채무자 책임재산의 유지·충실을 꾀하는 제도	채무자가 채권자를 해하는 것을 알면서 채무자의 일반재산을 감소시키는 행위를 한 경우에 그 행위를 취소하고 원상으로 회복시킴으로써 채무자 책임재산의 유지·충실을 기하는 제도
기 능		채무자가 소극적으로 일반재산을 부당하게 방치하는 것을 방지하는 제도이면서 한편 특정채권의 실효성 확보 수단(채권자대위권의 전용)으로 기능한다.	채무자가 적극적으로 자기의 일반재산을 부당히 감소시키는 경우 이를 회복하는 제도로서,「채무자회생 및 파산에 관한 법률」상 부인권과 동일한 작용을 가지나 파산을 개시하지 않고 채무자의 일반재산을 보존하려는 제도
요건 상의 차이	요건의 엄격성	채무자 권리의 대위행사로서 그 결과가 채무자에게 귀속하므로 폭넓게 인정	거래의 안전과 채무자보호의 필요성이 크므로 엄격한 소송상 제한
	채무자의 무자력 및 전용	① 통상의 경우 무자력 요구 ② 채권자 대위권의 행사가 ㉠ 채권의 현실적 이행을 확보하기 위하여 필요하고, ㉡ 채무자의 재산관리행위에 대한 부당한 간섭이 된다는 등의 특별한 사정이 없는 경우에는 무자력을 요구하지 않는다. ③ 판례상 무자력을 요하지 않는 경우는 ㉠ 등기청구권과 부동산임차권자의 목적물 방해청구권, ㉡ 수임인의 대변제청구권 보전을 위한 위임인의 금전채권 행사 등이 있다.	① 반드시 채무자가 무자력일 것을 요한다. ② 특정채권을 가지는 자가 특정채권으로서의 효력을 감쇄당할 것을 이유로 취소권을 행사할 수 없는 것으로 볼 뿐만 아니라, 사해행위와 동시에 금전채권(손해배상채권)으로 변경되는 경우에도 채권자취소권의 피보전채권이 될 수 없다고 한다.
	주관적 요건 유무	① 채권자가 스스로 자기의 권리를 행사하지 않는 이유는 불문한다. ② 채무자의 권리 불행사로 족하며, 주관적 요건은 필요치 않다.	① 채무자와 수익자 또는 전득자가 악의가 있을 것을 요한다. ② 사해행위 당시 인식함으로 족하고 적극적 의욕을 불요한다. ③ 수익자·전득자의 악의는 추정되나, 채무자의 악의는 채권자가 입증해야 한다.

제1장 채권총칙

단락문제 06
제20회 기출

甲에 대하여 금전채무를 부담하고 있는 乙은 자신의 유일한 재산인 X토지를 丙에게 매도하고 1개월 후 소유권이전등기를 마쳐주었다. 이에 관한 설명으로 옳지 <u>않은</u> 것을 모두 고른 것은? (다툼이 있으면 판례에 따름)

> ㄱ. 甲은 乙을 상대로 사해행위취소의 소를 제기할 수 있다.
> ㄴ. 금전채권의 이행기가 도래하지 않은 경우, 甲은 乙·丙 간의 부동산매매를 사해행위로 취소할 수 없다.
> ㄷ. 사해행위취소소송이 제기된 경우, 丙은 甲의 채권이 소멸시효의 완성으로 소멸하였음을 원용할 수 있다.
> ㄹ. 甲은 소유권이전등기가 된 날로부터 5년 이내에 채권자취소권을 행사하여야 한다.

① ㄱ, ㄷ ② ㄴ, ㄷ ③ ㄱ, ㄴ, ㄹ ④ ㄱ, ㄷ, ㄹ ⑤ ㄴ, ㄷ, ㄹ

해설 채권자취소권

㉠ (×) 채권자가 채권자취소권을 행사하려면 사해행위로 인하여 이익을 받은 자나 전득한 자를 상대로 그 법률행위의 취소를 청구하는 소송을 제기하여야 되는 것으로서, 채무자를 상대로 그 소송을 제기할 수는 없다(대판 1991.8.13. 91다13717).
㉡ (×) 채권자취소권을 행사할 수 있는 자는 적어도 채무자의 사해행위가 있기 이전에 채권을 가진 자라야 한다(대판 1963.12.12. 63다661).
㉢ (○) 사해행위취소소송의 상대방이 된 사해행위의 수익자는, 사해행위가 취소되면 사해행위에 의하여 얻은 이익을 상실하고 사해행위취소권을 행사하는 채권자의 채권이 소멸하면 그와 같은 이익의 상실을 면하는 지위에 있으므로, 그 채권의 소멸에 의하여 직접 이익을 받는 자에 해당하는 것으로 보아야 한다(대판 2007.11.29. 2007다54849).
㉣ (×) 채권자취소의 소는 채권자가 취소원인을 안 날로부터 1년, 법률행위 있은 날로부터 5년 내에 제기하여야 한다(제406조 제2항).

답 ③

단락핵심   책임재산의 보전

(1) 조합원의 탈퇴권은 일신전속권에 해당하므로 채권자대위권의 대상이 될 수 없다. (×)
(2) 의료인이 그의 치료비청구권을 보전하기 위하여 채무자인 환자가 국가에 대하여 가지고 있는 국가배상청구권을 대위행사하는 경우에는 채무자가 무자력일 필요가 없다. (○)
(3) 채무자가 부동산을 처분하였으나 그 부동산에 설정된 저당권에 의하여 담보된 채권액이 그 부동산 가액을 초과하는 경우라면 이는 사해행위에 해당한다. (×)
(4) 채권자취소권을 행사할 때 채권자는 채무자의 악의를 증명하여야 한다. (○)

제3절 채권의 양도와 채무의 인수

01 채권양도

제449조(채권의 양도성) ① 채권은 양도할 수 있다. 그러나 채권의 성질이 양도를 허용하지 아니하는 때에는 그러하지 아니하다.
② 채권은 당사자가 반대의 의사를 표시한 경우에는 양도하지 못한다. 그러나 그 의사표시로써 선의의 제3자에게 대항하지 못한다.
제450조(지명채권양도의 대항요건) ① 지명채권의 양도는 양도인이 채무자에게 통지하거나 채무자가 승낙하지 아니하면 채무자 기타 제3자에게 대항하지 못한다.
② 전항의 통지나 승낙은 확정일자 있는 증서에 의하지 아니하면 채무자이외의 제3자에게 대항하지 못한다.
제451조(승낙, 통지의 효과) ① 채무자가 이의를 보류하지 아니하고 전조의 승낙을 한 때에는 양도인에게 대항할 수 있는 사유로써 양수인에게 대항하지 못한다. 그러나 채무자가 채무를 소멸하게 하기 위하여 양도인에게 급여한 것이 있으면 이를 회수할 수 있고 양도인에 대하여 부담한 채무가 있으면 그 성립되지 아니함을 주장할 수 있다.
② 양도인이 양도통지만을 한 때에는 채무자는 그 통지를 받은 때까지 양도인에 대하여 생긴 사유로써 양수인에게 대항할 수 있다.
제452조(양도통지와 금반언) ① 양도인이 채무자에게 채권양도를 통지한 때에는 아직 양도하지 아니하였거나 그 양도가 무효인 경우에도 선의인 채무자는 양수인에게 대항할 수 있는 사유로 양도인에게 대항할 수 있다.
② 전항의 통지는 양수인의 동의가 없으면 철회하지 못한다.

1 의의 및 성질

(1) 채권의 양도란 **채권의 동일성을 유지**하면서 채권이 양도인으로부터 양수인에게로 이전하는 계약을 말한다.

 채권양도

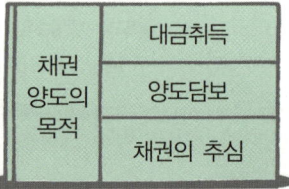

제1장 채권총칙

(2) 채권이전은 법률, 법원의 전부명령(「민사집행법」 제231조), 유언에 의해서도 발생하나 법률행위에 의한 이전만을 채권양도라고 한다. 채권양도는 채권의 이전 그 자체를 목적으로 하는 것으로서 이행의 문제를 남기지 않는 준물권행위이다.

2 지명채권의 양도

19·20회 출제

(1) 의의

1) 증권적 채권이 아닌 보통의 채권을 지명채권이라고 한다. 이는 채권자가 특정인으로 지명되어 있다는 점에서 지명채권이라고 한다.
2) 채권도 재산권으로서 일반적으로 양도성을 가진다. 다만, 채권의 성질이나 채권관계당사자의 의사표시* 또는 법률의 규정에 의하여 제한될 수 있다. 그러나 양도금지특약은 선의·무중과실의 제3자에게 대항하지 못한다(대판 1996.6.28. 96다18281).

> *** 의사표시**
> 채권양도금지특약

(2) 채권양도의 요건

1) 채권양도가 성립하기 위해서는 ① 채권양도계약의 존재, ② 양도인이 채권자일 것, ③ 채권의 양도성, ④ 채권의 특정(가능)성이 요구된다.
2) 채권양도금지의 의사표시가 있더라도 임의의 양도를 제한할 수 있을 뿐이고, 채권의 압류까지도 제한할 수 있는 것은 아니다.

(3) 채권양도의 효과

채권양도로 인하여 채권은 동일성을 유지하면서 양도인에게서 양수인에게로 이전된다. 채권에 부수하는 권리도 이전된다.

(4) 지명채권양도(대항요건주의)

지명채권양도는 당사자의 합의만으로 효력을 발생하지만 채권양도사실을 대항하기 위해서는 양도인의 채무자에 대한 통지 또는 채무자의 승낙을 요구한다(제450조).

1) **채무자에 대한 대항요건**
   양도인**이 채무자에게 통지하거나 채무자가 승낙하여야 한다.

2) **제3자에 대한 대항요건**
   제3자에게 대항하기 위해서는 양도인의 통지나 채무자의 승낙을 확정일자*** 있는 증서로 할 것을 요한다. 제3자에 대한 대항요건은 채권의 이중양도 또는 채권의 양도와 압류가 경합할 경우 우열을 가리는 표준이 되며, 그 증서의 도달순서****에 의해 결정된다(대판 1994.4.26. 93다24223).

> **** 양도인**
> 양수인은 양도인을 대리하여 통지할 수 있으나 대위(채권자 대위)하여서는 통지할 수 없다.
>
> ***** 확정일자**
> 당사자가 후에 변경하지 못하는 확정된 일자로서 법률상 인정되는 일자를 말한다.
>
> ****** 증서의 도달순서**
> 확정일의 순서가 아님을 주의할 것

(5) 승낙과 통지의 효과

1) 승낙의 효과
채무자가 이의를 보류하지 아니하고 채권양도에 대하여 승낙을 하면 채무자는 양도인에게 대항할 수 있는 사유로써 양수인에게 대항하지 못한다. 그러나 채무자가 채무를 소멸하게 하기 위하여 양도인에게 급여한 것이 있으면 이를 회수할 수 있고 양도인에 대하여 부담한 채무가 있으면 그 성립되지 아니함을 주장할 수 있다(제451조 제1항).

2) 통지의 효과
① 양도인이 양도통지만을 한 때에는 채무자는 그 통지를 받은 때까지 양도인에 대하여 생긴 사유로써 양수인에게 대항할 수 있다(제451조 제2항).
② 양도인이 채무자에게 채권양도를 통지한 때에는 아직 양도하지 아니하였거나 그 양도가 무효인 경우에도 선의인 채무자는 양수인에게 대항할 수 있는 사유로 양도인에게 대항할 수 있다(제452조 제1항).
③ 양도인이 한 채권양도의 통지는 양수인*의 동의가 없으면 철회하지 못한다.

> * 양수인
> 채무자가 아님 주의

3 지시채권과 무기명채권의 양도

> 제508조(지시채권의 양도방식) 지시채권은 그 증서에 배서하여 양수인에게 교부하는 방식으로 양도할 수 있다.
> 제510조(배서의 방식) ① 배서는 증서 또는 그 보충지에 그 뜻을 기재하고 배서인이 서명 또는 기명날인함으로써 이를 한다.
> ② 배서는 피배서인을 지정하지 아니하고 할 수 있으며 또 배서인의 서명 또는 기명날인만으로 할 수 있다.
> 제523조(무기명채권의 양도방식) 무기명채권은 양수인에게 그 증서를 교부함으로써 양도의 효력이 있다.

(1) 지시채권의 양도
1) 지시채권은 특정인 또는 그가 지시하는 자에게 변제하여야 하는 증권적 채권으로 화물상환증, 창고증권, 선하증권, 어음, 수표 등이 있다.
2) 지시채권은 그 증서에 배서하여 양수인에게 교부하는 방식으로 양도할 수 있다.
3) 배서는 증서 또는 그 보충지에 그 뜻을 기재하고 배서인이 서명 또는 기명날인하는 정식배서 방법과 피배서인을 지정하지 않거나, 배서인의 서명 또는 기명날인만으로 하는 약식배서방식이 있다.

(2) 무기명채권의 양도
1) 무기명채권은 특정한 채권자를 지정하지 않은 증권적 채권으로서 증서의 소지인에게 변제하면 된다.
2) 무기명채권은 배서가 필요하지 않고 교부만으로 양도가 가능하다.

단락문제 07

채권양도와 관련한 다음의 설명 중 틀린 것은? (다툼이 있으면 판례에 의함)

① 채권양도는 준물권행위로서 처분행위에 해당하므로 처분권한이 없는 자의 채권양도행위는 효력이 없다.
② 양도금지특약이 있는 지명채권을 양도한 경우라도 양수인이 선의이며, 그에 대하여 중대한 과실이 없다면 양도금지특약을 가지고 양수인에게 대항하지 못한다.
③ 지명채권의 양도사실을 제3자에게 대항하기 위해서는 양도인의 통지나 채무자의 승낙이 확정일자 있는 증서에 의하여 이루어져야 한다.
④ 채권의 양도인이 채무자에게 채권양도를 통지한 때에는 아직 양도하지 아니하였거나 그 양도가 무효인 경우에도 선의인 채무자는 양수인에게 대항할 수 있는 사유로 양도인에게 대항할 수 있다.
⑤ 채권이 이중양도되었으나 2인의 매수인이 모두 확정일자 있는 증서로 통지한 경우라면 그 확정일자에 의하여 우열을 판단한다.

해설 채권양도
④ (○) 채권자의 양도통지에 대한 효과이다(제452조 제1항).
⑤ (×) 확정일자 있는 증서의 도달시기를 기준으로 판단한다(대판 1994.4.26. 93다24223).   **답** ⑤

02 채무인수   21회 출제

제453조(채권자와의 계약에 의한 채무인수) ① 제3자는 채권자와의 계약으로 채무를 인수하여 채무자의 채무를 면하게 할 수 있다. 그러나 채무의 성질이 인수를 허용하지 아니하는 때에는 그러하지 아니하다.
② 이해관계 없는 제3자는 채무자의 의사에 반하여 채무를 인수하지 못한다.
제454조(채무자와의 계약에 의한 채무인수) ① 제3자가 채무자와의 계약으로 채무를 인수한 경우에는 채권자의 승낙에 의하여 그 효력이 생긴다.
② 채권자의 승낙 또는 거절의 상대방은 채무자나 제3자이다.
제455조(승낙여부의 최고) ① 전조의 경우에 제3자나 채무자는 상당한 기간을 정하여 승낙여부의 확답을 채권자에게 최고할 수 있다.
② 채권자가 그 기간내에 확답을 발송하지 아니한 때에는 거절한 것으로 본다.
제456조(채무인수의 철회, 변경) 제3자와 채무자간의 계약에 의한 채무인수는 채권자의 승낙이 있을 때까지 당사자는 이를 철회하거나 변경할 수 있다.
제457조(채무인수의 소급효) 채권자의 채무인수에 대한 승낙은 다른 의사표시가 없으면 채무를 인수한 때에 소급하여 그 효력이 생긴다. 그러나 제3자의 권리를 침해하지 못한다.
제458조(전채무자의 항변사유) 인수인은 전채무자의 항변할 수 있는 사유로 채권자에게 대항할 수 있다.
제459조(채무인수와 보증, 담보의 소멸) 전채무자의 채무에 대한 보증이나 제3자가 제공한 담보는 채무인수로 인하여 소멸한다. 그러나 보증인이나 제3자가 채무인수에 동의한 경우에는 그러하지 아니하다.

1 의의 및 종류

(1) 의 의
채무의 인수란 채무의 동일성을 유지하면서 인수인에게 그대로 이전하는 것을 목적으로 하는 계약으로 채무의 동일성이 유지된다는 점에서 구채무와 신채무의 동일성이 인정되지 않는 채무자변경에 의한 경개와 구별된다.

(2) 종 류
민법은 채무인수로 구채무자가 채무를 면하는 면책적 채무인수만을 정하고 있으나, 종래의 채무자는 그대로 있으면서 채권자와 채무자의 채권관계에 제3자가 가입하여 제3자가 채무자와 나란히 동일한 내용의 채무를 각자 부담하는 것을 내용으로 하는 병존적 채무인수도 인정된다.

(3) 구별개념
채무인수는 제3자가 채무자에 대한 관계에서 채무자의 채무를 대신 이행할 의무를 지는 것을 약정하는 채무자와 인수인 사이의 계약인 이행인수*, 계약당사자의 지위의 승계를 목적으로 하는 계약인 계약인수와 구별된다.

> *이행인수
> 채권자는 이행인수를 한 자에게 청구할 수 없다.

2 채무인수의 요건

(1) 채권자와의 계약에 의한 채무인수(제453조)
채무인수인은 채권자와의 계약으로 채무를 인수하여 채무자의 채무를 면하게 할 수 있다. 그러나 채무의 성질이 인수를 허용하지 아니하는 때에는 인수가 제한되며, 이해관계 없는 제3자는 채무자의 의사에 반하여 채무를 인수하지 못한다.

(2) 채무자와의 계약에 의한 채무인수(제454조 내지 제457조)
1) 채무인수인이 채무자와의 계약으로 채무를 인수하는 경우 채권자의 승낙에 의하여 그 효력이 발생한다.
2) 채권자의 승낙 또는 거절은 채무자나 제3자에게 한다. 만약 채권자가 승낙하지 아니할 경우, 채무자나 채무인수인은 상당한 기간을 정하여 승낙여부의 확답을 채권자에게 최고할 수 있으며, 채권자가 그 기간 내에 확답을 발송하지 아니하면** 거절한 것으로 본다.
3) 채무인수인과 채무자 간의 계약에 의한 채무인수는 채권자의 승낙이 있을 때까지 당사자는 이를 철회하거나 변경할 수 있다.

> **발송하지 아니하면
> 발신주의

3 채무인수의 효과

(1) 채무인수인은 채무자의 채무를 승계한다. 따라서 채무인수인은 이행기에 채무의 내용에 좇은 급부를 하여야 하지만 한편, 전채무자가 채권자에 대하여 가지는 항변사유도 함께 승계하므로 채권자에 대하여 이를 이유로 대항할 수 있다(제458조).

(2) 전(前)채무자의 채무에 대한 보증이나 제3자가 제공한 담보는 채무인수로 인하여 소멸하나 보증인이나 제3자가 채무인수에 동의한 경우에는 존속한다(제459조).

단락문제 08

채무인수에 대한 다음의 설명으로 틀린 것은? (다툼이 있으면 판례에 의함)

① 이해관계 없는 제3자는 채무자의 의사에 반하여 채무를 인수하지 못한다.
② 채무인수인이 채무자와의 계약으로 채무를 인수하면서 채권자의 승낙을 최고한 경우 채무자가 그 기간 내에 확답을 받지 못하면 채무인수를 거절한 것으로 본다.
③ 채무인수가 효력을 발생하면, 채무인수인은 이행기에 채무의 내용에 좇은 급부를 하여야 하지만 한편, 전채무자가 채권자에 대하여 가지는 항변사유도 함께 승계하므로 채권자에 대하여 이를 이유로 대항할 수 있다.
④ 채권자의 채무인수에 대한 승낙은 다른 의사표시가 없으면 채무를 인수한 때에 소급하여 그 효력이 생긴다. 그러나 제3자의 권리를 침해하지 못한다.
⑤ 전채무자의 채무에 대한 보증이나 제3자가 제공한 담보는 채무인수로 인하여 소멸한다. 그러나 보증인이나 제3자가 채무인수에 동의한 경우에는 그러하지 아니하다.

해설 채무인수
② 채무인수인이 채무자와의 계약으로 채무를 인수하면서 채권자의 승낙을 최고한 경우 채권자가 그 기간 내에 확답을 발송하지 아니하면 채무인수를 거절한 것으로 본다(발신주의, 제455조).
답 ②

단락핵심 — 채권양도와 채무인수

(1) 채권양도의 금지특약은 선의·무과실의 제3자에 한하여 대항하지 못한다. (X)
 ⇒ 선의·무중과실의 제3자에게 대항하지 못한다.
(2) 채무자가 이의를 보류하지 아니하고 채권양도에 대하여 승낙을 하면 채무자는 양도인에게 대항할 수 있는 사유로써 양수인에게 대항하지 못한다. (O)
(3) 채권양도를 제3자에게 대항하기 위해서는 양도인의 통지나 채무자의 승낙을 확정일자 있는 증서로 할 것을 요한다. (O)
(4) 무기명채권은 배서가 필요하지 않고 교부만으로 양도가 가능하다. (O)
(5) 채무인수인이 채무자와의 계약으로 채무를 인수하는 경우 채무자의 최고에도 불구하고 채무자가 그 기간 내에 확답을 받지 못하면 거절한 것으로 본다. (X)
 ⇒ 채권자가 그 기간 내에 발송하지 아니하면 거절한 것으로 본다(발신주의).
(6) 채무인수가 있었다면 전채무자의 채무에 대한 보증이나 제3자가 제공한 담보는 채무인수로 인하여 소멸한다. (O)

제4절 채권의 소멸

01 서설

1 의의
채권의 소멸은 채권이 절대적, 객관적으로 존재하지 않게 되는 것을 말한다.

2 채권소멸의 원인*

13회 출제

일반적 채권소멸원인	변제, 대물변제, 공탁, 상계, 경개, 면제, 혼동 등
권리일반의 소멸원인	목적의 소멸, 소멸시효의 완성, 권리의 존속기간의 도래 등
기타의 소멸원인	해제조건의 성취, 종기도래, 계약해제·해지 등

채권의 소멸

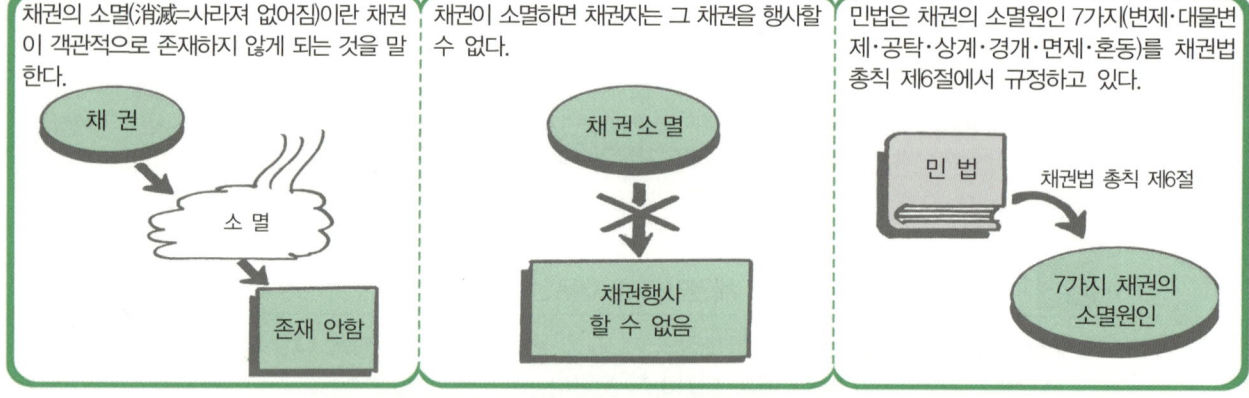

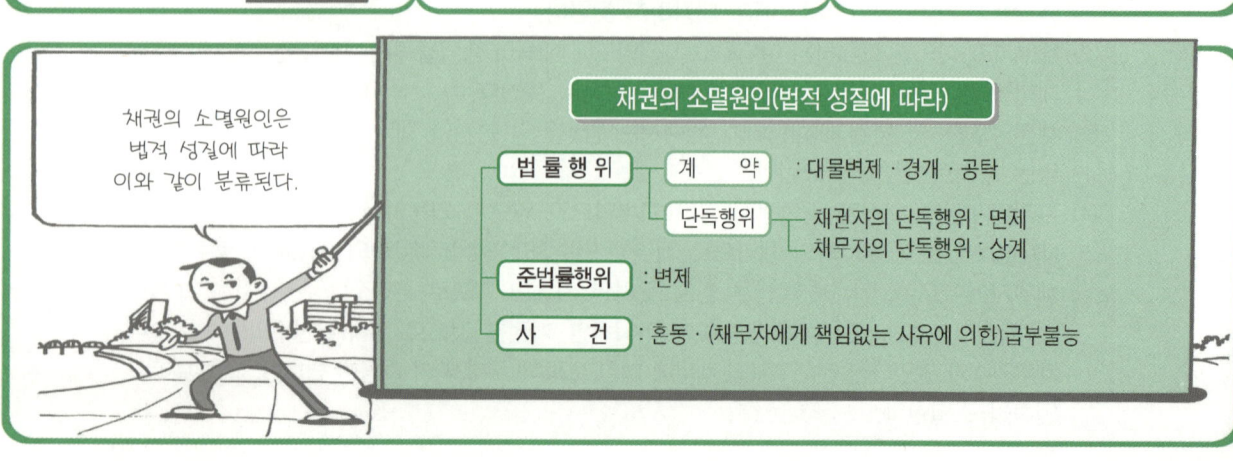

제1장 채권총칙

02 변제

24·28회 출제

1 의의

채무자 또는 제3자가 채무의 내용에 좇은 급부를 실현하는 것을 말한다. 급부(채무)의 이행이라고도 한다.

2 변제자

22회 출제

> 제469조(제3자의 변제) ① 채무의 변제는 제3자도 할 수 있다. 그러나 채무의 성질 또는 당사자의 의사표시로 제3자의 변제를 허용하지 아니하는 때에는 그러하지 아니하다.
> ② 이해관계없는 제3자는 채무자의 의사에 반하여 변제하지 못한다.

(1) 의의
채무의 변제는 채무자가 하는 것이 원칙이나, 제3자의 변제도 허용된다.

(2) 채무자
채무자가 기본적인 변제자이지만, 채무자가 직접 변제해야만 하는 것은 아니므로 채무의 성질이나 특별한 약정이 없는 한 대리인 또는 이행보조자 등을 이용할 수 있다.

(3) 제3자
제3자도 원칙적으로 변제할 수 있다(제469조 제1항). 다만 다음의 경우에는 제3자의 변제가 제한된다(제469조 제2항).
1) 채무의 성질상 제3자가 변제하기 어려운 경우
2) 당사자 사이에 특별한 약정이 있는 경우
3) 이해관계 없는 제3자의 변제에 대하여 채무자가 반대하는 경우

3 변제수령자

17회 출제

> 제470조(채권의 준점유자에 대한 변제) 채권의 준점유자에 대한 변제는 변제자가 선의이며 과실없는 때에 한하여 효력이 있다.
> 제471조(영수증소지자에 대한 변제) 영수증을 소지한 자에 대한 변제는 그 소지자가 변제를 받을 권한이 없는 경우에도 효력이 있다. 그러나 변제자가 그 권한없음을 알았거나 알 수 있었을 경우에는 그러하지 아니하다.
> 제472조(권한없는 자에 대한 변제) 전2조의 경우외에 변제받을 권한없는 자에 대한 변제는 채권자가 이익을 받은 한도에서 효력이 있다.

(1) 의의

1) 변제를 유효하게 수령할 수 있는 자를 변제수령자라고 하며, 변제수령권이 없는 자에 대한 변제는 무효이다.
2) 원칙적으로 채권자가 변제수령자에 해당하나, 채권자임에도 불구하고 수령권한이 없거나, 채권자 이외의 자에게 수령권한이 인정될 수도 있다.

(2) 채권자

채권자는 원칙적으로 변제수령권이 있다. 그러나 채권자라도 ① 채권이 압류된 경우, ② 채권이 입질된 경우, ③ 채권자가 파산선고를 받은 경우, ④ 회생절차 개시신청과 관련하여 보전관리인이 선임되거나, 관리인이 선임된 경우(「채무자 회생 및 파산에 관한 법률」 제43조, 제85조, 재56조, 제580조 참조)에는 수령권한이 없다.

(3) 채권자 이외의 변제수령자

1) **수령권한이 있는 자**

    채권자가 변제수령권한을 부여하거나, 법률규정·법원이 결정으로 변제수령권을 부여한 경우에는 적법하게 변제를 수령할 수 있다.

    > 예 채권자의 임의대리인, 부재자의 재산관리인, 채권추심을 위한 수임인, 법정대리인, 대항요건을 갖춘 채권질권자, 파산관재인, 보전관리인, 회생절차 개시 후의 관리인, 추심명령이나 전부명령을 받은 압류채권자, 채권자대위권을 행사하는 자 등

2) **표현수령권자**(수령권한은 없지만 변제의 효과를 주장할 수 있는 경우)

    ① **채권의 준점유자**(제470조)

    ㉠ 채권의 준점유자란 채권을 사실상 행사하는 자, 즉 거래통념상 채권을 정당한 권한이 있는 것으로 보이는 외관을 갖춘 자를 말한다(대판 2003.7.22. 2003다24598).

    > 예 위조한 영수증을 제시한 자, 예금증서 등 채권증서와 인장을 소지한 자, 무효인 전부명령을 받은 자, 채권자의 대리인이라고 칭하는 자

    ㉡ 채권의 준점유자는 적법한 변제수령권이 없으므로 그에 대한 변제는 원칙적으로 효력이 없다. 그러나 변제자가 그에게 적법한 변제수령권이 있다고 믿었고, 그에 대하여 과실이 없는 경우에는 채권자에 대하여 변제가 유효함을 주장할 수 있다.

    ② **영수증 소지자**(제471조)

    영수증(위조된 경우는 제외)을 소지한 자에 대한 변제는 그 소지자가 변제를 받을 권한이 없는 경우에도 효력이 있다. 그러나 변제자가 그 권한 없음을 알았거나 알 수 있었을 경우에는 그러하지 아니하다.

③ 증권적 채권의 증서의 소지인
증권적 채권의 증서(지시채권·무기명채권·지명소지인출급채권 등)를 소지한 자에게 변제를 한 경우에는 비록 소지인이 진정한 권리자가 아니더라도 그 변제는 유효하다. 다만 변제자가 권한 없음을 알았거나 중대한 과실로 알지 못한 경우에는 무효이다.

4 변제의 목적물·장소·시기

(1) 변제의 목적물

> 제462조(특정물의 현상인도) 특정물의 인도가 채권의 목적인 때에는 채무자는 이행기의 현상대로 그 물건을 인도하여야 한다.
> 제463조(변제로서의 타인의 물건의 인도) 채무의 변제로 타인의 물건을 인도한 채무자는 다시 유효한 변제를 하지 아니하면 그 물건의 반환을 청구하지 못한다.
> 제464조(양도능력없는 소유자의 물건인도) 양도할 능력없는 소유자가 채무의 변제로 물건을 인도한 경우에는 그 변제가 취소된 때에도 다시 유효한 변제를 하지 아니하면 그 물건의 반환을 청구하지 못한다.
> 제465조(채권자의 선의소비, 양도와 구상권) ① 전2조의 경우에 채권자가 변제로 받은 물건을 선의로 소비하거나 타인에게 양도한 때에는 그 변제는 효력이 있다.
> ② 전항의 경우에 채권자가 제3자로부터 배상의 청구를 받은 때에는 채무자에 대하여 구상권을 행사할 수 있다.

1) **특정물의 현상인도의무**(제462조)
특정물의 인도가 채권의 목적인 경우 또는 종류물 채권이 특정으로 인해 특정물 채권으로 변경된 이후에는 채무자는 이행기의 현상대로 그 물건을 인도하면 족하다.

2) **타인의 물건을 인도한 경우**(제463조)
채무의 변제로 타인의 물건을 인도한 채무자는 다시 유효한 변제를 하지 않으면 변제자는 그 물건의 반환을 청구하지 못한다.

3) **양도능력 없는 소유자의 물건인도**(제464조)
양도할 능력 없는 소유자가 채무의 변제로 물건을 인도한 경우에는 그 변제가 취소된 때에도 다시 유효한 변제를 하지 아니하면 그 물건의 반환을 청구하지 못한다.

4) **채권자의 선의소비, 양도와 구상권**(제465조)
타인의 물건을 인도하거나 양도능력 없는 소유자가 물건을 인도하여 위의 2), 3)과 같이 변제가 유효하게 이루어진다 하더라도 이 효력은 채권자와 채무자 사이에만 발생하며, 물건의 원소유자 또는 양도권한을 가진 자는 채권자에게 부당이득의 반환을 청구할 수 있고, 반환청구에 따라 반환한 채권자는 채무자에게 구상권을 행사할 수 있다.

(2) 변제의 장소

> **제467조(변제의 장소)** ① 채무의 성질 또는 당사자의 의사표시로 변제장소를 정하지 아니한 때에는 특정물의 인도는 채권성립당시에 그 물건이 있던 장소에서 하여야 한다.
> ② 전항의 경우에 특정물인도 이외의 채무변제는 채권자의 현주소에서 하여야 한다. 그러나 영업에 관한 채무의 변제는 채권자의 현영업소에서 하여야 한다.

변제의 장소는 당사자의 의사표시, 채무의 성질의 순서로 정해지며, 이런 기준에 의해 정해지지 아니한 경우에는 ① 특정물채무의 경우 채권성립 당시에 그 물건이 있던 장소에서, ② 특정물채무 이외의 채무변제는 특별한 사정이 없는 한 채권자의 현주소에서 변제한다. 다만 영업에 관한 채무의 변제는 채권자의 현영업소에서 변제한다(지참채무의 원칙).

(3) 변제의 시기

> **제468조(변제기전의 변제)** 당사자의 특별한 의사표시가 없으면 변제기전이라도 채무자는 변제할 수 있다. 그러나 상대방의 손해는 배상하여야 한다.

1) 변제는 이행기에 하는 것이 원칙이지만 당사자의 특별한 의사표시가 없으면 채무자는 기한의 이익을 포기하고 변제기 전에 변제할 수 있다. 다만 이 경우 상대방의 손해는 배상해야 한다.
2) 변제기 전에 변제한 경우 채무자는 그 반환을 청구하지 못한다. 다만 채무자가 변제기를 잘못 알고 미리 변제한 때에는 채권자는 이로 인해 얻은 이익을 반환해야 한다(제743조).

5 변제비용의 부담

변제비용은 다른 의사표시가 없으면 채무자가 부담한다. 그러나 채권자의 주소 이전 기타의 행위로 인하여 변제비용이 증가된 때에는 그 증가액은 채권자가 부담한다(제473조).

Key Point 등기비용의 부담(특별한 사정이 없는 경우)

1) 양도담보의 소유권이전등기 비용: 담보권자가 부담
2) 저당권설정등기의 비용: 채무자가 부담
3) 매매에 의한 소유권이전등기의 비용: 매수인(채권자)이 부담

6 변제의 증거

제474조(영수증청구권) 변제자는 변제를 받는 자에게 영수증을 청구할 수 있다.
제475조(채권증서반환청구권) 채권증서가 있는 경우에 변제자가 채무전부를 변제한 때에는 채권증서의 반환을 청구할 수 있다. 채권이 변제 이외의 사유로 전부 소멸한 때에도 같다.

(1) 영수증청구권

영수증의 작성·교부비용은 채권자가 부담하며, 영수증의 교부와 변제는 동시이행관계이다.

(2) 채권증서반환청구권

1) 채권증서의 반환비용은 채권자가 부담한다.
2) 채권증서의 반환청구는 채권이 전부 소멸한 때에만 인정*되며, 일부소멸한 때에는 인정되지 않는다. 일부변제한 때에는 변제사실의 기재를 요구할 수 있을 뿐이다(제520조).

> * 전부 소멸한 때에만 인정
> 즉, 동시이행관계가 아니며, 변제가 선이행의무이다.

단락문제 09
제24회 기출

변제에 관한 설명으로 옳지 않은 것은? (다툼이 있으면 판례에 의함)

① 법률상 이해관계 없는 제3자는 채무자의 의사에 반하여 변제할 수 없다.
② 지명채권증서의 반환과 변제는 동시이행관계에 있다.
③ 채권의 준점유자에 대한 변제는 변제자가 선의이며 과실 없는 때에 한하여 효력이 있다.
④ 채무자가 채무의 변제로 인도한 타인의 물건을 채권자가 선의로 소비한 경우에 채권은 소멸한다.
⑤ 영수증 소지자가 변제를 받을 권한이 없음을 변제자가 알면서도 변제한 경우에는 변제로서의 효력이 없다.

해설 변 제
① (○) 이해관계 없는 제삼자는 채무자의 의사에 반하여 변제하지 못한다(민법 제469조 제2항).
② (×) 변제와 영수증의 교부는 동시이행의 항변권(대판 2003다2204).
③ (○) 채권의 준점유자에 대한 변제는 변제자가 선의이며 과실없는 때에 한하여 효력이 있다(민법 제470조).
④ (○) 채권자가 변제로 받은 물건을 선의로 소비하거나 타인에게 양도한 때에는 그 변제는 효력이 있다(민법 제465조 제1항).
⑤ (○) 영수증을 소지한 자에 대한 변제는 그 소지자가 변제를 받을 권한이 없는 경우에도 효력이 있다. 그러나 변제자가 그 권한없음을 알았거나 알 수 있었을 경우에는 그러하지 아니하다(민법 제471조).

답 ②

7 변제의 충당

> **제476조(지정변제충당)** ① 채무자가 동일한 채권자에 대하여 같은 종류를 목적으로 한 수 개의 채무를 부담한 경우에 변제의 제공이 그 채무전부를 소멸하게 하지 못하는 때에는 변제자는 그 당시 어느 채무를 지정하여 그 변제에 충당할 수 있다.
> ② 변제자가 전항의 지정을 하지 아니할 때에는 변제받는 자는 그 당시 어느 채무를 지정하여 변제에 충당할 수 있다. 그러나 변제자가 그 충당에 대하여 즉시 이의를 한 때에는 그러하지 아니하다.
> ③ 전2항의 변제충당은 상대방에 대한 의사표시로써 한다.
>
> **제477조(법정변제충당)** 당사자가 변제에 충당할 채무를 지정하지 아니한 때에는 다음 각호의 규정에 의한다.
> 1. 채무중에 이행기가 도래한 것과 도래하지 아니한 것이 있으면 이행기가 도래한 채무의 변제에 충당한다.
> 2. 채무전부의 이행기가 도래하였거나 도래하지 아니한 때에는 채무자에게 변제이익이 많은 채무의 변제에 충당한다.
> 3. 채무자에게 변제이익이 같으면 이행기가 먼저 도래한 채무나 먼저 도래할 채무의 변제에 충당한다.
> 4. 전2호의 사항이 같은 때에는 그 채무액에 비례하여 각 채무의 변제에 충당한다.
>
> **제478조(부족변제의 충당)** 1개의 채무에 수 개의 급여를 요할 경우에 변제자가 그 채무전부를 소멸하게 하지 못한 급여를 한 때에는 전2조의 규정을 준용한다.
>
> **제479조(비용, 이자, 원본에 대한 변제충당의 순서)** ① 채무자가 1개 또는 수 개의 채무의 비용 및 이자를 지급할 경우에 변제자가 그 전부를 소멸하게 하지 못한 급여를 한 때에는 비용, 이자, 원본의 순서로 변제에 충당하여야 한다.
> ② 전항의 경우에 제477조의 규정을 준용한다.

(1) 서 설
1) 변제의 충당이란 채무자가 동일한 채권자에 대하여 변제하였으나 채권 전체를 소멸시키지 못하는 경우, 어느 채권을 소멸시킬 것인지에 관한 문제이다.
2) 충당의 방법은 당사자의 합의에 의하여 정할 수 있다. 그러나 담보권 실행 등을 위한 경매의 경우에는 획일적으로 가장 공평 타당한 충당방법인 제477조에 규정된 법정변제충당의 방법에 따라야 한다.

(2) 합의충당
계약자유의 원칙에 의하여 채권자와 채무자는 제공된 급부를 어느 채무에 어떤 방법으로 충당할 것인가를 결정할 수 있다. 다만 그 충당이 보증인에게 현저히 부당하고 신의칙에 반하는 때에는 합의충당의 효력이 부정된다(대판 2010.10.28. 2010다55187).

(3) 지정충당
일방의 지정에 의하여 충당이 이루어지는 방법으로 당사자의 합의가 없으면 변제자, 변제수령자의 순서로 지정할 수 있다.

1) 변제자의 지정
1차적으로 변제자가 충당의 방법을 정할 수 있으며, 이에 대하여 수령자는 거절할 수 없다.

2) 변제수령자의 지정
변제자의 지정이 없으면 변제수령자가 지정할 수 있다(제476조 제2항, 제478조). 그러나 이에 대하여 변제자가 이의를 제기하면 법정충당에 따르게 된다.

3) 지정충당에 대한 제한
변제자의 지정 내용은 원칙적으로 자유이지만 1개 또는 수 개의 채무의 비용 및 이자를 지급할 경우에 변제자가 그 전부를 소멸하게 하지 못한 급부를 한 때에는 제479조에서 정한 "비용 → 이자 → 원본"의 순서로 충당한다(제479조). 이에 반하는 지정을 변제자가 주장하는 경우, 변제수령자는 수령을 거절할 수 있다(대판 2005.8.19. 2003다22042).

(4) 법정충당
합의충당과 지정충당이 모두 없는 경우에는 다음의 순서에 따라 충당한다(제477조).
1) 채무 중에 이행기가 도래한 것과 도래하지 아니한 것이 있으면 이행기가 도래한 채무의 변제에 충당한다.
2) 채무전부의 이행기가 도래하였거나 도래하지 아니한 때에는 채무자에게 변제이익이 많은 채무의 변제에 충당한다.
3) 채무자에게 변제이익이 같으면 이행기가 먼저 도래한 채무나 먼저 도래할 채무의 변제에 충당한다.
4) 위 3)과 4)의 사항이 같은 때에는 그 채무액에 비례하여 각 채무의 변제에 충당한다.

Key Point | 변제이익의 비교

① 변제이익은 변제자를 기준으로 판단한다.
② 무이자채무 < 이자부채무
③ 저이율채무 < 고이율채무
④ 변제자가 보증인으로 부담하는 보증채무 < 변제자 자신의 채무
⑤ 변제자가 주채무자인 경우 보증인이 있는 채무 = 보증인이 없는 채무

단락문제 Q10

다음은 변제의 충당에 관한 설명이다. 틀린 것은? (다툼이 있으면 판례에 의함)

① 변제의 충당방법은 당사자의 공평을 위하여 법률이 정하는 바에 따라야 한다.
② 변제자의 지정이 없으면 변제수령자가 지정할 수 있다. 그러나 이에 대하여 변제자가 이의를 제기하면 법정충당에 따르게 된다.
③ 1개 또는 수 개의 채무의 비용 및 이자를 지급할 경우에 변제자가 그 전부를 소멸하게 하지 못한 급부를 한 때에는 제479조에서 정한 "비용 → 이자 → 원본"의 순서로 충당한다.
④ 채무자에게 변제이익이 같으면 이행기가 먼저 도래한 채무나 먼저 도래할 채무의 변제에 충당한다.
⑤ 변제자가 보증인으로 부담하는 보증채무보다 변제자 자신의 채무를 변제하는 것이 변제의 이익이 더 크다.

해설 변제의 충당
① 계약자유의 원칙에 의하여 채권자와 채무자는 제공된 급부를 어느 채무에 어떤 방법으로 충당할 것인가를 결정할 수 있다.

답 ①

단락핵심 — 변제와 충당

(1) 이해관계 없는 제3자의 변제에 대하여 채무자가 반대하는 경우라도 채권자에게는 이득이므로 제3자는 변제할 수 있다. (×)
(2) 채권의 준점유자에게 변제하였으나 변제자가 그에게 적법한 변제수령권이 있다고 믿었고, 그에 대하여 과실이 없는 경우에는 채권자에 대하여 변제가 유효함을 주장할 수 있다. (○)
(3) 채무의 변제로 타인의 물건을 인도한 채무자는 다시 유효한 변제를 하지 않으면 변제자는 그 물건의 반환을 청구하지 못한다. (○)
(4) 양도능력이 없는 경우에도 그 변제는 적법한 변제가 될 수 없으므로, 채권자가 변제로 받은 물건을 선의로 소비하거나 타인에게 양도한 때에도 그 변제는 효력이 없다. (×)
(5) 당사자의 특별한 의사표시가 없으면 변제기전이라도 채무자는 변제할 수 있다. 그러나 상대방의 손해는 배상하여야 한다. (○)
(6) 양도담보의 소유권이전등기 비용은 담보권자가 부담하나, 저당권설정등기의 비용은 채무자가 부담한다. (○)
(7) 채권증서의 반환청구권과 영수증청구권은 변제와 동시이행의 관계이다. (×)
  ⇒ 채권증서의 반환청구권은 동시이행관계가 아니다.
(8) 비용, 이자, 원본의 충당순서는 지정권자 일방적으로 변경할 수 있다. (×)
(9) 변제자가 보증인으로 부담하는 보증채무는 변제자 자신의 채무보다 변제이익이 크다. (×)

제1장 채권총칙

8 변제의 제공(변제제공)

(1) 변제제공의 의의
1) 채무의 이행에 채권자의 협력이 필요한 경우, 채무자는 단독으로 변제를 할 수 없어 이행지체의 책임을 질 우려가 있으므로 변제의 제공에 대하여 규정하고 있다.
2) 변제의 제공이 유효하려면 채무의 내용에 좇은 것이어야 하고, 변제의 주체, 객체, 장소, 시기가 적합하여야 한다.

(2) 변제제공의 방법

> 제460조(변제제공의 방법) 변제는 채무내용에 좇은 현실제공으로 이를 하여야 한다. 그러나 채권자가 미리 변제받기를 거절하거나 채무의 이행에 채권자의 행위를 요하는 경우에는 변제준비의 완료를 통지하고 그 수령을 최고하면 된다.
> 제461조(변제제공의 효과) 변제의 제공은 그때로부터 채무불이행의 책임을 면하게 한다.

1) **현실의 제공**
   ① 변제자가 변제수령자에 대하여 현실적으로 변제에 필요한 행위를 모두 완료하여 변제수령자가 즉시 수령할 수 있는 상태에 두어야 한다. 다만, 송부채무의 경우에는 채무자가 목적물을 운송기관에 위탁하면 족하다.
   ② 금전채무의 일부만을 제공한 경우, 변제수령자는 이를 수령할 수도 있고, 수령을 거절할 수도 있다.
   ③ 금전채무에 대하여 어음이나 수표 등을 지급한 경우 수령자는 수령을 거절할 수 있다. 다만 현금과 동일한 작용을 하는 우편환이나 신용 있는 은행이 발행·배서 또는 지급보증한 수표 등의 경우에는 수령을 거절할 수 없다.
   ④ 부동산매매계약에서 매도인은 소유권이전등기에 필요한 서류를 준비하여 언제든지 상대방이 수령할 수 있도록 한 후 수령을 최고하면 매수인은 더 이상 동시이행의 항변권을 주장할 수 없다.

2) **구두의 제공**
   ① 채권자가 수령을 거절하거나, ② 채권자의 행위가 필요한 경우*에는 변제준비를 완료하고 수령 기타의 협력을 최고하는 구두의 제공으로 충분하다.

   > *채권자의 행위가 필요한 경우
   > 예를 들어 채권자가 제공한 원료를 가공하는 채무를 부담한 경우

3) **구두의 제공조차 필요 없는 경우**
   채권자가 변제를 수령하지 않을 의사가 명백하고 그것이 번복될 가능성이 없는 경우에는 구두의 제공도 필요하지 않다.
   예 사용료, 임차료, 이자 등 회귀적 급부에 대하여 이미 수령지체에 빠진 경우

(3) 변제제공의 효과

1) **채무불이행책임의 면제**

   변제제공을 하면 채무불이행책임을 면하므로(제461조), 손해배상, 지연이자 등을 지급할 필요가 없다.

2) **상대방의 동시이행의 항변권 소멸**

   쌍무계약관계에서 일방이 변제제공을 하면 상대방은 동시이행의 항변권을 행사할 수 없다. 다만 변제제공이 계속되고 있어야 하므로 1회 제공 후 변제제공을 철회하였다면 상대방은 동시이행의 항변권을 행사할 수 있다(대판 1999.7.9. 98다13754).

9 변제에 의한 대위(변제자대위)

> **제480조(변제자의 임의대위)** ① 채무자를 위하여 변제한 자는 변제와 동시에 채권자의 승낙을 얻어 채권자를 대위할 수 있다.
> ② 전항의 경우에 제450조 내지 제452조의 규정을 준용한다.
> **제481조(변제자의 법정대위)** 변제할 정당한 이익이 있는 자는 변제로 당연히 채권자를 대위한다.

(1) 변제자대위의 의의

1) 제3자가 변제한 경우 변제자는 채무자에 대하여 구상권을 행사할 수 있다. 이때 구상권의 행사에 대하여 실효성을 확보하기 위해 종래에 채권자가 가지고 있던 채권에 관한 권리를 구상권의 범위 안에서 변제자에게 이전하도록 민법이 규정하고 있다.

2) 변제자에게 변제의 정당한 이익이 있는 경우(법정대위)에는 변제로 당연히 채권자를 대위할 수 있으나 그 밖의 경우(임의대위)에는 채권자의 승낙을 얻어야 대위할 수 있다.

(2) 변제자 대위의 요건

1) **변제 기타로 채권자에게 만족을 줄 것**

   만족을 주는 사유는 변제뿐만 아니라 공탁, 대물변제, 공동채무자의 상계, 연대채무자나 연대보증인의 채권양수, 물상보증인이 저당권 실행으로 소유권을 잃은 경우를 포함한다.

2) **변제자 등이 채무자에 대하여 구상권을 가질 것**

   변제자대위는 구상권의 실현을 확보하기 위한 것이므로 반드시 구상권이 있어야 한다.

제1장 채권총칙

> **Key Point** 구상권이 인정되는 경우
>
> ① 불가분채무자(제411조)　　② 연대채무자(제425조·제426조)
> ③ 보증인(제441조)　　　　　④ 물상보증인(제341조)
> ⑤ 위임사무의 비용상환청구권(제688조)　⑥ 사무관리비용의 상환청구권(제739조)

3) 변제할 정당한 이익이 있거나 채권자의 승낙이 있을 것

① 변제할 정당한 이익이 있는 자는 당연히 채권자를 대위하나, 그 밖의 경우에는 채권자의 승낙이 있어야 한다.

② 변제할 정당한 이익이 있는 자란 변제를 하지 않으면 채권자로부터 집행을 받게 되거나 채무자에 대한 자기의 권리를 잃게 되는 지위에 있기 때문에 **변제함으로써 법률상의 이익을 가지는 자**를 말한다.

> 예) 불가분채무자, 연대채무자, 보증인, 물상보증인, 담보물의 제3취득자, 후순위담보권자, 이행인수인 등

③ 채권자의 승낙은 의사표시로 하며, 채무자에게 대항하기 위해서는 채권자가 채무자에게 통지를 하거나 채무자에게 대위승낙이 있어야 하며, **제3자에게 대항하려면 대위통지나 대위승낙은 확정일자 있는 증서로 해야 한다**(제480조 제2항, 대판 1996.2.23. 94다21160).

Professor Comment

이해관계 없는 변제자가 일부변제를 하려고 하나, 채권자가 승낙하지 않는 경우 변제자는 변제를 거절할 수 있으므로 채권자의 승낙은 사실상 강제된다.

(3) 대위변제의 효과

> **제482조(변제자대위의 효과, 대위자간의 관계)** ① 전2조의 규정에 의하여 채권자를 대위한 자는 자기의 권리에 의하여 구상할 수 있는 범위에서 채권 및 그 담보에 관한 권리를 행사할 수 있다.
> ② 전항의 권리행사는 다음 각호의 규정에 의하여야 한다.
>   1. 보증인은 미리 전세권이나 저당권의 등기에 그 대위를 부기하지 아니하면 전세물이나 저당물에 권리를 취득한 제3자에 대하여 채권자를 대위하지 못한다.
>   2. 제3취득자는 보증인에 대하여 채권자를 대위하지 못한다.
>   3. 제3취득자 중의 1인은 각 부동산의 가액에 비례하여 다른 제3취득자에 대하여 채권자를 대위한다.
>   4. 자기의 재산을 타인의 채무의 담보로 제공한 자가 수인인 경우에는 전호의 규정을 준용한다.
>   5. 자기의 재산을 타인의 채무의 담보로 제공한 자와 보증인간에는 그 인원수에 비례하여 채권자를 대위한다. 그러나 자기의 재산을 타인의 채무의 담보로 제공한 자가 수인인 때에는 보증인의 부담부분을 제외하고 그 잔액에 대하여 각 재산의 가액에 비례하여 대위한다. 이 경우에 그 재산이 부동산인 때에는 제1호의 규정을 준용한다.

> **제483조(일부의 대위)** ① 채권의 일부에 대하여 대위변제가 있는 때에는 대위자는 그 변제한 가액에 비례하여 채권자와 함께 그 권리를 행사한다.
> ② 전항의 경우에 채무불이행을 원인으로 하는 계약의 해지 또는 해제는 채권자만이 할 수 있고 채권자는 대위자에게 그 변제한 가액과 이자를 상환하여야 한다.
> **제484조(대위변제와 채권증서, 담보물)** ① 채권전부의 대위변제를 받은 채권자는 그 채권에 관한 증서 및 점유한 담보물을 대위자에게 교부하여야 한다.
> ② 채권의 일부에 대한 대위변제가 있는 때에는 채권자는 채권증서에 그 대위를 기입하고 자기가 점유한 담보물의 보존에 관하여 대위자의 감독을 받아야 한다.

1) **대위자와 채무자 사이의 효과**(제482조)
   ① 채권자를 대위한 자는 자기의 권리에 의하여 구상할 수 있는 범위에서 채권 및 그 담보에 관한 권리를 행사할 수 있다.
   ② 채권에 관한 권리는 이행청구권, 손해배상청구권, 채권자대위권, 채권자취소권 등을 가리키며, 채권의 담보에 관한 권리란 질권, 저당권과 같은 물적 담보와 보증인에 대한 권리와 같은 인적 담보, 채권자와 채무자 사이에 존재하는 특약에 의한 권리를 포함한다(대판 1997.11.14. 95다11009).
   ③ 변제자대위는 채권의 일부가 변제된 경우에도 인정되므로 변제한 가액에 비례하여 채권자와 함께 그의 권리를 행사한다(제483조 제1항). 다만 이 경우, 대위자는 채권자에 우선할 수 없다.
   > 예 저당권으로 담보된 1억원의 채무에 대하여 보증인이 5천만원을 변제한 후, 저당권이 실행되어 경매가액이 7천만원인 경우, 채권자는 5천만원, 보증인은 2천만원을 배당받는다.

2) **법정대위자 사이의 효과**(제482조 제2항)
   법정대위자가 여러 명 있는 경우에 대위의 순서와 비율을 정하고 있다.
   ① 보증인은 미리 전세권이나 저당권의 등기에 그 대위를 부기하지 아니하면 전세물이나 저당물에 권리를 취득한 제3자에 대하여 채권자를 대위하지 못한다.
   ② 제3취득자는 보증인에 대하여 채권자를 대위하지 못한다.
   ③ 제3취득자 중의 1인은 각 부동산의 가액에 비례하여 다른 제3취득자에 대하여 채권자를 대위한다.
   ④ 자기의 재산을 타인의 채무의 담보로 제공한 자가 수인인 경우에는 물상대위자 중의 1인은 각 부동산의 가액에 비례하여 다른 물상대위자에 대하여 채권자를 대위한다.
   ⑤ 자기의 재산을 타인의 채무의 담보로 제공한 자와 보증인간에는 그 인원수에 비례하여 채권자를 대위한다. 그러나 자기의 재산을 타인의 채무의 담보로 제공한 자가 수인인 때에는 보증인의 부담부분을 제외하고 그 잔액에 대하여 각 재산의 가액에 비례하여 대위한다. 이 경우에 그 재산이 부동산인 때에는 부기등기를 하여야 한다.

3) 대위자와 채권자 사이의 효과

① 채권자의 채권증서 등 교부의무
  ㉠ 제3자가 채권의 전부를 변제하면 채권자는 그 채권에 관한 증서 및 점유한 담보물을 변제자(대위자)에게 교부하여야 한다(제484조 제1항).
  ㉡ 채권의 일부만 변제한 때에는 채권자는 채권증서에 그 대위를 기입하고 자기가 점유한 담보물의 보존에 관하여 대위자의 감독을 받아야 한다(제484조 제2항).

② 채권자의 담보보존의무
채권자의 고의나 과실로 담보가 상실되거나 감소하면 대위할 자*는 그 상실 또는 감소로 인하여 상환을 받을 수 없는 한도에서 그 책임을 면하므로(제485조) 채권자는 간접적으로 담보보존의무를 부담하게 된다.

> * 대위할 자
> 예를 들어 보증인이나 연대보증인 등

③ 제3자의 일부변제 후 채권자가 채무불이행을 이유로 계약을 해제하는 경우 채권자는 대위자에게 그 변제한 가액과 이자를 상환하여야 한다(제483조 제2항).

단락문제 Q11

다음은 변제의 제공과 변제자대위에 관한 설명이다. 틀린 것은?

① 제3자가 채무자에 대신하여 변제한 자는 변제로 당연히 채권자를 대위한다.
② 변제자대위는 채권의 일부가 변제된 경우에도 인정되므로 변제한 가액에 비례하여 채권자와 함께 그의 권리를 행사한다.
③ 자기의 재산을 타인의 채무의 담보로 제공한 자가 수인인 경우에는 물상대위자 중의 1인은 각 부동산의 가액에 비례하여 다른 물상대위자에 대하여 채권자를 대위한다.
④ 채권자의 고의나 과실로 담보가 상실되거나 감소하면 대위할 자는 그 상실 또는 감소로 인하여 상환을 받을 수 없는 한도에서 그 책임을 면한다.
⑤ 채권자가 수령을 거절하거나, 채권자의 행위가 필요한 경우에는 변제준비를 완료하고 수령 기타의 협력을 최고하는 구두의 제공으로 충분하다.

해설 변제의 제공과 변제자대위
① 변제자에게 변제의 정당한 이익이 있는 경우(법정대위)에는 변제로 당연히 채권자를 대위할 수 있으나 그 밖의 경우(임의대위)에는 채권자의 승낙을 얻어야 대위할 수 있다. **답** ①

> **단락핵심** 　　　　　　　　변제제공과 변제자 대위
>
> (1) 채무자가 금전채무의 일부만을 제공한 경우, 변제수령자는 이를 수령할 수도 있고, 수령을 거절할 수도 있다. (○)
> (2) 채권자가 변제를 수령하지 않을 의사가 명백하고 그것이 번복될 가능성이 없는 경우에는 구두의 제공도 필요하지 않다. (○)
> (3) 1회의 변제제공이 있었다면 상대방은 더 이상 동시이행의 항변권을 행사할 수 없다. (×)
> ⇒ 변제제공이 계속되고 있어야 하므로 1회 제공 후 변제제공을 철회하였다면 상대방은 동시이행의 항변권을 행사할 수 있다.
> (4) 변제할 정당한 이익이 있는 자는 그 변제로 당연히 채권자를 대위하나, 그 밖의 경우에는 채권자의 승낙이 있어야 한다. (○)
> (5) 채무의 일부를 변제한 자는 변제한 가액에 비례하여 채권자와 함께 그의 권리를 행사하므로 채무자의 재산에 강제집행을 한 경우 변제자와 채권자는 안분하여 배당받는다. (×)
> ⇒ 채무자의 재산에 대하여 강제집행한 경우 채권자가 채권의 만족을 얻은 후 변제자가 권리를 행사할 수 있다.
> (6) 제3자의 일부변제 후 채권자가 채무불이행을 이유로 계약을 해제하는 경우 채권자는 대위자에게 그 변제한 가액과 이자를 상환하여야 한다. (○)

03 대물변제

1 대물변제의 의의

(1) 대물변제라 함은 본래의 급부에 갈음하여 다른 급부를 현실적으로 함으로써 채권을 소멸시키는 변제당사자 사이의 계약을 말한다.
(2) 대물변제가 계약인지 여부에 대하여 견해의 대립이 있으나 대법원은 요물계약으로 본다(대판 1987.10.26. 86다카1755).
(3) 대물변제는 경개와 유사하나, 대물변제는 본래의 급부와 다른 급부를 현실적으로 이행하여야 효력이 발생하지만(요물계약), 경개는 당사자의 합의(경계계약의 체결)만으로 효력이 발생한다는 점에서 차이가 있다.

2 대물변제의 요건

대물변제가 효력을 발생하기 위해서는 ① 기존의 채권이 존재하여야 하며, ② 기존 채권의 당사자 사이에 합의 내지 계약으로, ③ 본래의 채무이행에 갈음하여, ④ 본래의 급부와 다른 급부를 할 것을 정하여야 한다.

제1장 채권총칙

3 대물변제의 효과

대물변제는 변제와 같은 효력이 있으므로 대물변제로 인하여 기존의 채권은 소멸하며, 그 채권을 위한 담보권도 소멸한다.

4 대물변제의 예약

> **제607조(대물반환의 예약)** 차용물의 반환에 관하여 차주가 차용물에 갈음하여 다른 재산권을 이전할 것을 예약한 경우에는 그 재산의 예약당시의 가액이 차용액 및 이에 붙인 이자의 합산액을 넘지 못한다.
> **제608조(차주에 불이익한 약정의 금지)** 전2조의 규정에 위반한 당사자의 약정으로서 차주에 불리한 것은 환매 기타 여하한 명목이라도 그 효력이 없다.

(1) 대물변제의 예약이란 기존채권의 이행기가 도래하기 전에 미리 기존급부를 대체할 다른 급부를 정하는 당사자 사이의 합의를 말한다.
   > **예** 금전의 소비대차 계약 후 이행기에 이를 변제하지 못하면 부동산의 소유권을 이전하길 하면서 미리 그 부동산에 가등기를 하거나, 집행승낙서를 작성하는 경우
(2) 대물변제의 예약은 특히 소비대차 이후에 빌려준 금액을 현저히 초과하는 부동산의 소유권의 이전을 예약하는 방법으로 대주가 폭리를 취득하는 데 많이 이용되었으므로 민법은 제607조와 제608조를 규정하여 그 남용을 막고 있다.

04 공탁

> **제487조(변제공탁의 요건, 효과)** 채권자가 변제를 받지 아니하거나 받을 수 없는 때에는 변제자는 채권자를 위하여 변제의 목적물을 공탁하여 그 채무를 면할 수 있다. 변제자가 과실없이 채권자를 알 수 없는 경우에도 같다.
> **제488조(공탁의 방법)** ① 공탁은 채무이행지의 공탁소에 하여야 한다.
>   ② 공탁소에 관하여 법률에 특별한 규정이 없으면 법원은 변제자의 청구에 의하여 공탁소를 지정하고 공탁물보관자를 선임하여야 한다.
>   ③ 공탁자는 지체없이 채권자에게 공탁통지를 하여야 한다.
> **제490조(자조매각금의 공탁)** 변제의 목적물이 공탁에 적당하지 아니하거나 멸실 또는 훼손될 염려가 있거나 공탁에 과다한 비용을 요하는 경우에는 변제자는 법원의 허가를 얻어 그 물건을 경매하거나 시가로 방매하여 대금을 공탁할 수 있다.
> **제491조(공탁물수령과 상대의무이행)** 채무자가 채권자의 상대의무이행과 동시에 변제할 경우에는 채권자는 그 의무이행을 하지 아니하면 공탁물을 수령하지 못한다.

> **제489조(공탁물의 회수)** ① 채권자가 공탁을 승인하거나 공탁소에 대하여 공탁물을 받기를 통고하거나 공탁유효의 판결이 확정되기까지는 변제자는 공탁물을 회수할 수 있다. 이 경우에는 공탁하지 아니한 것으로 본다.
> ② 전항의 규정은 질권 또는 저당권이 공탁으로 인하여 소멸한 때에는 적용하지 아니한다.

1 공탁의 의의

공탁이란 채권자가 변제를 받지 아니하거나 받을 수 없는 때에, 채권자가 변제의 목적물을 국가기관인 공탁소에 임치하는 방법으로 채무자가 채권을 소멸시키는 것을 말한다.

Professor Comment
> 이 책에서는 민법에 규정된 변제공탁만을 다루며, 집행공탁에 대해서는 다루지 아니한다.

2 공탁의 요건

(1) 일정한 공탁원인의 존재
공탁은 법률이 정한 공탁 원인이 존재할 때에만 할 수 있다(제487조).

1) 채권자가 변제를 받지 아니하거나, 받을 수 없을 것
채권자가 변제의 수령을 거절하거나, 수령을 거절할 것이 명백한 경우뿐만 아니라, 채권이 가압류된 경우도 이에 해당한다(대판 1994.12.13. 93다951).

2) 변제자가 과실 없이 채권자를 알 수 없을 것
① 객관적으로 채권자 또는 변제수령권자가 존재하고 있으나 채무자가 선량한 관리자의 주의를 다하여도 채권자가 누구인지 알 수 없는 경우를 말한다.
② 채권자의 주소나 거소를 알 수 없을 때, 상속이 개시되었으나 상속인을 찾을 수 없거나, 상속지분을 정확히 알기 어려운 때, 채권양도가 있었으나 그 효력이 의심스러운 때 등이다.

(2) 공탁의 당사자
1) 변제자는 공탁할 수 있으므로 채무자 이외에 제3자도 공탁할 수 있고, 공탁자는 지체없이 채권자에게 공탁통지를 하여야 한다(제488조 제3항).
2) 채무이행지의 공탁소에 공탁하여야 하며, 공탁소가 명확하지 아니할 경우 법원이 지정하고 공탁물보관자를 선임하여야 한다(제488조 제1·2항).
3) 피공탁자는 공탁을 받을 사람을 의미하며, 변제를 수령할 권한이 있는 자여야 하므로 채권자, 그의 대리인, 청산인 등이 된다.

(3) 공탁의 목적물
1) 변제의 목적물이 공탁물이 되므로 유가증권·금전·기타의 동산이 목적물이 되며, 부동산에 대하여는 견해의 대립이 있다.

2) 변제의 목적물이 공탁에 적당하지 않거나 멸실 또는 훼손될 염려가 있거나 공탁에 과다한 비용을 요하는 경우에는 변제자는 법원의 허가를 얻어 그 물건을 경매하거나, 시가로 방매하여 대금을 공탁할 수 있다(제490조).

(4) 공탁의 내용

공탁의 내용은 채무내용에 좇은 것이어야 하므로 이와 관련하여 다음과 같은 논의가 있다.

1) 일부의 공탁

원칙적으로 유효한 공탁이 되지 못하며, 채권자가 이를 수락하거나 특별한 사정이 있는 때에 한하여 유효한 공탁이 될 수 있다.

2) 조건부 공탁

① 채무의 내용 자체에 조건이 존재하는 경우에는 조건부 공탁이 가능하다.
> 예 매매계약과 같이 동시이행의 항변권이 붙은 채권인 경우 "대금지급과 동시에 동산을 수령할 것"을 조건으로 하여도 공탁은 유효하다.

② 채권자에게 반대급부 또는 기타의 조건의 이행의무가 없음에도 불구하고 채무자가 이를 조건으로 공탁한 때에는 채권자가 이를 수락하여 수령하지 않는 한 그 공탁은 효력이 없다*(대판 2002.12.6. 2001다2846).

> * 그 공탁은 효력이 없다
> 조건뿐만 아니라 공탁 자체가 무효

> 예 저당권부 채권의 경우, 채무자가 변제를 선이행하여야 함에도 불구하고 "저당권말소등기와 동시에 수령할 것"을 조건으로 하면 공탁은 원칙적으로 무효이다.

3 공탁의 효과

(1) 채권의 소멸

공탁을 하면 변제와 마찬가지로 채권이 소멸**한다(제487조).

> ** 채권이 소멸
> 채권자가 수령한 때가 아니라 공탁물의 수령이 있는 때에 소멸함

(2) 채권자의 공탁물 인도청구권

유효한 공탁을 하면 채권자는 공탁물 인도(출급)청구권을 가진다. 무효인 공탁이라 하더라도 공탁자가 이를 회수하기 전에는 채권자가 무효인 조건을 수락하고 공탁물의 인도를 청구할 수 있다.

4 공탁물의 회수

(1) 공탁은 변제자이 불이익을 예방하기 위한 것이므로 회수를 자유롭게 인정한다. 다만 ① 채권자가 공탁을 승인하거나, ② 채권자가 공탁소에 대하여 공탁물 받기를 통고하거나, ③ 공탁의 유효판결이 확정된 때, ④ 공탁으로 질권 또는 저당권이 소멸할 때에는 회수가 제한된다.

(2) 그 밖에 공탁법은 ① 착오로 공탁을 한 때, ② 공탁의 원인이 소멸한 때에는 위 **(1)**의 공탁 제한 사유가 있더라도 공탁물을 회수할 수 있도록 하고 있다.

05 상계

1 상계의 의의

(1) 상계의 의의
상계란 채권자와 채무자가 서로 같은 종류의 급부를 목적으로 하는 채권·채무를 가지고 있는 경우에 그 채무들을 대등액에서 소멸하게 하는 단독행위이다.

(2) 상계의 기능
상계를 이용하면 결재를 간이하게 처리할 수 있고, 상계를 통해 우선변제를 받는 것과 같은 효과를 가져올 수 있어 담보적 기능을 한다.

(3) 상계계약과의 차이
상계는 채무자 일방의 의사표시로 효과가 발생하는 단독행위이며, 그 법적 효과도 법률에 의하여 정해져 있으나, 상계계약은 당사자의 합의(계약)로 채무를 소멸시키며, 그 내용을 당사자가 정할 수 있다는 점에서 차이가 있다.

2 상계의 요건

> **제492조(상계의 요건)** ① 쌍방이 서로 같은 종류를 목적으로 한 채무를 부담한 경우에 그 쌍방의 채무의 이행기가 도래한 때에는 각 채무자는 대등액에 관하여 상계할 수 있다. 그러나 채무의 성질이 상계를 허용하지 아니할 때에는 그러하지 아니하다.
> ② 전항의 규정은 당사자가 다른 의사를 표시한 경우에는 적용하지 아니한다. 그러나 그 의사표시로써 선의의 제3자에게 대항하지 못한다.
> **제494조(이행지를 달리하는 채무의 상계)** 각 채무의 이행지가 다른 경우에도 상계할 수 있다. 그러나 상계하는 당사자는 상대방에게 상계로 인한 손해를 배상하여야 한다.
> **제495조(소멸시효완성된 채권에 의한 상계)** 소멸시효가 완성된 채권이 그 완성전에 상계할 수 있었던 것이면 그 채권자는 상계할 수 있다.
> **제496조(불법행위채권을 수동채권으로 하는 상계의 금지)** 채무가 고의의 불법행위로 인한 것인 때에는 그 채무자는 상계로 채권자에게 대항하지 못한다.
> **제497조(압류금지채권을 수동채권으로 하는 상계의 금지)** 채권이 압류하지 못할 것인 때에는 그 채무자는 상계로 채권자에게 대항하지 못한다.
> **제498조(지급금지채권을 수동채권으로 하는 상계의 금지)** 지급을 금지하는 명령을 받은 제3채무자는 그 후에 취득한 채권에 의한 상계로 그 명령을 신청한 채권자에게 대항하지 못한다.

(1) 상계적상
상계하기에 적당한 상태를 상계적상이라 하며 다음의 요건을 갖추어야 한다.

1) 쌍방이 채권을 가지고 있을 것
① 당사자 사이에서 직접 발생한 경우뿐만 아니라 제3자로부터 양수한 경우를 포함한다.

② 상계하려는 자가 상대방에 대하여 가지고 있는 채권을 자동채권이라고 하고, 상대방이 상계자에 대하여 가지고 있는 채권을 수동채권이라고 한다.

2) 두 채권이 동종의 목적을 가질 것
종류채권으로서 같은 종류의 채권이어야 한다. 주로 금전채권이 많다.

3) 두 채권이 모두 변제기에 있을 것
원칙적으로 두 채권이 모두 변제기에 있어야 하지만, 수동채권의 경우 상계자가 기한의 이익을 포기할 수 있으므로 수동채권의 경우 기한 도래 이전이라 하더라도 상계할 수 있다. 그러나 이 경우 기한의 이익을 포기함으로써 상대방에게 발생한 손해를 배상하여야 한다(제153조 제2항).

4) 채권의 성질이 상계를 허용하는 것일 것
① 쌍방의 채권이 현실의 이행이 있어야 목적을 달성할 수 있는 경우에는 상계가 허용되지 않는다.
② 자동채권에 항변권이 붙어 있는 경우에는 상대방의 항변권 보호를 위해 상계가 허용되지 않는다.
③ 각 채무의 이행지가 다른 경우에도 상계할 수 있다. 그러나 상계하는 당사자는 상대방에게 상계로 인한 손해를 배상하여야 한다(제494조).

5) 법령 등에 의해 상계가 금지되지 않을 것
상계를 허용하는 것이 당사자의 의사, 법령, 신의칙에 반하는 경우에는 상계가 허용되지 않는다.

① 당사자의 의사표시
  채권을 가지고 있는 당사자는 상계를 금지하는 특약을 할 수 있다. 그러나 상계금지특약은 선의의 제3자에게 대항하지 못하는 한계가 있다(제492조 제2항).
② 법률에 의한 금지
  ㉠ 채무가 고의의 불법행위로 인한 것인 때에는 그 채무자는 상계로 채권자에게 대항하지 못한다(제496조).
  ㉡ 채권이 압류하지 못할 것인 때에는 그 채무자는 상계로 채권자에게 대항하지 못한다(제497조).
  ㉢ 지급을 금지하는 명령을 받은 제3채무자는 그 후에 취득한 채권에 의한 상계로 그 명령을 신청한 채권자에게 대항하지 못한다(제498조).
  ㉣ 근로기준법상의 임금 등 특별법에 의하여 상계를 금지하는 채권들이 있다.

(2) 상계적상이 현존할 것
상계적상은 상계의 의사표시를 할 당시에 현존하여야 하나, 예외적으로 소멸시효가 완성된 채권이 그 완성 전에 상계할 수 있었던 경우에는 상계할 수 있다(제495조).

3 상계의 방법

제493조(상계의 방법, 효과) ① 상계는 상대방에 대한 의사표시로 한다. 이 의사표시에는 조건 또는 기한을 붙이지 못한다.
② 상계의 의사표시는 각 채무가 상계할 수 있는 때에 대등액에 관하여 소멸한 것으로 본다.
제499조(준용규정) 제476조 내지 제479조의 규정은 상계에 준용한다.

상계는 상대방에 대한 의사표시로 하는 단독행위이다(제493조 제1항). 따라서 특별한 사정이 없는 한 조건이나 기한을 붙이지 못한다(제493조 제1항).

4 상계의 효과

(1) 채권의 소멸

1) 상계로 당사자 쌍방의 채권은 대등액에서 소멸한다(제492조 제1항).
2) 수동채권이 여러 개이고 자동채권이 그 전부를 소멸하기 부족한 때에는 변제충당에 관한 규정이 준용된다(제499조).

(2) 상계의 소급효

상계의 효력은 각 **채무가 상계할 수 있는 때**(상계적상이 발생한 때)에 **소멸한 것으로 본다**(제493조 제2항).

06 경개

제500조(경개의 요건, 효과) 당사자가 채무의 중요한 부분을 변경하는 계약을 한 때에는 구채무는 경개로 인하여 소멸한다.
제501조(채무자변경으로 인한 경개) 채무자의 변경으로 인한 경개는 채권자와 신채무자간의 계약으로 이를 할 수 있다. 그러나 구채무자의 의사에 반하여 이를 하지 못한다.
제502조(채권자변경으로 인한 경개) 채권자의 변경으로 인한 경개는 확정일자있는 증서로 하지 아니하면 이로써 제3자에게 대항하지 못한다.
제503조(채권자변경의 경개와 채무자승낙의 효과) 제451조 제1항의 규정은 채권자의 변경으로 인한 경개에 준용한다.
제504조(구채무불소멸의 경우) 경개로 인한 신채무가 원인의 불법 또는 당사자가 알지 못한 사유로 인하여 성립되지 아니하거나 취소된 때에는 구채무는 소멸되지 아니한다.
제505조(신채무에의 담보이전) 경개의 당사자는 구채무의 담보를 그 목적의 한도에서 신채무의 담보로 할 수 있다. 그러나 제3자가 제공한 담보는 그 승낙을 얻어야 한다.

제1장 채권총칙

1 경개(更改)의 의의

(1) 경개란 기존 채무의 중요부분을 변경함으로써 신채무를 성립시키는 동시에 기존채무(구채무)를 소멸시키는 계약이다(제500조).
(2) 구채권을 소멸시키는 행위이므로 처분행위에 해당한다.
(3) 경개 계약만으로 구채무가 소멸한다는 점에서 현실적으로 급부하여야 구채무가 소멸하는 대물변제와 다르다.

2 경개의 요건

(1) 소멸할 채권(기존채권, 구채권)의 존재

구채권이 없으면 경개는 무효이며, 신채권도 성립하지 않는다. 다만, 채권자의 변경에 의한 경개에는 채권양도에 관한 제451조가 준용되므로(제503조), 채권이 소멸하고 있음에도 불구하고 이의를 보류하지 않은 채 경개하면 채권소멸 사실을 주장할 수 없게 되고, 신채권은 유효하게 성립한다.

> **예** 구채권이 소멸하였으나, 채권자를 甲에서 乙로 변경하는 경우 채무자가 이의를 보류하지 아니하면 乙은 신채권을 취득하게 된다.

(2) 신채무의 성립

① 신채무가 그 원인의 불법으로 성립하지 않은 때, ② 신채무가 그 밖의 사유로 성립하지 않았고 당사자가 그 사유를 알지 못한 때, ③ 신채무가 취소된 때에는 구채무가 소멸하지 않는다.

(3) 채무의 중요한 부분의 변경

1) 중요부분의 변경에 해당하기 위해서는 채무의 동일성을 인정하기 어려운 정도를 말한다.
2) 채권의 발생원인·채권자·채무자·채권의 목적 등이 이에 해당한다.

(4) 경개계약의 당사자

1) **채권자변경에 의한 변경**
   구 채권자, 신채권자, 채무자의 3면계약에 의한다.
2) **채무자 변경에 의한 변경**
   3면계약에 의할 수도 있으나 채권자와 신채무자가 체결할 수도 있다. 그러나 채무자의 의사에 반하여서는 채권자와 신채무자 사이의 계약으로 체결할 수는 없다.
3) **목적 또는 발생원인의 변경에 의한 경개**
   채권자와 채무자 사이의 계약에 의한다.

3 경개의 효과

(1) 구채무의 소멸과 신채무의 성립
1) 경개에 의하여 구채무는 소멸하고 신채무가 성립한다.
2) 신채무와 구채무는 동일성이 인정되지 아니하므로 구채무에 존재하던 담보권, 보증채무, 위약금 등 종된 권리와 항변권은 모두 소멸하는 것이 원칙이나, 당사자의 특약으로 신채무의 담보로 할수 있다. 다만, 제3자가 제공한 담보는 그의 승낙이 있어야 한다.
3) 채권자변경에 의한 경개의 경우 채무자가 이의를 보류한 때에는 구채무에 관한 항변권은 존속한다(제503조).

(2) 경개계약의 해제가능성
1) 경개계약의 성립으로 구채무는 소멸하므로 경개계약의 해제를 인정하면 소멸한 채무가 다시 부활하여 법적 안정성을 해친다. 따라서 신채무의 불이행을 이유로 한 해제는 인정되지 않는다(대판 2003.2.11. 2002다62333).
2) 다만 당사자의 합의로 경개계약을 체결하는 것은 합의한 당사자들에게만 효력이 미치므로 인정된다(대판 2010.7.29. 2010다699 참조).

07 면제

제506조(면제의 요건, 효과) 채권자가 채무자에게 채무를 면제하는 의사를 표시한 때에는 채권은 소멸한다. 그러나 면제로써 정당한 이익을 가진 제3자에게 대항하지 못한다.

1 면제의 의의
(1) 채권자가 채무자에 대하여 그의 채권을 무상으로 소멸시키는 단독행위이다(제506조). 그럼에도 불구하고 채무자에게 유리한 행위이므로 조건을 붙일 수 있다.
(2) 채권을 소멸시키는 행위로 준물권행위(처분행위)에 해당한다.
(3) 물론 당사자의 계약으로 채무를 소멸시킬 수도 있다.

2 면제의 요건
(1) 면제는 단독행위이므로 일방적인 의사표시로 한다(제506조 본문).
(2) 채권의 처분권한이 있는 자만이 할 수 있으므로 채권이 압류되었거나, 질권의 목적으로 되어 있는 경우에는 면제로써 압류채권자나 질권자에게 대항하지 못한다.

3 면제의 효과

(1) 면제로 채권은 소멸하며, 일부면제도 가능하다. 주된 채권이 소멸하면 종된 권리도 함께 소멸한다.
(2) 채권자는 자유롭게 면제할 수 있으나, 그 채권에 관하여 정당한 이익을 가지는 제3자에게 대항하지 못한다(제506조 단서).

08 혼동

> **제507조(혼동의 요건, 효과)** 채권과 채무가 동일한 주체에 귀속한 때에는 채권은 소멸한다. 그러나 그 채권이 제3자의 권리의 목적인 때에는 그러하지 아니하다.

(1) 혼동은 채권과 채무가 동일인에게 귀속하게 되는 사실이다. 그렇게 된 원인은 묻지 않는다.
(2) 혼동이 있으면 채권은 소멸하는 것이 원칙이지만, 채권의 존속을 인정하여야 할 정당한 이익이 있는 때에는 채권을 존속시켜야 한다. 그 대표적인 경우가 '그 채권이 제3자의 권리의 목적인 때'이다.
  > **예** 채권이 채권질권의 목적이 된 후 채무자가 채권자를 상속한 경우

단락문제 Q12   제13회 기출

민법에서 채권의 소멸원인으로 규정하고 있는 것이 <u>아닌</u> 것은?

① 대물변제   ② 공탁   ③ 상계
④ 혼동   ⑤ 혼화

해설 채권의 소멸원인
일반적 채권소멸원인으로는 변제, 대물변제(①), 공탁(②), 상계(③), 경개, 면제, 혼동(④) 등이 있다.
⑤ 혼화는 첨부(제256조 이하)의 한 유형으로서 물권의 소멸사유에 해당할 수 있을 뿐이다(제258조 참조).

답 ⑤

제5절 다수당사자의 채권관계

01 다수당사자의 채권관계의 의의

1 발생원인과 기능

채권관계는 채권자와 채무자가 각각 1인인 경우만을 의미하지는 않는다. 채권자 또는 채무자가 다수인 경우도 있다. 다수당사자의 채권관계에서 개개의 채권자와 채무자의 권리와 의무는 동일할 수도 있고, 다를 수도 있다. 다수당사자의 채권관계는 실질적으로는 담보의 기능을 담당한다. 채무자의 수를 늘임으로써 책임재산을 증가시켜 채권의 담보력을 강화시킬 수 있기 때문이다. 이러한 담보기능은 보증채무에서 잘 나타난다.

2 다수당사자의 채권관계의 종류

다수당사자의 채권관계는 급부의 내용이 가분적인지에 따라 분할채권관계와 불가분채권관계로 나눌 수 있다. 급부의 성질 또는 당사자의 의사표시에 의하여 불가분채권관계를 형성함으로써 채권의 담보력을 높일 수 있다. 또한 민법은 연대채무와 보증채무를 인정하고 있다.

3 다수당사자 채권관계의 문제

(1) 다수의 채무자(또는 채권자)와 상대방 사이에서 이행의 청구나 변제가 미치는 효력(대외적 효력)
(2) 1인의 채무자(또는 채권자)에게 생긴 사유가 다른 채무자(또는 채권자)에게 미치는 효력(당사자에게 생긴 효력이 다른 채무자 또는 채권자에게 영향을 주는지 여부)
(3) 급부가 이루어진 경우에 다수의 당사자 사이에서의 분담 내지 분배의 문제(대내적 효력) 등이다.

02 분할채권관계와 분할채무관계

제408조(분할채권관계) 채권자나 채무자가 수인인 경우에 특별한 의사표시가 없으면 각 채권자 또는 각 채무자는 균등한 비율로 권리가 있고 의무를 부담한다.

1 분할채권관계

1개의 채권이 수인에게 귀속된 경우이다. 이 경우 각 채권자는 자신의 부분에 한하여 채무자에게 이행을 청구할 수 있다.

2 분할채무관계

1개의 채무가 수인에게 귀속된 경우이다. 채권자는 각 채무자에게 그 부담부분에 한하여 이행청구할 수 있고, 변제를 받을 수 있다.

03 불가분채권관계와 불가분채무관계

제409조(불가분채권) 채권의 목적이 그 성질 또는 당사자의 의사표시에 의하여 불가분인 경우에 채권자가 수인인 때에는 각 채권자는 모든 채권자를 위하여 이행을 청구할 수 있고 채무자는 모든 채권자를 위하여 각 채권자에게 이행할 수 있다.
제410조(1인의 채권자에 생긴 사항의 효력) ① 전조의 규정에 의하여 모든 채권자에게 효력이 있는 사항을 제외하고는 불가분채권자중 1인의 행위나 1인에 관한 사항은 다른 채권자에게 효력이 없다.
② 불가분채권자 중의 1인과 채무자간에 경개나 면제있는 경우에 채무전부의 이행을 받은 다른 채권자는 그 1인이 권리를 잃지 아니하였으면 그에게 분급할 이익을 채무자에게 상환하여야 한다.
제411조(불가분채무와 준용규정) 수인이 불가분채무를 부담한 경우에는 제413조 내지 제415조, 제422조, 제424조 내지 제427조 및 전조의 규정을 준용한다.

1 불가분채권

(1) 불가분채권 의의

급부의 성질 또는 당사자의 의사표시에 의하여 불가분급부를 목적으로 하는 다수당사자의 채권관계이다. 각 채권자는 모든 채권자를 위하여 급부의 전부에 대하여 이행의 청구를 할 수 있고, 채무자는 모든 채권자를 위하여 각 채권자에게 급부 전부를 이행할 수 있다.

(2) 1인의 채권자에 생긴 사항의 효력
1) 각 채권자가 행한 이행의 청구(이행지체·시효중단의 효력)와 채무자의 이행(채권의 소멸, 수령지체의 효과)은 다른 채권자에게도 효력이 있으나 그 밖의 사항은 영향을 미치지 않는다.
2) 불가분채권자 중의 1인과 채무자 사이에 경개나 면제가 있는 경우에는 채무전부의 이행을 받은 다른 채권자는 그 1인이 권리를 잃지 아니하였으면 그에게 분급할 이익을 채무자에게 상환하여야 한다.

(3) 채권자 사이의 관계
변제받은 채권자는 다른 채권자에게 정하여진 비율에 따라 급부받은 것을 분급하여야 하며, 분급의 비율은 균등한 것으로 추정한다.

2 불가분채무 **27회 출제**

(1) 불가분채무의 의의
급부의 성질 또는 당사자의 의사표시에 의하여 불가분급부를 목적으로 하는 채권에 대하여 수인의 채무자가 존재하는 경우이다.

(2) 대내적 관계
1) 채권자는 채무자 1인에 대하여 또는 채무자 전원에 대하여 동시에 또는 순차로 채무의 전부나 일부의 이행을 청구할 수 있다(제411조, 제414조). 그리고 채무자 1인이 그의 채무를 이행하면 모든 채무자의 채무는 소멸한다.
2) 채무자 1인의 변제·변제의 제공 및 그 효과인 수령지체는 다른 채무자에 대하여도 효력이 있다(제411조, 제422조).
3) 그러나 그 밖에 다른 사유인 경개, 면제, 혼동, 채무자 1인에 대한 채권자의 이행청구는 다른 채무자에 대하여 효력이 없다. 다만 면제를 받거나 경개를 하였거나 혼동이 일어난 채무자가 부담하였을 부분은 채권자가 채무 전부를 변제한 채무자에게 상환하여야 한다.

(3) 대외적 관계
불가분채무자들 사이의 관계에는 연대채무에 관한 규정이 준용된다(제411조).

제1장 채권총칙

04 연대채무 [21회 출제]

> **제413조(연대채무의 내용)** 수인의 채무자가 채무 전부를 각자 이행할 의무가 있고 채무자 1인의 이행으로 다른 채무자도 그 의무를 면하게 되는 때에는 그 채무는 연대채무로 한다.

1 연대채무의 의의 및 성립

(1) 연대채무의 의의
수인의 채무자가 동일한 내용의 급부에 관하여 각각 독립하여 전부의 급부를 하여야 할 채무를 부담하고, 그 가운데 1인의 채무자가 전부의 급부를 하면 모든 채무자의 채무가 소멸하는 다수당사자의 채무이다.

(2) 연대채무의 성립
연대채무는 법률행위에 의하여 성립되기도 하지만 그 밖에 법률규정[법인대표자의 책임(제35조 제2항), 청산인의 책임(제65조), 공동사용차주의 연대의무(제616조), 공동임차인의 연대의무(제654조)] 등에 의해서도 성립한다.

2 연대채무의 대외적 효력

> **제414조(각 연대채무자에 대한 이행청구)** 채권자는 어느 연대채무자에 대하여 또는 동시나 순차로 모든 연대채무자에 대하여 채무의 전부나 일부의 이행을 청구할 수 있다.
> **제415조(채무자에 생긴 무효, 취소)** 어느 연대채무자에 대한 법률행위의 무효나 취소의 원인은 다른 연대채무자의 채무에 영향을 미치지 아니한다.
> **제416조(이행청구의 절대적 효력)** 어느 연대채무자에 대한 이행청구는 다른 연대채무자에게도 효력이 있다.
> **제417조(경개의 절대적 효력)** 어느 연대채무자와 채권자간에 채무의 경개가 있는 때에는 채권은 모든 연대채무자의 이익을 위하여 소멸한다.
> **제418조(상계의 절대적 효력)** ① 어느 연대채무자가 채권자에 대하여 채권이 있는 경우에 그 채무자가 상계한 때에는 채권은 모든 연대채무자의 이익을 위하여 소멸한다.
> ② 상계할 채권이 있는 연대채무자가 상계하지 아니한 때에는 그 채무자의 부담부분에 한하여 다른 연대채무자가 상계할 수 있다.
> **제419조(면제의 절대적 효력)** 어느 연대채무자에 대한 채무면제는 그 채무자의 부담부분에 한하여 다른 연대채무자의 이익을 위하여 효력이 있다.
> **제420조(혼동의 절대적 효력)** 어느 연대채무자와 채권자간에 혼동이 있는 때에는 그 채무자의 부담부분에 한하여 다른 연대채무자도 의무를 면한다.
> **제421조(소멸시효의 절대적 효력)** 어느 연대채무자에 대하여 소멸시효가 완성한 때에는 그 부담부분에 한하여 다른 연대채무자도 의무를 면한다.
> **제422조(채권자지체의 절대적 효력)** 어느 연대채무자에 대한 채권자의 지체는 다른 연대채무자에게도 효력이 있다.
> **제423조(효력의 상대성의 원칙)** 전7조의 사항외에는 어느 연대채무자에 관한 사항은 다른 연대채무자에게 효력이 없다.

(1) ① 채권자의 이행청구와 ② 채무자의 이행 및 이행에 따른 채권자지체의 효과 그리고 ③ 경개, 상계와 같은 채권의 만족을 주는 행위는 다른 채권자에 대하여도 효력이 있다.
(2) 면제, 혼동, 소멸시효의 완성에 따른 효과는 그 부담부분에 한하여 다른 연대채무자에게 효력이 있다.
(3) 어느 연대채무자에 대한 법률행위의 무효나 취소의 원인은 다른 연대채무자의 채무에 영향을 미치지 아니하며, 위 **(1)**과 **(2)**에서 언급된 사항 이외의 어느 연대채무자에 관한 사항은 다른 연대채무자에게 효력이 없다.

3 연대채무의 대내적 효력

> **제424조(부담부분의 균등)** 연대채무자의 부담부분은 균등한 것으로 추정한다.
> **제425조(출재채무자의 구상권)** ① 어느 연대채무자가 변제 기타 자기의 출재로 공동면책이 된 때에는 다른 연대채무자의 부담부분에 대하여 구상권을 행사할 수 있다.
> ② 전항의 구상권은 면책된 날 이후의 법정이자 및 피할 수 없는 비용 기타 손해배상을 포함한다.
> **제426조(구상요건으로서의 통지)** ① 어느 연대채무자가 다른 연대채무자에게 통지하지 아니하고 변제 기타 자기의 출재로 공동면책이 된 경우에 다른 연대채무자가 채권자에게 대항할 수 있는 사유가 있었을 때에는 그 부담부분에 한하여 이 사유로 면책행위를 한 연대채무자에게 대항할 수 있고 그 대항사유가 상계인 때에는 상계로 소멸할 채권은 그 연대채무자에게 이전된다.
> ② 어느 연대채무자가 변제 기타 자기의 출재로 공동면책되었음을 다른 연대채무자에게 통지하지 아니한 경우에 다른 연대채무자가 선의로 채권자에게 변제 기타 유상의 면책행위를 한 때에는 그 연대채무자는 자기의 면책행위의 유효를 주장할 수 있다.
> **제427조(상환무자력자의 부담부분)** ① 연대채무자 중에 상환할 자력이 없는 자가 있는 때에는 그 채무자의 부담부분은 구상권자 및 다른 자력이 있는 채무자가 그 부담부분에 비례하여 분담한다. 그러나 구상권자에게 과실이 있는 때에는 다른 연대채무자에 대하여 분담을 청구하지 못한다.
> ② 전항의 경우에 상환할 자력이 없는 채무자의 부담부분을 분담할 다른 채무자가 채권자로부터 연대의 면제를 받은 때에는 그 채무자의 분담할 부분은 채권자의 부담으로 한다.

(1) 구상권

어느 연대채무자가 변제 기타 자기의 출재로 공동면책이 된 때에는 다른 연대채무자의 부담부분에 대하여 구상권을 행사할 수 있다.

(2) 부담부분

연대채무자가 내부관계에서 출재를 분담하는 비율을 부담부분이라 하며, 이는 법률의 규정, 당사자의 약정으로 정해지나 법률의 규정이 없고, 당사자의 약정을 알 수 없는 경우 균등한 것으로 추정된다(제424조).

(3) 구상권의 성립요건

1) 구상권이 성립하려면 ① 자기의 출재로 ② 모든 채무자를 위하여 채무를 소멸시키거나 감소시켜야 한다.

2) 자기의 출재이어야 하므로 변제, 대물변제, 공탁, 상계, 경개, 혼동의 경우에는 구상권이 발생하나, 면제나 시효완성의 경우에는 출재가 없으므로 구상권이 생기지 않는다.
3) 자기의 부담부분 이내에서 출재하더라도 그 비율에 따라 구상권을 행사할 수 있다.

(4) 구상권의 범위
출재액, 면책된 날 이후의 법정이자, 필요비, 기타의 손해를 구상할 수 있다.

(5) 구상권의 행사와 통지
1) **연대채무자 중 1인에게 항변사유가 있는 경우**(제426조 제1항)
  어느 연대채무자가 다른 연대채무자에게 통지하지 아니하고 변제 기타 자기의 출재로 공동면책이 된 경우에 다른 연대채무자가 채권자에게 대항할 수 있는 사유(절대적 효력이 없는 동시이행, 기한유예, 기한미도래, 원인행위의 무효·취소, 제한능력 등)가 있었을 때에는 그 부담부분에 한하여 이 사유로 면책행위를 한 연대채무자에게 대항할 수 있고 그 대항사유가 상계인 때에는 상계로 소멸할 채권은 그 연대채무자에게 이전된다.

2) **연대채무자 중 1인이 이미 변제 기타 자기의 출재로 공동면책한 경우**(제426조 제2항)
  어느 연대채무자가 변제 기타 자기의 출재로 공동면책 되었음을 다른 연대채무자에게 통지하지 아니한 경우에 다른 연대채무자가 선의로 채권자에게 변제 기타 유상의 면책행위를 한 때에는 그 연대채무자는 자기의 면책행위의 유효를 주장할 수 있다.

(6) 상환무능력자가 있는 경우의 구상권자의 보호
1) **무자력자의 부담부분의 분담**
  연대채무자 중에 상환할 자력이 없는 자가 있는 때에는 그 채무자의 부담부분은 구상권자 및 다른 자력이 있는 채무자가 그 부담부분에 비례하여 분담한다.
   > 예 채권자에 대하여 연대채무자 甲, 乙, 丙, 丁이 120만원을 부담(부담부분 동일)하였는데, 그 중 丁이 무자력자가 된 경우, 甲, 乙, 丙은 40만원(120/4+ 120/4×1/3)을 부담한다.

2) **연대의 면제와 무자력자의 부담부분**
  상환할 자력이 없는 채무자의 부담부분을 분담할 다른 채무자가 채권자로부터 연대의 면제를 받으면 그 채무자가 분담할 부분은 채권자의 부담으로 한다.
   > 예 위 1)의 예에서 丙이 연대의 면제를 받은 경우 甲과 乙은 40만원 부담하지만, 병은 30만원만 부담하고, 10만원은 채권자가 부담하게 된다.

(7) 구상권자의 대위권
연대채무자는 타인의 채무를 변제할 정당한 이익이 있는 자이므로, 연대채무자 중 1인이 변제하면 그는 당연히 채권자를 대위한다(제481조 참조).

05 부진정연대채무

수인의 채무자가 각자 채무 전부를 이행할 의무가 있고 채무자 1인의 이행으로 다른 채무자도 그 의무를 면하게 되는 연대채무의 일종으로서, 채권자에 대한 관계에서 각자의 **부담부분이 인정되지 않고** 채무자 1인에 관한 사유는 **변제와 그에 준하는 것***을 제외하고는 다른 채무자에게 영향을 미치지 않는 채무를 말한다.

> * 변제와 그에 준하는 것
> 대물변제·상계·공탁 등

> **[판례] 부진정연대채무자 중 1인이 행한 상계 내지 상계계약의 효력**★
>
> 부진정연대채무자 중 1인이 자신의 채권자에 대한 반대채권으로 상계를 한 경우에도 채권은 변제, 대물변제 또는 공탁이 행하여진 경우와 동일하게 **현실적으로 만족을 얻어 그 목적을 달성하는 것이므로**, 그 상계로 인한 채무소멸의 효력은 소멸한 채무 전액에 관하여 다른 부진정연대채무자에 대하여도 미친다고 보아야 한다. 이는 부진정연대채무자 중 1인이 채권자와 상계계약을 체결한 경우에도 마찬가지이다. 나아가 이러한 법리는 **채권자가 상계 내지 상계계약이 이루어질 당시 다른 부진정연대채무자의 존재를 알았는지 여부에 의하여 좌우되지 아니한다** (대판 2010.9.16, 2008다97218 전합).

▼ 연대채무와 부진정연대채무의 비교★★

구 분	연대채무	부진정연대채무
성 립	① 연대의 약정이나 법률의 규정으로 성립한다.	① 각 채무는 별개의 원인으로 성립한다.
결합관계	② 주관적 결합관계가 있다.	② 주관적 결합관계가 없다
효 력	③ 채권은 목적의 도달 및 목적의 도달 이외의 일정한 사유에 대하여도 절대적 효력이 있다(제416조 내지 제422조).	③ 각각 독립한 채무의 전부를 이행할 의무, 목적도달에 의해서만 소멸한다. 따라서 변제 또는 그에 준하는 사유에 관하여만 절대적 효력이 있다.
부담부분	④ 부담부분이 있다.	④ 부담부분이 없는 것이 원칙이나 공동불법행위의 경우 부담부분 인정
구상권	⑤ 구상권이 인정된다.	⑤ 구상권이 인정되지 않는다(원칙).

Professor Comment
연대채무와 부진정연대채무는 구별하여 그 특징을 알고 있어야 한다.

단락문제 Q13

다음 중 (부진정)연대채무에 관한 설명으로 틀린 것은? (다툼이 있으면 판례에 의함)

① 채무자 중 면제, 혼동, 소멸시효의 완성에 따른 효과로 연대채무전부가 소멸한 경우 다른 연대채무자도 당연히 모든 책임이 소멸한다.
② 연대채무자 중에 상환할 자력이 없는 자가 있는 때에는 그 채무자의 부담부분은 구상권자 및 다른 자력이 있는 채무자가 그 부담부분에 비례하여 분담한다.
③ 연대채무자 1인이 자신의 출재로 채무를 소멸시킨 경우 출재액, 면책된 날 이후의 법정이자, 필요비, 기타의 손해를 구상할 수 있다.
④ 어느 연대채무자가 다른 연대채무자에게 통지하지 아니하고 변제 기타 자기의 출재로 공동면책이 된 경우에 다른 연대채무자가 채권자에게 대항할 수 있는 사유가 있었을 때에는 그 부담부분에 한하여 이 사유로 면책행위를 한 연대채무자에게 대항할 수 있다.
⑤ 부진정연대채무자 중 1인이 행한 상계의 효력은 다른 부진정연대채무자에 대하여도 효력이 있다.

> **해설** (부진정)연대채무
> ① 면제, 혼동, 소멸시효의 완성에 따른 효과는 '그 부담부분에 한하여' 다른 연대채무자에게 효력이 있다.
> **답** ①

단락핵심   연대채무와 부진정연대채무

(1) 면제, 혼동, 소멸시효의 완성에 따른 효과는 소멸한 채권액 전부에 관하여 다른 연대채무자에게 절대적 효력이 있다. (×)
  ⇒ 면제, 혼동, 소멸시효의 완성에 따른 효과는 '그 부담부분에 한하여' 다른 연대채무자에게 효력이 있다.
(2) 연대채무자 사이의 부담부분은 균등한 것으로 추정된다. (○)
(3) 어느 연대채무자가 변제 기타 자기의 출재로 공동면책 되었음을 다른 연대채무자에게 통지하지 아니한 경우에 다른 연대채무자가 선의로 채권자에게 변제 기타 유상의 면책행위를 한 때에는 그 연대채무자는 자기의 면책행위의 유효를 주장할 수 있다. (○)
(4) 수인의 부진정연대채무자 사이에는 원칙적으로 부담부분이 인정되지 않는다. (○)
(5) 공동불법행위자 사이에는 부진정연대채무관계가 성립하므로 공동불법행위자 사이에는 부담부분을 인정할 수 없다. (×)
  ⇒ 공동불법행위의 경우에는 부담부분을 예외적으로 인정한다.

06 보증채무　　28회 출제

1 보증채무의 의의

> 제428조(보증채무의 내용) ① 보증인은 주채무자가 이행하지 아니하는 채무를 이행할 의무가 있다.
> ② 보증은 장래의 채무에 대하여도 할 수 있다.
> 제428조의3(근보증) ① 보증은 불확정한 다수의 채무에 대해서도 할 수 있다. 이 경우 보증하는 채무의 최고액을 서면으로 특정하여야 한다.
> ② 제1항의 경우 채무의 최고액을 제428조의2 제1항에 따른 서면으로 특정하지 아니한 보증계약은 효력이 없다.

(1) 보증채무의 의의

보증채무는 채권자와 보증인 사이에 체결된 '보증계약'에 의하여 성립하는 채무로서, 보증인이 채권자에 대하여 주채무자가 이행하지 않는 채무를 보충적으로 이행할 의무를 부담하는 것으로 가장 전형적인 인적 담보제도이다.

(2) 보증채무의 성질

보증채무는 ① 주채무와는 별개인 독립한 채무(독립성)이나, ② 주채무와 동일한 내용의 채무(동일성)를 부담하고, 주채무에 대하여 부종성, 수반성, 보충성이 인정된다.

(3) 특수한 보증

1) **연대보증**
   보증인이 주채무자와 연대하여 채무를 부담함으로써 주채무의 이행을 담보한다.

2) **공동보증**
   동일한 주채무에 관하여 수인이 보증채무를 부담하는 것으로 공동보증인 간에 분별의 이익이 인정되는 특징이 있다.*

   > *공동보증인 간에 분별의 이익이 인정되는 특징이 있다.
   > 그러나 연대보증·보증연대채무에서는 분별의 이익이 인정되지 않는다(제448조 제2항)

3) **계속적 보증**
   채권자와 주채무자 사이의 계속적인 거래관계로 인한 현재 및 장래에 발생하는 불특정채무에 관하여 보증책임을 부담하기로 하는 보증으로 근보증이라고도 한다.

4) **손해담보계약**
   일방이 타방에 대하여 일정한 사항에 관한 위험을 인수하고 그로부터 생기는 손해를 담보하는 것을 목적으로 보증계약의 일종이다.

제1장 채권총칙

▼ 불가분채무·연대채무·보증채무의 비교★★★

구 분	불가분채무	연대채무	보증채무
의 의	분할할 수 없는 1개의 채무를 수인이 공동으로 부담하는 다수당사자 간의 채무관계	수인의 채무자가 각자 채무의 전부를 이행할 의무를 부담하나, 1인의 이행으로 다른 채무자도 의무를 면하는 다수당사자의 채권관계	주된 채무와 동일한 내용의 급부를 내용으로 하며, 주된 급부의 이행이 없으면 그것을 이행함으로써 주된 채무를 담보하는 채무를 말한다(제428조 제1항).
분별의 이익	부 정	부 정	주채무와 보증채무 간에는 분할의 이익 부정, 수인의 보증인 간에는 인정
대외적 효력과 이행청구	채권자는 1인의 채무자에게 전부의 이행을 청구할 수도 있고, 채무자 전원에게 동시 또는 순차로 이행을 청구할 수도 있다(제414조·제412조).	채권자는 채무자의 전부 또는 일부에 대하여 동시나 순차로 채무의 전부 또는 일부의 이행을 청구할 수 있다. 특히 채무자중 파산한 자가 있는 경우에 채권자는 파산선고시의 채권전액(부담부분이 아님 주의)으로서 각 파산재단에 가입할 수 있다.	채권자는 주채무자가 이행하지 않는 경우에 한하여 보증인에게 이행을 청구할 수 있다(보증인의 최고·검색의 항변권).
대내적 효력 중 절대적 효력	변제·대물변제·공탁, 그리고 채권자지체만이 절대적 효력이 인정된다.	① 사유 전부에 대하여 절대적 효력이 인정되는 경우 : 이행청구, 채권자지체 변제·대물변제·공탁·경개·상계 ② 부담부분에 한하여 절대적 효력이 인정되는 경우 : 면제·혼동·소멸시효의 완성	주채무자에게 생긴 사유는 모두 보증인에게 효력이 있다. 그러나 보증인에게 생긴 사유는 변제·대물변제·공탁 등 채권자가 만족을 얻는 사유 이외에는 주채무자에게 효력이 없다.
구상관계 중 부담부분	부담부분은 균등한 것으로 추정된다.	부담부분은 균등한 것으로 추정된다.	① 보증인에게는 부담부분이 존재하지 않는다. 따라서 보증인은 주채무자에게 변제한 전액을 구상할 수 있다. ② 다만, 보증인이 수인인 경우에는 주채무자에 대한 면책범위 전부의 구상 외에 다른 보증인에게는 부담부분에 따른 구상을 할 수 있다.

통지의무	① 면책시킨 채무자는 면책 전·후에 사전·사후 통지의무를 진다. ② 다른 채무자의 면책 행위 전 사전통지의무 ③ 통지의무 위반시 자신의 면책이 유효함을 주장할 수 없다. 그러나 먼저 면책시킨 채무자가 사후통지의무를 게을리하고, 후의 면책행위를 한 채무자가 사전통지의무를 게을리한 경우에는 먼저 면책시킨 자의 구상권이 우선한다.	① 면책시킨 채무자는 면책 전·후에 사전·사후통지의무를 진다. ② 다른 채무자의 면책 행위 전 사전통지의무 ③ 통지의무 위반시 자신의 면책이 유효함을 주장할 수 없다. 그러나 먼저 면책시킨 채무자가 사후통지의무를 게을리하고, 후의 면책행위를 한 채무자가 사전통지의무를 게을리한 경우에는 먼저 면책시킨 자의 구상권이 우선한다.	보증인의 경우에는 연대채무와 같은 통지의무가 인정된다. 그러나 주채무자는 수탁보증인에 대하여만 사후통지의무가 인정된다.

2 보증채무의 성립 [19회 출제]

제428조의2(보증의 방식) ① 보증은 그 의사가 보증인의 기명날인 또는 서명이 있는 서면으로 표시되어야 효력이 발생한다. 다만, 보증의 의사가 전자적 형태로 표시된 경우에는 효력이 없다.
② 보증채무를 보증인에게 불리하게 변경하는 경우에도 제1항과 같다.
③ 보증인이 보증채무를 이행한 경우에는 그 한도에서 제1항과 제2항에 따른 방식의 하자를 이유로 보증의 무효를 주장할 수 없다.

제431조(보증인의 조건) ① 채무자가 보증인을 세울 의무가 있는 경우에는 그 보증인은 행위능력 및 변제자력이 있는 자로 하여야 한다.
② 보증인이 변제자력이 없게 된 때에는 채권자는 보증인의 변경을 청구할 수 있다.
③ 채권자가 보증인을 지명한 경우에는 전2항의 규정을 적용하지 아니한다.

제432조(타담보의 제공) 채무자는 다른 상당한 담보를 제공함으로써 보증인을 세울 의무를 면할 수 있다.

제429조(보증채무의 범위) ① 보증채무는 주채무의 이자, 위약금, 손해배상 기타 주채무에 종속한 채무를 포함한다.
② 보증인은 그 보증채무에 관한 위약금 기타 손해배상액을 예정할 수 있다.

제430조(목적, 형태상의 부종성) 보증인의 부담이 주채무의 목적이나 형태보다 중한 때에는 주채무의 한도로 감축한다.

(1) 보증계약의 의의

보증채무는 채권자와 보증인 사이에 체결되는 보증계약에 의해 성립하며, 채무자는 당사자가 아니다.

(2) 보증계약의 방식

보증계약은 보증인의 기명날인 또는 서명이 있는 서면으로 해야 하며(서면주의, 요식행위), 특히 은행 등 일정한 금융기관이 보증인보호법상의 보증계약을 체결할 때에는 채무자의 채무 관련 신용정보를 보증인에게 제시하여야 한다(「보증인 보호를 위한 특별법」 제8조).

* 「보증인 보호를 위한 특별법」
아무런 대가 없이 호의(好意)로 이루어지는 보증에 대하여 적용된다.

(3) 보증채무의 성립에 관한 요건

1) 주채무의 존재
   ① 주채무는 대체적 급부를 내용으로 하여야 하나, 부대체적 급부라 할지라도 장차 손해배상채무로 변경할 수 있는 것은 주채무가 될 수 있다.
   ② 장래의 채무나 조건부 채무도 주채무가 될 수 있다.

2) 보증인에 관한 요건
   ① 보증인이 될 수 있는 자격은 원칙적으로 제한이 없으나 보증인을 세울 의무가 있는 경우에는 일정한 자격을 규정하고 있다.
   ② 채무자가 보증인을 세울 의무가 있는 경우에는 그 보증인은 행위능력 및 변제자력이 있는 자로 하여야 하고, 보증인이 변제자력이 없게 된 때에는 채권자는 보증인의 변경을 청구할 수 있으나, 채권자가 보증인을 지명한 경우에는 이러한 제한이 없다(제431조).
   ③ 채무자가 보증인을 세울 의무가 있으나 적법한 보증인을 세우지 못하면 채무자는 기한의 이익을 잃지만(제388조 제2호), 채무자는 다른 상당한 담보를 제공함으로써 보증인을 세울 의무를 면할 수 있다(제432조).

3 보증기간

(1) 민법상 이에 관한 규정이 없다. 다만 「보증인 보호를 위한 특별법」은 약정이 없는 경우 그 기간을 3년으로 본다(동법 제7조 제1항).
(2) 계속적 계약에 관한 보증인 경우에는 사정변경에 의한 해지를 인정하고 있다(자세한 것은 계약의 해지 참조).

4 보증채무의 내용

(1) 보증채무의 목적
보증채무는 주채무의 목적과 동일하다.

(2) 보증채무의 범위

1) 보증인의 부담이 주채무의 목적이나 형태보다 중한 때에는 주채무의 한도로 감축한다(제430조). 그러나 보증채무는 주채무의 이자, 위약금, 손해배상 기타 주채무에 종속한 채무를 포함한다(제429조 제1항).
2) 다만 보증인이 보증채무를 이행하지 아니한 경우에 대비하여 그 보증채무에 관한 위약금 기타 손해배상액을 예정할 수 있다(제429조 제2항).

5 보증채무의 대외적 효력

제433조(보증인과 주채무자항변권) ① 보증인은 주채무자의 항변으로 채권자에게 대항할 수 있다.
② 주채무자의 항변포기는 보증인에게 효력이 없다.
제434조(보증인과 주채무자상계권) 보증인은 주채무자의 채권에 의한 상계로 채권자에게 대항할 수 있다.
제435조(보증인과 주채무자의 취소권 등) 주채무자가 채권자에 대하여 취소권 또는 해제권이나 해지권이 있는 동안은 보증인은 채권자에 대하여 채무의 이행을 거절할 수 있다.
제437조(보증인의 최고, 검색의 항변) 채권자가 보증인에게 채무의 이행을 청구한 때에는 보증인은 주채무자의 변제자력이 있는 사실 및 그 집행이 용이할 것을 증명하여 먼저 주채무자에게 청구할 것과 그 재산에 대하여 집행할 것을 항변할 수 있다. 그러나 보증인이 주채무자와 연대하여 채무를 부담한 때에는 그러하지 아니하다.
제438조(최고, 검색의 해태의 효과) 전조의 규정에 의한 보증인의 항변에 불구하고 채권자의 해태로 인하여 채무자로부터 전부나 일부의 변제를 받지 못한 경우에는 채권자가 해태하지 아니하였으면 변제받았을 한도에서 보증인은 그 의무를 면한다.
제440조(시효중단의 보증인에 대한 효력) 주채무자에 대한 시효의 중단은 보증인에 대하여 그 효력이 있다.

(1) 채권자의 이행청구와 보증채무자의 권리

1) 채권자는 주채무자와 보증인에 대하여 따로 또는 동시에 채무의 전부나 일부의 이행을 청구할 수 있다.

2) 보증인의 권리

① 주채무자의 항변권

보증인은 주채무자와의 관계에서 보충적 관계에 서게 되므로 보증인의 주채무자가 가지는 항변을 가지고 채권자에게 대항할 수 있다(제433조 제1항). 주채무자가 항변을 포기하여도 보증인에게는 효력이 없으므로 여전히 그 항변을 할 수 있다(제433조 제2항).

예 주채무자가 채권자에 대하여 소멸시효의 이익을 포기하더라도, 보증인은 채권자에 대하여 소멸시효의 완성을 이유로 이행을 거절할 수 있다.

② 주채무자의 취소권·해제권·해지권

보증인은 주채무자가 채권자에 대하여 취소권 또는 해제권·해지권이 있는 동안은 채권자에 대하여 채무이행을 거절할 수 있다(제435조).

③ 주채무자의 상계권

보증인은 주채무자의 채권에 의한 상계로 채권자에게 대항할 수 있다. 즉 주채무자의 상계권을 대신 행사할 수 있다.

제1장 채권총칙

④ 최고·검색의 항변권

채권자가 주채무자에게 이행을 청구하지 아니 한 상태에서 보증인에게 먼저 청구한 경우 보증인은 ㉠ 주채무자에게 변제자력이 있으며, ㉡ 그 집행이 용이하다는 것을 증명하여 최고의 항변권이나 검색의 항변권을 따로 또는 동시에 행사할 수 있다.

㉠ 최고의 항변권: 최고의 항변권을 행사하면 ⓐ 채권자는 주채무자에게 최고(재판상 재판외 모두 가능)하지 않는 한 다시 보증인에게 이행청구를 할 수 없으며, ⓑ 채권자가 최고를 게을리 하여 주채무자로부터 채무의 전부나 일부의 변제를 받지 못한 경우, 보증인은 채권자가 최고를 게을리 하지 않았으면 변제받았을 한도에서 그 책임을 면한다(제438조).

㉡ 검색의 항변권: 검색의 항변권을 행사하면, ⓐ 채권자는 먼저 주채무자의 재산에 대하여 집행하지 않으면 보증인에 대하여 다시 이행의 청구를 할 수 없으며, ⓑ 보증인이 검색의 항변권을 행사하였음에도 불구하고 채권자가 집행을 게을리 하여 주채무자로부터 채무의 전부 또는 일부의 변제를 받지 못한 경우에는 보증인은 채권자가 집행을 게을리하지 않았으면 변제받았을 한도에서 그 책임을 면한다(제438조).

(2) 주채무자 또는 보증인에게 생긴 사유의 효력

1) 주채무자에 관하여 생긴 사유의 효력

① 채권자와 주채무자와의 사이에서 주채무자에 관하여 생긴 사유는 모두 보증인에 대하여 그 효력이 미친다.
② 주채무가 소멸하면 보증채무의 채무도 당연히 소멸한다.
③ 주채무에 대한 시효중단은 보증인에 대하여 그 효력이 있다(제440조).

2) 보증인에 관하여 생긴 사유의 효력

채권자와 보증인 사이에서 보증인에게 생긴 사유는 원칙적으로 주채무자에게 효력이 미치지 않는다. 다만 변제, 대물변제, 공탁, 상계와 같이 채권을 만족시키는 사유는 절대적 효력이 인정된다.

3편 채권법

6 보증채무의 대내적 효력(구상관계)

제441조(수탁보증인의 구상권) ① 주채무자의 부탁으로 보증인이 된 자가 과실없이 변제 기타의 출재로 주채무를 소멸하게 한 때에는 주채무자에 대하여 구상권이 있다.
② 제425조 제2항의 규정은 전항의 경우에 준용한다.

제442조(수탁보증인의 사전구상권) ① 주채무자의 부탁으로 보증인이 된 자는 다음 각호의 경우에 주채무자에 대하여 미리 구상권을 행사할 수 있다.
  1. 보증인이 과실없이 채권자에게 변제할 재판을 받은 때
  2. 주채무자가 파산선고를 받은 경우에 채권자가 파산재단에 가입하지 아니한 때
  3. 채무의 이행기가 확정되지 아니하고 그 최장기도 확정할 수 없는 경우에 보증계약후 5년을 경과한 때
  4. 채무의 이행기가 도래한 때
② 전항 제4호의 경우에는 보증계약후에 채권자가 주채무자에게 허여한 기한으로 보증인에게 대항하지 못한다.

제443조(주채무자의 면책청구) 전조의 규정에 의하여 주채무자가 보증인에게 배상하는 경우에 주채무자는 자기를 면책하게 하거나 자기에게 담보를 제공할 것을 보증인에게 청구할 수 있고 또는 배상할 금액을 공탁하거나 담보를 제공하거나 보증인을 면책하게 함으로써 그 배상의무를 면할 수 있다.

제444조(부탁없는 보증인의 구상권) ① 주채무자의 부탁없이 보증인이 된 자가 변제 기타 자기의 출재로 주채무를 소멸하게 한 때에는 주채무자는 그 당시에 이익을 받은 한도에서 배상하여야 한다.
② 주채무자의 의사에 반하여 보증인이 된 자가 변제 기타 자기의 출재로 주채무를 소멸하게 한 때에는 주채무자는 현존이익의 한도에서 배상하여야 한다.
③ 전항의 경우에 주채무자가 구상한 날 이전에 상계원인이 있음을 주장한 때에는 그 상계로 소멸할 채권은 보증인에게 이전된다.

제445조(구상요건으로서의 통지) ① 보증인이 주채무자에게 통지하지 아니하고 변제 기타 자기의 출재로 주채무를 소멸하게 한 경우에 주채무자가 채권자에게 대항할 수 있는 사유가 있었을 때에는 이 사유로 보증인에게 대항할 수 있고 그 대항사유가 상계인 때에는 상계로 소멸할 채권은 보증인에게 이전된다.
② 보증인이 변제 기타 자기의 출재로 면책되었음을 주채무자에게 통지하지 아니한 경우에 주채무자가 선의로 채권자에게 변제 기타 유상의 면책행위를 한 때에는 주채무자는 자기의 면책행위의 유효를 주장할 수 있다.

제446조(주채무자의 보증인에 대한 면책통지의무) 주채무자가 자기의 행위로 면책하였음을 그 부탁으로 보증인이 된 자에게 통지하지 아니한 경우에 보증인이 선의로 채권자에게 변제 기타 유상의 면책행위를 한 때에는 보증인은 자기의 면책행위의 유효를 주장할 수 있다.

제447조(연대, 불가분채무의 보증인의 구상권) 어느 연대채무나 어느 불가분채무자를 위하여 보증인이 된 자는 다른 연대채무자나 다른 불가분채무자에 대하여 그 부담부분에 한하여 구상권이 있다.

보증인이 자기의 출재로 공동의 면책을 얻은 경우, 보증인은 주채무자에게 구상권을 가지나, 보증인이 주채무자로부터 부탁을 받았는지 여부에 따라 그 구상권의 범위가 다르다. 특히 수탁보증인(주채무자의 부탁으로 보증인이 된 자)은 사전구상권도 인정된다.

제1장 채권총칙

(1) 수탁보증인의 사전구상권
1) 수탁보증인은 ① 보증인이 과실 없이 채권자에게 변제할 재판을 받은 때, ② 주채무자가 파산선고를 받은 경우에 채권자가 파산재단에 가입하지 아니한 때, ③ 채무의 이행기가 확정되지 아니하고 그 최장기도 확정할 수 없는 경우에 보증계약 후 5년을 경과한 때, ④ 채무의 이행기가 도래한 때에 미리 구상할 수 있다.
2) 수탁보증인이 사전구상권을 행사하여 주채무자가 보증인에게 배상한 경우, 주채무자는 자기를 면책하게 하거나 자기에게 담보를 제공할 것을 보증인에게 청구할 수 있다(제443조 전단).

(2) 면책행위에 의한 구상권
수탁보증이 과실 없이 변제 기타의 출재로 주채무를 소멸하게 한 때에는 주채무자에 대하여 구상할 수 있다(제441조 제1항).

(3) 구상권의 범위
1) **수탁보증인**
   수탁보증인의 구상권의 범위는 출재한 연대채무자의 구상권의 범위*와 같다. 다만, 사전구상권의 경우 장래의 변제에 대비한 것으로 주채무인 원금에 대한 완제일까지의 지연손해금은 포함되지 않는다.

   > *연대채무자의 구상권의 범위
   > 출재액, 면책된 날 이후의 법정이자, 필요비, 기타의 손해

2) **무수탁보증인**
   주채무자의 부탁은 없었으나 채무자의 의사에 반하지 아니한 보증인(무수탁보증인)의 경우 변제 기타 자기의 출재로 주채무를 소멸하게 한 때에는, 주채무자는 그 당시에 이익을 받은 한도에서 배상하여야 한다(제444조 제1항). 즉, 면책된 날 이후의 법정이자와 손해배상은 구상할 수 없다.

3) **주채무자의 의사에 반한 보증인**
   주채무자가 부탁하지 않았으며, 오히려 주채무자의 의사에 반하여 보증인이 된 자가 변제 기타 자기의 출재로 주채무를 소멸하게 한 때에는 주채무자는 현존이익의 한도에서 배상한다(제444조 제2항).

(4) 구상권의 제한(통지의무)

1) 보증인이 주채무자에게 통지하지 아니하고 변제 기타 자기의 출재로 주채무를 소멸하게 한 경우에 주채무자가 채권자에게 대항할 수 있는 사유가 있었을 때에는 이 사유로 보증인에게 대항할 수 있고 그 대항사유가 상계인 때에는 상계로 소멸할 채권은 보증인에게 이전된다(제445조 제1항).

2) 보증인이 변제 기타 자기의 출재로 면책되었음을 주채무자에게 통지하지 아니한 경우에 주채무자가 선의로 채권자에게 변제 기타 유상의 면책행위를 한 때에는 주채무자는 자기의 면책행위의 유효를 주장할 수 있다(제445조 제2항).

3) 채무자가 자기의 행위로 면책하였음을 그 부탁으로 보증인이 된 자*에게 통지하지 아니한 경우에 보증인이 선의로 채권자에게 변제 기타 유상의 면책행위를 한 때에는 보증인은 자기의 면책행위의 유효를 주장할 수 있다(제446조).

* 그 부탁으로 보증인이 된 자
수탁보증인

4) 수탁보증인의 주채무자가 면책행위를 하고도 보증인에게 통지하지 않은 동안에 보증인도 사전통지 없이 면책행위를 한 경우에는 먼저 이루어진 주채무자의 면책행위가 유효하다(대판 1997.10.10. 95다46265).

7 채권자의 정보제공의무와 통지의무 등

(1) 보증계약 체결시의 정보제공의무

채권자는 보증계약을 체결할 때 보증계약의 체결 여부 또는 그 내용에 영향을 미칠 수 있는 주채무자의 채무 관련 신용정보를 보유하고 있거나 알고 있는 경우에는 보증인에게 그 정보를 알려야 한다. 보증계약을 갱신할 때에도 또한 같다(제436조의2 제1항).

(2) 보증계약 체결 후의 통지의무

채권자는 보증계약을 체결한 후에 다음의 어느 하나에 해당하는 사유가 있는 경우에는 지체 없이 보증인에게 그 사실을 알려야 한다(제436조의2 제2항).

1) 주채무자가 원본, 이자, 위약금, 손해배상 또는 그 밖에 주채무에 종속한 채무를 3개월 이상 이행하지 아니하는 경우
2) 주채무자가 이행기에 이행할 수 없음을 미리 안 경우
3) 주채무자의 채무 관련 신용정보에 중대한 변화가 생겼음을 알게 된 경우

(3) 보증인의 청구에 의한 통지

채권자는 보증인의 청구가 있으면 주채무의 내용 및 그 이행 여부를 알려야 한다.

(4) 통지의무 위반의 효과

위의 통지 의무를 위반하여 보증인에게 손해를 입힌 경우에는 법원은 그 내용과 정도 등을 고려하여 보증채무를 감경하거나 면제할 수 있다.

제1장 채권총칙

8 특수한 보증

(1) 연대보증

1) 연대보증의 의의

연대보증은 보증인이 주채무자와 연대하여 채무를 부담하는 보증의 한 형태로(제437조 단서) 보충성이 인정되지 않는 점*에서 통상의 보증과 차이가 있다.

> * 보충성이 인정되지 않는 점
> 최고·검색의 항변권 없음

2) 연대보증의 효력

통상의 보증과 모두 동일한 효력을 가지나, 보충성이 인정되지 아니하므로 최고·검색의 항변권이 인정되지 않는다.

(2) 공동보증

> **제439조(공동보증의 분별의 이익)** 수인의 보증인이 각자의 행위로 보증채무를 부담한 경우에도 제408조의 규정을 적용한다.
>
> **제448조(공동보증인간의 구상권)** ① 수인의 보증인이 있는 경우에 어느 보증인이 자기의 부담부분을 넘은 변제를 한 때에는 제444조의 규정을 준용한다.
> ② 주채무가 불가분이거나 각 보증인이 상호연대로 또는 주채무자와 연대로 채무를 부담한 경우에 어느 보증인이 자기의 부담부분을 넘은 변제를 한 때에는 제425조 내지 제427조의 규정을 준용한다.

1) 공동보증의 의의

공동보증은 주채무에 대하여 수인의 보증인이 존재하는 보증형태를 말한다. 보증인이 수인이므로 분별의 이익이 인정된다는 점에서 특징이 있다.

2) 분별의 이익

① 공동보증인은 주채무를 균등하게 나눈 액에 관하여 보증채무를 부담한다(제439조).

> 예 120만원의 지급채무를 진 주채무자의 공동보증인으로 甲, 乙, 丙, 丁이 있는 경우 공동보증인은 각각 30만원만 변제하면 보증인으로서의 책임을 다 한 것이 된다.

② 그러나 수인의 보증인이더라도 ㉠ 주채무가 불가분채무(수인의 보증인이 불가분채무를 부담)이거나, ㉡ 보증연대(최고·검색의 항변권은 인정되지만, 보증인이 서로 연대하여 채무를 부담)를 한 경우, ㉢ 연대보증(최고·검색의 항변권도 인정되지 아니하며, 각 보증인과 주채무가 연대하여 채무를 부담)을 한 경우에는 분별의 이익이 인정되지 않는다.

3) 공동보증인 사이의 구상관계

공동보증인 중 1인이 자기의 출재 기타 변제로 주채무자를 면책하게 한 경우 ㉠ 주채무자에 대하여는 채무 전액에 관하여 구상할 수 있으며, ㉡ 다른 공동보증인에 대하여는 자기의 부담부분을 넘는 변제**를 한 때에 한하여 구상할 수 있으며 그 구상 범위는 다음과 같다.

> ** 자기의 부담부분을 넘는 변제
> 연대채무와 다름 주의!

① 분별의 이익이 있는 경우
부탁을 받지 않는 보증인의 구상권에 관한 규정이 적용된다(그 당시에 이익을 받은 한도, 제448조 제1항).

② 분별의 이익이 없는 경우
연대채무자의 구상권에 관한 규정을 준용한다(출재액, 면책된 날 이후의 법정이자, 필요비, 기타의 손해를 포함, 제448조 제2항).

(3) 근보증(계속적 보증)

1) 근보증의 의의
① 근증이란 일시적 보증과 달리 일정기간 또는 부정기간 동안 계속하여 채무를 보증하는 것을 말하며, 계속적 보증이라고도 하며, 근저당권과 결합하기도 한다.
② 근보증계약을 할 때에는 보증하는 채무의 최고액을 서면으로 특정하여야 하며 서면으로 특정하지 아니한 보증계약은 효력이 없다(제428조의3).

2) 계속적 보증(근보증)의 해지
① 민법은 특별한 규정을 두지 않지만 계속적 보증의 경우 그 기간이 지나치게 길거나, 보증액이 제한되지 않아 보증인에게 예기치 못한 채무를 부담시킬 수 있으므로 특별법(「신원보증법」, 「보증인 보호를 위한 특별법」 등)으로 이를 제한하고 있다.
② 대법원은 주채무자의 자산상태의 변화, 보증인의 지위의 변동 기타 여러 사정을 고려하여 사회통념상 그 보증을 계속 존속시키는 것이 상당하지 아니한 때에는 ㉠ 보증인에게 해지권을 인정하거나, ㉡ 일정한 경우 당연히 해지된다고 보거나, ㉢ 피보증채무의 범위를 축소하기도 한다.

> **판례** 계속적 보증의 해지(신의칙상의 해지권)
>
> **1** 해지권을 인정한 경우
> 계속적 보증의 경우 보증에 이르게 된 경위, 상당기간의 경과, 주채무자에 대한 신뢰의 상실, 주채무자의 자산상태의 변화, 보증인의 지위의 변동 기타 채권자측의 사정 등 여러 사정을 고려하여 사회통념상 그 보증을 계속 존속시키는 것이 상당하지 않다고 볼 수 있는 경우에는 상대방인 채권자에게 신의칙상 묵과할 수 없는 손해를 입게 하는 등의 특별한 사정이 없는 한 보증인에게 그 해지권이 인정된다(대판 2001.11.27. 99다8353).
>
> **2** 근보증계약의 보증인 지위의 상속을 부정한 경우
> 신원보증에 있어서도 보증인이 사망하면 보증인의 지위가 그 상속인에게 승계된다고 할 것이나, 보증기간과 보증한도액이 정해져 있지 않은 경우에는 보증인의 지위가 상속인에게 승계되지 않고 이미 발생한 보증채무만이 상속된다(대판 2003.12.26 2003다30784).

3 보증범위를 제한한 경우

어음거래약정서에 보증기간과 보증한도를 명시하지 않은 계속적 보증의 경우 연대보증인은 그 보증한도에 관하여 채권자와 주채무자 사이에서 결정되는 어음거래한도액이 얼마로 결정되든지 아무런 제한 없이 이에 따르기로 한 것으로 보기는 어렵고 어음거래약정과 함께 이루어진 연대보증 당시에 연대보증인이 예상할 수 있는 증액 범위 내에서만 연대보증인의 개별적 동의 없이도 그 증액된 거래한도에 따라 보증책임을 부담하기로 하였던 것으로 봄이 상당하다(대판 2001.11.27. 99다8353).

단락문제 Q14

다음은 보증채무에 관한 설명이다. 틀린 것은? (다툼이 있으면 판례에 의함)

① 보증인은 주채무자가 채권자에 대하여 취소권 또는 해제권·해지권이 있는 동안은 채권자에 대하여 채무이행을 거절할 수 있고, 보증인은 주채무자의 취소권 등을 행사할 수 있다.
② 보증인은 주채무자의 채권에 의한 상계로 채권자에게 대항할 수 있다. 즉 주채무자의 상계권을 대신 행사할 수 있다.
③ 최고·검색의 항변권을 행사하려면 주채무자에게 변제자력이 있다는 점 이외에, 그 집행이 용이하다는 사실까지 증명하여야 한다.
④ 보증인이 주채무자에게 통지하지 아니하고 변제 기타 자기의 출재로 주채무를 소멸하게 한 경우에 주채무자가 채권자에게 대항할 수 있는 사유가 있었을 때에는 이 사유로 보증인에게 대항할 수 있고 그 대항사유가 상계인 때에는 상계로 소멸할 채권은 보증인에게 이전된다.
⑤ 불확정한 다수의 채무에 대하여 보증하는 경우 보증하는 채무의 최고액을 서면으로 특정하여야 한다.

해설 보증채무
① 보증인은 채무이행을 거절하고 있지만, 주채무자의 취소권을 행사할 수는 없다.

답 ①

단락핵심 보증채무

(1) 채무자가 보증인을 세울 의무가 있으나 적법한 보증인을 세우지 못하면 채무자는 기한의 이익을 잃는다. (○)
(2) 보증인의 부담이 주채무의 목적이나 형태보다 중한 때에는 주채무의 한도로 감축한다. (○)
(3) 주채무자가 항변을 포기하면 보증인도 그 항변을 할 수 없다. (×)
(4) 보증인은 주채무자의 채권으로 채권자에 대하여 상계할 수 있다. (○)
(5) 주채무에 대한 시효중단은 보증인에 대하여 그 효력이 있다. (○)
(6) 수탁보증인이 사전구상권을 행사하여 주채무자가 보증인에게 배상한 경우, 주채무자는 자기를 면책하게 하거나 자기에게 담보를 제공할 것을 보증인에게 청구할 수 있다. (○)
(7) 주채무자의 부탁은 없었으나 채무자의 의사에 반하지 아니한 보증인(무수탁보증인)의 경우 변제 기타 자기의 출재로 주채무를 소멸하게 한 때에는, 주채무자는 이익이 현존하는 한도에서 배상하여야 한다. (×)
  ⇒ 주채무자는 그 당시에 이익을 받은 한도에서 배상하여야 한다.
(8) 수인의 연대보증인이 있는 경우에는 보증인은 분별의 이익을 주장할 수 있다. (×)
(9) 신원보증에 있어서도 보증인이 사망하면 보증인의 지위가 그 상속인에게 승계된다고 할 것이나, 보증기간과 보증한도액이 정해져 있지 않은 경우에는 보증인의 지위가 상속인에게 승계되지 않고 이미 발생한 보증채무만이 상속된다. (○)

CHAPTER 02 계약총칙

학습포인트

- 채권의 발생원인으로 민법은 계약, 사무관리, 부당이득, 불법행위 등에 대하여 규율하고 있다. 계약총론에서는 그 중 계약의 성립과 그 효력 등에 대하여 다루고 있다.
- 학습의 포인트는 계약의 성립의 모습, 계약체결상의 과실책임, 동시이행의 항변권, 위험부담, 제3자를 위한 계약, 계약의 해제·해지 등이다. 민법총칙과 연계하면서 이해하고 조문을 익히는 것으로 충분하다. 특히 이와 관련된 최신 판례부분은 반드시 이해해야 한다.

CHAPTER 학습 & 출제되는 키워드

- ☑ 쌍무계약
- ☑ 유상계약
- ☑ 낙성계약
- ☑ 요물계약
- ☑ 청약
- ☑ 승낙
- ☑ 계약의 성립시기
- ☑ 의사실현에 의한 계약의 성립
- ☑ 교차청약에 의한 계약의 성립
- ☑ 계약체결상의 과실 책임
- ☑ 계약의 효력
- ☑ 쌍무계약의 견련성
- ☑ 동시이행의 항변권
- ☑ 위험부담
- ☑ 제3자를 위한 계약
- ☑ 요약자
- ☑ 낙약자
- ☑ 수익자
- ☑ 계약의 해제
- ☑ 해제의 불가분성
- ☑ 소급효
- ☑ 원상회복의무
- ☑ 제3자의 권리
- ☑ 계약의 해지

CHAPTER 학습 & 출제되는 질문

- ☑ 계약의 성립에 관한 설명으로 틀린 것은?
- ☑ 계약체결상의 과실책임에 관한 설명이다. 틀린 것으로 모은 것은?
- ☑ 동시이행의 항변권에 관한 설명 중 틀린 것은?
- ☑ 위험부담에 관한 다음 설명 중 틀린 것은?
- ☑ 금전소비대차계약에 기하여 丙에게 1억원을 지급해야 하는 甲은 자기소유의 대지를 1억원에 매수한 乙과 합의하여, 乙이 그 매매대금을 丙에게 지급하기로 하였다. 다음 중 옳은 것은?
- ☑ 다음 중 해지할 수 있는 경우에 해당하는 것은?

01 서설

1 계약의 의의

(1) 당사자 간의 합의에 의하여 성립하는 법률행위이다.

(2) 채권발생을 목적으로 하는 복수 당사자의 반대방향의 의사표시의 합치이다.

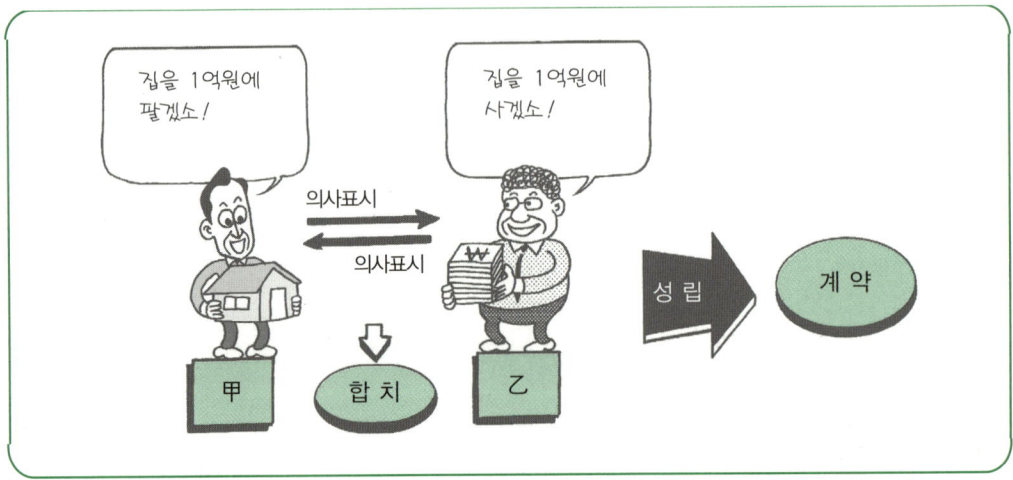

(3) 계약의 내용은 공서양속에 반하거나 폭리행위에 해당하지 않는 한 당사자가 합의한 대로 발생하므로, 계약은 약정채권에 해당한다.

Wide 약정채권과 법정채권 [19회 출제]

약정채권 발생원인	계 약: 민법이 정한 매매, 교환, 임대차 등 15종의 채권계약 이외에도 계약자유의 원칙상 당사자의 합의로 채권을 발생시킬 수 있다.
법정채권 발생원인	① 불법행위(제750조) ② 부당이득(제741조) → 당사자의 의사와 무관하게 법률규정에 의해 당연히 채권이 발생한다. ③ 사무관리(제734조)

2 계약의 종류 **24회 출제**

민법의 규정	전형계약(민법규정에 있음), 비전형계약(민법규정에 없음)
대가적 관계	쌍무계약(쌍방의 채무가 서로 대가적 관계), 편무계약(일방만이 채무를 부담하거나, 쌍방의 채무가 비대가적)
대가적 출연관계	유상계약(쌍방의 채무가 서로 대가적 관계일 뿐만 아니라 그 채무는 출연행위임), 무상계약(서로 대가적 출연 없음)
계약의 성립요건	낙성계약(의사표시의 합치만으로 계약성립), 요물계약(의사표시의 합치 + 물건의 인도 또는 금전의 지급 등 부가적 요건 필요)
급부의 계속성	계속적 계약(채권관계가 계속적으로 실현), 일시적 계약(채권관계가 일시점에서 실현)

(1) 쌍무계약

쌍무계약에서는 동시이행의 항변권이나 위험부담의 문제가 생기지만 편무계약에서는 그와 같은 문제는 생기지 않는다.

(2) 쌍무계약은 모두 유상계약이다.

1) 예컨대 쌍무계약에는 매매, 교환, 임대차, 고용, 도급, 조합, 화해 등이 있고 소비대차, 위임, 임치도 유상인 경우에는 쌍무계약이다.
2) 그러나 유상계약이 모두 쌍무계약은 아니다. 현상광고는 유상계약이나 편무계약이다.

(3) 편무계약은 대개 무상계약이다.

예 증여, 사용대차, 현상광고 소비대차, 위임, 임치도 무상일 경우에는 편무계약이다.

(4) 전형계약

채권 각론에 규정된 계약으로 매매, 교환, 증여, 사용대차, 소비대차, 임대차, 고용, 도급, 현상광고, 위임, 임치, 조합, 종신정기금, 화해, 증여 등을 말한다. 유명계약이라고도 한다.

3 계약 자유의 원칙과 그 제한

(1) 계약자유의 원칙

민법은 사적자치의 원칙에 따라 계약의 체결에 있어서 자유를 보장하고 있다. 따라서 ① 계약의 체결 여부에 대한 결정, ② 계약상대방의 선택, ③ 계약 내용의 결정에 있어서 자유를 가지며 ④ 계약의 방식에 있어서도 당사자 간의 의사합치만 존재하면 구두방식, 서면방식을 불문하고 계약을 체결할 수 있다.

(2) 계약자유의 제한과 그 유형

1) 당사자의 일방이 타방과 특정내용의 계약을 체결하여야 할 법률적 의무를 부담하는 '체결의 자유 또는 상대방선택의 자유에 대한 제한'(예 도시가스, 전기공급계약)
2) 각종의 강행규정으로 계약의 내용을 강제하는 '내용 결정의 자유'에 대한 제한 (「약관의 규제에 관한 법률」, 「주택임대차보호법」)
3) 계약의 체결에 일정한 방법을 강제하는 '방식의 자유에 대한 제한'(「보증인 보호를 위한 특별법」 제3조 금융기관과의 보증계약체결은 보증의사가 보증인의 기명날인 또는 서명이 있는 서면으로 표시되어야 효력이 발생한다)
   ➡ 해당 조문은 삭제(2015.2.3)되었으나 그 이전에 체결되거나, 갱신되는 경우 종전의 규정이 적용된다.
4) 그 밖의 각종 행정상 규제(토지거래허가제, 외국인의 토지취득신고, 각종 증명원 요구) 등

계약자유의 원칙	계약자유의 원칙에 대한 제한의 예
체결의 자유 / 상대방선택의 자유	체결의무가 있는 경우 : 수도·전기공급계약
내용결정의 자유	내용결정 : 약관에 의한 계약
방식의 자유	요식주의 : 금융기관과의 보증계약체결 등

단락문제 01

계약의 의의에 관한 설명 중 틀린 것은?

① 유상계약은 모두 쌍무계약이나, 쌍무계약이 모두 유상계약은 아니다.
② 쌍무계약은 동시이행의 항변권 및 위험부담의 문제가 발생하고, 유상계약은 담보책임의 문제가 발생한다.
③ 계약자유의 원칙은 근대민법의 대원칙 중 하나이다.
④ 공공적 직무를 수행하는 자에게는 계약체결의 자유가 인정되지 않을 수 있다.
⑤ 「약관의 규제에 관한 법률」과 같이 명시의무·설명의무 등을 부과하는 것은 계약의 공정을 확보하기 위한 수단이다.

해설 계약의 의의
① (×) 쌍무계약은 모두 유상계약이나, 유상계약이 모두 쌍무계약은 아니다. 현상광고의 경우 유상계약이나 편무계약에 해당한다.
② (○) (제536조, 제537조, 제567조)
③ (○) 근대민법의 3원칙으로 소유권절대·계약자유·과실책임의 원칙이 꼽힌다.
④ (○) 도시가스 전기공급계약 등은 계약체결의무를 부과하고 있다.
⑤ (○) 상대방의 예상치 못한 불이익을 예방하여 공정성을 확보할 수 있다.   답 ①

02 계약의 성립(체결)★★

9·22·24회 출제

1 서설

계약은 원칙적으로 당사자 사이의 의사표시의 교환에 의한 합의에 의하여 체결된다. 그러나 민법은 이러한 합의에 의한 계약의 성립(체결)뿐만 아니라, 교차청약·의사실현에 의한 계약의 성립에 관해서도 규정하고 있다.

> **Key Point** 불합의와 착오
>
> 1) **불합의**
>   ① 청약과 승낙 2개의 의사표시의 내용이 서로 다르거나 부분적으로만 일치하는 경우를 말하며, 여기에는 의식적 불합의와 무의식적 불합의가 있다.
>   ② 불합의가 있는 경우에는 계약은 불성립한다.
> 2) **의식적 불합의**(안 불합의)
>   계약당사자가 의사표시의 불일치를 알고 있는 경우이다. 예를 들어 어떤 청약의 수령자가 청약 자체를 거절하지 않으면서 조건을 붙이거나 또는 변경을 가하여 승낙을 하는 경우에 의식적 불합의가 있다고 할 수 있으며, 계약은 성립하지 않는다.
> 3) **무의식적 불합의**(숨은 불합의)
>   ① 의 의
>   당사자는 서로 간의 의사표시가 일치하여 계약이 성립되었다고 믿었으나 실제로는 상호 간 의사표시가 불일치하는 경우를 말하며, 여전히 계약은 성립되지 않는다.
>   ② 착오와의 구별
>   ㉠ 불합의는 표시된 2개의 의사표시가 서로 일치하는지의 문제라면, 착오는 표시된 각 의사표시가 표의자의 내심의 의사와 일치하는가의 문제이다.
>   ㉡ 착오에 의한 의사표시이더라도 취소하기 전에는 유효하므로, 쌍방의 표시된 의사표시가 객관적으로 일치하면 계약은 성립하며, 다만 제109조를 근거로 의사표시를 취소함으로써 계약의 성립을 부정할 수 있을 뿐이다.

2 합의에 의한 계약의 성립

16회 출제

(1) 청약★★

1) **청약의 성질**

청약은 계약을 체결하려는 자가 상대방에게 그 계약 내용을 제안하는 의사표시의 성격을 갖는 법률사실이다. 계약체결에 미치는 중요성 때문에 민법은 여러 규정을 두고 있는 바, 법적 효력이 인정되지 않는 단순한 사실행위에 불과한 청약의 유인과 구별된다.

2) 청약의 요건

① **승낙적격**(실질적 효력)★
   ㉠ 청약에 대하여 승낙만으로 계약이 성립될 수 있는 구체적 상황을 승낙적격이라고 한다. 즉 청약의 의사표시가 적법하여 효력을 발휘하고, 그 효력이 소멸하기 전이어야 하는데, 그 효력발생시부터 소멸시까지의 기간을 승낙기간이라고 한다.
   ㉡ 승낙적격은 승낙기간이 정해져 있는 경우에는 그 기간동안, 승낙기간이 정해져 있지 않은 경우에는 상대방이 승낙 여부를 결정·통지하는 데 필요한 상당한 기간동안 존속한다.

② **청약의 구속력**(형식적 효력)★
   ㉠ 청약이 그 효력을 발생한 때*에는 청약자가 임의로 이를 철회하지 못한다.
   ㉡ 다만, 청약이 도달하기 전 또는 철회의사와 동시에 철회의 의사가 도달한 경우에는 철회의 효과가 있다.

* **효력을 발생한 때**
의사표시가 상대방에 도달한 때.

 청약자가 미리 정한 기간 내에 이의를 하지 아니하면 승낙한 것으로 간주한다는 뜻의 효력

청약은 청약의 상대방에게 청약을 받아들일 것인지 여부에 관하여 회답할 의무가 있는 것은 아니므로, **청약자가 미리 정한 기간 내에 이의를 하지 아니하면 승낙한 것으로 간주한다는 뜻을 청약시 표시하였다고 하더라도 이는 상대방을 구속하지 아니하고** 그 기간은 경우에 따라서는 **단지 승낙기간을 정하는 의미를 가질 수 있을 뿐이다**(대판 1999.1.29. 98다48903).

Wide 청약과 청약의 유인 구별

구 분	청약의 유인	청 약
계약내용의 명확성정도	상대방을 꾀어 청약을 유도하기 위해 계약의 대강을 정한 것	승낙이 있으면 즉시 계약이 체결될 정도로 구체적·확정적 내용을 정함
구체적인 예	① 구인광고(기술자 채용공고) ② 집을 세놓습니다(하숙방 있음). ③ 기차, 기선, 버스의 시간표 게시 ④ 상품목록의 배포 ⑤ 물품판매광고 ⑥ 아파트/상가 분양광고	① 자동판매기 설치(유효하게 작동하는 동안만 청약이 됨) ② 버스 정차장에 정차 ③ 정차한 택시에 승차 ④ 입찰공고(국가가 일반 사인에게)

(2) 승낙★★

1) 승낙의 의의·요건
① 승낙은 하나의 의사표시로서 법률사실이다. 승낙은 반드시 특정의 청약자에 대하여 하여야 한다. 청약이 불특정 다수인에게도 할 수 있는 것과 다르다.
② 승낙은 청약의 내용과 일치하여야 한다. 청약에 조건을 붙이거나 그 내용에 변경을 가한 승낙은 승낙이 되지 않고 청약의 거절과 동시에 새로운 청약을 한 것으로 간주된다.

2) 연착된 승낙
연착된 승낙은 원칙적으로 승낙으로서의 효력을 갖지 못하며, 다만 청약자가 이를 새로운 청약으로 볼 수 있다(제530조).

Key Point | 연착된 승낙

승낙기간이 정해져 있는 경우	그 기간 내에 승낙해야 한다. ① 승낙의 통지가 정해진 기간 후에 도달한 경우에 보통 그 기간 내에 도달할 수 있는 발송인 때에는 청약자는 지체 없이 상대방에게 그 연착의 통지를 하여야 한다(제528조 제2항). ② 청약자가 통지를 하지 아니한 때에는 승낙의 통지는 연착되지 아니한 것으로 본다(제528조 제3항).
승낙기간이 정해져 있지 않는 경우	상당한 기간이 지나면 승낙능력을 상실하므로 그 이후에 한 승낙은 계약을 성립시키지 못한다. 승낙을 거절하면 승낙적격을 상실한다(제529조).

3) 변경을 가한 승낙
조건을 붙이거나 변경을 가한 승낙은 청약을 거절하고 새로운 청약을 한 것으로 본다(제534조).

(3) 계약의 성립시기

1) 격지자간(隔地者間)
계약은 승낙의 통지를 발송한 때에 성립한다(발신주의, 제531조).

2) 대화자간
계약의 성립시기에 관하여는 승낙의 의사표시가 청약자(대화의 상대방)에게 도달한 때 계약은 성립한다(도달주의, 제111조).

3) 발신주의와 도달주의의 구별실익
① 입증책임과 관련하여 발신주의에 의할 경우에는 청약자가 승낙의 부도달을 입증해야 하나 도달주의에 의하면 승낙자가 승낙통지의 도달을 증명해야 한다.
② 철회와 관련하여 도달주의에 의하면 승낙이 도달하기 전에 철회할 수 있으나, 발신주의에 의할 경우 철회가 불가능하다.

3편 채권법

단락문제 02

계약의 성립에 관한 다음 설명 중 틀린 것은?

① 청약에 대하여 상대방이 조건을 붙여서 승낙한 경우에는 새로운 청약을 한 것으로 본다.
② 격지자(隔地者) 사이의 경우, 계약은 승낙의 통지를 발송한 때에 성립하지만 기간 안에 도달하지 않으면 소급하여 계약이 성립하지 않았던 것으로 된다는 것이 통설이다.
③ 청약의 수령자가 승낙을 하느냐 않느냐는 원칙적으로 자유이다.
④ 청약에는 청약자와 그 상대방이 있어야 하므로 청약자는 반드시 명시되어야 한다.
⑤ 발신주의와 도달주의의 구별 실익은 철회의 가능성 및 승낙의 도달 여부에 대한 증명책임에 있다.

해설 청약
① (○) 변경을 가한 승낙(제534조)
② (○) 발신주의(제5531조), 청약자가 승낙의 부도달을 증명하면 소급하여 계약이 성립하지 않은 것으로 본다(통설).
③ (○) 사적자치의 원칙상 당연하다. 다만 계약체결의 자유가 각종 법령으로 강제될 수는 있다(수도·가스 등의 공급계약).
④ (×) 청약자는 특정되어야 하지만 반드시 명시되어야 할 필요는 없고 승낙자가 계약체결을 위해 필요한 정도로 알 수 있으면 족하다. 예컨대 자판기에 의한 매매의 청약은 청약자가 명시된 것이라고 볼 수 없지만 청약에 해당한다.
⑤ (○) 도달주의에 의하면 승낙자가 승낙의 도달을, 발신주의에 의하면 청약자가 승낙의 부도달을 증명하여야 한다.

답 ④

3 의사실현에 의한 계약의 성립

청약자의 의사표시나 관습에 의하여 승낙의 통지가 필요하지 아니한 경우에는 계약은 승낙의 의사표시로 인정되는 사실이 있는 때*에 성립한다(제532조).

> *사실이 있는 때
> 사실을 알고 있을 때가 아님

예 청약과 동시에 송부된 물건을 소비하는 행위 등

4 교차청약에 의한 계약의 성립

(1) 교차청약

당사자 쌍방이 동시에 청약을 하는 경우를 말한다.

예 甲이 乙에게 자신의 건물에 대하여 1억원에 매도청약을 하였고, 이러한 사실을 모르고 이 청약이 乙에게 도달하기 전에 乙이 甲에게 1억원에 사겠다고 매수청약을 한 경우

(2) 성립시기

1) 당사자 간에 동일한 내용의 청약이 상호교차 된 경우에는 양 청약(兩請約)이 상대방에게 도달한 때에 계약이 성립한다.
2) 청약의 통지가 제일 나중에 도달한 시점이 계약 성립시기가 된다(제533조).

단락문제 03

계약의 성립에 관한 다음 기술 중 틀린 것은?

① 양당사자 사이에 동일 내용의 청약이 서로 교차한 경우 나중의 청약이 도달한 때에 계약은 성립한다.
② 청약은 상대방 있는 의사표시이지만 청약 당시에 상대방이 특정되어 있을 필요는 없다.
③ 승낙자가 승낙에 변경을 가하여 승낙한 경우 그 청약을 거절함과 아울러 새로운 청약을 한 것으로 본다.
④ 승낙기간을 정하지 않은 청약에 대하여 상대 대화자가 즉시 승낙하지 않으면 계약을 성립시킬 수 없다.
⑤ 의사실현에 의한 계약의 성립에 있어서는 청약자의 인식여부와 관계없이 승낙의 의사표시로 인정되는 사실이 있는 때에 성립한다.

해설 청약과 승낙
① (○) (제533조)
② (○) 불특정 또는 다수인이어도 상관없다.
③ (○) (제534조)
④ (×) 승낙의 기간을 정하지 아니한 계약의 청약은 청약자가 상당한 기간 내에 승낙의 통지를 받지 못한 때에는 그 효력을 잃는다(제529조). 이 조문은 격지간 뿐만 아니라 대화자 간에도 적용되며 여기서 상당한 기간이란 승낙여부를 판단하기 위해 필요한 시간이라고 해석되므로 통상 대화종료 시까지 승낙을 하면 된다. 다만, 상사계약에서는 대화자간의 계약의 청약은 상대방이 즉시 승낙하지 아니한 때에는 그 효력을 잃는다(상법 제51조).
⑤ (○) (제532조)

답 ④

3편 채권법

5 계약체결상의 과실 책임 : 불능계약의 신뢰책임(제535조)★★

(1) 의의

1) 목적이 불능*한 계약을 체결할 때에 그 불능을 알았거나 알 수 있었을 자는 상대방이 그 계약의 유효를 믿었음으로 인하여 받은 손해**를 배상하여야 한다.

2) 그러나 그 배상액은 계약이 유효함으로 인하여 생길 이익액***을 넘지 못하며 상대방이 그 불능을 이미 알았거나 알 수 있었을 경우에는 배상할 필요가 없다.

> *Professor Comment*
> 계약체결상의 과실책임을 원시적 불능뿐만 아니라 그 이외의 경우까지 확대적용하자는 학자들이 있으나 이는 학설일 뿐이므로 수험생으로서는 "계약교섭의 부당파기에 대하여 불법행위책임을 인정" 하고 있는 판례의 입장만 알고 있으면 될 것이다.

* **불능**
  원시적 불능에 한한다.
  후발적 불능이 아님에 주의

** **유효를 믿었음으로 인하여 받은 손해**
  신뢰이익의 손해

*** **계약이 유효함으로 인하여 생길 이익액**
  이행이익

계약체결상의 과실책임

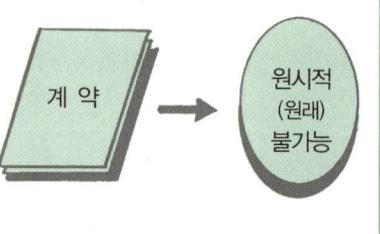

계약체결상의 과실책임이 발생하기 위해서는 ① 체결된 계약이 원시적 불능이어야 하고

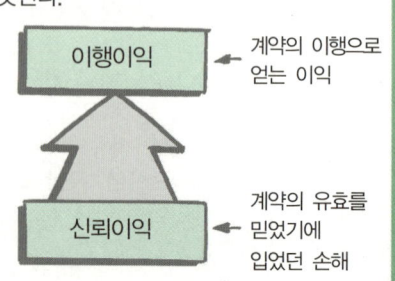

배상액은 상대의 손해(=신뢰이익을 기준으로)를 배상하여야 하는데 이행이익을 넘지 못한다.

(2) 요 건

계약체결상의 과실책임이 성립하기 위해서는 ① 외견상 계약체결행위가 있었을 것, ② 계약이 목적불능으로 무효일 것(원시적 불능일 것), ③ 일방당사자의 악의 또는 과실이 있을 것, ④ 상대방의 선의·무과실 및 손해가 발생할 것을 요한다.

(3) 효 과★

1) 목적불능으로 무효가 된 계약에 관하여 귀책사유(歸責事由) 있는 자(목적불능임을 알았거나 알 수 있었을 자)는 계약의 무효로 상대방이 입은 손해를 배상하여야 한다.
2) 배상하여야 할 손해는 신뢰이익이다. 그러나 이행이익(계약의 유효로 상대방이 얻었을 이익액)을 넘지 못한다.

 계약의 목적불능을 알았거나 알 수 있었을 경우 손해배상청구를 부정한 사례

원고는 이미 소(訴)외 인에게 분배된 이 사건 토지를 피고로부터 매수할 때에 이에 관하여 소송이 계속 중임을 알고서 매수하였으므로 이 사건 매매계약이 이행불능의 것이라는 사정을 알았거나 알 수 있었을 경우라 할 것이니 피고에게 신뢰이익의 손해배상을 청구할 수 없다(대판 1972.5.9. 72다384).

▼ 원시적 불능과 후발적 불능

원시적 불능	전부불능(무효)	계약체결상의 과실 책임(제535조)
	일부불능	담보책임(제574조), 일부무효(제137조)
후발적 불능	귀책사유 있는 경우	이행불능(채무불이행)(제390조·제546조)
	귀책사유 없는 경우	위험부담(제537조)

단락문제 04

계약체결상의 과실책임의 요건이 아닌 것은?

① 목적물의 인도의무자가 그 불능을 알았을 경우에 한한다.
② 상대방은 선의이어야 한다.
③ 상대방은 무과실이어야 한다.
④ 상대방이 계약을 유효한 것으로 믿었기 때문에 손해를 입었어야 한다.
⑤ 계약의 내용이 원시적으로 불능하여 계약이 무효이어야 한다.

해설 계약체결상의 과실책임
그 요건은 ㉠ 객관적으로 그 계약의 목적 달성이 불가능 할 것, ㉡ 급부할 자가 악의 또는 과실이 있을 것, ㉢ 상대방은 선의이고 무과실일 것, ㉣ 손해가 발생하고 인과관계가 존재할 것을 필요로 한다. ① 목적물의 인도의무자, 즉 무효인 계약이 유효하였다면 급부를 하였어야 할 자가 그 불능을 알았거나 또는 알 수 있었을 경우에는 책임이 발생한다(제535조 제1항 전단). **답** ①

3편 채권법

단락핵심 — 계약의 성립

(1) 청약은 그에 대응하는 승낙만 있으면 곧 계약이 성립하는 확정적 의사표시이다. (○)
(2) 교차청약에서는 양 청약이 상대방에게 도달한 때에 계약이 성립한다. (○)
(3) 의사실현이 있으면, 계약은 승낙의 의사표시로 인정되는 사실이 있는 때에 성립한다. (○)
(4) 부당한 계약교섭의 파기행위에 대하여 판례는 채무불이행책임을 인정하고 있다. (×)

03 계약의 효력

1 서설

민법이 계약의 일반적 효력으로 규정하고 있는 동시이행의 항변권·위험부담·제3자를 위한 계약 등이 있다. 그러나 **동시이행의 항변권과 위험부담**은 모든 계약에 인정되는 것이 아니라 **쌍무계약에 관해서만 인정**되는 것이다.

계약의 효력

2 쌍무계약의 견련성★

쌍무계약의 채무상호 간의 의존관계를 견련성이라 하며, 쌍무계약에 있어서 각 채무는 그 발생·이행·존속에 있어서 그 운명을 같이한다.
(1) 계약의 불성립 또는 계약체결상의 과실의 문제(원시적 불능)를 성립상의 견련성이라 한다.
(2) 동시이행의 항변권의 문제를 이행상의 견련성이라 한다.
(3) 위험부담의 문제(후발적 불능)를 존속상의 견련성이라 한다.

3 동시이행의 항변권★★★   10·23회 출제

(1) 의 의
쌍무계약의 당사자 일방은 상대방이 그 채무이행을 제공할 때까지 자기의 채무이행을 거절할 수 있고(제536조 제1항), 당사자 일방이 상대방에게 먼저 이행하여야 할 경우라도 상대방의 이행이 곤란할 현저한 사유가 있는 때에도 채무의 이행을 거절할 수 있다(제536조 제2항).

(2) 성 질
1) 영구적 항변권이 아니라 연기적(延期的) 항변권에 불과하다. 즉 이행을 잠시 미룰 뿐이다.
2) 동시에 이행하는 것이 당사자 사이의 공평·신의에 부합한다.
3) 공평의 이념 및 신의칙에 근거한다.
4) 동시이행의 항변권은 흔히 유치권과 비교된다(유치권부분 참조).

(3) 성립요건★★
1) **동일한 쌍무계약으로부터 발생한 양채무(兩債務)의 존재**
   채무가 동일성을 유지하는 한 당사자는 바뀌어도 상관없다.
   > 예 채권양도, 채무인수, 포괄승계, 전부명령 등에 의한 당사자 변경

2) **상대방의 채무가 변제기에 있을 것**
   ① 어느 한 쪽이 선이행의무를 지는 경우에는 선이행의무자는 원칙적으로 항변권을 행사할 수 없다.
   ② 그러나 선이행 의무있는 채무자라도 상대방의 이행이 곤란한 사유가 있거나 채무자가 그 이행을 지체하고 있는 동안 상대방의 채무의 변제기가 도래한 경우에는 선이행의무자도 상대방의 청구에 대하여 동시이행의 항변권을 주장할 수 있다.

매수인이 중도금 지급의무를 불이행한 상태에서 잔대금 지급기일이 도과된 경우
매수인이 선이행의무 있는 중도금을 지급하지 않았다 하더라도 계약이 해제되지 않은 상태에서 잔대금 지급일이 도래하여 그 때까지 중도금과 잔대금이 지급되지 아니하고 잔대금과 동시이행관계에 있는 매도인의 소유권이전등기 소요서류가 제공된 바 없이 그 기일이 도과하였다면, 그 때부터는 매수인은 중도금을 지급하지 아니한 데 대한 이행지체의 책임을 지지 아니한다(대판 2002.3.29. 2000다577).

3) 자기채무의 이행 없이 상대방이 이행을 청구하였을 것
채권자지체(수령지체)인 경우에도 채무자가 이행의 제공을 계속하지 않거나 다시 하지 않은 경우 동시이행의 항변권은 행사할 수 있다.

Professor Comment
동시이행의 항변권을 소멸시키기 위해서는 이행제공을 계속하여야 하고, 일시적인 이행제공만으로는 상대방에게 지연배상책임을 발생시키지 못한다.

(4) 효 력★★

1) **구 분**: 동시이행의 항변권은 존재 자체로 발생하는 효력과 현실적으로 행사할 때 발생하는 효력으로 구별된다.
2) **존재 자체로부터 생기는 효력**(당연효 / 존재효)
   ① 이행지체의 면제*
   이행기에 이행하지 않아도 이행지체가 되지 않는다.

> * 이행지체의 면제
> 다만, 항변권자의 원용이 없는 한 법원이 직권으로 고려하지 못함

 한번 현실의 제공을 하여 상대방을 수령지체에 빠지게 하였으나 그 이행의 제공이 계속되지 않는 경우 이행지체를 전제로 하는 손해배상청구를 할 수 없다는 사례
쌍무계약의 당사자 일방이 먼저 한번 현실의 제공을 하고 상대방을 수령지체에 빠지게 하였다 하더라도 그 이행의 제공이 계속되지 않는 경우는 과거에 이행의 제공이 있었다는 사실만으로 상대방이 가지는 동시이행의 항변권이 소멸하는 것은 아니므로, 일시적으로 당사자 일방의 의무의 이행제공이 있었으나 곧 그 이행의 제공이 중지되어 더 이상 그 제공이 계속되지 아니하는 기간 동안에는 상대방의 의무가 이행지체 상태에 빠졌다고 할 수는 없다고 할 것이고, 따라서 그 이행의 제공이 중지된 이후에 상대방의 의무가 이행지체되었음을 전제로 하는 **손해배상청구도 할 수 없다**(대판 1999.7.9. 98다13754·13761).

   ② 상계금지
   동시이행항변권이 붙은 채권은 이를 자동채권으로 하여 자기의 채무와 상계할 수 없다.

예 甲이 乙에게 매매대금채권 1,000만원을 가지고 있고, 乙이 甲에게 1,000만원의 차용금채권을 가지고 있는 경우, 甲이 乙에게 상계를 주장하면(甲이 자동채권으로 상계하면) 매매계약에서 생긴 乙의 동시이행의 항변권을 잃게 되기 때문에 상계할 수 없다. 즉 이를 허용하면 상대방은 항변권을 부당하게 잃게 되기 때문이다. 하지만, 乙이 상계를 요청하는 경우(수동채권인 경우)는 甲은 상계할 수 있다.

3) 이행거절권능(연기적 항변권)

동시이행의 항변권을 가진 자는 이 항변권을 원용(주장)함으로써 상대방이 이행의 제공을 할 때까지 자기채무의 이행을 거절할 수 있다.

4) 소송상의 효력

소송 중에 동시이행의 항변권이 제출되면 법원은 원고 상환급부판결*을 해야 한다.

> * 원고 상환급부판결
> 원고의 급부제공을 조건으로 피고는 급부를 이행하라는 일부승소판결

(5) 동시이행의 항변권의 확대적용 ★★

1) 민법 및 특별법상 인정규정

① 계약해제로 인한 원상회복의무(제549조)
② 매도인의 담보책임(제583조)
③ 도급인의 손해배상청구권과 수급인의 보수청구권 사이(제667조)
④ 종신정기금계약의 해제(제728조)
⑤ 가등기담보에 있어서 청산금 지급채무와 목적부동산에 대한 본등기 및 인도의무 사이(「가등기담보 등에 관한 법률」 제4조 제3항)에 인정된다.

2) 판례상 인정되는 동시이행의 항변권

① 임차인의 목적물반환의무와 임대인의 보증금반환의무(대판 1977. 9. 24. 77다1241)
② 변제와 영수증교부(대판 2005. 8. 9. 2003다22042)
③ 계약이 무효 취소된 경우의 반환의무(대판 1995. 9. 15. 94다55071)
④ 채무의 변제와 그 채무이행확보를 위해 교부한 어음수표의 반환(대판 1993. 11. 9. 93다11203)
⑤ 토지임대차에서 임차인이 건물매수청구(제643조)를 하는 경우 토지임차인의 건물소유권이전등기 및 명도의무와 토지임대인의 건물대금지급의무(대판 1991. 4. 9. 91다3260).
⑥ 부동산매매계약에서 매수인이 부가가치세를 부담하기로 약정한 경우 부가가치세를 매매대금과 별도로 지급하기로 했다는 등의 특별한 사정이 없는 한, 부가가치세를 포함한 매매대금 전부의 지급의무와 소유권이전등기의무(대판 2006. 2. 24. 2005다58656)
⑦ 중간생략등기 합의 후 최초매도인과 중간자 사이에 매매대금 인상 합의가 있는 경우 최종매수인의 소유권이전등기청구권과 최초매도인의 인상된 매매대금청구권(대판 2005. 4. 29. 2003다66431).
⑧ 구분소유적 공유관계가 해소되는 경우, 공유지분권자 상호 간의 지분이전등기의무(대판 2008. 6. 26. 2004다32992).

단락문제 Q5

동시이행의 항변권(同時履行抗辯權)에 관한 다음 기술 중 옳지 않은 것은?

① 동시이행의 항변권은 유치권과 달리 상당한 담보의 제공으로 소멸시킬 수 있다.
② 임대차종료 시에 임대인의 보증금반환의무와 임차인의 목적물명도의무 사이에는 동시이행의 관계가 인정된다.
③ 중도금지급의무의 불이행 상태에서 잔금지급기일이 지난 경우 매수인의 중도금을 포함한 매매잔대금의 지급의무와 매도인의 소유권이전등기의무는 동시이행관계이다.
④ 동시이행의 항변권을 가지는 자는 이행기에 이행하지 않더라도 이행지체책임을 부담하지 않는다.
⑤ 판례에 따르면 동시이행의 항변권은 이를 주장하지 않는 한 효력이 발생하지 않으며 법원이 직권으로 고려할 것은 아니다.

해설 동시이행항변권의 특징

① (×) 유치권에서는 채무자는 상당한 담보를 제공하고 유치권의 소멸을 청구할 수 있으나(제327조), 동시이행항변권에는 이러한 제도가 없다.
② (○) (대판 1977. 9. 24. 77다1241)
③ (○) 매수인이 약정대로 중도금을 지급하지 않음으로써, 매도인이 소유권이전등기의무의 이행을 제공하지 않은 것과 관계없이 매수인이 이행지체에 빠졌다고 하더라도, 매도인이 매수인의 중도금지급의무의 불이행을 이유로 매매계약을 해제하지 않고 있는 상태에서 잔금지급기일이 도래하였는데도 매수인이 약정대로 잔금을 지급하지 않았다면, 매수인의 중도금을 포함한 매매잔대금의 지급의무와 매도인의 소유권이전등기의무는, 특별한 다른 사정이 없는 한 동시이행의 관계에 있는 것이라고 봄이 상당하므로 매도인으로서는 소유권이전등기의무의 이행을 제공하지 아니한 채 매수인의 매매잔대금지급의무의 불이행을 이유로 매매계약을 해제할 수 없다(대판 1992. 4. 14. 91다43107).
⑤ (○) 항변권의 원용(주장)이 없는 한 법원이 항변권의 존재를 고려할 것은 아니다(대판 2006. 2. 23. 2005다53187).

답 ①

단락핵심 　　　　　　　　　동시이행의 항변권

(1) 채권양도, 채무인수 등으로 당사자가 변경되었다면 채무의 동일성이 유지된다하더라도 동시이행의 항변권은 소멸한다. (×)
(2) 상대방의 이행 제공시까지만 이행을 거절할 수 있는 연기적 항변권이다. (○)
(3) 채무자가 동시이행의 항변권을 주장하지 아니 하더라도 법원은 청구인용의 판결을 하여서는 아니 된다. (×)
(4) 동시이행의 항변권이 법원에 의해서 인정되면 법원은 상환이행판결을 한다. (○)
(5) 중간생략등기의 합의가 있었다면 최초매도인의 제1매수인에 대한 동시이행항변권은 소멸한다. (×)

제2장 계약총칙

4 위험부담**

24회 출제

(1) 의 의

1) 위험부담이란 쌍무계약상의 일방채무가 채무자의 책임 없는 사유로 이행불능이 되어 소멸한 경우 그에 따른 불이익*을 누가 부담하느냐 하는 문제이다.
2) 쌍무계약에서 양채무의 존속상 견련성을 전제로 한다.

> * 불이익
> 반대급부의 위험
>
> ** 위험
> 대가의 위험을 의미
>
> *** 원상회복의무
> 부당이득반환청구권

(2) 민법의 입장

이들 규정은 임의법규로서 당사자는 이와 다른 특약을 할 수 있다.

1) 원 칙 : 채무자위험**부담주의

민법은 채무자부담주의를 채택하고 있다(제537조).

> 예 甲이 乙에게 건물을 매도한 후 그 이행 전에 지진으로 건물이 멸실된 경우에 채무자 甲은 목적물 이전의무를 면하지만 매매대금도 청구할 수 없다. 즉 이 경우 건물의 멸실에 따른 손해를 채무자인 매도인이 단독으로 부담하게 된다는 것이다.

① 요 건
  ㉠ 쌍무계약의 대가적 채무
  ㉡ 일방채무의 후발적 불능(이행의 전부 및 일부 불능도 포함)
  ㉢ 당사자 쌍방의 책임 없는 사유

② 효 과
  ㉠ 반대급부청구권의 소멸 : 채무자는 상대방의 이행을 청구하지 못한다. 즉, 채무자는 이행불능된 자기채무를 면(免)하나 동시에 상대방에 대한 반대급부청구권도 잃게 된다.
  ㉡ 기이행반대급부(이미 이행한 반대급부)의 반환 : 상대방이 이미 반대급부를 전부 또는 일부 이행한 때에는 원상회복의무***가 발생한다.

2) 예 외 : 채권자귀책사유로 인한 채권자위험부담

다만, 공평의 원칙상 채권자(매수인 乙)의 귀책사유로 이행불능이 발생한 때에는 채권자가 위험을 부담하여 甲은 목적물 이전의무는 면하지만 매매 대금을 청구할 수 있다.

① 요 건
  ㉠ 채권자의 귀책사유 : 채권자의 귀책사유로 인한 이행불능이 발생하여야 한다.
  ㉡ 채권자지체 동안의 이행불능 : 채권자의 수령지체 중에 당사자 쌍방의 책임 없는 사유로 이행불능이 발생한 경우에는 채권자에게 책임 있는 사유로 이행불능이 된 경우와 동일하게 다룬다.

② 효과(채권자의 위험부담)

부동산에 대해서 위험의 이전시기는 원칙적으로 등기한 때이지만 등기에 앞서 인도가 행해진 때에는 부동산 인도시이다.

3편 채권법

단락문제 Q6

위험부담에 관한 다음 설명 중 맞는 것은?

① 위험부담은 원시적 또는 후발적 불능인 경우에 생긴다.
② 쌍무계약 성립 후에 채무자의 귀책사유에 의하여 이행불능이 된 경우에는 위험부담의 문제가 아니다.
③ 위험부담에 관하여 민법이 취하고 있는 태도는 채권자주의이다.
④ 위험부담에 관한 민법의 규정은 강행규정이다.
⑤ 수령지체중이라도 당사자의 과실 없이 이행불능이 된 경우에는 채무자가 위험을 부담한다.

해설 위험부담
① (X) 위험부담은 후발적 불능에서 문제된다(제537조).
② (○) 귀책사유에 의한 이행불능이 된 때에는 그 불능을 야기한 자의 채무불이행이 된다(제390조).
③ (X) 채무자주의가 원칙이다(제537조).
④ (X) 임의규정으로 보는 것이 통설이다.
⑤ (X) 채권자의 수령지체중의 당사자의 과실 없이 이행불능의 경우에는 채권자가 위험을 부담하게 되는 것이 원칙이다(제538조 제1항).

답 ②

제2장 계약총칙

Wide 대상청구권(代償請求權)

① **의 의**
이행불능이 발생한 것과 동일한 원인으로 채무자가 이익을 취득하는 경우 채권자가 본래 급부에 갈음하여 그 이익의 반환을 청구하는 것을 말한다.

② **요 건**(급·후·대·인·동·반·점)
㉠ 물건 또는 권리의 급부를 목적으로 하는 채권일 것
㉡ 급부의 후발적 불능
㉢ 대상(급부에 갈음하는 이익)의 취득
㉣ 인과관계의 존재
㉤ 불능된 급부와 대상의 동일성
㉥ 반대급부의 이행가능성
㉦ 점유취득시효에 기한 이전등기청구권의 경우에는 이행불능 전에 시효완성자가 소유명의자에게 그 권리를 행사(주장)하였을 것

③ **효 과**
채권자는 본래급부에 갈음하여 채무자가 얻은 이익으로 급부할 것을 청구할 수 있다. 채권자가 대상청구권을 행사할 경우 채권자의 반대급부의무도 소멸하지 않고 존속하게 된다.

④ **적용사례**
甲이 X토지를 乙의 Y토지와 교환하였는데, X토지가 다른 법령에 의해 수용된 경우, 乙은 자신의 Y토지를 甲에게 인도하고, 甲이 받은 수용보상금을 자신에게 인도할 것을 청구할 수 있다.

단락핵심 위험부담

(1) 위험부담의 문제는 채무자의 책임 없는 사유로 이행불능이 된 경우에 발생한다. (○)
(2) 민법은 채무자위험부담주의를 원칙으로 한다. (○)
(3) 원시적 불능의 경우에는 대체로 위험부담이 문제된다. (×)
(4) 채권자지체 중에 당사자의 귀책사유 없이 이행불능이 된 경우 채무자는 반대급부의 이행을 청구할 수 있다. (○)
(5) 위험부담에 반하는 특약도 유효하다. (○)

5 제3자를 위한 계약**

9·12회 출제

(1) 의의

제3자를 위한 계약이란 계약당사자가 제3자에게 급부할 것을 목적으로 하는 계약으로서 제3자가 수익의 의사표시를 한 때부터 제3자의 권리가 발생한다(제539조).

예 보험계약, 물건운송계약, 병존적 채무인수, 공탁 등

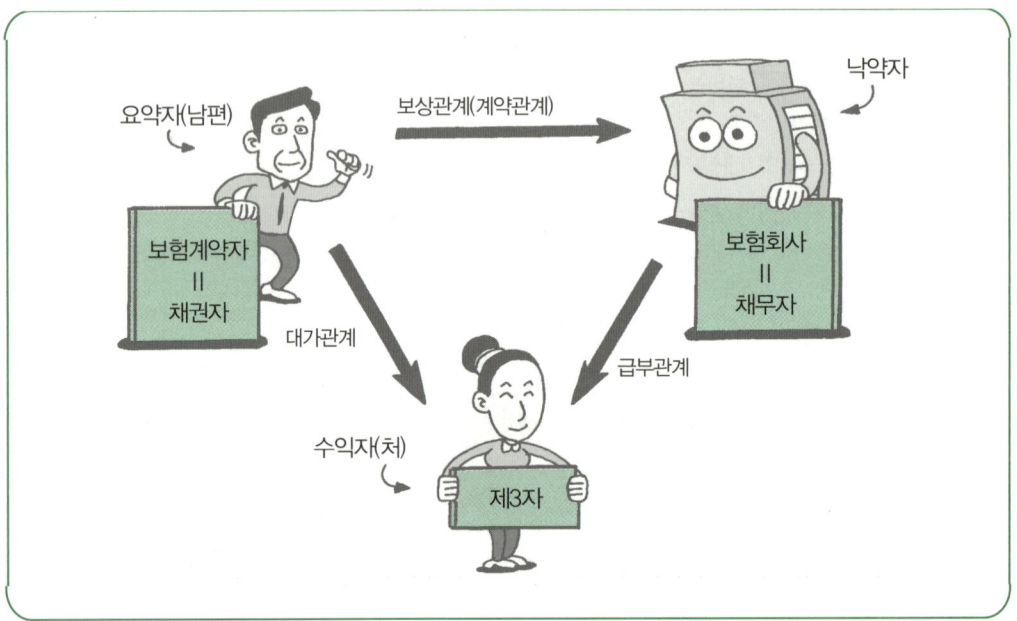

(2) 계약당사자 및 특성

1) 요약자와 낙약자가 계약당사자이다.
2) 수익자(제3자)는 당사자가 아니다.
3) 요약자는 제3자의 대리인이 아니다.
4) 제3자로 하여금 직접 권리를 취득하게 하는 의사표시가 필요하다.
5) 채권계약 외에 물권계약에서도 제3자를 위한 계약의 성립이 가능하다.

(3) 성립요건

1) 당사자 사이에 유효한 계약이 성립하여야 한다.
2) 제3자에게 직접 권리를 취득케 하는 취지*가 계약내용이어야 한다(제3자 약관).
3) 제3자의 수익의 의사표시는 제3자의 권리취득요건일 뿐, 계약의 성립요건은 아니다.

* 제3자에게 직접 권리를 취득케 하는 취지
이행인수와 다르므로 주의

(4) 요약자의 지위

9회 출제

1) 제3자에의 급부청구권

요약자는 낙약자에 대하여 제3자에게 이행할 것을 청구할 수 있고, 이러한 권리는 제3자가 수익의 의사표시를 하기 전에도 존재한다.

2) 계약의 해제·해지권

제3자의 수익의 의사표시가 있은 후라도 낙약자가 채무불이행에 빠진 경우 요약자는 수익자의 동의나 승낙이 없더라도 단독으로 계약을 해제할 수 있다(대판 1970.2.24. 69다1410).

(5) 낙약자의 지위

12회 출제

1) 급부의무·반대급부청구권

① 낙약자는 소정의 급부를 제3자에게 하여야 할 채무를 직접 제3자에 대하여 부담하며, 그 반면 요약자에 대하여 반대급부를 청구할 수 있다.

② 쌍무계약의 경우 낙약자의 제3자에 대한 급부의무와 요약자의 낙약자에 대한 반대급부의무는 동시이행의 관계에 있다.

제3자를 위한 계약

2) 항변권
① 낙약자는 계약에 기한 항변으로 제3자에게 대항할 수 있다(제542조).
② 여기서의 항변이란 제3자의 권리의 존재를 부인하고 그 행사를 저지할 수 있는 모든 사실의 주장을 말하나 그것은 요약자와 낙약자 사이에 계약에 기인한 것에 한정된다.
③ 동시이행의 항변, 기한의 이익, 조건 등이 이에 해당한다.

(6) 수익의 의사표시 전 제3자의 지위
1) 형성권
수익의 의사표시를 할 수 있는 지위는 형성권으로서 상속·양도·채권자 대위권의 목적이 될 수 있다.

2) 존속기간
① 당사자간의 특약이 없으면 형성권은 계약성립시부터 10년간* 행사하지 않으면 소멸된다.
② 채무자는 상당한 기간을 정하여 계약의 이익의 향수여부의 확답을 제3자에게 최고할 수 있다. 채무자가 그 기간 내에 확답을 받지 못한 때에는 제3자가 계약의 이익을 받을 것을 거절한 것으로 본다.

* 10년간
  제척기간
** 채무자
  낙약자
*** 권리의 취득요건
  권리발생요건

(7) 수익의 의사표시 후 제3자의 지위 [18회 출제]
1) 수익의 의사표시
① 직접 낙약자에 대해 권리취득자가 수익의 의사표시를 함으로써 수익자로서 권리를 취득한다. 제3자의 수익의 의사표시는 채무자**를 상대로 하여야 하며, 명시적 또는 묵시적으로 할 수 있다.
② 제3자가 이행을 청구하거나 이행의 소를 제기한 경우에는 수익의 의사표시가 있는 것으로 해석한다.
③ 제3자가 낙약자에 대해 하는 수익의 의사표시는 제3자의 권리의 취득요건***이며 제3자를 위한 계약의 성립요건이 아니다.

2) 수익의 의사표시 후 제3자 권리
① 낙약자(채무자)에 대해 급부의 이행을 청구할 수 있다.
② 수익의 의사표시에 의해 제3자의 권리가 발생한 경우에는 계약당사자도 이를 변경 또는 소멸시킬 수 없다(요약자의 취소·법정해제권·약정해제권 행사는 가능, 합의해제는 불가능).
③ 제3자는 계약의 당사자가 아니므로 낙약자가 이행하지 않더라도 해제나 취소를 할 수는 없다.

제2장 계약총칙

단락문제 07

제3자를 위한 계약에 대한 다음 설명 중 맞는 것은?

① 제3자의 수익의 의사표시는 계약의 성립요건이다.
② 낙약자는 계약상의 권리에 대하여 이 권리를 발생시킨 계약의 무효 및 취소의 효과를 주장할 수 없다.
③ 타인을 위한 보험계약은 제3자를 위한 계약이 아니나, 이미 요약자가 제3자에 대하여 부담하고 있는 채무를 낙약자가 그대로 인수하여 그 채무를 승계하는 계약도 제3자를 위한 계약이다.
④ 제3자를 위한 계약에서 채무자는 채권자에 대한 항변사유로써 제3자(수익자)에게 대항할 수 없다.
⑤ 제3자의 권리가 발생한 후에는 당사자는 이를 변경하지 못한다.

해설 제3자를 위한 계약
① (×) 제3자의 권리취득요건일 뿐 계약의 성립요건은 아니다.
② (×) 낙약자는 계약의 당사자로서 계약에 무효·취소의 원인이 있으면 그 효과를 주장할 수 있다. 즉, 계약에 기인하는 항변은 제3자에게 대항할 수 있다.
③ (×) 전자인 타인을 위한 보험계약은 제3자를 위한 계약이나, 후자는 채무인수에 해당한다.
④ (×) 대항할 수 있다(제542조).
⑤ (○) (제541조)

답 ⑤

단락핵심 제3자를 위한 계약

(1) 제3자의 권리는 제3자가 채무자에 대하여 계약의 이익을 받을 의사를 표시한 때에 생긴다. (○)
(2) 채무자는 계약에 기한 항변으로 계약의 이익을 받을 제3자에게 대항할 수 있다. (○)
(3) 제3자의 권리가 생긴 후에는 계약당사자는 이를 변경 또는 소멸시킬 수 없다. (○)
(4) 낙약자가 채무를 이행하지 않는다면 요약자는 제3자의 동의가 없어도 계약을 해제할 수 있다. (○)

04 계약의 해제·해지

10·11·20·23회 출제

제543조(해지, 해제권) ① 계약 또는 법률의 규정에 의하여 당사자의 일방이나 쌍방이 해지 또는 해제의 권리가 있는 때에는 그 해지 또는 해제는 상대방에 대한 의사표시로 한다.
② 전항의 의사표시는 철회하지 못한다.

제544조(이행지체와 해제) 당사자 일방이 그 채무를 이행하지 아니하는 때에는 상대방은 상당한 기간을 정하여 그 이행을 최고하고 그 기간 내에 이행하지 아니한 때에는 계약을 해제할 수 있다. 그러나 채무자가 미리 이행하지 아니할 의사를 표시한 경우에는 최고를 요하지 아니한다.

제545조(정기행위와 해제) 계약의 성질 또는 당사자의 의사표시에 의하여 일정한 시일 또는 일정한 기간 내에 이행하지 아니하면 계약의 목적을 달성할 수 없을 경우에 당사자 일방이 그 시기에 이행하지 아니한 때에는 상대방은 전조의 최고를 하지 아니하고 계약을 해제할 수 있다.

제546조(이행불능과 해제) 채무자의 책임 있는 사유로 이행이 불능하게 된 때에는 채권자는 계약을 해제할 수 있다.

제548조(해제의 효과, 원상회복의무) ① 당사자 일방이 계약을 해제한 때에는 각당사자는 그 상대방에 대하여 원상회복의 의무가 있다. 그러나 제3자의 권리를 해하지 못한다.
② 전항의 경우에 반환할 금전에는 그 받은 날로부터 이자를 가하여야 한다.

제550조(해지의 효과) 당사자 일방이 계약을 해지한 때에는 계약은 장래에 대하여 그 효력을 잃는다.

1 서설

15·22회 출제

(1) 해제의 의의

27회 출제

1) 의의

해제란 해제권을 가진 당사자 일방의 의사표시에 의해 유효하게 성립하여 존재하는 계약관계를 해소하고 처음부터 계약이 존재하지 않았던 것과 같은 상태에 복귀시키는 것을 말한다(제548조).

2) 해제계약(합의해제)과의 구별

해제계약은 당사자 간의 합의에 의해 성립하는 새로운 계약이며, 계약의 합의해제나 합의해지에는 민법의 해제나 해지에 관한 규정이 적용되지 않는다(대판 1997.11.14. 97다6193).

 묵시적 의사표시에 의한 합의 해제

계약의 합의해제는 명시적으로뿐만 아니라 당사자 쌍방의 묵시적인 합의에 의하여도 할 수 있으나, 묵시적인 합의해제를 한 것으로 인정되려면 계약이 체결되어 그 일부가 이행된 상태에서 당사자 쌍방이 장기간에 걸쳐 나머지 의무를 이행하지 아니함으로써 이를 방치한 것만으로는 부족하고, 당사자 쌍방에게 계약을 실현할 의사가 없거나 계약을 포기할 의사가 있다고 볼 수 있을 정도에 이르러야 한다(대판 2011.2.10. 2010다77385).

제2장 계약총칙

 계약의 합의해제에 있어 민법 제548조 제1항 단서의 적용 여부

계약의 합의해제에 있어서도 민법 제548조의 계약해제의 경우와 같이 이로써 제3자의 권리를 해할 수 없다(대판 2005.6.9. 2005다6341).

3) 해제와 다른 제도와의 비교

① 해제조건은 조건의 성취에 의해 계약이 **당연히 실효***되며, 해제는 이미 성립한 계약을 후발적 사유를 이유로 원상회복시키는 것이나, ② 취소는 계약뿐만 아니라 모든 의사표시를 소급적으로 무효로 만든다는 점에서 다르다. 계약의 기초가 된 의사표시를 취소하면 계약은 소급적으로 불성립 상태가 되어 해제와 유사한 효과가 발생하나, 이 경우에는 원상회복이 아닌 부당이득의 문제가 발생한다. ③ 법률행위의 효력의 발생 전에 그 효력발생을 저지하는 철회와 구별된다.

* **당연히 실효**
해제의 의사표시를 요하지 않는다는 의미

 계약의 해제

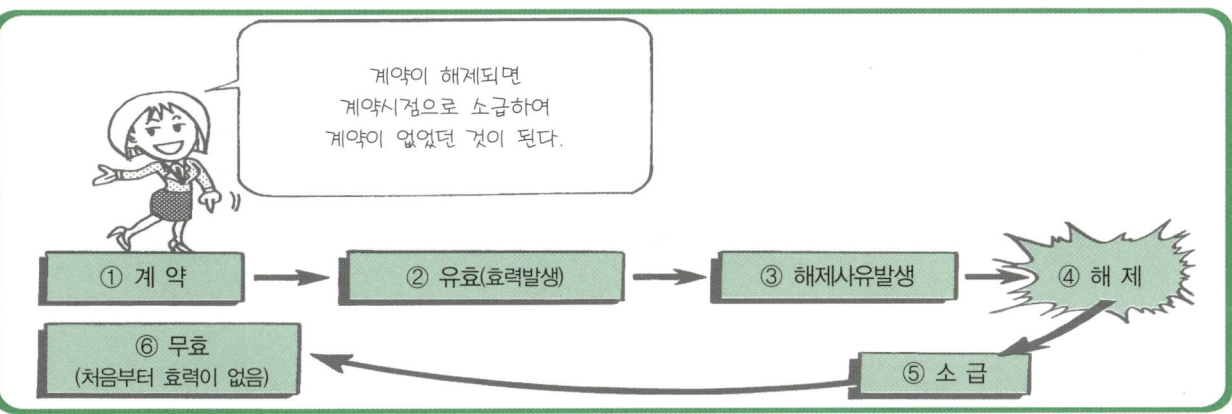

▼ 해제와 다른 제도와의 비교

구 분	특 성
해제(법정·약정)	① 일시적 계약 특유의 단독행위 ② 법정해제사유 및 약정해제사유에 의해 발생 ③ 소급효 인정 ④ 원상회복의무와 손해배상의무 발생
해 지	① 계속적 계약관계에서 적용되는 단독행위 ② 법정해지사유 및 약정해지사유 ③ 소급효 인정되지 않는다. 장래에 향해서만 소멸 ④ 청산의무발생하지만 원상회복의무에까지 이르지는 않는다 ⑤ 손해배상청구 가능
해제계약(합의해제)	① 당사자의 합의(계약)에 의한 해제로서 단독행위가 아니다. ② 소급효 및 원상회복의무는 인정된다. ③ 당사자의 합의에 의한 것으로 특별한 약정이 없는 한 손해배상은 인정되지 않는다.
취 소	① 일반법률행위에 적용되는 단독행위 ② 취소사유는 법률의 규정에 정해진다. ③ 소급효 인정 ④ 부당이득반환의무 발생
철 회	① 일반법률행위에서 적용되는 단독행위 ② 법률행위의 효력이 발생하기 전에만 가능 ③ 소급효나 원상회복의 문제는 발생하지 않는다.

제2장 계약총칙

> **Key Point** 해제와 취소
>
> | 구분 | 해제 | 취소 |
> |---|---|---|
> | 적용범위 | 계약에만 특유한 제도이다. | 계약에 한하지 않고 모든 법률행위(의사표시)에서 문제된다. |
> | 발생원인 | 법률의 규정(법정해제권) 이외에 당사자 사이의 계약(약정해제권)으로도 발생한다. | 다음의 4가지로 법정되어 있다.
① 착오 ② 사기
③ 강박 ④ 제한능력자의 법률행위 |
> | 행사자와 상대방 | 계약당사자 및 그의 대리인 및 승계인 | 제한능력자와 하자 있는 의사표시를 한 자 및 그의 대리인 및 포괄승계인 |
> | 행사방법 효과상의 차이 | 정기행위가 아닌 이행지체 또는 불완전 이행중 추완이 가능한 경우에는 최고가 필요하다.
① 해제 후의 법률관계 : 소급적으로 무효가 되고 원상회복의무와 손해배상청구권이 발생한다.
② 제3자에 대한 효과 : 계약의 해제로 제3자의 권리를 해하지 못하며, 해제 후에 이해관계를 맺은 경우라도 선의 제3자에게는 대항할 수 없다. | 최고가 필요없다.
① 부당이득반환의무가 발생한다.
② 원칙 : 제3자의 선의, 악의를 불문하고 무효를 주장할 수 있다.
③ 예외 : 거래의 안전을 위하여 착오, 사기, 강박의 경우, 선의의 제3자에게 대항하지 못하며, 취소 후라도 등기 등이 말소되기 전에 이해관계를 맺은 선의의 제3자는 보호된다. |
> | 소멸원인 기간 | 상대방의 최고에 의하여 소멸하며 특히 해제권자가 고의, 과실로 목적물을 현저히 훼손한 경우에 해제권이 소멸한다. | ① 상대방의 최고에 의하여 소멸하나, 그 외 법정추인의 경우에도 소멸된다.
② 형성권으로 포기가 인정된다.
③ 단기소멸시효로 추인할 수 있는 날로부터 3년 내, 법률행위를 한 날로부터 10년 내 행사해야 한다. |

(2) 해제 및 해제권의 특징

① <u>상대방 있는 단독행위</u>이다. ② <u>형성권</u>(일방적 의사표시에 의한다)이다. ③ 해제권에는 약정해제권과 법정해제권이 있다.

2 법정해제권의 발생★★★

(1) 이행지체로 인한 해제권

채무의 이행이 지체된 경우 해제할 수 있고 이 경우에는 <u>원칙적으로 최고가 필요</u>하다.

최고를 요하는 경우	최고를 요하지 않는 경우
채무의 이행기가 도래하고, 이행이 가능한 경우에 채무자의 이행지체와 채권자의 상당한 기간을 정한 최고 및 유예기간 내의 불이행시	① 정기행위 ② 채무자의 이행거절 ③ 최고를 요하지 않는다는 특약을 한 경우

이행거절의 의사가 명백한 경우 즉시 해제가 가능하다고 한 사례

부동산 매도인이 **중도금의 수령을 거절하였을 뿐만 아니라, 계약을 이행하지 아니할 의사를 명백히 표시한 경우**, 매수인은 신의성실의 원칙상 소유권이전등기의무 **이행기일까지 기다릴 필요 없이 이를 이유로 매매계약을 해제할 수 있다**(대판 1993. 6. 25. 93다11821).

Professor Comment

정기행위란 계약의 성질이나 당사자의 의사표시에 의하여 일정한 시일 또는 일정한 기간 내에 이행하지 않으면 계약목적을 달성할 수 없는 경우를 말한다.
예 연회를 위한 요리주문, 결혼예복의 주문 등

(2) 이행불능으로 인한 해제권
채무의 이행이 후발적으로 불능이 된 경우에는 최고 없이 해제할 수 있다.

(3) 불완전이행으로 인한 해제권
이행행위는 있었지만 완전한 급부의 이행으로 볼 수 없는 경우, 이행지체에 준하여 최고가 필요한 것이 원칙이지만, 완전한 급부가 불가능하게 된 경우에는 이행불능으로 보아 최고 없이 해제할 수 있다.

(4) 채권자지체로 인한 해제권

소수설	신의칙에 기한 법정책임으로 보는 견해 : 해제권 부정
다수설	채무불이행으로 보는 견해 : 채무자의 해제권 인정

(5) 사정변경의 원칙에 의한 해제권
판례는 해지의 경우 널리 인정하는 것에 반하여, 일회적 급부를 내용으로 하는 계약의 경우 해제권을 인정하지 않는 태도를 보이고 있다. 다만, 최근 전향적인 판례가 있다.

 사정변경에 의한 해제권의 인정 여부

이른바 **사정변경으로 인한 계약해제**는, 계약성립 당시 당사자가 예견할 수 없었던 현저한 사정의 변경이 발생하였고 그러한 사정의 변경이 해제권을 취득하는 당사자에게 책임 없는 사유로 생긴 것으로서, 계약내용대로의 구속력을 인정한다면 신의칙에 현저히 반하는 결과가 생기는 경우에 계약준수 원칙의 예외로서 인정되는 것이고, 여기에서 말하는 사정이라 함은 계약의 기초가 되었던 객관적인 사정으로서, 일방당사자의 주관적 또는 개인적인 사정을 의미하는 것은 **아니다**.(대판 2007. 3. 29. 2004다31302)

(6) 부수적 채무의 불이행과 해제
급부의무 이외의 부수적 의무에 대한 불이행만으로서는 해제권이 발생하지 않는다.

 판례 부수적 채무의 불이행과 해제

매매계약시 향후 작성할 검인계약서상의 매매대금을 실제 대금과는 달리 매매대상 부동산의 과세표준액으로 작성하기로 약정하였으나 매수인이 이를 이행하지 않은 경우 특별한 사정이 없는 한 그 불이행만을 들어 매도인이 위 매매계약을 해제할 수는 없다(대판 1992.6.23. 선고 92다7795).

단락문제 08

다음은 최고(催告)를 요하지 않고 계약을 해제할 수 있는 경우이다. 틀린 것은?

① 사정변경의 원칙에 의하여 해제하는 경우
② 이행불능에 의해서 해제하는 경우
③ 부정기행위의 이행지체 때문에 해제하는 경우
④ 채무자가 처음부터 이행을 거절했을 때 해제하는 경우
⑤ 정기행위(定期行爲)의 이행지체로 해제하는 경우

해설 해제권의 발생과 최고
이행지체를 이유로 한 해제시에는 최고가 필요하지만 예외적으로 ㉠ 정기행위, ㉡ 채무자의 이행거절, ㉢ 최고를 요하지 않는다는 특약을 한 경우에는 최고할 필요가 없다. 따라서 ③의 경우 최고가 필요하다. ①의 경우 사정변경에 의해 해제권이 발생하는 경우에는 사실상 이행불능과 동일하기 때문에 최고가 필요없다고 본다.   **답** ③

3 법정해제권의 행사★★★

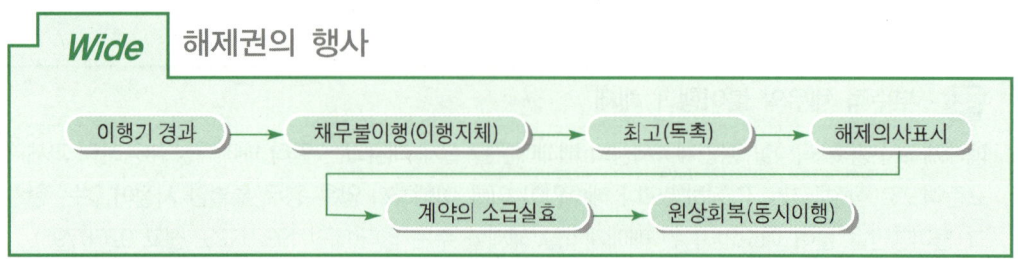

(1) 해제의 방법
1) 이행지체에 의한 해제를 하기 위해서는 원칙적으로 이행의 최고를 하여야 한다.
2) 해제권의 행사는 상대방에 대한 의사표시로 한다.
3) 해제의 의사표시의 방식에는 아무런 제한이 없다.
4) 해제의 의사표시에는 원칙적으로 조건이나 기한을 붙이지 못하며, 일부해제는 예외적으로 인정될 뿐이다(해제의 불가분성 참조).
5) 해제의 의사표시는 철회하지 못한다. 단, 상대방의 승낙이 있으면 철회할 수 있다.

(2) 해제권의 (인적)불가분성
1) 당사자의 일방 또는 쌍방이 수인인 경우에는 계약의 해지나 해제는 그 전원으로부터 또는 전원에 대하여 하여야 한다(제547조).
2) 당사자 1인의 해제권이나 해지권이 소멸하면 다른 당사자의 권리도 소멸한다.

4 법정해제권 행사의 효과★★★   12·17·21회 출제

(1) 원상회복의무(원물반환의무)
1) **계약의 소급적 실효**
   미이행 채무는 당연히 소멸하고, 이행한 부분은 해제로 당연히 효력을 상실하여 원상회복(반환의무)해야 할 뿐만 아니라 반환할 금전에는 그 받은 날부터 이자를 가산하여야 한다(제548조 제2항).
2) **제3자의 보호** : 소급효의 제한
   해제에 의하여 계약이 소급적으로 소멸하더라도 제3자의 권리를 해하지 못한다(제548조 제1항 단서).
   ① 제3자란 해제된 계약에 기하여 생긴 법률관계를 기초로 하여 법률상 새로운 이해관계를 맺은 자를 말하며, 원칙적으로 해제 전에 이해관계를 맺어야 하나, 예외적으로 해제 후 그 외관이 존속하는 동안에 권리를 취득한 자를 포함한다(대판 2000.4.21. 2000다584, 해제 후 등기말소 전 부동산을 취득하고 이전등기한 자의 사례).

㉠ 해제 전에 이해관계를 맺은 경우에는 해제 가능성에 대한 선·악의와 과실여부를 불문한다.
㉡ 해제 후 공시방법을 제거하기 전에 이해관계를 맺은 경우에는 선의이면 보호받는다.
> 예 매매계약을 해제하였으나, 등기를 말소하기 전에 매수인이 제3자에게 매도하고 등기를 이전한 경우 제3자가 선의이면 보호받는다.

② 권리란 계약상의 급부목적인 물건이나 권리의 양수인, 저당권자, 질권자 등을 말하며 등기나 인도 등 공시방법도 갖추고 있어야 한다. 일반적인 채권은 이에 해당하지 않으며, 예외적으로 대항력을 갖춘 경우*에는 보호받는다.

> *예외적으로 대항력을 갖춘 경우
> 대항력 있는 주택임차인

(2) 손해배상(해제와 양립가능)

계약의 해제는 손해배상의 청구에 영향을 미치지 아니한다(제551조).

> **판례** 계약해제의 효과
>
> ① 계약해제의 효과로서의 원상회복의무를 규정한 「민법」제548조 제1항 본문은 부당이득에 관한 특별 규정의 성격을 가진 것이라 할 것이어서, **그 이익 반환의 범위**는 이익의 현존 여부나 선의, 악의에 불문하고 **특단의 사유가 없는 한 받은 이익의 전부이다**(대판 1997.12.9. 96다47586).
> ② 계약의 합의해제에 대하여는 제548조 제2항의 적용이 없으므로, 당사자 사이에 약정이 없는 이상 합의해제로 인하여 반환할 금전에 그 받은 날로부터의 **이자를 가하여야 할 의무가 있는 것은 아니다**(대판 1996.7.30. 95다16011).
> ③ 그러나 계약이 합의해제된 경우에는 그 해제시에 당사자 일방이 상대방에게 손해배상을 하기로 특약하거나 손해배상청구를 유보하는 의사표시를 하는 등 다른 사정이 없는 한 **채무불이행으로 인한 손해배상을 청구할 수 없다**(대판 1989.4.25. 86다카1147·148).

(3) 동시이행

해제의 결과 당사자 쌍방이 원상회복의무 및 손해배상의무를 부담하게 된 때에는 양채무는 서로 동시이행의 관계에 있다.

5 법정해제권의 소멸

(1) 채무의 이행 또는 이행의 제공

이행지체로 인한 해제권이 발생한 후이더라도 채권자가 해제권을 행사하기 전에 채무자가 채무내용에 좇은 이행 또는 이행의 제공을 하면 해제권은 소멸한다(통설).

(2) 제척기간의 경과

해제권은 이른바 형성권으로서 **10년의 제척기간***에 걸린다.

> *10년의 제척기간
> 권리의 존속기간

(3) 포 기
해제권자는 이미 발생한 그의 해제권을 포기할 수 있다.

(4) 해제권행사의 최고
해제권의 행사기간이 정해지지 않은 때에는 상대방은 해제권자에게 상당한 기간을 정하여 해제권행사여부의 확답을 최고할 수 있다. 이 경우 그 기간 내에 상대방이 해제의 통지를 받지 못하면 해제권은 소멸한다(제552조).

(5) 목적물의 훼손·반환불능·가공 또는 개조
해제권자가 고의 또는 과실로 계약의 목적물을 현저히 훼손하거나 반환할 수 없게 된 때 또는 가공이나 개조하여 다른 종류의 물건으로 변경한 때에는 해제권은 소멸한다(제553조).

(6) 계약채무의 소멸시효(시효소멸)
계약채무가 소멸시효기간의 경과로 소멸하면 해제권은 행사할 수 없다.

(7) 다수당사자 중 1인의 해제권소멸
당사자의 일방 또는 쌍방이 수인(數人)인 경우 1인에 관하여 해제권이 소멸하면 다른 모든 자에 관하여도 해제권이 소멸한다(제547조 제2항).

6 법정해제·약정해제·합의해제

해제의 효과가 발생하는 것은 법정해제·약정해제·합의해제가 있는 바 그 특징과 효과는 다음과 같다.

구 분		법정해제	약정해제	합의해제
근 거		법 령	당사자 간에 사전에 합의한 사유	계약 후 당사자 간의 사후합의
성 격		형성권	형성권	계 약
행사효과	① 소급효	○	○	○
	② 법정이자의 반환	○	○	×
	③ 손해배상 인정	○	×(특약 가능)	×

단락문제 09

계약의 해제에 관한 다음 설명 중 틀린 것은?

① 해제의 의사표시의 방식에는 아무런 제한이 없으나, 이에 조건이나 기한을 붙이지 못한다.
② 당사자의 일방 또는 쌍방이 수인인 경우, 계약의 해제는 그 전원으로부터 또는 전원에 대하여 하여야 한다.
③ 해제시의 손해배상은 이행이익의 배상이라고 보는 것이 통설·판례의 입장이다.
④ 계약상 채무의 일부이행이 있은 이후에 계약을 해제하는 경우 양당사자는 각기 수령한 급부를 상대방에게 반환하여야 한다.
⑤ 해제로 인하여 계약이 소급적으로 실효되면 해제권자는 손해배상을 청구할 수 없게 된다.

해설 해제의 효과
① (○) 의사표시의 방식제한이 존재하지 않으며, 다만 단독행위에 해당하므로 조건이나 기한과 친하지 않다.
② (○) 이를 해제의 불가분성이라 한다(제547조).
③ (○) (대판 2002.6.11. 2002다2539)
④ (○) 이를 원상회복의무라고 한다(제548조 제1항).
⑤ (×) 해제는 손해배상청구에 영향을 주지 않는다(제551조). 따라서 해제를 하고 손해배상도 청구할 수 있다.

답 ⑤

단락핵심 — 계약의 해제

(1) 해제권은 당사자 사이의 계약이나 법률규정에 의하여 발생한다. (○)
(2) 해제의 효과로서 원상회복의무가 발생하지만, 해제의 의사표시 전에 해제된 계약으로부터 생긴 법률관계를 기초로 하여 새로운 물권을 취득한 악의의 제3자의 권리를 해하지 못한다. (○)
(3) 제3자가 매수인으로부터 매매목적물에 관하여 소유권이전등기를 경료받은 후에 매도인이 계약을 해제하였다면 매도인은 소유권에 기하여 제3자명의의 소유권이전등기말소를 청구할 수 있다. (×)
(4) 해제권자의 고의나 과실로 인하여 계약의 목적물이 현저히 훼손되거나 이를 반환할 수 없게 된 때에는 해제할 수 있으나 그 손해를 배상하여야 한다. (×)
⇒ 해제할 수 없다.

7 계약의 해지

(1) 해지의 의의

1) 계속적·회귀적 급부를 목적으로 하는 계약관계를 장래에 향하여 소멸케 하는 것을 말하며, 오직 **장래에 향하여 효력을 발생***하는 점에서 계약의 효력을 소급적으로 소멸시키는 해제와 구별된다.

* 장래에 향하여 효력을 발생
비소급효

2) 전형계약 중에서는 소비대차·사용대차·임대차·고용·위임·임치·조합·종신정기금, 증여 중 정기증여 등 계속적 채권관계에 적용된다.

Key Point | 해제와 해지

| 해 제 | 일시적 계약 | 계약의 소급적 소멸 | 원상회복의무 | 손해배상청구 병존 |
| 해 지 | 계속적 계약 | 비소급적 실효 | 청산의무 | 손해배상청구 병존 |

(2) 해지권의 발생 및 소멸

해지권의 발생·종류	약정해지권, 법정해지권, 판례상의 사정변경에 의한 해지
해지권의 소멸	해지권도 형성권으로서 10년의 제척기간에 걸린다.

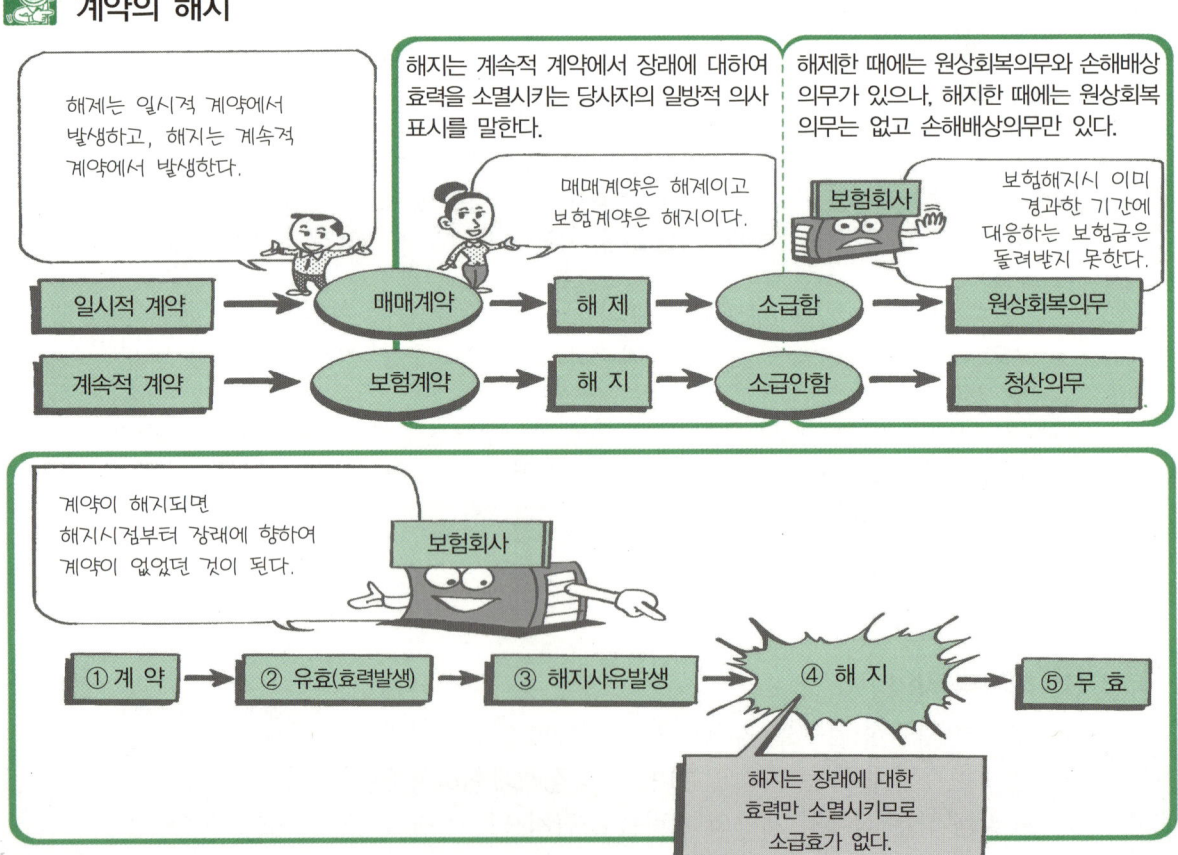

제2장 계약총칙

 판례 계속적 보증계약에서 현저한 사정변경을 이유로 해지를 인정한 사례

이른바 계속적인 보증계약에 있어서, 보증계약 당시의 사정에 현저한 변경이 생긴 경우에는 보증인은 보증계약을 해지할 수 있다고 보아야 할 것인 바, **회사의 임원이나 직원의 지위에 있기 때문에 회사의 요구로 부득이 회사와 제3자 사이의 계속적 거래로 인한 회사의 채무에 대하여 보증인이 된 자 그 후 회사로부터 퇴사하여 임원이나 직원의 지위를 떠난 때에는**, 보증계약 성립당시의 사정에 현저한 변경이 생긴 경우에 해당하므로 **사정변경을 이유로 보증계약을 해지할 수 있다**(대판 1990.2.27. 89다카1381).

(3) 해지권의 행사
해지권은 형성권이므로 상대방에 대한 일방적 의사표시로 행사한다.

(4) 해지의 효과 `23회 출제`

1) **계약관계의 비소급적 소멸**
   이미 이행한 정당한 급부는 수령자가 그대로 보유

2) **청산의무**
   해지시를 기준으로 부당한 기이행급부의 반환, 미이행급부의 이행의무

3) **손해배상**
   해지는 손해배상의 청구에 영향을 미치지 않는다(제551조).

단락문제 Q10

계약의 해지에 관한 다음 기술 중 옳은 것은?

① 계약해지와 별도로 손해배상을 청구할 수 없다.
② 해지권은 계속적 채권관계에서 발생한다.
③ 해지권은 형성권이 아니다.
④ 계약해지의 효력은 계약성립당시에 소급한다.
⑤ 해제와 마찬가지로 판례는 사정변경에 의한 해지권을 인정하는데 인색하다.

해설 해지의 효과
① (X) 별도로 손해배상을 청구할 수 있다(제551조).
② (○) 해지는 계속적 채권관계 자체를 종료시킬 필요가 있고, 장래를 향하여만 효력을 소멸시키기 위해 인정되는 것이다.
③ (X) 해지권은 법정사유가 존재하면 일방적으로 행사할 수 있는 형성권이다.
④ (X) 해지에는 소급효가 인정되지 않는다(제550조).
⑤ (X) 판례는 사정변경에 의한 계약의 해지권을 널리 인정하고 있다(대판 1990.2.27. 89다카1381).

답 ②

CHAPTER 03 계약각론

학습포인트

- 계약각론의 출제범위는 매매, 임대차, 도급, 위임에 한정되어 있다. 매매를 기초로 학습하고 나머지 계약의 특징을 파악하도록 노력한다.
- 학습의 포인트는 유상계약의 대표적인 형태인 매매의 효력과 담보책임, 계약금계약, 가장 널리 이용되는 임대차계약, 각종 계약에서 준용되는 위임의 법률관계이다.
- 도급의 경우 담보책임과 관련한 조문은 주의해서 보아야 한다.

CHAPTER 학습 & 출제되는 키워드

- ☑ 매 매
- ☑ 매도인의 담보책임
- ☑ 부동산임차권의 물권화
- ☑ 부속물매수청구권
- ☑ 임차권의 양도와 전대
- ☑ 도 급
- ☑ 도급인의 해제권
- ☑ 비용선급의무
- ☑ 계약금
- ☑ 환 매
- ☑ 임대차의 존속기간
- ☑ 지상물매수청구권
- ☑ 보증금
- ☑ 완성물인도의무
- ☑ 위 임
- ☑ 필요비상환의무
- ☑ 계약비용의 부담
- ☑ 임대차
- ☑ 임대차의 효력
- ☑ 비용상환청구권
- ☑ 권리금
- ☑ 도급인의 담보책임
- ☑ 수임인의 선관주의의무
- ☑ 위임의 해지

CHAPTER 학습 & 출제되는 질문

- ☑ 계약금(契約金)에 관한 다음 기술 중 틀린 것은?
- ☑ 당사자 사이에 다른 약정이 없는 경우, 매수인의 권리·의무에 관한 다음 설명 중 틀린 것은?
- ☑ 환매권과 재매매예약완결권의 비교에 관한 다음 기술 중 틀린 것은?
- ☑ 다음은 임대차보증금에 대한 설명이다. 틀린 것은?
- ☑ 임대차종료시의 법률관계에 관한 판례의 입장으로 옳은 것은?
- ☑ 도급에 관한 설명으로 틀린 것은?
- ☑ 위임의 종료와 관계없는 것은?

제3장 계약각론

01 매 매   28회 출제

1 매매의 의의

당사자의 일방이 상대방에게 재산권을 이전할 것을 약정하고, 상대방이 이에 대하여 그 대금을 지급할 것을 약정함으로써 성립하는 계약으로 낙성, 유상·쌍무, 불요식계약이다.

2 매매의 성립

(1) 매매의 예약(제564조 참조)★   27회 출제

 1) 예약완결권은 양도성이 있고, 부동산매매계약의 예약완결권은 가등기할 수 있다.
 2) 예약완결권은 형성권이므로 10년간 행사하지 않으면 소멸된다.

 매 매

매매란 일방이 상대방에게 재산권을 이전할 것을 약정하고 상대방이 이에 대한 대금지급을 약정함으로 성립하는 계약이다.

매매는 재산권이전과 대금지급에 대한 의사의 합의만 있으면 성립한다.

매매는 불요식계약이지만 일반적으로 계약서는 쓴다.

(2) 계약금(제565조)

18회 출제

1) 의의 및 성질

① 계약금은 매매 등의 계약*을 체결할 때에 교부되는 금전 기타의 유가물을 말한다.

> * 매매 등의 계약
> 유상계약

② 계약금은 매매계약의 필수적 요소는 아니며 매매계약에 부수하는 종된 계약이다.

③ 계약금계약은 금전이나 유가물의 교부를 요건으로 하므로 요물계약이다. 따라서 계약금의 효력은 계약금을 전부 지급한 때부터 발생하며 계약금계약만 존재하거나, 일부만 지급한 경우에는 계약금에 의한 해제를 할 수 없다(대판 2008.3.13. 2007다73611).

④ 계약금은 반드시 매매계약과 동시에 지급해야 하는 것은 아니며, 항상 매수인 측에서만 지급하는 것도 아니므로 매도인의 입장에서 지급할 수도 있다.

2) 계약금의 종류

① 증약금
계약금은 계약체결의 증거금으로서의 의미를 갖는 금전이다.

② 해약금
해제권을 유보하는 계약금. 원칙적으로 계약금·보증금 등 그 명칭에 관계없이 원칙적으로 해약금의 성질을 가진 것으로 추정한다.

③ 손해배상액의 예정(위약금의 예정)
손해배상액의 예정이란 당사자가 미리 채무불이행에 대비하여 그 배상액을 정하여 두고 채무불이행이 발생하면 채권자가 그 정한 액을 손해배상으로 청구할 수 있도록 하는 약정이다. 계약금의 경우 '계약금을 교부받은 자가 계약을 위반하면 그 배액을 상환하고, 교부한 자가 위반하면 수령한 자가 몰수한다'는 특약을 한 경우에 한하여 손해배상액의 예정으로 본다(대판 1981.7.28. 80다2499).

 계약금의 해약금 추정

제3장 계약각론

④ 위약벌

손해배상과 관계없이 계약의 위반시 당연히 상대방에게 지급할 것을 약속한 금전을 말한다. 이 경우에는 위약벌과 별도로 손해배상의 청구가 가능하다. 판례는 특별한 약정이 있는 경우에 한하여 계약금을 위약벌로 본다.

3) 해약금의 효력

① 다른 약정이 없는 한 당사자의 일방이 이행에 착수할 때까지 교부자는 이를 포기하고 수령자는 그 배액(倍額)을 상환하여(이행의 제공) 매매계약을 해제할 수 있다.
② 해약금에 의한 해제에 있어서는 보통의 해제에 있어서와 달리 원상회복의무가 생기지 않으며, 손해배상청구권도 발생하지 않는다. 아직 이행 전이고 약정해제이기 때문이다.
③ 이행의 착수란 채무의 이행에 필요한 객관적이고 외부적인 행위로 특별한 사정이 없는 한 이행기 전에도 이행의 착수를 할 수 있다.

판례 상대방이 계약금을 수령하지 않는 경우 ; 공탁불요

매도인의 배액을 상환하고 계약을 해제하려면 계약해제의 의사표시 외에 계약금배액의 이행제공이 있으면 족하고, 상대방이 이를 수령하지 아니한다 하더라도 이를 공탁할 필요는 없다 (1981. 10. 27. 선고, 80다2784).

판례 이행의 착수

1. 토지매수인이 잔대금의 지급을 위하여 매도인의 대리인에게 잔금을 준비하여 왔음을 알리면서 이전등기서류의 준비 여부를 문의하고 매도인측이 계약을 이행할 의사가 없는 것이 아닌가 하는 의심이 들만한 행동을 하므로 그날 토지에 대한 처분금지가처분신청을 한 경우매매계약의 잔대금지급의 이행에 착수하였다(대판 1993.5.25. 93다1114).
2. 매매계약 당사자의 일방 또는 쌍방이 이행에 착수한 후에 당초 매매계약의 내용을 그대로 유지하면서 다만 이미 수수된 계약금과 중도금의 합계금원을 새로이 계약금으로, 나머지 미지급 금원을 잔금으로 하고 그 잔금지급 일자를 새로이 정하는 내용의 재계약을 체결하였다 하더라도, 당사자 간에 다른 약정이 없는 한 당사자 일방이나 상대방이 새로이 결정된 계약금의 배액상환 또는 포기로써 해제권을 행사할 수는 없다고 봄이 상당하다(대판 1994.11.11. 94다17659).
3. 매도인이 매수인에 대하여 매매계약의 이행을 최고하고 매매잔대금의 지급을 구하는 소송을 제기한 것만으로는 이행에 착수하였다고 볼 수 없다(대판 2008.10.23. 2007다72274·7228).
4. 국토의 계획 및 이용에 관한 법률에 정한 토지거래계약에 관한 허가구역으로 지정된 구역 안의 토지에 관하여 매매계약이 체결된 후 계약금만 수수한 상태에서 당사자가 토지거래허가신청을 하고 이에 따라 관할관청으로부터 그 허가를 받았다 하더라도, 그러한 사정만으로는 아직 이행의 착수가 있다고 볼 수 없어 매도인으로서는 민법 제565조에 의하여 계약금의 배액을 상환하여 매매계약을 해제할 수 있다(대판 2009.4.23. 2008다62427).

(3) 계약비용의 부담

매매계약에 관한 비용은 당사자 쌍방이 균분하여 부담한다. 다만, 이 규정은 임의규정으로 이에 관하여 당사자 사이에 특약이 있으면 그것에 의하여야 한다. 목적물의 측량이나 평가·계약서작성비 등은 이에 속하나 등기비용은 이에 포함되지 않으므로 관행상 매수인이 부담한다.

단락문제 Q1

계약금에 관한 설명으로 틀린 것은?

① 계약금계약은 주된 계약의 성립 시기와 관계없이 할 수 있으며, 요물계약이라 하더라도 계약금의 일부가 지급되었다면 계약금으로서 효력이 있다.
② 기본적으로 해약금으로서의 성질을 가지지만 특약에 의해서 손해배상액의 예정의 성질을 가진다.
③ 해약금에 의한 해제시에는 원상회복의무는 발생할 여지가 없다.
④ 토지분양계약이 해제되었을 때 수분양자가 지급한 계약보증금이 분양자에게 귀속될 뿐만 아니라, 수분양자는 계약 해제로 인하여 분양자가 입은 손해에 대해서도 배상의무를 지기로 약정한 경우, 위 계약보증금 몰취 약정의 법적 성질은 위약벌이다.
⑤ 매매당사자 사이에 수수된 계약금에 대하여 매수인이 위약하였을 때에는 이를 무효로 하고 매도인이 위약하였을 때에는 그 배액을 상환할 뜻의 약정이 있었다면 그 계약금은 민법 제398조 제1항 소정의 손해배상액의 예정의 성질을 가질 뿐 아니라 민법 제565조 소정의 해약금의 성질도 가진 것으로 볼 것이다.

해설 계약금의 성격
① 교부자가 계약금의 잔금 또는 전부를 지급하지 아니하는 한 계약금계약은 성립하지 아니하므로 당사자가 임의로 주계약을 해제할 수는 없다 할 것이다(대판 2008.3.13. 2007다73611).

답 ①

단락핵심 　　　　　　　　　매매계약의 성립

(1) 예약완결권은 형성권이므로 10년간 행사하지 않으면 소멸된다. (○)
(2) 계약금은 특별한 사정이 없으면 해약금이면서 손해배상액의 예정으로 본다. (×)
(3) 토지매수인이 잔대금의 지급을 위하여 매도인의 대리인에게 잔금을 준비하여 왔음을 알렸다면 이행에 착수한 것이다. (○)
(4) 매매계약에서 등기비용은 계약비용에 해당하므로 당사자 쌍방이 균분한다. (×)

3 매매의 효력

15회 출제

(1) 매도인의 의무
재산권이전의무, 목적물인도의무, 부수의무 등이 있고 이는 원칙적으로 매수인의 대금 지급의무와 동시이행의 관계에 있다.

(2) 매수인의 의무
대금지급의무가 있으나, 제3자가 권리주장을 하는 경우에는 대금지급거절권이 있다.

> **매매계약에 있어서 매매대금 완납 후의 과실수취권의 귀속**
>
> 특별한 사정이 없는 한 매매계약이 있은 후에도 인도하지 아니한 목적물로부터 생긴 과실은 매도인에게 속하나, 매매목적물의 인도 전이라도 매수인이 매매대금을 완납한 때에는 그 이후의 과실수취권은 매수인에게 귀속된다(대판 1993.11.9. 93다28928).

(3) 동일기한의 추정
매매의 당사자 일방에 대한 의무이행의 기한이 있는 때에는 상대방의 의무이행에 대하여도 동일한 기한이 있는 것으로 추정한다(법 제585조).

4 매도인의 담보책임★★★

16·17·18·19·20·21·22·24회 출제

제569조(타인의 권리의 매매) 매매의 목적이 된 권리가 타인에게 속한 경우에는 매도인은 그 권리를 취득하여 매수인에게 이전하여야 한다.

제570조(동전(同前)-매도인의 담보책임) 전조의 경우에 매도인이 그 권리를 취득하여 매수인에게 이전할 수 없는 때에는 매수인은 계약을 해제할 수 있다. 그러나 매수인이 계약당시 그 권리가 매도인에게 속하지 아니함을 안 때에는 손해배상을 청구하지 못한다.

제572조(권리의 일부가 타인에게 속한 경우와 매도인의 담보책임) ① 매매의 목적이 된 권리의 일부가 타인에게 속함으로 인하여 매도인이 그 권리를 취득하여 매수인에게 이전할 수 없는 때에는 매수인은 그 부분의 비율로 대금의 감액을 청구할 수 있다.
② 전항의 경우에 잔존한 부분만이면 매수인이 이를 매수하지 아니하였을 때에는 선의의 매수인은 계약전부를 해제할 수 있다.
③ 선의의 매수인은 감액청구 또는 계약해제 외에 손해배상을 청구할 수 있다.

제573조(전조의 권리행사의 기간) 전조의 권리는 매수인이 선의인 경우에는 사실을 안 날로부터, 악의인 경우에는 계약한 날로부터 1년 내에 행사하여야 한다.

제574조(수량부족, 일부멸실의 경우와 매도인의 담보책임) 전2조의 규정은 수량을 지정한 매매의 목적물이 부족되는 경우와 매매목적물의 일부가 계약당시에 이미 멸실된 경우에 매수인이 그 부족 또는 멸실을 알지 못한 때에 준용한다.

제575조(제한물권있는 경우와 매도인의 담보책임) ① 매매의 목적물이 지상권, 지역권, 전세권, 질권 또는 유치권의 목적이 된 경우에 매수인이 이를 알지 못한 때에는 이로 인하여 계약의 목적을 달성할 수 없는 경우에 한하여 매수인은 계약을 해제할 수 있다. 기타의 경우에는 손해배상만을 청구할 수 있다.
② 전항의 규정은 매매의 목적이 된 부동산을 위하여 존재할 지역권이 없거나 그 부동산에 등기된 임대차계약이 있는 경우에 준용한다.
③ 전2항의 권리는 매수인이 그 사실을 안 날로부터 1년 내에 행사하여야 한다.

제576조(저당권, 전세권의 행사와 매도인의 담보책임) ① 매매의 목적이 된 부동산에 설정된 저당권 또는 전세권의 행사로 인하여 매수인이 그 소유권을 취득할 수 없거나 취득한 소유권을 잃은 때에는 매수인은 계약을 해제할 수 있다.
② 전항의 경우에 매수인의 출재로 그 소유권을 보존한 때에는 매도인에 대하여 그 상환을 청구할 수 있다.
③ 전2항의 경우에 매수인이 손해를 받은 때에는 그 배상을 청구할 수 있다.

제578조(경매와 매도인의 담보책임) ① 경매의 경우에는 경락인은 전8조의 규정에 의하여 채무자에게 계약의 해제 또는 대금감액의 청구를 할 수 있다.
② 전항의 경우에 채무자가 자력이 없는 때에는 경락인은 대금의 배당을 받은 채권자에 대하여 그 대금 전부나 일부의 반환을 청구할 수 있다.
③ 전2항의 경우에 채무자가 물건 또는 권리의 흠결을 알고 고지하지 아니하거나 채권자가 이를 알고 경매를 청구한 때에는 경락인은 그 흠결을 안 채무자나 채권자에 대하여 손해배상을 청구할 수 있다.

제579조(채권매매와 매도인의 담보책임) ① 채권의 매도인이 채무자의 자력을 담보한 때에는 매매계약 당시의 자력을 담보한 것으로 추정한다.
② 변제기에 도달하지 아니한 채권의 매도인이 채무자의 자력을 담보한 때에는 변제기의 자력을 담보한 것으로 추정한다.

제580조(매도인의 하자담보책임) ① 매매의 목적물에 하자가 있는 때에는 제575조 제1항의 규정을 준용한다. 그러나 매수인이 하자 있는 것을 알았거나 과실로 인하여 이를 알지 못한 때에는 그러하지 아니하다.
② 전항의 규정은 경매의 경우에 적용하지 아니한다.

제581조(종류매매와 매도인의 담보책임) ① 매매의 목적물을 종류로 지정한 경우에도 그 후 특정된 목적물에 하자가 있는 때에는 전조의 규정을 준용한다.
② 전항의 경우에 매수인은 계약의 해제 또는 손해배상의 청구를 하지 아니하고 하자 없는 물건을 청구할 수 있다.

(1) 담보책임의 의의
매매의 목적인 물건 또는 권리에 하자(흠) 내지 불완전한 점이 있는 때에, 매도인이 매수인에 대하여 부담하는 책임을 말한다.

(2) 담보책임의 성질
1) 채무불이행책임이라는 견해와 법정책임이라는 견해의 대립이 있다.
2) 무과실책임(매도인의 고의·과실을 요하지 않음)이다.

(3) 적용범위
특정물매매에서 뿐만 아니라 불특정물(종류물)의 매매에서도 인정된다.

(4) 담보책임의 내용

① 계약해제권, ② 대금감액청구권, ③ 손해배상청구권, ④ 완전물급부청구권이 인정된다.

Professor Comment
> 물건의 하자로 인한 담보책임은 ❶ 매수인이 선의·무과실일 것, ❷ 6월의 제척기간, ❸ 경매에는 적용되지 않는다는 점을 특징으로 한다.

(5) 경매에 있어서의 담보책임

1) 권리의 하자

권리의 하자란 경매*된 권리의 전부 또는 일부가 타인에게 속하거나, 그 권리가 부족하거나 또는 다른 권리에 의하여 제한받거나, 전세권이나 저당권에 의해 소유권이 상실되는 경우를 말하며, **권리의 하자가 있는 때에는 경매의 경우에도 매매와 동일한 담보책임**을 진다.

> * 경매
> 통상의 강제경매, 담보권실행경매, 국세징수법에 의한 공매 등 공경매에 한함

2) 물건의 하자

물건의 하자란 경매된 물건이 멸실 또는 훼손 등의 이유로 거래 통념상 기대되는 객관적 성질 및 성능을 갖추지 못한 경우를 말하며, **경매의 경우에는 물건의 하자에 대하여 담보책임을 지지 않는다**(제580조 제2항).

[판례] 법률적 장애와 하자의 판단기준 시기

건축을 목적으로 매매된 토지에 대하여 건축허가를 받을 수 없어 건축이 불가능한 경우, 위와 같은 법률적 제한 내지 장애 역시 매매목적물의 하자에 해당한다 할 것이나, 다만 위와 같은 하자의 존부는 매매계약 성립시를 기준으로 판단하여야 할 것이다(대판 2000.1.18. 98다18506).

Key Point — 매도인의 담보책임

담보책임의 유형	매수인의 선의·악의	책임의 내용(매수인의 권리)			제척기간
		대금감액 청구권	해제권	손해배상 청구권	
① 전부가 타인의 권리인 경우 (제570조)	선의	규정없음	인정	인정	제한없음
	악의	규정없음	인정	부정	제한없음
② 일부가 타인의 권리인 경우 (제572조)	선의	인정	잔존부분만이라면 매수하지 않았을 경우에만 인정	인정	안 날부터 1년
	악의	인정	부정	부정	계약한 날부터 1년
③ 수량부족·일부멸실인 경우 (제574조)	선의	인정	잔존부분만이라면 매수하지 않았을 경우에만 인정	인정	안 날부터 1년
	악의	부정	부정	부정	
④ 용익권에 의한 제한 (제575조)	선의	규정없음	목적달성할 수 없는 경우에만 인정	인정	안 날부터 1년
	악의	규정없음	부정	부정	
⑤ 저당권·전세권에 의한 제한 (제576조)	선의	규정없음	경매시에만 인정	경매시에만 인정	제한없음
	악의				
⑥ 특정물(토지·건물 등)의 하자 (제580조)	선의 무과실	규정없음	목적달성할 수 없는 경우에만 인정	인정	하자를 안 날로부터 6월
	악의 또는 과실	규정없음	부정	부정	
⑦ 종류물(불특정물)의 하자 (제581조)	선의 무과실	규정없음	목적달성할 수 없을 경우에만 인정	손해배상청구권 또는 완전물급부 청구권 (추완요구)	하자를 안 날로부터 6월
	악의 또는 과실	규정없음	부정	부정	

단락문제 02

매도인의 담보책임에 관한 설명으로 틀린 것은? (다툼이 있으면 판례에 의함)

① 매매목적인 권리 전부가 타인에게 속한 경우, 악의의 매수인은 손해배상을 청구할 수 없다.
② 매매목적인 권리 전부가 타인에게 속한 경우, 매도인이 손해배상책임을 진다면 그 배상액은 이행이익 상당액이다.
③ 매매목적인 권리 일부가 타인에게 속한 경우, 선의의 매수인은 계약한 날로부터 1년 내에 권리를 행사해야 한다.
④ 건축목적으로 매매된 토지가 관련법령상 건축허가를 받을 수 없는 경우, 그 하자의 유무는 계약성립시를 기준으로 판단한다.
⑤ '수량을 지정한 매매'란 당사자가 매매목적물인 특정물이 일정수량을 가지고 있다는 것에 주안을 두고 대금도 그 수량을 기준으로 정한 경우를 말한다.

해설 매도인의 담보책임

① (○) 악의의 매수인은 권리이전의 불능을 예견할 수 있었기 때문에 손해배상을 청구하지 못한다(제570조 단서).
② (○) 판례는 매매목적인 권리전부가 타인에게 속한 경우 매도인의 손해배상의 산정은 원칙적으로 매매의 목적이 된 권리를 취득하여 이전함이 불능하게 된 때의 시가를 표준으로 하여 결정하여야 한다(대판 1975.5.13. 75다21). 즉 이행이익배상이 원칙이다.
③ (×) 매수인이 선의이면 사실을 안 날로부터 1년, 악의이면 계약한 날로부터 1년 내에 행사하여야 한다(제573조).
④ (○) (대판 2000.1.18. 98다18506)
⑤ (○) (대판 1995.7.14. 94다38342)

 ③

단락핵심   매매의 효력과 담보책임

(1) 재산권이전의무, 목적물인도의무, 부수의무 등이 있고 이는 원칙적으로 매수인의 대금지급의무와 동시이행의 관계에 있다. (○)
(2) 건축을 목적으로 매매된 토지에 대하여 건축허가를 받을 수 없어 건축이 불가능한 경우, 위와 같은 법률적 제한 내지 장애 역시 매매목적물의 하자에 해당한다. (○)
(3) 매매의 목적물이 지상권, 지역권, 전세권, 질권 또는 유치권의 목적이 된 경우에 매수인이 이를 알지 못한 때에는 이로 인하여 계약의 목적을 달성할 수 없는 경우에 한하여 매수인은 계약을 해제할 수 있다. (○)
(4) 매매의 목적물에 하자가 있더라도 매수인이 하자 있는 것을 알았거나 과실로 인하여 이를 알지 못한 때에는 매도인에게 담보책임을 지우지 못한다. (○)
(5) 경매의 경우에는 물건의 하자에 대하여 담보책임을 지지 않는다. (○)

5 환매

(1) 환매의 요건

1) 목적물
동산·부동산 그 밖의 재산권*도 목적물이 될 수 있다.

2) 환매권의 보류
환매의 특약은 매매계약과 동시에** 하여야 한다. 환매의 특약은 매매계약에 종(從)된 계약이다. 따라서 매매계약의 무효·취소는 환매의 특약도 무효이다.

3) 환매기간
① 환매기간은 부동산은 5년, 동산은 3년을 넘지 못하며, 당사자의 약정기간이 이를 넘는 때에는 부동산은 5년, 동산은 3년으로 단축된다.
② 그리고, 일단 환매기간을 정한 때에는 다시 이를 연장하지 못한다.

> * 재산권
> 채권·지식재산권
>
> ** 동시에
> 동시에 하지 않으면 재매매의 예약에 해당

 환 매

還 : 돌아올 [환] 買 : 살 [매] ↳ 이전에 팔았던 것을 다시 사는 것!	환매란 매도인이 매매계약과 동시에 일정기간(환매기간) 내에 그 물건을 도로 사올 것을 약정하는 계약이다.

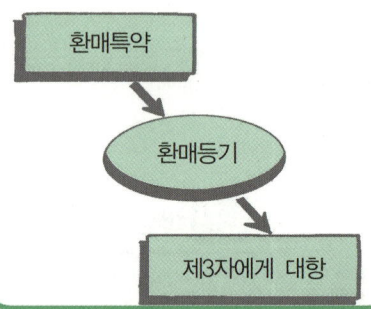

환매특약의 실효를 위해서 부동산환매는 반드시 등기해야 제3자에게 대항할 수 있다.

부동산의 환매기간은 5년을 넘지 못하고 동산은 3년을 넘지 못한다.

환매기간이 도래했을 때 환매권자(매도인)가 환매의무자(매수인)에게 환매대금(매매대금과 비용)을 제공하고 환매의 뜻을 표시하면 환매가 실행된다.

환매기간이 경과한 환매권은 소멸하므로 환매기간 내에 환매권을 행사하여야 한다.

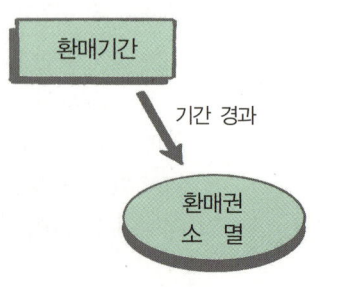

(2) 환매의 실행(환매권의 행사)

환매기간 내에 **환매대금*****을 상대방에 **제공******함과 동시에 그 뜻을 표시하여야 한다.

> *** **환매대금**
> 매매대금과 비용
>
> **** **제공**
> 환매대금을 제공하지 않으면 환매권은 상실됨

(3) 환매와 재매매의 예약★

구 분	환 매	재매매의 예약
성 립	① 환매특약 ② 매매계약과 동시에 체결함	① 재매매예약 ② 매매성립 후에도 가능
목적물	동산, 부동산, 공유지분, 기타 재산권	동산·부동산 또는 권리
기 간	① 부동산 : 5년 이내 한도 ② 동 산 : 3년 이내 한도	제척기간의 제한만 존재한다.
대 금	① 환매대금 : 최초 매매대금과 매수인이 부담한 매매비용 한도 내에서 지급 ② 특약으로 달리 약정 가능	재매매대금 : 계약자유원칙의 적용으로 재매매계약시 결정
등 기	매매등기와 동시에 환매권보류 등기시에 제3자에 대항가능하다.	청구권보전방법으로서 가등기를 한 때에 제3자에 대항가능하다.
성 질	① 환매의 특약은 매매계약에 종된계약이다. 따라서, 매매계약이 무효·취소되면 환매특약도 무효 ② 양도성이 있다. ③ 5년, 3년 기간 내 약정기간 경과로 소멸한다.	형성권 : 10년의 제척기간 (기간을 정한 바 없을 경우)

단락문제 Q3

환매와 재매매의 예약을 비교한 것이다. 틀린 것은?

① 환매의 특약은 매매계약과 동시에 하여야 하나 재매매예약에는 그러한 제한이 없다.
② 환매나 재매매의 예약이나 채권의 담보작용을 한다는 점에 있어서 본질적으로 차이가 없다.
③ 환매의 목적물은 부동산에 한정되나 재매매예약의 목적물에는 제한이 없다.
④ 부동산환매권은 등기함으로써 제3자에 대항할 수 있으나 재매매예약의 완결권은 가등기(假登記)할 수 있을 뿐이다.
⑤ 환매권의 최장존속기간은 부동산은 5년, 동산은 3년으로 제한되나 재매매예약완결권의 존속기간에는 제한이 없으나, 10년간 행사하지 않으면 소멸한다.

해설 환매와 재매매 예약의 비교
① (○) 재매매예약의 경우 시적 제한이 없다.
② (○) 모두 매매의 외형을 통하여 자금을 융통하는 실질을 가진다.
③ (×) 환매나 재매매예약이나 그 목적물에 있어서는 아무런 차이가 없다.
⑤ (○) 재매매예약완결권의 존속기간에는 아무런 제한이 없기 때문에 당사자가 자유로이 정할 수 있으나 이 재매매예약완결권은 형성권이기 때문에 10년의 제척기간에 걸린다. 따라서 10년간 행사하지 않으면 소멸한다

답 ③

02 임대차

1 의의 및 성질

(1) 의 의

임차인은 **목적물***의 소유권을 취득하지 않고 **사용·수익한 목적물자체를 반환**하여야 하는 점에서 소비대차와 다르고, **사용·수익의 대가로서 차임을 지급**하는 점에서 사용대차와도 다르다.

> * **목적물**
> 민법상 임대차의 목적물은 물건이므로 권리를 빌려주고 사용대가를 받는 것은 민법상의 임대차가 아님

Key Point 전세권·임차권·주택임차권의 비교★

분류	전세권	임차권	주택임차권
1) 성 질	물 권	채 권	채 권
2) 대항력	있 음	① 원칙: 부정 ② 예외: 등기시 인정 (제621조)	① 원칙: 부정 ② 예외: 주택인도와 주민등록시
3) 처 분	자 유	임대인의 동의 필요	임대인의 동의 필요
4) 존속기간	10년 초과 불가	제한 없음 (제651조 제1항 위헌)	최소 2년
5) 법정갱신	건물 전세에 한해 인정 (최단존속기간 ×)	모두 인정 (최단존속기간 ×)	인정 (최단존속기간 2년)
6) 사용대가	전세금	차 임	차 임
7) 증감청구	인 정(제312조 제2항)	인 정	인 정
8) 유지비	전세권자 부담(제309조)	임대인 부담	임대인 부담
9) 우선변제권	인 정	부 정	대항력과 확정일자
10) 권리승계	인 정	부 정	인 정(제9조)
11) 부속물수거권·매수청구권	인 정	인 정	인 정

 임대차

(2) 성 질

낙성계약(諾成契約)이고, 유상·쌍무계약이며, 불요식계약이다.

2 임대차의 성립

(1) 임대차의 목적물
1) 동산·부동산 모두 임대차의 목적물이나 소비물의 경우 목적물이 될 수 없다.
2) 물건의 일부는 물론 타인의 물건에 대해서도 성립할 수 있다.
3) 물건 이외에 권리나 기업 등은 대상이 될 수 없다(무명계약의 일종).
4) 농지는 원칙적으로 임대차의 목적물이 될 수 없고, 극히 제한적인 경우에 한해서 가능하다(농지의 임대차는 농지법의 특별한 규제를 받음).

(2) 임차권
1) 임차권은 채권의 일종이다.
2) 등기된 임차권·주택임대차보호법상의 주택임차권도 채권이다(물권화된 채권).
3) 임대차는 사용·수익의 대가로서 반드시 "차임지급"을 그 요소로 한다.
4) 차임의 지급이 없으면 사용대차계약이 되나, 차임은 반드시 금전에 한하지 않는다.
5) 보증금은 임대차의 성립요건*이 아니다(전세금이 본질적 요소인 점과 다르다).

> *성립요건
> 본질적 요소

3 부동산임차권의 물권화**

(1) 의 의
채권이나 임차인의 보호를 위하여 일정한 요건하에 대항력이나 양도성을 인정함으로써 채권인 부동산임차권을 물권에 접근시키는 것을 말한다.

(2) 부동산임차권물권화의 내용
1) 대항력의 강화
   ① 대항력의 의의
      대항력이란 임대차의 목적물이 양도·매각된 경우에 임차인은 신소유자에게 임차권을 주장할 수 있는 힘을 말한다.

> **Wide** 매매는 임대차를 깨뜨린다
>
> 로마법은 임차권을 순수한 채권으로 인식하여 물권으로서의 성격을 전혀 인정하지 않았다. 따라서 임대인이 임대물의 소유권을 제3자에게 이전하거나 또는 제한물권을 설정한 경우, 임차인은 그 신소유자나 제한물권자에게 임대차를 가지고 대항할 수 없었던 것에서 유래한 말이다. 즉, 임대차는 매매에 대항할 수 없다는 것을 뜻한다.

② 부동산임차인의 등기청구권
민법은 부동산임차인에게 반대약정이 없는 한 등기청구권을 인정하고(제621조 제1항), 등기된 부동산임차권은 제3자에게 대항할 수 있게 하고 있다(동조 제2항).

③ 건물의 등기있는 토지임대차
건물의 소유를 목적으로 하는 토지(대지)임대차에 있어서는 그 임대차를 등기하지 않은 경우에도 그 지상건물을 등기함으로써 대지의 임차권을 제3자에게 대항할 수 있도록 하고 있다(제622조).

④ 주택·상가건물의 임대차
주택의 임대차에 있어서는 그 임차권을 등기하지 않더라도 임차인이 주택의 인도와 주민등록을 마친 때, 상가건물의 임대차에 있어서는 사업자등록을 마친 때는 그 익일(翌日)부터 제3자에 대하여 대항할 수 있도록 함과 동시에 임차주택*의 양수인은 임대인의 지위를 승계한 것으로 본다.

* 임차주택
또는 임차상가건물
** 20년을 넘어도 무방
최장존속기간의 제한을 받지 않음

2) 방해의 배제
① 임차권이 등기된 경우에는 임차권에 기하여 방해제거 또는 방해예방을 청구할 수 있으며, 불법행위를 이유로 손해배상도 청구할 수 있다.
② 대항력(등기·주민등록·사업자등록)을 갖추지 않았을 때에는 임차권을 근거로 방해배제나 예방을 청구할 수 없으나, 방해행위가 있을 때에 목적물을 점유하고 있는 임차권자는 점유권에 기한 방해배제 및 손해배상을 청구할 수 있다.

3) 임차권의 처분가능성
원칙적으로 임대인의 동의 없이는 양도·전대하지 못한다. 대항력을 갖춘 경우에도 마찬가지이다.

4) 임차권의 존속보장
① 임대차의 최장존속기간에 관해서만 규정할 뿐이고 약정최단기간에 관한 제한이 전혀 없어 문제이다. 다만, 특별법에 의한 기간의 존속이 보장되어 있을 뿐이다(「주택임대차보호법」 2년, 「상가건물 임대차보호법」 1년).
② 원칙적으로 20년을 넘지 못하였으나 헌법 재판소의 위헌결정으로 더 이상 제한되지 않는다. 따라서 20년을 넘어도 무방**하다.

단락문제 04

부동산임차권의 물권화에 관한 다음 설명 중 옳지 않은 것은?

① 토지임차권은 등기하면 그때로부터 제3자에게 대항할 수 있다.
② 건물소유를 목적으로 한 토지임대차의 경우, 그 건물을 등기하면 토지임차권은 등기 없이도 제3자에게 임대차의 효력을 주장할 수 있다.
③ 임차권의 양도는 임대인의 동의를 얻어야 할 수 있다.
④ 부동산임차인은 언제나 임대인에 대하여 그 등기절차에 협력할 것을 청구할 수 있다.
⑤ 등기된 임차부동산이 방해를 당하였을 때에 임차인은 임차권에 기한 방해배제청구권을 행사할 수 있다.

해설 부동산 임차권의 물권화
① (○) 등기한 때부터 대항력을 갖기 때문이다.
② (○) (제620조)
③ (○) (제622조)
④ (×) 등기청구권은 반대약정이 없는 경우에만 인정된다(제621조 제1항).
⑤ (○) 대항력을 갖추었으므로 제3자에 대하여도 임차권을 주장할 수 있기 때문이다.

답 ④

단락핵심 — 임대차 서설

(1) 임차인이 목적물을 반환하는 때에는 이를 원상회복하여야 할 의무가 있다. (○)
(2) 수인이 공동으로 물건을 임차한 때에는 연대하여 차임을 지급할 의무를 부담한다. (○)
(3) 일시사용을 위한 임대차에 해당하는 숙박계약의 경우 임대인은 임차인의 안전을 배려할 의무가 있다. (○)

4 임대차의 존속기간*

구 분	기간을 정한 임대차	기간을 정하지 않는 임대차
민법상 임대차	① 최장기 제한 　㉠ 20년의 제한(위헌결정으로 효력상실) 　㉡ 갱신 → 10년 초과 불가 ② 최단기 제한 : 제한 규정없음 ③ 약정 기간의 만료로 종료 ④ 묵시갱신(법정갱신) : 기간 만료 후 임차인이 임차물의 사용, 수익을 계속하고, 임대인이 상당한 기간 내에 이의하지 아니한 경우에는 묵시적 갱신이 인정된다. 이 경우, 그 임대차 존속기간은 계약상 약정이 없는 것으로 본다. 　→ 즉 기간을 정하지 않은 임대차로 변경되므로 당사자는 언제나 계약을 해지할 수 있다.	당사자는 언제든지 해지 통고가 가능 해지통고를 받은 날로부터 ① 동산의 경우 5일 경과 후 소멸한다. ② 토지, 건물, 공작물일 때 : 임대인이 해지통고를 한 때는 6월, 임차인이 해지통고를 한 때는 1월이 경과하면 해지 효력이 발생한다. 　→ 편면적 강행규정이므로 임차인에 불리한 다른 약정은 무효이다.
주택임대차 보호법	① 기간의 약정을 불문하고 최단기간을 2년으로 본다. ② 법정갱신이 이루어진 경우에도 최단기간은 2년이다. ③ 그러나 임차인은 그보다 짧은 기간의 약정을 주장할 수 있다.	

5 임대차의 효력

17·22회 출제

(1) 임대인의 권리

1) 차임지급·증액청구권

임대인의 권리로서 가장 중요한 것은 차임지급청구권이다. 그리고 일정한 경우 차임증액청구권을 가진다(제628조).

2) 법정담보물권

① 법정저당권

　토지임대인이 변제기를 경과한 최후 2년의 차임채권에 기하여 그 토지에 있는 임차인소유의 건물을 압류하면 법정저당권을 취득한다(제649조).

② 토지임대차에서의 법정질권

　토지임대인이 임대차에 관한 채권에 기하여 임대지에 부속 또는 그 사용의 편익에 공용한 임차인소유의 동산 및 그 토지의 과실(果實)을 압류한 때에는 법정질권(法定質權)을 취득한다(제648조).

③ 건물 기타 임대차에서의 법정질권

　건물 기타 공작물의 임대인이 임대차에 관한 채권에 기하여 그 건물이나 공작물에 부속한 임차인소유의 동산을 압류한 때에는 법정질권을 취득한다(제650조).

3) 목적물반환청구권
임대인은 임대차가 종료하면 목적물반환청구권을 갖는다.

(2) 임대인의 의무
1) 목적물인도의무
임대인은 임차인이 계약이 존속하는 동안 목적물을 사용·수익하게 할 의무를 부담하며, 그 목적물을 임차인에게 인도해야 한다.

2) 상태유지의무
① 목적물수선의무
　㉠ 계약기간 중 목적물이 사용·수익에 적합하지 못한 상태로 된 경우 임대인은 목적물을 수선해줄 의무를 진다.
　㉡ 목적물수선의무는 특약으로 면제(免除)될 수 있다. 그러나 특약으로 면제받을 수 있는 것은 그러한 특약에서 수선의무의 범위를 명시하고 있는 등의 특별한 사정이 없는 한, 통상 생길 수 있는 소규모의 수선에 한한다.

임대차종료시의 법률관계

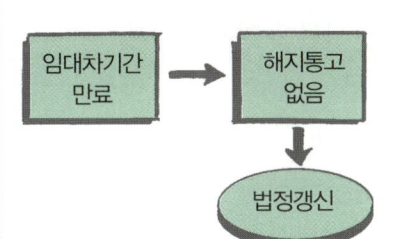

임대차의 법정갱신(묵시의 갱신)이란 당사자 간 해지통지를 하지 않고 계약기간이 만료된 경우 법의 규정에 의해 임대차 기간이 갱신되는 것을 말한다.

법정갱신은 전 임대차와 동일한 조건의 임대차로 보며 다만 존속기간의 약정이 없는 것으로 본다.

보증금은 임차인이 차임채무 등을 담보하기 위하여 임대인에게 교부하는 금전을 말한다.

보증금의 반환은 임대차관계의 종료 후 목적물을 반환할 때 임차인이 청구할 수 있다.

임차인이 설치한 부속물이 건물의 구성부분을 이룰 때는 비용상환청구권을 행사할 수 있다.

임차인이 설치한 부속물이 건물과 독립된 별개의 물건일 때는 부속물매수청구권을 행사할 수 있다.

부속물매수청구권은 임대인의 동의 또는 임대인으로부터 매수한 부속물에 한하며 강행규정이므로 특약으로 배제할 수 없다.

> **임대인의 수선의무**
>
> 1. 임차목적물에 파손 또는 장해가 생기더라도 그것이 **별 비용을 들이지 않고 손쉽게 고칠 수 있는 사소한 것이어서 임차인의 사용·수익을 방해할 정도의 것이 아니면 임대인은 수선의무를 부담하지 않는다.**
> 2. 임차인 甲이 **가구전시장**으로 임차하여 사용하던 **건물 바닥에 결로현상**이 발생하자 임대인 乙을 상대로 임대목적물 하자에 따른 손해배상을 청구한 사안에서, 임대인 乙은 임대차계약 체결 당시 甲이 건물을 가구전시장으로 임차한 사실을 알고 있었으므로, 甲의 요구에 따라 건물 바닥에 나타난 습기의 발생 원인을 조사하고 이를 제거하기 위하여 **제습기 또는 공조시설 등을 설치하거나 바닥 공사를 하여 주는 등 조치를 취함으로써 갑이 사용·수익할 수 있는 상태를 유지하여 줄 의무가 있다고 한 사례**(대판 2012. 6. 14. 2010다89876, 89883).
> 3. 수선하지 아니하면 임차인의 사용·수익을 방해할 상태인 경우에는 임대인은 수선의무를 지지만, 이것은 특약에 의하여 면제할 수 있다. 다만, 그 특약에 의하여 면제받을 수 있는 것은 그러한 특약에서 수선의무의 범위를 명시하고 있는 등의 특별한 사정이 없는 한, 통상 생길 수 있는 소규모의 수선에 한하고 대규모의 수선은 특약에 의하여 면제받을 수 없고 여전히 임대인이 그 수선의무를 진다(대판 1994. 12. 9. 94다34692).

② 방해제거의무
㉠ 제3자가 목적물에 대한 점유침탈 등 그 사용·수익을 방해하는 경우 임대인은 그 방해상태를 제거해 줄 의무가 있다.
㉡ 이 방해제거의무는 임차인이 **임차권에 기한 방해배제청구권***이나 점유보호청구권에 의해 스스로 제거할 수 있는 것과는 별도로 임대인에게 부과되는 의무이다.

> * **임차권에 기한 방해배제청구권** 대항력 있는 임대차의 경우

3) 비용상환의무
임차인이 목적물에 관하여 **필요비** 또는 **유익비**를 지출한 경우 상환할 의무가 있다.

4) 담보책임
임대차는 유상계약이기 때문에 매매에 관한 규정이 준용되어 임대인은 **목적물의 하자에 대하여 매도인과 같은 담보책임**을 진다.

(3) 임차인의 권리 `13·20·28회 출제`

1) 임차권
① 의의 및 범위
목적물에 대한 사용·수익권을 말한다. 다만, 임차인은 계약 또는 그 목적물의 성질에 의하여 정하여진 용법으로 이를 사용·수익하여야 한다.
② 부속물매수청구권·철거권 `18회 출제`
㉠ 부속물매수청구권·지상물매수청구권
ⓐ **토지임대차에 있어 임대차 종료 시 그 지상에 건물·수목 기타 지상시설이 현존하여 갱신청구**를 하였으나 임대인이 이를 **거절하였을 때*** 임차인에게 지상물매수청구권을 인정한다.

> * **거절하였을 때** 기간의 약정이 없는 임대차에서 임대인이 해지통고를 한 경우에는 갱신청구를 할 필요 없이 매수청구가 가능하다.

제3장 계약각론

ⓑ 건물 기타 공작물의 임차인이 그 사용의 편익을 위하여 임대인의 동의를 얻어 그에 부속시킨 물건 또는 임대인으로부터 매수한 부속물이 있는 때에는 임대차종료 시 임차인에게 부속물매수청구권을 인정한다.

ⓒ 지상물매수청구권과 부속물매수청구권은 형성권으로서 임차인의 단독의 의사표시로 효력이 생긴다. 이들은 강행규정이며, 이를 배제하여 임차인에게 불리한 특약은 무효이다.

ⓒ 부속물 등 철거권 : 임차인은 부속시킨 물건이나 지상물을 철거하여 수거할 수도 있다.

판례 지상물매수청구권

① 민법 제643조, 제283조에 규정된 임차인의 매수청구권의 경우 **그 지상 건물이 객관적으로 경제적 가치가 있는지 여부나 임대인에게 소용이 있는지 여부가 그 행사요건이라고 볼 수 없다**(대판 2002.5.31. 2001다42080).

② 무릇 건물 소유를 목적으로 하는 토지임대차에 있어서 임차인 소유 건물이 임대인이 임대한 토지 외에 임차인 또는 제3자 소유의 토지 위에 걸쳐서 건립되어 있는 경우에는, **임차지상에 서있는 건물 부분 중 구분소유의 객체가 될 수 있는 부분에 한하여 임차인에게 매수청구가 허용**된다(대판 1996.3.21. 93다42634).

③ 민법 640조(차임연체와 해지)에 의하여 임대차계약이 해지된 경우는 임대차기간이 제대로 만료되어 임차인이 기간갱신을 청구할 처지에 있지 아니한 것이 명백하므로 지상물매수청구권은 인정되지 않는다(대판 1962.10.11. 62다496).

④ 임대차계약이 임차인의 채무불이행으로 인하여 해지된 경우에는 임차인은 민법 제646조에 의한 부속물매수청구권이 없다(대판 1990.1.23. 88다카7245).

⑤ 민법 제646조가 규정하는 건물임차인의 매수청구권의 대상이 되는 부속물은 건물에 부속된 물건으로 임차인의 소유에 속하고, 건물의 구성부분이 되지 아니한 것으로서 건물의 사용에 객관적인 편익을 가져오게 하는 물건이라 할 것이다. 따라서 기존건물과 분리되어 독립한 소유권의 객체가 될 수 없는 증축부분이나 임대인의 소유에 속하기로 한 부속물(대판 1982.1.19. 81다1001), 부속된 물건이 오로지 임차인의 특수목적에 사용하기 위하여 부속된 것일 때는 이를 부속물매수청구권의 대상이 되는 물건이라 할 수 없다(대판 1993.2.26. 92다41627).

⑥ **지상물매수청구권을 배제하는 약정이 임차인에게 불리하지 아니 한 사례**
甲 지방자치단체와 임차인 乙이 대부계약(실질은 식목을 목적으로 하는 토지임대차)을 체결하면서 한 지상물매수청구권 포기 약정이 乙에게 불리한 것인지가 문제된 사안에서, 대부계약의 경우 대부료는 엄격히 법이 정한대로 징수하게 할 뿐 아니라 대부료가 저렴한 경우가 일반적인 점, 공유재산은 언제든지 행정목적이 변경됨에 따라 다른 용도로 사용될 수 있기 때문에 대부계약에서는 공용·공공용 또는 공익사업에 필요할 때 언제든지 대부계약을 해지할 수 있다는 조항을 두는 것이 통상적이고 대부계약의 해제 및 원상회복의무와 민법 제203조 또는 제626조의 적용 배제에 관한 약정도 그러한 취지에서 포함된 것으로 보이는 점, 수목의 경우 지상 건물과 달리 이식으로 인한 가치 저하가 적고, 乙은 이를 이식해 당초 자신의 사업대로 활용할 수 있으나 甲 지방자치단체는 활용하기 어려운 점 등을 종합해 보면 위 지상물매수청구권 포기 약정이 전체적으로 보아 반드시 **일방적으로 乙에게 불리한 것이었다고 단정할 수 없다**(대판 2011.5.26. 2011다1231).

3편 채권법

단락문제 05
제20회 기출

임차인의 부속물매수청구권에 관한 설명으로 옳지 않은 것은? (다툼이 있으면 판례에 따름)

① 일시사용을 위한 임대차가 명백한 경우, 임차인은 부속물매수청구권을 행사할 수 없다.
② 임대차계약이 임차인의 채무불이행으로 인하여 해지된 경우에는 부속물매수청구권이 인정되지 않는다.
③ 임차인이 부속물매수청구권을 적법하게 행사한 경우, 임차인은 임대인이 매도대금을 지급할 때까지 부속물의 인도를 거절할 수 있다.
④ 오로지 임차인의 특수목적에 사용하기 위하여 부속된 물건은 부속물매수청구권의 대상이 되지 않는다.
⑤ 건물 임차인이 자신의 비용으로 증축한 부분을 임대인 소유로 귀속시키기로 약정하였더라도, 특별한 사정이 없는 한 이는 강행규정에 반하여 무효이므로 임차인의 부속물 매수청구권은 인정된다.

> **해설** 임차인의 부속물매수청구권
> ① (○) (제646조, 제653조)
> ② (○) 임대차계약이 임차인의 채무불이행으로 인하여 해지된 경우에는 임차인은 민법 제646조에 의한 부속물매수청구권이 없다(대판 1990.1.23. 88다카7245).
> ③ (○) 부속물매수청구권은 임차목적물에 관하여 생긴 채권이므로 유치권을 행사하여 매도대금을 지급할 때까지 부속물의 인도를 거절할 수 있다.
> ④ (○) 건물임차인의 매수청구권의 대상이 되는 부속물이라 함은 건물에 부속된 물건으로 임차인의 소유에 속하고, 건물의 구성부분이 되지 아니한 것으로서 건물의 사용에 객관적인 편익을 가져오게 하는 물건이라 할 것이므로, 부속된 물건이 오로지 임차인의 특수목적에 사용하기 위하여 부속된 것일 때는 이를 부속물매수청구권의 대상이 되는 물건이라 할 수 없다(대판 1993.2.26. 92다41627).
> ⑤ (✕) 건물 임차인이 자신의 비용을 들여 증축한 부분을 임대인 소유로 귀속시키기로 하는 약정은 강행규정에 반하여 무효라고 할 수 없고 또한 그 증축 부분의 원상회복이 불가능하다고 해서 유익비의 상환을 청구할 수도 없다(대판 1996.8.20. 94다44705).   **답** ⑤

단락문제 06

토지임차인의 지상물매수청구권에 관한 설명으로 옳은 것은? (다툼이 있으면 판례에 의함)

① 기간의 정함이 없는 임대차가 임대인의 해지통고로 소멸한 경우에 임차인은 즉시 매수청구를 할 수 있다.
② 지상물의 경제적 가치유무나 임대인에 대한 효용여부는 매수청구권의 행사요건이다.
③ 매수청구권의 대상이 되는 지상물은 임대인의 동의를 얻어 신축한 것에 한한다.
④ 건물소유를 목적으로 한 토지임차권이 등기되더라도 임차인은 토지양수인에게 매수청구권을 행사할 수 없다.
⑤ 임대차종료 전 지상물 일체를 포기하기로 하는 임대인과 임차인의 약정은 특별한 사정이 없는 한 유효하다.

해설 토지임차인의 지상물매수청구권

② 그 지상건물이 객관적으로 경제적 가치가 있는지 여부나 임대인에게 소용이 있는지 여부가 그 행사요건이라고 볼 수 없다(대판 2002.5.31, 2001다42080).
③ 매수청구권의 대상이 되는 건물은 임대차기간 중에 축조되었다고 하더라도 그 만료시에 그 가치가 잔존하고 있으면 그 범위에 포함되는 것이고, 반드시 임대차계약 당시의 기존건물이거나 임대인의 동의를 얻어 신축한 것에 한정된다고는 할 수 없다(대판 1993.11.12, 93다34589).
④ 대항력있는 임차인은 토지양수인에게도 매수청구권을 행사할 수 있다(대판 1996.6.14, 96다14517). 이 경우 토지양수인은 임대인의 지위를 그대로 인수한다고 보기 때문이다.
⑤ 지상물매수청구권은 이른바 형성권으로서 그 행사로 임대인·임차인 사이에 지상물에 관한 매매가 성립하게 되며, 임차인이 지상물의 매수청구권을 행사한 경우에는 임대인은 그 매수를 거절하지 못하고, 이 규정은 강행규정이므로 이에 위반하는 것으로서 임차인에게 불리한 약정은 그 효력이 없다(대판 1995.7.11, 94다34265).

답 ①

2) 비용상환청구권(제626조) `21회 출제`

필요비	임대차 종료 전이라도 언제든지 청구 가능하다.
유익비	임대차 종료 후 그 가액의 증가가 현존하는 경우에 한해 가능하다.
제척기간	필요비 및 유익비의 상환청구권은 임대인이 목적물을 반환받은 날로부터 6월 내에 행사하여야 한다.
유치권	임차인은 이 비용상환청구권에 관하여 유치권을 갖는다(다만 법원은 유익비 반환청구에 대하여 상당한 기간을 허여할 수 있는 바, 유치권 성립을 배제할 수 있다).

(4) 임차인의 의무

1) 차임지급의무

① 차임의 내용

차임은 금전에 한하지 않는다. 수인이 공동하여 임차한 경우에는 그 수인의 임차인이 연대하여 차임지급의무를 부담한다.

▼ 차임지급의 시기

동산, 건물이나 대지	기타 토지임대차	수확기가 있는 것
매월 말	매년 말	수확 후 즉시

② 차임의 증감청구
  ㉠ 사정변경에 따른 증감청구: 임대물에 대한 **공과부담의 증감 기타 경제사정의 변동**으로 인하여 약정한 차임이 상당하지 아니하게 된 때에는 **당사자는 장래에 대한 차임의 증감을 청구**할 수 있다.
  ㉡ 일부멸실 등에 따른 증감청구: 임차물의 일부가 임차인의 과실 없이 멸실 기타 사유로 사용·수익할 수 없게 된 때에는 **임차인은 그 부분의 비율에 의한 차임의 감액을 청구**할 수 있다.

③ 차임채권의 확보
  토지 또는 건물임대인에게 **법정담보물권***을 인정한다.

  * **법정담보물권**
  법정질권 또는 법정저당권

④ 차임연체로 인한 계약해지
  건물 기타 공작물의 임대차에서 **임차인의 차임연체액이 2기분에 달하는 때에는** 임대인은 계약을 해지할 수 있다. 이는 **강행규정**이며, 이에 위반하는 약정으로서 임차인에게 불리한 것은 무효이다. 다만, 일시임대차에는 적용되지 않는다.

2) 임차물보관의무

선관주의의무	임차인은 임차물을 선량한 관리자의 주의로 보관하여야 한다.
통지의무	임차물의 수리나 권리를 주장하는 자가 있을 때 임대인에게 통지해야 한다.
인용의무	임대인이 임차물의 보존에 필요한 행위를 하려고 할 때에는 임차인은 이를 거절하지 못한다. 그러나 임차인의 의사에 반한 보존행위로 인하여 임대차의 목적을 달성할 수 없는 때에는 임차인은 계약을 해지할 수 있다.

3) 임차물반환의무
  임대차가 종료하면 임차인은 임차물을 임대인에게 **반환**하여야 한다. 임차물을 반환할 때에는 임차인은 이를 **원상에 회복**시켜야 한다.

 원상회복의무의 내용에 폐업신고도 포함된다고 본 사례

임대차종료로 인한 임차인의 원상회복의무에는 임차인이 사용하고 있던 **부동산의 점유를 임대인에게 이전**하는 것은 물론 임대인이 임대 당시의 부동산 용도에 맞게 다시 사용할 수 있도록 협력할 의무도 포함한다. 따라서 임대인 또는 그 승낙을 받은 제3자가 임차건물 부분에서 다시 영업허가를 받는 데 방해가 되지 않도록 **임차인은 임차건물 부분에서의 영업허가에 대하여 폐업신고절차를 이행할 의무가 있다**(대판 2008.10.9. 2008다34903).

제3장 계약각론

단락핵심 — 임대인과 임차인의 권리

(1) 부속물매수청구권을 행사하려면 임대차가 종료하여야 한다. (○)
(2) 부속물매수청구권에 관한 규정은 강행규정이므로 이에 위반하는 약정으로 임차인이나 전차인에게 불리한 것은 그 효력이 없다. (○)
(3) 건물의 사용에 객관적 편익을 가져오는 것이 아니더라도 임차인의 특수목적에 사용하기 위해 부속된 것은 부속물매수청구권의 대상이 된다. (×)
(4) 임차인의 필요비상환청구권에 관한 규정은 편면적 강행규정이다. (×)

(5) 임차권의 양도와 전대 ★★★
14회 출제

1) 양도·전대의 제한주의

임차인*은 임대인의 동의 없이 그 권리를 양도하거나 임차물을 전대하지 못한다.

* 임차인
대항력을 갖춘 임차인도 임대인의 동의가 필요하다

2) 동의있는 양도·전대의 효과
27회 출제

① 양도의 경우

양도에 의하여 임차인은 임대차관계에서 완전 벗어나고, 양수인이 임차인의 지위를 승계하여 임차인으로서의 권리의무를 취득하게 된다.

② 전대의 경우

전대(轉貸)의 경우에는 양도에서와 달리 임대인과 임차인 사이의 기존 임대차관계는 그대로 존속되는 가운데, 임차인과 전차인(轉借人) 사이에 새로운 임대차관계가 생긴다.

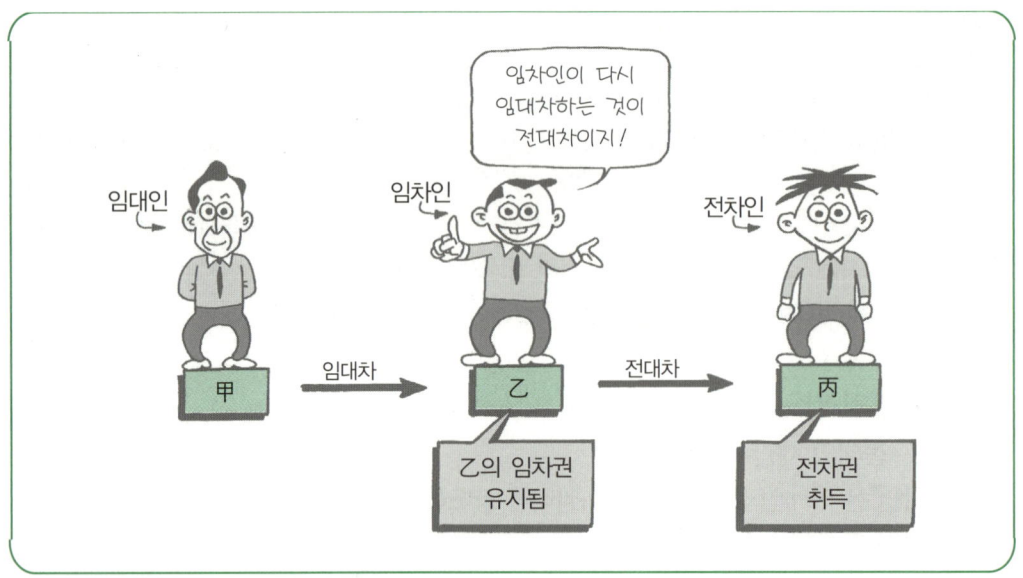

▼ 임대인의 동의 있는 전대차의 효과

임대인과 전차인의 관계	임대인과 전차인 사이에 직접 임대차관계가 성립하는 것은 아니나 **전차인은 임대인에 대하여 직접 의무(차임지급의무 등)를 부담**한다.
임대인과 임차인의 관계	원래의 임대인과 임차인 사이의 임대차관계에 기한 권리·의무는 전대차에 의해 영향받지 않는다.
전대차의 존속기간	전대차의 약정기간이 만료되거나, 원래의 임대차가 기간만료 또는 기타 사유로 종료되면 전대차는 종료된다.
전차인의 부속물매수청구권	전차인은 일정한 경우 임대인에 대하여 부속물매수청구권을 가진다.

판례 전차인이 임대인에게 차임을 지급한 경우 임차인에 대한 차임채무의 존속 여부

전차인은 임대인에 대하여도 직접 의무를 부담하기 때문에 임대인의 차임청구에 의하여 임대인에 직접 차임을 지급한 경우에는 **그 한도에서 임차인(전대인)에 대한 차임채무는 면하게 된다.** 목적물반환의무의 경우도 마찬가지이다(대판 2001.6.29. 2000다68290).

3) 동의 없는 양도·전대의 효과

① 임대인의 동의를 얻지 않은 양도 또는 전대도 **당사자 간에서는 유효하고**, 다만 **임대인에게 대항할 수 없을 뿐이다.**

② 임차인의 무단양도 또는 전대가 있을 경우 **임대인은 임대차계약을 해지할 수 있다.**

③ 원(原)임대차가 해지되지 않는 한 **임대인은 양수인 또는 전차인에게 목적물반환청구권을 직접 주장할 수 없으며 임차인에게 반환할 것을 청구할 수 있을 뿐이다.**

단락문제 Q7

임차인 甲은 임대인 乙과 乙의 건물 전부에 대해 임대차계약을 체결하였는데 임차권등기를 하지 못했다. 이에 관한 설명으로 옳은 것은? (다툼이 있으면 판례에 의함)

① 甲과 乙이 건물면적을 지정하여 계약을 체결하였는데 면적이 부족하더라도 甲은 乙에게 담보책임을 물을 수 없다.
② 계약체결시 제3자 丙이 건물 전부를 불법점유하고 있는 경우, 甲은 임차권에 기한 방해배제청구권으로 丙에게 퇴거를 청구할 수 있다.
③ 甲이 필요비와 유익비를 지출한 때에는 임대차 종료 시에 그 가액의 증가가 현존한 때에 한하여 상환을 청구할 수 있다.
④ 임차인의 비용상환청구권에 관한 규정은 임의규정이므로 甲이 이를 포기하는 약정은 유효하다.
⑤ 甲이 乙의 동의 없이 위 건물 전부를 전대한 경우, 전차인은 乙에게 대항할 수 있다.

해설 전대차
① (×) 임대차는 유상계약으로 수량지정매매에 관한 제574조가 준용되므로(제567조) 담보책임을 물을 수 있다.
② (×) 임대차는 채권에 불과하므로 대항력을 가지는 특별한 경우가 아닌 한 계약당사자가 아닌 제3자에 대하여 주장할 수 없다.
③ (×) 필요비는 지출한 비용 전부를 상환해야 한다(제626조 제1항).
④ (○) (대판 1962.2.22. 4294민상486)
⑤ (×) 임대인의 동의를 얻지 아니한 경우에는 전차인은 임대인에게 전대차계약의 효력을 주장할 수 없다고 보는 것이 통설의 입장이다.   **답** ④

단락핵심   임차권의 양도와 전대

(1) 임차인은 임대인의 동의 없이 그 권리를 양도하거나 임차물을 전대하지 못한다. (○)
(2) 임차권의 양도가 임대인에 대한 배신적 행위로 볼 수 없는 특별한 사정이 있는 경우라면 임대인은 해지할 수 없다. (○)
(3) 임차권의 대항력을 취득한 자는 임대인의 동의 없이도 임차권을 양도할 수 있다. (×)
(4) 적법한 전차인은 당연히 부속물매수청구권도 가진다. (○)
(5) 무단전대의 경우 임차인의 임차권은 당연히 소멸한다. (×)

6 보증금

(1) 보증금계약의 의의

보증금계약은 당사자의 합의와 더불어 **보증금의 수수로 성립***한다. 이 보증금 계약은 임대차계약과는 별개의 계약이며, 종된 계약에 불과하므로 **임대차의 본질적인 부분이 아니므로** ** 보증금이 없는 임대차계약도 당연히 가능하다.

> * 보증금의 수수로 성립
>   요물계약
> ** 임대차의 본질적인 부분이 아니므로
>   성립요건 ×

(2) 담보적 효력

1) 보증금은 차임의 부지급·임차물의 멸실이나 훼손 등에 따른 손해배상채무 등 임대차관계에서 발생하는 임차인의 모든 채무를 담보한다.
2) 보증금반환청구권은 임대차 기간이 종료할 때 발생하며, 당연히 담보된 채무를 공제한 잔액으로 확정된다. 그리고 이는 임차물의 반환과 동시이행관계이다(대판 1977.9.28. 77다1241).

(3) 임대차의 변경과 보증금

1) 임차권이 양도된다고 하여 그 보증금계약의 당사자도 당연히 이전되는 것은 아니지만 주물과 종물의 관계규정을 유추적용하여 임차권의 양수인이 보증금반환청구권을 가진다고 볼 것이다.
2) 임차목적물의 소유자가 바뀐 경우에는 (임차목적물의)양수인이 보증금반환채무를 인수하지 아니한 이상 임대차계약 당시의 소유자(양도인)가 반환의무를 지지만, 임차권자가 대항력을 취득한 이후에 임차목적물을 양도한 경우에는 임차목적물의 양수인이 보증금반환채무를 면책적으로 인수한 것으로 본다(대판 1996.11.22. 96다38216).
3) 임대차계약의 갱신(명시적 갱신과 묵시적 갱신을 모두 포함한다)되더라도 보증금은 원칙적으로 영향을 받지 않는다. 따라서 제3자가 제공한 보증금이더라도 계속 존속하며, 당사자의 합의나 그 밖에 특별한 사정이 없는 한 보증금의 액수도 동일하다.

 판례 부동산 양수인이 임대차보증금 반환채무를 인수한 경우 원칙적으로 이행인수로 보아야 한다는 사례(대항력 없는 임대차)

부동산의 매수인이 매매목적물에 관한 임대차보증금 반환채무 등을 인수하는 한편 그 채무액을 매매대금에서 공제하기로 약정한 경우, 그 인수는 특별한 사정이 없는 이상 매도인을 면책시키는 면책적 채무인수가 아니라 이행인수로 보아야 하고, 면책적 채무인수로 보기 위해서는 이에 대한 채권자 즉 임차인의 승낙이 있어야 한다(대판 2008.9.11. 2008다39663).

> **판례** 대항력 있는 임대차가 설정된 부동산을 양수한 자의 보증금반환채무
>
> 주택의 임차인이 제3자에 대한 대항력을 갖춘 후 임차주택의 소유권이 양도되어 그 양수인이 임대인의 지위를 승계하는 경우에는, 임대차보증금의 반환채무도 부동산의 소유권과 결합하여 일체로서 이전하는 것(면책적 채무인수)이므로 양도인의 임대인으로서의 지위나 보증금반환채무는 소멸하는 것이고, 대항력을 갖춘 임차인이 양수인이 된 경우라고 하여 달리 볼 이유가 없으므로 대항력을 갖춘 임차인이 당해 주택을 양수한 때에도 임대인의 보증금반환채무는 소멸하고 양수인인 임차인이 임대인의 자신에 대한 보증금반환채무를 인수하게 되어, 결국 **임차인의 보증금반환채권은 혼동으로 인하여 소멸하게 된다**(대판 1996.11.22. 96다38216).

단락문제 Q8

보증금(保證金)에 대한 내용 중 옳지 <u>않은</u> 것은?

① 보증금은 차임의 부지급, 임차물의 멸실·훼손 등 임대차관계에서 발생하는 임차인의 모든 채무를 담보하는 것이므로 임차인은 보증금의 존재를 이유로 연체차임의 지급을 거절할 수 있다.
② 보증금교부계약은 요물계약이며 임대차에 종된 계약이다.
③ 대항력 있는 임대차의 경우 임대인의 지위가 이전될 때는 구 임대인의 보증금반환채무는 양수인에게 면책적으로 인수된다.
④ 보증금반환청구권이 생기는 시기는 임대차의 종료시라고 보는 것이 타당하다.
⑤ 보증금으로써 충당되어야 할 채무가 보증금의 액보다 많은 때에는 법정충당(法定充當)의 규정에 의한다.

해설 보증금
① (×) 보증금반환청구권은 임대차가 종료하는 때에야 비로소 발생하므로 보증금의 존재를 이유로 한 연체차임의 지급 거절권능은 인정되지 않는다(대판 1994.9.9. 94다4417).
②, ③, ④ (○) 위의 설명 참조
⑤ (○) 변제충당의 일반원칙에 따른다(제478조·제476조·제477조). **답** ①

7 임대차의 종료

(1) 존속기간의 만료

> *묵시적 갱신
> 법정갱신

임대차의 존속기간이 약정되어 있는 경우에는 그 기간의 만료로 임대차는 종료한다. 다만, 일정한 경우에는 **묵시적 갱신***이 되는 경우가 있다.

(2) 해지의 통고에 의한 종료

Professor Comment
해지의 통고와 해지의 효과를 구별할 필요가 있는데, 즉 해지의 통고에서는 유예기간 후에 소멸의 효과가 발생하며 손해배상의 문제가 발생하지 않는 반면에 해지에는 유예기간이 없고 손해배상의 문제가 생긴다는 점이다.

1) **기간의 약정 없는 임대차**
   ① 당사자는 언제든지 계약해지의 통고를 할 수 있다.
   ② 이 경우 해지의 효력은 상대방이 그 통고를 받은 날로부터 다음 기간이 경과하여야 발생한다.
      ㉠ 토지·건물 기타 공작물의 임대차에 있어서 임대인이 해지통고를 한 경우에는 6월
      ㉡ 임차인이 해지통고를 한 경우에는 1월
      ㉢ 동산의 임대차에 있어서는 당사자 중 누가 해지통고를 하든 5일

2) **해지권의 유보**
   임대차기간이 약정되어 있더라도 당사자 일방 또는 쌍방이 그 기간 내에 해지할 권리를 유보한 때에는 기간의 약정 없는 임대차의 해지통고에 관한 규정을 준용한다.

(3) **해 지**
 1) **임대인의 해지권**
    ① 임차인이 임대인의 동의 없이 임차권을 양도하거나 임차물을 전대한 때
    ② 부동산임대차에서 임차인이 2기분 이상의 차임을 연체한 때
    ③ 임차인이 보증금지급의무를 이행하지 않은 때
 2) **임차인의 해지권**
    ① 임대인이 임차인의 의사에 반하여 보존행위를 함으로써 임차의 목적을 달성할 수 없는 때
    ② 임차인의 과실 없이 임차물일부가 멸실되어 임차의 목적을 달성할 수 없는 때

(4) **종료효과**
   소급효가 인정되지 않고 장래에 향해서만 소멸하며, 과실 있는 상대방은 손해배상책임을 진다. 그리고 임차인이 사망하더라도 당연히 임대차가 종료하는 것은 아니며, 임차권은 상속된다.

8 일시사용을 위한 임대차의 특례

일시사용을 하기 위한 임대차 또는 전대차인 것이 명백한 경우에는 차임증감청구권(제628조), 해지통고의 전차인에 대한 통지(제638조), 차임연체와 해지(제640조), 임차인의 부속물매수청구권(제646조), 전차인의 부속물매수청구권(제647조), 임차지의 부속물·과실 등에 대한 법정질권(제648조), 임차건물 등의 부속물에 대한 법정질권(제650조)에 관한 규정이 적용되지 않는다(제653조).

단락문제 09

甲은 1998.3.15. 乙에게 건물의 점포를 기간의 약정 없이 임대하였다. 이 사안에 관한 다음 설명 중 옳은 것은?

① 이 임대차의 최단기 존속기간은 3년이다.
② 甲은 계약체결일로부터 6월이 지나야 해지를 할 수 있다.
③ 특별법의 적용이 없다면, 乙이 해지의 통고를 한 경우 甲이 수령한 날로부터 1월이 지나면 계약이 종료된다.
④ 당사자가 약정을 한 경우에는 1기의 차임연체만으로 甲은 계약을 해지할 수 있다.
⑤ 甲이 그 후 이 점포를 丙에게 양도하고 소유권이전등기를 한 경우 乙은 甲과의 임대차계약에 기한 임차권으로 丙에게 대항할 수 있다.

해설 기간의 정함이 없는 임대차 전반

① (×) 민법상 임대차에서는 법정 최단존속기간이 인정되지 않으며, 목적물이 점포이므로 상가임대차보호법이 적용된다고 하더라도 그 최단기간은 1년이다. 만약 주택임대차보호법이 적용된다면 그 최단기간은 2년이다.
② (×) 기간의 약정 없는 임대차는 쌍방이 언제라도 해지통고할 수 있고, 임대인이 통고한 경우에는 임차인이 임대차의 통고를 받은 날로부터 6월이 경과하면, 또 임차인이 통고한 경우에는 1월이 경과하면 해지의 효력이 생기고, 동산의 임대차는 누가 통고하든 통고를 받은 날부터 5일이 경과하면 임차권은 소멸한다(제635조 제2항). 만약 상가임대차보호법이나 주택임대차 보호법이 적용된다면 최단기간의 제한이 있다.
③ (○) (제635조 제2항 제1호).
④ (×) 건물 기타 공작물의 임대차에서는 2기 이상 차임을 이행지체하여야 임대인은 해지할 수 있다(제640조). 그리고 이에 위반하는 약정으로써 임차인에게 불리한 것은 무효이다(제652조).
⑤ (×) 이 점포 임차권은 등기를 하지 아니하였기 때문에 대항력이 발생하지 않아서 임차인 乙이 새로운 소유권자인 丙에게 대항할 수 없다. 즉, 물권(丙의 소유권)이 채권(乙의 임차권)에 우선한다. 만약 상가임대차보호법이 적용된다고 하더라도 아직, 대항요건(사업자등록)을 갖추지 못하였으므로 丙에게 대항할 수 없다.  답 ③

3편 채권법

03 도급 `11·17·20·21·24·27회 출제`

제664조(도급의 의의) 도급은 당사자 일방이 어느 일을 완성할 것을 약정하고 상대방이 그 일의 결과에 대하여 보수를 지급할 것을 약정함으로써 그 효력이 생긴다.

제665조(보수의 지급시기) ① 보수는 그 완성된 목적물의 인도와 동시에 지급하여야 한다. 그러나 목적물의 인도를 요하지 아니하는 경우에는 그 일을 완성한 후 지체 없이 지급하여야 한다.
② 전항의 보수에 관하여는 제656조 제2항의 규정을 준용한다.

제667조(수급인의 담보책임) ① 완성된 목적물 또는 완성전의 성취된 부분에 하자가 있는 때에는 도급인은 수급인에 대하여 상당한 기간을 정하여 그 하자의 보수를 청구할 수 있다. 그러나 하자가 중요하지 아니한 경우에 그 보수에 과다한 비용을 요할 때에는 그러하지 아니하다.
② 도급인은 하자의 보수에 가름하여 또는 보수와 함께 손해배상을 청구할 수 있다.
③ 전항의 경우에는 제536조의 규정을 준용한다.

제668조(동전-도급인의 해제권) 도급인이 완성된 목적물의 하자로 인하여 계약의 목적을 달성할 수 없는 때에는 계약을 해제할 수 있다. 그러나 건물 기타 토지의 공작물에 대하여는 그러하지 아니하다.

제669조(동전-하자가 도급인의 제공한 재료 또는 지시에 기인한 경우의 면책) 전2조의 규정은 목적물의 하자가 도급인이 제공한 재료의 성질 또는 도급인의 지시에 기인한 때에는 적용하지 아니한다. 그러나 수급인이 그 재료 또는 지시의 부적당함을 알고 도급인에게 고지하지 아니한 때에는 그러하지 아니하다.

제670조(담보책임의 존속기간) ① 전3조의 규정에 의한 하자의 보수, 손해배상의 청구 및 계약의 해제는 목적물의 인도를 받은 날로부터 1년내에 하여야 한다.
② 목적물의 인도를 요하지 아니하는 경우에는 전항의 기간은 일의 종료한 날로부터 기산한다.

제671조(수급인의 담보책임-토지, 건물 등에 대한 특칙) ① 토지, 건물 기타 공작물의 수급인은 목적물 또는 지반공사의 하자에 대하여 인도 후 5년간 담보의 책임이 있다. 그러나 목적물이 석조, 석회조, 연와조, 금속 기타 이와 유사한 재료로 조성된 것인 때에는 그 기간을 10년으로 한다.
② 전항의 하자로 인하여 목적물이 멸실 또는 훼손된 때에는 도급인은 그 멸실 또는 훼손된 날로부터 1년내에 제667조의 권리를 행사하여야 한다.

1 도급의 의의 및 법적 성질

(1) 도급은 당사자 일방이 어느 일을 완성할 것을 약정하고 상대방이 그 일의 결과에 대하여 보수를 지급할 것을 약정함으로써 성립하는 계약을 말한다(제664조).
(2) 도급은 일의 완성을 목적으로 하는 낙성·유상·쌍무·불요식의 계약이다.

 부대체물의 주문 제작 ; 도급
물건이 특정의 주문자의 수요를 만족시키기 위한 부대체물인 경우에는 당해 물건의 공급과 함께 그 제작이 계약의 주목적이 되어 도급의 성질을 띠는 것이다.(대판 2004다21862)

2 도급의 효력★★★

(1) 수급인의 의무

 1) 일의 완성의무
   수급인은 적당한 시기에 일에 착수하여 계약에서 정한 내용에 좇아 그 일을 완성할 의무를 진다.

도급계약에 있어 일의 완성에 관한 주장·입증책임의 주체

도급계약에 있어 일의 완성에 관한 주장·입증책임은 일의 결과에 대한 보수의 지급을 구하는 수급인에게 있으므로, 도급인이 도급계약상의 공사 중 미시공 부분이 있다고 주장한 바가 없다고 하더라도 그 공사의 완성에 따른 보수금의 지급을 구하는 수급인으로서는 공사의 완성에 관한 주장·입증을 하여야 한다(대판 1994.11.22. 94다26684).

2) 완성물인도의무

도급의 목적인 일이 유형(有形)의 것일 때에는 수급인은 그 완성물을 도급인에게 인도할 의무가 있다.

3) 완성물의 소유권귀속

① 도급인이 재료의 전부 또는 주요부분을 공급하는 경우
동산이든 부동산이든 특약이 없는 한 원시적으로 도급인에게 귀속한다고 하는 것이 통설, 판례이다.

② 수급인이 재료의 전부 또는 주요부분을 공급하는 경우
동산이든 부동산이든 특약이 없는 한 완성과 동시에 일단 수급인에게 귀속하고 인도에 의하여 도급인에게 이전한다(대판 1992.3.27. 91다34790).

③ 특약이 있는 경우
특약에 의하여 수급인이 재료를 전부 제공한 경우에도 완성한 물건이 원시적으로 도급인에게 귀속하는 것으로 정하는 것은 상관없다(대판 1963.1.17. 62다743).

(2) 수급인의 담보책임★★★   15·16·18·19회 출제

1) 담보책임의 성립요건

① 완성된 목적물 또는 완성전의 성취된 부분에 하자가 있어야 한다(제667조 제1항).
② 목적물의 하자가 도급인이 제공한 재료의 성질 또는 도급인의 지시에 기인한 때에는 담보책임을 지지 않지만, 수급인이 그 재료 또는 지시의 부적당함을 알고 도급인에게 고지하지 아니한 때에는 담보책임을 진다(제669조).
③ 수급의 귀책사유는 필요치 않다(무과실책임).
④ 면책특약이 없어야 한다.

2) 담보책임의 내용

① 하자보수의무
도급인은 수급인에 대하여 상당한 기간을 정하여 그 하자의 보수를 청구할 수 있다. 그러나 ㉠ 하자가 중요하지 아니한 경우에 그 보수에 ㉡ 과다한 비용을 요할 때에는 하자의 보수를 청구할 수 없고(제667조 제1항) 단지 하자에 의한 손해배상만 청구할 수 있다.

② 손해배상의무
　㉠ 도급인은 하자의 보수에 갈음하여 또는 보수와 함께 손해배상을 청구할 수 있다(제667조 제2항).
　㉡ 도급인의 하자보수청구권 또는 손해배상청구권은 수급인의 보수지급청구권과 동시이행의 관계에 있다(제667조 제3항, 제536조, 대판 1991.12.10. 91다33056).

 완성된 목적물에 하자가 있어 도급인이 하자보수에 갈음한 손해배상을 청구한 경우, 도급인의 손해배상 채권과 동시이행관계에 있는 수급인의 공사대금 채권의 범위

완성된 목적물에 하자가 있어 도급인이 하자의 보수에 갈음하여 손해배상을 청구한 경우에, 도급인은 수급인이 그 손해배상청구에 관하여 채무이행을 제공할 때까지 그 손해배상액에 상응하는 보수액에 관하여만 자기의 채무이행을 거절할 수 있을 뿐이고 그 나머지 보수액은 지급을 거절할 수 없다고 할 것이므로, 도급인의 손해배상채권과 동시이행관계에 있는 수급인의 공사대금채권은 공사잔대금채권 중 위 손해배상채권액과 동액의 채권에 한하고, 그 나머지 공사잔대금채권은 위 손해배상채권과 동시이행관계에 있다고 할 수 없다(대판 1996.6.11. 95다12798).

Professor Comment
하자가 중요한 경우의 하자보수비는 청구시를 기준으로 하나 하자가 중요하지 아니하면서 그 보수에 과다한 비용을 요하는 경우에는 목적물 완성시를 기준으로 손해배상을 청구하는 것이 합리적이다(대판 2004.8.20. 2001다70337).

 도급인의 하자보수청구의 요건 및 하자보수에 갈음한 손해배상을 청구하는 경우 이를 이유로 지급을 거절할 수 있는 보수액의 범위

도급인이 하자의 보수를 청구하려면 그 하자가 중요한 경우이거나 중요하지 아니한 것이라고 하더라도 그 보수에 과다한 비용을 요하지 아니할 경우이어야 하고, 도급인이 하자의 보수에 갈음하여 손해배상을 청구하는 경우에는 수급인이 그 손해배상청구에 관하여 채무이행을 제공할 때까지 그 손해배상의 액에 상응하는 보수의 액에 관하여만 자기의 채무이행을 거절할 수 있을 뿐, 그 나머지 액의 보수에 관하여는 지급을 거절할 수 없다(대판 1991.12.10. 91다33056).

③ 계약의 해제
　도급인이 완성된 목적물의 하자로 인하여 계약의 목적을 달성할 수 없는 때에는 계약을 해제할 수 있다. 그러나 건물 기타 토지의 공작물에 대하여는 중대한 하자가 있더라도 해제할 수 없다(제668조).

3) 책임감면에 관한 특칙
　하자가 도급인이 제공한 재료 또는 지시에 기인한 때에는 담보책임이 없으며(제669조), 담보책임을 배제·감경하는 특약도 유효하다(제672조).

4) 책임의 존속기간

① 원칙
- ㉠ 하자의 보수, 손해배상의 청구 및 계약의 해제는 목적물의 인도를 받은 날로부터 1년 내에 하여야 한다.
- ㉡ 목적물의 인도를 요하지 아니하는 경우의 존속기간은 일을 종료한 날로부터 기산한다(제670조).

② 토지, 건물 등의 특칙*
- ㉠ 토지, 건물 기타 공작물의 수급인은 목적물 또는 지반공사의 하자에 대하여 인도 후 5년간 담보의 책임이 있으며, 목적물이 석조, 석회조, 연와조, 금속 기타 이와 유사한 재료로 조성된 것인 때에는 그 기간을 10년으로 한다.
- ㉡ 이 경우 하자로 인하여 목적물이 멸실 또는 훼손된 때에는 도급인은 그 멸실 또는 훼손된 날로부터 1년 내에 제667조의 권리를 행사하여야 한다(제671조).

> * 토지, 건물 등의 특칙
> 관련조문 중요

Professor Comment
건물 기타 토지의 공작물에 대해서는 하자가 있더라도 담보책임으로서의 계약의 해제는 인정되지 않으므로(제668조 단서) 그 존속기간이 문제될 여지는 없다.

 민법상 수급인의 하자담보책임에 관한 기간이 재판상 청구를 위한 출소기간인지 여부
민법상 수급인의 하자담보책임에 관한 기간은 제척기간으로서 재판상 또는 재판외의 권리행사 기간이며 재판상 청구를 위한 출소기간이 아니다(대판 2004.1.27. 2001다24891).

(3) 도급인의 의무

1) 보수는 그 완성된 목적물의 인도와 동시에 지급하여야 한다. 그러나 목적물의 인도를 요하지 아니하는 경우에는 그 일을 완성한 후 지체 없이 지급하여야 한다(제665조 제1항).
2) 부동산공사의 수급인은 보수에 관한 채권을 담보하기 위하여 그 부동산을 목적으로 한 저당권의 설정을 청구할 수 있다(제666조).

3 도급에 특유한 해제

(1) 수급인이 일을 완성하기 전에는 도급인은 손해를 배상하고 계약을 해제할 수 있다(제673조).
(2) 도급인이 파산선고를 받은 때에는 수급인 또는 파산관재인은 계약을 해제할 수 있다. 이 경우에는 수급인은 일의 완성된 부분에 대한 보수 및 보수에 포함되지 아니한 비용에 대하여 파산재단의 배당에 가입할 수 있다. 이 경우에는 각 당사자는 상대방에 대하여 계약해제로 인한 손해의 배상을 청구하지 못한다(제674조).

단락문제 Q10

도급에 관한 기술로서 틀린 것은?

① 일의 완성 전에는 도급인은 언제든지 계약을 해제할 수 있다.
② 도급인이 파산한 경우에는 수급인은 계약을 해제할 수 있다.
③ 수급인의 일의 완성의무와 도급인의 보수지급의무는 항상 동시이행의 관계에 있다.
④ 건물 기타 토지의 공작물에 관한 도급에 있어서는 하자를 이유로 하여 계약을 해제하지 못한다.
⑤ 도급인의 책임 있는 사유로 인하여 완성된 목적물에 하자가 있는 경우에도 수급인이 이를 알고 고지하지 않으면 담보책임을 져야 한다.

해설 **도급계약**

① (○) 수급인이 일을 완성하기 전에는 도급인은 손해를 배상하고 계약을 해제할 수 있다(제673조). 이는 도급특유의 해제권이다.
② (○) 도급인이 파산선고를 받은 때에는 수급인 또는 파산관재인은 계약을 해제할 수 있다(제674조 제1항).
③ (×) 보수지급의무와 동시이행관계인 것은 완성물의 인도의무이다(제665조 제1항). 따라서 일의 완성 의무는 보수의 지급보다 선행되어야 한다. 다만 인도를 요하지 않는 경우에는 일의 완성의무와 도급인의 보수지급의무가 동시이행관계이다.
④ (○) 도급인이 완성된 목적물의 하자로 인하여 계약의 목적을 달성할 수 없는 때에는 계약을 해제할 수 있다. 그러나 건물 기타 토지의 공작물에 대하여는 그러하지 아니하다(제668조). 이미 완성된 물건의 경제적 효용이 상실되는 것을 예방하기 위한 것이다.
⑤ (○) 수급인의 담보책임에 관한 규정은 목적물의 하자가 도급인이 제공한 재료의 성질 또는 도급인의 지시에 기인한 때에는 적용하지 아니한다. 그러나 수급인이 그 재료 또는 지시의 부적당함을 알고 도급인에게 고지하지 아니한 때에는 그러하지 아니하다(제669조).

답 ③

제3장 계약각론

단락문제 Q11 제16회 기출

도급에 관한 설명으로 옳지 않은 것은? (다툼이 있으면 판례에 의함)

① 도급인이 파산선고를 받은 때에는 수급인 또는 파산관재인은 계약을 해제할 수 있다.
② 부동산공사의 수급인은 자기의 보수채권을 담보하기 위하여 그 부동산을 목적으로 한 저당권의 설정을 청구할 수 있다.
③ 수급인이 자기의 노력과 재료를 들여 건물을 완성한 경우에 특별한 사정이 없는 한 완성된 건물은 수급인의 소유에 속한다.
④ 완성된 목적물 또는 완성 전의 성취된 부분의 하자가 중요하지 않고 그 보수에 과다한 비용을 요할 때에는 하자의 보수를 청구할 수 없다.
⑤ 기성고에 따라 공사대금을 분할하여 지급하기로 약정한 경우, 특별한 사정이 없는 한 하자보수의무와 동시이행관계에 있는 공사대금지급채무는 당해 하자가 발생한 부분의 기성공사대금에 한정된다.

해설 도 급
⑤ 기성고에 따라 공사대금을 분할하여 지급하기로 약정한 경우라도 특별한 사정이 없는 한 하자보수의무와 동시이행관계에 있는 공사대금지급채무는 당해 하자가 발생한 부분의 기성공사대금에 한정되는 것은 아니라고 할 것이다. 왜냐하면, 이와 달리 본다면 도급인이 하자발생사실을 모른 채 하자가 발생한 부분에 해당하는 기성공사의 대금을 지급하고 난 후 뒤늦게 하자를 발견한 경우에는 동시이행의 항변권을 행사하지 못하게 되어 공평에 반하기 때문이다(대판 2001.9.18, 2001다9304). **답** ⑤

단락핵심 도 급

(1) 수급인은 보수(報酬)를 받을 때까지는 도급의 목적물을 유치권의 대상으로 할 수 있다. (○)
(2) 부동산공사의 수급인은 보수채권을 담보하기 위해 그 부동산에 저당권을 단독으로 설정할 수 있다. (×)
　➡ 단지 도급인에게 저당권의 설정을 청구할 수 있을 뿐이다.
(3) 수급인의 완성한 목적물의 인도의무와 도급인의 보수지급의무는 특약이 없는 한 동시이행의 관계에 있다. (○)
(4) 보수는 금전에 한하지 않으며 노무의 제공이라도 상관없다. (○)

3편 채권법

04 위임　　17·20·21·28회 출제

1 개관

> **제680조(위임의 의의)** 위임은 당사자 일방이 상대방에 대하여 사무의 처리를 위탁하고 상대방이 이를 승낙함으로써 그 효력이 생긴다.
> **제681조(수임인의 선관의무)** 수임인은 위임의 본지에 따라 선량한 관리자의 주의로써 위임사무를 처리하여야 한다.

(1) 의의
위임은 당사자 일방이 상대방에 대하여 사무의 처리를 위탁하고 상대방이 이를 승낙함으로써 성립하는 계약이다(제680조).

(2) 법적 성격
위임은 무상을 원칙으로 하고 특약이 있는 경우에만 보수를 청구할 수 있다. 또한 위임은 언제나 낙성·불요식의 계약이다. 다만, 판례는 변호사 선임의 경우에는 특약이 없더라도 당연히 보수를 지급하여야 한다고 하여 유상계약으로 보고 있다.

(3) 특징
위임은 인적 신뢰관계를 기초로 하므로 유·무상에 관계없이 수임인은 선관주의의무를 부담한다. 또한 사무는 법률행위나 사실행위를 모두 포함한다.

2 위임의 효과 ★★

(1) 수임인의 의무
1) 위임사무처리의무
   ① 수임인의 선관주의의무
      수임인은 위임의 본지에 따라 선량한 관리자의 주의로써 위임사무를 처리하여야 한다(제681조).
   ② 복임권의 제한
      ㉠ 수임인은 위임인의 승낙이나 부득이한 사유 없이 제3자로 하여금 자기에 갈음하여 위임사무를 처리하게 하지 못한다(제682조 제1항).
      ㉡ 수임인이 제3자에게 위임사무를 처리하게 한 경우에는 제121조(임의대리인의 복대리인선임의 책임)와 제123조(복대리인의 권한)의 규정을 준용한다(제682조 제2항).

2) 부수적 의무

① 보고의무

수임인은 위임인의 청구가 있는 때에는 위임사무의 처리상황을 보고하고 위임이 종료한 때에는 지체없이 그 전말을 보고하여야 한다(제683조).

② 취득물 등의 인도이전의 의무

수임인은 위임사무의 처리로 인하여 받은 금전 기타의 물건 및 그 수취한 과실을 위임인에게 인도하여야 하며, 수임인이 위임인을 위하여 자기의 명의로 취득한 권리는 위임인에게 이전하여야 한다(제684조).

③ 금전소비의 책임

수임인이 위임인에게 인도할 금전 또는 위임인의 이익을 위하여 사용할 금전을 자기를 위하여 소비한 때에는 소비한 날 이후의 이자를 지급하여야 하며 그 외에 손해가 있으면 배상하여야 한다(제685조). 이는 실질적으로 채무불이행책임이다.

당사자 간의 특약 등 특별한 사정이 없는 경우 수임인이 위임사무의 처리로 인하여 받은 금전 등을 위임인에게 인도할 시기 및 그 범위를 정하는 기준시점

민법 제684조 제1항에 있어서의 인도 시기는 당사자 간에 특약이 있거나 위임의 본뜻에 반하는 경우 등과 같은 특별한 사정이 있지 않는 한 위임계약이 종료한 때이므로, 수임인이 반환할 금전의 범위도 위임종료시를 기준으로 정해진다(대판 2007. 2. 8. 2004다64432).

(2) 위임인의 의무

1) 보수지급의무(제686조)

① 수임인은 특별한 약정이 없으면 위임인에 대하여 보수를 청구하지 못한다.

무상위임 원칙의 예외로서의 변호사 선임행위

변호사는 당사자 기타 관계인의 위임 또는 공무소의 위촉 등에 의하여 소송에 관한 행위 및 행정처분의 청구에 관한 대리행위와 일반 법률사무를 행함을 그 직무로 하고 사회통념에 비추어 현저히 부당한 보수를 받을 수 없을 뿐이므로, 변호사에게 계쟁사건의 처리를 위임함에 있어서 그 보수지급 및 수액에 관하여 명시적인 약정을 아니하였다 하여도, 무보수로 한다는 등 특별한 사정이 없는 한 응분의 보수를 지급할 묵시의 약정이 있는 것으로 봄이 상당하다(대판 1993. 11. 12. 93다36882).

② 수임인이 보수를 받을 경우에는 위임사무를 완료한 후가 아니면 이를 청구하지 못한다. 그러나 기간으로 보수를 정한 때에는 그 기간이 경과한 후에 이를 청구할 수 있다.

③ 수임인이 위임사무를 처리하는 중에 수임인의 책임 없는 사유로 인하여 위임이 종료된 때에는 수임인은 이미 처리한 사무의 비율에 따른 보수를 청구할 수 있다.

2) 비용선급의무

위임사무의 처리에 비용을 요하는 때에는 위임인은 수임인의 청구에 의하여 이를 선급하여야 한다(제687조).

3) 필요비상환의무

수임인이 위임사무의 처리에 관하여 필요비를 지출한 때에는 위임인에 대하여 지출한 날 이후의 이자를 청구할 수 있다(제688조 제1항).

4) 채무변제의무

수임인이 위임사무의 처리에 필요한 채무를 부담한 때에는 위임인에게 자기에 갈음하여 이를 변제하게 할 수 있고 그 채무가 변제기에 있지 아니한 때에는 상당한 담보를 제공하게 할 수 있다(제688조 제2항).

5) 손해배상의무

수임인이 위임사무의 처리를 위하여 과실 없이 손해를 받은 때에는 위임인에 대하여 그 배상을 청구할 수 있다(제688조 제3항).

3 위임의 종료   `19회 출제`

(1) 위임의 종료원인★★

1) 위임의 상호해지의 자유

각 당사자는 언제든지 위임계약을 해지할 수 있다. 다만 상대방이 불리한 시기에 부득이한 사유 없이 해지한 때에는 그 손해를 배상하여야 한다(제689조).

2) 사망, 파산 등과 위임의 종료(사·파 / 수·성)

당사자 일방의 사망 또는 파산으로 인하여 종료하며, 수임인이 성년후견개시 심판을 받은 때에는 위임은 종료한다(제690조).

Professor Comment

위임종료사유는 대리권의 종료사유와 비교되는데 위임인의 파산이 위임의 종료사유로 규정되어 있는데 반해, 본인의 파산은 대리권의 종료사유로 규정되어 있지 않다.

 유상위임계약에서 해지의 자유와 손해배상의 문제

민법상 위임계약에서 상대방이 불리한 시기에 해지한 때에는 그 해지가 부득이한 사유에 의한 것이 아닌 한 그로 인한 손해를 배상하여야 하나, 그 배상의 범위는 위임이 해지되었다는 사실로부터 생기는 손해가 아니라 적당한 시기에 해지되었더라면 입지 아니하였을 손해에 한한다고 볼 것이다(대판 2000.6.9. 98다64202).

(2) 위임종료시의 특칙

위임종료시의 경우에 급박한 사정이 있는 때에는 수임인은 사무를 계속하여 처리하여야 하며(제691조), 위임종료의 사유를 상대방에게 통지하거나 상대방이 이를 안 때가 아니면 상대방에게 대항하지 못한다(제692조).

단락문제 Q12

위임에 관한 기술로서 옳지 않은 것은?

① 위임사무의 처리에 비용을 요하는 때에는 위임인은 수임인의 청구에 의하여 이를 선급하여야 한다.
② 특약이 없으면 수임인은 위임인에게 보수를 청구하지 못한다.
③ 수임인이 위임사무의 처리에 관하여 필요비를 지출한 때에는 지출한 날 이후의 이자까지 청구할 수 있다.
④ 위임계약은 당사자 일방이 부득이하다고 하는 사유가 없이 상대방의 불리한 시기에 해지할 수 없다.
⑤ 위임은 당사자 일방이 사망하거나 파산 또는 수임인의 성년후견개시 심판을 받은 때 종료한다.

해설 위임계약의 해지 등

① (○) (제687조)
② (○) (제686조)
③ (○) (제688조 제1항)
④ (×) 부득이한 사유 없이 상대방의 불리한 시기라도 해지는 가능하다. 다만, 그 손해를 배상해야 한다(제689조)는 점에서 조합의 탈퇴와 다른 특징이 있다.
⑤ (○) (제690조)

답 ④

단락핵심 위 임

(1) 수임인은 비록 무상의 위임계약일지라도 선량한 관리자로서 주의의무를 다해야 한다. (○)
(2) 각 당사자는 언제든지 위임계약을 해지할 수 있다. 다만 상대방이 불리한 시기에는 해지할 수 없다. (×)
  ⇒ 상대방이 불리한 시기에도 해지할 수 있다. 다만, 부득이한 사유 없이 해지한 때에는 그 손해를 배상하여야 한다.
(3) 당사자 일방의 사망 또는 파산으로 인하여 종료하며, 위임인이 성년후견개시심판을 받은 때에는 위임은 종료한다. (×)
  ⇒ 수임인에게 성년후견개신의 심판이 있으면 이는 위임종료사유에 해당하지만, 위임인의 성년후견개시심판은 위임종료사유가 아니다.

CHAPTER 04 부당이득·불법행위

학습포인트

- 계약이 약정채권관계라면 부당이득·불법행위는 법정채권관계의 발생원인이다. 각 유형별로 요건과 효과를 중심으로 학습하는 방법을 권한다.
- 판례는 이해를 돕는 정도로 참고하면 족하고, 조문 암기에 힘써야 한다. 특히 민법총칙과 직접 연계되는 불법원인 급여는 자주 출제되고 있다.
- 부당이득과 불법행위는 주로 사례형으로 출제되면서 수험생을 당황하게 만드는 특징이 있다. 자신의 실력에 맞게 전략적으로 공부할 필요가 있다.

CHAPTER 학습 & 출제되는 키워드

- ☑ 부당이득
- ☑ 비채변제
- ☑ 타인의 채무의 변제
- ☑ 과실책임·무과실책임
- ☑ 책임능력
- ☑ 재산적 손해와 정신적 손해
- ☑ 과실상계와 손익상계
- ☑ 공작물 등의 점유자 책임

- ☑ 법률상 원인
- ☑ 기한 전의 변제
- ☑ 불법원인급여
- ☑ 계약책임과 불법행위책임
- ☑ 위법성
- ☑ 입증책임
- ☑ 감독자책임
- ☑ 동물점유자의 책임

- ☑ 반환범위
- ☑ 도의관념에 적합한 변제
- ☑ 불법행위
- ☑ 고의·과실
- ☑ 상당인과관계와 손해
- ☑ 금전배상과 원상회복
- ☑ 사용자책임
- ☑ 공동불법행위

CHAPTER 학습 & 출제되는 질문

- ☑ 부당이득에 관한 설명으로 틀린 것은?
- ☑ 비채변제에 대한 판례의 태도로 틀린 것은?
- ☑ 불법행위와 채무불이행의 비교에 관한 기술 중 틀린 것은?
- ☑ 불법행위에 따른 책임의 내용으로 틀린 것은?
- ☑ 甲은 채무자 乙에게 채무변제를 요구하자, 乙은 1개월 더 유예해 달라고 요청하였다. 甲이 화가 나서 일방적으로 乙을 폭행하던 중 지나가던 丙이 甲의 폭행에 적극 가담하였고, 乙은 중상을 입었다. 다음 설명 중 옳지 않은 것은?

제4장 부당이득·불법행위

제1절 부당이득 〔27회 출제〕

01 개관

제741조(부당이득의 내용) 법률상 원인 없이 타인의 재산 또는 노무로 인하여 이익을 얻고 이로 인하여 타인에게 손해를 가한 자는 그 이익을 반환하여야 한다.

1 의의

부당이득이란 법률상 원인 없이 타인의 재화 또는 노무로 인하여 얻은 이익을 말하며, 부당이득으로 말미암아 타인에게 손해를 가한 자는 그의 반환의무를 진다(제741조).

2 구별개념

부당이득은 이미 성립한 계약을 후발적 사유로 인해 소급적으로 소멸시키는 해제에 의한 원상회복과 구별되고, 가해행위가 존재하여 그 효과를 손해배상청구권이 발생하는 불법행위와도 구별된다.

3 청구권의 경합

불법행위 책임과는 경합하여 선택적으로 행사할 수 있으나, 해제권행사에 기한 원상회복 청구는 독립한 법률상의 원인(제548조)에 의한 것으로 경합하지 않는다.

02 부당이득의 성립요건★★

1 이득의 취득

(1) 수익자의 이득은 타인의 재화 또는 노무로 인하여 생긴 것이어야 한다.

Professor Comment
부당이득반환에 있어서 이득이라 함은 실질적인 이익을 가리키는 것이므로 법률상 원인 없이 건물을 점유하고 있다고 하여도 이를 사용·수익하지 못하였다면 실질적인 이익을 얻었다고 할 수 없다(대판 1986.3.25. 85다422·85다카1796).

(2) 부당이득은 현재의 부당이득뿐만 아니라 장래의 부당이득도 그 이행기에 지급을 기대할 수 없어 미리 청구할 필요가 있으면* 미리 청구할 수 있다(대판 1975. 4. 22. 74다1184). 또한 이득은 적극적인 재산상의 증가뿐만 아니라 소극적으로 당연히 발생하여야 할 재산의 감소를 면하는 것도 포함된다(대판 1971. 12. 14. 71다1610).

* **미리 청구할 필요가 있으면**
장래이행의 소를 통해 가능

예 채권의 취득도 당연히 이득이 된다.

 정당한 권원 없이 타인의 토지 일부분 위에 시설물을 설치·소유함으로써 토지소유자가 나머지 토지까지 사용할 수 없게 된 경우, 그 시설물 보유자는 사용할 수 없는 나머지 토지의 임료상당의 이득도 부당이득으로 반환해야 한다는 사례

타인의 토지 위에 정당한 권원 없이 시설물을 설치·소유함으로써 나머지 토지 부분이 과소토지로 남게 되어 사실상 소유자가 사용할 수 없게 된 경우에, 그 토지의 소유자는 당해 토지 전부에 대한 사용불능으로 인한 손해를 입게 되었다 할 것이고 타인의 토지 위에 정당한 권원 없이 시설물을 설치·소유한 자는 **사용이 불가능하게 된 그 과소토지 부분을 포함한 당해 토지 전부에 대한 임료 상당의 이득을 소유자에게 반환할 의무를 진다**(대판 2001. 3. 9. 2000다70828).

---

2 손실의 발생

당사자의 일방이 이득을 얻음에 따라 상대방에게 손실이 발생하였어야 한다.

3 이득과 손실 사이의 인과관계

이득과 손실 사이에 인과관계가 있어야 하는데, 반드시 직접적 인과관계일 필요는 없으며, 사회관념상 양자 사이에 관련을 인정할 수 있으면 족하다. 이득과 손해의 내용이 같은 것일 필요는 없다.

4 법률상 원인의 결여

법률상의 원인이란 수익자에 의한 일정한 이익의 취득을 법률상 정당화하는 권원(權原)을 말하며, 이러한 법률상 원인이 존재하지 않아야 한다.

03 부당이득의 효과

> **제747조(원물반환불능한 경우와 가액반환, 전득자의 책임)** ① 수익자가 그 받은 목적물을 반환할 수 없는 때에는 그 가액을 반환하여야 한다.
> ② 수익자가 그 이익을 반환할 수 없는 경우에는 수익자로부터 무상으로 그 이익의 목적물을 양수한 악의의 제3자는 전항의 규정에 의하여 반환할 책임이 있다.
> **제748조(수익자의 반환범위)** ① 선의의 수익자는 그 받은 이익이 현존한 한도에서 전조의 책임이 있다.
> ② 악의의 수익자는 그 받은 이익에 이자를 붙여 반환하고 손해가 있으면 이를 배상하여야 한다.
> **제749조(수익자의 악의인정)** ① 수익자가 이익을 받은 후 법률상 원인 없음을 안 때에는 그때부터 악의의 수익자로서 이익반환의 책임이 있다.
> ② 선의의 수익자가 패소한 때에는 그 '소를 제기한 때부터' 악의의 수익자로 본다.

1 부당이득반환청구권의 발생

(1) 부당이득의 반환
수익자는 법률상 원인 없이 손실자의 재화나 노무를 통해 취득한 이익을 손실자에게 반환하여야 한다(제741조).

(2) 반환의무의 대상
수익자는 **받은 목적물을 반환하는 것이 원칙***이다. 원물의 반환이 불가능한 경우에는 **가액으로 반환**하면 된다(제747조 제1항). 대체물인 반환목적물이 멸실된 경우에도 같다.

> * 받은 목적물을 반환하는 것이 원칙
> 원물반환의 원칙
>
> ** 수익자의 특별한 재능 등으로 손실자의 손실액을 넘어 취득한 이득
> 운용이익

2 반환의무의 범위★★★

(1) 반환범위
1) **수익자의 특별한 재능 등으로 손실자의 손실액을 넘어 취득한 이득****은 사무관리에서와 달리 반환할 필요가 없다(대판 1995.5.12. 94다2551).
2) 이득이 손해보다 적은 때에는 현실의 이익액만을 반환하면 되고, 손실액이 이득액보다 적을 때는 손실액의 한도에서만 반환의무가 있다(대판 1968.7.24. 68다905). 즉, **손실과 이득이 서로 다를 때는 손실과 이득 중 적은 쪽을 반환**하면 된다.

(2) 선의의 수익자의 반환범위
1) 선의의 수익자는 그 받은 이익이 현존하는 한도에서 반환책임을 부담한다(제748조 제1항).
2) **부당이득이 금전상의 이득인 때에는** 그 금전은 이를 취득한 자가 소비하였는가의 여부를 불문하고 **현존하는 것으로 추정**된다(대판 1996.12.10. 96다32881).

(3) 악의의 수익자의 반환범위

악의의 수익자는 그 받은 이익에 이자를 붙여 반환하고 손해가 있으면 이를 배상하여야 한다(제748조 제2항). 즉, 현존이익 여부를 묻지 않고 수익 당시의 그 전액을 반환하여야 하고, 또 법정이자를 가산하여야 한다(제379조).

(4) 악의의 전득자의 반환책임

수익자가 무자력인 경우 수익자로부터 무상으로 그 이익의 목적물을 양수한 악의의 제3자는 그 가액을 반환할 책임이 있다(제747조 제2항).

 제3자에 대한 부당이득반환청구, 즉 이른바 전용물소권은 인정되지 않는다는 사례

[사실관계] 甲은 乙과 트랙터의 수리계약을 체결하였으나, 그 트랙터는 乙이 丙으로부터 임차한 것이었고 乙이 현재 무자력인 경우, 甲이 그 트랙터의 소유자인 丙에게 유익비의 상환청구가 가능한가?

계약상의 급부가 계약의 상대방뿐만 아니라 제3자의 이익으로 된 경우에 급부를 한 계약당사자가 계약 상대방에 대하여 계약상의 반대급부를 청구할 수 있는 이외에 그 제3자에 대하여 직접 부당이득반환청구를 할 수 있다고 보면, 자기 책임하에 체결된 계약에 따른 위험부담을 제3자에게 전가시키는 것이 되어 계약법의 기본원리에 반하는 결과를 초래할 뿐만 아니라, 채권자인 계약당사자가 채무자인 계약 상대방의 일반채권자에 비하여 우대받는 결과가 되어 일반채권자의 이익을 해치게 되고, 수익자인 제3자가 계약 상대방에 대하여 가지는 항변권 등을 침해하게 되어 부당하므로, 위와 같은 경우 계약상의 급부를 한 계약당사자는 이익의 귀속 주체인 제3자에 대하여 **직접 부당이득반환을 청구할 수는 없다고 보아야** 한다(대판 2002.8.23. 99다66564).

➡ 판례의 입장에 따르면 위의 사실관계에서 甲은 乙에 대하여만 수리계약상의 대금을 청구할 수 있고, 丙에게 물건의 수리로 인한 이득에 대하여 유익비 반환청구는 할 수 없게 된다.

---

(5) 제한능력자의 반환책임

제한능력을 이유로 취소시 현존이익에 한하여 반환하는 제141조의 단서규정은 의사능력의 흠결을 이유로 법률행위가 무효가 되는 경우에도 유추적용되므로(대판 2009.1.15. 2008다58367) 계약에 의해 급부받은 것을 의사무능력에 따른 계약의 무효를 이유로 반환하는 경우 의사무능력자는 현존이익만 반환하면 족하다.

제4장 부당이득·불법행위

> **단락핵심** 부당이득의 성립과 효과
>
> (1) 부당이득에서 수익자의 이득은 타인의 재화로 인하여 생긴 것에 한한다. (×)
>   ⇒ **타인의 재화 또는 노무로 인하여 생긴 것이어야 한다.**
> (2) 악의의 수익자는 그 받은 이익에 이자를 붙여 반환하고 손해가 있으면 이를 배상하여야 한다. (○)
> (3) 선의의 수익자는 그 당시 받은 이익의 한도에서 반환할 책임이 있다. (×)
>   ⇒ **현존이익의 한도에서 반환한다.**
> (4) 부당이익의 수익자가 무자력인 경우 수익자로부터 무상으로 그 이익의 목적물을 양수한 악의의 제3자는 그 가액을 반환할 책임이 있다. (○)
> (5) 부당이득의 수익자가 의사무능력자인 경우에도 현존이익만 반환하면 된다. (○)

04 특수한 부당이득

> **제742조(비채변제)** 채무없음을 알고 이를 변제한 때에는 그 반환을 청구하지 못한다.
> **제743조(기한전의 변제)** 변제기에 있지 아니한 채무를 변제한 때에는 그 반환을 청구하지 못한다. 그러나 채무자가 착오로 인하여 변제한 때에는 채권자는 이로 인하여 얻은 이익을 반환하여야 한다.
> **제744조(도의관념에 적합한 비채변제)** 채무 없는 자가 착오로 인하여 변제한 경우에 그 변제가 도의관념에 적합한 때에는 그 반환을 청구하지 못한다.
> **제745조(타인의 채무의 변제)** ① 채무자 아닌 자가 착오로 인하여 타인의 채무를 변제한 경우에 채권자가 선의로 증서를 훼멸하거나 담보를 포기하거나 시효로 인하여 그 채권을 잃은 때에는 변제자는 그 반환을 청구하지 못한다.
> ② 전항의 경우에 변제자는 채무자에 대하여 구상권을 행사할 수 있다.
> **제746조(불법원인급여)** 불법의 원인으로 인하여 재산을 급여하거나 노무를 제공한 때에는 그 이익의 반환을 청구하지 못한다. 그러나 그 불법원인이 수익자에게만 있는 때에는 그러하지 아니하다.

1 비채변제★★

(1) 비채변제의 부당이득반환의 원칙

1) 채무가 없음에도 불구하고 변제로 급부한 경우를 비채변제라 한다.
2) 비채변제는 부당이득의 특수한 경우로서, 변제자는 원칙적으로 변제수령자에게 그 급부한 것을 부당이득으로 반환청구할 수 있다.
3) 그런데 민법은 예외적으로 비채변제의 반환청구를 금지하는 특칙*을 규정하고 있다.

* **특칙**
제742조

(2) 협의의 비채변제

채무없음을 알고 이를 변제한 때에는 그 반환을 청구하지 못한다(제742조). 채무없음을 알았다는 사실은 부당이득반환을 거부하는 변제수령자가 입증하여야 한다(대판 1962.6.28. 4294민상1453).

> *Professor Comment*
> 민법 제742조 소정의 비채변제에 관한 규정은 변제자가 채무없음을 알면서도 변제를 한 경우에 적용되는 것이고, 채무없음을 알지 못한 경우에는 그 과실 유무를 불문하고 적용되지 아니한다 (대판 1998.11.13. 97다58453).

 자유로운 의사에 반한 비채변제의 경우 부당이득반환청구권이 상실되지 않는다고 본 사례

지급자가 채무없음을 알면서도 임의로 지급한 경우에는 민법 제742조 소정의 비채변제로서 수령자에게 그 반환을 구할 수 없으나, 지급자가 채무없음을 알고 있었다고 하더라도 변제를 강제당한 경우나 변제거절로 인한 사실상의 손해를 피하기 위하여 부득이 변제하게 된 경우 등 그 변제가 자유로운 의사에 반하여 이루어진 것으로 볼 수 있는 사정이 있는 때에는 지급자가 그 반환청구권을 상실하지 않는다(대판 2004.1.27. 2003다46451).

(3) 도의관념에 적합한 비채변제

채무 없는 자가 착오로 인하여 변제한 경우에 그 변제가 도의관념에 적합한 때에는 그 반환을 청구하지 못한다(제744조).

2 변제기 전의 변제

변제기에 있지 아니한 채무를 변제한 때에는 그 반환을 청구하지 못한다. 그러나 채무자가 착오로 인하여 변제한 때에는 채권자는 이로 인하여 얻은 이익을 반환하여야 한다(제743조).

3 타인채무의 변제

채무자 아닌 자가 착오로 인하여 타인의 채무를 변제한 경우에 채권자가 선의로 증서를 훼멸하거나 담보를 포기하거나 시효로 인하여 그 채권을 잃은 때에는 변제자는 그 반환을 청구하지 못한다. 이 경우에 변제자는 채무자에 대하여 구상권을 행사할 수 있다(제745조).

단락문제 Q1

부당이득에 관한 다음의 설명 중에서 틀린 것은?

① 법률상 원인 없이 타인의 재산 또는 노무로 인하여 이익을 얻고 이로 인하여 타인에게 손해를 가한 자는 그 이익을 반환하여야 하는데, 여기서 수익의 방법에는 제한이 없으나, 이득과 손해 간에는 인과관계가 인정되어야 한다.
② 채무없음을 알고 이를 변제한 때에는 그 반환을 청구하지 못한다.
③ 변제기에 있지 아니한 채무를 변제한 때에는 그 반환을 청구하지 못한다. 그러나 채무자가 착오로 인하여 변제한 때에는 채권자는 이로 인하여 얻은 이익을 반환하여야 한다.
④ 채무자 아닌 자가 착오로 인하여 타인의 채무를 변제한 경우에 채권자가 선의로 증서를 훼멸한 경우에 한하여 변제자는 그 반환을 청구하지 못한다.
⑤ 수익자가 이익을 받은 후 법률상 원인 없음을 안 때에는 그때부터 악의의 수익자로서 이익반환의 책임이 있으며, 선의의 수익자가 패소한 때에는 그 소를 제기한 때부터 악의의 수익자로 본다.

해설 특수한 부당이득
④ 채무자아닌 자가 착오로 인하여 타인의 채무를 변제한 경우에 채권자가 ㉠ 선의로 증서를 훼멸하거나 ㉡ 담보를 포기하거나 ㉢ 시효로 인하여 그 채권을 잃은 때에는 변제자는 그 반환을 청구하지 못한다.   **답** ④

4 불법원인급여 ★★★

17회 출제

(1) 의의

민법 제746조는 불법의 원인으로 인하여 재산을 급여한 때에는, 그 이익의 반환을 청구하지 못한다고 규정하고 있는 바, 이 규정은 선량한 풍속 기타 사회질서에 위반한 사항을 내용으로 하는 법률행위를 무효로 하는 민법 제103조와 표리를 이루어, 사회적 타당성이 없는 행위를 한 사람을 보호할 수 없다는 법의 이념을 실현하려고 하는 것이다.

(2) 불법원인급여의 요건

1) 급부의 불법성

① 불법은 위법과 다른 개념으로 선량한 풍속 기타 사회질서에 반하는 행위를 말한다. 따라서 강행법규 위반의 경우에 항상 제746조가 적용되는 것은 아니다.
② 강행법규 위반의 무효행위에 의하여 급부한 것이라 하여도 그 행위가 선량한 풍속 기타 사회질서를 해치는 것이 아니면 그 이익의 반환 또는 손해배상을 구할 수 있다(대판 1969.11.11. 69다925).

2) 급부의 원인이 불법일 것

급부의 원인된 법률행위의 내용 또는 그 법률행위에 의해 달성하려는 사회적 목적이 불법이어야 한다.

3) 급여가 행하여질 것

① 급부는 급부자의 자발적인 의사에 기초해서 이루어졌어야 한다.
② 급부는 종국적인 재산상 이익을 주는 것이어야 한다.

 도박자금 채무의 담보를 위하여 근저당권설정등기를 경료한 경우, 그 말소를 청구할 수 있는지 여부

민법 제746조에서 불법의 원인으로 인하여 급여함으로써 그 반환을 청구하지 못하는 이익은 종국적인 것을 말한다. 도박자금으로 금원을 대여함으로 인하여 발생한 채권을 담보하기 위한 근저당권설정등기가 경료되었을 뿐인 경우와 같이 수령자가 그 이익을 향수하려면 경매신청을 하는 등 별도의 조치를 취하여야 하는 경우에는, 그 불법원인급여로 인한 이익이 종국적인 것이 아니므로 등기설정자는 무효인 근저당권설정등기의 말소를 구할 수 있다(대판 1995.8.11. 94다54108).

불법원인 급여

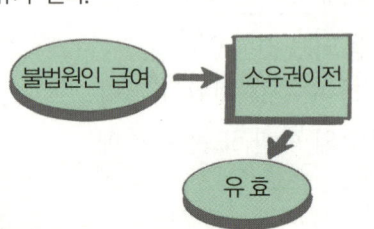

4) 불법의 원인이 수익자 본인에게 있을 것

불법원인이 수익자에게만 있는 때에는 그 이익의 반환을 청구할 수 있으며(제746조 단서), 더 나아가 판례는 상대방의 불법성이 반환청구하는 자보다 현저히 큰 경우*에도 반환청구할 수 있다고 한다(대판 1988.11.21. 87다카6187).

> *상대방의 불법성이 반환청구하는 자보다 현저히 큰 경우
> 불법성 비교론

(3) 불법원인급여의 효과   12회 출제

1) 원 칙

① 반환청구의 금지

급부자는 수익자가 얻은 이익의 반환을 청구하지 못한다. 따라서 급부가 소유권이전인 경우에는 법률적으로도 종국적으로 수익자에게 소유권이 귀속하게 된다.

윤락행위를 위해 교부된 선불금의 경우 반환청구가 불가하다는 사례

윤락행위를 할 자를 고용·모집하거나 그 직업을 소개·알선한 자가 윤락행위를 할 자를 고용·모집함에 있어 성매매의 유인·강요의 수단으로 이용되는 **선불금 등 명목으로 제공한 금품이나 그 밖의 재산상 이익** 등은 불법원인급여에 해당하여 그 반환을 청구할 수 없다(대판 2004.9.3. 2004다27488).

도박채무에 대한 양도담보조로 경료한 소유권이전등기는 종국적인 것이므로 말소청구가 불가하다는 사례

도박채무가 불법무효로 존재하지 않는다는 이유로 양도담보조로 이전해 준 소유권이전등기의 말소를 청구하는 것은 허용되지 않는다(대판 1989.9.29. 89다카5994).

② 제746조와 물권적 청구권

불법한 원인으로 목적물의 소유권을 이전한 자는 이를 부당이득으로 반환청구할 수는 없지만(제746조), 급여자가 목적물의 소유권에 기해 반환청구할 수 있는지가 문제되는데, 통설·판례(대판 1979.11.13. 79다483)는 인정되지 않는다는 입장이다. 따라서 그 반사적 효과로서 그 물건에 대한 소유권은 수령자에게 귀속하게 된다.

2) 예외(제746조 단서)

① 불법의 원인이 수익자에게만 있는 경우에는 그 이익의 반환을 청구할 수 있다.

② 불법성 비교론

급부자와 수익자의 불법성을 비교하여 불법급여의 원인이 수익자와 급부자의 쌍방에 있더라도 수익자의 불법성이 급부자의 불법성보다 현저히 큰 경우에는 그 급부를 반환청구할 수 있다(대판 1988.11.21. 87다카6187).

화대의 임의소비와 불법원인급여

포주가 윤락녀와 사이에 윤락녀가 받은 화대를 포주가 보관하였다가 절반씩 분배하기로 약정하고도 보관중인 화대를 임의로 소비한 경우, 포주와 윤락녀의 사회적 지위, 약정에 이르게 된 경위와 약정의 구체적 내용, 급여의 성격 등을 종합해 볼 때 포주의 불법성이 윤락녀의 불법성보다 현저히 크므로 화대의 소유권이 여전히 윤락녀에게 속한다는 이유로 횡령죄를 구성한다고 본 사례(대판 1999.9.17. 98도2036).

 도박채무의 이행으로 대물변제한 부동산의 반환청구를 인용한 사례

민법 제746조에 의하면 급여가 불법원인급여에 해당하고 급여자에게 불법원인이 있는 경우에는 급여자는 그 불법원인급여의 반환을 구할 수 없는 것이 원칙이나, **수익자의 불법성이 급여자의 그것보다 현저히 크고 그에 비하면 급여자의 불법성은 미약한 경우** 민법 제746조 본문의 적용이 배제되어 급여자의 반환청구는 허용된다고 해석함이 상당하다. 따라서 급여자가 수익자에 대한 도박채무의 변제를 위하여 급여자의 주택을 수익자에게 양도하기로 한 것이지만 내기바둑에서의 수익자의 불법성의 정도가 급여자의 불법성보다 훨씬 크다고 보아 **급여자로서는 그 주택의 반환을 구할 수 있다**(대판 1997.10.24. 95다49530).

 명의수탁자의 매도행위가 배임행위에 해당하는 경우 매수인의 매매대금반환청구가 가능하다는 사례

종중으로부터 명의신탁해지를 원인으로 이 사건 토지에 관하여 소유권이전등기청구의 소를 제기당하여 그 패소판결을 선고받은 바 있는 제1심 피고들로서는 원고측의 권유가 있다고 하더라도 이에 절대로 응하지 말았어야 할 것이므로, 제1심 피고들의 위와 같은 불법성은 명의신탁된 토지임을 알면서 명의수탁자인 제1심 피고들을 권유하여 매매계약을 체결한 원고측의 불법성보다 더욱 크다고 할 것이고, 따라서 급여자인 원고측보다 더 큰 불법을 저지른 수령자측인 피고들이 위 매매대금의 지급이 불법원인급여임을 이유로 그 반환을 거절하는 것은 신의칙에 위반되어 허용될 수 없고, 그렇지 않다고 하면 원고로서는 실제 소유자인 위 종중으로부터 이 사건 토지를 추탈당한 데 반하여 그 대금은 반환받을 수 없게 되어 심히 부당한 결과가 된다(대판 1993.12.10. 93다12947).

3) 불법원인급여의 반환계약의 효력

판례는 현실적으로 임의반환하는 것은 유효하지만, 그러한 반환의 단순한 약정은 효력이 없다고 판시(대판 1964.10.27. 64다798)하고 있으며, 또한 후에 불법원인급여물의 반환을 하기로 하는 약정도 불법원인급여물의 반환을 구하는 범주에 해당되어 효력이 없다고 한다(대판 1995.7.14. 94다51994).

단락문제 02

부당이득에 관한 다음의 설명 중 틀린 것은?

① 민법 제746조에서 불법의 원인으로 인하여 급여함으로써 그 반환을 청구하지 못하는 이익은 종국적인 이익을 의미한다.
② 도박자금을 차용하면서 건물에 근저당권을 설정하여 주었다고 하여도 급여자는 근저당권이 무효임을 들어 말소를 청구할 수 있다.
③ 부당이득한 원물의 반환이 불가능한 경우에 있어서 반환하여야 할 가액은 그 처분당시의 대가이다.
④ 부당이득한 재산을 이용하여 수익자가 자신의 노력으로 남긴 운용이익도 반환범위에 포함된다.
⑤ 법률행위가 사기에 의한 것으로서 취소되는 경우에 그 법률행위가 동시에 불법행위를 구성하는 때에는 부당이득반환을 청구하거나 불법행위로 인한 손해배상을 청구할 수 있다.

해설 부당이득

① (○) 민법 제746조에서 불법의 원인으로 인하여 급여함으로써 그 반환을 청구하지 못하는 이익은 종국적인 것을 말한다(대판 1995.8.11. 94다54018).
② (○) 불법원인급여로 인한 이익이 종국적인 것이 아니므로 등기설정자는 무효인 근저당권설정등기의 말소를 구할 수 있다(대판 1995.8.11. 94다54018).
③ (○) ④의 판례 참조
④ (×) 원물반환이 불가능한 경우에 있어서 반환하여야 할 가액은 그 처분당시의 대가이나, 이 경우에 수익자가 그 법률상 원인 없이 이득을 얻기 위하여 지출한 비용은 수익자가 반환하여야 할 이득의 범위에서 공제되어야 하고, 수익자가 자신의 노력 등으로 부당이득한 재산을 이용하여 남긴 이른바 운용이익도 그것이 사회통념상 수익자의 행위가 개입되지 아니하였더라도 부당이득된 재산으로부터 손실자가 당연히 취득하였으리라고 생각되는 범위 내의 것이 아닌 한 수익자가 반환하여야 할 이득의 범위에서 공제되어야 한다(대판 1995.5.12. 94다25551).
⑤ (○) 부당이득반환청구권과 불법행위로 인한 손해배상청구권을 선택하여 행사할 수 있으나 중첩적으로 행사할 수는 없다(대판 1993.4.27. 92다56087).

답 ④

단락핵심 특수한 부당이득

(1) 채무없음을 알고 이를 변제한 때에는 그 반환을 청구하지 못한다. (○)
(2) 변제기에 있지 아니한 채무를 변제한 때에는 그 반환을 청구하지 못한다. 그러나 채무자가 착오로 인하여 변제한 때에는 채권자는 이로 인하여 얻은 이익을 반환하여야 한다. (○)
(3) 채무 없는 자가 착오로 인하여 변제한 경우에 그 변제가 도의관념에 적합한 때에는 그 반환을 청구하지 못한다. (○)

(4) 강행법규 위반의 무효행위에 의하여 급부한 것이라 하여도 그 행위가 선량한 풍속 기타 사회질서를 해치는 것이 아니면 그 이익의 반환 또는 손해배상을 구할 수 있다. (○)

(5) 성매매를 할 자를 고용·모집하거나 그 직업을 소개·알선한 자가 성매매를 할 자를 고용·모집함에 있어 성매매의 유인·강요의 수단으로 이용되는 선불금 등 명목으로 제공한 금품이나 그 밖의 재산상 이익 등은 불법원인급여에 해당하여 그 반환을 청구할 수 없다. (○)

(6) 포주가 윤락녀와 사이에 윤락녀가 받은 화대를 포주가 보관하였다가 절반씩 분배하기로 약정하고도 보관중인 화대를 임의로 소비한 경우, 화대의 소유권은 포주에게 속한다. (×)

(7) 불법원인급여를 현실적으로 반환하면 이는 유효하며, 그러한 반환의 약정도 가능하다. (×)
⇒ 현실적으로 임의반환하는 것은 유효하지만, 그러한 반환의 단순한 약정은 효력이 없다.

제4장 부당이득·불법행위

제2절 불법행위 `28회 출제`

제1관 불법행위의 개관 `24회 출제`

01 의의

불법행위란 고의 또는 과실로 인한 위법행위로 타인에게 손해를 가하는 사실행위이며, 법정채권으로서의 손해배상청구권을 발생시킨다(제750조).

02 불법행위책임과 다른 책임과의 관계

1 민사책임과 형사책임

(1) 민사책임은 사회적으로 발생한 손해를 공평하게 분담하는 것을 목적으로 하는 반면 형사책임은 국가가 범죄자를 처벌함으로써 범죄자를 응보하고 더불어 범죄로부터 사회의 안전을 확보하는 데 그 목적이 있다.

 불법행위

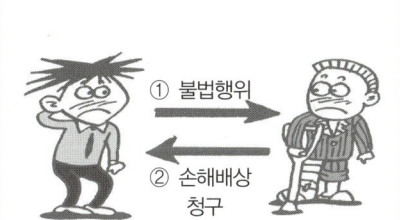

불법행위란 고의 또는 과실로서 위법하게 타인에게 손해를 가하는 행위로서 상대방은 손해배상을 청구할 수 있다.

고의란 가해자가 상대방에게 손해발생시킬 것을 알면서 행위를 하는 것을 말한다.

과실이란 손해발생을 예견할 수 있었음에도 불구하고 주의를 게을리 해서 인식하지 못한 것을 말한다.

(2) 민사책임과 형사책임의 비교

구 분	민사책임	형사책임
절차의 개시	피해자의 손해배상청구	검사의 기소
관 련 법	민사소송법	형사소송법
적용원칙	법률의 유연한 해석·적용	죄형법정주의
책임범위	원칙적으로 과실을 고의와 동일하게 취급	고의범 처벌원칙 및 예외적 과실범 처벌

2 과실책임주의와 무과실책임★★

(1) 과실책임의 원칙
민법은 과실책임주의를 원칙으로 하고, 예외적으로 무과실책임을 인정하고 있다.

(2) 민법상의 무과실책임

1) 절대적 무과실책임
공작물 소유자의 책임(제758조), 매도인의 담보책임(제570조 이하), 무권대리인의 책임(제135조), 법정대리인의 복임권과 그 책임(제122조) 등이며, 과실이 없음을 이유로 책임을 면할 수 없다.

2) 상대적 무과실책임(중간책임)
공작물 등의 점유자의 책임(제758조), 책임무능력자의 책임(제755조), 사용자의 배상책임(제756조), 동물의 점유자의 책임(제759조) 등이 있으며, 과실 없음을 스스로 증명하면 책임을 면할 수 있지만, 판례는 이를 인정하는 데 매우 인색하다.

3 계약책임과 불법행위책임★★

(1) 공통점
1) 불법행위책임과 계약책임은 위법행위에 의한 책임이라는 점에서 공통점을 갖는다.
2) 민법은 손해배상의 방법·범위, 과실상계, 손해배상자의 대위에 관한 계약책임의 규정을 불법행위에 준용하고 있다(제763조).

(2) 차이점

1) 과실의 입증책임
① 계약책임에서는 채무자가 자신의 급부의무를 이행할 채무를 부담하는 자이므로 채무를 이행하지 않은 경우에 자기에게 귀책사유 없음을 적극적으로 입증해야 한다.
② 불법행위에서는 손해를 입은 피해자가 가해자의 고의 또는 과실을 입증해야 한다.

2) 소멸시효
① 계약책임에 따른 손해배상청구권은 채권이므로 그 소멸시효기간은 10년이다(제162조 제1항).
② 불법행위책임에 따른 손해배상청구권의 소멸시효는 피해자측이 손해 및 가해자를 안 날로부터 3년, 불법행위를 한 날로부터 10년이다(제766조).

3) 손해배상청구권과의 상계
가해자는 고의에 의한 불법행위로 부담하는 손해배상의무를 수동채권으로 하여 상계하지 못한다(제496조).

4) 태아의 지위
태아의 지위에 대해 개별적 보호주의를 채택하고 있는 우리 민법하에서는 불법행위에 기한 손해배상청구권만 인정된다(제762조).

5) 제3자의 행위에 대한 책임
① 채무의 이행과 관련하여 이행보조자의 고의나 과실은 채무자의 고의나 과실로 본다(제391조).
② 사용자는 피용자가 그 사무집행에 관하여 제3자에게 가한 손해를 배상할 책임이 있다(제756조 제1항 본문).

(3) 양자의 관계
판례는 청구권경합설의 입장에서 전세권자의 실화로 인하여 가옥을 소실케 하여 그 반환의무를 이행할 수 없게 된 때에는 한편으로는 과실로 인하여 전세물에 대한 소유권을 침해한 경우로서 불법행위가 되는 동시에 한편으로는 과실로 인하여 채무를 이행할 수 없게 되어 채무불이행이 된다고 하였다(대판 1967.12.5. 67다2251).

Key Point │ 계약책임과 불법행위책임

구 분		계약책임	불법행위책임
공통점		손해배상의 방법, 범위, 과실상계, 손해배상자의 대위에 관한 규정	
차이점	입증책임	채무자가 무과실을 입증	피해자(채권자)가 가해행위자의 고의·과실, 위법성, 손해 및 인과관계를 입증
	소멸시효	행사할 수 있는 날로부터 10년	피해자측이 손해 및 가해자를 안 날로부터 3년, 불법 행위를 한 날로부터 10년
	상 계	제한없음	고의에 의한 불법행위로 발생한 손해배상채권은 채무자(가해자)가 이를 수동채권으로 하여 상계할 수 없음
양자의 관계		청구권 경합	

제2관 일반불법행위의 성립요건**

01 고의·과실

1 고의

(1) 가해자가 가해행위를 한다는 점, 그 가해행위로 특정인에게 손해가 발생한다는 점을 안 때 고의가 인정된다.
(2) 미필적 인식만으로도 충분하다. 즉, 그러한 손해가 발생할 것이라는 사정을 예견하고도 그와 같은 위험을 감수·용인하는 경우에도 인정된다.
(3) 고의에는 그 행위가 위법한 것이라는 점까지 인식하는 것을 필요로 하지 않는다(대판 2002. 7. 12. 2001다46440).

2 과실

(1) 일정한 결과가 발생한다는 것을 알고 있어야 함에도 불구하고 주의를 게을리하였기 때문에 그것을 알지 못한 채 행위를 하는 심리상태를 과실이라고 한다.
(2) 불법행위에서의 과실은 추상적 경과실이며 구체적으로는 "추상적인 일반인을 말하는 것이 아니라, 그때그때의 구체적인 사례에 있어서의 보통인을 기준으로 판단한다(대판 2001. 1. 19. 2000다12532)."

02 책임능력(불법행위능력)

1 의의

책임능력이란 불법행위로 인한 책임을 변식할 수 있는 지적 능력을 말하는데, 우리 민법은 책임변식능력이 없는 미성년자와 심신상실자의 손해배상의무를 면책시키는 규정을 둠으로써 책임능력의 존재를 불법행위책임의 전제로 규정하고 있다(제753조, 제754조).

2 미성년자의 책임능력

미성년자가 타인에게 손해를 가한 경우에 그 행위의 책임을 변식할 지능이 없는 때에는 배상의 책임이 없다(제753조).

3 심신상실자의 책임능력

심신상실 중에 타인에게 손해를 가한 자는 배상의 책임이 없다. 그러나 고의 또는 과실로 인하여 심신상실을 초래한 때에는 손해를 배상하여야 한다(제754조).

4 책임무능력자의 감독자의 책임

책임을 변식할 지능이 없는 미성년자 및 심신상실자에게 책임이 없는 경우에는 이를 감독할 법정의무 있는 자가 그 무능력자의 제3자에게 가한 손해를 배상할 책임이 있다. 그러나 감독의무를 해태하지 아니한 때에는 그러하지 아니하며(제755조 제1항), 감독의무자에 갈음하여 무능력자를 감독하는 자도 같은 책임을 진다(제755조 제2항, 자세한 것은 특수불법행위책임을 참조할 것).

03 위법성

1 가해행위의 위법성

(1) 가해자의 가해행위가 위법하여야 불법행위가 성립한다(제750조).
(2) 위법성은 그 행위가 법체계 전체의 입장에서 허용되지 않는다는 가치판단을 의미한다.
(3) 행위 전체를 일체로만 판단하여 결정하여야 하는 것은 아니고, 문제가 되는 행위마다 개별적·상대적으로 판단하여야 한다(대판 2003.6.27. 2001다734).

2 위법성 조각사유

민법은 위법성 조각사유로서 정당방위와 긴급피난의 2가지만 규정(제761조)하고 있으나, 해석상 자력구제, 피해자의 승낙 등이 인정되는 경우가 있다.

04 손해발생과 인과관계

1 의의

가해행위로 말미암아 피해자에게 손해가 발생하였어야 한다. 즉 가해행위가 손해발생의 원인이어야 한다(가해행위와 손해 사이의 인과관계가 존재할 것).

2 손해

손해란 피해자가 누리고 있던 보호법익에 대한 침해를 말하며 재산적 손해뿐만 아니라 정신적 손해도 당연히 포함한다. 그 중 정신적 손해에 대한 배상을 위자료라고 한다.

> **판례** 재산상 손해의 계산(차액설)
> 불법행위로 인한 재산상 손해는 위법한 가해행위로 인하여 발생한 재산상 불이익, 즉 **그 위법행위가 없었더라면 존재하였을 재산상태와 그 위법행위가 가해진 현재의 재산상태의 차이를 말하는 것**이고, 그것은 기존의 이익이 상실되는 **적극적 손해의 형태**와 장차 얻을 수 있을 이익을 얻지 못하는 **소극적 손해의 형태**로 구분된다(대판 1992.6.23. 91다33070 전합). 그러나 정신상의 손해를 판단할 때에는 차액설이 적합하지 못하므로 판례는 여러 가지 방법(규범적 손해개념)을 통해 구체적인 타당성을 실현하고 있다.

3 상당인과관계

판례는 인과관계를 판단함에 있어 상당인과관계에 의하고 있다. 상당인과관계란 사회 일반의 경험칙상 선행행위가 있으면, 후행의 결과가 발생할 것이 인정되는 관계를 말하며, 판례는 구체적 사안에 따라 판단하고 있다.

05 입증책임

1 입증책임의 분배

피해자는 가해자의 고의·과실, 손해의 발생 및 인과관계의 입증책임을 진다. 가해자는 책임능력의 부존재 내지 결여의 사실에 대한 입증책임을 진다. 피해자는 심신상실이 행위자의 고의·과실로 인하여 초래된 것임에 대한 입증책임을 진다.

제4장 부당이득·불법행위

2 입증책임의 완화 또는 전환

제조물책임, 공해책임 또는 의료과실책임 등에서 피해자가 가해자의 고의·과실을 입증하기 어려우므로 과실을 추정하거나 인과관계에 있어 입증의 정도를 완화한다든가 입증책임을 전환(제755조, 제760조 제2항)시키고 있다.

> **판례** 의료과실의 입증책임
>
> 의료사고가 발생한 경우 **피해자측에서 일련의 의료행위 과정에서 저질러진 일반인의 상식에 바탕을 둔 의료상의 과실이 있는 행위를 입증하고 그 결과와 사이에 일련의 의료행위 외에 다른 원인이 개재될 수 없다는 점**, 이를테면 환자에게 의료행위 이전에 그러한 결과의 원인이 될 만한 건강상의 결함이 없었다는 사정을 **증명한 경우에는, 의료행위를 한 측이 그 결과가 의료상의 과실로 말미암은 것이 아니라 전혀 다른 원인으로 말미암은 것이라는 입증을 하지 아니하는 이상, 의료상 과실과 결과 사이의 인과관계를 추정하여 손해배상책임을 지울 수 있도록 입증책임을 완화**하는 것이 손해의 공평·타당한 부담을 그 지도원리로 하는 손해배상제도의 이상에 맞는다(대판 2003.1.24. 2002다3822).

단락문제 Q3

불법행위책임에 관하여 틀린 것은?

① 불법행위책임과 계약책임은 위법행위에 의한 책임이라는 점에서 공통점을 가지나, 불법행위책임은 단기소멸시효제도가 존재한다.
② 불법행위에 관하여는 태아는 태어난 것으로 본다
③ 불법행위가 성립하기 위해서는 고의·과실로 한 행위가 위법하고 그로 인해 손해가 발생하였을 것을 요한다.
④ 심신상실중에 타인에게 손해를 가한 자는 배상의 책임이 없다. 이 경우에는 이를 감독할 법정의무있는 자가 그 무능력자의 제3자에게 가한 손해를 배상할 책임이 있다. 그러나 감독의무를 해태하지 아니한 때에는 그러하지 아니하다.
⑤ 판례에 의하면 피해자 측이 행위와 결과와의 인과관계를 증명하여야 하며 이는 의료상 과실 있는 행위에 대하여도 동일하게 적용된다.

> **해설** 불법행위의 성립요건
> ① (○) 제750조는 위법성을 요구하며, 채무의 불이행은 그 자체로 위법하므로 타당하다. 단기소멸시효는 제766조에서 규정하고 있다.
> ②, ③, ④ (○) (제762조, 제750조, 제754조, 제755조)
> ⑤ (×) 피해자측에서 의료상의 과실 있는 행위를 입증하고 그 결과와 사이에 의료행위 외에 다른 원인이 개재될 수 없다는 점을 증명한 경우에는 의료상의 과실과 손해사이의 인과관계는 추정된다(대판 2003.1.24. 2002다3822). **답** ⑤

제3관 불법행위의 효과 ★★

> **제763조(준용규정)** 제393조, 제394조, 제396조, 제399조의 규정은 불법행위로 인한 손해배상에 준용한다.
> **제393조(손해배상의 범위)** ① 채무불이행으로 인한 손해배상은 통상의 손해를 그 한도로 한다.
> ② 특별한 사정으로 인한 손해는 채무자가 그 사정을 알았거나 알 수 있었을 때에 한하여 배상의 책임이 있다.
> **제394조(손해배상의 방법)** 다른 의사표시가 없으면 손해는 금전으로 배상한다.
> **제396조(과실상계)** 채무불이행에 관하여 채권자에게 과실이 있는 때에는 법원은 손해배상의 책임 및 그 금액을 정함에 이를 참작하여야 한다.
> **제399조(손해배상자의 대위)** 채권자가 그 채권의 목적인 물건 또는 권리의 가액전부를 손해배상으로 받은 때에는 채무자는 그 물건 또는 권리에 관하여 당연히 채권자를 대위한다.
> **제766조(손해배상청구권의 소멸시효)** ① 불법행위로 인한 손해배상의 청구권은 피해자나 그 법정대리인이 그 손해 및 가해자를 안 날로부터 3년간 이를 행사하지 아니하면 시효로 인하여 소멸한다.
> ② 불법행위를 한 날로부터 10년을 경과한 때에도 전항과 같다.

01 손해배상의 기본원칙

1 채무불이행으로 인한 손해배상규정의 준용

손해배상의 범위(제393조), 손해배상의 방법(제394조), 과실상계(제396조), 손해배상자대위(제399조)의 규정이 불법행위에 기한 손해배상청구권에 준용된다(제763조). 또한 손익상계에 대하여는 규정이 없지만 당연히 고려해야 한다고 본다.

Professor Comment
> 다만, 배상액의 예정(제398조)에 대한 규정은 준용하지 아니한다.

2 손해배상의 방법 16회 출제

(1) 금전배상의 원칙

금전배상이 원칙이므로 정신적 손해도 금전으로 평가해서 배상하게 된다. 위자료의 경우 일시금배상을 원칙으로 하지만 정기금배상도 인정한다(제751조 제2항).

(2) 원상회복(명예훼손의 경우의 특칙)

타인의 명예를 훼손한 자에 대하여는 법원은 피해자의 청구에 의하여 손해배상에 갈음하거나 손해배상과 함께 명예회복에 적당한 처분을 명할 수 있다(제764조). 다만 판례는 사죄광고는 인격권을 침해하므로 적당한 처분으로 인정할 수 없다고 한다(헌재결 1991.4.1. 89헌마160)

제4장 부당이득·불법행위

3 손해배상의 범위

불법행위로 인한 손해배상은 통상의 손해를 그 한도로 하고(통상손해), 특별한 사정으로 인한 손해는 가해자가 그 사정을 알았거나 알 수 있었을 때에 한하여 배상의 책임이 있다(제763조, 제393조). 판례는 불법행위와 손해의 발생 사이에 상당인과관계가 인정되는 경우에 손해배상책임을 인정한다(대판 2007.5.11. 2004다11162).

02 손해배상액의 산정

1 손해배상액 산정의 기준시

원칙적으로 당해 손해가 발생한 때*이다.

> *당해 손해가 발생한 때
> 책임원인 발생시

> **판례** 불법행위로 인한 손해배상액의 산정기준 시기
>
> 원래 불법행위로 인한 손해배상채권은 불법행위시에 발생하고 그 이행기가 도래하는 것이므로, 장래 발생할 소극적·적극적 손해의 경우에도 불법행위시가 현가산정의 기준시기가 되고, 이때부터 장래의 손해발생시점까지의 중간이자를 공제한 금액에 대하여 다시 불법행위시부터의 지연손해금을 부가하여 지급을 명하는 것이 원칙이나, 반드시 그와 같은 방식으로만 청구가 허용된다고 제한할 필요는 없고, 사실심의 변론종결 전에 그 손해발생시기가 경과한 경우에는 현실의 손해 전부와 그 손해발생일 이후의 지연손해금을 청구하는 것도 허용된다(대판 1994.2.25. 93다38444).

2 재산적 손해의 산정

(1) 재산상 손해의 개념(차액설의 입장)
1) 불법행위로 인한 재산상 손해는 위법한 가해행위로 인하여 발생한 재산상 불이익, 즉 그 위법행위가 없었더라면 존재하였을 재산상태와 그 위법행위가 가해진 현재의 재산상태의 차이를 말하는 것이다.
2) 그것은 기존의 이익이 상실되는 적극적 손해의 형태와 장차 얻을 수 있는 이익을 얻지 못하는 소극적 손해의 형태로 구분된다(대판 2001.2.3. 2000다63752).

(2) 적극적 손해

1) 치료비, 개호비, 장례비 기타 재산상의 손해를 의미한다.
2) 물건이 멸실한 때는 그 교환가격이 손해액이 된다.
3) 물건이 훼손된 경우 그 당시의 수리비, 사용불능에 의한 휴업손해 또는 대체물의 차임, 수리하더라도 남게 되는 가치의 감소를 배상하여야 한다.
4) 권원 없는 자에 의하여 소유물을 점유당한 경우에는 임료상당액이 손해액이 된다.

(3) 소극적 손해

일실이익은 수입액, 노동능력상실률, 가동연령 등을 고려하여 산정한다.

 사고 후 사실심의 변론종결시까지 사이에 소득이 인상된 경우 손해의 산정기준액

불법행위로 인하여 신체장애를 일으켜 노동능력을 상실한 피해자가 입은 일실수입손해는 원칙적으로 손해가 발생한 불법행위 당시의 소득을 기준으로 삼아 산정하여야 할 것이다. 그 후 사실심의 변론종결시까지 사이에 일실이익의 기초가 되는 소득이 인상되었을 때에는 그 이후의 일실이익손해는 사실심의 변론종결시에 가장 가까운 소득을 기준으로 삼아 산정하여야 하고 이와 같은 손해는 불법행위로 인한 통상의 손해에 해당한다(대판 2002.9.24. 2002다30275).

3 정신적 손해의 배상

19회 출제

(1) 위자료

불법행위 또는 기타의 불법원인으로 피해자가 입은 고통·충격 등의 정신적 손해를 금전으로 배상해주는 손해배상금을 말한다. 위자료는 전체 손해배상금의 적정화를 위한 조정적 기능을 담당한다. 또한 위자료를 고액으로 정함으로써 가해자에 대한 제재적 기능도 담당한다.

(2) 재산 이외의 손해의 배상(제751조)

타인의 신체, 자유 또는 명예를 해하거나 기타 정신상 고통을 가한 자는 재산이외의 손해에 대하여도 배상할 책임이 있다. 법원은 손해배상을 정기금채무로 지급할 것을 명할 수 있고 그 이행을 확보하기 위하여 상당한 담보의 제공을 명할 수 있다.

(3) 생명침해로 인한 위자료(제752조)

타인의 생명을 해한 자는 피해자의 직계존속, 직계비속 및 배우자에 대하여는 재산상의 손해 없는 경우에도 손해배상의 책임이 있다.

(4) 위자료청구의 요건

1) **불법행위책임 등의 성립**
   과실책임이든 위험책임이든 가해자에게 손해배상의무가 인정되어야 한다.

2) **보호법익의 직접침해**
   피해자 자신이 직접 정신적 고통을 받았고, 그 정신적 손해가 보호법익에 대한 침해에서 비롯된 것이며, 정신적 고통이 사회통념상 인내의 정도를 초과할 경우에 위자료청구권이 발생한다.

3) **보호법익의 간접침해**

   * **제752조에 열거된 자**
   피해자의 직계존속, 직계비속 및 배우자

   ① 생명침해
   제752조에 열거된 자*는 정신적 손해가 추정되나, 그 이외의 친족은 그의 정신적 고통을 입증하면 제750조, 제751조에 의해 위자료를 청구할 수 있다(대판 1962.4.26. 62다72).

   ② 상 해
   판례는 상해 피해자의 직계 존·비속 및 배우자, 형제자매, 호적이 같고 가족공동생활을 하는 외할아버지에게 위자료청구권을 인정한다(대판 1967.9.5. 67다1307).

   ③ 정신적 고통
   간통한 자나 강간자에 대해 배우자는 정신적 고통에 대한 위자료를 청구할 수 있다.

4) **위자료액의 산정 및 지급**
   법원이 원고의 청구총액의 범위 내에서 제반 사정을 참작하여 직권으로 자유재량에 의해 결정한다. 법원은 위자료 손해배상을 정기금채무로 지급할 것을 명할 수 있고 그 이행을 확보하기 위하여 상당한 담보의 제공을 명할 수 있다.

5) **위자료청구권의 상속**
   피해자가 위자료청구권을 포기하거나 면제하였다고 볼 수 있는 특별한 사정이 없는 한 생전에 청구의 의사표시를 할 필요 없이 원칙적으로 상속되는 것이다(대판 1966.10.18. 66다1335).

4 과실상계

(1) 의 의
과실상계란 불법행위의 성립 또는 그로인한 손해발생의 확대에 피해자측의 유책행위가 존재하는 경우에 손해배상책임의 유무 또는 그 범위를 결정하는데 참작하는 것을 말한다. 과실상계에서의 과실은 가해자의 과실과 달리 사회통념이나 신의성실의 원칙에 따라 공동생활에 있어 요구되는 약한 의미의 부주의를 가리키는 것이다(대판 2000.8.22. 2000다29028).

(2) 피해자의 범위

손해배상액을 정함에 있어 참작할 피해자의 과실에는 피해자 본인의 과실뿐 아니라 그와 신분상 내지 생활관계상 일체를 이루는 관계에 있는 자의 과실도 피해자측의 과실로서 포함되어야 한다*(대판 1997.11.14. 97다35344).

* **피해자측의 과실로서 포함되어야 한다**
이를 피해자측 과실이론이라 한다.

(3) 과실상계의 직권 판단

피해자에게 과실이 인정되면 법원은 손해배상의 책임 및 그 금액을 정하면서 이를 참작하여야 하며, 배상의무자가 피해자의 과실에 관하여 주장하지 않는 경우에도 소송자료에 의하여 과실이 인정되는 경우에는 이를 법원이 직권으로 심리·판단하여야 한다(대판 2007.6.14. 2006다78329).

5 손익상계

(1) 불법행위의 피해자 또는 상속인이 그 불법행위로 손해를 받음과 동시에 그로 인하여 이득을 얻은 경우에 이득상당액은 손해배상액에서 공제하는 것을 말한다.
(2) 손익상계에서 공제되는 이득은 배상원인과 상당인과관계가 있는 것에 한정된다.
(3) 손해배상액 산정시 과실상계를 한 다음 손익상계를 하여야 한다.

6 배상액의 경감청구

배상의무자는 그 손해가 고의 또는 중대한 과실에 의한 것이 아니고 그 배상으로 인하여 배상자의 생계에 중대한 영향을 미치게 될 경우에는 법원에 그 배상액의 경감을 청구할 수 있다. 이 청구가 있는 때에는 채권자 및 채무자의 경제상태와 손해의 원인 등을 참작하여 배상액을 경감할 수 있다(제765조).

7 배상액의 합의

(1) 손해에 대하여 배상액의 합의가 있는 경우, 그 합의에 따라 손해배상을 하면 된다.
(2) 다만, 배상액에 관해 합의가 성립되었다고 하더라도 합의 당시 예측할 수 없었던 손해가 생기고, 합의된 액수와 현실적으로 발생한 손해 사이에 현저한 차이가 있는 경우에는, 후발손해에 대해 배상을 청구할 수 있다(대판 1997.4.11. 97다423).

03 불법행위에 의한 손해배상청구권 [14회 출제]

1 청구권자

자연인·법인을 불문하고 불법행위의 직접 피해자가 청구권자이다. 태아는 손해배상의 청구권에 관하여는 이미 출생한 것으로 본다(제762조, 총칙편 태아의 권리능력 참조).

2 손해배상청구권의 성질

(1) 상계의 금지

채무가 고의의 불법행위로 인한 것인 때*에는 그 채무자는 상계로 채권자에게 대항하지 못한다(제496조).

> * 고의의 불법행위로 인한 것인 때
> 피해자보호취지

(2) 양도성, 상속성

1) 불법행위에 의한 손해배상청구권은 양도할 수 있고 또 상속될 수 있다.
2) 위자료청구권에 관하여도 판례는 생전에 청구의 의사를 표시할 필요 없이 상속되는 것이라고 하여 양도성과 상속성을 긍정한다(대판 1966.10.18. 66다1335).

3 손해배상청구권의 소멸시효 ★★★

불법행위로 인한 손해배상의 청구권은 피해자나 그 법정대리인이 그 손해 및 가해자를 안 날로부터 3년간 이를 행사하지 아니하면 시효로 인하여 소멸한다. 불법행위를 한 날로부터 10년을 경과한 때에도 소멸한다(제766조).

 민법 제766조 제1항 소정의 '손해를 안 날'의 의미

민법 제766조 제1항에서 말하는 '손해를 안 날'이라 함은 손해의 발생, 위법한 가해행위의 존재, 가해행위와 손해의 발생과의 사이에 상당인과관계가 있다는 사실 등 불법행위의 요건사실에 대하여 현실적이고도 구체적으로 인식하였을 때를 의미한다고 할 것이다. 손해의 액수나 정도를 구체적으로 알아야 할 필요까지는 없다고 하더라도 피해자 등이 언제 불법행위의 요건사실을 현실적이고도 구체적으로 인식한 것으로 볼 것인지는 개별적 사건에 있어서의 여러 객관적 사정을 참작하고 손해배상청구가 사실상 가능하게 된 상황을 고려하여 합리적으로 인정하여야 할 것이다(대판 1998.7.24. 97므18).

 민법 제766조 제1항 소정의 '불법행위를 한 날'의 의미

불법체포·구금으로 인한 손해가 현실적인 것으로 되었다고 볼 수 있는 불법행위의 종료일은 구속영장의 발부·집행에 의하여 불법상태가 종료된 때이고, 그때부터 국가재정법 제96조에 기한 5년의 소멸시효기간도 진행한다고 할 것이다(대판 2008.11.27. 2008다60223).

단락문제 Q4

불법행위에 따른 책임의 내용으로 틀린 것은?

① 손해는 적극적 재산손해, 소극적 재산손해, 위자료로 구분된다는 것이 기본적인 판례의 태도이다.
② 타인의 생명을 해한 자는 피해자의 직계존속과 직계비속에 한하여 재산상의 손해가 없는 경우에도 배상책임이 있다.
③ 민법은 손해에 대하여 통상의 손해와 특별한 사정에 의한 손해로 구별하고 있다.
④ 구체적 배상범위는 과실상계 한 후에 손익상계를 한다.
⑤ 채무가 고의의 불법행위로 인한 것인 때에는 그 채무자는 상계로 채권자에게 대항하지 못한다.

해설 불법행위의 효과
① (○) (대판 2001.2.3. 2000다63752)
② (×) 직계존속·직계비속·배우자에 대하여 배상책임이 있다(제752조).
③ (○) (제763조, 제393조)
④ (○) (대판 1973.10.23. 73다337)
⑤ (○) (제496조)

답 ②

단락핵심 불법행위

(1) 채무불이행의 경우 채무자가 스스로 자신에게 고의 및 과실이 없음을 증명하여야 하지만 불법행위의 경우에는 피해자가 가해자의 고의 또는 과실을 증명하여야 한다. (○)
(2) 고의에 의한 불법행위로 부담하는 손해배상의무를 수동채권으로 하여 상계하지 못한다. (○)
(3) 태아는 불법행위에 있어서 태어난 것으로 추정한다. (×)
  ⇒ 간주한다.
(4) 심신상실 중에 타인에게 손해를 가한 자는 배상의 책임이 없다. 그러나 고의 또는 과실로 인하여 심신상실을 초래한 때에는 손해를 배상하여야 한다. (○)
(5) 대법원은 불법행위와 손해사이의 인과관계를 판단함에 있어 상당인과관계에 의하고 있다. (○)
(6) 타인의 생명을 해한 자는 피해자의 직계존속, 직계비속 및 배우자에 대하여는 재산상의 손해 없는 경우에도 손해배상의 책임이 있다. (○)
(7) 위자료액을 산정할 때에는 법원이 엄격한 증명에 따라 결정한다. (×)
  ⇒ 법원이 원고의 청구총액의 범위 내에서 제반 사정을 참작하여 직권으로 자유재량에 의해 결정한다.
(8) 손해배상액을 정함에 있어 참작할 피해자의 과실에는 피해자 본인의 과실뿐 아니라 그와 신분상 내지 생활관계상 일체를 이루는 관계에 있는 자의 과실도 피해자측의 과실로서 포함되어야 한다. (○)

(9) 손해배상액에 대하여 합의가 이루어진 경우에는 후발손해에 대하여 절대로 배상을 청구할 수 없다. (×)
⇒ 합의 당시 예측할 수 없었던 손해가 생기고, 합의된 액수와 현실적으로 발생한 손해 사이에 현저한 차이가 있는 경우에는, 후발손해에 대해 배상을 청구할 수 있다.

제4관 특수불법행위책임

01 감독자책임

1 책임무능력자의 감독책임(제755조 ; 감독자책임)

(1) 의의

책임능력 없는 자의 감독자에게 감독의무를 지우고 그에 위반한 경우 책임무능력자의 가해행위에 대하여 감독자가 책임을 지며, 중간책임의 성격(입증책임의 전환)을 가진다.

(2) 감독책임의 성립요건

1) 피감독자가 책임무능력자*로서 불법행위책임을 부담하지 않을 것
2) 감독자 또는 감독의무자에 갈음하여 무능력자를 감독하는 자가 감독의무를 해태하였을 것(감독의무의 해태는 추정되므로, 감독의무자가 스스로 감독의무를 게을리 하지 아니하였음을 증명하여야 한다)

(3) 법률효과

감독의무자 또는 감독의무자에 갈음하여 무능력자를 감독하는 자**에게 불법행위에 따른 손해배상책임이 발생한다. 이들이 함께 책임을 지는 경우 공동불법행위가 성립하며, 양자의 책임은 부진정연대채무관계가 성립된다.

* **책임무능력자**
  책임을 변식할 지능이 없는 미성년자, 심신상실자

** **감독의무자에 갈음하여 무능력자를 감독하는 자**
  대리감독자

판례 | 책임무능력자의 감독의무자 책임

민법 제750조에 대한 특별규정인 민법 제755조 제1항에 의하여 책임능력 없는 미성년자를 감독할 법정의 의무 있는 자가 지는 손해배상책임은 그 미성년자에게 책임이 없음을 전제로 하여 이를 보충하는 책임이고, 그 경우에 감독의무자 자신이 감독의무를 해태하지 아니하였음을 입증하지 아니하는 한 책임을 면할 수 없는 것이다(대판 1994.2.8. 93다13605).

2 책임능력 있는 미성년자의 불법행위에 대한 감독자의 책임

미성년자가 책임능력이 있어 그 스스로 불법행위책임을 지는 경우에도 그 손해가 당해 미성년자의 감독의무자의 의무위반과 상당인과관계가 있으면 감독의무자는 일반불법행위자로서 손해배상책임이 있다 할 것이므로 이 경우에 그러한 감독의무위반사실 및 손해 발생과의 상당인과관계의 존재는 이를 주장하는 자가 입증하여야 할 것이다(대판 1994.2.8. 93다13605). 즉, 책임능력 있는 미성년자와 감독의무자의 공동불법행위가 성립하며, 양자의 책임은 부진정연대채무관계가 성립한다.

02 사용자책임★★★   20회 출제

> **제756조(사용자의 배상책임)** ① 타인을 사용하여 어느 사무에 종사하게 한 자는 피용자가 그 사무집행에 관하여 제3자에게 가한 손해를 배상할 책임이 있다. 그러나 사용자가 피용자의 선임 및 그 사무감독에 상당한 주의를 한 때 또는 상당한 주의를 하여도 손해가 있을 경우에는 그러하지 아니하다.
> ② 사용자에 갈음하여 그 사무를 감독하는 자도 전항의 책임이 있다.
> ③ 전2항의 경우에 사용자 또는 감독자는 피용자에 대하여 구상권을 행사할 수 있다.

1 의의

(1) 사용자책임이란 자기와 사용관계에 있는 피용자가 그 사무집행에 관하여 제3자에게 가해행위를 한 경우, 사용자가 이로 인한 손해배상채무를 직접 피해자에게 부담하는 것을 말한다(제756조 제1항).

(2) 이 책임은 선임·감독상의 주의의무위반이라는 과실책임이지만, 면책의 제한에 의해 중간책임의 효과를 꾀한다.

2 다른 책임과의 관계

(1) **법인의 불법행위책임**(제35조)

제35조는 법인의 대표기관*의 불법행위에 적용되고, 그 외 감사·임의대리인·지배인 기타 법인의 피용자가 불법행위를 한 경우에는 제756조의 사용자 책임이 적용된다.

* **법인의 대표기관**
이사, 임시이사, 특별대리인, 청산인

** **타인**
이행보조자

*** **채권·채무관계를 전제로 하지 않고**
따라서 고용계약 등이 무효인 경우라도 적용된다.

(2) **이행보조자의 고의·과실에 대한 채무자의 책임**(제391조)

1) 제391조는 채권·채무관계를 전제로 타인**의 고의·과실을 채무자의 고의·과실로 보는 채무불이행책임이고, 채무자의 면책가능성이 없다. 또한 이행보조자는 사실상의 보조자이면 된다(종속관계 불요).

2) 그에 반하여 제756조 사용자와 피용자의 관계는 지시·감독을 받는 종속관계이어야 한다. 그러나 채권·채무관계를 전제로 하지 않고***, 사용자의 면책가능성이 인정된다.

3 요건

(1) 피용자의 가해행위가 불법행위에 해당할 것
피용자의 행위는 위법한 가해행위로서 불법행위에 해당하여야 한다. 따라서 고의·과실, 위법성, 책임능력, 손해 및 인과관계를 모두 충족해야 한다.

(2) 사용관계의 존재
1) 사용관계란 사용자와 피용자 사이에 사무감독관계*를 말하며 이는 피용자가 사무를 사실상 행하는 것을 내용으로 하며, 고용계약에 기초한 고용관계나 근로계약보다 넓은 개념이다. 사용관계는 반드시 유효한 고용관계가 있는 경우에 한하는 것이 아니고, 사실상 어떤 사람이 다른 사람을 위하여 그 지휘·감독 아래 그 의사에 따라 사무를 집행하는 관계에 있으면 족한 것이다(대판 1998.8.21. 97다13702).

   *사무감독관계
   사용관계

2) 판례가 사용관계를 인정한 경우
   ① 동업자인 동시에 사용자의 지위에 있는 경우(대판 1979.7.10. 79다644)
   ② 타인에게 위탁하여 계속적으로 사무를 처리하여 온 경우 객관적으로 보아 그 타인의 행위가 위탁자의 지휘·감독의 범위 내에 속한다고 보이는 경우(대판 1998.8.21. 97다13702)
   ③ 타인에게 어떤 사업에 관하여 자기의 명의를 사용토록 허용한 경우(대판 1998.5.15. 97다58538)
   ④ 위임인과 수임인 사이에 지휘·감독관계가 있고, 수임인의 불법행위가 외형상 객관적으로 위임인의 사무집행에 관련된 경우(대판 1998.4.28. 96다25500)

(3) 가해행위의 사무집행 관련성
사무집행 관련성이란 피용자의 불법행위가 외형상 객관적으로 사용자의 사업활동 내지 사무집행행위 또는 그와 관련된 것이라고 판단될 것을 요한다. 특히 판례는 외형이론에 따라 그 범위를 넓히고 있다. 그러나 상대방이 직무와 관련성이 없음을 알았거나, 중대한 과실로 알지 못한 경우에는 사용자 책임을 물을 수 없다(대판 2008.1.18. 2006다41471).

피용자의 행위가 사무집행에 해당하는지 여부에 관한 판단 기준

1. **피용자의 고의로 인한 불법행위의 경우**
   피용자가 고의에 기하여 다른 사람에게 가해행위를 한 경우 그 행위가 피용자의 사무집행 그 자체는 아니라 하더라도 **사용자의 사업과 시간적, 장소적으로 근접하고, 피용자의 사무의 전부 또는 일부를 수행하는 과정에서 이루어지거나 가해행위의 동기가 업무처리와 관련된 것일 경우에는** 외형적, 객관적으로 사용자의 사무집행행위와 관련된 것이라고 보아 **사용자책임이 성립**한다고 할 것이고, 이 경우 사용자가 위험발생 및 방지조치를 결여하였는지 여부도 손해의 공평한 부담을 위하여 부가적으로 고려할 수 있다(대판 2000.2.11. 99다47297).

2. **제756조의 '사무집행에 관하여'의 의미**
   민법 제756조 소정의 '사무집행에 관하여'라는 규정의 뜻은 원칙적으로 그것이 피용자의 **직무범위에 속하는 행위이어야 할 것이나 피용자의 직무집행행위 그 자체는 아니나 그 행위의 외형으로 관찰하여 마치 직무의 범위내에 속하는 것과 같이 보이는 행위도 포함하는 것**이라고 새겨야 한다(대판 1985.8.13. 84다카979).

3. **제756조의 사용자책임이 배제되는 상대방의 주관적 사정**
   피용자의 불법행위가 외관상 사무집행의 범위 내에 속하는 것으로 보이는 경우에도 피용자의 행위가 사용자나 사용자에 갈음하여 그 사무를 감독하는 자의 사무집행행위에 해당하지 않음을 피해자 자신이 알았거나 중대한 과실로 인하여 알지 못한 경우에는 사용자책임을 물을 수 없는 바, 이 경우 **중대한 과실**이라 함은 거래의 상대방이 조금만 주의를 기울였더라면 피용자의 행위가 그 직무권한 내에서 적법하게 행하여진 것이 아니라는 사정을 알 수 있었음에도 만연히 이를 직무권한 내의 행위라고 믿음으로써 일반인에게 요구되는 주의의무에 현저히 위반하는 것으로 거의 고의에 가까운 정도의 주의를 결여하고, 공평의 관점에서 상대방을 구태여 보호할 필요가 없다고 봄이 상당하다고 인정되는 상태를 말한다(대판 2008.1.18. 2006다41471).

(4) 사용자의 면책사유*가 없을 것

1) 사용자가 피용자의 선임 및 그 사무감독에 상당한 주의를 한 때 또는 상당한 주의를 하여도 손해가 있을 경우에는 불법행위책임을 지지 않는다(제756조 제1항 단서).

2) 사용자가 사용자 책임을 면하기 위해서는 피용자의 선임·감독상의 주의의무를 게을리 하지 않았음을 입증하여야 하는데, 판례는 사용자의 면책을 거의 허용하지 않고 있다.

> ＊ **면책사유**
> 이행보조자에 의한 채무자의 채무불이행책임(제391조)과 다름에 주의

4 책임의 내용

(1) 사용자와 사무감독자의 손해배상의무

사용자나 사용자에 갈음하여 그 사무를 감독하는 자(사무감독자)는 피용자의 가해행위로 말미암아 생긴 손해를 **직접 피해자에게 배상할 의무를 부담**한다. 사무감독자가 사용자책임을 지는 경우에도 사용자는 면책되는 것이 아니다(제756조 제1·2항). 다만 비록 **피용자가 피해자의 부주의를 이용하여 불법행위를 저지른 것이라 하여도 사용자가 이에 가담한 것이 아니라면 과실상계의 주장은 가능하다**(대판 2011.7.14. 2011다21143).

(2) 공동불법행위

사용자와 피용자, 사용자·사무감독자 및 피용자는 각각 제756조와 제750조에 의해 불법행위책임을 진다. 이는 **부진정연대채무관계**이다. 따라서 피해자는 사용자나 피용자에 대하여 순차적으로 또는 동시에 손해배상을 청구할 수 있다(채권총론 연대채무 참조).

 피용자가 제3자와의 공동불법행위로 피해자에게 손해를 가하여 손해배상책임을 부담하게 된 사용자의 구상권 행사와 그 구상의 범위

피용자와 제3자가 공동불법행위로 피해자에게 손해를 가하여 그 손해배상채무를 부담하는 경우에 피용자와 제3자는 공동불법행위자로서 서로 부진정연대관계에 있고, 한편 사용자의 손해배상책임은 피용자의 배상책임에 대한 대체적 책임이어서 사용자도 제3자와 부진정연대관계에 있다고 보아야 할 것이므로, 사용자가 피용자와 제3자의 책임비율에 의하여 정해진 피용자의 부담부분을 초과하여 피해자에게 손해를 배상한 경우에는 사용자는 제3자에 대하여도 구상권을 행사할 수 있으며, 그 구상의 범위는 제3자의 부담부분에 국한된다고 보는 것이 타당하다(대판 1992. 6. 23. 91다33070, 전원합의체).

---

5 사용자의 피용자에 대한 구상권

일반적으로 사용자가 피용자의 업무수행과 관련하여 행하여진 불법행위로 인하여 직접 손해를 입었거나 그 피해자인 제3자에게 사용자로서의 손해배상책임을 부담한 결과로 손해를 입게 된 경우에 있어서, **사용자는 제반 사정에 비추어 손해의 공평한 분담이라는 견지에서 신의칙상 상당하다고 인정되는 한도 내에서만 피용자에 대하여 손해배상을 청구하거나 그 구상권을 행사할 수 있다.**

 업무수행과 관련한 불법행위로 사용자에게 손해를 입힌 피용자가 그 손해 전부를 변제하겠다는 각서를 제출한 경우, 신의칙에 의한 배상액 감액이 가능하다는 사례

피용자가 업무수행과 관련한 불법행위로 사용자가 입은 손해 전부를 변제하기로 하는 각서를 작성하여 사용자에게 제출한 사실이 있다고 하더라도, 그와 같은 각서 때문에 **사용자가 공평의 견지에서 신의칙상 상당하다고 인정되는 한도를 넘는 부분에 대한 손해의 배상까지 구할 수 있게 되는 것은 아니다**(대판 1996.4.9. 95다52611).

---

6 도급인의 불법행위책임

도급인은 수급인이 그 일에 관하여 제3자에게 가한 손해를 배상할 책임이 없다. 그러나 도급 또는 지시에 관하여 도급인에게 중대한 과실이 있는 때에는 그 손해를 배상할 책임이 있다(제757조). 이는 도급의 특성상 수급인이 독립적으로 업무를 행함으로 특별히 규정을 둔 것이다.

3편 채권법

>   **도급인이 수급인에 대하여 특정한 행위를 지휘하거나 특정한 사업을 도급시키는 노무도급의 경우, 도급인과 수급인 사이에 사용관계가 인정되는지 여부**
>
> 도급인이 수급인에 대하여 특정한 행위를 지휘하거나 특정한 사업을 도급시키는 경우와 같은 이른바 노무도급의 경우에 있어서는 도급인이라고 하더라도 **민법 제756조가 규정하고 있는 사용자책임의 요건으로서의 사용관계가 인정된다**(대판 1998.6.26. 97다58170).

단락문제 05

피용자의 행위에 의한 사용자의 손해배상책임에 관한 다음 기술 중 틀린 것은?

① 피용자의 가해행위에는 고의·과실이 있어야 한다.
② 사용자는 피용자의 선임·감독상의 주의와 상관없이 항상 책임을 진다.
③ 사용자 또는 감독자가 책임을 지더라도 가해자인 피용자 자신이 책임이 면제되는 것은 아니다.
④ 피용자의 행위가 행위의 외형상 사무집행 자체라고 인정되면 그 행위가 사용자의 사무를 집행하는 것이 아니라도 사용자는 책임을 져야 한다.
⑤ 일시적 고용이거나 사용관계의 기초가 되는 계약이 존재하지 않더라도 피용자의 행위에 대하여 책임을 진다.

해설 **사용자의 불법행위책임**
① (○) 사용자의 불법행위 책임이 성립하기 위해서는 ㉠ 사용자와 피용자 관계가 성립할 것, ㉡ 피용자에게 일반불법행위 책임이 성립할 것, ㉢ 피용자의 행위가 업무관련성이 있을 것, ㉣ 사용자에게 면책사유가 없을 것을 요구한다.
② (×) 사용자가 피용자의 선임·감독에 상당한 주의를 한 때 또는 상당한 주의를 하여도 손해가 있는 때에는 사용자는 그 책임을 지지 아니한다(제756조 제1항 단서).
③ (○) 피용자는 제750조의 불법행위 책임을 진다.
④ (○) (대판 1985.8.13. 84다카979)
⑤ (○) 사용자와 피용자 관계가 성립하기 위하여 고용 등의 계약이 반드시 필요한 것은 아니며, 사실적, 일시적 사무라도 무방하다(대판 1989.10.10. 89다카2278). **답** ②

03 공작물 등의 점유자·소유자의 책임 ★

1 의의

공작물책임이란 공작물의 설치 또는 보존의 하자로 인하여 타인에게 손해가 발생한 경우 **공작물의 점유자가 1차적으로 책임**을 지고, 점유자에게 면책사유가 있는 경우 **소유자가 2차적으로 책임**을 지는 것을 말한다. 특히 **소유자의 책임은 무과실책임**이다.

2 책임의 성립요건

(1) 공작물로부터 손해가 발생하였을 것

공작물이란 인공적 작업에 의해 제작된 물건을 말한다. 공작물에는 토지의 공작물*, 건물 내의 시설, 기계류도 포함되고, 수목의 식재 또는 보존의 하자도 공작물의 하자이다(제758조 제2항).

> *토지의 공작물
> 건물·도로·교량·놀이시설 등

(2) 공작물의 설치 및 보존의 하자

공작물의 설치·보존상의 하자라 함은 공작물이 그 용도에 따라 통상 갖추어야 할 안전성을 갖추지 못한 상태에 있음을 말하는 것으로서, 이와 같은 안전성의 구비 여부를 판단함에 있어서는 당해 공작물의 설치·보존자가 그 공작물의 위험성에 비례하여 사회통념상 일반적으로 요구되는 정도의 방호조치 의무를 다하였는지의 여부를 기준으로 삼아야 한다(대판 2006.1.26. 2004다21053).

(3) 하자와 손해 사이의 인과관계

공작물의 설치·보존상의 하자와 손해 사이에는 인과관계가 존재하여야 한다.

3 책임의 내용

18·22회 출제

(1) 점유자의 책임

1) 공작물점유자라 함은 공작물을 사실상 지배하면서 그 설치 또는 보존상의 하자로 인하여 발생할 수 있는 각종 사고를 방지하기 위하여 공작물을 보수·관리할 권한 및 책임이 있는 자를 말한다.
2) 직접점유자와 간접점유자가 있는 경우, 원칙적으로 직접점유자가 1차적으로 책임을 진다.
3) 점유자는 손해의 방지에 필요한 주의를 해태하지 아니한 때에는 책임을 지지 않는다(제758조 제1항 본문).

(2) 소유자의 책임

소유자란 공작물의 법률상의 소유자를 말한다. 소유자는 점유자가 면책된 경우에 책임을 지고, 소유자에게는 면책이 인정되지 않는다(제758조 제1항 단서).

(3) 구상권의 행사

피해자에게 손해를 배상한 점유자 또는 소유자는 그 손해의 원인에 대한 책임 있는 자에 대하여 구상권을 행사할 수 있다(제758조 제3항).

3편 채권법

04 동물점유자의 책임

동물의 점유자는 그 동물이 타인에게 가한 손해를 배상할 책임이 있다. 그러나 동물의 종류와 성질에 따라 그 보관에 상당한 주의를 해태하지 아니한 때에는 그러하지 아니하다(제759조). 공작물 소유자의 책임과 같은 규정이 없음을 주의해야 한다.

05 공동불법행위 ★★★   23·27회 출제

1 서설

(1) 의의

공동불법행위란 여러 사람이 공동으로 불법행위를 하여 타인에게 손해를 주는 경우이다.

공동불법행위

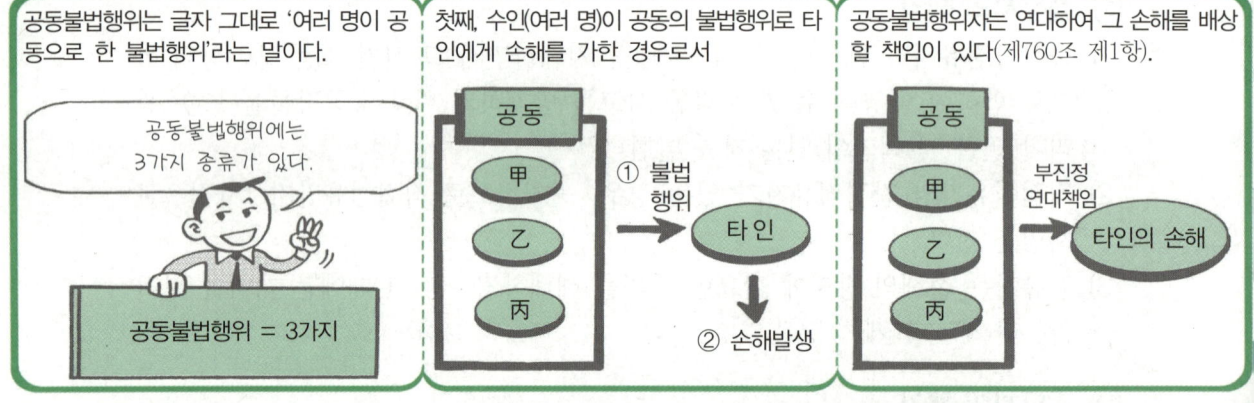

제4장 부당이득·불법행위

(2) 공동불법행위의 유형

1) 수인이 공동의 불법행위(가해행위를 공동으로 한 경우)로 타인에게 손해를 가한 경우(협의의 공동불법행위 : 제760조 제1항)
2) 공동 아닌 수인의 행위 중 어느 자의 행위가 그 손해를 가한 것인지 알 수 없는 경우(제760조 제2항)
3) 불법행위를 교사·방조한 경우(제760조 제3항) 특히 판례는 과실에 의한 방조도 인정하고 있다.

2 성립요건

(1) 협의의 공동불법행위(제760조 제1항)

1) 수인이 공동의 불법행위로 타인에게 손해를 가한 때에는 연대하여 그 손해를 배상할 책임*이 있다.
2) 각 가해자의 행위가 일반불법행위의 요건(제750조)을 충족하여야 한다.
3) 가해행위자 및 가해행위 상호간에 '관련공동성'이 있어야 한다.

> * 연대하여 그 손해를 배상할 책임
> 부진정연대채무
>
> ** 자신의 행위가 손해발생에 영향을 미치지 아니하였음
> 인과관계가 없음

> **판례** 공동불법행위 성립요건
> 공동불법행위의 성립에는 공동불법행위자 상호 간에 의사의 공통이나 공동의 인식이 필요하지 아니하고 객관적으로 그들의 각 행위에 관련공동성이 있으면 족하고 그 관련공동성 있는 행위에 의하여 손해가 발생하였다면 그 손해배상책임을 면할 수 없는 것이다(대판 1998.9.25. 98다9205).

(2) 가해자불명의 공동불법행위(제760조 제2항)

공동 아닌 수인의 행위 중 어느 자의 행위가 그 손해를 가한 것인지를 알 수 없는 때에도 연대하여 그 손해를 배상할 책임이 있다. 따라서 자신의 행위가 손해발생에 영향을 미치지 아니하였음**을 증명한 자는 책임을 면한다.

가해자 불명의 공동불법행위 책임의 내용

① 민법 제760조 제2항은 여러 사람의 행위가 경합하여 손해가 생긴 경우 중 같은 조 제1항에서 말하는 공동의 불법행위로 보기에 부족할 때, **입증책임을 덜어줌으로써 피해자를 보호하려는** 입법정책상의 고려에 따라 각각의 행위와 손해 발생 사이의 인과관계를 법률상 추정한 것이므로, 이러한 경우 개별 행위자가 자기의 행위와 손해 발생 사이에 인과관계가 존재하지 아니함을 증명하면 면책되고, 손해의 일부가 자신의 행위에서 비롯된 것이 아님을 증명하면 배상책임이 그 범위로 감축된다.

② 차량 등의 3중 충돌사고로 사망한 피해자가 그 중 어느 충돌사고로 사망하였는지 정확히 알 수 없는 경우, 피해자가 입은 손해는 민법 제760조 제2항에서 말하는 가해자 불명의 공동불법행위로 인한 손해에 해당하여 위 **충돌사고 관련자들의 각각의 행위와 위 손해 발생 사이의 상당인과관계가 법률상 추정**되므로, 그 중 1인이 위 법조항에 따른 공동불법행위자로서의 책임을 면하려면 자기의 행위와 위 손해 발생 사이에 상당인과관계가 존재하지 아니함을 적극적으로 주장·입증하여야 한다(대판 2008.4.10. 2007다76306).

(3) 교사·방조의 경우(제760조 제3항)

불법행위를 교사·방조한 자도 불법행위자와 함께 공동불법행위자로 간주된다.

 공동불법행위에 있어 방조의 의미(과실방조의 인정)

공동불법행위에 있어 방조라 함은 불법행위를 용이하게 하는 직접, 간접의 모든 행위를 가리키는 것으로서 형법과 달리 손해의 전보를 목적으로 하여 과실을 원칙적으로 고의와 동일시하는 민법의 해석으로서는 **과실에 의한 방조도 가능하다고 할 것이며**, 이 경우의 과실의 내용은 불법행위에 도움을 주지 않아야 할 주의의무가 있음을 전제로 하여 이 의무에 위반하는 것을 말한다(대판 2000.4.11. 99다41749).

3 공동불법행위자의 책임

(1) 책임의 연대

'연대하여'는 단지 각자가 전부에 관하여 배상의무를 부담한다는 의미를 가질 뿐으로, 공동불법행위자의 연대책임은 **부진정연대채무이다**(대판 1997.10.10. 97다28391).

(2) 손해배상의 범위

1) 상당인과관계 있는 손해

각 공동불법행위자는 공동불법행위와 상당인과관계 있는 손해에 대하여 배상하여야 한다(제763조, 제393조).

2) 과실상계

판례는 피해자가 **공동불법행위자 중의 일부만을 상대로 손해배상청구를 하는 경우**에

제4장 부당이득·불법행위

도 과실상계를 함에 있어 참작하여야 할 쌍방의 과실은 피해자에 대한 공동불법행위자 전원의 과실과 피해자의 공동불법행위자 전원에 대한 과실을 전체적으로 평가하여야 하고 공동불법행위자간의 과실의 경중이나 구상권행사의 가능성 여부 등을 고려할 여지가 없다(대판 1991.5.10. 90다14423)고 한다.

(3) 구상권

공동불법행위자는 채권자에 대한 관계에서는 **연대책임***을 지되, 공동불법행위자의 내부관계에서는 일정한 **부담부분이 인정****되고, 이 부담부분은 공동불법행위자의 과실의 정도에 따라 정하여지는 것으로서, 공동불법행위자 중 1인이 자기의 부담부분 이상을 변제(공탁·대물변제·상계 포함)하여 공동의 면책을 얻게 하였을 때에는 다른 공동불법행위자에게 그 부담부분의 비율에 따라 구상권을 행사할 수 있다(대판 1999.2.26. 98다52469).

> * 연대책임
> 부진정연대채무
>
> ** 부담부분이 인정
> 부진정연대채무의 경우 원칙적으로 부담부분이 인정되지 않으나, 공동불법행위에 의한 때에는 부담부분 인정

단락문제 06

공동불법행위에 관한 다음 설명 중 옳은 것은?

① 공동불법행위의 성립을 위하여는 행위자 사이에 공모 또는 공동의 인식과 같은 주관적 요소가 필수적이다.
② 공동 아닌 수인의 행위 중 어느 자의 행위가 그 손해를 가한 것인지 알 수 없는 때에도 연대하여 그 손해를 배상할 책임이 있다는 규정은 인과관계에 대한 의제규정이다.
③ 방조행위란 불법행위 자체를 인식하고 불법행위를 용이하게 하는 직·간접의 모든 행위를 의미하므로 과실행위에 의하여는 방조행위가 성립할 수 없다.
④ 공동불법행위의 성립요건으로서의 과실과 과실상계의 과실은 동일한 의미이다.
⑤ 공동불법행위자들 내부관계에서는 구상권을 행사할 수 있다.

해설 공동불법행위의 요건
① (×) 객관적으로 그들의 각 행위에 관련공동성이 있으면 족하다(대판 1998.9.25. 98다9205).
② (×) 지문과 같은 제760조 제2항은 법률상의 추정규정이다(대판 2008.4.10. 2007다76306).
③ (×) 과실에 의한 방조도 가능하다(대판 2000.4.11. 99다41749).
④ (×) 민법상 과실상계 제도는 채권자가 신의칙상 요구되는 주의를 다하지 아니한 경우 공평의 원칙에 따라 손해배상액을 산정함에 있어서 채권자의 그와 같은 부주의를 참작하게 하려는 것이므로 사회통념상 혹은 신의성실의 원칙상 "단순한 부주의"라도 그로 말미암아 손해가 발생하거나 확대된 원인을 이루었다면 채권자에게 과실이 있는 것으로 보아 과실상계를 할 수 있다(대판 2000.6.13. 98다35389).
⑤ (○) 공동불법행위자는 채권자에 대한 관계에서는 연대책임(부진정연대채무)을 지되, 공동불법행위자들 내부관계에서는 일정한 부담 부분이 있고, 이 부담 부분은 공동불법행위자의 과실의 정도에 따라 정하여지는 것으로서 공동불법행위자 중 1인이 자기의 부담 부분 이상을 변제하여 공동의 면책을 얻게 하였을 때에는 다른 공동불법행위자에게 그 부담 부분의 비율에 따라 구상권을 행사할 수 있다(대판 1999.2.26. 98다52469). **답** ⑤

단락핵심 특수불법행위책임

(1) 감독자책임의 경우 감독의무자 자신이 감독의무를 해태하지 아니하였음을 입증하지 아니하는 한 책임을 면할 수 없다. (○)
(2) 사용자책임에 있어서 사용관계는 반드시 유효한 고용관계에 있어야 한다. (×)
(3) 동업자인 동시에 사용자의 지위에 있는 경우를 인정할 수 있다. (○)
(4) 감독자책임이 성립하는 경우 사용자와 피용자는 부진정연대책임을 진다. (○)
(5) 도급인은 수급인이 그 일에 관하여 제3자에게 가한 손해를 배상할 책임이 없다. 그러나 도급 또는 지시에 관하여 도급인에게 과실이 있는 때에는 그 손해를 배상할 책임이 있다. (×)
⇒ 도급 또는 지시에 관하여 도급인에게 "중대한 과실"이 있는 때에 책임이 있다.
(6) 공작물책임이 성립하는 경우 소유자는 점유자가 면책된 경우에 책임을 지고, 소유자에게는 면책이 인정되지 않는다. (○)
(7) 공동 아닌 수인의 행위 중 어느 자의 행위가 그 손해를 가한 것인지를 알 수 없는 때에도 연대하여 그 손해를 배상할 책임이 있다. (○)
(8) 공동불법행위자는 채권자에 대한 관계에서는 부진정연대책임을 부담하므로, 공동불법행위자 사이의 부담부분은 인정될 수 없다. (×)
(9) 공동불법행위의 경우 과실상계는 피해자와 공동불법행위자 전원의 과실을 기준으로 판단한다. (○)

부록

제28회 주택관리사 기출문제

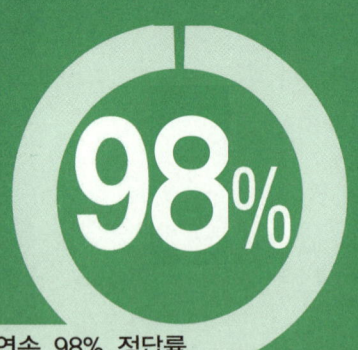

민 법

01
경록 '26 기본서
10쪽 출제

민법의 법원(法源)에 관한 설명으로 옳지 않은 것은? (다툼이 있으면 판례에 따름)

① 헌법에 의하여 체결·공포된 조약이 민사에 관한 것이면 민법의 법원이 될 수 있다.
② 대법원이 제정한 부동산등기규칙은 민법의 법원이 될 수 있다.
③ 관습법은 당사자의 주장·증명이 없으면 법원(法院)이 직권으로 이를 확정할 수 없다.
④ 종중 구성원의 자격을 성년남자만으로 제한하는 종래의 관습법은 법적 효력을 상실하였다.
⑤ 민사에 관하여 법률에 규정이 없으면 관습법에 의하고 관습법이 없으면 조리에 의한다.

해설 민법의 법원
① 조약
② 대법원규칙 중 민사에 관한 것이면 민법의 법원
③ (×) 법령과 같은 효력을 갖는 관습법은 당사자의 주장 입증을 기다림이 없이 법원이 직권으로 이를 확정하여야 하고(대판 1983. 6. 14. 선고 80다3231)
④ 종중 구성원의 자격을 성년 남자만으로 제한하는 종래의 관습법은 이제 더 이상 법적 효력을 가질 수 없게 되었다(대판 2005. 7. 21. 선고 2002다1178).
⑤ 민법 제1조

02
경록 '26 기본서
33쪽 출제

권리에 관한 설명으로 옳지 않은 것은? (다툼이 있으면 판례에 따름)

① 점유권은 절대권이다.
② 저당권은 지배권이다.
③ 지상권자의 지상물매수청구권은 형성권이다.
④ 매매에서의 임대예약완결권은 형성권이다.
⑤ 상속회복청구권은 형성권이다.

정답   01. ③   02. ⑤

> **해설** 민법상 권리

①, ②, ③, ④ (○)
⑤ (×) 형성권이 아니고 청구권이다.

03

'26 기본서 14쪽 출제

신의성실의 원칙(신의칙) **및 그 파생원칙에 관한 설명으로 옳지 않은 것은?** (다툼이 있으면 판례에 따름)

① 신의칙 위반은 당사자의 주장이 없더라도 법원이 직권으로 판단할 수 있다.
② 법령에 위반되어 무효임을 알면서 법률행위를 한 자가 강행법규 위반을 이유로 그 무효를 주장하는 것은 특별한 사정이 없는 한 신의칙에 반한다.
③ 인지청구권은 포기가 허용되지 않으므로 실효의 법리가 적용될 여지가 없다.
④ 아파트 분양자는 아파트단지 인근에 공동묘지가 조성되어 있는 사실을 수분양자에게 고지할 신의칙상 의무를 부담한다.
⑤ 사용자는 근로계약에 수반되는 신의칙상의 부수적 의무로서 근로자의 안전에 대한 보호의무를 부담한다.

> **해설** 신의성실의 원칙

① 신의성실의 원칙에 반하는 것 또는 권리남용은 강행규정에 위배되는 것이므로 당사자의 주장이 없더라도 법원은 직권으로 판단할 수 있다(대판 1989. 9. 29. 선고 88다카17181).
② (×) 강행법규에 위반하여 무효인 수익보장약정이 투자신탁회사가 먼저 고객에게 제의를 함으로써 체결된 것이라고 하더라도, 특별한 사정이 없는 한 위와 같은 투신사의 무효 주장이 신의성실의 원칙에 반하는 것이라고 할 수 없다(대판 1999. 3. 23. 선고 99다4405).
③ 인지청구권은 본인의 일신전속적인 신분관계상의 권리로서 포기할 수도 없으며 포기하였더라도 그 효력이 발생할 수 없는 것이고, 이와 같이 인지청구권의 포기가 허용되지 않는 이상 거기에 실효의 법리가 적용될 여지도 없다(대판 2001. 11. 27. 선고 2001므1353).
④ 우리 사회의 통념상으로는 공동묘지가 주거환경과 친한 시설이 아니어서 분양계약의 체결 여부 및 가격에 상당한 영향을 미치는 요인일 뿐만 아니라 대규모 공동묘지를 가까이에서 조망할 수 있는 곳에 아파트단지가 들어선다는 것은 통상 예상하기 어렵다는 점 등을 감안할 때 아파트 분양자는 아파트단지 인근에 공동묘지가 조성되어 있는 사실을 수분양자에게 고지할 신의칙상의 의무를 부담한다(대판 2007. 6. 1. 선고 2005다5812, 5829, 5836).
⑤ 근로계약에 수반되는 신의칙상의 부수적인 의무로서 근로자에 대한 보호의무를 부담하는 사용자(대판 2000. 3. 10. 선고 99다60115)

정답 03. ②

04

경록 '26 기본서 59쪽 출제

권리능력에 관한 설명으로 옳은 것은?

① 법인은 유증을 받을 수 있는 능력이 없다.
② 정신질환의 권리능력은 청산의 목적범위 내로 제한되지 않는다.
③ 태아는 채무불이행으로 인한 손해배상청구권에 관하여 이미 출생한 것으로 본다.
④ 태아는 대습상속에 관하여 이미 출생한 것으로 본다.
⑤ 사람의 권리능력은 당사자의 합의에 의하여 제한할 수 있다.

해설 권리능력

① 상속을 받을 능력은 없지만 유증을 받을 능력은 있다.
② 민법 제81조. 해산한 법인은 청산의 목적범위 내에서만 권리가 있고 의무를 부담한다.
③ 불법행위로 인한 손해배상청구권은 있지만(민법 제762조 태아는 손해배상의 청구권에 관하여는 이미 출생한 것으로 본다), 채무불이행으로 인한 손해배상청구권은 없다.
④ (○) 태아는 상속순위에 관하여는 이미 출생한 것으로 본다(민법 제1000, 1001조).
⑤ 권리능력에 관한 규정은 강행규정

05

경록 '26 기본서 69쪽 출제

자연인의 행위능력에 관한 설명으로 옳지 않은 것은? (다툼이 있으면 판례에 따름)

① 미성년자가 혼인을 한 때에는 성년자로 본다.
② 미성년자가 타인의 대리인으로서 대리행위를 하기 위해서는 법정대리인의 승낙을 얻어야 한다.
③ 가정법원은 취소할 수 없는 피성년후견인의 법률행위의 범위를 정할 수 있다.
④ 가정법원은 피한정후견인이 한정후견인의 동의를 받아야 하는 행위의 범위를 정할 수 있다.
⑤ 성년후견 개시의 청구가 있더라도, 가정법원은 필요하다면 한정후견을 개시할 수 있다.

해설 자연인의 행위능력

① 민법 제826조의2(성년의제) 미성년자가 혼인을 한 때에는 성년자로 본다.
② (×) 민법 제117조 (대리인의 행위능력) 대리인은 행위능력자임을 요하지 아니한다.
③ 민법 제10조(피성년후견인의 행위와 취소)
  제1항 피성년후견인의 법률행위는 취소할 수 있다.
  제2항 제1항에도 불구하고 가정법원은 취소할 수 없는 피성년후견인의 법률행위의 범위를 정할 수 있다.
④ 민법 제13조(피한정후견인의 행위와 동의)
  제1항 가정법원은 피한정후견인이 한정후견인의 동의를 받아야 하는 행위의 범위를 정할 수 있다.
⑤ 가능하다.

정답 04. ④ 05. ②

06

배우자 乙과 누나 丙이 있는 X부동산의 소유자 甲은 2020. 1. 1. 해외 출장을 위해 탑승한 항공기의 추락으로 생사불명이 되었다. 이에 관한 설명으로 옳은 것은? (다툼이 있으면 판례에 따름)

① 乙은 2025. 1. 1.이 경과하지 않으면 법원에 실종선고를 청구할 수 없다.
② 乙이 실종선고를 청구하지 않을 경우, 丙은 상속에 관한 이해관계인으로서 법원에 실종선고를 청구할 수 있다.
③ 이해관계인인 乙과 丙이 있으므로 검사는 법원에 실종선고를 청구할 수 없다.
④ 실종선고의 청구를 받은 가정법원은 6개월 이상 공시최고를 하여야 하며, 그 기간 내에 甲의 생사 여부에 관한 신고가 없는 때에는 실종을 선고하여야 한다.
⑤ 법원이 실종을 선고하면 甲은 2020. 1. 1에 사망한 것으로 본다.

해설 특별실종기간
① 특별(항공기)실종기간은 1년
② 선순위상속인이 있는 경우에 후순위 상속인은 실종선고를 청구할 수 없다.
③ 제27조 제1항 법원은 이해관계인이나 검사의 청구에 의하여 실종선고를 하여야 한다.
④ (○) 가사소송규칙, 민법 제27조에 따라 실종선고를 하여야 한다.
⑤ 실종기간이 만료한 때(2021. 1. 1.) 사망한 것으로 본다.

07

민법상 법인의 설립에 관한 설명으로 옳은 것은?

① 법인설립등기는 법인의 대항요건이다.
② 종교사업을 목적으로 하는 사단은 주무관청의 인가를 얻어 이를 법인으로 할 수 있다.
③ 이사의 대표권의 제한은 정관에 기재하지 않더라도 그 효력이 있다.
④ 영리를 목적으로 하는 재단은 상사회사설립의 조건에 좇아 이를 법인으로 할 수 있으며, 그러한 법인에는 상사회사에 관한 규정을 준용한다.
⑤ 사단법인의 설립을 위한 정관에는 자산에 관한 규정이 반드시 기재되어 있어야 한다.

해설 법인의 설립
① 성립요건이다.
② 허가주의(주무관청의 허가)
③ 민법 제41조(이사의 대표권에 대한 제한)
이사의 대표권에 대한 제한은 이를 정관에 기재하지 아니하면 그 효력이 없다.
④ 영리목적의 재단법인은 존재할 수 없다.
⑤ (○) 민법 제40조 4호

정답 06. ④ 07. ⑤

08

경록 '26 기본서 152쪽 출제

민법상 법인의 기관에 관한 설명으로 옳지 않은 것은?

① 이사의 수와 임기에는 제한이 없으므로 정관에서 임의로 정할 수 있다.
② 이사의 성명과 주소는 등기사항이다.
③ 사단법인의 이사는 매년 1회 이상 통상총회를 소집하여야 한다.
④ 사단법인의 재산상황에 관하여 부정한 것이 있음을 발견한 경우, 이를 총회 또는 주무관청에 보고하는 일은 감사의 직무에 해당한다.
⑤ 법인과 이사의 이익이 상반하는 경우, 법원은 이해관계인의 청구에 의하여 임시이사를 선임하여야 한다.

해설 법인의 기관

① 맞다.
② 민법 제49조 제2항 8호
③ 민법 제69조(통상총회) 사단법인의 이사는 매년 1회 이상 통상총회를 소집하여야 한다.
④ 민법 제67조
⑤ (×) 제64조(특별대리인의 선임)
법인과 이사의 이익이 상반하는 사항에 관하여는 이사는 대표권이 없다. 이 경우에는 전조의 규정에 의하여 특별대리인을 선임하여야 한다.

09

경록 '26 기본서 123쪽 출제

민법상 법인에 관한 설명으로 옳지 않은 것은? (다툼이 있으면 판례에 따름)

① 사단법인 정관의 법적 성질은 자치법규이다.
② 법인의 해산 및 청산은 법원이 검사, 감독한다.
③ 재단법인이 부동산을 기본재산으로 새로이 편입시키는 행위는 주무관청의 허가를 얻어야 유효하다.
④ 사단법인은 총 사원 4분의 3 이상이 동의가 없으면 해산을 결의하지 못하고, 이는 정관에 다른 규정이 있더라도 마찬가지이다.
⑤ 재단법인의 존립시기나 해산사유는 정관의 필요적 기재사항이 아니다.

해설 민법상 법인

① 통설적 견해
② 민법 제95조(해산, 청산의 검사, 감독) 법인의 해산 및 청산은 법원이 검사, 감독한다.
③ 재단법인의 자산에 관한 사항은 정관의 기재사항(민법 제45조에 의한 제41조의 준용), 정관의 변경은 주무관청의 허가사항(45조 제3항에 의한 42조 제2항 준용)
④ (×) 민법 제78조(사단법인의 해산결의)
사단법인은 총사원 4분의 3 이상의 동의가 없으면 해산을 결의하지 못한다. 그러나 정관에 다른 규정이 있는 때에는 그 규정에 의한다.
⑤ 그런 사항이 있을 때에만 규정하여야 한다.

정답 08. ⑤ 09. ④

10

비법인 사단에 관한 설명으로 옳은 것을 모두 고른 것은? (다툼이 있으면 판례에 따름)

> ㄱ. 비법인 사단에 대표자가 있으면 그 사단의 이름으로 민사소송의 당사자가 될 수 있다.
> ㄴ. 비법인 사단의 대표자가 그 사단이 타인 간의 금전채무를 보증한다는 내용의 계약을 체결하면서 사원총회의 결의를 거치지 않았더라도 특별한 사정이 없는 한 그 계약은 유효하다.
> ㄷ. 비법인 사단의 채권자가 채권자대위권에 기하여 비법인 사단의 총유재산에 대한 권리를 대위행사하는 경우에는 사원총회의 결의 등 비법인 사단의 내부적 의사결정 과정을 거쳐야 한다.

① ㄱ   ② ㄷ   ③ ㄱ, ㄴ   ④ ㄴ, ㄷ   ⑤ ㄱ, ㄴ, ㄷ

해설 비법인사단

ㄱ. (○) 민사소송법 제52조, 2004다6072
ㄴ. (○) 비법인사단이 타인 간의 금전채무를 보증하는 행위는 총유물 그 자체의 관리·처분이 따르지 아니하는 단순한 채무부담행위에 불과하여 이를 총유물의 관리·처분행위라고 볼 수는 없다. 따라서 비법인사단인 재건축조합의 조합장이 채무보증계약을 체결하면서 조합규약에서 정한 조합 임원회의 결의를 거치지 아니하였다거나 조합원총회 결의를 거치지 않았다고 하더라도 그것만으로 바로 그 보증계약이 무효라고 할 수는 없다.(대판 2007. 4. 19. 선고 2004다60072, 60089)
ㄷ. (×) 비법인사단이 총유재산에 관한 권리를 행사하지 아니하고 있어 비법인사단의 채권자가 채권자대위권에 기하여 비법인사단의 총유재산에 관한 권리를 대위행사하는 경우에는 사원총회의 결의 등 비법인사단의 내부적인 의사결정절차를 거칠 필요가 없다.(대판 2014. 9. 25. 선고 2014다211336)

11

물권과 권리에 관한 설명으로 옳은 것은? (다툼이 있으면 판례에 따름)

① 1필의 토지의 일부에 대해서는 지역권을 설정할 수 없다.
②「임목에 관한 법률」에 의해 소유권보존등기를 한 수목의 집단이더라도 토지와 분리하여 저당권의 목적이 될 수 없다.
③ 온천에 관한 권리는 관습상의 물권에 해당한다.
④ 등기부상 1동의 건물로 등기되어 있는 것의 일부에 대하여는 구분등기를 하지 않으면 전세권을 설정할 수 없다.
⑤ 구분건물이 물리적으로 완성되기 전이라도 건축허가 신청 등을 통하여 장래 신축되는 건물을 구분건물로 하겠다는 구분의사가 객관적으로 표시되면 구분행위의 존재를 인정할 수 있다.

정답 10. ③   11. ⑤

> **해설** 물권과 권리
① 토지(승역지)의 일부에 대한 지역권 설정 가능
② 입목에 관한 법률 제3조(입목의 독립성)
  제2항 입목의 소유자는 토지와 분리하여 입목을 양도하거나 저당권의 목적으로 할 수 있다.
③ 판례, 관습법상의 물권이 아니다.
④ 건물의 일부에 대한 전세권은 도면 첨부로 설정 가능
⑤ (○) 구분건물이 물리적으로 완성되기 전에도 건축허가신청이나 분양계약 등을 통하여 장래 신축되는 건물을 구분건물로 하겠다는 구분의사가 객관적으로 표시되면 구분행위의 존재를 인정할 수 있고(대판 2013. 1. 17. 선고 2010다71578)

12

경록 '26 기본서 220쪽 출제

다음 중 준물권행위에 해당하는 것은?

① 채권양도   ② 유실물 습득   ③ 부담부증여
④ 지상권설정행위   ⑤ 매매에 의한 소유권이전행위

> **해설** 준물권행위
① (○)
② 사실행위 ③ 채권행위 ④ 물권행위 ⑤ 물권행위

13

경록 '26 기본서 237쪽 출제

반사회질서의 법률행위에 해당하지 않는 것을 모두 고른 것은? (다툼이 있으면 판례에 따름)

ㄱ. 강제집행을 면할 목적으로 허위의 근저당권을 설정하는 행위
ㄴ. 이미 매도된 부동산임을 알고 있는 자가 매도인의 배임행위에 적극 가담하여 매도인과 체결한 저당권설정계약
ㄷ. 산모가 우연한 사고로 인해 발생할 수 있는 태아의 상해에 대비하기 위하여 자신을 보험수익자로, 태아를 피보험자로 하여 체결한 상해보험계약

① ㄱ   ② ㄴ   ③ ㄱ, ㄷ   ④ ㄴ, ㄷ   ⑤ ㄱ, ㄴ, ㄷ

> **해설** 반사회질서의 법률행위
ㄱ. (×) 강제집행을 면할 목적으로 부동산에 허위의 근저당권설정등기를 경료하는 행위는 민법 제103조의 선량한 풍속 기타 사회질서에 위반한 사항을 내용으로 하는 법률행위로 볼 수 없다(대판 2004. 5. 28. 선고 2003다70041).
ㄴ. (○) 부동산의 이중매매가 반사회적 법률행위로서 무효가 되기 위하여는 매도인의 배임행위와 매수인이 매도인의 배임행위에 적극 가담한 행위로 이루어진 매매(대판 1994. 3. 11. 선고 93다55289)
ㄷ. (×) 계약자유의 원칙상 태아를 피보험자로 하는 상해보험계약은 유효하고, 그 보험계약이 정한 바에 따라 보험기간이 개시된 이상 출생 전이라도 태아가 보험계약에서 정한 우연한 사고로 상해를 입었다면 이는 보험기간 중에 발생한 보험사고에 해당한다(대판 2019. 3. 28. 선고 2016다211224 판결).

정답 12. ① 13. ③

14

통정허위표시(민법 제108조)에 관한 설명으로 옳지 않은 것은? (다툼이 있으면 판례에 따름)

① 당사자가 통정하여 증여를 매매로 가장한 경우, 당사자가 내면적으로 의욕한 증여계약은 유효하다.
② 통정허위표시로서 무효인 법률행위에 따른 법률효과를 침해하는 것처럼 보이는 채무불이행이 있어도 손해배상을 청구할 수 없다.
③ 통정허위표시에서 제3자가 악의이더라도 전득자가 선의이면 그 전득자에 대하여 통정허위의 무효를 주장할 수 없다.
④ 파산채무자가 상대방과 통정허위표시를 통하여 가장채권을 보유하고 있다가 파산이 선고된 경우, 파산관재인은 민법 제108조 제2항의 제3자에 해당하지 않는다.
⑤ 채무자의 법률행위가 통정허위표시로 무효인 경우에도 채권자취소권의 대상이 될 수 있다.

해설 통정허위표시

① 매매는 허위표시로서 무효이고 당사자가 의욕하는 의사표시로서 증여는 유효하다.
② 무효인 법률행위는 그 법률행위가 성립한 당초부터 당연히 효력이 발생하지 않는 것이므로, 무효인 법률행위에 따른 법률효과를 침해하는 것처럼 보이는 위법행위나 채무불이행이 있다고 하여도 법률효과의 침해에 따른 손해는 없는 것이므로 그 손해배상을 청구할 수는 없다(대판 2003. 3. 28. 선고 2002다72125).
③ 제108조 제2항의 제3자로서 선의자 보호를 받는다.
④ (×) 파산자가 상대방과 통정한 허위의 의사표시를 통하여 가장채권을 보유하고 있다가 파산이 선고된 경우 독립한 지위에서 파산채권자 전체의 공동의 이익을 위하여 직무를 행하게 된 파산관재인은 민법 제108조 제2항의 제3자에 해당하고(대판 2010. 4. 29. 선고 2009다96083)
⑤ 채무자의 법률행위가 통정허위표시인 경우에도 채권자취소권의 대상이 되고, 한편 채권자취소권의 대상으로 된 채무자의 법률행위라도 통정허위표시의 요건을 갖춘 경우에는 무효라고 할 것이다(대판 1998. 2. 27. 선고 97다50985).

15

'부동산 매매계약에서 쌍방 당사자가 X토지를 계약의 목적물로 삼았으나 그 목적물의 지번에 관하여 착오를 일으켜 계약을 체결함에 있어서는 계약서상 그 목적물을 X토지와는 별개인 Y토지로 표시하였다고 하더라도, X토지를 매매목적물로 한다는 쌍방 당사자의 의사합치가 있는 이상, 그 매매계약은 X토지에 관하여 성립한 것으로 보아야 한다.'고 하는 법률행위의 해석 방법은?

① 예문해석   ② 자연적 해석   ③ 보충적 해석
④ 규범적 해석   ⑤ 확장해석

해설 오표시 무해의 원칙

② (○) 오표시 무해의 원칙 (대판 1993. 12. 26. 선고 93다2629)

정답 14. ④ 15. ②

16 착오에 의한 의사표시에 관한 설명으로 옳지 않은 것은? (다툼이 있으면 판례에 따름)

① 상대방이 표의자의 착오를 알면서 이를 이용한 경우, 표의자는 자신에게 중대한 과실이 있더라도 그 의사표시를 취소할 수 있다.
② 물상보증인이 근저당권설정계약을 체결하는 경우, 채무자의 동일성에 관한 착오는 중요부분의 착오에 해당한다.
③ 매도인이 매매계약을 적법하게 해제하였더라도, 매수인은 계약해제의 효과로 발생하는 불이익을 면하기 위하여 착오를 원인으로 그 계약을 취소할 수 있다.
④ 매매계약 내용의 중요부분에 착오가 있는 경우, 중과실 없는 매수인은 매도인의 하자담보책임이 성립하는지와 상관없이 착오를 이유로 그 매매계약을 취소할 수 있다.
⑤ 동기의 착오가 법률행위 내용의 중요부분의 착오에 해당함을 이유로 표의자가 법률행위를 취소하려면 당사자들 사이에 별도로 그 동기를 의사표시의 내용으로 삼기로 하는 합의가 있어야만 한다.

해설 착오에 의한 의사표시

① 상대방이 표의자의 착오를 알고 이를 이용한 경우에는 착오가 표의자의 중대한 과실로 인한 것이라고 하더라도 표의자는 의사표시를 취소할 수 있다(대판 2014. 11. 27. 선고 2013다49794).
② 채권자의 동일성에 관한 착오는 중요부분의 착오가 아니나, 채무자에 관한 착오는 중요부분의 착오다.
③ 매도인이 매수인의 중도금 지급채무 불이행을 이유로 매매계약을 적법하게 해제한 후라도 매수인으로서는 상대방이 한 계약해제의 효과로서 발생하는 손해배상책임을 지거나 매매계약에 따른 계약금의 반환을 받을 수 없는 불이익을 면하기 위하여 착오를 이유로 한 취소권을 행사하여 매매계약 전체를 무효로 돌리게 할 수 있다(대판 1996. 12. 6. 선고 95다24982, 24999).
④ 매매계약 내용의 중요 부분에 착오가 있는 경우 매수인은 매도인의 하자담보책임이 성립하는지(계약해제)와 상관없이 착오를 이유로 매매계약을 취소할 수 있다(대판 2018. 9. 13. 선고 2015다78703).
⑤ (✕) 동기가 표시되면 족하고 계약서 기재 등 합의가 있어야만 하는 것은 아니다(대판 2000. 5. 12. 선고 2000다12259).

정답 16. ⑤

17

의사표시에 관한 설명으로 옳지 않은 것은? (다툼이 있으면 판례에 따름)

① 표의자가 의사표시를 발송한 후 제한능력자가 되어도 그 의사표시의 효력에 영향을 미치지 아니한다.
② 표의자가 과실 없이 상대방을 알지 못하는 경우에는 의사표시는 민사소송법 공시송달의 규정에 의하여 송달할 수 있다.
③ 상대방이 있는 의사표시는 특별한 사정이 없는 한 상대방에게 도달한 때에 그 효력이 생긴다.
④ 의사표시가 상대방에게 도달한 것으로 인정되기 위해서는 상대방이 그 의사표시의 내용을 알아야 한다.
⑤ 의사표시의 상대방이 제한능력자로서 의사표시를 받았으나 법정대리인이 그 사실을 알지 못한 경우, 의사표시자는 그 의사표시로써 대항할 수 없다.

해설 의사표시
① 민법 제111조 제2항
② 민법 제113조
③ 민법 제111조 제1항
④ (×) 도달로서 족하다. 민법은 요지주의가 아니고 도달주의이다.
⑤ 민법 제112조

18

대리에 관한 설명으로 옳지 않은 것은?

① 복대리인은 그 권한 내에서 자신을 선임한 대리인을 대리한다.
② 권한을 정하지 아니한 임의대리인은 대리의 목적인 물건의 성질이 변하지 않는 범위에서 그 물건을 개량할 수 있다.
③ 피한정후견인은 임의대리인이 될 수 있다.
④ 임의대리인은 본인의 승낙이 있거나 부득이한 사유 있는 때가 아니면 복대리인을 선임하지 못한다.
⑤ 대리인이 수인인 경우, 특별한 사정이 없는 한 각자가 본인을 대리한다.

해설 대리
① (×) 본인을 대리한다.
② 민법 제118조 2호
③ 민법 제117조
④ 민법 제120조
⑤ 민법 제119조

정답 17. ④ 18. ①

19

경록 '26 기본서 322쪽 출제

무권대리인 乙이 甲을 대리하여 甲 소유의 X토지를 丙에게 매도하는 계약을 체결하였다. 이에 관한 설명으로 옳은 것은? (다툼이 있으면 판례에 따름)

① 丙이 계약 당시에 乙에게 대리권이 없음을 알았던 경우, 丙은 계약을 철회할 수 있다.
② 甲이 乙에게 계약을 추인하였더라도, 丙이 계약 당시에 무권대리 사실을 알지 못하였다면 丙은 그 추인 사실을 알 때까지 계약을 철회할 수 있다.
③ 甲이 추인하지 않은 경우, 계약 당시 무권대리 사실을 알았던 丙은 乙에게 손해배상을 청구할 수 있다.
④ 대리행위 당시에 乙이 제한능력자인 경우, 甲으로부터 추인받지 못한 丙은 乙에게 계약의 이행을 청구할 수 있다.
⑤ 乙이 甲을 단독 상속한 경우, 乙은 특별한 사정이 없는 한 본인의 지위에서 추인거절권을 행사할 수 있다.

> **해설** 무권대리
> ① 민법 제134조 단서. 악의의 상대방에게는 철회권이 없다.
> ② (○) 민법 제132조. 추인 또는 거절의 의사표시는 상대방에 대하여 하지 아니하면 그 상대방에 대항하지 못한다. 그러나 상대방이 그 사실을 안 때에는 그러하지 아니하다.
> ③ 민법 제135조 제2항 전반. 선의 무과실의 상대방이어야 손해배상을 청구할 수 있다.
> ④ 민법 제135조 제2항 후반. 제한능력자에게는 손해배상 책임이 없다.
> ⑤ 대리권한 없이 타인의 부동산을 매도한 자가 그 부동산을 상속한 후 소유자의 지위에서 자신의 대리행위가 무권대리로 무효임을 주장하여 등기말소 등을 구하는 것이 금반언 원칙이나 신의칙상 허용될 수 없다(대판 1994. 9. 27. 선고 94다20617).

20

경록 '26 기본서 349쪽 출제

무효에 관한 설명으로 옳지 않은 것은? (다툼이 있으면 판례에 따름)

① 법률행위의 일부분이 무효인 경우, 특별한 사정이 없는 한 그 전부를 무효로 한다.
② 토지거래허가구역 내의 토지에 대한 매매계약은 당사자 쌍방이 허가신청협력의무의 이행거절 의사를 상대방에게 명백히 표시한 경우에는 확정적으로 무효가 된다.
③ 무효인 가등기를 유효한 등기로 전용하기로 약정한 경우, 그 가등기는 특별한 사정이 없는 한 등기 시로 소급하여 유효한 등기로 된다.
④ 비진의 의사표시의 무효는 선의의 제3자에게 대항할 수 없다.
⑤ 불공정한 법률행위로서 무효인 법률행위는 추인에 의하여 유효로 될 수 없다.

> **해설** 무효
> ① 민법 제137조
> ② 당사자 쌍방이 허가신청을 하지 아니하기로 의사표시를 명백히 한 경우에도 유동적 무효상태의 계약은 확정적으로 무효로 된다고 보아야 할 것이다(대판 1993. 7. 27. 선고 91다33766).
> ③ (×) 민법 제139조. 무효행위의 추인은 비소급
> ④ 민법 제107조 제2항
> ⑤ 불공정한 법률행위로서 무효인 경우에는 추인에 의하여 무효인 법률행위가 유효로 될 수 없다(대판 1994. 6. 24. 선고 94다10900).

정답 19. ② 20. ③

21

취소에 관한 설명으로 옳지 않은 것은?

① 추인할 수 있는 날로부터 3년이 경과하였지만 법률행위를 한 날로부터 10년이 경과하지 않았다면, 취소권자는 그 법률행위를 취소할 수 있다.
② 제한능력을 이유로 법률행위가 취소된 경우, 제한능력자는 그 행위를 인하여 받은 이익이 현존하는 한도에서 상환할 책임이 있다.
③ 제한능력을 이유로 취소할 수 있는 법률행위를 한 미성년자가 행위능력자가 된 후 이의를 보류함이 없이 그 법률행위에 따라 이행한 때에는 추인한 것으로 본다.
④ 취소할 수 있는 법률행위를 추인한 취소권자는 특별한 사정이 없는 한 그 법률행위를 다시 취소할 수 없다.
⑤ 취소할 수 있는 법률행위의 상대방이 확정된 경우, 그 취소는 특별한 사정이 없는 한 그 상대방에 대한 의사표시로 하여야 한다.

해설 취소

① (×) 추인할 수 있는 날로부터 3년 경과로 취소권 소멸
제146조(취소권의 소멸) 취소권은 추인할 수 있는 날로부터 3년내에 법률행위를 한 날로부터 10년내에 행사하여야 한다.
② 민법 제141조 단서
③ 민법 제145조 1호
④ 즉, 확정 무효
⑤ 민법 제142조(취소의 상대방) 취소할 수 있는 법률행위의 상대방이 확정한 경우에는 그 취소는 그 상대방에 대한 의사표시로 하여야 한다.

22

조건과 기한에 관한 설명으로 옳지 않은 것은? (다툼이 있으면 판례에 따름)

① 조건의 성취가 미정한 권리도 일반규정에 의하여 담보로 할 수 있다.
② 조건부 법률행위에 있어 조건의 내용 자체가 불법적인 것이어서 무효인 경우, 그 법률행위 전부가 무효로 된다.
③ 조건이 법률행위 당시에 이미 성취할 수 없는 것인 경우, 그 조건이 해제조건이면 그 법률행위는 무효로 한다.
④ 기한이익 상실의 특약은 특별한 사정이 없는 한 형성권적 기한이익 상실의 특약으로 추정한다.
⑤ 기한의 이익은 포기할 수 있지만, 특별한 사정이 없는 한 상대방의 이익을 해하지 못한다.

정답   21. ①   22. ③

해설 조건과 기한
① 민법 149조(조건부권리의 처분 등)
　조건의 성취가 미정한 권리의무는 일반규정에 의하여 처분, 상속, 보존 또는 담보로 할 수 있다.
② 맞다. 조건만 무효 아니다.
③ (×) 민법 제151조(불법조건, 기성조건) 제3항
　조건이 법률행위의 당시에 이미 성취할 수 없는 것인 경우에는 그 조건이 해제조건이면 조건 없는 법률행위로 하고 정지조건이면 그 법률행위는 무효로 한다.
④ 기한이익 상실의 특약이 채권자를 위하여 둔 것인 점에 비추어 명백히 정지조건부 기한이익 상실의 특약이라고 볼 만한 특별한 사정이 없는 이상 형성권적 기한이익 상실의 특약으로 추정하는 것이 타당하다(대판 2002. 9. 4. 선고 2002다28340).
⑤ 제153조(기한의 이익과 그 포기) 제2항
　기한의 이익은 이를 포기할 수 있다. 그러나 상대방의 이익을 해하지 못한다.

23

경록 '26 기본서
399쪽 출제

소멸시효에 관한 설명으로 옳지 않은 것은? (다툼이 있으면 판례에 따름)

① 매수인이 목적 부동산을 인도받아 계속 점유하는 경우에는 그 부동산에 관한 소유권이전등기청구권의 소멸시효가 진행하지 않는다.
② 건물이 완공되기 전에는 건물에 관한 소유권이전등기청구권의 시효가 진행하지 않는다.
③ 가압류에 의한 시효중단의 효력은 가압류의 집행보전의 효력이 존속하는 동안 계속된다.
④ 소멸시효의 진행이 개시되기 전에 채무자가 승인한 경우, 그 승인에 따라 채권의 소멸시효는 중단된다.
⑤ 지급명령에서 확정된 채권은 특별한 사정이 없는 한 단기의 소멸시효에 해당하는 것이라도 그 소멸시효는 10년으로 한다.

해설 소멸시효
① 매수인이 목적 부동산을 인도받아 계속 점유하는 경우에는 그 소유권이전등기청구권의 소멸시효가 진행하지 않는다(대판 1976. 11. 6. 선고 76다148).
② 소유권이전등기청구권의 소멸시효는 주택이 완공됨으로써 그 권리를 행사할 수 없는 법률상의 장애사유가 소멸된 때로부터 진행한다(대판 2007. 8. 23. 선고 2007다28024, 28031).
③ 대판 2000. 4. 25. 선고 2000다11102)
④ (×) 승인은 시효이익을 받을 당사자인 채무자가 그 권리의 존재를 인식하고 있다는 뜻을 표시함으로써 성립하는 것이므로 이는 소멸시효의 진행이 개시된 이후에만 가능하고 그 이전에 승인을 하더라도 시효가 중단되지는 않는다고 할 것이고(대판 2001. 11. 9. 선고 2001다52568)
⑤ 지급명령에서 확정된 채권은 판결에서 확정된 채권과 동일한 효력

정답　23. ④

24

소멸시효의 효력에 관한 설명으로 옳지 않은 것은? (다툼이 있으면 판례에 따름)

① 소유권이전등기청구권의 소멸시효기간이 지난 사실을 알고 있는 등기의무자가 소유권이전등기를 해 주기로 약정한 경우, 특별한 사정이 없는 한 이는 시효이익의 포기로 보아야 한다.
② 소멸시효가 완성된 채권이 그 완성 전에 상계할 수 있었던 것이면 그 채권자는 상계할 수 있다.
③ 후순위 담보권자는 선순위 담보권의 피담보채권의 시효소멸로 직접 이익을 받는 자에 해당하기 때문에 그 피담보채권의 소멸시효 완성을 주장할 수 있다.
④ 시효완성의 이익을 받을 당사자 또는 그 대리인이 아닌 제3자가 시효완성의 이익을 포기한 경우, 그 포기는 시효완성의 이익을 받을 자에게 효력이 없다.
⑤ 소멸시효 이익의 포기는 가분채무 일부에 대하여도 가능하다.

해설 소멸시효의 효력

① 소유권이전등기청구권의 소멸시효기간이 지난 후에 등기의무자가 소유권이전등기를 해 주기로 약정(합의)한 바 있다면 다른 특단의 사정이 없는 한 이는 시효이익을 포기한 것으로 보아야 할 것이다(대판 1993. 5. 11. 선고 93다12824).
② 민법 제495조(소멸시효완성된 채권에 의한 상계)
  소멸시효가 완성된 채권이 그 완성 전에 상계할 수 있었던 것이면 그 채권자는 상계할 수 있다.
③ (×) 그 시효이익을 받는 자는 시효기간 만료로 인하여 소멸하는 권리의 의무자를 말한다(대판 1991. 7. 26. 선고 91다5631).
④ 시효완성의 이익 포기의 의사표시를 할 수 있는 자는 시효완성의 이익을 받을 당사자 또는 대리인에 한정된다고 할 것이고, 그 밖의 제3자가 시효완성의 이익 포기의 의사표시를 하였다 하더라도 이는 시효완성의 이익을 받을 자에 대한 관계에서 아무 효력이 없다(대판 1998. 2. 27. 선고 97다53366).
⑤ 일부에 대한 포기 가능

25

부동산등기에 관한 설명으로 옳지 않은 것은? (다툼이 있으면 판례에 따름)

① 물권에 관한 등기가 원인 없이 말소된 경우에 그 물권의 효력에는 아무런 영향을 미치지 않는다.
② 소유권이전등기명의자는 그 전(前)소유자에 대하여 적법한 등기원인에 의해 소유권을 취득한 것으로 추정된다.
③ 사망자 명의로 신청하여 이루어진 소유권이전등기는 특별한 사정이 없는 한 원인무효의 등기이다.
④ 등기한 토지임차권은 제3자에게 대항할 수 있다.
⑤ 소유권이전청구권 보전을 위한 가등기가 있으면 소유권이전등기를 청구할 어떤 법률관계가 있다고 추정된다.

정답 24. ③ 25. ⑤

해설 부동산등기
① 등기는 물권의 효력 발생 요건이고 존속 요건은 아니어서 등기가 원인 없이 말소된 경우에는 그 물권의 효력에 아무런 영향이 없다(대판 1997. 9. 30. 선고 95다39526).
② 부동산에 관하여 소유권이전등기가 마쳐져 있는 경우 그 등기명의자는 제3자에 대하여서뿐만 아니라, 그 전 소유자에 대하여서도 적법한 등기원인에 의하여 소유권을 취득한 것으로 추정되고(대판 2000. 3. 10. 선고 99다65462)
③ 사망자 명의로 신청하여 이루어진 이전등기는 일단 원인무효의 등기라고 볼 것이어서 등기의 추정력을 인정할 여지가 없으므로(대판 2018. 11. 29. 선고 2018다200730)
④ 민법 제621조(임대차의 등기) 제2항 부동산임대차를 등기한 때에는 그때부터 제삼자에 대하여 효력이 생긴다.
⑤ (×) 가등기에는 권리변동적 효력(추정력)이 없다.

26

경록 '26 기본서 482쪽 출제

자주점유에 관한 설명으로 옳지 않은 것은? (다툼이 있으면 판례에 따름)

① 부동산에 관한 자주점유의 추정은 국가가 점유하는 경우에도 적용된다.
② 타인의 물건을 관리하기 위하여 한 점유는 점유권원의 성질상 자주점유이다.
③ 공유자 1인이 공유부동산 전부를 점유하고 있더라도 특별한 사정이 없는 한 다른 공유자의 지분비율의 범위 내에서는 타주점유이다.
④ 타주점유자가 그 명의로 소유권보존등기를 경료한 것만으로는 타주점유가 자주점유로 전환되지 않는다.
⑤ 자주점유는 소유자와 동일한 지배를 사실상 행사하려는 의사를 가지고 하는 점유이다.

해설 자주점유
① 토지의 취득절차에 관한 서류를 제출하지 못하고 있다는 사정만으로 그 토지에 관한 국가나 지방자치단체의 자주점유의 추정이 번복된다고 할 수는 없다(대판 2010. 10. 14. 선고 2008다92268).
② (×) 저수지를 관리하면서 그 부지를 점유하고 있는 것으로 본다 하더라도 특별한 사정이 없는 한 그것은 타인의 소유권을 배제하여 자기의 소유물처럼 배타적 지배를 행사하는 의사 없이 하는 점유라고 보아야 한다(대판 1997. 12. 9. 선고 97다18547).
③ 공유부동산은 공유자 1인이 전부를 점유하고 있다고 하여도 다른 특별한 사정이 없는 한 권원의 성질상 다른 공유자의 지분비율의 범위 내에서는 타주점유라고 볼 수밖에 없다(대판 1995. 1. 12. 선고 94다19884).
④ 타주점유자가 자신의 명의로 소유권이전등기를 경료한 것만으로는 소유자에 대하여 소유의 의사가 있음을 표시함으로써 자주점유로 전환되었다고 볼 수 없다(대판 1993. 7. 13. 선고 93다1039).
⑤ 자주점유라 함은 소유자와 동일한 지배를 하려는 의사를 가지고 하는 점유를 의미하는 것(대판 1993. 4. 9. 선고 92다41498)

정답 26. ②

27

소유권에 기한 물권적 청구권에 관한 설명으로 옳지 않은 것은? (다툼이 있으면 판례에 따름)

① 소유권이전등기를 마치지 않은 매수인은 직접 소유권에 기한 방해제거청구를 할 수 없다.
② 소유권에 기한 물권적 청구권은 소멸시효의 대상이 되지 않는다.
③ 건물소유자가 건물의 소유를 통해 타인 소유의 토지 전부를 불법점유하고 있는 경우, 그 토지소유자는 특별한 사정이 없는 한 건물소유자에게 건물철거를 청구할 수 있다.
④ 불법점유자가 물건을 다른 사람에게 인도하여 현실적으로 점유를 하고 있지 않더라도 소유자는 그 불법점유자를 상대로 그 소유물의 인도청구를 할 수 있다.
⑤ 소유권에 기한 방해배제청구는 현재 계속되고 있는 방해의 원인을 제거하는 것을 내용으로 해야 한다.

해설 **소유권에 기한 물권적 청구권**

① 소유자가 아니므로 물권적 청구권 행사 불가
② 민법 제162조 제2항
③ 건물의 소유자가 그 건물의 소유를 통하여 타인 소유의 토지를 점유하고 있다고 하더라도 그 토지 소유자로서는 그 건물의 철거와 그 대지 부분의 인도를 청구할 수 있을 뿐, 자기 소유의 건물을 점유하고 있는 자에 대하여 그 건물에서 퇴거할 것을 청구할 수는 없다(대판 1999. 7. 9. 선고 98다57457, 57464).
④ (×) 인도청구의 상대방은 현실적 점유자이다. 점유를 상실한 자는 상대방이 될 수 없다.
⑤ 민법 제214조 전단

28

공유에 관한 설명으로 옳은 것을 모두 고른 것은? (다툼이 있으면 판례에 따름)

> ㄱ. 공유자의 지분은 특별한 사정이 없는 한 균등한 것으로 추정한다.
> ㄴ. 부동산 공유자의 공유지분 포기에 따른 등기는 해당 지분에 관하여 다른 공유자 앞으로 소유권이전등기를 하는 형태가 되어야 한다.
> ㄷ. 공유물을 단독으로 점유하고 있는 소수지분권자는 공유물관리를 위한 과반수지분권자의 공유물 인도청구를 공유물의 사용수익권으로 거부할 수 없다.

① ㄱ ② ㄴ ③ ㄱ, ㄷ ④ ㄴ, ㄷ ⑤ ㄱ, ㄴ, ㄷ

해설 **공유**

ㄱ. (○) 민법 제262조 제2항 공유자의 지분은 균등한 것으로 추정한다.
ㄴ. (○) 부동산 공유자의 공유지분 포기에 따른 등기는 해당 지분에 관하여 다른 공유자 앞으로 소유권이전등기를 하는 형태가 되어야 한다(대판 2016. 10. 27. 선고 2015다52978).
ㄷ. (○) 과반수의 지분을 가진 공유자가 그 공유물의 특정 부분을 배타적으로 사용·수익하기로 정하는 것은 공유물의 관리방법으로서 적법하며(대법원 1991. 4. 12. 선고 90다20220)

정답 27. ④ 28. ⑤

29

경록 '26 기본서
498쪽 출제

민법상 상린관계에 관한 설명으로 옳지 않은 것을 모두 고른 것은? (다툼이 있으면 판례에 따름)

> ㄱ. 토지 주변의 소음이 사회통념상 수인한도를 넘지 않은 경우에도 그 토지소유자는 소유권에 기하여 소음피해의 제거를 청구할 수 있다.
> ㄴ. 토지소유자가 부담하는 자연유수의 승수의무(承水義務)에는 적극적으로 그 자연유수의 소통을 유지할 의무가 포함된다.
> ㄷ. 경계에 설치된 담이 상린자의 공유의 경우, 상린자는 공유를 이유로 공유물분할을 청구하지 못한다.
> ㄹ. 분할로 인하여 공로에 통하지 못하는 토지가 있는 때에는 그 토지소유자는 공로에 출입하기 위하여 다른 분할자의 토지를 보상 없이 통행할 수 있다.

① ㄱ, ㄴ   ② ㄴ, ㄷ   ③ ㄷ, ㄹ
④ ㄱ, ㄴ, ㄹ   ⑤ ㄱ, ㄷ, ㄹ

해설 상린관계

ㄱ. (✕) 민법 제217조. 수인의 한도를 넘지 않을 경우에는 제거청구 불가
ㄴ. (✕) 자연유수의 승수의무란 토지소유자는 다만 소극적으로 이웃 토지로부터 자연히 흘러오는 물을 막지 못한다는 것뿐이지 적극적으로 그 자연유수의 소통을 유지할 의무까지 토지소유자로 하여금 부담케 하려는 것은 아니다(대판 1977. 11. 22. 선고 77다1588).
ㄷ. (○) 기본서 531쪽 상단. 분할자유의 제한
ㄹ. (○) 민법 제220조(분할, 일부양도와 주위통행권) 제1항
분할로 인하여 공로에 통하지 못하는 토지가 있는 때에는 그 토지소유자는 공로에 출입하기 위하여 다른 분할자의 토지를 통행할 수 있다. 이 경우에는 보상의 의무가 없다.

30

경록 '26 기본서
575쪽 출제

전세권에 관한 설명으로 옳지 않은 것은? (다툼이 있으면 판례에 따름)

① 전세권자는 목적물의 현상을 유지하고 그 통상의 관리에 속한 수선을 하여야 한다.
② 전세권자는 특별한 사정이 없는 한 전세권설정자의 동의 없이 전세권을 타인에게 양도할 수 없다.
③ 전세목적물의 인도는 전세권의 성립요건이 아니다.
④ 전세목적물에 대한 사용·수익 권능을 배제하고 채권담보만을 위해 설정한 전세권설정등기는 무효이다.
⑤ 전세권의 갱신 없이 그 존속기간이 만료되면 전세권의 용익물권적 권능은 전세권설정등기의 말소 없이도 당연히 소멸한다.

정답   29. ①   30. ②

> **해설** 전세권

① 민법 제309조(전세권자의 유지, 수선의무)
   전세권자는 목적물의 현상을 유지하고 그 통상의 관리에 속한 수선을 하여야 한다.
② (×) 제306조(전세권의 양도, 임대 등)
   전세권자는 전세권을 타인에게 양도 또는 담보로 제공할 수 있고 그 존속기간 내에서 그 목적물을 타인에게 전전세 또는 임대할 수 있다. 그러나 설정행위로 이를 금지한 때에는 그러하지 아니하다.
③ 성립요건 = 설정계약, 등기, 전세금지급. 목적물의 인도는 아니다.
④ 민법 제303조 참조. 용익물권적 기능은 전세권의 필수
⑤ 기간만료는 사건. 등기 불요

31. 민사유치권에 관한 설명으로 옳지 않은 것은? (다툼이 있으면 판례에 따름)

① 유치권 배제 특약에는 조건을 붙일 수 없다.
② 채무자의 직접점유를 통한 채권자의 간접점유는 유치권의 요건으로서의 점유에 해당하지 않는다.
③ 유치권자는 피담보채권을 변제받기 위하여 유치물을 경매할 수 있다.
④ 채무자는 상당한 담보를 제공하고 유치권의 소멸을 청구할 수 있다.
⑤ 유치권의 행사는 피담보채권의 소멸시효의 진행에 영향을 미치지 아니한다.

> **해설** 유치권

① (×) 조건을 붙일 수 있다.
② 직접점유자가 채무자인 경우에는 유치권의 요건으로서의 점유에 해당하지 않는다고 할 것이다(대판 2008. 4. 11. 선고 2007다27236).
③ 민법 제322조(경매, 간이변제충당)
   제1항 유치권자는 채권의 변제를 받기 위하여 유치물을 경매할 수 있다.
④ 민법 제327조(타담보제공과 유치권소멸)
   채무자는 상당한 담보를 제공하고 유치권의 소멸을 청구할 수 있다.
⑤ 민법 제326조(피담보채권의 소멸시효)
   유치권의 행사는 채권의 소멸시효의 진행에 영향을 미치지 아니한다.

32. 저당권에 관한 설명으로 옳지 않은 것은? (다툼이 있으면 판례에 따름)

① 건물에 대한 저당권의 효력은 특별한 사정이 없는 한 그 건물에 종된 권리인 건물의 소유를 목적으로 하는 지상권에도 미친다.
② 저당권은 피담보채권과 분리하여 타인에게 양도할 수 없다.
③ 저당권자는 피담보채권의 변제를 받기 위하여 저당물의 경매를 청구할 수 있다.
④ 저당물의 소유권을 취득한 제3자는 그 저당물의 경매에서 경매인이 될 수 없다.
⑤ 저당권으로 담보한 채권이 시효의 완성으로 소멸한 때에는 저당권도 소멸한다.

정답 31. ① 32. ④

해설 저당권

① 저당부동산에 종된 권리에도 유추적용되어 건물에 대한 저당권의 효력은 그 건물의 소유를 목적으로 하는 지상권에도 미친다고 보아야 할 것이다(대판 1992. 7. 14. 선고 92다527).
② 제361조(저당권의 처분제한)
  저당권은 그 담보한 채권과 분리하여 타인에게 양도하거나 다른 채권의 담보로 하지 못한다.
③ 제363조(저당권자의 경매청구권, 경매인)
  제1항 저당권자는 그 채권의 변제를 받기 위하여 저당물의 경매를 청구할 수 있다.
④ (×) 제363조(저당권자의 경매청구권, 경매인) 제2항. 저당물의 소유권을 취득한 제삼자도 경매인이 될 수 있다.
⑤ 제369조(부종성)
  저당권으로 담보한 채권이 시효의 완성 기타 사유로 인하여 소멸한 때에는 저당권도 소멸한다.

33

경록 '26 기본서 675쪽 출제

변제에 관한 설명으로 옳은 것은?

① 특정물의 인도는 특별한 사정이 없는 한 채권자의 현주소에서 하여야 한다.
② 변제는 채무자에게 이익이 되므로, 이해관계 없는 제3자라도 채무자의 의사에 반하여 변제할 수 있다.
③ 변제할 정당한 이익이 있는 자는 채권자의 승낙을 얻어야만 변제로 채권자를 대위할 수 있다.
④ 채권의 준점유자에 대한 변제는 변제자가 선의이며 과실 없는 때에 한하여 효력이 있다.
⑤ 변제충당은 원본, 이자, 비용의 순서에 의한다.

해설 변제

① 민법 제467조(변제의 장소) 제1항
  채무의 성질 또는 당사자의 의사표시로 변제장소를 정하지 아니한 때에는 특정물의 인도는 채권성립당시에 그 물건이 있던 장소에서 하여야 한다.
② 제469조(제삼자의 변제) 제2항
  이해관계 없는 제삼자는 채무자의 의사에 반하여 변제하지 못한다.
③ 제481조(변제자의 법정대위)
  변제할 정당한 이익이 있는 자는 변제로 당연히 채권자를 대위한다.
④ (○) 민법 제470조(채권의 준점유자에 대한 변제)
  채권의 준점유자에 대한 변제는 변제자가 선의이며 과실없는 때에 한하여 효력이 있다.
⑤ 민법 제479조(비용, 이자, 원본에 대한 변제충당의 순서) 제1항
  채무자가 1개 또는 수개의 채무의 비용 및 이자를 지급할 경우에 변제자가 그 전부를 소멸하게 하지 못한 급여를 한 때에는 비용, 이자, 원본의 순서로 변제에 충당하여야 한다.

정답 33. ④

34

보증채무에 관한 설명으로 옳은 것을 모두 고른 것은?

> ㄱ. 보증인의 보증채무는 주채무의 위약금이나 손해배상을 포함하지 않는다.
> ㄴ. 주채무자의 항변포기는 보증인에게 효력이 없다.
> ㄷ. 보증인은 주채무자의 채권에 의한 상계로 채권자에게 대항할 수 있다.
> ㄹ. 주채무자에 대한 시효의 중단은 보증인에 대하여 효력이 없다.

① ㄱ, ㄴ   ② ㄴ, ㄷ   ③ ㄷ, ㄹ
④ ㄱ, ㄴ, ㄷ   ⑤ ㄴ, ㄷ, ㄹ

해설 보증채무

ㄱ. (×) 제429조(보증채무의 범위)
  제1항 보증채무는 주채무의 이자, 위약금, 손해배상 기타 주채무에 종속한 채무를 포함한다.
ㄴ. (○) 민법 제433조(보증인과 주채무자항변권)
  제2항 주채무자의 항변포기는 보증인에게 효력이 없다.
ㄷ. (○) 제434조(보증인과 주채무자상계권)
  보증인은 주채무자의 채권에 의한 상계로 채권자에게 대항할 수 있다.
ㄹ. (×) 제440조(시효중단의 보증인에 대한 효력)
  주채무자에 대한 시효의 중단은 보증인에 대하여 그 효력이 있다.

35

채무자의 이행지체로 인한 계약해제에 관한 설명으로 옳은 것은? (다툼이 있으면 판례에 따름)

① 정기행위의 경우, 채권자는 이행의 최고 없이 계약을 해제할 수 있다.
② 확정기한부 채무의 경우, 채무자는 이행청구를 받은 때부터 지체책임을 지게 된다.
③ 채권자는 채무자에게 도달한 계약해제의 의사표시를 철회할 수 있다.
④ 계약해제로 채권자가 받은 금전을 반환해야 할 경우, 채권자는 그 원금만 반환하면 족하다.
⑤ 채권자가 매매계약을 해제하면 그 계약은 장래에 향하여 효력을 잃는다.

해설 이행지체로 인한 계약해제

① (○) 민법 제545조(정기행위와 해제)
  계약의 성질 또는 당사자의 의사표시에 의하여 일정한 시일 또는 일정한 기간내에 이행하지 아니하면 계약의 목적을 달성할 수 없을 경우에 당사자 일방이 그 시기에 이행하지 아니한 때에는 상대방은 전조의 최고를 하지 아니하고 계약을 해제할 수 있다.
② 제387조(이행기와 이행지체)
  제1항 채무이행의 확정한 기한이 있는 경우에는 채무자는 기한이 도래한 때로부터 지체책임이 있다.
③ 제543조(해지, 해제권)
  제2항 해제의 의사표시는 철회하지 못한다.
④ 제548조(해제의 효과, 원상회복의무)
  제2항 계약해제의 경우에 반환할 금전에는 그 받은 날로부터 이자를 가하여야 한다.
⑤ 계약의 해제로 계약은 소급적으로 효력을 잃는다.

정답 34. ② 35. ①

36

경록 '26 기본서 755쪽 출제

매매에 관한 설명으로 옳지 않은 것은?

① 매매목적물에 하자가 있다는 사실을 과실로 알지 못한 매수인은 매도인에 대하여 하자담보책임을 물을 수 있다.
② 매매계약에 관한 비용은 당사자 쌍방이 균분하여 부담한다.
③ 매매목적물의 인도와 동시에 대금을 지급할 경우에는 그 인도장소에서 이를 지급하여야 한다.
④ 매매의 목적이 된 권리가 타인에게 속한 경우에는 매도인은 그 권리를 취득하여 매수인에게 이전하여야 한다.
⑤ 매매의 당사자 일방에 대한 의무이행의 기한이 있는 때에는 상대방의 의무이행에 대하여도 동일한 기한이 있는 것으로 추정한다.

해설 매매

① (×) 선의, 무과실
민법 제580조(매도인의 하자담보책임) 제1항
매매의 목적물에 하자가 있는 때에는 제575조제1항의 규정을 준용한다. 그러나 매수인이 하자있는 것을 알았거나 과실로 인하여 이를 알지 못한 때에는 그러하지 아니하다.
② 민법 제566조(매매계약의 비용의 부담)
매매계약에 관한 비용은 당사자 쌍방이 균분하여 부담한다.
③ 제586조(대금지급장소)
매매의 목적물의 인도와 동시에 대금을 지급할 경우에는 그 인도장소에서 이를 지급하여야 한다.
④ 민법 제569조(타인의 권리의 매매)
매매의 목적이 된 권리가 타인에게 속한 경우에는 매도인은 그 권리를 취득하여 매수인에게 이전하여야 한다.
⑤ 민법 제585조(동일기한의 추정)
매매의 당사자 일방에 대한 의무이행의 기한이 있는 때에는 상대방의 의무이행에 대하여도 동일한 기한이 있는 것으로 추정한다.

37

경록 '26 기본서 772쪽 출제

민법상 건물의 소유를 목적으로 한 토지임차인이 토지소유자인 임대인에게 행사할 수 있는 권리가 아닌 것은?

① 비용상환청구권　② 차임감액청구권　③ 부속물매수청구권
④ 계약갱신청구권　⑤ 건물매수청구권

해설 토지임차인의 권리

③ (×) 건물 기타 공작물의 임차인이 행사할 수 있는 권리이다.
민법 제646조(임차인의 부속물매수청구권)
제1항 건물 기타 공작물의 임차인이 그 사용의 편익을 위하여 임대인의 동의를 얻어 이에 부속한 물건이 있는 때에는 임대차의 종료시에 임대인에 대하여 그 부속물의 매수를 청구할 수 있다.
제2항 임대인으로부터 매수한 부속물에 대하여도 전항과 같다.
①, ②, ④, ⑤는 토지임차인이 토지소유자인 임대인에 대한 권리이다.

정답　36. ①　37. ③

38

민법상 위임에 관한 설명으로 옳은 것은?

① 위임인은 수임인에 대하여 보수를 지급하여야 함이 원칙이다.
② 위임사무의 처리에 비용을 요하는 때에는 위임인은 수임인의 청구에 의하여 이를 선급하여야 한다.
③ 수임인은 자기재산과 동일한 주의로 위임사무를 처리하여야 한다.
④ 위임인의 승낙이나 부득이한 사유가 없더라도 수임인은 제3자로 하여금 자기에 갈음하여 위임사무를 처리하게 할 수 있다.
⑤ 수임인은 위임인의 불리한 시기에 위임계약을 해지하지 못한다.

해설 위임

① 민법 제680조 참조. 위임은 원칙적으로 유상계약이 아니다.
② (O) 민법 제687조(수임인의 비용선급청구권)
 위임사무의 처리에 비용을 요하는 때에는 위임인은 수임인의 청구에 의하여 이를 선급하여야 한다.
③ 민법 제681조(수임인의 선관의무)
 수임인은 위임의 본지에 따라 선량한 관리자의 주의로써 위임사무를 처리하여야 한다.
④ 민법 제682조(복임권의 제한)
 제1항 수임인은 위임인의 승낙이나 부득이한 사유없이 제삼자로 하여금 자기에 갈음하여 위임사무를 처리하게 하지 못한다.
⑤ 민법 제689조(위임의 상호해지의 자유)
 제1항 위임계약은 각 당사자가 언제든지 해지할 수 있다.
 제2항 당사자 일방이 부득이한 사유없이 상대방의 불리한 시기에 계약을 해지한 때에는 그 손해를 배상하여야 한다.

39

甲, 乙, 丙은 X건물을 각 1/4, 1/2, 1/4씩 공유하고 있다. 甲은 다른 공유자의 동의 없이 丁에게 X건물의 창호공사를 도급하였고, 丁이 약정기간 내에 위 공사를 완료하였으나, 공사대금을 전혀 지급받지 못했다. 이 공사로 인하여 X건물의 가치가 크게 증가하였다. 이에 관한 설명으로 옳지 않은 것을 모두 고른 것은? (다툼이 있으면 판례에 따름)

> ㄱ. 丁은 乙과 丙에 대하여 부당이득반환을 청구할 수 있다.
> ㄴ. 丁은 乙과 丙에 대하여 점유자와 회복자의 관계에 기한 유익비상환을 청구할 수 있다.
> ㄷ. 乙과 丙은 각자의 지분에 상응하여 도급계약에 따른 공사대금을 丁에게 지급하여야 한다.

① ㄱ   ② ㄱ, ㄴ   ③ ㄱ, ㄷ   ④ ㄴ, ㄷ   ⑤ ㄱ, ㄴ, ㄷ

정답 38. ② 39. ⑤

> **해설** 공유

ㄱ. (×) 계약이행이므로 부당이득이 성립하지 않는다.
   민법 제741조(부당이득의 내용) 참조
   법률상 원인없이 타인의 재산 또는 노무로 인하여 이익을 얻고 이로 인하여 타인에게 손해를 가한 자는 그 이익을 반환하여야 한다.
ㄴ. (×) 민법 제203조는 계약관계에는 적용되지 않는다(판례).
ㄷ. (×) 甲(1/2지분권자)에게는 X건물에 관하여 도급할 권한이 없다. 따라서 乙, 丙에게는 도급공사대금 지급의무가 없다.
   제265조(공유물의 관리, 보존) 전문 참조
   공유물의 관리에 관한 사항은 공유자의 지분의 과반수로써 결정한다.

40

경록 '26 기본서 807쪽 출제

A회사에서 근무하는 책임능력이 있는 미성년자 甲은 퇴근 후 함께 사는 아버지 乙의 오토바이를 몰래 타고 친구를 만나러 가던 중 신호를 위반하여 丙을 치어 즉사하게 하였다. 이에 관한 설명으로 옳지 않은 것은? (다툼이 있으면 판례에 따름)

① 甲은 丙의 사망에 대하여 불법행위책임을 진다.
② 丙의 사망으로 인한 손해발생과 乙의 감독의무 위반이 상당인과관계가 있으면 乙은 일반불법행위 책임을 진다.
③ A는 甲과 연대하여 丙에게 사용자책임을 진다.
④ 丙의 배우자는 재산상의 손해가 없어도 甲에 대하여 위자료를 청구할 수 있다.
⑤ 위 사고와 관련하여 丙에게 과실이 있는 경우, 특별한 사정이 없는 한 과실상계에 관한 민법의 규정이 적용된다.

> **해설** 불법행위

① 甲은 미성년자라 하더라도 책임능력이 있다(민법 제753조의 반대해석).
② 민법 제755조의 감독자의 책임
③ (×) 丙은 A회사의 사무집행에 관하여 손해를 가한 것이 아니기 때문에 사용자의 배상책임(민법 제756조)이 성립하지 않는다.
④ 민법 제752조(생명침해로 인한 위자료)
   타인의 생명을 해한 자는 피해자의 직계존속, 직계비속 및 배우자에 대하여는 재산상의 손해 없는 경우에도 손해배상의 책임이 있다.
⑤ 민법 제763조에 의한 제396조(과실상계)의 준용
   채무불이행에 관하여 채권자에게 과실이 있는 때에는 법원은 손해배상의 책임 및 그 금액을 정함에 이를 참작하여야 한다.

정답 40. ③

알고 보니
경록이다

우리나라 부동산전문교육의 본산 경록 1957

한방에 합격은 경록이다

제1회 시험부터 수많은 합격자를 배출한 전문성 – 경록

개정법령 및 정오사항 등은 경록 홈페이지에서 서비스됩니다.

정가 44,000원

1회 시험부터 수많은 합격자를 배출한 독보적 교재
주택관리사 기본서
③ 1차 민법

18년연속98%
독보적
정답률

시험최적화 대한민국 1등 교재
(100인의 부동산학 대학교수진, 2021)

최초로 부동산학을 정립한 부동산학의
모태(원조)로서 부동산전문교육
1위 인증(한국부동산학회)

대한민국 부동산교육 공헌대상(한국부동산학회)
4차산업혁명대상(대한민국 국회)
고객만족대상(교육부)
고객감동 1위(중앙일보)
고객만족 1위(조선일보)
고객감동경영 1위(한국경제)
한국소비자만족도 1위(동아일보) 등 석권

발 행	2026년 1월 5일
인 쇄	2025년 8월 20일
연 대	최초 부동산학 연구논문에서부터 현재까지 (1957년 원전 ~ 현재)
편 저	경록 주택관리사 교재편찬위원회, 신한부동산연구소 편
발 행 자	이 성 태 / 李 星 兌
발 행 처	경록 / 景鹿
주 소	서울시 강남구 영동대로 114길 7 (삼성동 91-24) 경록메인홀
문 의	02)3453-3993 / 02)3453-3546
홈페이지	www.kyungrok.com
팩 스	02)556-7008
등 록	제16-496호
I S B N	979-11-94560-34-0 14320

대표전화 1544-3589

이 책의 무단전재·복제를 금함

이 책은 저작권법에 의해 저작권이 보호됩니다. 무단전재 및 복제행위는 이 법 제136조에 의해 5년 이하의 징역 또는 5,000만원 이하의 벌금에 처하거나 병과(倂科)할 수 있습니다.

부동산전문교육 69년 전통과 노하우